商標法槪論
상 표 법 개 론

상표법개론

1994년 6월 5일 초판 발행
1998년 3월 10일 재판 발행
2002년 1월 5일 3판 발행
2004년 7월 7일 4판 발행
2006년 8월 10일 5판 발행
2015년 1월 5일 6판 발행

지은이 | 이인종
펴낸이 | 이찬규
펴낸곳 | 선학사
등록번호 | 제10-1519호
주소 | 462-807 경기도 성남시 중원구 사기막골로 45번길 14
　　　우림라이온스밸리2차 A동 1007호
전화 | 02) 704-7840
팩스 | 02) 704-7848
이메일 | sunhaksa@korea.com
홈페이지 | www.북코리아.kr
ISBN | 978-89-8072-255-6(93360)

값 50,000원

개정법률 제11747호(2013.4.5)에 의한

商標法槪論

李仁鍾

 선학사

제6판을 내면서

그간 일이 바쁘다는 핑계로 개정판을 내지 못하다가 지금에 와서 어렵사리 제6판을 내게 되어 독자 분들께 송구스럽다는 생각이 앞서면서도 한편으로는 감회가 새롭기도 하다. 그리고 과연 이 책을 읽어줄 독자가 몇 명이나 될까? 하는 두려움도 있지만, 용기를 내어 이 개정판을 펴내기로 하였다.

이번 개정판에서는 그간 개정된 내용을 반영하되 설명이 미비하였던 부분을 보완하였으며, 법의 해석·운용을 놓고 견해가 갈리거나 이론(異論)이 있는 부분에 대하여는 이를 설명하거나 필자의 견해를 추가하였다. 나아가 심사예, 판례를 소개함으로써 상표법을 제대로 이해하는 데 도움이 되도록 하였다. 특히 상표등록요건인 상표법 제6조, 7조와 상표권 분쟁과 관련하여 매우 중요한 부분으로서 실무상 자주 접하게 되는 등록상표의 변경사용 및 불사용 취소심판(법 제73조 제1항 제2, 3호), 권리범위확인심판(법 제51조, 75조) 등의 부분에 대하여는 해당 사례(판례)를 정리하여 소개함으로써 독자들이 그 부분을 제대로 이해함은 물론 실무에 도움이 되도록 노력하였다.

하지만 본서는 아직도 여러 가지 면에서 미비한 점이 많으며 필자 역시 여러 가지 부족한 점이 많다. 앞으로 계속 연구 정진하여 본서가 상표법을 공부하는 수험생들이나 심사, 심판 및 소송에 종사하시는 분들에게 다소라도 도움이 되는 책이 되도록 노력할 것을 다짐한다.

그간 본서는 그 제호를 '商標法'으로 하여 21C 법경사에서 출판을 맡아왔으나 여러 가지 사정으로 인하여 이번에는 책의 제호를 '商標法槪論'으로 하여 '도서출판 선학사'에서 맡아서 해주시게 되었으며, 그 책의 내용도 많이 보완되었다. 출판계의 여러 가지 어려운 사정에도 흔쾌히 본서를 출간해 주시는 도서출판 선학사 이찬규 사장님께 진심으로 감사하다는 말씀을 드린다.

부족한 이 책을 읽어주시는 독자 여러분께 감사의 말씀을 드리며, 많은 질책을 기대한다.

2014년 12월

著者 識

머리말

우리가 늘 사용하는 생활용품이나 주위의 물건 어느 하나치고 상표가 표시되지 아니한 것이 없으며, 길거리를 나서면 온통 간판의 홍수를 이룬다. 또한 우리가 어떠한 물건을 사고자 하는 경우 재래시장에 가서 사든, 백화점에 가서 사든 특정사의 특정 상표의 물건을 찾거나 그 상표를 확인하고 물건을 사게 되며 심지어 약국에 가서 감기약을 사더라도 "○○표 감기약"을 찾는다.

이와 같이 우리는 상표의 물결 속에 묻혀 생활한다고 할 수 있으며, 상표는 생산자와 소비자를 연결해 주는 연결고리 역할을 톡톡히 해주고 있다.

상표관계를 규율하는 상표법이나 상표제도는 그만큼 물건을 생산하는 생산자나 이를 필요로 하는 소비자 모두에게 매우 중요한 것임에도 불구하고 우리 사회에서 상표법에 대한 지식이나 상표제도에 대한 인식은 그리 높지 않은 것 같다. 상표사용자와 소비자보호를 본질로 하는 상표법은 타산업재산권법에 비하여 조문의 구성도 간단하고 조문수도 적으며, 또 우리 생활 주변에서 일어나는 상표에 관한 사항을 규율하는 법이어서 쉽게 이해될 법도 하나 실제 이를 해석 운용하는 심사 심판관이나 당사자인 거래업계의 생산자 등은 상표법이 매우 난해한 법률이라는 데 인식을 같이하고 있으며, 변리사시험 준비를 하는 수험생들 역시 어려운 시험과목 중의 하나로 손꼽는 데 주저하지 않는다.

본서는 필자들이 그간 10여 년간 항고심판업무와 변리업무에 종사하면서 익힌 실무 경험과 지식을 바탕으로 하여 지금까지 논란이 되었던 문제점들의 해답을 구하고 판례나 상표법의 취의에 맞도록 정리함으로써 실무에 종사하는 분이나 변리사시험 준비에 고생이 많은 수험생들의 부담을 다소나마 덜어보고자 꾸민 것이다.

따라서 판례를 가급적 많이 인용하려고 노력하되 최근의 판례를 인용하고자 노력하였으며 또 상표법의 취의에 반한다고 판단되는 판례는 이를 배척하였다. 또한 본서는 상표법 전반에 대하여 언급하면서도 변리사시험 준비를 하는 수험생들을 위하여 본서의 체계를 변리사시험 답안 작성에 맞도록 엮어나가되 가급적 간결성을 유지하려고 노력하였다.

천학비재한 필자들이 본서를 출간함에 있어 부끄러움이 앞서나 앞으로 더욱더 노력하여 미비한 점, 부족한 점은 앞으로 계속 보완해 나갈 것을 다짐하면서 독자 여러분의 많은 질책과 지도편달을 바라마지 않는다.

차례

제1편 총 칙

제1장 총 설   31

제2편 상표등록요건

12

제3편 상표등록출원 및 심사

제2장 선원주의 422

제3장 1상표 1출원의 원칙 436

제4장 다류 1출원제도 441

14

제4편 마드리드의정서에 의한 국제출원

제1장 마드리드 의정서에 의한 국제출원 507

제5편 상표권

제1장 상표등록 541

제6편 심판 및 소송

24

제8장 권리범위확인심판　740

제9장 재 심　764

제7편 국제조약

제1편 총칙

제1장 총 설

I. 서 언

우리가 사용하는 생활용품이나 구입하는 물건 어느 하나치고 상표가 표시되지 아니한 것은 없으며, 또한 우리가 물건을 사고자 하는 경우 특정인의 상표가 표시된 물건을 찾거나 그 상표를 확인하고 물건을 구입함이 일반적이다.

이와 같이 상표는 우리 생활 속에 깊이 자리 잡고 있으며, 상표는 생산자와 소비자를 연결해 주는 연결고리 역할을 톡톡히 해주고 있다.

지식기반사회를 지향하는 21세기 상표는 여타 지식재산권과 같이 국가의 산업발전을 뒷받침하는 디딤돌 역할을 수행하고 있으며 현대사회의 경제활동에서 하나의 커다란 축을 형성하고 있다.

II. 상표의 기원과 발전

1. 상표의 기원

원시공동사회에서는 물물교환만이 행하여졌던 관계로 상표는 존재하지 않았다.

상표는 무엇보다도 산업발달에 따라 상품의 다량생산과 더불어 출현하였다고 할 수 있는데 근대자본주의사회 이전의 상표는 근대적 의미에서의 상표와는 그 기능, 성격이 다르다고 할 수 있다. 중세에 있어서의 상표는 생산자가 소비자에게 자기의 상품을 피알(PR: public relations)하거나 판매하기 위하여 다른 상품과 식별하게 하는 적극적인 목적을 가진 것이 아니고 주로 길드(Guild)에 대한 책임을 달성했음을 입증하게 하기 위하여 자기의 제품을 명시하는 소극적 기능에 그쳤으나, 소유표지 내지 책임표지로서의 출처표시의 기능은 18세기 후반의 산업혁명 이후 근대자본주의 사회가 성립되면서 규격화된 상품이 기계공업에 의하여 다량으로 생산되고 시장에 유통되게 됨에 따라 자기의 상품을 타인의 상품과 구별하는 근대적 의미에서의 상품식별표지로서 적극적 기능으로 바뀌게 되었으며 오늘날 상표는 법에 의하여 물권에 가까운 재산권으로서 강하게 보호되기에 이르렀다.[1]

근대적 상표의 효시는 초기자본주의의 형성시대에 있어 영국을 중심으로 한 길드(Guild) 구성원이 직물지에 표시한 상표부터라고 할 수 있다.

2. 외국의 경우

1) 영 국

영국은 허위표시에 대한 벌칙을 중심으로 하는 상품표법(The Merchandandise Marks Act)이 1862년 제정되었다가 1875년에 선사용주의를 명백히 한 상표등록법이 성립되었으며 그 후 1883년법(특허법, 의장법과 합체), 1905년법(단독상표법)을 거쳐 현행의 상표법(1938년)에 이르고 있다. 그 주요내용은 사용주의, 심사주의, 출원공고제도, 영업과 분리하여 상표의 양도, 연합상표, 분리상표, 연쇄상표제도, 사용허락제도, 방호표장등록제도, 착색한정, 권리불요구제도 등을 채택하고 있다.

2) 미 국

미국에서는 1870년에 처음으로 연방법으로서 상표등록에 관한 입법이 제정된 후 여러 차례의 개정을 거쳐(1876년, 1881년, 1905년) 현행법인 이른바 Lanham Act(1946년)에 이르고 있다. 그 주요내용은 철저한 사용주의, 심사주의, 출원공고주의, 서비스마크, 증명표장제도를 채택하였으며 상표법의 목적에 부정경쟁방지를 규정한 것 등을 들 수 있다.

3) 독 일

독일에서는 1874년에 무심사주의를 내용으로 하는 상표보호법이 제정되었다가, 1894년의 상표표시보호법(심사주의)으로 바뀌었으며, 현행의 상표법(Warenzeichengesetz)은 1936년에 제정되었다. 이 법률의 주요내용은 등록주의, 심사주의, 출원공고제도, 영업

---

1   아미노(綱野誠) 상표(신판), 대광서림 8면.

과 분리하여 상표권의 이전 불인정, 표장(Ausstattung)의 보호에 관한 규정, 표장권과 상표권의 우열의 원칙(Grundsatz der Priorit ât) 등이다.

그 외에 5년 이상 사용하지 않는 등록상표의 취소, 불사용상표에 관련된 상표권에 의한 이의신청제한, 등록상표 말소소송의 제한 등을 들 수 있다.

4) 일 본

일본은 1884년 상표에 관한 최초의 법인 상표조례가 제정된 이래 1888년 상표조례, 1899년법, 1909년법, 1921년법, 1959년법 등 수차례 개정되어 왔으며 각종 국제조약에 가입하면서 동 조약의 내용을 일본법에 반영한 바 있다. 일본의 상표법은 우리나라 상표법제와 유사하며 등록주의, 심사주의가 특징이다.

5) 국제 조약

파리(Paris)조약은 상표의 국제적 보호를 한층 강화하기 위하여 특별협정으로서 한정동맹(限定同盟)을 조직한 것으로 특별협정으로는 다음의 4가지를 포함하고 있다.

(1) 마드리드 협정
마드리드 협정은 1891년에 체결되었는데 다음의 2가지를 포함하고 있다.
① 생산지 허위표시의 방지에 관한 협정
② 제조표 또는 상표의 국제등록에 관한 협정

(2) 상품 국제분류에 관한 협정
이 협정은 「상표가 적용되는 상품 및 서비스의 국제분류에 관한 협정(NICE 분류)」에 관한 협정으로 1957년에 체결되었다.

(3) 리스본 협정
이 협정은 「원산지 명칭의 보호 및 그 국제등록에 관한 협정」으로 1958년에 체결되었다.

(4) 상표등록조약(Trademark Registration Treaty: TRT, 1973년)
이 조약은 「상표 및 서비스마크에 대하여 보호를 받고자 하는 임의의 체약국(지정국)을 지정하여 직접 국제사무국에 출원하는 것」을 내용으로 하는 조약으로 이 조약에 의하여 출원, 등록된 상표는 각 지정국에 출원하고 또 등록된 것과 같은 효과를 가지게 된다.

(5) 기타 조약

이상의 국제조약은 어느 것이나 파리조약기구의 범위 내에 속하는 것이며, 그 밖에 파리조약 이외의 것으로서 상표의 국제적 보호에 관한 조약으로서는 1929년에 체결된 범미조약(Pan-American Convention), 구주경제협동체(EEC)에서 제정되어 운용되고 있는 유럽공동체 상표규정(The Regulation on the Community Trade Mark) 등이 있다.

3. 우리나라 상표법의 연혁

우리나라에서 상표법이 처음 제정된 것은 1949년 11월 28일 법률 제71호로 제정된 상표법으로서 그 후 여러 차례에 걸친 개정을 거쳐 현행 상표법에 이르고 있다.

1) 법률 제71호
(1949.11.28. 신규제정)

① 보호대상을 상표와 영업표로 함
② 업무표장제도 채택
③ 선사용주의 채택
④ 연합상표제도 채택
⑤ 상표권존속기간을 10년으로 규정
⑥ 상표권존속기간갱신등록제도 채택
⑦ 거절사정불복항고심판제도 채택
⑧ 상표등록무효심판제도 채택
⑨ 상표등록무효·취소심판청구제척기간을 규정

2) 법률 제408호
(1958.3.11.)

① 선사용주의를 선원주의로 전환

3) 법률 제1295호
(1963.3.5.)

특허법 및 민사소송법제정에 따른 관련조문 정리

4) 법률 제2506호
(1973.2.8.)

① 1상표 1출원주의를 명시
② 출원의 변경제도 채택
③ 출원공고제도 신설
④ 지정상품추가등록출원제도 신설
⑤ 상표등록무효 취소심판청구 제척기간의 변경

5) 법률 제2659호
(1973.12.31.)

① 상표권존속기간갱신등록의 거절이유를 추가
② 상표권 이전 후 1년 내 이전등록 신청하지 아니한 경우를 취소사유에 추가

6) 법률 제2957호
(1976.12.31.)

정부조직법 개정(특허청 발족)에 따른 관련조문 개정

7) 법률 제3326호
(1980.12.31.)

① 파리협약 가입에 따라 파리협약 공통규정사항 채택
② 단체표장제도 신설
③ 우선권주장제도 채택
④ 상표등록출원의 분할출원제도 신설
⑤ 출원시의 특례규정 신설
⑥ 상표부등록사유에 수요자를 기만할 염려가 있는 상표를 추가
⑦ 상표권자가 아닌 자가 한 출원 및 등록상표를 거절 또는 취소할 수 있도록 규정

8) 법률 제3892호
(1986.12.31.)

① 통상사용권을 사용권으로 변경함
② 상표권자의 상품과 사용권자의 상품의 품질의 동일성에 관한 규정을 삭제
③ 사용권자가 등록상표를 불성실하게 사용한 경우 이를 상표권 또는 사용권 취소사유로 규정

9) 법률 제4210호
(1990.1.13.)

① 「정의」 규정을 신설
② 우리나라 및 파리협약 동맹국과 그 국가내의 공공기관이 사용하는 감독용 또는 증명용의 인장과 동일하거나 유사한 상표는 등록받을 수 없도록 규정
③ 지정상품의 분할이전 허용
④ 상표권 양도시 「영업과 함께」 규정 삭제
⑤ 사용권을 전용사용권과 통상사용권으로 구분
⑥ 상표등록의 일부무효 인정
⑦ 지정상품의 일부취소 인정

10) 법률 제4541호
(1993.3.6.)

정부조직법 개정에 따른 관련조문 개정

11) 법률 제4597호
(1993.12.10.)

① 상표권 존속기간갱신등록출원할 수 있는 기간을 상표권 존속기간 만료 후 6월까지로 함
② 상표사용실적증명서 제출을 폐지
③ 취소심판청구인에게 우선출원의 기회를 부여

12) 법률 제5083호
(1995.12.29.)

색채를 상표의 구성요소의 하나로 명시

13) 법률 제5355호
(1997.8.22.)

① 입체상표제도 도입
② 모방상표(부정한 목적의 상표) 등록금지규정 신설
③ 연합상표제도 폐지
④ 다류1출원상표제도 도입
⑤ 상표권이전시 일간신문공고제도 폐지

14) 법률 제5576호
(1998.9.23.)

① 특허법개정에 따른 상표법준용규정 개정
② 전산망을 이용한 통지·송달 및 특허문서 전자화업무의 대행에 관하여 규정

15) 법률 제6414호
(2001.2.3.)

① 손실보상청구권제도 도입
② 국제출원절차근거규정 마련
③ 상품분류전환등록제도 신설
④ 상표등록출원일 인정제도 도입
⑤ 사용에 의하여 식별력을 취득한 현저한 지리적 명칭에 대한 등록 허여
⑥ 법정사용권 인정규정 신설
⑦ 상표권침해에 대한 제재 강화
⑧ 손해액추정규정 개정
⑨ 상표권의 회복제도 채택

16) 법률 제7290호
(2004.12.31.)

① 지리적 표시 정의 규정을 신설
② 지리적 표시 단체표장 제도의 도입

17) 법률 제8190호
(2007.1.3.)

① 상표법상 보호대상확대(홀로그램·동작상표·색채만으로 된 상표· 그 밖에 시각적으로 인식할 수 있는 것)
② 모방상표에 대한 거절요건 완화(법 제7조 제1항 제12호)
③ 불사용취소심판청구인의 독점출원권 강화
④ 변경출원 범위 확대
⑤ 이의신청기간 확대
⑥ 선사용자에 대한 사용권 부여
⑦ 법인소멸에 따른 상표권소멸규정 신설

18) 법률 제8852호
(2007.5.17.)

상표등록료와 수수료의 반환청구기간을 1년에서 3년으로 연장

19) 법률 제8852호
(2008.2.29.)

정보조직법 개정에 따른 법령 명칭 변경

20) 법률 제9987호 (2010.1.27.)	① 상표등록을 받을 수 없는 상표요건 개정(법 제7조 제1항 제1호) ② 종자산업법에 의하여 보호되는 품종명칭에 대한 상표등록 불허 ③ 타인의 선출원 등록상표가 무효로 된 경우 법 제7조 제1항 제7호, 제8조 적용배제(법 제7조 제3항 일부개정) ④ 우선심사 근거 규정 마련(법 제22조의4) ⑤ 상호등록료 분할납부제도 신설 ⑥ 상표권 존속기간 갱신등록제도 간소화 ⑦ 수수료 반환대상의 확대
21) 법률 제11113호 (2011.12.2.)	① 소리·냄새 등 비시각적 표장도 상표로 인정 ② 증명표장제도 도입 ③ 전용사용권의 등록을 대항요건으로 규정 ④ 법정손해배상제도 도입 ⑤ 소송절차에서의 비밀유지 명령제도 도입
22) 법률 제11747호 (2013.4.5.)	① 불사용취소심판청구인 한 상표출원에 대한 법 제7조 제1항 제7호, 제8조의 적용시점을 등록결정시로 함 ② 취소심판청구인의 상표출원 대한 6개월 내 독점출원권 부여를 삭제 ③ 상표권의 효력이 미치지 아니하는 경우를 명확히 함

III. 상표법의 특색

1. 산업 정책적 요소

상표법은 산업 정책적 요소가 강하다. 특허법·실용신안법·디자인보호법의 궁극적인 목적이 국가의 산업발전을 도모함에 있다고 규정하고 있는데 상표법도 제1조에서 여타 산업재산권법과 마찬가지로 '산업발전에 이바지함'을 목적으로 하고 있음을 분명히 하고 있다.

2. 경쟁적 요소

상표법은 유사상표간의 등록을 불허하는 등 영업활동에 있어서 동종업자간의 부정한 경쟁을 금지시키고 상표권자에게 합법적인 독점을 보장하는 수단이 되므로 경쟁적 요소를 가진다. 따라서 표지에 대한 권리를 보호대상으로 하는 상표법은 경쟁법의 일부를 구성하며 여타 법률보다 경쟁적 요소가 가장 강하다고 할 수 있다.

3. 특별법

우리나라 특허법, 디자인보호법, 상표법 등은 발명자, 디자인을 창작한 자, 상표를 사용하고자 하는 자 등에 대하여 그 발명이나 디자인 창작에 대한 대가로 특허권·실용신안권·디자인권·상표권이라는 독점배타적인 권리를 부여하여 그 권리자를 보호하고 있으며, 권리 침해에 대하여는 여타 소유권 침해에 있어서와 마찬가지로 침해행위 금지청구권·손해배상청구권 등을 명문으로 규정하고, 동 법률에서 직접 규정하고 있는 사항 이외에는 민법·상법·부정경쟁방지법 등 일반법에 맡기고 있다. 그러므로 상표법은 민법·부정경쟁방지법 등에 대하여 특별법적 지위를 갖는다.

4. 권리의 발생과 존속

상표권은 엄격한 심사절차를 거쳐 그 권리가 창설되는 것임에 반하여, 여타 소유권은 이러한 권리의 확정절차가 없다. 또 상표권은 사용에 의하여 그 권리취득이 인정되지 않는 점에서 그 특색이 있다. 또한 상표권은 엄격한 사전심사절차를 거쳐 발생하는 것이기는 하나 그 실질적 보호요건을 갖추지 못한 경우에는 무효로 될 가능성이 언제나 존재하므로 권리가 불안정한 점이 있으며 그 권리도 유한(有限)하다는 점에서 일반 소유권과 다르다.

5. 보호객체

상표법 등 지식재산권법의 보호대상은 사상·아이디어·표현·신용 등 무형적이고 관념적이며 추상적이라는 점에서 그 객체가 물리적으로 존재하는 일반 소유권과 다른 특색이 있다. 또한 권리의 객체가 추상적·관념적인 까닭에 그 권리범위를 명확히 확정하기가 곤란하다는 점에서 여타 소유권과 다르다.

6. 절차상의 특색

상표법은 권리의 발생·존속·소멸에 관해서 일정한 심사절차에 의하여 권리를 부여하고 일정한 쟁송절차를 거쳐 그 권리를 무효 또는 취소시키는 제도를 마련하고 있다. 그러므로 각 법에 권리의 등록요건, 권리의 내용 등 실체법적인 규정뿐만 아니라 심사절차·심판절차에서는 행정소송, 민사소송에 유사한 절차법적 규정을 두고 있고, 그 침해행위에 대한 사법적 구제 이외에 형벌의 제재에 관하여도 규정하고 있다.

IV. 상표법의 법원(法源)

1. 성문법전

1) 상표법

상표법의 법원(法源) 가운데 첫째인 것은 법률의 형식을 갖춘 상표법이다. 상표법은 제1장 총칙, 제2장 상표등록요건 및 상표등록출원, 제3장 심사, 제4장 상표등록료 및 상표등록 등, 제5장 상표권, 제6장 상표권자의 보호, 제7장 심판, 제8장 재심 및 소송, 제9장 보칙, 제10장 벌칙 등으로 구성되어 있다. 또한 상표법의 법원이 되는 명령에는 상표법시행령 · 상표법시행령규칙 · 상표등록령 · 상표등록령시행규칙 등이 있다. 이러한 법규명령도 법적 구속력을 가진다.

2) 조 약

헌법 제6조 제1항은 "헌법에 의하여 체결 · 공포된 조약과 일반적으로 승인된 국제법규는 국내법과 같은 효력을 가진다"고 규정하고 있고, 또 상표법 제20조에서 「조약에 의한 우선권 주장」, 제86조의2 내지 42에서 「의정서에 의한 국제출원」에 관하여 규정하고 있어 조약은 중요한 상표법원이 된다. 상표관련 조약으로는 '산업재산권법 보호를 위한 파리협약', '표장의 국제등록에 관한 미드리드협정(1891)', '상품의 국제분류에 관한 NICE 협정(1857)', '상표등록조약(1973)' 등이 있다.

2. 판례법

상표사건에 관한 특허심판원의 심결, 법원의 판결은 추상적인 상표법규의 내용을 구체적으로 명확히 하고, 관습법의 존재와 내용을 명백하게 하며 혹은 조리를 적용하는 등 성문법규의 결함을 보충한다 하겠으므로 그 한도 내에서 상표법의 법원이 된다.

3. 조 리

상표에 관한 법률관계는 복잡다기할 뿐 아니라 법규가 예상하지 못한 사태가 발생하는 일이 적지 아니하므로 조리는 상표법의 법원(法源)으로 중요성을 지닌다 할 수 있다.

4. 기타 법률

1) 헌 법

여타 국내법과 마찬가지로 헌법은 상표법의 법원이 된다고 할 수 있는데, 헌법은 상표보호의 이념적 근거를 제공함으로써 상표법의 해석과 운용에 하나의 기준을 제공하고 있어 법원이 된다고 할 수 있다.

2) 행정법

상표법은 행정법의 일부를 구성하고 있으며, 상표행정에 대한 특별행정법의 영역에 속하는 것이라고 할 수 있다. 행정법은 상표행정에 대하여 밀접한 관련과 이론적 근거를 뒷받침하고 있어 상표법의 실질적 집행에 매우 중요한 법원으로서 작용한다고 볼 수 있으며, 상표법을 운용함에 있어 특별한 규정이 없는 경우 행정법의 일반원리가 그대로 적용된다.

3) 민 법

상표법은 사법적(私法的)인 면에서는 일반사법의 모법인 민법에 대한 특별법적 지위에 있으므로 민법은 상표법의 기초가 되는 관계에서 보충적으로 그 법원(法源)으로서 작용한다.

또한 민법총칙상의 기간·능력 등에 대한 제반규정이나 물권법의 기본법리 및 채권법상의 계약자유의 원칙과 채권의 법적 성질에 관한 제반규정도 일반법과 특별법이란 관계에서 상표법상 규정하지 아니한 부분을 보충할 수 있는 관계에 있다.

4) 민사소송법

상표법 중 절차에 관한 제반규정은 특허법에서 규정 또는 준용하고 있는 민사소송법상의 절차규정들이 적용되고 있다. 예컨대 대리인에 관한 준용법규(특허법 제12조), 재외자의 재판적(특허법 제13조), 심리조서(특허법 제154조), 증거조사 및 증거보전(특허법 제157조), 재심의 청구(특허법 제178조) 등이 그것이다.

5) 형법 등

상표법은 여러 가지 벌칙규정(제10장)을 두고 있는데 이 규정들은 형법에 대한 특별

규정이다. 그 외에 상표권 침해에 대하여는 형법총칙규정이 적용된다(형법 제8조). 또한 구체적 소추절차와 관련하여서는 상표법상 명문의 규정이 있는 경우 외에는 형사소송법과 비송사건절차법에 따라 처벌된다.

V. 상표법상 제(諸)주의

1. 의 의

상표법이 지향하는 목적이나 상표제도를 어떻게 운용할 것인가 하는 문제는 각 나라마다 산업정책 내지 상표정책에 따라 다르다 할 수 있다.

상표제도를 채택하고 있는 세계 대부분의 국가는 상표제도의 효율적인 운용을 위하여 몇 가지 기본이 되는 주의를 채택하고 있는데 권리주의, 등록주의, 선원주의, 1상표1출원주의, 심사주의, 출원공고주의 등을 두고 있다.

2. 권리주의와 은혜주의

1) 권리주의

권리주의라 함은 상표를 사용하고자 하는 자는 누구나 상표권의 설정을 국가에 대하여 요구할 수 있고 국가는 법률상 요건을 구비한 이상 이를 거부할 수 없다는 주의를 말한다.

이와 같은 권리주의는 상표제도를 채택하고 있는 세계 대부분의 국가가 채택하고 있으며 우리 상표법도 권리주의를 취하고 있다.

2) 은혜주의

은혜주의는 권리주의에 대응되는 개념으로서 권리의 부여를 국가나 국왕의 은혜로서 생각하는 주의로 영국에서 유래된 것이다.

은혜주의에 의할 경우 상표권은 타인의 자유를 제한하는 것이므로 본래 누구도 이와 같은 권리를 가질 수 없으며, 다만 상표권은 국가나 국왕이 특별히 은혜로서 권리를 부여해 주는 것이라고 한다.

3. 사용주의와 등록주의

1) 의 의

상표권의 형성 내지 발생을 상표의 사용사실에 기초하느냐 또는 등록사실에 기초하느냐에 따라 사용주의와 등록주의가 있다.

사용주의와 등록주의는 각각의 장단점이 있는바, 양 제도 중 어느 제도를 채택할 것인지 여부는 각 나라마다 상표법이 지향하는 목적이나 산업정책에 따라 다르다 할 수 있다. 우리나라는 등록주의를 취하고 있는데 등록주의에서 발생할 수 있는 불합리한 점을 극복하고자 사용주의적 요소를 가미하고 있다.

2) 개 념

(1) 등록주의

등록주의라 함은 상표의 사용여부에 관계없이 법정요건을 갖춘 상표에 대하여는 그 등록을 인정하고 상표권은 등록에 의하여 그 권리가 발생하도록 하는 주의를 말한다.

이와 같은 등록주의 하에서는 최선의 출원인만이 상표등록을 받을 수 있는 선원주의가 지배함이 일반적이며 상표등록이 되면 이와 동일 또는 유사한 상표는 이를 타인이 등록받을 수 없고 그 사용도 배제된다. 등록주의 법제 하에서는 상표의 사용 여부에 불문하고 불사용을 이유로 취소심판에 의하여 그 등록이 취소되지 않는 한 권리는 유효하게 존속하게 된다.

(2) 사용주의

사용주의라 함은 상표의 사용 사실에 의하여 상표권이 발생하도록 하는 주의를 말한다.

3) 장단점

(1) 사용주의

① 장점　사용주의는 상표의 사용에 의하여 그 상표에 화체(化體)된 상표사용자의 업무상의 신용과 수요자의 이익을 모두 보호할 수 있다는 점에서 이론상 타당성을 지니며 또 실제 사용되는 상표에 대해서만 권리가 발생하므로 저장상표(貯藏商標)나 방호상표(防護商標)가 인정되지 않아 상표를 사용하고자 하는 자의 상표선택의 폭이 넓어지는 이점이 있으며 상표법이 목적하는 바를 가장 잘 실현할 수 있는 제도라고 할 수 있다.

② 단점   사용주의 하에서는 상표의 사용사실을 입증해야 하므로 그 사용사실의
입증에 어려움과 번잡성이 뒤따르며 상표의 선사용 여부의 판단도 용이치 않을 뿐만
아니라 상표의 선사용 여부 등에 따른 다툼으로 권리의 안정성을 해칠 우려가 있다.

(2) 등록주의

① 장점   등록주의 하에서는 상표권의 발생을 상표의 사용유무와 관계없이 출원의
선·후만을 판단하면 되므로 심사가 용이하고 촉진될 뿐만 아니라 권리가 사용주의 하
에서보다 안정적이라 할 수 있다.

② 단점   상표에 화체된 선사용자의 업무상의 신용과 그에 관련한 수요자의 이익
을 제대로 보호할 수 없다는 결점과 저장(貯藏)상표, 방호(防護)표장의 발생으로 상표를
사용하고자하는 자의 상표선택의 폭이 좁아진다는 단점이 있다.

4) 양 주의(兩 主義)의 보완

(1) 등록주의의 가미

상표란 본래 상품에 대하여 사용되는 것을 본질로 하므로 상표권의 발생을 상표의
사용사실에 기초로 하는 점에서 사용주의는 이론적으로는 가장 타당성을 갖는 제도이
다. 그러나 사용주의 법제 하에서는 상표권의 발생이나 권리의 보호에 있어서 선사용
에 따른 입증이 전제되므로 이의 입증의 곤란성 등으로 인하여 상표등록의 확정력을
인정하는 등록주의 요소가 가미되고 있다.

(2) 사용주의의 가미

등록주의가 상표권의 발생이나 상표권자의 보호 및 심사의 용이성 등으로 인하여
상표제도를 채택하고 있는 대부분의 국가가 등록주의를 취하고 있기는 하나 진정한 최
선 사용자의 보호에는 미흡하다는 이유 등으로 인하여 사용주의적 요소를 가미하여 상
표제도의 효율적 운영을 꾀하고 있다.

4. 선출원주의와 선사용주의

1) 선출원주의

상표권의 발생을 어디에 기초하여 인정할 것인지와 관련하여 선출원주의와 선사용
주의가 있다.

선출원주의라 함은 상표가 동일 또는 유사하고 상품이 동일 또는 유사한 상품을 지

정상품으로 한 2 이상의 상표등록출원이 경합하는 경우 최선출원인에게 상표등록을 허여하는 주의를 말한다.

2) 선사용주의

선사용주의는 상표권의 발생을 상표의 선사용여부에 기초하여 허여하는 주의를 말한다.

5. 심사주의와 무심사주의

1) 심사주의

심사주의라 함은 상표권의 발생에 대하여 법에서 정한 요건을 구비하였는지 여부를 특허청의 심사관으로 하여금 사전에 심사케 하고, 그것이 상표등록요건을 구비하고 부등록사유에 해당되지 아니하면 권리를 부여한다는 주의로서 세계 대부분의 국가가 심사주의를 채택하고 있다.

2) 무심사주의

무심사주의는 상표의 등록 여부를 결정함에 있어 등록요건이나 부등록사유는 심사하지 아니하고 형식적 요건만을 심사하여 등록한 후 심판에 의하여 그 등록의 무효여부를 다투도록 하는 제도를 말한다.

6. 출원공고주의

출원공고주의라 함은 상표가 등록요건을 구비하고 있는지 여부에 대하여 심사관이 심사한 후 상표등록결정을 하기에 앞서 상표등록출원된 내용을 사회일반에 공고하여 공중으로 하여금 상표등록에 대한 이의신청을 할 수 있는 기회를 줌으로써 심사의 협력을 얻고자 하는 제도이다.

출원공고주의는 일반 공중으로부터 심사의 협력을 얻어 보다 적정한 심사를 할 수 있어 권리의 안정성은 기할 수 있다 하겠으나, 이의신청심사에 많은 시간과 인력이 소요되어 심사적체가 가중될 뿐만 아니라 권리발생이 지연되는 단점이 있다.

7. 1상표 1출원주의

1상표 1출원주의이라 함은 상표등록출원을 함에 있어 산업통상자원부령이 정하는 상품류 구분 내에서 그 상표를 사용할 상품을 지정하여 상표마다 출원해야 한다는 주의로서, 하나의 상표등록출원서에 수개의 상표를 기재하여 상표등록출원하는 것은 인정하지 않는 것을 말한다.

이와 같은 1상표 1출원주의는 상표심사 및 등록절차상 업무취급의 편의성과 상표권 설정 후에 권리행사와 거래의 편의성을 도모할 수 있다는 점에서 채택되고 있다.

VI. 우리 상표법이 취하고 있는 주요 주의(主義)

1. 권리주의

우리 상표법은 제3조에서 국내에서 상표를 사용하는 자 또는 사용하고자 하는 자는 자기의 상표를 등록 받을 수 있다고 규정하고 있고 또 상표법 제6조, 제7조 등에서 상표등록요건을 규정하여 이에 해당하지 않는 경우에는 상표등록을 받을 수 있는 것으로 규정하는 등 권리주의를 취하고 있다.

2. 등록주의

우리나라 상표법은 상표가 동일 또는 유사하고 그 지정상품이 동일 또는 유사한 상표등록 출원이 2 이상 경합하는 경우에는 최선 출원인에게만 상표등록을 허여하고 있으며(법 제8조), 또한 선출원에 의한 타인의 등록상표와 저촉되는 상표는 그 등록을 금지하는 등(법 제7조 제1항 제7호) 선사용 사실에 관계없이 선출원에 의한 등록상표를 보호함으로써 등록주의를 원칙으로 하고 있다.

또 우리나라 상표법은 상표등록을 받을 수 있는 자를 '상표를 사용하고 있는 자 또는 사용하고자 하는 자'에 한정함으로써 상표등록을 받고자 하는 경우, 최소한 상표사용의 의사가 있을 것을 요구하고 있고(법 제3조), 자타상품의 식별력이 없는 상표라도 출원 전에 사용한 결과 수요자 간에 현저하게 인식되어 있는 경우에는 예외적으로 상표등록을 허여하고 있으며(법 제6조 제2항), 또한 타인의 상표가 미등록상표라 하더라도 그 상표가 수요자에게 널리 인식된 경우에는 이와 동일 또는 유사한 상표의 등록을 인정하지 않을 뿐만 아니라 (법 제7조 제1항 제9호 · 제10호 · 제12호) 상표권의 발생은 상표권설정등록에 의하여 발생하는 등(법 제41조) 등록주의를 취하고 있다.

3. 선원주의

우리나라 상표법은 선원주의를 채택하고 있는데, 상표등록출원시를 기준으로 하여 판단하기 때문에 선·후원관계가 명확하며 권리의 설정이 신속하고 사용사실입증에 따른 번잡을 덜 수 있는 이점이 있다.

4. 심사주의

세계 대부분의 국가가 심사주의를 채택하고 있다. 우리나라도 심사주의를 채택하고 있으며, 심사주의에 의할 경우 상표등록여부를 전문적 지식을 갖춘 심사관으로 하여금 심사토록 하여 상표등록을 인정함으로써 상표권에 대한 신뢰도가 높고 권리가 안정적인데, 심사주의를 효율적으로 뒷받침하기 위하여 출원공고제도와 이의신청제도를 두고 있다.

5. 출원공고주의

출원공고주의를 채택함에 따라 일반 공중으로부터 심사의 협력을 얻어 보다 적정한 심사를 할 수 있어 권리의 안정성은 기할 수 있다 하겠으나 이의신청서에 많은 시간과 인력이 소요되어 심사적체가 가중될 뿐만 아니라 권리발생이 지연되는 단점이 있다.

6. 1상표 1출원주의

1상표 1출원주의는 상표심사 및 등록절차상 업무취급의 편의성과 상표권 설정 후에 권리행사와 거래의 편의성을 도모할 수 있다는 점에서 채택되고 있다.

그러나 상표법은 1상표 1출원주의를 취하면서 한편으로는 1상표등록출원서에 2류 구분 이상의 상품을 함께 지정하여 출원할 수 있는 다류 출원제도를 채택하고 있어 본래적 1상표 1출원 주의가 변질되어 운용된다고 할 수 있다(법 제10조 제1항).

제2장 상표법의 목적

일러두기 여기에서는 상표법 제1조에서 규정한 상표법의 목적을 정확히 이해하는 것이 필요하며 아울러 타법과 관련지어 알아두는 것도 필요하다.

I. 서 언

상표법은 제1조에서 "상표를 보호함으로써 상표사용자의 업무상의 신용유지를 도모하여 산업발전에 이바지함과 아울러 수요자의 이익을 보호함을 목적으로 한다"라고 규정하여 '상표의 보호'를 제1목적으로, '상표사용자의 업무상 신용유지와 수요자의 이익보호 및 산업발전에의 기여'를 제2목적으로 하고 있다.

상표법 제1조의 상표법의 목적에 관한 규정은 상표법을 이해하고 해석·운용하는데 있어서 근간이 되는 규정으로서 상표법을 가지고 있는 대부분의 국가가 이와 같은 목적규정을 가지고 있다.

상표법에서 목적규정을 두기 시작한 것은 1973년 2월 8일 법률 제2506호부터로서 그 내용은 현행법과 같다.

II. 상표법의 목적

1. 상표의 보호

상표법은 '상표의 보호'를 제1의 목적으로 하고 있는데, 상표를 보호한다 함은 상표를 사용하고자 하는 자 또는 상표를 사용하는 자에게 그 상표사용에 관한 권한을 하나의 권리로서 인정, 그 상표의 사용은 상표권자만이 할 수 있게 하는 등 경쟁업자의 부정한 상표사용으로부터 상표를 보호하는 것을 의미한다.

여기서 상표라 함은 협의의 상표는 물론 광의의 상표인 서비스표, 단체표장, 업무표장 등을 포함하며 미등록상표도 등록상표에 비하여 정도의 차이는 있다 하겠으나 상표법상 보호의 대상이 된다.

등록상표의 경우에는 상표권자에게 그 등록상표의 사용을 독점시키거나(법 제50조) 타인의 무단사용으로부터 보호하는 등 상표권자에게 적극적·소극적 권리를 부여하여 강력하게 보호하고 있으나(법 제65조 내지 제70조 등) 미등록상표의 경우에는 그 상표가 주지·저명상표에 이르러야 이와 동일·유사한 상표의 등록을 금지하는 등 제한된 범위 내에서 소극적으로 보호하고 있다.

2. 상표사용자의 업무상의 신용유지

상표는 이를 그 상품에 계속적으로 사용함으로써 업무상의 신용을 획득하게 되는데, 상표법은 국내에서 상표를 사용하는 자 또는 사용하고자 하는 자에게 그 상표를 사용할 권리를 독점시키는 한편 타인의 모방이나 부당한 사용을 금지함으로써 상표사용자가 업무상 쌓아올린 신용(good will)이 훼손되지 않도록 하는 등 상표사용자의 업무상의 신용을 유지토록 도모한다.

3. 산업발전에 이바지

상표를 보호함으로써 부정경쟁을 방지하고 건전한 시장유통질서를 확립하여 상표사용자의 업무상의 신용이 유지되는 경우, 상표사용자는 상표에 화체(化體)된 고객흡인력을 바탕으로 하여 보다 더 좋은 상품을 생산하고자 노력하여 제품의 품질을 향상시키고 활발한 상품 활동을 전개할 것이므로, 이는 궁극적으로 산업발전에 이바지하게 되는 것이다.

4. 수요자의 이익보호

상표법은 타인 간에 동일 또는 유사한 상표의 등록이나 사용을 배척하여 상품출처의 오인·혼동을 방지함으로써 수요자의 불측의 손해를 예방함을 목적으로 한다. 또한 상표사용자는 상품의 품질을 동일하게 유지시키려 노력함은 물론 품질의 향상에도 힘쓸 것이므로 수요자의 이익도 아울러 보호할 수 있게 된다.

III. 타법과의 관계

1. 타산업재산권법과의 관계

상표법도 산업재산권법의 일종이기는 하나 상표법은 상표를 그 보호대상으로 하나 특허법, 실용신안법, 디자인보호법은 발명이나 실용신안, 디자인을 보호대상으로 하는 점에서 본질적인 차이가 있다. 그러나 상표법에서 도형·입체적 형상을 상표로 인정하고 있어 이들은 디자인의 등록대상일 뿐만 아니라 실용신안, 특허의 대상도 될 수 있으므로 도형이나 입체적 형상이 상표, 디자인, 실용신안 또는 특허로 각각 등록될 경우 상표권과 특허권·실용신안권·디자인권 간에는 상호 충돌할 가능성이 있다.

2. 부정경쟁방지 및 영업비밀보호에 관한 법률과의 관계

상표법이나 부정경쟁방지 및 영업비밀보호에 관한 법률(이하에서는 '부정경쟁방지법'이라 한다)이나 다 같이 부정경쟁을 방지하고 경업질서를 바로 잡기 위하여 마련된 제도이기는 하나, 부정경쟁방지법은 무엇보다도 국내에 널리 알려진 성명, 상호, 상표, 상품의 용기·포장, 상품의 형태, 그 밖에 타인의 상품임을 표시하는 표지, 도메인 이름 또는 타인의 제품을 모방한 상품 또는 영업비밀을 그 보호 대상으로 하며,[1] 타인의 부

---

1 ① 일반적으로 상품의 형태는 상품의 출처를 표시하는 기능을 가진 것은 아니나 다만 어떤 상품의 형태가 장기간 계속적, 독점적, 배타적으로 사용되거나 지속적인 선전광고 등에 의하여 그 형태가 갖는 차별적 특징이 거래자 또는 수요자에게 특정한 품질을 가지는 특정 출처의 상품임을 연상시킬 정도로 개별화되기에 이른 경우에는 부차적으로 자타상품의 식별기능을 가지게 되고 이러한 경우에 비로소 부정경쟁방지법 제2조 제1호 (가)목 소정의 '기타 타인의 상품임을 표시한 표지'에 해당된다(대법원 1994.12.2. 선고 94도1947 판결).
  ② 상품의 형태는 의장권이나 특허권 등에 의하여 보호되지 않는 한 원칙적으로 이를 모방하여 제작하는 것이 허용되고, 다만 예외적으로 어떤 상품의 형태가 장기간의 계속적, 독점적, 배타적 사용이나 지속적인 선전광고 등에 의하여 그 형태가 갖는 차별적 특징이 거래자 또는 수요자에게 특정한 품질을 가지는 특정 출처의 상품임을 연상시킬 정도로 현저하게 개별화된 경우에만 부정경쟁방지법 제2조 제1호 (가)목에서 규정하는 '기타 타인의 상품임을 표시한 표지'에 해당되어 부정경쟁방지법에 의한 보호를 받을 수 있다고 할 것이다(대법원 1996.11.26. 선고 96도2295 판결 참조).
  ③ 일반적으로 의사나 약사 등 의약관련 종사자들은 의약품의 모양과 색깔의 유사성으로 인하여 의약품을 혼동하는 경우가 거의 없고, 특히 문제된 두 약품이 모두 향정신성의약품에 해당하여 거의 대부분 병원에서 의사의 처방에 따라 약사에 의하여 투약되고 있으며 일반 소비자들은 의사의 처방전 없이는 일반약국에서 구입할 수 없으므로 두 약품의 형태와 색상이 유사하다고 하더라도 이로써 곧바로 혼동을 일으키게 한다고 단정할 수 없고, 따라서 그 제조, 판매행위가 부정경쟁방지법 제2조 제1호 (가)목 소정의 타인의 상품과 혼동을 일으키게 하는 부정경쟁행위에 해당한다고 볼 수 없으며, 위 법조

정경쟁행위가 있는 경우에 한하여 그 부정경쟁행위의 금지청구권, 손해배상청구권 등 일정한 권리를 인정함으로써 부정경쟁행위를 금지하고 공정한 경쟁질서를 유도하고 자 하는 것인 데 반하여, 상표법은 국내에 널리 알려진 것과 관계없이 등록된 상표에 대하여 상표권이라는 하나의 권리를 부여하고 상표권자에게는 그 등록상표의 독점사용을 인정하는 등 등록상표의 보호를 주된 내용으로 하고 있는 점에서 양 법은 본질적인 차이가 있다 할 것이다.

그러나 등록상표가 국내에서 널리 알려진 상표의 경우에는 상표법에 의한 보호수단을 강구할 수 있음은 물론 그 침해의 태양에 따라 그 침해가 부정경쟁을 목적으로 하는 등의 경우에는 부정경쟁방지법에 의하여도 보호될 수 있다.

또한 부정경쟁방지법에 의하여 보호되는 상표는 그 상표가 등록상표인지 미등록상표인지를 불문하고 국내에 널리 알려진 상표는 모두 포함되는데 비하여 상표법에 의하여 보호되는 상표는 등록상표에 한한다.

한편 상표법 등에 의하여 보호되는 상표일지라도 그 법에 저촉되지 아니하는 범위 내에서는 부정경쟁방지법이 적용되어 정당한 상표권의 행사로 인정되지 아니한다. 그러므로 비록 상표법에 기한 상표권행사일지라도 그 상표가 남의 주지·저명상표를 모방하여 등록된 상표인 경우 그 상표권의 행사는 권리남용으로 취급되고 오히려 유명상표에 대한 부정경쟁행위로 취급될 수 있다.[2]

의 규정취지는 상품의 거래단계에 있어서 거래자 또는 수요자의 상품출처의 오인·혼동을 방지하여 건전한 거래질서를 유지하고자 함에 있으므로, 두 약품의 용기와 포장이 누구나 쉽게 구분할 수 있을 정도로 달라 거래단계에서는 혼동의 우려가 없는 상황이라면, 스스로 약품을 선택하지 못하고 의사의 처방에 의하여 제공된 약품을 피동적으로 복용하는 환자들의 처지에서 그 정제의 형태와 색상이 유사하여 약품의 용기, 포장이 제거된 상태에서 그 약품의 성태나 색상으로써 출처를 구분하기 쉽지 않다는 사정만으로는 같은 법상의 혼동의 우려가 있는 경우에 해당한다고 보기 어렵다(대법원 1994.5.9.자 94마33 결정).

2   ① 구 부정경쟁방지법 제9조의 그 법률이 시행되기 전의 구 부정경쟁방지법(1986.12.31. 법률 제 3897호로 전문 개정되기 전의 것) 제7조가 상표법 등에 의하여 권리를 행사하는 행위에 대하여는 부정경쟁방지법의 규정을 적용하지 아니한다고 규정하던 것과는 달리 상표법, 상법 중 상호에 관한 규정 등에 부정경쟁방지법의 규정과 다른 규정이 있는 경우에는 그 법에 의하도록 한 것에 지나지 아니하므로, 상표법 등 다른 법률에 의하여 보호되는 권리일지라도 그 법에 저촉되지 아니하는 범위 안에서는 부정경쟁방지법을 적용할 수 있다.

② 상표권은 기본적으로는 사적 재산권의 성질을 가지지만 그 보호범위는 필연적으로 사회적 제약을 받는다 할 것인데 상표의 등록이 자기의 상품을 다른 업자의 상품과 식별시킬 목적으로 한 것이 아니고 일반 수요자로 하여금 타인의 상품과 혼동을 일으키게 하거나 타인의 영업상의 시설이나 활동과 혼동을 일으키게 하여 이익을 얻을 목적으로 형식상 상표권을 취득하는 경우에는 상표의 등록출원 자체가 부정경쟁행위를 목적으로 하는 것이 되고, 비록 권리행사의 외형을 갖추었다 하더라도 이는 상표

한편, 부정경쟁 방지법은 동법 제15조에서 「특허법」, 「실용신안법」, 「디자인보호법」 또는 「상표법」에 제2조부터 제6조까지 및 제18조 제3항과 다른 규정이 있으면 그 법에 따른다고 규정하여 다른 법률과의 충돌을 피하고 있다.

3. 저작권법과의 관계

상표법이나 저작권법은 다 같이 무체재산권을 그 보호법익으로 하는 점에서는 공통 이라고 할 수 있다. 그러나 저작권법은 인간의 정신적 창작인 사상이나 감정의 '표현'을 그 보호대상(사상 · 감정 그 자체를 보호하는 것이 아님)으로 하는 것으로서 인격권 보호를 그 주된 목적으로 하고 있는 데 반하여, 상표법은 상표 그 자체를 보호함으로써 상표사용자의 업무상 신용유지를 도모하고 산업발전을 도모하며, 수요자의 이익도모를 그 목적으로 하고 있는 점에서 본질적 차이가 있다. 그러나 미술저작물, 건축물의 도형, 서체 등은 상표법상 도형상표 또는 문자상표에 해당되어 상표법상 보호의 대상이 되는 것이므로 상표권과 저작권은 상호 충돌하게 되는 경우가 있는바, 이에 대하여 상표법 에서는 저작권에 대한 보호규정을 마련하고 있는데, 저작권의 발생이 상표출원일보다 빠른 경우에는 상표권자가 그 등록상표를 사용함에 있어서는 저작권자의 동의를 얻어서 사용하여야 하는 것으로 규정하고 있다(법 제53조).

한편 캐릭터는 저작물이 아니므로 저작권법에 의하여 보호 받지 못한다 할 것이나 그것을 상품화하여 상품의 식별표지인 상표로서 사용하고자 하는 경우에는 상표로서

법을 악용하거나 남용한 것이 되어 상표법에 의한 적법한 권리의 행사라고 인정할 수 없다(대법원 1999.11.26. 선고 98다19950 판결).

③ 상표권자가 당해 상표를 출원 · 등록하게 된 목적과 경위, 상표권을 행사하기에 이른 구체적 · 개별적 사정 등에 비추어, 상대방에 대한 상표권의 행사가 상표사용자의 업무상의 신용유지와 수요자의 이익보호를 목적으로 하는 상표제도의 목적이나 기능을 일탈하여 공정한 경쟁질서와 상거래 질서를 어지럽히고 수요자 사이에 혼동을 초래하거나 상대방에 대한 관계에서 신의성실의 원칙에 위배되는 등 법적으로 보호받을 만한 가치가 없다고 인정되는 경우에는, 그 상표권의 행사는 비록 권리행사의 외형을 갖추었다 하더라도 등록상표에 관한 권리를 남용하는 것으로서 허용될 수 없고, 상표권의 행사를 제한하는 위와 같은 근거에 비추어 볼 때 상표권행사의 목적이 오직 상대방에게 고통을 주고 손해를 입히려는 데 있을 뿐 이를 행사하는 사람에게는 아무런 이익이 없어야 한다는 주관적 요건을 반드시 필요로 하는 것은 아니다.

피고는 원고들이 이 사건 등록상표와 동일한 표장을 오피스 소프트웨어에 사용하리라는 것을 이 사건 등록상표의 출원 전에 알고 있었던 것으로 보이는 점, 피고가 이 사건 등록상표를 사용한 영업을 한 바 없고, 그와 같은 영업을 할 것으로 보이지도 않는 점, 피고가 원고들이 이 사건 등록상표와 동일한 표장을 계속 사용한 원고들의 영업활동이 활발해진 시점에서 이를 문제로 삼고, 상당한 돈을 양도 대가로 요구한 점 등을 고려하여 피고의 원고들에 대한 등록상표권의 행사가 권리남용이다(대법원 2008.7.24. 선고 2006다40461(본소), 40478(반소), 성표권 불침해).

등록이 가능하며, 또한 그 캐릭터의 형상이 상품화되어 특정인의 상품의 표지로 널리 알려진 경우에는 상표법은 물론 부정경쟁방지법에 의하여도 보호된다.[3]

또한 음반에 표시된 타이틀곡 명칭, 서적의 제호 등 저작물의 제호는 저작물로 보지 아니함이 통설이나 그 제호가 음반, 서적 등과 관련하여 상품출처표시로서 기능을 하는 경우에는 상표등록이 가능하며[4] 서체도 그것이 독특한 경우에는 저작물로서[5] 인정되므로

---

3   만화, 텔레비전, 영화, 신문, 잡지 등 대중이 접하는 매체를 통하여 등장하는 가공적인 또는 실재하는 인물, 동물 등의 형상과 명칭을 뜻하는 이른바 캐릭터(character)는 그것이 가지고 있는 고객흡인력 때문에 이를 상품에 이용하는 상품화(이른바 캐릭터 머천다이징, character merchandising)가 이루어지게 되는 것이고, 상표처럼 상품의 출처를 표시하는 것을 그 본질적인 기능으로 하는 것이 아니며, 캐릭터 자체가 널리 알려져 있다고 하더라도 그것이 상품화된 경우에 곧바로 타인의 상품임을 표시한 표지로 되거나 그러한 표지로서도 널리 알려진 상태에 이르게 되는 것은 아니라고 할 것이므로, 캐릭터가 상품화되어 부정경쟁방지법 제2조 제1호 (가)목에 규정된 국내에 널리 인식된 타인의 상품임을 표시한 표지가 되기 위해서는 캐릭터 자체가 국내에 널리 알려져 있는 것만으로는 부족하고, 그 캐릭터에 대한 상품화 사업이 이루어지고 이에 대한 지속적인 선전, 광고 및 품질관리 등으로 그 캐릭터가 이를 상품화할 수 있는 권리를 가진 자의 상품표지이거나 위 상품화권자와 그로부터 상품화 계약에 따라 캐릭터 사용허락을 받은 사용권자 및 재사용권자 등 그 캐릭터에 관한 상품화사업을 영위하는 집단(group)의 상품표지로서 수요자들에게 널리 인식되어 있을 것을 요한다(대법원 1996.9.6. 선고 96도139 판결).

4   일반적으로 음반의 제호는 특별한 사정이 없는 한 창작물로서의 해당 음반의 명칭 내지는 그 내용이나 감정을 함축적으로 나타내는 것이므로 상품의 식별표지로서 가능하지는 않으나, 서로 다른 내용의 음반들이 높은 일체성을 가지고 시리즈물로 제작되어 판매되는 경우에는 제호의 사용태양, 사용자의 의도, 사용경위 등 구체적인 사정에 따라 실제 거래계에서 그 제호가 당해 음반의 명칭임과 동시에 상품으로서의 음반의 출처를 표시하는 상품식별표지로서의 성격을 갖는 것이고, 이 경우 음반의 출처는 음반에 관한 저작권의 귀속과는 무관하게 상품으로서의 음반을 제작 및 판매한 자를 말한다(특허법원 2006.8.25. 선고 2006허2004 판결, 대법원 2006.12.21.자 심불기각 상품거절불복).

5   저작권법에 의하여 보호되는 저작물이라 함은 학문과 예술에 관하여 사람의 정신적 노력에 의하여 얻어진 사상 또는 감정의 창작적 표현물이라 할 것인데, 서체는 문자·글자가 의사전달 수단 내지 언어·사상 등의 표현수단으로 사용되어지는 것에 부수하여 그 기본적인 형태는 그대로 유지하면서, 다만 문자 등의 표시에 시각적 효과 등을 첨가하거나 강화함으로써 보다 효과적으로 의사 등을 표현·전달함에 사용되어질 것을 예상하고, 그러한 의도 하에 만들어지는 것이라 할 것이다. 그리고 원고들이 제작한 서체 도안도 그 자체가 미적(美的) 감상의 대상으로 할 것을 주된 의도로 하여 작성되었다고 보기는 어렵다(미적 감상을 주된 의도로 하여 작성되는 서체, 예컨대 서예와 같은 것은 달리 취급하여야 한다).

     서체도안은 일부 창작성이 포함되어 있고 문자의 실용성에 부수하여 미감을 불러 일으킬 수 있는 점은 인정되나 그 미적 요소 내지 창작성이 문자의 본래의 기능으로부터 분리·독립되어 별도로 감상의 대상이 될 정도의 독자적 존재를 인정하기는 어렵다 할 것이어서 그 자체가 예술에 관한 사상 또는 감정의 창작적 표현물이라고 인정하기에는 미흡하다고 보여지므로, 이를 저작권법상 보호의 대상인 저작물 내지 미술저작물로 인정하기는 어렵다고 할 것이다.

     서체도안의 창작자에게 저작권법 상의 모든 권리(저작인격권·저작재산권 등)를 인정할 경우 종래의 문화유산으로서 만인 공유의 대상이 되고, 의사·사상·감정 등의 전달·표현 등의 기본적 수단인 글자 내지 문자의 사용에 관하여 지나친 제약을 가하여 결과가 될 것이 명백하고, 결과적으로는 서체

이러한 독특한 서체를 상표로 등록할 경우에는 그 상표권은 저작권과 충돌하게 된다.

4. 종자산업법 및 농수산물품질관리법과의 관계

1) 종자산업법과의 관계

종자산업법은 「식물의 신품종에 대한 육성자의 권리보호, 주요식물의 품종관리, 종자의 생산·보증 및 유통 등에 관한 사항을 규정함으로써 종자산업의 발전을 도모하고 농업·임업 및 수산업 생산의 안정에 이바지함」을 목적으로 하고 있는데(종자산업법 제1조), 종자산업법에서는 동법에 의한 품종보호를 받기 위하여는 종자산업법에서 정한 절차에 따라 품종명칭등록원부에 등록하도록 하고 모든 신품종에 대하여 품종명칭등록원부에 등록되어 있는 품종명칭만을 사용하도록 함으로써 유통 상의 혼란을 방지하도록 하고 있다.

그러나 종자산업법에서 규정한 품종의 명칭은 상표법상 상표의 대상이 되므로 종자산업법은 등록된 상표와 동일·유사한 표장이 종자산업법에 의하여 품종명칭으로 등록되는 것을 방지하기 위하여 '품종명칭의 등록출원일보다 먼저 상표법에 의해 등록출원 중에 있거나 등록된 상표와 동일 또는 유사하여 오인 또는 혼동할 우려가 있는 품종명칭'은 등록을 받지 못하도록 규정하고 있고(종자산업법 제109조), 실무상으로 종자관리소는 품종명칭등록심사 시 종자산업법 제109조의 규정에 따라 선출원 또는 선등록상표의 존재 여부를 검색하고 있다.

그간 상표법은 이에 관한 직접적인 규정은 두지 아니하고 실무상 등록된 품종명칭과 동일·유사한 상표가 등록되는 것을 방지하기 위하여 심사기준에서 '종자산업법에 의해 등록된 품종명칭 또는 농수산물의 품종으로 거래업계에서 널리 알려진 명칭과 동일·유사한 상표가 그 품종의 종자, 묘목 또는 이와 유사한 상품을 지정상품으로 한 경우에는 거절하는 것'으로 운용하에 오다가, 판례에서 종자산업법에 의하여 등록된 품종의 명칭은 상표법 제6조 제1항 제1호에서 규정한 보통명칭에 해당한다고 판시하자

도안의 창작자에게 일종의 문자에 대한 독점권을 부여하는 효과를 가져올 우려가 있어 이는 오히려 문화의 향상발전에 이바지함을 목적으로 하는 저작권법의 입법취지에 반하게 될 것이다.

이 사건의 경우와 같은 서체도안의 경우 그 창작에 드는 창작자의 시간과 노력, 비용 등에 어떠한 형태로든 적절한 보상이 있어야함은 물론이고, 그러한 보상이 이러한 서체도안 등의 창작에 대한 의욕을 보다 활발하게 불러 일으켜 이러한 분야의 발전을 가져올 것은 명백하다. 그러나 서체도안에 관하여 별도로 특별법 등의 제정을 통하여 창작자의 권리 등을 구체적으로 규정하여 이를 보호함은 별론으로 하고, 이를 저작물의 범주에 포함된다고 보기는 어렵다(서울고등법원 1994.4.6. 선고 93구25075 판결, 대법원 1996.8.23. 선고 94누5632 확정판결).

이를 법률에 반영하여 2010.1.27. 법률 제9987호에서 「종자산업법 제111조에 따라 등록된 품종 명칭과 동일하거나 유사한 상표로서 그 품종명칭과 동일 또는 이와 유사한 상품에 대하여 사용하는 상표」에 대하여는 상표등록을 불허하는 것으로 규정하였다(법 제7조 제1항 제15호).[6]

2) 농수산물품질관리법과의 관계

농수산물품질관리법은 "농수산물의 적절한 품질관리를 통하여 농수산물의 안정성을 확보하고 상품성을 향상하며 공정하고 투명한 거래를 유도함으로써 농어업인의 소득증대와 소비자보호에 이바지 하는 것"을 목적으로 하는 점에서 상표법과 본질적인 차이가 있다(농수산물품질관리법 제11조).

그러나 농수산물의 경우에도 당해 농수산물 제품의 출처를 표시할 필요가 있고 그 출처표시와 관련하여 지리적 표시등을 할 경우가 있는바 이럴 경우 상표법상 지리적표시와 충돌하게 된다.

그러므로 상표법은 이러한 충돌을 피하기 위하여 "농산물품질관리법 제8조 또는 수산물품질관리법 제9조에 따라 등록된 타인의 지리적 표시와 동일하거나 유사한 상표로서 그 지리적 표시를 사용하는 상품과 동일하거나 동일하다고 인식되어 있는 상품에 사용하는 상표"에 대하여는 그 등록을 배제하도록 규정하고 있다(법 제7조 제1항 제16호).

---

[6]   종자산업법에 의한 품종보호를 받기 위하여 출원하는 품종은 1개의 고유한 품종명칭을 가져야 하고(같은 법 제12조, 제26조, 제 108조 제1항), 대한민국 또는 외국에 품종명칭이 등록되어 있거나 품종명칭등록출원이 되어 있는 경우에는 그 품종명칭을 사용하여야 하며(같은 법 제108조 제2항), 품종명칭의 등록출원일보다 먼저 상표법에 의한 등록출원 중에 있거나 등록된 상표와 동일 또는 유사하여 오인 또는 혼동할 우려가 있는 품종명칭은 품종명칭의 등록을 받을 수 없고(같은 법 제109조 제9호), 품종명칭이 등록된 경우, 누구든지 등록된 타인의 품종의 품종명칭을 도용하여 종자를 판매 또는 보급할 수 없으며 품종명칭등록출원인 또는 그 품종의 승계인은 등록된 품종명칭을 사용하는 경우에는 상표명칭 등을 함께 사용할 수 있는바(같은 법 제112조), 위 규정의 내용에 따르면 같은 법 소정의 품종보호의 대상이 된 품종을 상품으로서 거래하는 경우에 거래계에서는 그 상품에 관하여 등록된 품종명칭 외의 다른 명칭으로 그 상품을 지칭할 수는 없고, 품종명칭으로 등록된 표장을 그 품종의 보통명칭으로 되었다고 봄이 상당하다.
    위 법리와 기록에 의하면 '화랑'이라는 표장이 종자산업법에 의하여 사과품종의 명칭으로 등록된 이상, 이 사건 출원상표의 지정상품인 '사과', '사과묘목'의 거래계에서는 위 표장을 위 상품들의 보통명칭으로 인식한다고 봄이 상당함에도 불구하고, 원심이 이와 달리 판단한 것에는 상표법 제6조 제1항 제1호에 관한 법리를 오해한 위법이 있고, 이를 지적하는 상고이유의 주장은 정당하다(대법원 2004.9.24. 선고 2003후1314 판결, 원심파기).

5. 독점규제 및 공정거래에 관한 법률과의 관계

독점규제 및 공정거래에 관한 법률은 사업자의 시장지배적 지위의 남용과 과도한 경제력집중을 방지하고 부당한 공동행위나 거래행위를 규제하는 것을 목적으로 1980년 12월 31일 법률 제3320호로 제정된 법률로서 사적독점(私的獨占)의 금지, 부당한 거래제한의 금지, 불공정한 거래방법의 금지를 목적으로 하고 있다.

이와 같이 독점규제 및 공정거래에 관한 법률은 경쟁제한과 불공정거래를 방지함으로써 산업발전을 도모하자는 것인 반면, 상표법은 독점권을 부여하여 산업발전 도모를 그 목적으로 하고 있어 양법은 이념상 상반관계에 있다고 할 수 있다. 다만, 독점규제 및 공정거래에 관한 법률에서는 동법 제59조에서 적용예외 규정을 두어 저작권법, 특허법, 실용신안법, 디자인보호법 또는 상표법에 의한 권리의 행사라고 인정되는 행위에 대하여서는 이를 적용하지 않는다고 하여 상표법과의 충돌을 피하고 있다.

6. 관세법과의 관계

관세법은 관세의 부과·징수 및 수출입물품의 통관을 적정하고 관세수입을 확보함으로써 국민경제의 발전에 이바지함을 목적으로 하는 법률로서(관세법 제1조) 동 법률에는 수입물품에 관련되는 특허권·상표권·디자인권 등의 권리사용료가 수입물품에 관련되는 것인지의 여부, 거래조건으로 지급되는 것인지의 여부를 판단할 수 있는 기준을 정하고 있으며 그 외 원산지표시 등에 대하여도 규정하고 있다. 또한 1994년 법을 개정하여 상표권·저작권 침해물품에 대한 세관단속의 근거를 마련함으로써(동법 제146조의2) 위조 상품 등 지적재산권 침해물품을 통관단계에서 단속할 수 있게 되었으며, 또 「지적재산권 보호를 위한 수출입통관사무처리에관한고시」에서 진정상품 병행수입처리에 관하여 규정하고 있는데, 다음의 경우에는 수입을 허용하는 것으로 하여 소위 「진정상품의 병행수입」을 부분적으로 허용하고 있다(지적재산권 보호를 위한 수출입통관사무처리고시 제1-3조 5호). 그러므로 진정상품병행수입의 경우라도 다음에서 정한 이외의 경우에는 그 수입이 금지된다.

① 외국의 상표권자와 국내의 상표권자가 동일인이거나 계열회사관계(주식의 30%를 소유하면서 최다 출자자)인 경우

② 수입대리점 관계 등 외국의 상표권자와 동일인으로 볼 수 있는 관계가 있는 경우

③ 외국의 상표권자와 동일인 관계에 있는 국내 상표권자로부터 전용사용권을 설정받은 경우 다만, 국내 전용사용권자가 당해 상표가 부착된 상품을 제조·판매하는 경우에는 국내 전용사용권자와 외국의 상표권자가 동일인 관계가 있는 경우에 한함.

제3장 상표의 정의

일 러 두 기 상표의 개념을 정확히 이해하는 것은 상표법 전반을 이해하는 데 크게 도움이 된다. 상호·저작권 등 인접개념도 반드시 알아둘 필요가 있으며, 특히 이들 간의 관계도 아울러 알아두는 것이 필요하다. 이 부분은 실무적으로 자주 대두되는 부분이다.

I. 서 언

상표법은 상표에 대한 개념을 동법 제2조 제1항 제1호에서 명시적으로 규정하고 있는데 "상표라 함은 상품을 생산 · 가공 · 증명 또는 판매하는 것을 업으로 영위하는 자가 자기의 업무에 관련된 상품을 타인의 상품과 식별되도록 하기 위하여 사용하는 표장[1]을 말한다"고 규정하고, 상표로 인정되는 것(標章)에 관하여는 가목(目) 내지 다목(目)에서 구체적으로 열거하고 있다.

상표법에서 이와 같이 상표에 대하여 정의규정을 두고 있는 것은 상표에 대한 개념을 명확히 함으로써 법의 올바른 적용과 운용을 기하고자 함에 있다.

2007.1.3. 법률 제8190호(2007.7.1. 시행)에서 상표의 대상을 '색채(색채만으로 된 것) · 홀로그램 · 동작상표 및 그 밖에 시각적으로 인식할 수 있는 것'에 까지 확대하였는데, 이와 같이 상표의 대상을 확대한 것은 과학기술의 발달과 각종 마케팅 수단이 발달함에 따라 기호 · 문자 등 기존의 전형적인 상표 외에 홀로그램, 동작, 색채 등도 타인의 상품과 구별되는 상표로 기능할 수 있고, 나아가 상품거래의 현실과 국제적인 조류

---

1   상표법 제2조 제1항에서 상표의 개념을 가) 기호 · 문자 · 도형 · 입체적 형상 또는 이들을 결합하거나 이들에 색채를 결합한 것, 나) 다른 것과 결합하지 아니한 색채 또는 색채의 조합, 홀로그램 · 동작 또는 그 밖에 시각적으로 인식할 수 있는 것. 다) 소리 · 냄새 등 시각적으로 인식할 수 없는 것 중 기호 · 문자 · 도형 또는 그 밖의 시각적 방법으로 사실적(寫實的)으로 표현한 것(법 제2조 제1항 제1호 가 · 나 · 다목)이라고 정의하고 있다. 한편, 표장은 상표와 구별되는데, 표장은 넓게는 상표 · 서비스표 등을 포함하는 개념으로 이해되기도 하지만 표장은 기호 · 문자 · 도형 입체적 형상 또는 이들을 결합한 것 자체를 의미한다. 그리고 이와 같은 표장을 상품이나 서비스업에 사용하였을 때 이를 상표 · 서비스표라 하며 그 표장의 사용은 상표 또는 서비스표로서의 사용이 되는 것이다.

를 반영함으로써 상표선택의 범위를 확대할 필요가 있으며 또 미국·독일·EU 등 대부분의 선진 국가에서 상표의 범위를 확대하고 있을 뿐만 아니라 상표법조약 등에서도 상표의 범위를 확대하고 있어 이러한 국제적 추세에 부응하기 위함이다.[2]

또한 2011.12.2. 법률 제11113호(2012.3.15. 시행)에서는 상표의 대상을 소리·냄새 등 시각적으로 인식할 수 없는 것에 대하여 까지 확대하였는데 이와 같이 시각적으로 인식할 수 없는 소리·냄새 등에 대하여 까지 상표의 대상을 확대한 것은 무엇보다도 한·미 FTA 합의사항을 이행하기 위함이기도 하지만, 상표법에 관한 싱가포르 조약(2조)에서 상표의 보호대상을 소리·냄새 등 비전형(非典型) 상표까지 확대하고 있어 동 상표법 조약에 가입하기 위해서는 이에 관하여 상표법을 미리 개정해둘 필요가 있기 때문이다.[3]

상표제도는 세계 대부분의 국가가 채택하고 있는데 상표의 개념을 사회통념에 맡기는 국가도 있으나 대부분의 국가는 상표의 개념을 상표법에서 규정하고 있으며 상표의 개념을 어떻게 규정짓느냐 하는 문제는 각 나라마다 그 국가가 지향하는 상표제도의 목적이나 산업발전 정도에 따라서 다르다고 할 수 있다.[4]

II. 상표의 성립요건

1. 기호·문자·도형·입체적 형상 등으로 구성될 것

상표는 기호·문자·도형·입체적 형상·색채·홀로그램·동작 또는 이들을 결합한 것이어야 한다. 소리·냄새 등 시각적으로 인식할 수 없는 것이라도 이를 기호·문

---

2   상표법 개정설명서 참조.

3   ① 상표법 개정설명서
　　　② 상표법에 관한 싱가포르조약에 의하면 기술발전으로 시장거래의 형태상을 소리·냄새상표 등 비전형(非典型) 상표까지 확대 가능하도록 규정하고 있다.

4   파리협약에서는 상표의 정의 또는 개념에 대하여는 직접 규정한 바가 없고 제6조, 제6조의2 등에서 상표의 등록조건, 잘 알려진 상표의 보호 등을 규정하고 있다.
　　　반면에 WTO/TRIPs는 제15조 제1항에서 "상표는 자타 상품 및 서비스의 식별력을 가진 표지 또는 표지의 결합으로 구성된다. 성명, 문자, 숫자, 도형과 색채의 조합 및 이들의 결합은 상표로서 등록될 수 있다. 회원국은 자체로서 식별력이 없는 표장도 사용에 의한 특별 현저성을 취득한 경우 등록을 인정할 수 있다. 회원국은 시각적으로 인식될 수 있는 표지만을 등록요건으로 요구할 수 있다"고 규정하고 있는데, 이 규정은 파리협약의 규정에 배치되지 않는 다른 근거로 회원국이 상표의 등록을 거절하는 것을 금지하지 않는다는 뜻으로 이해하여야만 한다(특허청 WTO/TRIPs 협정도입해설서).

자·도형 또는 그 밖의 시각적인 방법으로 사실적으로 묘사(描寫)할 수 있는 경우에는 상표로서 인정된다.

1) 기 호

'기호'라 함은 문자와 구별하여 사용하는 부호를 말하는데 $+$, $-$, $\times$, $\div$, $\sqrt{}$, 괄호, α, β, 화학원소기호 등이 여기에 해당하는데, 1, 2, 3, 4 또는 一, 二, 三, 四 등 숫자(數字)도 여기에 포함된다.

2) 문 자

'문자'라 함은 말(언어)이나 소리를 눈으로 볼 수 있도록 적어 나타낸 부호를 말하는데, 한글·한자·라틴문자·영어의 알파벳·히라가나 등이 있으며, 단어 또는 문장으로 구성된 경우에도 문자 상표로 취급한다.

3) 도 형

'도형'이라 함은 그림의 형태로 된 것을 말하는데 ○, △, □, ☆, 동식물 그림, 산수화 등 그 도형의 대상이나 형상을 불문하고 그림의 형상으로 된 것은 모두 도형상표에 해당된다. 한편 사람·동물 또는 산과 바다 등의 풍경을 촬영한 「사진」은 도형으로 보지 아니하므로 상표로 인정되지 않는다 하겠으나 이들을 독특하게 표현한 그림의 경우에는 도형으로 취급되어 상표로서 인정이 된다. 이와 같이 「사진」에 대하여 상표로서 인정하지 않는 것은 독창성이 없을 뿐만 아니라 자연 그대로의 모습은 이를 누구나 사용할 수 있도록 하여야 한다는 점에서 그 이유를 찾을 수 있다.[5]

4) 입체형상

'입체적 형상'[6]이라 함은 평면형상에 대응되는 것으로서 깊이·두께 등 삼차원적으로 표현되어 그 형상이 입체적으로 구성된 것을 말하는데, 음료수병·향수병 등 포장

---

5   실무적으로는 "사람, 동식물, 자연물 또는 문화재를 사진, 인쇄 또는 복사하는 등의 형태로 구성된 상표에 대하여는 상표법 제6조 제1항 제7호 소정의 기타 식별력이 없는 표장"에 해당하는 것으로 하여 상표등록을 불허하고 있다(상표심사기준 제12조).

6   입체상표의 도입은 1997년 8월 22일 법률 제5355호에서 채택하였는데, 이는 현실적으로 입체적으로 구성된 상표가 계속 증가하고 있고 또 선진국 대다수의 국가가 입체상표를 인정하고 있어 우리나라도 이를 인정함으로써 국제적 추세에 능동적으로 대처하고자 함에 있다.

용기의 형상이나 포장상자, 과자·아이스크림의 형상 등과 같이, 상표의 구성이 입체적 형상으로 된 것을 말한다.

5) 색 채

'색채'[7]는 색깔을 말하는데, 색채 또는 색채의 조합으로 구성된 것, 기호·문자·도형으로 구성된 표장에 갖가지 색깔을 착색한 것은 모두 상표로 인정된다. 2007.1.3. 법률 이전의 법(법률 제8190호)에서는 색채 만에 대하여는 상표로 인정하지 아니하고 기호·문자·도형·입체적 형상과 결합한 경우에 한하여 색채상표로 인정하였던 것을 2007. 1.3. 법률 제8190호에서 색채만으로 구성된 경우에도 색채상표로 인정하기 시작하였다.

6) 홀로그램

홀로그램이라 함은 두 개의 레이저광이 서로 만나 일으키는 빛의 간섭효과를 이용, 사진용 필름과 유사한 표면에 3차원 이미지를 기록한 것을 말하는데, 홀로그램은 제작에 사용되는 여러 가지 기술에 따라 시각적으로 다양한 입체적 효과를 갖게 되며, 보는 각도에 따라 다양한 문자나 모양 등을 나타내게 된다.

홀로그램이 상표로서 인정되기 시작한 것은 2007.1.3. 법률 제8190호 부터이다.

7) 동작 상표

동작(動作)은 사람이나 물건 등이 움직인 것을 말하는데, 변화하는 일련의 그림이나 이미지 등을 통하여 자타 상품이나 서비스업을 식별할 수 있는 표장인 경우 동작 상표로서 인정이 된다. 실거래사회에서는 대부분 영화나 TV 또는 컴퓨터 스크린 등의 매체를 통하여 새로운 상표의 유형으로 많이 사용되고 있다. 이와 같은 동작상표(motion mark, movement mark)는 2007.3.13. 법률 제8190호에서부터 인정되기 시작하였다.

8) 기호·문자·도형·입체적 형상·색채 등의 결합

상표는 그 표장의 구성이 기호·문자·도형·입체적 형상·색채·홀로그램·동작 중 어느 하나만으로 구성된 것이라도 좋고, 기호·문자·도형·입체적 형상·색채·홀로그램·동작 중 어느 것끼리의 결합이라도 관계가 없으며, 기호·문자·도형·입체

---

7 색채상표는 1995년 12월 25일 법률 제5083호에서부터 보호되기 시작하였는데 이는 1993년 12월 15일 WTO/TRIPs 협정을 준수하고자 채택하게 되었다.

적 형상·색채·홀로그램·동작 모두를 결합하여 구성된 것이라도 관계없다.

9) 그 외에 시각을 통하여 인식될 수 있는 것

기호·문자·도형·입체적 형상·색채 이외에도 시각적으로 인식할 수 있는 것은 모두 상표로서 인정이 되는데, 이와 같이 기호·문자·도형·입체적 형상·색채 이외에 「시각을 통하여 인식할 수 있는 것」에 대하여 상표로서 인정되기 시작한 것은 2007. 1.3. 법률 제8190호 부터이다.

상표법 제2조 1호 가·나목에서 규정한 기호·문자·도형·입체적 형상·색채 이외에 시각적으로 인식할 수 있는 것에 어떠한 것들이 있는지에 대하여 쉽게 연상되지는 아니하나, 상표법은 미국, 독일 등 대부분의 선진국들과 WTO/TRIPs, 상표법 조약과 같은 국제협정 및 국제조약에서도 이를 상표의 대상으로 하고 있어 우리나라도 상표법상 보호대상에 포함시키게 된 것이다.[8]

10) 소리·냄새 등

우리나라는 그간 기호·문자·도형·입체적 형상·색채 이외에도 '시각적으로 인식할 수 있는 것'에 대해서만 상표의 대상으로 하여 왔다(2007.1.3. 법률 제8190호). 그러다가 2011.12.2. 법률 제11113호에서 「시각적으로 인식될 수 없는 것」에 대하여 상표로서 인정하도록 하였다. 그러므로 소리·냄새 등 시각적으로 인식할 수 없는 것이라도 이를 기호·문자·도형 또는 그 밖의 시각적 방법으로 사실적(寫實的)으로 표현한 것은 상표로서 인정이 된다. 소리·냄새라 함은 광고음, 효과음 또는 향(香) 등이 여기에 해당된다고 할 수 있는데[9] 이와 같은 소리·냄새 등이 상표등록을 받기 위하여는 거래사회에서 흔히 있는 소리·냄새가 아닌 독창적인 것으로서 식별력이 있어야 한다.

---

8   특허청 2007.1.3. 개정상표법 설명회자료.

9   SK텔레콤의 T광고음, 인텔의 효과음 등(특허청 상표법 개정 설명자료 참조). 한편, 물 흐르는 소리, 새소리 등도 소리상표에 해당된다고 할 수 있으나, 독창적이 아니거나 또는 식별력이 없다는 이유에서 상표등록이 불허된다.

2. 상품에 사용되는 것일 것

1) 상 품

상품은 거래시장에서 판매할 목적으로 생산된 물건을 말하는데, 상표는 상품을 생산·판매하는 자가 자기의 상품을 나타내기 위하여 사용하는 것이므로 거래사회에서 유통되는 상품이 아닌 상품에 표시하는 것은 상표라 할 수 없다.

상품이 무엇인지 상표법에서 상품의 개념에 대하여 따로 규정한 바 없어 이에 대한 판단은 거래사회의 통념에 따라 결정 될 수밖에 없다 하겠으나, 일반적으로 상품이라 함은 대량생산 될 수 있는 것으로서 상거래의 대상이 되거나 유통될 수 있는 것이어야 하며 대체성(代替性)이 있어야 한다. 오직 하나밖에 없는 것으로서 대체성이 없는 것이거나 상거래의 대상이 될 수 없는 정도로 수(數)나 양(量)이 적은 경우에는 상품이라 할 수 없다. 그러므로 서화나 골동품 등은 비록 이를 사고판다 하더라도 상표법상 상품이라 할 수 없으므로 서예가, 화가 등이 서화 등에 낙관(落款)이나 아호 등을 표시한 것은 상표가 아니다. 또한 상품은 유체물이 대부분이나 무체물이라도 그것이 상거래의 대상이 되는 것은 상품이라 할 수 있다. 그러나 아파트, 건축물 등[10] 부동산이나 운수업·금융업 등은 물류유통시장(市場)에서 상거래의 대상이 아니므로 상품이 아니라 하겠으나 (운수업, 금융업 등은 상품이 아니고 서비스업이므로 서비스표의 등록대상이 된다), 천연가스·산소 등은 비록 그것이 무체물이기는 하나 상거래의 대상이 되므로 상표법상의 상품이다.

한편, 건축물이나 아파트 등은 상표법상 상품이 아니므로 그에 붙여진 명칭은 상표법상 상표가 아니며 상표등록의 대상이 아니다.[11] 다만 아파트 판매대행업 등은 상표법상 서비스업이므로 서비스표 등록이 가능하다.

---

10   아파트, 건축물 등에 붙여지는 명칭이나 이름은 상표법상의 상표에 해당되지 아니하므로 아파트나 건축물을 지정상품으로 하여서는 상표등록을 받을 수 없다. 다만, 아파트건축업·건축물건설업(서비스업구분 제37류)이나 건물분양업, 아파트분양업(서비스업구분 제36류) 등에 대하여는 서비스표로 등록을 받을 수 있다 하겠다.
      따라서 아파트 등에 붙여지는 이름과 관련한 분쟁은 상표법상 상품출처의 오인·혼동의 문제는 아니며, 부정경쟁방지법상의 문제라 할 수 있다.
11   유명 건축물의 명칭이나 아파트에 붙여진 이름은 부정경쟁법상 보호의 대상이 되므로 경쟁사가 이미 거래사회에서 널리 알려진 아파트 명칭을 부정한 목적으로 모방하여 사용하는 경우에는 부정경쟁방지법(부정경쟁방지법 제2조 제11호 가·나목 등)에 의하여 침해여부를 가리게 된다.

2) 사 용

상표의 사용은 상표법 제2조 제1항 제6호에서 규정한 각각의 행위를 말한다. 그러므로 기호·문자·도형 등으로 이루어진 것이라도 이를 법 제2조 제1항 제6호 소정의 행위에 해당되지 않는 경우에는 상표라고 할 수 없으며 이들은 단순히 표장 또는 표지로 취급될 뿐이다.

3. 상품에 관한 생산·판매 등을 업으로 하는 자가 사용하는 것일 것

1) 상품에 관한 생산·판매 등

상표는 상품을 생산·가공 또는 판매하는 것을 업으로 하는 자가 자기의 업무에 관련된 상품에 사용하는 것이어야 한다. 따라서 상품을 생산·가공 또는 판매하는 것을 업으로 하는 자가 아닌 자에 의한 사용이나 자기의 업무와 무관한 상품에 사용하는 것은 상표법상 상표로서의 사용이라 할 수 없다.

2) 업으로서

상품을 생산·가공 또는 판매하는 자의 행위는 그 행위가 업으로서의 행위임을 요하는데, '업으로서'라 함은 일정한 목적 하에 반복적으로 하는 행위를 말하며 영리를 전제로 한 사업[12]으로서의 행위를 말한다.

그러나 반복적인 행위가 아니고 일시적 또는 1회적 행위라도 그것이 영리를 목적으로 사업적으로 한 경우에는 상표의 사용이 된다.

3) 자기의 업무에 사용

상표는 자기의 업무에 관련된 상품에 사용하는 것이어야 하므로 자기의 업무에 관련된 상품이 아닌 상품에 상표를 사용하는 것은 상표법상의 상표라 할 수 없다.

'자기의 업무에 관련된 상품'이라 함은 자기의 업으로서 목적하는 상품을 말한다. 예컨대 술(酒)을 제조·판매하는 자가 술의 포장용기에 표장을 부착 사용하는 것은 자기의 업무에 관련된 상품에 상표를 표시하는 것이므로 상표로서의 사용이나, 그 술을 광

---

12   우리 상표법은 상표와 업무표장을 구분하여 규정하고 있어 상표법 제2조 제1항 제1호 상표의 정의에서 '업으로'는 영리목적으로서의 업을 의미한다. 따라서 영리목적으로 상품을 생산·가공·증명·판매하는 것을 업으로 하고자 하는 경우에는 그 표장은 상표·서비스표·증명표장·단체표장으로 등록하여야 한다.

고·선전하기 위하여 성냥이나 수건 등 판촉물을 만들어 그 판촉물에 표장을 사용하는 것은 상표로서의 사용이 아니다.[13] 그러나 이때 그 판촉물을 상품으로 하여 업을 영위하는 자는 상표를 사용하는 것이 되므로 그 판촉물에 표시된 상표가 타인의 등록상표와 동일 또는 유사한 경우에는 그 타인의 상표권 침해가 된다.

4. 자타상품의 식별력이 있을 것

자타상품의 식별력이라 함은 특정의 상표를 상품에 표시한 경우, 그로 인하여 자기의 상품과 타인의 상품이 구별되는 힘을 말하는데, 상표는 자기의 상품을 타인의 상품과 식별시키기 위하여 사용하는 것이므로 자타상품의 식별력이 있어야 한다.

상표법 제2조(정의)에서 '자타상품의 식별력'에 관하여 직접 규정하고 있지는 아니하나, 상표의 이와 같은 자타상품의 식별력은 상표의 본질적 기능으로부터 파생(派生)되는 것으로서 상표가 갖추어야 할 기본적인 구성요소라 할 수 있다.

그러나 실제에 있어서는 '상표의 자타상품의 식별력'과 관련하여서는 상표법 제6조(상품의 등록요건)에서 다루어지고 있다.

---

13 '상표의 사용'이라 함은 상품 또는 상품의 포장에 상표를 표시하는 행위 등을 의미하고(법 제2조 제6호 각 목 참조), 여기에서 말하는 '상품'은 그 자체가 교환가치를 가지고 독립된 상거래의 목적물이 되는 물품을 의미한다할 것이므로, 상품의 선전광고나 판매촉진 또는 고객에 대한 서비스 제공 등의 목적으로 그 상품과 함께 또는 이와 별도로 고객에게 무상으로 배부되어 거래시장에서 유통될 가능성이 없는 이른바 '광고매체가 되는 물품'은 비록 그 물품에 상표가 표시되어 있다고 하더라도 물품에 표시된 상표 이외의 다른 문자나 도형 등에 의하여 광고하고자 하는 상품의 출처표시로 사용된 것으로 인식할 수 있는 등의 특별한 사정이 없는 한 그 자체가 교환가치를 가지고 독립된 상거래의 목적물이 되는 물품이라고 볼 수 없고, 따라서 이러한 물품에 상표를 표시한 것은 상표의 사용이라고 할 수 없다고 할 것이다. 기록에 의하여 살펴보면 피심판청구인은 종전부터 자신이 발행하여 오던 영화·음악·연예인 등에 관한 정보를 담은 『ROADSHOW, 로드쇼』라는 월간잡지(을 제2, 4호증)의 독자들에게 보답하고 그 구매욕을 촉진시키기 위하여 사은품으로 1993년 12월 10일 경 외국의 유명한 영화배우들의 사진을 모아 이 사건 등록상표인 'WINK'라는 제호의 책자(을 제3, 6호증)를 발행하여 독자들에게 제공하였음을 알 수 있으므로, 위 'WINK'라는 제호의 책자는 그 자체가 교환가치를 가지고 거래시장에서 유통될 가능성이 있는 독립된 상거래의 목적물이 될 수 없어 '광고매체가 되는 물품'에 해당된다고 할 것이고, 따라서 위 책자에 이 사건 등록상표가 제호로 사용된 것은 이 사건 등록상표의 사용이라고 할 수 없다고 보아야 할 것이다(대법원 1999.6.25. 선고 98후58 판결).

III. 상표로서 인정되지 않은 것

우리 상표법은 상표의 대상을 폭넓게 인정하고 있어 기호·문자·도형·색채 등 시각적으로 인식될 수 있는 것은 물론 시각적으로 인식할 수 없는 것도 상표로 인정된다 하겠으나 시각적으로 인식될 수 없는 것의 경우에는 이를 기호·문자·도형 또는 그 밖의 시각적 방법으로 인식할 수 있도록 사실적으로 표현할 수 있어야 한다. 그러므로 TV 드라마의 배경음악이나 물 흐르는 소리, 새소리 등의 경우 이를 시각적 방법(문자·기호·악보 등)으로 사실적으로 표현할 수 없다면 상표로 인정되지 않는다고 보아야 한다.

IV. 인접개념과의 구별

1. 상 호

상호란 상인이 자기가 영위하는 영업에 관하여 그것이 자기의 영업임을 표시하기 위하여 사용하는 상인(기업)의 명칭으로서 「인적표지」의 일종인 데 반하여, 상표는 상인이 자기의 상품을 타인의 상품과 식별시키기 위하여 사용하는 표지로서 「상품의 표지」이므로 양자(兩者)는 이점에서 구별된다.

그러나 상인이 그의 제품이나 상행위에 상호를 사용하게 되는데(상품, 상품의 표장용기 등에 표시), 이 경우 상표법상의 상표 또는 서비스표의 사용에도 해당하게 되는 등 상호와 상표는 밀접한 관계에 있으므로 권리 간에 상호 충돌하는 경우가 자주 생기게 되며 또 실제에 있어 그 상호의 사용이 상호로서의 사용인지 또는 상표로서의 사용인지는 매우 어려운 문제로서 이를 판단하기가 쉽지 않다.

이와 같이 상표와 상호는 그 기능상 충돌할 수밖에 없는 점을 감안하여 상표법은 제51조에서 이에 관한 조정장치를 마련하고 있으나[14] 상법은 별도의 규정을 두고 있지 않다.

---

14   상표법 제51조 제1항 제1호 본문은 자기의 성명·명칭·상호 등을 보통으로 사용하는 방법으로 표시하는 상표에 대하여는 등록상표의 효력이 미치지 않는다고 규정하고 있다. 위 규정은 자기의 상호 등은 자기의 인격과 동일성을 표시하기 위한 수단이기 때문에, 상호 등이 상품에 관하여 사용되는 방법이 거래사회의 통념상 자기의 상호 등을 나타내기 위하여 필요한 범위 내에 있는 한 그 상호 등과 동일·유사한 타인의 등록상표권의 효력이 위와 같이 사용된 상호 등에 미치지 않고, 이와 달리 상호 등의 표시방법으로 보아 타인의 상품과 식별되도록 하기 위한 표장으로 사용되었다고 볼 수밖에 없는 경우에는 그 표장에 타인의 등록상표권의 효력이 미친다는 취지라고 봄이 상당하다. 또한 사용된 상호 등의 표장이 외관상 일반인의 주의를 끌만한 특이한 서체나 도안으로 된 경우에는 자기의 상호 등을

2. 저작물

문학 · 학술 · 예술작품 등 저작물은 사람의 정신적 노력에 의하여 얻어진 창작물로
서 상표법상 상품이 아닌 점에서 상표와는 구별된다. 그러나 저작의 결과물인 회화 ·
서화 · 조각품 · 서적 등은 그것이 거래사회에서 거래의 대상이 되고 또 회화, 서화, 조
각 등은 이를 상표로 사용하고자 하는 경우 상표로서도 등록이 가능하며 또한 서적, 신
문 등 저작물의 제호도 상표로서 등록이 가능하다. 그러므로 이들이 상표로서 등록된
경우에는 상표법에 의하여 보호받게 되므로 이럴 경우 저작권과의 충돌 문제가 발생한
다.[15] 이와 관련하여 상표법은 제53조에서 조정장치를 마련하고 있는데[16] 저작권법은
이에 관하여 규정하고 있지 않다.

3. 디자인

디자인은 물품의 형상 · 모양 · 색채 또는 이들을 결합한 것으로서 시각을 통하여 미
감을 일으키게 하는 미적 창작물로서 상표와 구별된다. 그러나 상표가 도형, 색채 또는
입체적 형상으로 구성된 경우에는 디자인과 공통성이 있으며 특히 입체상표의 경우에
는 더욱 그러하다. 그러므로 양자는 상호관련성이 깊어 상호 충돌할 경우가 많은데, 이
와 관련하여 상표법 제53조에서 조정장치를 마련하고 있다. 또한 판례는 물품에 표현
된 모양(무늬, 글자 등)의 경우에도 상표적 기능인 상품출처표시 기능을 한다고 판시하
고 있어 상표와 디자인은 여러 면에서 충돌이 불가피하다.[17]

보통으로 사용하는 방법으로 표시하는 것에 해당하지 않을 가능성이 많기는 하지만, 그러한 사정만으로
단정할 것은 아니고, 사용된 표장의 위치, 배열, 크기, 다른 문구와의 연결 관계, 도형과 결합되어 사용
되었는지 여부 등 실제 사용태양을 종합하여 거래통념상 자기의 상호 등을 보통으로 사용하는 방법으로
표시한 경우에 해당하는지 여부를 판단하여야 한다(대법원 2002.11.13. 선고 2000후3807 판결).

15 ① "올챙이 그림책" 전집 60권의 그림책 표지 상단 우측에 표시된 "올챙이 그림책"이라는 기재는 그
그림책에 별도로 각각의 제호가 있는 이상 단순히 제호로서가 아니라 그림책의 출처를 표시하는 식별
표지로서 인식될 것이므로 상표로서 사용되었다(특허법원 2006.10.19. 선고 2006허3670 판결).

16 상표법 제53조에 의하여 저작권자의 동의를 얻어야만 등록상표를 사용할 수 있음에도 저작권자의
동의 없이 등록상표를 사용한 경우라 하더라도, 저작권자에 대한 저작권 침해가 되어 손해배상채무라
는 민사상의 책임을 부담하게 되는 것은 별론으로 하고, 상표의 정당한 사용에는 해당하는 것이다(대
법원 2001.11.27. 선고 98후2962 판결 참조).

17 디자인과 상표는 배타적 · 선택적인 관계에 있는 것이 아니므로, 디자인이 될 수 있는 형상이나 모양
이라고 하더라도 그것이 상표의 본질적인 기능이라고 할 수 있는 자타상품의 출처표시를 위하여 사용
되는 것으로 볼 수 있는 경우에는 그 사용은 상표로서의 사용이라고 보아야 하고(대법원 2009.5.14. 선
고 2009후665 판결 등 참조), 나아가 그와 같이 상표로서 사용되고 있는지 여부는 상품과의 관계, 상품
등에 표시된 위치, 크기 등 당해 표장의 사용 태양, 등록상표의 알려진 정도 및 사용자의 의도와 사용경

4. 캐릭터

캐릭터(character)라 함은 극이나 소설, 만화 등에 등장하는 인물이나 동물 또는 그 인물의 성격, 특성 등을 말하는데, 우리나라 상표법은 이에 대한 보호규정을 두고 있지 않다. 본래 캐릭터는 상품의 식별표지로 사용되는 것은 아니므로 상표법상의 상표는 아니라 하겠으나 최근에 이르러 캐릭터가 현저한 광고기능이나 고객흡인력을 갖게 되면서 상품의 선전이나 고객흡인력을 높이기 위하여 캐릭터를 상품화하게 되자 캐릭터에 대한 보호문제가 대두되었다.

우리 상표법상 캐릭터는 보호대상이 아니나 캐릭터의 제명(題名)이나 명칭 · 도형 등을 상표로 하고 그 캐릭터를 상품화할 상품을 지정상품으로 하여 상표등록출원 하는 경우 상표로서 등록될 수 있다. 한편, 캐릭터가 저작물인 경우(만화 속에 등장하는 인물 · 동물의 그림)에는 그 인물이나 동물의 그림은 저작권법에 의하여 보호받을 수 있다. 이럴 경우 상표권과 저작권이 충돌하게 되는데 상표법은 이에 관하여 제53조에서 규정하고 있다.

5. 트레이드 드레스

트레이드 드레스(Trade Dress)란 물품의 크기, 외관, 형태, 빛깔, 색채의 조합, 소재, 도형 등의 요소를 모두 포함하여 다른 물품과 구별하게 해 주는 개념으로 상품의 외장(外匠)으로부터 인식되는 독특한 이미지를 의미한다.

즉, 상품이나 서비스의 경우도 외관의 모양 · 색채 등을 통해 독특한 전체적인 이미지(distinctive, total image of a product or service)를 갖고 있을 경우 이를 트레이드 드레스라고 하며[18](예: 코닥칼라 필름 포장지의 노란색과 검정색의 배합, 업존사의 흰색과 회색이 배합된 약품의 포장지 등) 식당의 실내장식, 메뉴, 서비스 방식까지 트레이드 드레스의 일종으로 파악하기도 한다. 그러나 우리나라에서 트레이드 드레스는 그 보호예를 찾아보기 어려우며 상표법상 보호보다는 부정경쟁방지법에 의한 보호가 가능하다 하겠다.

위 등을 종합하여, 실제 거래계에서 그 표시된 표장이 상품의 식별표지로서 사용되고 있는지 여부를 종합하여 판단하여야 한다(대법원 2004. 10. 15. 선고 2004도5034 판결 등 참조).

18   미국연방상표법(The Lanham Act of 1946)이나 다른 지적재산권 관련법 어디에도 트레이드 드레스(Trade Dress)라는 용어는 없으며, 구체적으로 개념이 정의된 것도 없다. 즉, 트레이드 드레스라는 용어는 법률용어가 아니고 지금까지 다수의 법원판례서 형성된 개념적인 용어라 할 수 있으며, 판례법상 부정경쟁법 원칙이 적용됨이 일반적이다.

6. 도메인 이름

'도메인 이름'(Domain Name)은 인터넷상의 주소로 호스트 컴퓨터에 해당하는 숫자로 된 주소(IP Address)에 알파벳 및 숫자의 일련의 결합으로 구성된다.

상표는 문자뿐만 아니라 기호 · 도형 · 입체적 형상이나 색채로 구성되나 도메인 이름은 문자 · 일부 숫자 · 특수기호로만 구성되는 점에서 상이하며, 또 상표는 자타상품의 식별표지이므로 식별력이 없는 상표는 등록을 허용하지 않고 있으나 도메인 이름의 경우는 컴퓨터의 주소적 성질을 기본으로 하기 때문에 관용표장, 성질표시 표장 등도 도메인 이름으로 등록될 수 있다.

그러나 문자 상표의 경우 그 구성이 도메인 이름과 유사하며 양자는 모두 상품이나 서비스업의 출처표시 기능을 할 수 있다는 점에서 관련성이 있다. 또한 실제로 대부분의 기업의 경우 자기 상호나 대표적인 상표를 도메인 이름으로 사용하고 있어 상표로서의 기능을 도메인 이름도 가지고 있는 경우가 많아 양자가 충돌하는 경우가 많다.

우리나라는 상표와 도메인 이름 간 상표법상의 조정규정을 두고 있지 않다. 다만, 당해 도메인 이름이 상호로서의 성격을 가질 경우에는 상표와 상호에 관한 상표법상의 조정규정이 적용된다할 것이며, 도메인 이름이 상표적 기능을 수행하여 상표의 사용으로 인정되는 경우라면 상표법이 적용된다 할 것이다.

그러나 도메인 이름의 사용은 상표적 사용이 아니라고 봄이 법원의 태도다.[19]

한편, 부정한 이익을 목적으로 국내에서 널리 알려진 상표와 표지를 도용해 도메인 이름으로 등록하는 소위 사이버스쿼팅(Cyber-squating) 행위는 부정경쟁행위로 인정되어 부정경쟁방지법이 적용된다 하겠으며, 판례도 이 입장에 있다.[20]

---

19   대법원 2004.5.14. 선고 2002다13782 판결

20   ① 최근 인터넷을 통한 상품판매 등의 행위가 활발해지면서 부정한 이익을 목적으로 타인의 유명상표와 동일하거나 유사한 도메인 이름을 등록 · 사용하는 행위가 빈번해지자 이를 부정경쟁행위로 추가하였다(2004.1.20. 부정경쟁 및 영업비밀보호에 관한 법률 개정, 법률 제7095호).

    ② 도메인 이름은 원래 인터넷상에 서로 연결되어 존재하는 컴퓨터 및 통신장비가 인식하도록 만들어진 인터넷 프로토콜 주소(IP 주소)를 사람들이 인식 · 기억하기 쉽도록 숫자 · 문자 · 기호 또는 이들을 결합하여 만든 것으로, 상품이나 영업의 표지로서 사용할 목적으로 한 것이 아니었으므로, 특정한 도메인 이름으로 웹사이트를 개설하여 제품을 판매하는 영업을 하면서 그 웹사이트에서 취급하는 제품에 독자적인 상표를 부착 · 사용하고 있는 경우에는 특단의 사정이 없는 한 그 도메인 이름이 일반인들을 그 도메인 이름으로 운영하는 웹사이트로 유인하는 역할을 한다고 하더라도, 도메인 이름 자체가 곧바로 상품의 출처표시로서 기능한다고 할 수는 없다(대법원 2004.5.14. 선고 2002다13782 판결).

    ③ 저명상표인 'viagra'와 유사한 'viagra.co.kr'이라는 도메인 이름의 사용이 부정경쟁방지 및 영업비밀보호에 관한 법률 제2조 제1호 (가)목의 부정경쟁행위(상품주체혼동행위)에는 해당하지 아니하나, 같은 호 (다)목의 부정경쟁행위(식별력 손상행위)에 해당한다.

기록에 의하더라도, 원고 한국화이자제약 주식회사가 원고 화이자 프로덕츠 인크의 자회사라고 인정할 자료가 없고, 원고 화이자 프로덕츠 인크가 국내에 주소를 두지 않고 있기 때문에 '.kr' 도메인 이름으로 제2항에 따라 "부정경쟁행위를 조성한 물건의 폐기, 부정경쟁행위에 제공된 설비의 제거 기타 부장경쟁행위의 금지 또는 예방을 위하여 필요한 조치"로서 도메인 이름의 등록말소를 구하는 것이고, 피고들이 도메인 이름을 사용한 것이 식별력 손상의 부정경쟁행위에 해당하는 이상, 그 부정경쟁행위의 금지 또는 예방을 위한 유효·적절한 수단은 그 도메인 이름의 등록말소이므로(원심 변론종결 후인 2004.1.2. 법률 제7095호로 개정 공포된 부정경쟁방지 및 영업비밀보호에 관한 법률은 제4조 제2항의 "제거 기타"를 "제거", "부정경쟁행위의 대상이 된 도메인 이름의 말소 그 밖에"로 개정함으로써 이러한 취지를 분명하게 하고 있다.), 이 사건 도메인 이름의 일부로 사용된 'viagra' 상표의 보유자인 원고 화이자 프로덕츠 인크는 자신의 명의로 '.kr' 도메인 이름을 등록할 적격이 있는지 여부에 관계없이 이 사건 도메인 이름의 등록말소청구를 할 수 있다(대법원 2004.5.14. 선고 2002다13782 판결).

제4장 상표의 기능

일러두기 상품을 생산·판매하는 자가 자기의 상품을 소비자에게 판매하려고 시장에 내놓으면서 아무런 표시도 없이 내놓는 경우는 없다. 따라서 상품에는 어떠한 표시를 하게 되는데, 그로 인하여 그것이 누구의 상품임이 인지되며 타인의 상품과도 구별되게 된다. 그러므로 상표는 본질적으로 상품의 식별기능과 출처표시기능을 하게 되며 이와 더불어 다른 기능도 수행하게 된다. 시장경제가 발달한 오늘날 상표의 중요성은 점점 증대되고 있는데 그 기능도 점점 변화해 가고 있다.

I. 서 언

상표의 기능이라 함은 상표를 상품에 표시하여 사용하는 경우 그 상표가 상품과의 관계에서 수요자에게 어떻게 인식되고 작용하는가를 말한다.

역사적으로 볼 때 상표는 원래 소유권 내지는 인적표지로서 인격적 성격이 강하였으나 산업이 발달하고 시대가 변천함에 따라 상표의 기능이나 성격도 변천하여 왔다.

상표에 대하여 사회적·경제적 가치를 인정하고 오늘날과 같이 그 기능이 인식되기 시작한 것은 근대 산업발전과 더불어 시장경제가 성립한 이후부터라 할 수 있다. 상표의 기능에는 상표를 상품에 사용함으로서 본질적으로 갖게 되는 본질적 기능과 그 상표를 장기간 사용함으로써 갖게 되는 파생적 기능으로 구분하여 볼 수 있다.[1]

---

1   상표는 어느 특정한 영업주체의 상품을 표창하는 것으로서 그 출처의 동일성을 식별하게 함으로써 그 상품의 품위 및 성질을 보증하는 작용을 하며, 상표법이 등록상표권에 대하여 상표 사용의 독점적 권리를 부여하는 것은 제3자에 의한 지정상품 또는 유사상품에 대하여 동일 또는 유사상표의 사용에 의하여 당해 등록상표가 가지는 출처표시작용 및 품질보증작용이 저해되는 것을 방지하려는 것이고, 상표법은 이와 같이 상표의 출처식별 및 품질보증의 각 기능을 보호함으로써 당해 상표의 사용에 의하여 축적된 상표권자의 기업신뢰이익을 보호하고 나아가 유통질서를 유지하여 수요자로 하여금 상품의 출처의 동일성을 식별하게 하여 수요자가 요구하는 일정한 품질의 상품구입을 가능하게 함으로써 수요자의 이익을 보호하려고 하는 것이다(대법원 1995.11.7. 선고 94도3287 판결, 1996.7.3. 선고 95후1821 판결).

II. 본질적 기능

1. 상품의 식별기능

상표의 상품식별기능이라 함은 자기의 상품과 타인의 상품을 식별시키는 기능을 말한다. 상표는 상품을 생산·판매하는 자가 그 상품이 자기의 상품임을 표시하고 타인의 상품과 구별하고자 사용하는 것이므로 상표를 상품에 사용하는 경우 그 상품은 타인의 상품과 구별된다. 그러므로 상품을 생산·판매하는 자가 그의 상품에 특정의 상표를 표시한 결과 그 상품이 누구의 상품인지 식별이 되지 않는다면, 그 특정의 상표는 식별력 기능을 수행하지 못하는 상표라고 할 수 있다.

이와 같은 상표의 상품식별기능은 상표의 기능 중 가장 본질적인 기능으로서 상품의 동일성을 표시하는 기능이기도 하며 상표가 저명하여 질수록 상품의 식별기능은 강력해진다.

2. 출처표시기능

상표의 출처표시기능이란 상품의 생산자·판매자를 나타내는 기능을 말하는데, 상품을 생산하는 자 등은 자기의 상품에 동일한 표시를 함으로써 수요자는 동일한 상표가 부착된 상품은 동일한 자에 의하여 생산되거나 판매·유통되는 것으로 인식하게 된다. 대부분의 수요자는 상품을 구입함에 있어 그 상품의 생산자가 누구인지를 확인하기 보다는 상표를 보거나 확인하고 구입하게 되는데, 이는 상표의 출처표시기능 때문으로 이해할 수 있다.

일반적으로 상품을 생산·가공·판매하는 자는 그 상품을 자기의 상품임을 표시하고 상품의 지속적인 생산·판매나 판매확장을 통하여 경제적 수익의 증대를 꾀하고자 상품의 품질을 향상시키려 하거나 동일한 품질을 유지하려고 노력하게 되며, 또한 이와 같은 상품을 사용해본 적이 있는 수요자는 그와 동일한 상표가 표시된 상품을 다시 찾게 되는데 이는 상표의 출처표시기능에 연유한 것이다.

한편, 오늘날 상표의 사용은 제조업자에 한하지 않고 판매업자, 가공업자, 수입업자, 사용권자 등에 의하여도 사용되고 있어 상표의 출처표시기능은 상대적으로 다른 기능에 그 지위를 양보하여 가고 있는 듯하며 품질표시기능이나 광고기능의 중요성이 강조되고 있다.

3. 품질보증기능

상표의 품질보증기능이라 함은 동일한 상표가 표시된 상품은 동일한 품질을 가지고 있음을 보증하는 기능을 말한다.

오늘날처럼 상품의 종류가 날로 다양해지고 새로운 상품이 홍수같이 쏟아져 나오고 있으며, 또한 동일 종류의 상품이 여러 사업자에 의하여 경쟁적으로 생산되고 있는 거래사회에서 수요자가 이러한 상품을 구입함에 있어 이들 상품의 품질이나 효능 등을 일일이 테스트하거나 조사하고 구입할 수는 없다.

따라서 수요자는 상품을 구입하는 경우 그 상품에 대한 품질이나 효능 등을 생산자나 판매자에게 문의하여 구입하기도 하나 이보다는 종전에 그와 같은 상품을 구입하여 사용한 적이 있을 경우 그 상표가 부착된 상품은 그 품질이 동일할 것이라는 기대를 갖고 상품을 구입하는 경우가 대부분이라 할 수 있는데, 이는 상표의 품질보증기능에 연유한 것이다.

이러한 상표의 품질보증기능은 상표의 출처표시기능과 결부되어 생성된 것으로서, 상표는 처음에는 출처표시기능만을 수행하지만 그 상표의 사용이 계속되는 경우 수요자는 동일한 상표가 부착된 상품은 동일한 품질임을 믿고 사게 되며 또 생산자는 계속적인 고객확보와 수요창출을 위하여 품질의 동일성 및 우수성 유지에 노력하게 되므로 결과적으로는 영업자의 업무상의 신용유지·보호 내지는 우량성을 담보하는 기능까지도 수행하게 된다.

III. 파생적 기능

1. 광고적 기능

상표의 광고적 기능이라 함은 상표가 상품을 광고·선전하는 작용 내지 역할을 말한다.

상품을 구입하여 사용한 자가 그 상품의 사용을 통하여 상품의 품질이 좋다는 인상을 받은 경우 그는 후에 그와 같은 상품을 필요로 하는 경우 먼저 동일한 상표의 상품을 다시 찾게 되고, 또 상품을 사용한 경험이 없는 자라 하더라도 상품사용자로부터 그 상품이나 상표에 관한 내용이나 품질상태 등을 전해 듣고 그 상표의 상품을 구매하게 되는데 이는 상표의 광고적 기능에 힘입은 것이다.

그리고 상품을 제조·판매하는 자는 아직 그 상표의 상품을 구매하여 사용한 적이 없는 소비자를 상대로 하여 광고선전활동을 함으로써 소비자들에게 좋은 인상을 주고 구매의사를 자극하게 되는데 이 또한 상표의 광고적 기능에 연유한 것이다.

오늘날 라디오, TV, 신문, 잡지 등 대중선전매체가 발달함에 따라 기업체는 상품 판매전략을 상품의 품질에만 의존하기 보다는 대중선전매체를 통한 대대적인 선전광고를 병행하고 있는데 이와 같이 소비자를 상대로한 광고선전활동을 통한 광고적 기능은 그 중요성을 점점 더해가고 있다.

2. 재산적 기능

상표의 본질적 기능인 출처표시기능·품질보증기능과 광고적 기능이 장기간 발휘되고 축적되면 상표의 재산적 가치는 더욱 증대된다. 이러한 상표는 법률에 의하여 재산권으로서 보호됨은 물론 상표권자에게 중요한 자산이 된다.

상표의 재산적 기능을 상표의 기능으로 이해하려 하지 않고 상표권의 본질 내지는 법적 성질로 이해하려는 견해도 있다.

3. 보호적 기능

상표가 다년간 사용되어 본질적 기능을 발휘하고 또 장기간 광고·선전됨으로써 수요자에게 널리 인식된 경우 그 상표와 동일 또는 유사한 상표는 등록이 불허되는 등 상표법에 의하여 보호된다. 또한 타인의 부정한 사용으로부터는 부정경쟁방지법에 의하여도 보호된다.

이러한 상표의 보호적 기능은 사회적 가치에 대한 법의 보호로서 상표 자체에 구비된 기능은 아니라는 견해가 있다.

4. 경쟁적 기능

상표의 경쟁적 기능이라 함은 상표의 사용에 의해 고객흡인력을 유지하고 획득하는 경우 타인의 상품과의 관계에서 우위에 서게 되는 기능을 말한다. 상표를 장기간 사용하고 품질이 우수하여 소비자들간에 인기가 있고 신용을 축적하는 경우 그 상표는 더욱 강력한 경쟁적 기능을 갖게된다.

제5장 특수한 상표제도

일 러 두 기 상표로 인정되는 것 중 색채·입체 상표 등 특수한 상표에 관하여 상표법에서 어떻게 규정하고 있는지 알아두는 것이 필요하며, 문자·도형 등의 상표와 구별하는 것이 필요하다.

I. 색채상표

1. 서 언

1) 의 의

색채상표라 함은 상표가 색채 또는 색채의 조합으로 구성되거나 문자 · 도형 등에 색채가 결합하여 구성된 것을 말하는데, 우리나라는 그간 선진국에서 운영되던 색채상표와는 달리 '색채'만으로 구성된 색채상표를 인정하지 않고 문자 · 도형 등 다른 구성요소와 색채를 결합한 경우에 한하여 인정하는 것으로 운영하여 왔으나 2007.1.3. 법률 제8190호에서 색채 자체를 상표로 인정하여 색채만으로 된 상표에 대하여도 상표법상 보호가 가능하게 되었다.

그러나 색채만으로 된 상표에 대하여 상표로서 인정된다하여 단일 색으로 된 상표의 경우에도 상표등록이 허여된다는 의미는 아니며 여러 가지 색채의 조합 또는 배열에 의하여 식별력이 인정되는 경우에 한하여 상표등록이 가능하다고 보아야 한다.

이와 같이 색채를 상표의 구성요소의 하나로 인정함에 따라 종전의 흑 · 백만으로 인정되는 상표법제하에서와 달리 자타상품의 식별력, 타인의 상표와의 유사여부판단 등에 있어 상당한 변화가 예상된다.

색채만으로 된 상표에 대하여 보호가 인정되는 것은 2007.7.1. 이후 상표등록출원부터이다.

2) 제도적 취지

우리나라가 색채상표를 인정하게 된 것은 무엇보다도 WTO/TRIPs[1]에서 '색채의 조합'을 상표로서 등록받을 수 있다고 규정하고 있고 또한 베네룩스, 프랑스, 미국, 일본 등에서 색채상표를 인정하는 등 색채상표의 보호가 국제적 추세이고, 또한 국내적으로도 색채상표의 필요성이 대두되었을 뿐만 아니라 상표사용자에게 상표선택의 기회를 넓힐 필요가 있기 때문이다. 아울러 입법적·실무적으로도 색채를 명확히 구별하는 것이 가능하다고 판단됨에 따라 1995년 12월 29일 법률 제5083호(1996.1.1. 시행)에서 색채상표를 인정하게 되었으며, 2007.1.3. 법률 제8190호에서 외국의 예를 참작하여 색채 또는 색채의 조합만으로 된 상표에 대하여도 상표법상 보호가 가능하도록 하였다.

2. 외국의 입법예

1) 미 국

미국의 경우 색채상표의 보호에 관한 상표법상 직접적인 규정은 없지만 색채가 식별력 「현저성 또는 2차적 의미(secondary meaning)」가 인정되는 경우 상표로서 등록받을 수 있다. 또한 단일의 색채가 본질적으로 식별력이 있는(inherently distinctive) 것이 아닐지라도 2차적 의미를 획득하여 식별력이 인정되고, 기능성 원리에 배치되는 것이 아니라면 상표등록이 허용된다.

2) 프랑스

프랑스 상표법은 보호대상으로 할 상표의 정의에 '색채의 조합 또는 배열(arrangement)'을 들고 있으며, 그 정의의 말미에는 '일체 업무에 관한 상품 또는 서비스를 식별하기 위하여 사용되는 모든 유형의 표지'라는 포괄적 정의가 내려져 있다. 따라서 특정 색채의 조합 또는 배열은 형상·외형과 관계없이 상표로 보호하며 색채를 특정하는 한 어떤 단색도 상표로서 보호된다.

---

1   ① WTO/TRIPs 15조 1항에 따르면 '상표는 자타 상품 및 서비스의 식별력을 가진 표지 또는 표지의 결합으로 구성된다. 성명, 문자, 숫자, 도형과 색채의 조합 및 이들의 결합'은 상표로서 등록될 수 있다.
     ② 색채, 즉 색채상표를 협정에 포함시키느냐의 문제는 협상 초기에 우리나라를 포함한 개도국의 반대로 논란의 대상이 되었으나 상표의 국제등록에 관한 마드리드(Madrid)협정, 상표법 통일화(Harmonization) 회의에서의 논의에서도 색채상표가 이미 포함되어 있거나, 포함이 긍정적으로 논의되고 있기 때문에 본 협정에도 포함되게 된 것이다(특허청 WTO/TRIPs 협정해설 참조).

3) 일 본

일본 상표법은 우리 상표법과 마찬가지이다.

4) 조 약

파리협약에서는 상표의 출원 및 등록조건에 대하여 각 동맹국에 맡기고 있고 그 상표의 보호범위에 대한 구체적인 언급이 없다. 그러나 WTO/TRIPs에서는 색채상표의 보호에 관하여 색채를 상표의 구성요소로 규정하고 있으며(협정 제15조 제1항), 마드리드 의정서에는 색채상표를 출원하는 경우 그 절차에 관하여 규정하고 있다.

5) 유럽공동체

유럽공동체상표규정은 색채상표에 대해서 명시적인 규정은 두고 있지 아니하다. 그러나 동 규정 제4조에 의하면 상표를 "자기의 상품 또는 서비스를 타인의 상품 또는 숫자 · 상품 또는 포장의 형상(shape of goods or their packaging)을 포함한 시각적으로 표현할 수 있는 모든 표지"로 정의하고 있어 단일색채(single color)나 색채의 조합(a combination of two or more colors)도 상표로서 등록이 가능하다. 그러나 심사실무상으로는 상표가 단순히 단일색채나 색채만의 조합으로 이루어진 경우에는 식별력이 없다는 이유로 등록이 거절되며,[2] 당해 단일색채가 당해 관련거래업계에서 사용에 의한 식별력을 취득하였거나 아주 독특한 경우에만 상표등록이 가능하다.

3. 색채상표의 보호

1) 보호대상

상표법 제2조 제1항 "가"목에서 "기호 · 문자 · 도형 · 입체적 형상 또는 이들을 결합하거나 이들에 색채를 결합한 것"이라고 규정하고 있고 또 "나"목 전단에서 "다른것과 결합하지 아니한 색채 또는 색채의 조합"이라고 규정하고 있어, 기호 · 문자 · 도형 등에 색채를 결합한 것은 물론 색채 또는 색채의 조합만으로 구성된 경우에도 상표로서 인정된다. 따라서 기호 · 문자 · 도형 · 입체적 형상과 색채가 결합한 상표는 물론 색채만으로 구성되거나 또는 색채의 조합으로 구성된 상표의 경우[3] 상표등록이 가능하는

---

2   유럽공동체 상표규정 제4조
3   ① 색채상표는 복수색채의 조합 및 단색 만에 의한 상표가 있다. 색채상표의 등록여부 판단은 그 상

등 상표법상 보호의 대상이 된다.

2) 출원절차

색채상표를 출원하는 경우 그 출원절차는 일반상표의 출원절차와 같다. 다만, 색채 또는 색채의 조합만으로 구성된 상표인 경우에는 상표등록출원서에 그 취지와 설명을 기재하여야 한다(법 제9조 제2항). 한편 색채는 상표의 구성요소 중 요부가 되므로 색채를 다른 색으로 바꾸거나 색채상표가 아닌 것을 색채상표를 보정하는 경우에는 요지변경이 된다.

3) 등록요건

상표법상 색채상표의 경우 등록요건의 판단은 상표전체를 대상으로 하여 판단하며, 그 판단은 도형·문자 상표의 경우와 크게 다를 게 없다. 다만, 간단하고 흔한 표장과 같이 자타상품의 식별력이 없는 상표라도 그것이 색채와 결합하여 식별력이 인정되면 상표등록을 받을 수 있으며 색채의 조합으로 구성된 상표의 경우에도 그 색채의 조합에 의하여 식별력이 인정되는 경우에는 상표등록이 가능하다.

4) 색채상표의 유사판단

색채상표의 유사여부 판단도 여타 상표와 크게 다를 게 없다. 따라서 색채상표의 경우 기호·도형·문자·입체적 형상과 색채가 결합된 것인 경우에는 이를 일체적으로 비교하여 유사여부를 판단하며, 기호·문자·도형이나 입체적 형상에 색채를 착색하여 그것이 다르게 인식되는 경우에는 대비되는 상표와 유사하지 않다 할 것이다.

그러나 색채 또는 색채의 배열·조합만으로 구성된 상표의 유사여부 판단에 있어서는 그 색채의 배열·조합 등이 판단의 기준이 된다.

품의 본질, 색채의 사용상태, 색채의 수, 색채의 조합, 경합관계에 있는 타 사의 상표 및 상관행 등의 요인이 고려되며 색채가 일의적으로 실용적인 목적으로 기능하는 것으로 인정되지 않는 경우 상표로서 보호되지 않는다.

예를 들면, 섬광전구에 있어 푸른 돗트를 현저성의 입증에도 불구하고 그것이 섬광전구에 결합이 있는지 아닌지를 알려주는 표시로서 기능한다고 하는 이유로 상표로서 보호되지 않는다고 한 판례가 있다(특허청 구미의 입체 및 색채 상표제도 참조).

② 그러나 색채만으로 구성된 상표가 등록될 수 있다고 하여 제품과 분리된 단일의 색채(floating color) 그 자체에 대하여 독점이 인정된다고 보기는 어려우며, 단일의 색채는 상품의 형상에 한정될 수밖에 없다는 점에서 색채만으로 구성된 상표라 할지라도 상품의 형상과 모양의 결합이 필수적일 수밖에 없다.

5) 색채상표의 사용

색채상표의 사용도 여타 상표의 사용과 다를 바가 없다. 색채상표의 경우 그 색채가 상표의 구성에 있어 주요한 구성요소가 되므로 상품 또는 상품의 포장용기 등에 상표를 사용하는 경우 색채를 착색하여 사용하여야 하며, 그렇지 아니한 경우에는 등록상표의 사용 또는 불사용의 문제가 대두될 수 있으며, 또한 색채만을 다르게 사용해도 부정사용으로 취급받을 수 있다.

6) 색채상표의 효력

색채상표의 경우 그 등록상표의 상표권의 효력은 여타 상표권의 효력과 같으며, 상표권의 효력이 제한되는 경우도 마찬가지다. 그러므로 상표권자는 등록된 색채상표에 대하여 독점사용이 인정되며, 또한 타인이 등록상표와 동일 또는 유사한 색채상표를 사용하는 경우 상표권 침해가 된다.

4. 색채상표의 특칙

1) 의 의

색채상표는 그 특성상 등록상표와 색채를 완전 동일하게 사용하는 것은 한계가 있다. 그러므로 색깔이 진하고 여리는 등 다소의 색채의 차이가 있는 경우에도 등록상표의 색채와 동일한 색채로 인정하여 상표권자의 상표사용을 보호할 필요가 있는 것이다.

이와 같은 연유로 상표법은 상표의 구성요소인 기호·문자·도형 등이 동일하고 색채만 다른 상표는 원칙적으로 동일상표가 아니고 유사상표이지만 일정한 경우에는 다소 상이한 색채를 사용하는 경우에도 동일한 상표로 특별히 취급하여 색채상표를 보호하고 있다.

이 규정은 1995년 12월 29일 법률 제5083호에서 색채상표제도를 처음 도입하면서 색채를 상표의 구성요소(문자·기호·입체적 형상에 색채를 결합한 것)로 인정할 때 마련한 규정으로, 색채나 색채의 결합만으로 이루어진 상표에 대하여는 적용되지 않는다(법 제91조의2 제4항).

2) 특 칙

(1) 등록상표와 동일한 것으로 간주(법 제91조의2 제1항)

그 상표가 등록상표와 동일하지는 않지만 기호·문자·도형 등 다른 구성요소는 동일하고 색채만을 달리하는 상표를 일정한 경우에 등록상표와 동일한 상표로 간주하여 상표권자를 보호하고 있는데, 이는 등록상표를 사용함에 있어 등록상표와 색채를 완전히 동일하게 사용하는 것은 매우 어렵다는 사실을 감안한 입법조치이다.

따라서 상표권자 또는 전용사용권자는 등록상표와 색채만이 다른 상표를 독점 사용할 수 있으며(법 제50조, 제55조 제3항) 등록상표와 색채가 다른 상표를 사용하는 경우에도 등록상표를 사용하는 것으로 간주되어 등록상표의 불사용이나 부정사용으로 인한 취소를 면할 수 있고(법 제73조 제1항 제3호 및 제4항) 또 그 상표에 등록상표임을 표시한 경우에도 등록상표를 표시한 것으로 인정이 되며 허위표시로 되지 않는다(법 제91조).

또한 색채만이 다른 상표에 대하여 사용권이나 질권설정의 효력이 미치며(법 제62조), 손해배상청구의 손해액 산정의 대상이 된다(법 제67조 제3항). 그러나 이와 같이 동일상표로 인정되는 것은 등록상표의 구성요소인 기호·문자·도형·입체적 형상에 동일 또는 다른 색채를 결합한 경우이며, 색채의 표시로 인하여 비유사상표로 인정되는 경우에는 등록상표의 사용 등으로 인정되지 아니하는데, 이는 개정법에 의하여 상표가 색채 또는 색채의 조합으로 된 경우가 여기에 해당된다 할 것이다.

(2) 등록상표와 동일하지 아니한 것으로 간주(법 제91조의2 제2항)

등록상표를 사용함에 있어, 등록상표의 다른 구성요소는 동일하고 색채만을 달리하여 사용하는 경우, 침해로 보는 행위(법 제66조 제1호)와 등록상표의 변형사용(법 제73조 제1항 제2호) 여부를 적용함에 있어, 그 등록상표를 유사하게 변경 사용하는 상표에 포함하지 않는 것으로 되므로 타인의 상표권 침해로 되지 아니하며 등록상표 부정사용을 이유로 하여 그 등록상표가 취소되지 아니한다.

(3) 지리적 표시 단체표장의 경우

지리적 표시 단체표장의 경우 그 색채만을 다르게 사용한 경우 등록된 지리적 표시 단체표장과 동일한 표장의 사용으로 인정되어 법 제66조 제2항 제1호(타인의 지리적 표시 단체표장과 유사한 상표)에 해당되지 아니한다.

3) 특칙의 예외(법 제91조의2 제4항)

등록상표가 색채 또는 색채의 조합으로 된 경우에는 색채상표에 관한 특칙인 상표법 제91조의2 제1항 내지 제3항이 적용되지 않는데(법 제91조의2 제4항), 이는 색채만으로 된 상표에 대하여는 그 동일 또는 유사여부가 색채만으로 판단되기 때문에 기호·문자·도형 등과 색채가 결합한 상표와 달리 취급할 필요가 있기 때문이다.

이 규정은 2007.1.3. 법률 제8190호에서 색채만으로 된 상표를 인정하게 됨에 따라 이와 같이 규정한 것으로 2007.7.1. 이후 색채 또는 색채의 조합을 구성요소로 하여 상표출원하여 등록된 상표에 대하여 적용된다.

II. 입체상표

1. 서 언

1) 의 의

입체상표라 함은 상표의 구성이 입체적 형상으로 구성된 것을 말하는데 문자, 도형 등을 입체적으로 표현하거나 상품 또는 상품의 포장용기의 형상 자체[4]를 상표로 하는 것을 말한다. 입체상표의 도입으로 상표의 등록범위가 더욱 확대되었으며 그 결과 주류병이나 향수병과 같이 포장용기자체의 형상을 상표로 등록받을 수 있다 하겠으나, 입체상표는 그것이 광범위하여 어느 경우까지를 입체상표로서 인정할 것인지에 대하여는 거래실정이나 사회통념에 맡길 수밖에 없다 하겠다.

입체상표에 대한 등록은 법률 제5355호(1997.8.22.)에 의거 1998년 3월 1일 이후 출원 된 것부터 가능한데, 이러한 입체상표제도의 도입에 따라 상표권이 특허권, 실용신안권 및 디자인권과 권리상호간의 저촉관계가 발생할 여지가 많아졌다.

2) 제도적 취지

상표를 평면적인 것만으로 인식하던 시대에는 상표의 구성요소를 문자, 도형, 기호 및 색채의 4가지로 한정하여 상품 그 자체의 형상으로 된 상품의 포장용기 등은 상표로 인정되지 않았다.

그러나 오늘날 상거래에서 상표로서 사용되는 표장은 평면으로 구성된 것뿐만 아니라 입체적으로 구성된 상표도 사용되고 있는 실정이고, 국제적으로도 상표제도를 갖고 있는 대부분의 국가들이 입체상표를 인정하고 있는 추세에 있으며 또 상표법조약이나 마드리드 의정서 가입에 대비할 필요가 있는 등[5] 상표제도의 국제적 추세에 부응하고

---

4   입체적 형상은 단일상품 또는 그의 포장용기 등을 말하는데, 의약품에 있어서 캡슐(상품의 형상), 약병(포장의 형상), 핸드백 등이 여기에 해당된다.
　　　상표법 제2조 제1항 제1호 가목에서 「기호·문자·도형, 입체적 형상 또는 이들을 결합하거나 이들에 색채를 결합한 것」이라고 규정하고 있으므로, 입체적 형상에 기호·문자·도형을 결합한 경우도 상표로서 인정이 되는데, 이때 이를 입체상표로 취급할 것인지에 대하여는 의문이 있다.

거래현실을 감안하여 입체상표제도를 도입하게 된 것이다.

3) 입법예

(1) 외 국

미국은 입체상표와 관련하여 이를 보호하는 직접적인 규정은 마련되어 있지 않지만 판례에 의하여 입체상표를 상표로서 보호하고 있다. 일본은 1997년 4월 1일부터 입체 상표를 도입하였으며, EU의 「유럽공동체상표규정」은 제4조에서 "상품이나 상품포장 의 형태와 같이 시각적으로 표현할 수 있는 표지라면 어떠한 표지라도 공동체상표가 될 수 있다"고 규정하고 있어 입체상표를 명시적으로 규정하여 상표등록을 인정하고 있으며 유럽의 각국들 또한 상표법을 개정하여 입체상표를 인정하고 있다.

(2) 조 약

상표법조약은 모든 체약국에게 입체상표를 보호하도록 요구하지는 않지만, 어떤 체 약국이 입체상표의 등록을 허용하고 있다면 당해 표장에 동 조약을 적용하도록 하고 있다(§2①(a) 단서).

또한 마드리드의정서는 입체상표의 보호를 강제하지는 않지만, 국제출원을 하는 경 우에 기본출원 또는 기본등록이 입체표장에 대한 것이면 '입체표장'이라는 표시를 하 도록 하고 있다(공동규칙 §9④(a)(iii)). 그러나 파리협약에서는 그 보호대상(협약 제1조) 에서 '입체적 상표'에 관하여 직접규정하지 않았으며 WTO/TRIPs는 상표의 보호대상 (제15조 제1항·제2항)에서 입체상표에 대하여 명시적 규정을 두고 있지 않다.

2. 출원절차

1) 입체상표의 취지 기재

입체적 형상으로 된 상표를 등록받고자 하는 경우에는 상표등록출원서에 그 취지를 기재하여야 한다(법 제9조 제2항).

---

5   ① 상표법조약은 모든 체약국에 대하여 입체상표를 보호하도록 요구하지는 않지만, 어떤 체약국이 입체상표의 등록을 허용하고 있다면 당해표장에 동 조약을 적용하도록 하고 있다(§2①(a) 단서).
   ② 마드리드의정서는 입체상표의 보호를 강제하지는 않지만, 국제출원을 하는 경우에 기본출원 또 는 기본등록이 입체표장에 대한 것이라면 '입체표장'이라는 표시를 하도록 하고 있다(공동규칙 §9④ (a)(vii)).

2) 상표견본 제출

입체상표를 출원하는 경우 그 상표를 표시하는 견본은 입체상표의 특징을 충분히 나타내는 도면 또는 사진으로 작성하여야 하며, 그 견본은 입체상표의 일면 또는 여러 측면으로 구성될 수 있다(시행규칙 제5조의2 제1항·제2항).

이때 특허청장은 그 견본에 의하여 상표등록을 받으려는 입체상표가 명확하지 못하다고 판단될 경우에는 상당한 기간을 정하여 입체상표에 대한 설명서의 제출을 요구할 수 있다(시행규칙 제5조의2 제3항).

한편, 상표견본으로 제출된 입체적 형상이 입체상표로서의 구성 및 태양을 갖춘 것으로 인정되지 아니할 때에는 거절이유를 통지하는 것으로 한다(특허청, 상표심사기준).[6]

3) 그 외 절차

입체상표등록출원에 관한 그 이외의 절차는 일반 상표등록출원절차와 같다.

6　① 입체상표로서의 구성 및 태양을 갖춘 것으로 인정되는 경우
　　[예시]

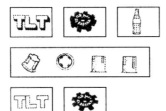

　　② 입체상표로서의 구성 및 태양을 갖춘 것으로 인정되지 않는 경우
　　[예시]
　　• 3차원적으로 입체적 형상이 기재되지 않는 경우

　　• 입체적 형상에 관한 복수의 도면 또는 사진이 불일치되는 경우

　　• 입체적 형상과 평면표장이 분리되어 기재된 경우

3. 등록요건

1) 법 제6조 제1항 각 호에 해당되지 않을 것

(1) 입체상표의 식별력

입체상표의 경우 그 입체상표가 상표법 제6조 제1항 각 호 소정의 식별력을 갖춘 것인지 여부는 그 입체적 형상이 지정상품과 관련하여 상품의 기능을 확보하는데 불가결한 것인지 문제와 귀결된다고 할 수 있다. 그러므로 입체상표가 그 상품 또는 포장의 외형·모양(무늬 포함) 및 규격 등을 직접적으로 표시하는 경우(입체상표가 당해 물건의 본질적 형태를 나타내는 경우 등)에는 상표등록을 받을 수 없다. 그러나 상품의 본질적 형태를 표시한 것이라도 그 외에 다른 문자나 도형을 부가하였거나 이를 도형화하여 단순한 용기로만 인식되지 않는 경우에는 상표등록이 가능하다.[7]

(2) 입체상표의 기능성 판단

입체상표의 기능성 판단에 있어서는 그 입체상표가 광고 선전 등을 통하여 상품 또는 그 상품의 포장의 실용적 이점이 알려진 상품 또는 그 상품의 포장의 형상 등으로부터 발휘되는 기능에 착안해서 ① 그 기능을 확보할 수 있는 대체적인 형상이 따로 존재하는지 여부, ② 상품 또는 포장의 형상을 당해 대체적인 입체적 형상으로 한 경우 동등한 또는 그 이하의 비용으로 생산할 수 있는지 여부를 참작하여 판단한다.

한편, 법 제6조 제2항에 의하여 사용에 대한 식별력이 인정되어도 그 입체상표가 상품 또는 상품의 기능을 확보하는데 불가결한 입체적 형상인 경우에는 법 제7조 제1항 제13호가 적용되어 등록을 받을 수 없게 된다.[8]

7　〈입체상표로서 등록된 예〉

상표	지정상품	등록번호
	제30류 국수, 당면 라면	상품등록제 233206호
	제30류 국수, 냉면	상품등록제 311914호
	제30류 국수, 냉면, 우동	상품등록제 283509호
	제30류 라면, 콘프레이크	상품등록제 288719호

8　이와 같이 식별력을 취득했는데도 등록을 받지 못하는 것은 기능성원리가 경쟁의 보장을 제1의 목적으로 하기 때문이다. 즉, 공공의 보호가 상표사용자의 보호 내지 소비자의 혼동방지라는 상표법 고유의 목적보다 우선하기 때문이다.

2) 법 제7조 제1항 각 호에 해당되지 않을 것

입체적 형상으로 된 상표가 법 제7조 제1항 제7호에서 규정한 타인의 선출원등록상표와 동일 또는 유사하는 등 법 제7조 제1항 각 호에서 규정한 부등록사유에 해당될 때에는 상표등록을 받을 수 없다.

또한 자타상품의 식별력이 있는 입체상표라 하더라도 그 입체적 형상이 상품 또는 그 상품의 포장의 기능을 확보하는 데 불가결한 입체적 형상만으로 된 경우에는 등록이 배제된다(법 제7조 제1항 제13호).

3) 기 타

입체상표로서 등록받기 위하여는 위 '1), 2)' 사항 이외에도 법 제8조 제1항·제2항에 해당되지 않는 등 법률에서 규정한 사항에 해당되지 않아야 한다.

4. 입체상표의 유사판단

1) 원 칙

입체상표에 있어서 상표의 유사판단은 원칙적으로 평면상표에서와 같이 외관, 칭호, 관념을 전체적·객관적·이격적으로 판단한다. 그 상표가 기호, 문자, 도형 및 입체적 형상을 결합하여 구성된 경우에는 전체적 결합상태를 고려하여 판단한다.[9]

2) 결합상표의 경우

상표가 기호, 문자, 도형 및 입체적 형상이 각각 또는 복합적으로 결합하여 구성된 경우에는 전체적 결합상태를 고려하여 판단한다. 다만, 상품 또는 상품의 포장 등의 입체적 형상으로 된 상표에 있어서 그 입체적 형상이 그 상품 또는 상품의 포장 등의 기능을 확보하는 데 불가결한 입체적형상은 요부가 아니므로 이 부분은 유사여부판단의 대

---

9 표장이 입체적 형상인 경우에는 보는 방향에 따라 인식되는 모습이 다르다는 특수성이 있으므로 다음 각 호에 따라 유사여부를 판단한다(특허청 상표심사기준).
   ⅰ) 입체적 형상의 어느 특정한 방향에서 인식되는 모습의 평면표장 또는 다른 입체적형상의 그것과 유사한 경우에는 양 표장은 유사한 것으로 본다.
   ⅱ) 입체적 형상의 칭호 또는 관념은 형상의 전체적인 모습만이 아니라 어느 특정한 방향에서 인식되는 모습에 의해서도 발생하는 것으로 본다.
   ⅲ) 입체적 형상과 문자가 결합된 경우 원칙적으로 당해 문자부분만으로 칭호 또는 관념이 발생하는 것으로 본다.

상으로 하지 않는다.

5. 상표권의 효력

1) 입체상표의 사용

입체상표의 사용도 기존의 평면상표의 사용과 다를 바가 없다. 그러나 입체상표의 경우에는 그 상표의 구성이 입체적 형상으로 되어 있기 때문에 상품 또는 상품의 포장에 상표를 입체적으로 표시하기 보다는 상품 또는 상품포장용기 자체를 상표로 하여 사용하는 경우가 대부분이다.

2) 입체상표의 효력

입체상표의 경우 그 등록된 상표의 상표권의 효력은 여타 상표권의 효력과 같으며 그 상표권의 효력이 제한되는 경우도 마찬가지이다.

다만, 종전의 평면상표 하에서는 그 평면상표를 포장용기 등으로 하여 사용하는 경우 상표권과 디자인권의 저촉문제가 대두되었으나 현행 입체상표제도 하에서는 입체상표를 포장용기, 물품의 형상으로 하여 사용하는 경우에는 디자인권뿐만 아니라 특허권 · 실용신안권과 충돌 문제도 발생한다.

3) 입체상표의 효력제한

입체상표의 경우 그 입체적 형상이 누구의 업무에 관련된 상품을 표시하는 것인지 식별할 수 없는 경우에는 그 상표권의 효력이 제한되며(법 제51조 제2호의2), 또한 상표등록을 받고자 하는 상품 또는 그 상품의 포장의 기능을 확보하는 데 불가결한 입체적 형상으로 되거나 그 형상에 색채 또는 조합을 결합하여 된 경우에도 그 효력이 제한된다(법 제51조 제4호).

6. 타 권리와의 관계

1) 산업재산권과의 관계

입체상표는 입체적 형상으로 구성되므로 그 특성상 일정한 구조나 형태를 갖게 되므로 타인의 특허권, 실용신안권 및 디자인권과 저촉할 경우가 발생한다. 따라서 상표법은 이에 대한 권리 간의 조정장치로서 상표권이 그 상표등록출원일 전에 출원하여 등

록된 타인의 특허권, 실용신안권, 디자인권과 저촉되는 경우에는 상표권자는 그 특허
권자, 실용신안권자, 디자인권자의 동의를 얻지 아니하고는 그 등록상표를 사용할 수
없는 것으로 규정하여 권리상호간의 조정을 꾀하고 있다(법 제53조).

2) 저작권과의 관계

입체상표로 등록된 상표권의 경우 그 권리의 특성상 저작권(조각품, 건축물의 모형
등)과 저촉하는 경우가 있다. 따라서 상표법은 상표권이 상표등록출원일 전에 발생한
타인의 저작권과 저촉되는 경우에는 상표권자는 그 저작권자의 동의를 얻지 아니하고
는 그 등록상표를 사용할 수 없는 것으로 규정하여 상표권과 저작권 간의 권리의 조정
을 기하고 있다(법 제53조).

III. 소리 · 냄새상표

1. 서 의

1) 의 의

소리상표라 함은 사람 · 동물이 발성하는 소리 또는 악기 등 물체의 진동에 의하여
일어나는 소리에 대하여 이를 상표로 인정하는 것을 말하며, 냄새상표라 함은 향내 ·
풀냄새 등 사람이 후각을 통하여 맡을 수 있는 각종 냄새에 대하여 이를 상표로 인정하
는 것을 말한다.

이와 같은 소리 · 냄새상표는 눈으로 인식할 수 없는 비시각적인 상표로서 심사에 어
려움이 있고 또 이에 관한 공시방법이 마땅치 않을 뿐만 아니라 권리관계에 있어서도
시각적 상표에 비하여 한층 더 곤란성이 뒤따를 것으로 예상된다.[10]

소리상표는 2011.12.2. 법률 제11113호에 의하여 채택된 것으로서 2012.3.15. 이후에
출원된 것부터 인정된다.

---

[10] 소리 · 냄새상표는 시각적으로 인식할 수 없는 것이기 때문에 이들 상표를 심사 · 심판절차 또는 상
표권 분쟁에서 이를 특정하여 심사하거나 권리분쟁을 가리는 것은 매우 어려운 일이다. 이와 같은 연
유로 상표법은 시각적으로 인식할 수 없는 소리 · 냄새 등을 상표를 인정하면서도 "기호 · 문자 · 도형
또는 그 밖의 시각적 방법으로 사실적으로 표현한 것"임을 그 인정요건으로 하고 있다. 그러나 기호 ·
문자 · 도형 등 시각적으로 표현한 것이 얼마나 소리 · 냄새를 정밀하게 묘사할 수 있을지는 미지수다.

2) 제도적 취지

그간 상표제도를 채택하고 있는 대부분의 국가는 기호·문자·도형·색채 등 시각적으로 인식될 수 있는 것에 대하여 상표로 인정해 왔다. 그러나 산업발달에 따라 상품 또는 서비스의 대상이 확대되고 정보통신기술발달 및 마케팅수단이 다양화됨에 따라 시각적으로 인식할 수 없는 소리·냄새 등 비전형적 상표(非典形的 商標)들도 상표법의 본래적 기능인 상품출처표시 기능을 함에 따라 이들 상표에 대하여도 보호할 필요가 있게 되었다. 아울러 상당수의 국가가 소리·냄새 상표를 인정하고 있으며 싱가포르조약(STLT: Singapore Treaty on the Law of Trademarks)에서도 2006.3. 상품의 보호범위를 소리 등 비시각적 상표까지 확대하는 상표법 조약을 채택한 바 있으며 또 한·미 FTA(제18.2조 제1항)에서도 상표등록의 요건으로 표지가 시각적으로 인식 가능할 것을 요구할 수 있으며, 소리 또는 냄새라는 이유만으로 상표등록을 거부할 수 없다고 규정함에 따라 이를 반영할 필요가 있기 때문이다.

2. 출원절차

1) 취지 및 설명기재

소리·냄새 등으로 된 상표를 출원하는 경우 그 출원절차는 기호·문자·색채 등을 출원하는 경우와 같다. 다만, 그 상표등록출원서에 그 취지와 설명을 기재하여야 하며, 해당표장을 기호·문자·도형이나 그 밖의 시각적 방법으로 사실적으로 표현한 것(시각적 표현)임을 요한다(법 제9조 제3항).

2) 악보 등 제출

소리·냄새상표의 경우 기호·문자·도형상표의 경우와 달리 상표견본을 제출하지 않는다. 그러나 소리상표의 경우에는 소리를 특정할 수 있는 CD-ROM, 광디스크 등 전자적 기록매체 또는 소리상표의 악보를 제출할 수 있으며(시행규칙 제36조 제3항), 냄새상표의 경우에는 냄새를 담은 밀폐용기 3통 또는 냄새가 첨가된 패치(향패치) 30장을 제출하여야 한다(시행규칙 제36조 제1항 제6호).

3. 등록요건

1) 자타상품의 식별력이 있을 것(법 제6조 제1항 각 호)

소리·냄새 상표의 경우에도 기호·문자·도형 등 여타 상표와 마찬가지로 자타상품의 식별력이 있는 것으로서 상표법 제6조 제1항 각 호에 해당되지 않아야 한다. 그러므로 그 소리상표가 지정상품의 품질·원재료·효능·용도 등을 직접적으로 표시하는 경우에는 상표법 제6조 제1항 제3호에 해당하며, 그 소리상표를 구성하는 상표가 1음 또는 2음으로 구성되거나, 흔히 있는 소리인 경우 또는 거래사회에서 널리 사용되는 소리인 경우에는 상표법 제6조 제1항 제6호 또는 제7호에 해당하여 거절된다.[11]

또한 냄새상표의 경우에도 소리상표와 마찬가지로 그 지정상품 또는 지정서비스업과 관련하여 성질표시적 상표에 해당하는 등 자타상품의 식별력이 없는 경우에는 상표법 제6조 제1항 제3호 등에 해당하여 상표등록을 받을 수 없다.[12]

2) 타인의 상표와 유사하지 않을 것(법 제7조 제1항 각 호)

소리·냄새 상표의 경우 타인의 선출된 등록상표와 유사하는 등 상표법 제7조 제1항 각 호에 해당하는 경우에는 상표등록을 받을 수 없다.

그리고 소리·냄새상표가 지정상품이나 지정서비스업과 관련하여 그 지정상품이나 지정서비스업의 기능을 확보하는데 불가결하거나 서비스의 이용과 목적에 불가결한 소리·냄새만으로 구성된 경우에는 법 제7조 제1항 제13호에 해당되어 상표등록을 받을 수 없다.

심사실무는 '맥주병의 병뚜껑 따는 소리', '타이어의 고무향', '오토바이의 엔진소리', '차임벨소리' 등은 그 상품이나 서비스의 기능을 확보하는데 불가결한 것으로 보아 상표법 제7조 제1항 제13호에 해당하는 것으로 취급한다. 그리고 소리·냄새상표가 그 상품이나 서비스의 기능을 확보하는 데 불가결한 요소로만 구성된 경우에는 비록 사용에 의한 식별력을 취득한 경우에도 상표등록이 인정되지 아니한다.[13]

---

11   '벌목서비스업'에 있어서 '체인톱소리', '자동차 수리업·자동차 판매업'에 있어 '자동차 시동소리' 또는 '자동차 달리는 소리'는 그 지정서비스업의 성질 표시에 해당한다(특허청 상표심사기준).

12   지정상품인 '향수'인 경우 '바닐라 향기, 허브향', 타이어의 경우 '고무향'은 성질표시적 상표로 취급되며 '목재가공업'에 있어 '나무냄새'는 그 지정서비스업의 성질표시적 상표로 취급된다(특허청 상표심사기준). 그러므로 그 특정의 물질이 가지고 있는 본래적 향이나 냄새를 출원한 경우에는 여기에 해당되어 거절된다 할 것이다.

13   특허청 상표심사기준.

4. 유사여부 판단 및 상표권의 효력

1) 유사여부 판단

소리·냄새상표에 있어 유사여부 판단도 여타 상표와 마찬가지이다. 그러나 소리·냄새 상표의 경우 상표의 특성상 시각적으로 인식할 수 없을 뿐만 아니라 그 소리·냄새를 정확히 측정하여 유사여부를 판단하는 것은 실무적으로 용이치 않을 뿐만 아니라 판단의 적정을 기대하기도 어렵다. 그러므로 소리·냄새상표의 경우에도 출원서에 기재된 시각적 표현을 기준으로 유사여부를 판단하는 것으로 한다.

다만, 출원서에 기재된 시각적 표현만으로는 그 상표의 유사여부를 정확히 판단하는 데는 한계가 있다 할 것이다.

2) 상표권의 효력

소리·냄새상표의 경우 상표권의 효력은 여타 상표권의 효력과 같으며 그 소리·냄새상표가 등록상표의 지정상품 또는 지정상품의 포장의 기능을 확보하는데 불가결한 것인 경우에는 상표권의 효력이 제한된다(법 제51조 제1항 제4호).

제6장 서비스표

최근에 서비스표 등록출원이 부쩍 늘고 있는데, 이는 서비스표의 사회성과 중요성을 그대로 반영한 것이라 할 수 있다.

여기서는 먼저 서비스표의 개념에 대하여 정확히 이해하고 상표와의 관계를 알아둘 필요가 있다. 또한 서비스표는 상표와는 물론 상호와도 충돌하는 경우가 많은데 이 경우 각각의 권리관계가 어떻게 되고 서로 조정될 수 있는지를 명확히 아는 것이 중요하다.

I. 서 언

1. 의 의

서비스표라 함은 서비스업을 영위하는 자가 자기의 서비스업을 타인의 서비스업과 식별되도록 하기 위하여 사용하는 표장을 말하는데, 오늘날 무형의 상품인 서비스업도 주요한 경제적 기능을 수행하게 됨에 따라 이를 상품과 구별하여 별도로 보호하게 되었다. 서비스표는 무형의 상품인 서비스업의 식별표지라는 점에서 유형의 상품의 식별표지인 상표와 구별된다 하겠으나 출원절차, 등록요건이나 효력 등에서는 상표의 경우와 같다.

우리 상표법은 제2조 제1항 제2호에서 서비스표의 개념을 규정하고 있는데, 상표법에서 특별히 규정한 것을 제외하고는 상표에 관한 규정이 그대로 적용된다(법 제2조 제3항).

2. 보호의 필요성

서비스표를 법률로서 보호할 것인지 여부는 각 나라마다 상표법이 지향하는 목적이나 산업정책에 따라 결정된다 하겠으나[1] 현대와 같이 경제사회가 고도로 발달하고 직

---

[1]   파리협약 제6조의6에 의하면 서비스표 보호와 관련하여 "동맹국은 서비스마크를 보호할 것을 약속한다"고 규정하여 동 조약은 동맹국에 대하여 서비스표 보호를 의무지우고 있다. 그러나 동 조 후단에서 "동맹국은 서비스마크의 등록에 관한 규정을 설정함을 요하지 않는다"고 규정하여 등록이 보호요건이 아님을 천명하고 있다. WTO/TRIPs에서는 서비스표 보호와 관련한 직접적인 규정은 없다.

무영역도 다양화·전문화됨에 따라 상품의 제조·판매와는 별도로 금융, 광고, 운수, 수선, 컨설팅 등 상품의 생산을 수반하지 않는 용역제공 업무도 상품 못지않게 주요한 경제적 기능을 수행하고 있고 또 그 경제적 가치도 인정됨에 따라 서비스업에 대한 보호의 필요성이 대두되었다.

또한 서비스표는 자기의 서비스업을 타인의 서비스업과 식별시키기 위하여 사용하는 것이고 또 서비스업의 품질의 동일성 기능을 수행하는 등 상표와 같은 기능과 역할을 수행하며 또 서비스표만이 갖는 특성이 있어 그 보호의 필요성이 요청된다 할 것이다. 그러나 서비스표는 그 업무의 특성상 상표와 관련성이 깊어 경우에 따라서는 서비스표와 상표 간의 관계가 명확치 않고 불명료하여 상호 혼동을 일으키는 경우가 있어 이에 대한 관계를 여하히 구별하여 조정 운용하느냐가 서비스표제도의 성공여부를 가늠하는 관건이 된다 하겠으며 그렇지 못할 경우에는 혼란이 야기된다.

우리 상표법에서 서비스표를 법률에서 직접 규정하여 보호하기 시작한 것은 1949년 11월 28일 법률 제71호(상표법 신규제정)부터이다.

3. 입법예

1) 미국

미국의 경우 서비스표를 법률에 의하여 보호하고 그 등록을 위한 제도를 인정한 최초의 법률은 1946년 제정된 미국 상표법(Lanham Act)이며 그 이후 여러 차례의 개정을 거쳐 오늘에 이르고 있다.

미국의 상표법은 서비스표를 "자기업무의 동일성을 표시하고 그것을 타인의 서비스와 구별하기 위하여 서비스의 판매 또는 광고시에 사용되는 마크이며, 마크·명칭·표상(symbol)·표제(title)·호칭(designation)·표어·캐릭터(character)의 명칭 및 라디오나 그 밖의 광고의 현저한 표현형식이 제한 없이 포함된다"고 규정하여 입법상 서비스표를 그 어느 나라보다도 가장 넓게 보호하고 있다.

2) 파리협약

파리협약은 1958년 10월 6일 공업소유권 보호를 위한 파리협약 7차 개정에서 서비스마크를 산업재산권 보호대상에 새로이 추가하였다.

파리협약 제6조의6에 의하면 조약 가맹국에 대하여 서비스표 보호를 약속할 것을 요구하면서도 반드시 등록에 관한 규정을 설정함을 요하지 아니한다고 단서규정을 둠으로써 등록제도의 채용을 조약 가맹국에 의무화하지 않고 그 보호방법을 각국의 국내법에 따라 정할 수 있도록 하였다.

3) 일 본

일본의 경우는 서비스표를 '업으로서 역무를 제공 또는 증명하는 자가 그 역무에 대해 사용하는 것'으로 정의하고 있다.[2]

II. 서비스표와 서비스업의 개념

1. 서비스표의 개념 및 구성

1) 서비스표의 개념

서비스표라 함은 서비스업을 영위하는 자가 자기의 서비스업을 타인의 서비스업과 식별되도록 하기 위하여 사용하는 표장을 말한다.

서비스표는 상표와는 별도로 인정되는 것으로서 무형의 상품인 서비스에 사용되는 것이므로 유형의 상품인 물건에 사용되는 것은 서비스표가 아니다. 또한 서비스표는 서비스 제공을 업으로 하는 자가 사용하는 것이므로 무료 봉사적인 서비스에 사용하는 것은 서비스표라고 할 수 없다.

2) 서비스표의 구성

서비스표는 서비스업의 식별표지라는 점에서만 상품의 식별표지인 상표와 구별될 뿐 그 밖의 점에서는 상표와 같다. 따라서 서비스표도 상표의 경우와 같이 기호, 문자, 도형, 입체적 형상 또는 이들을 결합하여 구성되거나 이들에 색채를 착색하여 구성된 것이어야 한다. 그리고 테마음악이나 특수효과를 나타내는 음향 등 소리는 물론 향내, 풀냄새 등 소리도 서비스표로 인정된다.

---

2   일본 상표법 제2조 제1항 제2호(평성3년 법률 65).

2. 서비스업의 개념 및 구분

1) 서비스업의 개념

현행 상표법은 서비스표에 대하여는 동법 제2조 제1항 제2호에서 그 개념을 정의하고 있으나 서비스표를 사용할 서비스업의 개념에 대하여는 정의한 바 없고 단지 상표법 시행규칙 제6조 별표에서 서비스업 구분과 서비스업명을 예시적으로 기재하고 있을 뿐이어서 서비스업의 개념은 상품의 경우와 같이 거래사회의 통념에 따를 수밖에 없다 할 것이다.

일반적으로 서비스업이라 함은 금융업, 광고업, 운수업 등과 같이 물품생산과 무관하게 작용하는 노동(勞動)의 총칭을 말하나 상표법상 보호의 대상이 되는 것은 경제적 가치가 있는 용역으로서 독립하여 상거래의 대상(용역의 대상)이 되는 것이어야 하고 타인의 이익을 위하여 제공되는 것이어야 한다. 따라서 경제적 가치가 없는 무료 봉사적인 서비스는 상표법상 보호의 대상이 아니다. 또한 동일 기업체에 의한 상품판매와 관련한 운송, 통신, 설치, 기타 서비스의 제공등과 같이 상품판매에 부수되는 서비스는 상표법상 서비스로 보지 아니한다.[3]

한편, 상품과 서비스는 별개의 것이므로, 상품판매와 별도로 그에 부수되는 서비스를 상표법상 보호받고자 하는 경우에는 별도의 서비스표등록출원을 하여 등록을 해야만 상표법상 보호받을 수 있으며 또한 서비스업을 하는 자가 그 서비스에 관련한 상품에 상표를 사용하고자 하는 경우에도 별도의 상표등록을 받아야만 한다.

2) 서비스업의 구분

서비스업은 그 서비스내용에 따라 광고업, 보험업, 통신업 등 제35류부터 제45류까지 11개류로 구분하고 있는데(시행규칙 제6조 제2항 별표) 이와 같은 서비스업 유구분이 서비스업의 유사범위를 법정한 것은 아니라 하겠으나(법 제10조 제2항), 이 유구분에서 정해진 바에 따라 그 유 구분마다 각각의 서비스표등록출원을 해야 한다. 그리고

---

3   ① 상표심사기준 참조.

   ② 상품판매에 부수되는 서비스라 함은 상품판매를 위한 서비스나 상품의 판매에 따라 수반되는 서비스를 말하는데 화장품판매를 위한 메이크업에 대한 지도, 의약품 판매에 앞선 건강에 관한 카운셀링 또는 어떤 물품을 판매한 후 그 물품의 운송이나 그 물품의 설치, 사용방법의 지도 등은 상품판매에 부수되는 서비스로서 상표법시행규칙 제6조 제2항 별표에서 정한 미용기술지도업, 카운셀링업, 운송업 등에 속한다. 이러한 상품판매에 부수되는 서비스업에 대하여는 별도로 서비스표 등록을 각각 등록받아야만 상표법에 의한 독점배타적인 권리가 주어진다.

심사·심판 등 실무에서는 이 기준에 따라 서비스업의 유사여부를 판단하며 서비스표권 침해소송에서도 이를 참작하여 판단한다.

III. 출원절차 및 등록요건

1. 출원절차

1) 출원절차

서비스표의 등록출원절차는 상표등록출원절차와 같다. 서비스표등록을 받고자 하는 자는 상표법 제9조에서 정한 바에 따라 서비스표등록출원을 하여야 하며 그 서비스표를 사용할 서비스업은 상표법시행규칙 제6조 제2항 별표 2에서 정한 서비스업 구분 내에서 1 또는 2 이상 기재하여 1상표 1출원원칙에 따라 출원하여야 한다.

한편, 상표등록출원을 하면서 상품 및 서비스업을 동시에 지정하여 출원할 수 있는데 이 경우에는 그 취지를 출원서에 기재하여야 한다(법 제10조 제1항).

2) 변경출원

출원인은 상표등록출원을 서비스표등록출원으로 변경하거나 서비스표등록출원을 상표등록출원으로 변경할 수 있다(법 제19조 제1항). 그러나 이와 같은 변경출원은 단순히 출원의 형식을 변경하는 것으로서 그 객체의 변경(예컨대, 지정상품 '서적'을→지정서비스업 '서적판매업'으로 변경)을 의미하는 것은 아니다.

2. 등록요건

1) 자타서비스업의 식별력이 있을 것(법 제6조 제1항 각 호)

서비스표도 자기의 서비스업을 타인의 서비스업과 식별시키기 위하여 사용하는 것이므로 식별력이 있어야 한다. 그러므로 서비스표가 상표법 제6조 제1항 각 호에 해당될 때에는 등록을 받을 수 없다.

2) 부등록사유에 해당되지 아니할 것(법 제7조 제1항 각 호)

서비스표등록출원이 타인의 선출원등록서비스표와 유사하는 등 상표법 제7조 제1항 각 호에 해당되는 경우에는 서비스표등록을 받을 수 없다.

3) 상거래의 대상이 되는 서비스업일 것

지정서비스업은 거래사회에서 현실적으로 존재하는 서비스업으로서 상표법에서 보호대상으로 하고 있는 서비스업이어야 하며 그 서비스업은 독립하여 상거래의 대상이 되는 것으로서 타인의 이익을 위하여 제공되는 서비스업이어야 한다.

4) 기 타

서비스표등록출원은 상표법 제10조에서 규정한 1상표 1출원원칙에 입각하여 출원하여야 하며 그 이외에 선출원주의 및 인적 요건 등 절차적 요건도 충족하여야 한다.

IV. 서비스표 및 서비스업의 유사판단

1. 서비스표의 유사판단

서비스표의 유사여부 판단은 상표의 유사여부 판단과 동일하다. 대비되는 두 서비스표의 외관, 호칭, 관념을 전체적 · 이격적 · 객관적으로 관찰하여 일반 수요자가 서비스업 출처의 오인 · 혼동을 일으킬 우려가 있는지 여부에 의하여 동일 또는 유사여부를 판단한다.

2. 서비스업의 유사판단

서비스업의 유사여부는 상표법시행규칙 제6조 제2항 별표 2에서 정한 서비스업류 구분에 따라 판단하며 각 서비스업류 구분의 서비스업 세목은 각기 유사서비스업으로 보는데(시행규칙 별표 2), 특허청 심사실무는 이와는 별도로 상품유사군 코드를 예규로 제정하여 운용하고 있다. 그러나 심판이나 소송에서는 상표법시행규칙 제6조 제2항에서 정한 서비스업류 구분에 구애되지 않고 서비스업 간에는 업종의 공통성, 수요자의 일치여부, 서비스 제공방법 및 거래사회실정 등을 감안하여 서비스업의 유사여부를 판단[4]하는데, 이는 동 규칙 별표 2에서 정한 서비스업류 구분이 서비스업의 동종여부를 명확히 구분했다고 보기에도 어렵지만 상표법 제10조 제2항에서 정한 서비스업류 구분이 서비스업의 유사범위를 법정한 것은 아니라고 규정하고 있기 때문이기도 하다(법 제10조 제2항).

V. 서비스표권의 효력 및 상표와의 관계

1. 서비스표의 사용

서비스표의 사용도 상표에 관한 규정이 그대로 준용된다(법 제2조 제3항).

2. 서비스표권의 효력

서비스표권의 효력은 상표권과 같다. 따라서 지정서비스업에 대하여 서비스표권자만이 당해 서비스표를 그 지정서비스업에 독점배타적으로 사용할 수 있으며 타인이 이를 무단으로 사용(使用)하는 경우에는 서비스표권에 대한 침해가 되며, 침해에 대한 구제수단은 상표의 경우와 동일하다. 또한 등록된 서비스표와 동일 또는 유사한 서비스표는 타인이 이를 출원하여 등록받을 수 없다.

3. 상표와의 관계

1) 원 칙

상표법상 서비스표등록출원과 상표등록출원은 그 보호객체(상품과 서비스)가 달라 양 출원 간에는 출원의 선·후 관계뿐만 아니라 표장의 동일·유사여부를 따지지 아니하고 각각 별도의 등록이 인정되며 등록 후에는 각각 독점배타권이 인정되는 등 상호 간에 서로 영향을 미치지 아니함이 원칙이다.

---

4 ① 대법원은 1986.3.25. 선고 85후131 판결에서 서비스표등록 제3058호에 대하여 선등록상표 제41763호, 52991호와 그 지정서비스업이 유사하다고 판단하여(서비스표의 지정업은 제112류, 요식업·레스토랑업·간이식당업 등 상표의 지정상품은 상품구분 제13류, 빵 등) 서비스표가 구상표법 제9조 제1항 제7호의 규정에 위반하여 등록된 것이라고 판시하였으며 이러한 입장은 지금까지도 유지되고 있으며 특허심판원도 이에 따르는 경향에 있다. 이러한 판단은 상표와 서비스표 출원에 있어서 선·후원관계뿐만 아니라 효력 등에 있어서도 마찬가지이다.

따라서 동일인이라도 그 표장을 상품과 서비스업에 다 같이 사용하고자 하는 경우에
는 동일 표장을 상표와 서비스표로 각각 출원하여 등록하여야 하며 타인이 등록받은
상표와 동일한 표장을 서비스표로 등록받을 수 있다. 그러나 경우에 따라서는 상품과
서비스업 간에 그 경계가 모호하고 또 상품을 생산·판매하는 자가 그와 관련한 서비
스업도 다 같이 영위하는 경우가 있어 상표가 동일 또는 유사할 경우 일반 수요자 간에
상품과 서비스업 출처의 오인·혼동을 불러일으킬 우려가 있다. 이와 같은 이유로 특
허청과 법원은 상품과 서비스업 간에 그 관련성이 깊은 경우에는 일반 수요자가 서비
스업 또는 상품출처의 오인·혼동을 일으킬 우려가 있다고 보아 상표의 등록요건 또는
침해소송에서 상표와 서비스표의 유사여부 및 상품과 서비스업의 유사여부 내지 견련
성 관계를 따지고 있다.

2) 유사여부 판단

(1) 실 무

심사에서는 원칙적으로 상표와 서비스표 간에는 그 유사여부를 따지지 아니하고 이
의신청이 있는 경우에 한하여 이를 판단하는 것으로 하고 있다. 그러나 심판에서는 거
절결정불복심판, 무효심판 등의 절차에서 그 상품과 서비스업간에도 출처의 오인·혼
동을 일으킬 우려가 있는지 여부를 판단하여 상표법 제7조 제1항 제7호 등의 규정에
해당되는지 여부를 따진다.

서비스표와 상표 간에는 TV, 자동차와 그의 수선업, 직물지와 그의 염색가공업, 차
(茶)와 다방업 등에서와 같이 상품과 서비스업 간에 관련성이 깊어 동일 또는 유사한
표장을 상표와 서비스표에 다 같이 사용하는 경우에는 일반 수요자에게 상품 또는 서
비스업의 출처를 오인·혼동케 할 우려가 있기 때문이며,[5] 그간에 있어온 판례의 입장
에 따른 것이기도 하다.

그러나 상품과 서비스업 간에는 그 경계(境界)가 명확한 경우가 있고 또한 상품과 서

---

5   심사실무는 원칙적으로 상표출원과 서비스표출원간에는 그 유사여부를 따지지 아니하며 다만, 이의
신청이 있는 경우 상표법 제7조 제1항 제7호 적용 여부를 판단한다. 심판에서는 서비스업출원 또는 상
표등록출원을 심사함에 있어 서비스표의 지정서비스업과 상표의 지정상품이 동일 또는 유사하지는 않
지만 밀접한 관계에 있는 경우에도 유사성이 있는 것으로 인정하여 법 제7조 제1항 제7호의 규정을 적
용하는 것으로 운용하고 있다. 또한 법원도 상표법시행규칙 제6조 별표의 상품류 구분은 상품의 동종,
유사여부나 서비스업의 동종 유사여부를 법정한 것은 아니므로(법 제10조 제2항) 이에 구애됨이 없이
상품이나 서비스업 간에도 동종 유사여부를 판단하여야 한다는 입장을 취하여 상표와 서비스표출원
간에도 상표법 제7조 제1항 제7호의 규정을 적용하고 있다.

비스업 간의 견련성이 있는 경우에도 오늘날 일반 수요자의 인식제고 등으로 상품과 서비스업의 출처가 명확히 구별되는 경우도 있다. 따라서 일률적으로 모든 상표와 서비스표 간에 이와 같이 유사여부를 따져 등록여부를 판단하거나 등록무효심결이나 권리범위확인심판을 할 경우 서비스표제도의 존재의의가 위협받게 되고 상표제도를 운용함에 있어서 혼란이 야기될 뿐만 아니라 상표 또는 서비스표를 사용하고자 하는 자가 불측의 손해를 입을 우려가 있으며 예측 가능한 상표행정을 기대할 수 없다 할 것이므로 이에 대한 신중한 운용이 요구된다 할 것이다.

(2) 판 례

판례에 따르면 상품과 서비스업간의 밀접성 여부, 거래사회실정 등에 따라 수요자가 상품과 서비스업 간에 출처의 오인·혼동의 우려가 있는 것으로 인정되는 경우에는 상품 또는 서비스업 출처의 오인·혼동의 우려가 있는 것으로 하여 상표법 제7조 제1항 제7호의 규정에 해당하는 것으로 판단하고 있다.[6]

6 　① 서비스 중에서 상품과 관계있는 서비스에 대해서는 어느 상품에 사용되는 표장과 동일 또는 유사한 표장을 그 상품과 밀접한 관련이 있는 서비스업에 사용할 경우 일반 수요자가 그 서비스의 제공자를 상품의 제조·판매자와 동일인인 것처럼 서비스의 출처에 대하여 혼동을 일으킬 우려가 있다 할 것이고, 특히 거래사회의 실정으로 보아 서비스의 제공과 상품의 제조·판매가 동일한 업자에 의하여 이루어지는 때가 많고, 일반인들 또한 그렇게 생각하는 경향이 있는 경우에는 그와 같은 혼동의 우려는 더욱 많아진다 할 것이므로 그 서비스표의 등록은 구상표법(1990. 1. 13. 법률 제4210호로 제정되기 이전의 것, 이하 같다) 제9조 제1항 제7호의 취지에 따라 거절되어야 하고, 일단 등록이 되었다 하더라도 무효로 된다 할 것이다(대법원 1994. 2. 8. 선고 93후1421, 93후1438 판결, 1998. 7. 24. 선고 97후2309 판결 등 참조).
　② 상표는 상품 그 자체를, 서비스표는 서비스의 출처를 식별시키기 위한 표장으로서 각자 수행하는 기능이 다르므로 상품과 서비스업 사이의 동종, 유사성을 지나치게 광범위하게 인정하여서는 아니 된다 할 것이고, 따라서 상품과 서비스 사이의 동종, 유사성은 서비스와 상품 간의 밀접한 관계 유무, 상품의 제조·판매와 서비스의 제공이 동일 사업자에 의하여 이루어지는 것이 일반적인가, 그리고 일반인이 그와 같이 생각하는 것이 당연하다고 인정되는가, 상품과 서비스의 용도가 일치하는가, 상품의 판매장소와 서비스의 제공 장소가 일치하는가, 수요자의 범위가 일치하는가, 유사한 표장을 사용할 경우 출처의 혼동을 초래할 우려가 있는가 하는 점 등을 따져보아 거래사회의 통념에 따라 이를 인정하여야 할 것이다(대법원 1994. 2. 8. 선고 93후1421, 1438 판결 및 1998. 7. 24. 선고 97후2309 판결 등 참조).
　③ 본 건 서비스표의 지정서비스업(물리치료업, 건강진단업, 의료보건장비 판매알선업 등)과 인용상표의 지정상품(내시경, 뇌파계, 체온계, 심전계 등)은 동일하지는 않다고 하겠으나, 지정서비스업들은 그 대상 서비스가 위 지정상품 등을 포함한 의료용기계기구에 관한 사용, 유통 등에 관련된 것들이므로 위 취급품목이 동종의 상품에 속하는 것으로서 밀접한 관련이 있다할 것이고, 의료용기계기구 및 그 부품을 취급하는 업계는 고가의 물품을 취급하는 관계로 시장이 좁고 업종이 세분화되지 못하여 그 제조판매업자가 업종의 확대를 통하여 유통업 등 관련서비스업에도 다양하게 산출하고 있으며 ((을)제1호증의 기재에 의하면, 사업자등록증상 원고가 영위하는 사업의 종류는 도·소매인 사실을 인정할 수 있다), 또한 일반 수요자들도 그와 같이 생각하는 경향이 있는 점 등 거래사회의 실정 등을 고려하여

3) 등록서비스표의 사용

상품과 그 상품에 관련된 서비스업은 특성상 밀접한 견련관계가 있어 그 서비스표의 사용이 타인의 상표권과 충돌하는지 여부 또는 상표법 제73조 제1항 제3호에서 규정한 등록서비스표의 사용을 그 지정서비스업에 대한 사용으로 볼 수 있는지 여부가 종종 문제되고 있다.

등록서비스표의 사용이라 하더라도 그 서비스표를 사용하는 업종이 등록서비스표의 지정서비스업과 동일하지 아니하고 유사업종으로 인정되는 경우에는 타인의 상표권 침해문제가 대두될 수 있으며, 또 그와 같은 사용은 지정서비스업에 대한 사용이 아니므로 불사용취소심판 대상이 될 수 있다.

또한 등록서비스표를 사용한 것이 지정서비스업에 사용한 것이 아니고 상품에 대한 사용으로 인정되거나 서비스표적 사용이 아닌 상호적 사용인 경우에도 상표법 제73조 제1항 제3항에 해당하게 되어 그 등록이 취소된다.[7]

보면 원고가 위 지정서비스업 등을 영위함에 있어 본 건 서비스표를 사용하는 경우 일반 수요자로 하여금 위 지정서비스업들이 인용상표권자의 영업인 것으로 오인·혼동시킬 우려가 있으므로 본 건 서비스표의 지정서비스업은 인용상표의 지정상품과 유사성 내지 동종성이 인정된다 할 것이다.

그렇다면 본 건 서비스표는 선출원등록된 인용상표의 유사한 서비스표로서 인용상표의 지정상품과 동일 또는 유사한 서비스업에 사용하는 서비스표이다(대법원 1999.2.23. 선고 98후1587 판결).

④ 갑(甲)이 구 상품류 구분 제3류의 '햄버거용 빵·샌드위치' 및 제7류의 '햄버거'에 대하여 「훼미리」라는 상표를 등록받고, 그 후 을(乙)이 구 서비스업류 구분 제112류의 '레스토랑업, 패스트푸드점 경영업'을 지정서비스업으로 하여 서비스등록을 받았는데 을이 위 등록서비스표를 자신의 제조상품인 '햄버거', '샌드위치'의 낱개 포장지 위에 표시하여 유통판매하자 갑이 을의 행위에 대하여 상표권침해소송사건에서 침해를 인정하였다(서울고법 1987.12.24. 선고 84나4257 판결).

7   ① 원고(또는 통상사용권자)가 이 사건 등록서비스표를 지정서비스업인 의류판매대행업 또는 의류판매알선업에 사용하였다는 점에 부합하는 증인의 증언 부분은 믿기 어렵고, 이에 부합하는 듯한 갑 제4호증의 1 내지 4, 제5호증, 제7호증의 1 내지 6의 각 기재 부분은, 상품인 의류 자체에 대한 상표로 사용된 것으로 볼 수 있을 뿐 의류판매대행업 또는 의류판매알선업에 사용된 것이라고 보기 어렵다(특허법원 2006.11.3. 선고 2006허4321 판결).

② 갑 제6호증의 1 내지 7, 제8호증의 1 내지 3의 각 기재에 의하면, 원고가 거래처와의 사이에 자동차용품 공급계약을 체결함에 있어 작성한 거래계약서 및 물품을 공급하고 받은 거래명세표에 '(주)카메이트', '(주)카메이트 귀하', '카메이트 귀하', 'VENDOR : (주)카메이트'와 같은 기재가 있는 사실은 인정되나, 위와 같이 표시된 '(주)카메이트'나 '카메이트'는 어디까지나 거래 주체로서의 원고회사를 지칭하는 것으로 보아야 하고, 이 사건 등록서비스의 한글 부분인 '카메이트'가 원고의 상호와 핵심적인 면에서 일치한다 하여 이를 이 사건 등록서비스표를 그 지정서비스업에 사용한 것으로 볼 수는 없다. 설사 이를 이 사건 등록서비스표 가운데 한글 부분을 표시한 것으로 본다 하더라도, 위 다.(2)에서 본 바와 같은 이유로 이 사건 등록서비스표가 사용된 것이라 할 수 없다(특허법원 2006.4.13. 선고 2005허10282 판결 및 대법원 2006.8.25. 선고 2006후1346 판결).

③ 위 인정 사실에 의하면 주식회사 스톰의 대리점들은 주식회사 스톰의 이익을 위하여주식회사 스

톰의 관리 감독 하에 주식회사 스톰의 제품만을 판매하고 있으므로, 신발류의 '판매대행업'을 영위한 것이 아니라 단순히 '판매업'을 영위한 것이라 할 것이고, 달리원고(상표권자)가 그 통상사용권자들을 통하여 신발류판매대행업을 영위하였다는 증거가 없으므로 원고(상표권자)의 주장은 이유 없다(특허법원 2005.1.20. 선고 2004허5382 판결 및 대법원 2007.4.13. 선고 2005후650 판결).

제7장 단체표장

단체표장이라 함은 동종업자가 어울려 법인을 설립한 후 법인명의로 상표등록출원을 하여 상표등록을 받고 그 표장의 사용은 소속단체원이 사용하도록 하는 표장을 말한다.

실제 단체표장이 출원되는 건수가 적고, 단체표장제도를 채택하고 있는 입법예도 드물어 다른 제도보다 중요성은 떨어진다 하겠으나 이 부분을 간과해서는 안 된다. 단체표장과 지리적 표시 단체표장을 구별하는 것이 필요하다.

I. 단체표장

1. 서 언

1) 의 의

단체표장이라 함은 협동조합원이나 협회회원 등 상품을 생산·판매·가공하거나 서비스업을 영위하는 동종업자 또는 동종업자 및 이와 밀접한 관계가 있는 자가[1] 공동으로 설립한 법인이 그 법인이 직접 사용하거나[2] 또는 그의 감독 하에 있는 단체원으로 하여금 자기의 영업에 관한 상품이나 서비스업에 사용하게 하기 위하여 만든 표장을 말한다.

단체표장은 법인 자신이 사용하는 것 외에 그의 감독 하에 있는 단체원이 그들의 상품 또는 서비스업에 사용하게 하기 위한 표장이라는 점에서 스스로의 사용을 목적으로 하는 상표, 서비스표, 업무표장 및 증명표장과 구별되고 또 영업을 목적으로 하는 점에서 영업을 목적으로 하지 않는 업무표장과 구별된다.

또한 단체표장은 다수의 단체원이 다 같이 공동으로 사용하기 때문에 상품이나 서비스업의 출처혼동이나 품질의 오인을 방지하기 위하여 단체표장을 사용할 자의 범위와

---

1   동종업자와 밀접한 관계가 있는 자라 함은 농산물·수산물을 생산하는 생산업자와 그 농산물·수산물을 가공하는 가공업자 또는 이들 상품을 판매하는 판매업자 등을 말한다.

2   종전의 법제(2004.12.3. 법률 제7290호 이전의 법)하에서는 단체표장의 사용과 관련하여 단체자신도 단체표장을 사용할 수 없는 것으로 해석되는 등 단체표장의 사용과 관련하여 논란이 많았던 것을, 개정법에서 단체자신도 단체표장을 사용할 수 있음을 분명히 하였다.

조건을 요구하는 등 많은 제한을 두고 있다.

단체표장에 관하여 상표법에서 특별히 규정한 경우를 제외하고는 상표에 관한 규정이 그대로 적용되는데 단체표장을 상품에 사용하고자 등록받은 경우에는 상표로 간주되어 상표에 관한 규정이 적용되며 서비스업을 지정업으로 하여 등록받은 경우에는 서비스표에 관한 규정이 적용된다.

2004.12.3. 법률 제7290호에서는 종전의 단체표장제도와 구별하여 지리적 표시 단체표장제도를 새로이 마련하는 등 단체표장제도를 개정하였다.[3]

2) 제도적 취지

단체표장제도는 우리나라가 1980년 5월 4일 파리협약 가입을 계기로 1980년 12월 31일 법률 제3326호에서 신설한 것으로서 파리협약 제7조의2의 규정을 준수하기 위한 입법조치라 할 수 있다.[4]

단체표장제도는 이를 법률에 직접 규정하여 지방의 특산물을 취급하는 자나 특정 상품을 취급하는 소상인, 중소기업 등이 공동으로 단체표장을 사용할 수 있도록 함으로써 상품의 품질의 동일성을 보증할 수 있어, 단체의 신용을 증대시키고 고객을 확보함으로써 단체원 전체의 경제적 이익을 꾀할 수 있음은 물론 동종업자 간의 과열경쟁을 방지함으로써 상품유통질서를 확립하고 수요자의 이익도 아울러 도모하고자 마련된 제도이다.

이와 같이 단체표장제도는 그 기능이나 역할이 상표와는 다른 점 등으로 인하여 동 제도의 필요성이 강조된다 하겠으나 상표나 서비스표와 중첩되는 점이 있고 사용권제도가 단체표장제도를 대신할 수 있어 그 이용률이 극히 저조한 실정이다.

한편 개정법(2004.12.31. 법률 제7290호)에서는 '지리적 표시 단체표장'에 관한 규정을 새로이 마련하여 지리적 표시를 단체표장으로 출원하는 경우 그 등록이 가능하게 되었으며 상표법에 의한 보호를 받을 수 있게 되었다.[5]

---

3 '지리적 표시 단체표장'이라 함은 지리적 표시를 사용할 수 있는 상품을 생산·제조 또는 가공하는 것을 업으로 영위하는 자가 자기 영업에 관한 상품에 사용하게 하기 위한 표장을 말하는데 종전의 '단체표장'과는 그 등록요건 등 여러 가지 면에서 차이가 있다(법 제2조 제1항 제3의4호).

4 파리협약 제7조의2·1에 따르면 "동맹국은 본국의 법령에 반하지 아니하는 한 단체에 속하는 단체상표의 등록을 인정하며 또한 보호할 것을 약속한다"고 규정하여 각 동맹국에게 단체표장의 등록·보호를 의무지우고 있다.

5 이와 같이 지리적 표시 단체표장제도를 신설하고 법인도 단체표장을 직접 사용할 수 있는 등 단체표장제도를 개정함에 따라 단체표장제도의 활성화를 기대할 수 있게 되었다(특허청 개정상표법 개정이유 참조).

3) 입법예

(1) 파리협약

파리협약은 제7조의2 · 1에서 "동맹국은 본국의 법령에 반하지 아니하는 한 단체에 속하는 단체상표의 등록을 인정하며 또한 보호할 것을 약속한다"고 규정하여 1911년 워싱턴 개정(改正) 시부터 단체표장에 관한 규정을 두어 단체상표를 보호하고 있다.

(2) 일 본

일본은 구법(소화 62년 법률 제27호 이전의 법) 제27조~제33조에서 단체표장제도를 두고 있었으나 사용권제도의 채택과 더불어 실익이 없다는 이유로 단체표장제도를 폐지하였다가 다시 단체표장제도를 두고 있다.[6]

(3) 기 타

그 외의 미국, 독일 등도 단체표장에 관한 보호규정을 마련하여 단체표장제도를 두고 있다.

2. 단체표장의 특성

1) 권리자와 사용자의 분리

단체표장권은 법인인 단체에게 귀속되지만 그 단체표장의 사용권은 단체가 전유(專有)하는 것이 아니고 소속단체원에게도 그 사용권이 인정이 된다. 이는 단체표장제도가 소속단체원의 사용을 전제로 한 것이지 단체자신의 사용을 목적으로 한 것이 아니라는 점에서 기초한 것이다.

학설은 단체 스스로도 단체표장을 사용할 수 있다는 설과 단체 스스로는 단체표장을 사용할 수 없다는 설이 대립되어 있으나 전자가 타당하다 하겠다.[7]

---

6   ① 일본상표법 제7조

② 일본상표법은 단체표장을 「민법 제34조(공익법인의 설립)의 규정에 의하여 설립된 사단법인, 사업협동조합, 기타 특별 법률에 의하여 설립된 조합」에 한하여 등록받을 수 있는 것으로 규정하고 있어 우리나라 상표법 제2조 제3호에서 규정한 「법인」과 차이가 있다. 우리나라에서의 단체표장은 법인은 물론 지방자치단체 · 국가도 단체표장등록을 받을 수 있는 것으로 해석된다.

7   ① 단체표장을 단체자신도 사용할 수 있다는 견해(일본에서의 다수견해)와 단체자신은 사용할 수 없다는 견해(우리나라 다수의 견해)가 있으며 미국, 독일 등 단체표장제도를 두고 있는 대부분의 외국의 경우도 단체자신은 사용할 수 없다고 해석하는 견해가 다수이다.

우리나라에서 이에 관한 판례나 심결예는 찾아볼 수 없다 하겠으나 타법에서 인정되는 어느 소유권

2) 이전의 금지

단체표장은 출원중이거나 또는 등록된 경우를 불문하고 이를 이전할 수 없으며(법 제12조 제9항, 제54조 제9항), 이에 위반할 경우에는 거절이유 또는 취소사유가 된다. 단체표장의 이전을 금지하는 것은 특정목적으로 단체원을 위하여 인정되는 단체표장을 다른 단체에 이전하는 것은 단체표장제도의 취지에 반하기 때문이다.

그러나 법인의 합병의 경우에는 특허청장의 허가를 받아 이를 이전할 수 있도록 규정하고 있다.

3) 사용권 설정의 불가

단체표장권에 대하여는 전용사용권·통상사용권을 설정할 수 없다. 이는 단체표장권에 대하여도 사용권을 인정한다면 단체원이 아닌 제3자도 단체표장을 사용할 수 있게 되어 상품출처의 오인·혼동을 일으킬 우려가 있기 때문이다.

3. 출원절차 및 등록요건

1) 단체표장등록을 받을 수 있는 자

상품을 생산·제조·가공 또는 판매하는 것 등을 업으로 영위하는 자나 서비스업을 영위하는 자가 공동으로 설립한 법인은 자기의 단체표장을 등록받을 수 있다(법 제3조).

2) 출원절차

단체표장등록을 받고자 하는 자는 다음 사항을 기재한 단체표장등록출원서를 특허청장에게 제출하여야 한다(법 제9조 제4항).[8] 정관의 수정이 필요한 때에는 제14조 제2

이나 재산권을 막론하고 그 권리를 사용·수익·처분할 수 있는 권리는 권리의 주체에게 있으며 권리의 주체가 그 권리의 전용권으로부터 배척되는 경우는 없다. 또한 오늘날 거래사회실정 등에 비추어 단체자신이 단체원을 위해서는 물론 단체자신을 위하여도 단체표장을 사용할 필요성이 있다 할 것이며 또한 법 제2조 제1항 제3호의 규정으로부터도 단체자신의 단체표장사용이 배척된다고 해석하기는 어렵다 할 것인바, 법의 취지나 상표법의 재규정 등으로 미루어 볼 때 단체자신도 단체표장을 사용할 수 있다고 봄이 타당하다 할 것이다.

② 우리나라 상표법은 이와 관련한 논란을 불식시키고 단체표장제도를 활성화 하고자 법인도 단체표장을 사용할 수 있도록 관련규정을 개정하였다(2004.12.31. 법률 제7290호).

8   마드리드 의정서상 단체표장에 관하여 규정하고 있지 아니하므로 단체표장의 경우 국제출원절차에 의하여 출원할 수 없다.

항 또는 15조에서 규정한 기간 내에 수정정관을 제출할 수 있다(법 제17조의2).

① 출원인의 성명 및 주소(법인인 단체의 명칭, 영업소 및 대표자의 성명)

② 대리인의 성명 및 주소나 영업소(대리인이 특허법인인 경우에는 그 명칭, 사무소의 소재지 및 지정된 변리사의 성명)

③ 단체표장

④ 지정상품 및 그 유구분[9]

⑤ 우선권주장을 하고자 하는 경우 그 우선권주장사실

⑥ 제출 년 · 월 · 일

⑦ 단체표장의 사용에 관한 정관의 기재사항

　　㉠ 단체표장을 사용하는 자의 범위에 관한 사항

　　㉡ 단체표장의 사용조건에 관한 사항

　　㉢ 단체표장의 사용조건을 위반한 자에 대한 제재에 관한 사항

　　㉣ 기타 단체표장의 사용에 관하여 필요한 사항

3) 등록요건

(1) 등록요건

단체표장의 등록요건은 상표 및 서비스표의 등록요건과 대체로 같다.

(2) 특유의 등록요건

단체표장의 경우에는 법 제6조 제1항 각 호, 제7조 제1항 각 호에서 정한 요건 외에 다음의 요건을 충족하여야 한다.

① 제2조 제1항 제1호 내지 제3호 및 제4호의 규정에 의한 표장의 정의 규정에 합치하지 아니하는 경우

② 정관에 대통령령이 정하는 단체표장의 사용에 관한 사항의 전부 또는 일부에 관한 기재가 없는 경우

③ 제3조의2에 따른 단체표장의 등록을 받을 수 있는 자에 해당하지 아니한 경우

9　　단체표장을 상품에 사용하고자 하는 경우에는 상표법시행규칙 제6조 제1항 별표 1에서 정한 상품류 구분에 따라 그 유구분 및 지정상품을 단체표장등록출원서에 기재하여야 하며 단체표장을 서비스업에 사용하고자 하는 경우에는 상표법시행규칙 제6조 제2항 별표 2에서 정한 서비스업류 구분에 따라 그 유구분 및 지정서비스업을 단체표장등록출원서에 기재하여야 한다. 이때 1류구분 이상의 상품을 지정하거나 또는 상품과 서비스업을 동시에 지정하여 출원할 수 있다.

4. 단체표장권의 효력

1) 효 력

등록된 단체표장권의 효력은 상표권의 효력과 같다. 다만, 단체표장은 소속단체원에게도 그 표장을 사용하게 하기 위한 것이므로 단체표장을 사용할 수 있는 권리는 소속단체원이 단체표장을 사용할 수 있는 범위 내에서 그 효력이 제한된다. 그 외 권리의 주체로서 주어지는 모든 권리는 단체인 법인에게 있다.

2) 단체표장의 사용

상표법 제2조 제3호의 규정에 의거 단체표장을 사용할 권리는 소속 단체에게 원시적으로 귀속되며, 단체표장권의 권리자인 법인도 단체표장을 사용할 수 있다.

3) 침해에 대한 구제

(1) 침해로 보는 행위

단체표장권에 있어서 침해를 보는 행위는 상표권의 경우와 같다.

(2) 침해에 대한 구제

단체표장권이 침해되는 경우 이에 대한 침해금지청구권이나 손해배상청구권 등의 행사는 단체표장권자인 단체만이 행사할 수 있다. 이는 소속단체원에게는 사용의 주체로서의 지위만 인정이 되고 권리의 주체로서는 인정되고 있지 않기 때문이다.[10] 그러므로 침해로 인하여 소속원 등이 손해를 입은 경우 단체표장권자 명의로 손해배상청구를 하여야 한다.

---

10   단체표장권자는 어디까지나 단체원이 설립한 법인이 되며 소속단체원은 단체표장권자가 될 수 없고 단지 통상사용권자의 지위에 있다고 말할 수 있다. 상표권에 있어서 통상사용권제도와 구별이 되는 점은 상표권에 있어서는 타인에게 통상사용권을 설정하고자 하는 경우에는 그에 따른 약정과 설정등록이 필요하다 하겠으나 단체표장의 경우는 소속단체원인한 별도의 사용권에 관한 약정이나 설정등록 없이 단체표장을 사용할 수 있다는데 그 실익이 있다 할 것이고 그 범위 내에서 단체표장권의 효력은 제한이 된다.

4) 효력의 제한

(1) 사용권설정 불가

단체표장권에 관하여는 전용사용권·통상사용권을 설정할 수 없다. 따라서 단체표장권자와 제3자가 단체표장권에 관한 전용사용권·통상사용권을 설정한다 하더라도 그 효력이 부인되는 것이다.

(2) 양도 불가

일반적으로 상표권이나 서비스표권 등은 이를 이전할 수 있으나 단체표장권은 이를 타인에게 양도할 수 없다. 다만, 법인합병의 경우에는 특허청장의 허가를 받아 이전할 수 있다.

(3) 기 타

그 외 단체표장권의 효력은 상표권의 효력이 제한되는 경우에서와 같이 그 효력이 제한된다.

5. 단체표장등록의 무효 및 취소

1) 단체표장등록의 무효

(1) 무효사유

단체표장등록의 무효사유는 상표법 제71조 제1항에서 규정한 무효사유가 그대로 적용된다.

(2) 무효절차 및 무효의 효력

단체표장등록의 무효는 단체표장등록의 무효심판에 의하여 무효가 되며 등록무효심결이 확정된 때에는 그 단체표장등록은 처음부터 없었던 것으로 본다.

2) 단체표장등록의 취소

(1) 취소사유

❶ 일반적 취소사유

① 단체표장권자가 단체표장을 사용함에 있어 고의로 지정상품에 등록표장과 유사한 표장을 사용하거나 지정상품과 유사한 상품에 등록표장 또는 이와 유사한 표장을

사용함으로써 수요자로 하여금 상품의 품질의 오인 또는 타인의 업무에 관련된 상품과의 혼동을 생기게 한 경우(법 제 73조 제1항 제2호)

② 단체표장권자 또는 단체구성원 어느 누구에 의하여도 정당한 이유 없이 등록표장을 그 지정상품에 대하여 취소심판청구일 전 계속하여 3년 이상 국내에서 사용되고 있지 아니한 경우(법 제 73조 제1항 제3호)

❷ 특유의 취소사유

① 단체표장권을 이전한 경우(법인의 합병의 경우에 특허청장의 허가를 받아 이전하는 경우에는 제외(법 제73조 제1항 제4호)

② 단체표장에 있어서 소속단체원이 그 단체의 정관의 규정에 위반하여 단체표장을 타인에게 사용하게 한 경우 또는 소속단체원이 그 단체의 정관의 규정에 위반하여 단체표장을 사용함으로써 수요자로 하여금 상품의 품질 또는 지리적 출처에 관하여 오인을 초래하게 하거나 타인의 업무에 관련된 상품과 혼동을 생기게 한 경우. 다만, 단체표장권자가 소속단체원의 감독에 상당한 주의를 한 경우에는 그러하지 아니하다(법 제73조 제1항 제5호).

③ 단체표장을 설정등록한 후 정관을 변경함으로써 수요자로 하여금 상품의 품질을 오인케 하거나 타인의 상품과의 혼동을 생기게 할 염려가 있는 경우(법 제73조 제1항 제6호)

④ 단체표장에 있어서 제3자가 단체표장을 사용함으로써 수요자로 하여금 상품의 품질 또는 지리적 출처에 관하여 오인을 초래하게 하거나 타인의 업무에 관련된 상품과 혼동을 생기게 하였음에도 단체표장권자가 고의로 상당한 조치를 취하지 아니한 경우(법 제73조 제1항 제10호)

❸ 취소절차 및 취소의 효력

단체표장등록의 취소는 취소심판에 의하여서만 할 수 있으며 단체표장등록의 취소심결이 확정된 때에는 단체표장권은 그때부터 소멸한다.

II. 지리적 표시 단체표장

1. 서 언

1) 의 의

상표법상 '지리적 표시 단체표장'이라 함은 '지리적 표시를 사용할 수 있는 상품을 생산·제조 또는 가공하는 것을 업으로 영위하는 자만으로 구성된 법인 또는 그 법인의 소속단체원이 자기의 영업에 관한 상품에 사용하게 하기 위한 표장'을 말하는데(법 제2조 제1항 제3호의4), 이와 같은 지리적 표시 단체표장은 그 지리적 표시 단체표장을 사용할 상품의 특정품질이나 명성이 그 지리적 표시인 특정지역에서 비롯된 경우에 인정된다.

2004.12.31. 법률 제7490호에서는 '지리적 표시 단체표장' 외에 '지리적 표시'에 관하여 정의 규정을 신설하였는데, 동 법률에서 이와 같이 지리적 표시에 대하여 정의규정을 신설한 것은 TRIPs협정 이행과 관련하여 현행 상표법 제7조 제1항 제14호에서 지리적 표시에 관하여 규정하는 등 이미 지리적 표시와 관련하여 법에서 명문으로 규정하여 보호하고 있어, 개정법을 통해 보호하고자 하는 '지리적 표시'의 보호 대상을 명확히 하게 할 필요가 있기 때문이다.[11] 이 규정은 2005.7.1.부터 시행한다.

우리 상표법에 의하여 보호되는 지리적 표시는 i) 지리적 표시가 원산지와 관련성이 있는 경우, ii) 지리적 표시를 단체표장으로 등록하는 경우이다.

2) 보호의 필요성

상표법상 지리적 표시 및 지리적 표시 단체표장과 관련하여 별도의 규정을 마련한 것은 지리적 표시와 관련한 지역특산물의 보호를 통한 지역경제 활성화 차원에서 지리적 표시를 권리로서 보호해야 한다는 대내적인 요구와 최근 도하개발아젠다(DDA)협상 등 지리적 표시의 보호대상확대 및 보호강화방안 등과 관련한 국제적 논의와 협상에 적극적으로 대응함과 아울러 국내의 지리적 표시가 외국에서도 보호받을 수 있는 기반을 마련할 필요가 있기 때문이다. 특히 지리적표시제도의 도입으로 단체표장제도

---

11   이 협정의 목적상 '지리적 표시'란 상품의 특정 품질, 명성 또는 그 밖의 특성이 본질적으로 지리적 근원에서 비롯되는 경우, 회원국의 영토 또는 회원국의 지역 또는 지방을 원산지로 하는 상품임을 명시하는 표시(무역관련 지적재산권협정 제22조 제1항)를 말한다. 동종업자와 밀접한 관계가 있는 자라 함은 농산물·수산물을 생산하는 생산업자와 그 농산물·수산물을 가공하는 가공업자 또는 이들 상품을 판매하는 판매업자 등을 말한다.

를 개선하여 지리적 표시를 단체표장으로 등록받을 수 있도록 함으로써 i) 정당한 지리적 표시 사용자의 업무상의 신용유지 및 수요자의 이익을 보호하고, ii) 지리적 표시와 관련된 지역특산물의 보호를 통하여 지역 경제의 활성화에 기여하며, iii) 국내의 지리적 표시가 외국에서도 보호받을 수 있는 기반을 마련하여 향후 지리적 표시 보호에 관한 국제적 논의에 능동적으로 대처하기 위함이다.[12]

2. 지리적 표시 대상 및 등록 요건

1) 보호대상

(1) 상 품

지리적 표시로서 보호받을 수 있는 상품의 종류에는 제한이 없으며 농산품·수산품·그 가공품뿐만 아니라 수공예품 등도 지리적 표시 보호의 대상이 된다.

(2) 표 장

종전에는 지리적 표시만으로 구성된 표장은 산지 및 현저한 지리적 명칭 등에 해당하여 등록을 받을 수 없었으나, 2004.12.31. 개정 상표법에서는 단체표장제도를 개선하여 그 표장이 특정상품에 대한 산지 또는 지리적표시인 경우에도 지리적 표시 단체표장으로 출원하는 경우에는 이를 등록받을 수 있도록 하였다(법 제6조 제3항). 그러므로 지리적 표시에 해당하는 표장을 단체 또는 법인 명의로 상표 또는 서비스표 등록 출원하는 경우에는 그 표장이 지리적 표시에 해당한다는 이유로 거절되며, 지리적 표시에 해당하지 않는 표장을 지리적 표시 단체표장으로 출원하는 경우에는 지리적 표시 단체

---

12 〈주요국의 지리적 표시 보호형태〉

지리적 표시 보호상태	국가(정부간 기구)	관할기관
상표법의 단체표장 또는 증명표장제도로 보호	미국, 독일, 캐나다, 호주, 중국, 에스트로니아 등	특허청
별도의 지리적 표시 등록법으로 보호	프랑스, 스페인, 스웨덴, 덴마크, 핀란드〔프랑스를 제외하고는 유럽연합 지리적 표시 등록제도에 의하여 보호〕	농림부 등
상표법 및 별도의 지리적 표시 등록법으로 보호	유럽연합 회원국 중 영국, 아일랜드, 독일, 오스트리아, 벨기에, 네덜란드, 룩셈부르크, 그리스, 포르투갈, 이탈리아, 등 10개국〔스웨덴은 상표법에 의한 보호제도 도입 추진 중〕	특허청 및 농림부 등
부정경쟁 방지법 등으로 보호	일본(다만, 포도주 및 증류주에 관하여는 상표법상의 지정제도)	특허청, 법원 등

박용환, 개정 지리적 표시 단체표장제도 2006.3.20. 저 특허와 상표 참조.

표장에 해당하지 않는다는 이유로 그 등록이 불허된다.

2) 등록요건

(1) 특유의 요건

■ 지리적 표시 등록을 받을 수 있는 단체의 출원일 것

지리적 표시 단체표장은 지리적 표시를 사용할 수 있는 상품의 생산 · 제조 또는 가공하는 업자만으로 구성된 법인만이 등록을 받을 수 있도록 하였다(제2조 제1항 제3호의2 및 제3조의2). 이와 같이 지리적 표시는 그 상품의 생산 · 제조 또는 가공하는 업자만으로 구성된 단체만이 단체표장으로 등록받을 수 있으므로 개인이나 지방자치단체 또는 일반법인이 단독으로 지리적 표시단체표장을 출원한 경우에는 법 제2조 제1항 제3조의4에 위반되어 거절된다.

■ 지리적 표시와 상품 간에 특별한 연관성이 있을 것

① 상품의 지리적 원산지 표시일 것　상품의 지리적 원산지 표시란 상품이 생산 · 제조 또는 가공된 지역의 명칭을 말하며 반드시 행정구역상의 명칭에 한정되는 것은 아니다. 또한 그 상품의 생산 · 제조 및 가공이 반드시 동일한 지역에서 이루어 져야 하는 것은 아니지만, 상품에 따라 상품의 특성 등이 그 지역에서 생산·제조 또는 가공 중 어느 하나로 인하여 발생하는 경우도 있고, 생산 · 제조 또는 가공이 동일한 지역에서 이루어 져야 하는 경우도 있는데, 이럴 경우에도 상품의 지리적 원산지 표시에 해당하는 것으로 된다.

② 상품의 특성 및 명성 등이 있을 것　지리적 표시 단체표장으로 등록되기 위해서는 그 지역에서 생산 · 제조 또는 가공된 상품의 품질 · 명성 · 그 밖의 특성이 일반인으로부터 명성을 획득하고 있어야 한다. 그러므로 그 표시적 지리적 단체 표장을 등록받고자하는 지역에서 생산 · 제조 또는 가공된 상품이 타 지역에서 생산 · 제조 또는 가공된 제품과 차별화되지 않거나 명성을 얻지 아니한 경우에는 등록이 불허된다(법 제2조 제1항 제3의2호).

③ 상품과 지리적 원산지 간에 연관성이 있을 것　상품의 품질 · 명성 등이 지리적 원산지와 연관되어야 하며, 단순히 그 지역에서 생산 · 제조 또는 가공되었다는 것만으로는 지리적 표시로 인정되지 아니한다. 또한 상품의 품질 등이 그 지역의 자연적 환경이나 독특한 기법 등에 기초하여야 한다.

(2) 일반적 요건

❶ 법 제6조 요건

지리적 표시 단체표장에 대한 상표법 제6조, 제7조 소정의 등록요건은 여타 상표의 등록요건과 대체로 같다. 다만 지리적 표시 단체표장이 산지표시(법 제6조 제1항 제3호), 현저한 지리적 명칭(법 제6조 제1항 제4호)에 해당하는 경우에도 상표등록을 받을 수 있다.

❷ 법 제7조 요건

① 선출원한 타인의 지리적 표시 단체표장과 동일 또는 유사하지 아니할 것   지리적 표시 단체표장이 선출원 되어 등록된 경우에는 그 등록된 단체표장과 상표가 동일 또는 유사하고 상품이 동일한 경우 상표등록을 받을 수 없다(법 제7조 제1항 제7호의2). 그러므로 선출원하여 등록된 지리적 표시 단체표장과 그 상표가 동일 또는 유사하더라도 그 지정상품이 동일하지 아니한 경우에는 상표등록을 받을 수 있다.

② 지리적 표시 단체표장권이 소멸한 날로부터 1년 내에 출원한 상표   타인의 지리적 표시 단체표장권이 소멸한 날(단체표장등록을 무효로 한다는 심결이 있은 경우에는 심결확정일을 말한다)로 부터 1년을 경과하지 아니한 타인의 지리적 표시 등록단체표장과 그 상표가 동일 또는 유사하고 지정상품이 동일한 경우에는 상표는 등록을 받을 수 없다(법 제7조 제1항 제8호).

③ 수요자에게 현저하게 인식된 타인의 지리적 표시와 동일 또는 유사한 경우   특정 지역의 상품을 표시하는 것이라고 수요자 간에 현저하게 인식되어 있는 타인의 지리적 표시와 그 상표가 동일 또는 유사하고 지정상품이 동일하거나 동일하다고 인정되는 경우에는 등록을 받을 수 없다(법 제7조 제1항 제9호의2). 이 규정은 비록 지리적 표시 단체표장이라도 이미 현저하게 인식된 타인의 지리적 표시 상표와 동일 또는 유사한 경우에는 상표등록을 금지함으로써 주지성을 획득한 지리적 표시 상품권자는 물론 수요자의 이익을 보호하고자 한 것이다.

④ 국내 또는 외국의 수요자 간에 현저하게 알려진 타인의 지리적 표시와 동일 또는 유사한 경우   국내 또는 외국의 수요자 간에 특정 지역의 상품을 표시하는 것이라고 현저하게 인식되어 있는 지리적 표시와 동일 또는 유사한 상표로서 부당한 이익을 얻으려 하거나 그 지리적 표시의 정당한 사용자에게 손해를 가하려고 하는 등 부정한 목적을 가지고 사용하는 상표는 등록을 받을 수 없다(법 제7조 제1한 제12호의2).

🔳 예 외

① **지리적 표시의 정당사용자가 포도주·증류수에 대한 지리적 표시 단체표장을 출원한 경우** 세계무역기구 회원국내의 포도주 및 증류수의 산지에 관한 지리적 표시에 해당하는 상표는 등록을 받을 수 없지만, 지리적 표시의 정당 사용자가 포도주 및 증류수에 대해 지리적 표시 단체표장등록출원을 한 경우에는 등록을 받을 수 있다(법 제7조 제1항 제14호 단서).

② **동음이의어(同音異義語) 지리적 표시 단체표장의 경우**   법 제7조 제1항 제7호의2, 제8호의2 및 제9호의2의 규정은 동음이의어의 지리적 표시 단체표장 상호 간에는 이를 적용하지 아니 한다(법 제7조 제6항). 그러므로 동음이의어 지리적 표시 표장이 다음에 해당하는 경우에는 모두 등록을 받을 수 있다. 이는 WTO/TRIPs 협정 제23조 제3항의 규정에 반영한 조치이다.

- ㉠ 동일하지 아니한 상품에 대하여 동일 또는 유사한 표장으로 2 이상의 지리적 표시 단체표장등록출원 또는 지리적 표시 단체표장등록출원과 상표등록출원이 있는 경우
- ㉡ 서로 동음이의어 지리적 표시에 해당하는 표장으로 2 이상의 지리적 표시 단체표장등록출원이 있는 경우

3. 출원 및 심사

1) 출원절차

(1) 일반적인 절차

지리적 표시 단체표장의 경우에도 그 출원절차는 대체로 통상의 상표출원절차와 같으나, 다음과 같은 특유의 절차가 추가로 요구된다.

(2) 특유의 절차

🔳 출원인의 적격

지리적 표시 단체표장은 그 지리적 표시 단체표장에 사용할 수 있는 상품을 생산·제조 또는 가공하는 것을 업으로 하는 자만으로 구성된 법인만이 단체표장을 등록받을 수 있다. 따라서 지리적 표시 단체표장을 출원할 수 있는 출원인은 일정지역에서 그 지리적 표시에 해당하는 상품을 생산·제조 또는 가공하는 것을 업으로 영위하는 자만으로 구성된 법인격을 가진 생산자단체, 가공자단체 등이어야 하며, 개인이나 상법상의 회사나 법인격이 없는 단체 등은 출원을 하더라도 등록을 받을 수 없다.

다만, 법인격을 가진 품목별 단체인 농협·축협·수협·영농조합법인과 이들의 연합회, 협의회 및 생산자, 가공자 등으로 구성된 사단법인 등에 대해서는 출원인 적격을 인정하고 있다.

❷ 제출서류

지리적 표시 단체표장 등록을 받고자 하는 그 취지를 단체표장등록출원서에 기재하여야 하고, 단체표장의 사용에 관한 사항을 정한 정관을 첨부하여야 하며, 지리적 표시의 정의에 합치함을 입증할 수 있는 소정의 서류를 제출하여야 한다(법 제9조 제4항).

또한 지리적 표시 단체표장등록은 상품을 생산·제조 또는 가공하는 자만으로 구성된 법인에 대해서만 인정되므로 그 출원서에 서비스업을 기재하여서는 아니 된다.

① 정관 및 단체표장의 사용에 관한 사항을 기재한 정관의 요약서
② 상품의 특정 품질·명성 또는 그 밖의 특성 입증서류
③ 지리적 환경과 상품과의 연관성에 관한 서류
④ 지리적 표시의 대상지역 및 범위(지도 포함)
⑤ 구성원이 그 업을 영위하는 자만으로 구성된 사실 입증서류
⑥ 대표단체 확인서
⑦ 관련 지방자치단체와 협의 사실 입증서류

2) 심 사

(1) 심사사항

❶ 일반적인 심사사항

지리적 표시 표장에 대한 심사사항은 통상의 상표등록출원의 경우와 같다.

❷ 특유의 심사사항

① 지리적 표시 단체표장 정의에 관한 사항   그 지리적 표시와 표장이 법 제2조 제1항 제3호의2 및 제3호의4의 규정에 의한 지리적 표시와 표장의 정의에 합치하는지 여부를 심사하며 다음의 경우에는 지리적 표시의 정의에 합치하지 않는 표장으로 보아 의견제출통지를 한다.

㉠ 해당 지리적 표시를 수식 또는 한정하거나 별도의 식별력을 가진 문자를 결합한 경우
㉡ 지리적 표시에 로고 등을 결합하였으나 이로 인하여 지리적 표시 부분이 과도하게 약화되거나 희석된 것으로 판단되는 경우

ⓒ 2개 이상의 시·군명을 결합하거나 광역시·도명 또는 시·군명과 읍·면·동명
을 결합하는 등 2개 이상의 지명을 결합한 경우

② **정관 및 정관요약서 등**   그 지리적 표시 단체표장을 가입할 수 있는자에 대하여
단체의 가입을 금지하거나 정관에 충족하기 어려운 가입조건을 규정하는 등 단체의 가
입을 실질적으로 허용하지 않는 경우에는 법 제23조 제1항 제6호를 이유로 거절한다.

㉠ 단체표장을 사용하는 소속 단체원의 가입자격·가입조건 및 탈퇴 등에 관한 사항

㉡ 단체표장의 사용조건에 관한 사항

㉢ 그 밖에 단체표장의 사용에 관하여 필요한 사항

㉣ 상품의 특정 품질·명성 또는 그 밖의 특성

㉤ 지리적 환경과 상품의 특정 품질·명성 또는 그 밖의 특성과의 본질적 연관성

㉥ 지리적 표시의 대상지역(지도포함)

㉦ 상품의 특정 품질·명성 또는 그 밖의 특성에 대한 자체관리기준 및 유지 관리방안

③ **지정상품**   i) 전통적으로 포괄명칭으로 널리 알려지고 현실적으로도 포괄명칭으
로 널리 사용되는 경우, ii) 원재료 상품 및 그 원재료 상품의 주원료가 되는 것을 주원
료로 하여 만든 복수의 가공품 등과 같이 매우 긴밀한 연관관계가 있는 상품의 경우를
제외하고는 2개 이상의 상품을 지정상품으로 하여 등록을 받을 수 없다. 다만, 2개 이상
의 상품을 지정상품으로 하여 출원한 경우에는 그 2개 이상의 상품이 실질적으로 동일
한 내용의 품질·명성 또는 그 밖의 특성 등을 갖고 있어서 개별 지정상품별로 각각 지
리적 표시의 정의에 합치함을 입증하는 자료가 제출되는 경우 지리적 표시의 정의에
합치하는 것으로 취급한다.

④ **상품의 특성에 관한 사항**   상품의 품질 또는 그 밖의 특성여부를 심사함에 있어서
는 다음사항을 참조하여 특성 등을 구비하고 있는지 여부를 판단한다.

㉠ 전문적이고 중립적인 대학 등의 학술기관·연구기관 또는 시험·검사기관 등의
자료

㉡ 관련분야에 대한 석·박사 등의 논문이나 전문분야의 교과서나 잡지 등에 게재된
자료

㉢ 국가나 지방자치단체 등의 공공기관에서 발간한 정책 또는 업무관련 자료나 연구
용역보고서 등의 자료

㉣ 주요 신문이나 방송의 기사나 프로그램으로 소개된 자료로서 관련 전문가나 전문
기관 등의 평가에 포함되어 있는 자료

㉤ 기타 사회통념상 일반적으로 신뢰성이 있다고 인정되는 자료

⑤ **상품의 명성에 관한 사항**   상품의 명성에 관한 심사는 상품의 유명성에 관한 역

사적인 증빙자료, 국내외 인지도, 수상경력, 품질·규격 등의 국내외 인증 취득 등의 자료 및 소비자 인지도에 대한 설문조사 등의 자료를 토대로 한다.

⑥ 지리적 환경과 상품의 특성 등과의 연관성에 관한 사항　기후, 토양, 지형 등의 자연적 요소와 해당지역에 고유한 전통적인 생산비법이나 특유의 가공방법, 포장방법 등의 지리적 환경이 당해 상품의 품질 또는 특성 등에 미친 영향을 판단한다.

⑦ 관련부처 의견문의　특허청장은 농산물품질관련법 또는 수산물품질관리법에 의한 지리적 표시 등록대상 품목에 대하여 지리적 표시 단체표장이 출원되는 경우 지리적 표시 해당여부에 관하여 농림부수산식품부 장관의 의견을 들어야 한다(법 제22조의2 제3항).

이 경우 출원인은 그 주된 사무소 소재지가 당해 지역 내에 위치하여야 하며, 소속단체원의 경우에는 그 주소지·생활의 근거지·주된 사무소의 소재지 또는 생산·제조 또는 가공을 위한 토지나 공장 등의 주요 설비가 당해 지역 내에 위치하여야 한다.

4. 효력제한

1) 일반적인 효력제한

지리적 표시 단체표장권의 효력은 통상의 상표권의 효력제한과 마찬가지로 그 효력이 제한된다.

2) 특유의 효력제한(법 제51조 제2항)

지리적 표시 단체표장권은 다음 각 호의 1에 해당하는 경우에는 그 효력이 미치지 아니한다. 다만, 통상의 상표권과는 달리 산지를 보통으로 사용하는 방법으로 표시하는 경우에는 지리적 표시 단체표장권의 효력이 미치도록 하였는데, 이는 WTO/TRIPs 협정의 제24조 규정을 반영한 것이다.

① 법 제1항 제1호·제2호(산지에 해당하는 경우를 제외한다) 또는 제4호에 해당하는 상표

② 지리적 표시 등록단체표장의 지정상품과 동일한 상품에 대하여 관용하는 상표

③ 지리적 표시 등록단체표장의 지정상품과 동일한 상품에 사용하는 지리적 표시로서 당해 지역에서 그 상품을 생산·제조 또는 가공하는 것을 업으로 영위하는 자가 사용하는 지리적 표시 또는 동음이의어 지리적 표시

④ 선출원에 의한 등록상표가 지리적 표시 등록단체표장과 동일 또는 유사한 지리적 표시를 포함하고 있는 경우에 상표권자·전용사용권자 또는 통상사용권자가 지정상

품에 사용하는 등록상표

5. 침해로 보는 행위

지리적 표시 등록단체표장의 경우 통상의 상표권과 달리, 동일 또는 유사한 표장을 동일하지 아니한 상품에 사용하는 경우에는 침해로 보지 아니하였다(법 제66조 제2항).

　① 타인의 지리적 표시 등록단체표장과 유사한 상표(동음이의어 지리적 표시를 제외한다)를 그 지정상품과 동일한 상품에 사용하는 행위

　② 타인의 지리적 표시 등록단체표장과 동일 또는 유사한 상표를 그 지정상품과 동일한 상품에 사용하거나 사용하게 할 목적으로 교부 · 판매 · 위조 · 모조 또는 소지하는 행위

　③ 타인의 지리적 표시 등록단체표장을 위조 또는 모조하거나 위조 또는 모조하게 할 목적으로 그 용구를 제작 · 교부 · 판매 또는 소지하는 행위

　④ 타인의 지리적 표시 등록단체표장과 동일 또는 유사한 상표가 표시된 지정상품과 동일한 상품을 양도, 또는 인도하기 위하여 소지하는 행위

6. 무효 및 취소사유

1) 무효사유

(1) 일반적 무효사유

지리적 표시 단체표장권에 대한 일반적 무효사유는 통상의 등록상표의 무효사유와 같다.

(2) 특유의 무효사유

법 제41조의 규정에 따라 지리적 표시 단체표장등록이 된 후에 그 등록단체표장을 구성하는 지리적 표시가 원산지 국가에서 보호가 중단되거나 사용되지 아니하게 된 경우

2) 취소사유

(1) 일반적 취소사유(법 제73조 제1항 제3호)

지리적 표시 단체표장의 일반적 취소사유는 통상의 상표와 같다.

(2) 특유의 취소사유(법 제73조 제1항 제11, 12호)

① 지리적 표시 단체표장등록을 한 후 단체표장권자가 지리적 표시를 사용할 수 있는 지정상품을 생산·제조 또는 가공하는 것을 업으로 영위하는 자에 대하여 정관에 의하여 단체의 가입을 금지하거나 정관에 충족하기 어려운 가입조건을 규정하는 등 단체의 가입을 실질적으로 허용하지 아니한 경우 또는 그 지리적 표시를 사용할 수 없는 자에 대하여 단체의 가입을 허용한 경우

② 지리적 표시 단체표장에 있어서 단체표장권자 또는 그 소속단체원이 제90조의2의 규정을 위반하여 단체표장을 사용함으로써 수요자로 하여금 상품의 품질에 대한 오인 또는 지리적 출처에 대한 혼동을 초래하게 한 경우

7. 특 칙

1) 동음이의어 지리적 표시(법 제90조의2)

2 이상의 지리적 표시 등록단체표장이 서로 동음이의어 지리적 표시에 해당하는 경우에는 각 단체표장권자 및 그 소속단체원은 지리적 출처에 대하여 수요자로 하여금 혼동을 초래하지 아니하도록 하는 표시를 등록단체표장과 함께 사용하여야 한다.

이는 동음이의어 지리적 표시의 경우 그 표장이 동일 또는 유사하므로 수요자 보호를 위하여 지리적 출처의 혼동을 방지하도록 하기 위함이다.

2) 색채 지리적 표시 표장의 특칙(법 제91조의2 제3항)

법 제66조 제2항 제1호에 규정된 "타인의 지리적 표시 등록단체표장과 유사한 상표"에는 그 등록단체표장과 유사한 상표로서 색채를 등록단체표장과 동일하게 하면 등록단체표장과 동일한 상표라고 인정되는 상표를 포함하지 아니하는 것으로 한다. 다만, 지리적 표시 단체표장이 색채나 색채의 조합만으로 등록된 경우에는 이를 적용하지 아니한다(법 제91조의2 제4항).

그러므로 등록단체표장이 색채를 결합하여 구성된 경우 그 색채를 타인의 지리적 표시 등록단체표장과 동일히게 사용한 경우에도 그 타인의 지리적 표시 등록단체표장권을 침해하는 것으로 되지 아니한다.

제8장 업무표장 · 증명표장

일러두기 이 부분에서는 업무표장과 증명표장의 개념, 특성, 단체표장과의 관계 등을 정리하는 것이 선결과제이다. 업무표장제도·증명표장을 채택한 국가가 드물고 우리나라에서도 이 제도가 널리 이용되지 않고 있어 타 제도에 비하여 중요성은 떨어지는 부분이다.

I. 업무표장

1. 서언

1) 의의

업무표장이라 함은 비영리업무를 영위하는 자가 그의 업무를 나타내기 위하여 사용하는 표장을 말한다.

업무표장은 적십자사, 청년회의소, 보이스카우트연맹 등 공익사업을 수행하는 자만이 등록을 받을 수 있는데,[1] 업무표장은 공익성으로 인하여 그 업무표장권의 양도가 제한되는 등 일정한 제한이 뒤따른다. 업무표장에 관한 사항은 상표법에서 특별히 규정한 것을 제외하고는 상표에 관한 규정이 그대로 적용된다.

한편, 업무표장을 사용할 업무범위에는 부대업무로서 물품의 제공이나 서비스의 제공은 포함되지 않는 것으로 해석되므로 그 부대업무에 대하여는 별도의 상표 또는 서비스표등록을 받아야 한다.

2) 제도적 취지

외국에서는 그 입법예를 찾아보기 어렵다 하겠으나 우리나라가 업무표장제도를 채택한 것은 1949년 11월 28일 법률 제71호(상표법 제정 당시)부터이다.

이와 같이 우리 상표법에서 상표나 서비스표 및 단체표장과 구별하여 업무표장제도

---

[1]   국가, 지방자치단체도 업무표장을 등록받을 수 있음은 물론이다.

를 별도로 규정한 것은 오늘날 현대국가에서 복지국가에로의 지향과 더불어 사회 모든 분야에서 정부 이외의 사회공공단체의 공익기능이 강조되고 있고, 또 이들의 역할이 증대됨에 따라 이들 기관인 비영리법인이 업무에 사용하는 표장에 대하여도 상표법으로 보호할 필요성이 있기 때문이다.

3) 유사표장과의 구별

(1) 상표와의 구별

상표는 영리를 목적으로 하는 자가 그의 상품을 타인의 상품과 식별시키기 위하여 사용하는 것으로서 그 사용이 상품에 한정되나 업무표장은 비영리를 목적으로 하는 자가 그의 업무를 나타내기 위하여 사용하는 것으로 상품 또는 서비스업에 다 같이 사용된다.

(2) 서비스표와의 구별

서비스표는 무형의 재산인 서비스업에 사용되며 그 서비스업은 영리를 목적으로 하나 업무표장은 서비스업뿐만 아니라 상품에도 사용되며 영리를 목적으로 하지 않는 점에서 차이가 있다.

(3) 단체표장과의 구별

단체표장은 법인은 물론 그의 감독 하에 있는 단체원으로 하여금 사용하게 하기 위한 표장이나 업무표장은 법인 스스로가 사용하기 위한 표장이다. 또한 단체표장은 영리를 목적으로 하나, 업무표장은 비영리목적인 점에서 차이가 있다.

(4) 증명표장과의 구별

증명표장제도는 상품의 품질을 보증하거나 생산지를 증명함으로써 생산자나 소비자의 이익을 보호하고자 마련된 제도이다.

그러므로 증명표장은 업무표장의 경우와 달리 상품 또는 서비스업의 출처를 표시하기 위한 것이 아니고 품질이나 생산지 등을 증명하기 위하여 사용된다는 점에서 업무표장과 구별된다. 따라서 증명표장권자는 직접 상품을 생산·판매하거나 서비스를 제공하는 자가 아니다.

2. 업무표장의 특성

1) 공익성

업무표장은 무엇보다도 비영리법인인 공익단체가 그의 업무를 수행함에 있어 그 표장의 사용을 보호하기 위하여 마련된 제도이므로 공익성이 강조되는데, 업무표장의 비영리성을 전제로 하는 것도 이와 같은 이유에서이다.

2) 양도금지

업무표장은 이를 양도할 수 없다. 다만, 그 업무와 함께 양도하는 경우에는 이를 양도할 수 있다.

3) 사용권 · 질권설정 불가

업무표장권에는 사용권을 설정할 수 없으며, 이를 목적으로 하는 질권도 설정할 수 없다. 이는 업무표장의 공익성에 연유한 것이다.

3. 출원절차 및 등록요건

1) 출원절차

(1) 출원서

업무표장 등록출원에 따른 출원서의 기재형식은 상표등록출원서나 서비스표등록출원서의 기재형식과 같다[2](법 제9조 제4항).

(2) 지정업무

업무표장을 사용할 업무는 상표법에서 별도로 규정하고 있지 않기 때문에 그 지정업무의 표시는 상표법시행규칙 제6조 별표에서 정한 상품류 구분 및 서비스업류 구분을 표시하지 아니하고 출원서의 상품(서비스업)류 구분 및 지정상품(서비스업)란에 상품류 구분의 표시 없이 '올림픽 사업에 관한 업무', '청소년 선도사업에 관한 업무'등과 같이 업무내용을 기재하면 된다.[3]

---

2   마드리드 의정서에서는 업무표장에 관하여 규정하고 있지 아니하므로 업무표장을 마드리드 의정서에서 규정한 국제출원절차에 따라 출원하는 것은 불가능하다.

3   상표법시행규칙 제4조 별지 제1호 서식(출원서 기재 요령)

(3) 업무경영사실 서면제출

업무표장출원서에는 그 업무의 경영사실을 입증하는 서면을 출원서에 첨부하여 제출하여야 한다.

2) 등록요건

업무표장의 등록요건 및 부등록사유는 상표나 서비스표에서의 등록요건이나 부등록사유와 같다.

3) 기 타

업무표장에 대하여는 상표법에서 특별히 규정한 것을 제외하고는 상표에 관한 규정이 그대로 적용되므로 출원, 심사 및 심판 등 제반절차에서 상표법이 적용된다.

4. 업무표장권의 효력

1) 효 력

업무표장이 등록되면 전용사용권과 금지권이 발생하는 등 업무표장권의 효력은 상표권의 효력이나 서비스표권의 효력과 같다.[4] 또한 등록된 업무표장과 상표가 동일 또는 유사하고 그 상품이나 지정서비스업이 동일 또는 유사한 상표등록출원, 서비스표등록출원, 단체표장등록출원은 업무표장을 이유로 거절된다.

---

4   원심이 유지한 제1심판결이 채용한 증거들을 살펴보면, 사단법인 한국귀금속보석감정원의 업무표장인 판시 태극마크의 지정업무는 귀금속 및 보석제품에 대한 품질보증제도 확립지도업, 귀금속 및 보석가공상품의 품질향상과 유통질서 확립지도업인바, 피고인들이 광주광역시 귀금속시계판매업감정위원회 회장 및 검사실장으로서 광주광역시 지역의 귀금속 및 시계의 부당한 감정을 막고 감정의 권위를 높이기 위한 감정업무를 행한다고 하면서, 무등산 마크와 함께 태극마크를 귀금속판매상인들이 가지고 온 금반지 등에 귀금속의 함량을 확인 보증한다는 취지로 각인하여 사용한 행위는 이 사건등록 업무표장의 지정업무와 동일·유사한 업무를 수행한 것이고, 이러한 각인행위를 하면서 그 대가로 약간의 감정수수료를 받았다고 하여 그 업무의 성질을 달리 볼 수 없다할 것이므로 피고인들의 위 각인행위가 영리행위로서 이 사건 업무표장의 지정업무와 유사하지 않다는 주장은 받아들일 수 없다(대법원 1995.6.16. 선고 94도1793 판결).

2) 효력의 제한

(1) 양도금지

업무표장권은 공익적인 이유에서 양도가 금지되고 있으며 다만, 업무와 함께 이전하는 경우에 한하여 양도가 가능한데 이때 특허청장의 허가는 필요치 않다. 한편 업무와 분리하여 업무표장권을 양도하였을 때에는 업무표장등록의 취소사유가 된다(법 제54조 제7항, 제73조 제1항 제4호).

(2) 사용권 및 질권설정 불가

업무표장권에 대한 전용사용권이나 통상사용권 및 질권설정은 인정되지 않는다.

(3) 부대업무

업무표장의 지정업무의 범위에 그 부대업무는 포함되지 않는 것으로 보기 때문에 그 부대업무인 물품의 제공이나 서비스의 제공 등에 관하여는 별도의 상표 또는 서비스표의 등록을 받아야 한다(특허청 상표심사기준). 또한 업무표장권의 효력은 상표나 서비스표적 사용 행위에는 미치지 아니하는 것이 원칙이므로 업무표장을 사용하는 자가 그 업무표장을 부대업무에 사용하고자 하는 경우에는 별도의 상표나 서비스표의 등록을 받아야한다.

5. 무효 및 취소사유

1) 무효사유

업무표장등록에 관한 무효사유는 상표등록 또는 서비스표 등록의 무효사유와 같으며(법 제72조 제1항) 별도의 특칙을 두고 있지 않다.

2) 취소사유

(1) 일반적 취소 사유

업무표장등록에 관하여도 상표등록 또는 서비스표 등록의 취소사유가 그대로 적용된다.

(2) 특유의 취소사유

업무표장권은 이를 양도할 수 없다(업무와 함께 양도하는 경우에는 예외). 그러므로 업무표장권을 그 업무와 함께 양도하지 아니한 경우에는 취소사유가 된다(법 제73조 제1항 제4호).

II. 증명표장

1. 서 언

1) 의 의

증명표장이라 함은 상품이나 서비스업의 품질, 원산지, 생산방법이나 그 밖의 특성에 관한 증명을 업으로 영위하는 자가 그 상품이나 서비스업을 영위하는 자가 생산·제조·가공 또는 판매하는 자의 상품이나 서비스업의 품질이나 특성 등을 증명하는데 사용하게 하기 위한 표장을 말한다.

증명표장은 그 상품이나 서비스업의 품질 및 특징을 보증·증명하는 자와 그 표장을 사용하는 자가 각기 다르다는 데에 특징이 있다. 이와 같은 증명표장은 전문설비나 전문인력 또는 품질시험평가능력을 갖춘 기관이나 단체 등이 받을 수 있다.[5]

2) 제도적 취지

우리 상표법은 그간 증명표장제도를 별도로 두지 아니하고 상표 정의규정(법 제2조 제1항 제1호)에서 "증명업"을 영업의 하나로 규정하여 상표의 개념에 포함시켜 운영하여 오다가 2011.12.2. 법률 제11113호에서 별도의 규정을 마련하게 되었다.[6]

이와 같이 우리 상표법에서 상표나 서비스표, 단체표장, 업무표장과 구별하여 증명표장제도를 별도로 규정한 것은 한·미 FTA 이행에 따른 조치로써[7] 이와 같은 증명표장 제도의 도입으로 상표의 품질보증기능을 강화하여 소비자에게 올바른 상품정보를 제공함으로써 최적의 선택을 유도하고자 함에 있다.[8] 그러나 이와 같은 증명표장제도는 국가표준기준법 등에서 운용하고 있는 '인증표시' 제도와 중첩되는 점이 있으며 또한 이를 엄격히 구별하기도 어려울 뿐만 아니라 지리적 표시 단체표장이나 지리적 표

---

[5]　한국표준협회, 기술표준원, 한국디자인진흥원, 한국귀금속보석감정원 등은 국가표준기본법, 식품위생법 등에 의하여 인증표시제도를 운용하고 있는 바, 이들 기관이 증명표장을 출원하는 경우 증명표장 등록이 가능하다.

[6]　2011.12.2. 법률 제 11113호 이전의 법(법 제2조 제1항 제1호)에서는 "상표라 함은 상품을 생산·가공·증명 또는 판매하는 것을 업으로 영위하는 자가 자기의 업무에 관련된 상품을 타인의 상품과 식별되도록 하기 위하여 사용되는 다음 각 목의 1에 해당하는 것을 말한다"고 규정하여 "증명업"을 서비스업의 한 종류로 규정하였다.

[7]　한·미 FTA 제18. 2조 제2항: 각 당사국은 상표가 증명표장을 포함하도록 규정한다.

[8]　상표법 일부개정법률(안) 법안심의자료 참조

시 증명표장과도 구별하기 어려운 점이 있다.

2. 유사표장과의 구별

1) 상표 · 서비스표와의 구별

상표 · 서비스표는 영리를 목적으로 하는 자가 그의 상품이나 서비스업을 타인의 상품이나 서비스와 식별시키기 위하여 사용하는 것으로서 그 권리의 주체와 상표사용자가 동일하나, 증명표장은 상품을 생산 · 제조 · 가공 또는 판매를 업으로 하는 자가 증명표장권자로부터 품질 등에 관한 인증을 받은 상품이나 서비스업에 그 상품이나 서비스업이 인증 받은 상품이나 서비스업임을 나타내기 위하여 사용하는 것으로서 양표장은 그 권리의 주체가 다르다는 점에서 차이가 있다.

2) 단체표장과의 구별

단체표장은 영리를 목적으로 사업을 영위하는 단체가 스스로 사용하거나 또는 그의 감독하에 있는 단체원으로 하여금 사용하게 하기 위한 표장이나, 증명표장은 증명업무를 업으로 하는 자가 스스로 사용하기 위한 표장이 아니라 증명표장권자로부터 품질 등에 관한 증명을 받은 자가 그가 생산 · 판매하는 상품 등에 사용하기 위한 표장이라는 점에서 차이가 있다.

3) 인증표장과의 구별

인증표장제도는 국가표준기본법, 식품위생법 등 개별법에서 규정한 바에 따라 표준규격, 식품위생, 환경보호 등 특정 정책목적 달성을 위해 의무적으로 인증을 받도록 하고 인증기준을 통과한 상품에 대하여 표시토록 함으로써 국민보건안전 등을 위하여 마련된 것이나, 증명표장제도는 주로 상품의 품질을 보증하거나 생산지를 증명함으로써 생산자나 소비자의 이익을 보호하고자 마련된 제도이다. 따라서 인증표장이나 증명표장 모두 상품이나 서비스에 사용된다는 점과 권리의 주체와 사용자가 다르다는 점에서 같다고 하겠으나 인증표장은 일정한 기준을 통과한 제품에 대하여 표시하는 표장이라 하겠으나 증명표장은 품질이나 생산지 등을 증명하기 위하여 사용된다는 점에서 구별된다.

3. 증명표장의 종류

1) 증명표장

'증명표장'은 상품이나 서비스업의 품질, 원산지, 생산방법 등 그 상품의 특성에 관한 증명을 업으로 하는 자가 그 특정상품의 생산·제조·가공 또는 판매하는 것을 업으로 하는 자의 상품이나 서비스업이 일정한 품질, 원산지, 생산방법이나 그 밖의 특성을 충족하는 것임을 증명하기 위한 표장을 말한다(법 제2조 제1항 제4호).

2) 지리적 표시 증명표장

지리적 표시 증명표장은 상품의 품질, 원산지, 생산방법이나 그 밖의 특성에 관한 증명을 업으로 영위하는 자가 상품의 생산·제조 또는 가공을 업으로 하는 자의 상품이 일정한 지리적 특성을 충족하는 것을 증명하는데 사용하게 하기 위한 표장을 말한다(법 제2조 제1항 제4의 2).

3) 양표장의 구별

양표장이 상품이나 서비스업의 특성에 관한 증명을 업으로 영위하는 자가 그 특정제품의 특성에 관한 증명을 하기 위하여 사용된다는 점에서는 같다 하겠으나, 지리적 표시 증명표장의 경우에는 '지리적 특성'을 충족하는 경우에 한하여 사용하는 표장이라는 점에서 증명표장과 구별된다.

4. 증명표장을 등록받을 수 있는 자

1) 증명표장을 등록받을 수 있는 자

상품이나 서비스업의 품질, 원산지, 생산방법이나 그 밖의 특성을 업으로서 증명하고 관리할 수 있는 자는 상품의 생산·제조·가공 또는 판매를 업으로 하는 자나 서비스업을 영위하는 자가 그들의 영업에 관한 상품이나 서비스업이 정하여진 품질, 원산지, 생산방법이나 그 밖의 특성을 충족하는 것을 증명하는 데 사용하게 하기 위하여 증명표장을 등록받을 수 있다.

2) 증명표장을 등록받을 수 없는 자

자기의 영업에 관한 상품이나 서비스업에 사용하려는 경우에는 증명표장의 등록을 받을 수 없다. 또한 상표·서비스표·단체표장·업무표장 등록출원인 또는 상표·서비스표·단체표장·업무표장 등록을 받은 자는 그 출원상표·서비스표·단체표장·업무표장 또는 등록상표·서비스표·단체표장·업무표장과 같거나 유사한 표장을 그 지정상품·서비스업과 같거나 유사한 상품·서비스업에 대하여 증명표장으로 등록을 받을 수 없으며, 마찬가지로 증명표장등록출원인 또는 증명표장의 등록을 받은 자는 그 증명표장과 같거나 유사한 표장을 그 지정상품·서비스업과 같거나 유사한 상품·서비스업에 대하여 상표·서비스표·단체표장·업무표장등록을 받을 수 없다.

5. 출원절차 및 등록요건

1) 출원절차

(1) 출원서

증명표장등록출원에 따른 출원서의 기재형식은 상표등록출원서나 서비스표등록출원서의 기재형식과 같다(법 제9조 제4항).

(2) 지정업무

증명표장을 사용할 상품 또는 서비스업은 상표법시행규칙 제6조 별표에서 정한 상품류 구분 및 서비스업류 구분내에서 그 해당류와 상품명 또는 서비스업명을 기재한다.

(3) 정관 또는 규약에 관한 서면제출

증명표장출원서에서는 대통령령으로 정하는 증명표장의 사용에 관한 사항을 정한 서류(법인의 경우 정관, 법인이 아닌 경우 규약)와 증명하고자 하는 상품 또는 서비스업의 품질, 원산지, 생산 방법이나 그 밖의 특성을 증명하고 관리할 수 있음을 입증하는 서면을 출원서에 첨부하여 제출하여야 한다(법 제9조 제5항).

2) 등록요건

업무표장의 등록요건 및 부등록사유는 상표나 서비스표에서의 등록요건이나 부등록사유와 같다.

3) 기 타

증명표장에 대하여는 상표법에서 특별히 규정한 것을 제외하고는 상표에 관한 규정이 그대로 적용된다.

6. 증명표장권의 효력

1) 효력

증명표장이 등록되면 전용사용권과 금지권이 발생하는 등 증명표장권의 효력은 상표권의 효력이나 서비스표권의 효력과 같다. 또한 등록된 증명표장과 상표가 동일 또는 유사하고 그 상품이나 지정서비스업이 동일 또는 유사한 상표등록출원, 서비스표등록출원, 단체표장등록출원은 증명표장을 이유로 거절된다.

2) 효력의 제한

(1) 양도금지

증명표장권은 양도가 금지된다. 그러나 법 제3조의3에서 규정한 증명표장을 등록받을 수 있는 자에게 업무와 함께 이전하는 경우에 한하여 양도가 가능하며, 특허청장의 허가를 받아야 한다.

(2) 질권설정 불가

증명표장권에 대한 질권설정은 인정되지 않는다(법 제54조 제11항).

7. 증명표장의 무효 및 취소사유

1) 무효사유

증명표장의 무효사유는 상표 등록 또는 서비스표 등록의 무효사유와 같다.

2) 취소사유

(1) 일반적 취소사유

증명표장에 대한 일반적 취소사유는 상표·서비스표의 경우와 같다.

(2) 특유의 취소사유(법 제73조 제1항 제13호)

① 증명표장권자가 제9조 제5항에 따라 제출된 정관 또는 규약을 위반하여 증명표장의 사용을 허락한 경우

② 증명표장권자가 제3조의3 제1항 단서를 위반하여 증명표장을 자기의 상품 또는 서비스업에 대하여 사용하는 경우

③ 증명표장의 사용을 허락받은 자가 정관 또는 규약을 위반하여 타인에게 사용하게 한 경우 또는 사용을 허락받은 자가 정관 또는 규약을 위반하여 증명표장을 사용함으로써 수요자로 하여금 상품 또는 서비스업의 품질, 원산지, 생산방법이나 그 밖의 특성에 관하여 오인을 초래하게 한 경우. 다만, 증명표장권자가 사용을 허락받은 자에 대한 감독에 상당한 주의를 한 경우에는 그러하지 아니하다.

④ 증명표장권자로부터 사용을 허락받지 아니한 제3자가 증명표장을 사용함으로써 수요자로 하여금 상품 또는 서비스업의 품질, 원산지, 생산방법이나 그 밖의 상품의 특성에 관하여 오인을 초래하게 하였음에도 증명표장권자가 고의로 상당한 조치를 취하지 아니한 경우

⑤ 증명표장권자가 해당 증명표장을 사용할 수 있는 상품을 생산·제조·가공 또는 판매하는 것을 업으로 영위하는 자나 서비스업을 영위하는 자에 대하여 정당한 사유 없이 정관 또는 규약으로 사용을 허락하지 아니하거나 정관 또는 규약에 충족하기 어려운 사용조건을 규정하는 등 실질적으로 사용을 허락하지 아니한 경우

제9장 상표의 사용

I. 서 언

1. 의 의

상표의 사용이라 함은 상표를 상품이나 상품의 포장에 표시하거나 또는 상표가 표시된 상품을 타인에게 양도 또는 인도하거나, 상표가 표시된 상품을 TV, 신문, 라디오 등을 통하여 선전·광고하는 행위 등을 말한다. 이러한 상표의 사용개념은 상표법 전반을 지배하는 개념으로서 상표권자가 등록상표를 사용하는지 여부 및 어떠한 상표의 사용이 타인의 상표권을 침해하는지에 대한 판단의 기준이 될 뿐만 아니라 불사용에 따른 등록상표의 취소여부를 가리는 판단의 기준이 된다.

서비스표, 단체표장, 업무표장, 증명표장의 사용도 상표의 사용에 관한 규정이 적용된다.

2. 제도적 취지

어떠한 것이 상표로서의 사용인지 또는 그와 같은 사용을 상표의 사용으로서 인정할 수 있는 것인지, 아니면 인정할 수 없는 것인지 여부에 대한 판단은 대단히 어려우며 또한 매우 중요한 사항이다.

따라서 상표법은 이에 대한 기준을 제시함으로써 법령해석 및 법운용의 통일을 기하고자 상표사용의 개념을 상표법 제2조 제1항 제6호에서 규정하고 있는데 상표의 사용, 불사용 및 상표권 침해여부 등은 이를 기초로 하여 판단하게 된다.

II. 상표사용의 태양

1. 상표사용의 개념

　상표법상 상표의 사용이라 함은 상표를 상품에 표시하거나 그 상표가 표시된 상품을 판매, 광고하는 등의 행위를 말하는데, 이와 같은 상표의 사용은 상품을 생산·가공 또는 판매 등을 업으로 하는 자가 그가 생산·가공 또는 판매하는 상품에 사용하는 것을 의미한다.[1] 그러므로 상표를 동일하게 사용하지 않고 유사하게 사용하거나 그 상표를 사용하는 상품이 다른 경우에는 본 호 소정의 상표의 사용으로 되지 않는다.

　이와 같은 상표사용의 법리는 상표법 제반규정에 적용되는데, 등록상표를 사용함에 있어 등록상표와 동일하거나 또는 동일하게 볼 수 있을 정도의 사용은 상표법 제73조 제1항 제3호 소정의 등록상표의 사용으로 되거나 제6조 제2항에서 규정한 사용에 의한 식별력 취득이 인정되는 등 상표법상 보호가 된다 하겠으나, 등록상표와 유사하게 사용하는 경우에는 등록상표의 사용으로 인정되지 아니하므로 여러 가지 불이익이 따른다. 또한 상표의 사용은 동일한 상품에 사용하는 경우 상표사용으로 인정되며 유사한 상품에 사용하는 경우에는 사용으로 인정되지 아니한다.[2]

2. 상표의 사용의 양태

1) 상품 또는 상품의 포장 등에 표시하는 행위(법 제2조 제1항 제6호 가목)

(1) 상품에 상표를 표시하는 행위

　상품에 상표를 표시하는 행위라 함은 상품에 직접 상표를 표시하는 것을 말하는데 상품표면에 상표를 새기거나(각인 등) 써넣거나 또는 상품에 인쇄된 상표를 붙이는 것 등의 경우로서 의류, 가방, 자동차 등에서 그 사용예를 많이 볼 수 있다.

1　구상표법(1990.1.13. 법률 제4210호로 개정 전) 제2조 제4항에서 말하는 상표의 사용은 상품 또는 상품의 포장에 상표를 붙이는 행위 등 지정상품에 직접적으로 사용하는 경우뿐만 아니라 상품에 관한 광고에 상표를 붙이고 전시 또는 반포하는 행위 즉 상표에 관한 선전, 광고행위를 포함하는 것인바, 상표에 대한 선전, 광고행위는 지정상품에 관련하여 행하여 져야 하는 것일 뿐만 아니라 그 지정상품이 국내에서 현실적으로 유통되고 있거나 적어도 유통을 예정, 준비하고 있는 상태에서 행하여진 것이어야 상표의 사용이 있었던 것으로 볼 수 있다(대법원 1992.8.18. 선고 92후209 판결).

2　예컨대 등록상표가 상표법 제73조 제1항 제3호 소정의 불사용여부를 다루는 사건에서 상표권자 등이 사용한 상표와 상품은 등록된 상표 및 지정 상품과 동일하지 않으면 안되며 상표법 제6조 제2항에서 규정한 사용에 의한 식별력 취득도 그 상표가 동일하고 상품이 동일한 경우에 한하여 인정이 된다.

(2) 상품의 포장에 상표를 표시하는 행위

이는 상품에 직접 상표를 표시하지 않고 상품의 포장지, 포장상자, 포장용기 등에 상표를 표시하거나 그 포장용기에 인쇄된 상표를 붙이는 행위 등을 말한다.[3] 과자, 라면, 화장품용기 등에서 이러한 사용예를 많이 볼 수 있다.

(3) 상품, 상품의 포장 등을 표장의 형상으로 표시하는 행위

이는 상표를 입체적으로 형상화하여 표시하는 것을 말하는데 상표를 상품 또는 상품의 포장용기처럼 형상화하여 사용하는 것을 말한다. 세제용기, 화장품 용기, 음료수병 등과 같이 입체적 형상으로 사용하는 경우가 여기에 해당한다.

2) 상품 또는 상품의 포장에 상표를 표시한 것을 양도 · 인도하는 행위(법 제2조 제1항 제6호 나목)

(1) 상표가 표시된 상품 등을 양도 · 인도하는 행위

상표가 표시된 상품을 양도 또는 인도하는 것은 상표를 사용하는 것이 된다. 양도는 상품에 관한 소유권을 남에게 넘겨주는 것(이전 등)을 말하며, 인도는 상품을 건네어 주는 것(점유의 이전)을 말하는데 이러한 양도 · 인도행위는 그것이 업으로서 하는 것이어야 하는데, 양도 또는 인도 그 자체로 상표의 사용이 된다.

(2) 양도 또는 인도 목적으로 전시 · 수출 또는 수입하는 행위

상표가 표시된 상품을 직접 양도 또는 인도하지는 않지만 그 목적으로 상품 또는 상품의 포장에 상표를 표시한 것을 전시하거나 또는 수출 · 수입하는 행위는 상표의 사용이 된다. 그러므로 양도 또는 인도가 행해지지 않았다 하더라도 그 목적으로 전시 또는 수입 · 수출행위만으로도 상표의 사용이 된다.

---

3 ① 상표의 사용에는 반드시 지정상품에 직접적으로 사용하는 경우뿐만 아니라 상품과 구체적 관계에 있어서 같은 법 제2조 제3항 제3호가 규정하는 방법으로 사용, 진시, 빈포하는 행위를 포함함은 소론과 같으나 피심판청구인이 본건 등록상표의 제작에 필요한 인쇄를 의뢰하고 용기제작에 필요한 금형의 제작을 의뢰하여 납품받은 사실이 있었다고 가정하더라도 그것만으로 상표법 제2조 제3항의 상표를 사용한 경우에 해당한다고 볼 수도 없다(대법원 1982. 2. 23. 선고 80후70 판결).

② 이와 같이 지정상품 자체가 아닌 그 포장에 상표를 표시하더라도 이는 상표의 사용에 해당한다 할 것이고(법 제2조 제1항 제6호 가목), 또한 등록상표가 반드시 독자적으로만 사용되어야 할 이유는 없으므로 위 비닐쇼핑백에 다른 상표와 함께 표시되었다 하여 상표의 사용이 아니라고 할 수는 없다 할 것이다(대법원 1995. 2. 14. 선고 94후1015 판결).

3) 상품에 관한 광고행위 등

상품에 관한 광고를 하면서 상표를 표시하여 광고하거나, 상품의 정가표 · 거래서류 및 간판 또는 표찰에 상표를 표시하거나, 상표가 표시된 상품선전 팸플릿 등을 전시 또는 반포하는 행위는 상표의 사용행위가 된다.[4]

광고행위에는 신문, 잡지, 라디오, 텔레비전, 카탈로그, 팸플릿, 간판, 전봇대, 건물벽, 캘린더, 홈페이지, 인터넷쇼핑몰 등을 통하여 상품을 선전하는 일체의 행위를 포함한다.

또한 상품에 관한 주문서, 납품서, 계산서, 수입면장 등에 상표를 표시하는 행위도 상표의 사용행위이다.

4) 소리 · 냄새 상표의 경우

상표법은 제2조 제2항에서 "제1항 제7호 가목부터 다목까지의 규정에 따른 상품, 상품의 포장, 광고, 간판 또는 표찰에 상표를 표시하는 행위에는 상품, 상품의 표장, 광고, 간판 또는 표찰을 표장의 형상이나 소리 또는 냄새로 하는 것을 포함한다"(2011.12.2. 개정 법률 제11113호)고 규정하고 있어, 소리 · 냄새 상표의 사용도 기호 · 문자 · 도형 상표 등에서의 상표 사용과 같다 하겠다. 그러나 소리 또는 냄새 상표는 비시각적 상표로서 이와 같은 소리 또는 냄새를 그 상품에 직접 표시하여 사용하는 것은 곤란하는 등 여느 상표와는 다르게 일정한 제약이 따를 수밖에 없다 하겠다.

3. 서비스표의 사용

상표법은 서비스표의 사용에 대하여 따로 규정하지 않고 상표의 사용에 관한 규정을 적용하는 것으로 규정하고 있다(법 제2조 제3항). 서비스업은 무형의 상품이므로 서비스업에 서비스표를 직접 표시할 수 없는 등 그 상품의 속성상 상표의 사용과는 다소 다른 점이 있으며 그 사용여부에 대한 판단도 용이치 않다.

---

[4] 일반적으로 상표의 사용에는 반드시 지정상품에 대하여 직접적으로 사용하는 경우뿐만 아니라 상품과의 구체적인 관계에 있어서 구상표법(1993.3.6. 법률 제4541호로 개정되기 전의 것, 이하 같다) 제2조 제1항 제6호(다)목이 규정하는 방법으로 상표를 사용, 전시, 반포하는 행위를 포함한다 할 것이고, 여기에서 말하는 상품에 관한 광고에 상표를 표시하는 행위는 구상표법 제73조 제1항 제3호에서 규정한 상표불사용에 의한 상표등록취소제도의 취지에 비추어 볼 때 그 지정상품이 국내에서 일반적, 정상적으로 유통되는(현실적으로 유통되고 있거나 적어도 유통을 예정, 준비하고 있는) 것을 전제로 하여야 할 것이다(특허법원 1998.6.19. 선고 98허 1136 판결).

신문, 잡지, TV 등에 서비스업을 선전·광고하면서 서비스표를 표시하는 행위나 거래서류(요금계산서)에 서비스표를 표시하거나 점포 등에 간판을 게시하고 영업행위를 하는 것은 서비스표의 사용이라 할 것이다.

한편, 상표의 사용과 서비스표의 사용을 명확히 구분짓기는 매우 어렵다 할 수 있는데, 물건을 생산·제조 또는 가공하는 자가 그가 생산·제조 또는 가공한 제품을 특약점, 직판점, 판매대리점 등을 통하여 판매하는 경우 이는 상표의 사용으로서 서비스표의 사용으로 되지 아니한다.[5]

4. 단체표장·업무표장·증명표장의 사용

단체표장·업무표장·증명표장의 사용은 상표·서비스표의 사용과 같다(법 제2조 제3항).

5. 색채상표에 관한 특칙(법 제91조의2)

1) 특칙

(1) 등록상표의 사용으로 인정하는 경우(법 제91조의2 제1항)

상표권자·전용사용권자 또는 통상사용권자가 등록상표를 사용함에 있어 그 등록상표와 그 기호, 문자, 도형 등에 있어서는 동일하지만 색채를 다소 다르게 사용하는 경우에는 그 사용상표는 법 제50조, 제53조, 제55조 제3항, 제57조 제2항, 제62조, 제67조 제2항, 제73조 제1항 제3항 및 제4항, 제85조, 제90조 및 제91조의 규정을 적용함에 있어서는 등록상표와 동일한 상표로 인정이 되므로(법 제 91조의2 제1항), 상표권자·전용사용권자 또는 통상사용권자가 그 등록상표를 사용함에 있어 색채만을 달리하여 사용한 경우에는 등록상표의 사용으로 인정되어 위 법 제50조, 53조 등의 규정을 적용함에 있어 상표법 소정의 불이익을 받지 아니한다.

---

5   예컨대, 갑이 A사의 에어컨 판매대리점을 하면서 A사의 에어컨을 판매하는 경우, 갑은 A사의 에어컨 상품판매를 대행해주는 것이 되므로 갑은 판매대행업을 영위하는 것이며 A사는 갑을 통하여 에어컨을 판매한 것으로 된다. 그러므로 A사는 그 에어컨에 표시된 상표의 사용으로 인정이 되지만, 판매업을 한것은 아니므로 서비스표 사용으로 되지는 않는다. 한편 에어컨을 판매하면서 가정이나 사무실에 에어컨을 설치해 주는 행위는 상품판매에 부수하는 서비스로서 서비스표의 사용으로 인정되지 아니하지만 그 후에 지속적으로 A/S를 해 주는 경우에는 서비스표의 사용이라 할 것이다(정수기를 판매 설치해주고 그 후에 필터를 교체해 주는 등 지속적인 정수기 관리를 해 주는 것은 서비스표의 사용이 된다).

(2) 등록상표의 사용으로 인정하지 않는 경우(법 제91조의2 제2항)

상표권자 등이 등록상표를 사용함에 있어 그 등록상표와 색채만을 다소 다르게 사용하는 경우 그 등록상표의 사용은 상표법 제66조 제1항 제1호 및 제73조 제1항 제2호의 규정을 적용함에 있어서는 등록상표의 사용으로 인정되지 아니한다(법 제91조의2 제2항). 그러므로 등록상표에 색채만을 달리하여 사용하는 것은 타인의 상표권을 침해하는 것으로 되지 아니하며 등록상표를 부정한 목적으로 변형하여 사용한 것으로 취급되지 아니한다.

(3) 지리적 표시 단체표장의 경우(법 제91조의2 제3항)

상표법 제66조 제2항 제1호에서 규정된 "타인의 지리적 표시 등록단체표장과 유사한 상표"에는 그 등록단체표장과 유사한 상표로서 색채를 등록단체표장과 동일하게 하면 등록단체표장과 동일한 상표라고 인정되는 상표를 포함하지 아니하는 것으로 한다(법 제91조의2 제3항), 이 규정은 역시 위 제2항과 같은 취지의 규정이다.

2) 예외(법 제91조의2 제4항)

상표법 제91조의2 제1항 내지 제3항은 색채나 색채의 조합만으로 된 등록상표의 경우에는 이를 적용하지 아니하는데(법 제91조의2 제4항), 색채 또는 색채의 조합만으로 구성된 상표의 경우에는 기호·문자·도형 등에 색채를 결합한 상표와 달리 색채가 상표의 주요 구성요소가 되므로 색채를 등록상표와 다르게 사용하는 경우에는 문자에 색채를 결합한 상표와는 다르게 취급할 필요가 있기 때문이다.

III. 상표의 사용과 관련된 문제

1. OEM방식에 의한 사용

OEM방식(주문자상표부착생산방식)에 의한 상표의 사용이 상표법상 사용인지 또 OEM방식에 의한 수출행위가 상표법 제2조 제1항 제6호에서 규정한 상표의 사용으로 보는지 여부에 대하여 논란이 있다. OEM방식에 의하여 생산된 제품을 국내에 수입하여 판매하는 등의 경우 상표법상 상표의 사용으로 보는데 법상 별문제가 없다 하겠으나 OEM방식에 의한 수출인 경우에는 견해가 상반된다. OEM방식에 의한 상품의 수출은 상표법상의 사용으로 볼 수 없다는 견해에 따르면 OEM방식에 의한 상품의 수출은 해당 상표가 부착된 상품이 전량 주문자 국가로 수출되는 관계로 국내에서 유통될 여지가 전혀 없고, 상표법상 수출에 해당되지 아니하며 속지주의 원칙 등에 비추어 볼 때 상표법상 상표의 사용으로 볼 수 없다는 주장이다.

한편 OEM방식에 의한 상품의 수출을 상표법상 사용으로 보아야 한다는 견해에 따르면 OEM방식에 의한 상품의 수출은 상표법상 수출의 개념에 포함시켜서 상표법상의 사용으로 보아야 한다는 주장이다.

OEM방식에 의한 상표의 사용에는 국내의 대기업이 국내 중소기업에 하청을 주어 그 중소기업이 납품한 물품에 대기업의 상표를 부착하여 사용하는 경우와, 외국기업이 국내기업에 상품의 제작을 의뢰하여 국내기업이 생산한 물품에 외국기업의 상표를 부착하여 그 상품을 전량 외국기업에 납품하는 두 가지의 경우가 있는바, 전자의 경우에는 상표의 사용으로 인정하는데 대하여 이론이 없으나 후자의 경우에 이를 상표의 사용으로 볼 것인지에 대하여 논란이 있다.

이와 관련하여 문리적으로 볼 때 상표의 사용으로 보기는 어렵다 하겠으나 판례는 이를 상표의 사용으로 인정한 바 있으며 심사, 심판에서도 이를 인정하는 입장이다.[6]

---

6   ① 상표를 표시한 상품을 수출하는 행위는 상표법 제2조 제1항 제6호 (나)목에서 상표의 사용행위로 규정하고 있으므로 OEM방식에 의한 수출은 상표권자의 주문에 의한 상품 수출인바 상표권자의 상표 사용으로 인정하는 것이 타당하다는 심결 및 회의결과가 있다(1992.4.30. 심결 90항원1159 및 1992.7. 18 산업재산권 실무협의회 18차 회의결과 통보 및 1984.2.28. 일본국 동경고등재판소, 동경고등 1977년 제263호 판결 참조).
     ② 상표의 사용은 상표권자 직접 지정상품 또는 상품의 포장에 상표를 붙이는 행위뿐만 아니라 위탁 생산업자에게 상품생산을 의뢰하는 행위와 같이 상표권자에 의한 사용과 동일시 할 수 있는 경우까지 포함하고 주문자상표부착생산방식(OEM)에 의하여 국외로 수출할 목적으로만 제작된 물품에 등록상표를 사용하는 것도 상표의 사용에 해당한다 할 것이다(대법원 1990.12.21. 선고 90후984 판결, 1994.2. 22. 선고 93도3227 판결 참조). 원고는 이 건 심판청구일로부터 3년 이내인 1998.10.9. 위 신흥화학에 이 건 등록상표를 부착한 신발 등 제품의 제조를 주문하여 신흥화학이 1998.11.20.부터 1998.12.14.까지 사이에 이 건 등록상표를 부착한 조깅화 9,858켤레 합계시가 미화 60,022.28달러 상당과 포장을 주문자상표부착방식(이른바 OEM방식)으로 이를 제조한 뒤 일본으로 선적하여 원고에게 송부한 사실을 인정할 수 있고 다른 반증은 없는바, 위 인정사실에 나타나는 이 건 등록상표의 상표권자인 원고의 주문에 따라 그 자회사로서 위탁생산업체라 할 수 있는 소외 신흥화학이 우리나라에서 등록상표의 지정상품인 단화의 일종인 조깅화를 생산하고 그 생산된 물품이나 포장에 이 건 등록상표를 표시하여 사용한 행위는 원고에 의하여 이루어진 구 상표법 제2조 제1항 제1호 소정의 상품 또는 상품의 포장에 상표를 붙이는 행위에 해당한다고 할 것이고, 나아가 그 수탁업자인 신흥화학이 수출자유지역 내에 위치하고 있고 그 상표가 표시된 상품이 우리 상표권의 효력이 미치지 아니하는 일본으로 수출할 목적으로만 제조된 것이며 또한 수출자유지역설치법 제3조에는 수출자유지역이라 함은 관계법령의 적용이 전부 또는 일부가 배제되거나 완화된 보세구역의 성격을 띤 지역을 말하는 것으로 규정하고 있기는 하나 그러한 사정만으로 수출자유지역을 상표법상의 '국내'개념에서 배제할 수는 없고 달리 이를 제외할 근거도 없으므로 수출자유지역 내에서의 상표부착행위 역시 국내에서의 사용행위로 볼

2. 형식적인 선전 · 광고

상품에 관한 신문 · 잡지 등에 광고 · 선전행위라 하더라도 이를 상표의 사용으로 보지 않는 경우가 있다. 상표의 광고 · 선전이 단순히 불사용 취소를 면하기 위한 명목상의 사용이나 형식적인 광고 · 선전은 상표의 사용으로 보지 아니하며 또 신문 · 잡지 등에 게재된 경우에도 그 신문 · 잡지가 외국에서 간행된 것으로써 국내에 반입되어 유통되지 아니하거나 반입되어 유통되는 경우에도 외국기업의 상품에 관한 선전 · 광고 등의 경우에는 국내에서의 상표의 사용으로 보지 않는다.[7]

3. 제품을 설명하기 위한 사용의 경우

상표의 사용이 그 제품의 출처를 나타내기 위한 것이 아니고 그 제품을 설명하거나 안내하기 위한 것인 경우에는 상표의 사용으로 보지 아니한다.[8]

수 있어서 결국 원고는 이 건 심판청구일 전 3년 이내인 1998년 11월경 국내에서 이 건 등록상표를 그 지정상품 중 일부인 단화에 사용하였다 할 것이다(특허법원 1999. 12. 30. 선고 99허5210 판결).

7   판례는 등록상표의 불사용취소심판에서 상표불사용에 의한 상표취소제도의 취지에서 볼 때 상표에 대한 선전 · 광고행위가 있었다고 하더라도 그 지정상품이 국내에서 일반적 정상적으로 유통되는 것을 전제로 하여(현실적으로 유통되고 있거나 적어도 유통을 예정 준비하고 있어야 한다) 선전 · 광고행위가 있어야 상표의 사용이 있었던 것으로 볼 수 있다(1990. 7. 10. 선고 89후1240, 1257 판결 참조)고 판시하고 있으며 심판도 이에 따르고 있으며 이러한 취지의 심결예도 다수 있다.

8   ① 타인의 등록상표와 유사한 표장을 이용한 경우라고 하더라도 그것이 상표의 본질적인 기능이라고 할 수 있는 출처표시를 위한 것이 아니어서 상표의 사용으로 인식될 수 없는 경우에는 등록상표의 상표권을 침해한 것이라고 할 수 없다(대법원 1997. 2. 14. 선고 96도1424 판결, 대법원 2003. 2. 14. 선고 2002후1324 판결 등).

② 원심판결이유에 의하면 원심은 제1심이 그 채용증거들을 종합하여 피고인이 1999년 1월 초순경부터 자동차부품인 에어클리너(일명 에어필터)를 제조하여 오면서, 자신이 제조한 에어클리너의 포장상자에 에어클리너가 사용되는 적용 차종을 밝히기 위하여 '소나타II', '리노스', '크레도스' 등의 표시를 하였는데 그 중 현대자동차주식회사의 '마이티'와 '엑셀'용 포장상자에는 '적용차종', 대우자동차 주식회사의 '티코'용 포장상자에는 '차종'이라고 명기하였고, 또 품질경영촉진법에 따라 에어클리너의 포장상자에 차종 및 에어클리너의 제조원이 '신일 E. N. G'임을 표시함과 아울러 '신일'의 영문자를 도형화한 표장을 표시한 사실, 한편 현대자동차, 대우자동차, 기아자동차 주식회사에서 공급하는 자동차용에어클리너 및 그 포장상자에는 'HMC', 'DAWOO' 등의 상표와 위 각 회사를 상징하는 도형상표를 부착하고 '순정품' 등의 표기를 하여 정품임을 나타내고 있는 사실 등을 인정한 다음, 피고인이 이 사건에어클리너의 포장상자에 위 각 회사의 해당등록상표를 사용하였다고 하더라도 그 출처표시가 명백하고, 부품 등의 용도설명 등을 위하여 사용한 것에 불과하므로 이를 가지고 등록상표를 사용한 것으로 볼 수 없고, 나아가 피고인이 제조한 에어클리너는 위 각 회사에서 공급하는 정품과는 쉽게 구분되는 것이어서 피고인이 타인의 상품과 혼동을 일으키게 하는 행위를 하였다고 인정할 수도 없다(대법원 2001. 7. 13. 선고 2001도1355 판결).

4. 의장적 · 기능적으로 사용한 경우

상표와 디자인은 그 본질적 기능이 다르는 등으로 인하여 각각 별도 법률에 의하여 보호하고 있다. 그러나 상표를 상품의 일면에 표시하거나 또는 연속 반복적으로 배열하여 사용하는 경우 이를 상표적 사용으로 보는지 또는 디자인적 사용으로 보는지에 대하여 의견이 분분하다.[9] 상표를 위와 같이 표현하여 사용하는 것이 상품의 출처표시기능으로서 사용된 것이 아니고 순전히 의장적, 기능적으로만 사용되어 상표의 사용으로 볼 수 없는 경우에는 상표의 사용으로 인정되지 아니함이 원칙이다. 그러나 그와 같은 디자인적 사용이 장기간 계속되는 등으로 인하여 일반 수요자가 그 상품이 누구의 상품인지를 인식하게 이른 경우에는 상표법 소정의 상품출처표시기능을 한다고 볼 수 있다 하겠다. 판례는 이와 관련하여 그 사용양태로부터 상표적 사용인지 또는 디자인적 사용인지 여부를 판단하여야 할 것으로 판시하고 있다.[10]

---

③ 타인의 등록상표인 'Windows'를 제품의 사용설명서, 고객등록카드, 참고서 등에 표시한 경우 이는 컴퓨터 소프트웨어 프로그램의 명칭을 표시한 것으로 그 사용설명서, 고객등록카드, 참고서에 기술되어 있는 내용을 안내 · 설명하기 위한 것일 뿐 상품의 출처표시로 사용된 것이라고 볼 수 없다(대법원 2003.10.10. 선고 2002다63640 판결).

9   ① 등록상표와 대비되는 표장이 상표로서 사용되고 있는지 여부는 사용물품과의 관계, 당해 표장의 사용태양(표시된 위치, 크기 등), 사용자의 의도와 사용경위 등을 종합하여 실제 거래계에서 그 표시된 표장이 상품의 식별 표지로서 사용되고 있는지 여부 등을 종합하여 판단하여야 한다(대법원 2003.4. 11. 선고 2002도3445 판결, 대법원 2008.7.10. 선고 2006후2295 판결 등 참조).

② 디자인과 상표는 배타적, 선택적인 관계에 있는 것이 아니라 디자인이 될 수 있는 형상이나 모양이라고 하더라도 그것이 상표의 본질적 기능이라고 할 수 있는 자타상품의 출처표시를 위하여 사용되는 것으로 볼 수 있는 경우에는 그 사용은 상표로서의 사용이라고 보아야 한다(대법원 2000.12.26. 선고98도2743 판결 등 참조). 그러나 타인의 등록상표와 유사한 표장을 이용한 경우라 하더라도 그것이 상표의 본질적 기능이라고 할 수 있는 출처표시를 위한 것이 아니라 순전히 디자인적으로만 사용되는 등으로 상표의 사용으로 인식될 수 없는 경우에는 등록상표의 권리범위에 속하지 않는다(대법원 2004. 10.28. 선고 2003후2027 판결 등 참조).

③ 상표를 규칙적 · 반복적으로 사용한 결과 그로 인하여 상표의 독립성이나 동일성을 상실하여 일반 수요자가 그를 특정의 상표로 인식하지 않거나 디자인으로 인식한다면 그와 같은 사용은 상표의 사용이라고 할 수 없는 것입니다(대법원 1996.10.11. 선고 96후92 판결, 1998.6.9. 선고 97후2118 판결 등 참조).

10   ① 타인의 등록상표와 유사한 표장을 이용한 경우라고 하더라도 그것이 상표의 본질적인 기능이라고 할 수 있는 출처표시를 위한 것이 아니라 순전히 의장적으로만 사용되는 등으로 상표의 사용으로 인식될 수 없는 경우에는 등록상표의 상표권을 침해한 행위로 볼 수 없다 할 것인바(대법원 1997.2.14. 선고 96도1424 판결 참조), 통상 접시 등의 그릇의 앞면 내지 표면의 무늬나 장식으로 각종 꽃이나 과일 등의 문양이 사실적으로 묘사된 도형이 사용되는 경우가 많고, 이러한 상품의 수요자들은 접시 등을 구입함에 있어서 물건 자체의 형상과 모양뿐만 아니라 접시에 표현되어 있는 이러한 장식 등의 미적인 가치를 평가하여 상품을 선택 · 구입하며, 접시 등을 생산 · 판매하는 자들도 그 제조업체를 그릇

5. 진정상품의 병행수입

1) 의 의

진정상품의 병행수입이란 정당 권리자에 의해 해외에서 제조·판매된 진정상품이 자회사나 총대리점을 통해 수입되고 있음에도 제3자가 정규의 루트를 통하지 않고 진정상품을 해외(본국 또는 제3국)에서 구입하여 국내에서 상품에 관한 권리를 가지는 자의 허락 없이 국내에 수입하는 것을 말하는데, 위조상품을 판매하는 암시장(black market)이라는 용어에 대비하여 회색시장(gray market)이라고 한다.

이와 같은 진정상품의 병행수입문제는 같은 상품임에도 해외에서 판매되고 있는 가격 쪽이 국내의 정규 루트를 통해서 판매되고 있는 가격보다도 싼 경우 국내외 간의 가격차 때문에 병행수입이 일어나게 된다. 이러한 병행수입과 관련하여서는 지적소유권의 속지성과 관련하여 여러 가지 논란이 있다.

상표법상 정당상표권자가 제1국에서 제조·판매한 상품을 제3자가 그 나라에서 구입하여 우리나라에 수입하는 소위, 진정상품의 병행수입의 경우에도 상품법 제2조 제1항 제6호에서 규정한 수입에 해당되어 상표의 사용에 해당됨은 물론이다. 그러므로 이러한 진정상품의 병행수입이 상표권 침해가 되는지에 대하여는 찬, 반 양론이 있는데 진정상품병행수입을 허용하는 견해가 지배적이다.[11]

의 뒷면에 별도로 표시하는 것이 일반적이라고 할 것이므로, 위와 같이 접시 등의 제품에 표현된 도형은 특별한 사정이 없는 한 기본적으로 그릇의 일면을 이루는 디자인이나 장식용 의장에 불과할 뿐 상품출처를 표시하기 위하여 사용되는 표장은 아니라고 봄이 상당하다. 기록에 의하면, 원고(청구인)는 자신의 이 사건 확인대상표장을 접시의 앞면의 전면(全面)에 전사(轉寫)하여 ''와 같은 모양으로 사용하고 있고 그 뒷면에 자신의 상표를 표기하고 있는 사실을 알 수 있을 뿐이므로, 확인대상표장은 의장적·장식적 기능을 나타내기 위하여 사용된 것으로 인정되고 달리 그 출처를 나타내기 위한 상표로서 사용되었다고 볼 다른 사정이 없다(특허법원 2005.2.17. 선고 2004허6729 판결 및 대법원 2005.11.25. 선고 2005후810 판결).

② 일반인들이 침대의 머리판 장식에 새겨진 가호 표장 즉 가구에 새겨진 문양 을 보고 그 상품의 출처표시로 인식하기는 어렵다고 보이므로 상품의 출처표시로 사용된 것이라고 할 수 없으므로 가호 표장은 이건 상표 의 권리범위에 속하지 아니한다(대법원 2004.10.28. 선고 2003후2027 판결).

11 〈부정한 판례〉

국내 전용사용권자가 그 등록을 마친 후 폴로 상표가 부착된 의류를 국내에서 제조·판매하면서 많은 비용을 들여 그 제품에 대한 선전·광고 등의 활동을 하여 왔고, 국외에서 판매되는 같은 상표가 부착된 의류 중에는 미합중국 외에 인건비가 낮은 제3국에서 주문자상표부착방식으로 제조되어 판매되는 상품들도 적지 않으며, 국내 전용사용권 설정에 따른 계약관계 이외에 달리 동일인이라거나 같은 계열사라는 등의 특별한 관계가 없는 경우에는 국외에서 제조·판매되는 상품과 국내 전용사용권자가 제조·판매하는 상품 사이에 품질상 아무런 차이가 없다거나 그 제조·판매의 출처가 동일한 것이라고 할 수 없고, 또한 국외 상표권자와 국내 전용사용권자가 공동의 지배 통제 관계에서 상표권을 남용하여 부당하게 독점적인 이익을 꾀할 우려도 적다고 할 것이므로 이러한 경우에는 이른바 진정 상품의 병행수입이라고 하더라도 국내 전용사용권을 침해하는 것으로서 허용되지 않는다고 보아야 할 것이다(대법원 1997.10.10. 선고 96도2191 판결).

〈긍정한 판례〉(대법원 2002.9.24. 선고 99다42322 판결)

① i) 병행수입 그 자체는 위법성이 없는 정당한 행위로서 상표권 침해 등을 구성하지 아니함은 원심의 판단과 같으므로 병행수입업자가 상표권자의 상표가 부착된 상태에서 상품을 판매하는 행위는 당연히 허용될 것인바, 상표제도는 상표를 보호함으로써 상표사용자의 업무상 신용유지를 도모하여 산업발전에 이바지함과 아울러 수요자의 이익을 보호함을 목적으로 하고(법 제1조 참조), 상표는 기본적으로 당해 상표가 부착된 상품의 출처가 특정한 영업주체임을 나타내는 상품출처표시기능과 이에 수반되는 품질보증기능이 주된 기능이라는 점 등에 비추어 볼 때, 병행수입업자가 위와 같이 소극적으로 상표를 사용하는 것에 그치지 아니하고 나아가 적극적으로 상표권자의 상표를 사용하여 광고 선전행위를 하더라도 그로 인하여 위와 같은 상표의 기능을 훼손할 우려가 없고 국내 일반 수요자들에게 상품의 출처나 품질에 관하여 오인·혼동을 불러일으킬 가능성도 없다면 이러한 행위는 실질적으로 상표권침해의 위법성이 있다고 볼 수 없을 것이므로, 상표권자는 상표권에 기하여 그 침해의 금지나 침해행위를 조성한 물건의 폐기 등을 청구할 수 없다고 봄이 상당하다고 할 것이다.

ii) 매장 내의 내부 간판이나 표식은 외부 간판과 달리 독립적인 영업표지로서의 기능이 희박하고, 오히려 고객으로 하여금 업자가 전시한 상품의 위치를 쉽게 발견하게 하며 상품의 판매를 촉진하는 차원에서 표장을 사용한 것으로 볼 수 있으므로, 이는 특별한 사정이 없는 한 병행수입업자의 진정상품 판매에 수반되는 행위로서 허용된다. 또한, 포장지 및 쇼핑백은 진정상품의 판매에 부수되어 무상으로 제공되는 물품으로서 여기에 등록상표와 동일·유사한 표지를 도안으로 넣었다고 하여 이를 병행수입업자의 영업표지라 단정하기 어렵고, 고객의 입장에서도 이로 인하여 영업주체에 혼동을 가져올 우려는 없으므로, 이들을 매장에서 사용하는 행위 역시 병행수입업자에게 허용되는 판매에 필연적으로 수반되는 행위로서 위법성이 없다.

끝으로 매장의 벽에 부착되거나 각종 잡지에 게재되는 선전광고물은, 오늘날 상품의 판매에 필연적으로 수반되는 촉진수단이 광고라는 점을 감안할 때 진정상품을 판매하는 업자가 이를 광고하는 것 자체는 허용하여야 하고, 또 광고물에 진정상품의 표지인 상표를 기재하는 것은 어떤 상품이 판매되는가를 명백히 함으로써 상품명을 쉽게 부각시킬 수 있는 효과적 광고방법이며, 나아가 피고의 선전광고물에 병행수입업자의 매장이 마치 대리점인 것처럼 오인하게 할 수 있는 방식의 상표 기재가 있었다고 보기 어렵다.

iii) 병행수입업자가 적극적으로 상표권자의 상표를 사용하여 광고·선전행위를 한 것이 실질적으로 상표권 침해의 위법성이 있다고 볼 수 없어 상표권 침해가 성립되지 아니한다고 하더라도, 그 사용태양 등에 비추어 영업표지로서의 기능을 갖은 경우에는 일반 수요자들로 하여금 병행수입업자가 외국 본사의 국내 공인 대리점 등으로 오인하게 할 우려가 있으므로, 이러한 사용행위는 부정경쟁방지법 제2조 제1호 (나)목 소정의 영업주체혼동행위에 해당되어 허용될 수 없다고 볼 것이다.

② 오늘날 국제적인 추세는 상표권에 관한 속지주의의 예외를 인정하여 정한 조건하에서 진정상품의 병행수입을 대부분 허용하고 있고, 우리나라의 경우에도 1995.11.3. 관세청고시 제1995-943호「지적재산권보호를 위한 수출입통관사무처리규정」을 통하여 국내외 상표권자가 동일인이거나 계열회사 관계, 수입대리점 등이 있어 동일인으로 볼 수 있는 경우 등에는 진정상품의 병행수입을 허용하도록 하고 있고, 통산산업부고시 제1996-62호「지적재산권관련 불공정수출입행위의 유형」및 공정거래위

한편, 국내에서 정당한 권리자에 의하여 제조되고 판매된 상품은 그에 따른 권리는 특허권이거나 상표권이거나를 불문하고 소진되기 때문에 그 상품을 구입한 자가 일정한 이윤을 붙여 재판매하거나 일반 수요자가 그 제품의 용도에 맞게 사용하더라도 권리침해문제가 발생하지 않는 것으로 해석함이 일반적이다. 그러나 국내에서 제조되지 않고 외국에서 제조·판매된 것이 제3자에 의한 수입이 있을 경우에는 이론적·법적 뿐만 아니라 산업발전적 측면에서 그 수입의 허용여부와 관련하여 견해가 분분하다. 무역관련 지적재산권에 관한 협정(TRIPs) 제6조에서는 "이 협정의 어떠한 규정도 지적재산권의 소진문제를 다루기 위하여 사용되지 아니한다"고 규정함으로써 권리의 소진문제를 각국이 자유롭게 결정할 수 있게 하고 있다.

2) 금지론·찬성론

(1) 병행수입금지론

병행수입의 금지론에 따르면 파리협약에 의하여 동맹국 어느 1국에서 정당하게 등록된 상표는 다른 국가에서 등록된 상표와 독립적인 것으로 간주되므로 수입국의 독점적 상표사용권자의 허락 없이 동일한 상표가 부착된 상품을 수입하는 것은 상표권의 침해라고 본다. 또한 병행수입자는 상표사용권자의 광고 및 투자, 서비스 체제에 편승함으로써 부당한 이득을 취할 수 있으며, 상표사용권제도도 무의미해 진다고 주장한다.

(2) 병행수입허용론

병행수입의 허용론은 권리소진의 범위를 국제적으로 확대하여 일단 적법하게 유통된 상품은 국내외를 막론하고 상표권이 소진되었다고 본다. 또한 병행수입이 상표의 출처표시기능을 해치지 않고 공중에게 오인·혼동을 생기게 할 위험성이 없으므로 이를 금지시킬 이유가 없으며 또한 외국기업의 독점이윤 창출을 위한 시장통제에 대항하여 가격경쟁을 유발할 수 있고, 소비자 선택의 폭을 넓혀 소비자의 잉여를 증대시킬 수 있다고 한다.

우리나라 상표법상 병행수입 허용을 인정할 구체적 법적근거는 찾아보기 어렵다 하겠으나 판례는 상표의 본질적 기능인 상품출처표시기능, 품질보증기능 및 수요자 이익보호라는 이유를 들어 병행수입을 허용하는 입장이다.

원회 1997.7.15. 고시 「병행수입에 있어서의 불공정거래행위 유형에 관한 고시」 등을 통하여 부당하게 병행수입을 저지하는 행위를 불공정거래행위의 하나로 규정하고 있으므로 진정상품을 병행수입하여 이를 판매하는 행위 그 자체는 상표권자나 전용사용권자의 상표권을 침해하는 행위가 되지 않는 것으로 해석된다(서울지법 1998.5.29. 선고 97가합32678 판결).

3) 관세청고시

관세청의 「지적재산권보호를 위한 수출입통관사무처리에 관한 고시」(2001.5.14. 관세청 고시 제2001-23호)에 따르면, ⅰ) 국내외 상표권자가 동일인이거나 계열회사 관계의 경우, ⅱ) 수입대리점 관계 등 동일인으로 볼 수 있는 관계가 있는 경우, ⅲ) 외국의 상표권자와 동일인 관계에 있는 국내 상표권자로부터 전용사용권을 설정 받은 경우에는 제3자에 의한 진정상품의 병행수입은 상표권을 침해하지 않는 것으로 보아 상품수입을 허용하고 있다. 다만, 국내 전용사용권자가 당해 상표가 부착된 물품을 제조·판매만 하는 경우에는 국내 전용사용권자와 외국의 상표권자가 동일인 관계에 있는 경우를 제외하고 상표권을 침해한 것으로 본다.

4) 공정거래위원회 고시

공정거래위원회의 「병행수입에 있어서의 불공정거래행위의 유형고시」(1998.12.31. 제1998-18호)에서는 관세청 고시의 위반을 전제로 진정상품의 구입방해, 병행수입품의 취급제한 등을 불공정거래의 유형으로 규정하고 있다.

6. 도메인 네임의 경우

도메인 네임의 사용이 상표로서의 사용으로 볼 수 있는지에 대하여 이를 긍정하는 판례와 부정하는 판례가 있으나 부정하는 판례가 다수이며, 대부분의 판례는 도메인네임 사용과 관련하여서는 부정경쟁방지법에서 다루고 있다.[12]

---

12 〈인정한 판례〉
　　① 도메인 이름의 등록사용을 상표법 제2조 제1항 제6호(다)목의 '상표를 간판 또는 표찰에 표시하고 전시 또는 반포하는 행위로서 '상표의 사용'에 해당한다는 취지의 판례로는 서울 지방법원 2000.11.14. 2000고단5178 상표법 위반(형사, himart.co.kr 사건); 서울지방법원동부지원 2002.1.10. 2000가합 16709 도메인 이름 사용금지 등(altavista.co.kr; alta.co.kr 사건); 서울지방법북부지원 2001.7. 6. 2001가합1397 서비스표권 등 침해금지(amazon.ne.kr 사건) 등이 있다.
　　② 도메인네임이 단순히 인터넷상의 주소를 알려 줄 뿐일 때에는 비록 타인의 상표나 서비스표를 도메인 네임으로 사용하더라도 상표법상 상표 및 서비스표의 사용으로 볼 수 없다 할 것이나, 도메인네임이 인터넷상의 주소를 나타낼 뿐만 아니라 그 인터넷 사이트가 제공하는 상품이나 서비스의 출처와 품질을 나타내 주고 자신의 상품 또는 서비스업에 대하여 광고, 선전하는 기능까지 하는 경우에는 그 도메인 네임의 사용은 상표법상 상표 및 서비스표의 사용에 해당한다 할 것이다. 피고가 등록한 도메인네임 "chanel.co.kr"과 그 홈페이지에 사용하고 있는 "샤넬 인터내셔널" 및 "Chanel International"은 원고 샤넬이 등록한 위 상표 및 서비스표와 동일하거나 그 요부에 있어서 동일하고, 그 홈페이지에 게시하여 통신판매하는 상품목록 중에는 여성용 속옷이나 향수 등이 포함되어 있어 원고 샤넬이 등록한

상표들의 지정상품과 동일하거나 유사하고, 그러한 제품에 대한 통신판매업은 원고 샤넬이 등록한 지정서비스업(의류, 화장품, 향수류 판매대행업)과 유사한 사실을 인정할 수 있다.

나아가 피고가 원고의 등록상표와 서비스표를 도메인네임이나 홈페이지에 사용하는 것이 상표법상 상표 및 서비스표의 사용에 해당하는지 여부에 관하여 보건대, 피고가 통신판매하기 위하여 설정한 도메인네임과 그 홈페이지에 원고의 상표와 서비스표가 포함되어 있고 특히 이 사건에서와 같이 도메인네임에 주된 상표와 서비스표가 포함되어 있는 경우에는 소비자들이 도메인네임을 통하여 홈페이지와 접속하게 되고, 그 홈페이지에 주된 상표의 지정상품과 유사한 상품이 전시, 광고되고 있을 때에는 위 도메인네임은 상표 및 서비스표와 동일한 기능을 한다고 할 것이다. 따라서, 원고 샤넬의 상표 및 서비스표를 피고의 도메인네임 및 홈페이지에 사용하여 상표의 지정상품과 유사한 상품을 전시, 광고하고 이를 판매하는 행위는 상표법 제2조 제1항 6호 다목의 상표는 서비스표를 간판 또는 표찰에 표시하고 전시 또는 반포하는 행위에 해당하여 "상표 및 서비스표의 사용"에 해당한다고 할 것이다(서울고법 2000.11.15. 선고 99나61196 판결).

〈부정한 판례 1〉(대법원 2004.5.14. 원고 2002다13782 판결)

① 도메인 이름은 원래 인터넷상에 서로 연결되어 존재하는 컴퓨터 및 통신장비가 인식하도록 만들어진 인터넷 프로토콜 주소(IP 주소)를 사람들이 인식·기억하기 쉽도록 숫자·문자·기호 또는 이들을 결합하여 만든 것으로, 상품이나 영업의 표지로서 사용할 목적으로 한 것이 아니었으므로, 특정한 도메인 이름으로 웹사이트를 개설하여 제품을 판매하는 영업을 하면서 그 웹사이트에서 취급하는 제품에 독자적인 상표를 부착·사용하고 있는 경우에는 특단의 사정이 없는 한 그 도메인 이름이 일반인들을 그 도메인 이름으로 운영하는 웹사이트로 유인하는 역할을 한다고 하더라도, 도메인 이름 자체가 곧바로 상품의 출처표시로서 기능한다고 할 수는 없는 것인데, 피고들이 이 사건에 도메인 이름으로 개설한 웹사이트에서 판매하고 있는 제품에는 별도의 상품표지가 부착되어 있고, 그 제품을 판매하는 웹페이지의 내용에서는 이 사건 도메인 이름이 별도의 상품표지로서 사용되고 있지 않으며, 달리 이 사건 도메인 이름이 피고들이 판매하는 상품의 출처표시로 인식된다고 볼 만한 사정도 없으므로, 이 사건 도메인 이름이 피고들이 취급하는 상품의 출처표시로서 기능하다고 할 수도 없다.

② 기록에 의하면, 피고들이 이 사건 도메인 이름으로 개설한 웹사이트에서 생칡즙, 재첩국, 건강보조식품 등을 인터넷상으로 판매하는 행위를 한 것은, 원고들의 저명상표와 유사한 표지를 영업표지로 사용한 것에 해당하고, 이처럼 피고들이 위 상표들을 영업표지로 사용함에 의하여 위 상표들의 상품표지로서 출처표시기능을 손상하였다고 할 것이며, 원심 또한 피고들이 이 사건 도메인 이름을 사용하여 생칡즙 판매 등의 영업을 한 것을 식별력 손상행위 중의 하나로 들고 있으므로, 피고들의 행위가 위 법률 제2조 제1호(다)목의 부정경쟁행위에 해당한다고 본 원심은 그 결론에 있어서 정당하다.

③ 피고들이 도메인 이름을 사용한 것이 식별력 손상의 부정경쟁행위에 해당하는 이상, 그 부정경쟁행위의 금지 또는 예방을 위한 유효·적절한 수단은 그 도메인 이름의 등록말소이므로(원심 변론종결 후인 2004.1.20. 법률 제7095호로 개정 공포된 부정경쟁방지 및 영업비밀보호에 관한법률은 제4조 제2항의 '제거 기타'를 '제거, 부정경쟁행위의 대상이 된 도메인 이름의 등록말소 그 밖에'로 개정함으로써 분명하게 하고 있다.) 이 사건 도메인 이름의 일부로 사용된 'viagra' 상표의 보유자인 원고 화이자 프로 덕츠 인크는 자신의 명의로 '.kr' 도메인 이름을 등록할 적격이 있는지 여부에 관계없이 이 사건 도메인 이름의 등록말소청구를 할 수 있다.

〈부정한 판례 2〉(대법원 2004.2.13. 선고 2001라57709 판결)

① 도메인 이름의 요부가 저명한 등록상표와 동일하기는 하나, 상표법에서 규정하는 상표권 침해행위가 되기 위해서는 타인의 등록상표와 동일한 상표를 그 지정상품과 유사한 상품에 사용하거나 타인

7. 재활용 상품에 사용하는 경우

생산된 상품이 판매되어 사용된 후 다시 그 상품을 수집하여 이를 가공하거나 수선하여 상표를 표시하여 판매한 경우 상품의 사용인지 의문이 있으나 상표의 사용으로서 봄이 타당하다. 13

의 등록상표와 유사한 상표를 그 지정상품과 동일 또는 유사한 상품에 사용하는 행위가 있어야 하는데, 위 도메인 이름하에 운용되는 웹사이트에서 등록상표권의 지정상품과 동일 또는 유사한 상품을 취급하거나, 등록서비스표의 지정서비스업과 동일·유사한 영업을 취급한 사실이 전혀 없다면 위 웹사이트를 통해 등록상표권을 침해하였거나 침해할 우려가 있다고 볼 수 없고, 등록상표와 동일한 이름을 도메인 이름으로 사용한 것만으로는 상표법 제66조에서 규정하는 상표권 침해 행위에 해당한다고 보기 어렵다.

② 부정경쟁방지및영업비밀보호에관한법률 제2조 제1호 (가)목의 상품주체 혼동행위에 해당하는 표지의 사용은 '상품에 관련된 일체의 사용행위'를, 같은 호 (나)목의 영업주체 혼동행위에 해당하는 표지의 사용은 '영업에 관련된 일체의 사용행위'를, 비상업적 사용을 그 적용대상에서 제외하고 있는 같은 호 (다)목의 식별력이나 명성 손상행위에 해당하는 표지의 사용은 '상업적 사용'을, 각 의미하는 것으로 해석하여야 할 것이고, 도메인 이름의 양도에 대한 대가로 금원 등을 요구하는 행위는 도메인 이름을 상품 또는 영업임을 표시하는 표지로 사용한 것이라고는 할 수 없어서, 같은 법 제2조 제1호 (가)목, (나)목의 혼동행위나 같은 호 (다)목 소정의 식별력 또는 명성의 손상행위에 해당하지 아니한다.

13 특별한 사정이 없는 한 상표권자 등이 국내에서 등록상표가 표시된 상품을 양도한 경우에는 당해 상품에 대한 상표권은 그 목적을 달성한 것으로서 소진되고, 그로써 상표권의 효력은 당해 상품을 사용, 양도 또는 대여한 행위 등에는 미치지 않는다고 할 것이나, 원래의 상품과의 동일성을 해할 정도의 가공이나 수선을 하는 경우에는 실질적으로 생산행위를 하는 것과 마찬가지이므로 이러한 경우에는 상표권자의 권리를 침해하는 것으로 보아야 할 것이다. 그리고 동일성을 해할 정도의 가공이나 수선으로서 생산행위에 해당하는가의 여부는 당해 상품의 객관적인 성질, 및 상표법의 규정취지와 상표의 기능 등을 종합하여 판단하여야 할 것이다.

피고인은 후지필름에서 생산되었다가 사용 후 회수된 1회용 카메라 몸체의 렌즈둘레와 플래시 부분에 위와 같이 'FUJIFILM'이라는 상표가 새겨져 있음을 알면서도 이를 제거하거나 가리지 아니한 상태에서(일부 제품에는 렌즈 좌측부분의 상표만을 가림) 그 몸체 부분을 'Miracle'이라는 상표가 기재된 포장지로 감싼 후 새로운 1회용 카메라를 생산하여 이를 판매한 사실, 'Miracle'라는 의미는 '기적, 불가사의한(놀랄만한) 사물'을 나타내는 말로 그 자체로 상품의 출처를 나타내는 기능은 없고, 그것이 주지 저명한 것도 아니어서 피고인의 상품임을 나타낸다고 볼 수도 없는 사실을 인정할 수 있는바, 사정이 이와 같다면, 비록 'Miracle'이라는 상표를 별도로 표시하였다거나 'FUJIFILM'이라는 상표가 'Miracle'이라는 상표보다 작거나 색상면에서 식별이 용이하지 아니하다고 할지라도 피고인은 그가 제작·판매하는 이 사건 1회용 카메라는 후지필름에서 생산되는 'Quicksnap'과 마찬가지로 후지필름에서 생산되는 상품의 일종인 'Miracle'이라고 혼동할 염려가 있고 이는 상품주체의 혼동을 야기하는 행위라고 할 것이므로, 같은 취지에서 피고인이 이 사건 등록상표를 침해하고 혼동을 일으키게 하였다고 본 원심의 판단은 그 이유 설시에 다소 미흡한 점은 있으나 결론에 있어서 정당하다(대법원 2003.4.11. 선고 2002도3445 판결, 상표법, 부정경쟁법위반).

8. 상표 · 서비스표 · 상호간의 관계

상표의 사용과 서비스표의 사용은 그 경계가 불분명한 경우가 있어 이를 구분하기가 쉽지 않다.

상표의 사용은 자동차, 컴퓨터 등 상품에 상표를 표시하여 사용하는 것을 말하며 서비스표의 사용은 금융, 컨설팅 등 시장에서 거래될 수 없는 상품인 서비스업에 표시하여 사용하는 것을 말한다. 그러나 실제에서는 상품과 서비스업의 경계가 모호하여 그와 같은 사용이 상품에 사용하는 것인지 서비스업에 사용하는지 여부가 명확치 않은 경우가 있다. 시장에서 거래되는 유·무형의 상품에 상표를 표시하거나 이와 관련한 선전광고를 하는 것은 상표의 사용이라 하겠으나 보험, 금융, A/S, 판매대행 등(판매대행 등)과 관련하여 표시하거나 선전·광고하는 것은 서비스표의 사용이라 할 것이다.

한편, 상호의 경우도 그 본질상 상표 또는 서비스표와 경계가 모호하거나 또는 중첩되어 이를 명확히 구별하는 것은 매우 어렵다 하겠다. 상품의 포장지 등에 제조원표시 즉 영업주체로서 사용하는 경우에는 상호의 사용이라 할 수 있는데 이는 동시에 상표법상 상품이나 서비스업의 출처표시에도 해당하므로 상표 또는 서비스표의 사용으로 볼수도 있다.[14] 상표와 상호의 충돌과 관련하여 상표법은 제51조에서 조정장치를 마련하고 있는데, 부정경쟁방지법에서는 이에 관하여 특별히 규정하고 있지 아니하다. 그러므로 상법상 상호[15]와 부정경쟁 방지법상의 상호가 충돌하는 경우 이의 처리와 관

---

14   원고가 제조하여 국내에 수입된 피부용 치료제 연고의 명칭은 '아트스킨 AD 연고'라 할 것이고, 여기에 '資生堂'이라는 상표가 부가적으로라도 기재되어 있지 아니한 이상, 이 사건 등록상표가 원고의 상호의 일부로 구성되어 있고, 그 상품에 '제조원 주식회사 자생당'이라고 표시되어 있다 하더라도 이러한 표시는 법률의 규정에 의하여 의무적으로 표시하여야 하는 단순한 제조자의 표시에 불과하고 상표적 사용이라고 할 수 없으므로, 위와 같이 제조자의 상호가 표시된 제품을 국내에 수입한 것을 가지고 이 사건 등록상표와 동일한 상표를 사용한 것으로 볼 수는 없다. 제조원의 표시가 타인의 상품과 식별되도록 하기 위하여 상품 또는 상품의 포장 등에 표시하는 상표라고는 할 수 없으므로, 비록 제조원의 표시가 사실상의 출처표시기능을 하고 있다고 하더라도, 제조원의 표시가 바로 상표의 사용으로 되는 것은 아니라 할 것이다(특허법원 2004.9.16. 선고 2004허3225 판결).

15   ① 상법 제22조는 "타인이 등기한 상호는 동일한 특별시·광역시·시·군에서 동종 영업의 상호로 등기하지 못한다."고 규정하고 있는 바, 위 규정의 취지는 일정한 지역 범위 내에서 먼저 등기된 상호에 관한 일반 공중의 오인·혼동을 방지하여 이에 대한 신뢰를 보호함과 아울러, 상호를 먼저 등기한 자가 그 상호를 타인의 상호와 구별하고자 하는 이익을 보호하는 데 있고, 한편 비송사건절차법 제164조에서 "상호의 등기는 동일한 특별시·광역시·시 또는 군 내에서는 동일한 영업을 위하여 타인이 등기한 것과 확연히 구별할 수 있는 것이 아니면 이를 할 수 없다."고 규정하여 먼저 등기된 상호가 상호등기에 관한 절차에서 갖는 효력에 관한 규정을 마련하고 있으므로, 상법 제22조의 규정은 동일한 특별시·광역시·시 또는 군 내에서는 동일한 영업을 위하여 타인이 등기한 상호 또는 그와 확연히 구별할 수 없는 상호의 등기를 금지하는 효력과 함께 그와 같은 상호가 등기된 경우에는 선등기자가 후등

런하여 의문이 제기되고 있다.

---

　② 이와 같이 일정한 지역 범위 내에서 먼저 등기된 상호에 관한 일반 공중의 오인·혼동을 방지하고자 타인이 등기한 상호와 동일하지 않고 확연히 구별할 수 있는 상호가 아니면 동일한 특별시·광역시·시 또는 군 내에서는 동일한 영업을 위하여 등기하지 못하게 하고 있지만(상법 제22조 및 비송사건절차법 제164조), 다른 한편, 상호는 상인이 영업상 자신을 표시하기 위하여 사용하는 명칭으로서, 상인은 그 성명 기타의 명칭으로 상호를 자유롭게 정할 수 있기 때문에(상법 제18조), 먼저 등기된 상호에 관한 공중의 신뢰와 등기된 상호를 타인의 상호와 구별하고자 하는 이익 못지않게 상인이 자유롭게 상호를 선택할 수 있는 이익도 존중되어야 할 것인데, 상법 제22조가 "타인이 등기한 상호"라고 규정하여 상호등기말소의 대상이 되는 후등기된 상호는 선등기된 상호와 동일한 상호일 것을 원칙으로 하고 있고 누구든지 부정한 목적으로 타인의 영업으로 오인할 수 있는 상호를 사용하지 못하게 함으로써(상법 제23조 제1항) 상호에 관한 일반 공중의 오인·혼동을 방지하기 위한 장치를 추가로 마련해 두고 있는 점 등에 비추어 볼 때, 상법 제22조가 규정한 "타인이 등기한 상호"는 후등기된 상호가 선등기된 상호와 동일하여야 하고, 동일하지 않다 하더라도 유사한 단계를 넘어서서 거의 동일하여 확연히 구별할 수 없는 정도에 이르러야 할 것이다(서울고등법원 2010.1.20. 선고 2008나89356 판결 상호말소등기절차이행).

제2편 상표등록요건

제1장 상표등록요건

일 러 두 기 이론적으로 상표등록의 요건을 적극적 요건과 소극적 요건으로 나누거나 또는 법 제6조 규정사항을 상표등록요건으로, 법 제7조에 규정한 사항을 상표의 부등록사유로 구별하기도 한다.

여기서는 법 제6조에서 규정한 사항을 말하는데 이 부분은 상표법 전체적으로 볼 때 매우 중요한 부분이므로 그 개념과 실무상 어떻게 판단 적용되는가를 잘 알아둘 필요가 있다. 법 제51조(상표권의 효력이 미치지 않는 범위)와도 관련하여 알아두는 것이 필요하다.

I. 서 언

1. 의 의

상표는 자기의 상품을 타인의 상품과 식별시키기 위하여 사용하는 것이므로 자타상품의 식별력을 갖추지 않으면 안 되는데 상표법은 이와 같이 자타상품의 식별력이 없다고 인정되는 상표에 대하여 법 제6조 제1항 각 호에서 규정하고 있다.

그러므로 상표등록을 받기 위해서는 무엇보다도 먼저 상표법 제6조 제1항 각 호에서 규정한 상표에 해당하지 않아야 하는데, 이러한 자타상품의 식별력이 없는 상표는 상표의 본질적 기능인 자타상품의 식별기능이나 상품출처표시기능을 수행하지 못하기 때문에 그 등록이 배제되는 것이다.

상표법 제6조 제1항 각 호가 예시적 규정인지 제한열거적 규정인지에 대하여 견해가 대립되고 있으나 예시적 규정으로 해석함이 일반적이다. 그러나 여기서의 예시적이라는 의미는 제6조 제1항 각 호에서 열거하고 있는 사항들이 예시적이라는 의미이며 각 호에서 규정하고 있는 이외의 사항에 대하여도 본 항을 이유로 거절할 수 있다는 의미는 아니다. 그러므로 특정의 상표가 제6조 제1항 제1호 내지 제7호 어느 하나에 해당하지 않는 경우에는 본 규정을 적용하여 거절할 수 없다 할 것이다.[1]

---

1   따라서 상표가 지정상품의 보통명칭에 해당하는 경우에는 제1호를, 관용표장의 경우에는 제2호를, 성질표시적 표장(지정상품의 산지품질, 원재료 효능 등)의 경우에는 제3호를 적용하는 등 1호 내지 제6호 각각의 규정을 적용하지만 제1호 내지 제6호에서 열거한 사유 에는 해당하지 않지만 식별력을 인

2. 제도적 취지

상표는 본래 상품을 생산·가공 또는 판매하는 자가 자기의 상품과 타인의 상품을 구별하기 위하여 사용하는 식별표지이므로 그 표지를 상품에 표시하였을 때 타인의 상품과 구별할 수 있어야 한다. 그러므로 상표법은 상표등록의 제1요건으로서 식별력에 관하여 제6조에서 규정하고 있는데, 식별력이 결여된 상표에 대하여는 그 등록을 불허토록 함으로써 그의 사용을 사회일반에 개방하고 있는 것이며, 어떠한 상표가 이에 해당하는 지를 분명히 하기 위하여 상표법 제6조 제1항 각 호에서 명시적으로 규정하고 있는 것이다.

II. 상표등록요건

1. 보통명칭(법 제6조 제1항 제1호)

1) 의 의

(1) 개 념

보통명칭이라 함은 일반적으로 그 상품을 취급하는 거래사회에서 그 명칭이 특정상품을 지칭하는 것으로 인식되고 사용되는 명칭을 말한다.

보통명칭은 이와 같이 당해 상품이 속하는 거래사회에서 그 상품을 지칭하는 것으로 인식되고 사용되는 명칭으로서 자타상품의 식별력이 없는 것이므로 상표법은 이러한 보통명칭에 대하여는 그 등록을 배제하고 있으며 등록된 경우라 하더라도 그 효력이 제한될 뿐만 아니라 등록무효가 된다.

상품의 일반명칭은 물론 약칭, 속칭 등도 그것이 그 상품을 취급하고 판매하는 거래사회에서 보통명칭으로 인식되고 사용하는 경우에는 모두 보통명칭에 해당된다.

(2) 상품명칭과의 구별

일반적으로 상품명칭이라 함은 상품의 일반적인 명칭을 말하는 것으로서 사전류 등에서 처음부터 일반상품명칭으로 정의된 것이거나 또는 사용의 결과 상품의 일반명칭으로 정의된 것을 말하며 실제 거래사회에서 사용되고 안 되고 여부를 불문한다.

정키 어려운 상표의 경우에는 제1호 내지 제6호를 적용하지 아니하고 제7호를 적용하여야 한다.

그러나 상표법상 보통명칭은 수요자들이 그러한 명칭을 특정의 상품을 지칭하는 것으로 인식하고 사용되는 것을 의미하며 비록 사전적 의미에서 상품의 일반명칭이라 하더라도 거래사회에서 수요자 간에 보통명칭으로 인식되고 사용되지 않는다면 그것은 보통명칭이라 할 수 없다.

(3) 관용표장과의 구별

관용표장은 동종업자들 사이에서 특정종류의 상품에 관용적으로 쓰이는 표장을 말한다. 관용표장은 원래는 특정인의 등록상표 또는 주지 · 저명상표로서 식별력을 가지고 있었으나 동종상품에 대하여 동업자들 사이에 관용적으로 자유롭게 사용된 결과 자타상품의 식별력을 잃게 된 경우가 대부분이다.

보통명칭과 관용표장이 다른 점은 보통명칭은 거래사회에서 동종업자 간은 물론 일반 수요자 간에 널리 보통명칭으로 사용되는 것임에 비하여 관용표장은 동종업자 간에 자유스럽게 사용되는 표장이라는 점에서 본질적 차이가 있다 하겠다. 그리고 보통명칭의 경우에는 처음부터 보통명칭 또는 일반상품의 명칭인 경우가 대부분이라 하겠으나 관용표장은 처음에는 특정인의 상표였던 것이 상표관리의 소홀로 인하여 관용표장화된 경우가 대부분이다. 그러나 이러한 구별이 보통명칭과 관용표장을 엄격히 구별하는 기준이 될 수는 없다 하겠으며 관용표장이라도 거래사회에서 보통명칭으로 사용하는 경우에는 보통명칭이라 할 수 있는데, 이럴 경우 그 표장은 관용표장에도 해당되고, 보통명칭에도 해당된다.

그 외에 관용표장은 상품을 지칭하는 보통명칭으로 사용되는 외에 부기어(附記語)로 사용되는 경우도 있으며 그 구성도 보통명칭은 문자로만 구성되는데 반하여 관용표장은 문자 · 도형 · 기호등으로 구성된다는 점에서 차이가 있다.

2) 보통명칭의 태양

(1) 당초부터 보통명칭인 경우

이는 비누, 치약, 전화기, 사과 등과 같이 처음부터 그 상품의 보통명칭으로 된 경우를 말한다.[2]

---

2   ① COPYER는 복사기의 보통명칭이다(대법원 1987.4.28. 선고 86후63 판결).
　　 ② '콘치프'는 영문자인 'CORN CHIP'를 국문자로 표기한 것으로서 일종의 스넥식품에 대한 보통명칭에 해당한다(대법원 1989.4.25. 선고 88후455, 462 판결).

(2) 사용에 의하여 보통명칭이 된 경우

이는 당초에는 특정인의 상표이거나 식별력이 있는 등 상품의 보통명칭이 아니었으나 거래사회에서 수요자나 거래자 간에 다년간 사용된 결과 보통명칭으로 된 경우를 말한다. 과자에 있어서 호두과자, 약품에 있어서 정로환 구향제(口香劑)의 일종인 인단(仁丹)은 사용에 의하여 보통명칭이 된 경우이다.[3]

3) 그 상품의 보통명칭만으로 된 상표의 의미

(1) 그 상품

'그 상품'이라 함은 당해 상표를 사용할 상품을 말한다. 따라서 상표를 사용할 상품에 따라 보통명칭여부의 판단도 달라지므로 특정의 상표가 어떤 상품과 관련하여서는 보통명칭에 해당하는 경우에도 다른 상품과 관련해서는 보통명칭에 해당하지 않게 된다.

예컨대, 표장 '애플(apple)'이 '사과' 또는 '과일'과 관련하여서는 상품의 보통명칭에 해당한다고 할 수 있으나 '전자제품'이나 '휴대폰'과 관련하여서는 보통명칭이라고 할 수 없다.

(2) 보통명칭

'보통명칭'이라 함은 거래사회에서 일반 수요자간에 특정상품과 관련하여 그 지정상품을 지칭하는 것으로 불리는 명칭을 말하는데, 그 명칭이 당해 상품의 관련업계에서 생산자나 판매자, 수요자들 사이에서 당해상품을 지칭하는 것으로 인식되고 사용되는 명칭이어야 한다.[4] 따라서 보통 명칭인지 여부는 단순히 그 명칭이 상품의 일반명칭이

3 　① 이 사건 기록에 의하면 인용상표 JEEP의 희석화를 방지하기 위한 심판청구인의 노력에도 불구하고 우리나라의 일반 수요자 사이에는 지프가 상표로서 인식되고 있다고 하기보다는 박스형의 소형자동차를 지칭하는 보통명칭으로 인식되고 있음을 인정할 수 있고(대법원 1997.5.10. 선고 76다1721 판결 참조), 이와 같은 취지인 원심의 판단은 옳다(대법원 1992.11.10. 선고 92후414 판결).

　② '정로환'은 냄새가 고약한 위장약의 보통명칭이다(대법원 1977.5.10. 선고 76후32 및 1993.1.19. 선고 92후827 판결).

　③ '인단(仁丹)'은 구향제의 일종을 지칭하는 것으로 보통명사화 되었다(대법원 1990.1.23. 선고 88후493 판결).

　④ 호마이카(FORMICA)는 가구, 농 등의 목재류에 투명한 플라스틱으로 만든 적층판을 뜻하는 보통명칭이다(대법원 1963.9.5. 선고 63후13, 1987.7.7. 선고 86후93 판결).

　⑤ '초코파이'는 상품의 보통명칭 내지 관용하는 상표에 해당한다(특허법원 1999.7.8. 선고 99허208 판결 2001.6.12. 선고 99후2310 판결).

4 　어느 상표가 상품의 보통명사화 내지 관용화하는 상표화 되었는가의 여부는 그 나라에 있어서의 당해 상품의 거래실정에 따라서 이를 결정하여야 하고(대법원 1973.11.13. 선고 70후72 판결, 1987.2.10.

거나 사전이나 잡지, 기술문헌 등에 상품의 명칭으로 기재되어 있다거나[5] 일반 수요자가 보통명칭으로 인식하거나 인식할 염려가 있다는 것만으로는 부족하고 국내 일반거래사회에서 현실적으로 보통명칭으로 사용되고 있는 명칭이어야 하는데, 약칭·속칭·애칭 등도 이들이 거래사회에서 특정상품을 지칭하는 것으로 인식되고 사용되는 경우에는 보통명칭에 해당한다.[6] 한편 보통명칭인지 여부는 상품과 관련하여 판단되어지는 것이므로 어떠한 상표가 특정의 상품에 대하여는 그것이 보통명칭에 해당하는 것이라 하더라도 다른 상품과 관련하여서는 그 명칭이 반드시 보통명칭에 해당된다고 볼 수 없다. 상표법상 보통명칭은 상품의 명칭과는 구별되는 것으로서 상품의 일반적인 명칭이라 하여 이들 모두가 보통명칭에 해당되는 것은 아니다.[7]

(3) 보통으로 사용하는 방법으로 표시한 표장

'보통으로 사용하는 방법으로 표시한 표장'이라 함은 당해 상품의 보통명칭을 단순히 한글·한자 또는 영문자의 인쇄체·필기체로 표시하여 구성된 표장을 말한다. 그러므로 보통명칭이라도 그것을 도형화하였거나 특수한 서체로 표기한 경우 등 특수한 형태로 표시함으로써 보통명칭으로 인식되지 않고 식별력이 인정되는 경우에는 본 호에 해당되지 않는다.[8]

선고 85후94 판결 참조) 어떤 명칭이 상표법상의 보통명칭이 되기 위해서는 단지 일반 소비자가 이를 보통명칭으로 인식할 우려가 있다는 것만으로는 부족하고, 나아가 거래 계에서 그 명칭이 특정의 상품의 일반명칭으로서 현실적으로 사용되고 있는 사실이 인정될 수 있는 경우에라야 이를 보통명칭이라고 할 수 있을 것이다(대법원 1987.2.24. 선고 86후42 판결 및 1987.12.22. 선고 85후130 판결 등 참조).

5 원심은 본원상표가 우리 국내 또는 어느 지방에서 상품의 보통명사로서 사용되어 있거나 또는 상품의 품질, 효능 등으로 이해되고 있는지 여부에 대한 심리판단을 함이 없이 다만 본건 상표가 사전에 플라스틱유리라고 기재되어 있다는 이유만으로 본원상표가 보통명사화된 것이어서 특별현저성이 없다고 판단하여 심판청구인의 등록거절사정에 대한 불복항고심판을 배척한 원심의 조치는 심리미진, 이유불비의 위법이 있다(대법원 1973.11.13. 선고 70후72 판결).

6 상표법 제6조 제1항 제1호 소정의 '상품의 보통명칭'이란 그 지정상품을 취급하는 거래 계에서 당업자 또는 일반 수요자 사이에 일반적으로 그 상품을 지칭하는 것으로 실제로 사용되고 인식되어져 있는 일반적인 약칭, 속칭 기타의 명칭을 뜻한다(대법원 1997.2.28. 선고 96후979 판결, 1997.10.10. 선고 97후594 판결, 대법원 1997.2.28. 원고 96후 97오 판결 참조).

7 보통명칭이나 상품의 명칭이나 다 같이 상품을 지칭하는 명칭이기는 하나 상품명칭은 처음부터 상품의 명칭으로 된 것, 사전 등에서 상품의 명칭으로 기재한 것 등을 말하나(책, 책상, 집, 사과 등) 보통명칭은 특정의 상품의 명칭이 거래사회에서 수요자 간에 그 상품을 지칭하는 것으로 사용되거나, 특정인의 상표 등 당초에는 보통명칭이 아니었던 것이 당해거래사회에서 특정의 상품을 지칭하는 것으로 다년간 사용한 결과 보통명칭화된 것(호두과자, 나일론, 에스컬레이터 등), 상품의 명칭으로 사용하는 것을 말한다. 따라서 사전 등에서 상품의 명칭으로 기재한 경우라도 그것이 당해 거래사회에서 특정의 상품을 지칭하는 것으로 사용되지 않는 한 상표법상 보통명칭이라고 할 수는 없다.

(4) 만으로 된 상표

'만으로 된 상표'라 함은 상표가 보통명칭만으로 구성된 것을 말하며 보통명칭 이외에 다른 문자·기호나 도형을 결합하여 구성된 경우에도 상표구성 전체로 미루어 볼때 이들이 부수적 또는 보존적인것에 불과한 경우에는 보통명칭만으로 된 상표에 해당한다.[9]

보통명칭부분이 전체적인 상표의 구성으로 미루어 볼 때 부기적인 부분으로 인식되는 경우에는 다른 구성요소의 식별력여부에 따라 등록 또는 거절이 결정되며, 그 부기적인 보통명칭이 식별력이 있는 표장에 흡수되어 일체불가분을 구성하고 있을 때에는 식별력이 있는 것으로 본다(특허청 상표심사기준).

(5) 종자산업법에 의한 품종의 명칭으로 등록된 경우

종자산업법에 의하여 품종의 명칭으로 등록된 경우 보통명칭으로 볼 수 있는 지에 대하여 의문이 있으나 판례는 종자산업법에 의하여 품종명칭으로 등록된 표장은 등록이 됨과 동시에 그 품종의 상품에 대한 보통명칭에 해당된다고 하여 상표 '화랑'에 대하여 사과, 배, 사과묘목 등의 보통명칭에 해당된다고 판시한바 있으며,[10] 이와 같은 판례

---

8   ① *premiere*

② 기술적 문자상표가 도형화(도안화)되어 있어 일반인이 보통의 주의력을 가지고 있는 경우 전체적으로 보아 그 도형화된 정도가 일반인의 특별한 주의를 끌 정도로 이르러 문자의 기술적 또는 설명적인 의미를 직감할 수 없을 만큼 문자 인식력을 압도할 경우에는 특별한 식별력을 가진 것으로 보아야 하므로 이러한 경우에는 구상표법 제8조 제1항 제3호에서 정하는 '보통으로 사용하는 방법으로 표시하는' 표장이라고 볼 수 없다 할 것이다(대법원 1992.4.28. 선고 91후1618 판결, 1994.9.27. 선고 94후708 판결, 1997.2.28. 선고 96후986 판결, 1998.2.27. 선고 97후310 판결, 2000.2.25. 선고 98후1679 판결 등 참조).

기록에 의하여 살펴보면 일반 수요자가 이 사건 등록상표를 불어나 영어 또는 그 밖의 다른 나라의 문자를 도형화하여 표기한 것으로 인식할 수 있다고 하겠으나, 전체적으로 각 문자가 특정됨이 없이 연결되어 있고 또 도형화되어 있어 그 각 문자의 윤곽이 불분명하여 일반 수요자가 'Premiere'라는 불어 또는 영어단어를 표기한 것으로 직감할 수 없을 정도이어서 그 도형화의 정도가 일반인의 특별한 주의를 끌만큼 문자인식력을 압도한다고 보이므로, 이 사건 등록상표가 '보통으로 사용하는 방법으로 표시하는' 표장이라고 단정할 수는 없다 할 것이다(대법원 2000.2.25. 선고 98후1679 판결).

9   상표법 제8조 제1항 제3호에서 상품의 품질표시 등을 보통으로 사용하는 방법으로 표시한 표장만으로 된 상표는 등록할 수 없다고 규정한 것은 단지 상품의 품질표시의 표장만으로 된 상표는 물론이요 여기에 특별 현저성이 있는 즉 자타 상품의 식별력이 있는 문자, 기호, 도형 등이 결합되어 있다고 하더라도 이들이 부수적 또는 보조적인 것에 불과하다거나 또는 전체적으로 볼 때 품질표시의 상표로 인식된다면 이는 위 법조 소정의 품질표시 표장만으로 된 상표라고 보아야 할 것이다(대법원 1991.1.25. 선고 90후465 판결).

10   ① 상표법과 종자산업법은 그 보호의 대상과 방법을 달리하는 것이므로 종자산업법에 의하여 신품종의 명칭으로 등록되었다는 이유만으로 당연히 그 명칭이 보통명칭으로 되었다고 할 수는 없고 또한 일본 상표법 제4조 1항 14조의 규정과 같은 명문의 규정이 없는 우리 상표법제도 하에서는 종자산업법

의 취지에 따라 종자산업법에 의하여 특정상품의 품종명칭으로 등록된 경우에는 보통명칭에 해당하는 것으로 취급하고 있다.

이와 같은 판례는 종자산업법의 입법취지를 존중한 판결로서 종전의 판례와 입장을 달리한 판결이라 할 수 있는데, 이를 본 호에서 규정한 보통명칭에 해당하는 것으로 보기보다는 법 제6조 제1항 제7호에서 규정한 기타식별력이 없는 상표 또는 제7조 제1항 제4호에서 규정한 공서양속에 반하는 상표로 취급함이 보다 상표법의 취의에 부합하는 것이라 하겠다.

4) 보통명칭여부의 판단

(1) 판단시기

상표법상 어떠한 상표가 보통명칭에 해당되는지 여부는 상표등록여부결정 시를 기준으로 하여 판단한다. 따라서 상표등록출원 시에는 보통명칭에 해당되지 않는 것이라도 상표등록여부결정 시에 이에 해당하는 것은 상표법 제6조 제1항 제1호의 규정에 의거 거절되게 된다.

(2) 지 역

상표가 상품의 보통명칭에 해당되기 위해서는 그것이 국내에서 수요자와 거래자 간

에 의하여 등록된 품종명칭을 그 품종의 종묘 또는 이와 유사한 상품을 지정상품으로 한 상표로서 등록하는 것을 당연히 막을 수 있다고 할 수는 없다(특허법원 2003.5.15. 선고 2002후7650 판결).

②종자산업법에 의한 품종보호를 받기 위하여 출원하는 품종은 1개의 고유한 품종명칭을 가져야 하고(같은 법 제12조, 제26조, 제108조 제1항), 대한민국 또는 외국에 품종이 등록되어 있거나 품종명칭 등록출원이 되어 있는 경우에는 그 품종명칭을 사용하여야 하며(같은 법 제108조 제2항), 품종명칭의 등록출원일보다 먼저 상표법에 의한 등록출원 중에 있거나 등록된 상표와 동일 또는 유사하여 오인 또는 혼동할 우려가 있는 품종명칭은 등록을 받을 수 없고(같은 법 제109조 제9호), 품종명칭이 등록된 경우 누구든지 등록된 타인의 품종의 품종명칭을 도용하여 종자를 판매·보급·수출 또는 수입할 수 없고, 품종명칭등록원부에 등록되지 아니한 품종명칭을 사용하여 종자를 판매 또는 보급할 수 없으며, 품종명칭등록출원인 또는 그 품종의 승계인은 등록된 품종명칭을 사용하는 경우에 상표명칭 등을 함께 사용할 수 있는 바(같은 법 제112조), 위 규정의 내용에 따르면 같은 법 소정의 품종보호의 대상이 된 품종을 상품으로서 거래하는 경우에 거래계에서는 그 상품에 관하여 등록된 품종명칭 외의 다른 명칭으로 그 상품을 지칭할 수는 없고, 품종명칭으로 등록된 표장을 그 품종의 보통명칭으로 보지 않는다면, 누구든지 그 표장을 그 품종의 상표로 별도로 등록할 수 있게 되어, 등록상표와 품종명칭의 오인·혼동을 방지하려는 종자산업법 제108조 제1항 제9호의 취지에 위배되는 결과를 가져오게 되어 부당하므로, 같은 법에 의하여 품종의 명칭으로 등록된 표장은 등록이 됨과 동시에 그 품종을 대상으로 하는 상품에 대하여 상표법 제6조 제1항 제1호의 보통명칭으로 되었다고 봄이 상당하다(대법원 2004.9.24. 선고 2003후1314 판결).

에 보통명칭으로 인식되고 사용되는 것이어야 하는데 그와 같은 보통명칭으로의 사용은 반드시 전국에 걸쳐 사용될 필요는 없고 한 지방에서 수요자와 거래자 간에 보통명칭으로 사용되는 것이면 족하다고 봄이 일반적이다.

(3) 판단기준

1 거래사회의 실정

어떤 상표가 상품의 보통명칭으로 인정되기 위해서는 그것이 상품의 일반명칭이거나, 사전이나 서적 등에서 상품의 명칭으로 기재하고 있는 사실만으로는 부족하고 거래사회에서 일반 수요자나 거래자 간에 그와 같이 인식되고 실제 사용되는 것이어야 한다.

2 지정상품

상표가 특정상품의 보통명칭에 해당되는지 여부는 지정상품과 관련지어 판단하여야 한다. 따라서 어떤 종류의 상품에 있어서는 보통명칭에 해당되는 것이라 하더라도 다른 상품과 관련지어 볼 때 보통명칭이 아닌 경우에는 자타상품의 식별력이 인정되어 상표등록 될 수 있다.

3 보통으로 사용하는 방법으로의 표시 여부

상품의 보통명칭을 보통으로 사용하는 방법으로 표시한 표장이라 함은 한글이나 영문자 인쇄체 · 필기체 등으로 표기하거나 단순히 상품을 표시하는 도형으로 된 표장을 말하므로 보통명칭이라 하여도 그것이 도형화하였거나 특수한 서체로 되어 있는 등 보통으로 사용하는 방법으로 표시되지 아니한 것으로서 식별력이 인정되는 경우에는 상표법상 보통명칭에 해당되지 않는다.

4 심사실무

어떤 상표가 보통명칭에 해당되는지와 관련하여 특허청 심사실무는, ⅰ) 관련 거래업계에서 보통명칭인 동시에 일반 수요자에게도 보통명칭인 것은 보통명칭으로 보며, ⅱ) 관련 거래업계에서 보통명칭이지만 일반 수요자에게는 보통명칭인 것도 보통명칭으로 보며, ⅲ) 관련 거래업계에서 보통명칭이 아니지만 일반 수요자에게는 보통명칭인 것은 보통명칭이 아닌 것으로 본다.

5) 관련사항

(1) 보통명칭 만으로 구성된 경우

상품의 보통명칭을 보통으로 사용하는 방법으로 표시한 표장만으로 된 상표는 그 상표권의 효력이 제한되므로(법 제51조 제1항 제2호)[11] 이러한 표장은 누구라도 자유로이 상표로서 사용할 수 있으며 그러한 상표의 사용은 상표권 침해가 되지 아니한다.

그리고 보통명칭이 전체적인 상표구성으로 볼 때 지배적인 부분으로 인식되는 경우에도 보통명칭에 해당하는 것으로 본다.[12]

(2) 보통명칭이 부기적 · 보조적인 경우

전체적인 상표의 구성으로 미루어 볼때 보통명칭이 상표의 구성중 요부가 아닌 부기적 · 보조적 부분에 해당하는 경우에는 보통명칭에 해당하지 않는 것으로 보며 그 밖의 구성부분을 기준으로 하여 상표등록여부, 침해여부 등을 판단한다.

(3) 식별력이 있는 표장이 결합된 경우

보통명칭과 식별력 있는 부분이 결합된 상표의 경우 보통명칭부분은 식별력이 없는 부분이나 이와 결합한 부분이 식별력이 있으므로 상표등록이 허여되며 무효사유로도 되지 아니한다.

그러나 보통명칭으로 인하여 일반 수요자가 당해 상품에 대한 오인 · 혼동의 우려가 있을 때에는 이를 이유로 거절하며 위반의 경우에는 법 제7조 제11호의 규정을 적용한다.

- 사 례 -

(사례 1) 〔상표 및 지정상품〕 Kardinal〔제2류 화초, 장미꽃, 장미묘목 등〕
〔판례〕 ① 위 상표가 그 출원일 이전인 1995.6.경부터 한국화훼협회보, 월간 장미 등의 화훼관련잡지의 시세표 등에 장미의 한 품종명칭으로 사용되어 왔고, 서울 서초구 양재동의 화훼공판장에서도 절화장미 중 하나의 품종명칭으로 사용되어 온 사실은 인정할 수 있으나, 위 인정사실 만으로는 이 사건 등록상표의 등록사정

11 　등록상표라 하더라도 그것이 보통명칭이 된 때에는 기왕의 등록여하에 불구하고 상표식별의 표준으로서의 특별현저성이 없으므로 등록상표권의 효력은 그 보통명칭을 보통으로 사용하는 방법으로 표시하는 상표에는 미치지 아니한다(대법원 1977.5.10. 선고 76다1721카11497 판결).

12 　본원상표 (*I Can't Believe It's* **Yogurt!**) 중 도형부분 및 'I Can't Believe It's' 부분은 단순한 도형 및 선전적인 구호 표장으로서 식별력이 없어 그 요부를 'Yogurt' 부분으로 보고 이는 우유로 만든 유산균 발효유를 지칭하는 것으로서 결국 본원 상표는 보통명칭을 보통으로 표시한 표장만으로 된 것이다(대법원 1993.4.23. 선고 92후1943 판결).

일인 1997.2.21. 현재 장미를 취급하는 당해업자나 일반 수요자들 사이에서 일반적으로 그 지정상품인 장미꽃이나 장미묘목을 지칭하는 명칭으로 실제로 사용되고 인식되어 있는 보통명칭이 되었다고 인정하기 부족하다(특허법원 2001.6.28. 선고 2000허3876 판결 참조).

　② 위 "①"의 사실에 비추어볼 때, 이 사건 등록상표의 등록사정일인 1997.2.21.경에는 이 사건 등록상표의 지정상품을 취급하는 거래계, 즉 그 상품의 생산자, 도매상, 소매상, 품종을 구별하여 장미를 구입하는 수요자 사이에서 장미의 한품종의 일반적 명칭으로 사용되고 인식되어져 있어, 위 등록상표는 그 지정상품의 보통명칭을 보통으로 사용하는 방법으로 표시한 표장만으로 된 상표에 해당한다. 또한 그런 이상 상표등록사정일 이후의 상표관리실태는 이를 고려할 여지가 없다(대법원 2002.11. 26. 선고 2001후2290 판결 참조).

(사례 2) 〔상표 및 지정상품〕 " "(제2류 외과의원업)

〔판례〕　원심은, 위 표장 중 검정색의 굵은 십자표시가 그 지정서비스업인 의원이나 병원의 일반적인 표장으로 거래사회에서 인식되어 있고, 또 그 십자표시 도형이 다른 도형에 비하여 훨씬 뚜렷하게 일반 수요자에게 도형 전체로서 직감되어 인식될 것인데 반하여 나머지 도형은 일반의 특별한 주의를 끌만큼 십자표시 도형을 압도하기가 어려워 특별한 식별력을 가진다고 할 수 없으므로 상표법 제6조 제1항 제1호에 의하여 그 등록을 거절한 원심은 정당하다(대법원 2001.3.27. 선고 98후1174 판결 참조).

(사례 3) 〔상표 및 지정상품〕 화랑(제31류 사과묘목, 배묘목, 복숭아묘목 등)
〔판례〕　① 경상북도 농업기술원은 1990년경 경상북도 상주시의 한 과수원에서 발견된 변종 후지 품종의 사과묘목을 이용하여 신품종 사과의 개발에 착수하여 1994년 최종적으로 개발 완료된 신품종 사과에 대하여 "화랑"이라는 명칭을 부여한 후, 1997.12.31. 위 신품종 사과가 최초로 발견된 과수원의 경영주로 하여금 종사산업법의 규정에 따라 "화랑"을 신품종의 명칭으로 출원 등록하게 한 사실, 1998년부터 2003년까지의 사이에 생산된 "화랑" 품종의 묘목은 합계 약 65,000그루에 이르는 사실, 농작물과 관련된 몇 개의 홈페이지에 "화랑"이라는 명칭이 사과 품종의 하나로서 소개된 사실 등은 인정할 수 있으나, 위 인정사실만으로는 이 사건 심결시인 2002.10.31.을 기준으로 할 때 그 지정상품을 취급하는 거래계나 일반 수요자들 사이에서 특정한 품종의 사과나 그 묘목을 지칭하는 것으로 실제로 널리 사용되고 인식되어 있는 보통명칭에 해당한다고 할 수 없다(특허법원 2003.5.15. 선고 2002허7650 판결 참조).

　② "화랑"이라는 표장이 종자산업법에 의하여 사과품종으로 등록된 이 사건 출원상표의 지정상품인 "사과, 사과묘목"의 거래계에서는 위 표장은 상품들의 보통명칭으로 인식한다고 봄이 상당하다(대법원 2004.9.24. 선고 2003후1314 판결 참조).

2. 관용표장

1) 의 의

관용표장이라 함은 동종업자들 사이에서 특정의 상품에 대하여 관용적으로 사용됨으로 인하여 자타상품의 식별력을 상실한 표장을 말한다.

원래 관용표장은 자타상품의 식별력이 있거나 또는 특정인의 상표로서 기능을 가지고 있었던 것이나 동종업자들 간에 자유롭게 널리 사용된 결과 자타상품의 식별력의 기능을 상실한 경우가 대부분이다.

이러한 관용표장은 자타상품의 식별력을 상실한 것이기 때문에 상표등록이 배제될 뿐만 아니라 등록된 경우라 하더라도 그 효력이 제한되며 무효사유가 된다.

2) 보통명칭과의 구별

관용표장과 보통명칭은 다 같이 자타상품의 식별력이 없는 것으로서 상표등록이 불허되고 있으며 등록된 경우라 하더라도 그 등록이 무효로 되고 그 효력이 다 같이 제한된다는 점에서는 같다.

그러나 관용표장은 동종업자들 사이에 관용적으로 널리 사용되는 표장을 말하나 보통명칭은 동종업자들 뿐만 아니라 거래사회에서 일반 수요자나 거래자 간에 널리 사용된 결과 보통명칭화 된 것을 말한다.[13] 상표 중에는 관용표장으로서 보통명칭화 된 경우도 다수 있다.

3) 그 상품에 관용하는 상표의 의미

(1) 그 상품

'그 상품'은 당해 상표를 사용하는 지정상품을 말한다. 따라서 상표의 관용표장에 해당여부도 지정상품에 따라 판단하게 된다.

(2) 관용하는 상표

'관용하는 상표'라 함은 특정의 상품이 속하는 거래계의 동종업자들 사이에서 그 상품에 관용적으로 쓰이는 표장을 말한다.[14] 관용표장에 해당하는 상표는 원래 자타상품의

---

13   상품의 관용표장은 처음에는 특정인이 상표였던 것이 주지 · 저명의 상표로 되었다가 상표권자가 상표관리를 허술히 함으로써 동업자들 사이에 자유롭고 관용적으로 사용하게 된 상표를 말하는 것이고, 같은 항 제1호 소정의 상품의 보통명칭은 그 동업자들만이 아니라 실제거래에 있어서 일반 소비자들까지도 지정상품의 보통명칭으로서 그와 같은 명칭을 보통으로 사용하고 있는 것을 말한다(대법원 1992. 1. 21. 선고 91후882 판결).

14   ① 관용표장이라 함은 처음에는 특정인의 상표였던 것이 주지 · 저명상표로 되었다가 상표권자가 상표관리를 허술히 함으로써 동업자들 사이에 자유롭고 관용적으로 사용하게 된 상표를 말한다(대법원 1987. 12. 22. 선고 85후130 판결, 1992. 1. 21. 선고 91후882 판결 참조).

      ② 실무적으로는 관용상표가 되기 위해서는 다음 각 목의 요건을 구비하여야 하는 것으로 하고 있다(특허청 상표심사기준).

식별력을 갖춘 상표이었으나 동종업자들 사이에 계속적으로 자유롭게 사용된 결과 자타상품의 식별력을 상실하여 관용표장에 해당하게 된 경우가 대부분이라고 할 수 있다.

따라서 동종업자 사이에 널리 쓰이는 상표라 하더라도 일시적으로 사용된 바 있거나 상표권자가 상표관리를 게을리하지 아니한 경우에는 그 상표는 관용표장에 해당되지 않는다.

청주에 있어서 '정종'이나 직물에 있어서 'Tex, Lon', 상호의 형태를 나타내는 '주식회사'등이 여기에 해당한다. 이와 같은 관용표장은 문자의 경우는 물론 도형이나 기호의 경우에도 관용표장으로 쓰이는 경우가 있다.

4) 관용표장 여부의 판단

(1) 판단시기

관용표장에 해당되는지 여부에 대한 판단시점은 상표등록출원 시가 아닌 상표등록여부결정 시를 기준으로 하여 판단한다.

(2) 인정요건

❶ 동종업자 간에 널리 사용될 것

어떤 상표가 관용표장으로 인정되기 위해서는 그 표장이 사용되는 상품의 동종업자 간에 자유롭게 계속적으로 사용된 것이어야 한다. 따라서 특정업자 일부에 의하여 사용되거나 일시적으로 사용된 경우에는 관용표장이라고 볼 수 없다.

❷ 식별력을 상실하였을 것

관용표장으로 인정되기 위해서는 동종업자간에 널리 사용된 결과 식별력을 상실하여야 하며, 동종업자 간에 널리 사용되는 표장이라 하더라도 그것이 자타상품의 식별력을 상실하지 아니한 경우에는 관용표장이라고 할 수 없다.

❸ 자유로이 사용될 것

관용표장이 되기 위해서는 그 상표가 당해 상품의 제조업자 및 판매업자 등 동종업

ⓐ 그 상표가 특정상품에 대해서 그 상품의 제조업자 및 판매업자등 불특정 다수인이 일반적으로 자유롭게 사용한 것일 것

ⓑ ⓐ의 결과 그 상표가 출처표시기능 또는 식별력을 상시하였을 것

ⓒ 상표권자가 당해 상표의 보호를 위하여 필요한 조치를 취하지 아니할 것. 이러한 조치가 있는 때에는 (나)목의 사실이 발생하지 않는 것으로 본다.

자 간에 일반적으로 자유롭게 사용되어야 한다.

따라서 동종업자 다수에 의하여 널리 사용되는 상표라도 악의적으로 사용하거나 그 사용이 남의 저명한 상표에 편승할 목적으로 사용하거나 또는 그 사용에 대하여 상표권자로부터 권리의 주장이 있는 등 상표권자가 상표관리에 상당한 주의를 기울인 경우에는 자유로이 사용하였다고 볼 수 없으므로 이 경우에는 관용표장에 해당한다고 할 수 없다.

❹ 특정 상품업계에서만 사용되는 것일 것

관용표장은 특정의 동종업자 사이에서 특정상품에만 사용되는 표장이어야 하며[15] 그 외에 일반 거래사회에서 수요자 간에 널리 사용되는 경우에는 관용표장이 아니다.

(3) 지 역

관용표장은 전국에 걸쳐 관용적으로 사용될 필요는 없고 일부지방 또는 특정지역에 동종업자가 자유로이 사용하고 있으면 족하다. 관용표장 중에는 일부지방에서 관용되는 표장이 있고, 전국적으로 관용되어온 표장이 있다. 일부지방의 생산품인 '천안호도과자'는 전자의 예이고, '정종'은 후자의 예이다.

5) 관용표장만으로 구성되지 아니한 경우

(1) 관용표장이 지배적인 경우

관용표장만으로 구성되지 아니한 상표이기는 하나 관용표장과 결합된 부분이 부기적인 부분에 불과하거나 식별력이 없는 부분으로 인정되고 관용표장이 상표구성 전체로서 크게 부각된 경우에는 그 상표는 전체적으로 관용표장으로 취급한다.[16]

(2) 관용표장이 부기적인 경우

관용표장과 결합된 부분이 식별력이 있는 것으로서 요부로 인정되고 관용표장 부분이 부기적인 부분으로 인정되는 경우에는 관용표장으로 취급하지 아니하고 그 식별력이 있는 부분을 기준으로 하여 상표의 등록요건, 유사여부 및 상표권의 효력 등을 판단한다.

15　① 과자류의 상품에 있어서 '깡'은 관용표장이다(대법원 1975.1.14. 선고 73후43 판결).
　　② 'NAPOLEON'은 꼬냑에 있어 관용되는 표장이다(대법원 1985.1.22. 선고 83후14 판결).

16　'蔘仁丹'은 동종의 상품인 구강위생제에 널리 관용하는 '仁丹'이라는 표장과 유사하여 특별현저성이 없다(대법원 1966.12.27. 선고 66후7 판결).

(3) 관용표장과 유사한 표장

관용표장과 유사한 상표는 관용상표로 보지 아니한다(특허청 상표심사기준).

- 사 례 -

(사례 1) 〔상표 및 지정상품〕 오복채(제29류 장아찌)

〔판례〕 원심이 1971년경부터 이 사건 등록상표의 등록결정일 무렵까지 28년 동안이나 원고를 포함하여 장아찌 종류를 생산, 판매하는 자들 사이에서 '오복채'를 장아찌의 한종류를 가리키는 제품명으로 일반적으로 자유롭게 사용하여 온 사실을 인정하고 나서 이 사건 등록상표가 상표법 제6조 제1항 제2호 소정의 이른바 관용표장에 해당한다고 판단한 것은 정당하다(대법원 2003.12.26. 선고 2003후243 판결 참조).

(사례 2) 〔상표 및 지정상품〕 버버리찰떡(제30류 떡)

〔판례〕 벙어리찰떡 또는 버버리찰떡은 물에 불린 찹쌀을 찌고 절구에 오래 치댄뒤 큼직하게 썰어 양쪽에 팥고물, 콩고물, 깨고물을 묻힌 안동지역의 별미 떡을 가리키는 명칭으로서, 안동지역에서 떡을 생산, 판매하는 동업자들에 의하여 이 사건 등록상표가 등록되기 오래 전부터 위와 같은 종류의 떡을 가리키는 제품명으로 사용되어 왔다(특허법원 2008.9.25. 선고 2008허6710 판결. 대법원 2009.2.12. 선고 2008후4172 판결 심불기각).

3. 성질표시적 상표

1) 의 의

성질표시적 표장(또는 기술적 표장)이라 함은 상표가 상품의 산지, 품질을 표시하는 등 그 상품의 특성을 나타내는 표장을 말하는데 상표법은 이러한 성질 표시적 표장에 대하여 상표등록을 불허하고 있다. 이와 같은 상표에 대하여 그 등록을 배제토록 한 것은 이러한 표장은 누구나 사용을 원하는 표장일 뿐만 아니라, 통상 상품의 유통과정에서 사용할 필요가 있는 표장이므로 이를 어느 특정인에게 그 사용을 독점시키는 것은 공익상 타당치 못하며 또한 이러한 표장은 장래에 일반적으로 널리 사용될 개연성이 있는 것으로서 자타상품의 식별력도 인정키 어렵다는 이유 때문이다.

어느 상표가 당해 지정상품의 성질(품질, 원재료, 효능 등)을 표시하는 상표에 해당되는지 여부는 거래사회의 실정과 일반 수요자가 그와 같이 인식할 수 있는지 여부 및 지정상품과 관련하여 객관적으로 판단하며,[17] 성질표시적 표장으로 거래사회에서 실

---

17   ① 어떠한 상표가 기술적 표장만으로 된 상표에 해당하는가의 여부는 그 상표가 가지고 있는 관념,

제로 사용되고 있는지 여부는 불문한다.[18] 또한 상표가 그 상품의 성질을 표시하는 것
인지 여부는 수요자가 그 상표로부터 느끼는 직관적 인식을 기준으로 판단하며 일반
수요자가 그 상표의 의미내용을 심사숙고 하거나 사전을 찾아보고서 비로소 그 뜻을
알 수 있는 경우에는 여기에 해당되는 않는 것으로 보며,[19] 상표가 지정상품과의 관계
에서 그 상품의 성질을 직접적으로 표시하지 않고 간접적이고 암시적[20]으로 표시하는
경우에는 성질표시에 해당되지 않는 것으로 판단한다.

한편, 다른 식별력이 있는 문자·기호·도형 등과 결합되어 있다 하더라도 그들이
부수적 또는 보조적인 것에 불과하거나, 전체적인 상표구성으로 보아 성질표시적 상표
로 인식될 때에는 성질표시적 상표로 본다.[21]

그 지정상품이 일반적으로 가지고 있는 공통된 품질과 효능, 거래사회의 실정 등을 감안하여 객관적으
로 판단하여야 하고, 일반거래자나 수요자들이 지정상품의 단순한 품질, 효능, 용도, 원재료 등을 표시
한 것으로 인식할 수 없는 것은 이에 해당하지 아니한다(1992.7.28. 선고 92후315 판결 참조).

18   상표법 제6조 제1항 제3호에서 규정의 취지는 상품의 산지, 품질, 원재료, 효능, 용도, 수량, 형상, 가
격, 생산방법, 가공방법, 사용방법 또는 시기와 같은 표시들은 통상 상품의 유통과정에서 필요한 표시
이기 때문에 이를 특정인에게 독점배타적으로 사용케 할 수 없다는 공익상의 요청과 이와 같은 상표를
허용할 경우에는 타인의 동종상품과의 관계에서 식별이 어렵다는 점에 그 이유가 있으므로, 어느 상표
가 이에 해당하는지의 여부는 그 상표가 지니고 있는 관념, 지정상품과의 관계 및 거래사회의 실정 등
을 감안하여 객관적으로 판단하여야 하며, 그 상표가 지정상품의 품질 등을 표시하는 표장으로 실제로
쓰이고 있거나 장래 필연적으로 사용될 개연성이 있다는 점은 고려의 대상이 되지 아니한다(대법원
1994.10.14. 선고 94후1145 판결).

19   구 상표법(1990.1.13. 법률 제4210호로 개정되기 이전의 것) 제8조 제1항 제3호 소정의 상품의 산지,
품질, 형상 등을 보통의 방법으로 표시한 표장만으로 된 상표인지의 여부를 판단함에 있어서, 상표의
의미내용을 일반 수요자를 기준으로 하여 그들이 그 상표를 보고 직관적으로 깨달을 수 있는 것이어야
하고, 심사숙고하거나 사전을 찾아보고서 비로소 그 뜻을 알 수 있는 것은 고려대상이 되지 아니한다
(대법원 1992.8.14. 선고 92후 및 1992.11.13. 선고 92후636 판결 참조).

20   ① 상품의 성질을 직접적으로 표시한다 함은 그 상표가 지닌 의미가 당해 상표의 품질이나 효능, 우
수성 등을 나타낸 경우를 말하며, 간접적·암시적이라 함은 이러한 의미를 직접 나타내지는 않았으나
우회적으로 표시하거나 이러한 의미를 간접적으로 표시한 경우를 말한다.
    ② 어떤 상표가 그 상품의 품질, 원재료 등을 표시함에 그치는 것인가의 여부를 판단함에 있어서는
국내에 있어서의 거래실정에 비추어 수요자들에게 당해 상표에 관한 상표로서의 특별현저성을 갖는
것으로 인식될 것인가의 여부에 따라야 하는 것으로서, 그 상표가 실제로는 지정상품의 품질, 원재료
등을 암시하거나 강조하는 표현으로 이루어진 것이라고 하더라도 일반거래자나 수요자들이 그 상표를
보고 지정상품의 품질, 원재료만을 표시하는 것으로 인식되는 것이 아니라면 이에 해당하지 아니한다
(대법원 1995.3.23. 선고 94후1848 판결).

21   상표법 제6조 제1항 제3호에서 상품의 용도, 형상 등을 보통으로 사용하는 방법으로 표시한 표장만
으로 된 상표는 등록을 받을 수 없다고 규정한 취지에 비추어 보면 단지 상품의 용도, 형상 등 기술적
표장만으로 된 상표는 물론이고 여기에 다른 식별력 있는 문자, 기호, 도형 등이 결합되어 있다고 하더
라도 이들이 부수적 또는 보조적인 것에 불과하다거나 도는 전체적으로 볼 때 성질표시상표로 인식된
다면 이는 위 법조 소정의 상표로 보아야 할 것이다(대법원 1994.6.24. 선고 93후1698 판결 참조).

또한, 상표가 포도주 및 증류주의 산지에 관한 지리적 표시에 해당되는 경우에는 본호를 적용하지 아니하고 법 제7조 제1항 제14호를 적용한다.[22]

상표법 제6조 제1항 제3호에서 규정한 기술적 표장들이 예시적인지 열거적인지 의문이 있으나 예시적인 것으로 이해함이 일반적이다.

2) 제도적 취지

성질표시적 표장 또는 기술적 표장은 상품의 품질이나 효능 등을 나타내는 표장으로서 자타상품을 식별하는 기능이 결여되어 있을 뿐만 아니라 이러한 표장은 누구나 그 사용을 희망하므로 이를 사회일반에 개방하여야 하지 이러한 표장의 사용을 어느 특정인에게 독점시키는 것은 바람직하지 못하다.

따라서 상표법은 상표의 기능적인 면과 공익적 이유 등에서 기술적 표장을 예시적으로 규정하여 이러한 표장에 대하여는 상표등록을 배제하고 있을 뿐만 아니라 등록된 경우라 하더라도 그 효력을 제한하고 있으며 상표등록을 무효로 하도록 규정하고 있다.

3) 성질표시적 표장에 해당하는 상표

(1) 산지표시

❶ 의 의

「산지표시」라 함은 그 상품의 생산지를 표시하는 것으로서 그 상품이 당해 지역에서 현실적으로 생산되거나 과거에 생산된 바 있어 특산물로서 수요자에게 유명한 산지로서 인식된 경우를 말하는데,[23] 현실적으로 생산되고 있지 않더라도 과거에 생산되는

---

22   특허청 상표심사기준

23   ① 판례는 1989.9.26. 선고 88후1137 사건에서 「상품의 산지」를 그 상품이 생산되는 지방의 지리적 명칭을 말하며 일반 수요자나 거래자에게 알려진 주산지만을 말하는 것은 아니다(특허청 심사기준도 이와 같은 입장에 있다)라고 설시한 다음 「구포국수」는 구상표법 제8조 제1항 제3호에서 규정한 산지표시에 해당된다고 판시하고 있다. 그러나 상표법에서 규정한 산지가 그 상품이 생산되는 지방의 지리적 명칭을 의미하는지에 대하여는 의문이 있으며 「구포」가 국수의 산지표시에 해당되는지 여부에 대하여도 논란의 여지가 있다 할 것이다.

       ② "상표법 제6조 제1항 제4호에서 말하는 현저한 지리적 명칭이란 단순히 지리적, 지역적 명칭을 말하는 것일 뿐 특정상품과 지리적 명칭을 연관하여 그 지방의 특산물의 산지표시로서의 지리적 명칭임을 요하는 것이 아니라 할 것이며, 따라서 지리적 명칭이 현저하기만 하면 여기에 해당하고, 그 지정상품과의 사이에 특수한 관계가 있음을 인식할 수 있어야만 하는 것은 아니다(대법원 2000.6.13. 선고 98후1273 판결 참조)."

등 일반 수요자가 그 지역에서 생산되는 것으로 인식하는 경우에도 여기에 해당하는 것으로 한다. 반면에 과거에는 그와 같은 상품이 생산된 바 있으나 현재는 생산되지 아니하여 거래사회에서 일반 수요자간에 산지로 인식되지 아니하거나 지정상품과 관련하여 산지표시라고 볼 수 없는 지리적 명칭은 여기에 해당되지 아니한다. 판례는 산지표시와 관련하여 거래자나 수요자에게 알려진 「주산지」만을 의미하는 것은 아니라고 판시하고 있다.[24]

한편 산지표시는 생산지만을 의미하는 것은 아니며 그 상품의 가공지,[25] 판매지 등의 경우에도 여기에 해당하는 것으로 해석하는데, 그 가공으로 인하여 상품의 특성이 있어 수요자가 특정지역의 특산물로 인식하거나 또는 판매지로서 수요자에게 널리 인식되어야 한다.

이와 같이 산지표시에 해당하는 상표의 등록을 금지하는 것은 이러한 표장은 누구에게나 필요한 표시이며, 또 누구나 그의 사용을 원하기 때문에 이를 어느 특정인에게 그 사용을 독점시킬 수 없기 때문이다. 또한 산지표시에 해당되는 상표를 당해상품에 사용할 경우 일반 수요자가 그 상품을 우수한 상품으로 오인할 우려도 있다.

「대구-사과」, 「한산-모시」, 「영광-굴비」, 「울릉도-오징어」 등은 대표적인 산지표시에 해당되는 상표들이라 할 수 있는데, 이와 같은 산지표시에 해당하는 상품은 주로 농수산물 또는 이들을 가공한 상품이 대부분이다.

2004.12.31. 법률 제7290호에서 지리적표시단체표장제도를 도입하면서 「산지표시」에 해당하는 상표라도 그 표장이 특정상품에 대한 지리적 표시인 경우에는 그 지리적 표시를 사용한 상품을 지정상품으로 한 경우에는 지리적표시단체표장등록을 받을 수 있는데(법 제6조 제3항), 이 규정은 2005.7.1. 이후 출원된 것부터 적용된다.[26]

❷ 지정상품과의 관련성

상표가 산지표시에 해당되는지 여부는 지정상품과 관련하여 구체적·개별적으로 판단하며 상표의 구성 중 일부가 산지표시에 해당하는 경우에도 그 상표는 산지표시에

24　상표법 제6조 제1항 제3호에서 규정하는 상품의 산지표시라 함은 해당지역의 기후, 토양 등의 지리적 조건 등과 관련하여 해당상품의 특성을 직감할 수 있는 지역을 표시하는 것으로 해당상품이 과거에 생산되었거나 현실적으로 생산되고 있는 경우는 물론 그 지방에서 생산되고 있는 것으로 일반 수요자에게 인식될 수 있는 경우에도 이에 해당하는 것으로 볼 수 있다 할 것이다(특허법원 2000.12.1. 선고 200허3128 판결 참조).

25　특허법원 2009.6.5. 선고 2009허2111 판결.

26　한편 세계무역기구(WTO) 가입국 내의 포도주 및 증류주의 산지에 관한 지리적 표시로서 구성되거나 동 표시를 포함하는 상표로서 포도주·증류수 또는 이와 유사한 상품에 사용하고자 하는 상표는 상표법 제7조 제1항 제14호의 규정을 적용한다.

해당하는 것으로 취급된다.

❸ 현저한 지리적 명칭의 경우

본 호에서는「산지표시」만을 의미하므로 단지 현저한 지리적 명칭의 경우에는 본 호에 해당하지 않는 것으로 한다. 그러나 현저한 지리적 명칭이 산지표시에도 해당되는 경우에는 본 호와 제4호를 동시에 적용한다.

❹ 품질오인의 우려가 있는 경우

당해 산지 이외에서 생산·판매되는 상품에 산지를 표시함으로써 상품의 품질의 오인·혼동을 일으킬 우려가 있는 때에는 법 제7조 제1항 제11호의 규정에도 해당된다.

❺ 지리적 표시 단체표장의 경우

「산지표시」를 지리적 표시단체표장으로 출원할 경우에는 보호가 적용되지 아니하므로 지리적 표시 단체표장으로 등록이 가능하다(법 제6조 제3항).

❻ 심사실무

특허청 심사기준은 상표법 제6조 제1항 제3호에서 규정한 '산지표시'에 해당하기 위하여는 기후, 토양 등 지리적 조건 등을 감안하여 해당 지역에서 생산되는 상품이 다른 지역의 상품에 비하여 특성이 있는 것으로서 일반 수요자가 당해 상표를 그 특정상품의 산지표시로 인식하는지 여부 등을 기준으로 하여 판단하여야 한다고 규정하고 있으며, 특허청에서 발간한 '조문별 상표법해설서'에도 같은 취지로 설명하고 있다.

그러므로 단순히 '가공지', '판매지'의 경우 이를 '산지표시'로 보아서는 아니 되며, '가공지', '판매지' 등을 '산지표시'로 보기 위하여는 그 가공과 지리적 특성이 연계되거나 그 지역에서 판매가 왕성하게 이루어짐으로 인하여 수요자가 그 상품의 특성이나 판매지로서 유명할 정도로 인식하는 경우라야만 '산지표시'로 보아야 할 것이다.

- 사 례 -

(사례 1) 〔상표 및 지정상품〕 이동갈비(제42류 식당체인업, 소갈비요리전문경영업 등)
〔판례〕 원심(특허법원 2001.4.6. 선고 2001허1051 판결)은, 이 사건 출원서비스표에 대하여, 그 구성 중 "갈비" 부분은 그 지정서비스업의 원재료표시에 해당하고, 나머지 "이동"부분은 원래 경기도 포천군 이동면의 해정구역이지만, 1980년대 초부터 조성되기 시작한 이동면 지역의 갈비음식촌이 그 독특한 조리법과 맛으로 인하여 전국적으로 유명해지게 됨으로써 일반 수요자나 거래자들도 "이동"이 '이동지역에서만 생산·판매되고 있는 독특한 맛을 가진 '갈비'의 생산지 또는 판매지의 명칭으로 인식하고 있다고 봄이 상당하며, 이 사건 출원서비스표가 전체적으로 자타 서비스업의 식별력이 없는 표장으로서 상표법 제6조 제1항 제3호 소정

의 등록을 받을 수 없다고 판단하였음은 정당하다(대법원 2002.2.8. 선고 2001후1570 판결 참조).

(사례 2) 〔상표 및 지정상품〕 (제30류 국수, 냉면, 약과자, 엿, 떡, 녹차 등)

〔판례〕 이 사건 출원 상표의 구성 중 "강화", "약쑥" 부분은 지정상품의 산지, 원재료를 직감케하고 "강화" 부분은 현저한 지리적 명칭에, 문자 도형부분은 보조적(부수적)인 부분에 불과하여 전체적으로 지정상품의 산지, 원재료, 현저한 지리적 명칭만으로 구성된 상표에 해당한다(특허법원 2006.1.27. 선고 2005허8418 판결 참조).

(사례 3) 〔상표 및 지정상품〕 불가리스(제29류 과즙이 함유된 발효유 등)

〔판례〕 이 사건 등록상표의 등록결정일 이전 TV 광고 및 신문 광고에서 "수천년을 이어온 장수국가 불가리아 그 신비의 나라를 아십니까, 유산균발효유 불가리스. 불가리스는 불가리아식으로 남양에서 만듭니다", "발칸반도의 장수국가, 불가리아의 신비를 만난다. 불가리아식 활성 발효유", "장수국가 불가리아를 아십니까? 불가리스는 불가리아식 유산균발효유입니다. 불가리아의 장수비결-유산균 발효유, 불가리스는 불가리아식 유산균발효유입니다" 등의 광고 문구 내지 표현을 사용한 사실이 인정되기는 하지만, 이러한 사정만으로 우리나라 수요자들이 이 사건 등록상표의 등록결정일 무렵 "불가리스"를 보고 유산균의 일종인 '불가리스' 혹은 '불가리아' 국가로 직감하게 되었다고 인정하기에 부족하다(특허법원 2006.4.21. 선고 2005허9305 판결 참조)(심결지지).

(2) 품질표시

❶ 의 의

「품질표시」라 함은 상표가 지정상품과의 관계에 있어서 그 지정상품의 품질의 상태 또는 품질의 우수성 등을 표시하는 것을 말하는데, 상표가 이러한 품질표시에 해당되는지 여부는 그 상표가 당해 지정상품의 품질을 직접적으로 표시하는 경우에만 해당하며 당해 상품의 품질을 간접적으로 표시하는데 불과하거나 암시하는 경우에는 여기에 해당되지 않는 것으로 한다. 그리고 일반 수요자가 상표로부터 그러한 품질표시적 의미를 직감하지 못하고 심사숙고하거나 사전을 찾아보고서 비로소 그와 같은 의미를 알 수 있는 경우에도 품질표시에 해당되지 않는다.[27]

27　① 어떠한 상표가 상품의 품질, 효능, 용도 등을 보통으로 사용하는 방법으로 표시한 표장만으로 된 상표인지의 여부는 그 상표가 가지고 있는 관념, 당해 지정상품이 일반적으로 갖는 공통된 품질, 효능, 용도 등의 특성 및 거래사회의 실정 등을 감안하여 객관적으로 판단하여야 하고, 그 상표가 지정상품의 품질, 효능, 용도 등을 암시 또는 강조하는 것으로 보여진다 하더라도 전체적인 상표의 구성으로 볼 때 일반 거래자나 수요자들이 지정상품의 단순한 품질, 효능, 용도 등을 표시하는 것으로 인식할 수 없

이와 같이 품질표시적인 상표에 대하여 그 등록을 금지하는 것은 이러한 상표는 누구나 사용하기를 희망하므로 이의 사용을 사회일반에 개방하여야 하지 이를 어느 특정인에게 독점시키는 것은 공익에 반할 뿐만 아니라 여러 사람에 의하여 사용됨으로 인하여 지정상품과의 관계에서 자타상품의 식별력도 인정하기 어렵기 때문이다.

❷ 지정상품과의 관련성

상품의 품질표시 여부는 지정상품과 관련하여 구체적 · 개별적으로 판단되어지므로 어떤 상표가 특정상품의 품질을 표시하는 것이라도 다른 상품의 품질을 표시하는 것으로 되지 않는다.

특급, 우수, SUPER, NEW 등은 상품의 품질을 일반적으로 표시하는 표장들이라 할수 있으며, 신사 · 숙녀복에 있어서 POP MODE, 술 · 담배에 있어서 MILD, 사이다 · 소다수에 있어서 sparkle은 그 지정상품의 품질을 직접적으로 표시하는 것이라 할 수 있다.[28]

는 경우는 이에 해당하지 않는다(대법원 1987.3.10. 선고 86후18 판결 등 참조).

② 상표 DIGITAL DIARY가 '디지털 형의 계수형의' 의미를 가지고 있어 지정상품인 '전자식 탁상시계'의 성질을 암시 또는 강조하는 표장으로 볼 수도 있으나 이러한 뜻이 지정상품의 공통된 특성을 직접적으로 표시하는 것으로 볼 수 없다(대법원 1992.4.24. 선고 91후745 판결).

③ 同旨, 대법원 1993.4.27. 선고 92후1653 판결, 1994.10.14. 선고 94후1138 판결, 1995.5.23. 선고 94후1848 판결 등

④ 판례는 1992.11.13. 선고 92후636 판결에서 구상표법(1990.1.13. 법률 제421호로 개정되기 이전의 것) 제8조 제1항 제3호 소정의 상품의 산지, 품질, 형상 등을 보통의 방법으로 표시한 표장만으로 된 상표인지의 여부를 판단함에 있어서, 상표의 의미 내용은 일반 수요자를 기준으로 하여 그들이 그 상표를 보고 직관적으로 깨달을 수 있는 것이어야 하고, 심사숙고하거나 사전을 찾아보고서 비로소 그 뜻을 알 수 있는 것은 고려대상이 되지 아니한다고 설시하고(대법원 1992.8.14. 선고 92후520 판결 참조), 영어단어 'OVAL'은 우리 사회에 흔히 사용되고 있는 것이라고 할 수 없으므로 이 사건상표의 지정상품인 행주 등의 일반거래자나 그 수요자라고 볼 수 있는 가정주부들이 직관적으로 위와 같은 의미를 지닌 단어로 인식할 수 있다고 볼 수는 없으므로 상표 'OVAL'이 지정상품의 성질을 표시하지 않는 것으로 판단하였다.

28　① 본원상표 'sparkle'은 '불꽃, 번쩍임, (포도주 따위의)거품, 거품이 일다'의 뜻이 있는 영문자로 표기된 상표로서 이를 그 지정상품인 '사이다, 소다수, 탄산수' 등과 관련지어 보면, 본원상표는 일반 수요자로 하여금 '거품이 이는 사이다' 등을 직감케 하기 때문에 이는 결국 지정상품의 품질이나 형상을 보통으로 사용하는 방법으로 표시한 것으로 볼 수밖에 없다(대법원 1994.10.14. 선고 94후1145 판결).

② 이 사건 출원상표 "Twee"는 우리사회에서 흔히 사용되는 단어라고 할 수 없으므로, 그 지정상품인 스커트, 원피스 등의 주된 거래자나 수요자라고 볼 수 있는 여성들이 직관적으로 위와 같은 의미를 지닌 단어로 인식할 수 있다고 보기 어렵고, 따라서 이 사건 출원상표의 의미에 관하여 일반 거래자나 수요자들이 위와 같은 의미로 인식할 것이라는 전제하에 이 사건 출원상표를 그 지정상품의 품질을 직접적으로 표시한 표장만으로 된 상표라고 판단한 것은 상표법 제6조 제1항 제3호의 법리를 오해한 것이다(대법원 1997.12.26. 선고 97후 1122 판결).

❸ 품질오인의 우려가 있는 경우

당해 상표에 표시된 품질이 그 지정상품에 포함되지 않았거나 과대 포장된 때에는 수요자가 상품의 품질을 오인 · 혼동할 우려가 있으므로 법 제7조 제1항 제11호 규정을 함께 적용한다.

- 사 례 -

(사례 1) 〔상표 및 지정상품〕 파출박사(제35류 가사서비스업 등)

〔판례〕 이 사건 등록서비스표는 '파출'과 '박사' 두 단어가 결합된 '파출박사'라는 문자로 구성된 서비스표인바, '파출'이란 '어떤 일을 위하여 사람을 보냄'을 뜻하고, 거래사회에서 '박사'라는 용어는 어떤 일에 능통한 사람을 비유적으로 일컫는 말로 흔히 사용되고 있으며, '개인 가정에 고용된 각종 가사 담당자의 산업활동'을 의미하는 가사서비스업 분야에서 '보수를 받고 출퇴근을 하며 집안일을 하여 주는 여자'라는 의미를 담고 있는 '파출부'라는 단어가 널리 사용되고 있음을 고려하여볼 때, 이 사건 등록서비스표는 그 지정서비스업에 사용될 경우 '사람(특히 파출부)을 보내어 집안일을 하는데 능통함'이라는 의미로 인식되어 가사서비스업의 품질 · 용도 · 효능 등을 보통으로 사용하는 방법으로 표시한 표장만으로 구성된 표장에 해당된다고 봄이 상당하다(대법원 2007.9.20. 선고 2007후1824 판결 참조)(원심파기).

(사례 2) 〔상표 및 지정상품〕 BLAK CARD(제42류 현금카드서비스업 등)

〔판례〕 인정되는 여러 사정들을 종합하여 보면, '블랙카드'는 이 사건 출원서비스표에 대한 거절결정 당시 수요자나 거래자들에게 '골드카드', '프래티늄카드'와 같이 신용카드의 등급을 나타내는 카드의 의미로 통용되고 있었다고 봄이 상당하므로, 그 지정서비스업 중 '신용카드서비스업'과의 관계에서 그 지정서비스업의 품질이나 효능 등을 보통으로 사용하는 방법으로 표시한 표장에 해당한다(특허법원 2012.5.11. 선고 2011허11354 판결 참조).

(사례 3) 〔상표 및 지정상품〕 Linux(제52류 녹화된 테이프(음악이 아닌 것), 녹화된 콤팩디스크(음악이 아닌 CD), 서적, 학습지)

〔판례〕 컴퓨터 운영체제 프로그램의 보통명칭 내지 관용표장으로 널리 알려진 이 사건 등록상표가 그 지정상품에 사용될 경우 그 상품의 내용이 그 프로그램에 관련된 것임을 암시할 가능성이 없는 것은 아니지만, 위 지정상품의 일반 수요자가 상표보다는 그 상품에 수록된 창작물의 내용이나 그 내용을 나타내는 제목에 중점을 두고 상품을 거래하는 점 등에 비추어볼 때, 위 컴퓨터 운영체제 프로그램에 관한 내용이 위 지정상품에 수록될 수 있다는 사정만으로 일반 수요자가 이 사건 등록상표를 보고 위 지정상품에 수록된 내용을 보통으로 사용하는 방법으로 표시한 것으로 인식한다고 보기 어려워 이 사건 등록상표는 상표법 제6조 제1항 제3호에 해당한다고 볼 수 없다(대법원 2002.12.10. 선고 2000후3401 판결 참조)(일부파기환송).

(3) 원재료표시

❶ 의 의

「원재료표시」라 함은 상표가 당해 지정상품의 원료 또는 재료를 표시하는 표장을 말한다. 상표가 그 지정상품의 원재료를 표시하는지 여부는 그 원재료가 당해 지정상품에 현실적으로 원재료로 쓰이고 있거나 또는 현실적으로 사용되지 않더라도 사용될 수 있다고 인정되는 경우에는 여기에 해당된다. 그러나 당해 상품이 본래적으로 그와 같은 원재료가 사용되지 않거나 사용될 수 없는 경우에는 원재료표시에 해당되지 않는다.[29]

예컨대, 돼지고기를 원재료로 하여 만들어지는 상품의 경우 그 상표가 「돼지도형」으로 구성된 것이거나 「돼지고기표」 등의 문자를 표시한 경우에는 그 상표는 원재료표시에 해당되나, 돼지고기를 원재료로 할 수 없는 상품인 운동화, T셔츠 등의 경우에는 원재료표시에 해당되지 않는다.

지정상품이 넥타이인 경우 SILK, 양복에 있어서 WOOL, 가구에 있어서 WOOD 문자 등은 그 상품의 원재료표시에 해당하는 상표들이다.

❷ 지정상품과의 관련성

상표가 원재료표시에 해당되는지 여부는 지정상품과 관련하여 구체적 · 개별적으로 판단하게 된다.

❸ 품질오인의 우려가 있는 경우

원재료가 당해 상품에 포함되지 않는데도 불구하고 원재료표시를 한 경우에는 품질오인의 우려가 있는 것으로 인정되어 상표법 제7조 제1항 제11호의 규정에도 해당된다.

29　　① 어떤 상표가 상품의 원재료를 표시하는 것인가의 여부는 그 상표의 관념, 지정상품과의 관계, 현실 거래사회의 실정 등에 비추어 객관적으로 판단하여야 할 것이므로 당해 지정상품의 원재료로서 현실로 사용되고 있는 경우라든가 또는 그 상품의 원재료로서 사용되는 것으로 일반 수요자나 거래자가 인식하고 있는 경우이어야 할 것이다(대법원 1983.7.26. 선고 81후75 판결).

　　② 「masonite」가 절연 및 판넬링에 주로 쓰이는 섬유판의 일종으로서 건축재료에 해당하더라도 건축자재가 본원상표의 지정상품인 서랍장, 옷장, 찬장, 의자, 침상, 식탁, 옷걸이, 캐비닛 등의 원료로 사용되고 있거나 위 지정상품의 원료라고 인식되었다고 볼 아무런 자료도 없어 상표 masonite는 지정상품의 원재료표시에 해당되지 않는다(대법원 1989.12.8. 선고 89후667 판결).

　　③ 본원상표인 「BACCARAT」는 프랑스의 도시 명으로서 BACCARAT라고 하면 바라까 지방에서 산출되는 수정유리를 의미함이 객관적으로 명백하여, 이를 본원상표의 지정상품인 컵 등에 사용하면 「바라까」제 수정유리로 만든 컵이라는 의미로 이해될 수 있어 직접적으로 그 상품의 성질(재질)을 표시하는 것으로서, 일반 수요자는 사전을 찾아보고서야 비로소 그 상표의 의미를 알 수 있다 하여도 그 문자가 가지는 객관적 의미는 부정할 수 없는 것이어서 본원상표는 등록될 수 없다(대법원 1984.5.9. 선고 83후22 판결).

(4) 효능표시

1 의 의

「효능표시」라 함은 그 상표가 당해 지정상품의 성능이나 효과 등을 나타내는 것을 말하는데, 지정상품과의 관계에서 그 지정상품의 성능 또는 효과 등을 직접적으로 표시하는 경우에만 여기에 해당하며 암시적이거나 간접적으로 표현하는 경우에는 효능표시에 해당하지 않는다.[30] 또한 당해 상표가 그 지정상품의 효능을 직접적으로 표시하는 경우에도 품질표시의 경우와 마찬가지로 상품의 효능을 일반 수요자가 그 상표로부터 그와 같은 의미를 직감하는 경우에 여기에 해당하는 것으로 하며 심사숙고하거나 사전을 찾아보고서 비로소 그러한 의미를 알 수 있는 경우에는 효능표시에 해당되지 않는 것으로 취급한다.

SUPER, TOP, ACE는 일반적으로 상품의 공통된 효능을 표시하는 상표라 할 수 있으며 복사기에 있어서 quick copy, 건강보조식품에 있어서 다이어트(diet) 등의 상표는 복사기나 건강보조식품의 효능을 직접적으로 표시하는 상표라 할 수 있다.

이와 같은 「효능표시」는 같은 호에서 규정하고 있는 「품질표시」와 중첩되는 면이 있으며 그 경계가 명확하지 않다.

30　① 본원상표 'HITEC'는 영문자로 구성된 상표로서 상품류 구분 제10류 중금속산염, 초염 및 복염, 탄화수소, 유기할로겐화물, 알콜류, 페놀류 등 26종의 화학제품을 그 지정상품으로 하여 출원된 것인바, 상표를 구성하고 있는 영문자 'HITEC' 그 자체는 특정한 관념이 없는 조어상표로 보이기는 하나, 이는 영문자 'High Tech'와 그 칭호에 있어서 동일한데, 위 'High Tech'는 고도기술, 첨단기술 등을 나타내는 'High Technology'와 동의어로 사용되고 있고, 신문·잡지에서도 '하이테크'란 용어를 '고도의 첨단기술'이라는 뜻으로 사용하고 있음을 감안할 때, 본원상표를 지정상품에 사용할 경우 'High Tech'라는 말이 뜻하는 것과 같이 고도의 기술, 첨단의 기술로 만들어진 화학제품 등으로 일반 거래사회나 수요자로 하여금 인식되게 하는 표장으로서 이는 특별한 식별력을 갖는 것으로 볼 수 없어 그 지정상품과의 관계에 있어 상품의 품질, 효능을 보통으로 사용하는 방법으로 표시한 표장만으로 된 상표라 할 것이다(대법원 1994.8.26. 선고 93후1100 판결).

　　② 본원상표 ①은 'ONE TOUCH'와 같이 영문자로만 이루어진 상표이고 본원상표 ②는 본원상표 ①의 한글음역에 해당하는 '원터치'와 같이 한 글자 상표로서 본원상표들은 다같이 "한번 손대다"의 의미를 가지는바, 이를 그 지정상품과 관련하여 살펴보면, "시험과 진단시약 데스트용 스트립(in vitro diagnostic reagent test strips)"은 마치 리트머스 시험지와 같이 진단용 시약이 묻어 있는 스트립에 피검물을 한번 갖다 대기만 하면 그 결과를 바로 알 수 있다는 의미로 쉽게 연상되고, 또한 "진단용 혈액 테스트기(hand held diagnostic blood testing device)"도 한번으로 간단하게 처리할 수 있는 휴대용 혈액테스트기의 의미로 연상된다고 할 것이고, 더구나 지정상품의 취급자나 거래자가 의사나 임상병리사 등 전문가들일 것임에 비추어 보면 본원상표들이 지정상품과의 관계에서 지정상품의 성질을 단지 암시하는 정도를 넘어 이를 직접적으로 표시하고 있다고 보아야 할 것이다(대법원 1995.5.23. 선고 95후26 판결).

❷ 지정상품과 관련성

상표가 상품의 효능을 표시하는지 여부는 지정상품과 관련하여 판단하는데, 성능이나 효과가 현실적으로 있고 없고는 불문하며 수요자가 이와 같이 인식할 우려가 있으면 족하다.[31] 약품의 경우에 '잘나'라는 표시나 복사기의 경우 'Quick Copy' 등은 지정상품의 효능을 표시하는 것들이다.

❸ 품질오인의 우려가 있는 경우

상표에 표시된 효능이 그 지정상품에 없거나 과태표시되는 등으로 인하여 일반 수요자가 상품의 효능의 오인을 일으킬 우려가 있는 경우에는 상표법 제7조 제1항 제11호도 동시에 적용한다.

— 사 례 —

(사례 1) 〔상표 및 지정상품〕 오가리(제43류 음식조리대행업, 한식점경영업 등)
〔판례〕 '오가리'는 국어사전에 ① 박, 호박의 살을 길게 오려 말린 것, ② 식물의 잎이 병들거나 말라서 오글쪼글한 모양, ③ 항아리(전남 방언), ④ 왜가리의 옛말을 뜻하는 것으로 등재되어 있는 사실, 특허청의 『2002.1.1. 시행 상품류구분 및 서비스업구분』제29류에 가공야채 및 가공과실류 상품군의 상품세목의 하나

31　① 어떤 상표가 지정상품의 원재료를 표시하는 것인가의 여부는 그 상표의 관념, 지정상품과의 관계, 현실 거래사회의 실정 등에 비추어 객관적으로 판단하여야 할 것이므로, 당해 지정상품의 원재료로 사용되는 것으로 일반 수요자나 거래자가 인식하고 있는 경우이어야 할 것이나, 일반 수요자나 거래자가 원재료의 정확한 명칭이나 그 성질 등을 인식하여야 할 필요는 없고, 그 상표가 바로 지정상품의 원재료를 표시하는 것이라고 인식할 수만 있으면 된다 할 것이다(대법원 1993.4.27. 선고 92후1714 판결 참조).

　② 상표법 제6조 제1항 제3호는 그 상품의 산지, 품질, 원재료, 효능, 용도, 수량, 형상, 가격, 생산방법, 가공방법, 사용방법 또는 시기를 보통으로 사용하는 방법으로 표시한 표장만으로 된 상표는 등록을 받을 수 없다고 규정하고 있는 바, 그 취지는 그와 같은 표시들은 통상 상품의 유통 과정에서 필요한 표시이기 때문에 이를 특정인에게 독점 배타적으로 사용케 할 수 없다는 공익상의 요청과 이와 같은 상표를 허용할 경우에는 타인의 동종 상품과의 관계에서 식별이 어렵다는 점에 그 이유가 있다 할 것이므로, 어느 상표가 이에 해당하는지의 여부는 그 상표가 지니고 있는 관념, 지정상품과의 관계 및 거래사회의 실정 등을 감안하여 객관적으로 판단하여야 하며 그 상표가 지정상품의 품질 등을 표시하는 표장으로 실제로 쓰이고 있거나 장래 필연적으로 사용될 개연성이 있다는 점은 고려의 대상이 되지 아니한다 할 것이다(대법원 1989.12.22. 선고 89후 438 판결).

　③ 본원상표 'HAIR DOCTOR' 중 "HAIR"는 '머리카락, 털' 등의 "DOCTOR"는 '의사, 박사, 진료하다' 등의 뜻이 있어 전체적으로 보면, '머리카락 의사(박사)' 등의 의미가 있다고 보겠으나 이를 지정상품인 양모제와 관련하여 볼 때 그 품질이나 효능을 어느 정도 간접적으로 암시하고 있기는 하지만 이를 직접적으로 표시하는 것이라고는 보기 어렵고, 이를 특정인에게 독점 배타적으로 사용하게 하는 것이 공익에 반하는 것이라고 볼 수 없다 할 것이다(대법원 1997.7.8. 선고 97후358 판결).

로 오가리를 포함하고 있는 사실, 인터넷의 검색사이트에서 제공하는 백과사전에는 오가리를 '건조채소의 일종, 고자리라고도 한다', '예전부터 가을에서 겨울로 접어들면서, 무·가지·호박 등을 잘게 썰거나 쪼개 말렸다가 추운 겨울에 먹을 수 있는 방법이다', '호박오가리로는 오가리떡을 해먹는 것이 일반적인 방법이고, 찌개에 넣거나 무쳐먹기도 하는데, 박오가리는 음식에 별로 쓰이지 않는 편이다', '호박오가리·가지오가리·무오가리 등을 물에 불렸다가 간장·후춧가루·깨소금·참기름·파·마늘 등을 섞은 양념간장을 넣고 볶아 나물로 요리한다'와같이 소개하고 있는 사실이 인정되는바, 위 인정사실 및 이 사건 등록서비스표의 지정서비스업은 모두 식품이나 음식점과 관련된 것으로서 오가리를 조리하거나 조리하지 않고 판매하거나 식단으로 제공하는 전문적인 업종에 해당하는 점 등을 고려하면, '오가리'는 이 사건 등록서비스표의 등록결정일인 2004.2.13. 당시 이 사건 등록서비스표의 원재료로서 현실로 사용되고 있거나 원재료로 사용되는 것으로 일반수요자나 거래자가 인식하고 있다고 인정된다(특허법원 2006.8.25. 선고 2006허3878 판결 및 대법원 2006.12.31. 2006후2837 판결 심불기각 참조).

(사례 2) 〔상표 및 지정상품〕 **squid** (제30류 소스, 국수, 곡물스프 등)

〔판례〕 이 사건 등록상표 "**squid**"는 영어로만 구성되어 있고 중등 영어 수준 이상의 다소 생소한 단어이기는 하다. 그러나 그 단어의 뜻인 오징어는 국내에서 자주 거래되는 해산물로서 일반 수요자나 거래자에게 매우 친숙한 말이다. 그리고 갑 제7, 8호증의 각 기재에 변론 전체의 취지를 종합하면, 오징어 먹물이 오래전부터 염모제, 샴푸 등의 원료로 사용되면서 그 광고나 포장용기 등에 오징어 먹물이 함유된 것을 알리기 위하여 '오징어'를 뜻하는 'squid' 또는 '스퀴드'라는 문자가 표시되는 예가 많은 사실을 인정할 수 있다. 한편, 염모제·샴푸 등의 주 수요층이라 할 수 있는 성인 여성은 이 사건 등록상표의 지정상품인 '소스, 국수, 만두피, 곡물스프, 샐러드드레싱, 양념수프, 올스파이스, 고추장, 된장' 등과 같은 식품의 주 수요자이기도 하다. 이러한 점들에 비추어 보면 이 사건 등록상표의 지정상품의 일반 수요자가 거래자는 이 사건 등록상표의 관념을 충분히 이해할 수 있을 것으로 보인다.

나아가 갑 제5, 6, 16호증의 각 기재에 변론 전체의 취지를 종합하면, 오징어는 예전부터 그 자체로 액적의 재료로 쓰이거나 김장김치 등을 만들 때 영양 및 풍미 강화를 위하여 첨가물로 쓰이고 그 먹물은 스파게티 등의 재료로도 많이 쓰이는 사실을 인정할 수 있다. 이에 비추어 보면 일반 수요자나 거래자는 이 사건 등록상표를 보고 주로 음식의 맛을 돋우기 위한 식품에 관련된 그 지정상품의 원재료 중의 하나를 표시하는 것으로 쉽게 인식할 것으로 보인다(특허법원 2010.4.1.선고 2009허9143 판결(심결취소) 및 대법원 2010.7.22. 선고 2010후1190 판결 심불기각 참조).

(5) 용도표시

🔳 의 의

「용도표시」라 함은 그 상표가 당해 지정상품의 용도(쓰임새)를 표시하는 것을 말한다. 상표가 상품의 용도를 표시하는 것에 해당되기 위해서는 그 지정상품의 용도를 직접적으로 표시하는 경우에 한하며 직접적인 표시가 아닌 간접적인 표시나 암시하는 정도의 상표는 상품의 용도를 표시하는 것으로 판단하지 않는다.[32] 또한 상표가 특정상품의 용도를 표시하는 것으로 인정되기 위해서는 일반 수요자가 그 상표가 지닌 의미를 직감적으로 인식할 수 있어야 하며 사전을 찾아보거나 심사숙고해야 알 수 있는 경우에는 용도표시에 해당하지 않는 것으로 취급한다.

「가방-학생」, 「운동용구-프로」, 「의류-베이비」, 「음료수-DIET」, 「자동차타이어-전천후」 등은 그 지정상품의 용도를 표시하는 상표들이다.

❷ 지정상품과 관련성

상표가 상품의 용도를 표시하는지 여부는 지정상품과 관련하여 판단한다. 그러므로 어느 특정상품과 관련하여 볼 때는 용도표시에 해당하는 상표라도 다른 상품에 대해서는 용도표시에 해당하지 않게 된다.

─ 사 례 ─

(사례 1) 〔상표 및 지정상품〕 (제30류 간이닭요리 식당업, 닭요리식당체인업 등)

〔판례〕 이 사건 출원서비스표는 문자 '닭익는마을'과 그 바탕을 노랑, 빨강, 초록으로 채색한 특징이 있으나 위와 같은 도형부분은 문자부분을 강조하기 위한 배경색에 불과하여 문자부분과 독립하여 어떠한 식별력을 가진다고 보기 어렵고, 문자 부분이 위와 같은 도형으로 인하여 상표로서의 인식력을 압도할 정도에 까지 이르지는 않았다. 문자 '닭' 부분은 지정서비스업의 제공대상을 직접적으로 표시하고, '익는' 부분은 '고기나 채소. 따위의 날 것이 뜨거운 열을 받아 그 성질과 맛이 달라진다' 등의 의미를 가진다. 그리고 '마을'은 원래 '여러 사람이 모여 사는 곳'이란 의미이고 특정한 서비스업을 제공하는 구체적인 장소를 의미하지는 않으나 어느 정도 장소적 관념을 가지고 있을 뿐만 아니라 갑제14호증 내지 제20호증의 각 기재에 의하면, 이 사건 출원서비스표의 출원당시 그 지정서비스업과 동일 또는 유사한 서비스업과 관련하여 '~ 익는 마을'이라는 표장이 다수 등록되어 있는 사실을 인정할 수 있으므로 이 사건 출원서비스표를 접하는 일반수요자나 거래자들은 '닭익는마을'을 '닭요리의 서비스의 제공처'로 충분히 인식할 수 있으므로 이 사건 출원서비스표는 그 지정서비스업과 관련하여 서비스업의 용도. 효능 등을 보통으로 사용하는 방법으로 표시한 표장만으로 된 서비스표에 해당한다(특허법원 2008.9.26. 선고 2008허7713 판결 참조)(심결지지).

---

32 본원 서비스표가 영문자를 일련적으로 표기하여 'TRAVELODGE'와 같이 구성된 것이기는 하나 오늘날 우리나라 거래사회에서 영어가 널리 보급되어 있으며, 더욱이 본원서비스업의 지정업인 '호텔, 모텔' 등을 이용하는 이용자들은 영어에 상당히 익숙한 자들이라 할 것이므로 비록 본원서비스표가 일련적으로 표기되었으며 영문자 알파벳 'L'이 빠지기는 하였으나 이를 대하는 수요자는 본원서비스표를 '여행하다, 여행' 등의 뜻이 있는 영문자 'TRAVEL'과 '묵다, 투숙하다' 등의 뜻이 있는 영문자 'Lodge'를 그와 같이 표기하여 구성된 것임을 쉽게 인식하다 할 것이며, 이로부터 '여행하다 묵는, 여행자가 투숙하는' 등의 관념을 직감한다 할 것이므로 본원서비스표는 그 지정업인 '호텔, 모텔'등의 성질(용도)을 직접적으로 표시하는 것이라고 판단한 원심은 정당하다(대법원 1993.3.9. 선고 92후1882, 1875 판결).

(사례 2) 〔상표 및 지정상품〕 마사이워킹(제25류 신발류)

〔판례〕 이 사건 등록상표 "마사이워킹"은 "마사이"와 '걷기, 산책, 보행'의 의미를 갖는 영어단어 'walking'의 한글발음인 "워킹"이 결합된 상표이고, 갑 제7호증의1, 2, 을 제7호증의1, 2의 각 기재에 의하면, "마사이"는 영문으로 Masai로 아프리카 동부 캐냐와 탄자니아 경계의 초원에 사는 주민을 의미하는 마사이족을 뜻하고, 이들은 나일로트계 흑인종으로 평균 173cm의 큰 키에 고수머리, 단정한 용모에 암갈색 피부가 특징인 사실을 인정할 수 있다. 따라서 "워킹"이라는 단어가 갖는 의미로 인하여 지정상품 중 신발 및 보행과 관련된 상품을 직감할 수 있지만, "마사이가" 가지는 기본적인 의미가 위와 같이 아프리카의 주민을 의미하고 있어서 "마사이워킹" 전체의 의미가 신발 및 보행과 관련하여 어느 정도 암시하거나 강조하는 정도를 넘어서 지정상품의 보통명칭을 나타내거나 지정상품의 효능·용도 등을 직감토록 한다고 하기 어렵다(특허법원 2007.9.6. 선고 2007허3844 판결, 대법원 2007.12.28.자 2007후3882 판결 심불기각).

(사례 3) 〔상표 및 지정상품〕 Mini Bank(제9류 개인휴대 단말기, 휴대용 전자계산기 등)

〔판례〕 이 사건 등록상표는 '작은, 소형'의 라는 뜻을 가지는 'Mini'와 '은행, 저장소'라는 뜻을 가지는 'Bank'가 결합된 문자로서, 우리나라의 영어보급수준에 비추어 일반수요자나 거래자들이 이 사건 등록상표의 지정상품 중 '현금입출금기(ATM)'와 관련하여서는 '소형 은행', 나머지 지정상품과 관련하여서는 정보나 프로그램 등을 저장하는 '소형 저장소'로 인식할 것인바, 이러한 '소형 은행', '정보나 프로그램 등을 저장하는 소형 저장소'라는 의미는 이 사건 등록상표의 지정상품들의 성질을 암시 또는 강조하는 것으로 보일 뿐 일반 수요자나 거래자들이 그 지정상품을 생각할 때 누구나 '현금을 자동으로 입출금할 때 사용하는 기계(automatic teller machine)'라거나 '컴퓨터 관련 저장장치 또는 소프트웨어' 등과 같이 그 지정상품의 효능이나 용도, 형상 등을 직접적으로 표시하는 것으로 인식한다고 할 수 없다(특허법원 2009.4.16.선고 2008허13336 판결(심결취소), 대법원 2009.7.9. 선고 2009후1217 판결).

(6) 수량을 표시하는 표장

「수량표시」라 함은 상품의 수량, 가격, 단위, 규격, 개수 등을 표시하는 것을 말하는데 상표가 지정상품의 수량표시에 해당되기 위해서는 그러한 표시가 거래사회에서 현실적으로 사용되고 있거나 앞으로 사용될 개연성이 있는 것이어야 한다. '개, 짝, g(그램), 켤레' 등은 상품의 수량을 표시하는 것들이다. 이와 같은 수량표시 역시 상품과 관련지어 판단하게 된다.

(7) 형상을 표시하는 표장

❶ 의 의

「형상표시」라 함은 상품의 형태, 모양, 무늬, 규격, 색깔, 구조 등을 표시하는 것을 말하며[33] 상표가 이와 같은 형상표시에 해당되기 위해서는 그 지정상품의 형상을 직접적

---

33   영문자 "SYSTEM"은 체계, 계통, 질서 등의 뜻이고, 아라비아 숫자 "12"는 규격번호 또는 문자 다음에

으로 표시하는 것이어야 한다. '크다, 작다, 둥근, 네모, SLIM, 캡슐' 등은 지정상품의 형상을 표시하는 것들이다.[34] 형상표시 또한 상품에 따라 달라질 수 있으므로 상표가 그 지정상품의 형상을 표시하는지 여부는 지정상품과 관련지어 판단하게 된다.

한편, 상표가 지정상품의 형상 등을 암시 또는 강조하는 것으로 보여진다하더라도 전체적인 상표의 구성으로 볼 때 일반거래자나 수요자들이 지정상품의 단순한 형상 등을 표기하는 것으로 인식할 수 없는 것은 이에 해당하지 아니한다.

❷ 입체적 형상의 경우

입체적 상표의 경우 상표가 그 상품 또는 표장의 일반적인 형태를 나타내는 경우에는 식별력이 없는 것이어서 본 호에 해당된다. 그러나 달리 식별력이 인정되거나 사용에 의한 식별력을 취득한 경우로서 상품 또는 그 상품의 표장의 기능을 확보하는 데 불가결한 입체적 형상의 경우에는 본 호가 적용되지 아니하고 법 제7조 제1항 제13호가 적용된다.

- **사 례** -

(사례 1) 〔상표 및 지정상품〕 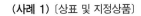 (입체상표임) (제30류 겨자가루, 마요네즈, 소스)

혼히 쓰이는 기호로 인식 또는 오인될 소지가 있으므로 본원상표 SYSTEM12는 수요자로 하여금 어느 상품의 모델번호나 규격표시로 직감케 할 개연성이 농후하다(대법원 1984.5.29. 선고 83후93 판결).

34 ①  (의약품) / (과자) / (화장품)

② 본원상표 " "가 식별력을 갖춘 것인지 여부를 살펴보면 이는 지정상품의 구성부분인 베이비오일의 용기의 모양을 도안화한 것으로서 같은 종류와 상품에 일반적으로 사용되는 용기의 모양을 보통으로 나타낸 정도에 불과하여 독특한 식별력을 갖춘 것으로는 인정되지 아니하므로, 본원상표는 그 상품의 형상을 보통으로 사용하는 방법으로 표시한 표장만으로 된 상표에 해당하여 등록될 수 없는 것으로 보아야 할 것인바, 같은 취지로 판단한 원심은 옳다(대법원 1994.3.25. 선고 93후1704 판결).

③ 'NOIR & BLANC' 중 'NOIR'는 '검은, 시커먼' 등의 뜻이고 'BLANC'은 '흰, 색이 없는' 등의 뜻으로 프랑스어이기는 하나 이 사건 출원상표의 지정상품인 스웨터, 스포츠셔츠, 티셔츠, 바지, 잠바 등 의류에는 검은색 또는 흰색으로 된 것도 있을 수 있으므로 출원상표가 가지는 의미가 그 지정상품 중 일부의 색상과 일치할 수도 있으나 거래실정에 비추어 볼 때 의류에는 그 밖에도 아주 다양한 색상이 있고, 위 지정상품들 역시 모두 검은색과 흰색만으로 되어 있을 리도 만무하므로 일반거래자나 수요자들이 위 출원상표를 보고 그것이 곧 지정상품인 의류의 색상 기타의 성질을 나타내고 있다고 인식할 리 없다(대법원 1995.2.10. 선고 94후1770 판결).

〔판례〕 이 사건 출원상표는 지정상품인 마요네즈 등의 용기의 모양을 입체적으로 도안화한 것으로서 같은 종류의 상품에 일반적으로 사용되는 용기의 모양을 보통으로 나타낸 정도에 불과하여 독특한 식별력을 갖춘 것으로 인정되지 아니한다(특허법원 2004.10.28. 선고 2004허3805 판결 참조).

(사례 2) 〔상표 및 지정상품〕 (제35류 완구판매중개업, 어린이용장난감 판매중개업, 오락 용구 판매중개업 등)

〔판례〕 이 사건 출원상표는 두 개의 반원 등이 서로 평평한 면에서 직각으로 접하여 전체적으로 십자가 등의 형태를 가지고 각 반원통의 양 끝부분을 제외한 나머지 부분의 외주 면에는 톱니 모양의 홈과 돌기가 형성되어 있는 입체적 표장을 가지는 표장으로 이 사건블록의 형상과 동일하다. 위 인정사실에 의하면, 이 사건 블록에 대응되는 블록을 포함한 블록 장난감 제품이 이 사건 심결일 약 8년 전부터 원고가 운영하는 몰펀코리아에 의해 국내에서 판매되어 왔고 그 판매량 또한 상당히 많으며, 몰펀코리아 외에 주식회사 블록피아코리아, 신한 에이엠 주식회사, 주식회사 한독토이즈, 베이비 인더시티 등 다수의 업체도 이 사건 블록 및 이 사건 블록에 대응되는 블록의 형상을 가지는 블록 부품을 포함한 블록 장난감 제품을 국내에서 판매하여 오고 있고 그 판매량 역시 적지 않은 사정을 알 수 있는바, 이에 비추어 볼 때 이 사건 출원서비스표는 이 사건 심결일 당시에 일반 수요자나 거래자들에게 톱니 모양의 홈과 돌기를 이용하여 다른 것과 끼워 맞춤으로써 원하는 사물의 형태를 만들 수 있는 블록의 형상으로 직감될 것으로 판단된다. 따라서 이 사건 출원서비스표는 그 지정서비스업 중 '블록쌓기(장난감)도매업' 및 '블록쌓기(장난감)소매업' 등에서 취급하는 물품인 블록의 형상을 보통으로 사용하는 방법으로 표시한 표장만으로 된 서비스표로서 상표법 제6조 제1항 제3호에 해당한다(특허법원 2012.11.9.선고 2012허4384 판결 심결지지).

(사례 3) 〔상표 및 지정상품〕  (제25류 스포츠셔츠, 스포츠재킷 등)

〔판례〕 ① 상표법상 상표의 정의 규정은 1949.11.28. 법률 제71호로 제정된 상표법 제1조 제1항에서부터 이 사건 출원상표에 대하여 적용되는 구 상표법(2011.12. 2. 법률 제11113호로 개정되기 전의 것) 제2조 제1항 제1호에 이르기까지 여러 차례 개정되어 왔으나, '자기의 상품을 타인의 상품과 식별되도록 하기위하여 사용되는 기호·문자·도형 또는 그 결합'을 상표로 보는 취지는 공통적으로 포함되어 있다. 이러한 상표의 정의 규정은 기호·문자·도형 또는 그 결합을 사용하여 시각적으로 인식할 수 있도록 구성하는 모든 형태의 표장을 상표의 범위로 포함하고 있다고 할 것이다. 따라서 이러한 규정에 따르면, '기호·문자·도형 각각 또는 그 결합이 일정한 형상이나 모양을 이루고, 이러한 일정한 형상이나 모양이 지정상품의 특정 위치에 부착되는 것에 의하여 자타상품을 식별하게 되는 표장'도 상표의 한 가지로서 인정될 수 있다(이러한 표장을 이하 '위치상표'라고 한다).

② 이 사건 출원상표는 위 세 개의 굵은 선이 지정상품의 옆구리에서 허리까지의 위치에 부착되는 것에 의하여 자타상품을 식별하게 되는 위치상표이고, 위 일점쇄선 부분은 이 사건 출원상표의 표장 자체의 외형을 이루는 도형이 아니라고 봄이 상당하다. 위와 같이 지정상품의 일반적인 형상을 나타낸 것으로 볼 수 있는 운동복 상의 모양의 일점쇄선 부분은 이 사건 출원상표의 표장 자체의 외형을 이루는 도형이 아니므로 이 사건 출원상표는 상표법 제6조 제1항 제3호에 정한 상품의 형상을 표시한 표장에 해당하지 아니한다.

③ 위 세 개의 굵은 선이 지정상품의 옆구리에서 허리까지의 위치에 부착될 경우 상품의 출처표시보다는

장식적인 기능을 하는 문양 등으로 인식될 것이므로 이 사건 출원상표는 그 표장 자체로는 수요자가 누구의 업무에 관련된 상품을 표시하는 것인가를 식별할 수 없는 상표로서 상표법 제6조 제1항 제7호에 해당한다.

④ 사용에 의한 식별력 구비여부에 관한 기준시는 원칙적으로 상표나 서비스표에 대하여 등록여부를 결정하는 결정 시이고, 거절결정에 대한 불복심판에 의하여 등록여부가 결정되는 경우에는 그 심결 시라고 할 것이다. 이 사건 출원상표의 사용기간, 신문이나 방송 등의 언론매체에 소개되거나 광고된 정도, 관련 판매점포 수, 판매액과 광고비지출, 이 사건 출원서비스표가 부착되는 위치 및 지정상품만 다른 별도의 위치상표들의 등록여부, 설문조사결과 등을 두루 종합하여 보면, 이 사건 출원상표는 이 사건 심결 시인 2009.11.17.경 스포츠셔츠, 스포츠재킷, 플오버에 관한 거래자 및 수요자의 대다수에게 원고의 제품을 표시하는 표장으로 인식되기에 이르렀다고 할 것이어서, 사용에 의한 식별력을 취득하였다고 할 것이다(대법원 2012.12.20. 선고 2010후2339 판결 파기환송).

(8) 가격표시

「가격표시」라 함은 그 상품의 가격을 표시하는 상표를 말하며 100원, 10$, 100¥ 등은 가격표시에 해당한다.

(9) 생산방법 · 가공방법 및 사용방법을 표시하는 표장

이는 당해 지정상품의 제조, 재배, 양식 방법 등 생산방법이나 그 상품의 가공방법과 사용방법을 직접적으로 표시하는 것을 말한다.[35] 예를 들어 지정상품이 책상인 경우에 '조립'이나 신발 · 구두인 경우 '수제' 등은 생산방법에 해당되며 'push' 등은 사용방법의 표시에 해당된다 할 것이다. 이 또한 지정상품과 관련지어 판단한다.

— 사 례 —

(사례 1) [상표 및 지정상품] 미니홈피 (제35류 광고 또는 판매촉진 시범업, 광고물배포업, 기업선전홍보업 등)
[판례] 이 사건 출원서비스표는 작다는 의미의 영어단어 "mini"와 홈페이지(homepage)의 줄임말인 "홈피"

---

35 본원상표는 영문으로 'GUARANTEED TO KEEP YOU DRY'와 같이 횡서하여 구성된 문자상표로서 상품류 구분 제26류의 '침낭, 베개, 쿠션, 등산용 텐트가 아닌 텐트' 등을 지정상품으로 하고 있는바, 위 영문표시 자체는 '건조한 상태로 있도록 보증된'이라는 뜻으로 해석되고 우리나라 외국어 교육수준에 비추어 가사 본원상표의 전체적 의미를 제대로 이해할 수는 없다고 하더라도 위 문장에 쓰인 단어 중 'guarantee'는 고등학교 수준에서 배우는 단어라 할 것이나 나머지 단어들은 모두 중학교 정도의 졸업 수준이면 이해할 수 있는 단어들로서 그 중 'dry'에 의하여 문법적 구조를 모르는 사람들도 직감적으로 지정상품과 관련하여 이들 상품이 습기에 젖지 않도록 방수처리된 것임을 표시한 것으로 인식하게 되는 것이 일반적일 것이므로 본원상표는 지정상품의 성질을 보통으로 사용하는 방법으로 표시한 표장 만으로 된 상표라 할 것이다(대법원 1995.4.14. 선고 94후2056, 2063 판결).

의 합성어로서, 인터넷상에서 사용자가 직접게시판, 방명록, 자신의 사진첩과 일기장 등을 꾸며 자신의 정체성을 표현하고, 커뮤니케이션 기능 등을 통해 타인과 인터넷상에서 네트워크를 형성하게 해주는 기능을 하는 개인화된 홈페이지로서 일반 홈페이지에 비해 그 저장용량이 비교적 작은 홈페이지를 총칭하는 용어로 네티즌들 사이에 일반적으로 사용되고 있는 사실, 이러한 기능을 하는 개인화된 홈페이지 제공서비스는 주로 "네이버", "프리첼", "야후" 등 포털사이트 업체에서 제공하고 있으며, 그 제공되는 서비스를 지칭함에 있어 원고처럼 "미니홈피"라고 하거나, "홈피", "마이홈피", "커뮤니티", "플래닛", "마이페이지" 등으로 다양하게 불리어지고 있고, 최근에는 미니홈피만을 전문으로 제공하는 사이트(www.minihompy.com)나 미니홈피의 구조, 메뉴, 화면 설계 등을 전문적으로 취급하는 웹디자인 업체도 등장하고 있고, 이러한 미니홈피는 인터넷상에서 개인공간 형태로 운영되기도 하지만 포털사이트업체 등 미니홈피 제공업체와의 계약에 의하여 상업적으로 운영되기도 하는 사실이 각 인정된다. 따라서 위와 같은 의미를 갖는 이 사건 출원서비스표의 지정서비스업 중 "광고 또는 판매촉진시범업, 마케팅서비스업, 광고물출판업, 기업선전홍보업" 등에 사용할 경우 서비스의 제공수단, 방법, 용도 등을 직접적으로 표시하는 성질표시적표장이라 할 것이므로 상표법 제6조 제1항 제3호에 해당한다(특허법원 2005.9.9. 선고 2005후4126 판결 참조).

(사례 2) 〔상표 및 지정상품〕 WORLDDIAL(제35류 데이터통신업, 무선통신업, 컴퓨터통신업 등)
〔판례〕 이 사건 출원서비스표 "WORLDDIAL"은 핸드폰통신업 등의 지정서비스업에 사용될 때 '문자(단어)전화번호(전화걸기)'등의 의미로 직감될 개연성이 높고, 이 경우 지정서비스업의 성질(사용방법 등)을 암시하는 정도를 넘어 이를 직접적으로 표현하는 것이라 할 것이다(특허법원 2008.5.16. 선고 2008허1623 판결 심결지지).

(10) 시기를 표시하는 표장

이는 상표가 당해 상품의 판매 또는 사용의 시기인 계절, 시기, 시간 등을 표시하는 것을 말하며 이와 같은 시기표시에 해당되기 위해서는 그러한 시기를 직접적으로 표시하는 경우에 여기에 해당된다. 지정상품이 의류인 경우에 '춘·하·추·동', 'Four Season', 신문·잡지에 있어서 매일·주간·월간 등은 상품의 시기표시에 해당된다 할 수 있다.[36] 상표가 시기표시에 해당되는지 여부는 지정상품과 관련지어 판단한다.

---

36   ① 이 사건 등록상표 '주간만화'는 지정상품인 잡지가 만화작품을 게재하거나 기타 만화에 관련한 내용을 담는 것임을 인식시키고, 또 잡지가 주간을 단위로 하여 생산·판매된다는 것을 인식시키는 점에서 지정상품인 잡지의 내용, 품질, 용도나 생산판매시기 등 상품의 성질을 보통으로 사용하는 기술적 상표라고 판단한다(대법원 1992.11.27. 선고 92후384 판결).
　　　 ② 이건 상표 '타임(TIME)'이 '시기, 시간' 등의 뜻을 가진 흔히 쓰이는 생활영어이기는 하나 녹차 등의 각종 음료인 그 지정상품의 특징을 설명하거나 묘사한 기술적 표장으로 사용되고 있거나 사용될 가능성이 없어 특별현저성이 없다고는 할 수 없다(대법원 1993.8.24. 선고 92후1585 판결).

4) 「보통으로 사용하는 방법으로 표시한」의 의미

「보통으로 사용하는 방법으로 표시한 표장」이라 함은 당해 상품의 산지, 품질 · 효능 등을 의미하는 문자나 기호 · 도형을 단순히 한글 · 한자 또는 영문자의 인쇄체 · 필기체로 표시하는 등 통상적으로 사용되는 글씨체 등으로 표시한 표장을 말한다. 그러므로 성질표시적 표장이라도 그것을 도형화 하였거나 특수한 서체로 표기하는 등 특수한 태양으로 표시함으로 인하여 단순히 산지, 품질 등을 표시하는 것으로 인식되지 않고 식별력이 있는 것으로 인식되는 경우에는 본 호에 해당되지 않는다.[37]

5) 「만」의 의미

상표가 본 호에 해당되기 위해서는 그 상표의 구성이 지정상품의 산지 · 품질 · 원재료 · 효능 등을 표시하는 문자 또는 도형만으로 구성된 것이어야 한다. 그러나 상표가 그 상품의 성질표시적 표장만으로 구성되지 아니하고 그 외에 다른 문자 · 기호 · 도형 등이 결합되어 있는 경우에는 그 결합된 부분의 식별력 여하에 따라 본 호 소정의 「만」으로 구성된 상표로 볼지 또는 상표등록을 허여할 지 여부가 결정되어 진다.[38]

6) 성질표시적 표장 여부의 판단

(1) 판단시기

출원 또는 등록상표가 기술적 표장에 해당되는지 여부는 상표등록여부결정 시를 기준으로 하여 판단한다.

---

[37]　① 상표의 도안화된 정도가 일반인의 특별한 주의를 끌 정도에 이르러 문자나 도형의 기술적 또는 설명적인 의미를 직감할 수 없을 만큼 문자나 도형의 인식력을 압도할 경우에는 '보통으로 사용하는 방법으로 표시하는' 표장이라고 볼 수 없을 뿐이다(대법원 2002.6.11. 선고 2000후2569 판결 등 참조).

　② 본원 상표(▨▨)는 원추형의 도형상표로서 이와 같은 형상의 과자 등이 널리 흔하게 유통되고 있는 거래사회의 실정으로 보아, 본원상표를 그 지정상품인 옥수수 스낵식품, 고구마 스낵식품 등에 사용할 경우 일반 수요자의 사회관념상 스낵과자의 형상으로 쉽게 인식된다 할 것이므로, 본원상표는 그 지정상품의 성질(형상)을 보통으로 사용하는 방법으로 표시한 표장에 불과하다. 나아가 본원상표는 그 출원 전에 출원인에 의하여 상표로서 사용된 바 없어 상표법 제6조 제2항에 의하여 등록될 수도 없다 할 것이다(대법원 1998.2.13. 선고 97후976 판결).

[38]　상표법 제6조 제1항 제3호에서 상품의 용도, 형상 등을 보통으로 사용하는 방법으로 표시한 표장만으로 된 상표는 등록을 받을 수 없다고 규정한 취지에 비추어 보면 단지 상품의 용도, 형상 등 기술적 표장만으로 된 상표는 물론이고 여기에 다른 식별력 있는 문자, 기호, 도형 등이 결합되어 있다고 하더라도 이들이 부수적 도는 보조적인 것에 불과하다거나 또는 전체적으로 볼 때 성질 등 표시상표로 인식된다면 이는 같은 법조 소정의 상표로 보아야 한다(대법원 1994.6.24. 선고 93후 1698 판결).

(2) 거래사회의 실정에 비추어 판단

상표가 기술적 표장에 해당되는지 여부는 국내에서 당해 지정상품의 거래사회의 실정에 따라 판단하여야 하며 외국의 거래사회 실정이나 외국에서 상표 등록된 사실은 별개의 사안이다.

(3) 일반 수요자를 기준으로 판단

상표가 기술적 표장에 해당되는지 여부는 일반 수요자가 그 상표로부터 직관적으로 느끼는 바에 따라 결정하는데, 여기서 일반 수요자라 함은 그 지정상품이 속하는 거래사회에서 당해 물건을 구매하여 사용하는 자를 말한다. 따라서 문자, 도형상표의 경우 일반 수요자가 그 표기된 문자나 도형으로부터 지정상품의 성질을 표시하는 것으로 인식하지 못하거나, 그 단어가 흔히 사용되는 용어가 아니어서 일반 수요자가 그 단어로부터 그 의미를 사전 등을 찾아봄으로써 비로소 알 수 있는 것이거나, 그 단어가 성질표시적 의미를 지니고 있기는 하나 그 단어의 대표적인 의미가 아니거나 거래사회에서 그와 같은 의미보다는 다른 사전적 의미로 사용되는 경우에는 기술적 표장에 해당되지 않는 것으로 본다.[39]

한편, 수요자가 사전적 의미를 인식하는지 여부는 지정상품이 속하는 거래사회 수요자계층의 어학수준을 기준으로 하여 판단한다.[40]

---

39   ① 구 상표법 제8조 제1항 제3호 소정의 상품의 품질, 효능 등을 보통의 방법으로 표시한 표장만으로 된 상표인지의 여부를 판단함에 있어서 상표의 의미내용은 일반 수요자를 기준으로 하여 그들이 그 상표를 보고 직관적으로 깨달을 수 있는 것이어야 하고 심사숙고하거나 사전을 찾아보고서 비로소 그 뜻을 알 수 있는 것은 고려대상이 되지 아니한다(대법원 1992.8.14. 선고 92후520 판결 참조).
      ② 본원상표의 구성은 'CHICLINE'으로 구성되어 있고 그 중 'CHIC'는 사전상 멋진·세련된 등의 의미를 지니고 있음은 판시와 같으나 위 영어단어는 국내에서 일반적으로 널리 사용하는 말이 아니어서 지정상품의 일반거래자나 그 수요자들이 본원상표를 보고, 'CHIC'를 분리하여 직관적으로 위와 같은 의미를 지닌 단어로 인식하고 전체적으로 '멋진 선, 세련된 선'을 의미한다고 보기는 어려우므로 본원상표 'CHICLINE'이 지정상품의 품질이나 효능 등을 보통으로 사용하는 방법으로 표시한 것으로 볼 수 없다(대법원 1993.4.27. 선고 92후2304 판결).

40   본원상표 'ANTIBIO'는 '항생'의 뜻이 있는 'ANTIBIOSIS'와 말미에 'SIS'가 있고 없는 차이가 있다 하더라도 그 지정상품이 랠토우버실러스에서 다플러스의 내성물질에 항생효과를 지니는 소화기관용 약제(항생효과가 있는 상품에 한정)임을 감안할 때 그 주된 수요층인 전문지식을 가진 의사나 약사는 물론 우리나라의 영어보급수준에 비추어 일반 수요자가 본원상표로부터 '항생'의 뜻이 있는 것으로 인식함에 큰 지장을 초래하지는 않는다고 보이며, 그것은 지정상품의 효능·용도를 암시하고 있는 정도를 지나 직접 표현하고 있는 것으로 보는 것이 상당하므로 이는 결국 지정상품의 용도나 효능을 직접적으로 표시한 것이라고 볼 수밖에 없다(대법원 1994.9.9. 선고 94후1008 판결, 법원 1996.9.24. 선고 96후78 판결 참조).

(4) 지정상품과 관련하여 판단

상표가 기술적 표장에 해당되는지 여부는 당해 지정상품과 관련하여 상표마다 구체적 · 개별적으로 판단하여야 한다. 따라서 특정 상품에는 성질표시에 해당하는 상표라도 다른 종류의 상품에는 기술적 표장이 아닌 것으로 된다. 한편, 지정상품 중 일부의 상품만이 성질표시에 해당하는 경우에도 당해 상표등록출원은 법 제6조 제1항 제3호의 규정을 이유로 거절되게 된다.[41]

7) 관련문제

(1) 기술적 표장만으로 구성된 경우

❶ 유사여부 판단

기술적 표장만으로 구성된 것으로서 보통으로 사용하는 방법으로 표시한 상표는 자타상품의 식별력을 결여한 표장이므로 상표구성에 있어 요부로 인정되지 아니하므로 타 상표와 동일 또는 유사여부 및 효력관계 등을 대비 판단함에 있어 이 부분을 제외하고 대비 판단한다.[42]

---

41   ① 지정상품이 2 이상 여럿인 출원상표가 일부 지정상품에 관하여는 상표등록요건을 갖춘 것으로 인정되고, 나머지 지정상품에 관하여는 상표등록요건을 갖추지 못한 것으로 인정되는 경우에 우리 상표법상 상표등록요건을 갖춘 지정상품 부분에 관하여는 등록사정하고, 상표등록요건을 갖추지 못한 지정상품 부분에 관하여는 거절사정함과 같이 분리하여 사정하여야 할 근거는 없다 할 것이므로 하나의 출원은 지정상품이 여럿이라 하더라도 일체불가분으로 취급할 수밖에 없어 일부 지정상품에 관하여 상표등록요건이 갖추어지지 아니한 경우 그것이 보정절차를 통하여 지정상품에서 철회되는 등 보정되지 아니하는 한 전체 지정상품에 대한 출원에 대하여 하나의 거절사정을 할 수 밖에 없는 것으로 보아야 할 것이다(대법원 1993.12.21. 선고 93후1360 판결).
    ② 상표가 지정상품 중의 하나에 대하여서라도 그 성질을 표시하는 것으로 인정이 될 때에는 그 출원등록이 전부 거절되어야 하므로, 본원상표가 그 지정상품 중의 하나에 대하여서만 그 성질을 표시하는 관계에 있을 뿐이고 나머지 상품들에 대하여는 그러한 관계에 있지 아니하다는 이유로 전체적으로 보아 본원상표가 지정상품의 성질을 표시하는 것이 아니라고 할 수 없다(대법원 1996.9.24. 선고 96후78 판결).

42   결합상표는 반드시 그 구성부분 전체의 명칭이나 모양에 의하여 호칭 · 관념되는 것이 아니고 각 구성부분을 분리하여 관찰하면 자연스럽지 못하여 어울리지 않는다고 여겨질 정도로 불가분적으로 결합되어 있지 아니하는 한 그 구성부분 중 일부만에 의하여 간략하게 호칭 · 관념될 수도 있다고 할 것이고(대법원 1992.12.24. 선고 92후1462 판결 참조) 그 유사여부의 판단에 있어서도 상표전체를 관찰하여 이를 판단하여야 할 것이나, 그 요부가 서로 유사하여 거래상 오인 · 혼동의 우려가 있으면 두 상표는 유사하다고 할 것이고 상품의 보통명칭, 관용표장, 기술적 표장, 회사의 명칭, 업종표시 등은 식별력이 없어 요부가 될 수 없으므로 상표의 유사여부를 판단할 때에도 이 부분을 제외한 나머지 부분을 대비하여 판단하여야 할 것이다(대법원 1992.9.14. 선고 91후1250, 1994.1.28. 선고 93후1254 판결 등).

그러나 기술적 표장만으로 구성된 등록상표의 경우에도 그 등록상표에 대한 무효가 확정되지 않는 한 그 상표권의 효력을 부인할 수 없다 할 것이므로 유사여부 판단에 있어서 이를 대비대상으로 하여 판단하며 또한 그 결합된 각각의 단어가 식별력이 없는 경우에는 이를 단어가 결합에 의하여 새로운 식별력을 형성하는지 여부를 기준으로 하여 유사여부를 판단한다.[43]

❷ 상표권의 효력제한

기술적 표장이 등록된 경우 상표등록무효 여부를 불문하고 상표권(금지권)의 효력이 제한된다. 또한 등록된 입체상표가 등록상표의 지정상품 또는 그 지정상품의 포장의 기능을 확보하는 데 불가결한 입체적 형상으로 된 경우도 상표권의 효력이 제한된다(법 제51조 제4호).

❸ 사용에 의한 식별력이 인정된 경우

기술적 표장에 해당하는 것이라 하더라도 출원 전에 상당한 기간 동안 사용한 결과 수요자에게 현저하게 인식된 경우에는 식별력이 인정되어 상표등록이 허여되며, 이 경우에는 상표권의 효력이 부인되지 아니한다.

(2) 기술적 표장만으로 구성되지 아니한 경우

❶ 기술적 표장이 부기적인 경우

전체적인 상표의 구성이 기술적 표장과 식별력이 있는 부분이 결합되어 구성된 경우에는 그 결합된 부분의 식별력 여부에 따라 등록·무효여부 및 상표권의 효력관계가 판단되는데, 상표구성 전체로 보아 기술적 표장이 부기적이고 식별력이 있는 부분이 부기적인 부분이 아닌 것으로 인식될 때에는 당해상표는 전체적으로 식별력이 있는 것으로 판단한다.

---

43   ① 인용상표의 구성 중 '자라'가 출원인의 주장과 같이 지정상품의 원재료 표시에 불과하여 식별력 없는 표장이라 하더라도 이미 그것이 상표로서 등록되어 있고 심판에 의하여 무효로 되지 않은 이상 이와 유사한 상표를 사용할 수 없다 할 것이다(대법원 1993.6.29. 선고 93후84 판결, 1993.7.16. 선고 93후404 판결 참조).
　　　② 상표의 유사 여부는 전체 상표를 대비하여 판단하는 것이 원칙이고 요부관찰이나 분리관찰은 전체관찰을 위한 하나의 보조수단에 불과한 것이므로 일련으로 구성된 조어나, 결합의 결과 그것이 각각의 문자의 의미를 합한 것 이상의 독자적인 의미를 갖는 단어가 되거나 새로운 관념을 형성하는 경우, 또는 분리가 가능하다고 할지라도 각각의 분리된 부분이 모두 지정상품과의 관계에서 식별력이 없는 경우 등에 있어서는 분리관찰은 적당하지 아니하므로 원칙으로 돌아가 분리되지 않은 상표 전체를 기준으로 유사 여부를 판단하여야 한다(대법원 2001.11.13. 선고 2001후1198 판결 등).

❷ 기술적 표장이 부기적이 아닌 경우

상표의 구성에 식별력이 없는 부분이 표현되어 있으나 상표구성 전체로 보아 식별력이 있는 부분이 부기적이고 그 식별력이 없는 부분이 부기적이 아닌 것으로 된 경우에는 전체적으로 식별력이 있는 상품이라고 인정되지 아니한다.[44]

❸ 입체상표의 경우

① 문자 · 도형 등이 부가된 경우   식별력이 없는 입체적 형상에 식별력을 가지는 문자나 도형 등이 부가되고 또한 그 부가된 표장이 상품 등의 출처를 표시하는 것이라고 인식될 수 있는 경우에는 전체적으로 식별력이 있는 것으로 본다. 그러나 부가된 문자나 도형 등이 식별력이 없는 당해 입체형상에 흡수될 정도로 그 표장 전체에서 차지하는 비중이 극히 작을 경우에는 그러하지 아니한다.[45]

② 입체적 형상에 형상 · 모양을 부가한 경우   입체적 형상에 나타난 형상이나 모양을 통하여 거래사회에서 당해 지정상품과 관련하여 동종의 상품(상품의 포장 또는 용기를 포함한다)으로 인식될 수 있는 경우에는 그 입체적 형상은 당해 물품의 일반적 형태에 해당하는 것이므로 식별력이 없는 것으로 본다.

③ 상품 또는 상품의 포장의 기능에 불과한 경우   입체적 형상에 일부 변형을 가하거나 추가적 장식을 하였더라도 그 변형 등이 상품 또는 상품의 포장의 기능이나 심미감을 발휘하는 데 불과한 것으로서 전체적인 형상의 특징을 통하여 거래사회에서 채용할 수 있는 범위를 벗어나지 않는 것으로 인식될 경우에는 당해 입체적 형상은 전체적으로 식별력이 없는 것으로 본다.

---

44   ① 기술적 문자상표가 도형화(도안화)되어 있어 일반인이 보통 주의력을 가지고 있는 경우 전체적으로 보아 그 도형화된 정도가 일반인의 특별한 주의를 끌 정도에 이르러 문자의 기술적 또는 설명적인 의미를 직감할 수 없을 만큼 문자 인식력을 압도할 경우에는 특별한 식별력을 가진 것으로 보아야 하므로 이러한 경우에는 구상표법 제8조 제1항 제3호에서 정하는 '보통으로 사용하는 방법으로 표시하는' 표장이라고 볼 수 없다 할 것이다(대법원 1994.9.27. 선고 94후708 판결, 1997.2.28. 선고 96후986 판결, 1998.2.27. 선고 97후310 판결, 2000.2.25. 선고 98후1679 판결 등).

② 상표법 제6조 제1항 제3호에서 상품의 용도, 형상 등을 보통으로 사용하는 방법으로 표시한 표장만으로 된 상표는 등록을 받을 수 없다고 규정한 취지에 비추어 보면 단지 상품의 용도, 형상 등 기술적 표장만으로 된 상표는 물론이고 여기에 다른 식별력 있는 문자, 기호, 도형 등이 결합되어 있다고 하더라도 이들이 부수적 또는 보조적인 것에 불과하다거나 또는 전체적으로 볼 때 성질 등 표시상표로 인식된다면 이는 위 법조 소정의 상표로 보아야 할 것이다(대법원 1994.6.24. 선고 93후1698 판결).

45   식별력이 없는 것으로 보는 경우

(제5류 의약품),   (제15류 전기기타),   (은단 수납용기)

4. 현저한 지리적 명칭, 그 약어 또는 지도만으로 된 상표(법 제6조 제1항 제4호)

1) 의 의

상표가 현저한 지리적 명칭만으로 되었거나 그 현저한 지리적 명칭의 약어만으로 구성된 경우 또는 세계지도 등 지도만으로 구성된 경우에는 상표등록을 받을 수 없다. 이와 같이 현저한 지리적 명칭, 그 약어 또는 지도만으로 된 상표에 대하여 상표등록을 금지하는 것은 자기의 상품과 타인의 상품과를 구별할 수 있는 자타상품의 식별력이 없다고 보기 때문이다.[46]

상표에 표시된 현저한 지리적 명칭으로 인하여 수요자에게 상품출처의 혼동을 일으킬 우려가 있을 경우에는 법 제7조 제1항 제11호로 함께 적용된다.

2) 현저한 지리적 명칭

「현저한 지리적 명칭」이라 함은 우리나라 및 외국의 국가명, 우리나라의 서울특별시·광역시·도의 명칭, 시 또는 직할시의 구·군의 명칭, 저명한 외국의 수도명·주명·대도시명 등 일반 수요자에게 현저하게 알려진 지리적 명칭을 말한다.[47]

---

[46] 상표법 제8조 제1항 제4호에서 현저한 지리적 명칭에 대하여 상표로서 등록을 받을 수 없다고 규정한 취지는 현저한 지리적 명칭은 상표법 제2조 제1항에서 규정하는 자기의 상품을 타업자의 상품과 식별시키기 위한 특별 현저한 상품표시가 될 수 없는 까닭이라 할 것이므로 출원상표가 현저한 지리적 명칭 그 자체가 아니라면 출원상표와 현저한 지리적 명칭과의 사이에 특별현저성 유무의 판단기준이 되는 호칭, 외관 및 관념을 종합하여 상표로서 등록될 수 있는 것인지의 여부를 가려야 한다(대법원 1988.2.23. 판결 86후157 거절사정).

[47] ① 구 상표법 제8조 제1항 제4호에서 정한 현저한 지리적 명칭이라 함은 단순히 현저히 알려진 지리적·지역적 명칭 등을 말하는 것일 뿐 그 지리적 명칭 등이 산지, 판매지, 서비스 제공장소 등을 나타내는 등으로 지정상품이나 지정서비스업과 특수한 관계가 있음을 인식할 수 있어야만 하는 것은 아니라 할 것이다(대법원 1984.5.15. 선고 83후90 판결, 1988.10.25. 선고 86후104 판결 등).

② 상표법 제6조 제1항 제4호에서 말하는 현저한 지리적 명칭이란 단순히 지리적, 지역적 명칭을 말하는 것일 뿐 특정상품과 지리적 명칭을 연관하여 그 지방의 특산물의 산지표시로서의 지리적 명칭을 요하는 것은 아니라 할 것이며, 따라서 그 지리적 명칭이 현저하기만 하면 여기에 해당하고, 그 지정상품과의 사이에 특수한 관계가 있음을 인식할 수 있는 것이어야만 하는 것은 아니다(대법원 2000.6.13. 선고 98후1273 판결).

③ 이 사건 등록서비스표는 한자「藝泉」과 한글「예천」이 병기된 문자상표인바, 경상북도군의 명칭인「예천(醴泉)」과 한글부분이 동일하기는 하다. 그러나 경상북도 군의 명칭인 예천(醴泉)이 국내의 행정구역상 군에 해당되고 그곳에 비행장이 소재하고 있다고 하더라도 이것만으로 국내의 일반 수요자들이나 거래자들에 널리 알려져 있다고 보기 어렵고 달리 이를 인정할 아무런 증거가 없다. 그 뿐만 아니라 이 사건 등록서비스표는 현저한 지리적 명칭으로만 된 서비스표라고 할 수 없다(특허법원 2000.12. 8. 선고 98허624 판결).

한편, 현저한 지리적 명칭인지 여부의 판단은 통상적인 일반 수요자의 평균적인 인식을 기준으로 하여 판단한다.

백두산, 충주호, 만리장성, 그랜드캐넌 등 국내 수요자에게 현저하게 알려진 국내외의 고적지, 관광지, 번화가 등도 현저한 지리적 명칭에 해당된다고 할 수 있으며, 그 외에 남대문, 불국사, 현충사 등도 여기에 해당하는 것으로 해석한다.

3) 그 약어

「그 약어」라 함은 현저한 지리적 명칭의 약어(略語)를 말하는데 대한민국에 있어서 한국, 서울특별시에 있어서 서울, 부산광역시에 있어서 부산, 미국의 도시 뉴욕, LA 등을 말한다.

4) 지 도

「지도」라 함은 국내 · 외 국가의 지도, 세계지도 등을 말하는데 「지도」와 동일한 경우는 물론 유사한 경우에도 여기에 해당되며, 그 도형을 단순화하는 등 지도를 다소 도형화 하였으나 그것이 특정국가 등의 지도로 인식될 수 있는 경우에는 여기에 해당된다.

5) 「만」의 의미

본 호에 해당되기 위해서는 상표가 국내 수요자에게 현저하게 인식된 지리적 명칭이어야 하는데, 현저한 지리적 명칭 · 그 약어 또는 지도만으로 구성되지 아니하고 그 외에 다른 문자 · 기호 · 도형 등이 결합되어 있는 경우에는 「현저한 지리적 명칭만」으로 구성된 상표가 아니며 그 결합된 부분의 식별력 여하에 따라 상표등록 여부가 결정되어 진다.[48]

---

48 ① 구 상표법 제8조 제1항 제4호의 규정은 현저한 지리적 명칭, 그 약어 또는 지도만으로 된 표장에만 적용되는 것이 아니고, 현저한 지리적 명칭 등이 식별력 없는 업종표시 또는 관용표장이나 기술적(記述的) 표장 등과 결합되어 있는 경우라 하더라도 그 결합에 의하여 표장을 구성하고 있는 단어가 본래의 현저한 지리적 명칭이나 관용표장이나 업종표시 또는 기술적 의미를 떠나 새로운 관념을 낳는다거나 전혀 새로운 조어가 된 경우가 아니면, 지리적 명칭 등과 업종표시 등이 결합된 표장이라는 사정만으로 새로운 식별력이 부여된다고 볼 수 없어 구상표법 제8조 제1항 제4호의 규정의 적용이 배제된다고 볼 수 없다(대법원 1992.11.10. 선고 92후452 판결, 1996.2.13. 선고 95후1296 판결, 1999.11.26. 선고 98후1518 판결 등).

② 등록서비스표인 '종로학원'의 구성 중 '종로'는 '서울특별시 종로구'의 명칭 또는 '종로3가' 등 종로구 소속 행정구역의 일종으로서 거리의 이름을 나타내는 현저한 지리적 명칭임이 명백하고, '학원'은 그 지정서비스업인 학원경영업과 관련하여 볼 때 지정서비스업의 내용 또는 보통명칭을 나타낸다고 볼 수 있

6) 지정상품 관련 여부

본 호는 그 지정상품과 무관하게 모든 상품에 적용된다.

7) 적용의 예외

(1) 현저한 지리적 명칭과 업종명을 결합한 경우

현저한 지리적 명칭과 업종명을 결합하여서 된 협회, 조합, 연구소 등 비영리단체와 상법상의 회사의 명칭과 이들의 약칭에 대하여도 본 호의 규정을 적용한다. 그러나 나머지 부분에 의하여 식별력이 있는 경우에는 상표등록이 허여된다.

(2) 현저한 지리적 명칭이 식별력을 취득한 경우

상표가 현저한 지리적 명칭에 해당하는 경우에도 그 상표가 상표등록출원 전에 사용한 결과 수요자 간에 현저하게 인식된 경우에는 상표등록을 받을 수 있다(법 제6조 제2항). 본 규정은 2001.2.3. 법률 제6414호에서 신설된 것으로 수요자에게 널리 알려진 지리적 명칭의 경우에는 상표의 등록을 허용하는 것이 상표법의 취지나 외국의 법제 등을 고려할 때 타당하다 하겠으며 또한 판례를 감안한 입법조치이기도 하다.

(3) 지리적 표시 단체표장의 경우

상표가 현저한 지리적 명칭에 해당하는 표장이라도 그 표장이 특정 상품 간에 특별한 관계에 있는 경우에는 (지리적 표시가 제3호에서 규정한 산지 표시에 해당하는 등) 이를 지리적 표시 단체표장을 출원하는 경우 상품등록을 받을 수 있다(법 제6조 제3항).

- 사 례 -

(사례 1) 〔상표 및 지정상품〕 Dakota(제25류 가방, 핸드백, 지갑 등)

〔판례〕 위 1)항의 인정사실에 의하면, Dakota는 미국 중북부에 위치한 사우스다코타(South Dakota) 주(州)와 노스다코타(North Dakota) 주(州)를 합친 지역을 뜻하므로, 지리적 명칭에 해당한다. 나아가, 위나 2)~6)항의 인정사실들, 즉 ① 사우스다코타 주는 국내에서도 유명한 관광지인 러시모어 조각상이 소재하고 있는 곳이고 인기리에 방영된 외화 시리즈를 통해서 그 배경으로 소개될 정도로 알려져 있는 점, ② 양 다코타 주의 날씨, 선거상황, 경제상황 등이 여러 차례 국내 언론을 통해 보도되었던 점, ③ 국내의 대학, 기업, 지방자치단체들이 양 다코타 주의 대학, 기업, 주부 등과 교류하며 왕래하고 있는 점, ④ 미국은 다방면

어 식별력이 없으므로, 이 사건 등록서비스표는 전체적으로 살펴볼 때 구상표법 제8조 제1항 제4호에서 정하는 현저한 지리적 명칭 등으로 된 표장에 해당된다(대법원 2001.2.9. 선고 98후379 판결).

에서 우리나라와 가장 교류가 많은 나라 중 하나일 뿐만 아니라 200만 명 이상의 재외 교포들이 거주할 정도로 친숙한 나라여서 그 연방에 속한 50개 주의 명칭과 그 소식들이 국내에도 자주 소개되는 점 등에 비추어 보면, 양 다코타를 뜻하는 'Dakota'는 이 사건 출원상표에 대한 등록결정시인 2010.1.18. 당시 우리나라 일반수요자 및 거래자에게 널리 알려져 있는 지리적 명칭에 해당한다(특허법원 2011.4.29. 선고 2010허7037 판결 심결지지).

(사례 2) 〔상표 및 지정상품〕 화정똥돼지(제43류 간이식당업 등 요식업)
〔판례〕 ① 원심 판결 이유에 의하면, 고양시 덕양구에는 "화정동"이란 지명이 있으며 위 지역에는 과거에는 작은 마을에 불과하였으나 신도시가 건설되면서 대규모 아파트 및 주택단지와 유흥가 등이 들어서고, 그에 따라 화정동과 관련한 부동산 기사 등이 여러 차례 신문에 게재되었으며 1996년경에는 "화정역"이란 전철역이 개통된 사실, 한편, 화정동내에서 "화정"이란 상호를 사용한 식당업 등이 행해지고 있고, 원고는 그곳에서 "원조 화정똥돼지"란 상호로 식당을 운영하다가 1999.12.경 피고에게 위 점포를 임대하여 그 이후부터 현재까지 피고가 위 점포를 운영하고 있는 사실 등을 인정한 다음, 위 인정사실 만으로는 이 사건 등록서비스표 "화정똥돼지" 중 "화정"이 그 지정서비스업인 간인식당업 등의 요식업의 제공 장소 내지는 그 지정서비스업의 특성을 직감할 수 있는 곳으로 우리나라의 일반수요자나 거래자들에게 인식되어 있다고 볼 수 없으므로 이 사건 등록서비스표가 상표법 제6조 제1항 제3호에서 정한 산지표시 표장으로 된 서비스표에 해당하지 아니한다고 판단하였음은 정당하다.
　② 같은 취지에서 원심이, 판시 인정 사실만으로는 "화정"이 일반수요자나 거래자들에게 널리 인식된 지리적 명칭이라고 볼 수 없어 이 사건 등록서비스표가 상표법 제6조 제1항 제4호에서 정한 현저한 지리적 명칭으로 된 서비스표에 해당하지 아니한다고 판단하였음은 정당하다(특허법원 2003.12.19. 선고 2003허3471 판결, 대법원 2004.4.28. 선고 2004후240판결).

(사례 3) 〔상표 및 지정상품〕 BUCKINGHAM(제25류 신발, 체조복, 한복류)
〔판례〕 민중서림에서 1989.4.10. 발행한 국어대사전에, '버킹검 궁전'이란 단어에 영어 단어인 'Buckingham'이 기재되어 있는 사실은 인정할 수 있으나, 갑 제14호증의1 내지 3의 각 기재에 의하면, '버킹검 궁전'이란 단어에 기재되어 있는 'Bucking- ham'은 '버킹검 궁전'의 약어임을 표시한 것이 아니라 '버킹검 궁전' 중 영어인 '버킹검'의 원어를 표시한 것 사실을 인정할 수 있고, 제20 내지 25호증은 'Buckingham'이란 단어의 각 인터넷 검색결과로서 '버킹검 궁전'에 대한 검색결과를 보여주고 있으나, 이는 'Buckingham'이란 단어와 관련된 단어 등의 검색결과에 불과할 뿐이므로, 위증거들은 모두 피고의 주장사실을 인정하기 부족하고, 달리 우리나라 소비자들 사이에 '버킹검 궁전'이 'Buckingham'으로 약칭된다는 사실을 인정할 증거가 없다. 오히려, 갑 제3호증, 제7호증의1 내지 5, 제8호증의 각 기재 및 변론 전체의 취지에 의하면, 영국에서는 'Buckingham Palace'를 약칭하여 "The Palace" 또는 "Buck House"로 부르는 사실, 영국에는 'Buckingham'이란 성씨(姓氏)가 있고, 버킹검 궁 역시 원래 'Buckingham' 공작이 소유하였던 저택이었던 사실, 영한사전상 'Bucking- ham'의 의미로는 '1. George Villers, 1st Duke of, (1592~1628) : 영국의 정신(廷臣)·정치가·군사지도자; 해군장관. 2. George Villers, 2nd Duke of, (1628~87); 영국의 정신(廷臣)·정치가·저술가; 1의 아들, 3. =Buckingham- shire'로 기재되어 있는 사실, 'Buckingham- shire'는 영국 잉글랜드 남부에 위치한 주(州)의 명칭인 사실을 엿볼 수 있을 뿐이다. 따라서 'Buckingham'을 'Bucking- ham Palace'의 약칭으로 볼 수 없다(특허법원 2006.7.14. 선고 2006허3205 판결, 대법원 2006.12.7. 2006후2417 판결 심불기각).

(사례 4) 〔상표 및 지정상품〕 곰배령(제29류 냉동된 완두콩, 냉동콩, 냉동한 두류 등)

〔판례〕 ① 곰배령이 2009.7.15.부터 일부 구간에 대하여 생태체험장으로 일반인에게 개방된 사실, ② MBC, SBS, KBS, 채널A가 곰배령을 방송의 소재 내지 배경으로 한 프로그램들을 방영한 사실, ③ 인터넷에서 곰배령에 관한 내용이 다수 검색되는 사실 등은 앞서 본 바와 같으나, 갑 제3, 5, 8, 10, 12호증의 각 기재에 변론의 취지를 종합하여 인정할 수 있는 다음의 사정 즉, (ㄱ) 곰배령은 지리적으로 강원도 오지에 위치해 있고 산림유전자원보호림으로 지정되어 장기간 입산이 통제되었다가 최근에 들어서야 제한적으로 일반인에게 개방된 점, (ㄴ) 곰배령이 2009. 이후 방송의 소재 내지 배경으로 몇 차례 채택된 바 있으나, 이는 곰배령이 유명해서라기보다는 오히려 잘 알려지지 않은 오지라는 점이 고려된 것으로 보일 뿐만 아니라, 프로그램의 성격, 시청률, 프로그램에의 활용 정도 등에 비추어 곰배령을 소재 내지 배경으로 한 위 프로그램들이 방영되었다는 사실만으로 곰배령의 지명도가 곧바로 높아졌다고 보기는 어려운 점, (ㄷ) 오늘날 인터넷에서 유통되는 정보의 양이나 이용현황 등에 비추어 단순히 곰배령에 관한 내용이 인터넷에서 다수 검색된다는 사실만으로 곰배령이 국내의 일반 수요자들에게 널리 알려졌다고 볼 수 없는 점 등을 고려해 보면, 곰배령은 이 사건 심결일(2012.2.23.) 당시 국내 일반 수요자들에게 인지도를 높여가고 있는 단계에 있었다고 볼 수 있을 지언정 그 지명이 널리 알려져 현저한 정도에 이르렀다고 볼 수 없다(특허법원 2012.7.20. 선고 2012허2609 판결 심결취소).

5. 흔히 있는 성(姓) 또는 명칭만으로 된 상표(법 제6조 제1항 제5호)

1) 의 의

흔히 있는 성 또는 명칭은 상표등록을 배제토록하고 있는데, 이는 성 또는 명칭은 흔히 접할 수 있는 것이므로 자타상표의 식별력이 없을 뿐만 아니라 특정의 성씨(姓氏)를 욕되게 할 우려가 있기 때문이다.

2) 흔히 있는 성 또는 명칭

「흔히 있는 성」이라 함은 흔히 있는 자연인의 성(姓)씨를 말하는데 국내외의 성씨를 모두 포함한다. 이씨 · 김씨 · 박씨 등은 흔히 있는 성이라 할 수 있다.

「흔히 있는 명칭」이라 함은 현실적 또는 관념적으로 존재하는 사물(事物)이나 법인, 단체 등에 붙여진 이름으로서 흔히 있는 것을 말하는데, 상사, 상점, 공업사, 사장, 총장 등은 흔히 있는 명칭이라 할 수 있으며 법인명(法人名)의 경우에도 그것이 흔한 경우에는 여기에 해당하는 것이다.[49] 그러나 보통명칭이나 관용표장, 개인의 이름이나 상품의

---

49 ① 상표법 제6조 제1항 제5호의 흔히 있는 성 또는 명칭은 현실적 또는 관념적으로 다수가 그것이 존재하는 것으로 인식하는 자연인의 성 또는 법인, 단체, 상호임을 표시하는 명칭 등을 말한다(특허법원 2001.5.11. 선고 2000후7670 판결).

명칭, 산, 강(江)등에 붙여진 명칭은 여기에 해당되지 않는 것으로 해석한다.

흔히 있는 성 또는 명칭인지 여부의 판단은 국내 거래사회실정에 비추어 판단하므로 외국인의 성은 비록 당해 국가에서 흔히 있는 성이라고 하더라도 국내에서 흔히 접할 수 있는 성이 아닌 경우에는 본 호에 해당되지 않는 것으로 판단한다.

3) 예 외

흔히 있는 성 또는 명칭이라 하더라도 그것이 보통으로 사용하는 방법으로 표시한 표장이 아니고 도형화하여 구성된 것이어서 흔히 있는 성 또는 명칭으로 인식되지 않거나 이들만으로 구성된 것이 아니고 그 외에 다른 문자 · 기호 · 도형 등의 결합으로 인하여 자타상품의 식별력이 있는 경우에는 본 호에 해당되지 아니한다.

그러나 흔히 있는 성 또는 명칭 이외에 다른 문자 · 도형 등을 결합하여 구성된 것으로서 그 외의 구성부분이 자타상품의 식별력이 없는 경우에는 전체적으로 식별력이 없는 상표이므로 등록이 불허된다.[50]

4) 지정상품 관련 여부

본 호는 지정상품과 관계없이 모든 상품에 적용된다.

- 사 례 -

(사례 1) 〔상표 및 지정상품〕 President

〔판례〕 영문자 "President"에 "대통령, 총장, 회장, 사장" 등의 의미가 있음은 객관적 사실이며, "회장" 또는 "사장"이라는 명칭이 거래계에서 흔히 사용되고 있다함은 현저한 사실이므로 이와 같은 문자만으로 된 상표는

---

② 본원상표 '리'가 우리나라 흔한 성씨인 이씨의 한글표기로 직감되고 한글 · 한자로 구성되어 있어 간단하고 흔한 표장이어서 상표법 제8조 제1항 제5호, 제6호의 규정에 해당된다고 판단한 원심은 정당하다(대법원, 1989.12.22. 선고 89후 582 판결 참조).

③ 'PRESIDENT'는 상표법 제8조 제1항 제5호에 규정된 흔히 있는 명칭을 보통으로 사용하는 방법으로 표시한 표장만으로 된 상표에 해당한다(대법원, 1985.9.24. 선고 85후57 판결, 1990.7.10. 선고 87후54 판결).

50 출원상표 "*Best 1 Company*"의 문자부분 중 'COMPANY'는 '회사 · 상회'의 뜻이 있어 현실적으로 거래사회에서 흔히 사용되는 법인이나 단체의 명칭에 해당하고 여기에 'BEST'라는 기술적 단어가 결합되었다고 하여 특별현저성이 있는 것도 아니며, 출원상표의 도형 부분도 출원상표에서의 위치 · 크기 등 구성 전체에서 차지하는 비중으로 보아 부수적 · 보조적인 데 불과하므로 이로 인하여 출원상표의 식별력이 생긴다고 할 수도 없다(대법원 1992.5.22. 선고 91후1885 판결).

흔히 있는 명칭에 해당한다(대법원 1985.9.24. 선고 85후57 판결, 1990.7.10. 선고 87후54 판결 참조)

(사례 2) 〔상표 및 지정상품〕 윤씨농방(제20류 장 등)

〔판례〕 이 사건 등록상표의 구성 중 "윤씨"는 우리나라에서 흔히 있는 성이고 "농방"은 이 사건 등록상표의 지정상품 중 하나인 "장"을 의미하는 "농을 파는 가게"를 뜻하는 것으로서 결합에 의하여 새로운 식별력이 생기는 것이 아니므로 상표법 제6조 제1항 제5호 소정의 "흔히 있는 성씨"에 해당한다(특허법원 2000.11.23. 선고 2000허2392 판결 참조).

6. 간단하고 흔히 있는 표장만으로 된 상표(법 제6조 제1항 제6호)

1) 의 의

「간단하고 흔한 표장」이라 함은 상표의 구성이 간단하고 또 그 표장이 거래사회에서 흔히 있는 표장을 말하는데, 간단하고 흔한 표장에 대하여 상표등록을 배제하는 이유는 자타상품의 식별력이 없기 때문이다.

2) 간단한 표장

「간단한 표장」이라 함은 그 표장의 구성이 한글이나 영문자 1자 또는 2자로 되었거나 그 도형이 간단하게 구성된 것을 말한다.[51] 한글 1자, 숫자 1자 또는 2자(3M등), 간단

51　① 상표법 제6조 제1항 제6호(법률 제2506호, 1973.2.8. 신설)에서 「간단하고 흔히 있는 표장만으로 된 상표」에 대하여 상표등록을 배제토록 한 것은 간단하게 구성된 표장 또는 간단하지는 않지만 흔히 있는 표장은 자타상품의 식별력이 없기 때문이다. 특허청은 그간 본 호를 간단하거나 또는 흔히 있는 표장에 대하여 본 호를 이유로 그 등록을 불허하여 왔으나 판례는 간단한 것만으로는 본 호에 해당되지 아니하고 아울러 흔히 있는 표장인 경우에 한하여 본 호에 해당되는 것으로 판시함에 따라 현재는 특허청도 대법원의 판례에 따르고 있다. ALPHA(α), M45, P&H, OMEGA(Ω) 등은 간단하고 흔히 있는 표장이라고 판시한 바 있으며(대법원 1980.3.25. 선고 79후97, 1983.11.22. 선고 82후65 및 1981.4.14. 선고 80후58 판결 등), 한편 'JT'(대법원 1983.4.13. 선고 92후1798 판결). 𝕿(대법원 1993.7.27. 선고 92후2267 판결)는 간단하고 흔히 있는 표장만으로 된 상표가 아니라고 판시하고 본 호의 적용을 배척하였다.
　② 상표법 제6조 제1항 제6호의 법리는 간단하고 흔히 있는 표장만으로 된 상표는 등록받을 수 없다는 것이지, 간단하거나 또는 흔히 있는 표장만으로 된 상표일 때에도 등록을 받을 수 없다는 뜻은 아니다(대법원 1993.2.26. 선고 92후1417 판결, 1993.4.13. 선고 92후1738 판결). 간단하고 흔한 표장이라 할지라도 그 하나만으로는 식별력이 부족하여 등록받을 수 없다는 것에 그칠 뿐 다른 것과 결합하여 전체상표 중 일부로 되어 있는 경우에도 전혀 식별력을 가지지 못하는 것은 아니므로 상표의 유사 여부를 판단함에 있어서 이 부분은 무조건 식별력이 없다 하여 비교 대상에서 제외할 수는 없다(대법원 1995.3.17. 선고 94후2070 판결).

한 도형(원형·마름모꼴 등), 영문자 1자 또는 2자(A&B, PH 등) 등으로 구성된 상표는 간단한 표장에 해당된다. 그러나 한글 또는 한자 1자로 구성된 것이라도 그로부터 사물의 관념을 직감할 수 있는 문자(예 : 닭, 별 등)인 경우에는 식별력이 있는 것으로 본다.

3) 흔히 있는 표장

「흔히 있는 표장」이라 함은 간단하게 구성된 표장은 아니나 우리 생활주변 또는 거래사회에서 흔히 접할 수 있거나 흔히 사용되는 것으로서 자타상품의 식별력이 없는 표장을 말한다. ALPHA(α), Beta(β), OMEGA 및 Ltd. 등은 간단하게 표기된 것은 아니나 그리스 자모(子母)로 영문자 알파벳 1자에 속하므로 간단하고 흔한 표장이며 123, One Two Three, △, ㅁ, 卍 등도 간단한 표장은 아니나 흔한 표장이라 할 수 있다. 반면에 777, 315, A&P 등을 간단하고 흔한 표장이라고 할 수 없다.

「흔히 있는 표장」은 본 호를 이유로 상표등록이 거절된다 하겠으나 「흔히 있는 성씨나 명칭」은 제5호에서 따로 규정하고 있으므로 본 호에서 제외된다.

4) 간단하고 흔히 있는 표장

본 호에서 규정한 것은 간단하고 흔한 표장을 말하므로 상표가 본 호를 이유로 등록이 배제되기 위해서는 「간단하고 흔히 있는」의 두 가지 요건 모두에 해당해야 한다. 따라서 표장이 비록 간단하게 구성된 것이라 하더라도 그것이 흔하게 사용되는 것이 아닌 경우에는 본 호에 해당되지 아니하며 또한 간단하고 흔한 표장이라 하더라도 그 표장이 도형화 또는 모노그램화 되었거나 색채와 결합하여 식별력이 있는 경우에는 본 호에 해당되지 않는다.

5) 지정상품 관련 여부

본 호는 지정상품과 무관하게 적용된다. 그러나 지정상품에 따라서는 그 표장이 거래사회에서 흔히 사용되지 않는 경우도 있으므로 이럴 경우에는 본 호에서 규정한 「흔한 표장」에 해당한다고 할 수 없을 것이다.

---

③ 'PLUS'는 '수학에서(+), 즉 더하다'는 의미를 가진 단어로서 간단하고 흔히 사용되는 일반적인 용어이다(1996.10.25. 선고 96후511 판결).

- 사 례 -

(사례 1) 〔상표 및 지정상품〕 **Q7** (제18류 귀금속 및 합금가죽보스턴백, 우산, 완구류 등)

〔판례〕 영문자 "Q"와 아라비아숫자 "7"이 단순히 결합된 것으로 보이며, 위와 같은 문자의 결합으로 인하여 새로운 관념이나 의미가 형성되는 것도 아니어서 종합적으로 누구의 업무에 관련된 상품을 표시하는 것인가를 식별하기에 충분하다고 보기 어렵다(특허법원 2008.12.17. 선고 2008허10344 판결 참조 심결지지).

(사례 2) 〔상표 및 지정상품〕 엑스골프(제28류 원격조정장난감, 완구용뇌관 골프채 등)

〔판례〕 이 사건 출원상표는 특별히 도안화되었거나 문자의 식별력을 압도할 정도로 형상화되어 있지 아니한 채 일상생활에서 흔히 볼 수 있는 영문자 "X"의 한글 음역 '엑스'와 그 자체로 지정상품의 성질표시 표장에 불과하여 식별력이 인정되지 아니할 뿐 아니라 일상생활에서 쉽게 접하는 용어인 '골프'가 서로 결합된 표장으로 간단하고 흔히 있는 표장만으로 구성된상표로서 상표법 제6조 제1항 제6호에 해당한다(특허법원 2011.4.13. 선고 2011허19 판결 심결지지).

(사례 3) 〔상표 및 지정상품〕 **CP** (제29, 35류 신선한 오리고기, 새우의 판매에 관한 기업경영 등)

〔판례〕 이 사건 출원상표/서비스표는 사각형의 검은색 바탕에 흰색 원을 2종으로 표시한 도형과 검은색 바탕 내에 영문자 대문자 "C"와 "P"를 흰색으로 표시한 문자의 결합표장으로서, 위 도형의 중앙부분에 문자를 위치시켜 결합함으로써 각각의 도형 및 문자가 갖는 의미와 다른 새로운 이미지를 느낄 수 있도록 구성되어 있을 뿐만 아니라, 위와 같은 도형과 문자를 결합한 표장의 전체적인 구성이 간단하고 흔히 있는 것이라고 볼 수도 없다(특허법원 2008.7.24. 선고 2008허2824 판결(심결취소) 대법원 2008.11.13. 선고 2008후3209 판결 심불기각).

(사례 4) 〔상표 및 지정상품〕 **지마트** (제35류 마케팅서비스업, 어패류판매대행업 등)

〔판례〕 이 사건 등록서비스표 중 " " 부분은 위와 같이 일반 거래계에서 흔히 보기 어려운 독특한 형상으로 구성되어 있는데다가 일반수요자들에게 여러 가지 의미로 인식될 수 있는 등 그 도안화의 정도가 특별한 주의를 끌 정도에 이르렀다고 할 것이므로 간단하고 흔한 표장이라고 보기는 어렵다(특허법원 2009.2.18. 선고 2008허12630 판결, 대법원 2009.5.14. 선고 2009후1002 판결 심불기각).

7. 기타 식별력이 없는 표장(법 제6조 제1항 제7호)

1) 의 의

이 규정은 상표법 제6조 제1항 제1호 내지 제6호에 대한 보충적 규정이다. 그러므로 상표가 상표법 제6조 제1항 제1호 내지 제6호에는 해당되지 않지만 그 외 달리 식별력

을 인정키 어려운 상표인 경우에는 본 호에 의하여 거절된다.[52]

한편 본 호에서 규정한 「기타 식별력이 없는 상표에 해당하는지 여부」는 그 상표가 지정상품과의 관계에 있어서 식별력을 가졌는지 여부를 판단하는 것이므로, 그에 관한 판단은 당해 상표를 사용하는 지정상품이 속하는 거래사회에서 여러 사람에 의하여 널리 사용되는지 여부를 거래사회의 실정에 비추어 판단하여야 한다.[53]

2) 기타 식별력이 없는 표장

구호(口呼)적인 표장, 유행어로 된 표장, 인사말, 단기 또는 서기를 나타내거나 사람 또는 동식물, 자연물을 사진 또는 인쇄 · 복사한 것, 단순한 색채만으로 구성된 표장, http://www. 등은 여기에 해당된다고 할 수 있다. 도형상표의 경우도 그 도형이 무엇을 의미하는지 구체적으로 인식할 수 없을 정도로 난삽한 도형인 경우에는 자타상품의 식별력이 없는 것으로 인정된다.[54]

---

52   상표법 제6조 제1항은 상표등록을 받을 수 없는 경우의 하나로 그 제7호에 '제1호 내지 제6호 외에 수요자가 누구의 업무에 관련된 상품인가를 식별할 수 없는 상표'를 규정하고 있는바, 이는 제1호 내지 제6호에 해당하지 아니한 상표라도 자기의 상표와 타인의 상표를 식별할 수 없는, 즉 특별현저성이 없는 상표는 등록을 받을 수 없다는 것을 규정한 것이고, 따라서 상표가 특별 현저성을 가진 상표인가 여부는 어느 상표가 일정한 상품과의 관계에 있어서 일반 수요자가 당해 상품에 대하여 그 상품의 출처를 인식할 수 있느냐, 없느냐에 따라 결정된다(대법원 1991.12.24. 선고 91후455 판결, 1994.9.27. 선고 94후906 판결).

53   상표법 제6조 제1항 제7호는 '제1호 내지 제6호 외에 자기의 상표와 타인의 상표를 식별할 수 없는 상표'는 상표로서 등록을 받을 수 없다고 규정하고 있는 바, 이 규정에 따라 등록이 거절되는 상표는 외관상 식별력이 인정되지 않는 상표, 많은 사람이 현재 사용되고 있어 식별력이 인정되지 않는 상표, 공익상으로 보아 특정인에게 독점시키는 것이 적당하지 않다고 인정되는 상표 등과 같이 상표법 위 조항 제1호 내지 제6호에는 해당하지 않으나 그 각 호의 취지로 보아 거절하는 것이 적당한 것으로 인정되는 상표들에 대하여 등록을 받을 수 없도록 한 취지의 보충적 규정이고, 이는 결국 상표가 일정한 상품들과의 관계에 있어서 일반 수요자가 당해 상품에 대하여 그 상품의 출처를 인식할 수 있느냐 없느냐, 즉 상표가 타인의 상품을 구별함에 족한 특별 현저성을 가진 상표인가의 여부에 따라 결정하여야 할 것이다(대법원 1987.1.20. 선고 86후85 판결, 1993.12.28. 선고 93후1018 판결).

54   ① 다음에 해당하는 상표는 식별력이 없는 표장으로 본다(특허청 상표심사기준).
      • 일반적으로 쓰이는 구호, 표어, 인사말이나 인칭대명사 또는 유행어로 표시한 표장
      • 단기 또는 서기를 나타내는 문자로 표시하거나 동연도와 혼동할 우려가 있는 표장
      • 사람, 자연물 또는 문화재를 사진, 인쇄 또는 복사하는 등의 형태로 구성된 표장
      • 수요자가 누구의 업무와 관련된 상품을 표시하는가를 식별할 수 없는 표장
      • 기타 식별력이 없는 표장으로서 법 제6조 제1항 제1호 내지 제6호의 어느 항목에 해당함이 분명하지 아니한 표장

      ② 도형상표 🐾와 🐚은 자타상품의 식별력이 없는 것으로 인정되어 구상표법 제8조 제1항 제7호의 규정에 의하여 거절된 바 있으며(대법원 1987.2.24. 선고 86후95 판결 및 1989.10.10. 선고 89후216

관련업계에서 여러 사람이 오랜 기간 동안 사용해옴으로써 일반 수요자들이 그 상표가 누구의 업무에 관련된 상표인지 식별할 수 있는 경우에도 판례는 본 호에 해당하는 것으로 취급하는데 여기서의 여러 사람은 업으로서 사업을 영위하는 것을 의미하는 것으로 해석 된다.[55]

한편 보통명칭, 관용표장에 이르지 아니한 상표 또는 성질표시적 상표로 인정하기 어려운 상표(암시적인 상표)에 대하여 본 호를 적용할 수 있는지에 대하여 의문이 있으나 본 호가 적용되지 않는다 할 것이며 달리 특별한 사유가 없는 한 상표등록을 허여하여야 할 것이다.

3) 지정상품 관련 여부

본 호는 지정상품과 무관하게 적용된다 하겠으나, 본 호 역시 특정의 상표가 그 지정상품에 사용되는 경우 식별력 유무를 판단하게 되는 것이므로 그 상품에 따라서 식별력 여부 판단이 달라질 수 있다 하겠다.

- 사 례 -

(사례 1) 〔상표 및 지정상품〕 011(제38류 전화통신업, 무선통신업 등)
〔판례〕 일반 수요자들에게 통신서비스의 통신망 식별번호로 인식될 뿐 서비스를 식별하는 표장으로 인식된다고 보기 어려우므로 식별력이 인정되지 아니한다(특허법원2004.12.24. 선고 2004허3324 판결, 대법원 2006.5.12. 선고 2005후346 판결).

판결 참조). 문자상표 '인류를 아름답게 사회를 아름답게'. 'BELIEVE IT OR NOT!' 상표도 특별현저성이 없는 것으로 인정된 바 있으며(대법원 1987.1.20. 선고 86후85, 1994.11.18. 선고 94후173 판결) '身土不二, 신토불이' (1995.4.20. 심결 93항원2236 및 1995.6.29. 심결 94항원1170)도 상표를 지정상품(제2류 참깨, 현미가루 등)과 관련하여 볼 때 일반적으로 쓰이고 있는 구호적인 표장에 해당된다는 이유로 본 호를 적용하여 거절한 원사정을 지지한 바 있다.

55 원심이 이 사건 출원서비스표(海東劒道)는 우리나라 고유의 전통검법을 뜻하는 명칭과 동일·유사할 뿐만 아니라, 그 출원일 훨씬 이전부터 대한민국해동검도협회와 대한해동검도협회(현재 산하에 전국적으로 30여 개의 체육도장이 있다), 출원인의 한국해동검도협회(현재 산하에 전국적으로 107개의 도장이 있다) 및 심판 외 김형진의 해동검도 체육도장 등 여러 사람이 오랜 기간 동안 이 사건 출원서비스표와 동일 또는 유사한 서비스표를 사용해옴으로써 이 사건 출원서비스표를 그 지정 서비스업인 해동검법 실기지도업, 체육도장 경영업 등의 서비스업에 사용할 경우 일반 수요자들은 위 서비스표가 누구의 업무에 관련된 서비스업을 표시하는 것인가를 식별할 수 없다는 이유로 이 사건 출원서비스표는 자타 서비스업의 식별력이 없는 서비스표에 해당하여 상표법 제6조 제1항 제7호 규정에 의하여 등록받을 수 없다고 한 조치는 수긍이 간다(대법원 1997.7.8. 선고 97후75 판결).

(사례 2) 〔상표 및 지정상품〕 4월31일(제30류 과자용향미료, 음료용향미료 등)
〔판례〕 '4월31일'은 그 제품의 제조일자, 유통기한 등으로 인식될 가능성이 많고, 그러한 경우 자기의 상품·서비스업과 타인의 상품·서비스업을 식별할 수 있는 특별현저성이 없다고 할 것이다(특허법원 2008.9.5. 선고 2008허6666 판결 심결지지).

(사례 3) 〔상표 및 지정상품〕 우리은행(제36류 은행업, 국제금융업, 대부업 등)
〔판례〕 '우리'는 말하는 이가 자기와 듣는 이, 또는 자기와 듣는 이를 포함한 여러 사람을 가리키는 일인칭 대명사, '말하는 이가 자기보다 높지 아니한 사람을 상대하여 자기를 포함한 여러 사람을 가리키는 일인칭 대명사', '말하는 이가 자기보다 높지 아니한 사람을 상대하여 어떤 대상이 자기와 친밀한 관계임을 나타낼 때 쓰는 말' 등으로 누구나 흔히 사용하는 말이어서 표장으로서의 식별력을 인정하기 어렵고, '은행'은 그 지정서비스업의 표시이어서 식별력이 없으며, 그 결합에 의하여 '우리'와 '은행'이 결합한 것 이상의 새로운 관념을 도출하거나 새로운 식별력을 형성하는 것도 아니므로, 이 사건 등록서비스표는 상표법 제6조 제1항 제7호의 수요자가 누구의 업무에 관련된 서비스업을 표시하는 것인가를 식별할 수 없는 해당한다고 판단한 원심은 정당하다(특허법원 2007.7.11. 선고 2005허9886 판결, 대법원 2009.5.28. 선고 2007후3301 판결).

(사례 4) 〔상표 및 지정상품〕 JUST DO IT(제27류 신발, 의류용 암밴드 등)
〔판례〕 이 사건 출원상표는 3개의 영어단어, 'JUST', 'DO', 'IT'이 결합된 상표로서, 우리나라 영어보급 및 교육수준에 비추어 지정상품의 일반수요자 사이에 'JUST'는 '바로, 마침, 오직, 단지' 등의 의미를, 'DO'는 '하다, 행하다' 등의 의미를, 'IT'는 3인칭 단수 주격 혹은 목적격으로서 '그것은 혹은 그것을' 등의 의미를 각각 가지고 있다는 점이 널리 인식되어 있다고 할 수 있다. 또한 위 단어들을 결합한 이 사건 출원상표를 직역하면, '그냥 한번 해 봐' 또는 '그냥 한번 해 보다' 등의 의미를 갖게 되는 점, 이 사건 출원상표의 지정상품은 '의류, 신발, 모자류'로서 주로 스포츠용품으로 사용될 수 있거나 스포츠와 관련된 상품인 점등을 고려하면, 이 사건 출원상표가 위와 같은 지정상품에 사용될 경우, 일반수요자나 거래자는 이 사건 출원상표를, '한번 시도해 보자' 또는 '한번 도전해 보자' 등 스포츠에서의 도전정신을 강조한 구호 내지 기업의 광고문안 정도로 용이하게 인식할 수 있다고 봄이 상당하다. 그러므로 이 사건 출원상표는 수요자가 누구의 업무에 관련된 상품을 표시하는 것인지 식별할 수 없는 상표라 할 것이므로 상표법 제6조 제1항 제7호 소정의 기타 식별력이 없는 표장에 해당한다(특허법원 2009.6.26. 선고 2008허14230 판결, 대법원 2009.11.12. 선고 2009후2425 판결 심불기각).

(사례 5) 〔상표 및 지정상품〕 Think(제27류 신발류, 모자류 등)
〔판례〕 영어단어 'Think'는 인터넷 포털 검색 사이트에서 관련자료가 다수 검색될 정도로 기본적인 영어단어인 점, 이 사건 출원상표의 지정상품이 속한 상품류에 관하여 이 사건 출원상표의 표장인 'Think'가 포함된 상표들이 이 사건 출원상표의 출원 이전에 이미 10여 개 이상 상표등록되어 있었고, 그 출원 이후에도 다수의 상표가 등록되었던 점 등을 감안하면, 이 사건 출원상표는 그 지정상품이 속한 상품류에서는 자타상품의 식별력이 부족하다고 할 것이다. 또한 기본적인 단어인 'Think'라는 표장을 특정인에게 독점시키는 것은 'Think'가 포함된 상표들의 집합 내지 상위개념으로 사용되고 인식되게 함으로써, 거래사회에서 'Think'가 포함된 상표들의 식별력을 희석화하는 결과를 발생하게 할 수도 있다고 할 것이어서 공익상으로도 바람직하지 아니하다(특허법원 2010.9.2. 선고 2010허3431 판결 심결지지).

III. 사용에 의한 식별력 취득

1. 서 언

1) 의 의

상표 그 자체는 식별력이 없는 표장이라 하더라도 그 상표를 다년간 사용한 결과 자타상품의 식별력을 취득하는 경우가 있다.

상표법은 성질표시적인 표장 등 자타상품의 식별력이 없는 상표라 하더라도 그 상표를 상표등록출원 전에 사용한 결과 그것이 누구의 상품을 표시하는 상표인지 수요자 간에 현저하게 인식되어 있는 경우에는 예외적으로 그 등록을 허여하고 있는데, 상표법에서 이와 같이 사용에 의하여 식별력을 취득한 상표에 대하여 그 등록을 인정하는 것은 이와 같이 사용에 의하여 자타상품의 식별력을 취득한 상표는 상표의 본질적기능인 상품출처표시기능을 수행할 수 있기 때문이다.

사용에 의하여 식별력을 취득하여 등록된 상표권의 효력에 대하여 이를 부인하는 견해와 그 효력을 긍정하는 견해가 갈라지고 있으나 후자의 견해가 다후이며 판례는 그 효력을 긍정하는 입장에 있다.[56]

2) 제도적 취지

사용에 의한 자타상품의 식별력을 취득한 상표에 대하여 그 등록을 허여하고 또 법에 의하여 일정한 보호를 하는 것은 등록주의에 대한 사용주의적 요소를 가미한 것으로써 이와 같이 사용에 의하여 자타상품의 식별력을 취득한 상표는 그 상표가 이미 누구의 상표인지 수요자에게 널리 인식된 것이므로 이러한 상표는 그 등록을 허여하여 계속 사용토록 하는 것이 상표사용자의 이익은 물론 수요자의 이익도 아울러 보호할 수 있다는 입법정책상의 이유에서이다.

---

[56] 그 하나는 성질표시적 표장이 비록 상표등록이 되었다 하나 그러한 상표는 상표법 제51조에서 그 효력을 제한하고 있으므로 그 상표권의 효력은 제한되어야 하며, 이때 상표권자는 권리자로서 만족해야 한다는 주장이다. 이에 대하여 다른 하나는 그 상표는 자타상품의 식별력이 인정되어 등록된 것이므로 그 효력이 인정된다는 입장으로 판례는 그 효력을 인정하는 입장이다(대법원 1992.5.12. 선고 91후103, 1992.5.11. 선고 88후974, 981, 998 판결 등). 후자가 타당하다 할 것이며 이는 법 제51조 규정의 취지는 성질표시적인 표장 등이 심사관의 착오로 잘못 등록되었을 때 그 효력을 제한함으로써 선의의 상표사용자를 보호하고자 마련된 규정이라 할 것이므로 이와 달리 식별력이 인정되어 등록된 상표는 상표법에서 목적으로 하고 있는 상품의 출처표시기능 등을 수행한다 할 것이므로 그 효력을 인정함이 타당하다 할 것이다.

2. 사용에 의한 식별력이 인정되는 상표 및 판단기준

1) 사용에 의한 식별력이 인정되는 상표(법 제6조 제2항)

① 그 상품의 성질을 표시하는 상표(법 제6조 제1항 제3호)
② 현저한 지리적 명칭·그 약어 또는 지도만으로 된 상표(법 제6조 제1항 제4호)
③ 흔히 있는 성 또는 명칭(법 제6조 제1항 제5호)
④ 간단하고 흔히 있는 표장만으로 된 상표(법 제6조 제1항 제6호)
⑤ 상품 또는 상품의 포장의 외형을 표시하는 등 법 제6조 제1항 제3호 내지 제6호에 해당되는 입체상표

2) 판단기준

(1) 주체적 기준

상표가 상표등록출원 전에 사용한 결과 그 상표가 누구의 상표인지 널리 알려졌는지 여부는 일반 수요자에게 널리 인식되었는지 여부가 일응의 판단기준이 된다.

(2) 시기적 기준

사용에 의한 자타상품의 식별력 취득여부의 판단을 어느 시점에서 판단하는가에 대하여 출원시설(出願時說)과 결정시설(決定時說)이 있으나 상표법에서는 제6조 제2항 전단에서 「상표등록출원 전에 상표를 사용한 결과」라고 규정하고 있어 출원 시를 기준으로 하고 있음이 분명하다(법 제6조 제2항).[57] 따라서 상표등록출원한 상표가 법 제6조 제2항을 이유로 그 등록이 인정되기 위해서는 당해 상표가 상표등록출원 이전에 수요자 간에 현저하게 알려져야 한다.

그러나 판례는 사용에 의한 식별력 취득시기와 관련하여 그간에는 출원시설과 결정시설로 나뉘다가 등록결정 시 또는 거절결정 시를 기준으로 하여 판단하여야 한다는

---

[57] 상표법에서 이와 같이 규정한 것은 기술적 표장을 출원한 후 TV, 신문 등 대중 광고매체를 통하여 대대적인 선전을 함으로써 그것이 상표등록여부 결정시점에서는 특별현저성이 인정되는 경우 그 상표는 상표법 제6조 제2항의 규정에 의하여 등록을 받을 수 있게 되는바, 이럴 경우 출원인은 지속적인 광고, 선전을 함으로써 상표등록여부 결정시점에서 특별현저성을 획득하고자 노력할 것이고 또한 이를 위하여 의도적으로 출원상태를 계속적으로 유지시키게 되므로 이는 절차의 번잡성을 초래할 뿐만 아니라 이러한 결과는 대기업에만 유리하게 되는 불합리한 점이 생기기 때문으로 그 시기를 「출원 시」로 일률적으로 동일하게 적용함으로써 그 기준을 누구에게나 동등하게 적용하기 위함이다. 만약 본 규정의 적용시기를 거절결정 시나 등록결정 시로 하는 경우에는 그 거절 또는 등록결정 시가 일률적이지 못하고 늦거나 빠른 등 불균형적이기 때문에 불합리하다.

결정시설이 지배적 입장이다.[58] 나아가 판례는 등록 후에 사용에 의한 식별력을 취득한 경우에도 법 제6조 제2항에 해당하는 것으로 판시하고 있다.[59]

(3) 지역적 기준

사용에 의한 자타상품의 식별력 취득여부는 국내를 기준으로 하여 판단하며 외국상표의 경우에도 국내 수요자에게 널리 알려졌느냐 여부가 판단의 기준이 된다.

---

58   ① 〈출원시설〉 구상표법 제8조 제2항이 상표를 출원 전에 사용한 결과 수요자 간에 그 상표가 누구의 상표인가가 현저하게 인식되어 있는 것은 같은 조 제1항 제3, 5, 6호의 규정에도 불구하고 등록을 받을 수 있도록 규정한 것은 원래 특정인에게 독점시킬 수 없는 표장에 대세적인 권리를 부여한 것이므로 그 기준을 엄격하게 해석 적용하여야 할 것이고(대법원 1994.5.25. 선고 92후2274 판결 참조), 그와 같이 수요자 간에 현저하게 인식되어 있는지 여부는 상표의 출원 시를 기준으로 판단하여야 할 것이다(특허법원 2000.12.8. 선고 2000허1399 판결).

    ② 〈결정시설〉 상표법 제6조 제2항에 의하면 위와 같이 기술적 표장에 해당하는 상표라도 상표등록출원 전에 상표를 사용한 결과 수요자 간에 그 상표가 누구의 업무에 관련된 상품을 표시하는 것인지 현저하게 인식되어 있는 것은 그 상표를 사용한 상품을 지정상품으로 하여 상표등록을 받을 수 있다. 그런데 위 규정의 취지는 원래 특정인에게 독점 사용시킬 수 없는 표장에 대세적인 권리를 부여하는 것이므로, 그 기준은 엄격하게 해석·적용되어야 할 것인바, 수요자간에 그 상표가 누구의 상표인지 현저하게 인식되었다는 사실은 그 상표가 어느 정도 선전 광고된 사실이 있다는 것만으로는 이를 추정할 수 없고, 구체적으로 그 상표 자체가 수요자간에 현저하게 인식되었다는 것이 증거에 의하여 명확하게 되어야 할 것이며, 이와 같은 사용에 의한 식별력의 구비 여부는 상표 등록결정시 또는 거절결정시를 기준으로 판단하여야 한다(대법원 2003.5.16. 선고 2002후 1768 판결, 2008.11.13. 선고 2006후3397, 3403, 3410, 3427 판결 등 참조).

59   ① 상표법 제6조 제2항은 기술적 상표 등 식별력이 없는 상표라도 상표등록출원 전에 상표를 사용한 결과 수요자 간에 그 상표가 누구의 업무에 관련된 상품을 표시하는 것이나 현저하게 인식되어 있는 것은 그 상표를 사용한 상품을 지정상품으로 하여 상표등록을 받을 수 있다고 규정하고 있고, 만일 어느 기술적 표장이 상표법 제6조 제2항에 의하여 등록이 되었다면 이러한 등록상표는 같은 항에 의하여 특별현저성을 갖추게 된 것이어서 상표권자는 그 등록상표를 배타적으로 사용할 수 있는 권리를 가지게 되었다고 볼 것이며, 이러한 등록상표에 관한 한 그 상표권은 앞서 본 상표법 제51조 제2호 소정의 상표에도 그 효력을 미칠 수 있다고 보아야 할 것이므로, 그 상표권자는 위 제51조 제2호의 규정에도 불구하고 타인이 그 등록상표와 동일 또는 유사한 상표를 그 지정상품과 동일 또는 유사한 상품에 상표로서 사용하는 것을 금지시킬 수 있는 것이라고 할 것이고(대법원 1992.5.12. 선고 88후974, 981, 998 판결 참조), 이는 기술적 상표가 등록이 된 이후에 사용에 의하여 상표법 제6조 제2항에서 규정한 특별현저성을 취득한 경우에도 마찬가지라고 봄이 상당하다(대법원 1990.12.21. 선고 90후38(권리범위), 1996.5.13. 신고 96마217 결정, 상품권침해).

    ② 등록상표 '새우깡'의 구성요소 중 '새우'는 지정상품의 원재료표시이어서 구상표법(1990.1.13. 개정 전) 제8조 제1항 제3호의 규정에 해당되고, '깡'은 지정상품이 과자류인 경우에는 관용화된 표장이지만 "새우깡" 자체가 관용표장이라 할 수 없고, "새우깡"에 대한 선전 광고 사실과 1973년 이래 현재까지 등록상표가 계속 사용되어 온 사실에 비추어 등록상표가 수요자간에 널리 인식되었고, 또한 현실적으로도 우리의 주위에서 피청구인의 상표인지 쉽게 알 수 있을 정도로 널리 알려져 있음이 거래실정이라면, 등록상표는 그 전체를 하나의 상표로 봄이 타당하며, 같은 조 제2항 소정의 장기간 사용에 의한 특별현저성이 형성된 상표라고 할 것이다(대법원 1990.12.21. 선고 90후38 판결).

또한 국내에서의 인식은 전국적이냐 일정지역이냐에 대하여 논란이 있으나 판례나 학설은 일정지역에서 알려진 경우에도 여기에 해당되는 것으로 하고 있다. 한편 판례는 상표권의 효력이 전국적으로 미친다는 이유로 상표가 전국적으로 현저하게 인식되어야 한다고 판시한 바 있다.[60]

(4) 실체적 기준

이와 관련하여 상표법은 제6조 제2항에서 상표등록출원 전에 상표를 사용한 결과 수요자간에 그 상표가 누구의 업무에 관련된 상품을 표시하는 것인가 현저하게 인식되어 있는 것은 「그 상표를 사용한 상품」이라고 규정하고 있어, 사용에 의한 자타상품의 식별력이 인정되는 상표는 상품에 실제 사용한 상표를 기준으로 하여 그 상표가 특정의 상품이 속하는 거래사회에서 수요자에게 널리 알려졌는지 여부를 판단한다. 따라서 앞으로 사용예정인 상표나 그와 유사한 상표 및 유사한 상품에 대하여는 인정되지 아니한다.

3. 사용에 의한 식별력 취득 인정요건 및 효과[61]

1) 인정요건

(1) 독점적 · 계속적 사용

사용에 의한 자타상품의 식별력 취득이 인정되기 위해서는 상표등록출원 전에 특정인이 특정상표를 상당기간에 걸쳐 독점적 · 계속적으로 사용한 결과 수요자 간에 그 상표가 누구의 상품을 표시하는 것인가 현저하게 인식되어 있어야 한다. 따라서 독점적 사용이 아닌 여러 사람에 의하여 사용되거나, 계속적인 사용이 아닌 일시적인 사용인

60 　상표법 제6조 제2항이 상표를 출원 전에 사용한 결과 수요자 간에 그 상표가 누구의 상표인가를 현저하게 인식되어 있는 것은 그 제3, 5, 6호의 규정에도 불구하고 등록을 받을 수 있도록 규정한 것은 원래 특정인에게 독점시킬 수 없는 표장에 대세적인 권리를 부여한 것이므로 그 기준은 엄격하게 해석 · 작용되어야 할 것이고, 상표는 일단 등록이 되면 우리나라 전역에 그 효력이 미치는 것이므로 현저하게 인식되어 있는 범위는 전국적으로 걸쳐 있어야 할 것이고 특정지역에서 장기간에 걸쳐 영업활동을 해왔고 그 지역방송 또는 신문 등에 선전 · 광고를 해왔다거나 그 상표와 유사한 다른 상표에 대한 장기간의 선전 · 광고가 있었다는 것만으로는 그 상표가 제6조 제2항에 해당하는 상표라고 보기는 어렵다고 할 것이다(대법원 1994.5.24. 선고 92후2274 및 1994.8.26. 선고 93후1100 판결).

61 　상표법 제6조 제2항에서 상표를 출원 전에 사용한 결과 수요자 간에 그 상표가 누구의 것인지 현저하게 인식되었을 경우 제1항 제3, 5, 6호의 각 규정에도 불구하고 등록을 받을 수 있게 한 것은 원래 특정인의 독점 사용이 부적당한 표장에 대세적인 권리를 부여하는 것이므로 그 기준은 엄격하게 해석 적용되어야 하는 것이다(대법원 1994.5.24. 선고 92후2274 전원합의체 판결).

경우에는 사용에 의한 자타상품의 식별력이 인정되지 아니한다.

(2) 현저하게 인식되어 있을 것

「현저하게 인식된 것」이 어느 정도 인식된 것을 뜻하는지에 대하여 일의적으로 단정짓기는 어렵다 할 것이며 또한 이에 대한 견해나 판례도 확립된 바 없다 하겠으나, 법제6조 제2항 후단에서 「그 상표가 누구의 업무에 관련된 상품을 표시하는가 현저하게 인식되어 있는 것」이라고 규정하고 있어 그 지정상품이 속하는 거래사회에서 수요자 간에 현저하게 인식된 것」, 즉 주지정도 이상으로 알려진 것을 의미하는 것으로 해석된다. 판례나 심판에서도 이 입장에 있다.[62]

(3) 상표 및 상품이 동일할 것

사용에 의한 자타상품의 식별력이 인정되는 상표는 실제로 사용한 상표와 그 상품에 한한다. 따라서 실제로 사용한 상표가 아닌 그와 동일성이 인정되는 정도의 상표나 이와 유사한 상표, 그 상품이 상표를 사용한 상품과 동일한 상품이 아닌 동종 또는 유사 상품에 대하여는 본 항의 규정이 적용되지 아니한다.[63] 그러나 최근의 판례는 이를 확대하여 인정하는 경향에 있는데, 한글·영문자 및 한문자의 결합으로 구성된 상표에

---

[62]   ① 상표법 제6조 제2항에서 상표를 출원 전에 사용한 결과 수요자간에 그 상표가 누구의 상표인가가 현저하게 인식되어 있을 경우 같은 조 제1항 제3호 내지 제6호의 규정에도 불구하고 등록을 받을 수 있도록 규정한 취지는 원래 특정인에게 독점 사용시킬 수 없는 표장에 대세적인 권리를 부여하는 것이므로 그 기준은 엄격하게 해석, 적용하여야 할 것이어서, 수요자간에 그 상표가 누구의 상표인지 현저하게 인식되었다는 사실은 그 상표가 어느 정도 선전·광고된 사실이 있다거나 또는 외국에서 등록된 사실이 있다는 것만으로는 이를 추정할 수 없고, 구체적으로 그 상표 자체가 수요자간에 현저하게 인식되었다는 것이 증거에 의하여 명확히 인정되어야 하며, 이와 같은 사용에 의한 식별력의 구비여부는 등록결정시 또는 거절결정시를 기준으로 하여 판단하여야 한다(대법원 2003.5.16. 선고 2002후 1768 판결).
　　② 사용에 의한 식별력이 인정된 상표
　• '모시메리' 상표가 당초에는 특별현저성이 없는 것으로 판단되어 등록이 거절된 바 있으나(대법원 1987.2.10. 선고 83후100) 사용에 의한 식별력이 인정된 상표로서 상표등록이 허여된 바 있다(특허청 1989.12.31. 88항원495 심결).
　• '맛나' (지정상품 : 제4류, 화학조미료),
　• 'CLEAN WRAP/크린랩' (지정상품 : 제24류, 식품포장용 폴리에틸렌필름)은 사용에 의한 식별력이 인정된 상표이다(특허청 86항절862, 1987.6.30. 및 1994.11.30. 93항원1570 심결 참조).
[63]   상표법 제6조 제2항에서 말하는 '상표를 사용한 결과 수요자간에 그 상표가 누구의 업무에 관련된 상품을 표시하는 것인가 현저하게 인식되어 있는 것'은 실제로 사용된 상표 그 자체이고 그와 유사한 상표까지 식별력을 취득하는 것은 아니며(대법원 2006.11.23. 선구 2005후1356 판결 참조), 상표 전체에 대하여 사용에 의한 식별력이 인정되더라도 상표를 이루는 각 구성요소에 대해서까지 사용에 의한 식별력이 인정되는 것은 아니다(대법원 2006.5.12. 선고 2005후339 판결 참조).

있어 그중 한글만으로 사용하여 식별력을 취득하였지만 그 식별력을 취득한 한글 부분과 그의 영문표기와 한글표기로 인정되는 영문·한글자를 결합한 경우 그 식별력을 취득한 한글 부분을 그대로 포함하고 있다는 이유로 식별력을 취득한 것으로 인정함으로써 동일 또는 동일성의 범위를 넓게 인정하려는 경향에 있다.[64]

2) 식별력 취득 인정의 효과

(1) 상표등록 허여

사용에 의한 자타상품의 식별력이 인정된 상표는 그것이 비록 상표법 제6조 제1항 제3호, 제4호, 제5호, 제6호에서 규정한 성질표시적인 상표(입체상표 포함), 현저한 지리적 명칭, 흔히 있는 성 또는 명칭, 간단하고 흔히 있는 표장만으로 된 상표라 하더라도 다른 등록요건을 결하지 않는 한 상표등록이 허여된다. 그러나 상품의 형상 중「상품 또는 그 상품의 포장의 기능을 확보하는 데 불가결한 입체적 형상」은 사용에 의한 식별력을 취득한 경우에도 그 등록이 배제된다(법 제7조 제1항 제13호).

반면에 사용에 의한 식별력이 인정되지 않는 상표임에도 사실인정을 잘못하여 법 제6조 제2항에 해당하는 것으로 하여 등록된 경우에는 관련규정 위반을 이유로(법 제6조 제1항 제3호 내지 제6호) 그 등록이 무효가 된다.

(2) 전용권 발생

사용에 의한 자타상품의 식별력이 인정되어 상표등록된 경우 상표권으로서 상표법에 의하여 보호되며 전용권·금지권이 발생하는데, 금지권은 유사상표에까지 미치게 된다.[65]

---

64   대법원 2012.11.15. 선고 2011후1982 판결.

65   ① 상표법 제26조(현행 제51조) 제2호는 등록상표의 지정상품과 동일 또는 유사한 상품의 보통명칭, 산지, 판매지, 품질, 효능, 용도, 수량, 형상, 가격 또는 생산방법, 가공방법, 사용방법 및 시기를 보통으로 사용하는 방법으로 표시한 상표에는 등록상표권의 효력이 미치지 아니한다고 규정하고 있지만 만일 어느 기술적 표장이 같은 법 제8조 제2항에 의하여 등록이 되었다면 이러한 등록상표는 같은 항에 의하여 식별력을 갖추게 된 것이어서 이러한 등록상표에 관한한 그 상표권은 위 제26조 제2항 소정의 상표에도 그 효력이 미칠 수 있다고 보아야 할 것이고, 따라서 그 상표권자는 위 제26조 제2호의 규정에 불구하고 타인이 그 등록상표와 동일·유사한 상표를 그 지정상품과 동일·유사한 상품에 상표로서 사용하는 것을 금지시킬 수 있다고 할 것이다(대법원 1992.5.12. 선고 91후103 판결).

    ② 상표「맛나」는 기술적 표장에 해당되는 것이지만 상표법 제8조 제2항(현행법 제6조 제2항)에 의하여 등록된 것이므로 상표권자는 지정상품인 "화학조미료"에 독점적으로 사용할 수 있는 권리를 가지는 한편 타인이 그 상표와 동일 유사한 상표를 그 지정상품과 동일 유사한 지정상품에 사용하는 것을 배제할 수 있는 권리가 있다(대법원 1992.5.12. 선고 91후103 및 91후97 판결).

(3) 타인의 상표등록 배제

사용에 의한 자타상품의 식별력이 인정된 상표는 상표법 제6조 제2항의 규정에 의거 상표등록이 허여되는 외에 그 상표와 동일 또는 유사한 상표 및 상품에 대하여 타인의 상표등록을 배제한다.

(4) 부정경쟁방지법에 의한 보호

사용에 의하여 자타상품의 식별력이 인정된 상표는 상표법에 의하여 보호되는 이외에 부정경쟁방지법에 의하여도 보호된다.

4. 관련 문제

1) 현저하게 인식된 정도

상표법은 사용에 의한 자타상품의 식별력 취득요건을 「수요자 간에 그 상표가 누구의 업무에 관련된 상품을 표시하는 것인가 현저하게 인식되어 있는 것」이라고 규정하고 있으나 그 「현저하게 인식된 정도」가 어느 정도인지 명확치 않을 뿐만 아니라 이에 대한 판례나 학설도 확립된 바 없다.

따라서 이에 대하여 주지상표 정도로 알려진 것으로 이해하는 견해와 저명상표 정도로 알려진 것으로 이해하는 견해가 대립되고 있으나 상표법 제6조 제2항 전단에서 「그 상표가 누구의 업무에 관련된 상품을 표시하는 것인가 현저하게 인식되어 있는 것」이라고 규정하고 있어, 문리해석상 「현저하게 인식」은 법 제7조 제1항 제9호, 제10호에서 규정한 「현저하게 인식」과 동일하게 해석되는바, 주지·저명상표로 볼 정도로 알려져 있으면 본 항의 요건을 충족한다 할 것이다. 그러나 상표의 「현저하게 인식」여부는 획일적·일의적으로 판단할 수는 없다 할 것이고 상표마다 구체적·개별적으로 판단해야 한다.[66]

---

③ 상표 「모시메리(MOSIMERI)」가 상표법 제8조 제2항(현행법 제6조 제2항)에 의하여 등록된 경우라도 그 상표권자는 그 등록상표를 독점배타적인 권리를 가지고 타인이 그 등록상표와 동일 또는 유사한 상표를 그 지정상품과 동일 또는 유사한 상품에 상표로서 또는 상표적으로 사용하는 것을 금지시킬 수 있다고 보아야 한다(대법원 1992.5.11. 선고 88후974, 981, 998, 91후97, 91후103 및 1992.6.9. 선고 91후1335, 1342 판결).

66 ① 예컨대, 「특급」이나 「원조」를 사용상표로 하고 있는 경우 이런 상표는 오랫동안에 걸친 선전·광고와 상표를 사용한다 하더라도 자타상품의 식별력을 인정하기 어렵다 하겠으나 '하이런닝'(지정상품 : 런닝샤쓰), '원터치'(지정상품 : 전자레인지), 'KICKERS'(지정상품 : 축구화) 등의 경우에는 위의 상표들보다 식별력을 취득(현저하게 인식)하기가 보다 용이하다 하겠다.
② 사용에 의한 식별력의 취득을 인정하기 위하여는 상표의 사용기간, 사용횟수 및 사용의 계속성,

2) 현저하게 알려진 시기

법 제6조 제2항의 적용요건인 알려진 시기와 관련하여 문리해석상 및 입법취지로 미루어 볼 때 사용에 의한 식별력취득시기는 상표등록출원전을 기준으로 판단해야 할 것으로 해석된다 하겠으나 판례는 그 시기와 관련하여 등록결정 시 또는 거절결정 시를 기준으로 판단하여야 한다는 입장을 견지하고 있다.[67]

3) 사용에 의하여 식별력이 인정되는 상표

사용에 의하여 식별력이 인정되는 상표와 관련하여 판례는 법 제6조 제1항 제3호 내지 제6호에 해당하는 상표에 국한하지 않고 동 제7호에 해당하는 상표로 사용에 의한 식별력이 인정되어야 한다는 입장에 있다.[68]

4) 상표권의 효력 제한여부

사용에 의한 식별력이 인정되어 등록된 상표의 경우 상표권의 효력에 대하여 그 효

그 상표가 부착된 상품의 생산·판매량 및 시장점유율, 광고·선전의 방법, 횟수, 내용, 기간 및 그 액수, 상품품질의 우수성, 상표사용자의 명성과 신용, 상표의 경합적 사용의 정도 및 태양 등을 종합적으로 고려하여, 당해 상표가 사용된 상품에 대한 거래자 및 수요자 대다수에게 특정인의 상품을 표시하는 것으로 인식되어 있을 것을 요한다(대법원 2008.9.25. 선고 2006후2288 판결 등).

[67] 구 상표법(2001.2.3. 법률 제6414호로 개정되기 전의 것) 제6조 제2항, 제2조 제3항에서 상표·서비스표를 출원 전에 사용한 결과 수요자 간에 그 상표·서비스표가 누구의 상표·서비스표인가가 현저하게 인식되어 있을 경우 같은 조 제1항 제3, 5, 6호의 규정에도 불구하고 등록을 받을 수 있도록 규정한 취지는, 원래 특정인에게 독점사용시킬 수 없는 표장에 대세적인 권리를 부여하는 것이므로 그 기준은 엄격하게 해석·적용되어야 할 것인바, 수요자 간에 그 상표·서비스표가 누구의 상표·서비스표인지 현저하게 인식되었다는 사실은 그 상표·서비스표가 어느 정도 선전·광고된 사실이 있다거나 또는 외국에서 등록된 사실이 있다는 것만으로는 이를 추정할 수 없고 구체적으로 그 상표·서비스표 자체가 수요자간에 현저하게 인식되었다는 것이 증거에 의하여 명확하게 되어야 할 것이며, 한편 이와 같은 사용에 의한 식별력의 구비 여부는 등록사정 시 또는 거절사정 시를 기준으로 하여 판단되어야 한다(대법원 1999.9.17. 선고 99후1645 판결 및 2003.5.16. 선고 2002후1768 판결 등).

[68] 상표법 제6조 제1항 제7호는 같은 조 제1항 제1호 내지 제6호에 해당하지 아니하는 상표라도 자기의 상품과 타인의 상품 사이의 출처를 식별할 수 없는, 즉 특별현저성이 없는 상표는 등록을 받을 수 없다는 것을 의미할 뿐이므로, 어떤 표장이 그 사용상태를 고려하지 않고 그 자체의 관념이나 지정상품과의 관계 등만을 객관적으로 살펴볼 때에는 특별현저성이 없는 것으로 보이더라도, 출원인이 그 표장을 사용한 결과 수요자나 거래자 사이에 그 표장이 누구의 업무에 관련된 상품을 표시하는 것으로 현저하게 인식되기에 이른 경우에는 특별한 사정이 없는 한 그 표장은 상표법 제6조 제1항 제7호의 특별현저성이 없는 상표에 해당하지 않게 되고, 그 결과 상표등록을 받는 데 아무런 지장이 없으며, 같은 조 제2항에 같은 조 제1항 제7호가 포함되어 있지 않다는 사정만으로 이를 달리 볼 것은 아니다(대법원 2003. 7.11. 선고 2001후2863 판결).

력이 제한된다는 견해와 제한되지 않는다는 견해가 대립되고 있다.

그 하나의 견해에 따르면 상표법 제51조 제2·3·4호에서 ① 등록상표의 지정상품과 동일 또는 유사한 상품의 보통명칭·산지·품질·원재료·효능·용도·수량·형상·가격 또는 생산방법·가공방법·사용방법 및 시기를 보통으로 사용하는 방법으로 표시한 상표, ② 등록상표의 지정상품과 동일 또는 유사한 상품에 대하여 관용하는 상표와 현저한 지리적 명칭 및 그 약어 또는 지도로 된 상표, ③ 등록상표의 지정상품 또는 그 지정상표의 표장의 기능을 확보하는 데 불가결한 입체적 형상으로 된 상표에는 그 상표권의 효력이 제한된다고 규정하고 있어 동 규정에 따를 경우 타인은 이와 동일 또는 유사한 상표를 자유로이 사용할 수 있으며 그에 대하여 상표권자는 아무런 구제방법이 없으며 이 경우 상표권자는 상표등록의 의미밖에 없게 되는 것으로 해석하고 있다.

그러나 상표법 제6조 제2항과 제51조의 입법취지 등으로 미루어 볼 때 상표법 제6조 제1항 제3호, 제4호, 제5호, 제6호에 해당하는 상표로서 사용에 의한 자타상품의 식별력을 취득하여 등록된 상표는 그 상표권의 효력이 제한되지 아니함이 타당하다 할 것이며 판례도 그 상표가 법 제6조 제2항의 규정에 의하여 등록된 경우에는 그 상표권의 효력은 제한되지 않는 것으로 판시하고 있다. 따라서 본 규정은 과오에 의하여 잘못된 경우에 한하여 그 효력이 제한되는 것으로 보아야 할 것이다. 이와 같이 해석하는 이유는 상표법 제51조의 상표권의 효력제한 규정은 등록될 수 없는 상표임에도 심사관의 착오나 간과 등으로 잘못 등록된 경우 그 등록이 무효되기 전이라도 상표권의 효력을 제한함으로써 선의의 상표사용자를 보호하고 누구나 그 상표를 사용하게 할 필요가 있기 때문이다. 이와 같이 해석하지 아니할 경우에는 법 제6조 제2항과 제51조 간에 상호 충돌하게 되고 법 제6조 제2항을 규정한 취지는 상실되기 때문이다.

다만, 법 제51조 제2호에 기재한 것 중 보통명칭, 관용표장의 경우는 법 제6조 제2항에 의거 사용에 의한 식별력이 인정되지 않는 것이므로 등록된 경우라도 그 효력이 제한됨이 마땅하다 할 것이며, 입체적 형상 중 상품 또는 상품의 포장의 기능을 확보하는 데 불가결한 입체적 형상만으로 된 상표의 경우에도 법 제7조 제1항 제13호의 규정의 취지로 미루어 볼 때 그 효력이 제한된다고 봄이 타당하다 할 것이다.

- 사 례 -

(사례 1) 〔상표 및 지정상품〕 SPEED 011(제38류 전화통신업, 무선통신업 등)
〔판례〕 ① 상표법 제6조 제1항 제7호는 같은 조 제1항 내지 제6호에 해당하지 아니하는 서비스표라도 특별현저성이 없는 상표는 등록을 받을 수 없다는 것을 의미할 뿐이므로, 어떤 표장이 그 사용상태를 고려하지 않

고 그 자체의 관념이나 지정서비스업의 관계 등만을 객관적으로 살펴볼 때에는 특별현저성이 없는 것으로 보이더라도, 출원인이 그 표장을 사용한 결과 수요자나 거래자 사이에 그 표장이 누구의 업무에 관련된 서비스업을 표시하는 것으로 현저하게 인식되기에 이른 경우에는 특별한 사정이 없는 한 그 표장은 상표법 제6조 제1항 제7호의 특별현저성이 없는 서비스표에 해당하지 않게 되고, 그 결과 서비스표등록을 받는데 아무런 지장이 없으며, 같은 조 제2항에 같은 조 제1항 제7호가 포함되어 있지 않다는 사정만으로 이를 달리 볼 것은 아니다(대법원 2003.7.11. 선고 2001후2863 판결 참조).

② 원심판결의 이유를 위 법리와 기록에 비추어 살펴보면, 원심이 그 채용 증거들에 의하여 그 판시와 같은 사실을 인정한 다음, 이 사건 등록서비스표는 그 구성자체로는 식별력이 인정되지 아니하지만, 그 지정서비스업 중 "전화통신업, 무선통신업"과의 관계에서 원고의 사용에 의하여 일반수요자가 원고의 서비스업의 출처를 나타내는 식별표지로 현저하게 인식하게 됨으로써 식별력을 취득하였다고 판단하였음은 정당하다. 한편, 이 사건 등록서비스표가 전화통신업 등과의 관계에서 사용에 의한 식별력 취득이 인정된다 하더라도, 이는 영문자 "SPEED" 부분과 아리비아숫자 "011" 부분이 결합된 상태의 이 사건 등록서비스표 전체에 관하여 일체로서 식별력 취득이 인정된다는 것일 뿐, 그 구성요소인 "SPEED" 부분이나 "011" 부분에 대해서까지 독립하여 사용에 의한 식별력 취득이 인정된다는 것은 아니므로, 위와 같이 사용에 의한 식별력 취득이 인정되는 것에 의하여 통신망 식별번호인 "011" 부분에 대해서까지 원고에게 독점적인 권리를 인정하고 타인의 자유로운 사용을 금지하는 결과를 낳게 되는 것이라고 볼 수 없다(특허법원 2004.12.24. 선고 2004허3317 판결(심결취소), 대법원 2006.5.12. 선고 2005후339 판결 원심지지).

(사례 2) 〔상표 및 지정상품〕 SUPERIOR(제25,28류 골프화, 골프복, 골프바지, 골프가방, 골프장갑 등)

〔판례〕 이 사건 출원서비스표 "SUPERIOR"는 이 사건 결합상표 중 " ⊕SUPERIOR"나 " SUPERIOR "와 비교하여 도형 ' ' 부분이 없고, 이 사건 결합상표 중 "SGF"와 비교하여 도형 ' ' 부분 및 영문자 'SGF' 부분이 없는데, 도형 ' ', ' ' 부분이나 영문자 'SGF' 부분이 식별력이 없다고 보기 어려워 결국, 이 사건 결합상표가 사용된 사실을 가지고 바로 이 사건 출원상표가 사용에 의한 식별력을 취득하였다고 할 수는 없다.

그러나 위 인정사실에서 본 바와 같이, ① 원고가 1983년부터 이 사건 거절결정일인 2011.7.8.까지 약 28년이라는 오랜 기간 동안 이 사건 출원상표를 지정상품인 각종 골프용품의 표장으로 사용해온 점, ② 하나의 카탈로그 및 하나의 골프용품에서 이 사건 출원 출원상표와 이 사건 결합상표가 혼용되어 다수 사용됨으로써 일반 수요자들에게는 이 사건 출원상표와 이 사건 결합상표의 출처가 동일한 것으로 인식되었을 것으로 보이는 점, ③ 원고가 5년간 공중파 방송사의 후원 아래 주최한 골프대회의 팸플릿 등에서도 이 사건 출원상표와 이 사건 결합상표가 병기되어 사용된 점, ④ 원고와 1996년부터 2004년까지 약 8~9년간 스폰서계약을 유지한 최경주 선수가 위 기간 중 국내외 큰 골프대회에서 여러 차례 우승하였고, 특히 2002년에는 미국 PGA에서 한국인 최초로 우승까지 함으로써 당시 최경주 선수가 착용하였던 골프용 모자 및 의류 등에 표시된 이 사건 출원상표에 대한 일반 수요자들의 인지도가 상당히 높았을 것으로 보이는 점, ⑤ 전국에 고르게 분포되어 있는 다수의 원고 대리점 및 백화점 매장의 간판에 이 사건 출원서비스표가 사용된 점 등을 고려하면, 비록 원고가 생산, 판매하는 각종 골프용품에 이 사건 출원상표만 사용한 것이 아니라 이 사건 결합상표를 함께 사용함으로써 원고의 총매출액에서 이 사건 출원상표를 사용한 비율을 특정하기는 어려우나, 원고의 총매출액은 이 사건 출원상표의 사용과 상당 부분 관련이 있는 액수로 볼 수 있다 할 것인데, 1983년부터 2008년까지 이 사건 출원상표와 이 사건 결합상표가 사용된 각종 골프용품에 대한 원고의 총 매출액이 약 8,652억 원에 이르는 사정들을 종합하면, 이 사건 출원상표는 거절결정일인 2011.7.8. 당시 장기간 사용한 결과 수요자 간에 누구의 업무에 관련된 상품을 표시하는 것인가 현저하게 인식되었다고 추인할 수 있으므로 이 사건 출원상표는 상표법 제6조 제2항에 의한 사용에 의한 식별력을 취득하였다고 판단된다(특허법원 2012.5.25. 선고 2011허2357 판결 심결취소, 대법원 2012.11.29. 선고 2012후2074 판결 상고기각).

IV. 등록요건의 판단

1. 판단시기

본 항에 해당되는지 여부의 판단시점은 상표등록여부결정 시를 기준으로 한다. 따라서 상표등록출원 시에는 본 규정에 해당되지 않는 상표라 하더라도 상표등록여부결정 시에 여기에 해당되면 그 상표는 거절된다.

2. 주체적 기준

상표가 특별현저성을 구비하였는지 여부의 판단은 당해 상표의 지정상품이 속하는 거래사회에서 일반 수요자를 기준으로 하여 판단한다. 일반 수요자라 함은 그 상품을 구입하고 사용하는 자를 말하며 상품의 생산자, 공급자, 판매자, 중간상인 등은 전문가적인 위치에 있다 할 것이므로 일반 수요자가 아니라 할 것이다.

한편, 일반 수요자가 단수(單數)의 수요자를 의미하는지 여러 사람을 지칭하는 복수(複數)인지 또는 대다수의 수요자를 의미하는지 의문이 있으나 그 분야에서 평균적 수준에 있는 자로서 관념상의 특정인을 의미한다할 것이다. 그러나 실제에 있어서는 일반 수요자 를 판단함에 있어 다중(多衆)의 수요자, 즉 대다수의 수요자를 지칭하는 것으로 새기고 있다.

3. 실체적 기준

상표의 등록요건은 상표출원서에 첨부된 상표 전체 및 지정상품 모두를 기준으로 하여 판단한다. 따라서 상표의 구성요소 중 일부가 보통명칭, 품질, 효능표시 등에 해당된다 하더라도 다른 구성요소가 이에 해당되지 아니할 때에는 그 출원상표는 상표법 제6조 제1항 각 호를 이유로 거절되지 아니한다. 또한 본 규정에 해당되는지 여부는 지정

상품과 관련하여 판단하며 그 판단은 지정상품에 따라 달라질 수 있으므로 어떤 상품
에는 성질표시에 해당하는 상표라 하더라도 타 종류의 상품에는 자타상품의 식별력이
인정되어 등록이 허여되게 된다.

한편 상표가 그 지정상품의 성질을 표시하는 등 자타상품의 식별력이 없는 경우에는
타 상표와의 유사여부를 판단함에 있어 제외되며, 다만 그 식별력 없는 여러 단어 또는
문자의 결합으로 인하여 일체적으로 관찰되고 전체적으로 새로운 식별력을 낳는 등의
경우에는 식별력이 있는 것으로 될 뿐만 아니라 타인의 상표에 대하여 선원의 지위가
인정되는 것으로 판단한다.[69]

한편 판례는 대비되는 양상표가 식별력이 없는 부분만으로 구성된 경우에는 상표의
유사여부판단에서 그 식별력이 없는 요소를 대비대상 상표로 삼고 있다.[70]

---

[69]　① 간단하고 흔한 표장이라 할지라도 그 하나만으로는 식별력이 부족하여 등록받을 수 없다는 것에
그칠 뿐 다른 것과 결합하여 전체상표 중 일부로 되어 있는 경우에도 전혀 식별력을 가지지 못하는 것
은 아니므로 상표의 유사 여부를 판단함에 있어서 이 부분은 무조건 식별력이 없다 하여 비교대상에서
제외할 수는 없다(대법원 1995.3.17. 선고 94후2070 판결 참조).

② 이 사건 출원상표 ACELINK가 구성부분인 'ACE'와 'LINK'는 모두 독자적으로는 자타상품을 구별
할 수 있는 식별력이 약하다 할 것이므로 다른 상표와 동일·유사를 판단함에 있어서 독자적으로 각각
요부가 될 수 없고, 또한 'ACELINK'는 5음절의 비교적 발음하기 쉬운 단어로 구성되어 있으므로, 이점
을 종합하여 보면 간략한 호칭이나 관념에 의하여 상표를 기억하려는 일반 수요자나 거래자의 영향을
감안하더라도 이들이 이 사건 출원상표를 각각 식별력이 약한 'ACE'와 'LINK'의 두 부분으로 분리하여
'ACE'와 'LINK'만으로 호칭, 관념할 것으로 보기는 어렵다 할 것이다.

이 사건 출원상표와 인용상표 ① (ACE), ② (LINK)를 비교하면 이 사건 출원상표는 인용상표들과 외
관, 호칭, 관념이 다르므로 양 상표는 모두 동일 유사하지 않다 할 것이다(특허법원 2000.8.11. 선고
2000허785 판결).

③ 이 사건 출원상표의 그 구성부분인 'ACE'와 'LINK'가 모두 독자적으로는 자타상품을 구별할 수 있
는 식별력이 약하므로 다른 상표와 동일 유사를 판단함에 있어서 독자적으로 각각 요부가 될 수 없고
또 'ACELINK'는 5음절의 비교적 발음하기 쉬운 단어로 구성되어 있어, 간략한 호칭이나 관념에 의하여
상표를 기억하려는 일반 수요자나 거래자의 경향을 감안하더라도, 이들이 이 사건 출원상표를 각각 식
별력이 약한 'ACE'와 'LINK'의 두 부분으로 분리하여 'ACE' 또는 'LINK'로만 호칭하고 관념할 것으로 보
기는 어려우므로, 이 사건 출원상표와 인용상표들을 비교함에 있어서 원칙으로 돌아가 전체로서 관찰
하여 그 외관, 호칭 및 관념을 비교·검토하여 판단하여야 한다고 본 다음, 이 사건 출원상표와 인용상
표들을 비교하면, 이 사건 출원상표는 인용상표들과 외관, 호칭 및 관념이 다르므로 결국 양 상표는 동
일·유사하지 아니하다고 판단하였음은 정당하다(다만, 이 사건 출원상표가 지정상품과의 관계에서
식별력이 없어 등록될 수 없는지는 별개의 문제이다(대법원 2001.4.27. 선고 2000후2453 판결).

[70]　이 사건 출원상표 NICE 를 인용상표 NICE 나이스 와 비교함에 있어서는 그 요부를 분리하여 관찰하
여 대비, 판단할 것이 아니라 양 상표를 전체로서 관찰하여 그 외관, 호칭 및 관념을 대비하여 판단하여
야 할 것인바, 전체적인 외관에 있어서 이 사건 출원상표와 영문자 'NICE'와 그 음인 한글 '나이스'가 상
하로 구성된 인용상표는 서로 상이하나, 전체적인 호칭, 관념에 있어서 볼 때 이 사건 출원상표는 앞서
본 바와 같이 '좋은, 훌륭한' 등의 뜻이 있는 영어 단어 'NICE'의 한글 음인 '나이스'로 쉽게 호칭, 관념될

4. 등록요건을 결한 경우

1) 출원중

(1) 거절이유

상표등록출원이 법에서 정한 소정의 등록요건을 갖추지 못하였으면 그 이유를 들어 거절되는데, 2 이상의 상품을 지정상품으로 하여 출원한 경우 그 중 어느 하나의 지정 상품만이 거절이유를 안고 있는 경우에도 당해 그 상표등록출원은 거절되게 된다.[71] 한편, 상표등록출원한 상표가 보통명칭, 성질표시적 표장(산지, 품질, 효능 등), 현저한 지리적 명칭에 해당하여 수요자로 하여금 상품의 품질의 오인이나 수요자를 기만할 우려가 있는 경우에는 법 제7조 제1항 제11호의 규정도 동시에 적용하여 거절하며 또 상표가 보통명칭에 해당되면서 관용표장에도 해당되거나 산지표시와 더불어 현저한 지리적 명칭에도 해당되는 등 2 이상의 거절이유를 안고 있는 경우(결합상표의 경우)에는 2 이상의 거절이유 모두를 인용하여 당해 상표등록출원을 거절할 수 있다.

한편, 출원상표가 보통명칭과 품질표시의 결합으로 구성되는 등 2개 이상의 단어의 결합으로 이루어진 경우 이를 거절함에 있어 보통명칭 또는 품질표시만으로 구성된 상표가 아니라 하여 그 거절 이유를 적용함에 있어 상표법 제6조 제1항 제1호, 3호와 동시에 제7호를 함께 적용하거나 또는 제7호만 적용하여 거절하는 경우가 있는데 이 경우 제1호 또는 제3호만을 적용하는 것이 타당하다 하겠다.

(2) 이의신청이유

상표법 제6조 제1항 각 호에서 정한 등록요건을 흠결한 상표가 공고된 경우에는 누

것이고 인용상표 역시 같은 뜻을 가진 '나이스'로만 호칭, 관념될 것이므로 양 상표의 전체적인 호칭, 관념이 서로 동일하고, 이 사건 출원상표와 인용상표의 지정상품 역시 '잡지, 연감, 서적, 팸플릿'이 서로 일치하는 등 동일 또는 유사하므로, 양 상표가 함께 사용될 경우 상품의 품질이나 출처에 관하여 오인·혼동의 우려가 있는 이상 양 상표는 전체적으로 동일 또는 유사한 상표에 해당한다(특허법원 2002.7.4. 선고 2003후1130 판결).

71 지정상품이 2 이상인 출원상표가 일부 지정상품에 관하여는 상표등록요건을 갖춘 것으로 인정되고 나머지 지정상품에 관하여는 상표등록요건을 갖추지 못한 것으로 인정되는 경우에, 상표법상 상표등록요건을 갖춘 지정상품 부분에 관하여는 등록결정하고 상표등록요건을 갖추지 못한 지정상품 부분에 관하여는 거절결정함과 같이 분리하여 결정하여야 할 근거는 없으므로, 하나의 출원은 지정상품이 여럿이라 하더라도 일체 불가분으로 취급할 수박에 없어 일부 지정상품에 관하여 상표등록요건이 갖추어지지 아니한 경우 그것이 보정절차를 통하여 지정상품에서 철회되는 등 보정되지 아니하는 한 전체 지정상품에 대한 출원에 대하여 하나의 거절결정을 할 수박에 없다(대법원 1993.12.21. 선고 93후 1360 판결).

구든지 그 이유를 들어 이의신청을 할 수 있다.

2) 등록 후

(1) 무효사유

등록요건을 결한 상표가 착오로 등록된 경우라 하더라도 상표법에서 규정한 소정의 무효사유에 해당되면 심판에 의해 그 등록이 무효로 된다.

(2) 상표권의 효력제한

상표가 보통명칭, 관용표장, 기술적 표장, 현저한 지리적 명칭(법 제6조 제1항 제1호 내지 제4호)에 해당됨에도 불구하고 착오로 등록된 경우 무효사유에 해당됨은 물론이나 당해상표의 등록이 무효 되기 이전이라 하더라도 제3자를 보호하기 위하여 상표법은 제51조에서 그 상표권의 효력을 제한하고 있다.

〔별표 1〕

1. 보통명칭에 해당하는 상표, 해당하지 않는 상표

〈보통명칭에 해당하는 상표〉

상 표	지정상품	판 례
CAR	자동차	특허청, 상표심사기준
청바지	피복	특허청, 상표심사기준
아스피린 (ASPIRIN)	해열제, 진통제	대법원 1977.5.10. 선고 76호1721 판결
콘치프	옥수수, 건과자	대법원 1989.4.25. 선고 88후455, 462 판결: CORN CHIP를 국문자로 표기 한 것으로 CORN은 곡물·옥수수·밀 등을, CHIP는 음식의 얇은 조각을 뜻하고 이를 결합하면 일종의 스넥 식품의 보통명칭에 해당한다.
호두과자	호두로 만든 과자	대법원 1969.3.4. 선고 68후31 판결: 호두 또는 호두과자라는 칭호는 그 상품의 보통명사에 불과하다.
호마이카	가구, 농 등의 플라스틱, 적층판	대법원 86후93 판결
萬靈丹(만령단)	환제	대법원 1987.8.25. 선고 84후49 판결
정로환	구레오소드 함유, 위장약	대법원 1995.9.29. 선고 95후699, 705 판결
YAGURT (야구르트)	유산균 발효유	대법원 1996.5.14. 선고 95후1463 판결
VASELINE	콜드크림	특허법원 99허2068
초코파이	건과자	특허법원 1999.7.8. 선고 99허208 판결 및 대법원 2001. 6.12. 선고 99후2310 판결: 초코파이는 상표출원 당시에 상품의 보통명칭 내지 관용하는 상표에 해당한다.
레스토랑, 카페. 그릴	요식업	특허청, 상표심사기준
홍옥, 신고, 백도, 거봉	과일	특허청, 상표심사기준
팔금, 농림 6호	곡류	특허청, 상표심사기준
화랑	사과, 배	대법원 2004.9.24. 선고 2003후1314 판결: 종자산업법에 의하여 품종의 명칭으로 등록된 표장은 등록에 됨과 동시에 그 품종을 대상으로 하는 상품에 대하여 보통명칭으로 되었다고 봄이 상당하다.
SOLDIER	건축용금속제 합벽지지대(골조기둥)	특허법원 2007.5.23. 선고 2007허760 판결 등록결정 시에 합벽지지대를 지칭하는 것으로 널리 사용되어 왔다.

〈보통명칭에 해당하지 않는 상표〉

상 표	지정상품	판 례
PUBLICA	자동차	대법원 1987.12.22. 선고 85후136 판결
모시메리	속내의	대법원 1992.1.21. 선고 91후884 판결
주간만화	잡지	대법원 1992.11.27. 선고 92후681 판결: 만화작품을 수록한 잡지의 보통명칭이라고는 할 수 없지만, 만화작품을 주간단위로 발행된다는 함축성 있게 표시한 기술적표장에 해당된다.
폴로	폴로셔츠	대법원 1997.10.10. 선고 97후594 판결: '폴로'가 사전에 말을 타고 하는 경기의 일종으로 소개되어 있고, 상표시행규칙상 상품세목으로 포올로우 셔츠가 명기되어 있으며, 사전에 포올로우 셔츠는 포올로우 경기를 할 때 입었던 데서 유래한 반소매 셔츠라고 표기되어 있다 하더라도 그러한 사정만으로 '폴로'가 의류를 취급하는 거래계에서 당해업자 또는 일반 수요자 사이에 일반적으로 반소매셔츠를 지칭하는 것으로 실제 사용되고 인식되어 있는 명칭이라고 볼 수는 없다.
3-NITRO	인공감미료	대법원 1997.2.28. 선고 96후979 판결
카페라떼, Caffe Latte	밀크커피	특허법원 1999.9.16. 선고 99허1287 판결
DVC 2506	디지털비디오, 카메라	특허법원 1979.9.16. 선고 99허1744 판결
GRILL	서양음식점 경영법	특허법원 1999.4.23. 선고 99허2068 판결
RELAY	통신업	대법원 1987.2.24. 선고 86후42 판결

2. 관용표장에 해당하는 상표, 해당하지 않는 상표

〈관용표장에 해당하는 상표〉

상 표	지정상품	판 례
정종	청주	특허청, 상표심사기준
TEX, LON, RAN	직물	특허청, 상표심사기준
깡	과자	대법원 1975.1.14. 선고 73후43 판결
하트만, HARTMAN	하트만액 하트만솔루숀	대법원 1972.5.9. 선고 72후5 판결: 의약계에서 전해질용액의 명칭으로 관용되는 Hartman's Solutioll과 전두어 칭호가 같아 의약품 칭호에 있어 관용어에 해당된다.
나폴레옹	꼬냑	대법원 1985.1.22. 선고 83후14 판결: 꼬냑에 있어서 '나폴레옹'은 관용되는 표장이다.
MICOM	제어기	대법원 1986.6.24. 선고 85후36 판결: MICOM은 Micro-computer의 약칭으로 신문, 잡지 등에서 사용되고 있음이 현저한 사실이고 관용명칭에 해당한다고 판단함이 정당하다.

상 표	지정상품	판 례
호마이카	가구, 농 등의 플라스틱적층판	대법원 1987.7.7. 선고 86후93 판결
VASELINE	콜드크림	대법원 1996.5.14. 선고 95후1463 판결
cyber, web, tel, com	통신업	특허법원 1998.11.20. 선고 98허7233 판결
파크	숙박업	특허청, 상표심사기준
Homebanking, Passcar, Cashcard	금융업	특허청, 상표심사기준
가든, 각, 장, 성, 원	요식업	특허법원 1998.10.1. 선고 98허4111 판결

〈관용표장에 해당하지 않는 상표〉

상 표	지정상표	판 례
모시메리	속내의	대법원 1992.1.21. 선고 91후882 판결: 상표의 등록 및 사용경위에 비추어 '모시메리'가 동종업자들 사이에 자유롭고 관용적으로 사용하게 된 상표라고 할 수 없다.
HYDREPOXY, 하이들에폭시	방수제	대법원 1993.3.26. 선고 92후1646 판결

3. 산지표시에 해당하는 상표, 해당하지 않는 상표

〈산지표시에 해당하는 상표〉

상 표	지정상품	판 례
구포국수	국수	대법원 1989.9.26. 선고 88후1137 판결: 상품의 산지란 그 상품이 생산되는 지방의 지리적 명칭을 말하고, 일반 수요자나 거래자에게 널리 알려진 주산지만을 말하는 것은 아니다. 심판청구인과 피심판청구인은 모두 "부산시 북구 구포동"에서 국수를 생산·판매하고 있어 산지표시에 해당한다.
VIENNA LINE	안경	대법원 1980.1.29. 선고 79후84 판결: Viena는 오스트리아의 수도명칭이고 Line은 "선, 행(行)" 등의 뜻으로서 지정상품과 관련하여 산지표시에 해당되고, 비엔나라는 지리적 명칭 이외에 다른 어떤 특별현저성은 발견되지 아니한다고 판단한 원심은 정당하다.
BACCARAT	꽃병, 램프 스탠드	대법원 1985.7.9. 선고 83후3 판결
COLOMBIAN SUPREME	커피	대법원 1993.12.21. 선고 93후1056 판결

상 표	지정상품	판 례
청진동	한식점, 경영업(해장국)	특허청, 상표심사기준
춘천	간이식당업 (막국수, 닭갈비)	특허청, 상표심사기준
안흥찐빵	찐빵	특허법원 2000.10.5. 선고 2000허4701 판결: 이 사건 출원상표의 거절당시 이미 일반 수요자나 거래자들에게 "안흥"이 "독특한 맛을 가진 찐빵" 내지는 "안흥지역에서만 생산되는 찐빵"의 제조·판매지의 이름으로 인식되었다고 봄이 상당하다.

〈산지표시에 해당하지 않는 상표〉

상 표	지정상품	판 례
장수구들	돌침대전시업	특허법원 2000.12.1. 선고 2000허3128 판결: 장수가 전라북도 장수군을 나타내고 장수군에서 곱돌수공예품의 재료가 되는 각섬석 등이 생산됨은 인정이 되나 이 점만으로 장수군이 각섬석의 산지로서 일반인에게 널리 인식되었다거나 장수군에서 돌침대가 생산되고 있는 것으로 인식한다고 보기는 어렵다.
불가리스	과즙이 함유된 발효유	특허법원 2006.4.21. 선고 2005허9305 판결: 이 사건 등록상표의 결정 시에 '불가리스'를 불가리아 국가를 직감하게 되었다고 보기에 부족하고, 달리 이를 인정할 증거도 없다.

4. 품질표시에 해당하는 상표, 해당하지 않는 상표

〈품질표시에 해당하는 상표〉

상 표	지정상품	판 례
CLACEM	섬유류	대법원 1980.11.25. 선고 80후98 판결
RIPPLE	학생복, 유니폼, 셔츠	대법원 1983.6.28. 선고 81후34 판결: 'Ripple'이라는 단어가 물결모양을 뜻하고 있고, 이건 상표출원 이전부터 섬유업계에서 'Ripple Finish'가 천에 물결모양의 가공하는 방법을 지칭하는 것으로 통용되어온 사실 등으로 미루어 볼 때 그 지정상품의 품질표시에 해당한다.
하이런닝	러닝셔츠	대법원 1983.3.8. 선고 81후28 판결: 수요자들이 '고급 런닝셔츠'로 인식함이 일반적이므로 지정상품의 품질표시에 해당
EXCEL(엑셀)	자동차	대법원 1989.12.22. 선고 89후438 판결
향스민	비누, 샴푸	대법원 1992.9.25. 선고 92후353 판결
SPARKLE(스파클)	사이다	대법원 1994.10.14. 선고 94후1138 판결

상 표	지정상품	판 례
HITEK(하이테크)	에어컨디셔너	대법원 1986.12.23. 선고 85후102 판결
ELEGANCE BOUTIQUE	의류	대법원 1994.9.27. 선고 94후548 판결
HICOM(하이콤)	기술정보제공업	대법원 1997.2.25. 선고 96후1132, 1149 판결
NO MORE TEARS	비누, 샴푸	대법원 1983.12.13. 선고 83후4 판결: 지정상품이 눈에 들어가도 눈이 따갑다거나 눈물이 나지 않도록 제조된 상품임이 직감된다.
RESOLVE	화장비누	대법원 1995.2.14. 선고 94후1329 판결
DE-NIC	담배, 끽연기구	대법원 1982.9.14. 선고 92후513 판결: 'DE'는 '~에서 제거, 감소, 저하' 등의 의미로 쓰이는 접두사이고, 'NIC'은 'NICOTINE'의 어두 3자음이고 그 지정 상품이 담배 및 끽연기구이므로 그 일반 수요자는 적어도 고등학교를 졸업할 정도 이상의 나이가 된 사람 등이라는 특수성이 있음에 비추어, 위와 같은 나이에 해당하는 우리나라 사람들의 학력수준이나 교육과정에 있어서 영어가 차지하는 비중, 담배라면 바로 니코틴을 연상할 정도로 담배의 주된 성분이 니코틴일 뿐만 아니라 건강과 관련하여 담배 등에서 니코틴이 가지는 문제의 중요성 등으로 보아, 일반 수요자들이 출원상표를 보고 출원인이 제조한 담배에는 니코틴이 함유되어 있지 않은 것으로 인식할 수 있으므로 그 지정상품의 품질표시에 해당
WORLD WIN	야구용품	대법원 1984.1.24. 선고 82후41 판결: '세계적으로 명성을 얻은 또는 세계적으로 신용이 있는' 뜻으로 직감되므로 성질표시에 해당
DIET, COKE	콜라	대법원 1985.6.25. 선고 85후21 판결
세계를 간다	관광여행사업	특허법원 2000.1.21. 선고 99허6152 판결: 이건 상표는 그 의미를 '세계로 간다, 세계에 간다'로 인식하게 될 것이므로 그 지정 서비스업의 품질 내지 성질을 직접적으로 표시함
노컷뉴스	뉴스보도 서비스업	특허법원 2007.1.3. 선고 2006허9784 판결
파출박사	가사서비스업	대법원 2007.9.30. 선고 2007후1824 판결: 사람(특히 파출부)을 보내어 집안일을 하는데 능통함의 의미가 있어 가사 서비스업의 품질 · 용도 · 효능 등을 표시한다.
NEO WAVE	초고주파, 전송장치, 판대항업	특허법원 2001.1.28. 선고 99허5616 판결
싹 싹	냅킨용지, 종이, 물수건	특허법원 2003.6.20. 선고 2003허380 판결
나 홀 로	변호사업, 변리사업	특허법원 2003.12.12. 선고 2003 422 판결: 그 지정서비스업과 관련하여 전문직 종사자에게 업무를 위임하지 않고 스스로 행할 수 있도록 도와주는 방식으로 인식됨
CALCICHEW	골다공증 치료제 등	특허법원 2005.4.1. 선고 2005허469 판결: 전문의약품인 상품 관련 하에서는 그 수요자인 의사나 약사에게 칼슘을 씹는다는 의미를 직감시키므로 품질효능표시이다.

〈품질표시에 해당하지 않는 상표〉

상 표	지정상품	판 례
SUPER-WASH	세탁기	대법원 1979.7.24. 선고 78후18 판결: 본원 상표가 빨래가 잘 되는 것이라는 뜻을 암시하나 그것이 바로 특별히 만들어진 것, 빨래하기에 적합한 것임을 누구나 직감할 수 있도록 상품의 성질만을 표시한 것이라고 볼 수 없다.
SUPER-WASH	세제	대법원 1979.12.11. 선고 78후21 판결
오렌지쨈	과자류	대법원 1979.9.25. 선고 79후11 판결
딸기쨈	과자류	대법원 1979.12.26. 선고 79후14 판결: '딸기'와 '쨈'의 고유한 의미를 내포한 두개의 문자가 결합된 조어임이 분명하고 그 지정상품의 품질을 암시 또는 강조하기는 하나 전체적으로 지정상품의 단순한 품질만을 표시하는 것으로 보기 어렵다.
만나리	과자	대법원 1983.6.28. 선고 82후38 판결
ACADEMY	서적, 학습교재	대법원 1991.4.23. 선고 90후1321 판결
NOIR & BANC	스웨터	대법원 1995.2.10. 선고 94후1770 판결: 지정상품인 스웨터, 스포츠셔츠, 티셔츠 등 의류에는 검은색 또는 흰색으로 된 것도 있을 수 있으므로 출원상표가 가지는 의미가 그 지정 상품 중 일부의 색상과 일치할 수 있으나, 의류에는 그밖에도 아주 다양한 색상이 있고 위 지정상품들 역시 모두 검은색과 흰색만으로 되어있을 리도 만무하므로 일반 수요자들이 위 출원상표를 보고 그것이 곧 지정상품인 의류의 색상 기타의 성질을 인식할 리 없다.
백보(百補)	소화기관용약제	대법원 1997.9.12. 선고 96후2494 판결: 출원 상표 '백보, 百補'는 그 지정상품인 중추신경계용 약제 등과 관련하여 보더라도 '백가지 보약, 몸을 보하는 여러 가지 원료로 된 약제' 등의 의미가 도출되지는 아니한다고 할 것이고, 설사 그러한 관념이 생성된다고 하더라도 이 사건 출원상표는 그 지정상품의 품질이나 효능을 암시 또는 강조하는 것으로 보여질 일반 수요자나 거래자가 그 지정상품의 단순한 품질이나 효능만을 직접적으로 표시하는 것으로 인식되지 아니 한다.
YES Service	전자 통신기기 수리업	특허법원 2004.9.3. 선고 2004허80 판결: 이건 서비스표는 도형 부분이 단순히 영문자 부분에 부수적 또는 보조적인 것에 불과하다고 보기 어려울 뿐만 아니라, 'YES' 또는 'YES Service'가 지정서비스업의 품질 효능 등을 보통으로 사용하는 방법으로 직접표시하는 표장이라고 보기는 어렵고, 단지 'YES'가 지정서비스업 역시 매우 긍정적이고 적극적인 자세로 제공될 것이라는 점을 암시 또는 강조하는 것에 불과하다.
生'S	벼, 감자, 고구마, 시금치, 갈치, 고등어, 다시마, 해태	특허법원 2006.8.11. 선고 2006허4208 판결

상 표	지정상품	판 례
e-편한병원 (로고)	병원체인점 경영업 등	특허법원 2005.4.14. 선고 2006허4631 판결: 'e-편한병원'이 곧바로 '이(치아)를 편안하게 해주는 병원'으로 직감하기 어렵다.
BOOK-OFF (로고)	신규 및 중고서적 판매 대행업	특허법원 2005.1.14. 선고 2004허8297 판결
라꾸라꾸	침대	특허법원 2005.6.17. 선고 2005허1691 판결
YOU FIRST	증권업, 증권주가업, 투자금융법 등	특허법원 2005.3.10. 선고 2004허6446 판결

5. 원재료표시에 해당하는 상표, 해당하지 않는 상표

〈원재료표시에 해당하는 상표〉

상 표	지정상품	판 례
WOOL	양복	특허청, 상표심사기준
SILK	브라우스, 넥타이	특허청, 상표심사기준
Foamglas	유리섬유로 된 건축용 재료	대법원 1984.10.10. 선고 82후51 판결
M.F.D	치약, 치약배합제	대법원 1985.2.25. 선고 84후43 판결
FILET-O-FISH	요리된 생선조각이 함유된 샌드위치	대법원 1989.9.12. 선고 88후868 판결: 영문자 'FILET'는 요리에 있어서 'FILLET'와 동의어로 상용되는 것으로서 '필레살코기, 생선의 가시 있는 저민 조각' 등의 뜻을 가지고 있고, 'FISH'는 '물고기, 어육, 생선'의 뜻을 가진 낱말이며, 이 두 개의 영문자 사이에 아무런 의미가 없는 알파벳 'O'를 '-'로 연결하여 놓은 것에 불과한 것으로서 'FILET'와 'FISH'가 외형상 독립적으로 연결된 것으로 보일 뿐이므로 전체적으로 볼 때에는 수요자들에게 지정상품 '조리된 생선 조각이 함유된 샌드위치'의 원재료를 표시한 것으로 직감됨
Ginseng soap 인삼비누	화장비누, 세탁비누	대법원 1990.2.9. 선고 89후1189 판결
E. V. A	낚시찌	대법원 1994.4.27. 선고 92후1707, 1714 판결
CARROT	향수, 방향제	대법원 1998.8.21. 선고 98후928 판결: 본원상표는 "당근"이라는 의미로서 본원상표를 그 지정산품인 "향수, 헹무스, 방향제, 공기청향제" 등에 사용할 경우에는 일반 수요자들이 당근성분이 함유된 상품을 표시한 것이라고 직감할 수 있음
싸이머린	중추신경계용 약제	대법원 1994.1.11. 선고 93후374 판결
모시메리	의마가공된 메리야스셔츠	대법원 1994.3.11. 선고 93후527 판결

상 표	지정상품	판 례
Aqua glycolic	약용비누, 유리용제세정제	대법원 1999.7.9. 선고 98후89 판결: Aqua는 '물, 용액'을 뜻하고 Glyconic은 자동차 부동액의 의미를 가진 '글리콜'의 형용사로서 전체적으로 글리콜 용액을 뜻하는 것으로서 글리콜 용액은 세척 및 세정작용에 있어 화장품의 원료로도 이용되므로 이를 그 지정상품임 썬스크린 크림, 피부 청정제 등에 사용할 경우 직접적으로 지정상품의 성질(원재료)을 표시함
오가리	음식조절대행업, 한식점 경영업, 수제음식점업	특허법원 2006.8.25. 선고 2006허3878 판결 및 대법원 2006.12.21. 2006허6259 판결
CoQ10	강장제, 비타민제, 구강 청량제등	특허법원 2007.1.8. 선고 2006허6259 판결

〈원재료표시에 해당하지 않는 상표〉

상 표	지정상품	판 례
MILKA	초콜릿	대법원 1982.12.28. 선고 80후59 판결: 본원상표는 'MILK' 이외에 A가 결합된 조어상표로서 'MILK'만을 따로 떼어 관찰할 이유가 없으며 전체적으로 지정상품이 '밀크로 만든'으로 인식되지 아니한다.
밍크	솜	대법원 1983.7.26. 선고 81후75 판결
LIGHT WATER	소화제	대법원 1987.2.10. 선고 85후64 판결: 'LIGHT WATER'가 뜻하는 경수 또는 보통의 물이 지정상표인 '소화제'의 원재료로 사용되고 인식된다고 볼 수 없다.
GLUCIDFX	맥아당 샴푸, 치약	대법원 1990.7.27. 선고 89후1783 판결 대법원 1986.9.23. 선고 86후69 판결
MASONITE	서랍장, 옷장, 찬장	대법원 1989.12.8. 선고 89후667 판결
BALSAM	과실액, 오렌지주스	대법원 1992.7.28. 선고 92후315 판결: 'BALSAM'이라는 단어의 의미는 각종 사전에서 '방향성 약용향료, 향유, 발삼나무(방향성 수지를 생산하는 각종 나무), 봉선화류, 위안물 및 진통제', '바늘잎나무에서 분비되는 끈끈한 액체로서 물에 녹지 않고 알코올과 에테르에 잘 녹는 성질을 가지며 그 주성분은 송진으로서 접착제, 향료 등으로 약용과 공업용으로 쓰이는 수지' 등으로 정의하고 있으나, 'BALSAM'은 외국어로서 국내에서 흔히 사용되는 어휘가 아니어서 지정상품이 속하는 음료업계의 일반거래자나 수요자들이 그 관념을 쉽게 인식할 수 있다고 할 수 없으며 그 지정상품과 관련지어 성질표시에 해당한다고 볼 수 없다.
황토천국	모자, 혁대, 목걸이	특허법원 2000.3.30. 선고 99허8424 판결

6. 효능표시에 해당하는 상표, 해당하지 않는 상표

〈효능표시에 해당하는 상표〉

상 표	지정상품	판 례
잘나	약품	특허청, 상표심사기준
보들보들	화장품	특허청, 상표심사기준
ONE TOUCH (원터치)	전자레인지	특허청, 상표심사기준
우아미	비누, 세제	대법원 1979.7.24. 선고 79후32 판결
M.F.P (엠에프피이)	치약	대법원 1985.5.28. 선고 84후47 판결: MFP는 Sodium Monofluoro Phosphate의 약자로서 치질강화제의 뜻이 있어 상품의 품질이나 효능을 보통으로 사용하는 방법으로 표시하는 표장만으로 된 상품에 해당한다.
CONDITION	샴푸	대법원 1985.9.24. 선고 84후109 판결: 이 건 상표를 '샴푸'에 사용하게 되면 '머리의 상태를 조절하는 샴푸'로 인식되어 그 지정상품의 효능이나 용도표시에 해당.
VITAL	얼굴, 머리용 화장품	대법원 1994.8.12. 선고 93후1919 판결
POWER CLEAN	물비누	대법원 1990.9.28. 선고 90후14 판결
ANTIBIO	항생효과가 있는 약제	대법원 1994.9.9. 선고 94후1008 판결
生活情報	잡지	대법원 1987.8.18. 선고 86후190 판결
ACE(에이스)	트럼프	대법원 1997.3.28. 선고 90후1460 판결
EXPRESS	승강기	대법원 1997.12.23. 선고 97후2040 판결: 'EX-PRESS'는 '급행편, 직통편(기차, 버스, 승강기 등), 명시된 명백한' 등의 뜻을 가지고 있고, 또한 건물의 대형화·고층화 추세를 감안할 때 그 지정상품인 '승강기, 에스컬레이터' 등에 사용할 경우 속도가 빠르고 안정성 있는(급행이라고 하면 속도가 빠름은 물론 고급스럽고 안정성이 있는 것으로 인식됨) 승강기, 에스컬레이터 등으로 쉽게 인식된다 할 것이므로 그 지정상품의 품질·효능 등을 직접적으로 표시한 표장만으로 된 상표이다.
화로방	원적외선을 이용한 찜질방 경영업	특허법원 2000.7.6. 선고 2000후2040 판결
ANY LINK	무선모뎀	특허법원 2000.11.17. 선고 2000허4824 판결
KLIN VIEW	유리용세정제	대법원 1982.6.8. 선고 80후84 판결: 본원상표 중 'KLIN'은 'CLEAN'으로 인식되어 전체적으로 지정상품의 품질, 효능 표시에 해당
LONG & RICH	세척용유면제, 스킨밀크, 샴푸	특허법원 2000.10.13. 선고 2000허4930 판결
키높이	단화, 장화, 편상화, 가죽신 등	특허법원 2005.5.12. 선고 2005허1646 판결

상 표	지정상품	판 례
MRET	가정용정수기, 전기음이온 발생기	특허법원 2005.10.28. 선고 2005허6023 판결
오토나라	CD-ROM, DVD플레이어, MP3플레이어	특허법원 2006.6.21. 선고 2006허2998 판결

〈효능표시에 해당하지 않는 상표〉

상 표	지정상품	판 례
JOY	향수	대법원 1992.11.10. 선고 92후452 판결
멋장이	비누	대법원 1980.4.8. 선고 79후56 판결: '멋장이'라는 말이 비누 · 세제 등의 효능 등을 표시한다고 볼 수 없다.
만나리	과자	대법원 1980.6.28. 선고 82후38 판결: 본원상표가 맛이 난다는 뜻을 암시하고 있기는 하나 본래의 뜻은 만난, 상봉한다는 내용이므로 지정상품에 사용하는 경우 '맛이 나는 과자'로 직감될 정도로 품질 · 효능을 표시하는 상표라고 보기 어렵다.
화인	샴페인	대법원 1998.1.23. 선고 97후853 판결
DIGITAL DIARY	전자식 탁상시계	대법원 1992.4.24. 선고 91후745 판결
SNAPPY C	홍차, 녹차	대법원 1992.8.18. 선고 92후445 판결: 'Snappy'는 '괄괄한, (불이)바작바작 타는, (차 등의)향기가 짙은' 등의 다양한 뜻으로 사용되고 있으나 자주 사용되는 용어가 아니고 그 단어의 다양한 의미, 그 단어의 빈도, 거래실적 등에 비추어 지정상품이 '향기가 강하다'의 뜻으로 직감하거나 인식한다고 보이지 않는다.
CHICLINE (쉬크라인)	신사복	대법원 1993.4.27. 선고 92후2304 판결
SMART & SOFT	세탁기, 냉장고	대법원 1997.5.23. 선고 96후1729 판결
HAIR DOCTOR	양모제	대법원 1997.7.8. 선고 97후358 판결: 'HAIR'는 '머리카락, 털 등의, 'DOCTOR'는 '의사, 박사, 진료함' 등의 뜻이 있어 전체적으로 보면, '머리카락 의사(박사)' 등의 의미가 있다고 보겠으나 이를 지정상품인 양모제와 관련하여 볼 때 그 품질이나 효능을 어느 정도 간접적으로 암시하고 있기는 하지만 이를 직접적으로 표시하는 것이라고는 보기 어렵다.
RICH	포도주	대법원 1998.7.24. 선고 98후614 판결: 영문자 'RICH'가 사전상 '(술)이 향기롭고 맛 좋은'의 뜻이 있지만 일반 수요자들이 그와 같은 뜻을 직관적으로 인식한다고 보기 어렵다.
관족법	서적, 소책자	특허법원 2000.7.21. 선고 2000허1368 판결
그린뷰	아파트 건축업, 연립주택 건축업	특허법원 2006.11.15. 선고 2006허7887 판결

7. 용도표시에 해당하는 상표, 해당하지 않는 상표

〈용도표시에 해당하는 상표〉

상 표	지정상품	판 례
베이비	의류	특허청, 상표심사기준
KICKERS	축구화	특허청, 상표심사기준
상가록	서적	대법원 1991.10.11. 선고 91후707 판결: 어느 상가를 이루는 상호, 주소, 전화번호 등을 수록한 책자라고 인식할 것이므로 지정상품의 효능이나 용도표시에 해당
DIET COCA-COLA	청량음료	대법원 1987.2.24. 선고 89후1837 판결
LINGUA PHONE	교수용언어 코스의 축음기용 레코더 원반	대법원 1979.8.28. 선고 78후30 판결: 'LINGUA PHONE'문자가 '어학학습용 레코더'라는 뜻을 표시하는 것은 객관적 사실이고, 그 지정상품인 '교수용언어 코스의 축음기용 레코더 원반'의 용도가 '어학학습레코더'로 사용하게 되어 있는 것도 분명하므로 그 지정상품의 용도를 표시하는 것으로 보아야 한다.
레포츠	등산 캠프용 텐트	대법원 1990.4.10. 선고 89후1837 판결
	학생복	대법원 1995.3.3. 선고 94후1886 판결
FAMILY CARD	서적, 크레디트카드	대법원 1996.10.11. 선고 96후368 판결
HEMO CLIP	심장혈관 클로우저	대법원 1992.10.27. 선고 92후940 판결
	엿	대법원 1999.5.28. 선고 98후683 판결
마사이워킹	신발류	특허법원 2007.9.6. 선고 2007허3844 판결 및 대법원 2007.12.28. 2007후3882 판결(심불기각)

〈용도표시에 해당하지 않는 상표〉

상 표	지정상품	판 례
NADRI 나드리	가방, 핸드백	대법원 1983.1.18. 선고 82후31 판결: 본원 상표가 나들이 뜻으로 쓰일 수 있다는 것을 암시하는 뜻이 전혀 없다고 할 수는 없으나, 곧바로 지정상품이 나들이용 가방 등임을 누구나 직감한다고 보기 어렵다.
NEWS	마이크로 컴퓨터	대법원 1991.10.11. 선고 90후2379 판결
GAME BOY	TV게임세트	대법원 1992.6.23. 선고 92후124 판결
DIGITAL DIARY	전자식 탁상계산기	대법원 1992.4.24. 선고 91후745 판결

상표	지정상품	판례
타임 TIME	녹차	대법원 1993.8.24. 선고 92후1585 판결: 이 건 상표가 '시기, 시간' 등의 뜻을 가진 생활영어이기는 하나, 각종 음료의 특징을 설명하거나 묘사한 기술적 표장으로 보기 어렵다.
원숭이 학당	동물공연업 동물훈련업	특허법원 2004.10.15. 선고 2004허2581 판결: '학당'이 교육기관을 의미하여 '가르치는 곳'을 연상시킨다고 할 것이므로, 이 사건 등록서비스표가 그 지정서비스업 중 '동물훈련업'에 사용될 경우에는 '원숭이를 교육시키는 곳'의 의미를 직감시켜 그 지정서비스업의 용도를 표시하는 기술적 표장이다. 그러나 이 사건 등록서비스표가 그 지정서비스업 중 '동물공연업'에 사용된다고 하여 '원숭이를 이용하여 공연하는 곳'의 의미를 직감시키지는 않아 기술적 표장이라고 보기는 어렵다.

8. 수량표시에 해당하는 상표, 해당하지 않는 상표

〈수량표시에 해당하는 상표〉

상표	지정상품	판례
봉지, 꾸러미	일반상품	특허청, 상표심사기준
L-830	비디오테이프	대법원 1982.12.28. 선고 81후55 판결: 수요자 간에 지정상품인 제38호 비디오테이프의 길이가 어느 정도(830 피트)라고 직감케 할 개연성이 농후하다.

〈수량표시에 해당하지 않는 상표〉

상표	지정상품	판례
BE 2566	콘테이너 문짝 결속장치 및 그 부품	대법원 1996.9.24. 선고 96후245 판결: 숫자 "2566"은 지정상품인 브래킷의 길이나 크기 등과는 무관하다.

9. 형상표시에 해당하는 상표, 해당하지 않는 상표

〈형상표시에 해당하는 상표〉

상표	지정상품	판례
캡슐	의약품	특허청, 상표심사기준
SLIM	일반상품	특허청, 상표심사기준
SYSTEM 12	전기용구	대법원 1984.5.29. 선고 83후93 판결
POP MODE	의류	대법원 1987.12.22. 선고 87후75 판결

상 표	지정상품	판 례
	라면	대법원 1989.6.13. 선고 86후127 판결
	베이비오일	대법원 1994.3.25. 선고 93후1704 판결
	테니스화	대법원 1990.9.25. 선고 90후168 판결
	옥수수 스낵식품	대법원 1998.2.13. 선고 97후976 판결
V-CONE	유량계	대법원 1999.5.25. 선고 97후2132 판결: 기록에 의하면 "-CONE" 유량계 내에 설치된 원추(cone)형상의 부품을 의미하며 Venturi cone의 약칭이고, 그러한 형상이 내장된 유량계를 일반적으로 "enturi Cone meter" 등으로 부르는 사실을 알 수 있어 그 지정상품인 유량계에 사용된 핵심부품의 형상 내지 명칭을 나타내는 상표이다.
	광디스크 플레이	대법원 1994.9.30. 선고 94후951 판결 대법원 1994.6.24. 선고 93후1698 판결
 (*입체상표임)	겨자가루, 마요네즈	특허법원 2004.10.28. 선고 2004허3085 판결: 이 사건 출원상표는 지정상품인 마요네즈 등의 용기의 모양을 입체적으로 도안화한 것으로서 같은 종류의 상품에 일반적으로 사용되는 용기의 모양을 보통으로 나타낸 정도에 불과하여 독특한 식별력을 갖춘 것으로는 인정되지 아니한다.
	애완동물 스낵사료	특허법원 2005.1.27. 선고 2004허6514 판결
VILLAS	모텔업, 호텔업, 콘도미니업 등	특허법원 2007.5.31. 선고 2006허10708 판결

〈형상표시에 해당하지 않는 상표〉

상 표	지정상품	판 례
왕면 KING MYOUN	라면, 국수	대법원 1986.2.11. 선고 85후53 판결
LAPP KABEL	피복전선	대법원 1994.10.28. 선고 94후616 판결: '왕면'으로부터 '왕의 면' 또는 '가장 큰, 굵은 면'이라고 풀이될 수 있으나 일반 수요자가 '왕면'으로부터 '큰 국수 또는 굵은 국수'라는 국수의 형상을 의미하는 것으로 보기 어렵다.
NOIR & BLANC	스웨터, 스포츠셔츠	대법원 1995.2.10. 선고 94후1770 판결: 의류에는 아주 다양한 색상이 있고 지정상품들 역시 모두 검은색과 흰색만으로 되어 있을리 만무하므로 수요자들이 그 지정상품의 성질을 인식한다고 보기 어렵다.

상 표	지정상품	판 례
S ♡ OVAL	행주	대법원 1992.12.13. 선고 92후636 판결
TWEE	스커트	대법원 1997.12.26. 선고 97후1122 판결: 'TWEE'가 예쁜·귀여운 등의 의미가 있기는 하나 우리사회에서 흔히 사용되고 있는 단어라고 할 수 없으므로, 그 지정상품인 스커트, 원피스 등의 주된 거래자나 수요자라고 볼 수 있는 여성들이 직관적으로 위와 같은 의미를 지닌 단어로 인식할 수 있다고 보기 어렵다.

10. 가격표시에 해당하는 상표, 해당하지 않는 상표

〈가격표시에 해당하는 상표〉

상 표	지정상품	판 례
DOLLAR	일반상품	특허청, 상표심사기준
MILLION 밀리온	치과용 기계 기구	대법원 1986.2.11. 선고 85후99 판결

11. 생산방법, 가공방법, 사용방법의 표시에 해당하는 상표, 해당하지 않는 상표

〈생산방법, 가공방법, 사용방법에 해당하는 상표〉

상 표	지정상품	판 례
훈제	햄	특허청, 상표심사기준
수제	구두	특허청, 상표심사기준
Chem-Dry	세척업	대법원 1996.11.22. 선고 96후177 판결: 본원 서비스표는 '화학작용의, 화학약품의' 등의 뜻이 있는 'Chemical'의 약어인 'Chem'과 '마른, 물기 없는' 등의 뜻을 가진 'Dry'가 결합되어 구성된 표장으로서 전체적으로 '화학약품에 의한 건조'로 인식되어 지정서비스업의 성질표시에 해당된다.
CHUNA/추나	물리치료법	대법원 1999.6.8. 선고 98후1143, 1150 판결: 본원 서비스표는 한의사가 수기법을 통하여 환자를 시술하는 한의학 외치법의 하나인 '추나(推拿)'요법을 의미하는 것으로 쉽게 인식한다고 하여 지정서비스업의 치료방법 등을 직접적으로 표시하는 표장에 해당한다고 판단한 원심은 정당하다.
ONE TOUCH 원터치	시험과 진단시약, 테스트용 스트립	대법원 1995.5.23. 선고 95후26, 33 판결

상 표	지정상품	판 례
HITEC	금속산염, 탄화수소	대법원 1994.8.26. 선고 93후1100 판결
Nature Made 네이처 메이드	보릿가루, 현미가루	대법원 1996.8.20. 선고 95후1982, 1999 판결
GUARANTEED TO KEEP YOU DRY	면직물	대법원 1995.4.14. 선고 94후2063 판결
미니홈피	광고 또는 판매촉진시범업	특허법원 2005.9.9. 선고 2005허4126 판결

〈생산방법 · 가공방법 · 사용방법에 해당하지 않는 상표〉

상 표	지정상품	판 례
ELECTRODYN	분무기	대법원 1982.11.9. 선고 82후7 판결

12. 시기표시에 해당하는 상표, 해당하지 않는 상표

〈시기표시에 해당하는 상표〉

상 표	지정상품	판 례
전천후	타이어	특허청, 상표심사기준
Four Season	타이어	특허청, 상표심사기준
4계절	계절상품	특허청, 상표심사기준
춘하추동	의 류	특허청, 상표심사기준

〈시기표시에 해당하지 않는 상표〉

상 표	지정상품	판 례
집들이	비누, 세제	대법원 1990.9.28. 선고 90후21 판결

13. 현저한 지리적 명칭에 해당하는 상표, 해당하지 않는 상표

〈현저한 지리적 명칭에 해당하는 상표〉

상 표	지정상품	판 례
BALA VERSAILLIES		대법원 1983.7.2. 선고 82후42 판결: 본원 상표는 'VER-SAILLES'가 두드러지게 보일 뿐 아니라 'BALA'는 부기적인 부분으로서 우리나라 수요자가 그 뜻을 알아볼 수 없는 것이어서 본원상표는 수요자 간에 현저한 지리적 명칭인 'VER-SAILLES'로 인식된다.

상 표	지정상품	판 례
뉴욕		대법원 1984.5.22. 선고 81후70 판결
PHILADELPHIA		대법원 1984.5.15. 선고 83후90 판결
LONDON TOWNE		대법원 1988.10.25. 선고 86후104 판결
LOCHAS PARIS		대법원 1984.1.24. 선고 82후33 판결
운주주판		대법원 1984.2.28. 선고 83다456 판결
Vienna Line	안경류	대법원 1980.1.29. 선고 79후84 판결: 본원 상표는 '비엔나산, 비엔나계통의 주문품' 등의 관념을 낳는 것으로서 비엔나라는 현저한 지리적 명칭 이외에 어떤 특별현저성은 없다고 보여진다.
바까라	유리제품	대법원 1985.7.9. 선고 83후3 판결: 기록에 의하면 프랑스의 '바까라' 지방은 수정유리제품의 오래된 산지임을 엿볼 수 있어 '바까라'라는 지리적 명칭은 우리나라에서 현저하게 알려진 곳이라고는 볼 수 없을지라도 세계적인 고급 수정유리제품이라면 프랑스의 '바까라'산의 수정유리제품으로 쉽게 인식 못할 바 아니다.
백암		대법원 1986.7.22. 선고 85후103 판결
OLD ENGLAND		대법원 1992.2.11. 선고 91후1427 판결
Manhattan		대법원 1986.6.24. 선고 85후62 판결
GEORGIA 조지아		대법원 1986.2.25. 선고 85후105, 106 판결
허리우드 HoLYWooD		대법원 1990.5.25. 선고 89후803 판결
Fifth Avenue		대법원 1992.11.24. 선고 92후735 판결
DALLAS MAERICKS		대법원 1995.7.28. 선고 95후323 판결
銀座 フテシクヨィ		대법원 1992.11.20. 선고 92후452 판결
GINZA BOU-TIQUE JOY		
OXFORD	서적	대법원 1988.9.20. 선고 86후53 판결
천마산곰탕		대법원 1998.2.10. 선고 97후600 판결
BRITISH-AMERICAN		대법원 1997.10.14. 선고 96후2456 판결: 우리나라 일반 수요자들의 영어이해수준에 비추어 'BRITISH'는 '영국의, 영국인의'라는 뜻으로, 'AMERICAN'은 '미국의, 미국인의'라는 뜻으로 직감적으로 이해될 것이므로, 이 사건 출원상표는 영국 및 미국을 일컫는 현저한 지리적 명칭만으로 된 상표라 할 것이다.
FINLANDIA 핀란디아		대법원 1996.8.23. 선고 96후54, 61 판결

상 표	지정상품	판 례
L.A. GEAR		대법원 1996.6.11. 선고 95후1890 판결
NIPPON EXPRESS	운송업	대법원 1996.2.13. 선고 95후1296 판결
london TOWNE		대법원 1988.10.25. 선고 86후104 판결
HOUSE OF INDOCAFE		특허법원 2000.5.19. 선고 99허9946 판결
JAVA		대법원 2000.6.13. 선고 98후1273 판결: 인도네시아의 정치, 경제, 사회 등 모든 면에서 중심이 되는 섬으로 잘 알려져 있는 것으로 인정한 원심은 정당하다.
종로학원		대법원 2001.2.9. 선고 98후379 판결
VENEZIA 베네치아	관광음식점업	특허법원 2003.4.11. 선고 2003허175 및 대법원 2003. 6.30. 2003후1178 판결: 이탈리아의 유명한 관광도시이 자 항구도시이다.
충청방송	텔레비전방송업	특허법원 2004.4.30. 선고 2004허110 판결
김종로밥	김밥, 간이식당업, 식당체인업	특허법원 2005.4.1. 선고 2004허8244 판결
db 대구신문	신문	특허법원 2006.3.31. 선고 2005허10244 판결 및 대법 원 2006.8.31. 선고 2006후916 판결
EMIRATES	항공운송업	특허법원 2007.10.11. 선고 2007허5529 판결: 이 건 상 표는 '아랍에미리트 연합'을 직감케 한다.

〈현저한 지리적 명칭에 해당하지 않는 상표〉

상 표	지정상품	판 례
신앙촌		대법원 1966.12.27. 선고 66후11 판결
KANA		대법원 1980.7.8. 선고 80후50 판결: 본원 상표의 칭호가 'GHANA공화국'의 'GHANA'와 동일하므로 현저한 지리적 명칭에 해당한다고 볼 수 없다. 양 표장의 칭호가 동일하다 고 볼 수도 없다.
GLISS		대법원 1988.2.23. 선고 86후157 판결
강남약국		대법원 1990.1.23. 선고 88후1397 판결: '강남'이 서울시 성동구로부터 분리된 강남구의 명칭과 동일하기는 하나, 강 남은 강의 남부지역, 강의 남방을 이르던 말로 남쪽의 먼 곳 이라는 뜻으로 사용되고 있으므로 현저한 지리적 명칭으로 볼 수 없다.
동아시티백화점		대법원 1994.10.7. 선고 94후319 판결

상 표	지정상품	판 례
PIZZA TOGO		대법원 1997.8.22. 선고 96후1682 판결: 이 사건 출원상표 중 PIZZA는 지정상품의 명칭이고 'TO GO'는 외관상 분리되어 있고, 칭호 상으로도 우리나라 일반 수요자의 외국어 이해 수준에 비추어 보면 '투고우'로 호칭될 가능성이 높으며, 관념상으로도 'TO'는 전치사로 'GO'는 '가다'라는 의미로 이해할 것이므로 그 지정상품인 피자와 관련하여 일반 수요자들에게 이 사건 출원상표가 즉각적으로 서부 아프리카에 있는 '토고'공화국이라는 지리적 감각을 전달할 수 있는 표장이라고 보기는 어렵다 할 것이다.
DEUTSCHE BANK		특허법원 1999.12.23. 선고 98허4873 판결
醴 泉 예 천		특허법원 2000.12.8. 선고 2000허624 판결: '예천(醴泉)'이 행정구역상 군에 해당되고 그곳에 비행장이 소재하고 있으나 이것만으로 국내의 일반 수요자나 거래자들에게 널리 알려졌다고 보기 어렵고 또한 한자 '藝泉'이 병기되어 있어 새로운 관념을 형성하고 있어 현저한 지리적 명칭에 해당한다고 보기 어렵다.
Early Manhattan	셔츠 메리야쓰	대법원 1988.4.25. 선고 87후10 판결
첨 성 대	레스토랑업카페업	특허법원 2003.5.1. 선고 2003허274 판결 및 대법원 2003.8.25. 2003후1260 판결: 첨성대가 저명한 문화재인 경주의 첨성대를 의미하는 명칭으로 널리 알려졌다 하더라도 그와 같은 사정만으로 '첨성대'가 그 문화재가 소재하는 지역을 이르는 지리적 명칭으로까지 저명하게 되었다고 단정할 수 없다.
BUCKINGHAM	신발, 체조복, 한복류	특허법원 2006.7.14. 선고 2006허3205 판결 및 대법원 2006후2417 판결(심불기각)
경기도시공사 Gyeonggi Urban Innovation Corporation	금융개발상담업, 개발금융업 등	특허법원 2009.7.10. 선고 2009허2302 판결: '경기'와 '도시공사'가 결합하여 새로운 식별력을 형성한다.

14. 흔히 있는 성씨 또는 명칭에 해당하는 상표, 해당하지 않는 상표

〈흔히 있는 성씨 또는 명칭에 해당하는 상표〉

상 표	지정상품	판 례
리 LEE		대법원 1989.12.22. 선고 89후582 판결: 우리나라의 흔한 성씨인 '이'씨의 한글표기로 직감된다.
PRESIDENT		대법원 1990.7.10. 선고 87후54 판결

상 표	지정상품	판 례
Best *Company*	문방구용품	대법원 1992.5.22. 선고 91후1885 판결: 'Company'는 회사·상회의 뜻이 있는 것으로 거래사회에서 흔히 사용되는 법인이나 단체의 명칭에 해당되고 'Best'는 특별현저성이 없는 단어이며 도형부분은 위치, 크기 등으로 보아 부수적·보조적인데 불과하다.
윤씨농방	장	특허법원 2000.11.23. 선고 2000허2392 판결: '윤씨'는 우리나라에서 흔히 있는 성이고 '농방'은 지정상품 중 하나인 '장'을 의미하는 '농'을 파는 가게를 뜻한다.

〈흔히 있는 성씨 또는 명칭에 해당하지 않는 상표〉

상 표	지정상품	판 례
JOHNSON		대법원 1994.7.29. 선고 94후333 판결: 우리나라에서 Johnson이 흔히 있는 성으로서 식별력이 없다고 할 수도 없다.

15. 간단하고 흔한 표장에 해당하는 상표, 해당하지 않는 상표

〈간단하고 흔한 표장에 해당하는 상표〉

상 표	지정상품	판 례
P & H	굴착기	대법원 1979.12.11. 선고 79후33 판결: 알파벳의 'P'와 'H'자를 단순히 '&'라는 기호로 연결하여 횡서한 것에 불과하여 간단하고 흔한 표장에 해당.
M45 엠사십오	살충제	대법원 1980.3.25. 선고 79후97 판결
Ω MEGA	크레인	대법원 1983.6.28. 선고 82후64 판결: 상단에 표기된 'Ω'는 그리스자로서 알파벳 I字에 속하고 하단에 표기된 표장은 알파벳 I字의 자음을 다소 도형화한 점은 있으나 누구나 'OMEGA'로 알 수 있을 정도임
ALPHA		대법원 1987.2.10. 선고 85후107 판결
3M	세탁용솔, 걸레	대법원 1987.2.10. 선고 86후54 판결
	화학조미료, 소스	대법원 1991.10.8. 선고 91후677 판결: 도형이 태극무늬와 동일하지는 않으나 유사하여 일반 수요자에게 태극무늬로 인식되어 우리국민에게는 간단하고 흔한 표장이고 또 상품에 사용되었을 때 태극무늬의 장식으로 인식된다.
BAND-A	반창고	대법원 1992.5.22. 선고 91후196 판결

상 표	지정상품	판 례
D-2 Composite Digital	비디오테이프 레코더	대법원 1991.12.24. 선고 91후813 판결
CR INDUSTRIE	오일실(oil seals)	대법원 1992.1.21. 선고 91후851 판결
		대법원 1992.11.24. 선고 92후919, 933 판결
M	살충제, 방취제	대법원 1993.7.13. 선고 92후2137 판결
HD		대법원 1994.6.28. 선고 94후449 판결
⊜	보일러	대법원 1997.2.25. 선고 96후1187 판결
E PRINT	프린팅 프레스	대법원 1997.6.24. 선고 96후1866 판결: 'E PRINT' 중의 'PRINT'는 '인쇄, 인쇄물, 프린트지' 등의 뜻을 가지고 있어 이를 지정상품인 '프린팅 프레스(인쇄기)' 등과 관련시켜 볼 때 식별력이 없다고 하겠고, 'E'는 영어 알파벳의 하나로서 간단하고 흔한 표장에 불과하며, 'E'와 'PRINT'가 일체 불가분적으로 결합됨으로써 새로운 관념이나 식별력을 형성하는 것도 아니어서 본원상표는 전체적으로 보아 식별력이 없다.
	툴스틸	특허법원 1999.4.29. 선고 99허1904 판결
○		특허법원 1999.5.20. 선고 98허9376 판결: 그 외관에 있어 두터운 붓으로 굵게 그린 듯한 불연속적인 둥근 테두리 모양으로 다소 도형화한 점은 있으나 우리나라 특유의 문자문화에 비추어 볼 때 전체적으로 단순히 붓글씨로 쓴 한글의 자음 'O(이응)'으로 인식된다.
ES	기타	특허법원 2003.4.4. 선고 2002허 7568 판결
이·마트	홈쇼핑업	특허법원 2003.6.20. 선고 2003허366 판결: '◆' 부분은 그 크기가 매우 작은데다가 그 모양에 의하더라도 한글 '이'와 '마트'를 분리하는 외에는 특별한 관념이 있다고 보기 어려워 식별력이 없고, 한글 '마트'는 '시장, 상업중심지' 등의 뜻이 있는 영어 단어 'mart'의 한글음역으로서 최근 들어 '할인점 시장'이라는 판매장소의 뜻으로 널리 인식되어 있어 위 지정서비스업에 대한 관계에서 볼 때 '마트' 부분은 위 지정서비스업의 보통명칭이거나 또는 위 지정서비스업의 성질을 보통으로 사용하는 방법으로 표시하는 것으로 식별력이 없으며, 나머지 한글 '이'는 단순히 영어 알파벳 'e'의 한글 음역으로만 쉽게 인식되어 간단하고 흔히 있는 표장에 해당하고, '이'와 '마트'가 일체불가분적으로 결합되어 전체적으로 어떤 새로운 관념을 형성하는 것도 아니며, 직사각형의 노란색 바탕에 검은색의 한글로 쓰여 있다고 하여 어떤 특별한 주의를 끈다고 보기도 어려워 지정서비스업에 대한 관계에서 간단하고 흔히 있는 표장만으로 된 서비스표에 해당한다. 대법원 2005.9.28. 선고 2003후1741 판결(원심판결지지)

상 표	지정상품	판 례
SIGMA	타이어	특허법원 2005.4.15. 선고 2004허7562 판결
	선박운송업 등	특허법원 2005.7.15. 선고 2005허3031 판결
hpshopping	사무용품 판매대행업, 카메라 판매대행업	특허법원 2005.8.12. 선고 2005허2807 판결
H	강관, 강선, 강철, 강판	특허법원 2007.9.6. 선고 2007허4656 판결: "홈쇼핑 방송업" 관련하여서는 상표법 제6조 제2항에 의한 식별력 취득인정

〈간단하고 흔한 표장에 해당하지 않는 상표〉

상 표	지정상품	판 례
		대법원 1982.5.21. 선고 80후83 판결
		대법원 1983.3.8. 선고 82후23 판결: 알파벳 'B'자와 'S'자를 단순히 나열한 것에 그치지 않고 흑색 'B'자 모형의 도형위에 'S'자를 양각한 것으로서 특별현저성이 있다.
		대법원 1996.3.8. 선고 95후108 판결: 잔잔한 수면위에 이는 잔물결의 파문 또는 작은 소용돌이 모양의 물결무늬를 형상화한 도형으로 간단하고 흔히 있는 표장이 아니고 자타 식별력도 있다.
		대법원 1990.12.26. 선고 90후793 판결
		대법원 1993.4.13. 선고 92후1738 판결: 'JT'가 흔히 있는 표장이 아니라는 사실을 인정하면서도 간단하여 자타상품의 식별력이 없다고 판단한 원심은 부당
	침대	대법원 1994.2.8. 선고 93후1308 판결
	넥타이, 핸드백	대법원 1996.12.28. 선고 93후992, 1018 판결: 출원인의 명칭에서 따온 영문 소문자 't'의 하단 부분을 굵게 하고 각 끝 분분을 날카로운 창 모양으로 뾰족하게 변형하고, 그 바깥에 외곽선을 따라 일정한 간격을 두고 가는 실선을 배치함으로서 전체적으로 't'자를 간단히 도안화한 것이라기보다는 오히려 배의 '닻'과 같은 느낌을 줄 정도이어서 일반 수요자가 당해 상품의 출처를 인식할 수 있을 만하다.

상 표	지정상품	판 례
이·마트	홈쇼핑방송업	특허법원 2003.6.20. 선고 2003허366 판결: 이 사건 출원서비스표를 나머지 지정서비스업인 '홈쇼핑방송업' 등(서비스업류 구분 제38류)에 대한 관계에서 보건대, 이 사건 출원서비스표의 '◆'부분은 식별력이 없고 한글 '이'는 영어 알파벳 'e'의 한글 음역이며 한글 '마트'는 영어 단어 'mart'의 한글 음역으로서 최근 '할인점 시장'이라는 판매장소의 뜻으로 널리 인식되어 있는 점은 앞서 본바와 같으나, 위 지정서비스업과 관련시켜 볼 때 한글 '마트'가 위 지정서비스업의 보통명칭이거나 또는 그 성질을 보통으로 사용하는 방법으로 표시하는 것도 아니므로 식별력이 없다고 보기 어렵고, 위 '◆' 부분을 제외한 나머지 부분인 '이마트' 또는 위 '이'와 '◆' 부분을 제외한 '마트'가 간단하고 흔히 있는 표장에 해당하는 것도 아니므로, 이 사건 출원서비스표는 위 지정서비스업에 대한 관계에서 식별력이 있는 서비스표로서 상표법 제6조 제1항 제6호에 해당하지 않는다. 대법원 2005.9.28. 선고 2003후1741 판결(원심판결지지)
CP	주차미터기금전등록기	대법원 2003.5.27. 선고 2002후291 판결: ⅰ) 그 표장이 'C'와 'P'를 가로로 붙여 놓은 것으로 인식될 수도 있기는 하지만 위 표장은 글자의 크기를 동일하게 하고 글자 사이에는 일정한 간격을 두는 알파벳의 일반적인 표기방법과 달리, 왼쪽의 곡선을 강조하기 위하여 'C'자의 폭을 'P'자보다 훨씬 넓게 표현하고 있으며, 오른쪽의 'P'는 세로선과 곡선부의 끝이 떨어지도록 하고 그 부위에 따라 선의 굵기를 달리하는 등으로 구성되어 있기 때문에 그 표장의 외관상 크기가 서로 다른 반원을 세로로 된 직선에 의하여 연결한 추상적인 도안으로 여겨질 정도이므로 위 표장은 그 구성자체가 거래상 자타상품의 식별력이 있는 것이라고 할 것이다. ⅱ) 또한, 위 표장이 상표로 등록된다고 하더라도 수요자 사이에 위 표장이 누구의 업무에 관련된 상품을 표시하는 것으로 현저하게 인식되기 전까지는 그 권리범위가 위 표장과 동일, 유사한 외관의 표장에만 미치고 그에 따라 일반 거래계에서 'CP'를 일반적인 알파벳 표기방법에 따라 표기하거나 그 호칭을 '씨피'로 하는 표장을 자유롭게 상표로 사용할 수 있으므로 이 사건 출원상표의 등록을 허용하는 것이 공익에 반한다고 할 수 없다.
GT Technologies	강선, 철선, 비절연동선 등	특허법원 2005.1.14. 선고 2004허6866 판결

16. 기타 식별력이 없는 표장에 해당하는 상표, 해당하지 않는 상표

〈기타 식별력이 없는 표장에 해당하는 상표〉

상 표	지정상품	판 례
LAND, CLUB		특허청, 상표심사기준
마을, 나라		특허청, 상표심사기준
인류를 아름답게, 사회를 아름답게	치마	대법원 1987.1.20. 선고 86후85 판결: 일반적으로 보이는 구호나 표어로 구성.
It'S MAGIC 잇스매직	가스레인지	대법원 1994.9.27. 선고 94후906 판결
Drink in Sun	과일주스	대법원 1994.12.22. 선고 94후555 판결
	바지, 재킷	대법원 1994.10.14. 선고 94후722 판결: 그 지정상품인 바지, 재킷 등과 관련하여 볼 때 그 재봉선이나 장식적 의미의 도형으로 인식할 수 있다
Believe It or Not	미술관 경영업	대법원 1994.11.18. 선고 94후173 판결
Mr. 토스트	토스트용 식빵	대법원 1997.5.30. 선고 96후1477 판결
이게 웬 떡이냐	건과자, 호떡	대법원 1998.2.27. 선고 97후945 판결
SURESTORE	자기디스크 드라이브	대법원 1997.6.27. 선고 96후2241 판결
PLASMA-VISION	플라즈마 방식에 의한 TV수신기	대법원 1998.2.27. 선고 97후310 판결
CO-LAN	데이터 통신업	대법원 1999.4.13. 선고 97후3616 판결
SPO'S 스포스	단화, 방한화	대법원 1998.4.24. 선고 97후1184 판결
	신사복	대법원 1992.4.24. 선고 91후1878 판결: 본원 상표를 상품의 출처표시로 인식하기보다는 악귀나 잡신을 쫓아내어 재앙을 막아주는 부적 그 자체로 인식하여 자타상품의 식별력이 없다.
	청바지	대법원 1989.10.10. 선고 89후216 판결: 그 도형이 청바지나 작업복 바지 뒷모습의 상부이거나 단순히 청바지나 작업복 바지의 뒷모습의 재봉선으로 인식되어 식별력이 없다고 판단한 원심은 정당하다.
海東劍道	해동검도 실기지도업	대법원 1997.7.8. 선고 97후75 판결: 이 사건 출원 서비스표는 우리나라 고유의 전통검법을 뜻하는 명칭과 동일·유사할 뿐만 아니라, 그 출원일 훨씬 이전부터 대한민국해동검도협회와 대한해동검도협회(현재 산하에 전국석으로 30여 개의 체육도장이 있다), 출원인 한국해동검도협회(현재 산하에 전국적으로 107개의 도장이 있다) 등 여러 사람이 오랜 기간 동안 이 사건 출원서비스표와 동일 또는 유사한 서비스표를 사용해 옴으로써 그 지정서비스업인 해동검법 실기지도업, 체육도장 경영업 등의 서비스업에 사용할 경우 위 서비스표가 누구의 업무에 관련된 서비스업을 표시하는 것인가를 식별할 수 없다.

상 표	지정상품	판 례
	가죽신 골프화 등	특허법원 2003.4.10. 선고 2002허8226 판결: 이 사건 출원상표의 운동화 형상은 흔히 볼 수 있는 것으로서 별다른 특징이 없고 다만 "ᴧᴧᴧ"와 같이 구성된 3개의 굵은 실선이 운동화의 발등 부분과 바닥 사이에 그려져 있다는 점에 특징이 있으나 그와 같은 도형은 운동화의 형상에 결합된 결과 이 사건 도형이 그 지정상품인 테니스화, 야구화 농구화 등의 운동화의 일반적인 형상을 보통으로 표현하는 방법으로 된 표장으로서 상표법 제6조 제1항 제3호에 해당한다고 단정할 수는 없다고 할지라도, 그 도형의 위치나 모양에 별다른 특징이 없어 그 결합의 결과가 전체적으로 운동화 모양의 도형이 갖는 인식력을 압도할 정도라고 할 수는 없다는 점을 고려한다면, 일반 수요자들이 위 3개의 굵은 실선을 운동화에 표현된 의장으로 인식하여 이 사건 출원상표가 그 지정상품인 테니스화, 야구화 등의 현상을 연상하거나 그 형상을 표시하는 것으로 이해될 개연성이 높다.
GOODMORNING	관광숙박업, 모텔업, 여관업	특허법원 2005.1.20. 선고 2004허6293 판결
YES *Service*	전자응용기계기구수리업	대법원 2005.6.23. 선고 2004후2871 판결
LOOKS	비누, 화장품류	특허법원 2006.4.28. 선고 2005허10671 판결
011	전화통신업, 무선통신업	특허법원 2004.12.24. 선고 2004허3324 판결 및 대법원 2006.5.12. 선고 2005후346 판결
SWISSONE	은행업, 홈뱅킹업	특허법원 2006.6.29. 선고 2006허3249 판결: 'SWISS' 부분은 현저한 지리적 명칭에 해당하여 식별력이 약하고 'ONE' 부분 또한 간단하고 흔한 표장이며, SWISS와 ONE이 결합하여 실별력을 낳지도 않는다.
조계종 曹溪宗	각종 불교행사와 홍보활동, 교육, 법계 및 의제사업, 불교문화 발전을 위한 각종 문화사업 등	특허법원 2005.7.7. 선고 2005허1073 판결
Dr.shoe	가죽신, 단화, 농구화 등	특허법원 2007.4.12. 선고 2007허1565 판결 및 대법원 2004.8.23. 2007후1718(심불기각)
Be Smart	개인교수업, 교육지도업, 입시학원 경영업	특허법원 2007.4.26. 선고 2007허975
우리은행	은행업, 국제금융업	특허법원 2007.7.11. 선고 2005허9886 판결 ※ 이 사건 관련하여 대법원 7-1-4에 해당하는 것으로 판결하였음(2007후3301 판결)
Reds!	화장품, 광고대행업 등	특허법원 2007.10.25. 선고 2007허6409 판결

〈기타 식별력이 있는 표장에 해당되는 상표〉

상 표	지정상품	판 례
일번지	요식업	대법원 1987.9.22. 선고 86후 137 판결: 일번지라는 글귀가 지정서비스업의 특징을 설명하거나 묘사한 기술적 표장이라고 보기 어렵다.
3-NITRO	인공감미료	대법원 1997.2.28. 선고 96후979 판결
		대법원 1996.3.8. 선고 95후1081 판결
WE'VE	화장비누, 약용비누	특허법원 2003.8.22. 선고 2002허8202 판결
Σ F 1	계량기 및 저울	특허법원 2007.5.23. 선고 2007허135 판결 및 대법원 2007.9.6.자 2007후2414 판결(심불기각)
Phone&Fun	전화기, 휴대폰	특허법원 2006.11.15. 선고 2006허6419 판결

17. 사용에 의하여 식별력을 취득한 상표, 취득하지 못한 상표

〈사용에 의한 식별력을 취득한 상표〉

상 표	지정상품	판 례
영어실력기초	서적	대법원 1990.11.27. 선고 90후816 판결
새우깡	과자	대법원 1990.12.21. 선고 90후38 판결: 증거들에 비추어 볼 때 이건 상표는 수요자간에 널리 인식된 것으로서 특별현저성을 취득한 상표로 인정이 된다.
	부동산중개업	특허법원 1999.12.2. 선고 99허5715 판결
이·마트	홈쇼핑 서비스업	특허법원 2003.6.20. 선고 2003허366 판결
SPEED 011	전화통신업, 무선통신업	특허법원 2006.11.15. 선고 2006허6419 판결

〈사용에 의한 식별력을 취득하지 못한 상표〉

상 표	지정상품	판 례
뉴욕	쿠키, 식빵	대법원 1984.5.22. 선고 81후70 판결: 현저한 지리적 명칭만으로 된 상표는 비록 사용에 의한 식별력을 취득하고 있더라도 법 제8조 제2항의 요건에 해당되지 않는다.
3M	세탁용 솔, 걸레	대법원 1987.2.10. 선고 86후54 판결
EXCEL 엑셀	승용차	대법원 1989.12.22. 선고 89후438 판결: 증거들만으로는 본원상표가 출원에 사용한 결과 수요자 간에 현저하게 인식되었다고 보기 어렵다.

상 표	지정상품	판 례
리 LEE	신사복, 학생복	대법원 1989.12.22. 선고 89후582 판결: 일건 기록을 살펴볼 때 청구인의 이건 상표가 수요자 간에 일전 기록을 살펴볼 때 현저히 알려진 상표라는 주장을 배척한 원심은 수긍이 간다.
AUTOMELT	전기아크 용접기	대법원 1996.12.23. 선고 96후771 판결
수지침	잡지, 한방수지침술 강좌업	대법원 1996.5.31. 선고 95후1968 판결
E-PRINT	프린팅프레스	대법원 1997.6.24. 선고 96후1866 판결
		특허법원 1999.5.20. 선고 98허9376 판결 및 대법원 1999.9.17. 선고 99후1645 판결
	화장비누, 샴푸	특허법원 1999.5.13. 선고 99후2785 및 대법원 1999.9.22. 선고 99후1607 판결
	무선주파수 파워앰프	특허법원 2000.11.3. 선고 99허9335 판결
Smart-UPS	컴퓨터 및 다른 민감한 전자장치에 사용되는 비상전원공급용 무정전 전원 공급장치	특허법원 2000.9.8. 선고 2000허815 판결
	라이터	특허법원 2000.11.3. 선고 2000허5407 판결
 (색채상표임)	바지, 신사복	특허법원 2000.12.8. 선고 2000허2378 판결
	분말향수	특허법원 2000.12.14. 선고 2000허5711 판결: 상표법 제6조 제1항 제4호(현저한 지리적 명칭)에 해당하는 상표는 출원 전에 사용한 결과 수요자 간에 현저하게 인식되었다 하더라도 상표등록을 받을 수 없다.

제2장 상표등록을 받을 수 없는 상표

일러두기　여기서는 자타상품의 식별력을 갖춘 상표라 하더라도 등록을 인정하기에는 적합하지 않은 상표에 대하여 등록받을 수 없는 사유를 규정하고 있다.

　이 부분에 대하여는 먼저 전체적으로 이해한 다음 각 부분마다 개별적이고 구체적으로 이해하는 것이 필요다. 이 부분은 상표법 전체를 통하여 아주 중요한 부분이므로 실무적으로나 시험과 관련하여 매우 중요하다.

I. 서 언

　상표가 제7조 제1항 각 호의 규정에 해당하는 경우에는 그 상표가 상표법 제6조 제1항 각 호의 요건을 만족하는 경우에도 불구하고 상표등록을 받을 수 없다.

　이와 같이 상표법 제6조 제1항에서 규정한 자타상품의 식별력을 갖춘 상표라 하더라도 그 상표가 상표법 제7조 제1항 각 호에 해당하는 경우에는 상표등록을 받을 수 없도록 규정한 것은 공익상 상표등록을 허여하는 것이 적절치 않다는 공익적 측면과 제3자의 이익보호를 위한 사익적 측면에서이다.

　상표법은 상표등록요건을 제6조 및 제7조에서 규정하고 있는데 제6조에서 규정한 요건은 적극적 요건으로, 제7조에서 규정한 요건은 소극적 요건으로 이해되고 있는데, 이와 같은 상표등록요건은 국내외의 산업환경 변화와 국제조약의 체결 등에 따라 수없이 변천되어 왔다.

II. 상표등록을 받을 수 없는 상표

1. 대한민국의 국기 · 국장 · 훈장 등과 동일 또는 유사하거나 동맹국 등의 국기 등과 동일 또는 유사한 상표(법 제7조 제1항 제1호의1 내지 4)

1) 의 의

대한민국의 국기 · 국장 · 훈장 등과 동일 또는 유사하거나 동맹국 등의 국기와 동일 또는 유사한 상표, 국제적십자사 · 국제올림픽위원회 · 저명한 국제기관의 명칭, 약칭 등과 동일 또는 유사한 상표는 상표등록을 받을 수 없는데, 이와 같이 대한민국의 국기 · 국장이나 동맹국 등의 국기와 동일 또는 유사한 상표, 국제적십자사 · 국제올림픽위원회 · 저명한 국제기관 등의 명칭이나 표장과 동일 또는 유사한 상표의 등록을 인정하지 않는 것은 대한민국이나 외국의 국가, 국제기관의 존엄성 및 신용을 해칠 우려가 있으며 또한 일반 수요자가 그 상품을 이들 기관과 특수한 관계가 있는 것으로 오인할 우려가 있기 때문이다.

2) 등록을 받을 수 없는 표장

(1) 대한민국의 국기 · 국장 · 군기 · 훈장 · 포장 · 기장 등과 동일 또는 유사한 표장(법 제7조 제1항 제1호)

대한민국의 국기 · 국장(國章) · 군기(軍旗) · 훈장 · 포장(襃章) · 기장(記章)[1]과 동일 또는 유사하거나 대한민국 또는 공공기관의 감독용이나 증명용 인장 또는 기호와 동일하거나 유사한 상표는 본 호에 의하여 등록이 불허된다. 종전의 법에서는 외국의 훈장,

---

[1] ① 구상표법(1990.1.13. 법률 제4210호로 전문개정되기 전의 것, 이하 같다) 제9조 제1항은 등록을 받을 수 없는 상표를 규정하면서 그 제1호 전단에서 '국기 · 국장 · 군기 · 훈장 · 포장 · 기장 · 외국의 국기 및 국장과 동일 또는 유사한 상표'를 들고 있는바, 본 호에 규정된 '기장'이란 공적을 기념하거나 신분, 직위 등을 표상하는 휘장 또는 표장을 의미하고, 이는 뒷부분에 '외국의 국기 및 국장'을 열거하고 있는 점에 비추어 대한민국의 기장을 말하는 것으로 해석함이 상당하다.

② 위 법리와 기록에 비추어 살펴보면, 이 사건 해군사관학교 사관생도의 견장(우측 윗 도면, 이하

'이 사건 견장'이라 한다)은 '' 해군사관학교 사관생도로서의 신분과 그 학년을 표상하므로 그 전체가 대한민국의 기장에 해당한다고 할 것이다(대법원 2010.7.29. 선고 2008후4721 판결).

③ 종전의 법(2010.1.27. 법률 제9987호 이전의 법) 제7조 제1항 제1호에서 「…적십자 · 올림픽 또는 저명한 국제기관 등의 명칭이나 표장과 동일하거나 유사한 상표」와 같이 규정하였던 것을 현재와 같이 개정하였다.

포장, 기장 등과 적십자 · 올림픽 또는 저명한 국제기관의 명칭이나 표장과 동일 또는 유사한 경우 본 호에 의하여 등록이 거절되는 것으로 규정하였으나, 2010.7.28 법률 제9987호에서 이들 표장에 대하여는 제7조 제1항 제1호의2 내지 5호에서 따로 규정하고 있다.

(2) 동맹국 등의 국기와 동일 또는 유사한 상표(법 제7조 제1항 제1호의2)

파리협약 동맹국 · 세계무역기구 회원국 또는 상표법조약 체약국의 국기와 동일 또는 유사한 상표는 본 호에 의하여 상표등록이 불허된다. 2010.7.28. 법률 제9987호 이전의 법에서는 제7조 제1항 제1호에서 규정하였던 것을 법률 제9987호에서 대한민국의 국기 등과 구별하여 현재와 같이 규정하였다.

(3) 국제적십자 · 국제올림픽위원회 또는 저명한 국제기관의 명칭 · 표장 등과 동일 또는 유사한 상표(법 제7조 제1항 제1호의3)

국제적십자, 국제올림픽위원회 또는 저명한 국제기관의 명칭, 약칭, 표장과 동일 또는 유사한 상표는 본 호에 의하여 거절된다. 다만, 국제적십자사, 국제올림픽위원회, 저명한 국제기관이 자기의 명칭, 약칭, 표장을 상표등록출원한 경우에는 상표등록이 가능하다. 종전의 법에서는 국제적십자 · 국제올림픽위원회 또는 저명한 국제기관이 자기의 표장을 상표등록출원하는 경우에도 상표등록을 받을 수 없는 것으로 해석되었으므로, 개정법(2010.1.27. 법률 제9987호)에서 이를 개정하여 이들 기관이 상표등록출원하는 경우에는 상표등록을 받을 수 있도록 단서 규정을 신설하였다.[2]

국제올림픽위원회 · 국제적십자의 명칭이나 약칭, 표장은 저명성을 요하지 아니하나, 「국제기관 등의 명칭이나 표장」은 저명한 것이어야 하므로 이들 표장은 국내 수요자에게 널리 인식된 것이어야 한다.

저명한 국제기관이라 함은 국제사회에서 존재하는 국제기관으로서 국내 수요자에게 널리 인식된 국제기관을 말하므로 국제기관의 명칭이나 표장이라 하여도 그것이 국

---

2 ① 상표법 제7조 제1항 제1호가 '………올림픽 또는 저명한 국제기관의 칭호나 표장과 동일 또는 유사한 상표'를 등록받을 수 없는 상표의 하나로 규정한 취지는 그 칭호나 표장과 동일 · 유사한 상표의 등록을 인정하게 되면 마치 그 지정상품이 이들 기관과 특수한 관계에 있는 것처럼 오인 · 혼동을 일으킬 염려가 있어 그 권위를 해치게 되므로 공익적 견지에서 국제기관의 존엄을 유지하고 국제적인 신의를 지키고자 하려는 데 있다 할 것인바(대법원 1987.4.28. 선고 85후11 판결), 이러한 입법취지에 비추어볼 때 여기서 말하는 저명한 국제기관이라 함은 원칙적으로 상표등록사정 당시 존재하는 기관으로서 그 조직이나 활동상황 등에 의해 국제적으로 널리 알려질 것을 요하고, 이미 오래 전에 폐지되어 위 사정 당시에 활동을 하지 않는 경우에는 이에 해당하지 않는다 할 것이다(대법원 1991.8.9. 선고 90후2263 판결, 1998.6.26. 선고 97후1443 판결).

내 수요자에게 널리 인식되지 아니한 경우에는 본 호에 해당되지 않는다.

국제연합(UN), 국제원자력기구(IAEA), 세계지적소유권기구(WIPO), 세계보건기구(WHO), 국제통화기금(IMF), 세계무역기구(WTO) 등은 저명한 국제기관의 명칭 또는 약칭이라 할 수 있다.

(4) 특허청장이 지정한 동맹국 등의 문장, 기(旗), 훈장, 표장, 기장 또는 동맹국 등이 가입한 정부간 국제기구의 명칭, 약칭, 문장, 기, 훈장, 표장, 기장과 동일 또는 유사한 상표(법 제7조 제1항 제1호의4)

동맹국 등의 문장, 기, 훈장, 표장, 기장과 동일 또는 유사하거나 동맹국 등이 가입한 정부간 국제기구의 명칭, 약칭, 문장, 기, 훈장, 포장, 기장과 동일 또는 유사한 표장은 상표등록이 불허되는데, 다만, 동맹국 등이 가입한 국제기구가 자기의 명칭·약칭(동맹국 등이 가입한 정부간 국제기구에 한정한다), 표장을 상표등록출원한 때에는 상표등록이 가능하다. 본 호를 이유로 상표등록이 불허되기 위하여는 파리협약 제6조의3에 따라 세계지적소유권기구(WIPO)로부터 통지를 받아 특허청장이 지정한 것이어야 한다.[3]

(5) 특허청장이 지정한 동맹국 등 또는 그 공공기관의 감독용이나 증명용 인장 또는 기호와 동일하거나 유사한 상표(법 제7조 제1항 제1호의5)

동맹국 등 또는 그 동맹국들의 감독용이나 증명용인장 또는 기호와 동일하거나 유사한 상표는 본 호에 의하여 거절되는데, 그 증명용 인장 또는 기호가 사용되고 있는 상품과 동일하거나 유사한 상품에 사용하는 것이어야 한다.

감독용이나 증명용 인장 또는 기호라 함은 동맹국 등 또는 그 공공기관이 상품의 규격·품질 등을 관리·통제·증명하기 위하여 사용하는 모든 표장을 말한다.

---

3 ① 본 호는 2010.1.27. 법률 제9987호에서 신설한 것으로, 종전의 법 제7조 제1항 제1호 중 「동맹국·세계무역기구회원국 또는 상표법조약 체약국의 훈장·표장·기장」 부분을 현재와 같이 개정한 것이다.
② 공업소유권보호를 위한 파리조약(이하 '파리조약'이라고 한다) 제6조의3은 파리조약 가맹국의 국가기장(記章), 감독용 또는 증명용의 공공 기호 및 인장 또는 정부 간 국제기구의 기장 등의 보호에 관한 규정이고, 실제에 있어 위 국가기장, 감독용 또는 증명용의 공공의 기호, 인장 등은 다른 가맹국이 반드시 알 수 있다고 볼 수 없으므로, 같은 조 제3항(a)는 파리조약 가맹국이 다른 가맹국에 대하여 자신의 국가기장(記章, 다만 국가의 기장은 제외한다) 등을 보호받고자 할 경우에는 국제사무국을 통하여 그 해당 가맹국에 의무적으로 통지하도록 규정하고 있는바, 상표법 제7조 제1항 제1호는 대부분 위와 같은 파리조약 제6조의3에 규정된 사항을 입법한 것으로서, 위 상표법 소정의 '공업소유권보호를 위한 파리조약 동맹국의 훈장·포장·기장'이 보호받기 위해서는 파리조약 제6조의3 제3항(a)의 규정에 따라 그 보호대상인 기장 등이 국제사무국을 통하여 우리나라에 통지되어야 한다(대법원 1999.12.7. 선고 97후3289 판결).

- 사 례 -

(사례 1) 〔상표 및 지정상품〕 KS-CLF(전력제어용케이블, 광섬유케이블 등)

〔판례〕 한국산업규격(Korea Industrial Standard)은 산업제품의 품질개선과 생산능률의 향상을 기하며, 거래의 단순화와 공정화를 도모하기 위하여 사업표준화법에 의거하여 산업표준심의회의 심의를 거쳐 기술원장이 고시함으로써 확정되는 국가표준으로서, 약칭하여 KS로 표시하고, 이 규격에 도달한 제품에는 KS 또는

를 붙여 표시하고 있는 사실을 인정할 수 있는바, 위 인정사실에 의하면 'KS'는 한국산업규격표시로서 공공기관이 사용하는 감독용이나 증명용 기호에 해당한다.

이 사건 출원서비스표 'KS-CLF'는 'KS'와 'CLF'가 하이픈(-)에 의하여 연결되어 있어서 이를 분리 관찰하는 것이 거래상 자연스럽지 못하다고 여겨질 정도로 불가분적으로 결합되어 있다고 할 수 없으므로 'KS' 또는 'CLF'에 의하여 호칭·관념될 수 있고, 이 출원상표가 'KS'에 의하여 약칭될 경우에는 한국산업규격표시인 'KS'와 호칭·관념이 동일하여 서로 유사한 표장이다. 이 사건 출원상표의 지정상품인 전기케이블, 전선 등으로 전기제품인 점을 고려하면 이 사건 출원상표는 'KS' 인증을 획득한 전기제품으로 인식될 가능성이 높다 할 것이므로, 이 사건 출원서비스표는 'KS' 인증을 획득한 전기제품이나 'KS' 인증기관과 특수한 관계가 있는 것처럼 오인·혼동을 일으킬 염려가 있으므로 상표법 제7조 제1항 제1호에 해당한다(특허법원 2007.6.12. 선고 2008허1661 판결, 대법원 2008.10.9. 선고 2008후2305 판결 심불기각).

(사례 2) 〔상표 및 지정상품〕 (제36류 개발금융상담업, 개발금융업 등)

〔판례〕 국제금융공사(IFC)는 국제연합(UN)산하의 전문기구로서, 현재에도 국제적으로 활발한 활동을 하고 있어 원고들에게 이 사건 출원서비스표의 독점적·배타적 사용을 허용한다면 국제금융공사(IFC)의 존엄을 훼손하여 국제적 신의를 상실할 염려가 보이고, 피고도 파리협약 제6조의3에 따라 국제사무국을 통해 국제금융공사(IFC)의 명칭, 약칭 및 표장의 보호요청을 통지받은 후 '공익표장자료집'에 저명한 국제기관의 그것으로 기재하고, 상표심사기준에서도 이를 저명한 국제기관으로 예시하여 지속적으로 관리해 온 점 등에 비추어볼 때, 국제금융공사(IFC)는 이 사건 출원서비스표 등록결정 당시, 구 상표법 제7조 제1항 제1호에 규정된 '저명한 국제기관'에 해당한다고 봄이 상당하다(특허법원 2012.4.18. 선고 2011허11132 판결 심결지지).

(사례 3) 〔상표 및 지정상품〕 이 사건 등록상표: , 인용표장:

〔판례〕 공업소유권보호를 위한 파리조약 제6조의3은 파리조약 가맹국의 국가기장(記章), 감독용 또는 증명용의 공공의 기호 및 인장 또는 정부간 국제기구의 기장 등의 보호에 관한 규정이고, 실제에 있어 위 국가기장, 감독용 또는 증명용의 공공의 기호, 인장 등은 다른 가맹국이 반드시 알 수 있다고 볼 수 없으므로, 같은 조 제3항⒜ 는 파리조약 가맹국이 다른 가맹국에 대하여 자신의 국가기장(記章, 다만, 국가의 旗幸은 제외한다) 등을 보호받고자 할 경우에는 국제사무국을 통하여 그 해당 가맹국에 의무적으로 통지하도록 규정하고 있는바, 상표법 제7조 제1항 제1호는 대부분 위와 같은 파리조약 6조의3에 규정된 사항을 입법한 것으로서, 위 상표법 소정의 '공업소유권보호를 위한 파리조약동맹국의 훈장·포장·기장이 보호받기 위하

여는 파리조약 제6조의3 제3항(a) 규정에 따라 그 보호대상인 기장 등이 국제사무국을 통하여 우리나라에 통지되어야 한다.

그런데 인용표장에 관하여 이 사건 등록상표의 등록사정시는 물론 이 사건 심결당시까지 파리조약가맹국인 우리나라에 대하여 국제사무국을 통한 통지가 있었음을 인정할 아무런 자료가 없으므로, 결국 인용표장은 상표법 제7조 제1항 제1호 소정의 파리조약동맹국의 기장(記章)에 해당한다고 볼 수 없다(대법원 1999.12.7. 선고 97후3289 판결 환송판결).

(사례 4) 〔상표 및 지정상품〕 이 사건 출원상표: , 인용표장:

〔판례〕 안동시상징물에 관한 조례(2000.8.18. 조례 제367호, 개정 2005.1. 27. 조례 제536호)는 안동

시는 시를 상징하는 심벌마크를 선사용표장과 같이 하되 " "와 같이 철인 또는 휘장으로 사용할 수 있다고 규정하고 있는바 위 조례의 규정에 의하더라도 선서용표장 자체는 안동시의 심벌마크일 뿐이고 감독용이나 증명용 인장 또는 기호로 사용하기로 예정조차 되어 있지 아니하며, 철인 또는 휘장으로 사용할 수 있는 위 표장들은 감독용 또는 증명용으로 사용될 여지는 있으나, 위 철인과 휘장의 표장은 이 사건 출원상표서비스표의 표장과는 색채의 유무, 문자부분인 안동시의 '안동시'와 'ANDONG CITY'의 유무, 테두리 원의 유무 등에서 현저하게 상이하여 동일, 유사하다고 할 수 없으므로, 설사 위 철인이나 휘장이 감독용이나 증명용으로 사용되고 있다 하더라도 이 사건 출원상표서비스표가 감독용이나 증명용 인장 또는 기호와 유사하다고 할 수 없으므로 상표법 제7조 제1항 제1호에 해당하지 아니한다(특허법원 2005.8.11. 선고 2005후2915 판결 참조 심결취소).

(사례 5) 〔상표 및 지정상품〕 이 사건 출원상표: , 인용표장:

〔판례〕 구 상표법(1990.1.13. 법률 제4210호로 개정되기 이전의 것) 제9조 제1항은 등록받을 수 없는 상표를 규정하면서 그 제1호 전단에서 "국기·국장·군기·훈장·포장·기장·외국의 국기 및 국장과 동일 또는 유사한 상표"를 들고 있는바, 본 호에 규정된 '기장'이란 공적을 기념하거나 신분, 직위 등을 표상하는 휘장 또는 표장을 의미하고, 이는 뒷부분에 '외국의 국기 및 국장'을 열거하고 있는 점에 비추어 대한민국의 기장을 말하는 것으로 해석함이 상당하다.

위 법리와 기록에 비추어 살펴보면, 이 사건 해군사관학교 사관생도의 견장은 해군사관학교 사관생도로서의 신분과 그 학년을 표상하므로 그 전체가 대한민국의 기장에 해당한다 할 것이고, 한편 이 사건 등록상표와 이 사건 견장은 다 같이 도형만으로 구성되어 있어서 그 자체로부터 특정한 관념이나 호칭이 쉽게 떠오르지 아니하므로 외관을 기준으로 그 유사여부를 대비하여야 할 것인바, 이 사건 등록상표는 닻줄을 휘감은 검은색의 닻 모양의 도형만으로 구성되어 있는 반면, 이 사건 견장은 오각형 도형의 중앙 바로 윗부분에 닻줄이 없는 닻 모양의 도형과 오각형 도형의 아랫부분에 학년을 표시하는 띠 형상의 선 등으로 포함하고 있는 차이가 있어서 전체적으로 관찰하여 볼 때, 이 사건 등록상표와 이 사건 견장은 그 외관이 유사하지 아니하다. 따라서 이 사건 등록상표는 대한민국의 기장인 이 사건 견장과 유사하지 아니하므로 구 상표법 제9조 제1항 제1호에 해당한다고 볼 수 없다(대법원 2010.7.29. 선고 2008후 4721 판결 참조).

2. 국가 · 인종 · 민족 · 공공단체 · 종교 또는 저명한 고인과의 관계를 허위로 표시하거나 이들을 비방 또는 모욕하게 할 염려가 있는 상표(법 제7조 제1항 제2호)

1) 의 의

국가 · 인종 · 민족 · 공공단체 · 종교 또는 저명한 고인과의 관계를 허위로 표시하거나 이들을 비방 · 모욕 또는 악평을 받게 할 염려가 있는 상표는 등록을 받을 수 없다. 이들 상표에 대하여 등록을 금지하는 것은 이러한 상표를 당해 지정상품에 사용할 경우 수요자가 그 상품을 특정 국가나 공공단체, 종교단체 등과의 특별한 관계가 있는 것으로 믿음으로 인하여 품질을 오인하게 하거나, 그 상품이 조악(粗惡)한 경우 인종이나 민족, 고인에 대한 악평을 받게 할 우려가 있기 때문이다.[4]

2) 등록을 받을 수 없는 상표

(1) 국가 · 인종 · 민족 · 공공단체 · 종교의 명칭 등과 동일 또는 유사한 상표

「국가」라 함은 대한민국은 물론 외국도 포함하며, 「인종이나 민족」이라 함은 흑인종, 황색인종, 이슬람족, 게르만족 등을 말한다. 또한 「공공단체」라 함은 우리나라의 지방자치단체, 공공조합, 영조물법인 등은 물론 외국의 지방자치단체, 공공조합, 공법상 영조물법인과 그 대표기관, 그 산하기관을 포함하는 개념이며, 종교는 우리나라는 물론 국제적으로 존재하는 종교 모두를 지칭한다. 여기서 국가 · 인종 · 민족 · 공공단체 및 종교는 현존하는 것에 한하는 것으로 해석한다.

---

4   상표법은 공익적 견지에서 우리나라 또는 외국의 국기, 국가, 민족, 국제기관 등의 권위와 존엄을 유지하고 국제적 신용을 보호하기 위하여 제9조 제1항 제1호를 두어 국기, 국장, 군기, ……저명한 국제기관의 칭호나 표장과 동일 또는 유사한 상표를 등록받을 수 없는 것으로 하는 한편, 국가, 민족, ……저명한 고인을 표시하는 상표에 대하여는 동 조 동 항 제2호에 의하여 위 제1호와는 달리 그 관계를 허위로 표시하거나 이를 비방 또는 모욕하거나 악평을 받게 할 염려가 있는 것에 한하여 등록을 불허하고 있는바, 위와 같은 염려가 있는지의 여부는 당해 표장 자체가 가지고 있는 외관, 칭호, 관념과 지정상품 및 일반거래의 실정 등을 종합적으로 관찰하여 객관적으로 판단하여야 할 것이다. 기록에 비추어 볼 때, 상품구분 제3류를 지정상품으로 하는 본건 등록상표인 '인디안'이라는 표장은 인도사람 또는 아메리카 인디안 종족의 약칭을 통상적인 방법으로 호칭하는 것으로 보이고, 위와 같은 기준에서 관찰할 때 그것이 위 종족과의 관계를 허위로 표시하거나 이를 비방 · 모욕 또는 악평을 받게 할 염려가 있는 상표라고 볼 사정은 엿보이지 아니한다(대법원 1989.7.11. 선고 89후346 판결).

(2) 저명한 고인(故人)의 성명 등과 동일 또는 유사한 상표

본 호에서의 고인에는 저명한 고인만을 포함하는데 「저명한 고인」이라 함은 현실적으로 국내 수요자에게 널리 인식된 저명한 고인을 말한다. 그 저명한 고인은 한국인, 외국인을 불문한다.

3) 이들과의 관계를 허위로 표시하는 상표

국가나 공공단체, 저명한 고인과의 관계를 허위로 표시한다 함은 국가나 공공단체 또는 저명한 고인과 아무런 관련이 없음에도 특별한 관련성이 있는 것처럼 표시하는 등 사실과 다르게 표시하는 것을 말하는데, 상표에 국가·공공단체의 명칭이나 저명한 고인의 성명등을 표시함으로 인하여 일반 수요자가 그 상품을 국가나 공공단체가 생산·판매하거나 이들과 특수한 관계에 있는 자가 생산·판매하는 것으로 오인하게끔 표시하는 것을 말한다.

4) 비방·모욕·악평을 받게 할 염려

「비방」이라 함은 상품의 사용으로 국가·공공단체·인종·고인 등을 비난하는 것을 말하며, 모욕 또는 악평을 받게 할 우려가 있는 경우라 함은 국가·민족·고인을 천시하거나 나쁘게 평가하는 것을 말하는데, 상표를 사용하는 상품의 품질이 조악하거나 부실함으로 인하여 수요자와 거래자가 국가나 공공단체, 고인 등을 모욕하거나 악평을 할 우려가 있는 경우를 말한다.[5] 이와 같은 허위표시, 비방, 모욕, 악평을 받게 할 염려

5　① 충무공 이순신, 세종대왕 등은 저명한 고인에 속한다 할 수 있다. 상표가 본 호에 해당되기 위해서는 고인이 국내 일반 수요자에게 널리 인식되어야 하고 또 그러한 표장을 당해 상품을 사용하는 경우 그 상품을 고인과의 특수한 관계가 있는 것으로 인식하거나 고인에 대하여 비방·모욕을 받게 할 우려가 있어야 한다. 오늘날 상표에 관한 수요자의 인식수준이 달라지고 있고 또 교육수준이 상당히 향상되어 있으며 국제간의 문화·경제교류도 빈번한 실정임에 비추어 단순히 고인의 성명 등을 표시하는 것만으로는 고인과의 관계를 허위로 표시하거나 비방·모욕·악평을 받게 할 염려가 있는 것으로 보지 않는 경향이 있다.

　② '*Picasso*'상표에 대하여 심사에서는 본 호를 이유로 거절한 바 있으나 항고심판에서는 원거절사정을 파기한 바 있으며(1993.5.27. 심결 92항원2609 등), 그 외 '처칠', 'CHURCHILL', '아인슈타인'(제52류, 서적)에 대하여 본 호를 이유로 거절한 원 사정을 파기한 바 있다(1992.4.30. 심결 90항원1827, 1828 및 1994.11.17. 심결, 93항원1581).

　③ 본원상표 **MOZART** 는 검은 색 바탕에 흰 오선을 긋고 그 위에 단순히 고인의 성명 자체를 기재하여 상표로 사용한 것에 지나지 아니할 뿐, 고인과의 관련성에 관한 아무런 표시가 없어 이를 가리켜 상표법 제7조 제1항 제2호 소정의 고인과의 관계를 허위로 표시한 상표에 해당한다고 볼 수 없고,

가 있는지 여부는 당해 상표의 외관·호칭·관념과 지정상품 및 일반거래 실정 등을 종합적으로 관찰하여 판단한다.[6]

- 사 례 -

(사례 1) 〔상표 및 지정상품〕

〔판례〕 'DARKIE'가 흑인을 경멸하는 구어로서 'DARKY' 또는 'DARKEY'와 동일한 발음 및 의미로 사용되는 것으로 흑인 종족을 비방, 모욕, 악평을 받게할 염려가 있다(대법원 1987.3.24. 선고 86후163 판결 참조).

(사례 2) 〔상표 및 지정상품〕 JAMES DEAN

〔판례〕 본원상표는 단순히 고인의 성명 그 자체를 상표로 사용한 것에 지나지 아니할 뿐 동인과의 관련성에 관한 어떤 표시가 없어 이를 가리켜 상표법 제7조 제1항 제2호 소정의 고인과의 관계를 허위로 표시한 상표에 해당한다고 볼 수 없고, 또한 분원상표 자체의 의미에서 선량한 도덕관념이나 국제신의에 반하는 내용이 도출될 수는 없으며, 본원상표와 같은 표장을 사용한 상품이 국내에서 유통됨으로써 국내의 일반 수요자들에게 어느 정도라도 인식되었음을 인정할 자료가 없는 이상 국내의 일반거래에 있어서 수요자나 거래자들이 본원상표를 타인의 상품 표장으로 인식할 가능성도 없으므로 상표법 제7조 제1항 제2호 소정의 공공의질서 또는 선량한 풍속을 문란하게 할 염려가 있는 상표라거나 상표법 제7조 제1항 제11호 소정의 수요자를 기만할 염려가 있는 상표라고 볼 수 없다(대법원 1997.7.11. 선고 97후 2173 판결 참조).

(사례 3) 〔상표 및 지정상품〕 헤밍웨이(제41류 서적출판업, 온라인서적 및 잡지출판업 등)

〔판례〕 ① 상표법 제7조 제1항 제2호의 상표부등록사유인 '저명한 고인과의 관계를 허위로 표시하는 상표'는 같은 항 제6호가 생존한 타인의 경우에 '저명한 타인의 성명을 포함하는 상표'를 상표부등록사유로 삼고 있는 것과 비교하여 보면, 단순히 고인의 성명이 상표의 구성으로 포함된 것만으로는 부족하고 상표의 구성자체

또한 본원상표 자체의 의미에서 선량한 도덕관념이나 국제신의에 반하는 내용이 도출될 수는 없으며, 본원상표를 상표법 제7조 제1항 제4호 소정의 공공의 질서 또는 선량한 풍속을 문란하게 할 염려가 있는 상표라거나 같은 항 제6호 소정의 저명한 타인의 성명을 포함하는 상표 또는 같은 항 제11호 소정의 수요자를 기만할 염려가 있는 상표라고 보기 어렵다(대법원 1997.7.8. 선고 97후242 판결, 1997.7.11. 선고 96후2173 판결 및 1998.2.13. 선고 938 판결).

④ 대법원은 등록상표 '*Picasso*'상표에 대하여 공서양속에 위반된다는 이유로(법 제17조 제1항 제4호) 그 등록을 무효로 한 바 있다(대법원, 2000.4.20. 선고 97후860, 877, 890 판결).

6 구상표법 제9조 제1항 제2호는 국가, 민족, …저명한 고인을 표시하는 상표에 대하여는 동항 제1호와는 달리 그 관계를 허위로 표시하거나 이를 비방 또는 모욕하거나 악평을 받게 할 염려가 있는 것에 한하여 등록을 불허하고 있는 바, 위와 같은 염려가 있는지의 여부는 당해 표장 자체가 가지고 있는 외관, 칭호, 관념과 지정상품 및 일반거래의 실정 등을 종합적으로 관찰하여 객관적으로 판단하여야 할 것이다(대법원 1989.7.11. 선고 89후346 판결).

에서 고인과의 관련성이 허위로 표시된 것을 말한다. 그런데 이 사건 출원서비스표는 단순히 저명한 고인인 '헤밍웨이'를 서비스표에 사용한 것에 지나지 아니할 뿐 서비스표의 구성 자체에는 고인인 '헤밍웨이'와의 관련성에 관하여 아무런 표시가 없으므로 상표법 제7조 제1항 제2호에 해당한다고 할 수 없다.

② '헤밍웨이'는 우리나라 일반 수요자들에게 미국의 소설가로 널리 알려져 있어 위 표장을 접하게 되는 일반 수요자들은 소설가 헤밍웨이 또는 그의 문학작품을 쉽게 연상하게 된다. 그런데, 이 사건 출원서비스표는 지정서비스업이 소설 등 문학작품들을 대상으로 하는 서적출판업, 온라인서적 및 잡지출판업 등이고 지정서비스업의 대상물품인 문학작품 등에 대한 작가의 이름으로 서비스표의 표장이 구성되어 있어 지정서비스업의 대상물품과 그 표장의 견련관계가 매우 밀접하므로, 이 사건 출원서비스표가 그 지정서비스업에 관한 광고 등에 사용될 경우에 이를 접하는 일반수요자들은 소설가 헤밍웨이와 관련된 문학작품을 출판하는 서적출판업 등으로 오인 혼동할 염려가 있다 할 것이다. 따라서 이 사건 출원서비스표는 상표법 제7조 제1항 제11호에 의하여 거절되어야 한다(특허법원 2007.6.7. 선고 2007허579 판결 심결지지).

3. 국가 · 공공단체 등의 영리를 목적으로 하지 아니하는 업무 또는 영리를 목적으로 하지 아니하는 공익사업을 표시하는 표장과 동일 또는 유사한 상표
(법 제7조 제1항 제3호)

1) 의 의

국가 · 공공단체 또는 이들의 기관과 공익법인이 수행하는 영리를 목적으로 하지 않는 업무 또는 공익사업에 사용하는 표장과 동일 · 유사한 상표는 상표등록을 받을 수 없다. 다만, 국가 · 공공단체 또는 이들의 기관과 공익법인 또는 공익사업체에서 자기의 표장을 상표등록출원한 때에는 본 호가 적용되지 아니하고 상표등록이 가능하다. 이러한 상표의 등록을 금지시키는 것은 국가 · 공공단체 등의 권위를 존중할 필요가 있기 때문이다. 한편 본 호는 제6호와 달리 국가 등으로부터 승낙을 얻어 상표등록출원한 경우에도 상표등록을 불허하므로 공익규정으로서 이해한다.[7] 여기서의 공익법인은 민법 제32조의 규정에 의하여 설립된 비영리 법인(사단 또는 재단법인) 중 공익을 주목적으로 하는 법인을 말한다. YMCA, YWCA, NHK, KBS, 결핵예방협회의 더블크로즈, ○○대학을 표시한 표장 등이 여기에 해당된다.

그리고 본 호의 국가, 공공단체 및 공익법인에는 외국 또는 외국의 공공단체 및 공익

---

[7]   상표법 제7조 제1항 제3호는 '국가 · 공공단체 또는 이들의 기관과 공익법인의 영리를 목적으로 하지 아니하는 업무 또는 영리를 목적으로 하지 아니하는 공익사업을 표시하는 표장으로서 저명한 것과 동일 또는 유사한 상표'는 상표등록을 받을 수 없다고 규정하고 있는바, 위 규정의 취지는 저명한 업무표장을 가진 공익단체의 업무상의 신용과 권위를 보호함과 동시에 그것이 상품에 사용되면 일반 수요자나 거래자에게 상품의 출처에 관한 혼동을 일으키게 할 염려가 있으므로 일반 공중을 보호하는 데에 있다고 할 것이다(대법원 1996.3.22. 선고 95후1104 판결, 1998.4.24. 선고 97후1320 판결).

법인을 포함한다.

2) 등록받을 수 없는 상표

여기서 규정하고 있는 표장은 국가 · 공공단체의 표장을 의미하는 것이 아니고 국가 · 공공단체 또는 이들의 기관과 공익법인이 비영리업무 또는 공익사업을 영위하는 경우, 그 비영리업무 또는 공익사업에 사용되는 표장을 말한다.

3) 저명한 표장일 것

국가 · 공공단체 또는 이들 기관 및 공익법인의 비영리업무 또는 공익사업 표장은 그 표장이 저명하여야 하며 저명하지 아니한 경우에는 본 호가 적용되지 않는다.[8]

4) 자기 표장의 경우

국가 · 공공단체 또는 이들 기관과 공익법인이 자기의 표장을 상표등록을 출원한 경우에는 본 호에 해당하지 않는다.[9] 타인이 이들 표장과 동일 또는 유사한 상표를 출원한 경우에는 국가, 공공단체, 공익법인 등의 승인 또는 위임을 받은 경우에도 상표등록을 받을 수 없다(특허청 상표심사기준).

5) 공공단체 등이 소멸한 경우

법률에 의하여 공공단체가 소멸하거나 합병 등에 의하여 그 공공단체의 표장이 현실적으로 거래사회에서 사용되지 않는 경우에는 공공단체 등의 업무상의 신용이나 권위를 해치거나 상품출처의 오인 · 혼동을 불러일으킬 우려는 없다할 것이므로 이 경우에는 본 호에 해당하지 않는 것으로 해석된다.

---

[8] 상표법 제7조 제1항 제3호에 해당하는 상표이기 때문에 등록을 받을 수 없는 것이라고 판단하려면, 인용표장이 저명한 것임이 전제로 되어야 함에도 불구하고, 인용표장이 저명한 것인지의 여부는 판단하지 아니한 채 인용표장과 유사하다는 이유만으로 본 조항을 적용하는 것은 위법하다(대법원 1990.5. 11. 선고 89후483 판결).

[9] 국가나 지방자치단체가 상표권의 주체가 될 수 있는가에 대하여 특허청 내부에서 논란이 되어 왔으나(국가나 지방자치단체가 상표권의 주체가 될 수 없다는 논거는 상표법 제3조에 위반된다는 이유에서임) 국가나 지방자치단체도 상표권의 주체가 될 수 있다고 해석하는 견해가 다수이며 실무에서도 이와 같이 운용하고 있다.

- 사 례 -

(사례 1) 〔상표 및 지정상품〕 이 사건 출원상표: , 인용표장:

〔판례〕 원심은, 축산협동조합중앙회는 축산협동조합법 제6조 제2항에 의하여 영리를 목적으로 하는 업무를 하여서는 아니되는 공공단체로서, 그 업무표장은 1985. 11.7. 등록이 된 이래 계속 사용되어 일반인들에게 축산업협동조합중앙회를 표시하는 표장으로 널리 알려져 있는바, 이 사건 출원상표는 인용 업무표장과 외관이 유사하여 본원상표가 그 지정상품에 사용될 경우 일반수요자 및 거래자에게 그 상품이 축산업협동조합중앙회나 그와 밀접한 관계에 있는 회사에 의하여 생산된 상품으로 인식됨으로써 상품출처의 오인·혼동의 우려가 있고, 본원상표가 효성그룹의 심벌마크로서 인용 업무표장보다 훨씬 이전부터 그 지정상품에 사용되어 인용업무표장과의 사이에 상품출처에 관하여 혼동을 일으키지 아니하고 구별이 가능할 정도로 일반수요자에게 인식되었다고 볼 만한 증거도 없다는 이유로 상표법 제7조 제1항 제3호에 의하여 본원상표의 등록을 거절한 원사정은 정당하다고 판단하였는바, 원심의 이와 같은 조치는 정당하다(대법원 1998.4.24. 선고 97후1320 판결 참조).

(사례 2) 〔상표 및 지정상품〕 이 사건 출원상표: Ewha Books, 인용표장: 이화, EWHA

〔판례〕 이 사건 등록서비스표는 상표법 제7조 제1항 제3호 소정의 '공익법인의 영리를 목적으로 하지 아니하는 업무를 표시하는 표장으로서 저명한 것과 유사한 상표'에 해당한다(특허법원 2005.3.17. 선고 2004허7425 판결 참조).

(사례 3) 〔상표 및 지정상품〕 (제2내지 6,7,9류 등 다류 상품)

〔판례〕 대한민국 축구협회는 대한체육회의 가맹단체로서 축구경기를 국민에게 널리 보급하여 국민체력을 향상하며, 산하·가맹단체를 통할 지도하고 우수한 지도자와 선수를 양성하여 국위선양을 도모함으로써 한국 축구의 건전한 육성 발전에 기여함을 목적으로 1933.9.19. 설립된 권리능력 없는 사단으로 위 목적을 달성하기 위한 범위내의 사업을 행하고 있는 사실은 인정할 수 있으나, 위 인정사실 만으로는 대한축구협회를 상표법 제7조 제1항 제3호 소정의 공공단체나 그 기관 또는 공익법인으로 보기 어렵고 달리 이를 인정할 증거가 없으므로 대한축구협회가 위 법 소정의 공공단체나 그 기관 또는 공익법인에 해당됨을 전제로 하여 이 사건 등록서비스표가 상표법 제7조 제1항 제3호 본문에 해당된다고 하는 원고의 주장은 더 나아가 살펴볼 필요 없이 이유 없다(특허법원 2003.4.25. 선고 2002허8035 판결 심결지지).

4. 공공의 질서 또는 선량한 풍속을 문란하게 할 염려가 있는 상표(법 제7조 제1항 제4호)

1) 의 의

공공의 질서 또는 선량한 풍속을 문란하게 할 염려가 있는 상표라 함은 상표의 구성 그 자체가 과격한 문자나 반국가적인 슬로건(slogan)으로 되었거나, 외설적인 도형이나 외설적인 내용을 담고 있거나, 또는 그 상표를 상품에 사용하는 경우 그로부터 인식되는 의미와 내용 등이 사회공공의 이익이나 사회일반의 도덕관념에 반하는 상표 등을 말한다.

어떤 상표가 공공의 질서, 선량한 풍속을 문란하게 하는 상표인가의 여부는 사회의 거래실정 및 도덕관념의 변화에 따라 상대적으로 결정되어진다 하겠으며, 또한 국제신의에 반하는 상표, 타 법령에 의하여 그 사용이 금지되어 있는 상표도 본 호에 해당하는 것으로 해석하고 있다.[10]

종전의 법(2007.1.3. 법률 제8190호 이전의 법)에서는 본 호를 "공공의 질서 또는 선량한 풍속을 문란하게 할 염려가 있는 상표"라고 규정하였던 것을 2007.1.3. 법률 제8190호에서 현행과 같이 개정한 것은 판례에서 주지·저명한 타인의 상표나 상호 등의 명성에 편승하기 위하여 출원하는 상표에 대하여도 본 호에 해당하는 것으로 해석하였는바,[11] 이럴 경우 주지·저명상표 보호규정인 상표법 제7조 제1항 제6호 및 제9호 내

---

10 ② 상표법 제7조 제1항 제4호에서 규정한 '공공의 질서 또는 선량한 풍속을 문란하게 할 염려가 있는 상표'라 함은 상표의 구성 자체 또는 그 상표가 지정상품에 사용되는 경우 일반 수요자에게 주는 의미나 내용이 사회공공의 질서에 위반하거나 사회일반인의 통상적인 도덕관념인 선량한 풍속에 반하는 경우뿐만 아니라(대법원 1997.10.14. 선고 96후2296 판결, 1998.2.24. 선고 97후1306 판결 등), 그 상표를 등록하여 사용하는 행위가 공정한 상품유통질서나 국제적 신의와 상도덕 등 선량한 풍속에 위배되는 경우도 이에 포함된다(대법원 2000.4.20. 선고 97후860, 877, 884 판결).

11 ① 상표법 제7조 제1항 제4호에서 규정한 "공공의 질서 또는 선량한 풍속을 문란하게 할 염려가 있는 상표"라 함은 상표의 구성 자체 또는 그 상표가 지정상품에 사용되는 경우에 일반 수요자에게 주는 의미나 내용이 사회공공의 질서에 위반하거나 사회일반인의 통상적인 도덕관념인 선량한 풍속에 반하는 경우를 말한다고 할 것인바, 인용상표가 주지, 저명하지 아니하다면 이를 모방하여 지정상품을 달리하여 출원한 것 자체만으로는 상표법 제7조 제1항 제4호에 해당한다고 할 수는 없다(대법원 1997.10.14. 선고 96후2296 판결, 1998.2.24. 선고 97후1306 판결 등).

② 상표법 제7조 제1항 제4호에서 규정한 '공공의 질서 또는 선량한 풍속을 문란하게 할 염려가 있는 상표'라 함은 상표의 구성자체 또는 그 상표가 지정상품에 사용되는 경우 일반 수요자에게 주는 의미나 내용이 사회공공의 질서에 위반하거나 사회 일반인의 통상적인 도덕관념인 선량한 풍속에 반하는 경우, 또는 고의로 주지·저명한 타인의 상표나 상호 등의 명성에 편승하기 위하여 무단으로 타인의 표장을 모방한 상표를 등록 사용하는 것처럼, 그 상표를 등록하여 사용하는 행위가 공정한 상품유통질서나 국제적 신의와 상도덕 등 선량한 풍속에 위배되는 경우를 말한다(대법원 1991.12.10. 선고 91후318

지 제12호와 중복하여 적용하는 불합리한 점이 발생함에 따라 이와 같은 중복적용을 배제하고 본 호가 일반적 부등록 사유규정임을 명백히 할 필요가 있기 때문에 이와 같이 개정한 것이다.[12]

2) 법인명의와 다르게 출원하는 경우

한편 사인(私人)이 상호상표(○○○○주식회사)를 출원하거나 법인이 법인의 명칭과 다른 상호를 출원하는 경우에 본 호에 해당된다는 주장이 있고 법 제7조 제1항 제11호를 적용함이 타당하다는 주장이 있으나, 판례는 이러한 사정만으로는 공공의 질서 또는 선량한 풍속을 문란하게 하거나 수요자 기만의 우려가 있다고 보지 아니하였다.[13]

또한, 다른 법률에 의하여 사용이 금지된 상표(예 상법 제20조나 환경보호법에서 그 사용이 금지되는 상표), 타인의 저명한 저작권을 해치는 상표 등은 본 호에 해당되며 이러한 상표 중에는 엄밀한 의미에서의 공서양속에 반한다고 할 수 없는 경우도 있지만 본 호는 법률행위의 효력에 관한 규정이 아니므로 그 금지의 이유를 묻지 아니하고 위와 같은 경우에도 공공질서에 반하는 것으로 취급하고 있다.[14]

판결, 1993.7.27. 선고 92후2311 판결 등).

12   특허청 상표법 개정법률(안) 개정이유 참조.

13   법인으로 된 출원인의 명칭과 다른 명칭이 상표로 출원되고 있는 경우 공공의 질서 또는 선량한 풍속을 문란하게 할 염려가 있는지의 여부는 일률적으로 판단할 수 없고 구체적인 경우에 개별적으로 살펴보아야 할 것이며, 수요자를 기만할 염려가 있는 상표인지의 여부는 저명 또는 주지된 특정상표와 상호의 존재를 전제로 하여 그에 대비되는 유사한 상표가 주지 · 저명상표의 상표권자의 상품이나 영업과 출처가 혼동될 염려가 있는지를 살펴서 판단하여야 할 것이고 대비되는 등록된 주지상표나 등록되지 않은 주지상표가 없을 경우에는 수요자 기만의 염려는 없다고 보아야 할 것이다. 이 사건의 경우, 본원상표인 'THORNTON BAY CLOTHING COMPANY'가 출원인의 명칭과 달라서 출원인과 다른 법인의 명칭으로 인식되어질 우려가 있다 하여도 그와 같은 사정만으로는 본원상표가 공공의 질서 또는 선량한 풍속을 문란하게 할 염려가 있는 상표라고 할 수는 없다할 것이다. 또 본원상표 이외에 이와 대비할 만한 상대방의 상표 · 상호라는 것이 없고, 앞으로 다른 사람이 본원상표와 유사한 상표를 출원하더라도 출원인의 상표가 등록되어 있다면 이를 이유로 등록 거절될 것이 분명한 이 사건에서는 존재하지 아니하거나 존재한다 하더라도 우리나라에서는 알려져 있지 아니한 'THORNTON BAY CLOTHING COMPANY'라는 회사 또는 그와 유사한 회사와의 출처의 혼동을 일으킬 염려가 있다는 이유만으로 수요자 기만의 요소가 있다고 보기도 어렵다. 따라서 원심결에는 구상표법 제9조 제1항 제4호와 제11호의 해석을 잘못한 위법이 있다할 것이므로 이 점을 지적하는 논지는 이유 있다(대법원 1993.7.27. 선고 92후2311 판결 및 1991.12.10. 선고 91후318 판결).

14   화가가 그의 미술저작물에 표시한 서명은 그 저작물이 자신의 작품임을 표시하는 수단에 불과하여 특별한 사정이 없는 한 그 자체가 예술적 감정이나 사상의 표현을 위한 것이라고는 할 수 없어 저작권법상의 독립된 저작물이라고 보기 어려움은 상고이유에서 지적하는 바와 같다할 것이나, 이러한 서명은 저작자인 화가가 저작권법 제12조 제1항에 의한 성명표시권에 의하여 자기 저작물의 내용에 대한

3) 타인의 주지·저명상표와 동일·유사한 경우

현저하게 알려진 타인의 유명상표에 편승하고자 하는 모방상표에 대하여 본 호를 적용해야 한다는 견해와 반대의 견해가 있어 왔고 그간 판례는 타인의 상표가 저명한 경우 이와 동일 또는 유사한 상표에 대하여 본 호에 해당된다고 판시하고 있으며 다만, 상품이 동종이거나 상품 간에 견련성이 있는 경우에는 주지 또는 주지에 이르지 아니한 경우에도 본 호를 적용하고 있다.[15]

그러나 2007.1.3. 법률 제8190호에서 본 호를 현행과 같이 개정함에 따라 앞으로는

책임의 귀속을 명백히 함과 동시에 저작물에 대하여 주어지는 사회적 평가를 저작자 자신에게 귀속시키려는 의도로 표시하는 것이므로, 그 서명이 세계적으로 주지·저명한 화가의 것으로서 그의 미술저작물에 주로 사용해 왔던 관계로 널리 알려진 경우라면, 그 서명과 동일·유사한 상표를 무단으로 출원등록 하여 사용하는 행위는 저명한 화가로서의 명성을 떨어뜨려 그 화가의 저작물들에 대한 평가는 물론 그 화가의 명예를 훼손하는 것으로서, 그 유족의 고인에 대한 추모·경애의 마음을 손상하는 행위에 해당하여 사회일반의 도덕관념인 선량한 풍속에 반할 뿐만 아니라, 이러한 상표는 저명한 고인의 명성에 편승하여 수요자의 구매를 불공정하게 흡인하고자 하는 것으로 공정하고 신용 있는 상품의 유통질서를 침해할 염려가 있다 할 것이므로 이러한 상표는 상표법 제7조 제1항 제4호에 해당한다고 봄이 상당하다(대법원 2000.4.20. 선고 97후860, 877, 884 판결).

15　① 찬성의 견해는 타인의 유명상표에 편승하는 행위는 공정한 상품의 유통질서를 문란하게 하는 것으로서 공시양속에 반한다는 이유이고, 반대의 견해는 타규정(법 제7조 제1항 제10호 등)과 중복된다는 이유이다.

② 상표법 제7조 제1항 제4호에서 '공공의 질서 또는 선량한 풍속을 문란하게 할 염려가 있는 상표'라 함은 상표의 구성 자체 또는 그 상표가 지정상품에 사용하는 경우 일반 수요자에게 주는 의미나 내용이 사회공공의 질서에 위반하거나 사회일반인의 통상적인 도덕관념인 선량한 풍속에 반하는 경우를 말한다고 할 것인바 인용상표가 주지·저명하지 아니하다면 이를 모방하여 지정상품을 달리하여 출원한 것 자체만으로는 상표법 제7조 제1항 제4호에 해당한다고 할 수는 없다(대법원 1997.10.14. 선고 96후2296 판결, 및 2000.6.9. 선고 98후1198, 2001.10.12. 선고 2000후3081).

③ 인용상표 1, 2 및 기타 인용상표들이 이 사건 등록상표의 등록 당시인 2000.9.경을 기준으로 국내 일반 수요자들에게 특정인의 상표나 상품을 표시하는 것이라고 현저하게 인식할 수 있을 정도로 널리 알려져 있음은 위에서 본 바와 같으나, 이 사건 등록상표의 지정상품이 인용상표 등의 지정상품과 유사하지 아니함은 위에서 본 바와 같고, 또한 양 상품의 용도, 유통경로, 수요자 등에 비추어 보더라도 양 상품이 서로 경업관계 내지는 유연관계에 있다고도 보이지 아니하므로 비록 주지한 인용상표 등과 유사한 이 사건 등록상표를 그 지정상품에 사용하더라도 그 행위가 공정한 상품유통질서나 국제적 신의와 상도덕 등 선량한 풍속에 위배된다고 보기 어려우므로, 이 사건 등록상표가 위 호에 해당한다고 할 수 없다(특허법원 2004.2.6. 선고 2003허1802 판결).

④ 상표법 제7조 제1항 제4호가 상표법상의 질서에 한정하여 적용되는 것은 아니고 부정경쟁방지법이나 저작권법상의 질서에도 적용될 수 있다고 할 것이지만, 저작권의 목적이 된 캐릭터에 대하여 위 조항이 적용되기 위해서는 캐릭터 자체가 국내에 널리 알려져 있는 것만으로는 부족하고, 그 캐릭터에 대한 상품화 사업이 이루어지고 이에 대한 지속적인 선전, 광고 및 품질관리 등으로 특정인의 상품표지로서 수요자에게 널리 알려져 있다는 것이 전제되어야 할 것이다(대법원 2000.5.30. 선고 98후843 판결).

'타인의 주지·저명상표 또는 상호 등에 편승하기 위하여 출원하는 상표에 대하여는 본 호의 적용이 배제된다 할 것이다.

- 사 례 -

(사례 1) 〔상표 및 지정상품〕 *Picasso*

〔판례〕 화가의 서명은 저작자인 화가가 저작권법 제12조 제1항에 의한 성명표시권에 의하여 자기 저작물의 내용에 대한 책임의 귀속을 명백히 함과 동시에 저작물에 대하여 주어지는 사회적 평가를 저작자 자신에게 귀속시키려는 의도로 표시하는 것이므로, 그 서명이 세계적으로 주지·저명한 화가의 것으로서 그의 미술저작물에 주로 사용해 왔던 관계로 널리 알려진 경우라면, 그 서명과 동일·유사한 상표를 무단으로 출원등록하여 사용하는 행위는 저명한 화가로서의 명성을 떨어뜨려 그 화가의 저작물에 대한 평가는 물론 그 화가의 명예를 훼손하는 것으로서, 그 유족의 고인에 대한 추모경애의 마음을 손상하는 행위에 해당하여 사회일반의 도덕관념인 선량한 풍속에 반할 뿐만 아니라 이러한 상표는 저명한 고인의 명성에 편승하여 수요자의 구매를 불공정하게 흡인하고자 하는 것으로서 공정하고 신용 있는 상품의 유통질서를 침해할 우려가 있다 할 것이므로 이러한 상표는 상표법 제7조 제1항 제4호에 해당한다고 봄이 상당하다(대법원 2000.4.20. 선고 97후860, 877, 884(병합) 판결 참조).

(사례 2) 〔상표 및 지정상품〕 허준本家(제29류 흑마늘을 주성분으로 하는 건강보조식품 등)

〔판례〕 이 사건 등록상표 "허준本家"의 '허준'은 앞서 본 바와 같이 조선시대 한의학의 최고 권위자이자 한의서 동의보감의 저자인 저명한 고인으로서 양천 허씨 20세손인데, 현재까지 후손들이 허준의 위덕과 업적을 기리기 위하여 제사를 봉행해오고 있고, 양천허씨종중이나 허준기념사업회 등 문중종친들과 단체들이 그의 사상과 정신을 이어받아 한의학 발전 등에도 노력하면서 다양한 활동을 전개해 오고 있음에도 불구하고, 허준의 문중종친들과 관련이 없는 자가 허준의 문중종친들과 밀접한 관련이 있는 것으로 인식되는 "허준本家" 상표를 독점적으로 사용할 의도로 무단으로 출원·등록하여 사용하는 것은 저명한 고인인 허준의 명성을 떨어뜨려 그의 명예를 훼손할 우려가 있어 일반인의 통상적인 도덕관념인 선량한 풍속에 반할 뿐만 아니라, 이 사건 등록상표의 지정상품인 '흑마늘을 주성분으로 하는 건강보조식품 등'도 한의학과 상당한 관련이 있어 이 사건 등록상표는 허준의 명성에 편승하여 수요자의 구매를 불공정하게 흡인하고자 하는 것으로서 공정하고 신용 있는 상품의 유통질서나 상도덕 등 선량한 풍속을 문란하게 할 염려가 있다 할 것이므로 이 사건 등록상표는 상표법 제7조 제1항 제4호에 해당한다(특허법원 2011.11.9. 선고 2011허7577 판결 심결취소).

(사례 3) 〔상표 및 지정상품〕 우리들병원(제44류 병원업, 병의원업 등)

〔판례〕 이 사건 출원서비스표의 일부를 구성하고 있는 '우리들'이라는 단어는 '우리들 회사', '우리들 동네' 등과 같이 그 뒤에 오는 다른 명사를 수식하여 소유관계나 소속 기타 자신과의 일정한 관련성을 표시하는 의미로 일반인의 일상생활에서 지극히 빈번하고 광범위하게 사용되는 용어이고, 한정된 특정 영역에서만 사용되는 것이 아니라 주제, 장소, 분야, 이념 등을 가리지 않고 어느 영역에서도 우리 언어에 있어 가장 보편적이고 기본적인 인칭대명사와 접미사가 결합된 단어로서, 만일 이 단어의 사용이 제한되거나 그 뜻에 혼란이 일어난다면 보편적, 일상적 생활에 지장을 줄 정도로 일반인에게 필수불가결한 단어이다. 따라서 이 단어는 어느 누

구든지 아무 제약 없이 자유로이 사용할 수 있어야 할 뿐만 아니라 위에서 본 바와 같은 위 단어의 일상생활에서의 기능과 비중에 비추어 이를 아무 제약 없이 자유롭고 혼란 없이 사용할 수 있어야 한다는 요구는 단순한 개인적 차원이나 특정된 부분적 영역을 넘는 일반 공공의 이익에 속하는 것이다.

그런데 이 사건 출원서비스표인 '우리들병원'은 자신과 관련이 있는 병원을 나타내는 일상적인 용어인 '우리들 병원'과 외관이 거의 동일하여 그 자체만으로는 구별이 어렵고 그 용법 또한 유사한 상황에서 사용되는 경우가 많아, 위 두 용어가 혼용될 경우 그 언급되고 있는 용어가 서비스표병원과 일상용어 병원 중 어느 쪽을 의미하는 것인지에 관한 혼란을 피할 수 없고, 그러한 혼란을 주지 않으려면 별도의 부가적인 설명을 붙이거나 '우리들'이라는 용어를 대체할 수 있는 적절한 단어를 찾아 사용하는 번거로움을 겪어야 할 것이며, 특히 동일 업종에 종사하는 사람에게는 그러한 불편과 제약이 가중되어 그 업무수행에도 상당한 지장을 받게 될 것으로 보인다. 이러한 결과는 '우리들'이라는 단어에 대한 일반인의 자유로운 사용을 방해하는 것이어서 '우리들병원'을 포함하는 이 사건 출원서비스표의 사용은 위에서 본 사회의 일반의 공익을 위하여 공공의 질서에 반하는 것이라 하겠고, 나아가 그와 같은 서비스표의 등록을 허용한다면 지정된 업종에 관련된 사람이 모두 누려야 할 '우리들'이라는 용어에 대한 이익을 그 등록권자에게 독점시키거나 특별한 혜택을 줌으로써 공정한 서비스업의 유통질서에도 반하는 것으로 판단된다(특허법원 2012.2.17. 선고 2011허10399판결 심결지지).

(사례 4) 〔상표 및 지정상품〕 이 사건 등록상표: ELLE(제18류 압력솥, 밥솥, 프라이팬 등), 인용상표: ELLE(잡지 등)
〔판례〕 기록과 원심판결 이유에 의하더라도 인용상표는 이 사건 등록상표의 등록출원 당시나 등록사정시에도 미국에서 널리 알려진 저명상표일 뿐, 우리나라에서는 1992년경부터 그 잡지의 한국어판이 발행, 배포되고, 그 이전에 여러 상품류를 지정상품으로 하여 상표등록이 되기는 하였지만 이 사건 등록상표의 등록출원 당시까지 그러한 제품이 실제로 생산, 판매되거나 광고 선전된 사정이 없어, 이 사건 등록상표의 등록사정 당시에도 국내에서 거래자 또는 수요자간에 원고의 상표라고 현저하게 인식될 수 있을 정도로 알려진 주지·저명상표라고 보기는 어렵다 할 것이므로 이러한 사정하에서는 이 사건 등록상표가 외국에서 주지·저명한 인용상표를 모방하여 등록출원한 것이라 하더라도 그것만으로는 상표법제7조 제1항 제4호에 해당한다고 할 수 없다(대법원 2002.8.23. 선고 99후1669 판결 파기환송 참조).

(사례 5) 〔상표 및 지정상품〕 NUDE TEXT(누드교과서)(제9, 16, 38류 노광된 필름, 기록된 컴퓨터소프트웨어, 학습지, 핸드북 등)
〔판례〕 이 사건 출원서비스표 중 '누드'는 일반적으로 사람의 인체와 관련하여 "벌거벗은 몸, 회화나 사진 등으로 표현된 나체상"의 뜻이 있고, '누드화', '누드모델', '누드사진' 등의 용례에서 보는 바와 같이 주로 예술적인 측면에서 벌거벗은 인체를 가리키는 의미로 사용되고 있으나, 인체와 무관한 사물 등에 관련된 경우에는 "있는 그대로의, 적나라한, 속이 들여다보이는, 투명한" 등의 의미도 함께 내포되어 있고, 갑 제12호증의1, 2, 갑 제13호증의1 내지 11의 각 기재에 의하면 실제로 2001년부터 '누드'라는 용어가 인체와 무관한 사물 등에 "있는 그대로의, 적나라한, 속이 들여다보이는, 투명한"의 의미로 자주 사용됨으로써, 2002년 현재 맨얼굴에 엷은 화장을 하는 것을 '누드화장'이라고 부르고, 밥이 밖으로 나온 김밥을 '누드김밥'이라고 부르며, 속이 훤히 들여다보이도록 제작된 개인용 컴퓨터 및 그 주변기기, 세탁기, 선풍기, 청소기, 가습기, 핸즈프리, 헤어드라이어, MP3플레이어, 샌들, 핸드백, 색연필, 연필깎이, 속옷 등 각종 제품을 부를 때 그 제품 앞에 '누드'라는 용어를 덧붙여 부르고 있는 사실을 인정할 수 있고 반증이 없으며, 한편 교과서는 "학교의 교육과정에 맞도록 편찬된 도서, 교본"의 의미로서 일반적으로 교육목적을 위해서만 제작되는 것이므로, 결국 '누드'와

'교과서'를 결합한 교과서는 "벌거벗은 몸 또는 회화나 사진 등으로 표현된 나체상에 관한 교과서" 또는 "있는 그대로의, 적나라한, 속이 들여다보이는, 투명한 교과서" 등의 의미로 인식될 것인바, 그 어느 경우에도 위 '누드교과서'는 예술적 목적 내지 교육적 목적에 관련되어 있는 것으로 인식될 수 있을지언정 그것이 사회일반인의 건전한 성적 감정을 해한다거나 수치심 내지 거부감을 유발한다고 보기는 어렵다(특허법원 2003.10.31. 선고 2003허2683 판결 심결취소 참조).

5. 박람회의 표장과 동일 또는 유사한 상표

1) 의 의

정부가 개최하거나 정부의 승인을 얻은 자가 개최하는 박람회 또는 외국정부가 개최하거나 외국정부의 승인을 얻어 개최하는 박람회의 상패 · 상장 또는 포장과 동일 유사한 표장은 그 등록이 배제된다.[16]

2) 취 지

이는 박람회의 권위를 유지하고 수요자가 상품의 품질의 오인을 일으키는 것을 방지하려는 데에 있다. 즉, 박람회에서 수상하지 아니한 자가 그 박람회의 표장을 상표 또는 상표의 일부로 사용하면 수요자가 그 상품을 특정 박람회에서 상을 받은 우수한 품질의 상품인 것처럼 인식하게 되므로 수요자에게 불측의 손해를 끼칠 염려가 있기 때문이다.

3) 박람회의 상패 · 상장 · 포장과 동일 또는 유사한 상표

여기서 「박람회」는 전시회 · 전람회 · 품평회 · 경진대회 등 그 용어를 불문하고 넓게 해석하며, 「상패 · 상장 · 표장」이라 함은 공로패 · 표창장 · 감사장 등 그 용어를 불

---

16   ① 구 상표법 제9조 제1항 제5호는 박람회에서 시상한 상의 권위를 보호하고자 하는 규정으로서 어떤 상표의 등록출원이 위 규정에 해당되어 등록 거절되기 위하여는 그 상표가 정부 또는 외국 정부가 개최하거나 그 승인을 받아 개최한 박람회의 상패, 상장 또는 포장과 동일 또는 유사하여야 하는 것임은 그 문맥상 명백하다. 따라서 이 사건 등록출원이 위 규정에 해당한다고 하기 위하여는 과연 인용표장을 사용한 박람회가 정부의 승인을 받은 것인지, 그 박람회에서 시상으로 상패, 상장 또는 포장을 수여한 바가 있고, 또 그것들이 인용표장과 같은 것인지의 여부를 먼저 심리하였어야함에도 불구하고 승인여부나 시상여부에 관한 사정을 조사하지 아니하고 이 사건 상표와 위 표장과의 동일 유사여부만을 심리한 채 이 사건 상표가 위 조항에 해당한다고 판단함은 잘못이 있다(대법원 1991.4.23. 선고 89후261 판결).

   ② SPOREXKOR: 국민체육진흥재단이 주최한 "스포츠 및 레저 용품 박람회"

문하고 주최 측이 수여하는 일체의 증서 또는 기념패 등을 포함한다(특허청 상표심사 기준).

또한 박람회의 표장과 동일 또는 유사한 표장 그대로를 상표로서 사용하는 경우는 물론 상표의 일부로 사용하는 경우도 여기에 해당한다.

한편, 본 호에서 상표등록이 불허되는 상표는 「박람회의 상패·상장 또는 표장」과 동일 또는 유사한 상표를 말하므로 이들 상패·상장·포장 외에 박람회를 개최하는 자가 그 박람회를 상징하는 표장이 있는 경우 이와 동일 또는 유사한 상표에 대하여도 본 호를 적용할 수 있는지 의문이 있으나 마찬가지로 본 호가 적용되어야 한다고 본다.

4) 예 외

상패·상장 또는 표창을 받은 자가 당해 박람회에서 수상한 상품에 관하여 상표의 일부로서 그 표장을 사용할 때에는 본 호가 적용되지 아니한다. 그러나 상표의 일부로서가 아니고 상표자체로서 사용하는 경우에는 본 호에 해당된다.

─ 사 례 ─

(사례 1) 〔상표 및 지정상품〕 이 사건 상표: SPOREX, 인용상표: SPOREXKOR(국민체육진흥재단이 주최한 '스포츠 및 레저용품 박람회)
〔판례〕 구 상표법 제9조 제1항 제5호는 박람회에서 시상한 상의 권위를 보호하고자 하는 규정으로서 어떤 상표의 등록출원이 위 규정에 해당되어 등록 거절되기 위하여는 그 상표가 정부 또는 외국의 정부가 개최하거나 그 승인을 받아 개최한 박람회의 상패, 상장 또는 포장과 동일 또는 유사하여야 하는 것임은 그 문맥상 명백하다. 따라서 이 사건 등록출원이 위 규정에 해당한다고 하기 위하여는 과연 인용표장을 사용한 박람회가 정부의 승인을 받은 것인지, 그 박람회에서 시상으로 상패, 상장 또는 포장을 수여한 바가 있고 또 그것들이 인용표장과 같은 것인지 여부를 먼저 심리하였어야 함에도 불구하고 승인여부나 시상여부에 관한 사정을 조사하지 아니하고 이 사건 상표와 위 표장과 동일 유사여부만을 심리한 채 이 사건 상표가 위 조항에 해당한다고 판단함은 잘못이 있다(대법원 1991.4.23. 선고 89후261판결 참조).

6. 저명한 타인의 성명, 명칭, 상호 등과 동일 또는 유사한 상표(법 제7조 제1항 제6호)

1) 의 의

저명한 타인의 성명·명칭 또는 상호·초상·서명·인장·아호·예명·필명 또는 이들의 약칭을 포함하는 상표는 등록을 받을 수 없는데, 여기서의 타인에는 자연인·

법인(법인격 없는 단체도 포함)이 모두 포함되며 자국인은 물론 외국인도 포함된다. 저명한 타인의 성명·명칭·상호 등의 약칭이 상표의 일부로서 부기적으로 구성된 경우에도 본 호에 해당되는 것으로 해석한다. 이 규정은 인격권 보호를 위한 규정으로 현존하는 자연인 또는 법인에 한하여 보호되는데, 상품의 동일·유사여부와 관계없이 적용된다.

2) 등록을 받을 수 없는 상표

(1) 저명한 타인의 성명·명칭·상호·초상·서명·인장·아호·예명·필명

저명한 타인의 성명·명칭·상호 등이라 함은 그 타인의 성명·명칭·상호 등이 그 자체로서 저명하면 족하며, 상표로서 저명한 것을 의미하는 것은 아니다.[17]

(2) 이들의 약칭

이들의 약칭이라 함은 타인의 성명, 명칭 또는 상호 등의 약칭을 말한다. 예컨대 '서울시'는 서울의 행정구역 명칭인 '서울특별시'의 약칭이라고 할 수 있으므로 '서울특별시', '서울시' 모두 본 호 소정의 저명한 명칭, 약칭이라고 할 수 있다. 그러나 '서울'은 '서울특별시'의 약칭이라 할 수 없으므로 (견해에 따라서는 '서울'을 '서울특별시'의 약칭이라고 할 수도 있을 것이다) 본 호에 해당하지 않는다 하겠다.

3) 알려진 정도

이 경우 타인의 성명·명칭이나 상호·초상·서명·예명 등과 이들의 약칭은 저명하여야 하며[18] 저명한 이들의 약칭과 유사한 상표도 등록이 배제된다. 여기서 타인은

---

17   상표법 제7조 제1항 제6호는, '저명한 타인의 성명·명칭 또는 상호·초상·서명·인장·아호·예명·필명 또는 이들의 약칭을 포함하는 상표'는 상표등록을 받을 수 없다고 규정하고 있다. 제6호에 해당하기 위해서는 타인의 성명·상호 등이 그 자체로서 저명한 것이면 되고, 타인의 성명, 상호 등이 상표로서 사용되어 저명하여야 하는 것은 아니다. 타인의 성명·상호 등이 본 호에 해당하는 저명한 성명이나 상호인지 여부는 그 상호의 사용기간, 방법, 태양, 사용량, 거래범위, 광고의 정도 및 범위 등과 사회통념상 객관적으로 널리 알려졌느냐의 여부에 따라야 한다(대법원 2005.8.25. 선고 2003후2096 판결).

18   ① 상표법 제7조 제1항 제6호 소정의 타인이라 함은 생존자를 의미한다(대법원 1997.7.8. 선고 97후242 판결, 1997.7.11. 선고 96후2173 판결 참조).
        ② 상표법 제9조 제1항 제6호 소정의 상호의 저명성은 같은 조항 제9호 소정의 주지성, 현저성보다도 당해 상호의 주지도가 훨씬 높을 뿐 아니라 나아가 오랜 전통 내지 명성을 지닌 경우를 가리킨다(대법원 1984.1.24. 선고 83후34 판결 참조).
        ③ 구상표법 제7조 제1항 제6호에 의하면, 저명한 타인의 성명, 명칭 또는 상호, 초상, 서명, 인장, 아

현존하는 인물(자연인 또는 법인)에 한하며 자국인은 물론 외국인도 포함된다. 저명한 상호의 경우, 저명한 상호임과 동시에 저명한 상표일수도 있는데 이러한 경우에는 본 호와 제7조 제1항 제10호를 동시에 적용할 수 있을 것이다.

예) • 저명한 타인의 상호: 한국은행, 한국전력공사 등
    • 저명한 약칭: 한은, 한국전력 등

4) 예 외

상표가 저명한 타인의 성명·명칭·상호 등과 동일 또는 유사한 경우에도 그 타인의 승낙을 얻은 경우에는 상표등록을 받을 수 있다. 이때 타인의 승낙은 그 저명한 타인의 명칭·상호 등에 대한 상표등록을 허여하는 것으로서 상표로서의 사용까지 포함하는 것으로 해석된다 하겠으나, 일부 견해는 그 허락을 상표등록에 국한하고 그 등록상표에 대한 사용은 별도의 허락을 받아야 하는 것으로 해석하고 있다.

5) 적용시점

본 호의 적용시점은 상표등록 출원시다(법 제7조 제2항).

- 사 례 -

(사례 1) 〔상표 및 지정상품〕 이 사건 상표: 금호정수기(제11류 가정용정수기), 인용상표: Kumho(금호)
〔판례〕 이 사건 출원상표의 출원시 무렵 선사용상표인 "금호"는 60여 년에 걸쳐서 이룩된 기업집단인 금호아시아나 그룹의 약칭으로서, 각 계열사의 기업활동과 그룹의 예술, 장학사업 등을 통하여 일반 수요자 사이에 널리 알려져 저명성이 있다고 봄이 상당하고. 따라서 이 사건 출원상표는 저명한 타인의 명칭 또는 상호의 약칭을 포함하는 상표로서 상표법 제7조 제1항 제6호에 해당하여 등록을 받을 수 없다(특허법원 2007.2.7. 선고 2006허7313 판결, 대법원 2007.6.1. 선고 2007후1237 판결 심불기각).

호, 예명, 필명 또는 이들의 약칭을 포함하는 상표는 등록을 받을 수 없도록 되어 있는바, 위 조항에서 규정하는 저명한 상호인지 여부는 그 상호의 사용기간, 방법, 태양, 사용량, 거래범위 등과 상품거래의 실정 및 사회통념상 객관적으로 널리 알려져 있느냐의 여부에 따라야 할 것이다(대법원 1996.9.24. 선고 95후2046 판결 등 참조).
④ 그 정식명칭과 동일성이 있다는 것만으로는 부족하고 그 약칭 자체로서 저명하여야 상표법 제7조 제1항 제6호의 규정에 해당된다(특허법원 2000.7.14. 선고 2000허2422 판결).

(사례 2) 〔상표 및 지정상품〕 이 사건 상표: (제11류 편지지, 문구용 가위 등), 인용상표: **KT**

〔판례〕 원고의 상호인 '주식회사 케이티' 또는 그 약칭으로 사용되는 '**KT**'는 이 사건 등록상표의 출원 당시에 수요자간에 현저하게 인식될 수 있을 정도로 알려진 저명한 상호 또는 그 약칭에 해당한다. 이 사건 등록상표 ""는 하트모양의 내부에 문자 "KT"가 포함되어 있고, 이는 원고의 저명한 상호인 '주식회사 케이티' 내지 그 약칭인 '**KT**'와 동일하다(특허법원 2009.8.21. 선고 2009허1705 판결, 대법원 2009.12.10. 선고 2009후3510 판결 심불기각).

(사례 3) 〔상표 및 지정상품〕 이 사건 상표: 2NE1(제3류 탈색제, 눈썹용 연필 등)

〔판례〕 '2NE1'은 음반업계에서 유명한 연예기획사인 피고 보조참가인 소속 여성 아이돌 그룹으로 데뷔 이전부터 많은 관심을 받았고, 정식데뷰 이전에 발표한 광고 로고송인 '롤리팝'이나 정식 데뷔곡인 '파이어'가 각종 음원차트나 음악차트에서 1위에 오른 점, '2NE1'은 네이버가 집계한 2009년 3월 5주차 및 2009년 5월 3주차 국내 가수 검색어 순위에서 여러 번 1위에 오른 점, '2NE1'은 이러한 관심과 인기를 바탕으로 2009.6.경부터 휠라, 11번가, 베스킨라빈스31의 광고모델로 활동하였고, 2009년 스타일 아이콘 어워즈 여자가수상, 2009년 아시아 송 페스티벌 아시아 최고 신인가수상, 2009년 Mnet 20's Choice HOT 뉴스타상, HOT온라인송 상, HOT CF 스타상 등을 여러 차례에 걸쳐 다양한 상을 수상한 점, 오늘날 인터넷이 광범위하게 보급되고 TV 등 대중매체뿐만 아니라 SNS를 통한 정보의 공유가 활발히 이루어짐으로써 정보의 전달이 신속히 이루어지고, 음악이나 영상물에 대한 대중적 관심이나 영향력이 광범위하게 확대되고 있는 점, '2NE1'과 동일한 표장을 갖는 이 사건 출원상표의 등록을 허용할 경우 지정상품과 관련하여 그 수요자나 거래자들이 인기 여성 그룹가수인 '2NE1'과 관련이 있는 것으로 오인·혼동할 우려가 상당하여 타인의 인격권을 침해할 염려가 있는 점 등의 사정을 종합해 보면, 이 사건 출원상표는 그 출원일 무렵인 2009.5.25.경 저명한 타인의 명칭에 해당한다고 판단된다(특허법원 2012.12.17. 선고 2011허11118 판결 심결지지).

(사례 4) 〔상표 및 지정상품〕 이 사건 출원상표: 하버드선생님, 인용표장: HARVARD

〔판례〕 기록에 의하면 특허청 심판단계에서도 "HARVARD 대학"이 저명한 점에 대해서는 다툼이 없었던 것으로 보이고, 원고가 원심에서 제출한 2006.6.8. 접수 준비서면에서 원고 스스로도 미국의 "HARVARD 대학" 만큼 세계적으로 저명한 대학이라고 밝히고 있음을 알 수 있는데, 사정이 이러하다면 비록 '하버드'가 위 대학이나 이를 관리하는 주체인 피고 법인의 명칭 또는 약칭으로서 저명하다는 증거가 제출되지 않았다 하더라도 이점에 대해서도 다툼이 없는 것인지의 여부 등을 석명하여 증거를 제출케 하는 등의 조치를 취하였어야 할 것이다. 그럼에도 불구하고 원심이 이러한 사정을 전혀 도외시 한 채 원고의 소장, 제1회 준비서면, 피고의 답변서만 진술시킨 채 더 이상의 심리는 하지 아니하고 첫 기일에 결심하여 증거가 없다는 이유만으로 이 사건 등록서비스표가 상표법 제7조 제1항 제6호에 해당하지 않는다고 하고만 것은 심리를 다하지 아니하여 판결에 영향을 미친 위법이 있다(대법원 2000.11.28. 선고 2000후2095 판결 파기환송 참조).

(사례 5) 〔상표 및 지정상품〕 이 사건 등록상표: *Joobong* (제28류 배드민턴 라켓, 배드민턴 공)

〔판례〕 위 인정사실에서 나타나는 '박주봉'의 활동분야, 활동기간 및 수상경력 등과 함께, 상표법 제7조 제1항 제6호의 저명성은 주지도가 높을 뿐만 아니라 나아가 오랜 전통 내지 명성을 지닌 경우에 인정되는 점, 우

리나라 스포츠계에서 배드민턴은 비교적 비인기 종목에 속하는 점, 일반적으로 스포츠 스타나 연예인의 경우 그 전성기가 짧고 세대교체가 빠른 점 및 이 사건 등록상표는 박주봉의 주지성이 가장 높다고 할 수 있는 선수 생활에서 은퇴한 후 약 10년 정도가 지난 시점에서 출원된 점 등을 종합하여 고려할 때, 비록 '박주봉'이라는 성명이 배드민턴 분야에서 널리 알려져 있다고 볼 수는 있을지라도, 위 인정사실과 피고 제출의 증거들만으로는 이 사건 등록상표의 출원일 무렵에 '박주봉' 또는 그의 약칭으로서의 '주봉'이 상표법 제7조 제1항 제6호 소정의 저명성까지 획득하였다고 인정하기에 부족하다. 따라서 '박주봉'의 저명성을 전제로 하는 이 부분 피고의 주장은, 이 사건 등록상표가 위 '박주봉'의 약칭에 해당하는지, 타인의 승낙을 얻은 경우에 해당하는지 등에 대하여 나아가 살필 필요도 없이 이유 없다(특허법원 2008.5.16. 선고 2007허14257 판결, 대법원 2008.9. 25. 선고 2008후1913 판결 심불기각).

7. 타인의 선출원등록상표와 동일 또는 유사한 상표

1) 의 의

상표가 타인이 선출원하여 등록된 상표와 동일하거나 유사하고 그 지정상품이 동일하거나 유사한 경우에는 등록을 받을 수 없다.

출원상표가 본 호에 해당됨을 이유로 거절되기 위해서는 상표만 동일하거나 유사하여서는 안 되고 아울러 지정상품도 동일하거나 유사하여야 한다. 그러므로 상표만이 동일하거나 유사하고 지정상품이 다른 경우에는 본 호를 이유로 거절되지 아니한다.

여기서 타인의 등록상표는 당해 상표출원일 이전에 출원하여 등록된 상표를 말하는 바, 당해 출원보다 선출원하여 아직 그 출원이 계속 중인 경우에는 본 호가 적용되지 아니하며 자기의 선출원등록상표의 경우에도 본 호의 적용이 배제된다.

본 호의 적용시점과 관련하여 2007.1.3. 법률 제8190호 이전의 법에서는 법 제7조 제3항에서 「제1항 제7호·제7호의2·제8호 및 제8호의2 규정은 상표등록출원시에 이에 해당하는 것(타인의 등록상표가 제71조 제3항의 규정에 의하여 무효로 된 경우에도 이에 해당하는 것으로 본다)에 대하여 이를 적용한다」와 같이 규정하였던 것을, 헌법재판소 2009.4.30 결정 헌바 113, 114 사건에서 「법 제7조 제3항 본문의 "타인의 등록상표가 제71조 제3항의 규정에 의하여 무효로 된 경우에도 이에 해당하는 것으로 본다" 중 제7조 제1항 제7호에 관한 부분은 헌법에 위반된다」는 결정에 따라, 2010.1.27. 법률 제9987호에서 괄호부분을 삭제하여 이를 「제1항 제7호·제7호의2·제8호 및 제8호의2는 상표등록출원시에 이에 해당하는 것으로 한다」와 같이 개정하였으며, 다시 2013.4.5. 법률 제11747호에서 제3항을 제2항으로 하여 「제6호·제7호·제7호의2·제8호·제8호의2·제9호·제9호의 2 및 제10호는 상표등록출원시에 이에 해당하는 것에 대하여 적용한다.」와 같이 개정하여, 법 제7조 제1항 제7호, 8호에서 규정한 선출원 등록상표의 적용시점과 주지·저명상표에 대

한 적용시점을 출원시로 할 것을 분명히 하였다. 다만, 그 선출원 등록상표가 법 제73조 제1
항 제3호 소정의 불사용심판에 의하여 취소되는 경우에는 그 적용시점을 등록여부결정시
로 하도록 하였다(법 제7조 제3항).

2) 제도적 취지

본래 상표는 상품의 생산 · 판매 등을 업으로 하는 자가 자기의 상품을 타인의 상품
과 식별시키기 위하여 사용하는 것이므로 동일 또는 유사한 상품에 동일 또는 유사한
상표가 각기 다른 주체(主體)에 의하여 사용되는 경우에는 일반 수요자가 상품출처의
오인 · 혼동을 일으킬 우려가 있어 등록된 상표권자의 이익을 해치게 된다.

따라서, 타인이 선출원하여 이미 상표권이 설정등록되어 있는 경우에는 이와 동일
또는 유사한 상표의 등록을 금지시킴으로써 상표법이 지향하고 있는 선원주의를 존중
하고 상표의 이중등록을 배제하여 1상표 1등록주의를 실천함으로써 선원상표권자의
이익을 보호할 필요가 있는 것이다.

본 호의 입법취지에 대하여 수요자로 하여금 상품출처의 혼동을 일으키는 것을 방지
하기 위한 규정이므로 공익적 규정이라는 견해와 본 호가 내용으로 하고 있는 상품출
처혼동방지는 상표권자의 권리보호를 위한 것이므로 사익적 규정이라는 견해가 있으
나, 본 호는 상호 저촉되는 상표의 등록을 금지하여 상품출처의 혼동을 방지함으로써
상표권자 상호 간 이익을 보호함에 그 취의가 있는 규정으로서 사익적 규정이라 할 수
있으며, 통설이다.

3) 적용요건

(1) 타인의 등록상표일 것

본 호는 출원한 상표가 타인의 선출원등록상표와 동일 또는 유사한 경우에 적용되는
규정이다. 따라서 선출원에 의하여 등록된 상표의 상표권자가 당해 출원의 출원인과
동일인인 경우에는 본 호가 적용될 여지가 없다.[19]

---

19   한편, 동일인에 의하여 등록상표와 동일한 상표가 출원되었을 경우 그에 대한 처리를 놓고 견해가
분분한데, 상표권자가 불사용에 의한 상표권의 소멸에 대비하여 상표권을 연장할 목적으로 등록상표
와 동일한 상표를 출원하는 경우 이 문제에 자주 부딪치게 된다. 이 경우 그 출원에 대하여 거절할 수
없다는 견해와 거절해야 한다는 견해가 있고, 거절해야 한다는 견해에 의할 경우 상표법 제8조의 규정
을 적용하여 거절해야 한다는 견해, 본 호의 규정을 적용하여 거절해야 한다는 견해, 상표법 제10조(1
상표 1출원원칙)의 규정을 적용하여 거절해야 된다는 견해가 있다. 위 견해 중 거절할 수 없다는 견해
는 타당치 않다고 할 수 있는데, 이는 동일한 상표권이 중복하여 등록될 뿐만 아니라 상표권을 연장하

선출원등록상표의 상표권자가 자연인 1인으로 되어 있는 경우 그 1인을 포함하여 2인 이상이 공동으로 등록상표와 동일·유사한 상표를 출원하거나 법인명의로 출원하는 경우에는 타인의 상표에 해당되어 본 호가 적용된다.

한편, 상표등록출원 시에는 선출원등록상표의 상표권자가 타인이었으나 등록 또는 거절결정 시에 상표권이전 등으로 인하여 선출원등록상표의 상표권자와 당해 상표등록출원의 출원인이 동일하게 된 경우에는 본 호에 해당되지 않는다.

(2) 선출원하여 등록되었을 것

여기서 타인의 등록상표는 당해 상표등록출원 이전에 출원하여 이미 상표등록을 받은 상표를 말하며 당해 상표등록출원보다 후출원하여 먼저 등록된 것이거나 당해 출원보다 출원일은 빠르나 당해 상표등록출원의 시점에서 아직 출원이 계속 중인 경우, 또 선출원하여 당해 상표등록출원 이후에 등록된 것인 경우에는 본 호의 규정이 적용되지 아니한다.[20]

또한 타인의 선출원한 상표의 등록일과 당해 상표등록출원의 출원일이 동일자인 경우에는 본 호는 적용시점을 「日」이 아니고 「時」이므로(법 제7조 제2항) 그 등록 시와 출원 시의 선·후를 따져서 본 호의 적용여부를 판단한다.

는 결과가 되어 일정기간 불사용한 상표권은 이를 소멸시켜 타인에게 상표사용의 기회를 주고자 하는 취소심판제도 등 상표법 전 취지에 반하는 것이 된다. 이러한 경우에 대하여 상표법에서 거절이유를 명시하지 않은 이유를 '江口俊夫'는 자기의 등록상표 또는 출원 중의 상표와 동일한 것으로서 동일한 상품을 지정한 출원에 대해서는 상표법 제정의 취지에 반한다는 이유로 등록이 거절되며 여기에 대해서는 명문규정은 없으나 조리상 너무나도 당연한 것이므로 규정이 설정되어 있지 않다고 설명하고 있다(江口俊夫저, 신상표법해설).

실무적으로는 상표가 동일하고 지정상품이 동일한 경우에는 법 제10조를 적용하여 거절하나(특허청 상표심사 기준 제30조) 법 제10조의 취지에 비추어 볼때 적절치 않다 할 것이며 현행법제 하에서는 법 제7조 제1항 제4호 후단에서 규정한 '공공의 질서를 해할 우려가 있는 상표'에 해당하는 것으로 운용함이 다당하다 할 것이다.

20   ① 당해 출원보다 먼저 출원하여 당해 출원 시점에서 선출원이 아직 출원이 계속 중이거나 당해 상표등록출원의 출원일 이후에 등록된 경우에는 본 호가 적용되지 아니하고 상표법 제8조의 적용문제가 발생한다.

② 당해 출원보다 선출원한 타인의 상표가 당해 상표출원 시점에서 아직 등록이 안 된 상태로 출원이 계속 중일 경우에는 상표법 제8조의 규정이 적용되며, 후출원한 타인의 상표가 선등록된 경우에는 그 타인의 등록상표는 당해 출원보다 후출원임을 이유로 상표법 제8조 제1항의 규정위반을 이유로 무효사유가 되며 출원 중인 선출원상표는 타인의 등록상표의 존재에도 불구하고 상표등록을 받을 수 있다.

4) 상표가 동일 또는 유사할 것

출원된 상표가 타인의 선등록상표를 이유로 그 등록이 거절되기 위해서는 당해 출원 상표의 상표가 타인의 선등록상표와 그 상표가 동일 또는 유사하여야 하는데, 상표의 동일 또는 유사 여부는 대비되는 양 상표의 외관·호칭 및 관념을 종합적으로 판단하여 동일 또는 유사여부를 판단한다.[21]

상표의 동일이라 함은 상표의 요부뿐만 아니라 부기적 부분까지도 완전히 동일한 것을 말하며, 양 상표의 외관·호칭·관념이 모두 같은 상표를 말한다 하겠으나, 실제에 있어서는 식별력이 없는 부분은 부기적 부분으로 보아 그 요부가 동일한 경우 양 상표를 동일 또는 동일성이 인정되는 상표로 취급한다. 상표의 유사는 양 상표의 외관·호칭·관념을 전체적으로 관찰하여 이들 모두가 동일 또는 유사하거나 외관·호칭·관념 중 어느 한가지 또는 두가지가 동일 또는 유사하여 그 상표를 지정상품에 사용하는 경우 일반수요자가 대비되는 타인의 등록상표의 상품과 상품출처의 오인·혼동을 일으킬 우려가 있는 상표를 말한다. 그러므로 외관·호칭·관념 중에서 어느 하나가 유사하더라도 타인의 상품과 상품출처의 오인·혼동을 일으킬 우려가 없는 경우에는 유사상표가 아니다.

이와 같은 상표의 유사여부는 우리 상표법에 준거하여 우리나라에서의 수요자나 거래실정 등에 따라 판단하며 외국에서의 심사예, 등록예는 별개이다.[22]

'^{star}스타'와 '^{star}스타'는 동일상표라고 할 수 있으나, '^{star}스타'와 '스타' 또는 'STAR'는 유사상표이다.

---

21 ① 상표의 유사여부는 동일 또는 유사상품에 사용되는 두 개의 상표를 놓고 그 외관, 칭호, 관념 등을 객관적·전체적·이격적으로 관찰하여 일반 수요자나 거래자가 상표에 대하여 느끼는 직관적 인식을 기준으로 거래상 상품 출처에 대하여 오인, 혼동을 일으킬 우려가 있는지의 여부에 의하여 판별하여야 한다(대법원 1992.10.23. 선고 92후896, 1993.7.13. 선고 92후2120 판결).

② 상표의 유사여부는 그 지정상품의 거래에서 일반적인 수요자나 거래자가 상표에 대하여 느끼는 직관적 인식을 기준으로 상품의 출처에 대하여 오인·혼동의 우려가 있는지의 여부에 따라 판단하여야 하므로 두 상표 사이에 유사한 부분이 있다 하더라도 그 요부를 이루는 부분이 서로 달라 전체적으로 관찰할 때 명확히 출처의 혼동을 피할 수 있는 경우에는 유사상표라 할 수 없고, 지정상품의 품질·원재료 등을 나타내는 기술적 표장은 식별력이 없어 상표의 요부가 될 수 없다 할 것이다(대법원 1995.9. 29. 선고 94후2155 판결, 1997.6.24. 선고 96후2258 판결 등).

22 본원상표와 인용상표는 프랑스 등지에서는 서로 등록되어 함께 사용되고 있고, 인용상표권자가 본원상표의 등록에 동의를 하였으므로 일반 수요자의 오인 혼동의 우려가 없다는 것이나, 본원상표의 등록 가부는 우리 상표법에 의하여 그 지정상품과 관련하여 독립적으로 판단할 것인지 언어습관이 다른 나라의 등록례에 구애받을 것은 아니며, 인용상표권자의 동의 여부는 본원상표와 인용상표의 유사여부를 판단하는 데 참작할 바가 아니다(대법원 1995.5.26. 선고 95후64 판결).

5) 상품이 동일 또는 유사할 것

상표등록출원이 본 호를 이유로 거절되기 위해서는 상표가 타인의 선출원등록상표와 동일 또는 유사하여야 함과 동시에 그 지정상품이 동일 또는 유사한 상품이어야 한다. 그러므로 상표는 동일 또는 유사하나 지정상품이 동일 또는 유사하지 아니한 경우에는 본 호가 적용될 여지는 없다.[23]

상품의 동일 유사여부와 관련하여 상표법시행규칙 제6조 별표에서 규정하고 있는데 이 규정이 상품의 유사범위를 법정(法定)한 것은 아니다(법 제10조 제2항). 따라서 상품의 유사여부는 학설이나 판례, 거래사회의 통념에 따라 결정되어 진다 할 수 있는데 심사 실무는 상품의 동일유사여부에 대한 판단은 원칙적으로 상표법시행규칙 제6조 별표에서 정한 바에 따라 판단하고 있으며, 이와는 별도로 상품유사군 코드를 정하여 운용하고 있다.

판례는 상품의 동일 또는 유사여부는 상품의 품질, 형상, 용도, 거래사회의 실정 등을 고려하여 거래의 통념에 따라 결정하여야 하며, 상표법시행규칙 제6조 별표에서 정한 상품류 구분은 상표등록사무의 편의를 위하여 규정한 것이고 상품의 유사여부를 결정한 것은 아니라고 판시하고 있다.[24]

그러므로 상품류 구분이 다르거나 상품과 서비스업과의 관계에 있는 경우에도 상품이 유사한 것으로 보는 경우가 있다.

---

[23] 본 건상표가 인용상표와 유사하더라도 그 지정상품이 상이하므로 본건상표가 구상표법 제9조 제1항 제7호에 해당한다고 할 수 없고, 인용상표가 일반 수요자나 거래자 간에 심판청구인의 상표로 널리 알려져 있는 것도 아니어서 본 건 상표가 지정상품을 달리하는 인용상표와 유사하더라도 상품의 출처의 오인을 초래하여 일반 수요자를 기만할 염려가 있다고 할 수 없다(대법원 1991.11.22. 선고 91후219 판결).

[24] ① 지정상품이 동일 또는 유사한 것인지의 여부는 상품의 품질, 형상, 용도, 거래의 실정 등을 고려하여 거래의 통념에 따라 결정하여야 할 것이고, 상표법 시행규칙상의 발표 중 같은 유별에 속하는 상품이라도 서로 동종이 아닌 상품이 있을 수 있고, 서로 다른 유별에 속하더라도 동종의 상품이 있을 수도 있다 할 것이다(대법원 1992.5.12. 선고 91후1793 판결, 1993.9.14. 선고 93후541 판결 참조).
② 상표법 제10조 제1항 및 같은 법 시행규칙 제6조 제1항에 의한 상품류 구분은 상표등록 사무의 편의를 위한 것으로서, 상품의 유사범위를 정한 것은 아니므로(법 제10조 제2항), 상품구분표의 같은 유별에 속하고 있다고 하여 바로 동일 또는 유사한 상품이라고 단정할 수는 없는 것이고, 지정상품의 유사 여부는 상품 자체의 속성인 품질, 형상, 용도와 판매 부문 수요자의 범위 등 거래의 실정 등을 고려하여 일반 거래의 통념에 따라 판단하여야 할 것이다(대법원 1994.2.22. 선고 93후1506 판결).

6) 상표권이 소멸된 경우

타인의 선출원등록상표가 당해 상표등록 출원 후에 상표권의 포기, 등록무효·취소, 존속기간 만료 등으로 그 상표권이 소멸된 경우에도 본 호가 적용됨에는 변함이 없다.[25] 다만 선등록상표가 상표법 제71조 제1항에 의하여 등록이 무효로 된 경우로서 상표법 제71조 제3항에 의하여 그 상표등록이 처음부터 없었던 것으로 되는 경우에는 본 호의 적용이 배제된다 하겠으며, 또한 법 제73조 제1항 제3호를 이유로 불사용취소심판을 청구한 경우 그 취소심판청구인이 한 상표등록출원에 대한 법 제7조 제1항 제7호, 제8호 등에 해당 되는지 여부는 등록결정시를 기준으로 하므로(법 제7조 제3항) 그 취소심판청구인의 상표등록출원에 대하여는 본 호의 적용이 배제된다.

종전의 법(2010.1.27. 법률 제9887호 이전의 법, 2010.7.28. 시행)에서는 상표법 제7조 제3항 괄호규정에서 "타인의 등록상표가 제71조 제3항의 규정에 의하여 무효로 된 경우에도 이에 해당하는 것으로 본다"고 규정하여 타인의 선출원등록상표가 무효로 된 경우에도 그 후출원 상표는 법 제7조 제1항 제7호에 해당되는 것으로 하였으나, 헌법재판소는 상표법 제7조 제1항 제7호·제7호의2 및 제8호·제8호의2 적용과 관련하여 상표법 제7조 제3항에서 규정한 「타인의 등록상표가 제71조 제3항의 규정에 의하여 무효로 된 경우에도 이에 해당하는 것으로 본다」는 규정에 대하여 위헌결정을 내림에 따라 제7조 제3항을 현재와 같이 개정하게 되었다. 그러므로 비록 상표등록출원 시에는 유효하게 존속 중이었던 상표라 하더라도 무효심결에 의하여 그 상표권이 소멸한 경우에는 「그 상표권은 처음부터 없었던 것으로 본다」고 규정하고 있으므로(법 제71조 제3항), 본 호에서 규정한 선등록의 지위를 갖지 않는 것으로 된다.[26]

---

25   ① 상표법 제7조 제1항 제7호는 '선 등록된 타인의 상표와 유사한 상표'를, 제8호는 타인의 상표권이 소멸한 날(상표등록을 무효로 한다는 심결이 있는 경우에는 그 심결 확정일을 말한다)로부터 1년이 경과하지 아니한 타인의 등록상표와 유사한 상표를 각 등록 받을 수 없는 상표로 규정하고 있고, 제7조 제3항은 '제1항 제7호 및 제8호의 규정은 상표등록출원 시에 이에 해당하는 것에 대하여 이를 적용한다.'고 규정하고 있으므로 상표등록출원 시에 그 출원상표와 동일 또는 유사한 타인의 상표가 선출원에 의하여 등록되어 있는 경우에는 후에 그 타인의 상표권이 출원인의 상표에 대한 사정이(査定) 있기 전에 소멸되었다고 하더라도 그 출원상표는 등록받을 수 없다 할 것이다(대법원 1995.4.25. 선고 93후1834 판결, 1997.5.28. 선고 96후2067 판결).

26   ① 헌법재판소 2009.4.30. 2006 헌마113 결정
       ② ⅰ) 상표등록출원의 경우
       특허청은 이 사건 법률조항 부분과 관계없이, 후출원상표의 출원 시에 이와 동일 또는 유사한 타인의 선증록상표가 존재하는 경우에는 후출원상표의 등록을 거절할 수 있다. 다만, 선등록상표가 무효로 확정되어 소멸하더라도 소비자에게 일정한 기간 동안 그 상표에 대한 기억과 신용이 남아있을 것이고, 이러한 상태에서 곧바로 후출원상표의 등록을 허용한다면 소비자에게 상표에 대한 오인·혼동을 줄

7) 적용의 예외

타인의 선출원등록상표가 지리적 표시 등록단체표장인 경우에는 보호가 적용되지 아니한다. 즉 출원상표가 타인의 지리적 표시 등록단체표장과 동일 또는 유사한 경우에는 본 호가 적용하지 아니하고 법 제7조 제1항 제7호의2가 적용되는 것이다.

8) 적용시점

(1) 출원 시

본 호의 적용시점은 당해 상표등록출원시를 기준으로 판단한다(법 제7조 제2항).[27]

또한 당해 상표등록출원 시에 본 호의 요건을 충족하는 한 그 후에 타인의 등록상표가 소멸(상표권 포기, 등록무효·취소, 존속기간만료 등)한 경우에도 본 호가 적용됨에는 변함이 없다.[28] 다만, 심결에 의하여 상표등록이 무효로 된 경우에는 상표법 제71조

우려가 있으나, 상표법 제7조 제1항 제8호 및 같은 조 제4항 제1호는 상표권이 소멸한 날부터 1년을 경과하지 아니한 타인의 등록상표와 동일 또는 유사한 상표는 등록을 거절할 수 있되, 타인의 등록상표가 상표권이 소멸된 날로부터 소급하여 1년 이상 사용되지 아니하여 소비자의 오인·혼동의 우려가 없는 경우에만 등록을 허용하도록 규정함으로써, 이러한 우려를 해소하고 있다. 그러므로 상표등록출원 시에 이 사건 법률조항 부분을 적용하여 상표등록을 거절할 수 있도록 하는 것은 동일 또는 유사한 상표의 공존을 억제하여 소비자의 오인·혼동을 방지한다는 입법목적에 기여하는 바가 거의 없다고 할 것이다.

ⅱ) 등록무효심판의 경우

이 사건 법률조항 부분으로 인하여 선등록상표에 대한 무효심결이 확정된 후라도 후등록상표를 무효로 심결할 수 있게 되는데, 이 경우에는 선등록상표의 무효심결 확정 시 이미 동일 또는 유사한 상표가 공존하고 있었으므로, 그 확정 이후에 새로이 후등록상표를 무효로 한다고 하여, 소비자의 오인·혼동을 방지한다는 입법목적에 기여할 여지가 없다. 오히려 이 사건 법률조항 부분은 '무효의 소급효'(법 제71조 제3항)에 배치되어 전체 상표법 체계에 혼란을 야기할 뿐만 아니라, 나아가 이미 상표등록을 마친 후출원자는 선등록상표가 무효로 확정된 이후에도 후등록상표가 무효로 됨으로써, 정당한 이유 없이 재산권인 상표권과 당해 상표를 이용하여 직업을 수행할 자유를 침해받게 된다(이 사건 법률조상 부분에 따라 후등록상표권자의 상표에 대한 무심결이 확정되면 후등록상표권자는 선등록상표의 무효 시부터 1년이 경과한 후 다시 그 상표를 등록할 수 있으나, 이는 정당한 상표권자에게 상표의 재출원이라는 무용한 절차의 반복을 강요하는 결과가 된다).

ⅲ) 결국 이 사건 법률조항 부분은 소비자의 오인·혼동 방지라는 입법목적에 기여하는 바는 거의 없는 반면, 정당한 후출원상표권자의 재산권과 직업의 자유를 합리적 이유 없이 침해한다(헌법재판소 2009.4.30. 선고 2006 헌바 113 결정).

27 상표법 제7조 제1항 제7호 규정은 상표등록출원 시에 이에 해당하는 것에 대하여 적용하는 것이다(대법원, 1995.9.29. 선고 95후484 판결).

28 상표권은 이에 대한 취소심판청구가 제기되었다 하여 바로 소멸하는 것이 아니고, 상표등록을 취소한다는 심결 또는 판결이 확정된 때부터 비로소 소멸한 것으로 보아야 할 것인바, 어느 상표가 상표법 제9조 제1항 제7호 및 제8호의 규정에 해당하여 등록을 받을 수 없는 것인지의 여부는 그 상표의 등록출원

제3항에서 그 상표권은 처음부터 없었던 것으로 본다고 규정하고 있으므로, 당해 상표 등록출원 후에 타인의 등록상표가 심결에 의하여 그 등록이 무효로 된 경우에는 본 호가 적용될 여지가 없다.[29]

(2) 등록여부 결정시

상표법 제7조 제2항의 규정에 불구하고 그 타인의 등록상표에 대하여 법 제73조 제1항 제3호를 이유로 하는 상표등록취소심판청구가 있는 경우 그 취소심판 청구인이 한 상표등록출원에 대한 제7조 제1항 제7호, 제8호 등에 해당되는지 여부는 상표등록여부

시를 기준으로 하여 판단하는 것이므로 이와 같은 취지에서 원심결이 1979.2.22. 등록된 인용상표 'ROADSTAR'는 이에 대한 불사용 및 사용묵인을 이유로 하여 취소심결이 되고 항고심판에 계류 중에 있었다 하더라도, 본원상표의 출원 시까지 그 상표등록을 취소한다는 심결 또는 판결이 확정되지 아니하여 유효하게 존속하고 있었으므로 인용상표와 칭호 및 관념이 동일하고 동종상품인 상품구분 제39류 확성기, 안테나외 수종을 그 지정상품으로 하고 있는 본원상표 'ROADSTAR/로드스타'는 상표법 제9조 제1항 제7호에 해당하여 등록을 받을 수 없다고 판단하여 등록을 거절한 원사정을 지지한 조치는 정당하고, 또 원심이 인용상표에 대한 취소심결이 확정될 때까지 본원상표에 대한 심사절차를 중지 또는 보류하지 않고 먼저 심판하였다거나, 인용상표에 대한 취소심판청구사건과 본원상표의 거절사정에 대한 항고심판청구사건을 병합심리하지 아니하였다 하여 이를 위법이라고는 할 수 없고, 인용상표가 원심결 이후인 1987.1.13. 상표권 포기로 같은 달 16일 말소등록 되었다는 사정 또한 원심의 위 판단을 달리할 사유로는 될 수 없다 할 것이므로 논지는 모두 이유 없다(대법원 1987.7.7. 선고 86후194 판결).

29 ① 구상표법 제7조 제3항에서 상표등록출원에 대한 상표법 제7조 제1항 제7호 및 제8호의 적용시점은 상표등록출원 시를 기준으로 한다고 규정하고 있는바, 동 규정에서 이와 같이 규정한 것은 일반적으로 출원되는 상표는 출원과 동시에 그 상표를 지정상품에 사용하는 것이 예측되고 또 사용됨이 일반적이라 할 것이므로 이 경우 등록상표와 동일·유사한 출원상표가 다 같이 사용되는 경우에는 수요자에게 상품출처의 오인·혼동을 일으킬 우려가 있으므로 이를 방지하기 위하여 그 적용시점을 명백히 하고자 함에 입법취지가 있다 할 것이고, 더욱이 동 법 제7조 제1항 제8호에서 상표권이 소멸한 날로부터 1년이 경과하지 아니한 타인의 등록상표와 동일·유사한 상표로서 그 지정상품이 동일·유사한 상표의 출원에 대하여 등록을 배제하는 취지도 앞서와 같은 이유에서 상표권이 소멸하더라도 향후 1년 정도는 그 상표의 상품이 아직 거래사회에서 유통될 수 있고 그 상품에 대한 수요자의 인식이 머릿속에 남아 있다고 인정되므로 수요자의 상품출처의 오인·혼동을 배제하기 위하여 1년의 유예기간을 두어 그 이후에 출원된 상표에 대하여만 등록을 받을 수 있도록 한 것이다.

한편 상표법 제71조 제3항에서 "상표등록을 무효로 한다는 심결이 확정된 때에는 그 상표권은 처음부터 없었던 것으로 본다"고 한 규정은 등록상표에 대한 무효의 효력에 대한 소급효의 일반원칙을 규정한 것으로서 이 규정이 선등록상표와 동일 또는 유사한 출원상표에 적용코자 규정한 제7조 제3항의 규정을 배제할 수 없다고 판단된다.

또한, 항고심판청구인의 주장하는 것과 같이 무효의 심결을 일률적으로 소급시키게 되면 선등록상표에 대한 무효심결이 빨리 확정되고 늦게 확정되느냐에 따라 동일 사안이 등록도 되고 거절도 되는 일관성 없는 처분이 발생되는 사례가 있을 뿐만 아니라 무효에 따른 권리상호간의 저촉이 발생하고 권리의 안정성을 해치게 되어 행정의 신뢰성 저하와 법의 일관성 있는 적용이 어렵기 때문이다(특허청 1994.12.8. 93항원1049 심결).

② 대법원 1995.4.25. 선고 93후1834 판결, 대법원 1995.4.25. 93후1834 판결 등

결정시를 기준으로 한다(법 제7조 제3항). 그러므로 상표등록출원 시에는 그 타인의 선등록상표가 유효하게 존속중이었다 하더라도 당해 상표등록출원의 등록여부 결정시에 그 타인의 선등록상표에 대한 취소심결이 확정된 경우에는 본 호가 적용되지 아니한다(실무적으로는 취소심결이 확정될 때까지 당해 상표등록출원에 대한 등록여부 결정을 보류하는 것으로 운용하고 있다).

또한 상표등록출원인이 본 호 소정의 타인에 해당하는지 여부는 '상표등록여부결정시'를 기준으로 한다. 그러므로 상표등록출원 시에 본 호에 해당하는 경우라도 상표등록출원 후에 상표권자와 상표등록출원인이 동일하게 된 경우에는 본 호는 적용되지 아니하고 상표등록이 가능하다(법 제7조 제2항 단서). 이는 동일 또는 유사한 상표가 동일한 주체에 의하여 사용되는 경우에는 상품출처의 혼동의 우려는 없다고 판단되기 때문이다.

9) 관련문제

(1) 타인의 등록상표가 주지 · 저명상표인 경우

당해 상표등록출원에 대한 거절이유로 인용하고자 하는 선출원에 의한 타인의 등록상표가 주지상표이거나 저명상표로서 지정상품이 동종인 경우(지정상품이 이종인 경우에는 제7조 제1항 제7호의 적용여부가 대두될 여지가 없다), 그 거절이유로서 본 호만을 적용할 것인지 아니면 상표법 제7조 제1항 제9호 또는 제10호의 규정을 함께 적용할 것인지에 대하여 의문이 있으나 법 제7조 제1항 제7호에서는 등록상표라고 규정하고 있으나, 법 제7조 제1항 제9호 · 제10호에서는 상표라고 규정하여 등록상표와 구별하고 있고 또 제7호는 등록상표의 보호를 목적으로 하나 제9호 · 제10호는 수요자에게 현저하게 인식된 미등록상표의 보호를 법익으로 하는 등 본 호와 법 제7조 제1항 제9호 · 제10호는 각기 입법취지를 달리하고 있고 법리상 이들 규정을 중복하여 적용하는 것은 법의 이념에도 맞지 않는 것이라고 볼 때, 비록 타인의 상표가 주지 · 저명상표라 하더라도 그 상표가 등록상표인 경우에는 본 호만을 적용함이 타당하다 하겠으며 이들 조문을 중복하여 적용하는 데 따른 실익도 없다.

다만, 그 상표가 등록상표이기는 하나 당해 상표등록출원과 지정상품을 달리하고 있는 경우에는 당해 출원상표와의 관계에서 법 제7조 제1항 제7호에서 규정한 선출원 등록상표가 아니므로 법 제7조 제1항 제7호가 적용되지 않고 법 제7조 제1항 제10호 또는 제11호의 적용여지가 있다 할 것이다. 반면에 등록상표로서 당해 출원상표와 지정상품이 동종인 경우에는 법 제7조 제1항 제9호의 적용이 될 수 있다 하겠으나 법 제7조 제1항 제7호와의 중복적용 문제가 그대로 남는다.

(2) 상품이 실질적으로 동종상품인 경우

당해 상표등록출원과 인용되는 타인의 선출원에 의한 등록상표 또는 등록서비스표와 상표법시행규칙 제6조 별표에서 정한 상품류 구분이 다르나 실질적으로는 상품이 같은 경우가 있게 된다. 이때 거절이유로 적용할 법조문의 적용문제가 발생하는데 법 제7조 제1항 제7호의 규정을 적용할 것이냐, 법 제7조 제1항 제9호·제10호 또는 제11호의 규정을 적용할 것이냐에 대하여 논란이 있다.

실무적으로는 위와 같이 지정상품으로 하고 있는 상품류 구분이 다를 경우에는 법 제7조 제1항 제7호는 적용되지 아니하고, 상품과 서비스업 간에 이의신청이 있는 경우에 한하여 상품 또는 서비스업 출처의 오인·혼동의 우려가 있다고 인정되는 경우 법 제7조 제1항 제7호의 규정을 적용하고 있다.

상표법시행규칙 제6조 별표에서 정한 상품류 구분은 그것이 상품의 유사여부를 법정한 것이 아님에 비추어 비록 상표등록출원서에 기재된 상품류 구분이 다르다 하더라도 상품이 실질적으로 동일 또는 유사하다고 인정되는 경우에는 상표법 제7조 제1항 제7호의 규정을 적용하여 거절할 수 있다 하겠으며 판례 및 심판도 이와 같은 입장에 있다.[30]

― 사 례 ―

(사례 1) 〔상표 및 지정상품〕 이 사건 상표: FOR*OU*(제36류 건물분양업 등), 인용상표: *for* (제36류 건물분양업 등)

〔판례〕 이 사건 출원상표 중 "for" 부분은 위 영어단어의 한글발음에 따라 '포'로 호칭되고, 영문자 'Y'를 변형한 것으로 직감될 수 있는 " 	"와 초록색 영문자 "ou"가 결합된 " *OU* " 부분은 일반수요자나 거래자에 의하여 '너, 당신'을 의미하는 영어단어인 'you'로 인식될 것이므로, 그 한글식 발음에 따라 '유'로 호칭된다. 따라서 이 사건 출원 서비스표는 전체로서 '포유'로 호칭되고 위 영어단어들의 전체적인 의미에 따라 '너를 위하여'로 관념된다. 한편 선등록서비스표는 이를 구성하는 영문자 'for U'의 한글식 발음에 따라 전체로서 '포유'로 호칭된다. 또한 우리나라 영어교육 수준에 비추어보면, 일반수요자나 거래자는 선등록서비스표의 호칭인 '포유'가 영문자 'for you'를 발음한 것으로 직감할 수 있으므로, 선등록서비스표는 앞서 본 'for you'의 의미에 따라 '너를 위하여'로 관념될 수 있다.

따라서 이 사건 출원서비스표와 선등록서비스표는 모두 '포유'로 호칭되고 '너를 위하여'로 관념될 가능성이 있으므로 양 서비스표는 호칭, 관념이 유사하다(특허법원 2008.8.14. 선고 2008허2367 판결, 대법원

2008.12.11. 선고 2008후3681 판결 심불기각).

(사례 2) 〔상표 및 지정상품〕 이 사건 상표: 장수돌침대★★★★★ (제35류 돌침대수출입업무대행업, 돌침대전시업 등), 인용상표: (제20류 침대, 돌침대 등)

〔판례〕 이 사건 등록서비스표의 지정서비스업이 홈쇼핑을 통한 '돌침대'판매대행업, '돌침대'전시업,' '돌침대'판매대행체인점경영업 등이므로, "장수돌침대"라는 문자부분에 있어서 "돌침대" 부분은 지정서비스업의 대상이 되는 물품을 지칭하는 것에 불과하여 그 요부는 "장수" 부분이라고 할 수 있다. 그리고 선등록상표의 경우, 문자부분인 "시골"과 "장수촌 옥돌"이라는 기재가 거북이 도형을 사이에 두고 위아래로 명확히 분리되었을 뿐만 아니라 그 글씨체 역시 확연히 다르므로 "장수촌 옥돌" 부분을 "시골" 부분과 분리하여 관찰하는 것이 자연스러운데, "시골" 부분은 작은 글씨체로 표기되어 눈에 잘 뜨이지 않고, "장수촌 옥돌" 부분에서 "옥돌" 부분은 지정상품의 원재료를 보통으로 나타내는 것에 불과하며, "촌" 부분은 명사의 뒷부분에 붙어 '마을' 또는 '지역'이라는 뜻을 더하는 접미사일 뿐이므로, 그 요부는 "장수" 부분이라고 할 수 있다. 결국 이 사건 등록서비스표와 선등록상표는 각각 분리관찰 결과 그 요부는 "장수"라는 문자부분을 공통으로 가지고 있음이 인정되고, 이들 표장이 그 요부인 "장수"만으로 약칭되는 경우에는 그 호칭 및 관념이 동일하게 되므로 이 사건 등록서비스표는 상표법 제7조 제1항 제7호에 해당한다(특허법원 2008.3.20. 선고 2007허10682 판결, 대법원 2008.6.26. 선고 2008후1166 판결 심불기각).

(사례 3) 〔상표 및 지정상품〕 이 사건 상표: NANDA(난다)(제25류 머니벨트, 신발 등), 인용상표: NANTA(난타)(제20류 가죽신, 티셔츠 등)
〔판례〕 두 상표가 글씨체가 약간 다르고 영어 알파벳 'D'와 'T', 한글자음 'ㄷ'과 'ㅌ'가 달라 다소 차이가 있긴 하나, 모두 ① 영어알파벳 5자와 한글 2자가 2단으로 구성되어 그 구성 형태 및 모티브가 동일하고, ② 차이가 있는 영어 알파벳과 한글 자음이 위치한 곳도 중간부분이므로 쉽게 알아보기 어려운 나머지 영문자와 한글 자모는 모두 동일하므로 양 상표는 그 외관이 유사하다. 호칭을 대비할 때, 이 사건 출원상표의 'NANDA'는 한글 '난다'를 영문자로 옮겨 적은 것이므로 '난다'로 호칭되며, 선등록상표의 'NANTA' 또한 한글 '난타'를 영문자로 옮겨 적은 것이므로 '난타'로 각각 호칭되어, 그 첫음이 같고 끝음이 다른 경우에 해당하고, '난다'의 'ㄷ'은 예사소리로 'ㄴ'과 'ㅏ'의 유성음 사이에서 유성음화되어 소리가 나고, '난타'의 'ㅌ'은 거센소리로 혀끝을 힘있게 파열시켜 무성음으로 소리가 나는 다소의 차이가 있기는 하나, 'ㄷ'과 'ㅌ'은 한글자음체계상 모두 조음(造音)방법에 있어 파열음이고, 조음위치 또한 혀끝소리로 같으므로 양 상표는 그 호칭도 유사하다. 관념에 있어 이 사건 출원상표의 '난다'는 '공중으로 날아오르다' 또는 '어떤 느낌이 난다' 등의 의미가 있는 반면, 선등록상표의 '난타'는 '마구 친다'는 의미를 가지고 있으므로 그 관념에 있어서는 다르다. 그러나 양 상표는 그 외관, 호칭에 있어 유사하여 상품출처에 관하여 오인·혼동을 일으킬 우려가 있다(특허법원 2009.10.16. 선고 2009허3725 판결, 대법원 2009.12.24. 선고 2009후3961 판결).

(사례 4) 〔상표 및 지정상품〕 이 사건 상표: Leeco(르에코)(제25류 머니벨트, 가죽신, 단화, 부츠 등), 인용상표: RICOH(제25류 다이빙 및 수영용 노즈클럽, 레귤레이터, 부대(浮袋), 에르고미터(Ergometer), 운동용 휘슬 등)
〔판례〕 이 사건 출원상표는 로마자와 한글로 구성된 문자이고, 선등록상표는 로마자로만 구성된 문자상표

로서, 두 표장은 로마자와 한글의 결합유무, 사용된 문자의 내용, 서체 등의 차이로 인해 외관이 서로 다르며, 또한 이 사건 출원상표와 선등록상표는 모두 특별한 관념이 없는 조어로 구성되어 있으므로 관념을 서로 대비할 수 없다.

　　호칭에 있어 대비할 때, 이 사건 출원상표는 ㈀ 상단의 로마자 'Leeco'와 하단의 한글 '르에코'의 결합상표로서 상표의 구성 자체가 상단과 하단으로 분리되어 있고 로마자부분과 한글 부분 모두가 조어로 특별한 관념이 없어 서로 관념의 일체성이나 연관성이 없으므로 각각 분리관찰되면 거래상 자연스럽지 못하다고 여겨질 정도로 불가분적으로 결합되어 있다고 보기도 어려운 점, ㈁ 'Leeco'는 영어식 음운법칙에 의하면 '리코'로 발음될 것인데, 그러한 경우 한글부분인 '르에코'는 위 로마자 부분을 발음나는 대로 표기한 것이 아니고, 또 'Leeco'의 로마자 모양이 한글 못지않게 쉽게 식별되며 그 문자의 구성이 비교적 단순하고 발음도 영어식 음운법칙에 의하면 2음절로 상당히 짧은 점, ㈂ 'Leeco'에는 프랑스어 등에서만 사용되는 고유한 문장부호가 들어 있지 않을 뿐만 아니라, 프랑스어 등에서 정관사에 해당하는 'Le' 부분이 'eco' 부분과 띄어 씌어 있는 것도 아니며, 'Leeco'가 일반 수요자에게 널리 알려진 프랑스 등의 단어도 아닌 점 등에 비추어, 이 사건 출원상표는 우리나라의 일반 수요자나 거래자들에 의해서 로마자 부분에 의하여 영어식 음운법칙에 따라 '리코'로도 호칭될 수 있다 할 것인데, 선등록상표의 표장인 'Ricoh'는 영어식 음운법칙에 따라 우리나라의 일반 수요자나 거래자들에 의해서 통상 '리코'라고 호칭될 것이므로 이 사건 출원상표가 위와 같이 '리코'로 호칭되는 경우 선등록상표와는 그 호칭이 동일하다. 이상을 종합하면, 이 사건 출원상표는 외관이나 관념에 있어서는 선등록상표3과 유사하다고 할 수 없으나, 오늘날 문자상표의 유사여부 판단에 있어서 가장 중요한 요소인 호칭이 동일하므로, 이 사건 출원상표를 선등록상표의 지정상품과 동일·유사한 상품에 사용할 경우, 일반 수요자나 거래자로 하여금 그 상품의 출처에 관하여 오인·혼동을 일으키게 할 염려가 있다고 보기에 충분하다. 따라서 이 사건 출원상표와 선등록상표는 전체적으로 유사하다고 봄이 상당하다(특허법원 2012.8.30. 선고 2012허4926 판결 심결지지 참조).

(사례 5)〔**상표 및 지정상품**〕 이 사건 상표: 설희(雪熙)(제3류 나리싱크림, 배니싱크림 등), 인용상표: 설화(雪花)(제3류 훈향, 라벤더유, 볼연지 등)

〔**판례**〕 이 사건 등록상표와 선등록상표는 뒷부분의 "희(熙)"와 "화(花)"가 현저히 다르므로 그 외관이 상이하고, 선등록상표가 '눈송이, 나뭇가지에 꽃처럼 붙은 눈발'을 직감시키는 데 비하여 이 사건 등록상표는 특별한 의미가 도출되지 않는 조어이므로 그 관념도 다르며, 이 사건 등록상표는 '설희'로 발음되고 선등록상표는 '설화'로 발음되어 비록 그 첫 음절과 둘째 음절의 초성이 같지만 둘째 음절의 모음이 'ㅣ'와 'ㅘ'로서 상이하게 직감되므로, 양 상표는 일반수요자나 거래자로 하여금 상품출처에 관하여 오인·혼동을 일으키게 할 우려가 있다고 보기 어렵다(특허법원 2008.9.3. 선고 2008허5359 판결 심결지지 참조).

(사례 6)〔**상표 및 지정상품**〕 이 사건 상표: (제31류 강낭콩, 로커스트콩 등), 인용상표: 자연애(제3류 쌀, 탈곡한 보리 등)

〔**판례**〕 양 상표 공통적으로 포함된 '자연'은 지정상품의 친환경적인 성질을 나타내거나 암시하는 용어인 점, 각종 식품류를 지정상품으로 하는 다수의 등록상표에 '자연'이라는 용어가 자주 포함되어 사용되고 있는 점 등에 비추어 보면, 두 상표는 그 지정상품과의 관계에서 관념이 전체 식별력에 기여하는 정도가 비교적 낮다고 할 것이므로, 비록 이 사건 출원상표와 선등록상표가 그 관념에 있어서 유사하다 하더라도 그 외관과 호칭에 있어서는 서로 다른 만큼 양 상표는 유사하지 않다(특허법원 2010.1.14. 선고 2009허7505 판결 심결취소, 대법원 2010.5.27. 선고 2010후517 판결 심불기각).

(사례 7) 〔상표 및 지정상품〕 이 사건 상표: (제25류 속셔츠, 수영복 등), 인용상표: (제25류 청바지, 반바지 등)

〔판례〕 ① 이 사건 등록상표와 선등록상표는 다같이 '닻'의 형태를 모티브로 하여 도안화된 도형만으로 구성되어 있어서 모두 그 자체로부터 '닻' 이외의 특정한 관념이나 호칭이 쉽게 떠오르지 아니하는 점, ② 을 제10내지 93호증의 각 기재와 영상에 변론의 전체의 취지를 종합하여 알 수 있는 바와 같이, 이 사건 등록상표의 출원일인 2006.9.5. 무렵 이미 다양한 형태와 구성을 가진 닻 도형이 문자 표장이나 다른 도형과 결합되어 의류에 사용되고 있었고 또 이러한 다양한 닻 도형이 반복된 장식적인 문양으로 의류에 사용되고 있었던 점에 비추어 보면, 양 상표가 모두 '닻'을 모티브로 하였다는 점만으로는 다 같이 그 지정상품인 의류에 관하여 일반 수요자에게 '닻'으로 호칭되고 관념될 것이라고 보기는 어려우니, 양 상표의 유사여부는 관념 및 호칭이 아닌 외관을 기준으로 대비하여 판단하여야 한다.

이러한 관점에서 양 상표의 유사여부를 살펴보면, 선등록상표는 닻고리, 닻채, 닻장 및 갈고리에 대체로 검은색의 줄로 된 닻줄이 휘감겨 있는 닻 모양의 형상을 도안화한 것으로서, 닻줄을 닻고리에 연결하여 우측 방향에서 시작하여 영문자 알파벳 'S'자를 반대로 표현한 모양으로 하여 우측 방향으로 늘어지도록 표현한 표장으로 이루어져 있음에 비하여, 이 사건 등록상표는 닻장이 나타나지 아니한 형태로서 닻줄을 희색과 검은색으로 번갈아 표현하고, 그 닻줄을 상측의 닻고리에 연결하여 왼쪽 방향으로부터 시작해서 중간 지점에서 한번 휘어감은 후에 왼쪽 방향으로 늘어지도록 표현한 것이어서, 양 상표는 닻장의 유무, 닻줄의 형상 등에서 차이가 있어, 전체적으로 관찰할 때, 그 외관이 유사하지 아니하다. 따라서 이 사건 등록상표와 선등록상표는 그 표장이 서로 유사하지 아니하여 이 사건 등록상표는 상표법 제7조 제1항 제7호에 해당하지 아니한다(특허법원 2011.3.25. 선고 2011허446 판결 심결지지).

(사례 8) 〔상표 및 지정상품〕 이 사건 상표: 韓雪花(제3류 립라이너, 립스틱 등), 인용상표: 雪花(제3류 립스틱, 마스카라 등)

〔판례〕 양 상표는 한자어 "雪花"를 공통적으로 갖고 있는 점에서는 일부 유사한 점이 있다. 그러나 이 사건 등록상표는 선등록상표와 달리 "雪花" 앞에 띄어쓰기 없이 '韓'이라는 한자어가 추가되어 있고, "雪花" 부분의 글자체도 서로 차이가 있어 전체적인 외관은 현저한 차이가 있다. 호칭에 있어, 이 사건 등록상표는 '한설화'로 호칭될 것이고, 선등록상표는 '설화'로 호칭될 것인바, 전체적인 호칭을 달리하므로 호칭이 동일·유사하지 않다. 관념도 이 사건 등록상표는 조어상표로서 특별한 관념이 떠오르지 않는 반면, 선등록상표 "雪花"는 '굵게 엉겨 꽃송이 같이 보이는 눈' 또는 '나뭇가지에 꽃처럼 붙은 눈발' 등으로 관념될 것이므로 양 표장은 관념을 대비할 수 없다(특허법원 2011.10.7. 선고 2010허6338 판결 심결지지).

(사례 9) 〔상표 및 지정상품〕 이 사건 상표: (제16류 정기간행물, 정기간행잡지 등), 인용상표:

Tong**g**봉 (제3류 정기간행물)

〔판례〕 이 사건 출원상표 중 '어린이 지식그림책' 부분은 아주 작게 구성되어 있을 뿐만 아니라, 그 지정상품인 '정기간행물'과 관련하여볼 때, 그 상품의 종류나 성질을 나타내는 문구로서 그 자체로 식별력을 인정하

기 어려우므로. 이 사건 출원상표는 다소 도안화되어 있다고 하더라도 ' ' 부분에 의하여 '통'으로 호칭될 가능성이 높다 할 것이다. 따라서 이 사건 출원상표는 영문자와 '통'이라는 한글로 인하여 '통'으로 호칭되는 선등록상표와 그 호칭에 있어서 동일하다. 그리고 이 사건 출원상표는 ' ' 부분으로 인하여 '물 같은 것을 담는데 쓰는 그릇'이라는 의미로 인식되는 반면, 선등록상표는 '통'이 가지는 여러 의미 중에 어느 하나의 의미로 특정하여 인식된다고 보기는 어려우나, '통'이라는 동일하게 호칭되므로 그 관념에 있어서도 오인 · 혼동의 우려가 있다.

8. 타인의 선출원 지리적 표시등록단체표장과 동일 또는 유사한 상표(법 제7조 제1항 제7호의2)

1) 의 의

선출원하여 등록된 타인의 지리적표시단체표장과 상표가 동일 또는 유사하고 상품이 동일한 경우에는 상표등록을 받을 수 없다(법 제7조 제1항 제7호의2). 상표등록출원이 본 호를 이유로 거절되기 위해서는 무엇보다도 ① 그 타인의 상표가 등록된 지리적 표시 단체표장이어야 하고, ② 그 상표가 동일 또는 유사하며, ③ 그 지정상품이 동일하여야 한다. 따라서 그 타인의 선출원등록상표가 지리적표시단체표장이 아니거나 지정상품이 동일하지 아니하고 유사한 경우에는 본 호가 적용되지 아니한다.

2) 취 지

본 호는 단체표장제도를 개선하여 지리적 표시단체표장제도를 새로이 도입함에 따라 등록된 타인의 지리적표시단체표장과 동일 또는 유사한 상표를 거절하기 위하여 2004.12.31. 법률 제7290호에서 신설한 것이다.

3) 요 건

(1) 선출원하여 등록된 상표일 것

여기서 타인의 지리적 표시 단체표장은 당해 상표등록출원이전에 출원하여 이미 등록한 상표를 말하며 아직 출원이 계속 중인 경우에는 본 호가 적용되지 않는다.

(2) 타인의 지리적 표시 단체표장일 것

상표등록출원이 본 호를 이유로 거절되기 위해서는 그 타인의 상표는 지리적 표시 단체표장이어야 하며 그 타인의 등록상표가 지리적 표시 단체표장이 아닌 경우에는(상표·서비스표 또는 단체표장) 보호가 적용되지 아니하고 제7조 제1항 제7호가 적용된다.

(3) 상표가 동일 또는 유사할 것

출원된 상표의 상표가 타인의 지리적표시단체표장과 그 상표가 동일한 경우는 물론 유사한 경우에도 본 호에 해당된다.

(4) 지정상품이 동일할 것

상표등록출원이 본 호를 이유로 거절되기 위해서는 그 지정상품이 동일하여야 하며, 지정상품이 동일하지 아니하고 유사하거나 상이한 경우에는 본 호가 적용되지 아니한다. 이와 같이 지정상품이 동일한 경우에만 상표등록을 배제토록 한 것은 지리적 표시는 그 특성상 특정상품과 관련하여서만 수요자에게 인식되기 때문이다.

4) 적용시점

법 제7조 제1항 제7호의 경우와 같다.

5) 적용의 예외

본 호는 ① 상표는 동일 또는 유사하나 상품이 동일하지 아니한 2 이상의 지리적 표시단체표장등록출원 또는 지리적표시단체표장과 상표등록출원 간에는 적용되지 아니하며, ② 동음이의어 지리적 표시단체표장 간에도 이를 적용하지 아니한다(법 제7조 제6항). 따라서 상품이 동일하지 아니한 지리적 표시단체표장등록출원 간 또는 지리적 표시단체표장과 상표등록출원 간, 동음이의어 지리적 표시단체표장 간에는 등록이 가능하다.

9. 타인의 상표권이 소멸한 날로부터 1년 이내에 출원한 상표(법 제7조 제1항 제8호)

1) 의 의

타인의 상표권이 소멸한 날로부터 1년 내에 그 소멸한 상표권과 상표가 동일 또는 유사하고 지정상품이 동일 또는 유사한 상표를 출원한 경우에는 상표등록을 받을 수 없다.

본 호는 이미 소멸된 타인의 상표권과 그 상표가 동일 또는 유사하고 상품이 동일 또는 유사하여 수요자에게 상품출처의 오인·혼동을 불러일으킬 우려가 있는 상표를 그 소멸일로부터 1년 내에 출원한 경우 그의 등록을 배제하고자 마련된 규정이다. 그러므로 타인의 상표권이 소멸하기 이전에 출원한 경우에는 본 호가 적용되지 아니하고 법 제7조 제1항 제7호가 적용된다.

한편, 본 호의 적용시점을 놓고 상표등록출원 시와 상표등록결정 시 두 견해가 대립되어 왔으나 대법원 1995.4.25. 선고 93후1834 전원합의체 판결에서 그간의 등록결정시로 해야 한다는 판례를 폐기하고 상표등록출원시를 기준으로 판단하여야 한다고 판결함에 따라[31] 이를 명백히 하고자 법률 제5355호(1997.8.22.) 법 제7조 제3항에서 "제1항 제7호 및 제8호의 규정은 상표등록출원시에 이에 해당 하는 것(타인의 등록상표가 제7조 제3항의 규정에 의하여 무효로 된 경우에도 이에 해당하는 것으로 본다.)에 대하여 이를 적용한다"고 규정하여 본 호의 적용시점을 출원시로 할 것을 분명히 하였다. 그러다가 이중 괄호 규정인 "타인의 등록상표가 제7조 제3항의 규정에 의하여 무효로 된 경우에도 이에 해당하는 것으로 본다"는 부분이 법 제7조 제1항 제7호와 관련하여 위헌이라는 헌법재판소의 결정(헌법재판소 2009.4.30.자 2006헌마113 결정)이 있자 2010.1.27. 법률 제9987호에서 이 괄호 부분을 삭제하고 현재와 같이 하였다.

한편, 2013.4.5. 법률 제11747호에서는 법 제73조 제1항 제3호 소정의 등록상표에 대한 불사용취소심판을 청구하는 청구인의 상표권 확보를 용이하게 하고자 그 불사용취소심판청구인이 한 상표등록출원에 대하여는 법 제7조 제1항 제8호 적용시점을 출원상표에 대한 등록여부결정시를 기준으로 하여 판단하도록 하였다(법 제7조 제3항).

2) 제도적 취지

상표권자가 등록상표를 그 지정상품에 사용하였다면 수요자는 그 상표를 기억하게 될 것이고 그 상표에 화체된 신용은 수요자의 뇌리 속에 남아있게 된다. 또한 상표권자가 사업을 폐지한 경우에도 상표권자의 제품이 1년간은 시중에서 판매되는 등 유통될

31　① 상표법 제7조 제1항 제8조에서 말하는 1년을 경과하였는지의 여부는 상표등록출원 시를 기준으로 하여 판단하여야 할 것이다(대법원 1995.4.25. 선고 93후1834 전원합의체 판결, 1995.6.16. 선고 95후1305 판결 참조).

　　② 구상표법(1993.12.17. 법률 제4597호로 개정되기 전의 것, 이하 같다) 제7조 제3항은 제1항 제7호 및 제8호의 규정은 상표등록출원 시에 이에 해당하는 것에 대하여 이를 적용하고 규정하고 있으므로 같은 법 제7조 제1항 제8호에서 말하는 1년을 경과하였는지 여부는 상표등록출원 시를 기준으로 하여 판단하여야 할 것이다. 따라서 이와 견해를 달리하여 상표등록 시를 기준으로 이를 판단하여야 한다고 판시한 당원 1980.3.25. 선고 79후68 판결, 1986.2.11. 선고 85후76 판결, 1987.9.8. 선고 86후65 판결, 1992.7.28. 선고 92후117 판결은 이를 모두 폐기하기로 한다.

개연성이 높다. 그러므로 타인이 이와 동일·유사한 상표를 동일·유사한 상품에 사용하는 경우에는 수요자에게 상품출처의 혼동을 일으킬 우려가 있다.

따라서, 비록 상표권이 소멸하였다 하더라도 그 소멸일로부터 1년간은 그와 동일 또는 유사한 상표의 등록을 금지함으로써 수요자가 일으킬 수 있는 상품출처의 오인·혼동을 방지하고자 본 호를 마련한 것이다.[32] 그러나 등록상표가 상표권이 소멸한 날 이전에 이미 1년 이상 사용되지 아니한 경우에는 위와 같은 혼동가능성 있는 유보기간은 필요 없기 때문에 이러한 경우에는 비록 상표권 소멸일로부터 1년 내의 출원이라도 상표등록이 허여된다.

3) 적용요건

(1) 타인의 상표권이 소멸한 날로부터 1년을 경과하지 아니하였을 것

1 타인의 상표일 것

소멸된 상표권은 그것이 타인의 상표이어야 한다. 타인이라 함은 소멸된 상표권자 이외의 자를 말한다. 소멸된 상표권의 상표권자가 2인 이상인 경우 상표권자 전원이 아닌 그 중 1인의 명의로 상표등록출원한 경우에도 타인에 해당한다.

본 호에서 이와 같이 소멸된 상표권을 타인의 상표권에 한하도록 한 것은 출원인이 소멸된 상표의 상표권자와 동일인인 경우에는 상표등록을 허여한다 하더라도 수요자에게 상품출처의 혼동을 일으킬 염려는 없기 때문이다.

2 상표권이 이미 소멸하였을 것

당해 상표등록출원 이전에 당해 상표권은 이미 소멸하였음을 요한다. 따라서 상표권 소멸 이전에 출원한 경우에는 비록 당해 상표등록출원 계속 중에 그 상표권이 소멸한다 하더라도 본 호는 적용되지 아니한다. 다만, 상표권이 법 제73조 제1항 제3호를 이유로 소멸된 경우에는 비록 출원시에는 그 상표권이 존속중이었다 하더라도 그 출

---

32 상표권이 소멸한 날부터 또는 상표등록을 무효로 한다는 심결이 있었을 때에는 그의 확정일로부터 1년을 경과하지 아니한 타인의 상표와 동일 또는 유사한 상표로서 그 지정상품과 동일 또는 유사한 상품에 사용하는 상표는 등록받을 수 없다고 규정하고 있고, 그 규정의 취지는 선출원등록상표가 실효된 뒤에도 1년간 정도는 수요자 사이에 그 상표에 관한 기억과 신용이 남아 상품 출처에 관한 혼동을 일으킬 우려가 있는 것과 아울러 그 선 출원등록권리자에게 권리회복의 기회를 주려는데 그 취지가 있으므로 선출원등록상표에 관한 무효심결이 확정된 후 1년 안에 동일 또는 유사상표를 출원 등록한 경우만이 아니라 이 사건과 같이 선출원등록상표와 동일 또는 유사상표를 출원하여 등록이 된 후에 선출원등록상표에 대한 무효심결이 확정된 경우에도 특단의 사정이 인정되지 않는 한 위 규정이 적용된다고 보아야 한다(대법원 1990.11.27. 선고 90후502 판결).

원상표에 대한 등록여부 결정시에 소멸되었다면, 본 호가 적용되지 아니한다(법 제7조 제3항).

상표권이 소멸되는 경우로는 상표권존속기간의 만료, 상표권의 포기, 상표권자가 사망한 경우 상속인의 부존재, 상표등록의 무효심결, 상표등록의 취소심결에 의한 상표권 소멸 경우 모두를 포함한다.

한편 상표권자가 영업을 폐지한 경우에 상표권이 소멸되는지에 대하여 논란이 있으나 단순히 영업을 폐지한 사실만으로는 상표권이 소멸되지 않는 것으로 해석한다.

❸ 소멸한 날로부터 1년을 경과하지 아니하였을 것

본 호가 적용되는 경우는 상표권이 소멸한 날로부터 1년 이내에 출원한 것에 한한다. 그러므로 상표권 소멸 후 1년이 지나서 출원한 경우, 상표권 존속 중에 출원한 경우에는 본 호는 적용되지 아니한다. 다만, 이 경우도 그 상표권이 법 제73조 제1항 제3호를 이유로 소멸한 경우에는 그 상표권 소멸일로부터 1년 내 출원한 경우에도 본 호가 적용되지 아니한다. 상표권 소멸한 날은 ⅰ) 상표권존속기간 만료로 상표권이 소멸한 경우에는 그 만료일, ⅱ) 상표권을 포기한 경우에는 그 포기등록일, ⅲ) 상표등록의 무효심결·취소심결에 의한 소멸인 경우에는 그 심결이 확정된 때, ⅳ) 상표권자 사망에 의한 소멸인 경우에는 상속인이 부존재한 때가 그 상표권 소멸일이 된다.

(2) 상표가 동일 또는 유사할 것

상표등록출원이 본 호를 이유로 거절되기 위해서는 무엇보다도 소멸된 상표와 그 상표가 동일 또는 유사하여야 한다.

여기서의 상표의 동일·유사는 법 제7조 제1항 제7호에서의 상표의 동일·유사와 마찬가지이다.

(3) 지정상품이 동일 또는 유사할 것

상표등록출원이 본 호에 해당하기 위해서는 소멸된 상표와 출원상표 간에 상표가 동일 또는 유사한 것만으로는 부족하고 양 상표 간에 지정상품도 동일 또는 유사하여야 한다.

상품의 동일·유사는 법 제7조 제1항 제7호에서의 상품의 동일·유사와 마찬가지이다.

4) 적용시기

(1) 출원시

본 호의 적용시점은 당해 상표등록출원의 출원 시이다. 따라서 상표등록출원 시에 본 호에 해당하면 비록 그 상표등록출원의 등록결정시점에서 상표권소멸일로부터 1년의 기간이 경과한 경우라도 본 호가 적용되는 것이다.

상표법 제7조 제2항에서 본 호의 적용시점을 상표등록출원 시로 할 것을 명문화한 것은 상표등록무효심결이 확정된 경우에는 상표권은 처음부터 없었던 것으로 되어 1년이라는 기간을 언제부터 기산할지 그 기산점이 애매모호하게 되므로 본 호는 심결확정일을 기산점으로 할 것을 분명히 하고자 이와 같이 규정한 것이다.[33]

한편, 그간 본 호의 적용시점에 대하여 출원 시가 아닌 등록결정 시를 기준으로 해야 한다는 견해가 있어 왔고, 대법원 판례도 등록결정 시를 기준으로 해야 한다는 입장을 견지하여 오다가 93후1834 사건[34]에 대한 판결(1995.4.25. 판결 전원 합의체)에서 종전의 등록 결정 시로 해야 한다는 판례를 깨고 본 호의 적용시점은 출원 시로 해야 한다고 판시하였다. 특허청 입장도 이와 같다 하겠으며 법률 제5355호(1997.8.22. 공포, 1998.3.1. 시행)에서는 이를 더욱 명백히 하고 있다.

(2) 등록여부 결정 시

법 제73조 제1항 제3호를 이유로 하는 상표등록취소심판 후 그 취소심판 청구인이 한 상표등록출원이 그 취소심판대상상표와 상표가 동일 또는 유사하고 지정상품이 동일 또는 유사한 경우로서 다음의 경우에는 그 출원에 대한 법 제7조 제1항 제8호 해당 여부를 판단함에 있어서는 출원시가 아닌 등록여부결정시를 기준으로 판단한다.

① 법 제42조 제2항 단서에 따른 기간이 지난 경우
② 법 제73조 제1항 제3호에 따른 상표등록취소의 심결이 확정된 경우
③ 상표권자가 상표권 전부 또는 지정상품의 일부를 포기한 경우

---

33   특허청 1994.12.8. 93항원1049 심결

34   구상표법(1993.12.17. 법률 제4597호로 개정되기 전의 것, 이하 같다.) 제7조 제3항은 "제1항 제7호 및 제8호의 규정은 상표등록출원 시에 이에 해당하는 것에 대하여 이를 적용한다."고 규정하고 있으므로 같은 법 제7조 제1항 제8호에서 말하는 1년을 경과하였는지 여부는 상표등록출원 시를 기준으로 하여 판단하여야 할 것이다. 따라서 이와 견해를 달리하여 상표등록 시를 기준으로 이를 판단하여야 한다고 판시한 당원 1980.3.25. 선고 79후68 판결, 1986.2.11. 선고 85후76 판결, 1987.9.8. 선고 86후65 판결, 1992.7.28. 선고 92후117 판결은 이를 모두 폐기하기로 한다.
      원심심결이 이와 같은 취지에서 인용상표에 대하여 1990.8.26. 등록취소심결이 확정되었고 본원상표는 그로부터 1년이 경과되지 아니한 같은 해 9.20. 출원되었으므로 위 제7조 제1항 제8호에 해당되어 등록받을 수 없다고 판단하였음은 옳고, 거기에 소론과 같은 법리오해의 위법은 없다. 논지는 이유가 없다(대법원 1995.4.25. 선고 93후1834 판결).

5) 적용의 예외(법 제7조 제4항)

(1) 상표권이 소멸한 날로부터 소급하여 1년 이상 사용하지 아니한 경우(법 제7조 제4항 제1호)

등록상표가 상표권이 소멸한 날로부터 역산하여 이미 1년 이상 사용되지 아니한 경우에는 비록 상표등록출원이 상표권 소멸일로부터 1년 이내에 출원된 것이라도 본 호에는 해당되지 않는다. 이는 이미 등록상표를 1년 이상 사용하지 않는 경우에는 그 상표에 대한 수요자의 인식도 사라졌을 뿐만 아니라 두 상품이 다 같이 시장에서 유통될 염려는 없어 수요자에게 상품출처의 혼동을 불러일으킬 우려는 없기 때문이다.

등록상표가 상표권소멸일로부터 1년 이상 사용되지 않는 것으로 인정되는 경우로는[35] ① 법 제73조 제1항을 이유로 하여 상표등록취소심결에 의하여 상표권이 소멸한 경우, ② 소멸된 상표권의 상표권자가 사용하지 아니하였음을 확인한 경우, ③ 달리 영업을 하지 않았음이 입증된 경우 등이라 할 수 있다.

(2) 정당한 출원인이 상표등록출원 한 경우(법 제7조 제4항 제2호)

■ 저명한 성명 · 명칭 · 상호 등의 권리자가 출원한 경우

저명한 타인의 성명 · 명칭 · 상호 등과 동일 또는 유사한 상표는 상표법 제7조 제1항 제6호의 규정에 해당되므로 상표등록될 수 없음이 원칙이다. 그러나 착오나 과오 등으로 이와 동일 · 유사한 상표가 등록되는 경우가 있는데 이때 저명한 성명 · 명칭 · 상호 등의 권리자 자신은 그 등록된 상표를 무효 시킬 수 있고 그 등록상표가 무효 확정된 경우에 1년의 기간을 기다리지 않고 곧바로 상표등록출원을 하여 상표등록을 받을 수 있다.

이 경우 정당한 권리자는 상표권 소멸 후에 출원해야 하며 상표권 존속 중이나 무효 심결확정 전에 출원하면 비록 상표등록 결정시점에서 무효심결이 확정되었다 하더라도 법 제7조 제1항 제7호의 규정을 적용받게 된다. 본 규정은 정당한 권리자를 보호하기 위한 규정이다.[36]

---

[35]   상표 불사용을 원인으로 한 등록취소는 그 심판청구일로부터 소급하여 3년 이상 사용하지 아니하였음을 요건사실로 하고 구상표법 제7조 제1항 제8호 단서 소정의 1년은 상표등록취소심결확정일로부터 소급한 기간으로서 그 대상이 되는 시기가 서로 다르므로 상표 불사용을 원인으로 한 상표등록취소심결이 확정되었다는 사정만으로 상표법 제7조 제1항 제8호의 상표 불사용 사실이 추정되는 것은 아니라고 할 것이다(대법원 1995.4.25. 선고 93후1834 판결).

[36]   그 타인의 상표권 소멸 전에 자기의 성명 · 명칭 · 상호 등을 사용하는 경우 저명한 성명 · 명칭 · 상호 등의 권리자는 등록 중인 타인의 상표권은 침해하는 것으로는 되지 않게 되는데, 이는 상표법 제51조 제

❷ 수요자 간에 널리 알려진 상표의 정당권리자의 출원

수요자 간에 특정인의 상품을 표시하는 것이라고 인식될 정도로 알려진 상표 또는 수요자 간에 널리 알려진 주지·저명상표와 동일·유사한 상표는 상표법 제7조 제1항 제9호·제10호, 제11호 및 제12호의2 등에 해당되므로 상표등록을 받을 수 없다 하겠으나 이 경우에도 이의신청 단계에서 주장하지 아니하거나 심사관의 착오·과오 등으로 이와 동일 또는 유사한 상표가 상표 등록될 여지가 있다.

이때 특정인의 상표로 인식될 정도로 알려진 상표의 정당 권리자 또는 주지·저명한 상표의 정당한 권리자는 등록상표에 대하여 법 제7조 제1항 제9호·제10호·제11호·제12호 등을 이유로 무효심판을 청구할 수 있고 무효심결에 의하여 상표권이 소멸한 경우에는 그 정당권리자는 무효심결확정 후 곧바로 상표등록출원을 하여 상표등록을 받을 수 있다. 본 규정도 주지·저명상표의 정당한 권리자를 보호하기 위한 규정이다.

종전의 법(2007.1.3. 법률 제8190호 이전의 법)에서는 주지·저명상표(제9호, 제9호의2 및 제10호)의 경우에 한해서 본 호를 적용할 수 있도록 하였던 것을 개정법에서 그 적용 범위를 현재와 같이 확대(제7조 제1항 제11호, 12호 추가)하였는데, 그 적용이 되는 출원은 2007.7.1. 이후 무효심결이 확정된 후 출원하는 출원부터이다.

❸ 선출원인이 한 출원

이 경우는 심사관의 착오 등으로 후출원인의 상표등록출원이 법 제8조에서 규정한 선원주의에 위반해서 등록된 경우 그 후출원등록 상표가 무효로 된 경우, 선출원인이 상표등록 출원하는 경우가 여기에 해당된다 하겠다.

상표법 제8조 제3항에서 상표등록출원이 포기·취하·무효되거나 또는 거절결정이나 그 거절결정에 대한 심결이 확정된 때에는 그 상표등록출원은 법 제8조 제1항·제2항의 적용에 있어서는 처음부터 없었던 것으로 본다고 규정하고 있어 비록 후출원이 심사관의 착오나 과오 등으로 등록되었다 할지라도 선출원이 이미 취하·무효·포기되었거나 거절결정이 확정되었다면 선출원은 법 제8조 제3항에 의하여 선원의 지위가 남지 않기 때문에 이럴 경우 후출원등록상표에 대하여 법 제8조 위반을 이유로 무효 시킬 수는 없다. 따라서 본 호에 해당하는 경우의 예를 찾아보기 어렵다 하겠다.[37]

1호에서 자기의 성명·명칭·상호 등은 상표권의 효력이 미치지 않는 것으로 규정하고 있기 때문이다.

[37] 여기에 해당되는 경우로는 당해 상표등록출원보다 선출원하여 당해 상표등록출원 후에 등록된 타인의 상표가 법 제8조의 거절이유에 해당되어 등록될 수 없음에도 과오로 등록된 경우 심결에 의하여 무효되는 경우 등이 여기에 해당될 것이다.

(3) 조약당사국의 정당한 권리자가 한 출원

등록상표가 법 제23조 제1항 제3호 본문에 해당하는 것을 이유로 취소심결에 의하여 상표권이 소멸한 경우 그 조약당사국의 정당권리자가 상표등록출원을 한 경우에는 본 호가 적용되지 않는다. 이때에도 조약당사국의 정당권리자는 취소심결의 확정에 의하여 상표권이 소멸한 후에 출원하여야 하며 상표권 소멸 이전에 출원한 경우에는 법 제7조 제1항 제7호의 규정이 적용됨은 앞서의 경우와 같다.

본 규정 역시 조약당사국의 정당권리자를 보호하기 위한 것이다.

(4) 상표권이 존속기간 만료로 소멸한 경우 그 소멸일로부터 6개월이 지나서 출원한 경우

상표권자는 상표권의 존속기간 만료 전 1년 이내 또는 상표권의 존속기간 만료 후 6월 이내까지는 상표권존속기간갱신등록의 신청을 할 수 있다. 그러나 경우에 따라서는 상표권자가 상표권존속기간갱신등록신청의 기회를 놓치거나 또는 상표권을 갱신할 필요가 없어 상표권 존속기간 갱신신청을 하지 않아 상표권이 소멸되는 경우가 있는데, 이 경우 타인이 소멸된 상표와 동일 또는 유사한 상표를 상표권소멸일로부터 6개월 경과 후에 출원한 경우에는 비록 상표권 소멸일로부터 1년 이내의 출원이라 하더라도 본 호가 적용되지 않고 상표등록을 받을 수 있는 것이다.

반면에 상표권자가 상표권존속기간 만료 후 6개월이 지나도록 상표권존속기간갱신등록을 하지 아니할 경우에도 타인의 상표등록출원이 상표권존속기간 만료일로부터 6개월 이내에 출원한 경우에는 그 소멸된 상표권의 상표권자가 상표등록을 받을 수 있는 것으로 해석되므로 이럴 경우 상표법 제7조 제1항 제8호에 해당하게 된다.

한편, 소멸된 상표권의 상표권자는 상표권 소멸일로부터 6개월이 경과하기 이전이라도 갱신출원이 아닌 새로이 신규로 상표등록출원을 하여 상표등록을 받을 수는 있다 하겠다.[38]

---

[38]   ① 한편, 소멸된 상표권의 상표권자는 상표권소멸일로부터 6개월 내에는 상표등록출원을 한 경우 법 제7조 제1항 제8호의 규정이 적용되지 아니하므로 상표등록을 받을 수는 있다 하겠으나 이 경우 신규로 상표등록출원을 하는 것보다는 법 제43조 제2항에 의거 상표권갱신등록출원절차를 밟는 것이 모든 면에서 유리하다.

   ② 상표법 제7조 제3항은 "제1항 제7호 및 제8호의 규정은 상표등록출원 시에 이에 해당하는 것에 대하여 이를 적용한다"고 규정하고 있으므로 같은 법 제7조 제1항 제8호에서 말하는 1년을 경과하였는지 여부는 상표등록출원 시를 기준으로 하여 판단하여야 할 것이고, 한편 같은 법 제7조 제4항은 "제1항 제8호의 규정은 다음 각 호의 1에 해당하는 경우에는 이를 적용하지 아니한다"고 하면서, 제3호에서 등록상표에 대한 상표권의 존속기간갱신등록출원이 되지 아니한 채 제43조 제2항 단서(상표권의 존속기간갱신등록출원은 상표권의 존속기간 만료 전 1년 이내에 하여야 하나, 이 기간 내에 상표권의 존속기간갱신등록출원을 하지 아니한 자도 상표권의 존속기간만료 후 6월 이내에 상표권의 존속기간갱신등록

(5) 상표권자와 출원인이 동일하게 된 경우

이 경우는 소멸된 상표권의 권리자였던 자가 타인이 상표등록출원한 것을 양도받은 경우로서 법 제7조 제2항 단서규정에 의거 본 호가 적용되지 않는다(법 제7조 제2항).

(6) 취소심판청구인이 한 상표등록출원

법 제73조 제1항 제3호의 규정에 해당하는 것을 사유로 하여 취소심판이 청구되어 그 상표권이 소멸한 경우 그 취소심판이 청구된 등록상표와 같거나 유사한 표장이 상표등록출원된 경우에는 본 호가 적용되지 아니한다(법 제7조 제4항 제4호). 종전의 법 (2013.4.5. 법률 제11747호 이전의 법)에서는 「그 취소심판청구인이 지정상품이나 상표권 포기일 또는 그 심결이 확정된 날(심결이 있은 후에 소취하 또는 상고취하가 있는 경우에는 그 취하일)로부터 6개월 내에 그 소멸된 상표와 동일 또는 유사한 상표등록출원을 한 경우에는 본 호가 적용되지 않는 것」으로 규정하여 상표권 소멸일로부터 6개월까지만 출원의 우선권을 인정하여 취소심판청구인의 상표권 확보를 도모토록 하였으나 개정법에서 이와 같이 규정함으로써 그 취소심판청구인의 상표권 확보가 더욱 용이하게 되었다.[39]

6) 소멸한 상표권이 지리적표시 단체표장권인 경우(법 제7조 제1항 제8의2)

상표등록출원이 지리적표시 단체표장권이 소멸한 날부터 1년을 경과하지 아니한 타인의 지리적표시 등록단체표장과 상표가 동일 또는 유사하고 지정상품이 동일한 경우에는 법 제7조 제1항 제8호가 적용되지 아니하고 법 제7조 제1항 제8호의2에 의하여 거절된다.

출원을 할 수 있다는 규정임)의 규정에 의한 6월의 기간이 경과한 경우를 들고 있는데, 같은 법 제7조 제4항 제3호와 제43조 제2항 단서는 1993.12.10. 법률 제4597호로 개정되어 1994.1.1.부터 시행된 규정이므로, 같은 법 제7조 제1항 제8호 소정의 타인의 등록상표가 1994.1.1. 이전에 존속기간 만료로 상표권이 소멸된 상표인 경우에는 그 등록상표에 대하여는 같은 법 제43조 제2항 단서가 적용되지 않고, 따라서 출원상표가 1994.1.1. 이후에 출원되었다 하더라도 출원상표와 그 등록상표 간에는 같은 법 제7조 제4항 제3호의 적용이 없게 된다 할 것이다(대법원 1998.2.27. 선고 97후1429 판결).

[39]   이와 같이 법 제7조 제3항에서 법 제73조 제1항 제3호를 이유로 하는 취소심판을 청구한 청구인이 그 취소대상이 되는 상표와 동일 또는 유사한 상표를 출원한 경우 그 법 제7조 제1항 제7호, 8호의 적용시점을 상표등록여부결정시로 할 것으로 규정하고 있고, 또 제4항 4호에서 제73조 제1항 제3호에 따른 취소심판이 청구된 등록상표와 같거나 유사한 표장이 상표등록출원 된 경우 법 제7조 제1항 제8호의 규정을 적용하지 않는 것으로 규정함에 따라 그 등록상표가 법 제73조 제1항 제3호를 이유로 하여 취소된 경우 그 취소심판청구인은 취소심판청구와 같은 날에 출원한 경우는 물론 상표권 소멸일로부터 1년 이내에 출원한 경우에도 상표등록이 가능하게 되었다.

또한, 동음이의어 지리적표시 단체표장 상호 간에는 본 호를 적용하지 아니하므로(법 제7조 제6항) 동음이의어 지리적표시 단체표장의 경우에는 모두 등록을 받을 수 있다.

7) 소멸된 상표권의 상표권자가 한 출원의 경우(법 제7조 제5항)

상표법 제73조 제1항 제2호, 제3호, 제5호 내지 제13호에 해당하는 것을 이유로 취소 심결에 의하여 상표권이 소멸된 경우, 소멸된 상표권의 상표권자는 다음의 경우에는 상표등록취소심판청구일 후에 소멸된 등록상표와 동일 또는 유사한 상표를 동일 또는 유사한 상품에 대하여 3년 내에 출원하여 등록받을 수 없으며, 이때 3년의 기간은 출원시를 기준으로 하여 판단한다. 따라서 상표권소멸일로부터 3년 이내에 출원한 경우에 는 비록 그 거절 또는 등록 결정시점에서 취소심결확정일이 3년이 경과하였다 하더라 도 본 호가 적용된다(법 제7조 제5항). 그러나 취소심판청구 전에 상표권 또는 지정상 품 일부를 포기한 경우에는 본 호에 해당되지 않음은 물론이다.

① 존속기간의 만료로 인하여 상표권이 소멸한 경우
② 상표권자가 상표권 또는 지정상품의 일부를 포기한 경우
③ 상표등록취소의 심결이 확정된 경우

- 사 례 -

(사례 1) 〔상표 및 지정상품〕 이 사건 상표: , 인용상표: 프리티 PRETTY

〔판례〕 ① 위 인정사실에 의하면, 이 건 등록상표는 인용상표와 동일한(또는 거의 동일한) 상표이고, 그 지 정상품도 동일하다.

② 이 건 등록상표가 구 상표법 제7조 제1항 제8호에서 말하는 1년을 경과하였는지 여부를 어느 시기를 기준으로 하여 판단하여야 하는가에 관하여 보건데, 구 상표법 제7조 제1항 제8호의 입법취지가 상표권이 소 멸한 날로부터 1년 동안은 일반 수요자의 출처의 오인·혼동을 피하기 위하여 동일 또는 유사한 상표의 등록 을 허용하지 아니하는 것이라 하더라도, 앞에서 본 바와 같이 구 상표법 제7조 제3항 본문이 상표출원시를 기 준으로 하여 위 제7조 제1항 제8호에 해당하는지 판단한다고 명문으로 규정하고 있으므로, 위 제7조 제1항 제8호에서 말하는 1년을 경과하였는지 여부는 상표등록출원시를 기준으로 하여 판단하여야 할 것이다(대법 원 1995.4.25. 선고 93후1834 전원합의체 판결). 그리고 앞에서 인정한 사실에 의하면, 이건 등록상표는 인용상표의 상표권이 소멸한 1992.5.26.의 바로 다음 날인 1992.5.27. 출원등록되었음을 알 수 있다. 따 라서 이건 등록상표는 구 상표법 제7조 제1항 제8호의 규정에 위반하여 등록되었으므로 그 등록이 무효라 할 것이다(특허법원 1998.6.11. 선고 98허2207판결 참조).

(사례 2) 〔상표 및 지정상품〕 이 사건 상표: 장수돌침대(제26류 전기돌침대), 인용상표: 장수촌 옥돌 (제26류 침대, 비의료용 돌침대 등)

〔판례〕 단일 사업자도 복수의 상표를 사용할 수 있는 점에 비추어 갑 제3호증, 갑 제4호증의1 내지 10, 갑 제5호의 각 기재만으로는 선등록상표가 상표권이 소멸한 날로부터 소급하여 1년 이상 사용되지 않았다는 사실을 인정하기에 부족하고, 달리 이를 인정할 증거가 없다. 오히려 을 제2호증의 기재에 의하면, 선등록상표는 그 상표권자가 그 상표권이 소멸한 날인 2004.10.15.로부터 소급하여 1년 이내인 2004. 5.17.경 현대백화점에서 그 지정상품 중 하나인 비의료용 돌침대를 광고 및 판매하면서 사용한 사실을 인정할 수 있다(특허법원 2008.8.28. 선고 2008허6055 판결, 대법원 2008.11.27. 2008후3612 판결).

10. 타인의 상품을 표시하는 것이라고 수요자 간에 현저하게 인식되어 있는 상표와 동일 또는 유사한 상표(법 제7조 제1항 제9호)

1) 의 의

(1) 개 념

상표법은 국내에서 수요자 간에 현저하게 인식된 상표, 소위 주지상표(周知商標)에 대하여 보호규정을 마련하고 있는데, 주지상표라 함은 당해 상품이 속하는 거래사회에서 그 상표가 누구의 상표인지를 수요자 간에 현저하게 인식된 상표를 말하며, 이와 같은 상표의 주지성 판단은 이를 일의적·획일적으로 판단할 수는 없으며 상표마다 구체적·개별적으로 판단되어진다.

상표법에서 주지상표에 대하여 특별히 보호규정을 마련한 것은 등록주의에 대한 예외로서 사용주의적 요소를 가미한 것이라 하겠으며, 무엇보다도 이 규정은 미등록상표를 보호하기 위한 규정이다.

(2) 제도적 취지

상표법은 상표에 화체(化體)된 상표사용자의 업무상의 신용을 보호하고 상품의 유통질서를 확립하여 수요자의 이익을 보호함으로써 산업발전에 이바지함을 그 목적으로 하고 있다. 따라서 주지상표는 그 상표를 다년간 사용한 결과 지금은 그것이 누구의 상표인지 수요자에게 널리 인식되어 있을 뿐만 아니라 그 상품에 신용이 화체되어 있어 이에 편승하고자 하는 자가 많음에 비추어 이와 동일·유사한 상표의 등록을 금지함으로써 상표사용자의 이익은 물론 수요자 이익도 보호하고자 마련된 제도이다.

상표법에서는 주지상표의 권리자에게 타인의 상표등록을 거절할 수 있는 권리만 인정하고 있을 뿐으로 적극적으로 타인이 이와 동일 또는 유사한 상표를 사용하는 것을 금지할 수는 없다. 본 호는 사익적·공익적 성격을 아울러 가지고 있다 하겠으나 공익적 성격이 보다 강한 규정이라 할 수 있다.

(3) 이론적 근거

❶ 출처혼동방지설

주지 또는 저명상표를 보호하는 것은 주지 또는 저명상표와 저촉되는 상표가 등록되면 거래사회에서 수요자는 등록상표를 주지 또는 저명상표로 오인하게 됨으로써 상품출처의 오인·혼동이 발생되고 거래질서가 혼란케 되므로 이를 방지하기 위하여 주지 또는 저명상표와 저촉되는 상표의 등록을 허용하지 아니하는 것이라는 견해이다.

❷ 사용사실상태 보호설

이 설은 상표법이 비록 등록주의를 취하고 있다 하더라도 상표가 선사용에 의하여 특정인의 상표로서 거래계에 널리 알려짐으로써 경제적·사회적 작용이 발휘되고 있다면 거기에 축적된 사실상의 이익을 보호하는 것이 상표법 본래의 목적에 부합되므로 이를 위해 선사용주의를 가미한 것이라는 설로서 주로 상표사용자의 사익적 측면에 선 견해이다.

❸ 절충설

이 설은 주지 또는 저명상표는 그 사용자의 승낙에 의한 경우라도 상표등록이 인정되지 않는다는 점을 근거로 한 이론으로서, 주지 또는 저명상표의 보호가 단순히 주지 또는 저명상표 사용자의 공익보호만을 위한 것으로 보아서는 안 되며 일면으로 선사용자의 사용사실을 보호하는 동시에, 다른 한편으로는 거래계에서의 출처혼동을 방지하고자 하는 공익적 목적을 위한 규정이라고 보는 견해이다.

2) 주지성 판단

(1) 판단기준

❶ 주체적 기준

어떠한 상표가 현저하게 인식되어 있는 상표인지 여부는 거래자 또는 일반 수요자를 기준으로 하여 판단한다. 광의로는 수요자에는 거래자도 포함되며 판례도 이와 같이 판시하고 있으나[40] 엄격한 의미에서 거래자와 수요자는 그 전문성, 상품의 접촉성 등으로 미루어 볼 때 구별된다고 보아야 한다. 거래자는 상품을 수입하거나 판매하는 도매상, 소매상, 약사, 의사 등 그 상품을 사고파는 자를 말한다 하겠으나 수요자라 함은 그 상품을 최종적으로 구매하여 사용하는 자를 말한다.

2 지역적 기준

상표가 주지상표인지 여부에 대한 판단은 그 상표가 국내에서 널리 알려졌는지 여부가 기준이 된다.

따라서 외국상표의 경우도 그 상표가 외국에서 널리 알려졌는지 여부에 관계없이 국내에서 수요자에게 널리 알려졌느냐가 판단기준이 된다.[41] 외국의 상품이 국내에 실제 수입·판매되거나 국내에서 직접 광고·선전된 바 없더라도 외국에서 간행된 신문, 잡지 등의 간행물이 상당량 다년간 지속적으로 반입·배포되는 등으로 인하여 국내 수요자에게 외국의 상표로서 널리 인식된 경우에는 주지상표로서 인정이 된다.[42]

(2) 판단시기

본 호에서 규정한 상표의 주지성 여부의 판단시점은 출원시이다(법 제7조 제2항). 상표등록출원시점에서 볼 때 주지상표와 동일 또는 유사한 상표는 상표법 제7조 제1항 제9호의 규정에 의하여 거절되며 등록상표의 무효사유 존재여부도 출원시를 기준으로 하여 판단한다.

이와 같이 상표법에서 부등록요건의 판단시기인 결정시주의에 대한 예외를 두어 출

---

40   구상표법 제9조 제1항 제9호에서 규정하고 있는 수요자라 함은 소비자나 거래자 등 거래관계자를 의미하고, 또한 이 사건 인용상표가 사용된 의약품은 약국 등에서 일반 소비자가 구입할 수 있는 등 쉽게 상표와 접할 수 있는 형태로 생산·판매되었으므로 일반 소비자도 직접적인 수요자로 될 수 있었음에도 원심이 위 수요자를 일률적으로 당해 업계의 거래자로 국한하여 인용상표가 의사나 약사 등 의약업계의 실거래자들에게만 널리 알려져 있으면 주지상표로 인정할 수 있다고 판단한 것은 위 주지상표에 관한 법리에 반할 뿐 아니라 수요자의 범위를 혼동한 것으로 위법하다 할 것이다(대법원 1994. 1. 25. 선고 93후268 판결).

41   저명·주지상표인지 여부를 가림에 있어서는 그 상표의 사용, 공급, 영업활동의 기간, 방법, 태양 및 거래범위 등을 고려하여 거래실정 또는 사회통념상 객관적으로 널리 알려졌느냐의 여부 등을 일응의 기준으로 삼아야 할 것이고, 이용상표가 다른 나라에 등록되어 있고, 거기에서 그 상표 및 상품이 널리 선전되어 있다거나 상품판매실적이 상당하다고 하여 반드시 우리나라의 일반 수요자들 사이에서도 현저하게 인식되었다고 단정할 수 없다(대법원 1987. 12. 22. 선고 87후57 판결, 1989. 4. 25. 선고 87후92 판결 등).

42   그러나 상표가 외국에서 사용함으로써 주지된 결과 국내의 거래자·수요자 간에도 널리 인식되어 있다면 그 상표가 국내에서 현실적으로 그다지 사용되지 않고 다소의 광고 또는 사용실적만으로도 권리보호면에서나 오인·혼동의 방지를 위하여 그 상표를 주지·저명 상표로 취급해야 한다는 주장도 있다(網野識저, 상표(신판)).

원시주의를 채택한 것은 출원에 의하여 발생한 출원인의 상표등록에 대한 기대권을 존중함으로써 출원 후에 발생한 상표사용자의 사익을 배제함으로써 상표법이 지향하고 있는 등록주의, 선원주의를 관철하기 위함이다. 만약 이와 같이 하지 않을 경우 후출원자가 막대한 선전비를 들여 집중적으로 광고·선전할 경우 주지성을 획득함으로써 선출원의 등록을 저지하고 후출원상표가 등록받을 수 있는 여지가 있어 불합리하며 개인이나 중소기업에 비하여 대기업에 유리한 결과가 되기 때문이다.

(3) 알려진 정도

상표가 국내의 일반 수요자에게 널리 알려졌는지 여부는 그 상표의 사용기간, 사용방법, 사용태양, 사용량, 상품거래실적 등을 감안하여 거래사회실정에 비추어 판단하여야 하며 사회통념상 객관적으로 알려졌느냐가 일응의 기준이 된다.[43] 일반적으로 주지상표로 인정되기 위해서는 상표가 그 상품이 속하는 거래사회에서 수요자와 거래자에게 널리 알려졌다면 족하다고 할 수 있는데, 이러한 주지성 판단은 사안마다 구체적·개별적으로 판단할 수밖에 없다. 오늘날 선전·광고의 대중성과 그 효과의 광범위성을 감안할 때 경우에 따라서는 6개월 또는 1년만에도 주지상표로 인정될 수도 있는 것이다.

한편, 상표가 주지상표로 알려진 것과 관련하여 특정지역에서만 널리 알려진 경우에도 주지상표로 볼 수 있는지 또는 전국적으로 알려져야 만이 주지상표로 볼 수 있는지와 관련하여 견해가 분분하나 판례는 일부 특정지역에서만 널리 알려진 경우에도 주지상표로 인정된다고 판시한바 있으며 학설도 이 입장에 있다.[44]

43　① 구상표법 제9조 제1항 제9호에서 말하는 주지상표라 함은 반드시 수요자 또는 거래자가 그 상표 사용인이 누구인가를 구체적으로 인식할 필요는 없다 하더라도 적어도 그 상표가 특정인의 상품에 사용되는 것임을 수요자 또는 거래자 간에 널리 인식되어 있음을 필요로 하고(대법원 1983.3.8. 선고 81후50 판결) 주지상표인가의 여부는 그 사용, 공급 또는 영업활동의 기간, 방법, 태양 및 거래범위 등과 그 거래실정이나 사회통념상 객관적으로 널리 알려졌느냐의 여부가 일응의 기준이 된다고 할 것이다 (대법원 1986.1.21. 선고 85후92 판결, 1991.11.22. 선고 91후301 판결, 1994.1.25. 선고 93후 268 판결 등).

② 주지성이 인정된 상표: (지정상품: 가정용 재봉틀, 대법원 1987.3.24. 선고 86후96 판결), 이태리타올(지정상품: 타올, 대법원 1989. 88후103 판결), 남양사(지정상품 : 연어알 등, 대법원 1991.8.27. 선고 90후1819 판결)

44　網野誠 저 상표(신판) 참조, 江口俊夫 저 상표(신판) 참조.

3) 상표 및 지정상품의 동일 또는 유사

상표등록출원 상표가 본 호에 해당하여 거절되기 위해서는 그 상표가 동일 또는 유사하여야 하고 지정상품이 동일 또는 유사하여야 한다. 그러므로 상표는 동일 또는 유사하나 지정상품이 동일 또는 유사하지 아니한 경우에는 본 호가 적용될 여지가 없으며, 상표 간에 경제적인 견련관계가 있는 경우에도 본 호는 적용되지 않는 것으로 해석한다.

4) 적용의 예외

(1) 지리적 표시의 경우

특정지역의 상품을 표시하는 것이라고 수요자 간에 현저하게 인식되어 있는 타인의 지리적 표시와 상표가 동일 또는 유사하고 그 상품이 동일한 경우에는 법 제7조 제1항 제9호가 적용하지 아니하고 제9호의2가 적용된다.

(2) 지리적표시 단체표장의 경우

동음이의어 지리적표시 단체표장 상호 간에는 본 호를 적용하지 아니하므로(법 제7조 제6항), 동음이의어 지리적표시 단체표장의 경우에는 모두 등록을 받을 수 있다. 이와 같이 규정한 것은 WTO/TRIPs 제23조 제3항의 규정을 반영한 것이다.

5) 주지상표의 보호양태

(1) 상표법상 보호

1 타인의 상표등록을 배제

주지상표와 상표가 동일 또는 유사하고 지정상품이 동일 또는 유사한 상표등록출원은 상표법 제7조 제1항 제9호의 규정에 의거 거절된다.

선출원이 거절되므로 후출원된 주지상표는 후출원임에도 불구하고 등록을 받을 수 있다 하겠으나 이 경우 선출원이 거절결정이 확정된 후가 아니면 등록받을 수 없으므로 후출원에 대한 등록결정은 선출원의 거절결정이 확정된 후에 히여야 한다.

2 상표등록의 허여

지정상품의 성질을 표시하는 등 기술적 표장에 해당하는 것이라 하더라도 사용에 의한 자타상품의 식별력이 인정되는 상표인 경우에는 상표법 제6조 제2항에 의하여 상표등록을 받을 수 있다.

❸ 등록상표의 무효

타인이 상표등록을 받은 경우라 하더라도 그것이 주지상표와 상표가 동일 또는 유사하고 지정상품이 동일 또는 유사한 경우에는 심판에 의하여 그 등록이 무효로 된다.

❹ 등록상표의 취소

등록상표의 상표권자 또는 사용권자가 그 등록상표를 주지상표와 동일 또는 유사하게 변경하여 사용하는 경우에는 그 등록상표는 심판에 의하여 그 등록의 취소를 면할 수 없다(법 제73조 제1항 제2호 · 제8호).

❺ 선 사용권 부여

주지상표권자는 i) 부정경쟁의 목적이 없이 타인의 상표등록출원 전부터 국내에서 계속 사용한 경우, ii) 상표를 사용한 결과 타인의 상표등록출원시에 국내 수요자간에 그 상표가 특정인의 상품을 표시하는 것이라고 인식되어 있는 경우에는 타인의 상표등록이 유효하게 존속 중인 경우에도 그 주지상표에 대하여 계속 사용할 권리를 가진다(법 제57조의3).

(2) 부정경쟁방지법에 의한 보호

주지상표는 상표등록 여부에 불구하고 부정경쟁방지법에 의하여 보호된다. 그러므로 주지상표권자는 타인의 부정경쟁행위에 대하여 금지청구권, 손해배상청구권, 신용회복청구권 등 민사적 구제방법을 강구할 수 있으며 그 이외에 형사적 구제방법도 강구할 수 있다.[45]

---

45 한편, 미등록상표인 주지상표와 등록상표인 상표권 간에 충돌하는 경우가 있을 수 있는데, 미등록주지상표의 사용자는 등록상표의 상표권자를 상대로 하여 부정경쟁방지 및 영업비밀보호에 관한 법률에 의하여 민 · 형사적 구제수단을 강구하려 할 것이고, 반대로 상표권자는 자기의 상표권 침해를 이유로 하여 미등록 주지상표 사용자를 상대로 하여 상표법에 의한 민 · 형사적 구제수단을 강구하려 할 것이다.
　이 경우 사용상표의 주지성 인정여부가 관건이라 할 수 있는데, 그 사용상표가 주지상표로 인정이 된다면 주지상표의 사용자는 상표권자를 부정경쟁방지법에 의거 민 · 형사적 구제방법을 강구하기 이전에 또는 이와 동시에 등록상표에 대한 무효심판을 제기하여 그 상표권을 소멸시키지 않으면 안 된다. 왜냐하면 등록상표의 경우 심판에 의하여 그 등록이 무효되지 않는 한 그 상표권의 효력은 존중되어 상표권자의 등록상표의 사용은 정당성이 인정되기 때문이다. 다만, 상표권자가 등록상표에 대한 무효사유가 있음을 알고도(무효심판의 청구, 무효심결 또는 타인의 주지 · 저명상표에 편승하려는 등) 계속하여 그 등록상표를 사용하는 경우에는 부정한 방법에 의한 사용으로 취급된다. 그러므로 상표권자가 등록상표를 그 지정상품에 사용하는 것은 정당성이 보장된다 하겠으나 등록상표에 대한 무효사유가 있음을 알고도 그 상표를 계속 사용하는 것은 부정한 방법에 의한 사용이 되며 권리침해 등의 권리를 행사하는 경우에는 권리남용이 되므로 주의를 요한다. 등록상표를 무효로 하는 심결이나 판결이 확정된 경우에는 그 등록상표는 처음부터 없었던 것으로 되어 상표권의 효력이 소급하여 소멸되므로 비록 상표

(3) 파리협약에 의한 보호

파리협약은 동 협약 제6조의2 ①에서 동맹국 내에서 잘 알려진 상품의 복제, 모방, 번역을 구성하여 혼동을 일으키기 쉬운 상표의 등록을 거절 또는 취소하며 그 사용을 방지할 것을 약속한다고 규정하여 동맹국에 대하여 그 나라에서 잘 알려진 상표의 보호를 의무지우고 있다.

6) 주지상표와 관련된 문제

(1) 주지성 판단

수요자에게 어느 정도로 알려진 상표가 주지상표인지에 대하여 판례는 그 상표의 사용방법, 사용태양 또는 영업활동의 기간, 상품판매실적 및 거래범위 등과 그 거래실정이나 사회통념에 따라 결정하여야 한다고 판시하고 상표의 주지성 여부를 사건마다 구체적·개별적으로 판단하고 있으며 특허청도 이와 같은 입장에 있다. 따라서 상표의 주지성 판단은 제출된 구체적 증거자료에 의하여 사회통념상 널리 알려졌느냐에 따라 판단하여야 하는바, 실무적으로 그 판단에 어려움이 있으며 또 사안마다 각각 결론을 달리하는 경우도 있어 법운용에 혼란이 야기되고 있을 뿐만 아니라 상표사용자에게 기대가능성 내지 예측가능성을 어렵게 하고 있다.

(2) 저명상표와의 구별

상표법 제7조 제1항 제9호에서 규정한 주지상표와 제10호에서 규정한 저명상표는 그 상표가 국내의 일반 수요자나 거래자에게 알려진 정도의 차이에 따른 구별이다. 주지상표의 경우에는 그 특정의 상표가 출원상표의 지정상품이 속하는 거래사회에서 수요자간에 널리 알려진 상표를 말하며, 저명상표는 그 출원상표의 지정상품이 속하는 거래사회는 물론 이종상품의 거래사회까지도 널리 알려진 상표를 말한다. 그리고 주지상표의 경우에는 그 상표가 동일 또는 유사하고 상품이 동일 유사하여야 하나 저명상표의 경우에는 상표가 반드시 동일 또는 유사하지 않더라도 그 상표의 구성모티브, 아이디어가 유사하는 등으로 인하여 저명상표 또는 상품이 연상되는 경우에도 제10호에 해당하는 것으로 하며 또한 그 상품의 동일 또는 유사여부는 문제되지 않는다.[46]

권 존속 중에 한 상표의 사용도 그것이 부정한 방법에 의한 사용인 경우에는 부정경쟁방지법에 의거 주지상표의 권리를 침해하는 것으로 되기 때문이다.

　한편, 위와 같은 관계에 있을 경우 법원이나 특허청은 권리분쟁해결의 적정을 기하고 상반되는 판단을 피하기 위하여 계류 중인 사건에 대한 절차를 중지할 필요가 있다 하겠으며 상표법에서 법원·특허청 간에 상호 통지할 것을 규정하고 있다(특허법 제188조 및 상표법 제186조 제2항).

(3) 보호의 한계

주지상표라 하더라도 이미 등록된 타인의 등록상표를 부인할 수는 없으므로 상표등록을 받을 수 없으며 또한 상표권자로부터 상표권 침해를 이유로 권리의 대항을 받을 수 있다.

(4) 외국에서 알려진 상표

주지상표인지 여부는 그 상표가 국내에서 수요자에게 널리 인식되었는지 여부가 판단의 기준이 되는바, 국제적으로 널리 알려진 상표인 경우에도 국내 수요자에게는 널리 알려지지 않아 국내법에 의한 주지상표로 인정되지 않는 경우가 있어 상표권분쟁은 물론 통상마찰을 일으키는 하나의 주요한 원인이 되기도 한다.

- 사 례 -

(사례 1) 〔상표 및 지정상품〕 이 사건 상표: 영어공부 절대로 하지마라(제16류 정기간행물, 학습지, 서적, 연감, 신문). 인용상표: 영어공부 절대로 하지마라(제16 서적)

〔판례〕 ① 원칙적으로 서적류의 제호는 해당 저작물의 창작물로서의 명칭 내지는 그 내용을 직접 설명하거나 함축적으로 나타내는 것으로 서적이라는 상품의 식별표지로 기능하지는 않으나, 서적류의 경우에도 출판업자의 책임에 의하여 편집, 발행되어 저작자의 창작물이라는 면보다는 출판업자의 상품이라는 성격이 더 뚜렷이 나타나는 사전류, 연감류, 중고생학습도서, 문고류, 전집류 등의 제호는 그 저작물의 명칭임과 동시에 출판업자의 출처표시로서의 기능을 가지며 자타상품의 식별표지로서의 성격을 가진다.

② 위에서 본 바와 같이 이 사건 등록상표 출원 전에 약 1년 9개월 동안 영철하를 제호로 사용한 위 서적 8권이 부제를 달리하여 연달아 출간되어 1,434,000부 이상 판매된 점, 이 사건 등록상표의 출원 전에 원고가 위 서적들의 판매촉진을 위하여 약 1년 9개월에 걸쳐 광고하고, 그 광고료로 지급된 금액이 약 2억 200만원인 점 등에 비추어보면, 선사용상표가 원고의 상품을 표시하는 것으로 수요자들 사이에서 현저하게 인식되었다고 할 것이다.

③ 원고가 상표등록의 취소를 구하는 부분의 지정상품 중 "정기간행물"은 서적의 형태로 발행되는 경우가 많고, "학습지, 서적, 연감"은 서적과 동일하거나 서적으로 분류되는 것들이므로 이들 지정상품들은 선사용상표의 사용상품인 서적과 동일 또는 유사한 상품이다. 그러나 그 지정상품 중 "신문"은 선사용상표의 사용상품인 "서적"과 그 형상, 용도, 발행주체가 다르고 그 유통경로가 일치하지 아니하므로 이들 상품을 동일하거나

46 　구 상표법 제9조 제1항 제9호 소정의 주지상표의 경우에는 등록된 상표가 주지상표와 유사상표이어야 등록될 수 없으므로 양 상표가 유사하지 아니한 이 사건에 있어서 원심의 판단은 정당하다 할 것이지만, 같은 항 제10호 소정의 저명상표의 경우에는 그와 비교하여 유사상표라고 할 수 없는 상표라도 그 구성모티브, 아이디어 등을 비교하여 그 상표에서 타인의 저명상표 또는 그 상표가 사용된 상품 등이 용이하게 연상되거나 타인의 상표 또는 상품 등과 밀접한 관련성이 있는 것으로 인정되어 상품의 출처에 오인, 혼동을 일으키는 경우에도 위 조항에 해당되어 등록될 수 없다 할 것이다(대법원 1987.8.18. 선고 86후180, 181 판결, 1993.3.23. 선고 92후 1370 판결).

유사하다고 할 수 없다. 따라서 이 사건 등록상표는 그 지정상품 중 "정기간행물, 학습지, 서적, 연감"에 대하여는 그 등록이 무효로 되어야 하나, "신문" 관련하여서는 그 등록이 무효라고 할 수 없다(특허법원 2006.5.24. 선고 2005허8197 판결, 대법원 2006.10.27. 선고 2006후1759 심불기각 참조).

(사례 2) 〔상표 및 지정상품〕 이 사건 상표: 토플러스(제16류 서적, 신문, 잡지 등), 인용상표: TOEFL(제16류 영어능숙도시험 및 평가용으로 사용되는 마그네틱 오디오 테이프 등)
〔판례〕 ① 원심이 적법하게 인정한 사실들에 의하면, 선사용상표 "TOEFL"은 이 사건 등록상표의 출원일인 2005.4.13. 당시 '영어를 모국어로 하지 않는 사람들을 상대로 학문적인 영어구사능력을 평가하는 시험(Test of English as Foreign Language)'을 주관하고 관리하는 영업이나 이와 관련된 영어시험 문제지 등 원고 회사의 영업이나 상품을 나타내는 저명한 표장이었음이 인정되는 반면, 위와 같은 영업이나 상품 그 자체를 일컫는 보통명칭 또는 관용표장으로서 식별력을 상실한 것으로 인정되지 않는다.
  ② 그리고 이 사건 등록상표 '토플러스'는 우리나라 영어 보급수준을 참작할 때, 선사용상표 "TOEFL"에 '～하는 사람'을 의미하는 영어접미사 'er'과 소유격 또는 복수형 어미 'S'나 'S'를 부가한 "TOEFLer's" 또는 "TOEFLers"의 한국 발음이거나 영어단어 'plus(+)'를 결합한 "TOEFLplus(+)"의 발음에서 겹치는 '플' 발음을 생략한 것 등으로 일반 수요자들이 쉽게 인식할 수 있는 것으로 보이고, 그 호칭도 선사용상표의 한글발음인 '토플'의 뒤에 상대적으로 약한 발음인 '러스'를 부가한 정도라는 점에서, 선사용상표와 유사한 면이 있다. 또한 이 사건 등록상표는 "서적, 신문, 잡지, 학습지, 핸드북, 정기간행물"을 그 지정상품으로 하고 있는데, 이러한 지정상품은 선 사용상표의 '영어시험문제지'와 마찬가지로 출판물의 일종으로서 서로 유사할 뿐만 아니라 영어시험을 주관하고 관리하는 선사용상표의 영업 성격상 이러한 출판물에까지 그 사업영역이 확대될 수 있는 점에 비추어 보면 선사용상표의 영업과도 경제적 견련성이 있다. 게다가 이 사건 등록상표와 선사용상표의 수요자들도 영어시험을 준비하거나 영어를 공부하는 사람들로 상당부분 중복된다.
  ③ 위와 같은 점들을 종합적으로 고려해볼 때, 이 사건 등록상표는 그 수요자들이 이로부터 원고 회사의 저명한 선사용표장인 "TOEFL"이나 그 영업 또는 상품 등을 쉽게 연상하여 출처에 혼동을 일으키게 할 염려가 있다고 할 것이므로, 상표법제7조 제1항 제10호에 해당 한다(특허법원 2008.6.19. 선고 2008허3612 판결(심결취소), 대법원 2010.5.27. 선고 2008후2510 판결 상고기각).

(사례 3) 〔상표 및 지정상품〕 이 사건 상표: 눈높이(제16류 칠판, 분필, 칠판지우개 등), 인용상표:

(제16류 사무용품, 학습지)

〔판례〕 ① 위에서 본 인용표장들의 사용현황, 이를 부착한 제품의 판매기간 및 규모, 그리고 광고현황 등을 고려할 때, 인용표장들은 이 사건 등록상표의 출원당시인 1998.4.1.경 이미 국내의 일반거래에 있어서 수요자나 거래자에게 학습지 상품에 부착되어 사용되는 특정인의 상표로서 널리 알려져 상표법 제7조 제1항 제9호에서 말하는 이른바 주지상표라고 보아야 한다.
  ② 이 사건 등록상표의 지정상품은 상품류 구분 제16류 12군의 문방구류에 속하는 상품이고, 학습지는 상품류구분 제16류 25군의 인쇄물에 속하는 상품으로서 그 품질과 형상이 서로 다르고, 이 사건 등록상표의 지정상품인 칠판, 자기칠판 등은 그 속에 특정한 내용이 들어 있는 것이 아니라, 교육장소에서 그림을 그리거나 글씨를 쓸 수 있도록 만든 교구재인데 반하여, 학습지는 그 속에 이미 특정한 내용이 들어 있어서 그 자체로서 학습 또는 교육의 목적으로 사용되는 물건이므로 그 용도에 있어서도 상이하다. 또한 이 사건 등록상표의 지정상품은 교구제조업체가 생산하여 문구점에서 진열, 판매하거나 학교, 학원 등에 직접 공급하는 반면, 학습지는 학습지 제조업체가 생산하여 서점에서 진열・판매하거나 가정으로 배달하는 것이므로 그 생산・판

매부분도 상이하며, 이 사건 등록상표의 수요자는 학교, 학원, 사무실 등 교육기관인데 비하여 학습지의 수요자는 주로 유아나 초·중등생으로서 수요자가 달라, 양 상표의 지정상품은 그 품질, 형상, 용도, 생산 및 판매부분과 수요자의 범위가 상이하므로 서로 유사한 상품이라고 할 수 없다. 그렇다면, 이 사건 등록상표는 주지상표인 인용표장들과 유사하지만 그 상품이 유사하다고 수 없으므로 상표법 제7조 제1항 제9호에 해당하지 아니한다(특허법원 2002.10.11. 선고 2002허2716 판결 대법원 2004.7.9. 선고 2002후2563 판결 상고기각).

(사례 4) 〔상표 및 지정상품〕 이 사건 상표: Bio Lock(바이오 락)(제21류 김치통, 반찬용식품저장기 등)

등), 인용상표: **LOCK & LOCK** (제21류 김치통, 반찬용식품저장기 등)

〔판례〕 ① 상표의 구성 중 일부인 'LOCK'만으로는 사회통념상 자타상품의 식별력을 인정하기 곤란하거나 공익상으로 보아 특정인에게 독점시키는 것이 적당하지 않고 이를 분리 관찰하는 것이 거래상 자연스럽지 못하다고 보이므로 양 상표는 'LOCK'만으로 분리하여 관찰되거나 이를 요부로 하여 간략하게 호칭, 관념되지 않는다.

② 원고는 특허법원 2003허2744 판결, 2003허2720 판결 등 소 외 사건에서 'LOCK' 부분의 식별력을 인정하여 'LOCK & LOCK' 또는 'LOCK'으로 호칭, 관념되는 선등록상표와 'LOCK'으로 호칭, 관념되는 확인대상 표장이 유사하다고 한 판결이 확정된바 있음을 주장하나, 이 사건 등록상표의 식별력을 판단함에 있어서 위 확정판결들의 내용을 참작하여야 하겠지만, 당사자 및 선등록상표와 대비되는 이 사건 등록상표가 다른 이 사건에서 위 특허법원의 판결들과 다른 판단을 할 수 없는 것은 아니므로 원고의 주장은 이유 없다.

③ 위 인정사실에 나타난 선등록상표 부착 상품의 국내 매출규모, 판매방법, 광고의 종류, 기간 및 횟수, 소비자에게 알려진 정도 등을 고려하면, 이 사건 등록상표의 출원 당시 선등록상표는 이미 저명상표에 이르렀다고 할 것이다.

그러나 이 사건 등록상표가 선등록상표와 유사하지 않음은 앞서 살펴본 바와 같고, 선등록상표의 출원 전에 '지프락', '지퍼락', '짚락' 등이 주방용 용기분야에서 상표등록되어 사용되었을 뿐만 아니라 일반 거래자나 수요자들에게도 알려져 있었고, 선등록상표의 등록 후에도 'ㅇㅇLOCK(락)' 형태의 호칭과 상표등록이 많이 이루어 지고 있어서, 이 사건 등록상표의 구성이 'ㅇㅇLOCK(락)' 형태를 취하고 있다는 사유만으로 선등록상표의 구성이나 모티브를 모방하였다고 보기 어려운 점, 선등록상표는 'LOCK'이나 '락'만을 사용하는 것이 아니라 'LOCK & LOCK' 모두를 사용하여 저명하게 되어서 일반 거래자나 수요자들은 'LOCK & LOCK'을 모두 사용할 경우에 선등록상표의 상품으로 인식하고 있는 점, 주방용품의 하나인 '반찬통, 양념통' 등에 'BIO TANK', 'BIO WATER TANK' 또는 'BIO KIPS' 등으로 이어지는 'BIO'시리즈의 일환으로 일반거래자나 수요자들에게 널리 호칭되고 있던 'Bio' 부분을 'ㅇㅇLOCK'의 앞부분에 붙여서 이 사건 등록상표를 구성하고 있는 점 등에 비추어볼 때, 이 사건 등록상표로부터 저명상표인 선등록상표가 용이하게 연상된다거나 또는 저명상표 또는 그 상품 등과 밀접한 관련성이 있는 것으로 인정되지 아니한다.

따라서 이 사건 등록상표는 선등록상표의 상품과 혼동을 일으키게 할 염려가 없으므로 상표법 제7조제1항 제10호에 해당하지 않는다(특허법원 2008.2.21. 선고 2007허9699 판결, 대법원 2008.6.12. 선고 2008후989 판결 심불기각).

11. 타인의 저명상표와 동일 또는 유사한 상표(법 제7조 제1항 제10호)

1) 의 의

(1) 개 념

저명상표라함은 그 상표가 특정상품이 속하는 거래사회는 물론 이종 상품이 속하는 거래사회에서까지 국내의 일반 수요자에게 널리 알려진 상표를 말하는데,[47] 출원상표가 저명상표(著名商標)와 동일 또는 유사한 경우에는 상품이나 영업의 동종여부와 관계없이 본 호에 의하여 상표등록을 받을 수 없다. 즉, 상품의 동일·유사와 관계없이 상표만 동일 또는 유사하면 본 호에 해당되는데, 판례는 그 상표가 동일 또는 유사하지 않은 경우에도 그 상표로부터 저명상표가 용이하게 연상되거나 모티브, 아이디어 등이 유사하여 그 저명상표와 관련성이 있는 것으로 인식되는 경우에도 본 호에 해당하는 것으로 판단한다.[48]

상표법은 국내에서 수요자 간에 현저하게 인식된 상표, 소위 저명상표에 대하여 보호규정을 마련하고 있는데, 어느 정도로 알려진 상표가 저명상표인지 여부를 일의적으로 단정 짓기는 어렵다 할 것이며 상표마다 구체적·개별적으로 판단되는데, 어떠한 상표가 저명상표인지 여부는 그 상표가 국내 수요자에게 널리 알려졌는지 여부를 기준으로 하여 판단하며 그 상품의 판매실적, 상표의 사용기간, 광고태양, 선전기간, 거래실정 등을 전체적으로 판단하여 결정한다.[49]

---

[47]   어느 상표가 저명하다 함은 그 상표가 수요자에게 널리 알려져 있을 뿐만 아니라 상표가 갖는 품질의 우수성 때문에 상표의 수요자나 관계거래자가 이외에 일반 공중의 대부분에까지 널리 알려지게 되어 양질감을 획득함으로써 상품의 출처뿐만 아니라 그 영업주체를 표시하는 힘까지 갖게 된 상태를 의미하는 것으로서 그 상표를 주지시킨 상품 또는 그와 유사한 상품뿐만 아니라 이와 다른 종류의 상품이나 영업이라고 할지라도 그 상품의 용도 및 판매거래의 상황 등에 따라 상표권자나 그와 특수한 관계에 있는 자에 의하여 생산 또는 판매되는 것으로 인식되어 수요자로 하여금 상품의 출처를 오인·혼동케 할 염려가 있는 상태에 이른 정도를 말한다(특허법원 2008.5.2. 선고 2007허12886 판결).

[48]   ① 구상표법 제9조 제1항 제10호는 저명한 타인의 상품이나 영업과 출처의 오인·혼동이 일어나는 것을 방지하려는 데 목적이 있는 것이므로 상표 자체로서는 저명한 상품 등에 사용된 타인의 상표와 유사하지 아니하여도 양 상표의 구성이나 관념 등을 비교하여 그 상표에서 타인의 상표 또는 상표가 사용된 상품 등이 용이하게 연상되거나 타인의 상표 또는 상품 등과 밀접한 관련성이 있는 것으로 인정되어 상품의 출처에 오인·혼동을 일으키는 경우에도 그 상표는 위 규정에 등록될 수 없다 할 것이다(대법원 1993.6.11. 선고 93후53 판결, 1995.9.15. 선고 95후811 판결).

   ② 상표법 제7조 제1항 제10호 소정의 저명상표의 경우 그와 비교하여 유사상표라고 할 수 없는 경우라도 구성의 모티브, 아이디어 등을 비교하여 그 상표에서 타인의 저명상표 또는 상품 등과 밀접한 관련성이 있는 것으로 인정되어 상품의 출처에 오인·혼동을 일으키는 경우에는 등록될 수 없다(대법원 1993.3.23. 선고 92후1370 판결, 1996.2.13. 선고 95후1173 판결).

한편, 저명상표에 대한 보호규정인 상표법 제7조 제1항 제10호는 등록주의에 대한 예외규정으로서 사용주의적 요소를 가미한 것이라고 볼 수 있는데 이 규정은 무엇보다도 미등록상표를 보호하기 위한 규정이다.

본 규정은 저명상표 사용자에게 타인의 상표등록을 저지할 수 있는 권리만 인정하고 있으므로 저명상표의 사용자는 적극적으로 타인의 상표사용을 금지하지는 못한다.

(2) 취 지

본 호는 주지상표의 경우처럼 등록주의에 대한 사용주의를 가미한 규정으로서 미등록상표인 저명상표와 동일 또는 유사한 상표의 등록을 금지하는 규정이다. 오늘날 기업은 특정 상품만을 생산·판매하지 아니하고 경영을 다각화하여 한 기업이 여러 분야에 광범위하게 진출하는 경향이 있는 실정이므로 타인이 저명상표를 사용하여 상품을 생산·판매하는 경우 수요자는 그 상품이 저명상표의 기업 또는 그 계열기업에서 생산·판매하는 제품으로 오인·혼동할 가능성이 많다. 그러므로 상표법은 저명상표의 상품이나 또는 영업과 혼동이 생길 염려가 있는 상표는 이를 등록하지 아니할 것으로 규정하고 있는데, 이는 저명상표 또는 영업주 보호를 직접목적으로 하는 것이 아니고 저명한 상품 또는 영업과의 오인·혼동으로 인한 부정경쟁을 방지하여 수요자의 이익 보호를 직접의 목적으로 하고 있기 때문이며 이와 같은 이유에서 본 호는 무엇보다도 공익규정으로 이해된다.

(3) 이론적 근거

1 출처혼동방지설

주지·저명상표를 보호하는 것은 주지·저명상표와 저촉되는 상표가 등록되면 거

---

49   ① 상표법 제9조 제1항 제10호 소정의 이른바 저명상표인가의 여부는 그 상표의 사용, 공급, 영업활동의 기간, 방법, 태양 및 거래범위 등과 그 거래실정 또는 사회통념상 객관적으로 널리 알려졌느냐의 여부 등이 일응의 기준이 된다(대법원 1986.10.14. 선고 83후77, 1989.6.27. 선고 88후219 판결 등).
      NIKKE (대법원 1989.6.27. 선고 88후 219 판결), 〔 〕(대법원 1990.2.13. 선고 89후 605 판결)은 저명상표로 인정된 바 있다.
       ② 어느 상표가 주지·저명한 상표인가의 여부를 판단함에 있어서는 그 상표의 사용, 상품의 공급, 영업활동의 기간, 방법, 태양 및 거래범위 등을 고려하여 거래실정 또는 사회통념상 객관적으로 널리 알려졌느냐의 여부 등을 일응의 기준으로 삼아야 할 것이고, 인용상표가 다른 나라에 등록되어 있고 거기에서 그 상표 및 상품이 널리 선전되어 있다거나 상품 판매실적이 상당하다 하여 반드시 우리나라의 일반 수요자들 사이에서도 현저하게 인식되었다고 단정할 수는 없다 할 것이다(대법원 1987.12.22. 선고 87후57 판결, 1989.4.25. 선고 87후92 판결, 1990.9.28. 선고 89후2281 판결, 1992.11.10. 선고 92후414 판결).

래사회에서 수요자는 그 등록상표를 주지·저명상표로 오인하게 됨으로써 상품출처의 오인·혼동이 발생되고 거래질서가 혼란하게 되므로 이를 방지하기 위하여 주지·저명상표와 저촉되는 상표의 등록을 허용하지 아니하는 것이라는 견해이다.

❷ 사용사실상태 보호설

이 설은 상표법이 비록 등록주의를 취하는 법제라 하더라도 상표가 선사용에 의하여 특정인의 상표로 거래계에서 널리 알려짐으로써 경제적·사회적 작용이 발휘되고 있다면, 거기에 축적된 사실상의 이익을 보호하는 것이 상표법 본래 목적에 부합되므로 이를 위해 선사용 주의를 가미한 것이라는 설로서 주로 상표사용자의 사익적 측면에 선 견해이다.

❸ 절충설

이 설은 주지·저명상표는 그 사용자의 승낙에 의한 경우라도 상표등록이 인정되지 않는다는 점을 근거로 한 이론으로서, 주지·저명상표의 보호가 단순히 주지·저명 상표권자의 사익보호만을 위한 것으로 보아서는 안 되며 일면으로는 선사용자의 사용사실을 보호하는 동시에, 다른 한편으로는 거래계에서 상품출처의 혼동을 방지하고자 하는 공익적 목적을 위한 규정이라고 보는 견해이다.

2) 저명성 판단

(1) 판단기준

❶ 주체적 기준

어떠한 상표가 현저하게 인식되어 있는 상표인지 여부는 그 상품이 속하는 거래사회의 일반 수요자를 기준으로 하여 판단한다.

❷ 지역적 기준

상표가 저명상표인지 여부는 그 상표가 국내에서 널리 알려졌는지 여부를 기준으로 한다. 따라서 외국상표의 경우도 그 상표가 외국에서 널리 알려졌느냐 여부가 기준이 되는 것이 아니라 국내에서 일반 수요자에게 널리 알려졌느냐 여부가 판단의 기준이 된다.[50]

---

50   저명·주지상표인지 여부를 가림에 있어서는 그 상표의 사용, 공급, 영업활동의 기간, 방법, 태양 및 거래범위 등을 고려하여 거래실정 또는 사회통념상 객관적으로 널리 알려졌느냐의 여부 등을 일응의 기준으로 삼아야 할 것이고, 인용상표가 다른 나라에 등록되어 있고 거기에서 그 상표 및 상품이 널리

그러나 외국에서 널리 알려진 상표가 국내에서 달리 사용된 바 없더라도 국내 수요자가 외국의 유명상표로 인식하거나 신문·잡지 등 간행물 입수에 의하여 국내 수요자가 널리 알게 된 경우에는 국내에서 수요자 간에 널리 알려진 상표로 된다.

한편, 국내에서 널리 알려진 경우 전국적으로 알려진 것임을 요하느냐 아니면 일지방에서만 알려졌어도 족하냐에 대하여 논란이 있고[51] 판례도 상표권의 효력이 전국적임을 이유로 전국적으로 알려질 것을 요한다고 판시한 판례와 일부지역에서만 알려진 경우에도 저명상표로 볼 수 있다고 판시한 판례가 있는 등 견해가 갈라지고 있다.

(2) 판단시기

상표법상 상표의 저명성 여부의 판단시점은 출원 시이다(법 제7조 제2항). 상표등록출원시점에서 볼 때 저명상표와 동일 또는 유사한 상표는 상표법 제7조 제1항 제10호의 규정에 의하여 거절되며 등록상표의 무효사유판단도 출원 시를 기준으로 하여 판단한다.

저명상표인지 여부에 대한 판단시점을 출원 시로 할 것을 법에서 명시적으로 규정한 이유는 주지상표의 경우와 같다.

(3) 알려진 정도

상표가 국내 일반 수요자에게 널리 알려졌는지 여부는 그 상표의 사용기간, 사용방법, 사용태양, 사용량, 상품거래실적 등을 감안하여 거래사회실정에 비추어 판단하여야 하며 사회통념상 객관적으로 알려졌느냐가 일응의 기준이 된다.[52] 저명상표로 인정

선전되어 있다거나 상품판매실적이 상당하다고 하여 반드시 우리나라의 일반 수요자들 사이에서도 현저하게 인식되었다고 단정할 수 없다(대법원 1989.4.25. 선고 87후92 판결, 1992.12.11. 선고 91후646 판결, 1992.11.10. 선고 92후414 판결).

51   ① 주지상표(우리나라 법상의 저명상표)로서 인정되기 위한 지역적 범위는 반드시 전국적으로 알려져 있을 필요는 없고 지역적 범위에 관해서는 지정상품과의 관계를 충분히 고려하여 법정하지 아니하면 안 된다. 철광금속, 방직, 산업기계 등 수요자와 거래자가 전국에 걸쳐있는 일이 통례로 되어 있는 산업부문에 있어서는 전국적으로 분포되어 있지 않으면 주지상표라고 할 수 없을지 모르겠으나 과자나 잡화류 등 지방 산업에 속하는 상품의 상표는 일부지역이라도 그 지방의 명산으로서 지방인에게 널리 인식되어 있는 상표는 주지상표로 취급되는 경우가 많을 것이다[網野誠 저, 상표(신판)].
      ② 주지의 정도에 대하여 전국적일 것을 요한다던가, 지역적으로 족하다는 등으로 한정시키는 것은 타당하지 못하다[江口俊夫 저, 상표(신판)]
      ③ 그러나 상표의 주지여부를 단순히 일부지역에 국한하느냐 하는 지역적 기준만을 가지고 판단하는 것은 무의미하다 할 것이며, 상품의 특성 등을 고려하여 구체적·개별적으로 판단함이 타당하다 할 것이다.

52   ① 상표법 제9조 제1항 제10호 소정의 이른바 저명상표인가의 여부는 그 상표의 사용, 공급, 영업활동의 기간, 방법, 태양 및 거래범위 등과 그 거래실정 또는 사회통념상 객관적으로 널리 알려졌느냐의

되기 위해서는 수요자에게 알려진 정도가 주지상표에 비하여 훨씬 광범위하고 강해야 하므로 상품이나 영업의 종류에 관계없이 폭넓게 알려져 있음을 요한다.[53]

3) 상표 및 상품의 동일 · 유사여부

(1) 상표의 동일 · 유사여부

상표법 제7조 제1항 제10호에서 "수요자간에 현저하게 인식되어 있는 타인의 상품이나 영업과 혼동을 일으키게 할 염려가 있는 상표"라고 규정하고 있어, 출원상표가 본 호를 이유로 거절되기 위하여는 저명상표와 그 상표가 반드시 동일 또는 유사해야 하는 것은 아니다. 그러나 출원상표가 본 호 소정의 저명상표의 상품이나 영업과 혼동을 일으킬 염려가 있기 위해서는 무엇보다도 그 상표가 동일 또는 유사함이 정제된다 할 것이며 그 상표가 동일 또는 유사하지 않다면 일반 수요자가 양 상표의 상품이나 영업간에 혼동을 일으킬 염려는 없다고 보아야 한다. 이러한 견지에서 본 호에서 비록 "상표의 동일 또는 유사여부를 명시적으로 규정하고 있지는 않지만 판례는 출원상표가 본 호에 해당되는지 여부를 판단함에 있어 "상표의 동일 또는 유사여부"를 그 적용요건으로 판단하고 있으며 다만, 상표가 동일 또는 유사하지 아니한 경우에도 그 출원상표가 저명상표를 모방하여 출원한 경우(모티브, 아이디어 등을 본딴 상표)에는 비록 그 상표가 동일 또는 유사하지 않은 경우에도 본 호에 해당하는 것으로 판단하고 있다.[54]

여부 등이 일응의 기준이 된다고 할 것이다(대법원 1986.10.14. 선고 83후77 판결, 1990.9.11. 선고 89후2205 판결 등).

② 저명성이 인정된 상표

(대법원 1988.12.27. 선고 87후7 판결), (대법원 1989.2.28. 선고 87후6 판결), NIKE(대법원 1989.6.27. 선고 88후219 판결), 해태(대법원 1990.2.13. 선고 89후605 판결), 아가방(대법원 1990.9.11. 선고 89후2205 판결), (대법원 1990.9.28. 선고 89후2281 판결) (대법원 1991.6.28. 선고 90후 1826 판결)

53 주지상표와 저명상표는 전혀 다른 별개의 것으로서 주지상표와 저명상표가 다른 점은 저명의 정도가 다르다는 데 있다고 할 수 있다. 즉, 저명상표쪽이 주지상표보다 수요자들에게 널리 인식되어 있는 정도가 높다고 하는 점이다. 설에 따라서는 전국적으로 널리 인식되어 있는 경우에는 저명이고 지방적인 경우는 주지라고 하는 견해도 있으나 전국적인 것과 지방적인 구별은 명확한 구분방법이라고는 할 수 없다. 그러므로 명확한 상위점은 어디까지나 널리 인식되어 있는 정도가 강한가, 약한가에 있다고 하겠다(江口俊夫 저, 신상표법해설).

54 ① 이 사건 등록상표가 그 지정상품에 관하여 상품의 출처에 대한 오인 · 혼동을 일으킬 수 있는지 여부에 관하여 보건대, 상표법 제7조 제1항 제10호는 일반 수요자가 저명한 상품과 그렇지 않은 상품의 출처를 오인 · 혼동하는 것을 방지하려는 데 그 목적이 있으므로, 위 규정을 적용하는 데 있어서 비

(2) 상품의 동일·유사여부

본 호에서는 상품의 동일 또는 유사여부는 문제되지 않는다. 그러므로 그 타인의 상표가 저명성이 인정되는 이상 그 출원상표와 저명상표간에 상품의 동일 또는 유사여부를 따지지 아니하고 본 호가 적용된다.

4) 저명상표의 보호양태

(1) 상표법상 보호

❶ 타인의 상표등록을 배제

저명상표와 상표가 동일 또는 유사한 상표등록출원은 상품의 동일 또는 유사여부를 불문하고 상표법 제7조 제1항 제10호의 규정에 의거 거절된다. 저명상표와 타인의 상표등록출원이 경합하는 경우에는 타인의 출원이 비록 선출원이라 하더라도 그 출원은 저명상표와 유사하기 때문에 거절되며[55] 그 선출원의 거절결정이 확정된 경우에 한하여 저명상표의 출원은 등록이 가능하다 할 것이다.

이때 저명상표등록출원에 대한 등록결정은 타인의 선출원이 거절결정이 확정된 후에 해야 하며 거절결정확정 전에 등록결정을 하는 경우에는 법 제8조 위반의 문제가 발생한다.[56]

❷ 상표등록 허여

성질표시적인 상표 등 자타상품의 식별력이 없는 상표라도 저명상표로 인정될 정도

교되는 양 상표가 동일하거나 유사할 필요는 없고 이 사건 등록상표 자체로서는 주지 저명한 상품에 사용된 인용상표들과 유사하지 아니하더라도 비교대상이 된 양 상표 구성의 모티브, 아이디어 등을 비교하여 이 사건 등록상표에서 주지·저명한 인용상표 또는 그것이 사용된 지정상품 등이 용이하게 연상되거나 밀접한 관련성이 있는 것으로 인정되어 상품의 출처에 오인·혼동을 불러일으킬 염려가 있는 경우에는 위 규정을 적용하여 상표 등록될 수 없다고 보아야 할 것인데(대법원 1993.3.23. 선고 92후1370 판결, 대법원 1995.10.12. 선고 95후576 판결 등 참조)

② 상표법 제7조 제1항 제10호 소정의 저명상표의 경우 상표 자체로서는 유사상표라고 할 수 없는 상표라도 양 상표의 구성이나 관념 등을 비교하여 그 상표에서 타인의 저명상표 또는 상품 등이 용이하게 연상되거나 타인의 상표 또는 상품 등과 밀접한 관련성이 있는 것으로 인정되어 상품의 출처에 오인·혼동을 일으키는 경우에는 등록될 수 없는 것이다(대법원 2002.5.28. 선고 2001후2870 판결).

55   이때 선출원이 거절되는 이유는 타인의 저명상표와 동일·유사함을 이유로 거절되는 것이며(법 제7조 제1항 제10호) 후출원 된 저명상표를 이유로 거절되는 것은 아니다.

56   그러나 타인의 선출원이 종국적으로 거절결정이 확정되는 경우에는 비록 그 상표등록출원 계속 중에 저명상표등록출원에 대한 등록결정을 한다 하더라도 법 제8조 제3항에 의하여 그 저명상표등록출원에 대한 등록결정은 정당한 것으로 된다.

로 사용에 의한 특별현저성이 인정되면 상표등록을 받을 수 있다(법 제6조 제2항).

❸ 등록상표의 무효

타인의 상표가 이미 등록된 경우라 하더라도 그것이 저명상표와 동일 또는 유사할 경우에는 상품의 유사여부를 불문하고 심판에 의하여 그 상표등록이 무효 된다.

❹ 등록상표의 취소

등록상표의 상표권자 또는 사용권자가 등록상표를 저명상표와 동일 또는 유사하게 변경하여 사용하는 경우에는 그 등록상표는 심판에 의하여 그 등록의 취소를 면할 수 없게 된다(법 제73조 제1항 제2호 · 제8호).

❺ 선사용권 부여

저명상표권자는 i) 부정경쟁의 목적이 없이 타인의 상표등록출원전부터 국내에서 계속 사용한 경우, ii) 상표를 사용한 결과 타인의 상표등록출원시에 국내 수요자간에 그 상표가 특정인의 상품을 표시하는 것이라고 인식되어 있는 경우에는 타인의 상표등록이 유효하게 존속중인 경우에도 그 저명상표에 대하여 계속 사용할 권리를 가진다(법 제57조의3).

(2) 부정경쟁방지법에 의한 보호

저명상표는 상표등록유무에 관계없이 부정경쟁방지법에 의하여 보호가 가능한데, 타인의 부정행위에 대하여 금지청구권, 손해배상청구권, 신용회복청구권 등 민사적 구제방법을 강구할 수 있으며, 그 이외에 형사적 구제방법도 강구할 수 있다.

미등록저명상표와 등록상표 간에 권리가 상호 저촉되는 경우에 각 권리간의 효력관계는 앞의 「10. 주지상표」 부분에서 설명한 바와 같다.

(3) 파리협약에 의한 보호

파리협약은 동 협약 제6조의2 ①에서 동맹국 내에서 잘 알려진 상품의 복제, 모방, 번역을 구성하여 혼동을 일으키기 쉬운 상표의 등록을 거절 또는 취소하며 그 사용을 방지할 것을 약속한다고 규정하여 동맹국에 대하여 그 나라에서 잘 알려진 상표의 보호를 의무지우고 있다.

5) 저명상표와 관련된 문제

(1) 저명성 판단

수요자에게 어느 정도로 알려진 상표가 저명상표인지에 대하여 판례는 그 상표의 사용방법, 사용태양, 영업활동의 기간, 상품판매실적 및 거래범위 등과 그 거래실정이나 사회통념에 따라 결정하여야 한다고 일관되게 판시하고 있어 상표의 저명성 여부는 사건마다 사안에 따라 구체적·개별적으로 판단한다.

따라서 상표의 저명성 판단은 제출된 구체적 증거자료에 의하여 사회통념상 널리 알려졌느냐에 따라 판단하여야 하는 바 그 판단에 어려움이 있으며 또 사안마다 각각 결론을 달리하는 경우도 있어 법운용에 혼란이 야기되고 있으며 상표사용자에게 기대가능성 내지 예측가능성을 어렵게 하고 있다.

(2) 보호의 한계

저명상표라 하더라도 이미 등록된 타인의 등록상표를 배척할 수는 없으므로 상표등록이 불허되며 저명상표를 계속하여 사용하는 경우에는 타인의 상표권 침해를 이유로 권리의 대항을 받을 수 있다.

(3) 외국에서 알려진 상표

저명상표인지 여부는 그 상표가 국내에서 수요자에게 널리 인식되었는지 여부가 판단의 기준이 되는바 국제적으로 널리 알려진 상표인 경우에도 국내법에 의한 저명상표로 인정되지 않는 경우가 있어 상표권 분쟁은 물론 통상마찰의 주요한 원인이 되기도 한다.

(4) 상표의 희석화 우려

저명상표는 이를 잘못 관리하는 경우 보통명칭화·관용명칭화 되는 등 희석화될 우려가 있으므로 상표권자는 이의 관리에 철저를 기해야 할 필요가 있다 할 것이다.

─ 사 례 ─

(사례 1) 〔상표 및 지정상품〕 이 사건 상표: 주식회사 엘지에스(제17류 비금속제 주형), 인용상표:

🔵 **LG** (제16류 프리즘시트)

〔판례〕 ① 위 인정사실만으로도, "LG" 표장은 이 사건 등록상표의 출원일인 2000. 5.19. 이미 국내에서 그 사용상품인 각종 전자 통신기계기구 등과 관련하여 저명한 대기업의 상호를 지칭하는 표장으로 되었다고 할 수 있다.

② 이 사건 등록상표는 "LG" 표장에 비하여 "에스" 부분이 더 부가되어 있고, "에스" 부분은 약음이 아니라 분명하게 발음되는 부분으로서 전체 호칭 중에서 차지하는 비중이 크므로, 양 표장의 호칭은 상이하므로 이 사건 등록상표와 "LG" 표장은 유사하다고 할 수 없다.

③ 그러나 ㈀ 이 사건 등록상표에 포함된 '엘지'는 앞서 살펴본 바와 같이 그 출원시 저명한 대기업의 약칭

으로서 일반 수요자에게 가장 두드러지게 인식되거나 청감되는 부분일 뿐만 아니라, (ㄴ) 이 사건 등록상표는 기업브랜드로서 "LG" 표장에 대한 선전 광고가 집중적으로 벌어지고 있던 시점인 1995.3.3.에 "엘지에스물산"이라는 상호가 선정되었고, "LG" 표장이 저명성을 취득해 가는 과정에 있던 1999.2.13.에 "주식회사 엘지에스"라는 상호가 선정된 점 및 피고는 위 "엘지에스물산" 상호를 선정한 직후인 1995.3.17.경 피고의 거래처로부터 피고의 위 상호가 "LG" 그룹과 관련이 있는지의 여부를 확인하는 내용의 질의를 받았던 점 등에 비추어볼 때, 피고는 이 사건 등록상표를 출원함에 있어 "LG" 표장에 축적된 신용이나 명성이 이 사건 등록상표에 이전될 수 있다는 가능성을 인식하고 있었던 것으로 넉넉히 추인되고, (ㄷ) "LG" 그룹에 속한 계열사들은 이 사건 등록상표 출원 이전에 'LG'에 간단한 알파벳인 "LG Chem" 표장과 "LG TPS" 표장 "LG"에 'IS'를 부가한 "LGIS" 표장과 "엘지"에 '스'를 부가한 "엘지스" 표장에 대하여 각 상표등록을 마친 적이 있고, 'LG' 그룹 이외에도 SK나 KT 등의 다른 대기업도 "SKC"나 "KTF", "TFT"처럼 알파벳 한두 글자를 부가한 표장을 사용하여 자신의 계열사임을 나타내는 것이 일반적인 경향인 점, (ㄹ) 그 밖에 이 사건 등록상표의 출원일 이후에 시행된 수요자의 인식에 대한 여론조사보고서와 같은 자료들로부터 인정되는 사실이기는 하나 일반수요자나 거래자 중 상당수가 실제로 이 사건 등록상표에서 "LG"을 연상하고 피고를 "LG" 그룹에 속하는 계열사나 자회사로 인식하고 있는 등 이 사건 등록상표의 출원 당시에도 일반수요자나 거래자 사이에 이 사건 등록상표가 저명상표인 "LG"와 어느 정도의 연관성이 있다고 인식할 수 있는 것으로 추단되는 점, (ㅁ) 이 사건 등록상표의 지정상품은 "LG" 표장의 사용상품과 생산, 판매부분과 수요자의 범위가 일치하는 부분이 있으므로 경제적으로 밀접한 관련성이 있는 것으로 보이는 점 등 여러 가지 사정을 고려해볼 때, 이 사건 등록상표는 저명상표인 "LG" 표장 또는 상품이 용이하게 연상되거나 그와 밀접한 관련성이 있는 것으로 인정되어 상품의 출처에 관하여 오인·혼동을 일으키는 경우에 해당한다.

④ 그러므로 이 사건 등록상표는 수요자간에 현저하게 인식되어 있는 "LG" 그룹, "LG" 그룹의 계열사의 상품과 혼동을 일으키게 할 우려가 있으므로 상표법 제7조 제1항 제10호 해당된다(특허법원 2007.8.17. 선고 2007허388 판결 심결취소, 대법원 2007.11.29. 2007후3677 판결 심불기각).

12. 상품의 품질을 오인하게 하거나 수요자를 기만할 염려가 있는 상표(법 제7조 제1항 제11호)

1) 서 언

(1) 의 의

상표법에서 상표를 사용하고자 하는 자에 대하여 그 상표를 독점배타적으로 사용할 수 있는 권리를 인정하는 취지가 불공정한 상행위를 방지함으로써 건전한 상거래질서를 확립함에 있는 것이므로, 상표의 사용이 부정경쟁을 유발하거나 수요자를 기만할 우려가 있다면 이러한 상표는 등록대상에서 제외시킴이 당연하다.

따라서, 상표법은 수요자로 하여금 상품의 품질의 오인을 일으키게 할 염려가 있거나 수요자를 기만할 염려가 있는 상표에 대하여 등록을 불허하도록 법 제7조 제1항 제11호에서 규정하고 있다.

본 규정은 1973.2.8. 법률 제2506호에서 「상품의 품질의 오인을 일으키게 할 염려가 있는 상표」로 규정하였던 것을(동 법 제9조 제1항 제11호), 1980.12.31. 법률 제3326호에서 부실상표의 등록을 금지하여 수요자를 보호하고자 「수요자를 기만할 염려가 있는 상표」를 추가하여 「상품의 품질을 오인하게 하거나 수요자를 기만할 염려가 있는 상표」로 개정하여 현재에 이르고 있다. 본 규정은 대표적인 공익규정으로 이해되고 있다.

(2) 제도적 취지

본 규정은 무엇보다도 부실상표의 등록을 금지하기 위하여 마련된 규정이다. 상표는 그것이 정당하게 사용되었을 때 상표사용자의 업무상의 신용을 축적하고 수요자의 이익을 보호하는 등 상표법이 목적하는 바를 달성할 수 있다. 그런데 상표를 정당하게 사용하지 않고 남의 상표에 편승하여 사용하거나 상품이나 상품의 품질을 왜곡시킬 염려가 있는 등 부실하게 사용하는 경우에는 수요자의 이익을 크게 해침은 물론 정당 상표권자의 신용도 해쳐 상거래질서를 문란하게 하고 경업질서를 어지럽혀 궁극적으로는 산업발전을 저해하게 된다.

따라서, 상표법은 부실상표의 등록을 금지함으로써 정당 상표권자의 업무상의 신용을 유지시키고 더 나아가 수요자 이익을 보호하고자 본 규정을 마련한 것이다.[57]

특히, 본 규정을 현행과 같이 개정한 것은 1970년대 말 국내인이 외국인의 유명상표에 편승하는 사례가 많아지고 국제간의 통상마찰과 사회적 물의를 일으키게 되자 수요자의 보호를 위하여 1980.12.31. 법률 제3326호에서 상표부등록사유에 「수요자를 기만할 염려가 있는 상표」를 추가하게 된 것이며, 본 호를 적용함에 있어 그 선사용 상표의 인지도를 "특정인의 상표로 인식된 정도로 알려진 상표"로 해석 적용하는 것은 그 인지도 취득에 따른 입증의 어려움 때문이다.[58]

---

[57] 구상표법 제9조 제1항 제11호가 규정한 상품의 품질을 오인케 하거나 수요자를 기만할 염려가 있는 상표라 함은 그 전단이 상품의 품질의 오인 또는 기만을 포함함은 물론이나 그 후단의 규정은 상품의 품질과 관계없이 상품의 출처의 오인을 초래함으로써 수요자를 기만할 염려가 있는 경우도 포함된다고 해석되고(대법원 1987.3.10. 선고 86후156 판결, 1989.11.10. 선고 89후353 판결 참조), 이는 기존의 상표를 보호하기 위한 것이 아니라 이미 특정인의 상표라고 인식된 상표를 사용하는 상품의 품질, 출처 등에 관한 일반 수요자의 오인·혼동을 방지하여 이에 대한 신뢰를 보호하고자 함에 그 목적이 있다 할 것이므로(대법원 1987.3.10. 선고 86후156 판결), 위 규정을 적용하여 수요자를 기만할 염려가 있다고 하기 위해서는 인용상품이나 인용상표가 반드시 주지·저명하여야 하는 것은 아니나(대법원 1987.10.26. 선고 87후67 판결) 적어도 국내의 일반거래에 있어서 수요자나 거래자에게 그 상품이나 상표라고 하면 특정인의 상품이나 상표라고 인식될 수 있을 정도로 알려져 있어야만 그와 동일 유사한 상표가 같은 지정상품에 사용되어질 경우 위 규정에 의하여 일반 수요자로 하여금 상품의 출처의 오인·혼동을 일으켜 수요자를 기만할 염려가 있다고 할 수 있을 것이다(대법원 1991.1.11. 선고 90후311 판결 및 1990.12. 790후649 판결).

2) 상품의 품질을 오인하게 할 염려가 있는 상표

(1) 의 의

본 호 전단에서 규정한 「상품의 품질을 오인하게 할 염려가 있는 상표」라 함은, 상표를 상품에 사용하는 경우 그 상표로 인하여 수요자가 당해 상품을 다른 종류의 상품으로 인식하거나 그 상품이 본래 갖고 있는 성분이나 효능과 다른 성분이나 효능이 있는 것으로 오인하는 등 상품의 품질을 오인하게 할 우려가 있는 상표를 말한다.[59] 이러한 상품의 품질의 오인에는 「상품자체의 오인」과 「상품의 품질의 오인」이 있다.

(2) 상품자체의 오인

상품자체를 오인한다 함은 상표를 상품에 사용하는 경우 그 상품에 표시된 상표로 인하여 수요자가 그 상품을 다른 종류의 상품으로 오인하는 것을 말한다.

예를 들면, 돼지고기의 포장상자에 소고기 문자 또는 소머리 도형을 표시하거나, 닭고기의 포장용기에 오리도형 또는 오리고기 문자를 표시하였을 경우, 수요자는 그 돼지고기나 닭고기를 소고기로 인식하거나 오리고기로 인식하여 상품자체를 오인할 우

58　　① 특허청 공업소유권 법령 연혁집 개정 입법취지 참조

　　　② 1949년 제정법(1949.11.28. 법률 제71호)에서 "상품을 오인·혼동시키거나 기만할 염려가 있는 것"을 부등록사유로 규정하였고, 1973년 개정법(1973.2.8. 법률 제2506호)에서 주지상표와 저명상표의 규정이 별도로 신설되면서 "상표의 품질의 오인을 일으키게 할 염려가 있는 상표"만으로 축소 개정되었으나, 수요자의 이익을 보호하고 부실상표의 등록을 배제한다는 이유로 1980년 개정법(1980.13.31. 법률 제3326호)에서 현재의 규정과 동일하게 개정하였다(특허청 조문별 상표법 해설).

59　　① 상표법 제7조 제1항 제11호에서 정하고 있는 "상품의 품질을 오인하게 할 염려가 있는 상표"란 그 상표의 구성 자체가 그 지정상품이 본래 가지고 있는 성질과 다른 성질을 갖는 것으로 수요자를 오인하게 할 염려가 있는 상표를 말하고, 어느 상표가 품질 오인을 생기게 할 염려가 있는지의 여부는 일반 수요자를 표준으로 거래 통념에 따라 판단하여야 한다(대법원 1992.6.23. 선고 92후124 판결, 1994.12.9. 선고 94후623 판결, 1995.7.28. 선고 95후187 판결).

　　　② 상표법 제7조 제1항 제11호에서 정하고 있는 "상품의 품질을 오인하게 할 염려가 있는 상표"라 함은 그 상표의 구성 자체가 그 지정상품이 본래 가지고 있는 성질과 다른 성질을 갖는 것으로 수요자를 오인하게 할 염려가 있는 상표를 말하고, 특정의 상표가 품질오인을 일으킬 염려가 있다고 보기 위해서는, 당해 상표에 의하여 일반인이 인식하는 상품과 현실로 그 상표가 사용되는 상품과의 사이에 일정한 경제적인 견련관계 내지 부실(不實)관계, 예컨대 양자가 동일계통에 속하는 상품이거나 재료, 용도, 외관, 제법, 판매 등의 점에서 계통을 공통히 함으로써 그 상품의 특성에 관하여 거래상 오인을 일으킬 정도의 관계가 인정되어야 하고, 지정상품과 아무런 관계가 없는 의미의 상표로서 상품 자체의 오인·혼동을 일으킬 염려가 있다는 사유만을 가지고는 일반적으로 품질오인의 우려가 있다고는 할 수 없을 것이며, 그 염려가 있는지의 여부는 일반 수요자를 표준으로 하여 거래통념에 따라 판정하여야 할 것이다(대법원 1989.4.25. 선고 86후43 판결, 1992.6.23. 선고 92후124 판결, 1994.8.12. 선고 94후623 판결 등).

려가 있는 것이다.

그러나 이와 같은 상품자체의 오인은 상표의 사용으로 인하여 수요자가 그와 같이 상품을 오인할 염려가 있을 때(개연성이 있을 때) 인정되는 것이며 비록 그러한 표시를 하였다 하더라도 수요자가 상품 자체의 오인을 일으키지 않는 경우에는 여기에 해당되지 않는 것으로 해석된다.

예컨대, 돼지고기의 포장상자에 문자 '사자표' 또는 '사자도형'을 표시하였을 경우, 수요자가 그 상표로 인하여 당해 상품을 사자고기로 인식하지는 않는다 할 것이므로 이 경우에는 상품자체의 오인을 일으킬 우려가 있다고 할 수 없다.

(3) 상품품질의 오인

상품의 품질을 오인한다 함은 상품에 상표를 표시함으로 인하여 수요자가 상품이 지니고 있는 품질이나 효능 등을 다르게 인식하는 것을 말한다. 예컨대, 다(茶)류상품에 인삼의 문자나 인삼으로 인식되는 도형을 표시함으로 인하여 그 다류상품에 인삼의 성분이 함유되지 않았는데도 불구하고 수요자가 그 상품에 인삼성분이 함유된 다(茶)류상품으로 오인하는 경우를 말한다.[60]

---

60   ① 상표법 제9조 제1항 제11호의 소정의 "상품의 품질을 오인케 하거나 수요자를 기만할 염려가 있는 상표"라 함은 그 상표자체에 그 지정상품과의 관계에 있어서 상품이 지닌 품질과 다른 품질을 갖는 것으로 수요자를 오인케 하거나 기만할 염려가 있는 상표를 말한다고 할 것이고(대법원 1989.1.24. 선고 87후121 판결), 이러한 상표를 등록할 수 없게 한 상표법의 주된 취지는 품질오인을 방지함으로써 수요자 일반의 이익을 보호하자는 데 있다 할 것이므로 품질오인 또는 기만의 염려가 있는지 여부는 일반 수요자를 표준으로 하여 거래의 통념에 따라 판정해야 할 것이다(대법원 1972.5.30. 선고 72후1 판결). 그런데 이 사건에 관하여 보면, 우리사회에 있어 '콜라'라는 특정상품인 음료수가 널리 유통되고 있는 실정인 한편, 본원상표는 영문자 'COLA CAO VIT'만으로 구성된 문자 상표이므로 본원상표를 그 지정상품인 커피, 코코아, 밀크커피, 대용커피, 밀크코코아에 사용케 하면, 일반 수요자는 본원상표의 (COLA) 부분의 표시로 인하여 위 지정상품을 콜라성분이 포함된 상품 또는 콜라로 오인할 염려가 있다고 할 것이고, 비록 다른 여러 나라에서 콜라를 그 성분으로 하지 아니하는 지정상품에 본원상표가 등록되었다고 하더라도 사정은 달라지지 아니한다(대법원 1989.4.25. 선고 86후43 판결).

    ② 이 사건 등록상표는 영문자와 한글을 2단으로 병기하여 'Down House/다운 하우스'와 같이 구성된 것으로서 영문자 'DOWN'은 사전상으로는 다른 의미와 함께 '(새의)솜털, (솜털 같은) 부드로운 털, 잔털'의 의미로 쓰임을 기재하고 있어 'DOWN'이 반드시 오리털이나 거위털만을 지칭하지는 않으나, 등록상표의 지정상품인 이불 등 침구류업계에서 침구류의 충전용 우모의 원료로는 반드시 오리털이나 거위털을 사용하도록 되어 있고, 실제로 충전용 우모로는 오리털(duck down)이나 거위털(goose dawn)을 사용하는 것으로 각종 선전문구에서 설명하고 있는 점을 비추어 보면 지정상품의 거래계에서 다운(down)상품이라 하면 오리털이나 거위털일 사용하여 만든 제품인 것으로 인식한다 할 것이고, 따라서 'DOWN'이 그 일 요부를 이루고 있는 등록상표를 오리털 또는 거위털이 함유되지 아니한 지정상품에 사용하는 경우에는 그 상품을 오리털 등이 함유된 상품으로 품질을 오인할 우려가 있다할 것이다(대법원 1995.5.12. 선고 94후2162 판결).

이러한 상품의 품질의 오인은 상품의 오인과 더불어 상표가 상품과의 관계에서 부실관계를 나타낼 때 문제가 되며 이러한 부실관계를 나타내지 않거나 수요자로 하여금 품질오인을 일으킬 염려가 없는 경우에는 그 상표는 본 호에 해당되지 않는다.[61] 예컨대, 위의 경우에 있어서 차(다)류 상품에 실질적으로 인삼의 성분이 함유된 경우 그 상표에 인삼문자를 표시하거나 인삼도형을 표시하여도 상품과의 관계에서 부실관계를 표시하는 것은 아니기 때문에 본 호는 적용되지 않는다. 또한 육류제품에 애플(Apple) 등의 표시를 한다 하더라도 육류제품에 애플(Apple)의 성분이 포함될 개연성은 없어 수요자가 품질의 오인을 일으킬 우려는 없다 할 것이므로 역시 본 호는 적용되지 않는다.

(4) 기 타

■ 지정상품명을 보정하는 경우

상표가 보통명칭, 성질표시적 표장, 현저한 지리적 명칭 등을 포함하고 있는 경우 그로 인하여 지정상품과의 관계에서 수요자가 품질의 오인을 일으킬 우려가 있는 경우에

---

③ 원심결이유에 의하면 원심은 물에 자장을 걸어주면 육각형 고리모양으로 구조가 바뀌게 되고 건강에 좋은 물이 된다는 자화수 이론이 주장되어 왔음에 비추어 이 사건 등록상표 '자화석수'는 진실 여부와는 관계없이 '자화된 물'로 인식될 가능성을 부인할 수 없고 따라서 이를 자화수와 관계없는 지정상품에 사용할 경우 수요자로 하여금 자화수에 의한 '맥차, 사이다, 광천수, 얼음' 등으로 상품의 품질을 오인하게 할 염려가 있다고 인정되므로 이 사건 상표는 구상표법(1990.1.13. 법률 제4210호로 개정되기 이전의 법률) 제9조 제1항 제11호에 저촉되어 그 등록이 무효라고 판단한 원심은 정당하다(대법원 1995.2.3. 선고 94후760 판결).

61 ① 어떠한 상표가 상표법 제7조 제1항 제11호의 소정의 상품의 품질을 오인케 하거나 수요자를 기만할 염려가 있다고 하기 위해서는 일반인이 그 상표에 의하여 통상 인식하는 상품과 현실로 그 상표를 사용하는 상품과의 사이에 그 상품의 특성에 관하여 거래상 오인이나 혼동을 불러일으키고 수요자를 기만할 정도의 관계가 인정되어야 하고, 상표가 가지는 의미가 지정상품과 아무런 관계가 없는 것일 경우에는 이것 때문에 품질 오인이나 수요자 기만의 염려는 없다 할 것이고, 그 판단은 일반 수요자를 기준으로 하여 거래의 통념에 따라 하여야 할 것이다(대법원 1994.5.24. 선고 92후2274 무효 판결).

② 본원상표의 'NECTAR'라는 영문단어 자체는 그리스 신화에 나오는 '신주(神酒)'에서 유래한 것이나, 오늘날 일반 수요자의 입장에서 본원상표에 의하여 인식하는 상품은 '감미로운 음료, 감로, 과즙'정도라 할 것인데, 본원상표의 지정상품들인 화장품류(향수 계통)를 공통이 하는 관계에 있다 할 수 없고, 양자가 같은 액체 형상을 하고 있어 캔이나 병 등의 용기에 담아 거래된다고 하는 경우에도 음료류와 화장품류는 그 용기에 있어서나 판매처에 있어서 확연히 구별되므로 거래통념상 화장품류의 일반 수요자들 사이에서 본원상표로 인하여 상품 자체나 그 품질을 오인할 염려는 없는 것으로 보아야 할 것이다(대법원 1994.12.9. 선고 94후623 판결).

③ 어떤 상표가 품질 오인의 우려가 있는지를 판단함에 있어 그 지정상품과 관련지어 생각하여야 한다는 것은 그 상표에 의하여 일반인이 인식하는 상품과 현실로 그 상표가 사용하는 상품과의 사이에 일정한 경제적인 관련이 있어야 함을 의미하는 것이지 그 오인 우려의 여부를 판단함에 있어 상품의 구성 그 자체뿐 아니라 상품에 부착되거나 포장용기에 부착된 상품의 설명서 등까지 고려하여 오인여부를 판단하는 것은 아니라 할 것이다(대법원 1994.4.26. 선고 93후510 판결).

도 본 호가 적용되는 것으로 해석, 운용하고 있는데(상표 심사기준, 판례 등), 이 경우 그 지정상품을 보통명칭 또는 원재료표시에 해당하는 상품으로 한정하여 보정하는 경우에는 본 호에 대한 거절이유는 해소된 것으로 된다 하겠으나 그 지정상품을 한정하여 보정한 경우에도 외형적 · 객관적으로 수요자에게 품질오인의 우려가 있는 경우에는 본 호가 그대로 적용된다.[62]

❷ 품질의 열악에 따른 오인여부

상표의 표시로 인하여 상품의 품질이 조잡하거나 부실하는 등 상품의 품질이 열악(劣惡)한 것으로 인식되는 경우에도 품질을 오인할 우려가 있다 하여 본 호가 적용되는지에 대하여 의문이 있으나 실무적으로는 ① 상품의 가치 또는 신용을 증대시키는 경우, ② 상품의 품질을 과대표시하는 경우 등의 경우에는 본 호에 해당되는 것으로 하고 있다(상표심사기준).

그러나 대다수의 학설은 품질의 열악은 본 호에 해당되지 않는 것으로 해석하고 있다.[63]

62　상표출원자가 당해 상표를 특정한 품질을 갖는 상품에만 사용할 의사로써 지정상품을 그와 같은 품질을 가지는 상품으로 한정하여 출원하였다 하더라도, 여기서 지정상품이란 일반 수요자에게 외형적 · 객관적으로 인식되는 상품(류)을 의미하는 것으로 보아야 하므로 상표출원자가 상품의 성질이나 원재료 등으로 지정상품을 한정하더라도 일반 수요자들에게 그 한정된 지정상품이 외형적 · 객관적으로 독립의 상품(류)으로 인식되지 않는다면 지정상품은 여전히 외형적 · 객관적으로 구분되어 인식되는 당해 식품(류) 전체라고 할 것인바, 이 사건에서 원고가 두 차례에 걸친 보정을 통해 이 사건 출원상표의 지정상품을 '녹차와 숯을 원재료로 한 냉장고용 탈취제'로 한정한 사실은 위에서 본 바와 같으나, 원고의 위 보정에 의하더라도 일반 수요자들에게 외형적 · 객관적으로 인식되는 이 사건 출원상표의 지정상품은 '냉장고용 탈취제'일 뿐이지 '녹차와 숯을 원재료로 하여 만들어진 냉장고용 탈취제'가 아니라고 할 것이고, 원고의 주관적인 의도와 관계없이 이 사건 출원상표가 '녹차와 숯'을 원재료로 하여 만들지 않은 냉장고용 탈취제에 사용될 경우에는 위 '녹차와 숯'이란 문자부분에 의해 일반 수요자로 하여금 상품의 품질을 오인케 할 염려가 크다(특허법원 2005.7.22. 선고 2005허2977 판결).

63　① 대광서점, 網野誠 저 상표(신판)

② 일본 상표법 축조해설 및 江口俊夫저 신상표법해설 참조. 이에 대하여 상품의 품질의 오인을 광범위하게 해석하여 거래되는 상품이 하급품인데도 최상품이나 중급품표시를 하는 것도 본 호에 해당되는 것으로 이해하는 견해가 있다(網野誠저 상표(신판)). 우리나라의 경우, 상표심사기준에서 산지표시를 하여 신용을 증가시키거나 품질표시로서 품질을 과대표시한 경우, 박람회의 표장을 포함하는 상표, 저명상표와 유사한 경우에는 법 제7조 제1항 제4호, 제7조 제1항 제10호를 적용하는 이외에 제7조 제1항 제11호의 규정도 적용하여 거절하는 것으로 정하고 있고, 그 외 판례나 특허청의 심결예도 상품의 우열을 포함하는 것으로 판단하는 경우가 다수 있다.

3) 수요자를 기만할 염려가 있는 상표

(1) 의 의

본 호 후단에서 규정한 「수요자를 기만할 염려가 있는 상표」라 함은 당해 상품에 특정의 상표를 표시함으로써 수요자가 그 상품을 외국 유명기업 또는 국내 유명기업의 상품으로 오인하여 당해 상품의 출처를 오인·혼동할 우려가 있는 등 수요자가 당해 상표의 표시로 인하여 상품의 부실관계를 오인할 우려가 있는 상표를 말한다.[64]

타인의 유명상표에 편승할 의도로 타인의 유명상표와 동일 또는 유사한 상표를 상품에 표시하였을 경우 수요자는 그 상품을 유명상표의 상표권자가 제조, 판매하는 상품으로 인식할 여지가 있고, 이는 결국 수요자로 하여금 상품의 품질을 오인케 하거나 상품출처에 대한 오인·혼동을 일으키게 하는 것으로서 수요자를 기만하는 것이 되는 것이다.

본 호 후단의 「수요자를 기만할 염려가 있는 상표」는 1980.12.31. 법률 제3326호에서 신설한 것으로서 본 호 제정 당시에 즈음하여 우리나라 경제성장이 급속도로 이루어지고 외국과의 상품교역이 확대됨에 따라 국내 소상인 등이 외국인의 유명상표를 모방하거나 편승하는 사례가 많아지고 그로 인한 외국인과의 상표분쟁이 빈번하고 물의를 야기하자 이를 규제하기 위하여 만들어진 규정으로, 본 호는 무엇보다도 외국인의 유명상표의 모방 내지 편승을 방지함에 그 목적을 둔 것이다. [65]

---

[64] ① 구상표법 제9조 제1항 제11호가 규정한 상품의 품질을 오인케 하거나 수요자를 기만할 염려가 있는 상표라 함은 그 전단이 상품의 품질의 오인 또는 기만을 포함함은 물론이나 그 후단의 규정은 상품의 품질과 관계없이 상품의 출처의 오인을 초래함으로써 수요자를 기만할 염려가 있는 경우도 포함된다고 해석된다(대법원 1987.3.10. 선고 86후156 판결, 1989.11.10. 선고 89후353 판결 및 1990.12.7. 선고 91후649 판결).

② 상표법 제7조 제1항 제11호에서 규정하고 있는 수요자를 기만할 염려가 있는 상표에 해당하려면, 그 등록상표나 지정상품과 대비되는 다른 상표나 그 사용상품이 반드시 저명하여야 하는 것은 아니지만 적어도 국내의 일반거래에 있어서 수요자나 거래자에게 그 상표 또는 상품이라고 하면 곧 특정인의 상표나 상품이라고 인식될 수 있을 정도로는 알려져 있어야 하고, 그 판단은 등록상표의 등록결정 시를 기준으로 판단하여야 하며, 이러한 경우 그 선사용상표와 동일·유사한 상표가 그 사용상품과 동일·유사한 상품에 사용되고 있거나, 또는 어떤 상표가 선사용상표와 동일·유사하고, 선사용상표의 구체적인 사용실태나 양 상표가 사용되는 상품 사이의 경제적인 견련의 정도, 기타 일반적인 거래 실정 등에 비추어, 그 상표가 선사용상표의 사용과 동일·유사한 상품에 사용된 경우에 못지않을 정도로 선사용상표의 권리자에 의하여 사용되고 있다고 오인될 만한 특별한 사정이 있으면 수요자로 하여금 출처의 오인·혼동을 일으켜 수요자를 기만할 염려가 있다고 보아야 한다(대법원 2006.7.28. 선고 2004후1304 판결, 대법원 2006.6.9. 선고 2004후3348 판결 등).

[65] 1980.12.31. 법률 제3326호에서 본 개정 이유를 「수요자보호를 위하여 부실상표의 부등록 사유에 수요자를 기만할 염려가 있는 상표를 추가한다」고 기술하고 있다.

본래 본 호는 외국 유명상표에의 편승을 방지하고자 마련된 규정이나 오늘날 국내기업의 상표도 유명한 상표가 다수 출현하고 있고 또 국내의 유명상표에 편승하고자 하는 사례도 자주 일어나고 있는 실정임에 비추어 본 호는 국내기업의 유명상표에 편승하고자 하는 상표에 대하여도 적용되는 것으로 운용되고 있다.

(2) 수요자를 기만할 염려가 있는 상표

■ 수요자 기만

본 호에서 규정한 「수요자 기만」이라 함은 상품에 특정의 상표를 표시하여 사용함으로 인하여 일반 수요자가 그 상표의 상품을 유명상표권자가 생산, 판매하는 것으로 오인하여 상품출처의 오인 혼동을 일으키게 하는 등 일반 수요자로 하여금 그 상품에 관하여 사실과 다르게 인식케 하는 것을 말한다. 즉 사실과 다르게 표시함으로써 일반 수요자를 속이려 하는 것을 말한다.

■ 「수요자 기만」에 「품질의 오인 또는 열악」이 포함되는지 여부

본 호 후단에서 규정한 「수요자 기만」에 「품질의 오인」 또는 「열악」도 포함되는지, 특정인의 유명상표와의 관계에서 상품출처의 오인·혼동을 일으키게 함으로써 수요자를 기만하는 경우만 의미하는지 의문이 있으나 위 모두의 경우를 포함한다고 해석함이 타당할 것이다. 실무적으로는 수요자 기만을 「그 상품 또는 그 상표가 수요자로 하여금 외국 또는 다른 기업의 상품 또는 상표로 오인할 우려가 있는 경우를 말한다」(특허청 상표심사기준)고 규정하고 있어 본 호 후단의 「수요자 기만」을 상품출처의 오인·혼동을 초래하는 경우에 국한하여 해석하고 운용하고 있으나, 판례는 「상표법 제7조 제1항 제11호가 규정한 상품의 품질을 오인케 하거나 수요자를 기만할 염려가 있는 상표라 함은 그 전단이 상품의 품질의 오인 또는 기만을 포함함은 물론이나 그 후단의 규정은 상품의 품질과 관계없이 상품 출처의 오인을 초래함으로써 수요자를 기만할 염려가 있는 경우도 포함된다고 해석된다」(대법원 1997.3.10. 선고 86후156 판결, 1989.11.10. 선고 89후353 판결 및 1990.12.7. 선고 90후649 판결 등)고 판시하여 품질오인의 경우에도 수요자 기만의 우려가 있다고 판시하고 있다. 또한 일반적으로 유명상표의 경우 품질향상에 힘쓰고 제품관리를 철저히 하는 등으로 인하여 수요자로부터 인기가 높고 품질도 우수하며 그 가격도 비싼 편이다. 반면에 유명상표를 모방하는 제품의 경우에는 그 제조자가 영세하고 그 품질이 조잡하는 등 유명상표의 제품에 비하여 그 제품의 질이 현저하게 떨어지거나 조잡한 경우가 대부분이다.

그렇다면 이와 같이 제품의 질이 현저히 떨어지거나 조잡한 상품에 유명상표를 표시하여 판매하는 행위는 수요자를 기만하는 행위라 할 것이므로 본 호 후단에서 규정한 수요자 기만에는 상품출처의 오인 · 혼동은 물론 상품의 품질의 오인이나 열악도 포함되는 것으로 해석함이 타당하다 할 것이다.

(3) 수요자 기만의 유형

1 품질오인에 따른 기만

특정의 상표를 상품에 표시하여 사용함으로 인하여 수요자가 그 상품을 다른 종류의 상품으로 오인하거나 그 상품이 지닌 품질과 다른 내용의 품질을 갖는 것으로 오인케 할 우려가 있다면 이는 수요자를 기만하는 것이 된다. 또한 유명상표를 표시(모방)함으로 인하여 수요자가 그 상품을 외국 또는 유명기업의 상품으로 인식하여 그 상품의 품질(상태, 가치 또는 신용 등)을 오인할 우려가 있다면 이 또한 수요자를 기만하는 것이 된다 할 것이다.

2 유명상표의 편승 · 모방에 따른 기만

수요자에게 널리 알려진 타인의 상표와 동일 또는 유사한 상표를 사용하는 경우 수요자는 그 상표가 부착된 상품을 타인의 상품으로 오인하거나 또는 그 타인과 특수한 관계에 있는 자에 의하여 생산 · 판매되는 상품으로 오인하여 상품출처의 오인 · 혼동을 일으킬 우려가 있는바, 이는 결과적으로 수요자를 기만하는 것이다.

이 경우 편승하고자 하는 타인의 상표는 수요자에게 널리 알려진 상표임을 요하는데, 이와 같이 해석하는 것은 수요자에게 알려지지 않은 상표에 편승하고자 하는 자는 경험측상 아무도 없을 뿐만 아니라 수요자 또한 유명상표에 편승하고자 하는 경우에 기만당할 우려가 있기 때문이다.

한편, 타인의 상표가 어느 정도 알려진 것이냐에 대하여 견해가 분분하나 주지 · 저명상표에는 미치지 못하나 그 상표가 누구의 상표인지 어느 정도 알려진 경우(수요자가 특정인의 상표로 인식할 정도)가 여기에 해당되는 것으로 해석함이 법의 취의에 맞는다 하겠다.[66]

3 명의를 다르게 표시하여 출원한 경우

이 경우는 자연인이 상표등록출원을 함에 있어 법인명의로 상표등록 출원하거나 공

---

[66] 본 호 개정 당시인 1980.12.31.경만 해도 외국의 유명상표가 우리나라에서 오늘날처럼 수요자 간에 널리 알려지지 아니하였을 뿐만 아니라 설사 널리 알려졌다 해도 그에 따른 입증이 용이치 않아 상표법 제7조 제1항 제9호, 제10호의 요건을 만족하지 못하였다. 이러한 사실을 감안하여 상표법 제7조 제1항 제11호로 후단을 신설하였으며, 국내 수요자 간에 어느 정도만 알려졌다고 인정되는 경우에는 지정상품의 동일 또는 유사에 관계없이 본 호를 적용하는 것으로 운영하였다.

법상 특수법인, 공공연구기관 및 협회 또는 조합 등과 같은 단체로 오인할 우려가 있는 명칭을 상표로 출원하는 경우 등이 여기에 해당된다(상표심사기준) 하겠으나 판례는 이를 부정한 바 있다.[67]

(4) 기 타

상표가 현저한 지리적 명칭을 표시하거나(법 제6조 제1항 제4호) 법 제7조 제1항 제4호에 해당하는 상표로서 타인의 저작권을 침해하거나, 고인의 성명 등을 도용하여 출원한 상표, 타인의 상표를 모방하여 출원한 상표, 박람회 수상표시를 한 상표는 본 호에 해당하는 것으로 하고 있다(상표심사기준). 그러나 법 제7조 제1항 제11호 규정의 취지로 미루어 볼 때 위의 경우 본 호를 적용하는 것에 대하여는 의문이 있다.

4) 적용요건

(1) 적용시점

상표등록출원에 대한 본 호의 적용시점은 상표등록여부결정시이다. 본 호의 적용시점을 이와 같이 결정 시를 기준으로 하도록 한 것은 본 호는 공익적 규정으로서 타인의 상표에 편승하고자 하는 상표의 등록을 보다 적극적으로 제한하기 위함이다. 따라서 당해 상표의 출원 시에는 타인의 상표가 수요자에게 널리 알려지지 아니하였으나 그 타인의 상표가 당해 상표등록출원이 계속되는 동안에 많은 광고·선전을 통하여 수요자에게 널리 알려진 경우에는 당해 출원은 본 호를 이유로 거절되게 된다.

---

67 ① 법인으로 된 출원인의 명칭과 다른 명칭이 상표로 출원되고 있는 경우 공공의 질서 또는 선량한 풍속을 문란하게 할 염려가 있는지의 여부는 일률적으로 판단할 수 없고 구체적인 경우에 개별적으로 살펴보아야 할 것이며, 수요자를 기만할 염려가 있는 상표인지의 여부는 저명 또는 주지된 특정상표와 상호의 존재를 전제로 하여 그에 대비되는 유사한 상표가 주지·저명상표의 상표권자의 상품이나 영업과 출처가 혼동될 염려가 있는지를 살펴서 판단하여야 할 것이고, 대비되는 등록된 주지상표나 등록되지 않은 주지상표가 없을 경우에는 수요자 기만의 염려는 없다고 보아야 할 것이다(대법원 1991.12.10. 선고 91후318 판결 및 1993.7.27. 선고 92후2311 판결 등).

② 이 사건의 경우, 원심이 인정한 바와 같이 본원상표인 'THORNTON BAY CLOTHING COMPANY'가 출원인의 명칭과 달라서 출원인과 다른 법인의 명칭으로 인식되어 질 우려가 있다 하여도 그와 같은 사정만으로는 본원상표가 공공의 질서 또는 선량한 풍속을 문란하게 할 염려가 있는 상표라고 할 수는 없다 할 것이다. 또 본원상표 이외에 이와 대비할 만한 상대방의 상표·상호라는 것이 없고, 앞으로 다른 사람이 본원상표와 유사한 상표를 출원하더라도 출원인의 상표가 등록되어 있다면 이를 이유로 등록 거절될 것이 분명한 이 사건에서는 존재하지 아니하거나 존재한다 하더라도 우리나라에서는 알려져 있지 아니한 'THORNTON BAY CLOTHING COMPANY'라는 회사 또는 그와 유사한 회사와의 출처의 혼동을 일으킬 염려가 있다는 이유만으로 수요자 기만의 요소가 있다고 보기도 어렵다(대법원 1993.7.27. 선고 92후2311 판결).

또한, 품질오인의 경우에도 그 기준 시점은 상표등록여부 결정시이므로 출원 시에 품질오인의 염려가 있다 하더라도 지정상품의 보정으로 품질오인의 염려가 해소된 경우에는 본 호에 해당되지 않는 것으로 된다.

(2) 품질오인을 일으킬 우려가 있을 것

1 상품자체의 오인

상표가 상품자체의 오인을 일으킬 염려가 있다고 인정하기 위해서는 그 상품에 특정의 상표를 표시함으로 인하여 수요자가 당해 상품을 그 본래의 상품으로 인식하지 아니하고 상표에 표시된 상품으로 오인할 염려가 있어야 한다. 이러한 상품의 오인을 일으키기 위해서는 상표와 상품과의 관계에서 연관성이 있어야 하며, 상표가 상품과 아무런 연관성이 없는 경우에는 비록 특정의 상표를 표시한다 하더라도 그와 같은 표시로 인하여 수요자가 상품의 오인을 일으킬 염려는 없는 것이다.

예컨대, 수험용 영어참고서에 '영어교본'이라는 상표를 표시하였을 경우 수험생은 그 참고서를 영어교과서로 인식할 염려가 있다 하겠으나, '만화도서'에 「영어교본」이라는 상표를 표시했다 하여도 수요자가 그 만화도서를 중·고등학교의 영어교과서로 인식할 염려는 없다 하겠다.

2 상품품질의 오인

상표가 상품의 품질의 오인을 일으킬 염려가 있다고 하기 위해서는 상표가 그 지정상품과의 관계에서 지정상품의 성질(품질, 효능, 원재료 등)을 표시하거나 실질적으로 그 상품의 원재료로 사용되거나 사용될 개연성이 있어야 한다.[68]

그러므로 상표로부터 인식되는 상품이 당해 출원상표의 지정상품의 원재료로 쓰이지 않거나 원재료로 쓰일 가능성이 전혀 없는 등의 경우에는 수요자가 상품의 품질의 오인을 일으킬 염려는 없는 것이다. 또한, 당해 상품이 실질적으로 품질이나 원재료를 포함하고 있는 경우에도 품질 오인의 우려는 없는 것이다.

---

68   본원상표는 한글로 '거꾸로 가는 시계'라는 표시를 하여 구성된 것이고, 본원상표의 지정상품은 손목시계, 벽시계 등 각종 시계류로서 이러한 시계류에 있어서의 품질, 즉 본래적으로 갖추고 있는 성질이란 시간의 계측기구로서의 성질과 더불어 거래통념상 시·분침이 있는 시계의 일반적 속성으로서 '시계방향으로 돈다'는 성질도 포함된다고 할 것이므로 본원상표를 손목시계, 벽시계 등 지정상품에 사용하게 되면 일반 수요자로 하여금 시계가 본래적으로 가지고 있는 성질과는 반대로 즉, 거꾸로 가는 시계로 상품의 품질을 오인·혼동케 할 우려가 있다고 할 것이다(대법원 1995.9.15. 선고 95후958 판결).

(3) 수요자기만의 우려가 있을 것

1 특정인의 상표로 인식될 정도로 알려졌을 것

본 규정은 특정인의 상표에 편승함으로 인하여 수요자기만을 불러일으키는 것을 방지하기 위한 규정으로서 출원상표가 본 호를 이유로 거절되기 위해서는 그 타인의 상표가 수요자에게 알려져 있음이 전제된다. 따라서 타인의 상표가 수요자에게 알려져 있지 아니한 경우에는 본 호는 적용되지 않는다.

이 경우 타인의 상표가 수요자에게 어느 정도 알려졌음이 요구되느냐에 대하여는 견해가 분분하나 본 호는 미등록상표인 특정인의 상표를 보호하기 위한 규정으로서 주지·저명상표에 이르지 못한 상표를 보호하기 위한 규정이다. 따라서 그 타인의 상표가 주지·저명상표에는 이르지 못하였으나 특정인의 상표로 어느 정도 알려졌다면 족하다 할 것이다.[69] 다만, 판례에 따를 경우 지정상품이 동종 상품이거나 경제적 견련관

---

[69] ① 구상표법 제9조 제1항 제11호에서 수요자를 기만할 염려가 있는 상표를 등록받을 수 없다고 규정한 취지는 기존의 상표를 보호하기 위한 것이 아니라 이미 특정인의 상표라고 인식된 상표를 사용하는 상품의 품질, 출처 등에 관한 일반 수요자의 오인·혼동을 방지하여 이에 대한 신뢰를 보호하고자 함에 그 목적이 있다할 것이므로, 그 상품이나 상표가 반드시 주지·저명하여야 하는 것은 아니고 적어도 국내의 일반거래에 있어서 수요자나 거래자에게 그 상품이나 상표라고 하면 특정인의 상품이나 상표라고 인식될 수 있을 정도로 알려져 있다면 그 적용대상이 된다고 할 것이다(대법원 1990.12.7. 선고 90후649 판결, 1993.2.9. 선고 92후674 판결, 1994.5.13. 선고 93후1131 판결 등).

② 구상표법(1990.1.13. 법률 제4210호로 개정되기 전의 것, 이하 같다) 제9조 제1항 제11호에서 규정하고 있는 수요자를 기만할 염려가 있다고 하기 위해서는 인용상표나 그 지정상품이 반드시 주지·저명하여야 하는 것은 아니지만 적어도 국내의 일반거래에 있어서 수요자나 거래자에게 그 상표나 상품이라고 하면 특정인의 상표나 상품이라고 인식될 수 있을 정도로 알려져 있어야 할 것이다. 이러한 경우에는 인용상표와 동일·유사한 상표가 같은 지정상품에 사용되어질 경우에만 위 규정에 의하여 일반 수요자로 하여금 상품의 출처의 오인·혼동을 일으켜 수요자를 기만할 염려가 있다고 할 수 있을 것이고(대법원 1995.2.3. 선고 94후1527 판결), 한편 인용상표가 그 지정상품에 대한 관계거래자 이외에 일반공중의 대부분에까지 널리 알려지게 됨으로써 저명성을 획득하게 되면 그 상표를 주지시킨 상품 또는 그와 유사한 상품뿐만 아니라 이와 다른 종류의 상품이라고 할지라도 그 상품의 용도 및 판매거래의 상황 등에 따라 저명상표권자나 그와 특수한 관계가 있는 자에 의하여 생산 또는 판매되는 것으로 인식될 수 있고 이러한 경우에는 수요자로 하여금 상품의 출처를 오인·혼동케 하거나 수요자를 기만할 염려가 있다할 것이며, 이 경우에는 구상표법 제9조 제1항 제10호 및 제11호 모두에 해당한다고 할 것이다(대법원 1988.12.27. 선고 87후 판결, 1990.10.10. 선고 88후226 판결 등 참조).

③ 원심은 인용상표가 구상표법 제9조 제1항 제10호가 규정하는 저명상표에 이르렀는지는 분명하지 아니하다고 하면서도 이 사건 등록상표는 위 제10호의 규정에 위반되어 등록되었다고 인정, 판단한 것은 심리를 미진하였거나 이유모순의 위법을 범한 것이라는 비난을 면하기 어렵고, 한편 인용상표가 주지·저명하지 아니한 경우에도 그 지정상품이 유사할 필요가 없다는 전제에서 인용상표의 지정상품과는 유사하지 아니한 이 사건 등록상표의 지정상품에 이 사건 등록상표를 사용하여도 수요자를 기만할 염려가 있다고 판단한 것은 위 제11호에 관한 법리를 오해하여 심결결과에 영향을 미친 위법이 있다(대법원 1995.6.13. 선고 94후2186 판결).

계에 있을 경우에는 주지 또는 어느 정도 알려진 경우에도 본 호가 적용되나 상품이 이종상품인 경우에는 그 대비되는 상표가 저명상표이어야 한다고 판시하고 있다.

❷ 상표가 동일 또는 유사할 것

출원상표가 본 호에 해당되기 위해서는 그 상표가 타인의 상표와 동일 또는 유사하여야 하며 상표가 동일 또는 유사하지 아니한 경우에는 본 호가 적용될 여지는 없다. 본호 역시 유명상표를 모방하여 출원한 상표의 등록을 금지하는 규정이라 할 수 있는데, 실제 출원하는 상표를 보면 유명상표와 동일하게 하여 출원하거나, 유명상표에 다른 문자 또는 도형을 결합하거나 또는 유명상표의 지배적인 모티브를 본따서 출원하는 경우가 대부분이다.

❸ 지정상품이 동종 또는 견련관계가 있을 것

본 호는 지정상품의 동종 · 이종 여부를 불문한다. 이는 오늘날 한 기업이 한 가지 업종의 사업에 그치는 것이 아니라 여러 가지 이질적인 사업을 확장, 영위하고 있는 거래사회 실정에 비추어 타인이 수요자에게 널리 알려진 특정인의 상표와 동일 또는 유사한 상표를 사용하는 경우에는 수요자는 그 상품을 특정인의 상품으로 인식할 우려가 있기 때문이다.

그러나 판례는 앞서 기술한 바와 같이 동종상품의 경우에 한하여 본 호가 적용되는 것으로 하고 있으며, 이종상품인 경우에는 그 타인의 상표가 저명상표이거나 또는 그 양상표의 지정상품 간에 특별한 경제적인 견련관계가 있는 경우에는 본 호가 적용되는 것으로 하고 있으며 실무도 이와 같이 운용하고 있다.[70]

5) 관련 문제

(1) 법률의 중복적용문제

❶ 법 제6조 제1항 제3호, 제4호와의 중복적용 문제

심사실무에 따르면 상표가 지정상품과의 관계에서 그 상품의 산지, 품질, 원재료표

---

70 이 사건 등록상표의 당시 원고의 선사용상표는 주지성을 획득하였고, 선사용상표의 표장과 이 사건 등록상표의 표장은 일반적 · 추상적인 유사성이 인정되나, 선사용상표와 이 사건 등록상표의 지정상품은 유사성이나 밀접한 경제적 견련성이 인정되지 아니하며, 선사용상표와 이 사건 등록상표의 사용실태에 비추어보면, 이 사건 등록상표는 그 지정상품과 관련하여 선사용상표와 구체적 출처의 오인 · 혼동 가능성이 있다고 할 수 없으므로, 구상표법 제7조 제11호에 해당된다고 볼 수 없다(특허법원 2007. 10. 26. 선고 2007허3387 판결 및 대법원 2008. 2. 14. 및 대법원 2007후4755 심볼기각).

시, 현저한 지리적 명칭에 해당하는 것으로서 동시에 상품의 품질을 오인·혼동케 할 우려가 있거나 혹은 수요자를 기만할 우려가 있는 경우에는 법 제6조 제1항 제3호·제4호의 규정을 적용하는 외에 법 제7조 제1항 제11호의 규정도 아울러 적용토록 하고 있다(상표심사기준).

그러나 본 호가 공익규정으로 이해되는 규정이기는 하나 상품의 산지, 품질, 원재료를 표시하거나 현저한 지리적 명칭에 해당하는 상표는 누구나 사용하기를 원하는 상표일 뿐만 아니라 자타상품의 식별력이 없어 이의 등록을 불허하는 입법취지와 법 제7조 제1항 제11호의 품질의 오인에는 상품의 품질의 열악은 포함되지 않는 것으로 해석(일본상표법 축조해설 참조)하는 등으로 미루어 볼 때 법률의 중복적용의 문제가 있다.

법 제6조 제1항 제3호·제4호에서 「산지, 품질, 원재료」 표시만으로 된 상표에 대하여 등록을 불허하고 있고 그 외 식별력이 있는 부분이 결합되어 있는 경우에는 상표등록을 인정하고 있는바, 중복적용의 논리에 따를 경우 대부분의 상표가 품질표시나 원재료표시에 해당되는 경우에는 그 이외에 식별력이 있는 부분과 결합되어 있다 하더라도 법 제7조 제1항 제11호에 해당됨을 면치 못할 것이므로 그 상표는 거절되거나 등록의 무효를 면치 못할 것이다.

❷ 법 제7조 제1항 제4호·제5호와의 중복적용문제

이 경우에도 법 제7조 제1항 제4호·제5호의 입법취지로 미루어 볼 때 제4호·제5호의 규정만 적용함이 타당하다 하겠다.

❸ 타인의 상표가 등록상표인 경우

타인의 상표가 미등록상표가 아닌 등록상표인 경우 법 제7조 제1항 제7호와 본 호를 중복하여 적용할 것인지에 대하여 의문이 있다. 그러나 본 호는 무엇보다도 미등록상표를 보호하고자 함에 그 취지가 있는 것임에 비추어 타인의 상표가 등록상표인 경우 본 호를 중복적용할 필요는 없는 것이다. 타인의 상표가 타류에 등록되고 당해 출원상표의 지정상품류 구분에 등록되지는 않았으나 그 상표가 당해 출원상표의 지정상품의 거래사회에서 수요자 간에 어느 정도 알려진 경우에는 본 호를 적용하고 법 제7조 제1항 제7호는 적용되지 않게 된다.

❹ 주지·저명상표의 경우

타인의 상표가 주지·저명상표인 경우에 법 제7조 제1항 제9호 또는 제10호와 본 호를 동시에 적용하느냐에 대하여 논란이 있으나 본 호는 주지·저명에 이르지 못한 상표(제9호, 제10호에 의하여 보호받지 못하는 상표)를 보호하고자 함에 그 취지가 있음에 비추어 그 타인의 상표가 주지 · 저명상표에 이르지 못한 경우에는 본 호만을 적용하여야 하며 타인의 상표가 주지 · 저명상표인 경우에는 본 호의 요건을 만족하므로 법 제7조 제1항 제9호 · 제10호와 본 호를 다 같이 적용할 수 있다.[71] 실무 및 판례는 본 호와 법 제7조 제1항 제9호 · 제10호를 동시에 적용하고 있다.

그러나 엄격한 의미에서 양 규정은 각각 분리 적용되는 것이 타당하다. 즉, 제7조 제1항 제9호 · 제10호를 만족하는 경우에는 동조 제11호는 적용될 필요가 없다 할 것이며 이들 조문을 다 같이 적용하는 경우 법률의 중복적용문제가 그대로 남는다.

(2) 알려진 정도 및 지정상품의 동일 또는 유사여부

본 호를 적용하여 당해 출원상표를 거절하거나 등록상표를 무효로 하기 위하여 타인의 상표는 어느 정도 알려질 것을 필요로 하느냐 하는 문제와 지정상품이 동종일 때와 이종일 때 어떻게 되는지에 대하여 논란이 있어 왔다.

판례는 당해 출원상표와 대비되는 상표의 지정상품이 동일 또는 유사할 경우에는 그 인용상표가 주지 또는 수요자에게 어느 정도 알려진 경우에도 본 호를 적용하는 것으로 하고 지정상품이 다를 경우에는 주지 또는 어느 정도 알려진 정도만으로는 부족하고 저명상표 이상으로 알려진 경우에 한하여 본 호가 적용될 수 있다고 판시하고 있으며,[72] 그리고 인용상표가 저명성을 획득할 정도로 일반 수요자에게 널리 알려지지 못

---

[71] 인용상표가 그 지정상품에 대한 관계거래자 이외에 일반공중의 대부분에까지 널리 알려지게 됨으로써 저명성을 획득하게 되면 그 상표를 주지시킨 상품 또는 그와 유사한 상품뿐만 아니라 이와 다른 종류의 상품이라고 할지라도 그 상품의 용도 및 판매거래의 상황 등에 따라 저명상표권자나 그와 특수한 관계가 있는 자에 의하여 생산 또는 판매되는 것으로 인식될 수 있고 이러한 경우에는 수요자로 하여금 상품의 출처를 오인 · 혼동케 하거나 수요자를 기만할 염려가 있다고 할 것이며, 이 경우에는 구상표법 제9조 제1항 제10호 및 제11호 모두에 해당한다고 할 것이다(대법원 1988.12.27. 선고 87후 7 판결, 1990.10.10. 선고 88후226 판결, 1995.6.13. 선고 94후2186 판결).

[72] 구상표법 제9조 제1항 제11호에서 규정하고 있는 수요자를 기만할 염려가 있다고 하기 위해서는 인용상표나 그 지정상품이 반드시 주지 · 저명하여야 하는 것은 아니지만 적어도 국내의 일반거래에 있어서 수요자나 거래자에게 그 상표나 상품이라고 하면 특정인의 상표나 상품이라고 인식될 수 있을 정도로 알려져 있어야 할 것이고, 이러한 경우에는 인용상표와 동일 · 유사한 상표가 같은 지정상품에 사용되어질 경우에만 위 규정에 의하여 일반 수요자로 하여금 상품의 출처의 오인 · 혼동을 일으켜 수요자를 기만할 염려가 있다 할 것이다(대법원 1995.2.3. 선고 94후1527 판결). 한편 인용상표가 그 지정상품에 대한 관계거래자 이외에 일반공중 대부분에까지 널리 알려지게 됨으로써 저명성을 획득하게 되면 그 상표를 주지시킨 상품 또는 그와 유사한 상품뿐만 아니라 이와 다른 종류의 상품이라고 할지라도 그 상품의 용도 및 판매거래의 상황 등에 따라 저명상표권자나 그와 특수한 관계가 있는 자에 의하여 생산 또는 판매되는 것으로 인식될 수 있고 이러한 경우에는 수요자로 하여금 상품의 출처를 오인 · 혼동케 하거나 수요자를 기만할 염려가 있다고 모두에 해당한다고 할 것이다(대법원 1988.12.27. 선고 87후7 판결, 1990.10.10. 선고 88후226 판결 및 1995.6.13. 선고 94후2186 판결 등).

하고 주지 또는 수요자나 거래자에게 특정인의 상표로 인식될 정도로만 알려져 있는 경우에는 상표가 사용되는 상품의 견련관계 등 특별한 사정이 있다고 보이는 경우에 한하여 본 호를 적용하고 있다.[73]

그러나 본 호의 입법취지가 법 제7조 제1항 제9호 · 제10호에 의하여 보호받지 못하는 상표를 보호함으로써 타인의 상표에 편승하고자 하는 상표의 등록을 금지하고자 함

---

[73] ① 상표법 제7조 제1항 제11호의 적용 대상이 되는 상표는 반드시 주지 · 저명하여야 하는 것은 아니고 적어도 국내의 일반거래에 있어서 수요자나 거래자에게 그 상표나 상품이라고 하면 특정인의 상표나 상품이라고 인식될 수 있을 정도로 알려져 있으면 위 규정에 의한 보호대상이 된다 할 것이나, 이러한 인용상표와 동일 · 유사한 상표가 상품 출처의 오인 · 혼동을 일으켜 수요자를 기만할 염려가 있다고 할 수 있으려면 지정상품 사이에 유사성이 있어야 하고 이러한 유사성이 없는 경우에는 비록 상표 자체가 유사하다 하더라도 일반 수요자로 하여금 상품의 출처의 오인 · 혼동을 일으켜 수요자를 기만할 염려가 있다고 할 수 없을 것이다(대법원 1995.2.3. 선고 94후1527 판결, 1995.7.14. 선고 95후231 판결 참조).

② 인용상표가 저명성을 획득할 정도로 일반 수요자에 널리 알려지지 못하고 수요자나 거래자에게 특정인의 상표로 인식될 수 있을 정도로만 알려져 있는 경우라도, 만일 어떤 상표가 인용상표와 동일 또는 유사하고, 인용상표의 구체적인 사용 실태나 양 상표가 사용되는 상품 사이의 경제적인 견련의 정도, 기타 일반적인 거래의 실정 등에 비추어, 그 상표가 인용상표의 사용상품과 동일 또는 유사한 상품에 사용된 경우에 못지않을 정도로 인용상표권자에 의하여 사용되는 것이라고 오인될 만한 특별한 사정이 있다고 보이는 경우라면 비록 그것이 인용상표의 사용상품과 동일 또는 유사한 상품에 사용된 경우가 아니라고 할지라도 일반 수요자로 하여금 출처의 오인 · 혼동을 일으켜 수요자를 기만할 염려가 있다고 보아야 할 것이다(대법원 1997.3.14. 선고 96후412 판결 참조).

③ 상표법 제7조 제1항 제11호에서 말하는 '수요자를 기만할 염려가 있는 상표'라고 하기 위해서는 인용상표나 그 사용 상품이 반드시 주지 · 저명하여야 하는 것은 아니지만 적어도 국내의 일반거래에 있어서 수요자나 거래자에게 그 상품이나 상표라고 하면 특정인의 상품이나 상표라고 인식될 수 있을 정도로 알려져 있어야 할 것이고, 이러한 경우에는 인용상표와 동일 · 유사한 상표가 같은 사용 상품에 사용되어질 경우에만 위 규정에 의하여 일반 수요자로 하여금 상품의 출처의 오인 · 혼동을 일으켜 수요자를 기만할 염려가 있다고 할 수 있을 것이며, 한편 인용상표가 그 사용 상품에 대한 관계거래자 이외에 일반 공중의 대부분에까지 널리 알려지게 됨으로써 저명성을 획득하게 되면 그 상표를 주지시킨 상품 또는 그와 유사한 상품뿐만 아니라 이와 다른 종류의 상품이라고 할지라도 그 상품의 용도 및 판매, 거래의 상황 등에 따라 저명상표권자나 그와 특수한 관계가 있는 자에 의하여 생산 또는 판매되는 것으로 수요자로 하여금 상품의 출처를 오인 · 혼동케 하거나 수요자를 기만할 염려가 있다고 할 것이고, 나아가 이미 특정인의 상표라고 인식된 상표를 사용하는 상품의 출처 등에 관한 일반 수요자의 오인 · 혼동을 방지하여 이에 대한 신뢰를 보호하고자 하는 위 규정의 목적에 비추어 보면, 인용상표가 저명성을 획득할 정도로 일반 수요자 사이에 널리 알려지지 못하고 수요자나 거래자에게 특정인의 상표로 인식될 수 있을 정도로만 알려져 있는 경우라도, 만일 어떤 상표가 인용상표와 동일 또는 유사하고, 인용상표의 구체적인 사용실태나 양 상표가 사용되는 상품 사이의 경제적인 견련의 정도, 기타 일반적인 거래의 실정 등에 비추어 그 상표가 인용상표의 사용상품과 동일 또는 유사한 지정상품에 사용된 경우에 못지않을 정도로 인용상표권자에 의하여 사용되는 것이라고 오인될 만한 특별한 사정이 있다고 보여지는 경우라면 비록 그것이 인용상표의 사용 상품과 동일 또는 유사한 지정상품에 사용된 경우가 아니라고 할지라도 일반 수요자로 하여금 출처의 오인 · 혼동을 일으켜 수요자를 기만할 염려가 있다고 보아야 할 것이다(대법원 1997.3.14. 선고 96후412 판결, 1997.10.14. 선고 96후2296 판결).

에 있고, 또 오늘날 한 기업이 여러 이질적인 사업에 진출하고 있는 실정에 비추어 본호는 동종상품의 경우는 물론 이종상품의 경우라도 경제적인 견련관계와 상관없이 본호를 적용함이 입법취지에 부합한다 할 것이다.

─ 사 례 ─

(사례 1) 〔상표 및 지정상품〕 이 사건 상표: QUEENBABY(제25류 야구화, 운동화 등), 인용상표: QUEEN, QUEENBABY(제25류 샌달, 부츠 등)

〔판례〕 ① 부가가치세 납부를 위하여 신고된 매출액만을 기준으로 개략적으로 계산하여볼 때, 2005년경 판매된 선등록상표2 또는 선사용상표를 사용한 상품수는 약 130,000켤레 정도(총매출액 26억 원, 평균판매가 20,000원)이고, 이는 2005년 당시의 여아 인구수 4,278, 281명의 3% 정도가 사용할 물량인 점, 선등록상표2와 선사용상표를 사용한 매장에는 전국의 주요 백화점, 대형마트, 인터넷 온라인매장 및 홈쇼핑매장이 포함되어 있고, 기타 매장까지 합칠 경우 150여 개에 이르며, 이를 기타 매장에서 판매한 상품의 매출액까지 포함할 경우 그 매출액은 상당하리라고 보이는 점, 선등록상표들과 선사용상표를 사용한 기간이 총 15년에 이르는데다 원고회사의 상호 중 회사의 종류를 나타내는 부분을 생략하면 이 사건 등록상표와 동일하게 호칭되는 점 및 상표권자로 등록된 피고의 남편도 선등록상표2 등을 사용한 상품들에 대한 소비자들의 신뢰를 이용하고자 선등록상표2가 존속기간만료로 소멸 등록된 채 얼마 지나지 않아 피고로 하여금 선등록상표2 또는 선사용상표와 동일·유사한 이 사건 등록상표를 등록하게 한 것으로 보이는 점을 더하여 보면, 이 사건 등록상표가 등록결정당시인 2007.11.15.경 선등록상표2 또는 선사용상표가 국내에서 주지·저명에 까지는 이르렀다고 볼 수는 없지만, 국내 수요자나 거래자에게 특정인의 상표라고 인식될 정도로 알려져 있었다고 할 것이다.

② 이 사건 등록상표의 지정상품 중 무효청구 지정상품에서 가죽신, 고무신, 골프화, 구둣창, 농구화, 단화 등의 지정상품은 선등록상표2 또는 선사용상표를 사용한 상품인 여아용 구두, 샌들, 부츠와 유사하다. 그 외에 나머지 상품인 아동복, 유아복에 관하여 보면, 앞서의 각 증거에 의하여 인정되는 최근 토털패션화의 경향으로 신발업체에서 의류까지 함께 제조하여 판매하고 있는 점, 위 지정상품이 선등록상표2 또는 선사용상표를 사용한 상품과 동일하게 아동, 유아를 수요자로 하고 있는 점 등을 고려하면, 위 지정상품과 선등록상표2 또는 선사용상표를 사용한 상품 간에는 경제적인 견련의 정도가 밀접하다고 할 수 있다.

③ 따라서 선등록상표2 또는 선사용상표와 동일·유사한 이 사건 등록상표가 이 사건 무효청구 지정상품에 사용되는 경우 선등록상표2 또는 선사용상표의 사용상품과 그 출처의 오인·혼동을 초래할 염려가 있다 할 것이므로, 이 사건 등록상표의 지정상품 중 무효청구 지정상품 부분은 수요자를 기만할 염려가 있는 상표에 해당한다 할 것이다(특허법원 2009.4.17. 선고 2008허12159 판결 심결취소, 대법원 2009. 7.23. 선고 2008후1545 판결).

(사례 2) 〔상표 및 지정상품〕 이 사건 상표: 해비치(제41류 문화재전시업, 미술관경영업 등), 인용상표: Haevichi, 해비치(제43류 콘도미니엄업, 회원제숙박설비운용업 등)

〔판례〕 ① 원고는 2003년 초 해비치 리조트 주식회사란 상호를 사용하면서, 그 약칭인 '해비치', 'Haevichi'를 각 서비스표로 출원하고 그 무렵부터 원고의 리조트 및 레저시설과 골프장에 사용하여 왔으며, 이 사건 출원서비스표가 출원되기 전 인 2007.5.경 제주도에 6성급의 해비치 호텔을 개원하였고, 기존의 해비치 컨트

리클럽, 해비치 리조트콘도미니엄과 함께 묶어서 원고의 대표적인 리조트 시설로 홍보하였으며 2007년 초에는 경기도 남양주에 해비치 컨트리클럽을 개장하였으며, 원고가 해비치라는 상표를 개발하기 위해 투자한 CI 개발비용은 합계 2억 4천만 원 정도이고, 2003년부터 이 사건 등록상표의 출원 이전까지 광고비로 지출한 비용은 약 11억 원 정도이며, 국내외 주요일간지, 경제전문지, 인터넷신문 등에 원고의 해비치 리조트, 해비치 컨트리클럽, 해비치 호텔 등에 관한 기사를 내보냈고, 특히 해비치 호텔은 휴가패키지 상품과 연계하여 '해비치 아트 페스티벌', '청소년 합창단 연주회'를 열기도 하였다.

위 인정 사실에 비추어 보면, 선등록상표인 '해비치' 또는 'Haevichi'는 이 사건등록서비스표의 출원 당시인 2007.7.18. 무렵에는 리조트나 휴양지, 골프시설의 일반 수요자에게는 적어도 특정인의 서비스업 표지로 인식되어진 이른바 주지의 서비스표에 해당한다고 볼 것이다.

② 이 사건 등록서비스표의 지정서비스업은 '문화재전시업, 미술관경영업' 등이고 선등록서비스표의 지정서비스업은 '콘도미니엄업, 회원제숙박설비운영업' 등으로서, 양 서비스업의 종류가 문화나 휴양과 관련된 것으로서 서로 보완적이거나 대체적인관계에 있고, 한편으로는 국내에서 문화와 휴양을 합친 문화시설 및 휴양시설을 동일한 사업자가 제공하는 경우도 어렵지 않게 찾아 볼 수 있는 점 등에 비추어 보면, 미술관이나 박물관 등의 이용자와 호텔이나 휴양 리조트의 이용자를 명확히 구분하기 어려우므로 이 사건 등록서비스표의 지정서비스업과 선등록서비스표들 사이의 서비스업은 어느 정도 경제적인 견련성을 갖는다고 보는 것이 상당하고, 가사 위 지정서비스업 사이의 경제적인 견련성이 다소 떨어진다고 하더라도 이 사건 등록서비스표의 표장이 일부 선등록서비스표의 표장과 완전히 동일하고, 피고가 이 사건 등록서비스표를 운영하는 미술관과 원고가 선등록서비스표를 사용해서 운영하는 골프컨트리클럽이 인접한 위치에 있고, 위 미술관은 골프 컨트리클럽의 진입로 입구에 위치해 있는 구체적인 실정까지 고려하면, 이 사건 등록서비스표는 선등록서비스표들과 그 출처에 관하여 오인이나 혼동을 우려가 높은 서비스표에 해당한다고 봄이 합당하므로 상표법 제7조 제1항 제11호의 무효사유에 해당한다(특허법원 2010.2.3. 선고 2009허6540판결 심결취소, 대법원 2010.4.29. 선고 2010후753 판결 참조).

(사례 3) 〔상표 및 지정상품〕 이 사건 상표: 돈사돈(제43류 간이식당업, 식당체인업, 한식점업 등), 인용상표: (제43류 한식점업 등)

〔판례〕 ① 피고는 2006.1.20.경 제주시 노형동에서 선사용서비스표를 사용하여 돼지고기를 전문으로 하는 '한식점'업을 개업하여 현재까지 운영하고 있고, 2010.3. 2.경에는 서울 마포구 합정동에 체인점도 생겼는데, 제주 본점의 매출액이 2006년에는 약 9천 9백만 원, 2007년에는 약 2억 4천 4백만 원, 2008년에는 약 6억 2천 9백만 원, 2009년에는 약 12억 2천 8백만 원, 2010년 전반기에는 약 7억 2천 7백만 원에 이르며, 피고의 한식점은 2009.3.9. KBS 2TV '1박2일' 프로그램을 통해서 1박2일 출연진들이 게임을 하면서 식사를 하는 맛 집으로, 2010.3 26. KBS 2TV 'VJ 특공대' 프로그램을 통해서 생고기를 전문으로 하는 맛집으로 각 방영되었으며, 2008.11.4. 잡지 '코시론'에는 근고기를 잘하는 맛집으로, 2009.6.2. 'YETECH'에는 연예인들과 각종 인사들이 제주도에 오면 꼭 찾는 유명한 근고기 전문점으로, 2009.6.15. '관광경제신문'에는 정재계 인사들이 찾고 '1박2일' 프로그램 촬영팀이 회포를 풀어 화제가 된 맛집으로 보도되었으며, 피고의 한식점은 2009.12.24.경에 네이버 블로그 '해피닥'에, 2010.3.26.경에 네이버 카페 'ggmatzip'에 인기 있는 맛집으로 소개되는 등 블로그 및 카페 등을 통해서도 소개되었고, 포털사이트 다음(Daum)의 지식서비스에서는 2009. 4월, 5월 및 8월에 걸쳐 제주도에 여행가면 들려야 하는 유명한 맛 집으로 추천되기도 하였다. 위에서 본바와 같이 피고가 2006.1.경부터 2010.4.경까지 약 4년 3개월 동안 선사용서비스표를 한식점에 사용하면서 적지 않은 매출액을 올려왔을 뿐만 아니라 매출액이 매년 약 2배씩 성장하는 등 급등하는

추세에 있는 점, 방송·잡지·신문 및 인터넷 등을 통하여 유명한 맛집으로 여러 차례 소개되었고, 특히 '1박 2일'과 같이 시청률이 높은 프로그램을 통해서 화제가 되었던 등을 종합하면, 선사용서비스표는 이 사건 등록서비스표의 등록결정 당시에 일반수요자나 거래자에게 특정인의 서비스표로 인식될 정도로 알려졌다고 할 것이다.

② 따라서 이 사건 등록서비스표는 그 등록결정 당시 국내에서 특정인의 서비스표로 알려진 선사용서비스표와 표장 및 지정서비스업이 유사하여 그 지정서비스업에 사용될 경우 선사용서비스표의 사용자에 의하여 사용되는 것으로 오인 혼동을 불러일으켜 수요자를 기만할 염려가 있다 할 것이므로 상표법 제7조 제1항 제11호에 해당한다고 봄이 타당하다(특허법원 2014.6.26. 선고 2014 판결 심결지지, 대법원 2014후1457 상고취하).

(사례 4) 〔상표 및 지정상품〕 이 사건 상표: (제29류 인삼성분이 함유된 돼지고기)

〔판례〕 등록상표가 상표법 제7조 제1항 제11호에 해당하는지 여부를 판단함에 있어서는, 그 지정상품이 현실적으로 존재할 수 없는 경우를 제외하고는 상표 자체의 구성과 그 지정상품과의 관계를 기준으로 판단하여야 하고, 상표이외의 거래실정이나 상표권자의 주관적인 의도는 감안해서는 아니 되며, 이 사건 등록상표의 지정상품인 "인삼성분이 함유된 돼지고기"는 을 제2호증(2005.1.27. 등록된 '인삼사포닌이 함유된 사료 및 그의 제조방법'에 관한 특허공보)에 의하면, 인삼사포닌이 함유된 사료를 급여함으로써 현실적으로 생산가능하다고 보이므로 이 사건 등록상표의 등록결정시인 2005.3.18.경 이 사건 등록상표 자체의 구성과 그 지정상품을 비교하면 품질오인의 우려가 있다고 할 수 없다(특허법원 2006.4.12. 선고 2006허589 판결, 대법원 2006.7.13. 선고 2006후1186 판결).

(사례 5) 〔상표 및 지정상품〕 이 사건 상표: (제30류 된장, 간장, 고추장, 화학조미료, 식초 등)

〔판례〕 이 사건 등록상표가 그 지정상품인 '된장, 간장, 고추장' 등에 사용된다 하더라도 일반 수요자나 거래자들이 이 사건 등록상표의 지정상품들을 우유가 첨가된 제품으로 그 품질을 오인할 염려가 있다고 인정하기는 어렵다(특허법원 2007.9.20. 선고 2007허5994 판결 심결지지).

(사례 6) 〔상표 및 지정상품〕 이 사건 상표: IBK(제35류 광고알선업, 기업선전보험업 등), 인용상표: IBK(제36류 할부금대부업, 할부판매금융업 등)

〔판례〕 위 인정사실에 의하면, 원고는 1987.12.1.경부터 "IBK"를 원고의 약칭이나 서비스표로 사용해온 사실은 인정이 되나, 그 사용내역을 보면, 대부분 원고의 외국과의 거래를 위한 서류(문서)와 원고의 내부문서 또는 직원을 위한 자료에 사용하였거나 제한된 수요자의 범위 내에서 사용하였고, 그 사용 태양 또한 원고의 공식 한글 명칭인 기업은행이 주로 사용되었고, 그 영문 약칭인 IBK는 이에 보조적이거나 부수적으로 사용된 것으로 보일뿐 그 영문자인 IBK가 주된 서비스표로서 거래 일반 소비자들을 상대로 광범위하게 지속적으로 사용되었다고 보기 어려워 선사용서비스표는 이 사건 등록서비스표의 출원시나 등록여부 결정시 주지·저명성을 취득하였다거나, 국내의 일반거래에 있어서 수요자나 거래자에게 그 서비스표 또는 서비스업이라고 하면 곧 특정인의 서비스표나 서비스업이라고 인식될 수 있을 정도로 알려져 있다고 보기 어렵다(특허법원 2009.9.4. 선고 2009허504 판결 심결지지).

(사례 7) 〔상표 및 지정상품〕 이 사건 상표: Clio blue(클리오 블루)(제18류 모피, 원혁 등), 인용상표:

Clio blue (제14류 시계, 목걸이, 가죽제품 등)

〔판례〕 ① 선사용상표는 이 사건 등록상표의 등록결정일인 2007.8.6.경 국내에서 가죽제품을 제외한 나머지 선사용상품과 관련하여 일반 수요자나 거래자에게 그 상표 또는 상품이라고 하면 곧 원고의 선사용상표나 선사용상품으로 인식될 수 있을 정도로 알려져 있던 것으로 판단된다.

② 이 사건 등록상표의 지정상품은 상품류 구분 제18류의 모피, 원혁, 유혁 인조모피 등으로서 그 전부가 가죽원료에 관한 것인 반면, 선사용상표의 상품은 시계, 목걸이, 귀걸이 반지, 가죽제품, 액세서리로서 그 중 가죽제품을 제외한 나머지 상품은 이 사건 등록상표의 지정상품과 유사하지 아니하다 할 것이고, 앞서 본 바와 같이 원고의 선사용상품으로 되어 있는 것 중 '가죽제품'은 국내에서 유통되거나 판매된 사실에 대한 증거가 거의 없거나 현저히 부족하므로 '가죽제품'을 선사용상표의 선사용상품에서 제외시킨다면 결국 이 사건 등록상표의 지정상품은 선사용상품과 유사하지 아니한 경우에 해당한다.

③ 따라서 선사용상표는 특정인의 상표로 인식될 정도로 인식되어 있는 상표에 해당하고 이 사건 등록상표의 상표가 선사용상표와 유사하지만, 그 지정상품이 선사용상표의 상품과 유사하지 아니하므로 이 사건 등록상표는 상표법 제7조 제1항 제11호에 해당하지 아니한다(특허법원 2010.7.28. 선고 2009허7253 판결 심결지지).

13. 부정한 목적을 가지고 사용하는 상표(법 제7조 제1항 제12호)

1) 의 의

상표법 제7조 제1항 제12호에서 규정한 「부정한 목적을 가지고 사용하는 상표」라 함은 국내 또는 외국의 수요자 간에 특정인의 상품을 표시하는 것이라고 인식되어 있는 타인의 상표에 편승하여 부당한 이익을 얻거나 그에게 손해를 가하는 등 부정한 목적으로 사용하는 상표를 말한다.

본 규정은 특히 국내인이 외국의 유명상표를 모방하여 사용하는 경우가 빈번함에 따라 이를 방지하기 위하여 마련된 규정으로 이와 유사한 취지를 담고 있는 상표법 제7조 제1항 제11호 및 동 제7조 제1항 제9호·제10호와의 충돌을 여하히 조정하느냐가 관건이라 하겠다. 본 규정의 신설로 국내의 유명상표는 물론 외국의 유명상표에 대한 보호가 한층 강화되었다고 할 수 있다.

본 호는 1997.8.27. 법률 제5355호에서 신설된 규정(1998.3.1. 시행)으로 종전의 규정(2007.1.3. 법률 제8190호 이전의 법)에서는 본 호 전단을 「국내 또는 외국의 수요자 간에 현저하게 인식되어 있는 상표」라고 규정되었던 것을 개정법(2007.1.3. 법률 제8190호)에서 「국내 또는 외국의 수요자 간에 특정인의 상품을 표시하는 것으로 인식되어 있는 상표」와 같이 개정함으로써 주지·저명상표에 이르지 아니한 상표의 경우에도 본 호에 의하여 보호받을 수 있도록 그 보호요건을 완화하였다.[74] 본 호가 적용되는 상표등록출원은 2007.7.1. 이후부터이다.

2) 제도적 취지

오늘날 상표의 중요성은 날로 증대되고 있는 실정으로 기업은 막대한 개발비와 광고비를 들여 자신의 고유상표를 개발하여 광고·선전함으로써 수요자는 그 상표가 누구의 상표인지를 인식하게 되고 기업은 이를 주요한 상품판매전략의 하나로 삼고 있다.

따라서 타인이 이와 같이 수요자에게 인식되어 있는 상표의 신용에 무단으로 편승하여 부정한 이익을 얻으려 하거나, 그 상표가 등록되지 않은 점을 악용하여 상표등록을 받음으로써 타인의 상표등록을 저지하여 손해를 끼치거나, 상표권을 희석화하는 경우 상표권자의 이익이 크게 손상됨은 물론 쓸데없는 상표권 분쟁을 야기하고 건전한 상거래질서를 깨뜨리게 된다.

최근 들어 정당한 상표권자가 아닌 제3자가 국내 유명상표와 지정상품을 달리하여 상표등록을 받거나 외국의 유명상표를 부정한 방법으로 상표등록을 받는 경우가 빈번해지자 특허청은 그간 상표심사기준으로 정하여 운영해 오던 것을 이를 상표법상 좀 더 명백히 하기 위해 관련규정을 신설하기에 이르렀으며, 특히 이러한 규정은 미국, 영국, EU, 독일 등 대부분의 국가에서 오래전부터 갖고 있는 규정이고 또 일본도 동일한 규정을 신설하여 1997.4.부터 시행하고 있음을 감안하여 본 규정을 제정하게 된 것이다.

3) 적용요건

(1) 상표가 동일 또는 유사할 것

❶ 상표의 동일

상표의 동일이라 함은 상표의 요부뿐만 아니라 부기적 부분과 색채까지도 완전히 동일한 것을 말한다. 문자 상표의 경우 문자의 배열(종, 횡)이나 글자체(필기체, 인쇄체)도 같은 것을 의미한다. 본 호에서의 모방상표는 그 타인의 상표를 그대로 본딴 경우가 대

---

[74]　현행 상표법 제도는 속지주의, 선출원주의, 등록주의 원칙에 따라 국내에 먼저 출원하여 등록한 상표를 권리로서 보호하고 있으며, 국내 또는 외국의 수요자 간에 주지·저명한 상표인 경우만 예외적으로 등록할 수 엇도록 규정함에 따라 이러한 제도를 악용하여 정당한 권리자가 아닌 제3자가 국내외의 유명하지 않은 상표와 동일 또는 유사한 상표를 국내에 먼저 출원하여 등록받은 후 정당한 권리자의 상표 사용을 못하게 하거나 부당하게 고액의 권리 이전료를 요구하는 사례가 발생하고 있으며, 일반 소비자들로 하여금 상품출처를 오인·혼동케 함에 따라 이와 같이 개정한 것이다(특허청 개정상표법 설명회 자료 참조).

부분이다.

❷ 상표의 유사

상표의 유사라 함은 대비되는 2 이상의 상표가 동일하지는 않지만 그 두 상표가 동종상품 또는 이종상품에 다 같이 사용되는 경우 수요자가 상품출처의 오인·혼동을 일으킬 정도로 외관·호칭 또는 관념이 유사한 상표를 말하는데, 본 호에서의 유사는 타인의 상표를 그대로 모방한 후 그 모방한 상표에 도형이나 다른 문자를 결합하여 구성된 경우가 대부분이다.

(2) 국내 또는 외국의 수요자 간에 특정인의 상표로 인식될 정도로 알려져 있을 것

❶ 국내 또는 외국에서 알려졌을 것

이는 상표가 국내 또는 외국에서 수요자 간에 알려진 것을 말한다. 상표법 제7조 제1항 제9호·제10호 소정의 주지·저명상표, 제11호의 수요자 간에 특정인의 상표로 인식된 상표는 국내의 수요자 간에 널리 알려진 상표를 의미하므로[75] 그간 외국에서 널리 알려진 소위 외국의 유명상표는 그것이 국내에서 수요자 간에 알려진 것이 아닌 한 상표법 제7조 제1항 제9호 내지 제11호에 의한 보호를 받을 수가 없었다. 그러므로 외국의 유명상표를 모방한 상표가 출원되는 경우 그 외국의 유명상표가 국내에서 널리 알려졌음을 인정할만한 구체적 자료가 없는 한 이와 동일 또는 유사한 상표는 등록될 수밖에 없었다.

따라서 외국의 유명상표가 국내에서 수요자 간에 알려지지 않았다 하더라도 그 상표가 외국에서 수요자 간에 알려진 경우에는 이와 동일 또는 유사한 상표는 본 호에 의하여 상표등록을 받을 수 없게 된다.

본 호는 무엇보다도 외국의 유명상표를 보호하고자 마련된 규정이라 할 수 있으나 국내의 유명상표도 본 호에 의하여 보호됨은 물론이다.

❷ 특정인의 상표로 인식될 정도로 알려져 있을 것

종전의 법(2007.1.3. 법률 제8190호 이전의 법)에서는 상표등록출원이 본 호에 해당하기 위해서는 그 타인의 상표가 주지·저명상표이어야 했으나 2007.1.3. 법률 제8190호에서 이를 개정하여 그 타인의 상표가 주지·저명상표에 이르지 아니하고 「특정인의 상표로 인식될 정도로 알려진 경우」에도 본 호를 적용할 수 있는 것으로 하였다.

특정인의 상표로 인식되었음이 어느 정도로 인식되었는지 논란이 있을 수 있다 하겠

---

75   대법원 1987.12.22. 선고 87후57 판결 및 1987.4.25. 선고 87후92 판결 등

으나 상표법 제7조 제1항 제9호 및 제10호에서 규정한 현저하게 인식된 상표, 즉 주지·저명상표에는 이르지 아니하였으나 수요자가 특정상표의 상품을 대하는 경우 그 상표의 상품이 특정인이 생산·판매하는 것으로 인식할 수 있는 정도에 이른 상표를 말하며 상표법 제7조 제1항 제11호와 같은 수준이라 할 수 있다.

한편, 타인의 상표가 법 제7조 제1항 제9호, 제10호 소정의 주지·저명상표에 이르는 경우에도 출원상표에 대하여 본 호를 적용하여 거절할 수 있음은 물론이다.

(3) 부정한 목적을 가지고 사용하는 상표일 것

1 부정한 목적이 있을 것

출원한 상표가 본 호를 이유로 상표등록이 배제되기 위해서는 그 타인의 상표가 국내 또는 외국의 수요자 간에 현저하게 인식된 것만으로는 부족하고 그 출원상표는 부정한 목적을 가지고 사용하는 상표이어야 한다.

「부정한 목적」이라 함은 타인의 신용에 무단으로 편승하여 부정의 이익을 얻으려 하거나 타인이 개발하여 사용하는 상표가 등록되지 않은 점을 악용하여 타인의 상표등록을 저지할 의도로 상표등록출원하여 등록받고자 하는 경우 및 타인의 명성을 부당하게 이용하거나 저해함으로써 상표권을 희석화 하는 경우 등을 말한다.[76]

그러나 출원한 상표가 이러한 부정한 목적이 있는지 여부에 관한 인지(認知)나 판단은 매우 어려운 일로서 주로 당사자의 정보제공이나 이의신청에 의하여 인정될 수 있는데,[77] 실무적으로는 판례의 취지에 따라 그 특정인의 상표의 주지·저명성 또는 창작

---

[76] 특허청 1996.4. 상표법 개정이유 참조

[77] ① 상표법 제7조 제1항 제12호는 국내 또는 외국의 수요자 간에 특정인의 상품을 표시하는 것이라고 현저하게 인식되어 있는 상표(지리적 표시를 제외한다)와 동일 또는 유사한 상표로서 부당한 이익을 얻으려 하거나 그 특정인에게 손해를 가하려고 하는 등 부정한 목적을 가지고 사용하는 상표는 상표등록을 받을 수 없도록 규정하고 있는바, 위 규정은 국내 또는 외국의 수요자 간에 특정인의 상표라고 현저하게 인식되어 있는 상표가 국내에서 등록되어 있지 않음을 기회로 제3자가 이를 모방한 상표를 등록하여 사용함으로써 주지상표에 화체된 영업상의 신용이나 고객흡인력 등의 무형의 가치에 손상을 입히거나 주지상표권자의 국내에서의 영업을 방해하는 등의 방법으로 주지상표권자에게 손해를 가하고 또는 이러한 모방상표를 이용하여 부당한 이익을 얻을 목적으로 사용하는 상표는 그 등록을 허용하지 않으려는 취지이다. 따라서 어떤 상표가 위 규정에 해당하기 위해서는 그 상표가 국내 또는 외국의 수요자 간에 특정인의 상표라고 현저하게 인식되어 있는 주지상표이어야 하고, 제3자가 특정인의 주지상표와 동일 또는 유사한 상표를 부정한 목적으로 사용하여야 하는바, 그 중 부정한 목적이 있는지 여부는 특정인의 상표의 주지·저명 또는 창작성의 정도, 특정인의 상표와 제3자의 상표의 동일·유사성의 정도, 제3자와 특정인 사이의 상표를 둘러싼 교섭의 유무와 그 내용, 기타 양 당사자의 관계, 제3자가 등록상표를 사용하는 사업을 구체적으로 준비하였는지 여부, 등록상표와 특정인의 상표의 지정상품의 동일·유사성 내지 경제적 견련관계 유무, 거래실정 등을 종합적으로 고려하여야 하며, 위 규정

성 정도, 특정인의 상표와 출원인 상표의 동일·유사성 정도, 출원인과 특정인 사이의 상표를 둘러싼 교섭의 유무와 그 내용, 기타 양당사자의 관계, 출원인이 상표를 이용한 사업을 구체적으로 준비하였는지 여부, 상품의 동일·유사성 내지는 경제적인 견련관계유무, 거래실정등을 종합적으로 고려하여 판단하는 것으로 하고 있다.

❷ 부정한 목적으로 사용할 것

본 호 후단에서는 「부정한 목적을 가지고 사용하는 상표」라고 규정하고 있어 출원 상표가 본 호에 해당되기 위해서는 그 상표가 「부정한 목적을 가진 것」만으로는 부족하고 실제 「부정한 목적으로 상표를 사용할 것」을 요건으로 하고 있는데, 현실적으로 부정한 목적으로 상표를 사용하고 있는 경우는 물론 부정한 목적을 가지고 사용할 것으로 인정되는 경우에도 여기에 포함되는 것으로 해석된다.

(4) 상품의 동일 또는 유사 불문

출원한 상표가 본 호에 해당되기 위해서는 그 상표가 국내 또는 외국의 수요자 간에 현저하게 인식된 타인의 상표와 동일 또는 유사하면 족하며 지정상품의 동일 또는 유사여부는 문제되지 않는다. 따라서 국내 또는 외국의 수요자 간에 특정인의 상표로 인식된 타인의 상표와 상표가 동일 또는 유사하고, 그 상표를 부정한 목적으로 사용하는

에 해당하는지의 여부는 등록상표의 출원 당시를 기준으로 판단하여야 한다(대법원 2004.5.14. 선고 2002후1362 판결).

② 상표법 제7조 제1항 제12호는 국내 또는 외국의 수요자 간에 특정인의 상품을 표시하는 것이라고 현저하게 인식되어 있는 상표와 동일 또는 유사한 상표로서 부당한 이익을 얻으려 하거나 그 특정인에게 손해를 가하려고 하는 등 부정한 목적을 가지고 사용하는 상표는 등록될 수 없다고 규정하고 있는 바, 위 규정은 국내 또는 외국의 수요자 간에 현저하게 인식되어 있는 이른바 주지상표에 대하여, 제3자가 이를 모방하여 상표를 등록하여 사용함으로써 주지상표에 화체된 영업상의 신용이나 고객흡인력 등의 무형의 가치에 손상을 입히거나 주지상표권자의 국내에서의 영업을 방해하는 등의 방법으로 주지상표권자에게 손해를 가하거나 이러한 모방상표를 이용하여 부당한 이익을 얻을 목적으로 사용하는 상표는 그 등록을 허용하지 않는다는 취지이다.

따라서 위 규정에 해당하기 위해서는 제3자가 국내 또는 외국의 수요자 간에 특정인의 상표라고 현저하게 인식되어 있는 주지상표와 동일 또는 유사한 상표를 부정한 목적으로 사용하여야 하는바, 그 중 특정인의 상표가 주지상표에 해당하는지 여부는 그 상표의 사용기간, 방법, 태양 및 이용범위 등과 거래실정 또는 사회통념상 객관적으로 널리 알려졌느냐의 여부 등이 기준이 되고, 부정한 목적이 있는지 여부는 특정인의 상표의 주지·저명 또는 창작성의 정도, 특정인의 상표와 제3자의 상표의 동일·유사성의 정도, 제3자와 특정인 사이의 상표를 둘러싼 교섭의 유무와 그 내용, 기타 양 당사자의 관계, 제3자가 등록상표를 이용한 사업을 구체적으로 준비하였는지 여부, 등록상표와 특정인의 상표의 지정상품의 동일·유사성 내지 경제적 견련관계 유무, 거래실정 등을 종합적으로 고려하여 판단하여야 하며, 위 규정에 해당하는지 여부는 등록상표의 출원 당시를 기준으로 판단하여야 한다(대법원 2006.4.14. 선고 2004후592 판결, 2005.4.14. 선고 2004후3379 판결 등).

경우에는 지정상품의 동일 또는 유사에 관계없이 본 호가 적용된다.

이와 관련하여 판례는 본 호 소정의 「부정한 목적」 여부를 판단함에 있어 그 타인의 상표가 특정인의 상품을 표시하는 것으로 인식될 정도로 알려졌거나 또는 주지상표 정도로 알려진 경우로서, 타인의 상표와 출원상표의 상표가 동일 또는 유사하고 상품이 동일 또는 유사한 경우에는 상표의 구성양태(창작성, 모티브, 아이디어 등) 등을 참작하여 모방상표라고 인정되는 경우에는 부정한 목적이 있는 것으로 판단하나, 그 상품이 동일 또는 유사하지 아니한 경우에는 상품 간에 경제적인 밀접한 견련관계가 있는 경우에 본 호에 해당하는 것으로 판시하고 있으며, 경제적으로 견련관계가 없거나 적은 경우에는 그 타인의 상표의 유명성 정도(저명상표 이상), 희석화 여부 등을 따져 본 호에 해당하는 것으로 판단하고 있다.[78]

---

78   ① 선사용상표 "DAKS"는 원고가 창작한 것으로서 별다른 의미를 갖지 않는 조어상표이므로 이 사건 등록상표의 표장은 원고의 선사용상표를 모방한 것으로 보이고, 선사용상표의 사용상품인 의류 · 침구류 등의 패션용품과 이 사건 등록상표의 지정상품인 침대 등의 가구류 등 사이에는 상당한 경제적 견련관계가 있어, 피고는 결국 국내에서 널리 알려진 선사용 상표를 모방하여 선사용상표가 가지는 양질의 이미지와 고객흡인력에 무상으로 편승하여 부당한 이익을 얻으려 하거나, 선사용상표의 사용자인 원고에게 손해를 가할 목적으로 이 사건 등록상표를 출원 · 등록하여 사용하는 것이라고 봄이 상당하다 할 것이어서, 이 사건 등록상표에 구 상표법(2007.1.3. 법률 제8190호로 개정되기 전의 것, 이하 같다) 제7조 제1항 제12호가 정한 등록무효사유가 있다고 판단하였다.

관련 법리와 기록에 비추어 살펴보면, 원심의 위와 같은 사실인정과 판단은 옳은 것으로 수긍이 가고, 거기에 상고이유에서 주장하는 바와 같은 채증법칙 위반이나 법리오해 등의 잘못이 없다(대법원 2010. 8.19. 선고 2009후4667 판결).

② 선사용상표 3은 영어나 다른 외국어에서 쓰이지 않는 조어상표로서 거래계에서 그 사용례를 쉽게 찾아볼 수 없고, 피고는 선사용상표 3의 첫 여섯 글자인 'Häagen'을 동일하게 사용하여 이 사건 등록상표를 출원한 것으로 보이므로, 이 사건 등록상표의 표장은 원고의 선사용상표 3을 모방한 것으로 추정된다.

따라서 비록 이 사건 등록상표의 자정상품이 '가죽신' 등으로 선사용상표 3의 사용상품인 '아이스크림'과 유사성 내지 경제적 견련관계가 없는 것으로 보이고, 피고들이 이 사건 등록상표의 출원 이전에 선출원한 "Häagendess" 1881를 이용한 사업을 준비하여 왔다고 하더라도, 위 인정사실에서 보는 바와 같이 일반 수요자나 거래자들의 상당수가 '하겐데스'와 '하겐다즈'를 혼동하거나 관련이 있다고 느끼고 있는 거래실정까지 고려하여 보면, 원고의 선사용상표 3과 유사한 이 사건 등록상표를 사용하는 것은 저명상표로서의 원고의 선사용상표 3이 가지는 양질감 등의 가치를 희석화하는 것이므로, 피고들은 결국 저명상표인 원고의 선사용상표 3을 모방하여 원고의 상표가 가지는 양질의 이미지나 고객흡인력에 편승하여 부당한 이익을 얻거나 원고의 상표의 가치를 희석화하여 그 상표권자인 원고에게 손해를 가할 목적으로 이 사건 등록상표를 출원 · 등록하여 사용하는 것이라고 봄이 상당하다(특허법원 2010.7.23. 선고 2010허1732 판결, 대법원 2010.12.9. 선고 2010후2568 심불기각).

③ 선사용상표가 세계적으로 유명한 디자이너인 톰 포드가 자신의 이름을 상표로 한 상표로서 우리나라에서 그 사용상품인 선글라스에 관하여 특정인의 상품을 표시하는 것이라고 인식된 상표임과 선사용상표와 이 사건 등록서비스표가 도형의 유무에서만 차이가 있을 뿐 문자 부분은 동일한 표장임은

앞서 본 바와 같다. 그리고 위 인정사실에서 보는 바와 같이 피고는 타인의 상표에 별다른 식별력이 없는 도형을 부가하는 등의 방법으로 타인의 상표를 모방하여 출원하여 온 전력이 있는 점을 아울러 감안하여 보면, 이 사건 등록서비스표는 원고의 선사용상표를 모방한 것으로 추정된다.

따라서 비록 이 사건 등록서비스표의 지정서비스업이 '간이식당업' 등으로 선사용상표의 사용상품인 '선글라스'와 유사성 내지 경제적 견련관계가 부족해 보인다 하더라도, 위 인정사실에서 보는 바와 같이 피고가 이 사건 등록서비스표를 현재 사용하지 않고 있는 점을 고려하여 보면, 피고가 원고의 선사용상표와 유사한 이 사건 등록서비스표를 사용하는 것은 특정인의 상품을 표시하는 것이라고 인식되어 있는 선사용상표가 가지는 양질감 등의 가치를 희석화하는 것이므로, 피고는 결국 원고의 선사용상표를 모방하여 원고의 상표가 가지는 양질의 이미지나 고객흡인력에 편승하여 부당한 이익을 얻거나 원고의 상표의 가치를 희석화하여 원고에게 손해를 가할 목적으로 이 사건 등록서비스표를 출원·등록한 것이라고 판단된다(특허법원 2011.10.14. 선고 2011허6758 판결).

④ 구 상표법 제7조 제1항 제12호가 적용되려면 선사용서비스표가 국내 또는 외국의 수요자들 사이에 특정인의 상품이나 서비스업을 표시하는 것으로 현저하게 인식되어 있어야 하고, 등록서비스표가 부정한 이득을 목적으로 하거나 선사용서비스표의 권리자에게 손해를 가하려고 하는 등의 부정한 목적을 가지고 사용하는 서비스표에 해당하여야 하는바, 원고가 제출한 증거들만으로는 선사용서비스표가 자동차경주대회 외에 의류, 지갑, 모자, 신발, 시계, 앨범, 달력, 책, DVD, 게임용 컴퓨터프로그램, 장난감 등에 관하여 국내 또는 외국에서 특정인의 상품 등을 표시하는 것으로 현저하게 인식되었음을 인정하기에는 부족하다.

설사 선사용서비스표가 자동차경주대회와 관련하여서는 국내 또는 외국에서 특정인의 상품 등을 표시하는 것으로 현저하게 인식되었다고 할지라도, 선사용서비스표의 창작성 정도, 이 사건 등록서비스표와의 유사 정도, 거래실정, 이 사건 등록서비스표의 지정서비스업들과 선사용서비스표의 사용서비스업인 자동차경주대회 사이에 그 경제적 견련관계가 미약한 점 등을 종합적으로 고려하면 이 사건 등록서비스표가 부정한 목적을 가지고 사용하는 서비스표라고 할 수 없어 이 점에서도 이 사건 등록서비스표가 상표법 제7조 제1항 제12호에 해당한다는 원고의 주장은 이유 없다(특허법원 2010.2.11. 선고 2009허7581 판결).

⑤ 먼저 가) 이 사건 등록서비스표의 지정서비스업 중 별지 1 목록 기재 서비스업 부분은 선사용표장의 사용상품인 "샴푸, 헤어컨디셔너, 비누, 바디워시, 핸드워시, 헤어스타일링 제품"을 직접적인 대상상품으로 하는 서비스업이거나, 위 사용상품과 경제적 견련관계에 있는 화장품·헤어 관련 제품이나 목욕용품 등 관련 상품을 대상으로 하는 서비스업이어서, 선사용표장과 동일·유사한 표장이 위 서비스업에 사용될 경우 출처의 오인이나 혼동을 일으킬 염려가 높은 점 등에 비추어 보면, 이 부분 지정서비스업에 대하여는 이 사건 등록서비스표가 피고의 상호인 '주식회사 필룩스'와 어느 정도 연관성이 있다고 보이는 점을 감안하더라도, 피고가 선사용표장을 모방하여 그것이 가지는 양질의 이미지나 고객흡인력에 편승하여 부당한 이익을 얻거나 위 표장의 가치를 희석화하여 원고에게 손해를 입히려고 하는 등의 부정한 목적을 가지고 이 사건 등록서비스표를 출원·등록하였다고 봄이 상당하다.

다음은 나) 그 외 나머지 지정서비스업 부분은 헤어 관련 제품이나 목욕용품에 관한 선사용표장의 사용상품과는 그 대상상품의 속성이 전혀 다르고, 거래의 실정상으로도 수요자와 공급자의 범위가 중복된다고 보기 어려우며, 원고가 선사용표장을 사용하여 화장품·헤어 관련 제품이나 목욕용품과 관련성 있는 상품 이외의 다른 상품에 관한 사업분야에 종사하고 있다거나 가까운 장래에 이러한 폭넓은 사업분야에 진출하고자 준비하고 있다고 볼 만한 사정도 없으므로, 이 부분 지정서비스업에 대하여는 피고가 부정한 목적을 가지고 이 사건 등록서비스표를 출원·등록하였다고 보기 어렵다(특허법원 2011.12.25. 선고 2011허7911 판결).

4) 적용시점

본 호의 적용시기와 관련하여 상표법상 명시적 규정이 마련되어 있지 아니하나 판례는 출원시를 기준으로 하여야 한다고 판시하고 있다.[79] 이와 같은 판례의 태도는 아마도 본 호를 제9호, 제10호와 같은 맥락에서 해석하고 있기 때문으로 이해된다.

5) 지리적 표시 상표의 경우

국내 또는 외국의 수요자간에 특정지역의 상품을 표시하는 것이라고 현저하게 인식되어 있는 지리적 표시와 동일 또는 유사한 상표로서 부당한 이익을 얻으려 하거나 그 지리적 표시의 정당 사용자에게 손해를 가하려고 하는 등 부정한 목적을 가지고 사용하는 상표는법 제7조 제1항 제12호의2에 의하여 거절된다(법 제7조 제1항 제12호의2).

6) 부정한 목적을 가진 상표에 대한 처리

(1) 출원중

1 거절이유

상표등록출원이 국내외 수요자 간에 특정인의 상표로 인식된 상표와 그 상표가 동일 또는 유사하고 부정한 목적을 가지고 사용하는 상표로 인정되는 경우에는 그 상표등록출원은 상표법 제7조 제1항 제12호의 규정을 이유로 거절된다.

2 이의신청이유

부정한 목적을 가진 상표에 대하여 출원공고가 있는 경우에는 누구든지 상표법 제7조 제1항 제12호 규정위반을 이유로 상표등록 이의신청을 할 수 있다.

3 정보제공

상표등록출원이 부정한 목적을 가진 것인 경우에는 누구든지 그를 이유로 하는 정보를 증거와 함께 특허청장에게 제공할 수 있다.

(2) 등록 후

부정한 목적을 가진 상표의 상표등록출원이 과오로 등록된 경우에는 상표등록무효사유가 된다.

---

79 대법원 2004.5.14. 선고 2002후1362 판결 등.

7) 관련 문제

(1) 타규정과의 충돌

상표법 제7조 제1항 제12호는 「국내 또는 외국의 수요자 간에 특정인의 상품을 표시하는 것이라고 인식되어 있는 상표와 동일 또는 유사한 상표로서 부당한 이익을 얻으려 하거나 그 특정인에게 손해를 가하려고 하는 등 부정한 목적을 가지고 사용하는 상표」라고 규정하고 있어 출원상표가 국내 또는 외국의 수요자 간에 특정인의 상표로 인식된 상표와 동일 또는 유사하고 부정한 목적을 가지고 사용하는 상표인 경우에는 본 호를 이유로 그 등록을 불허하는 것으로 규정하고 있다.

한편, 상표법 제7조 제1항 제9호 · 제10호 및 제11호는 국내에서 수요자 간에 현저하게 인식되었거나 또는 국내 수요자 간에 특정인의 상품을 표시하는 것으로 수요자 간에 인식된 상표와 동일 또는 유사한 상표에 대하여 그 등록을 배제하기 위한 규정이다. 따라서 상표가 외국의 수요자 간에 널리 알려지고 국내의 수요자 간에도 널리 알려진 경우에는 법 제7조 제1항 제12호와 동 제9호 · 제10호 · 제11호 중 어느 규정을 적용할 것인지가 문제된다.

이 경우 법 제7조 제1항 제12호에서 그 출원상표가 「부당한 이익을 얻으려 하거나 특정인에게 손해를 가하려고 하는 등 부정한 목적을 가지고 사용하는 상표」라고 규정하고 있어 그 타인의 상표가 국내의 수요자 간에 알려졌건 또는 외국의 수요자 간에 알려졌건 그 출원한 상표의 사용이 부정한 목적을 가지고 사용하는 상표인 경우에는 본 호의 규정을 적용하며, 그렇지 아니하고 부정한 목적이 없는 경우에는 비록 그 상표가 국내 또는 국외의 수요자 간에 현저하게 알려졌다 하더라도 본 호는 적용되지 않는 것으로 해석된다. 그러나 출원상표가 부정한 목적을 가지고 사용하는지 여부는 주관적 요건으로서 이를 심사절차에서 판단하는 것이 그리 용이치 않고 또한 법 제7조 제1항 제9호 · 제10호 및 동 제11호의 규정도 타인의 유명상표에 편승하려는 상표의 등록을 금지하는 규정이라는 점에서 본 호와 크게 다를 바가 없다 하겠으므로 본 호와 법 제7조 제1항 제9호 · 제10호 및 제11호를 명확히 구별하는 것이 용이치 않을 뿐만 아니라 상호 충돌한다 하겠으며, 이들 규정과 중복적용을 피할 수 없다 하겠다.

(2) 알려진 정도

법 제7조 제1항 제12호 전단에서 「국내 또는 외국의 수요자 간에 특정인의 상품을 표시하는 것이라고 인식되어 있는 상표」라고 규정하고 있어 그 알려진 정도가 법 제7조 제1항 제11호에서의 경우와 같다. 반면에 제9호, 제10호의 경우에는 주지 · 저명 이상으로 알려져야 한다는 점에서 구별된다.

(3) 판단시기

본 호의 적용시기와 관련하여 판례는 출원시를 기준으로 하여야 한다고 판시하고 있어 등록 또는 거절 결정시를 기준으로 하는 제11호와 구별된다. 판단기준을 출원시를 기준으로 한다는 점에서는 제9호, 제10호와 같다.

(4) 부정한 목적여부

법 제7조 제1항 제12호 후단에서 「부정한 목적을 가지고 사용하는 상표」라고 규정하고 있어 출원상표가 본 호에 해당되기 위해서는 비록 국내 또는 외국의 유명상표와 동일 또는 유사하다 하더라도 그 상표가 부정한 목적을 가지고 사용하는 상표인 경우에 한하여 본 호에 해당되는 것으로 해석된다. 그러므로 특정상표가 주지·저명한 상표라 하더라도 그 출원상표가 부정한 목적이 없는 경우에는 본 호가 적용될 여지가 없는 것이다.

따라서 출원상표에 대한 거절이유를 적용함에 있어 「부정한 목적으로 사용하는 상표」로 인정이 되는 경우에는 법 제7조 제11항 제12호를 적용하지만 「부정한 목적으로 사용하는 상표」로 인정되지 않는 경우에는 법 제7조 제1항 제9호, 제10호 또는 제11호를 적용할 수 있을 것이다.

― 사 례 ―

(사례 1) 〔상표 및 지정상품〕 이 사건 상표: BUTTERFLY(버터플라이)(제25류 야구화, 운동화 등), 인용

상표:  (제25류 탁구용품, 스포츠의류 등)

〔판례〕 ① 원심은 그 채용증거를 종합하여 그 판시와 같은 사실을 인정한 다음, 피고의 상표

"  " 및 " "(이하 '선사용상표들'이라 한다)는 이 사건 등록상표 "BUTTERFLY(버터플라이)"의 출원일인 2005.8.4. 무렵 일본의 수요자나 거래자들 사이에서 적어도 탁구용품에 관하여는 특정인의 상표라고 현저하게 인식되어 있다 할 것이고, 이들 상표는 전체적으로 유사한 상표에 해당하지만, 이 사건 등록상표의 지정상품들 중 "골프화, 농구화, 등산화, 수영복, 수영팬츠, 스포츠셔츠, 운동용 유니폼, 운동용 스타킹" 등을 제외한 나머지 "단화, 부츠, 샌달, 스키화, 반바지, 잠바, 양말, 모자" 등 179송의 지성상품들의 경우에는 원고가 부정한 목적을 가지고 사용하기 위하여 출원하였다고 볼 수 없으므로, 구 상표법 제7조 제1항 제12호에 해당하지 않는다는 취지로 판단하였다.

② 원심이 적법하게 인정한 사실 등에 의하면, 1950.12. 일본에서 설립된 피고의 선사용상표들은 이 사건 등록상표의 출원일인 2005.8.4. 당시 일본에서 '탁구라켓, 탁구러버 등의 탁구용품'이외에도 '탁구화, 탁구복, 양말 등의 탁구관련 액세서리 제품'에 관하여 수요자간에 피고의 상표라고 현저하게 인식되어 있는 주지상표임을 인정할 수 있다. 그리고 이 사건 등록상표와 선사용상표들은 공통적으로 '나비'의 뜻을 가진 영어

단어 'BUTTERFLY'를 그 요부로 하고 있으므로 서로 유사하고, 이 사건 지정상품들은 선사용상표들의 사용
상품들과 같이 운동용으로 사용될 수도 있는 것들이거나 신발류 또는 의류의 일종으로서 서로 경제적인 견련
관계도 있다 할 것이다. 또한 원고는 1989.11.10.경 '버터플라이스포츠'라는 상호로 사업자등록을 마친 후
운동복을 생산ㆍ판매하기 시작하였는데, 1992년경부터 지정상품들을 신발류나 의류(주로 운동용)로 하여
선사용상표들과 문자 및 도형의 형태까지 동일하거나 유사한 상표들을 우리나라에서 다수 출원하여 이 사건
등록상표의 출원당시까지 피고와 사이에 여러 차례 상표분쟁이 있었고, 그 대부분은 선사용상표들을 비롯한
피고의 상표들과의 관계에서 '수요자를 기만할 염려가 있는 상표'에 해당한다는 이유로 상표등록이 거절되거
나 등록무효가 되었으므로, 원고는 이 사건 등록상표의 출원 당시 선사용상표들의 존재를 충분히 인식하고 있
었다고 할 것이다.

　③ 위에서 살펴본 바와 같은 선사용상표들의 주지정도, 이 사건 등록상표와 선사용상표들의 유사정도, 이
사건 지정상품과 선사용상표들의 사용상품들 사이의 경제적 견련관계, 원ㆍ피고 사이의 상표분쟁의 경과 등
을 종합적으로 고려하여 보면, 원고는 일본 내의 주지상표인 선사용상표들을 모방하여 선사용상표들에 축적
된 양질의 이미지나 선사용상표들이 갖고 있는 고객흡인력에 편승하여 부당한 이익을 얻으려 하거나 선사용
상표들의 사용자인 피고에게 손해를 가하려고 하는 등 부정한 목적을 가지고 사용하기 위하여 이 사건 지정상
품들을 그 지정상품들 중 일부로 포함하여 이 사건 등록상표를 출원하였다고 할 것이다(특허법원
2010.1.27. 선고 2009허3602 판결, 대법원 2010.7.15. 선고 2010후807 판결 파기환송).

(사례 2) 〔상표 및 지정상품〕 이 사건 상표: 돌곰네(제43류 간이식당업, 한식점업 등), 인용상표: 돌곰네
(제43류 한식당)
〔판례〕 ① 을 제1 내지 12호증(가지번호 포함)과 변론 전체의 취지를 종합하면, 피고는 2005.8.1. 서울
강남구 논현동 105에 '대모산집'이라는 상호로 한식당을 열었다가, 2006년 초부터 상호를 '돌곰네'로 변경하
여 문어요리 등을 판매한 사실, 피고의 위 식당은 2006.3. 무렵부터 이 사건 등록상표의 출원일인
2007.9.3.까지 사이에 다수의 연예인들을 포함한 수요자들이 이용하였고, 인터넷사이트나 신문에 '맛집'으
로 추천되었으며, 경향신문, 부동산신문 등에 문어요리 전문점으로 소개된 사실이 인정된다. 위 인정사실에
의하면, 피고의 선사용서비스표는 이 사건 등록서비스표의 출원 당시 국내의 한식점업에 관한 수요자들 사이
에 특정인의 서비스업을 표시하는 것으로 인식되어 있었다고 할 것이다.

　② 선사용서비스표는 국어사전에 등재되어 있지 않고 이 사건 등록서비스표 출원당시 그 지정서비스업과
관련하여 피고 이외의 사람이 전혀 사용하지 않는 것(을 제2호증)에 비추어 피고가 창작한 것으로 보이는 점,
이 사건 등록서비스표와 선사용서비스표의 표장과 지정(사용)서비스업이 실질적으로 동일한 점, 선사용서비
스표가 수요자들 사이에 상당한 정도로 알려져 있는데다가, 원고의 주소지와 피고가 선사용서비스표를 사용
한 영업장소가 모두 서울 강남구로서 동일한 것에 비추어 원고가 선사용서비스표의 존재를 알고 있었던 것으
로 보이는 점 등을 종합하면, 원고는 선사용서비스표가 등록되어 있지 않음을 기화로 이를 모방한 상표를 등
록하여 사용함으로써 선사용서비스표에 화체된 피고의 영업상의 신용이나 고객흡인력 등에 편승하여 부당한
이익을 얻으려는 부정한 목적으로 이 사건 등록서비스표를 출원하였다고 인정된다(특허법원 2010.2.3. 선
고 2009허7659 판결 심결지지 참조).

(사례 3) 〔상표 및 지정상품〕 이 사건 상표: (제25류 유아복 등), 인용상표: 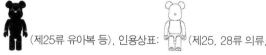(제25, 28류 의류,
완구류)

〔판례〕 ① 위 "나." 항의 인정사실에서 살펴본 선사용상표 사용제품의 일본 등에서의 판매기간, 매출액, 광고비, 관련기사, 유명브랜드와의 협업사실 등을 종합하여 보면, 선사용상표는 이 사건 출원상표의 출원일 당시 이미 일본의 일반 거래자나 수요자들 사이에서는 특정인의 상품을 표시하는 것이라고 인식되어 있었다고 할 것이다.

② 이 사건 등록상표와 " "와 선사용상표 " "는 모두 '의인화되어 차렷 자세로 서 있는 곰 형상' 도형인형인데, 눈 부분의 X자 표기와 손목의 띠 유무 등 약간의 차이는 있으나 곰의 얼굴, 귀, 몸통, 손과 다리의 형상, 각 부분의 비율 및 목 부위 없이 얼굴과 몸통이 바로 붙어 있는 점 등이 매우 유사하게 구성되어 있어서 전체적으로 외관이 유사하며, 호칭, 관념도 동일 내지 유사하다. 따라서 이 사건 등록서비스표와 선사용서비스표가 동일 또는 유사한 상품에 사용 함께 사용되는 경우 일반 수요자들로 하여금 상품출처에 대해 오인·혼동을 일으키게 할 염려가 있으므로 양 서비스표는 유사하다.

③ 앞서 본 바와 같이, 이 사건 등록상표 출원 당시 선사용상표가 사용된 상품이 일본에서 상당한 매출을 올리며 여러 저명 브랜드와도 공동작업을 하는 등 일본의 거래자와 수요자 사이에 상표로서 상당히 인식되어 있었던 점, 일본은 우리나라와 지리적으로 매우 가까울 뿐만 아니라 우리나라와 인적 물적 교류도 매우 활발한 나라로서 일본 상품과 브랜드에 관심을 갖고 있는 국내 수요자들이 적지 않은 점, 선사용상표는 '의인화되어 차렷 자세로 서 있는 곰 형상'으로서 그 구성에 상당한 창작성이 있는 점, 선사용상표와 이 사건 등록상표의 유사성이 큰 점, 원고는 이 사건 등록상표 외에도 2006년부터 2009년까지 사이에 선사용상표 또는 피고가 사용하는 또 다른 상표인 'BE@RBRICK'과 유사하거나 일부 구성이나 모티브가 비슷한 상표를 여러 개 출원한 점(을 제89 내지 98호증), 이 사건 등록상표의 지정상품들이 선사용상표의 사용상품인 완구류 및 의류와 동일·유사하거나 경제적인 견련성이 큰 점 등을 종합하여 보면, 이 사건 등록상표의 출원인은 선사용상표가 등록되어 있지 아니함을 기화로 이를 모방한 상표를 등록함으로써 선사용상표에 화체된 피고의 영업상의 신용이나 고객흡인력 등에 편승하여 부당한 이득을 얻으려는 부정한 목적으로 이 사건 등록상표를 출원하였다고 인정된다(특허법원 2011.9.28. 선고 2011허2633 판결 심결지지 참조).

(사례 4) 〔상표 및 지정상품〕 이 사건 상표: 딕스갤러리(DIGX Gallerly)(제20류 장롱, 침대, 식탁, 소파 등), 인용상표: DIGX, 딕스(제20류 가구)
〔판례〕 ① 위 인정사실에 비추어 인정되는 다음과 같은 사정들, 즉 피고 등은 1999년경부터 이 사건 등록상표의 출원시까지 약 11년 동안 영업의 동일성을 유지하면서 중국 거래처로부터 선사용표장1이 부착된 가구를 수입하여 판매하여 왔고, 2000년부터 2010년까지의 매출액 합계가 29,904,063,485원에 이르는 점, 피고 등은 2004경부터 이 사건 등록상표의 출원 전까지 잡지, 케이블TV광고, TV드라마협찬, 카탈로그 배포 및 홈페이지 운영 등을 통하여 선사용표장1이 사용된 가구제품을 광고하여 왔던 점, 이 사건 등록상표의 출원 이전까지 선사용표장1이 부착된 피고 등의 가구 제품이 전국에 소재한 백여 개의 가구 매장에 공급되어 판매되었고, 인터넷 중고나라 사이트에서도 소비자들 사이에 그 중고가구가 직접 거래되기노 하였던 점에 비추어 보면, 이 사건 등록상표 출원시에는 선사용표장1이 그 사용상품과 관련하여 국내의 수요자 사이에 특정인의 상품을 표시하는 것이라고 인식되어 있는 표장이라고 봄이 상당하다.

② 이 사건 등록상표는 직사각형 도형안에 상단에는 한글로 '딕스갤러리', 하단에는 영문으로 'DIGX Gallerly'라고 표기되어 있는 상표로서 조어인 'DIGX'와 '화랑, 전시관, 전시실' 등을 의미하는 '갤러리', 'Gallerly'가 결합되어 있는바, 그중 '갤러리', 'Gallerly' 부분은 그 지정상품인 장롱, 침대 등의 가구에 있어서 가구전시관, 가구전시실로 직감되어 식별력이 없거나 미약하다 할 것이고, 직사각형 도형은 간단하고 흔한 형

상으로 식별력이 없다고 할 것이므로 이 사건 등록상표는 조어 부분인 '딕스', 'DIGX' 부분이 요부로서, 양 상표는 그 요부인 '딕스', 'DIGX' 부분이 유사하다.

③ 앞서 본 사실 및 을 제81, 82, 84호증의 각 기재(가지번호 포함), 증인 ○○○의 증언에 변론 전체의 취지를 종합하여 인정되는 사정들 즉, (ㄱ) 선사용표장1은 이 사건 등록상표 출원 당시 국내의 수요자 사이에 최소한 특정인의 상품을 표사하는 것이라고 인식되어 있었던 점, (ㄴ) 선사용표장1은 한글 '딕스'와 이를 영문으로 표기한 'DIX'에 'G'를 추가하여 영문 'DIGX'를 착안한 조어 표장인 점, (ㄷ) 이 사건 등록상표의 요부와 선사용표장1은 그 한글과 영문 알파벳이 동일하고 모두 '딕스'라고 호칭·인식되며, 그 지정상품과 사용상품도 모두 가구제품으로 동일한 점, (ㄹ) 원고는 천안 가구 삼거리에 있는 목천가구단지에서 증인 ○○○가 운영하는 '딕스가구'와 인접한 곳에서 가구매장을 운영하여 왔고, 원고 본인은 제2차 변론기일에 출석하여 2006.경 원고의 옆 가게에서 'DIGX'라는 표장이 부착된 가구가 판매되고 있는 것을 인식하고 있었다고 진술한바가 있는 점, (ㅁ) 원고는 '닥스갤러리', '대명갤러리' 등의 상표나 상호를 사용하였을 뿐이고 스스로 이 사건 등록상표를 사용하지 아니하면서도, 다른 한편 2010.5.경 피고 및 피고로부터 선사용표장1이 부착된 가구를 공급받은 거래처 30여 곳을 상대로 원고의 상표권을 침해하였다는 이유로 경고장을 발송하였고, 상표법 위반이라는 이유로 형사고소를 하였던 점 등을 종합적으로 고려하면, 원고는 국내의 수요자들에게 피고의 상품을 표시하는 것이라고 인식되어 있는 선사용표장1을 모방하여 그것이 가지는 양질의 이미지나 고객흡인력에 편승하여 부당한 이익을 얻으려 하거나 선사용상표1의 사용자인 피고에게 손해를 가하려고 하는 등의 부정한 목적으로 가지고 이 사건 등록상표를 출원한 것이라고 봄이 상당하다(특허법원 2014.7.18. 선고 2014허2078 판결 심결지지 참조).

(사례 5) 〔상표 및 지정상품〕 이 사건 상표: 닥스닥스(제43류 닭요리전문점 경영업 등), 인용상표: DAKS, 닥스(제25류 고급신사, 골프복 등)

〔판례〕 ① 위 인정사실에 따르면, 비교대상상표는 주로 고급 신사, 숙녀 정장과 골프복, 액세서리 패션잡화에 사용되어 온 점, 국내 시장에서 비교대상상표를 사용한 상품의 시장점유율은 신발, 가방 등 패션잡화를 모두 포함하더라도 1% 미만으로 보이는 점, 일반 대중의 인식에 큰 영향을 미치는 광고 실적에 있어서 2004년 말까지는 미미하였고, 이 사건 등록서비스표의 등록결정일인 2005.4.29.까지는 얼마의 광고비가 지출되었는지 구체적인 자료가 없으며, 광고매출도 주로는 여성잡지였던 점을 알 수 있고, 이러한 사정 등에 비추어 보면, 이 사건 등록서비스표의 등록결정시를 기준으로 비교대상상표가 1982년 국내에 처음으로 출시되었고, 그 후 국내의 비교대상상품의 의류매장이 190개 정도가 있었으며, 비교대상상표 중의 하나가 위 '주로 도용되는 국내외 상표집'에 실렸다는 점만으로는 비교대상상표가 그 수요자를 넘어 일반 대중에게까지 널리 알려졌다고 인정하기는 어렵다. 따라서 비교대상상표는 이 사건 등록서비스표의 출원시인 2003.12.2.경이나 등록결정시인 2005.4.29.경까지 국내에서 저명한 상표에는 이르지 못하였다고 할 것이다.

② 앞서 본 것처럼 비교대상상표가 이 사건 등록서비스표의 출원시 널리 수요자나 거래자에게 특정인의 상표로 인식될 수 있을 정도로 알려졌다고 볼 여지가 있기는 하다. 그런데 더 나아가 피고에게 부정한 목적이 있었는지에 관하여 살펴 보건데, 앞서 본 것처럼 비교대상상표가 이 사건 등록서비스표 출원시 국내에서 저명하지 않았던 점, 이 사건 등록서비스표의 표장인 닥스닥스는 그 지정상품에 비추어 닭을 취급한다는 의미로 거래계에서 읽혀질 수 있으리라고 보이는 점, 이 사건 등록서비스표의 지정서비스업인 닭요리 관련 서비스업과 비교대상서비스표의 사용상품인 의류 및 패션제품과는 아무런 경제적인 견련관계도 없어 보이는 점 등에 비추어 보면, 원고가 제출한 증거만으로는 피고에게 부정한 목적이 있었다고 보기에 부족하다(특허법원 2009.3.20. 선고 2008허7775 판결, 대법원 2009.6.25. 선고 2009후1187 판결 심불기각).

(사례 6) 〔상표 및 지정상품〕 이 사건 상표: (제43류 간이식당업, 간이음식점업 등), 인용상표:

, (제43류 음식물 제공업)

〔판례〕 ① 원심판결 이유 및 기록에 의하면 다음과 같은 사실을 알 수 있다. (ㄱ) 원고는 2001.9.5.

" 와라 와라 " 표장 및 " WARA WARA " 표장에 관하여 상품류구분 제42류의 '간이식당업' 등으로 하는 서비스표등록을 출원하여 2003.6.24. 등록번호 제87634호 및 87635호로 각각 등록받았는데, 선등록서비스표들이 원심 판시 피고의 선사용서비스표들을 모방한 것으로서 호칭이 동일하여 그와 유사한 서비스표에 해당하더라도 선등록서비스표들의 출원 당시 피고의 선사용서비스표들이 일본국의 수요자들 사이에 특정인의 서비스를 표시하는 것으로 현저하게 인식되어 있었다고 보기 어려워 선등록서비스표들은 구 상표법(2001.2.3. 법률 제6414호로 개정되기 이전의 것) 제7조 제1항 제12호에 해당하지 아니하므로, 특별한 사정이 없는 한 원고는 적법·유효하게 선등록서비스표들에 관한 서비스표권을 취득한 것으로 봄이 상당하다.

(ㄴ) 또한, 원고는 2003년 말경부터 국내에서 선등록서비스표들 또는 그와 동일성 내지 유사성이 인정되는

"WARAWARA", "*WARAWARA*", "어라우라" 등의 실사용표장을 지속적으로 사용하면서 일본풍 주점을 운영하거나 일본풍 주점의 프렌차이즈업을 영위함으로써, 2008.6.17. 지정서비스업을 서비스업류

구분 제43류의 '간이식당업' 등으로 하는 이 사건 등록서비스표 " "의 출원 당시에는 이미 선등록서비스표들 내지 실사용표장에 관하여 국내에서 독자적으로 상당한 인지도와 영업상 신용을 획득하였다. 그리고 이 사건 등록서비스표는 선등록서비스표들 내지 실사용표장들과 유사하며, 그 지정서비스업 역시 선등록서비스표들의 지정서비스업과 동일·유사하거나 경제적인 견련성이 있다. (ㄷ) 반면에 이 사건 등록서비스표의 출원 당시까지도 피고의 선사용서비스표들은 국내에 거의 알려지지 않았고, 피고 역시 피고의 선사용서비스표를 이용하여 국내시장에 진출하려는 구체적인 계획을 세운 바 없었으며, 원고도 선사용서비스표들의 출원·등록 이후는 물론 이 사건 등록서비스표의 출원·등록 이후에도 피고와 접촉하여 선등록서비스표권이나 이 사건 등록서비스표권을 거래하려 한 적이 없다.

② 위와 같은 사정을 앞서 본 법리에 비추어 보면, 이 사건 등록서비스표는 선등록서비스표들과 유사한 것으로서 원고가 선등록서비스표들 및 선사용 표장에 축적된 자신의 독자적인 영업상의 신용 및 인지도에 기초하여 그 사업영역을 확장하기위해 출원한 것으로 볼 수 있을지언정 피고의 국내시장 진입을 저지하거나 대리점계약의 체결을 강제할 목적 또는 피고의 선사용서비스표들의 명성에 편승하여 부당한 이익을 얻을 목적 등 부정한 목적을 가지고 출원한 것이라고 단정할 수 없다(특허법원 2012.1.18. 선고 2011허5878 판결, 대법원 2012.6.28. 선고 2012후 689 판결 파기환송).

14. 그 상품 또는 상품의 포장의 기능을 확보하는데 불가결한 입체적 형상, 색채, 색채의 조합, 소리 또는 냄새만으로 된 상표(법 제7조 제1항 제13호)

1) 의 의

입체적 형상만으로 된 상표라 함은 그 상표의 구성이 기호 · 문자 · 색체 등은 제외하고 입체적 형상 자체만으로 구성된 상표(입체적 도형으로 구성된 상표)를 말하는데, 이와 같이 상표가 상품 또는 그 상품의 포장의 기능을 확보하는 데 불가결한 입체적 형상만으로 된 상표는 비록 그 상표가 식별력이 인정된다 하더라도 상표등록을 받을 수 없는 것이다.

입체적 형상만으로 된 상표로서 식별력이 없는 경우에는 상표법 제6조 제1항 제3호를 이유로 거절되며, 그 입체적 형상만으로 된 상표가 식별력은 있지만 기능상 불가결한 입체적 형상인 경우에는 본 호를 이유로 거절된다.

또한 출원된 상표가 색채 또는 색채의 조합만으로 이루어진 것으로서 식별력이 있는 경우에도 그 출원된 상표의 색채 또는 색채의 조합이 지정상품의 사용에 불가결한 경우에는 본 호에 해당하며 상표등록이 불허되며, 소리 · 냄새상표의 경우에도 그 기능상 불가결한 것만으로 구성된 경우에는 본 호에 해당한다.

2) 취 지

본 호는 1997.8.22. 법률 제5355호(1998.3.1. 시행)에서 입체상표를 도입하면서 신설된 규정으로, 입체상표 중에는 상표로서의 식별력을 갖지 못하는 포장 또는 포장용기 등의 일반적인 형상 그대로인 경우 비록 상표로서의 식별력을 갖고 있다 하더라도 상품의 기능을 발휘하는 데 없어서는 안 될 필연적인 형상이기 때문에 일반적으로 사용되는 경우가 있다. 그러므로 이러한 상표를 특정인이 독점적으로 사용하는 것은 공익상 부적절하다. 그러므로 이와 같은 상표는 이를 누구나 사용할 수 있도록 개방해야 할 필요성이 있으므로 그 등록을 배제토록 규정한 것이다. 본 호는 색채, 색채의 조합, 소리, 냄새상표에 대하여도 그대로 적용된다.

3) 기능성 및 유사여부판단

(1) 입체적 형상만으로 된 상표에 대한 판단

❶ 기능성의 여부판단

상품 또는 그 상품의 포장의 형상은 대체로 상품 또는 그 상품의 포장이 가지는 일정한 본래 기능을 수행하고 있는 것이 일반적이므로 기능성 여부를 판단함에 있어서 상품의 형상화나 그 특성으로 인하여 상품 자체의 본래 기능을 넘어서 우월한 기능(실용적 이점)이 존재하는지 여부를 판단한다.

상표가 상품 또는 그 상품의 기능을 확보하는데 불가결한 입체적 형상만으로 구성된 경우에는 법 제6조 제1항 제3호에서 규정하는 상품의 형상 도는 그 상품의 포장의 형상에 해당하는 것이 일반적이므로 법 제6조 제1항 제3호도 함께 적용한다.

❷ 표장의 유사여부판단

입체적 형상으로 구성된 상표의 경우에는 보는 방향에 따라 인식되는 외관이 다르다는 특수성이 있다. 그러므로 입체적 형상만으로 된 상표의 유사여부를 판단함에 있어서는, 입체적 형상의 어느 특정한 방향에서 유사한 경우에는 외관이 유사한 것으로 보며 호칭, 관념도 형상의 전체적인 외관만이 아니라 어느 특정한 방향에서 인식되는 외관도 고려하여 판단한다. 그리고 입체적 형상과 문자가 결합된 경우에는 당해 문자부분만으로 호칭 또는 관념이 발생하는 것으로 보아 이점도 유사여부를 판단함에 있어 참작한다. 한편 상품 또는 상품의 포장 등의 기능을 확보하는데 불가결한 입체적 형상은 요부가 아니므로 이 부분을 유사여부 판단의 대상에서 제외하고 판단한다.

(2) 색채, 색채의 조합만으로 된 상표에 대한 판단

❶ 기능성 여부 판단

색채 또는 색채의 조합만으로 구성된 상표가 기능적인지 여부는, 그 색채 또는 색채의 조합이 지정상품을 사용함에 있어 불가결하거나 또는 일반적으로 사용되는지 여부, 그 특정의 색채가 당해 상품의 이용과 목적에 불가결한지 여부 등을 따져 판단한다(상표심사기준).

❷ 유사여부판단

통상의 상표에 있어서 유사여부 판단과 같다. 다만, 그 상표의 구성이 색채 또는 색채의 조합만으로 구성된 것이므로 외관의 유사여부가 주된 판단의 대상이 된다 하겠다.

(3) 소리 · 냄새 상표에 대한 판단

❶ 기능성 여부 판단

소리 또는 냄새만으로 구성된 상표가 기능적인 구성요소만으로 구성되었는지 여부는 그 소리 또는 냄새가 당해 상품의 특성으로부터 발생하는 소리 또는 냄새인지 여부, 그 상품과 관련하여 반드시 필요하거나 그 상품이 속하는 분야에서 일반적으로 사용되는지 여부를 기준으로 하여 판단한다. 맥주병의 병뚜껑 따는 소리, 오토바이의 엔진 소리, 타이어의 고무향, 향수의 향기, 음색의 냄새 등은 지정상품에 속하는 거래사회에서 일반적으로 사용되는 소리 또는 냄새로 본다.[80]

② 유사여부판단

통상의 상표에 있어 유사여부판단과 같다. 다만, 그 상표의 구성이 소리 또는 냄새 등으로 구성된 것임에 비추어 외관, 호칭, 관념보다는 소리의 강약이나 멜로디, 음색, 향기나 냄새 등이 판단의 주요 요소가 된다 하겠다.

15. 포도주 및 증류주에 관한 지리적 표시(법 제7조 제1항 제14호)

1) 의 의

상표가 세계무역기구(WTO) 회원국 내의 포도주 및 증류주의 산지에 관한 지리적 표시로 구성되거나 또는 이와 같은 표시를 포함하는 경우, 그 상표는 포도주, 증류주 또는 이와 유사한 상품에 관하여 상표등록을 받을 수 없다.

2) 취 지

본 호는 특정의 상표가 WTO 회원국 내의 포도주 및 증류주의 산지에 관한 지리적 표시에 해당하는 상표에 대하여 상표등록을 받을 수 없도록 규정한 것이다.

상표가 세계무역기구 회원국 내의 포도주 및 증류주와 관련하여 산지에 관한 지리적 표시에 해당하는 경우 상표법 제6조 제1항 제3호 산지표시 또는 제4호 지리적 표시등을 이유로 상표등록이 거절되지만, WTO/TRIPs 규정의 보다 명백한 이행을 위하여 관련규정을 신설한 것이다.

3) 적용의 예외

지리적표시의 정당한 사용자가 그 해당상품을 지정상품으로 하여 지리적표시단체표장등록을 출원한 경우에는 본 호가 적용되지 아니하고 등록이 가능하다. 이는 지리적 표시의 정당한 사용자가 포도주 및 증류주에 대하여 지리적표시단체표장등록을 출원한 경우에 등록을 받을 수 있도록 하기 위함이다.[81]

---

80   특허청 상표심사기준
81   특허청 개정 상표법 해설 참조

16. 다른 법률 또는 자유무역협정에 의하여 보호되는 상표와 동일 또는 유사한 상표(법 제7조 제1항 제15호 내지 제17호)

1) 종자산업법에서 규정한 품종명칭과 동일 또는 유사한 상표(법 제7조 제1항 제15호)

(1) 의 의

상표가 종자산업법에 의하여 등록된 품종명칭과 동일 또는 유사하고 또 그 상품이 동일 또는 유사한 경우에는 상표등록을 받을 수 없다.

본 호에 의하여 상표등록이 배제되는 품종명칭은 종자산업법 제111조 제8항에 의하여 품종명칭등록원부에 등록된 품종명칭에 한한다.

(2) 제도적 취지

상표가 그 지정상품과 관련하여 해당 법률에 따라 상품의 품종명칭으로 등록을 한 경우 그와 같은 명칭은 당해 상품(품종)이 속하는 거래사회에서 식별력이 약할 뿐만 아니라 이와 같은 상품에 대하여 등록을 허여하는 것은 법률 상호간에도 충돌한다.

그간 상표법상 종자산업법에 의한 품종명칭과 동일 또는 유사한 상표에 대하여 등록을 거절할 수 있는 명분의 규정이 없어 상표심사기준에서 정하여 운영하여 오다가 2010.7.23. 법률 제9987호에서 이를 법에서 명시하였다.[82]

(3) 종자산업법에 의하여 등록된 명칭

「종자산업법에 의하여 등록된 품종명칭」은 다음 각 호의 품종명칭을 말한다.

① 신품종 육성자가 품종보호를 받기 위하여 출원·등록하는 품종

② 벼·보리·콩·옥수수·감자 등 5대작물을 국가품종목록에 등재하기 위하여 신청하는 품종

82　　① 그간 상표심사기준에서는 종자산업법에 의한 품종 명칭과 동일 또는 유사한 상표에 대하여 상표법 제 6조 제1항 제1호(보통명칭)에 해당하는 것으로 거절하였는데 이는 판례(대법원 2004.9.24. 선고 2003후1314 판결)에 따른 것이다.

　　② 종자산업법의 각 규정 내용에 따를 때, 같은 법 소정의 품종보호의 대상이 된 품종을 상품으로서 거래하는 경우에 거래계에서는 그 상품에 관하여 등록된 품종명칭 외의 다른 명칭으로 그 상품을 지칭할 수는 없고, 품종명칭으로 등록된 표장을 그 품종의 보통명칭으로 보지 않는다면, 누구든지 그 표장을 그 품종의 상표로 별도로 등록할 수 있게 되어, 등록상표와 품종명칭의 오인·혼동을 방지하려는 종자산업법 제108조 제1항 제9호의 취지에 위배되는 결과를 가져오게 되어 부당하므로, 같은 법에 의하여 품종의 명칭으로 등록된 표장은 등록이 됨과 동시에 그 품종을 대상으로 하는 상품에 대하여 상표법 제6조 제1항 제1호의 보통명칭으로 되었다고 봄이 상당하다(대법원 2004.9.24. 선고 2003후1314 판결).

③ 종자를 생산·판매하기 위하여 신고하는 품종

2) 농산물품질관리법 또는 수산물품질관리법에 따라 등록된 지리적 표시와 동일 또는 유사한 상표(법 제7조 제1항 제16호)

(1) 의 의

상표가 농산물품질관리법 또는 수산물관리법에 따라 등록된 지리적 표시와 동일 또는 유사하고 상품이 동일한 경우에는 상표등록을 받을 수 없다. 본 호는 출원상표의 지정상품이 지리적 표시를 사용하는 상품과 동일하거나 또는 동일하다고 인식되는 상품에 한하여 적용되므로 동일 지역 내에서 서로 다른 품종을 생산하고 그 상품들이 지리적 특성에 기인하는 경우에는 본 호가 적용되지 아니한다. 본 호는 산지표시 또는 지리적 표시에 해당하는 상표에 대하여 적용된다 할 수 있는데 이럴 경우 상표법 제6조 제1항 제3호, 제4호와 중복 적용 문제가 대두된다.

(2) 제도적 취지

상표법은 그간 농산물품질관리법과 수산물관리법에 의하여 등록된 타인의 지리적 표시라 하더라도 상표법 제3호(산지표시), 제4호(현저한 지리적 명칭)에 해당하지 않는 경우에는 상표등록을 허여왔다. 그러나 관련 법률에서 특정의 상표가 그 지정 상품과 관련하여 타인의 지리적 표시로서 등록이 허여되었음에도 불구하고 이를 상표로서 등록을 허여하는 것은 권리상호간 충돌의 여지가 있으며 수요자들에게도 혼란스럽다. 따라서 이와 같은 불합리한 점을 해소하기 위하여 2011.12.3. 법률 제11113호에서 본 호를 신설하게 된 것이다.

(3) 등록이 불허되는 상표

본 호에 의하여 등록이 불허되는 상표는, 농산물품질관리법 제8조 및 수산물품질관리법 제9조에 따라 등록된 타인의 지리적 표시와 그 상표가 동일 또는 유사하고 그 지정상품이 동일 또는 동일할 정도로 인식되어야 한다.

그러므로 농산물품질관리법과 수산물관리법에 등록되지 아니한 지리적 표시이거나 그 상표를 사용하는 상품이 타인의 지리적 표시를 사용하는 상품과 동일 또는 동일성이 인정되지 않는 경우에는 본 호가 적용되지 아니한다.[83]

---

[83] • 동일한 것으로 인정되는 상품: 사과 → 홍옥, 후지(부사), 국광, 배 → 신고, 황도
• 동일한 것으로 인정되지 않는 상품: 녹차 ↔ 홍차, 샴페인 ↔ 위스키

3) 자유무역협정에 따라 보호되는 타인의 지리적 표시와 동일 또는 유사한 상표(법 제7조 제1항 제17호)

(1) 의 의

상표가 한─EU간 체결된 자유무역협정(FTA)에 따라 보호되는 지리적 표시와 동일하거나 유사하고 그 상품이 동일한 경우에는 본 호에 의하여 등록이 거절된다.

본 호는 무엇보다도 '한─EU FTA'등을 이행하기 위하여 규정한 것이므로 동협정에서 합의한 지리적 표시(협정문 부속서)에 포함되지 아니한 지리적 표시에 대하여는 본 호가 적용되지 아니한다.

그 외에 우리나라가 다른 나라와 FTA협정을 체결하는 경우에는 본 호가 적용된다.

(2) 제도적 취지

본 호는 무엇보다도 우리나라와 EU간에 체결된 자유무역협정(FTA)에서 보호를 약속한 지리적 명칭에 대하여 거절할 수 있는 근거 규정을 마련한 것으로서 2012.3.15. 법률 제11113호에서 새로이 채택한 것이다.

(3) 등록이 불허되는 지리적 표시

본 호에 의하여 등록이 불허되는 지리적 표시는 '한─EU FTA' 체결 시 양국이 보호하기로 합의한 지리적 표시로서 상표가 동일 또는 유사하고 상품이 동일하거나 또는 동일하다고 인식되는 상품에 한한다. 그러므로 상표가 동일 또는 유사하더라도 상품이 동일하지 아니할 경우에는 본 호가 적용되지 않는다.

또한 상표의 구성 중 지리적 표시 부분이 부기적으로 구성된 경우에도 적용되며 다만, 정당한 권리자가 출원한 경우에는 적용되지 않는다. 그리고 그 상표로 인하여 다른 영토나 지역에서 생산된 것으로 오인케 할 우려가 있는 경우에는 법 제7조 제1항 제11호도 아울러 적용한다.

17. 기 타

1) 법 제7조 제5항에 해당하는 상표

(1) 의 의

상표법 소정의 사유(법 제73조 제1항 제2호, 제3호, 제5호 내지 제12호)를 이유로 하여 상표등록의 취소를 구하는 심판청구 후에, ⅰ) 존속기간의 만료로 인하여 상표권이 소멸한 경우, ⅱ) 상표권자가 당해 상표권 또는 지정상품의 일부를 포기한 경우, ⅲ) 상표등록취소의 심결이 확정된 경우, 그 소멸된 상표권의 상표권자 또는 그 상표를 사용한 자는 그 상표권이 소멸한 날로부터 3년 내에는 소멸된 등록상표와 그 상표가 동일 또는 유사하고 상품이 동일 또는 유사한 경우(지리적표시단체표장의 경우에는 동일한 상품)에는 상표등록을 받을 수 없다.

(2) 취 지

본 규정은 등록상표를 정당한 이유없이 사용하지 않거나 그 등록상표를 사용함에 있어 등록된 대로 사용하지 않는 경우 이에 대한 제재규정으로서, 불사용 등으로 인한 상표등록의 취소를 면할 목적으로 취소심판청구 후에 상표권 또는 지정상품 중 일부의 상품을 포기하거나[84] 또는 등록상표를 변경하거나 또는 다른 구성요소를 부가하여 사용함으로써 수요자에게 상품의 품질오인이나 상품출처의 혼동을 일으키게 한 경우에는 일정기간 동안 상표등록을 금지토록 함으로써, 상표권자에게 등록상표의 사용을 강제하고 아울러 부정사용을 방지함으로써 정당상표권자 또는 일반 수요자의 이익을 도모하고자 마련된 규정이다.

본 항에 해당되는 경우는 취소심판청구일 이후에 상표권 또는 지정상품의 일부를 포기한 경우 등이므로 취소심판청구일 전에 상표권 또는 지정상품의 일부를 포기한 경우에는 본 항에 해당되지 않는다. 또 취소심판청구 후에 상표권의 존속기간이 만료되어 상표권이 소멸하거나, 상표등록취소의 심결이 확정된 경우에도 취소심결확정일로부터 3년 내에 상표권자가 소멸된 상표와 동일 또는 유사한 상표를 출원하는 경우에는 본 항에 해당된다.[85]

---

84 1990년 1월 13일 이전의 법인 법률 제3892호에서는 「제45조 제1항 제1호 내지 제3호, 제6호 또는 제7호의 규정에 해당하는 것을 이유로 하여 상표등록취소의 심결 또는 판결이 확정된 상표권자나 그 등록상표를 사용한 타인은 그 심결 또는 판결이 확정된 날로부터 3년이 경과한 후가 아니면 소멸된 등록상표와 동일 또는 유사한 상표를 그 지정상품과 동일 또는 유사한 상품에 대하여 등록을 받을 수 없다」고 규정하고, 취소심결이 확정된 경우에는 본 항에 해당되는 것으로 규정하여, 상표권을 포기한 경우에는 본 항에 해당되지 않는 것으로 해석되었다. 따라서 상표권자는 취소심판이 청구된 경우 상표등록의 취소를 면할 목적으로 상표권을 포기하고 즉시 재출원하여 상표등록을 받을 수 있게 되어 불사용상표의 제재를 목적으로 하는 상표등록 취소심판제도의 의의가 상실하게 됨에 따라 1990. 1. 13. 법률 제4210호에서 이러한 폐단을 방지하고자 「상표권 또는 지정상품의 일부를 포기한 경우」에도 본 항에 해당되는 것으로 하였다.

85 상표법 제7조 제5항에서 제73조 제1항 제1호 내지 제3호, 제5호 또는 제6호의 규정에 해당하는 것을 사유로 하는 상표등록의 취소심판에 있어 그 청구일 이후에 상표권자가 상표권 또는 지정상품의 일부를 포기하거나 상표등록취소의 심결이 확정된 경우에는 상표권자 및 그 상표를 사용한 타인은 포기한 날 또는 그 심결이 확정한 날부터 3년이 경과한 후가 아니면 소멸된 등록상표와 동일 또는 유사한 상표를 그 지정상품과 동일 또는 유사한 상품에 대하여 상표등록을 받을 수 없다고 규정하고 있어 법 제73

(3) 상표법 제7조 제5항에 해당하는 경우

상표법 제73조 제1항 제2호, 제3호, 제5호 내지 제13호의 규정에 해당한다는 이유로 취소심판이 청구되고 그 상표권이 다음의 ①~③을 이유로 소멸된 경우 그 소멸된 상표의 상표권자, 소멸된 상표권의 등록 상표와 동일 또는 유사한 상표를 사용한 자는 3년 내에는 그 소멸된 상표와 동일 또는 유사한 상표를 상표등록출원을 하여 상표등록을 받을 수 없으며, 상표등록출원을 한 경우에는 상표법 제7조 제5항에 의하여 거절된다.

① 존속기간의 만료로 인하여 상품권이 소멸한 경우
② 상표권자가 상표권 또는 지정상품의 일부를 포기한 경우
③ 상표등록취소의 심결이 확정된 경우

(4) 취소심판청구인이 한 상표등록 출원

상표법 제73조 제1항 제3호에서 규정한 등록상표에 대한 불사용을 이유로 취소심판을 청구하여 상표권이 소멸한 경우 취소심판청구인은 그 소멸된 상표와 그 상표 및 지정상품이 동일 또는 유사한 상표를 출원하여 상표등록을 받을 수 있는데, 이때 그 상표등록출원은 상표등록취소심판청구일과 같은 날에 행해져도 무관하다 하겠으나 언제까지 출원해야 출원의 우선권을 인정하는지와 관련하여서는 명시하지 않았다(법 제7조 제3항). 종전의 법(2013.4.5. 법률 제11747호 이전의 법)에서는 취소심판청구인의 상표등록을 용이하게 하기 위하여 취소심판청구인이 상표권 소멸일로부터 6개월 내에 출원한 경우 그 출원에 대하여 출원의 우선권을 인정하였으나 시행상 여러 문제점이 제기되자 취소심판청구와 동시에 출원을 해도 상표등록을 받을 수 있도록 현제와 같이 개정하였다. 한편 제3자가 출원하는 경우에는 법 제7조 제1항 제8호 또는 취소심판청구인의 선출원을 이유로 거절될 수 있다.[86]

조 제1항 제1호 내지 제3호, 제5호, 제6호의 규정에 해당하는 것을 사유로 하여 상표등록 취소심결이 확정된 경우에는 그 취소된 상표의 상표권자 등은 취소가 확정된 상표와 동일·유사한 상표를 취소심결 확정일로부터 3년 내에는 등록을 받을 수 없다 할 것이다(1995.7.29. 94항349 심결, 1994.1.29. 92항원2611 심결 등).

86 구상표법 제9조 제5항은 같은 법 제45조 제1항 제3호(불사용에 의한 상표등록 취소)에 해당하는 것을 이유로 하여 상표등록 취소의 심결이 확정된 상표권자는 그 심결이 확정된 날부터 3년이 경과한 후가 아니면 소멸의 등록상표와 동일 또는 유사한 상표를 등록 받을 수 없다고 규정하고 있으며, 이 규정은 그 취소심결이 확정되고 난 후에 새로이 출원한 경우뿐만 아니라 위 취소심결이 확정되기 전에 이미 출원되어 있던 경우에도 적용된다고 할 것이므로(대법원 1990.4.10. 선고 89후2182 판결), 출원상표가 출원 당시에는 위 조항에 해당하지 않았다고 하더라도 등록 당시(거절사정 당시)에 위 조항에 해당하게 되면 등록받을 수 없다고 할 것이다(대법원 1990.7.10. 선고 89후2267 판결).

2) 조약당사국에 등록된 상표

(1) 의 의

조약당사국에 등록된 상표 또는 이와 유사한 상표로서 그 상표에 관한 권리를 가진 자의 대리인이나 대표자 또는 상표등록출원일 전 1년 이내에 대리인이나 대표자였던 자가 상표에 관한 권리를 가진 자의 동의를 받지 아니하는 등 정당한 이유 없이 그 상표의 지정상품과 동일 또는 유사한 상품을 지정상품으로 하여 상표등록출원을 한 경우에는 상표등록을 받을 수 없는데, 이 경우 그 권리자로부터 정보제공이나 이의신청이 있는 경우에 한한다(법 제23조 제1항 제3호). 그러므로 그 정당권리자로부터 정보제공이나 이의신청이 없는 경우에는 비록 심사관이 이러한 사실을 안다 하더라도 이를 이유로 하여 거절하지 못한다.

(2) 취 지

본 호는 파리협약 제6조의7에 따른 입법조치로서 수입상, 대리점 등이 정당한 상표소유권자의 허락을 받지 않고 동맹국에서 상표출원한 경우에 그 등록을 금지하기 위한 규정이다.[87]

(3) 조약 당사국

조약 당사국이라 함은 파리협약 당사국은 물론 TRT, WTO/TRIPs 등 상표관련 국제조약 당사국은 모두 포함한다.

(4) 대리인 또는 대표자

대리인 또는 대표자라 함은 해외에 있는 상표권자의 상품을 국내에 수입·판매하는 자를 말하는데, 대리점, 특약점, 위탁판매업자 등을 총칭한다.[88]

---

[87] 파리협약 6조의7. 1 : 1 동맹국에서 상표에 관한 권리를 가진 자의 대리인 또는 대표자가 그 상표에 관한 권리를 가진 자의 허락을 받지 아니하고 1 또는 2 이상의 동맹국에서 자기의 명의로 그 상표의 등록을 출원한 경우에는 그 상표에 관한 권리를 가진 자는 등록에 대하여 이의신청 또는 등록의 취소 또는 그 국가의 법령이 허용하는 경우에는 등록을 자기에게 이전할 것을 청구할 수 있다. 다만, 그 대리인 또는 대표자가 그 행위를 정당화하는 경우에는 예외로 한다.

[88] ① 상표법 제23조 제1항 제3호 본문은 "조약 당사국에 등록된 상표 또는 이와 유사한 상표로서 그 상표에 대한 권리를 가진 자의 대리인이나 대표자 또는 상표등록출원일 전 1년 이내에 대리인이나 대표자였던 자가 상표에 관한 권리를 가진 자의 동의를 받지 아니하는 등 정당한 이유 없이 그 상표의 지정상품과 동일 또는 유사한 지정상품으로 상표등록출원한 경우"라고 규정하고 있는바, 위 규정의 입법취지에 비추어 볼 때 여기서 말하는 "대리인 또는 대표자"라 함은 대리점, 특약점, 위탁판매업자, 총대리점 등 널리 해외에 있는 수입선인 상표 소유권자의 상품을 수입하여 판매·광고하는 자를 가리킨다고 보아야 할 것이다(대법원 1996.2.13. 선고 95후1241 판결).

3) 표장의 정의 규정에 합치되지 아니한 경우

상표등록출원한 상표가 ① 법 제2조 제1항 제1호 내지 제3호, 제4호 및 제5호의 규정에 의한 표장의 정의에 합치하지 아니하거나, ② 그 지리적 표시와 표장이 동항 제3호의2 및 제3호의4의 규정에 의한 지리적 표시와 지리적 표시 단체표장의 정의에 합치하지 아니하는 경우에는 상표등록을 받을 수 없다(법 제23조 제1항 제4호).

— 사 례 —

(사례 1) 〔상표 및 지정상품〕 이 사건 상표: 資生堂(제5류 외피용약제, 진통제 등), 인용상표: 資生堂(제5류 외피용약제, 유연제, 용제 등)

〔판례〕 ① 구 상표법(2004.12.31. 법률 제7290호로 개정되기 이전의 것) 제7조 제5항의 규정은 불사용취소심판이 청구되어 상표등록취소심결이 확정된 경우에는 상표권자에 의하여 등록출원된 상표라고 하더라도 그 출원이 심판청구일 이후에 이루어졌을 때에도 예외 없이 적용되는 규정이다.

② 원고가 상표권자인 비교대상상표에 관하여 2003.8.11. 상표법 제73조 제1항 제3호에 의한 등록취소심판이 청구되어 2004.10.9. 그 등록취소심결이 확정되었는데, 원고는 위 등록취소심판이 청구된 이후인 2003.8.21. 비교대상상표장과 표장이 동일하고 지정상품도 모두 상품류구분 제5류에 속하는 의약품으로서 동일 · 유사한 이 사건 등록상표를 출원하여 2005.1.7. 등록받았다. 따라서 등록취소된 비교대상상표의 등록취소심결 확정일로부터 3년이 경과하기 전에 출원, 등록된 이 사건 등록상표는 구 상표법 제7조 제5항에 의하여 그 등록이 무효로 되어야 할 것이다(특허법원 2007.4.11. 선고 2007허326 판결 심결지지).

(사례 2) 〔상표 및 지정상품〕 이 사건 상표: 이조농방(제20류 책상, 책장 등), 인용상표: 이조원목가구(제20류 침대, 의자 등)

〔판례〕 ① 상표법 제7조 제5항의 규정은 등록취소심판제도의 실효성을 확보하고자 하는 규정이므로, 취소심결이 확정되고 난 후에 새로이 출원한 상표뿐만 아니라 그 확정 이전에 출원된 상표라고 하더라도 그 출원이 등록취소 심판청구일 이후인 이상 역시 적용되어야 할 것이다(대법원 2002.10.22. 선고 2000후3647 판결 참조).

② 이 사건 출원상표는 불사용으로 취소심결이 확정된 비교대상표장의 상표권자인 원고가 위 등록취소 심판청구일 이후 위 심결확정 전에 출원한 상표로서, 비교대상상표와 표장이 유사하고, 이 사건 출원상표의 지정상품 중 가구류가 비교대상표장의 지정상품과 동일 · 유사하므로, 위 지정상품들과 관련한 이 사건 출원상

---

② 원심은 이 사건 영문계약서인 갑 제3호증에 의하면 이 사건 대리점 계약은 유효기간이 기본적으로 1985.5.18.부터 2년간이고, 위 계약은 계약해지통고서가 상대방에서 송달된 때로부터 6개월이 경과한 때 종료된다고 인정한 다음, 피심판청구인이 계약해지의 증거로 제출한 을 제2호증만으로는 이 사건 계약에 관한 피심판청구인의 1986.4.19.자 해지통고서가 심판청구인에게 적법하게 송달되었음을 인정하기에 부족하고, 달리 이를 인정할 자료가 없다는 이유(동 해지통고서의 적법하게 송달된 일자를 입증하는 자료를 찾아 볼 수 없다)로 피심판청구인의 계약해지 주장을 배척하였는바, 기록에 비추어 보면 원심의 위 판단은 정당한 것으로 수긍할 수 있다(대법원 1996.2.13. 선고 95후1241 판결).

표는 상표법 제7조 제5항 제3호에 의하여 그 등록이 거절되어야 한다. 그런데 출원상표의 지정상품 중 일부에 대하여만 등록거절이유가 있다고 하더라도 그 출원등록 전부가 거절되어야 하므로(대법원 2006.3.10. 선고 2004후2109 판결 참조), 이 사건 출원상표의 등록은 그 지정상품 전부에 대하여 거절되어야 한다(특허법원 2011.5.11. 선고 2010허8634 판결 참조).

(사례 3) 〔상표 및 지정상품〕 이 사건 상표: (제33류 소주, 청주, 위스키 등), 인용상표:

 (제33류 좌동)

〔판례〕 ① 이 사건 등록상표의 출원일인 2004.5.10.은 위 각 등록취소심판의 청구일보다 이전임은 역수상 명백하다. 따라서 이 사건 등록상표는 비교대상상표/서비스표에 대한 확정된 등록취소심판의 청구일 이전에 출원된 것이어서 구 상표법 제7조 제5항의 규정에 해당하지 않는다.

② 원고는 피고들이 본 등록취소심판들이 청구될 것임을 예상하고 등록취소확정심결의 효력을 피하기 위하여 이 사건 등록상표를 출원하여 등록받았던 것이므로, 이 사건 등록상표가 앞서 본 등록취소심판의 청구일 이전에 출원되었다고 하더라도 구 상표법 제7조 제5항의 규정이 적용되어야 한다고 주장하나, 구 상표법 제7조 제5항의 규정이 등록취소심판청구일 이전에 출원된 상표에 대하여는 적용되지 아니함은 앞서 본바와 같고, 설령 구 상표법 제7조 제5항의 적용범위를 원고의 주장대로 확장할 수 있다고 하더라도, 등록취소심판의 청구여부와 시기는 피고들의 의사와 무관하게 오로지 등록취소심판청구인들의 의사에 의하여 결정되는 것이므로, 등록취소심판 청구인들이 피고들에게 등록취소심판청구의 예정사실을 통지하였다는 등의 특별한 사정이 없는 이상 앞서 본 등록취소심판청구를 예상하고 이 사건등록상표를 출원하였다고 볼 수 없다고 할 것인데, 그와 같은 특별한 사정이 있었다는 점에 대한 주장, 입증도 없으므로 원고의 위 주장은 이유 없다(특허법원 2007.9.20. 선고 2007허3608판결 대법원 2007후4229 판결).

(사례 4) 〔상표 및 지정상품〕 이 사건 상표: (제25류 스웨터, 양복바지 등), 인용상표: FOUR SQUARE (제25류 티셔츠, 스커트 등)

〔판례〕 이 사건 등록상표가 상표법 제7조 제5항 제3호에 해당하기 위하여는 첫째로, 선등록상표의 상표권자 및 그 상표를 사용한 자와 이 사건 등록상표의 상표권자가 동일하여야 하고, 둘째로 이 사건 등록상표와 선등록상표가 동일 또는 유사하여야 하는바, 먼저 선등록상표의 상표권자 및 그 상표를 사용한 자와 이 사건 등록상표의 상표권자가 동일한지 여부에 관하여 보면, 이를 인정할 아무런 증거가 없을 뿐만 아니라, 오히려 갑 제1호증, 을 제1호증의 각 기재에 변론 전체의 취지를 종합하면, 선등록상표의 상표권자는 "스티누코포레이숀오브아메리카 인코포레이티드"인 반면, 이 사건 등록상표는 "포 스타 디스트리뷰션"이라는 미국 기업이 출원하여 설정등록을 받은 후, "더 프로그램 코포레이션" 회사로 상표권이 전부 이전되었다가 다시 합병에 의해 원고에게로 상표권이 전부 이전된 사실을 인정할 수 있으므로 선등록상표의 상표권자와 이 사건 등록상표의 상표권자는 서로 다르다고 할 것이다. 따라서 이 사건 등록상표는 선등록상표와의 동일ㆍ유사여부에 대하여 더 나아가 살필 필요 없이 상표법 제7조 제5항 제3호에 해당하지 않는다(특허법원 2008.7.25. 선고 2007허13018 판결 심결지지).

III. 등록요건의 판단

1. 판단시기

1) 법 제7조 제1항 제6호, 제7호, 제7호의2, 제8호, 제8호의2, 제9호, 제9호의2, 제10호

(1) 원 칙

본 호의 적용시기는 상표등록출원 시이다(법 제7조 제2항). 따라서 출원 시에 타인의 선등록상표와 유사한 것이 인정된 경우 비록 그 후 등록상표가 소멸된 경우라 하더라도 당해 상표는 타인의 상표등록을 이유로 본 호의 규정이 적용되며 그 상표권의 소멸로 거절이유가 해소되는 것은 아니다.[89] 법 제7조 제1항 제9호, 제10호의 적용시기를 출원 시로 한 것은 그 적용시점을 명확히 할 필요가 있을 뿐만 아니라 후출원이 막대한 광고 선전비를 들여 집중적으로 선전을 하여 주지·저명성을 획득하는 경우 선출원이 부당하게 거절될 우려도 있어 이러한 불합리한 점을 방지하기 위함이다.

또한 제7호 제1항 제8호의 적용시점도 출원 시이므로 상표권 소멸 이후 1년 이내의 출원인 경우에는 비록 결정시점에서 1년이 경과한 경우라 하더라도 본 호에 해당된다.[90]

(2) 예 외

상표등록출원 시에 상표법 제7조 제1항 제7호, 제7호의2, 제8호, 제8호의2에 해당하

89　상표법 제7조 제1항 제7호에서 선출원에 의한 타인의 등록상표와 동일 또는 유사한 상표로서 그 등록상표의 지정상품과 동일 또는 유사한 상품에 사용하는 상표는 등록을 받을 수 없도록 규정하고 있으므로, 선출원에 의한 등록상표와 동일 또는 유사한 상표로서 그 지정상품이 선출원에 의한 등록상표의 지정상품과 동일 또는 유사한 상표는 선출원 등록상표가 존속기간이 경과된 후 존속기간 갱신등록이 되지 아니하거나 가사 등록상표에 취소 및 무효사유가 존재한다고 하더라도 등록취소, 등록무효 및 존속기간 갱신등록무효의 심결이나 판결이 확정되는 등의 사유로 그 상표권이 소멸하지 아니하는 이상 적법하게 등록될 수 없다 할 것이다.
　　기록에 비추어 보면 이 사건 출원상표의 출원인이 인용상표권자를 상대로 선출원등록상표의 등록취소 및 존속기간 갱신등록무효 심판청구를 하였으나, 아직 그 등록취소 및 갱신등록무효의 심결 내지 판결이 확정되지 아니한 사실을 알 수 있고, 또한 소론과 같이 선출원 등록상표권자와 출원인과의 사이에 등록상표권에 대한 양도계약이 체결될 단계에 있어 등록상표권이 출원인에게 귀속될 가능성이 있다는 사정이 있다고 하더라도 이러한 사유만으로 구상표법 제9조 제1항 제7호의 적용이 배제된다고 할 수 없다(대법원 1991.3.8. 선고 90후1659 판결 등).

90　판례는 상표법 제7조 제1항 제8호의 적용시점은 결정 시로 하여야 한다고 판시한 바 있으나, (대법원 1987.9.8. 선고 86후65 판결 등)(1992.2.22. 선고) 그 외 판결에서는 출원 시를 기준으로 하여 적용하여야 한다고 판시한 바 있으며 현재는 출원시를 기준으로 하고 있다(1995.4.25. 선고 93후1834 판결 등).

는 것이라 하더라도 결정 시에 상표권자와 상표등록출원인이 동일하게 된 경우에는 동 규정은 적용되지 아니한다(법 제7조 제2항 단서).[91]

또한 법 제73조 제1항 제3호에 따른 상표등록취소의 심결이 확정된 경우 그 취소심 판청구인이 한 상표등록출원에 대하여는 그 취소심판청구인이 한 상표등록출원에 대 하여는 법 제7조 제1항 제7호, 제7호의2 및 제8호, 제8호의2에 해당하는지 여부는 그 출원상표에 대한 등록여부결정시를 기준으로 한다(법 제7조 제3항).

2) 법 제7조 제1항 제1호 내지 제5호, 제11호, 제12호, 제12호의2, 제 13호 및 제14호

본 호의 적용 시기는 출원 시가 아닌 결정 시이다.

2. 판단기준

1) 주체적 기준

상표가 타인의 상표와 유사하여 상품출처의 오인 · 혼동을 일으킬 우려가 있는지 여 부의 판단은 일반 수요자를 기준으로 하여 판단한다. 일반 수요자라 함은 그 상품을 구 입하고 사용하는 자를 말한다.

2) 실체적 기준

상표의 등록요건은 상표등록출원서에 첨부된 상표 및 지정상품을 기준으로 하여 판 단한다. 상표가 동일 또는 유사하더라도 그 지정상품이 다른 경우에는 대비되는 두 상 표는 유사하지 않은 것으로 인정되어 특별한 경우(법 제7조 제1항 제10호, 제11호 등) 를 제외하고는 등록이 허여된다.

---

91   상표법 제7조 제3항에 의하면 같은 조 제1항 제7호를 적용함에 있어서는 출원 시를 기준으로 하되, 다만 후에 상표권의 양수 등으로 상표권자와 출원인이 동일하게 된 경우에는 같은 호의 적용을 배제하 도록 규정하고 있다. 기록에 의하면 서회 일양약품공업 주식회사는 1987.11.5.자로 인용상표를 등록하 여 그 등록권자가 되었고, 출원인은 1993.11.6. 본원상표에 대한 이 사건을 출원을 하였으며, 그 후 1995.4.19. 특허청의 거절하정으로 출원인이 항고하여 항고심계류 중이던 1995.9.27. 출원인이 일양 약품공업 주식회사로부터 인용상표의 상표권을 양수하여 같은 해 12.8.자로 출원인인 명의의 권리이 전등록이 마쳐진 사실을 인정할 수 있으므로 본원상표 출원 이후 출원인과 인용상표의 상표권자가 동 일하게 되었고, 따라서 상표법 제7조 제3항 단서에 의하여 본원상표가 인용상표와 유사하다는 이유로 본원상표의 등록을 거절할 수는 없다 할 것이다(대법원 1997.5.9. 선고 96후1590 판결).

IV. 등록요건을 결한 경우

1. 출원 중

1) 거절이유

출원상표가 법에서 정한 소정의 등록요건을 갖추지 못하였으면 각각의 거절이유를 들어 거절된다. 한편, 상표등록출원이 등록된 주지·저명상표와 유사한 경우 상표법 제7조 제1항 제7호와 제7조 제1항 제9호, 제10호를 동시에 중복 적용하여 거절할 수 있는가에 대하여 논란이 있으나 이때는 법 제7조 제1항 제7호의 규정을 적용함이 타당하다 하겠으며 법 제7조 제1항 제9호, 제10호는 적용되지 않는다[92]고 보아야 할 것이다.

한편, 타인의 상표가 주지·저명한 상표인 경우 법 제7조 제1항 제9호, 제10호 제11호를 모두 적용할 수 있느냐에 대하여 의문이 있으나 법 제7조 제1항 제9호, 제10호, 제11호는 각기 법의 목적이나 취지 및 내용이 다르기 때문에 이들 규정을 중복하여 적용하는 것은 타당하지 않다 할 것이다. 따라서 인용되는 타인의 상표가 소위 주지상표로서 상품이 동일 또는 유사한 경우에는 제7조 제1항 제9호를, 저명상표인 경우에는 상품의 동일 또는 유사와 무관하게 제10호를 적용함이 타당하다. 다만, 그 인용상표가 저명상표인 경우에는 법 제7조 제1항 제9호와 제10호를 동시에 만족시키므로 이 경우에는 제9호, 제10호를 동시에 적용시킬 수 있다 할 것이며[93] 또 주지·저명상표와 유사하여 수요자에게 품질오인이나 수요자 기만의 우려가 있는 경우에는 법 제7조 제1항 제11호도 아울러 적용할 수 있다 할 것이다.[94] 또한, 인용상표가 주지·저명상표에는 이르지 못하였으나 어느 정도로 알려져 당해 출원상표를 그 지정상품에 사용하는 경우 수요자에게 품질오인이나 수요자 기만의 우려가 있는 때에는 법 제7조 제1항 제11호만을 적용해야 한다.

2) 정보제공·이의신청이유

상표법 제7조 소정의 등록요건을 결(缺)한 상표가 출원 또는 공고된 경우 누구든지 그 이유를 들어 정보제공, 이의신청할 수 있다. 다만, 정당한 권리자의 동의 없이 한 내

---

92 江口俊夫저 신상표법해설 및 綱野誠저 상표(신판) 참조.
93 그러나 어느 경우나 모두 법률이 중복된다는 점을 피할 수 없다 할 것이므로 입법상 해결할 필요가 있다할 것이며 실무적으로도 이를 명백히 구별하여 적용할 필요가 있다 하겠다.
94 江口俊夫저 신상표법해설 및 綱野誠저 상표(신판) 참조.

리인 또는 대표자가 한 출원에 대하여서는 정당한 권리자만이 이의신청을 할 수 있다.

2. 등록 후

등록요건을 결한 상표가 착오로 등록된 경우라 하더라도 상표법에서 규정한 소정의 무효사유에 해당하면 심판에 의해 그 등록이 무효로 되며 심결의 확정에 의하여 그 상표가 무효되기 전까지는 상표권의 효력이 부인되지 아니한다.[95]

---

[95] 선출원에 의한 등록상표와 동일 또는 유사한 상표로서 그 지정상품이 선출원에 의한 등록상표의 지정상품과 동일 또는 유사한 상표는 선출원 등록상표가 존속기간이 경과된 후 존속기간 갱신등록이 되지 아니하거나 등록상표에 취소 및 무효사유가 존재한다고 하더라도 등록취소, 등록무효 및 존속기간 갱신등록 무효의 심결이나 판결이 확정되는 등의 사유로 그 상표권이 소멸되지 아니하는 이상 적법하게 등록될 수 없는 것이다(대법원 1991.3.8. 선고 90후1659 판결). 이러한 사정은 출원상표가 주지 및 저명상표이거나 공업소유권보호를 위한 파리협약의 규정에 위반하여 등록된 상표라 하여도 마찬가지라 할 것이다(대법원 1993.7.16. 선고 92후2373 판결).

제3장 상표의 동일·유사

일러두기 상표의 동일·유사는 상표의 등록요건, 침해여부 등을 가릴 때 따지는 것으로서 상표법 전반에서 등장하는 주요한 개념이다.

여기서는 상표의 동일·유사에 대한 개념을 파악하는 것이 선결과제이며, 구체적으로 어떠한 정도의 상표를 동일 또는 유사하다고 판단하는지를 실례를 들어 이해하는 것이 필요하다.

I. 서 언

1. 의 의

상표는 자기의 상품을 타인의 상품과 식별시키기 위하여 사용하는 것이므로 여러 사람이 동일 또는 유사한 상표를 동일 또는 유사한 상품에 다 같이 사용하는 경우에는 그 상표는 자타상품의 식별기능을 상실하게 되고 수요자에게 상품출처의 오인·혼동을 일으키게 할 우려가 있다.

따라서 상표법은 타인의 선출원등록상표와 동일 또는 유사한 상표는 그 등록을 불허하여 등록상표는 상표권자만이 그 지정상품에 사용할 수 있도록 하고 타인이 등록상표 또는 이와 유사한 상표를 사용하는 경우에는 민·형사상의 구제수단을 강구할 수 있도록 하는 등 보호규정을 마련하고 있다.

상표의 동일·유사판단은 상표등록출원의 심사에 있어서는 물론 무효심판, 상표권 침해소송 등 상표에 관한 제반절차에서 행하여지고 있고 또 이에 관한 기준이 되는 상표의 동일·유사의 개념은 상표법 전반을 지배하는 주요한 개념으로서 상표법을 해석하고 운용함에 있어 가장 중요한 개념이라 할 수 있다. 그러함에도 실무상·이론상으로는 상표의 동일·유사개념을 이해하거나 상표의 동일·유사여부를 판단함에 있어 일의적·통일적으로 단정 짓거나 판단·적용할 수는 없다는 점에 그 어려움이 있다 하겠다.

2. 상표의 동일·유사를 논하는 실익

상표의 동일·유사여부에 대한 논의나 판단은 상표에 관한 제반절차에서 하게 되며 이와 같은 상표의 동일·유사에 관한 논의나 판단은 부등록사유(법 제7조 제1항 제1호 내지 제3호·제5호 내지 제12호), 선원(법 제8조), 상표권의 효력(법 제50조), 상표등록의 무효사유(법 제71조), 상표등록의 취소사유(법 제73조) 등에 해당되는지 여부를 확인하기 위하여 하는 법률적 판단이라 하겠으나, 무엇보다도 상표의 동일·유사는 상표의 등록요건 및 상표권 침해여부를 가리기 위하여 한다는 점에 그 주된 목적이 있다.

II. 상표의 동일·유사개념

1. 상표의 동일 및 동일성

1) 상표의 동일

상표의 동일이라 함은 상표의 요부뿐만 아니라 부기적 부분과 색채까지도 완전히 동일한 것을 말한다. 문자 상표의 경우 문자의 배열(종, 횡)이나 글자체(필기체, 인쇄체)도 같은 것을 말하며 다만, 글자크기의 대·소(大·小)등은 동일로 본다.

2) 상표의 동일성

상표의 동일성이라 함은 대비되는 양 상표 간에 상표가 완전히 동일하지는 않지만 동일할 정도로 인식되는 상표를 말하는데,[1] 상표의 동일보다는 다소 넓은 개념으로 이

1　　① 이 사건 등록상표 '허벌 에센스'와 영문 'Herbal Essences' 상표는 한글과 영문의 차이로 인하여 유사상표에 불과할 뿐 동일성이 인정되는 상표로 보기는 어렵다(특허법원 2005.5.27. 선고 2005허1967 판결).
　　② 문자와 문자의 결합으로 이루어진 결합상표에 있어서 일부의 문자 부분이 상표의 전체적인 구성에 거의 영향을 미치지 않을 정도로 차지하는 비중이 매우 적은 부기적인 부분이거나 별도의 상표 표지로서 인식되지 않는다면 몰라도 그렇지 않은 이상 그 문자 부분을 생략한 실사용상표는 등록상표와 동일하게 볼 수 있는 형태의 상표라고 할 수 없다(특허법원 2005.9.29. 선고 2005허4676 판결).
　　③ 상표의 색상이나 글자꼴의 변경, 상표의 일부 위치의 변경, 부기적인 도형 또는 기호의 단순한 부가, 변경 및 문자 표현의 일부 변형 등을 넘어서 비록 식별력이 없는 부분이더라도 등록된 상표의 일부 문자의 구성을 생략하거나 실사용상표에 새로운 문자를 부가하여 일체로 사용하는 것은 상표의 동일성을 해한다고 할 것이다(특허법원 2003.5.30. 선고 2002허8332 판결 및 대법원 2005.8.19. 선고 2003후1536 판결).
　　나아가 위 실사용표장들의 사용이 거래 사회통념상 이 사건 등록서비스표와 동일하게 볼 수 있는 형

해되고 있다.

상표의 동일성에 대한 판단은 거래사회의 통념에 맡겨야 한다는 것이 지배적인 견해라 할 수 있는데, 실무 및 판례에서는 식별력이 없거나 약한 부분이 결합된 경우, 상표의 구성에 있어 부기적 또는 보조적 부분으로 인식되는 문자, 도형 등이 결합된 경우에는 동일성이 인정되는 것으로 판단하고 있다.

심사·심판 및 판례에서 상표의 동일을 동일성에까지 확대하여 논하고 있는 이유는 상표법에서 규정한 상표의 동일을 상표의 동일성까지 확대 해석함으로써 각각의 상표법 조문의 취지에 충실하려는 입장에서라 할 수 있는데 이와 같은 상표의 동일성은 상표법 제6조 제2항, 제73조 제1항 제3호 등에서 규정한 상표의 사용 또는 등록상표의 사용으로 인정될 수 있는지와 관련하여 판단하게 되는데, 그 지정상품 등에 사용한 실사용상표가 선사용상표 또는 등록상표와 동일성이 인정이 되면 등록상표의 사용으로 되어 상표의 취소사유에 해당하지 아니하는 등 상표권자에게는 유리하게 작용하게 된다.[2]

태의 사용인지에 대하여 본다. 먼저 실사용표장 1에 대하여 보면, 이는 'Callan School'이란 영문자와 '칼란스쿨'이란 한글 문자가 나란히 병기되어 있고 한글 문자가 괄호 안에 표기되어 있다는 점에서 'CALLANSCHOOL'이란 영문자 대문자와 '칼란스쿨'이란 한글 문자가 괄호 안에 표기되어 있다는 점에서 'CALLANSCHOOL'이란 영문자 대문자와 '칼란스쿨'이란 한글 문자가 상하 2단으로 표기된 이 사건 등록서비스표와 차이가 있다. 그러나 실사용표장 1은 이 사건 등록서비스표와 영문자 및 한글 문자의 내용이 동일하고, 단지 영문자 중 일부를 소문자로 표기하고 한글 문자를 영문자 옆에 괄호 안에 표기한 것에 불과하여, 거래의 일반 수요자들은 실사용표장 1과 이 사건 등록서비스표를 동일한 서비스표로 인식할 것이므로, 실사용표장 1은 이 사건 등록서비스표와 거래 사회통념상 동일성이 인정되는 표장의 사용으로 볼 수 있다(특허법원 2012.1.13. 선고 2011허 9870 판결).

2   ① 판례나 심결예는 상표의 사용여부를 판단함에 있어서는 상표의 동일성까지 확대 해석하여 상표의 동일성 범위 내에서의 사용을 등록상표의 사용으로 인정하여 등록상표의 취소여부(법 제73조 제1항 제2, 3호 등)를 판단하고 있는데, 이는 상표권자 등이 등록상표를 사용함에 있어 등록상표와 동일하게 사용한다는 것은 매우 어렵기 때문에 그 입법취지를 감안하여 동일성 범위 내의 상표 사용에 대하여 까지 등록상표의 사용으로 인정해줄 필요가 있기 때문이다.

② 상표법 제73조 제1항 제3호, 제4항 소정의 '등록상표의 사용'에는 등록된 상표와 동일한 상표를 사용하는 경우는 물론 거래사회 통념상 식별표지로서 상표의 동일성을 해치지 않을 정도로 변형하여 사용하는 경우도 포함된다 할 것이고(대법원 1992.11.10. 선고 92후650 판결), 이 경우 등록상표가 반드시 독자적으로만 사용되어야 할 이유는 없으므로 다른 상표나 표지와 함께 등록상표가 표시되었다고 하더라도 등록상표가 상표로서의 동일성과 독립성을 지니고 있어 다른 표장과 구별되는 식별력이 있는 한 등록상표의 사용이 아니라고 할 수는 없다(대법원 2004.5.28. 선고 2002후970 판결).

2. 상표의 유사

상표의 유사라 함은 대비되는 두 상표가 동일하지는 않지만 그 두 상표가 당해 상품에 다 같이 사용되는 경우 수요자에게 상품출처의 오인·혼동을 일으킬 정도로 외관·호칭·관념 중 어느 하나가 유사하거나 또는 이들 모두가 유사한 상표를 말한다. 즉 대비되는 두 상표를 동종의 상품에 사용하는 경우 그 상표의 구성 중 문자, 도형 등으로부터 관찰되는 외관·호칭 또는 관념의 유사로 인하여 일반 수요자가 그 상품을 동일한 자에 생산되거나 판매하는 것으로 인식하는 등 상품출처의 오인·혼동을 일으킬 우려가 있는 경우 그 두 상표는 유사상표라고 할 수 있다.

반면에 외관·호칭·관념 중 어느 하나가 유사하더라도 다른 구성요소가 현저히 달라 전체적으로 상품출처가 명확히 구별되는 경우에는 그 두 상표는 유사하지 않은 것으로 판단한다. 이와 같이 대비되는 두 상표가 유사한지 또는 비유사한지 여부는 단순히 그 외관·호칭·관념 3가지 측면에서 대비하여 판단하는 것이 아니라, 외관·호칭·관념의 면에서 유사로 인하여 일반 수요자에게 상품출처의 오인·혼동을 일으킬 우려가 있는지 여부로 귀결된다.

III. 상표의 동일·유사판단

1. 동일·유사판단의 요소

상표의 동일 또는 유사여부는 상표의 외관, 호칭, 관념 3가지 면에서 일반 수요자가 느끼는 직관적 인식을 기준으로 하여 판단한다.[3]

1) 외관(外觀)

상표의 외관이라 함은 상표구성의 태양을 말하는데 이러한 상표의 외관은 시각에 의하여 판단되는 것으로서 주로 문자, 도형, 기호, 입체적 형상으로 된 상표의 경우에 외

---

3   상표의 유사여부는 서로 동일한 정도가 아니라 하더라도 동종의 상품에 사용되는 두 개의 상표를 그 외관, 호칭, 관념을 객관적·전체적·이격적으로 관찰하여 그 각 지정상품의 거래에서 일반 수요자가 두 개의 상표에 대하여 느끼는 객관적 인식을 기준으로 그 각 지정상품의 출처에 대한 오인·혼동을 일으킬 우려가 있는지의 여부를 판별하는 방법에 의하여 판단하여야 할 것이다(대법원 1987.3.24. 선고 86후109 판결 등).

관의 유사여부 문제가 발생한다. 상표가 같은 영문자 알파벳으로 구성 되었거나 그 다른 알파벳이 여러 개의 알파벳 중 하나, 둘 정도의 차이에 불과한 경우에는 외관이 유사한 것으로 판단함이 일반적이다. 한편, 색채도 상표의 구성요소의 하나이므로 색채도 상표 외관의 유사여부를 판단하는 주요한 요소가 된다.

그러나 실무적으로는 색채는 그 상표의 유사여부 판단에 미치는 영향은 미미하다고 보아 다른 구성요소가 동일하고 색채만이 다를 경우에는 유사상표로 봄이 일반적이다.

(ⓨ)와 (ⓖ), (츠)와 (⋈), PERFORM과 PERFORMA는 외관이 유사하다고 할 수 있다. 그러나 한글로 된 「베타딘」과 영문으로 된 「BETADIEN」은 호칭은 유사하지만 외관은 유사하다고 할 수 없다.

2) 호칭(呼稱)

상표의 호칭이라 함은 수요자가 당해 상표를 보고 부르거나 수요자에게 불릴 수 있는 명칭을 말하는데, 호칭은 문자 상표인 경우에 주로 문제된다. 그러나 도형 또는 입체적 상표인 경우에도 그 도형이나 입체적 형상으로부터 어떠한 호칭이 연상될 때에는 호칭의 유사 여부를 따지게 된다.

호칭에 있어서 특히 문제되는 것이 상표가 외국문자로 된 경우인데 이때 외국문자를 어떻게 호칭할 것이냐에 따라 그 호칭의 유사여부가 달라진다. 문자가 로마자로 표기되었을 때에는 비록 그 문자가 불어, 독일어라 하더라도 영어식으로 호칭한다고 봄이 일반적인데 그 이유는 우리나라 거래사회실정에 비추어 볼 때 일반 수요자에게 독어, 불어보다는 영어가 더 널리 보급되었다고 보기 때문이다. 반면에 일어(日語)로 구성된 상표의 경우에는 '히라가나'로 호칭된다고 판단함이 일반적이다. 또한 긴 문자로 된 상표이거나 상호상표는 분리관찰 된다고 보거나 약칭되는 경우가 많으므로 이럴 경우에는 분리관찰 되거나 약칭되는 호칭이 유사한지 여부를 판단한다.

그러나 우리나라 거래사회에서도 그 상품이 화장품이나 넥타이 등의 경우에는 프랑스어식 발음으로, 약제인 경우에는 독일어식 발음으로 호칭되는 경우가 많으므로 이러한 상품에 사용되는 상표에 대하여는 프랑스어식, 독일어식 발음으로 호칭될 개연성을 감안하여 상표의 유사여부를 판단한다.

'白花'와 '百花', '天然'과 '千年', 'HITE'와 '하이츠', '미쯔이'와 'MITSUI' 또는 'みつい'는 각각 호칭이 유사하다고 할 수 있다. 그러나 '호랑이표'와 '범표' 또는 'TIGER'는 관념은 유사하지만 호칭은 유사하다고 할 수 없다.

3) 관념(觀念)

관념이라 함은 상표가 지니고 있는 사전적 의미나 상표로부터 인식되는 의미를 말하는데 이와 같은 상표로부터 인식될 수 있는 관념은 지각적(知覺的) 요인에 의하여 판단된다. 관념의 유사여부는 주로 도형상표, 문자상표의 경우에 판단하게 되는데, 2개 이상의 어구로 구성된 문자 상표의 경우 그 중 하나의 어구가 갖는 관념이 유사하더라도 다른 어구와 결합하여 새로운 관념을 형성하는 경우에는 유사하지 않은 것으로 판단한다.

도형 '★'와 문자 '별', 'star'는 관념이 유사하다고 할 수 있으며, '불곰'과 '곰표'도 관념이 유사하다고 할 수 있다. 한편 'world'와 'world cup'은 'world' 부분이 같기는 하나 'world'는 '세계', '세상' 등의 의미가 직감되는 것인데 비하여 'world cup'은 문자 'world'와 'cup'이 결합하여 전체적으로 '세계축구선수권대회' 또는 '동 대회의 우승컵'으로 직감된다 할 것이므로 양 상표는 그 관념이 유사하다고 할 수 없으며, 「다가^{DAGA}」와 「DAGA」도 조어상표로서 어떠한 특정한 관념을 인식할 수 없으므로 관념이 유사하다고 할 수 없다.

2. 동일 · 유사판단의 기준

1) 주체적 기준

대비되는 2 이상의 상표가 동일 또는 유사한지 여부는 이를 판단하는 심사관이나 심판관의 입장에서가 아니라 그 상표를 보고 상품을 선택하거나 판매하는 일반 수요자[4]를 기준으로 하여 판단하는데, 판례는 거래자도 일반 수요자에 포함시키고 있다.[5] 여기에서 일반 수요자는 특정인이나 수요자 다수인(대다수)을 지칭하는 것이 아니라 하나의 상상의 인물로서 그 지정상품의 거래사회에서 평균적 수준에 있는 자(평균인)를 말한다. 그러나 실무나 판례는 일반 수요자를 대다수인 또는 다중(多衆)으로 이해하는 경향에 있다.

---

4   수요자라 함은 상품을 구매하여 사용하는 일반 수요자를 말하는바, 생산자나 판매자는 그 상품을 생산하거나 전문적으로 취급하는 자이므로 일반 수요자의 개념에서 제외되어야 할 것이며 거래자도 엄격한 의미에서는 수요자와 구별되는 개념이다.

5   상표의 유사 여부는 동종의 상품에 사용되는 두 개의 상표를 놓고 그 외관 · 호칭 · 관념 등을 객관적, 전체적, 이격적으로 관찰하여 일반 수요자나 거래자가 상표에 대하여 느끼는 직관적 인식을 기준으로 하여 그 어느 한 가지에 있어서라도 거래상 상품의 출처에 관하여 오인 · 혼동을 초래할 우려가 있는지의 여부를 판단하여야 할 것이다(대법원 2005.4.29. 선고 2003후1680 판결, 대법원 2008.9.25. 선고 2008후 2213 판결).

2) 실체적 기준

상표의 유사여부판단은 출원서에 첨부된 상표를 기준으로 하여 이와 대비되는 상표와 유사여부를 판단한다.

3) 거래사회실정

상표의 유사여부는 그 상표가 실제 거래사회에서 수요자 간에 어떻게 인식되고 불려지는지, 당해 상품의 속성과 거래방법 등 거래사회의 실정을 감안하여 판단하며 그 외에 특수한 사정이나 경험측 등도 고려하여 판단한다.[6]

---

6   ① 상표는 어느 특정한 영업주체의 상품을 표창하는 것으로서 그 출처의 동일성을 식별하게 함으로써 그 상품의 품위 및 성질을 작용하며, 상표법이 등록상표권에 대하여 상표사용의 독점적 권리를 부여하는 것은 제3자에 의한 지정상품 또는 유사상품에 대하여 동일 또는 유사상표의 사용에 의하여 당해 등록상표가 가지는 출처표시작용 및 품질보증작용이 저해되는 것을 방지하려는 것이고, 상표법이 상표의 출처식별 및 품질보증의 각 기능을 보호함으로써 당해 상표의 사용에 의하여 축조된 상표권자의 기업신용과 이익을 보호하고 나아가 유통질서를 유지하며 수요자로 하여금 상품의 출처의 동일성을 식별하게 하여 수요자가 욕구하는 일정한 품질의 상품구입을 가능하게 함으로써 수요자의 이익을 보호하려고 하는 것인바, 비록 상표 자체의 외관, 호칭, 관념에서 서로 유사하여 일반적·추상적·정형적으로는 양 상표가 서로 유사해 보인다 하더라도 당해 상품을 둘러싼 일반적인 거래실정, 즉 시장의 성질, 고객층의 재산이나 지식정도, 전문가인지 여부, 연령, 성별, 당해상품의 속성과 거래방법, 거래장소, 고장수리의 사후보장여부, 상표의 현존 및 사용상황, 상표의 주지정도, 당해상품과의 관계, 수요자의 일상 언어생활 등을 종합적, 전체적으로 고려하여 거래사회에서 수요자들이 구체적·개별적으로는 명백히 상품의 품질이나 출처에 오인·혼동의 염려가 없을 경우에는 양 상표가 공존하더라도 당해상표권자나 수요자 및 거래자들의 보호에 아무런 지장이 없다 할 것이어서 그러한 상표의 등록을 금지하거나 등록된 상표를 무효라고 할 수는 없다 할 것이다(대법원 1996.7.30. 선고 95후1821, 1996.9.24. 선고 96후153, 191 판결).
   ② 위 서비스표들은 '제일' 부분에 의하여 호칭, 관념되기보다는 전체적으로 '제일저축은행', '제일은행', '제일카드' 등으로 호칭, 관념된다고 할 것이고, 이 경우 호칭은 앞부분의 '제일'로 인하여 일부 유사한 면이 있을 뿐 전체적으로는 다르다고 할 것이며, 관념에 있어서도, 금융 관련업에 대하여는 관계 법규와 거래실정상 여러 기준에 따라 업종이 세분되어있는 바, '(상호)저축은행'은 주로 제2금융권에서 예금이나 대출 등의 금융업무를 하는 기관임에 비하여, '은행'은 제1금융권으로서 여·수신, 외환 등 종합적인 금융서비스를 제공하고, '카드'는 신용카드 관련 금융서비스를 제공하는 의미를 가지고 있으므로, 일반 수요자나 거래자들이 인식하는 위 서비스표들의 관념은 서로 다르다고 할 것이므로, 표장 자체로서는 위 서비스표들이 '제일'이라는 부분으로 인하여 서로 유사하다고 볼 수는 없다.
   위와 같이 이 사건 출원서비스 '제일저축은행(Jeil Saving Bank)'과 이 사건 선등록서비스들 '제일은행(제일카드)'이 각각 그 지정서비스업인 금융 관련 업종의 일반 수요자 및 거래자들에게 각각 제2금융권과 제1금융권의 대표적인 금융기관의 하나로 인식되고 있으므로, 위 서비스표들은 거래사회에서 구체적으로 서비스업의 품질이나 출처에 관하여 오인·혼동할 염려가 없는 경우에 해당한다고 할 것이다(특허법원 2008.9.5. 선고 2007허13612 판결 및 2008.9.5. 2007허13605호 판결. 대법원 2008.12.11.자 2008후3940 심불기가).

4) 심사기준 · 심결예 · 판례 및 학설

상표의 동일 · 유사여부를 판단함에 있어서는 상표심사기준이나 심결예 · 판례가 기준이 되며 그 외 학설도 상표의 동일 · 유사여부를 판단하는 판단의 기준이 된다.

3. 판단방법

1) 전체적 관찰

(1) 원 칙

상표의 유사여부는 대비되는 양 상표를 전체적으로 관찰하여 판단한다.

(2) 예 외

상표가 도형과 문자의 결합 또는 두개 이상의 단어의 결합으로 구성되는 등 두 개 이상의 요부로 구성되어 있는 경우에는 그 중 하나의 요부만으로 분리 · 관찰될 수 있으며,[7] 식별력이 있는 부분과 식별력이 없는 부분이 결합하여 구성되어 있을 때에는 식별력이 없는 부분은 유사판단에서 제외된다.[8]

---

[7]　① 상표의 유사여부는 동종의 상품에 두 개 상표를 전체로서 관찰하여 그 외관, 호칭, 관념을 비교, 검토하여 판단하는 것이 원칙이라 할 것이고, 다만 상표의 결합이 부자연스럽고 일련불가분적이라고 할 수 없는 예외적인 경우에만 그 구성부분을 분리 추출하여 비교, 대조하는 것이 허용된다(대법원 1993. 4.13. 선고 92후1967 판결).

② 상표의 유사여부를 판단함에 있어서는 상표의 구성전체를 비교함이 원칙이나 결합상에 있어서는 언제나 반드시 그 구성부분 전체의 명칭이나 모양에 의하여 호칭 · 관념되는 것이 아니고 각 구성부분을 분리하여 관찰하면 자연스럽지 못할 정도로 불가분적으로 결합되어 있지 아니하는 한 구성부분 중 일부 만에 의하여 간략하게 호칭 · 관념될 수도 있으므로 어떤 경우에도 전체 대 전체로서 비교하여야 하는 것은 아니다(대법원 1990.2.13. 선고 89후766 판결, 1991.3.27. 선고 90후1734 판결, 1991.6.28. 선고 90후2010 판결 등).

[8]　① 원칙적으로 법 제6조 제1항 각 호의 1에 해당하는 식별력이 없는 표장과 법 제51조의 각 호가 규정하는 상표권의 효력이 미치지 아니하는 표장은 요부가 아니며 상표의 유사여부를 판단할 때 이 부분을 다른 상표와 대비해서는 안 된다(특허청 상표심사기준).

② 결합상표는 반드시 그 구성성분 전체의 명칭이나 모양에 의하여 호칭 · 관념되는 것이 아니고 각 구성부분을 분리하여 관찰하면 자연스럽지 못하여 어울리지 않는다고 여겨질 정도로 불가분적으로 결합되어 있지 아니하는 한 그 구성부분 중 일부 만에 간략하게 호칭 · 관념될 수도 있다 할 것이고(대법원 1992.12.24. 선고 92후1462 판결), 그 요부의 판단에 있어서도 상표 전체를 관찰하여 이를 판단하여야 할 것이나, 그 요부가 서로 유사하여 거래상 오인 · 혼동의 우려가 있으면 두 상표는 유사하다고 할 것이고 상품의 보통명칭, 관용표장, 기술적 표장, 회사의 명칭, 업종표시 등은 식별력이 없어 요부가 될 수 없으므로 상표의 유무를 판단할 때에도 이 부분을 제외한 나머지 부분을 대비하여 판단하여야 할 것이다(대법원 1992.9.14. 선고91후 1250 판결).

2개 이상의 요부로 구성된 것으로서 그것이 분리관찰 될 수 있는 상표인 경우에는 요부를 분리하여 그 요부가 유사한지 여부를 판단하지만 그 2개의 구성요소가 결합하여 하나의 새로운 관념을 생성하는 경우에는 이를 분리 관찰하지 아니하고 전체적으로 관찰하여 양상표의 유사여부를 판단한다.[9]

2) 이격적 관찰

이격적 관찰이라 함은 시간과 장소를 달리하여 관찰하는 것을 의미한다. 즉, 이격적 관찰은 시간과 장소를 달리하여 그 상표를 대하는 경우 수요자가 양 상표를 유사하게 인식하는지 여부에 의하여 판단하는 것을 말한다. 예컨대, 수요자가 어느 점포나 시장에서 A상표가 부착된 어떤 물건을 본 후 다른 점포나 시장에서 B상표가 부착된 물건을 접할 경우 그 B상표를 A상표와 유사하게 인식하는 경우 그 양 상표는 유사하다 할 것이다.

3) 객관적 관찰

객관적 관찰이라 함은 상표의 유사여부를 판단함에 있어 그 유사 여부를 판단하는 심사관이나 심판관 등 판단자의 입장에서가 아니라 일반 수요자의 입장에서 판단함을 말한다. 즉, 2 이상의 상표가 각각의 상품에 다 같이 사용되는 경우 일반 수요자가 상품 출처의 오인·혼동의 우려가 있는지 여부에 의하여 판단하는 것을 말한다.

4. 상표의 동일·유사판단

상표의 동일 또는 유사의 판단은 일의적·획일적으로 판단할 수는 없고 전체적·객

9　① 문자와 문자 또는 문자와 도형의 각 구성부분이 결합한 결합상표는 반드시 그 구성부분 전체에 의하여 호칭·관념되는 것이 아니라 각 구성 부분을 분리하여 관찰하면 거래상 자연스럽지 못하다고 여겨질 정도로 불가분적으로 결합한 것이 아닌 한 그 구성 부분 중 일부 만에 의하여 간략하게 호칭·관념될 수도 있으며, 또 하나의 상표에서 두 개 이상의 호칭이나 관념을 생각할 수 있는 경우에 그 중 하나의 호칭·관념이 다인의 상표와 동일 또는 유사하다고 인정될 때에는 두 상표는 유사하나(대법원 2004. 10. 15. 선고 2003후1871 판결 등).

　② 상표의 유사여부를 판단함에 있어 문자와 문자 또는 문자와 도형이 결합된 상표의 경우에도 원칙적으로 상표의 구성 전체를 외관, 호칭, 관념 등의 점에서 전체적, 객관적, 이격적으로 관찰하여 거래상 일반 수요자나 거래자가 그 서비스업의 출처에 대하여 오인·혼동할 우려가 있는지의 여부에 의하여 판별되어야 하고, 그 구성 부분 중 일부만에 의하여 간략하게 호칭·관념될 수 있다고 보기 어렵거나 당해 상표가 실제 거래사회에서 전체로서만 사용되고 인식되어져 있어 일부분만으로 상표의 동일성을 인식하기 어려운 경우에는 분리관찰이 적당하지 않다(대법원 2005. 5. 27. 선고 2004다60584 판결 등).

관적·이격적으로 관찰함을 원칙으로 하되 거래사회의 실정 등을 감안하여 수요자가 상품출처의 오인·혼동을 일으키는지 여부에 따라 대비되는 상표마다 구체적·개별적으로 유사여부를 판단한다.

1) 동일·유사한 것으로 보는 경우

(1) 하나의 요부로 구성된 상표

상표가 하나의 요부로 구성되었다 함은 상표를 구성한 문자가 조어(造語)이거나 하나의 단어 또는 도형 등으로 구성되거나 다른 구성부분이 식별력이 없는 것이어서 부가적인 부분으로 인식되는 상표를 말하는데, 이와 같이 하나의 요부로 구성된 경우 외관·호칭·관념 모두가 같거나 외관·호칭·관념 중 어느 하나가 동일·유사하면 대비되는 두 상표는 동일 또는 유사한 것으로 봄이 원칙이다. 그러나 외관·호칭·관념 중 어느 하나가 동일 또는 유사하더라도 그 외 부분도 고려할 때 전체적으로 상품출처의 오인·혼동을 피할 수 있는 경우에는 유사상표로 판단하지 아니한다.[10]

1 외관이 유사한 경우

▶와 ◢, ⊙와 ⊙⊙, HOP와 HCP

2 호칭이 유사한 경우

INTERCEPTOR와 인터셉트, REVILLON와 REVLON, TVC와 TBC

3 관념이 유사한 경우

평화와 Peace, TIGER와 호랑이, STAR와 별 또는 ☆, Lady와 영레이디, CHAMP와 CHAMPION

(2) 두 개의 요부로 구성된 상표

이 경우는 상표가 문자와 문자, 문자와 도형 등으로 구성된 경우로서 그 두 개의 문자 또는 문자와 도형이 각각 독립된 관념을 지니고 있으므로 인하여 그 두 개의 단어나

10 　판례는 1987.6.23. 선고 86후186 사건에 대한 판결에서 상표법상 상표의 유사여부는 동종의 상품에 사용되는 두 개의 상표를 그 외관, 칭호, 관념을 객관적·전체적·이격적으로 관찰하여 그 상품의 거래에서 일반 수요자나 거래자가 그 상품의 출처에 관하여 오인·혼동을 일으킬 우려가 있는지의 여부에 따라 판단하여야 할 것이고 외관, 칭호, 관념 중에서 어느 하나가 유사하다고 하더라도 다른 점을 고려할 때 전체로서는 명확히 출처의 혼동을 피할 수 있는 경우에는 유사상표라고 할 수 없다(대법원 1986.10.28. 선고 85후40, 41 판결, 1988.12.27. 선고 81후47 판결 등 참조)고 판시하고 '대일네오물파스'와 '물파스'는 유사하지 않다고 판단한 바 있다.

도형이 별개의 관념을 지니고 있으며, 이를 두 단어나 단어와 도형이 전체적으로 하나의 새로운 관념을 낳지 않는 것으로 관찰되는 상표를 말하는데, 그중 하나의 요부가 다른 상표의 요부와 동일한 경우 그 상표는 동일 또는 유사한 것으로 본다.[11]

VOLCAN DAMEO와 VOLCAN 또는 DAMEO,

ALCOS ANAL과 ALCOS 또는 아날

DONGBANG PLAZA와 PLAZA, SKY와 OB SKY

(3) 기호 · 문자 도형 등 여러 개의 요부로 구성된 상표

이때는 이들 기호, 문자, 도형, 입체적 형상의 결합상태와 그 상표의 구성 중 어느 부분이 요부인지에 따라서 그 요부로 인식되는 부분이 다른 상표와 동일 또는 유사한 때에는 그 상표는 동일 또는 유사한 것으로 판단한다.

(4) 식별력이 있는 부분과 식별력이 없는 부분이 결합하여 구성된 상표

상표의 동일 · 유사를 판단함에 있어 식별력이 없는 부분은 제외됨이 원칙이다.[12] 그

11　① 상표의 유사여부를 판단함에 있어서는 상표의 구성 전체를 비교함이 원칙이나 결합상표에 있어서는 언제나 반드시 그 구성부분 전체의 명칭이나 모양에 의하여 호칭, 관념되는 것이 아니고 각 구성부분을 분리하여 관찰하면 자연스럽지 못할 정도로 불가분적으로 결합되어 있지 아니하는 한 그 구성부분 중 일부 만에 의하여 간략하게 호칭, 관념될 수도 있으므로 어떤 경우에도 전체 대 전체로서 비교하여야 하는 것은 아니다(대법원 1990.2.13. 선고 89후766 판결, 1991.3.27. 선고 90후1734 판결, 1991.6.28. 선고 90후2010 판결 등).

　② 구상표법 제9조 제1항 제7호(1990.1.13. 법률 제4210호로 개정되기 이전의 것)에 해당하는지의 여부를 판단함에 있어서, 동일 또는 유사한 상품에 사용되는 두 개의 상표가 유사한 것인지의 여부는 그 외관, 칭호, 관념의 면에서 객관적 · 전체적 · 이격적으로 관찰하여 거래의 통념상 상품의 출처에 관하여 일반 수요자나 소비자로 하여금 오인 · 혼동을 일으키게 할 우려가 있는지의 여부에 따라 판단하여야 할 것인바, 상표상호 간에 다른 부분이 있다고 하더라도 그 요부를 이루는 부분이 유사하여 전체적으로 관찰할 때 피차 오인 · 혼동을 일으키게 할 우려가 있는 것은 유사상표라고 보아야 할 것이다(대법원 1990.4.13. 선고 89후1950 판결).

12　① 본원상표인 '한글나라'와 선등록된 인용상표(등록 제233124호)인 "도형+문자"를 대비하여 볼 때, '한글'은 우리나라 글자의 이름에 불과하여, 본원상표와 인용상표의 '한글'이라는 구성부분은 자기의 상품과 타인의 상품을 일반 수요자나 소비자로 하여금 식별하게 할 수 있는 상표로서의 기능을 갖춘 것이라고는 보기 어려우므로 상표의 요부 내지 특별현저부분이라고는 볼 수 없고(위에 든 판결 및 당연 1991.3.27. 선고 90후1239 판결 등), 따라서 이를 제외하고 위 두 상표의 요부인 각 나머지 부분을 외관, 관념, 호칭의 면에서 대비하여 볼 때 모두 달라 이를 동일 또는 유사한 상품에 사용하더라도 일반 수요자나 소비자로 하여금 상품의 출처에 관하여 오인 · 혼동을 일으키게 할 염려가 없다고 할 것이다

러므로 이 경우에는 식별력이 있는 부분만을 대비하여 유사여부를 판단한다. 이때 그 상표 구성상으로 미루어 볼 때 식별력이 없는 부분을 크게 표시하고 식별력이 있는 부분을 작게 표시한 경우에도 그 식별력이 있는 부분이 동일·유사한 경우에는 그 상표는 유사하다고 판단한다.

대관령 쇠고기 사발과 사발(지정상품 : 쌀, 건고추 등), 모란과 금모란,

PLAZA
와 프라자 (지정상품 : 햄버거 체인업), 화인주식회사와 뉴화인 주식회사

오행육기와 육기(지정상품 : 당근, 곡물 등) 월마트 안경과 Wal-Mart(지정서비스업 : 안경수선업)

(5) 식별력이 없는 부분과 식별력이 없는 부분이 결합하여 구성된 경우

식별력이 없는 부분과 식별력이 없는 부분이 없는 부분끼리 결합하여 구성된 상표의 경우에 그 식별력이 없는 부분이 유사판단에 있어 대비대상이 되는지에 대하여 의문이 있으나 전체적으로 볼 때 그 두 부분의 결합에 의하여 일체적으로 관념을 낳는 등의 경우에는 그 두 부분을 결합하여 대비대상으로 삼을 수 있다고 봄이 판례의 입장이다.[13] 이 경우 그 각각의 구성요소만을 놓고 볼 때 그 구성요소는 모두 식별력이 없는 것이므로 그 중 일부를 유사여부 판단의 대비대상으로 삼을 수는 없다 할 것이며 이 경우 판례는 그 중심적 식별력이 어디에 있는지 또는 그 구성요소 중 어느 부분에 의하여 양 상표가 구별이 가능한지 여부를 따져 그 두 상표의 유사여부를 판단하고 있다.[14]

(대법원 1994.10.11. 선고 94후784 판결).

② 비록 'ALPHA'가 그 하나만으로는 간단하고 흔한 표장으로서 등록받을 수 없다고 하더라도 전체 상표 중 일부로 되어 있을 경우에도 그 요부는 될 수 없다거나 상표의 유사여부를 판단함에 있어서 비교 대상에서 제외되어야 하는 것은 아니라 할 것이다(대법원 1995.2.24. 선고 94후1893 판결).

13   ① 상표의 유사 여부는 전체 상표를 대비하여 판단하는 것이 원칙이고 요부관찰이나 분리관찰은 전체관찰을 위한 하나의 보조수단에 불과한 것이므로 결합의 결과 새로운 관념을 낳는 경우(대법원 1999. 11.23. 선고 99후2044 판결 등), 분리가 가능하다고 할지라도 각각의 분리된 부분이 모두 지정상품과의 관계에서 식별력이 없는 경우 등에 있어서는 분리관찰은 적당하지 아니하므로 원칙으로 돌아가 분리되지 않은 상표 전체를 기준으로 유사 여부를 판단하여야 한다(대법원 2001.6.29. 선고 99후1843 판결 등).

② 현저한 지리적 명칭에 결합된 부분이 단순히 부가적인 것이 아니라 새로운 관념을 낳는 경우에는 전체가 독자적인 식별력을 가지게 되는 경우라 할 것이다(특허법원 2009.7.10. 선고 2009허2302 판결).

③ 식별력이 미약한 부분들만으로 구성된 표장의 경우 일반 수요자나 거래자들이 이를 각각의 구성부분으로 분리하여 인식하기보다는 서비스표 전부를 일체로 인식한다(특허법원 2007.3.28. 선고 2006후10517 판결).

14   ① 서비스표 유사여부는 동종의 서비스업에 사용되는 두 개의 서비스표를 그 외관, 호칭, 관념 등을 객관적·전체적·이격적으로 관찰하여 일반 수요자나 거래자가 서비스표에 대하여 느끼는 직관적 인

2) 동일·유사하지 아니한 것으로 보는 경우

(1) 하나의 요부로 구성된 경우

상표가 하나의 요부로 구성된 경우 외관·호칭·관념이 모두 다르면 비유사 상표로 보지만, 외관·호칭·관념 어느 하나가 유사하더라도 호칭 또는 관념의 명확한 차이로 인하여 전체적으로 구별되는 경우에는 양 상표는 유사하지 아니한 것으로 본다.

식을 기준으로 하여 그 어느 한 가지에 있어서라도 거래상 서비스업의 출처에 관하여 오인·혼동을 초래할 우려가 있는지의 여부에 의하여 판단하여야 하고, 결합서비스표는 언제나 반드시 그 구성부분 전체의 명칭이나 모양에 의하여 호칭, 관념되는 것이 아니라 각 구성부분을 분리하여 관찰하면 자연스럽지 못할 정도로 불가분적으로 결합되어 있지 아니하는 한 그 구성부분 중 일부만에 의하여 간략하게 호칭, 관념될 수도 있으나, 만일 각 구성부분이 모두 독자적으로 자타 서비스업을 구별할 수 있는 식별력이 없거나 약한 경우에는 각 구성부분이 모두 독자적으로 요부가 될 수 없고 원칙으로 돌아가 전체로서 관찰하여 그 외관, 호칭 및 관념을 비교·검토하여 판단하여야 한다.

이 사건 등록서비스표의 상단에 있는 도형 부분은 그로부터 특별한 호칭이나 관념을 찾기 어려우므로 언제나 하단의 한글 부분에 의하여 '우리들'로만 호칭될 것이고 인용서비스표 1은 '우리'와 '한의원'의 각 결합으로, 인용서비스표 2는 '우리'와 '한방병원'의 각 결합으로 구성되어 있으나 그 중 '우리' 부분은 일상생활에서 나에 대한 복수형을 의미하는 인칭대명사로 흔히 사용되는 용어일 뿐만 아니라 을3 내지 5호증의 각 기재에 의하면 병원을 비롯한 일반 기업이나 단체에서도 인칭대명사 또는 상호의 일부로 널리 사용되고 있는 사실을 인정할 수 있는 점에 비추어 볼 때 위 '우리' 부분은 독자적으로 자타 지정서비스업의 출처를 구별하여 표시할 수 있는 식별력이 없거나 매우 약하고, 인용서비스표 1의 '한의원' 및 인용서비스표 2의 '한방병원' 부분 역시 병원의 업종을 표시하기 위하여 병원의 명칭에 일반적으로 덧붙여지는 관용적인 단어로서 식별력이 없으므로 인용서비스표들의 각 구성부분은 독자적으로 요부가 될 수 없고 언제나 전체로서 '우리한의원', '우리한방병원'으로만 호칭될 것인바, 이 사건 등록서비스표의 호칭인 '우리들'과 인용서비스표들의 호칭인 '우리한의원', '우리한방병원'을 대비하여 보면 양 서비스표는 앞 부분의 2음절인 '우리' 부분만 일치할 뿐 전체 음절의 수 및 청감에 차이가 있으므로 양 서비스표는 전체적인 호칭이 상이하고, 관념에 있어서는 양 서비스표 모두 특별한 관념을 찾을 수 없다(특허법원 2004.2.6. 선고 2003허5910 판결).

② 이 사건 출원서비스표는 'WOORI CAPITAL'과 같이 왼쪽에 3줄로 3각형 모양의 도형을 구성한 후에 오른쪽에 한글 '우리캐피탈'과 이를 영문자로 음역한 'WOORI CAPITAL'을 병기한 표장인데 비하여, 선출원(등록) 서비스표1은 한글 '우리은행'으로 구성된 표장이고, 선출원 서비스표2는 '우리금융지주(주)'와 같이 검정바탕의 직사각형 내에 흰색 글씨로 한글 '우리금융지주(주)'를 표시한 후 그 아래에 흰색바탕의 사각형 내에 작은 글씨로 한글 표장부분을 영문자로 의역하여 'WooRi Finance Holdings'라고 구성한 표장임을 알 수 있다. 이 건 출원서비스표나 인용서비스표 1, 2 모두 식별력 없는 부분으로 이루어진 표장이라 할 것이므로 그 유사 여부는 전체 관찰의 방법에 의하여야 할 것인바, 관념에 있어서 이건 출원서비스표와 인용서비스표 1의 서로 같은 관념으로 인식된다고 보기는 어려우나, 이 건 출원서비스표와 인용서비스표 2는 관념에 있어 유사하여 전체적으로 유사하다(특허법원 2004. 7.30. 선고 2004허1632 판결).

1 호칭이 유사하지 아니한 것

solar와 polar, KSB 와 KBS, 삼정과 미쯔이, BODY GUARD 보디가드 와 BOGARD

2 관념이 유사하지 아니한 것

말(馬)과 용마(龍馬), SUNSHINE과 일광, WING 윙 과 날개, 한글나라와 한글

3 외관이 유사하지 아니한 것

GUARDEX와 GOTTEX, constatin 와 constatin, 와 , 와

(2) 두 개의 요부가 일체적으로 결합된 경우

상표의 구성이 2 이상의 요부로 구성된 경우 그 각각의 요부가 분리 관찰되거나 그 중 어느 하나의 요부만으로 약칭되는 등의 경우에는 양상표는 유사한 것으로 보지만 두개의 단어가 결합하여 전체적으로 하나의 새로운 관념을 낳는 등 그 요부가 분리 관찰되지 아니하고 일체적으로 인식되는 경우에는 그 중 어느 하나의 요부가 타인의 상표와 유사하더라도 전체적으로 유사하지 않은 것으로 판단한다.

SANOMY와 SAN 또는 NOMY, WORLD CUP과 WORLD
SUNSTAR와 MOONSTAR, WHITE HOUSE와 WHITE COLA
HOME과 HOME SHOPING, HOME PLUS와 HOME

(3) 기호, 문자, 도형 등 여러 개의 요소로 구성된 상표의 경우

기호, 문자, 도형 등 여러 개의 요부로 구성된 경우 그 하나의 요부가 다른 상표와 유사하다 하더라도 그 유사한 부분이 지배적인 요소가 아니며 그 외 다른 점도 고려할 때 전체적으로 구별되는 경우에는 그 상표는 유사하지 아니한 것으로 판단한다.

LEEHAUS 리하우스 와 , MARITH EFRANCOIS GIRBAUD 와 FRANCOISE 프랑소와즈 , 우리옷 과 UR WOORI 우리

3) 입체상표의 경우

입체상표의 경우에 있어서도 상표의 유사여부 판단은 평면상표에 있어서의 유사판단과 같다 하겠으며 주로 외관의 유사여부가 판단의 대상이 된다. 또한 상표가 입체적 형상만으로 구성된 것이 아니고 기호·문자·도형과 복합적으로 결합하여 구성된 경

우에는 전체적 결합상태를 고려하여 판단하여야 한다.

그러나 입체적 형상부분이 그 상품 또는 상품의 포장 등의 기능에 있어서 불가결한 요소인 경우에는 상표의 구성에 있어 요부가 아니므로 이 부분을 유사여부 판단에서 제외된다.

4) 상호상표의 경우

상호상표의 경우에는 그 상호의 특징을 상징할 수 있는 정도에서 약칭될 수 있으므로 유사여부도 그와 같은 기준에서 판단하여야 한다 하겠으나[15] 판례는 이를 긍정하는 그 견해와 부정하는 견해로 나누어지고 있다.[16]

---

15   대법원은 1980.2.12. 선고한 79후78 사건에 대한 판결에서, 상호는 상호의 특징을 상징할 수 있는 정도에 생략되어 호칭되는 것이 우리나라 거래사회의 현저한 사실이라고 전제한 다음, '내쇼날 프라스틱 주식회사'는 '내쇼날 프라스틱'으로 약칭되므로 '내쇼날 프라스틱 주식회사'와 '내쇼날'은 유사하지 않다고 판시하고 종전의 판례(대법원 1972.6.27. 선고 72후19 판결: '대성모방공업주식회사' 중 '모방'은 지정상품의 성질을 표시하는 용어이므로 '대성모방공업주식회사'는 '대성'으로 약칭되므로 '대성'과 유사하다고 한 판결)를 배척하였다.

16   ① 이 사건 출원서비스표와 선등록서비스표의 등록권리자는 모두 현대그룹이라고 지칭되는 대규모 기업집단의 소속 기업인바, 선등록상표에서 보는 바와 같이 현재 '현대' 또는 그 영문을 포함한 다수의 서비스표가 현대그룹 소속 기업들을 권리자로 하여 등록되어 사용되고 있는 점, 따라서 그러한 서비스표들을 지칭함에 있어서는 그룹을 지칭하는 '현대' 부분과 소속 기업의 업종 등을 지칭하는 부분의 전부 또는 특정적 일부를 결합하여 호칭하는 것이 자연스러운 점 등을 고려하면 적어도 현대그룹에 속하는 기업들 사이에 있어서는 일반 수요자나 거래자에게 '현대'부분은 식별력이 미약하다고 보아야 하므로 '현대'만으로 호칭 및 관념된다고 할 수 없고, 한편 일반 수요자나 거래자들은 일반적으로 삼성, 현대, 엘지와 같은 대규모기업진단을 구분하여 인식할 뿐 아니라 대규모 기업집단 소속 기업은 일반 기업에 비하여 영업능력, 서비스의 수준, 재무건전성 등에서 우량한 특성을 가지고 있고 대규모 기업집단 간에도 상이한 기업특성을 지닌다고 인식하는 경향이 있으며, 대규모 기업집단의 명칭에 개별 기업의 업종을 나타내는 명칭을 결합한 상호나 표장을 그 대규모 기업집단 소속 기업의 상호나 서비스표로 인식하는 것이 보통이므로, 대규모 기업집단 소속 기업의 서비스표에 있어서는 대규모 기업집단의 명칭을 표시하는 부분과 개별 기업의 업종을 표시하는 부분을 분리하여 호칭 및 관념하는 것은 그와 같은 서비스표가 가지는 자타서비스업 식별기능, 출처표시기능 및 서비스품질보증기능에 비추어 상당하다고 할 수 없다. 따라서 이 사건 출원서비스표와 선등록서비스표에 있어서 '현대' 부분과 업종 등 표시부분으로 분리 관찰하여 '현대' 부분만으로 또는 업종 등 표시부분만으로, 호칭·관념될 수 있다고 하는 것은 거래상 자연스럽지 않다고 할 것이다(특허법원 2006.12.29. 선고 2006허8620 판결).

    ② 이 사건 출원서비스표는 '동원'이라는 단어 뒤에 '미즈한의원'이 부가되어 있고, 선등록서비스표는 '동원'이라는 단어 뒤에 '산부인과의원'이 부가되어 있는 바, i) 한의사와 양의사는 그 면허 요건이 다를 뿐만 아니라 그 진료 내용이 다른 점, ii) 양의는 보통 그 진료과목이 전문화되어 전문진료과목이 구분되어 있는 반면 한의는 전문진료과목으로 구분되어 있지 않은 점, iii) 일반 수요자들은 양의로부터 진료를 받을 것인지 아니면 한방치료를 받을 것인지 여부를 결정한 다음 (양)의원이나 한의원을 구분하여 방문하고, (양)의원을 방문할 때에도 그 진료과목에 따라 전문의를 찾는 것이 일반적인 점 등에

심사실무는 상호상표의 경우에도 통상의 상표와 동일하게 취급하고 있으며 다만, 지리적 명칭과 업종명이 결합한 상호상표는 동일한 지리적 명칭이 결합되어 있는 때에도 업종이 다른 때에는 원칙적으로 유사하지 아니한 것으로 취급하고 있다(상표심사기준).

(1) 유사한 것으로 보는 경우
대성과 대성공업사, 대한방직(주)와 대한모직(주)
삼성중공업(주)와 삼성공업사

(2) 유사하지 않은 것으로 보는 경우
서울제과공업사와 서울전기공업사, 대한제지공업(주)와 대한펄프(주)
국민은행과 국민일보, 대한모직과 대한철강(주)

5) 저명상표의 경우

저명상표의 경우에는 상표자체를 대비하는 외에 그 상표의 구성 모티브, 아이디어 등을 비교하여 그 상표에서 타인의 저명상표 또는 상품 등이 용이하게 연상되는지 등도 고려하여 유사여부를 판단한다.[17] 그러므로 저명상표에 있어서 유사여부 판단은 여타

비추어 보면, 일반 수요자들이 이 사건 출원서비스표와 선등록서비스표를 '동원'으로만 분리하여 인식한다고 보기 어렵고 오히려 '동원미즈한의원', '동원산부인과의원'으로 불가분하게 결합된 표장 전체로서 인식한다고 봄이 상당하다(특허법원 2008.7.17. 선고 2008허4639 판결).

③ 서비스표가 상호의 일부 또는 전부로 구성되어 있거나, 문자와 도형이 결합된 서비스표가 그 도형 부분만에 의한 기본서비스표의 연합서비스표라 하더라도 그 상호나 도형 부분이 거래자나 수요자들에게 현저하게 인식되어 있는 등의 특별한 사정이 없는 한 그 서비스표가 업종표시 등의 보통명칭이나 관용표장 부분을 포함하여서만 호칭·관념된다고도 볼 수 없다(대법원 1999.10.8. 선고 97후3111 판결).

④ 원고는, 회사의 상호로 구성된 서비스표의 경우에는 수요자들 간에 상호의 특징을 상징할 수 있는 정도에서 생략된다고 보는 것이 우리 거래사회에서의 현저한 사실이라는 이유로 이 사건 출원서비스표와 인용서비스표들이 '삼성'만으로 분리되어 호칭, 관념될 수 없다고 주장하나, 회사의 상호로만 구성된 서비스표의 경우 수요자들 간에 상호의 특징을 상징할 수 있는 정도에서만 생략된다고 보는 것이 우리 거래사회에서의 현저한 사실이라는 점에 관하여 이를 인정할 만한 증거가 없다(특허법원 2003.10.31. 선고 2003허3075 판결).

17   ① 이 경우 판례는 "상표의 유사"와 "상품출처의 오인, 혼동"을 별개의 개념으로 보아 이를 구별하고 있다.

② 상표법 제7조 제1항 제10호 소정의 저명상표와 대비할 경우 상표 자체로서는 유사상표라고 할 수 없는 상표라도 양 상표의 구성이나 관념 등을 비교하여 그 상표에서 타인의 저명상표 또는 상품 등이 용이하게 연상되거나 타인의 상표 또는 상품 등과 밀접한 관련성이 있는 것으로 인정되어 상품의 출처에 오인·혼동을 일으키는 경우에는 등록될 수 없다(대법원 1993.3.23. 선고 92후1370 판결, 1995.10.12. 선고 95후576 판결, 1996.10.11. 선고 95후1951 판결 등).

③ 상표법 제7조 제1항 제10호 소정의 저명상표의 경우 그와 비교하여 유사상표라고 할 수 없는 경

상표의 유사여부 판단에 있어서 보다 그 유사 폭을 넓게 판단하고 있다고 할 수 있다.

이와 같이 유사의 폭을 넓게 판단하는 것은 그 대비되는 인용상표가 저명한 경우에 한하며 그 대비되는 상표가 주지상표이거나 특정의 상표로 알려진 정도에 불과한 경우에는 이와 같이 판단하지 아니하고 통상의 판단방법에 따라 판단한다.

6) 식별력이 없는 상표 또는 식별력이 없는 부분만으로 구성된 경우

상표의 구성 중 식별력이 없는 부분은 상표의 유사여부 판단에서 제외됨이 원칙이다.[18] 그러나 상표의 구성이 식별력이 없는 부분만으로 구성된 경우 이를 요부로 볼 수 있는지 또는 유사여부 판단에서 대상상표로 삼을 수 있는지에 대하여 의문이 있으나, 판례는 이들 식별력이 없는 부분을 일체로 하여 전체적으로 유사여부를 판단하고 있다.[19]

우라도 구성의 모티브, 아이디어 등을 비교하여 그 상표에서 타인의 저명상표 또는 상품 등과 밀접한 관련성이 있는 것으로 인정되어 상품의 출처에 오인·혼동을 일으키는 경우에는 등록될 수 없다(대법원 1993. 3. 23. 선고 92후1370 판결, 1996. 2. 13. 선고 95후1173 판결).

[18]   상표의 구성 중 식별력이 없거나 미약한 부분은 그 부분만으로 요부가 된다고 할 수는 없으므로 일반 수요자나 거래자들이 식별력이 없거나 미약한 부분만으로 간략하게 호칭하거나 관념하지는 아니한다고 봄이 상당하고, 이는 그 부분이 다른 문자 등과 결합하여 있는 경우라도 마찬가지라고 할 것이며, 상표의 구성 부분이 식별력이 없거나 미약한지 여부는 그 구성 부분이 지니고 있는 관념, 지정상품과의 관계 및 거래사회의 실정 등을 감안하여 객관적으로 결정하여야 하는바, 사회통념상 자타상품의 식별력을 인정하기 곤란하거나 공익상으로 보아 특정인에게 독점시키는 것이 적당하지 않다고 인정되는 경우에는 '식별력 있는 요부'에 해당한다고 볼 수 없다(대법원 2006. 11. 9. 선고 2005후1134 판결, 2006. 5. 25. 선고 2004후912 판결 등).

[19]   ① 이 사건 출원상표의 구성부분인 'Ace'와 'Link'는 모두 독자적으로는 자타 상품을 구별할 수 있는 식별력이 약하다 할 것이므로 다른 상표와 동일 유사를 판단함에 있어서 독자적으로 각각 요부가 될 수 없고 또한 'AceLink'는 5음절의 비교적 발음하기 쉬운 단어로 구성되어 있으므로, 이점을 종합하여 보면 간략한 호칭이나 관념에 의하여 상표를 기억하려는 일반 수요자나 거래자의 경향을 감안하더라도 이들이 이 사건 출원상표를 각각 식별력이 약한 'Ace'와 'Link'의 두 부분으로 분리하여 'Ace' 또는 'Link'만으로 호칭, 관념할 것으로 보기 어렵다 할 것이다.

따라서 이 사건 출원상표와 인용상표들을 비교함에 있어서 원칙으로 돌아가 양 상표를 전체로서 관찰하여 그 외관, 칭호, 관념을 비교, 검토하여 판단하여야 할 것인바, 위와 같은 원칙에 따라 이 건 상표와 인용상표들을 비교하면 양 상표는 외간, 호칭, 관념이 다르므로 유사 상표라고 할 수 없다. 이 사건 출원상표와 인용상표 (1), (2)가 유시히지 않은 이상 상표법 §7-①-7 소정의 부등록 사유는 없는 것이므로 원사정을 유지한 심결은 위법하다(특허법원 2000. 8. 11. 선고 2000허785 판결 및 대법원 2000. 4. 27. 선고 2000후2453 판결).

② 영어 단어 'NICE'는 '좋은, 훌륭한' 등의 뜻이 있으므로 그 지정상품에 대한 관계에서는 그 품질, 효능 등을 표시하는 기술적 표장에 해당할 뿐만 아니라, 이 사건 출원상표의 출원 당시 이미 그 지정상품이 속한 상품류 구분의 상품에 관하여 'NICE'라는 단어를 포함한 상표가 다수 등록된 사실을 인정할 수 있으므로, 이 사건 출원상표의 문자 부분인 'NICE'라는 자타상품의 식별력이 약하여 독자적으로 요부가 될 수 없고, 이 사건 출원상표의 나머지 도형부분 역시 흔히 볼 수 있는 파란색의 사각형과 그 중앙의 작

IV. 동일·유사판단의 효과

1. 거절이유·이의신청이유·무효사유

　상표등록출원서에 기재된 상표가 상표법 제7조 제1항 각 호에 기재된 표장이나 상표와 동일 또는 유사한 경우에는 상표법 제7조 제1항 각 호의 규정 위반을 이유로 거절이유, 이의신청이유, 무효사유가 된다.

2. 상표등록의 취소

　등록상표를 타인의 상표와 동일 또는 유사하게 변경 사용하는 경우에는 상표등록의 취소사유가 되며 또한 사용상표가 등록상표와 동일 또는 동일성이 인정되지 아니한 때에는 불사용을 이유로 그 등록상표에 대한 취소사유가 된다.

은 십자가 형상의 결합에 불과하여 어떤 특정한 관념이나 칭호가 도출되는 것도 아니므로 자타 상품의 식별력이 없거나 또는 매우 약하며, 그 외에는 이 사건 출원상표의 요부라고 볼 만한 부분이 없다.

　따라서 이 사건 출원상표를 **NICE** 인용상표와 **NICE 나이스** 비교함에 있어서는 그 요부를 분리하여 관찰하여 대비, 판단할 것이 아니라 양 상표를 전체로서 관찰하여 그 외관, 호칭 및 관념을 대비하여 판단하여야 할 것인바, 전체적인 외관에 있어서 이 사건 출원상표와 영문자 'NICE'와 그 음인 한글 '나이스'가 상하로 구성된 인용상표는 서로 상이하나, 전체적인 호칭, 관념에 있어서 볼 때 이 사건 출원상표는 앞서 본바와 같이 '좋은, 훌륭한' 등의 뜻이 있는 영어 단어 'NICE'의 한글 음인 '나이스'로만 호칭 관념될 것이므로 양 상표의 전체적인 호칭, 관념이 서로 동일하고, 이 사건 출원상표와 인용상표의 지정상품 역시 '잡지, 연감, 서적, 팸플릿'이 서로 일치하는 등 동일 또는 유사하므로, 양 상표가 함께 사용될 경우 상품의 품질이나 출처에 관하여 오인·혼동의 우려가 있는 이상 양 상표는 전체적으로 동일 또는 유사한 상표에 해당한다(특허법원 2002.7.4. 선고 2003허 1130 판결).

　③ 이 사건 출원상표 '**프로바이오**'는 식별력이 없거나 미약한 단어들로 구성된 상표로서 어느 한 부분으로 분리 약칭된다고 보기 어렵고, 선행상표 '**프로Q2000**' 역시 '프로'와 상품의 일련번호로 직감되는 'Q2000'이나 상품의 품질(Quality)로 직감되는 'Q'와 연도로 직감되는 '2000'이 결합된 상표로서 모두가 식별력이 없거나 약한 단어들로 구성되어 있어 역시 어느 한 부분으로 분리 약칭되지 않고 전체적으로 관찰될 경우 그 호칭에 있어 이 사건 출원상표는 '프로바이오', 선행상표는 '프로큐2000'으로 서로 다르고, 관념에 있어 이 사건 출원 상표는 '생명에 친한' 등으로 관념될 수 있음에 비하여 선행상표를 굳이 유추해 보자면 '2000년도에 나온 품질이 우수한' 또는 '품질이 우수한 2000번째' 등으로 관념될 것이어서 서로 다르다 할 것이다(특허법원 2004.4.30. 선고 2003허6944 판결).

　④ 이 건 출원서비스표 '제일저축은행'과 선등록서비스표인 '제일은행' 및 '제일카드'는 일반 수요자 및 거래자들에게 각각 제2금융권과 제1금융권의 금융기관으로 인식되므로 거래사외에서 구체적으로 서비스업의 품질이나 출처에 관하여 오인·혼동할 염려가 없는 경우에 해당한다(특허법원 2008.9.5. 선고 2007허 13605호, 2007허 13612 판결, 대법원 2008.12.11.자 2008후3940 심볼기각).

3. 상표권 침해

　타인의 등록상표와 동일 또는 유사한 상표를 사용하거나, 상표를 주지 · 저명상표와 동일 또는 유사하게 사용한 경우에는 타인의 상표권침해가 된다.

제4장 상품의 동일·유사

I. 서 언

1. 의 의

대비되는 양상표가 동일 또는 유사한 경우 그 상표를 동일 또는 유사한 상품에 다 같이 사용되는 경우 수요자는 그 상품이 누구의 상품인지 오인·혼동을 일으키게 된다. 그러므로 상표법은 상표가 동일 또는 유사하고 그 사용하는 상품이 동일 또는 유사한 경우에는 상표등록을 불허하는 등 일반 수요자로 하여금 상품출처의 오인·혼동을 일으키지 않도록 하기위하여 여러 가지 장치를 마련하고 있다.

상표법상 상품의 개념은 상표의 개념과 더불어 상표법 전반을 지배하는 주요한 개념이라 하겠으나 상표법은 제2조에서 상표의 개념에 대하여는 명시적으로 규정하고 있으나 상품의 개념에 대하여는 특별히 규정한 바 없고 다만, 상표법시행규칙 제6조 별표에서 상품의 류별을 예시적으로 기재하고 있을 뿐이며 그 또한 상품의 유사범위를 법정한 것은 아니라고 규정하고 있다(법 제10조 제2항).

따라서 상품의 개념이나 상품의 유사여부는 학설이나 판례, 거래사회의 통념에 따라 결정되어질 수밖에 없다 할 것인바, 심사실무는 상품의 동일 유사여부를 상표법시행규칙 제6조에서 규정한 상품류 구분에 따라 판단함을 원칙으로 하고 있다.

그러나 판례와 심판에서는 상표법시행규칙 별표에서 구분한 상품류별이나 서비스업류별이 상품의 유사여부를 법정한 것은 아니므로 이와 같은 상품류 구분이 상품의 유사여부를 판단하는 기준이 될 수 없고 상품의 동일·유사여부는 상품의 품질, 용도, 기능이나 거래사회실정, 사회통념에 따른다는 전제하에 상품의 동일 유사여부를 상표법시행규칙 제6조에서 구분한 류별에 구애됨이 없이 판단해야 하는 것으로 하고 있어

실무적으로 어려움 내지는 혼란스러운 경우가 있고 상표사용자에게 예측가능성을 어렵게 하고 있다.

한편, 상품의 유사여부는 경제발전이나 거래실정, 사회통념의 변화에 따라 변천한다 하겠으므로 상표법시행규칙 제6조에서 정한 상품류 구분은 물론 심사·심판도 이러한 변화에 신축적으로 대응할 필요가 있다할 것이다.

특허청은 1998.3.1.부터 상품분류를 국제분류인 NICE분류로 시행함에 따라 상품 간의 유사여부 판단을 정확히 하여 상표심사의 공정성과 객관성을 제고하고자 유사상품·서비스업 심사기준을 마련하여 시행하고 있는데 이는 NICE협정 제1조에서 출원 및 등록절차는 국제분류기준에 따를지라도 상품의 유사여부 판단은 각국의 거래실정에 맞도록 그 기준을 설정 운용할 수 있도록 했기 때문이다.

2. 상품의 동일·유사를 논하는 실익

상품의 동일·유사판단은 상표의 동일·유사판단과 더불어 상표등록출원의 심사·심판 등 상표와 관련한 제반절차에서 행하여지는데 이와 같이 상품의 동일·유사여부를 논하는 것은 상표가 상표법에서 규정한 소정의 사유에 해당되는지 여부를 가리기 위한 것이다.

이와 같은 상품의 동일·유사여부 판단은 상표등록출원의 부등록사유(법 제7조 제1항 제7·8·9호), 선원(법 제8조), 분할출원(법 제18조), 상표권의 분할이전(법 제54조), 상표권의 권리범위확인심판(법 제75조), 상표등록의 무효심판(법 제71조), 취소심판(법 제73조) 등 제반절차에서 행해진다.

II. 상품의 동일·유사개념

1. 상품의 동일

상표법상 상품의 동일이라 함은 상품학상 상품의 동일을 의미하는 것은 아니다. 따라서 상품학상 상품의 품질, 용도, 기능이 동일하다 하더라도 상표법상 반드시 동일상품이라고 보지 아니하며, 반대로 상품의 품질, 용도, 기능 등이 동일하지 않은 경우에도 동일상품으로 보는 경우가 있다.

상품의 동일여부는 학설이나 판례 모두 거래사회의 통념에 맡기는 것으로 하고 있는데 심판 및 판례에서는 상품의 품질, 형상, 용도 거래사회의 실정 등에 따라 상품의 동일여부를 판단하며 상품의 명칭이 다르더라도 상품이 실질적으로 같은 경우에는 동일 상품이다.

예컨대, 알사탕과 캔디, 크래커(craker)와 과자, 막걸리와 탁주는 동일상품이라 할 수 있겠으나 먹물과 먹, 소주와 맥주 등은 동일상품이라 할 수 없다.

또한 판례 및 실무는 상품의 동일개념을 확장하여 동종상품까지도 상품의 동일로 취급하는데, 동종상품 또는 동일성이 있는 상품으로 인정이 되는 경우에는 등록상표를 그 지정상품에 사용하는 것으로 되어 불사용 또는 변경 사용에 따른 취소를 면하게 된다.

2. 상품의 유사

상품의 유사라 함은 상품의 품질·용도·기능 등이 같거나 또는 상품의 품질·용도·기능은 다르지만 그 상품의 제공방법, 판매방법, 수요자 계층 등 거래사회의 실정에 비추어 상품에 동일 또는 유사한 상표를 부착하여 사용하는 경우 수요자가 그 상품에 대한 출처의 오인·혼동을 일으킬 우려가 있는 상품을 말한다. 따라서 상품의 품질, 용도, 기능이 유사한 상품은 물론 상품의 품질, 용도, 기능이 다르더라도 상품의 유통경로, 수요자 등이 같은 경우에는 유사상품으로 취급된다.

상품의 동일·유사에 대하여 상표법에서 따로 규정한 바 없고 상표법시행규칙 제6조 별표에서 상품류 구분을 정하고 있으나 이것이 상품의 유사여부를 법정한 것은 아니라 할 것이며 (법 제10조 제2항) 상품의 유사여부 역시 거래사회의 통념에 따라야 한다는 것이 판례의 입장이다.[1]

이와 같이 상품의 동일·유사여부를 법으로 명문화하지 않고 거래사회 실정이나 사회의 통념에 맡긴 것은 상품의 유사여부를 일의적으로 확정짓기가 어려울 뿐만 아니라 기술과 산업의 급속한 발달로 새로운 신상품이 계속 등장하기 때문에 이에 신축적으로 대처할 수 있게 하기 위함이다.

---

1   ① 상표법시행규칙상 상품류 별표는 상표등록사무의 편의를 위하여 구분한 것이므로 동종의 상품을 법정한 것이 아니므로 상품류 별표의 같은 유별에 속하고 있다고 하여 바로 동일·유사한 상품이라고 단정할 수 없는 것이고, 지정상품의 동일, 유사여부는 상품의 속성인 품질, 형상, 용도, 거래의 실정 등을 고려하여 거래의 통념에 따라 판단하여야 할 것이다(대법원 1991.3.27. 선고 90후1178 판결 등).

② 상품류 구분이 법적 성격은 없다하나 이러한 상품류 구분은 상품의 품질, 용도, 기능은 물론 생산자, 거래자, 수요자의 경험 등 거래사회의 통념이나 경험칙을 바탕으로 하여 정해진 것이므로 특단의 사유가 없는 한 존중되어야 하며 이와 같이 하는 것이 당해 사건만을 대상으로 하여 판단하는 것보다 적정한 판단을 기대할 수 있다 할 것이며, 예측가능성이 높다 하겠다.

III. 상품의 유사판단

1. 판단의 기준

학설이나 판례에 따르면 상품의 동일 · 유사여부는 상품의 품질, 형상, 용도, 거래실정 등을 종합하여 거래사회의 통념에 따라야 한다고 하고 있다.[2]

1) 상품류 구분

상표법은 동법시행규칙 제6조 별표에서 상품류별을 구분하여 상품은 제1류부터 제34류까지, 서비스업은 제35류부터 제45류까지 구분하고 있는데, 특허청의 심사 · 심판에서는 원칙적으로 이 상품류 구분에 따라 상품의 동일 · 유사여부를 판단하고 있다.[3]

이때 상품의 유사여부의 기준이 되는 것은 상품류 구분이 아니라 상품류 구분 내에 다시 세분되어 있는 상품군(群)이 되며, 판례도 별도의 특별한 사유가 없는 한 상표법 시행규칙 제6조에서 정한 상품군 내에서는 서로 유사상품으로 보아야 한다고 판시한 바 있다.[4]

2) 판 례

판례는 상품의 유사여부 판단의 기준이 되며, 판결에 의하여 인정된 상품의 동일 · 유사는 심사 · 심판 등에서 상품의 유사여부를 판단하는 기준이 된다.

---

2   지정상품이 동일 또는 유사한 것인지의 여부는 상품의 품질, 용도, 형상, 거래의 실정 등을 고려하여 거래의 통념에 따라 결정하여야 할 것이다(대법원 1982.12.28. 선고 81후41 판결, 1984.3.27. 선고 82후5 판결, 1987.2.10. 선고 85후131 판결, 1987.8.25. 선고 86후152 판결, 1990.7.10. 선고 89후2090 판결, 1990.7.27. 선고 89후1974 판결, 1990.9.28. 선고 89후834 판결, 1990.11.27. 선고 90후977 판결 등).

3   특허청 심사실무는 상품류 구분 외에 상품유사군코드를 별도로 작성하여 심사에 참고하고 있는데, 같은 류 구분에 속하는 상품이라도 유사군코드가 다를 경우가 있으며 류 구분이 다른 경우에도 유사군코드가 같은 경우가 있는데, 심사실무는 유사군코드에 의하여 상품의 유사여부를 판단하고 있다.

4   대법원은 1992.10.13. 선고 92후803 판결에서 상품구분을 다시 세분한 특정한 상품군 안에서는 별도의 특이한 이유가 없는 한 서로 유사상품의 범위로 볼 수 있다고 판시하고 상품구분 제10류의 제4군에 속하는 '살균제, 살충제, 제초제, 쥐약, 호르몬제' 등의 상품과 제10류 제4군의 대사성약제, 비타민제, 중추신경계용 약제, 화학적 장애치료용 약제, 호르몬제 등의 상품은 유사상품이라고 판시하였다.

3) 상품의 품질, 형상, 용도 등

상품의 유사여부는 상품의 품질, 형상, 용도 등을 종합적으로 판단하여 유사여부를 결정한다.

4) 거래사회의 실정

상품의 유사여부의 판단은 수요자가 상품 출처의 오인·혼동을 일으키는지 여부를 가리기 위하여 판단하는 것이므로 상품의 유사여부의 판단은 종국적으로 거래사회 실정(상품의 유통경로, 수요자층 등)에 비추어 수요자가 상품출처의 오인·혼동을 일으킬 우려가 있는지 여부에 의하여 판단하게 된다.

2. 상품의 유사여부 판단

1) 동일·유사한 것으로 보는 경우

(1) 상품의 군(群)이 같은 경우

상품의 군(郡)이라 함은 상표법시행규칙 제6조 별표에서 정한 상품류 구분(상표 제1류~34류, 서비스표 제35류~45류) 중 좌측상에 표시한 상품군(1. 비료, 2. 공업봉분류, 3. 무기공업약품 등)과 같이 구분한 것을 말하는데, 특별한 사유가 없는 한 상품의 류구분이 같은 경우에는 그 상품은 동일·유사한 것으로 보며 심사·심판에서는 이와 같이 운용하고 있다. 그러므로 상품군이 같으면 상품명칭이 다른 경우에도 유사상품으로 취급된다.

(2) 상품의 류(類)나 군(群)이 다른 경우

상품의 류나 군이 다른 경우에도 그 상품의 품질이나 형상, 용도 및 판매처 등이 같을 경우에는 그 상품은 동일·유사한 상품이다.[5]

---

5   ① 대법원은 1991.5.28. 선고 90후35 판결에서 상품의 동종여부는 어디까지나 그 품질, 용도, 형상, 거래의 실정 등에 비추어 거래의 통념에 따라 결정하여야 하고 상품류 별표 중 같은 류별에 속하는 상품이라도 서로 동종이 아닌 상품이 있을 수 있고 반대로 서로 다른 류별에 속하더라도 동종의 상품이 있을 수도 있는 것이라고 판단하고, 정수는 상품구분 제10류로, 생수·광천수는 상품구분 제5류로 각 등록되어 그 상품류별이 다르게 등록되어 있기는 하나 양 상품은 동일·유사상품이라고 판단하여 특허청의 심결(1986.10.13. 86항당219 심결)을 지지하였다.
       ② 이 사건 출원상표의 지정상품은 구 상품류 구분 제10류에 속하는 순환기용 약제, 비타민제, 아미노산제, 자양강장변질제, 대사성약제, 세포부활용약제, 생물학적제제이고 인용상표의 지정상품은 구 상품류 구분 제2류에 속하는 식물의 추출물을 이용하여 제조한 영양보조식품, 야채주스인데, 인용상표

(3) 상품과 서비스업 간

상품과 서비스업은 그 상품이 명백히 다르지만 이들 상품과 서비스업 간에는 경제적인 견련성이 깊은 관계(빵을 만드는 자가 제과점업도 운영하는 등)로 상품과 서비스업 간에도 상표와 서비스표를 각기 그 상품과 서비스업에 사용하는 경우 수요자에게 상품 출처나 서비스업 출처의 오인 · 혼동을 일으킬 우려가 있는 경우에는 유사한 것으로 본다.6

2) 동일 · 유사한 것으로 보지 않는 경우

(1) 상품의 군이 다른 경우

상품류구분 내의 상품군이 다른 경우에는 특별한 사유가 없는 한 동일 · 유사상품으로 보지 않는 것이 원칙이며 특허청의 심사 · 심판에서의 실무는 이와 같이 판단하고 있다.

(2) 상품의 군이 같은 경우

상품이 상표법시행규칙 제6조 별표에서 정한 동일한 상품군에 속한다 하더라도 상품의 품질, 형상, 용도, 기능 및 수요자가 다른 경우에는 동일 · 유사상품으로 보지 않는다.7

의 지정상품 중 영양보조식품은 이 사건 출원상표의 지정상품과 마찬가지로 질병퇴치를 위한 치료, 예방, 보조요법 등에 사용되는 것으로서 인체의 건강증진을 위한 것인 점에서 공통되고, 제약회사에서도 이를 생산하여 약국 등을 통하여 판매되고 있는 실정이어서 이들 지정상품은 제조, 판매, 거래와 수요자층이 구별되지 않아 동일 · 유사한 상품이라 할 것이므로 결국 이 사건 출원상표는 인용상표와 동일 · 유사하여 상표법 제7조 제1항 제7호에 의하여 등록될 수 없다는 취지로 판단하였다. 기록과 위 법리에 비추어 살펴보면, 원심의 위와 같은 인정과 판단은 앞서 본 법리에 비추어 정당한 것으로 수긍할 수 있고, 거기에 지정상품의 유사 여부 판단에 관한 법리오해의 위법이 있다고 할 수 없다(대법원 2001.4.27. 선고 98후 1259 판결).

6　① 대법원은 1992.8.14. 선고한 91후 1717 판결에서 '어항'은 상품구분 제18류 제16군에 속하고, '수족관 설치업' 등은 서비스업구분 제112류에 속하여 상표법시행규칙상의 상품구분은 달리하고 있으나 두 상품은 형상, 용도, 기능, 제조처 수출에서익 취급실정 등을 종합할 때 일반 수요자나 소비자로 히여금 상품출처의 오인 · 혼동을 일으킬 우려가 있으므로 유사상품이라고 판단하였다.
　　또한 대법원 85후 131(1986.3.25. 선고) 사건에서 제112류의 서비스업 '요식업, 레스토랑업, 간이식당업, 다방업, 호텔업'과 제3류의 지정상품 '빵' 및 '햄, 베이컨, 육포, 소시지, 축산물의 통조림' 중 서비스표의 지정업인 요식업 등에서 인용상표의 지정상품인 '빵'이나 '햄' 등을 판매하거나 이를 재료로 하여 식품을 가공하여 판매한다면 서비스업은 인용상표권자에 의하여 경영된다고 오인할 우려가 있다고 판단하였다.

7　① 의료용 장갑, 의료용 모자와 장갑, 양말, 모자는 다 같이 상표류 3류 제45류 등에 속하기는 하나 형

IV. 상품의 동일 · 유사판단의 효과

1. 거절이유 · 이의신청이유 · 무효사유

지정상품이 동일 또는 유사하고 상표가 동일 또는 유사한 경우 상표법 제7조 제1항 제7호 · 제9호의 규정에 해당되어 상표등록출원은 거절되며 이의신청이유, 무효사유 가 된다.

상 · 용도 · 판매 및 수요자 등에 비추어 볼 때 비유사상품이다(대법원 1994.11.25. 선고 94후1435 판결).

② 산업용 또는 건축용 접착제와 치과용 접착제는 비유사하다(1998.5.15. 선고 대법원 97후1382 판결).

③ 상표법 제10조 제1항 및 같은 법 시행규칙 제6조 제1항에 의한 상품류 구분은 상표등록사무의 편 의를 위하여 구분한 것으로서 상품의 유사범위를 정한 것은 아니므로(같은 법 제10조 제2항), 상품구분 표의 같은 유별에 속하고 있다고 하여 바로 동일 또는 유사한 상품이라고 단정할 수는 없는 것이고, 지 정상품의 동일 · 유사여부는 상품의 속성인 품질, 형상, 용도, 거래의 실정 등을 고려하여 거래의 통념 에 따라 판단하여야 할 것인바(대법원 1991.3.27. 선고 90후1178 판결; 1991.5.28. 선고 91후35 판결; 1992.5.12. 선고 92후1793 판결 등), 본원상표와 인용상표의 지정상품들이 모두 상표법시행규칙에 의 한 상품구분의 제43류에 속하며 있기는 하나 본원상표와 인용상표의 지정상품인 스키판, 스키폴, 스 키장갑이나 골프용 장갑은 스키나 골프용품 전문업체에 의하여 생산 판매되고, 테니스라켓, 테니스볼 테니스연습기, 배드민턴라켓, 셔틀콕 등은 운동용구 전문업체에 의하여 생산되고 일반운동구점이나 문 방구점에서 거래되는 데 반하여 인용상표의 지정상품인 등산캠프용 텐트, 등산백 받침대는 등산장비 전문업체에 의하여 생산되고 일반적으로 등산이나 낚시용품점에서 판매되는 등 그 상품들의 품질, 형 상, 용도, 및 거래의 실정에 비추어 보더라도 두 상표의 지정상품들이 거래의 통념상 동일 또는 유사한 것이라고 단정할 수 없다(대법원 1993.8.27. 선고 93후695 판결).

④ 원심은 이 사건 등록서비스표(등록번호 제58925호)의 지정서비스업인 '복어요리 전문식당 체인 업, 아귀찜요리 전문식당 체인업'과 선출원 등록서비스표의 지정서비스업인 '휴게실업'은 모두 구 상표 법시행규칙(2001.12.24. 산업자원부령 제146호로 개정되기 전의 것) 제6조 별표 2 서비스업류 구분표 상 제42류 제6군에 속하기는 하지만, '휴게실업'은 주로 휴식을 위한 공간을 제공하되 그에 부수하여 간 단한 음료나 식품, 오락거리 등을 제공하는 영업인데 비하여, '복어요리 전문식당 체인업, 아귀찜요리 전문식당 체인업'은 복어나 아귀요리를 전문적으로 제공하는 전형적인 음식점업으로서 통상 휴식을 위 한 시설을 제공하는 영업이라는 관념을 떠올리기 어렵고, 취급하는 음식 역시 주된 수요자인 성인들이 주류(酒類)를 곁들여 소비하는 예가 많으며 특히 복어는 독성이 있어 전문요리사가 요리하기 때문에 그 서비스업의 주체나 장소에 관해서도 수요자에게 독특한 인식을 유발하는 점에 비추어 보면, 양 서비 스업은 일반 수요자나 거래자가 그 영업주체를 오인 · 혼동할 우려가 없어 거래통념상 서로 동일 · 유사 한 서비스업에 해당한다고 볼 수 없으므로, 결국 이 사건 등록서비스표는 상표법 제7조 제1항 제7호의 등록무효 사유가 없다는 취지로 판단하였다.

지정서비스업의 유사여부는 제공되는 서비스의 성질이나 내용, 제공수단, 제공장소, 서비스업의 제 공자 및 수요자의 범위 등 거래의 실정 등을 고려하여 일반 거래의 통념에 따라 판단하여야 할 것인바 (대법원 2002.7.12. 선고 2000후2156 판결, 2002.7.26. 선고 2002후673 판결 등), 이러한 법리 및 기록 에 비추어 살펴보면, 원심의 위와 같은 사실인정과 판단은 정당하고, 거기에 상고이유로 주장하는 서 비스업의 유사여부에 관한 심리미진이나 법리오해의 위법이 없다(대법원 2004.5.28. 선고2002후680 판결).

2. 상표등록의 취소

등록상표를 사용한 것이 지정상품과 동일한 상품이 아닌 유사상품이나 별이의 상품에 사용한 경우에는 등록상표의 불사용으로 인정되어 상표등록의 취소사유가 된다.

3. 상표권 침해

타인의 등록상표와 동일 또는 유사한 상표를 등록상표의 지정상품과 동일 또는 유사한 상품에 사용하는 경우에는 타인의 상표권침해가 되는데, 상표권자라 하더라도 등록상표를 사용함에 있어 그 등록상표의 지정상품과 동일한 상품이 아닌 유사상품에 사용하는 경우에는 타인의 상표권을 침해하는 것으로 되는 경우가 있다.

4. 상표권의 분할이전

상표권은 이를 분할 이전 할 수 있으나 이때 동일 또는 유사한 상품을 함께 이전하지 아니하는 경우는 상표등록의 취소사유가 된다(법 제54조 제1항, 제73조 제1항 제4호).

〔별표 2〕

1. 법 제7조 제1항 제1호

〈대한민국의 국기·국장 등과 동일 또는 유사한 것으로 인정된 상표〉

상 표	지정상품	판 례
OLYMPIC		대법원 1997.6.13. 선고 96후1774 판결
	양말, 장갑	대법원 1987.4.28. 선고 85후11 판결: 동식물 등 자연환경보존을 목적으로 조직된 국제기관(I.U.C.N)의 표장과 유사한 것으로 판단한 원심은 정당하다.

〈대한민국의 국기·국장 등과 동일 또는 유사하지 않은 것으로 인정된 상표〉

상 표	지정상품	판 례
ADMIRAL		대법원 1980.10.14. 선고 80후68 판결: 본원 상표 'ADMIRAL'은 군기관의 계급표시(해군대장)이기는 하나 법 제9조 제1항 제1호에 해당한다고 볼 수 없다.
	섬유기계용사공급장치	대법원 1991.8.9. 선고 90후2263 판결
E.E.C. IN'TL KOREA		대법원 1998.6.26. 선고 97후1443 판결
		대법원 1999.12.7. 선고 97후3289 판결: 파리조약가맹국이 다른 가맹국에 대하여 자신의 국기, 국장 등을 보호받기 위해서는 국제사무국을 통하여 그 가맹국에 의무적으로 통지하도록 되어 있으나 인용표장 에 관하여 우리나라에 통보된 게 없어 파리조약 동맹국의 기장에 해당 된다고 볼 수 없다.
	비디오디스크 플레이어	특허법원 2005.8.11. 선고 2005허2915 판결: 안동시가 이 사건 출원상표/서비스표의 등록거절결정 당시 표장 을 감독용이나 증명용 인장 또는 기호로 사용되지 않았으므로 상표법 제7-1-1호에 해당되지 않는다.

2. 법 제7조 제1항 제2호

〈국가 · 인종 · 민족 등과의 허위표시 등에 해당하는 것으로 인정된 상표〉

상 표	지정상품	판 례
CORIAN 카리안	플라스틱, 고무	대법원 1981.2.24. 선고 80후40 판결: 영문자 'CORIAN'이 국가명 'KOREAN'과 칭호가 동일하여 국가명(Korean)으로 인식될 여지가 있다.
	치약, 화장비누	대법원 1987.3.24. 선고 86후163 판결

〈국가 · 인종 · 민족 등과의 허위표시 등에 해당하지 않은 것으로 인정된 상표〉

상 표	지정상품	판 례
인디안	건과자	대법원 1989.7.11. 선고 89후346 판결: '인디안' 이라는 표장은 인도 사람 또는 아메리카 인디언 종족의 약칭으로 보여지나 그것이 위 종족과 관계를 허위로 표시 하거나 비방, 모욕, 악평을 받게 할 염려가 있다고 보여 지지 않는다.
CARDINAL 카디날	의류	대법원 1990.9.28. 선고 89후711 판결
JAMES DEAN	의류	대법원 1997.7.11. 선고 97후259, 2173 판결: 본원 상표는 단순히 고인의 성명 그 자체를 상표로 사용한 것에 지나지 아니할 뿐 동인과의 관련성에 관한 아무런 표시가 없어 이를 가리켜 상표법 제7조 제1항 제2호 소정의 고인과의 관계를 허위로 표시한 상표에 해당한다고 볼 수 없고, 또한 본원상표 자체의 의미에서 선량한 도덕관념이나 국제신의에 반하는 내용이 도출될 수는 없으며, 국내 일반 수요자들에게 어느 정도라도 인식되었음을 인정할 자료가 없는 이상 국내의 일반거래에 있어서 수요자나 거래자들이 본원상표를 타인의 상품표장으로서 인식할 가능성은 없으므로 본원 상표가 상표법 제7조 제1항 제4호 소정의 공공의 질서 또는 선량한 풍속을 문란하게 할 염려가 있는 상표라거나 상표법 제7조 제1항 제 11호 소정의 수요자를 기만할 염려가 있는 상표라고도 볼 수 없다.
	다방업	대법원 1998.2.13. 선고 97후938 판결: 단순히 고인의 성명 자체를 기재한 것으로서 고인과의 관련성에 아무런 표시가 없어 고인과의 관계를 허위로 표시한 상표에 해당한다고 볼 수 없다.
헤밍웨이	서적출판업	특허법원 2007.6.17. 선고 2007허579 판결: 단순히 저명한 고인 '헤밍웨이'를 서비스표에 사용하는 것일 뿐 고인과의 관련성에 대하여 아무런 표시가 없다.

3. 법 제7조 제1항 제3호

〈국가 · 공공기관 또는 이들 기관의 표장으로 인정된 상표〉

상 표	인용표장	판 례
한국통신	한국통신	대법원 1995.3.22. 선고 95후1104 판결: 버클리(Berkeley)시에 있는 버클리 대학(U. S. Berkeley 또는 Berkeley)의 명칭과 유사하다.
		대법원 1998.4.22. 선고 97후1320 판결
BERKELEY	BERKELEY	특허법원 2000.5.18. 선고 99허7452 판결
하버드선생님	HARVARD	특허법원 2000.7.14. 선고 2000호2422 판결
Hello Ewha	EWHA 이화	특허법원 2006.12.8. 선고 2006허7658 판결: 공익법인으로서 영리를 목적으로 하지 않는 업무를 표시하는 표장으로서 저명한 것과 유사

〈국가 · 공공기관 또는 이들 기관의 표장으로 인정되지 않은 상표〉

상 표	인용표장	판 례
		대법원 1990.5.11. 선고 89후483 판결: 인용표장의 저명성에 대하여 살피지 않았다.
KSB	KBS	대법원 1994.5.24. 선고 93후2011 판결
HABITAT FOR HUMANITY	Habitat for Humanity International	대법원 2000.2.11. 선고 97후3296 판결
		특허법원 2003.4.25. 선고 2002허8035 판결: 대한축구협회가 상표법 제7조 제1항 제3호 소정의 공공단체나 그 기관 또는 공익법인으로 보기 어렵다.
CAMBRIDGE MEMBERS	UNIVERSITY OF CAMBRIDGE	특허법원 2007.6.1. 선고 2006허9869 판결: 'CAMBRIDGE'는 현저한 지리적 명칭에 해당하므로 이 부분은 요부가 될 수 없어 양 표장은 비유사하다.

4. 법 제7조 제1항 제4호

〈공서양속에 반하는 것으로 인정된 상표〉

상 표	인용표장	판 례
		대법원 1990.5.11. 선고 89후483 판결: 인용표장을 수출심사법 및 공산품품질관계법 기타 법령에 의하여 설립된 한국생산품시험검사소의 표장으로서 생활용품에 대한 품질검사에 합격한 상품에 대하여 품질보장 마크로 본원상표를 그 지정상품에 사용하는 것 자체가 공공의 질서를 문란하게 할 우려가 있다.
		대법원 2000.4.20. 선고 97후860, 877, 884 판결: 이 건 상표를 그 지정상표에 사용하는 경우 저명한 화가의 명예를 훼손시키는 것으로서 그 유족의 고인에 대한 추모경매의 마음을 손상시키는 행위에 해당하며 사회일반의 도덕관념인 선량한 풍속에 반하며, 고인의 명성에 편승하여 수요자의 구매를 흡인하는 것으로서 공정하고 신용 있는 상품의 유통행위를 침해할 염려가 있다.
	신사복	대법원 1992.4.24. 선고 91후1878 판결
		특허법원 2007.2.7. 선고 2006허8736 판결 및 대법원 2007.6.14.자 2007후1206 판결(심불기각): 고의로 저명한 사용상표의 명성에 편승하고자 무단으로 사용상표의 표장을 모방한 것으로 상품유통질서나 선량한 풍속에 위배된다.

〈공서양속에 반하는 것으로 인정되지 않은 상표〉

상 표	인용표장	판 례
(주)코리아 리서치 KOREA RESEARCH CO., LTD.		대법원 1991.12.10. 선고 91후318 판결
THORNTON BAY CLOTHING COMPANY		대법원 1993.7.27. 선고 92후2311 판결: 본원상표가 출원인의 명칭과 달라서 출원인과 다른 법인의 명칭으로 인식되어질 우려가 있다 하여도 그와 같은 사정만으로 공공의 질서 또는 선량한 풍속을 문란하게 할 우려가 있는 상표라고 보기 어렵다.
촌집보쌈	촌집	대법원 1993.8.13. 선고 93후589 판결: 피심판청구인이 과거 심판청구인의 도움을 받아 독립적인 음식점을 경영하게 되었음에도 인용서비스표가 등록되어 있지 아니함을 기화로 그것과 유사한 이 사건 서비스표를 등록하였다 하더라도 그러한 사실만으로 곧 이 사건 서비스표를 공공의 질서 또는 선량한 풍속을 문란하게 할 염려가 있는 표장이라고 할 수 없다.
	MUSSO	대법원 1997.10.14. 선고 96후2296 판결

상 표	인용표장	판 례
AK OMPHALOS 옴파로스	AA OMPHALOS	대법원 1997.11.28. 선고 97후228 판결: 인용상표가 주지·저명하지 아니하다면 이를 모방하여 지정상품을 달리하여 출원한 것 자체만으로는 상표법 제7조 제1항 제4호에 해당한다고는 할 수 없다.
JAMES DEAN		대법원 1997.7.11.선고 97후259, 2173 판결
MOZART		대법원 1998.2.13. 선고 97후938 판결: 본원상표는 검은 색 바탕에 흰 오선을 긋고 그 위에 단순히 고인의 성명 자체를 기재하여 상표로 사용한 것에 지나지 아니할 뿐, 고인과의 관련성에 관한 아무런 표시가 없어 이를 가리켜 상표법 제7조 제1항 제2호 소정의 고인과의 관계를 허위로 표시한 상표에 해당한다고 볼 수 없고, 또한 본원상표 자체의 의미에서 선량한 도덕관념이나 국제신의에 반하는 내용이 도출될 수 없다.
SONY CREATIVE PRODUCTS INC.		대법원 1999.12.24. 선고 97후3623 판결
TOM & JERRY		대법원 2000.5.30. 선고 98후843 판결: 인용상표의 저명성을 인정할 수 없으며, 또 인용상표가 저작권법상 법의 보호대상도 아니므로 법 제7조 제1항 제4호에 해당하지 않는다.
파파이스	POPEYE	대법원 1999.12.9. 선고 99허6138 판결: 뽀빠이는 엘지 세가르의 만화 캐릭터로서 뽀빠이의 캐릭터는 저작물로서의 보호대상이 되지 않으므로 그 모방의 대상이 되는 상표의 축척된 무형적 가치에 무임승차하여 부정경쟁의 목적으로 출원한 것이라고 단정할 수 없고, 인용상표들이 그 지정상품에 관하여 국내의 일반거래에 있어서 수요자나 거래자에게 이의신청인의 상표라고 현저하게 인식될 수 있을 정도로 알려져 있다고 하더라도 뽀빠이 캐릭터를 주제로 한 상표가 지정상품을 달리하여 다수 등록되어 있는 상태에서 지정상품도 상이한 이건 출원 상표를 제7조 제1항 제4호에 해당한다고는 할 수 없다.
TIFFANY	TIFFANY & CO	대법원 2000.6.9. 선고 98후1198 판결
CcDL	Crocodile	특허법원 2000.11.16. 선고 2000허4691 판결: 인용상표와 유사하지 아니하다.
레오날드	LEONARD	특허법원 2000.12.14. 선고 2000허4732 판결
NUDE TEXT 누드교과서		특허법원 2003.10.31. 선고 2003허2683 판결: 있는 그대로의, 적나라한 교과서 등으로 인식된다 할 것이므로 사회일반의 건전한 성적감정을 해한다거나 성적 수치심을 유발한다고 보기 어렵다.
		특허법원 2005.9.2. 선고 2004허7883 판결 및 대법원 2006.8.25. 선고 2005후2656 판결: 인용상표가 주지·저명하였다고 보기 어려운 이상 모방 자체만으로 본 호에 해당한다고 할 수 없다.

5. 법 제7조 제1항 제5호

〈박람회표장과 유사하지 않은 것으로 인정된 상표〉

상 표	인용상표	판 례
SPOREX	SPOREXKOR	대법원 1991.4.23. 선고 89후261 판결

6. 법 제7조 제1항 제6호

〈저명한 타인의 성명 등으로 인정된 상표〉

상 표	인용상표	판 례
쌍용 쌍용표	쌍 용	대법원 1996.9.24. 선고 95후2046, 2053 판결
巨山		특허법원 1999.12.9. 선고 98허7148 판결: 일반 수요자에게 널리 알려진 '김영삼' 전 대통령의 아호와 유사하다.
인 텔 홈 Intel-Home	INTEL intel. intel inside	특허법원 2000.2.10. 선고 99허7667 판결
경희스포츠 아카데미	경희대학교	특허법원 2002.8.2. 선고 2002허2747 판결, 대법원 2004. 1.29. 선고 2002후1874 판결
금호정수기	Kumho 금 호	특허법원 2007.2.7. 선고 2006허7313 판결 및 대법원 2007.6.1.자 2007후1237 판결(심불기각)

〈저명한 타인의 성명 등으로 인정되지 않은 상표〉

상 표	인용상표	판 례
삼도장식상사	大阪硝子工業株式会社	대법원 1987.4.28. 선고 86후58 판결
아가방		대법원 1987.6.9. 선고 86후51, 52 판결
주식회사 라이프제화		대법원 1984.1.24. 선고 83후34 판결
삼도장식상사	大阪硝子工業株式会社	대법원 1987.4.28. 선고 86후58 판결
아가방		대법원 1987.6.9. 선고 86후51, 52 판결
주식회사 라이프제화		대법원 1984.1.24. 선고 83후34 판결

상 표	인용상표	판 례
CARON	Canon	대법원 1990.5.22. 선고 89후1301 판결: 이 건 상표는 프랑스계 회사가 사용하는 것인 만큼 그 발음을 프랑스어로 하여 '까롱'으로 호칭되고 인용상표는 '캐논'으로 호칭되어 양 상표는 비유사하다.
촌집보쌈	촌집	대법원 1993.8.12. 선고 93후589 판결
TIFFANY	TIFFANY & CO	대법원 2000.6.9. 선고 98후1198 판결
하버드선생님	HARVARD	특허법원 2000.7.14. 선고 2000허2422 판결: 하버드가 'HARVARD 대학'의 명칭자체가 아님은 분명하고 그 약칭이라고 볼 만한 자료도 없다. 설령 '하버드'가 대학의 약칭이라 하더라도 약칭의 경우 그 정식명칭과 동일성이 있다는 것만으로는 부족하고 그 약칭자체로서 저명하여야 상표법 제7조 제1항 제6호의 규정에 해당하는데, 하버드가 대학의 약칭으로서 저명하다는 점을 뒷받침할만한 증거도 없다.
POSCHEM	POSCO 포스코켐	대법원 2000.2.8. 선고 99후2594 판결

7. 법 제7조 제1항 제7호

〈타인의 등록상표와 동일 · 유사한 것으로 인정된 상표〉

상 표	인용상표	판 례
동방 플라자 Dongbang Plaza	PLAZA 프라쟈	대법원 1987.2.24. 선고 86후128 판결
코후치타민 coughtitamine	COUGHMIN 코 후 민	대법원 1986.11.25. 선고 86후71 판결
동큐왕	주식 회사 동큐제과	대법원 1987.1.20. 선고 86후135 판결: 본원상표는 '동큐'와 '왕'으로 분리 관찰되고 그 요부 '동큐'가 인용상표의 요부 '동큐'와 동일하다.
CHABEL 샤 벨	CHANEL	대법원 1987.9.22. 선고 86후188, 189 판결
찡구찡구	짱구	대법원 1989.7.11. 선고 88후1229 판결: 양 상표는 '짱구' 부분이 동일하고 이가 심술통 '찡구' 부분이 생략되어 '짱구'만으로 불릴 가능성이 많은 등 양 상표는 그 요부 '짱구'가 동일하다.
우짜짜	짜짜	대법원 1998.2.28. 선고 87후112 판결: '우'는 그 음이 비음으로서 비교적 약하게 발음되고 '짜짜'가 강하게 발음되어 수요자에게 인상깊게 청각 되는 부분은 '짜짜'부분이다.
SH CCL	CCI	대법원 1989.4.11. 선고 87후127 판결: 'CCL'부분이 인용상표 'CCI'와 유사하다.

상 표	인용상표	판 례
GREENPEACE	평화 PEACE	대법원 1989.11.24. 선고 89후964 판결
환시 FANSY	판타시 FANTASY	대법원 1990.1.25. 선고 89후1318 판결
UNISEXMODE CANON 유니섹스모드캐논	CASUAL WEAR CANON 케쥬얼 웨 케논 (주)미세스-고	대법원 1989.5.23. 선고 88후790 판결: 양 상표는 모두 캐논(CANON)을 상표구성의 공통 모부호 하고 있다.
		대법원 1990.12.21. 선고 90후79 판결
東亞開發 동아개발	신동아진열장	대법원 1991.3.8. 선고 90후1246 판결: 본원상표는 '동아'로 인용상표는 '신동아'로 분리 관찰되는 경우 양 상표는 칭호, 관념이 유사하다.
KOLON	고우롱 KOULONG	대법원 1991.3.8. 선고 90후1659 판결
PAND · BOND 폰다·본드		대법원 1991.4.26. 선고 90후1772 판결: 이 건 상표가 'BP'로 분리관찰되는 경우 인용상표와 유사하다.
	TOMMY 토 미	대법원 1992.12.24. 선고 91후1366 판결
國際商事	국 제	대법원 1991.3.22. 선고 90후1550 판결
	UTTERFLY	대법원 1990.10.10. 선고 90후687 판결
HONEYBOY	HONEY 하 니	대법원 1995.2.10. 선고 94후1800 판결
	삽사리	대법원 1997.7.11. 선고 96후2197, 2203, 2210 판결: 양 서비스표는 문자로만 구성되어 있어 외관은 서로 다르다고 하겠으나, 본원 서비스표는 그 도형 모습이 '삽사리(삽살개)'로 쉽게 연상될 뿐만 아니라 일반 수요자나 거래자들이 '삽사리'는 털이 북실북실한 개로 쉽게 인식할 것이어서 양 서비스표는 그 관념과 칭호에 있어서 유사하다.
		대법원 1991.2.26. 선고 90후1390 판결
위너스 WINNERS	WINNER 위 너	대법원 1991.10.11. 선고 91후233 판결
산. 내. 들마을		대법원 1993.2.9. 선고 92후971 판결: 본원상표가 '산'으로 호칭될 경우 '과 칭호 관념이 동일하고, '산내'로 호칭될 경우 '산천'과 관념이 동일하다.

상표	인용상표	판례
A.B.X		대법원 1992.9.25. 선고 92후1035 판결
두산 DOOSAN		대법원 1991.12.27. 선고 91후1076 판결
Complaza	COMPUTERPLA ZA 컴퓨터프라자	대법원 1993.10.8. 선고 93후770 판결
NOVON	NOVLON 노 브 론	대법원 1993.12.7. 선고 93후1162 판결
DAGA 다 가	다 가 내 DAGANE	대법원 1994.6.28. 선고 93후1629, 1626 판결
OB SKY 오비 스카이	SKY 스카이	대법원 1994.10.14. 선고 94후883, 876 판결
VALENTINO RUDY	valentino garavani	대법원 1995.5.12. 선고 94후1824 판결
WHITE		대법원 1996.6.28. 선고 95후1883 판결
	GUCCI	대법원 1997.3.25. 선고 96후313, 320 판결
新羅村 신라촌	Silla 신 라	대법원 1997.3.28. 선고 96후1170 판결
SANDOZ		대법원 1997.11.25. 선고 97후303 판결: 인용상표는 도형을 가운데 두고 영문 알파벳을 양쪽에 종서하였으나 도형과 문자부분이 외관상 서로 분리되어 있을 뿐 아니라 그 결합으로 인하여 새로운 특정한 관념을 낳는 것도 아니고 이를 분리하여 관찰하여도 자연스럽지 못할 정도로 불가분적으로 결합되어 있다고 보기 어려우므로 일반 수요자에게 도형부분으로 분리 관찰될 수 있어 '산조드' 또는 '산도즈'로 호칭될 수 있다 할 것인바, '산도즈'로 호칭될 경우에는 본원상표와 그 칭호가 동일하다.
팝아이	POPEYE 뽀빠이	대법원 1997.7.27. 선고 98후2245, 2238 판결: 한글 부분이 영문자 부분을 발음 나는 대로 표기한 것이 아닌 경우에는 영문자 표기된 대로 호칭될 것이므로 그 호칭이 양 상표 '팝아이' 또는 '폽아이' 등으로 호칭되어 그 호칭이 유사하다.
Bride of May	브라이드	대법원 1999.7.9. 선고 99후529 판결
Kiss	*KissMe*	특허법원 2000.3.30. 선고 99허7193 판결: 인용상표는 'Kiss' 와 'Me'로 분리·관찰될 수 있고 'Kiss'로 간략화 하여 호칭되는 경우 칭호·관념이 동일하다.

상 표	인용상표	판 례
		대법원 2000.3.10. 선고 99후2426 판결
		특허법원 1999.12.17. 선고 99허4620 판결: 양 상표는 그 도형의 특징부분이 유사하여 전체적으로 유사하다.
PB 2566 MOD	2566	대법원 1998.10.9. 선고 98후997 판결 및 특허법원 2000.7.14. 선고 2000허1566 판결
		특허법원 1998.8.13. 선고 98허2795, 2788 판결 및 대법원 1998.12.9. 선고 98후1761, 1785 판결: 양 상표는 그 도형이 전체적인 모양에서 느껴지는 시각적인 인상이 거의 비슷하다.
		대법원 1997.2.25. 선고 97후3869 판결: 양 상표는 깃발모양의 단위도형이 결합하여서 된 도형상표들로서 전체적인 외관이 유사하다.
		특허법원 2002.7.4. 선고 2003허1130 판결
	뚝딱이는 탐구대장	특허법원 2003.7.4. 선고 2003허1055 판결
神仙 百洗酒 신선 백세주	국순당백세주	특허법원 2003.10.17. 선고 2003허1260 판결 및 대법원 2004.1.29. 2003후2584 판결
삼성상호저축은행	삼성생명 三星生命 SAMSUNG LIFE INSURANCE	특허법원 2003.10.31. 선고 2003허3075 판결
		특허법원 2003.12.12. 선고 2003허5750 판결: 양 상표에 표현된 곰의 자세, 표정, 복장 등 세부적인 부분에 다소 차이가 있다고 하더라도 양 상표는 모두 간략히 의인화된 '곰' 또는 '곰돌이'로 불리고 인식될 것이므로, 양 상표는 그 호칭 및 관념이 서로 동일하다.
조개표		특허법원 2004.8.27. 선고 2004허2246 판결: 일반 수요자들이 인용상표를 접했을 때 손잡이 없는 부채, 포수용 야구글러브, 바나나 송이로 인식된다고 보기 어렵고 조개로 인식할 것이므로 양 상표는 유사하다.
		특허법원 2005.1.2. 선고 2004허6088 판결 및 대법원 2006.12.8. 선고 2005후674 판결
	KIKI's Delivery Service 마녀 배달부 키키	특허법원 2005.1.27. 선고 2004허5818 판결

상 표	인용상표	판 례
		특허법원 2005.5.28. 선고 2005허1318 판결: 이 건 상표는 '은행잎 표'로 분리하여 약칭될 수 있으므로 호칭, 관념이 유사하다.
하늘아래첫동네	하늘아래첫집	특허법원 2006.1.13. 선고 2005허7866 판결 및 대법원 2006.4.13. 선고 2006후343 판결
TAGMASTER	TAG	특허법원 2006.3.24. 선고 2006허343 판결: 선등록상표는 'TAG'로 인식되므로 이 건 상표의 한 부분 'TAG'와 유사하다.
깊은 산속 옹달샘	깊은 책속 옹 달샘	특허법원 2006.4.28. 선고 2006허1117 판결 및 대법원 2006.8.25. 선고 2006후1360 판결: '깊은 산속'과 '깊은 책속'은 모두 '옹달샘'을 수식하는 것이어서 양 표장 모두 '옹달샘'이 주된 관념으로 그 관념이 유사하다.
25時	LG 25時	대법원 2006.11.9. 선고 2005후1134 판결(원심파기): '25時' 부분은 '하루 종일 고객에게 최선을 다해 열심히 서비스를 제공함'의 의미가 있을 뿐으로 식별력이 있어 양 상표는 호칭, 관념이 유사하다.
		대법원 2006.11.9. 선고 2006후1964 판결
G'zOne	지 존	특허법원 2007.4.11. 선고 2006허11893 판결
		특허법원 2007.4.12. 선고 2007허692 판결
설 매	雪中梅 설 중 매	특허법원 2007.5.23. 선고 2007허661 판결 및 대법원 2007.8.23.자 2007후2445 판결(심불기각): '설중매'는 '설매(雪梅)'로도 약칭될 수 있어 호칭, 관념이 유사하다.
		특허법원 2007.8.7. 선고 2007허1886 판결
		특허법원 2007.10.18. 선고 2007허5246 판결: 도형화된 문자의 구성 및 도형화의 정도와 방법 등이 매우 유사하다.

〈타인의 등록상표와 유사하지 않은 것으로 인정된 상표〉

상 표	인용상표	판 례
CHANNELLOCK	CHANEL	대법원 1987.2.24. 선고 86후121 판결: 'CHANNEL'과 'CHANEL'의 호칭이 반드시 같다고 할 수 없을 뿐 아니라 본원상표 'CHANNELLOCK'은 전체적으로 불가분적으로 결합된 상표로서 'CHNNEL'과 'LOCK'으로 분리되어 호칭되지 않는다.

상 표	인용상표	판 례
Canon	CARON	대법원 1990.5.22. 선고 89후1301 판결: 본원상표는 '케논' 또는 '카논'으로 호칭되고 인용상표는 '케론, 카론 또는 카롱'으로 호칭되어 양 상표는 유사하지 않다.
STELLAR APEX 스텔라 아펙스	APEX 아펙스	대법원 1989.8.8. 선고 89후513 판결
농심컵면		대법원 1988.6.13. 선고 86후127 판결
HANSGROHE	GROHE	대법원 1990.12.11. 선고 90후1147 판결
CARDIOPOINT	POINTS 포 인 츠	대법원 1992.9.14. 선고 92후346 판결: 본원상표는 'CAR-DIO'와 'POINT'로 분리되어 호칭되거나 판단된다고 볼 수 없으므로 전체적으로 양 상표는 유사하지 않다.
낙타표 장수	장수	대법원 1994.8.26. 선고 94후661 판결: '장수'라는 단어는 우리나라 거래시장에서 그 지정상품인 농업용폴리에틸렌 필름 등 특수 필름의 한 종류로서 내구성이 강하고 질긴 성능을 갖도록 특수처리된 것을 칭하는 보통 명칭 내지는 관용표장으로 사용되고 있음을 알 수 있다.
DULCIA VITAL	VITALIS	대법원 1994.8.12. 선고 93후1919 판결
	한국내츄럴 NATURAL	대법원 1995.9.29. 선고 94후2155 판결
매직스타 Magic Star	MAGIC CHEF	대법원 1990.6.26. 선고 89후896 판결
MOP & GLO	STEEL GLO	대법원 1995.3.10. 선고 94후1831 판결
SANTA RITA		대법원 1991.12.27. 선고 91후1045 판결
	Lee	대법원 1990.5.11. 선고 89후1219 및 1990.10.23. 선고 89후1165 판결
싱싱 SING SING	Sing 싱	대법원 1988.12.27. 선고 87후108 판결: 본원상표가 인용상표를 단순히 두 번 반복하여 표기한데 불과하지 않고 본원상표는 싱싱하다는 관념을 낳는데 반하여 인용상표는 도래한다는 관념이 있는 등의 차이로 양 상표는 비유사하다.
NAF NAF	NAB	대법원 1994.2.22. 선고 93후1674 판결
GOLDENTEX V.I.P.2000 골덴텍스 브이아이피	2000	대법원 1990.9.14. 선고 90후632 판결
Sunshine 선 사 인	일광	대법원 1990.5.11. 선고 89후1110 판결

상 표	인용상표	판 례
カメリヤ CAMELLIA	동백표	대법원 1992.10.23. 선고 92후896 판결
CHASE	추적	대법원 1994.10.25. 선고 93후739, 746 판결: 'CHASE'가 사전상 '추적하다, 뒤쫓다' 등의 뜻을 가지고 있기는 하나 일반대중이 쉽게 알 수 있는 것이 아니고 흔히 사용되는 것도 아니어서 일반 소비자가 직관적으로 "추적"이라는 뜻으로 인식한다고 보기 어렵다.
WING 윙	날개	대법원 1993.7.13. 선고 92후2120 판결: 'WING'이 새, 곤충, 비행기 따위의 날개 등의 뜻이 있으나 우리나라 거래사회에서 수요자가 직관적으로 '날개'라고 관념적으로 인식한다고 볼 수 없어 양 상표는 비유사하다.
LEEHAUS 리하우스		대법원 1993.4.13. 선고 92후1967 판결: 본원상표는 'LEE'와 'HOUSE'가 분리·관찰된다거나 'LEE'와 'HOUSE'를 수식하는 용어로 보기 어렵고 전체적으로 조어상표이다.
BODY GUARD 보 디 가 드	BOGARD 보 가 드	대법원 1993.11.26. 선고 93후1001 판결
		대법원 1996.10.11. 선고 96후399 판결
PARASEAL	파라 PARA	대법원 1997.3.28. 선고 96후1163 판결
SAINT·SAENS	SENSE 센 스	대법원 1998.4.25. 선고 97후1146 판결
MagicLand	LAND 랜 드	대법원 1998.7.14. 선고 97후2866 판결
한세	HANES	대법원 1998.11.27. 선고 97후3043 판결
CUCCINI boutique 쿠 치 니	PUCCINI 푸 치 니	대법원 1999.6.11. 선고 98후157 판결: 본원상표는 조어상표임에 비하여 인용상표는 이탈리아의 가극 작곡가로서 널리 알려진 '푸치니'를 뜻하는 것이어서 양 상표는 다르다.
HOMEPLUS	HOME	대법원 1999.4.23. 선고 98후874 판결
ARCLAN	ALKERAN 알 케 란	특허법원 1998.8.20. 선고 98허5558 판결
		특허법원 1999.9.30. 선고 99허4521 판결
백두대간	백두	특허법원 2000.1.13. 선고 99허3658 판결: 본원 서비스표는 한반도 동쪽에 위치하여 남북으로 뻗어 있는 산맥 전체의 줄기로 인식되는 고유명사인 데 비하여, 인용서비스표는 '허옇게 센 머리'를 의미하거나, '백두산'에서 '산'을 뺀 것으로 인식되어 전체적으로 양 상표는 비유사하다.

상 표	인용상표	판 례
2002 World Cup Korea	Worldcup PRO WORLDCUP	특허법원 1999.10.14. 선고 99허4330 판결
함박웃음	(웃는 얼굴 도형)	특허법원 2000.11.10. 선고 2000허2385 판결: 본원상표의 요부는 문자 '함박웃음'(도형은 워드프로세서 등에 사용되는 전각 기호 등과 유사하여 식별력 없음)이고 인용상표는 '미소 짓는 얼굴'로 인식되는 것이어서 양 상표는 외관·호칭 및 관념이 다르다.
(문어 도형)	(도형)	대법원 2004.2.13. 선고 2002후2693 판결
우리들	우리한의원	특허법원 2004.2.6. 선고 2003허5910 판결
A6	A6	특허법원 2004.5.20. 선고 2004 1304 판결
JOMA	SOMA	특허법원 2005.6.17. 선고 2005허698 판결: 첫 글자가 'J'와 'S'로 전혀 다르고 호칭 '조마'와 '소마'는 그 호칭이 간단하여 구분이 된다.
LOTS	LOTUS	대법원 2005.9.3. 선고 2004후2628 판결(원심파기): LOTS를 '로스트'로 호칭한다고 인정하기 부족하고, LOTS를 '롯츠'나 '랏츠'로 호칭하는 경우 양 상표는 그 호칭이 비유사하다.
오래된 미래	미래	특허법원 2005.11.17. 선고 2005허6832 판결
(시골총 도형)	시골마을	특허법원 2005.12.22. 선고 2005허4478 판결: 이 건 서비스표는 '시골총'만으로 분리 관찰 할 수 있고 인용 서비스표는 '시골', '마을'이 식별력이 약하므로 이를 '시골 마을'로 하여 관찰하는 경우 양 서비스표는 호칭, 관념이 비유사하다.
(도형)	(도형)	특허법원 2006.4.12. 선고 2005허9329 판결
WEPS	Web's Cool!	특허법원 2006.4.6. 선고 2005허10961 판결: 선등록상표는 '웹은 멋지다'라는 구호성을 가진 짧은 3음절에 불과한 점, 호칭상 웹 스쿨(웹 학교)로 알아들 가능성도 있는 점, web과 결합된 상표가 많아 이 부분이 식별력이 약한 점 등을 고려하면 선등록상표는 web's만으로 분리 관찰될 가능성이 낮고 전체로 관찰될 가능성이 높다.
아따맘마	B & B 맘마	특허법원 2006.6.16. 선고 2006허2967 판결: '맘마'는 요부가 될 수 있어 양 상표는 비유사하다.
(항아리 도형) 이손 사랑아리옹 지미국수	항 아 리	특허법원 2006.8.2. 선고 2006허2561 판결: 이 건 상표 '항아리 동치미 국수'는 동치미 국수를 항아리에 담아서 제공하는 것으로 직감되므로 요부로 보기 어려워 양 상표는 비유사하다.

상표	인용상표	판례
ⓦROS (도형)	코뿔소 (도형)	특허법원 2006.12.28. 선고 2006허6976 판결: 이 건 등록상표를 '코뿔소'로 인식한다 하더라도 도형이 너무 다르고 문자 'ROS'가 표기되어 있어 비유사하다.
Tankus	TANK	특허법원 2007.1.24. 선고 2006허8767 판결 및 대법원 2004.6.1.자 2007후1176(심불기각)
배배하우스 (도형)	BBhouse (도형)	특허법원 2007.1.25. 선고 2006허7450 판결 및 대법원 2007.5.30.자 2007후1077 판결(심불기각)
PLAY COMME des GARÇONS	PLAY DRY (도형) The play	특허법원 2006.12.14. 선고 2006허5744 판결 및 대법원 2007.4.27.자 2007후272 판결(심불기각): 'PLAY' 부분은 식별력이 없다.
EaSS	Gass Cass	특허법원 2007.3.14. 선고 2006허7924 판결
마르샤	마르셀	특허법원 2007.10.25. 선고 2007허5864 판결

8. 법 제7조 제1항 제8호

〈소멸된 날로부터 1년 이내에 출원한 것으로 인정된 상표〉

상표	인용상표	판례
크리스탈	CRYSTAL 뉴크리스탈	대법원 1995.6.16. 선고 94후1305 판결
FLAVONO	훌라보노 FLAVONO	대법원 1995.4.25. 선고 93후1834 판결: 인용상표가 1999.8.26. 등록취소 심결이 확정되었고 그로부터 1년이 경과되지 아니한 채 같은 해 9.20. 출원되었으므로 법 제7조 제1항 제8조에 해당된다고 판단한 원심은 정당
KANGAROOS	캉 가 루 KangaROOS	대법원 1998.2.27. 선고 97후1429 판결
해초롱 (도형)	명수	특허법원 2000.7.14. 선고 2000허2538 판결: 본원상표는 인용상표와 그 상표가 유사하고 인용상표권의 존속기간 만료일로부터 6월이 경과되지 않아 출원되었다.

〈소멸된 날로부터 1년 이내에 출원한 것으로 인정되지 않은 상표〉

상표	인용상표	판례
Bioghurt	BIOGURT 비오구르트	대법원 1991.9.10. 선고 91후80 판결: 인용상표권의 소멸여부, 인용상표권자의 영업장소 등을 살피지 아니하고 법 제7조 제1항 제8호를 적용하였다.

상 표	인용상표	판 례
SANDOZ 산도즈	SANTOZ	대법원 1991.12.10. 선고 91후1373 판결
		특허법원 1998.6.11. 선고 98허2207 판결

9. 법 제7조 제1항 제9호

〈주지상표로 인정된 상표〉

상 표	인용상표	판 례
해동이태리타올	이태리타올	대법원 1990.3.13. 선고 89후209 판결
청 수	청수	대법원 1989.3.28. 선고 89후103 판결: 청수식품은 1953년부터 영업을 하면서 장기간에 걸쳐 KBS 및 MBC에 계속하여 광고를 내고, 1970년에는 전국상품전람회에 청수냉면을 출품하여 농림부장관상과 보건사회부장관상을, 1972년에는 대법원장상을, 1982년에는 국무총리 표창을 받은 사실 등에 미루어 볼 때 인용상표가 법 제9조 제1항 제9호에 해당하지 아니한다고 판단한 원심은 부당하다.
	노라노 예식장	대법원 1990.7.24. 선고 89후1288 판결
남 양	남양사	대법원 1991.8.27. 선고 90후1819 판결
	사임당, 師任堂家具	대법원 1993.2.12. 선고 92후1608 판결: 1983년 1월 1일부터 1989년까지 인용상표가 사용된 가구류를 제작판매하면서 국내외 각종 가구류전시회에 9회나 참가하고, 1984년에는 서울국제가구전시회에서 최우수상을 받았고 인용상표가 사용된 가구류가 1984년과 1985년에는 MBC 및 KBS TV에, 1984년부터 1989년까지는 국내신문 · 잡지에, 1985년부터 1987년까지 각종 카탈로그 등의 각종 광고매체를 통하여 계속 선전 · 광고된 사실, 위 원신산업의 1986년부터 1988년까지 가구류 수출실적이 4억 5천만 원 이상에 달했고, 1989년 1월 1일부터 같은 해 7월 31일까지 그 가구류 매출액이 4억 이상에 이른 사실 등으로 볼 때 인용상표는 적어도 이 건 등록상표의 출원당시에는 그 지정상품인 가구류업계에서 거래자나 일반 수요자에게 현저하게 인식된 주지 상표였다고 할 것이다.
BARITIP 바리탑	BARITOP	대법원 1991.12.24. 선고 91후271 판결
SANTA BARBARA POLO CLUB	POLO	대법원 1996.3.8. 선고 95후1456 판결: 양 상표는 그 상표가 유사하며 인용상표는 주지상표로 보아야 한다.

상 표	인용상표	판 례
株式会社 三洋物産 SANYO BUSSAN CO., LTD.	**SANYO**	특허법원 2000.4.6. 선고 99허7186 판결
엘 칸 토 ELCANTO.	Elcanto 엘칸토	특허법원 1998.10.22. 선고 98허4487 판결
영어공부 절대로 하지 마라!	영어공부·절대로·하지·마라!	특허법원 2006.5.24. 선고 2005허8297 및 대법원 2006.10.27.자 2006후1759 판결: 정기간행물, 학습지, 서적, 연감상품과 관련하여서는 원고의 상품을 표시한 것이라고 수요자 간에 현저하게 인식되었다.
대한불교원효종 大韓佛敎元曉宗	대한불교조계종	특허법원 2006.11.3. 선고 2006허6815 판결
KNOT 트		대법원 1989.4.25. 선고 87후92 판결
KNOT 트	킹코트 KING COAT	대법원 1991.2.26. 선고 90후1413 판결
ASC II 에이에스씨	ASCII	대법원 1991.11.22. 선고 91후301 판결
지프캐쥬얼	JEEP	대법원 1992.11.10. 선고 92후414 판결: 인용상표가 특허청에서 간행된 '일류상표조사자료'에서 전 세계적 저명상표로 게재되었다는 사실만으로는 달리 인용상표의 주지·저명성을 인정할 자료가 없다.
동성 東城	주식회사 동성	대법원 1996.10.25. 선고 96후672, 689 판결
INTELIS	intel	특허법원 2000.4.20. 선고 99허9014 판결
X LI collection	V V	대법원 1999.11.23. 선고 98후713 판결
Kitty 키티	HELLO KITTY	특허법원 2000.3.16. 선고 99허6824 판결: 인용상표가 거래자 내지 수요자인 청소년이나 젊은 여성들 사이에서는 널리 인식되었다고 보겠으나 주지·저명성을 획득하였다고 보기는 어렵다 (7-1-11해당).
MISSONI 미 쏘 니	MISSONI	특허법원 1998.10.22. 선고 98허6896 판결
VALENTINO COUPEAU	valentino garavani V	특허법원 2000.4.28. 선고 99허4408 판결

10. 법 제7조 제1항 제10호

〈저명상표에 해당하는 것으로 인정된 상표〉

상 표	인용상표	판 례
도날드 · 닥 DONALD DUCK	도날드 DONALD	대법원 1994.9.11. 선고 83후43 판결
	Nassau	대법원 1988.12.27. 선고 87후7 판결
	GOLDEN BEAR 골든베어	대법원 1989.5.9. 선고 86후155 판결
	NIKE	대법원 1989.6.27. 선고 88후219 판결: 인용상표인 'NIKE'는 그 상표 사용자의 자국인 미국을 비롯한 세계 82개국에 등록되어 있고 우리나라에서도 위 등록상표의 이 사건 갱신등록 이전인 1979.1.9. 등록번호 제59420호로 상품구분 제25류 핸드백 솔더백 등에 관하여 1980.4.14. 등록번호 제68679호로 상품구분 제27류 단화 · 야구화 · 운동화 등에 관하며, 같은 해 7.16. 등록번호 제70355호로 상품구분 제25류 스포츠백 등에 관하여 각 상표등록이 되었으며, 1981.8.17. 주식회사 영풍이 위 제27류 지정상품에 대한 등록상표의 통상사용권자로서 등록된 후 동 상표가 부착된 양말 · 신발류 등을 생산하여 그 중 신발류의 판매고가 1981년도에는 내수 194,300,000원, 수출 75,082,000,000원, 1982년에는 내수 6,691,000,000원, 수출 71,529,000,000원에 이르렀고 위 상표의 광고비로서 1981년에는 294,152,994원, 1982년에는 스포츠웨어에 대한 광고비 11,655,000원을 포함하여 금 687,204,598원을 지출하여 일간스포츠 등 일간지 및 방송 등을 통해 광고한 사실을 알 수 있으므로, 인용상표는 국내에서도 수요자 간에 널리 알려진 저명상표라고 보아야 할 것이다.
아가방	아가방	대법원 1990.9.11. 선고 2205 판결
힐튼제과	힐튼제과	대법원 1987.3.24. 선고 85후127 판결
HENNESSY	HENNESSY	대법원 1990.10.10. 선고 88후226 판결
		대법원 1991.6.28. 선고 90후1826 판결

상 표	인용상표	판 례
		대법원 1989.2.28. 선고 87후6 판결: 인용상표들이 우리나라에서 상품구분 제22류(문방구 등), 제35류(시계 등), 제43류(완구 등), 제52류(인쇄물, 서적, 만화)에 청구인을 상표권자로 하는 상표등록이 되어 있고 인용상표들이 과거 수십 년 전부터 텔레비전을 통하여 방영 된 만화영화 'MICKEY MOUSE'로서 또 그 만화영화의 주인공으로서 세계에 널리 알려져 있고, 인용상표는 우리나라를 비롯한 세계 여러 나라에서 판화에 부착되어 오랫동안 텔레비전 방송 등의 방법으로 사용되고 선전되어 옴으로써 우리나라의 수요자 간에 널리 인식되어 있는 저명상표라고 보아야 할 것이다.
Mickey & Minnie	Mickey Mouse Minnie Mouse	대법원 1995.10.12. 선고 95후576 판결
CHANNEL	CHANNEL	대법원 1986.10.14. 선고 83후77 판결: 일건 기록에 의하면 인용상표가 우리나라에서는 널리 알려진 저명상표이고 특허청에서도 현저한 사실이다.
	Canon	대법원 1986.11.25. 선고 85후115 판결 및 대법원 1993.7.13. 선고 93후15, 22 판결
		대법원 1995.10.10. 선고 97후785 판결: 이 사건 등록상표 중 'USPA'라는 문자부문과 말을 탄 사람의 도형 부분이 거래상 분리·관찰하는 것이 부자연스러울 정도로 일체 불가분적으로 결합되어 있는 것이 아니므로 각 부분으로 분리·관찰할 수 있고, 그 각 부분은 모두 일반 수요자나 거래자에게 요부로 인식될 것인데, 그 중 말을 탄 도형부분은 인용상표들과 스틱을 들고 있는 모습이나 말의 모습 등 그 외관에 있어서는 유사하다고 보기 어려우나 '말 탄 사람'이라는 칭호나 관념이 유사하므로 양 상표를 전체적·객관적·이격적으로 관찰할 경우 일반 수요자에게 상품의 출처에 관한 오인·혼동을 불러일으키게 할 염려가 있는 유사한 상표라 할 것이다.
		대법원 2000.3.28. 선고 98후1969 판결
월마트안경	Wal-Mart	특허법원 2004.3.25. 선고 2003허6951 판결 및 대법원 2005.3.11. 선고 2004후1151 판결
	샤넬	특허법원 2006.2.9. 선고 2005허8937 판결
주식회사 엘지에스	LG	특허법원 2007.8.17. 선고 2007허388 판결 및 대법원 2007.11.29.자 2007후3677 판결(심불기각)

〈저명상표에 해당하는 않는 것으로 인정된 상표〉

상 표	인용상표	판 례
CHAMMEL LOCK	CHANEL	대법원 1987.2.24. 선고 86후121 판결: 양 상표는 상표가 비유사하다. 대법원 1996.10.11. 선고 2022, 2039 판결 및 대법원 1996. 11.12. 선고 96후429 판결: 양 상표는 상표가 비유사하다.
ROLENS 로 렌 스	ROLEX 로렉스	대법원 1996.7.18. 선고 95후1821 판결: 이 건 상표가 인용상표와 유사하고 또 인용상표가 주지 · 저명상표이기는 하나 이 건상표는 중저가의 상품으로 국내 시계류 일반거래계에서 수요자 간에 널리 알려진 것이고 인용상표는 고급품질의 고가 상품들이고 또 인용상표의 상품이 국내에서 수입되어 판매된 사실이 없고 보세구역, 면세점에서 극히 소량 거래되는 사실 등에 비추어 양 상표를 다 같이 사용하여도 수요자에게 상품 출처의 오인 · 혼동이 없어 이 건상표는 법 제7조 제1항 제10호에 해당하지 아니한다.
		대법원 1993.2.9. 선고 92후1486 판결: 상표가 유사하지 않다.
		대법원 1990.5.11. 선고 89후1219 판결 및 대법원 1990. 10.23. 선고 89후1165 판결: 인용상표가 주지 · 저명한 것이기는 하나 상표가 유사하지 않다.
		대법원 1990.3.29. 선고 89후1776 판결: 전체적으로 양 상표가 유사하지 않다.
		대법원 1992.1.21. 선고 91후1199 판결
WALKMAN 워 크 맨	WALKMAN	대법원 1992.12.8. 선고 91후1311, 1328 판결: 인용상표는 저명상표가 아니다.
Gian Garrino		특허법원 1998.9.17. 선고 98허2641 판결: 상표가 유사하지 아니하고 인용상표의 상품은 고가품이고 이 건 상표의 상품은 중저가품으로서 그 거래되는 시장, 수요계층이 다른 등 상품 출처의 오인 · 혼동이 없다.
	GQ	대법원 2000.3.8. 선고 98후1570 판결: 인용상표가 미국 해외에서는 어느 정도 알려졌다 하겠으나 국내에서는 저명상표라고 볼 수 없다.
		특허법원 2003.12.4. 선고 2003허1918 판결
		대법원 2007.2.8. 선고 2006후3526 판결(원심파기)

11. 법 제7조 제1항 제11호

〈품질오인, 수요자 기만의 우려가 있는 것으로 인정된 상표〉

상 표	지정 또는 인용상표	판 례
SAMYANG COFFEEMATE 삼양 커피메이트	우육, 계장, 소시지	대법원 1985.9.10. 선고 84후103 판결: 'Coffee Mate'는 커피를 타서 마실 때 타서 먹는 크림을 뜻하므로 커피와 관련이 없는 우육, 소시지, 참기름 등에 사용하는 경우 그 상품을 커피용 크림으로 오인할 우려가 있다.
COLA COAVIT	코오피, 코코아	대법원 1989.4.25. 선고 86후43 판결
Inner rinse	말초신경계용 약제, 방부제, 살균제	대법원 1990.3.27. 선고 89후2007 판결: 상품을 내부세척제로 오인할 우려가 있다.
E.V.A E.V.A 이브이에이	낚시찌	대법원 1993.4.27. 선고 92후1707, 1714 판결
싸이머린	중추신경계용 약제	대법원 1994.1.11. 선고 93후374 판결
자화석수	광천수	대법원 1995.2.23. 선고 94후760 판결: 자화수와 관계없는 지정상품에 사용할 경우 자화수에 의한 맥차, 광천수 등으로 상품의 품질을 오인하게 할 우려가 있다.
Down House 다운 하우스	이불	대법원 1995.5.12. 선고 94후2162 판결: 거래계에서 다운(Dawn) 상품하면 오리털이나 거위털을 사용하여 만든 제품으로 인식할 것이므로 오리털·거위털이 관련되지 아니한 상품에 사용하는 경우 오리털이 사용된 상품으로 품질을 오인할 우려가 있다.
거꾸로 가는 시계	손목시계, 벽시계	대법원 1995.9.15. 선고 95후958 판결: 본원상표를 지정상품에 사용하는 경우 시계가 본래적으로 가지고 있는 성질과 반대로 '거꾸로 가는 시계'도 상품의 품질오인의 우려가 있다.
모시메리	의마 가공된 메리야스, 속셔츠, 메리야스 속팬티	대법원 1994.3.11. 선고 93후527 판결 및 대법원 1994.4.26. 선고 93후510 판결
Yakult 야쿠르트	두유, 야채주스	대법원 1995.9.29. 선고 95후699, 705 판결
GUARANTEED TO KEEP YOU DRY	면직물, 침낭	대법원 1995.4.14. 선고 94후2063, 2056 판결: 본원 상표 중 문자 'dry'로부터 습기에 젖지 않도록 방수처리된 것임을 인식함이 일반적이므로 방수 처리되지 아니한 지정상품에 사용하는 경우 품질 오인 우려가 있다.
HICOM 하이콤	기술정보제공업	대법원 1997.2.25. 선고 96후1132, 1149 판결

상 표	지정 또는 인용상표	판 례
	유아용 이유식	대법원 1997.9.12. 선고 97후150, 167 판결: 'CLINICALLY PROVEN(클리니컬 프루븐)'은 임상상적으로 증명된 'MILDNESS(마일드니스)'는 '부드러움'의 뜻이 있고, 일반 수요자들이 이 사건 출원상표를 보고 '임상적으로 부드러움이 증명된' 또는 '임상적으로 증명된 부드러움' 등의 뜻으로 직감할 수 있음을 알아볼 수 있으므로, 이 사건 출원상표가 임상적으로 부드러움이 증명되지 않은 지정상품에 사용될 경우에는 상품의 품질을 오인하거나 수요자를 기망할 염려가 있다.
그린랲	카세인 수지, 화학펄프, 비닐시트	대법원 1997.7.22. 선고 96후1224 판결: '그린랲'(1985.7.2. 특허등록 제114119호.)의 '그린'은 녹색, 초록색 등의 뜻이 있고, '랲'은 이 사건 상표의 등록 사정 당시(1985.6.26.)에 일반 수요자들에게 포장용 수지필름의 보통명칭으로 사용되고 있었으므로 일반 수요자나 거래자들은 본건상표를 '녹색랲' 또는 '녹색의 포장용 필림'으로 인식한다 할 것이어서 본건 상표를 그 지정 상품에 사용될 경우에는 그 상품의 품질으로 오인 · 혼동할 염려가 있다.
	스위스에서 제조된 금지금, 은지금	대법원 1997.12.26. 선고 97후631 판결: 'CREDIT'가 불어로 '신뢰, 신임', 'SUISSE'가 '스위스'의 뜻이므로 '스위스 정부에서 신임하는, 스위스 정부에서 보증하는' 등의 의미로 인식될 수 있어, 스위스 정부에서 신임하는 금지금 등의 의미로 해석되어 지정상품의 품질 · 효능 등을 직접적으로 표시한 상표에 해당한다 하겠고, 지정상품이 스위스 정부와 관련이 없는 경우에는 일반 수요자들이 스위스 정부와 관련이 있는 것으로 상품의 품질을 오인할 염려가 있다.
Saga Fox 사가폭스	SAGA FOX SAGA FURS	대법원 1987.3.10. 선고 86후156 판결
인디안		대법원 1990.12.7. 선고 90후649 판결: 인용상표가 주지 · 저명할 정도로 현저하게 인식된 것이라고 단정하기 어려우나 당해 거래사회의 수요자에게 인용상표되면 특정인의 상표라고 연상할 정도로 알려져 있고, 이 건상표가 지정상표에 사용되는 경우 일반 수요자로 하여금 상품출처의 오인 · 혼동을 일으켜 수요자를 기망할 염려가 있다.
GOLDEN BEAR 골 든 베 어		대법원 1989.5.9. 선고 86후155 판결
		대법원 1992.5.12. 선고 91후1687, 1694 판결: 본원 상표들이 일반 수요자나 거래자 간에 타인의 상표로 널리 알려져 있는 인용상표와 유사하여 본원상표들을 그 지정상품에 사용할 경우 수요자를 기망하여 인용상표와 상품의 출처 및 품질을 오인케 할 염려가 있다.
보그	VOGUE	대법원 1991.6.11. 선고 90후1802 판결

상 표	지정 또는 인용상표	판 례
조흥상호 신용금고(주)	(주)조흥은행	대법원 1994.5.27. 선고 93후2103 판결
Non.no	nonno	대법원 1995.10.12. 선고 95후477 판결: 그 수입허가 부수 등에 비추어 볼 때 등록사정 당시 주지·저명하다고 보기는 어렵다 하더라도 적어도 패션잡지의 제호로서 국내의 일반거래자나 수요자들에게 어느 정도 알려져 있다고 볼 여지가 충분하다. 인용상표와 유사한 이 사건 등록상표를 동일·유사한 지정상품인 상품류 구분 제52류의 잡지·서적 등에 대하여 다함께 사용하는 경우 일반 소비자나 거래자로 하여금 상품 출처의 혼동을 일으켜 수요자를 기만할 염려가 있다.
	남양알로에	대법원 1996.5.14. 선고 95후1210, 1227 판결
마르조 MARZO	MARZO 마르쪼 M MARZO 마르쪼 Marzo	대법원 1997.3.14. 선고 96후412 판결: 이 사건 등록상표에 대한 등록사정 당시 인용상표는 적어도 여성의류에 관하여는 국내외 일반거래에 있어서 수요자나 거래자에게 심판청구인의 상표라고 인식될 수 있을 정도로는 알려져 있었다고 봄이 상당하다 할 것이고, 이 사건 등록상표의 지정상품인 핸드백과 인용상표의 사용상품인 여성용 의류는 상품류 구분이 다르기는 하나 양 상품의 수요자가 동일하다고 보일 뿐만 아니라, 이미 거래사회에서는 여성용 의류, 핸드백, 벨트, 기타 잡화류를 한 기업이 생산하거나 이들 제품을 한 점포에서 다 같이 진열하여 판매하는 경향이 일반화되어 있었고, 심판청구인도 실제로 여성의류 뿐만 아니라 핸드백 등의 상품에 관하여도 인용상표를 부착하여 함께 판매하여 상당한 선전을 하여 온 사정이라면 양 상표의 지정상품이 여성용 의류와 핸드백이 유사한 상품이라고 단정할 수 없다고 하더라도 이 사건 등록상표가 그 지정상품인 핸드백에 사용된다면 그것이 인용상표권자에 의하여 사용되는 것이라고 오인될 소지가 있다고 보이는 특별한 사정이 있는 경우로서 이 사건 등록상표는 인용상표와 출처의 오인·혼동을 일으켜 수요자를 기만할 염려가 있다고 보아야 할 것이다.
BLANCNOIR 브랑누아	BRANCOIR 브랑누아	대법원 1996.11.26. 선고 95후1913 판결

상 표	지정 또는 인용상표	판 례
CHASECULT	CHASECULT	대법원 1997.8.29. 선고 97후334 판결: 이 사건 출원상표 'CHASECULT'는 인용상표와는 첫글자 'C'를 도형화 하지 아니한 차이 밖에 없는 것으로서 칭호와 관념 및 외관이 동일 또는 극히 유사하며 인용상표는 그 대리점이 전국적으로 100여 개인 점등 적어도 사용된 신사복, 코트 등 의류에 관하여 국내 일반거래에 있어서 일반 수요자나 거래자에게 특정인의 상표라고 인식될 수 있을 정도로는 알려져 있었다고 할 것이며, 또한 이 사건 출원상표의 출원 당시에는 일반거래사회에서 의류, 신발, 기타 잡화류를 한 기업에서 생산하거나 이들 제품을 한 점포에서 다 같이 진열하여 판매하는 이른바 토탈패션의 경향이 일반화되고 있었으므로 인용상표가 사용되는 상품인 신사복 등의 의류와 이 사건 출원상표의 지정상품인 단화 등이 유사한 상품이라고 단정할 수는 없다고 하더라도 이 사건 출원상표가 그 지정상품인 단화 등에 사용된다면 신사복 등 유사한 상품에 사용된 경우에 못지않을 정도로 그것이 인용상표권자에 의하여 사용되는 것이라 오인할 소지가 있는 특별한 사정이 있는 경우로서 출원상표는 인용상표와 오인·혼동을 불러 일으켜 수요자를 기만할 염려가 있다.
		대법원 1997.10.10. 선고 97후785 판결
		대법원 1997.10.10. 선고 97후587 판결
SEMCO 셈코	SEMKO	대법원 1990.4.10. 선고 89후1929 판결
		대법원 1990.5.11. 선고 89후483 판결: 본원 상표를 그 지정상품에 사용하는 경우 그 상품이 한국생활용품검사소의 품질검사에 합격한 제품으로 상품의 품질을 오인케 하거나 수요자를 기만할 염려가 있다.
DAVIS CUP		대법원 1986.3.11. 선고 85후136 판결: 그 지정상품이 세계적으로 유명한 데이비스컵 대회를 주관하는 기관과 관련하여 생산된 것이라고 그 출처를 오인하고 그 상품의 품질을 오인할 염려가 있다.
	양념통닭	대법원 1994.9.30. 선고 94후845 판결, 대법원 1994.11.18. 선고 94후1473 판결, 대법원 1998.10.22. 선고 98허4487 판결
	건강 및 육아에 관한 서적류	대법원 1998.4.24. 선고 97후1795, 1788 판결

상 표	지정 또는 인용상표	판 례
B. S. GREEN	복합비료, 망간비료	대법원 1998.12.22. 선고 97후3029 판결
CARROT	향수, 헤어무스, 방향제	대법원 1998.8.21. 선고 98후928 판결: 'CARROT'은 당근의 의미가 있어 당근성분이 함유되지 아니한 지정상품에 사용할 경우 일반 수요자나 거래자에게 그 지정상품이 당근성분이 함유된 상품으로 품질을 오인시킬 우려가 있다.
삼보곰탕	음식조리대행법, 음식조리지도업, 곰탕전문 음식점경영업	특허법원 2000.6.16. 선고 2000허9762 판결
Choco Pie	건과자, 비스킷, 캔디	특허법원 2000.10.27. 선고 2000허5131 판결
Golf magazine 골프 매거진	컴퓨터통신업, 무선통신업, 라디오방송업	특허법원 2000.3.30. 선고 2000허112 판결
CROCO KIDS	피혁과 피혁모조품	대법원 1999.11.12. 선고 98후300 판결: 'CROCO'가 악어, 악어가죽의 뜻이 있는 'CROCODILE'의 약자로 인식되고 'KIDS'가 새끼염소(키드)가죽의 뜻이 있어 본원상표를 그 지정상품에 사용하는 경우 '천연의 새끼 염소가죽으로 만든 모피' 등으로 인식할 수 있어 상품의 품질을 오인하게 할 우려가 있다.
玉皇徒 옥황도		특허법원 2005.3.17. 선고 2004허6613 판결
햇반기	햇 반	특허법원 2006.5.25. 선고 2006허2400 판결 및 대법원 2006.9.22.자 2006후1711 판결(심불기각)
BLACK COFFEE 진한커피	BLACK COFFEE 진한커피	특허법원 2006.8.25. 선고 2006허2400 판결 및 대법원 2006.12.21.자 2003후2820 판결(심불기각): 일반적으로 음반의 제호는 상품의 출처표시로서 기능하지 아니하나 음반의 제호인 경우에도 서로 다른 내용의 음반들이 일체성을 가지고 시리즈로 제작되어 판매되는 경우에는 거래계에서 그 제호가 당해 음반의 명칭임과 동시에 상품으로서의 특정인의 상표나 음반이라고 인식될 정도로 알려졌다.
큰사랑치과의원		특허법원 2006.4.21. 선고 2006허442 판결
Esquire 에스콰이아	Esquire 에스콰이아	특허법원 2005.5.26. 선고 2011허8398 판결
M 마담포라	마담포라 Madame Polla	특허법원 2003.8.21. 선고 2003허1772 판결 및 대법원 2005.8.25. 선고 2003후2096 판결
헤밍웨이		특허법원 2007.6.7. 선고 2007허579 판결: 소설가 헤밍웨이와 관련된 문학작품을 출판하는 서적 출판업으로 오인·혼동할 염려가 있다.

〈품질오인, 수요자 기만의 우려가 없는 것으로 인정된 상표〉

상 표	지정 또는 인용상표	판 례
BORAZON	금속가공 기계·기구	대법원 1990.2.13. 선고 89후858 판결
GLUCIDEX	맥아당	대법원 1990.7.27. 선고 89후1783 판결
GAME BOY	계산기, 반도체메모리, TV수신기	대법원 1992.6.23. 선고 92후124 판결: 본원상표가 '게임소년, 놀이소년'으로 인식되기는 하나 전자계산기, TV수상기 등이 놀이기구(게임용)로 인식되지 않은 것에 비추어 그 지정상품의 성질을 표시하는 것으로 인식된다고 볼 수 없으므로 상품의 품질을 오인 할 염려가 없다.
BOURBON STREET	위스키	대법원 1992.3.10. 선고 91후1588 판결
NECTER	화장품류	대법원 1994.12.9. 선고 94후623 판결: 본원상표로부터 '감미로운 음료, 과즙'이 지정상품인 향수·향유와는 동일계통에 속하는 상품이라 할 수 없으므로 품질 오인의 우려가 없다.
	크래커, 식빵, 아이스크림, 햄버거빵	대법원 1995.7.28. 선고 95후187 판결
PARIS SPORTS CLUB	예복, 스카프 스커트	대법원 1997.8.29. 선고 97후204 판결: 본원상표의 명칭인 파리스포츠 클럽은 실제로 존재하지 아니하는 가상의 스포츠 클럽일 뿐만 아니라 그 명칭으로부터 여성패션의 중심지로서의 지리적 명칭인 '파리'의 의미가 특별히 부각되지도 아니하는 이상 일반 소비자들이 본원상표를 보고 그 지정상품이 현재 존재하지도 아니하는 스포츠클럽에서 제조하는 상품으로 오인하거나 '파리'에서 제조된 상품으로 그 품질을 오인케 할 염려가 있다고 볼 수 없다.
	프레임릴레이 전기통신업	대법원 1997.7.25. 선고 96후1231 판결
	건과자	대법원 1992.5.12. 선고 88후974, 981, 998 판결: 새우로 만들지 아니한 건과자에 사용할 경우 그 상품이 새우로 만든 것으로 오인할 염려가 없지 않으나 본건상표의 기본상표를 새우로 만들지 아니한 건과자에는 전혀 사용하지 않고 오로지 새우로 만든 건과자에 사용된 결과 수요자에게 현저하게 인식된 상표일 뿐만 아니라 그 외 지정상품이 새우로 만든 건과자로서 수요자에게 현저하게 인식된 점 등에 비추어 품질 오인의 우려가 없다.
		대법원 1990.5.11. 선고 89후1219 판결 및 대법원 1990. 10.23. 선고 89후1165 판결: 상표가 유사하지 아니하다.
JOINUS	조이너스 Joinus	대법원 1995.6.13. 선고 94후2186 판결: 인용상표가 저명하지 아니한데도 지정상품이 유사하지 아니한 이 건상표의 지정상품에 이 건상표를 사용하는 경우 수요자 기만의 우려가 있다고 판단한 원심은 위법이다.
		대법원 1997.11.28. 선고 97후228 판결

상 표	지정 또는 인용상표	판 례
	PLAYBOY	대법원 1990.3.9. 선고 89후1776 판결
		대법원 1993.2.9. 선고 92후1486 판결
TAE CHANG 태 창	태창. 태창/메리어쓰	대법원 1990.5.11. 선고 89후1677 판결
GEMCO 켐 코	GEMCO	대법원 1994.5.13. 선고 93후1131 판결
ROGADIS 로가디스	De Rogatis 디 로기디스	대법원 1993.6.22. 선고 92후2038 판결
WALKMAN 워 크 맨	WALKMAN	대법원 1992.12.8. 선고 91후1311, 1328 판결: 인용상표의 저명성이 인정되지 아니하며, 그 지정상품도 유사하지 않다.
MERIDIEN 메리디엔	MERIDIEN	대법원 1991.11.26. 선고 91후592 판결
스모프치킨	스머프	대법원 1993.1.12. 선고 92후797 판결
ELLE	ELLE	대법원 1995.2.3. 선고 94후1527 판결
ROLENS 로 렌 스	 ROLEX 로렉스	대법원 1996.7.18. 선고 95후1821 판결
MUSSO	MUSSO	대법원 1997.10.14. 선고 96후2296 판결
ParkLand 파크랜드	PARKLAND	대법원 1998.2.13. 선고 97후1252 판결
폴로	POLA	대법원 1997.10.10. 선고 97후594 판결
리전시	REGENCY	대법원 1989.1.24. 선고 87후121 판결
(주)코리아리서치 KOREA RESEARCH CO. LTD		대법원 1991.12.10. 선고 91후318 판결: '코리아'가 '한국'을 영어로 번역한 것이기는 하나 이것만 가지고 상표나 상호를 듣지 아니한 채 수요자가 서비스업의 출처의 오인·혼동을 일으켜 수요자를 기만할 우려가 있다고 할 수는 없다.
THORNTON BAY CLOTHING COMPANY		대법원 1993.7.27. 선고 92후2311 판결: 상표가 출원인 명칭과 달리 인식된다 하여도 이와 같은 사정만으로 달리 이와 대비할 타인의 상표가 없음에 비추어 수요자가 상품출처의 오인·혼동을 일으켜 수요자 기만을 일으킬 우려는 없다.

상 표	지정 또는 인용상표	판 례
POLO / POLO	POLA / POLA	대법원 1996.9.24. 선고 96후153, 191 판결 및 대법원 1996. 11.12. 선고 96후535 판결
		대법원 1996.12.10. 선고 95후2008, 2015 판결
	멕시칸치킨, 멕시칸통닭	대법원 1997.7.11. 선고 97후112, 129 판결: 양 상표는 한글 '멕시칸치킨'과 영문자 'MAXICAN CHICKEN'의 문자부분 및 두 개의 동심원의 중앙에 말의 도형으로 구성되어 있으며, 그 중 '멕시칸치킨, MAXICAN CHICKEN'이라는 문자부분에서 일반 수요자들은 널리 알려진 닭고기 요리의 조리방법의 일종인 'MAXICAN CHICKEN'을 나타내는 것으로 직감적으로 인식할 것이므로, 이 사건 등록상표들을 그 지정상품인 멕시칸치킨이나 멕시칸 통닭에 한정하여 사용할 경우에는 일반 수요자에게 상품의 품질을 오인하게 할 염려가 없다.
광 천	새우젓, 김, 어리굴젓, 미역	특허법원 2000.6.23. 선고 2000후2033 판결: '광천'이 새우젓의 산지로서 그 지정상품 중 새우젓은 품질 오인, 수요자 기만에 해당하나 나머지 상품은 해당하지 아니한다.
	한화그룹	대법원 1998.7.28. 선고 97후2637 판결
江戸銀 / E DO GIN / 에 도 긴	江戸銀	특허법원 1999.11.19. 선고 99허4224 판결
몽블랑	MONT BLANC / THE ART OF WRITING	대법원 2000.7.6. 선고 98후1303 판결: 인용상표는 만년필에 관하여는 국내의 수요자나 거래자에게 특정인의 상표라고 알려져 있어 이건상표의 지정상품 중 볼펜, 연필 등 문방구류 상품에 대하여는 인용상표와 상품출처의 오인·혼동을 일으켜 수요자를 기만할 염려가 있으나 나머지 지정상품인 '신문용지, 휴지, 화장지' 등과는 유사상품이 아니고 그 생산 및 유통경로 등도 달라 상품출처의 오인·혼동을 일으켜 수요자 기만의 우려가 없다.
파파이스	POPEYE	특허법원 2000.1.14. 선고 99허4415 판결: 인용상표가 국내 수요자나 거래자에게 특정인의 상표로 알려졌다고 보기 어렵고 그 상품이 상이하여 상품출처의 오인·혼동을 일으켜 수요자 기만의 우려가 없다.
HOOTERS	HOOTERS	특허법원 2005.1.27. 선고 2004허5870 판결

상 표	지정 또는 인용상표	판 례
		특허법원 2005.7.22. 선고 2005허2977 판결 및 대법원 2007. 11.16. 선고 2005후2267 판결(원심파기)
		특허법원 2006.4.12. 선고 2006허589 판결 및 대법원 2006. 7.13. 선고 2006후1186 판결: 이 사건 등록상표의 지정상품 인 '인삼성분이 함유된 돼지고기'는 인삼 샤포닌이 함유된 사료를 급여함으로써 현실적으로 생산이 가능하다고 보이므로 그 지정 상품과 관련하여 품질오인의 우려가 없다.

12. 법 제7조 제1항 제12호

〈모방상표라고 인정된 상표〉

상 표	지정 또는 인용상표	판 례
오리온 스타크래프트 ORION STARCRAFT	STARCRAFT	특허법원 2003.2.7. 선고 2002허1935 판결 및 대법원 2005. 10.13. 선고 2003후649 판결
빼빼로	빼빼로	특허법원 2005.10.13. 선고 2005허3864 판결
썬클로렐라 SUNCHLORELLA	サン・クロレラ sun・chlorella	특허법원 2006.3.24. 선고 2005허10701 판결 및 대법원 2006.3.29. 선고 2006후800 판결
히 요 꼬 HIYOKO	ひよ子, HIYOKO ひよ子	특허법원 2006.7.7. 선고 2005허11049 판결
LOTTO	lotto	특허법원 2006.7.5. 선고 2005허1346 판결 및 대법원 2006. 10.13.자 2006후2349 판결
VOGUE	VOGUE	특허법원 2007.3.28. 선고 2006허11220 판결
		특허법원 2007.6.1. 선고 2006허10654 판결 및 대법원 2007.10.26.자 2007후2681 판결(심불기각)

〈모방상표라고 인정되지 않은 상표〉

상 표	지정 또는 인용상표	판 례
Mr. CHOW	MR. CHOW	특허법원 2004.11.4. 선고 2004허3485 판결 및 대법원 2005. 4.14. 선고 2004후3379 판결
EVISU	EVISU	특허법원 2006.5.25. 선고 2005허9848 판결
Trish McEvoy	Trish McEvoy	특허법원 2005.12.8. 선고 2005허7552 판결 및 대법원 2007. 3.16. 선고 2006후268 판결: 인용상표가 국내외 수요자 간에 주지·저명상표라고 볼 수 없는 이상 나머지 점에 관하여 더 나아가 살펴볼 필요 없이 법 제7조 제1항 제12호에 해당하지 않는다.
CAMPER	CAMPER	특허법원 2007.10.19. 선고 2007허166 판결: 비교대상 상표가 이 건 등록상표의 출원 당시에 국내 또는 외국의 수요자 간에 특정인의 상품을 표시하는 것이라고 현저하게 인식되었다고 볼 수 없어 제7조 제1항 제12호에 해당하지 않는다.

제3편
상표등록출원 및 심사

제1장 상표등록출원 절차

일 러 두 기 상표등록출원을 하고자 할 때 그 절차와 방식은 법령에서 엄격히 정하고 있으므로 출원서 기재사항, 출원절차 및 방식에 대하여 잘 알아둘 필요가 있다.

상표등록출원에 따른 출원서의 기재사항이나 첨부서류는 상표출원의 종류에 따라 다소 차이가 있다.

I. 서 언

상표등록을 받고자 하는 자는 상표등록출원서를 특허청장에게 제출하여야 하는 등 법령에서 정한 소정의 절차를 밟아야 하는데, 그 절차와 방식은 상표법령에서 규정한 절차와 방식에 따라야 한다(법 제9조, 시행령 제1조의2, 3 등).

또한 상표등록출원에 관한 제반절차는 서면에 의하여야 하며 구두에 의한 절차는 인정되지 아니한다. 이와 같이 상표등록출원절차에서 일정한 절차와 엄격한 방식을 요하는 것은 상표행정의 편의성과 능률성을 기하기 위해서이기도 하지만 그 권리관계를 명확히 할 필요가 있기 때문이다. 상표등록출원에 관련한 절차가 법에서 정한 방식에 위반된 경우에는 당해 절차는 무효로 되거나 불수리의 대상이 된다.

상표등록출원절차와 관련하여 마드리드 의정서에 의한 국제출원의 경우에는 상표법 제9조가 적용되지 아니하고 법 제86조의14 내지 23이 적용된다.

II. 출원서기재 사항 및 첨부서류

1. 출원서 기재사항(법 제9조 제1항 내지 제3항)

① 상표등록을 받고자 하는 자는 다음 각 호의 사항을 기재한 상표등록출원서를 특허청장에게 제출하여야 한다.

㉠ 출원인의 성명 및 주소(법인인 경우에는 그 명칭, 영업소의 소재지)

 ⓒ 대리인이 있는 경우 그 대리인의 성명 및 주소나 영업소의 소재지(대리인이 특허
  법인인 경우에는 그 명칭, 사무소의 소재지 및 지정된 변리사의 성명)

 ⓒ 상 표

 ⓔ 지정상품 및 그 유구분

 ⓜ 우선권 주장의 취지, 최초로 출원한 국명, 출원년월일(우선권 주장을 하고자 하는
  경우)

 ⓗ 기타 산업통상자원부령이 정하는 사항

 ② 상표등록을 받으려는 상표가 입체적 형상, 색채 또는 색채의 조합, 홀로그램, 동작
또는 그 밖에 시각적으로 인식할 수 있는 것으로 된 상표인 경우에는 산업통상자원부
령이 정하는 바에 따라 그 취지와 설명(입체적 형상인 경우에는 설명 제외)을 출원서에
적어야 한다.

 ③ 상표등록을 받으려는 상표가 소리 · 냄새 등 시각적으로 인식할 수 없는 것 중 기
호 · 문자 · 도형 또는 그 밖의 시각적인 방법으로 사실적(寫實的)으로 표현한 것인 경
우에는 그 취지와 설명 및 해당 표장을 기호 · 문자 · 도형이나 그 밖의 시각적인 방법
으로 사실적으로 표현한 것을 출원서에 적어야 한다.

2. 상표견본 등

1) 상표견본 등 제출

(1) 견본을 제출하는 경우

 상표등록출원을 하고자 하는 자는 지정상품에 사용할 상표를 특정하여 그 견본 1통
을 제출하여야 한다.[1] (소리상표, 냄새상표, 그 밖에 시각적으로 인식할 수 없는 상표의

---

[1] 입체상표, 동작상표 등의 표시 예(특허청, 상표심사기준)
  ① 입체상표로서의 구성 및 태양을 갖춘 것으로 인정되는 경우

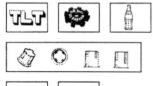

경우 제외)

(2) 파일 또는 향패치를 제출하는 경우

소리상표 또는 냄새상표 등을 출원하는 경우에는 시각적 표현에 합치하는 소리파일 1통 또는 냄새를 담은 밀폐용기 3통이나 냄새가 첨가된 향패치 30장을 제출하여야 한다.

(3) 견본의 규격 또는 형식

① 상표 견본은 강인한 지질(紙質)로서 가로와 세로가 각각 8센티미터 이내이어야 하며, 상표의 표시에 있어서는 쉽게 변색 또는 퇴색하지 아니하는 재료를 사용하여 표시하여야 하며 원판을 전자복사하거나 고무판 · 동판 또는 아연판 등을 사용하여 날인 또는 인쇄한 것으로서 선명하여야 한다(시행규칙 제37조 제1항).

② 상표 견본 중 색채 상표의 견본은 그 상표를 표시하는 색채로 채색한 도면 또는 사진으로 작성하여야 하며, 입체적 형상 상표, 홀로그램 상표, 동작 상표 및 그 밖에 시각적으로 인식할 수 있는 것으로 된 상표의 견본은 해당 상표의 특징을 충분히 나타내는 총 5매 이내의 도면 또는 사진으로 작성하여야 한다(시행규칙 제38조 제1항).

③ 상표 견본 중 입체적 형상 상표, 홀로그램 상표 및 그 밖에 시각적으로 인식할 수 있는 것으로 된 상표의 견본은 해당 상표의 일면 또는 여러 측면으로 구성할 수 있으며, 동작 상표의 견본은 해당 상표의 특정 순간의 정지화상 또는 여러 개의 정지화상을 담

---

② 입체 상표로서의 구성 및 태양을 갖춘 것으로 인정되지 않는 경우
• 3차원적으로 입체적 형상이 기재되지 않는 경우

(두께 등 3차원적인 외관을 갖춘 것으로 입체적 형상을 표현하지 아니한 것)
• 입체적 형상과 평면표장이 분리되어 기재된 경우

(평면표장이 입체적 형상의 표면에 또는 병행하여 부착되어 전체적으로 볼 때 3차원적인 외관을 갖춘 것으로 입체적 형상을 표현하지 아니한 것)
• 입체적 형상에 관한 복수의 도면 또는 사진이 불일치되는 경우

(각 도면 또는 사진에 표시된 입체적 형상, 도형, 문자, 색채 등이 상호간에 일치되지 아니한 것)

은 도면 또는 사진으로 구성할 수 있다(시행규칙 제38조 제2항).

④ 특허청장은 상표 견본에 의하여 표시되는 상표가 명확하지 아니하다고 판단되는 경우에는 상당한 기간을 정하여 해당 상표에 대한 설명서의 제출을 요구할 수 있으며, 홀로그램 상표, 동작 상표 및 그 밖에 시각적으로 인식할 수 있는 것으로 된 상표의 경우에는 비디오테이프 또는 전자적 기록매체의 제출을 요구할 수 있다(시행규칙 제38조 제3항).

2) 상표에 대한 설명서

상표등록출원을 하는 경우 그 상표가 법 제2조 제1항 제1호 나목 또는 다목에 해당하는 경우에는 그 상표에 대한 설명서 1통을 제출하여야 한다.

3. 지정상품

1) 상품 유구분

상품 유구분은 상표법 시행 규칙 제40조에서 규정하고 있는데(상표 1류~34류, 서비스업 35류~45류) 이와 같은 상품 유구분이 상품의 유사여부를 법정하는 것은 아니다. 상품 상호간 또는 서비스업 상호간 유사범위에 관한 판단 기준은 특허청장이 정하여 고시한다.

2) 상품의 지정

상표등록출원을 하고자 하는 자는 산업통상자원부령(시행규칙 제40조 별표)이 정하는 상품 유구분상 1류구분 이상의 상품을 지정하여 상표마다 출원하여야 한다. 이 경우 상품 및 서비스업을 동시에 지정하여 출원하고자 하는 때에는 상표등록출원서에 해당 상품과 서비스업을 모두 적어야 한다(법 제10조 제1항 및 시행규칙 제40조 제3항).

2011.12.2. 이전의 규정(산업통상자원부령 제219호)에서는 상품 또는 서비스업명을 구체적으로 정하여 운영하여 왔으나 현행 규정에서 그 상품과 서비스업명을 포괄 명칭으로 기재할 수 있도록 개정하였는데, 이는 NICE협정에서 규정한 상품류 분류 기준에 따른 것이다.

4. 첨부서류

1) 상표견본 등

① 상표견본 1통(소리상표, 냄새상표, 그 밖에 시각적으로 인식할 수 없는 것은 제외), 소리상표의 경우 소리파일 1통, 냄새상표의 경우 냄새를 담은 밀폐용기 3통 또는 냄새가 첨가된 향패치 30장

② 단체표장의 사용에 관한 사항을 기재한 정관 및 요약서 각 1통(단체표장 등록출원에 한한다) 지리적 표시 단체표장의 경우에는 지리적 표시 정의에 합치함을 증명할 수 있는 서류(시행령 제1조의3), 증명표장 등록출원의 경우에는 증명표장의 사용에 관한 사항을 정한 서류(정관 또는 규약)와 증명하려는 상품 또는 서비스업의 품질, 원산지, 생산방법이나 그 밖의 특성을 증명하고 관리할 수 있는 서류(시행령 제1조의5)

③ 업무의 경영사실을 입증하는 서면 1통(업무표장의 등록출원에 한한다)

④ 대리인에 의하여 절차를 밟는 경우에는 그 대리권을 증명하는 서류 1통

2) 설명서 · 음역서 등(시행규칙 제36조 제3항)

① 입체상표에 대한 설명서

② 지정상품에 대한 설명서

③ 등록하고자 하는 상표를 한글로 번역하거나 음역(音譯)한 설명서

④ 견본의 특징을 나타내는 영상을 수록한 비디오테이프 또는 CD-ROM·광디스크 등 전자적 기록매체(홀로그램상표, 동작상표 및 그 밖에 시각적으로 인식할 수 있는 것으로 된 상표에 한한다)

⑤ 소리상표의 악보

3) 법 제6조 제2항의 규정에 해당하는 경우(출원 전 사용에 의한 식별력 취득)

① 사용한 상표

② 사용기간

③ 사용지역

④ 지정상품의 생산 · 가공 · 증명 또는 판매량 등

⑤ 사용방법 및 횟수

⑥ '①' 내지 '⑤' 외에 사용사실을 증명하는 사항

4) 법 제8조 제5항에 해당하는 경우(취소심판 청구인이 상표 등록출원 하는 경우)(시행규칙 제36조 제5항)

① 존속기간의 만료로 상표권이 소멸되었거나 포기 또는 취소심결확정된 등록상표의 상표등록번호

② 존속기간의 만료로 상표권이 소멸되었거나 포기 또는 취소심결확정된 등록상표의 상표 및 지정상품

③ 존속기간의 만료로 상표권이 소멸되었거나 포기 또는 심결확정의 일자

④ 출원인이 법 제73조 제1항 제3호의 사유로 취소심판을 청구한 사실을 증명하는 사항

5) 지리적표시 단체표장 또는 지리적표시 증명표장의 경우(시행규칙 제36조 제6항)

① 상품의 특정 품질·명성 또는 그 밖의 특성

② 지리적 환경과 상품의 특정 품질·명성 또는 그 밖의 특성과의 본질적 연관성

③ 지리적 표시의 대상지역 및 그 범위의 적정성

④ 지리적 표시 단체표장의 출원인인 법인이 그 지리적 표시를 사용할 수 있는 상품을 생산·제조 또는 가공하는 것을 업으로 영위하는 자만으로 구성된 사실

⑤ 지리적 표시 단체표장등록출원 또는 지리적 표시 증명표장을 위하여 관련 지방자치단체와 협의를 거친 사실(외국의 지리적 표시에 대하여 지리적 표시 단체표장등록출원을 하는 경우를 제외한다)

⑥ 원산지 국가에서 지리적 표시로 보호받고 있는 사실(외국의 지리적 표시에 대하여 지리적 표시 단체표장등록출원이나 지리적 표시 증명통장 등록출원을 하는 경우에 한한다)

⑦ 지리적 표시 해당 상품의 생산·제조·가공 및 유통현황(당해 지역전체, 출원인, 소속단체원별 현황 그 밖에 동종 상품의 주요 생산지역 등으로 구분한다) 등

⑧ 출원인이 당해 지역에서 지리적 표시 해당 상품을 생산·제조 또는 가공하는 자를 대표할 수 있는 자격이나 능력을 가지고 있는 사실

6) 우선권 주장

우선권주장의 경우, 상표등록출원인은 우선권 증명서를 제출하는 경우에는 그 우선권 증명서를 한글로 번역한 한글번역문 1통을 제출하여야 한다(시행규칙 제42조).

7) 대리권을 증명하는 서류

대리인에 의하여 상표등록출원절차를 밟는 경우에는 그 대리권을 증명하는 서류 1통을 제출하여야 한다.

III. 출원절차

1. 서류의 사용언어

특허청에 제출하는 서류는 한글로 적어야 한다. 다만, 위임장·국적증명서·우선권주장에 관한 서류 등은 외국어로 기재된 서류로 제출할 수 있는데, 이때 한글번역문을 첨부하여야 한다(시행령 제6조).

2. 제출방법

1) 서면 또는 전자문서

상표등록출원에 관한 절차를 밟는자는 상표등록출원서 등을 서면 또는 전자문서로 제출할 수 있는데, 서류를 전자문서로 제출하는 경우에는 전자적 이미지로 하여 제출할 수 있다.

2) 전자서명

상표등록출원을 전자문서로 제출하는 경우 그 전자문서는 특허청에서 제공하는 소프트웨어 또는 특허청 홈페이지를 이용하여 전자서명을 한 후 제출하여야 한다(시행규칙 제17조 제1항).

3) 온라인 제출방법

상표등록출원서를 온라인으로 제출하려는 자는 출원인 코드와 비밀번호를 전산정보처리조직에 입력하여야 한다.

3. 출원인 코드 부여 신청

상표등록출원을 하고자 하는자는 특허청으로부터 출원인 코드를 부여받아야 하는데, 출원인코드 부여신청은 법소정의 출원인 코드 부여신청서를 특허청장에게 제출하여야 한다. 출원인 코드를 부여받지 아니한 경우에는 상표등록출원절차를 밟을 수 없다.

4. 출원번호 통지

특허청장은 상표등록출원서를 수리한 경우에는 그 상표등록출원 번호와 상표등록 출원일자를 적은 상표등록출원번호통지서를 상표등록출원인에게 통지하여야 한다(시행규칙 제41조).

IV. 형식심사

1. 출원일의 인정 및 보완명령

1) 출원일의 인정

특허청장은 상표등록출원이 다음 각 호의 1에 해당하는 경우를 제외하고는 상표등록출원서가 특허청에 도달한 날을 상표등록출원일로 인정하여야 한다[2](법 제9조의2).
 ① 상표등록을 받고자 하는 취지의 표시가 명확하지 아니한 경우
 ② 출원인의 성명이나 명칭의 기재가 없거나 그 기재가 출원인을 추정할 수 없을 정도로 명확하지 아니한 경우
 ③ 상표등록출원서에 상표등록을 받고자 하는 상표의 기재가 없거나 그 기재가 상표로서 인식할 수 없을 정도로 선명하지 아니한 경우
 ④ 상표등록출원서에 시각적 표현을 적지 아니한 경우
 ⑤ 지정상품의 기재가 없는 경우
 ⑥ 국어로 기재되지 아니한 경우

---

[2]   본 규정(법 제9조의2)은 상표법조약에 가입하기 위하여 2001년 개정법(2001. 2. 3. 법률 제6414호)에서 신설한 것으로서 상표법조약(TLT)에서 규정한 최대한의 요건(Maximam Requirement)을 이행하기 위한 규정이다.
    본 조 제1항 각 호에서 규정하고 있는 사항은 제한열거적 사항으로 해석되는 규정으로 특허청장은 이외의 사항을 이유로 출원일 인정과 관련하여 요구할 수 없다.

2) 보완명령

특허청장은 상표등록출원서가 법 제9조의2 제1항 각 호에서 규정한 사유에 해당하는 경우에는 상당한 기간을 정하여 그 불비를 보완할 것을 명하여야 한다. 특허청장은 보완명령을 받은 자가 지정기간 내에 불비사항을 보완할 경우에는 그 절차보완서가 특허청에 도달된 날을 상표등록출원일로 인정하여야 한다. 한편, 보완명령을 받은 자가 지정기간 내에 보완을 하지 아니한 경우에는 당해 상표등록출원은 이를 반려할 수 있다(법 제9조의2 제5항).

2. 출원의 보정

1) 보정대상

특허청장 또는 특허심판원장은 상표에 관한 출원, 청구, 기타의 절차가 다음 각 호의 1에 해당하는 경우에는 기간을 정하여 보정을 할 것을 명할 수 있다(법 제13조).
① 행위능력 또는 대리권에 위반된 경우
② 상표법 또는 상표법에 의한 명령이 정하는 방식에 위반된 경우
③ 제37조의 규정에 의하여 납부하여야 할 수수료를 납부하지 아니한 경우

2) 보정절차

상표등록출원인은 특허청장 또는 특허심판원장으로부터 상표등록출원과 관련하여 보정명령을 받은 경우 주어진 기간 내에 불비한 사항을 보정할 수 있으며, 기간이 지난 경우에도 특허청장 또는 특허심판원장이 당해 절차를 무효로 하기 전까지는 필요한 절차를 밟을 수 있다.

3. 출원서 등의 불수리

1) 불수리사유

특허청장 또는 특허심판원장은 법 제9조의 규정에 의한 출원요건 등을 갖추지 아니한 상표등록출원에 관한 서류, 견본, 기타의 물건이 다음 각 호의 1에 해당하는 경우에는 법령에 특별한 규정이 있는 경우를 제외하고는 이를 적법한 출원에 관한 서류, 견본, 기타의 물건으로 보지 아니하고 출원인 또는 제출자에게 그 이유를 명시하여 반려하여야 한다(시행규칙 제24조).

① 출원 또는 서류의 종류가 불명확한 것인 경우

② 존속기간갱신등록신청 또는 상표등록에 관한 청구 기타의 절차를 밟는 자의 성명(법인의 경우에는 그 명칭) 또는 출원인코드(법인의 경우에는 그 명칭 및 영업소의 소재지)가 기재되지 아니한 경우

③ 한글로 적지 아니한 경우

④ 상품분류전환등록신청서에 전환하여 등록받고자 하는 지정상품을 기재하지 아니한 경우

⑤ 국내에 주소 또는 영업소를 가지지 아니하는 자가 법 제5조의3 제1항의 규정에 의한 상표관리인에 의하지 아니하고 제출한 출원서류 등인 경우

⑥ 이 법 또는 이 법에 의한 명령이 정하는 기간 이내에 제출되지 아니한 서류인 경우

⑦ 이 법 또는 이 법에 의한 명령이 정하는 기간 중 연장이 허용되지 아니하는 기간에 대한 기간연장신청서인 경우

⑧ 법 제26조에 따른 상표등록이의신청 이유 등의 보정기간, 법 제70조의2 또는 법 제70조의3의 규정에 의한 심판의 청구기간 또는 특허청장 · 특허심판원장 · 심판장 또는 심사관이 지정한 기간을 경과하여 제출된 기간연장신청서인 경우

⑨ 상표에 관한 절차가 종료된 후 그 상표에 관한 절차와 관련하여 제출된 서류인 경우

⑩ 포괄위임등록신청서, 포괄위임원용제한신고서, 포괄위임등록철회서, 출원인코드부여신청서 또는 직권으로 출원인 코드를 부여하여야 하는 경우로서 당해 서류가 불명확하여 수리할 수 없는 경우

⑪ 정보통신망이나 플로피디스크 또는 광디스크 등 전자적 매체로 제출된 상표등록출원서 또는 그 밖의 서류가 특허청에서 배포한 소프트웨어 또는 특허청 홈페이지를 이용하여 작성되지 아니하였거나 전자문서로 제출된 서류가 전산 정보처리조직에서 처리가 불가능한 상태로 접수된 경우

⑫ 법 제64조의2 제1항의 규정에 의하여 상표권이 소멸되는 상표에 대한 상표권의 존속기간갱신 등록신청을 하는 경우

⑬ 제5조의 제2항에 따라 제출명령을 받은 서류를 기간 내에 제출하지 아니한 경우

⑭ 제3조의 본문을 위반하여 1건마다 서류를 작성하지 아니한 경우

⑮ 제13조에 따라 제출명령을 받은 서류를 정당한 소명 없이 소명기간 내에 제출하지 아니한 경우

⑯ 당해 상표에 관한 절차를 밟을 권리가 없는 자가 그 절차와 관련하여 제출한 서류의 경우

2) 불수리처분

(1) 불수리 이유통지

특허청장 또는 특허심판원장은 부적법한 출원서류 등을 제출받은 경우에는 이를 출원인 등에게 출원서류 등을 반려하고자 하는 취지, 반려이유 및 소명기간을 기재한 통지서를 송부하여야 한다(시행규칙 제24조 제2항). 다만, 제출명령을 받은 서류를 정당한 이유없이 작성하지 아니한 경우(시행규칙 제24조 제1항 제15호)에는 반려 이유를 명시하여 출원서 등을 즉시 반려하여야 한다.

(2) 소명서 제출 등

특허청장 등으로부터 반려이유통지서를 송부 받은 출원인 등은 그 반려 이유에 대해 소명하고자 하는 경우에는 소명기간 내에 소명서를 제출하여야 하며, 소명기간이 종료되기 전에 출원서류 등을 반려받고자 하는 경우에는 서류반려요청서를 특허청장 또는 특허심판원장에게 제출하여야 한다(시행규칙 제24조 제3항).

(3) 불수리

특허청장 또는 특허심판원장은 출원인 등이 소명기간 내에 소명서 또는 반려요청서를 제출하지 아니하거나 제출한 소명의 내용이 이유 없다고 인정되는 때에는 출원서등을 즉시 반려하여야 한다(시행규칙 제24조 제5항). 출원서 등이 부적법한 것으로 인정되어 불수리 된 경우에는 당해 출원서 등은 적법한 것으로 보지 아니한다.

V. 상표등록출원서류 등의 반출 금지

1. 반출금지

상표등록출원·심사에 관한 서류는 다음의 경우를 제외하고는 이를 외부에 반출할 수 없다(법 제88조 제1항).

① 상표검색 등을 위하여 상표등록출원·지리적 표시 단체표장등록출원·심사 또는 상표등록이의신청에 관한 서류를 반출하는 경우

② 상표문서전자화 업무위탁을 위하여 상표등록출원·심사·상표등록이의신청·심판·재심에 관한 서류나 상표원부를 반출하는 경우

③ 온라인 원격근무를 위하여 상표등록출원·심사·상표등록이의신청·심판·재심에 관한 서류나 상표원부를 반출하는 경우

2. 감정 · 증언 · 질의에 대한 응답금지

상표등록출원 · 심사 · 상표등록이의신청 · 심판이나 재심으로 계속 중에 있는 사건의 내용 또는 상표등록여부결정 심결이나 결정의 내용에 관하여는 감정, 증언 또는 질의에 응답할 수 없다(법 제88조 제2항).

〔별표 3〕 출원서처리 절차흐름도

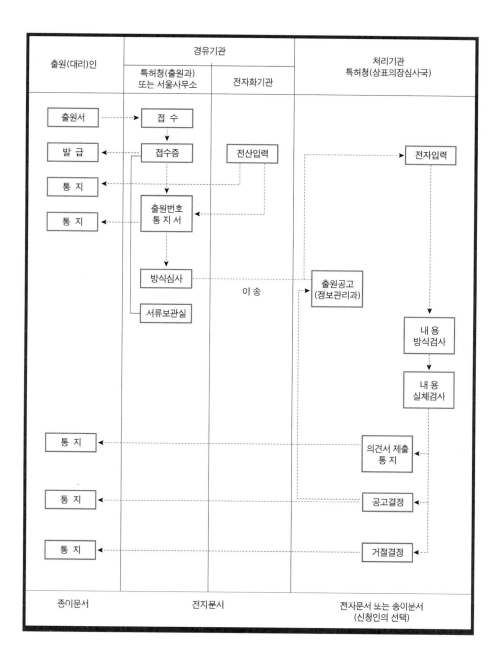

제2장 선원주의

상표법상 선원주의라 함은 상표가 동일·유사하고 그 지정상품이 동일 · 유사한 2 이상의 상표등록출원이 경합하는 경우 그중 가장 먼저 출원한 자에게 상표등록을 허여하는 것을 말한다.

상표법에서의 선원주의도 특허법 등 타법에서의 선원주의와 그 취지와 목적 등이 같다고 할 수 있으나 동일자출원에 대한 처리절차, 선원의 지위 인정여부 등에서 차이가 있는 점에 유의할 필요가 있다.

I. 서 언

1. 의 의

상표법상 선원주의라 함은 상표 및 지정상품이 동일 또는 유사한 상표등록출원이 경합하는 경우 먼저 출원한 자에 대하여 상표등록을 허여하는 주의를 말한다.

상표 및 지정상품이 동일 또는 유사한 2 이상의 상표등록출원이 경합하는 경우 그중 어느 것을 우선적으로 보호하여 줄 것인가에 대하여 선원주의와 선사용주의가 있는데, 우리나라는 선원주의를 취하고 있으며 선원주의로부터 발생될 수 있는 불합리한 점을 보완하기 위하여 사용주의적 요소를 가미하고 있다.

한편, 같은 날에 동일 또는 유사한 상표등록출원이 있는 때에는 출원의 선 · 후를 따지지 아니하고 출원인 간의 협의 또는 추첨에 의하여 그중 하나의 출원인만이 상표등록을 받을 수 있다.

2. 제도적 취지

우리나라는 동일 또는 유사한 상표등록출원이 경합하는 경우 최선출원자에 대하여 상표등록을 허여하는 선원주의를 채택하고 있는데, 이는 선원주의가 선사용주의에 비하여 권리관계가 명확할 뿐만 아니라 실무적으로도 선 · 후출원 여부만 확인하고 상표 사용 사실 여부는 확인할 필요가 없는 등 심사가 보다 간편하고 신속하게 행해질 수 있다는 점 때문이다. 그러나 이와 같은 선원주의는 진정한 상표사용자의 보호에 미흡하다는 비난을 면치 못하고 있다.

II. 선원주의와 선사용주의

1. 선원주의

1) 장 점

선원주의는 최선의 출원인을 우선적으로 보호하여 선출원된 상표에 대하여 상표등록을 인정하기 때문에 상표의 선사용 여부를 가릴 필요가 없으며 선·후출원의 판단도 출원사실에 기초하여 판단하기 때문에 실무상으로 보다 간편하고 명확성을 기할 수 있다.

2) 단 점

선원주의는 상표사용 사실의 유무에 불구하고 권리를 인정하여 주기 때문에 사용하지 않거나 불필요한 상표권을 발생시켜 타인의 상표선택의 범위를 제한하는 결과를 초래하게 되어 진정한 상표사용자의 권리를 해치게 되며, 또한 상표브로커를 등장시키는 하나의 요인으로 작용한다.

2. 선사용주의

1) 장 점

선사용주의는 최선의 상표사용자에 대하여 권리를 인정하므로 진정한 상표사용자를 보호하기에 적합하다.

2) 단 점

상표의 선사용 여부의 판단은 사실적 판단으로서 선사용 사실 여부의 판단에 어려움이 있고 또 권리설정을 지체시킬 뿐만 아니라 상표등록을 뒤로 미룸으로써 권리의 안정성이 약하고 선출원에 의한 상표권자와의 권리분쟁을 야기할 우려가 있다.

3. 양(兩) 주의의 조화

선원주의와 선사용주의는 다같이 장단점이 있어 어느 제도를 채택할 것인가는 입법 정책상의 문제라 하겠으나 오늘날 상표제도를 채택하고 있는 대부분의 국가는 선원주 의를 채택하고 있으며 선사용주의를 보완적으로 활용하고 있다. 우리나라도 선원주의 를 채택하면서도 이의 단점을 보완하고자 사용주의적 요소를 가미하고 있다.

III. 선 · 후원 판단의 기준 및 시점

1. 판단기준

1) 시기적 기준

(1) 「일」 기준

상표등록출원에 관한 선 · 후출원의 판단은 일(日)을 기준으로 하여 판단한다. 따라 서 동일 또는 유사한 상품에 사용할 동일 또는 유사한 상표가 날짜를 달리하여 출원(異 日出願)한 경우에는 선출원자가 상표등록을 받을 수 있다. 이러한 선 · 후원 판단은 출 원일이 그 시기적 기준이 되지만 이의 적용여부는 당해 상표등록출원의 등록여부결정 시에 판단하게 된다.[1] 또한, 본 조에서의 선원주의는 당해 출원일을 기준하여 선출원의 출원이 계속중일 때만 적용되는 것이므로 당해 상표등록출원시에 선출원이 이미 등록 된 경우에는 본 조는 적용되지 아니한다. 반면에 당해 출원시에는 선출원이 출원중이 었으나 그 후에 등록된 경우라도 본 조가 적용됨에는 변함이 없다.[2]

---

[1]   선원주의의 규정을 적용함에 있어서 그 기준 시점은 사정(등록)시라 할 것이다(대법원 1990.3.27. 선고 89후 971, 988, 995, 1004 판결).

[2]   구상표법(1990.1.13. 법률 제4210호로서 개정되기 전의 것) 제13조 제1항 · 제3항, 제2조 제5항 등에 의하면 유사 또는 유사한 서비스업에 사용할 유사 또는 유사한 서비스표에 관하여 다른 날에 2 이상의 서비스표 등록출원이 있는 때에는 먼저 출원한 자만이 그 서비스표에 관하여 서비스표등록을 받을 수 있고, 서비스표 등록출원이 포기 · 취하 또는 무효가 되었을 때 또는 거절사정이나 심결이 확정되었을 때에는 선출원의 판단에 있어서는 처음부터 없었던 것으로 본다는 취지로 규정되어 있고, 위 선원주의 의 규정을 적용함에 있어서 그 기준시점은 사정(등록)시라 할 것인바, 인용서비스표에 대한 거절사정 이 확정되었음을 인정할 아무런 자료가 없는 이상 후출원된 등록서비스표의 등록시점 당시에는 인용 서비스표가 여전히 선원의 지위를 가지고 있었다 할 것이므로, 등록서비스표는 구상표법 제13조 제1 항에 위반하여 등록된 것으로서 같은 법 제46조 제1호에 의하여 그 무효를 면치 못한다(대법원 1994. 12.23. 94후678 판결).

(2) 같은 날의 출원

❶ 협 의

동일 또는 유사한 상품에 사용할 동일 또는 유사한 상표의 출원이 같은 날에 이루어진 경우에는 선·후원 관계를 따지지 아니하고 출원인 간의 협의에 의하여 그중 1인의 출원에 대하여만 상표등록이 허여된다. 이와 같은 협의 지시는 특허청장 명의로 한다(법 제8조 제4항).

❷ 추 첨

특허청장의 협의지시에도 불구하고 협의가 성립되지 아니하거나 협의를 할 수 없을 때에는 특허청장이 실시하는 추첨에 의하여 상표등록을 받을 수 있는 자를 결정한다.

이때 다른 경합관계에 있는 출원에 대하여는 상표법 제8조 제2항을 이유로 거절된다. 특허법이나 디자인 보호법 등에서는 협의가 성립되지 않을 경우 어느 쪽의 출원에 대하여도 특허 또는 등록을 받을 수 없도록 규정하고 있는 데 반하여 상표법에서는 이와 달리 추첨에 의하여 그중 한쪽의 출원에 대하여 등록을 받도록 한 것은, 상표의 경우는 특허 등의 경우와 달리 협의가 성립되지 않아 쌍방 모두 상표등록을 받을 수 없게 되면 선출원의 지위가 남지 않아 그 후에 이와 동일·유사한 상표를 출원한 자가 상표등록을 받을 수 있게 되어 이는 결국 선원주의를 해치는 것이 되므로 추첨에 의하여서라도 어느 한쪽에 대하여 등록을 받을 수 있게 하기 위함이다.

2) 주체적 기준

상표법상 선원주의는 타인간의 출원에만 적용되고 동일인의 경우에는 적용되지 않는 것으로 해석한다. 따라서 동일인이 같은 날 또는 다른 날에 유사한 상표를 출원한 경우에는 다른 부등록사유가 없는 한 등록될 수 있다.[3]

그러나 동일한 상표에 대하여 동일한 상품을 지정상품으로 하여 출원한 경우에는 상표법상 명문의 규정은 없으나 거절됨이 마땅하다 하겠으며,[4] 또한 동일한 상표를 동일

---

3 1997.8.22. 법률 제5355호 이전의 법에서는 동일인이 유사상표를 출원한 경우에는 연합상표로 등록을 받을 수 있었으나 현행법에서는 연합상표제도의 폐지로 동일인이 유사상표를 같은 날 또는 다른 날에 각각 출원된 경우에는 독립상표로 등록을 받을 수 있다.

4 동일인으로부터 동일한 상표에 동일한 상품을 지정상품으로 하여 중복하여 출원된 경우 이에 대한 처리를 놓고 견해가 대립되고 있다.
　　① 상표법상 이에 대한 명문규정은 없으나 동일한 상표에 대한 등록을 배제하는 것은 조리상 너무나 당연한 것이어서 상표법에 규정하지 아니한 것이므로 이는 상표법 제정의 취지에 반한다는 이유로 등록이 거절된다는 견해(江口俊夫저, 신상표법해설).

류 구분 내의 유사상품을 지정상품으로 하여 출원한 경우에도 지정상품추가등록제도의 취지 등에 미루어 볼 때 거절되어야 할 것이나 실무적으로는 상표등록을 허여하고 있다.

3) 실체적 기준

상표법 제8조에서 규정한 선원주의는 상표 또는 그 지정상품이 동일 또는 유사할 때 문제가 된다. 상표와 그 지정상품의 동일·유사 여부는 상표등록출원서에 첨부된 상표와 그 출원서에 기재된 지정상품을 기준으로 하여 판단하는데, 본 조가 적용되기 위해서는 상표가 동일 또는 유사하고 지정상품이 동일 또는 유사하여야 한다. 따라서 상표가 동일 또는 유사하더라도 그 상표를 사용할 지정상품이 동일 또는 유사하지 아니하고 다른 경우에는 선원주의는 적용되지 아니한다.

2. 판단시점

출원상표가 상표법 제8조 제1항 또는 제2항에 해당하는지 여부는 그 출원상표에 대한 등록여부 결정시에 판단한다. 그러므로 해당 출원상표가 출원시에는 법 제8조 제1항 또는 제2항에 해당하더라도 등록여부 결정시점에서, 이에 해당하지 않는 경우에는 그 상표출원은 등록이 가능하다. 상표법상 명문의 규정은 없으나 법 제8조 제1항, 제2항 해당여부의 판단시점을 상표등록여부 결정시로 하는 것이 상표법 취지에 부합하는 것으로 해석되기 때문이다.

---

② 이에 대한 거절 이유는 명시하지 않았으므로 공서양속 위반을 이유로 거절한다는 견해(網野成저, 상표(신판)).

③ 1상표 1출원 원칙위반을 이유로 거절해야 한다는 견해(법 제10조에 위반)가 있으며, 혹자는 이에 대한 명문규정이 없으므로 등록되어야 한다는 주장을 하기도 한다.

④ 그러나 어느 견해도 적절한 견해라고 보기는 어렵다 하겠고 이에 대한 명시적 규정을 둘 필요가 있다 할 것이며, 출원이 경합인 경우에는 상표법 제8조의 규정을 이유로 거절함이 타당하다고 생각되나 상표권자가 등록상표와 동일한 상표를 동일한 상품을 지정하여 출원한 경우에는 적절한 규정이 없으나 위의 경우와 마찬가지라 하겠다.

IV. 선원주의의 예의

1. 선원주의가 적용되지 않는 경우

다음의 경우에는 법 제8조 제1항, 제2항이 적용되지 아니한다. 즉 상품이 동일하지 않거나 동음이의어 지리적 표시에 해당하는 경우에는 양 상표 모두 등록받을 수 있다 (법 제8조 제7항).

① 동일하지 아니한 상품에 대하여 동일 또는 유사한 표장으로 2 이상의 지리적 표시 단체표장등록출원 또는 지리적 표시 단체표장등록출원과 상표등록출원이 있는 경우

② 서로 동음이의어 지리적 표시에 해당하는 표장으로 2 이상의 지리적 표시단체표장등록출원이 있는 경우

2. 선원의 지위가 상실되는 경우

1) 무효 · 포기 · 취하 및 거절된 출원(법 제8조 제3항)

상표등록출원이 무효 · 포기 · 취하된 경우에는 선원의 지위는 처음부터 없었던 것으로 본다. 따라서 무효 · 포기 · 취하된 출원과 그 상표가 동일 또는 유사하고 상품이 동일 또는 유사한 경우에도 그 상표등록출원은 이들 선출원을 이유로 거절되지 않는다.[5]

선원의 지위상실과 관련하여 그 선출원의 무효 · 포기 · 취하의 시기가 당해 상표등록출원에 대한 등록 또는 거절 결정시 이전에 행해진 경우에는 문제되지 않는다 하겠으나 선출원의 무효 · 포기 · 취하가 당해 상표등록출원에 대한 거절결정 또는 등록결정 확정 후에 행해진 경우에는 그 무효 · 포기 · 취하된 선출원의 선원의 지위가 인정되는 지에 대하여 견해가 상반된다. 그러나 본 조의 입법취지나 문리해석으로 볼 때 당해 상표등록출원에 대한 거절 또는 등록결정 확정 후에 그 선출원이 무효 · 포기 · 취하된 경우에도 선원의 지위가 없는 것으로 해석함이 타당하다 할 것이며 실무도 이와 같이

---

5   따라서 선출원(같은 날의 출원 포함)이 취하 · 무효 · 포기 · 거절결정이 확정된 경우 이와 성합관계에 있던 후출원은 후출원결정시점에서 선출원의 지위는 없는 것이 되므로 다른 거절이유가 없는 한 후출원은 등록받을 수 있다. 그러므로 먼저 한 선출원이 심사관의 거절결정처분에 대하여 불복을 하지 아니하고 조기에 거절결정이 확정된 경우 이보다 후에 한 출원이 등록을 받게 되는 불합리한 경우도 생긴다. 다만 후출원결정시점에서 선출원이 계속중인 한 그 후에 선출원이 거절결정이 확정되거나 출원포기되는 이전에는 후출원은 법 제8조가 적용되어 거절된다.

　　또한, 동일 또는 유사한 후출원의 상표가 이미 등록된 경우라도 그 등록결정시점에서 선출원이 아직 계속중이거나 등록된 경우에는 그 후출원 등록상표는 상표법 제8조 규정 위반을 이유로 무효가 된다.

운용하고 있다. 또한 상표등록결정 후 상표권설정등록료를 납부하지 아니하여 그 상표
등록출원을 포기로 보는 경우에도 여기에 해당된다.

판례는 상표등록이 무효로 되어 상표권이 소멸된 경우에도 그 무효된 상표등록의 출
원은 그 소멸된 상표권에 부수하여 그 출원을 무효로 해야 하는 것으로 판시하고 있다.[6]

그러나 상표법상 상표등록출원과 등록상표는 구별하여 규정하고 있고, 제8조 제3항
에서 선원의 지위가 인정되지 않는 경우를 「상표등록출원의 무효, 취하, 포기, 거절결
정의 경우」에 한정하고 있음에 비추어 상표출원이 상표등록에 합체되는 것으로 하여
상표등록이 무효된 경우 그에 수반하여 상표등록출원도 무효로 된다고 해석하는 것은
선원의 지위 여부는 별론으로 하더라도 법리상 의문이 있다 하겠으나, 판례는 선원의
지위가 상실되는 것으로 판시하고 있다.

또한 상표등록출원이 거절결정이나 거절결정할 것이라는 심결이 확정된 때에도 선
원의 지위를 상실한다. 이러한 선출원의 지위 여부는 당해 출원에 대한 결정시를 기준
으로 하므로 선출원이 당해 상표등록출원에 대한 거절결정시에 유효하게 존속중인 경
우에는 선원의 지위가 인정되므로 그를 이유로 한 당해 출원에 대한 거절결정은 정당
하다 할 것이며 후출원이 등록된 경우에도 선원의 지위가 인정된다 할 것이다.[7] 그러나
당해 출원에 대한 거절결정시에 선출원이 유효하게 존속 중이었으나 그 후 선출원이
무효 · 포기 · 취하 또는 거절결정이 확정된 경우에는 선원의 지위는 소급하여 소멸되
는 것으로 된다.[8] [9]

---

6   상표법 제71조 제3항의 문언에 의하면 무효심결의 경우 상표권이 처음부터 없었던 것으로 본다고
     규정하고 있어 상표등록출원도 처음부터 없었던 것으로 본다고 규정하고 있지는 아니하나, 상표권이
     발생하는 상표등록이 처음부터 없었던 것으로 보는 결과로 당연히 그 등록에 합체되어 있던 출원도 등
     록에 이르지 못하고 소멸되는 결과를 초래하게 된다고 보아야 할 것이다. 등록출원 이후 출원의 포기
     나 거절사정 등으로 등록에 이르지 못하고 출원이 소멸되는 경우에는(그 소멸사유의 법적 성격이 소급
     효를 가지는가의 여부에 불문하고) 선원의 지위를 인정함에 있어서 출원이 처음부터 없었던 것으로 보
     는 상표법 제8조 제3항의 취지에 비추어 볼 때 등록이 무효로 되어 소급적으로 소멸되는 경우 또한 선
     원의 지위에 관한 한 그 출원도 처음부터 없었던 것으로 보는 것이 타당하므로, 상표법 제71조 제3항이
     문언상 상표등록출원이 처음부터 없었던 것으로 본다는 규정이 아니라고 하여 선출원의 상표등록이
     무효로 확정되는 경우에도 선원의 지위가 유지되어야 한다고 볼 수는 없다 할 것이다(특허법원 1999.
     3.18. 선고 98허9109 판결 등).

7   상표법 제8조 제1항은 "동일 또는 유사한 상품에 사용할 동일 또는 유사한 상표에 관하여 다른 날에
     2 이상의 상표등록출원이 있는 때에는 먼저 출원한 자만이 그 상표에 관하여 상표등록을 받을 수 있다"
     고 규정하고 있는바, 위 규정에 해당되는지 여부의 판단시점은 사정시(심결이 있는 경우에는 심결시)
     라 할 것이므로(대법원 1994.12.23. 선고 94후6789 판결 참조) 후출원에 대한 사정시에 동일 또는 유사
     한 상표의 선출원이 있는 경우에는 위 규정에 의하여 후출원 상표는 등록을 받을 수 없거나 잘못 등록
     을 받았다 하더라도 무효사유에 해당한다 할 것이다(특허법원 1999.3.18. 선고 98허9109 판결).

8   상표법 제8조 제3항은 "상표등록출원이 포기 · 취하 또는 무효가 된 때 또는 거절사정이나 심결이 확

2) 상표등록이 무효된 경우

선출원이 상표등록 되었다가 후출원계속중(거절결정 전)에 심결에 의하여 그 등록이 무효된 경우에는 선원의 지위가 상실되지 않는 것으로 해석된다. 이와 같이 해석하는 것은 본 호에서는 출원의 무효만을 선원의 지위가 상실하는 것으로 규정하고 있을 뿐 등록무효에 대하여는 규정하고 있지 아니하며 또한 상표법상 상표권과 상표등록을 받을 수 있는 권리는 그 권리내용이 다른 등 등록의 무효가 출원의 무효로 이어진다고 볼 수는 없기 때문이다. 상표법의 이와 같은 태도는 법적 안정성을 고려한 것으로 이해되는 바, 이 경우 판례는 선원의 지위가 인정된다는 판례[10]와 선원의 지위가 인정되지 아니한다는 판례[11]로 갈라지나 선원의 지위가 상실된다고 보는 견해가 주류적 입장이다.

정된 때에는 그 상표등록출원은 제1항 및 제2항의 규정을 적용함에 있어서는 처음부터 없었던 것으로 본다"고 규정하여, 가사 후출원에 대한 사정시에 선출원이 유효하게 존속하고 있었다고 하더라도 그 후 선출원 상표가 등록에 이르지 못하고 소멸된 경우에는 출원이 의도한 본래의 효과가 전혀 달성되지 못한 것으로 보아 후출원 상표의 등록을 배제할 선원의 지위를 박탈하여 선출원은 처음부터 없었던 것으로 보고 후출원 상표는 등록을 받을 수 있도록 하고 있다(특허법원 1999.3.18. 선고 98허9109 판결).

9 특허법에서는 그 출원이 무효·취하·포기 또는 거절결정이 확정되는 경우라도 그 출원이 출원공개, 등록공고가 있는 등 일정한 경우 그 선원의 지위를 인정하고 있으나 상표법에서는 이와 같이 무효·포기·취하 또는 거절결정이 확정된 출원에 대하여 선원의 지위를 인정치 않고 있는데, 상표법에서의 이와 같은 입법태도는 상표는 발명·고안과는 달리 발명·고안에 따른 많은 노력이 수반되지 않는 등 그 법적보호의 필요성이 적기 때문인 것으로 풀이한다.

10 〈선원의 지위가 유지된다고 한 판례〉
상표법 제8조 제1항은 "동일 또는 유사한 상품에 사용할 동일 또는 유사한 상표에 관하여 다른 날에 2 이상의 상표등록출원이 있는 때에는 먼저 출원한 자만이 그 상표에 관하여 상표등록을 받을 수 있다"고 선원주의를 규정하면서, 한편 같은 조 제3항은 "상표등록출원이 포기·취하 또는 무효가 된 때, 거절사정이나 심결이 확정된 때에는 그 상표등록출원은 제1항 및 제2항의 규정을 적용함에 있어서는 처음부터 없었던 것으로 본다"고 규정하고 있다.
인용상표에 관하여 등록사정이 이루어지고 상표등록까지 된 이상, 이제는 인용상표에 관한 상표등록출원의 포기·취하란 있을 수 없고 그 상표등록출원이 무효가 되거나 또는 그 상표등록출원에 대한 거절사정 및 이에 대한 심결의 확정도 있을 수 없으므로, 인용상표에 대하여 상표법 제8조 제3항이 적용되어 그 상표등록출원이 처음부터 없었던 것으로 볼 수 없다. 그리고 이해관계인으로 볼 수 있는 원고가 인용상표에 대한 상표등록무효심판을 청구하였고, 상표법 제71조 제3항은 상표등록을 무효로 한다는 심결이 확정된 때에는 그 상표권은 처음부터 없었던 것으로 본다는 의미는 그 상표의 등록이 처음부터 없었던 것으로 본다는 것일 뿐이어서(대법원 1994.11.22. 선고 94후1121 판결), 확정된 상표등록 무효심결의 효력이 상표등록일에 소급하여 발생한다는 것에 불과하고, 등록출원일에까지 소급하여 등록출원 자체가 없어진다는 것은 아니다. 따라서 원고가 청구하여 현재 특허심판원에 계속중인 인용상표에 대한 상표등록무효심판 등에서 그 상표등록을 무효로 한다는 심결이 확정된다 하더라도 인용상표는 여전히 법 제8조 제1항의 선출원의 지위를 상실하지 아니한다(특허법원 1998.9.17. 선고 98허5381 판결).

11   〈선원의 지위를 상실한다고 한 판례〉

① 상표법 제8조 제1항은 "동일 또는 유사한 상품에 사용할 동일 또는 유사한 상표에 관하여 다른 날에 2 이상의 상표등록출원이 있는 때에는 먼저 출원한 자만이 그 상표에 관하여 상표등록을 받을 수 있다"고 규정하고 있는바, 위 규정에 해당되는지 여부의 판단시점은 사정시(심결이 있는 경우에는 심결시)라 할 것이므로(대법원 1994.12.23. 선고 94후678 판결 등 참조) 후출원에 대한 사정시에 동일 또는 유사한 상표의 선출원이 있는 경우에는 위 규정에 의하여 후출원 상표는 등록을 받을 수 없거나 잘못 등록을 받았다 하더라도 무효사유에 해당한다 할 것이다.

여기서 후출원에 대한 사정 시에 선출원이 있다는 의미는 선출원이 유효하게 존속하고 있다는 뜻으로 해석되어야 하고, 나아가 출원이 등록에 이른 경우에는 출원 자체는 유지되고 있지 않지만 출원은 등록에 합체되어 등록을 기대하였던 출원의 효과가 등록을 통하여 달성되고 있다고 보아야 하므로 후출원에 대한 사정 시에 선출원 상표의 등록이 유효하게 존속하고 있는 경우에도 선출원이 있는 것으로 보아야 할 것이다. 따라서 후출원에 대한 사정 시에 선출원이 취하 등으로 소멸되었거나 선출원 상표의 등록이 소멸된 경우에는 당연히 선출원이 있는 것으로 볼 수 없어 소멸된 선출원에 선원의 지위를 인정할 수 없다 할 것이다.

나아가 후출원에 대한 사정 시에 유효하게 있었던 선출원이 그 후 등록에 이르렀지만 다시 소멸된 경우에는 원칙적으로 소멸된 날에 등록의 효과가 없어지는 것일 뿐이므로 선출원은 이미 적법한 등록을 통하여 본래의 효과를 충분히 달성한 것으로 보아 후출원 상표의 등록을 배제할 선원의 지위를 계속 보유한다 할 것이나, 예외적으로 선출원의 상표등록이 무효로 소멸되는 경우에는 상표법 제71조 제3항 본문이 "상표등록을 무효로 한다는 심결이 확정된 때에는 그 상표권은 처음부터 없었던 것으로 본다"고 규정하여 그 상표등록과 그로부터 발생한 상표권이 처음부터 없었던 것으로 보기 때문에 선출원이 처음부터 등록에 이르지 못하고 소멸된 경우와 같은 취급을 받을 수밖에 없는 것이어서 선출원 상표의 선원의 지위도 소급적으로 상실된다고 하지 아니할 수 없는 것이다(대법원 1997.9.12. 선고 97재후58 판결, 1995.8.25. 선고 95후125 판결, 1995.4.25. 선고 94후2094 판결 등).

② 인용상표(1989.3.17. 출원하여 1990.9.10. 특허청 제200267호로 등록된 것)에 대하여 등록무효 심결이 확정되지 아니하였음을 이유로, 이 사건 등록상표(1989.4.17. 출원하여 1990.8.10. 특허청 제198044호로 등록된 것)가 선출원의 인용상표와 유사하여 그 등록의 무효를 면할 수 없다고 판단한 원심심결을 유지하고 피심판청구인의 상고를 기각하였는바, 기록에 의하면 피심판청구인이 심판청구인을 상대로 인용상표에 대하여 상표등록무효심판을 청구한 사건의 항고심인 특허청 항고심판소에서 1996.1.31. 인용상표를 무효로 한 심결이 내려지고 대법원에서 1997.3.14. 그에 대한 심판청구인의 상고가 기각된 사실을 알 수 있으므로, 인용상표는 구상표법(1990.1.13. 법률 제4210호로 개정되기 전의 것) 제13조 제3항 제48조 제2항에 의하여 이 사건 등록상표에 대한 관계에서 처음부터 없었던 것으로 보아야 할 것이다.

그렇다면, 인용상표가 소급적으로 없었던 것이 되었음에도 불구하고 선출원등록이 유효하게 등록되었음을 기초로 한 재심대상판결에는 민사소송법 제422조 제1항 제8호 소정의 재심사유가 있고, 나아가 이 사건 등록상표가 인용상표와 유사하여 그 등록이 무효임을 면할 수 없다고 판단한 원심심결에는 상표등록무효에 관한 법리를 오해한 위법이 있다 할 것이다(대법원 1997.9.12. 선고 97재후58 판결).

③ 인용상표의 상표등록이 무효로 확정되면 선원의 지위도 소급적으로 소멸하므로 후출원에 대한 거절사정에 관한 심결이나 판결이 이미 확정된 경우라 하더라도 민사소송법 제422조 제8호의 재심사유에 해당하는 것이므로 심사관의 심사시기에 따라 후출원의 등록과 거절이 궁극적으로 결정되는 것은 아니고, 또한 후출원인이 인용상표의 장애를 제거하고 자신의 상표를 등록시키기를 원한다면 무효심판을 청구하여 인용상표의 등록을 무효로 만들면 되는 것이기 때문에 무효심판을 청구하지도 아니한 후출원인을 보호할 이유는 없으며, 나아가 후출원인은 인용상표에 대하여 무효심판을 청구하지 아

4) 포기·취소된 상표권자의 출원

상표법 제73조 제1항 제2호, 제3호 등의 규정에 해당하는 것을 사유로 하는 등록상표의 취소심판이 청구된 경우 그 청구일 후에 ① 상표권 존속기간 만료로 상표권이 소멸되었거나, ② 상표권자가 상표권 또는 지정상품의 일부를 포기하거나, ③ 상표등록의 취소심결이 확정된 경우 소멸된 상표권자 또는 그 소멸된 등록상표를 사용한 자는 그 상표권이 소멸한 날로부터 3년 내에는 소멸된 등록상표와 동일 또는 유사한 상표를 출원하여 등록받을 수 없으므로(법 제7조 제5항) 그 상표권자 등이 한 상표등록출원은 취소심판청구인 또는 제3자가 한 상표등록출원에 대하여 선원의 지위를 갖지 아니한다.

3. 선원의 지위가 소급하여 인정되는 경우

1) 우선권주장이 있는 출원

우선권주장이 있는 상표등록출원은 상표법 제8조의 규정을 적용함에 있어서 조약당사국에 출원한 날을 대한민국에 출원한 날로 보게 되므로 선원주의에 대한 예외가 된다.

이 경우 소급효는 법 제8조 적용에 국한하며 법 제7조 제1항 제7호·제8호, 제9조, 제10조 등에 있어서는 소급되지 않는 것으로 해석된다.

2) 박람회에 출품한 경우

정부 또는 지방자치단체가 개최하는 박람회 등 상표법 제21조 제1항 각 호에서 규정한 박람회에 출품한 상품에 사용한 상표를 그 출품한 날로부터 6월 이내에 그 상품을 지정상품으로 하여 상표등록출원을 한 때에는 당해 상표등록출원은 그 출품을 한때 출원한 것으로 본다.

3) 출원변경된 출원

상표등록출원을 서비스표등록출원으로 변경출원하거나 서비스표등록출원을 상표등록출원으로 변경출원한 경우 그 변경된 출원의 출원일은 최초 출원한 때 출원한 것

니하였는데 그 후출원인 보다 더 늦게 출원한 두 번째 후출원인이 무효심판을 청구하여 인용상표의 등록을 무효시킨 경우라 하더라도 재심의 청구기간이 경과하지 아니한 범위 내에서는 첫 번째 후출원인에게 등록의 우선권이 있으므로 결과적으로 아무런 불합리한 결과를 초래하지 않는다(특허법원 1999. 3.18. 선고 98허9108 판결).

으로 간주되므로 출원일이 원출원일까지 소급된다(법 제19조 제2항).

4) 분할출원

상표등록출원을 분할출원한 경우 그 분할된 상표등록출원은 원출원한 때 출원한 것으로 간주되므로 출원일이 원출원일까지 소급된다(법 제18조).

4. 취소심판청구인이 한 출원

상표법 제73조 제1항 제3호의 규정에 해당함을 이유로 상표등록취소심판이 청구되고 그 취소심판청구일 이후에 당해 상표권이 존속기간만료, 상표권 또는 지정상품의 포기, 취소심결에 의하여 소멸된 경우 그 취소심판청구인과 출원인이 같은 경우 상표등록출원에 대한 법 제7조 제1항 제7호, 제8호 등에 해당하는지 여부는 상표등록여부결정시를 기준으로 한다고 규정하여(법 제7조 제3항)여타 출원과 구별하고 있다. 그러나 법 제7조 제3항이 취소심판청구인의 상표권 확보를 용이하게 하고자 마련된 규정이기는 하나 선원주의에 대한 예외 규정은 아니다. 다만, 취소심판청구인이 한 상표등록출원과 제3자의 상표등록출원이 법 제8조 제1항 또는 제2항을 이유로 충돌하는 경우 그 제3자의 출원은 법 제7조 제1항 제7호 또는 제8호를 이유로 거절되나 취소심판청구인의 출원은 그 제3자의 선출원이 소멸된 상표를 이유로 법 제7조 제1항 제7호에 의거 거절된 후 등록이 가능하다. 이 규정에 대한 법적해석을 어떻게 할지에 관하여 의문이 있다. 종전의 법에서 「취소심판 청구인이 상표권 소멸일로부터 6개월 내에 출원한 경우 그 출원은 타인의 출원에 우선」하도록 규정(구상표법 제8조 제5항)과 관련하여 이를 독점적 출원권이라고 해석하는 견해와 우선적 출원권이라는 견해가 있어 왔다.[12][13]

---

12   〈독점적 출원권이라는 견해〉

ⅰ) 심사기준 및 통설적 태도이다.

ⅱ) 특허청 상표심사기준에서 상표법 제8조 제5항을 적용함에 있어 상표권이 소멸한 날로부터 소급하여 1년 이상 불사용 되었음을 증명하는 서면 등에 소멸된 상표권자의 인감증명을 첨부하여 제출한 출원에 대하여는 상표권 소멸 후 1년이 경과하지 아니한 경우에도 등록결정 한다고 되어 있고, 다만 이 경우에도 법 제8조 제5항의 규정에 해당하는 경우에는 취소심판청구인 이외의 자가 상표등록출원 한 경우에는 동기간 내에 취소심판청구인의 상표등록출원 여부와는 관계없이 동법 제8조 제5항을 적용하여 거절한다고 되어있으므로 불사용으로 취소심결이 확정된 날로부터 3개월간은 취소심판청구인만이 출원하여 등록받을 수 있으며, 제3자는 3개월간은 취소심판청구인의 출원 여부에 관계없이 출원하여 등록받을 수 없는 것으로 해석된다.

〈우선출원권이라는 견해〉

 i) 우선출원권이라는 견해에 따르면, 법 제8조 제5항에서 규정한 3개월의 기간 내에서 취소심판청구인의 출원과 제3자의 출원이 경합할 때에 한하여 비록 취소심판청구인이 후출원일지라도 선원주의의 예외로서 등록을 허여하다는 견해이다. 만일 6개월의 기간 내에 취소 심판청구인의 출원이 없이 제3자만이 출원한 경우라면 제3자에 대한 등록을 허여한다고 주장한다. 이는 취소심판청구인이 자신이 누릴 수 있는 법 제8조 제5항의 3개월의 기간을 준수하지 않은 경우에도 제3자의 출원을 무조건적으로 거절하는 것은 제3자에게 지나치게 가혹하기 때문이다.

 ii) 관련판례(특허법원 1999.9.16. 선고 99허4255 판결)

 상표법 제8조 제5항은 "제73조 제1항 제3호의 규정에 해당하는 것을 사유로 하는 등록상표의 취소심판에 있어 그 청구일 이후에 상표권자가 상표권 또는 지정상품의 일부를 포기하거나 상표등록취소의 심결이 확정된 경우에는 포기한 날 또는 그 심결이 확정된 날로부터 3개월간은 취소심판청구인만이 소멸된 등록상표와 동일 또는 유사한 상표를 그 지정상품과 동일 또는 유사한 상품에 대하여 우선적으로 출원하여 상표등록을 받을 수 있다"고 규정하고 있는바, 위 규정은 상표법이 같은 법 제8조 제1항에 의하여 채택하고 있는 선원주의의 원칙에 대한 예외규정으로서, 그 법문의 규정 내용과 같이 불사용 상표에 대한 취소심판청구일 이후에 상표권자가 상표권 또는 그 지정상품의 일부를 포기하거나 상표등록취소의 심결이 확정된 경우에 포기한 날 또는 그 심결이 확정된 날(이하 '포기일 또는 심결확정일'이라 한다)로부터 3개월의 기간 동안 우선적으로 포기 또는 취소된 상표와 동일 또는 유사한 상표를 출원하여 등록받을 수 있는 권리를 부여한 것에 불과하고, 취소심판을 청구한 자의 출원에 대하여 위 포기일 또는 심결확정일 이전에 이미 출원된 상표에 대한 관계에 있어서까지 우선권을 인정하는 것은 아니며, 위 포기일 또는 심결확정일 이전에 출원한 상표는 상표법 제8조 제3항에 해당하지 아니하는 한 그 선원의 지위를 주장할 수 없다.

13　i) 상표법 제7조 제5항은 상표등록취소심결이 확정된 경우에는 취소심결의 확정 이전에 상표권자에 의하여 등록출원된 상표라고 하더라도 그 출원이 심판청구일 이후에 이루어 졌을 때에는 그 상표 등록을 허용하지 않음으로써 등록취소심판제도의 상표성을 확보하고자 하는 규정이므로, 등록취소심판청구일 이전에 상표권자가 등록출원한 상표에 대하여는 원칙적으로 위 규정이 적용되지 아니한다(대법원 2002.10.22. 선고 2000후3643 판결).

 ii) 상표법 제7조 제5항은 같은 법 제73조 제1항 제3호(불사용에 의한 상표등록취소)에 해당하는 것을 이유로 하여 상표등록취소의 심결이 확정된 상표권자는 그 심결이 확정된 날로부터 3년이 경과한 후가 아니면 소멸된 등록상표와 동일 또는 유사한 상표를 등록받을 수 없다고 규정하고 있으며 이 규정은 그 취소심결이 확정되고 난 후에 새로이 출원한 경우뿐만 아니라 위 취소심결이 확정되기 전에 이미 출원되어 있던 경우에도 적용된다고 할 것이므로(당원 1990.4.10. 선고 89후2182 판결 참조), 출원상표가 출원당시에 위 조항에 해당하지 않았다고 하더라도 등록당시(거절사정당시)에 위 조항에 해당하게 되면 등록받을 수 없다고 할 것인바, 기록에 의하여 살펴보면 원심이 이와 같은 취지에서 판단한 것은 정당하고 거기에 상표법 제7조 제5항의 법리를 오해한 위법이나 판단유탈의 잘못이 없으므로 논지는 이유 없다(대법원 1990.7.10. 선고 89후 판결).

 iii) 구상표법(1997.8.22. 법률 제5355호로 개정되기 전의 것) 제7조 제5항에 의하면 같은 법 제73조 제1항 제3호의 규정에 해당하는 것을 사유로 하는 상표등록의 취소심판에 있어 그 청구일 이후에 상표권자가 상표권을 포기한 경우에는 상표권자는 포기한 날부터 3년이 경과한 후가 아니면 소멸된 등록상표도 동일 또는 유사한 상표를 그 지정상품과 동일 또는 유사한 상품에 대하여 상표등록을 받을 수 없도록 되어 있는바, 위 규정의 취지는 불사용을 이유로 하는 상표등록의 취소심판이 청구된 후 상표권자가 그 상표를 자진 포기하고 신규로 출원하여 등록을 받음으로써 취소심판제도가 실효를 거두지 못하게 되는 폐단을 방지하기 위한 것이라 할 것이고, 이러한 위 규정의 취지에 비추어 보면, 위 규정에서 말하는 취소심판의 청구란 반드시 모든 소송요건을 갖춘 적법한 청구일 것을 요하는 것은 아니고 상표

한편, 동일한 상표등록에 대하여 2 이상의 상표등록취소심판이 타인 (甲, 乙)간에 의하여 청구된 경우, 누가 법 제8조 제5항에서 정한 선원의 지위를 갖는지에 대하여 의문이 있으나 법상 먼저 심판청구한 자에 대하여 우선적 지위를 인정한다는 명문의 규정이 없음에 비추어 그중 심판청구의 전후를 불문하고 그 심판청구인 중 먼저 출원자가 상표등록을 받을 수 있는 것으로 해석되나, 관행상 먼저 심판 청구된 심판사건에 대하여 우선 종결하고 뒤에 청구된 것은 후에 처리하는 입장임에 비추어 먼저 청구한 자가 상표등록을 받을 수 있다고 보아야 할 것이다. 이때 2 이상의 심판청구 사건 모두에 대하여 심결을 할 것인지, 그 두 사건을 병합심결을 할 것인지, 아니면 어느 하나에 대하여 확정 심결을 하고 나머지 심판청구는 각하할 것인지는 심판관의 재량이라 할 것이나 입법취지 등으로 미루어 볼 때 먼저 청구된 것에 대하여 취소심결 하는 것이 타당하며, 후에 청구된 사건에 대하여는 먼저한 취소심결이 확정된 후에 그 청구를 각하하는 심결을 하는 것이 합리적이라 할 것이다.

또한 취소심판청구인이 2인 이상이었으나 상표등록출원을 1인 명의로 출원한 경우 본 조에 의한 선원권이 인정되는지에 대하여 의문이 있으나 전원의 명의로 출원할 경우에 한하여 본 조에 의한 선원권이 인정되는 것으로 해석함이 타당하다 할 것이다.

V. 선원주의 위반 및 사용주의 가미

1. 선원주의 위반의 경우

선출원한 상표와 상표가 동일 또는 유사하고 지정상품이 동일 또는 유사한 상표등록출원은 선출원과 동일 또는 유사함을 이유로 거절되며 이의신청이유, 무효사유가 된다(법 제8조 1, 2항).

2. 사용주의 요소의 가미

상표등록출원이 그 상표등록출원 전에 사용에 의하여 주지·저명성을 획득한 타인의 상표와 동일 또는 유사한 경우 그 출원은 주지·저명상표의 출원사실 여부를 불문하고 상표법 제7조 제1항 제9호·제10호·제11호·제12호 규정을 이유로 거절된다.

권 포기 당시 취소심판청구가 계류 중이면 그 이후 그 취소심판청구의 처리결과에 영향을 받는 것은 아니라고 보아야 할 것이다(대법원 1998.9.25. 선고 97후2279 판결).

이때 그 출원에 대한 거절결정이 확정된 후에 주지·저명성을 획득한 상표는 상표등록출원을 하여 상표등록을 받을 수 있다 하겠으나 그 출원이 계속 중인 한 주지·저명한 상표의 상표등록출원은 거절될 수밖에 없다.

- 사 례 -

(사례 1) 〔상표 및 지정상품〕 이 사건 상표: 칼라2중주, 우린 소중하잖아요(제3류 라벤더유, 스킨밀크, 미용비누, 샴푸, 향수 등), 인용상표: 로레알, 전 소중하니까요.(제3류 향수, 일반화장수, 화장비누 등)
〔판례〕 이 사건 등록상표의 "우린 소중하잖아요" 부분 및 인용상표의 "전 소중하니까요." 부분 역시 그 문장의 내용이나 방식, 그 밖에 일반 수요자의 인식 등으로 미루어 볼 때, 그 지정상품인 화장용품, 치약, 향수 등에 있어서 일반적으로 흔히 쓰일 수 있는 구호나 광고문안 정도에 불과한 것으로 보기 어렵고 오히려 일반 거래자들이 위 구성부분에 의하여 그 지정상품의 출처를 인식할 수 있는 식별력이 있는 것으로 보이므로, 만일 양 상표가 "우린 소중하잖아요" 및 "전 소중하니까요." 부분만으로 호칭·관념될 경우 양 상표는 그 호칭·관념이 매유 유사하다(특허법원 2004.3.5. 선고 2003허4320 판결 참조).

(사례 2) 〔상표 및 지정상품〕 이 사건 상표: 춈 누리(제36류 부동산 중개업, 부동산 입대업 등), 인용상표: 누리부동산(제36류 부동산중개업, 부동산 임대업 등)
〔판례〕 이 사건 심결은 이 사건 출원서비스표가 선출원서비스표와 유사하다는 이유로 상표법 제7조 제1항 제7호를 적용하여 등록될 수 없다고 하고 있으나 사건 출원서비스표는 2003.6.4. 출원되었는데, 선출원서비스표는 2001.9.5. 등록출원되어 2003.8.12. 등록된 것으로서, 이 사건 출원서비스표의 등록출원시에 선출원서비스표는 아직 등록되지 않았으므로, 이 사건 출원서비스표가 선출원서비스표와 유사하다는 이유로 거절결정을 함에 있어서는 상표법 제7조 제1항 제7호가 아닌 상표법 제8조 제1항이 적용되어야 하는바, 이 사건 심결은 상표법 제7조 제1항 제7호에 해당하는 등록거절사유가 있다고 하였으니 위법하다고 할 것이다(특허법원 2005.7.15. 선고 2005허2403 판결 참조).

제3장 1상표 1출원의 원칙

일러두기 상표법에서의 1상표 1출원의 원칙은 상표마다 별건의 상표등록출원을 해야 하는 원칙을 말하는데, 이 원칙은 특허법에서의 1발명 1출원의 원칙과 유사한 제도로서 출원인의 출원절차 및 심사절차의 편의 등을 위하여 마련된 제도이다.

　여기서는 1출원으로 할 수 있는 1상표의 개념과 지정상품으로 할 수 있는 상품의 범위를 이해하는 것이 선결문제이다.

I. 서 언

1. 의 의

　상표법상 1상표 1출원의 원칙이라 함은 상표등록출원은 상표 및 지정상품마다 별건의 상표등록출원으로 하여야 하는 원칙을 말하는데, 그 상표를 사용할 상품은 산업통상자원부령이 정하는 상품류마다 그 상품류 구분에 속하는 상품을 지정해서 출원할 수 있다.

　따라서 상표등록출원을 하고자 하는 자는 상표등록출원을 함에 있어 하나의 상표등록출원서에는 하나의 상표를 특정하여 상표법시행규칙 제6조 별표에서 규정한 상품류 구분 또는 서비스업류 구분 중 상품이나 서비스업을 지정하여 출원하여야 한다. 그러므로 상표가 2 이상이거나 상품이 속하는 상품류 구분이 다를 때에는 각각 별도의 상표등록출원서를 작성해서 출원절차를 밟아야 한다.

　종전의 법제에서는 산업통상자원부령이 정하는 상품류 구분 중 동일류에 속하는 상품구분 내에서만 상품을 지정하여 출원할 수 있었으나 법률 제5355호(1997.8.22. 공포, 1998.3.1. 시행)에서 다류 1출원제도를 채택함에 따라 1출원에 2류 이상의 상품류 구분에 속하는 상품을 동시에 지정하여 출원할 수 있게 되었으며 서비스업을 함께 지정하여 출원할 수도 있다.

2. 제도적 취지

상표법은 1상표 1출원의 원칙을 취하고 있어 상표등록출원을 하고자 하는 자는 산업통상자원부령이 정하는 상품류 구분 내에서 상표를 사용할 상품을 지정하여 상표마다 출원하여야 한다. 만약 1출원으로 할 수 있는 상표나 상품의 범위를 이와 같이 한정하지 않고 수개의 상표를 하나의 출원으로 할 수 있도록 하거나 상품류 구분을 지정하지 아니하고 모든 상품류를 구분 없이 혼합하여 출원할 수 있도록 한다면 그에 따른 심사의 어려움은 물론 권리내용의 불명확으로 권리의 행사나 그 침해여부의 판단도 매우 어렵다.

따라서 상표법은 출원 및 등록업무의 편의성을 도모하고 심사의 용이성과 권리관계의 명확성을 기하기 위하여 1상표 1출원의 원칙을 채택하고 있다.

한편, 상표에 관한 국제간 조약인 TLT(Trade Mark Law Treaty)는 다류 1출원제도를 의무화하고 있고 선진국 대부분의 국가가 다류 1출원제도를 채택하고 있음에 따라 우리나라도 개정법률(1997.8.22. 법률 제5355호)에서 다류 1출원제도를 채택하되 1출원으로 할 수 있는 상품의 범위를 어느 하나의 상품류 구분에 한하지 않고 2 이상의 상품류 구분의 상품에까지 확대하였다.

II. 1상표 1출원의 범위

1. 1상표의 범위

어떠한 상표를 1상표라 하는지 상표법상 1상표에 관한 명문의 규정은 없으며 1상표 여부는 거래사회의 통념에 맡기고 있는데, 상표가 일반 수요자에게 전체적으로 하나의 상표로 인식되는 경우 그 상표는 1상표로 취급된다.

상표는 상표법 제2조 제1항 제1호에서 규정한 바와 같이 기호 · 문자 · 도형 · 입체적 형상 또는 이들과 색채를 결합한 것 등을 말하므로 상표는 그 상표를 사용하고자 하는 자가 그 상표를 구성함에 있어 기호 · 문자 · 도형 · 입체적 형상만으로 구성할 수도 있고 기호나 문자 또는 기호 · 문자 · 도형 · 입체적 형상 · 색채 모두를 결합하여 구성할 수도 있으며 또 그 상표를 구성하는 요부가 2 이상일 경우도 있다.

따라서 상표의 요부가 2개 이상이라 하여 그것을 2개의 상표라고 할 수는 없으며 일반 수요자가 그러한 상표를 1상표로 인식하는 경우, 상표사용자가 그 모두를 1상표로 특정하여 사용하는 경우에는 1상표라 할 수 있다.[1]

　　강학상(講學上) 1상표여부에 대한 판단은 상표가 상품에 실제 사용되는 태양이나 거래사회의 실정에 따라 판단하여야 한다는 견해가 지배적이다.[2]

2. 지정상품

　　지정상품은 상표법 시행규칙 제6조 별표에서 구분하고 있는 상품류 구분에 따라 그 동일류 구분 내에 속하는 상품들 중에서 지정해야 한다. 다만, 현행법에서는 다류출원제도의 채택에 따라 출원인은 상표등록출원서에 상표법시행규칙 제6조 별표에서 정한 상품류 구분 중 1 또는 2 이상의 상품류 구분에 속하는 상품을 다 같이 지정하여 출원할 수 있으며 상품과 서비스업을 동시에 지정하여 출원할 수 있다.

　　따라서 상품류구분 제30류의 상품에 상표등록을 받고자 하는 경우 상표등록출원서에는 제30류의 상품류 구분 내에서 상품군에 관계없이 제30류에 속하는 상품 모두 또는 어느 하나의 상품을 지정상품으로 하여 출원할 수 있으며, 상표등록출원서에 제30류에 속하는 상품과 상품류 구분이 다른 제31류, 제32류에 속하는 상품을 함께 기재하여 출원할 수도 있다. 필요한 경우에는 서비스업도 동시에 지정하여 출원할 수 있다.[3]

1　　1상표출원으로 인정된 예

　　ⅰ)　　　　　　　ⅱ)　　　　　　　ⅲ)　　　　　　　ⅳ)

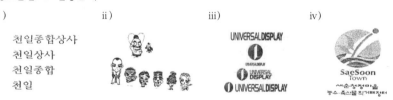

2　　예컨대, 2중의 원형 내에 소머리 도형을 상측에 도시한 후 그 가운데에 'ㅇㅇㅇ식품공업주식회사'라 한글로 하고 그 하측에 한문 및 영문표기를 하여 구성된 상표인 경우 비록 그것이 여러 개의 요부로 구성된 상표이지만 1상표라 할 수 있다. 그러나 법인의 경우 '서울식품공업주식회사'와 '대한식품공업주식회사'를 2단으로 병기하여 출원한 상표는 2상표라 할 수 있다.

3　　그러나 기존등록상표의 지정상품과 그 상품은 동일하지 아니하나 같은 류 또는 같은 군의 상품을 지정상품으로 하여 새로이 출원한 경우에도 1상표출원 위반으로 거절된다 할 것이므로 이 경우에는 지정상품추가등록을 해야 한다.

III. 1상표 1출원에 대한 판단 및 위반의 경우

1. 1상표 1출원에 대한 판단

1) 판단시점

1상표 1출원원칙의 위반여부에 대한 판단시점은 출원시가 아닌 결정시이다. 따라서 상표등록출원시에는 1상표 1출원원칙에 위반된 경우라도 상표 및 지정상품을 보정하여 결정시에 1상표 1출원원칙의 요건을 충족하면 된다. 다만, 상표에 대하여 보정함에 있어 그중 어느 하나의 상표를 삭제하는 보정을 하는 경우에는 요지변경이 되므로 주의를 요한다.

2) 판단기준

1상표 1출원의 원칙에 위반되는지 여부는 상표등록출원서에 첨부된 상표견본 및 상표등록출원서에 기재된 지정상품을 기준으로 하여 판단한다. 상품명이 모호하거나 포괄적으로 기재된 경우에도 1상표 1출원원칙 위반을 이유로 거절된다.

또한 홀로그램 상표의 경우 그 상표의 견본을 구성하는 기본적인 자태가 보는 각도에 따라 전혀 달라질 때에는 1상표 1출원에 위배되는 것으로 보며, 소리·냄새 등을 출원하면서 문자·도형 등으로 구성된 상표견본을 함께 제출하는 경우에도 1상표 1출원에 위배되는 것으로 취급한다(상표심사기준).

2. 1상표 1출원 원칙 위반 및 구제

1) 위반의 효과

1상표 1출원원칙에 위반한 경우에는 상표법 제10조 위반을 이유로 거절이유가 되며 출원공고 중에는 이의신청이유[4]가 된다. 그러나 상표등록의 무효사유로는 되지 않는데, 이를 무효사유로 규정하지 아니한 것은 그 위반사항이 제3자에게 지대한 영향을 미칠 만큼 중대한 하자가 아닐 뿐만 아니라 권리의 법적 안정성을 고려한 입법 절차이다.

---

[4]   1997.8.22. 법률 제5355호(1998.3.1. 시행) 이전의 법제에서는 1상표 1출원원칙에 위반한 경우 이를 이의신청이유로 할 수 있는지에 대하여 명문의 규정이 없어 논란이 있어 왔으나, 현행법에서(법 제25조 제1항)는 이를 분명히 하고 있으므로 1상표 1출원원칙에 위반된 경우에는 이의신청의 대상이 된다.

2) 위반에 대한 구제

(1) 2 이상의 상표를 1출원으로 한 경우

2 이상의 상표를 1출원으로 한 경우에는 구제방법이 없다고 할 수 있다. 2 이상의 상표를 1출원으로 한 경우 그중 어느 하나의 상표를 삭제하거나 또는 그중 어느 하나의 상표를 떼어내어 분할하는 것은 요지변경으로 취급되어 인정되지 않기 때문이다. 따라서 2 이상의 상표로 출원한 것을 1출원으로 바로 잡고자 하는 경우에는 각각의 새로운 출원으로 할 수밖에 없다.

(2) 지정상품이 모호하고 포괄적인 경우

상표등록출원서에 기재한 지정상품명이 모호하거나 포괄적으로 기재된 경우 그 상품명을 상표법시행규칙 제6조 별표에서 정한 상품명으로 보정하여 상표등록을 받을 수 있다.

이때 그 상품이 새로 개발된 상품이거나 구체적인 상품으로서 상표법시행규칙 제6조 별표에서 기재한 상품명과 일치하지 않는다 하더라도 그 상품이 당해 상품류 구분 내의 상품으로 인정이 되면 본 규정을 충족하는 것으로 된다.

(3) 상품류 구분 표시를 잘못한 경우

상표등록출원서에 기재된 지정상품은 정당하나 상품류 구분을 잘못 표시한 경우(제30류로 표시할 것을 제33류로 표시한 경우)에는 상표법 제10조 규정위반을 이유로 거절되는데 이때 출원인은 그 상품류구분 표시를 보정에 의하여 정정함으로써 상표등록을 받을 수 있다.

(4) 타류에 속하는 상품을 지정상품으로 정하는 경우

타류에 속하는 상품을 당해 류에 속하는 지정상품과 함께 지정상품으로 하여 출원한 경우에도 그 타류에 속하는 상품을 삭제하거나 또는 분할출원을 함으로써 구제 받을 수 있다.

제4장 다류 1출원제도

일러두기 다류 1출원제도는 법률 제5355호(1987.8.22.)에서 도입된 제도로서 상표등록
출원서에 여러류의 상품을 지정상품으로 하여 상표등록출원 할 수 있는 것을 말한다.
　다류 1출원제도는 상표제도의 국제화에 부응하고자 도입된 제도로서 권리의 해석, 심판절차 등 실
무적으로 매우 중요하다 할 것이며 시험에서 출제될 가능성도 높다.

I. 서 언

1. 의 의

　상표법상 다류 1출원제도라 함은 하나의 상표등록출원서에 상표법시행규칙 제6조
별표에서 정한 2 이상의 상품류 구분에 속하는 상품을 함께 지정하여 상표등록출원하
는 것을 말한다.

　상표법은 그간 하나의 상표등록출원서에는 상표법시행규칙 제6조 별표에서 규정한
상품류 구분 중 하나의 상품류 구분에 속하는 상품만을 지정상품으로 하여 출원할 수
있도록 하여 왔으나 상표제도의 국제적 추세에 따라 2 이상의 상품류 구분에 속하는 상
품도 1출원서에 기재하여 출원할 수 있도록 하는 다류 1출원제도를 채택하게 되었다.
그러나 이러한 다류 1출원제도가 상표법상 주요한 하나의 원칙인 1상표 1출원원칙을
깨뜨리는 것은 아니다.

　다류 1출원제도는 1998년 3월 1일 이후의 출원부터 적용되는데 다류 1출원제도의
채택으로 종전에 비하여 전체적인 상표등록출원 건수는 감소된다 하겠으나 출원심사
에 따른 심사부담이나 곤란성이 다소 가중되게 되었다.

2. 제도적 취지

　우리나라가 상표등록출원절차에서 다류 1출원제도를 채택하게 된 것은 미국, 독일,
EU 등 다수의 구미선진국들이 이미 다류 1출원제도를 채택 · 운영하고 있을 뿐만 아니
라 1994년 WIPO 외교회의에서 채택된 상표법조약에서 다류 1출원제도의 도입을 전

제로 하고 있어 상표법 관련 국제조약의 가입을 위해서는 다류 1출원제도의 채택이 필수적이므로 이러한 국제적 동향에 부응하고 또한 향후 NICE 분류를 채택할 경우 종래 한국 상품 분류상 1개 상품류 구분으로 분류되던 것이 2 이상의 상품류 구분으로 나누어지는 등 상품류 구분이 일치하지 아니하여 이에 따른 출원심사업무의 번잡성이 뒤따를 것으로 예상되므로 상표등록출원인 등의 편의를 위해서 본 제도의 도입은 필수적이라 하겠다.[1]

II. 다류 1출원제도의 장단점

1. 장 점

출원인은 하나의 상표등록출원서에 1 또는 2 이상의 상품류 구분에 속하는 상품을 다함께 지정상품으로 하여 출원하게 되므로 종래와 같이 매 상품류마다 출원서를 작성하여 상표등록출원하는 데 따른 절차의 부담을 경감하고 수수료 등 경비를 절약할 수 있으며 또 여러 상품류 구분에 속하는 상품을 하나의 상표권에 포함시킬 수 있으므로 권리의 행사 등 상표권의 보존·관리에 있어 편리하다.

또한 특허청은 여러 류의 상품류 구분에 속하는 상품을 1출원으로 하여 한꺼번에 심사 할 수 있으므로 이들을 별건(別件)으로 하여 심사하는 것보다 다소의 심사촉진(심사 적체해소)을 기대할 수 있게 되었다.

2. 단 점

1 또는 2 이상의 상품류 구분에 속하는 상품(서비스업 포함)을 다함께 지정하여 출원함으로써 출원에 대한 거절 가능성이 높아지고 상표등록출원에 대한 심사나 등록업무가 어렵고 복잡해지는 단점이 있다.

---

1   특허청 1996.4.8. 개정상표법 공청회자료 참조.

III. 출원절차 및 위반의 경우

1. 출원절차

1) 1출원으로 할 수 있는 범위

상표등록출원인은 상표를 사용할 상품을 상품류 구분에 관계없이 2 이상의 상품류 구분에 속하는 상품을 다함께 지정하여 1출원으로 할 수 있다. 또한 다류 1출원제도는 상품과 서비스업 간에도 인정되므로 필요한 경우 상품과 서비스업을 다 같이 지정하여 출원할 수도 있다.

2) 지정상품의 기재방식

다류의 상품을 1출원으로 하는 경우 상품류 구분과 그에 속하는 지정상품은 산업통상자원부령이 정하는 순서에 따라 순차적으로 기재하여야 한다.

〈예시〉

구 분	순차적으로 기재하지 아니한 경우	순차적으로 기재한 경우	비 고
예시 1	〈제20류〉 안락의자 〈제18류〉 여행가방	〈제18류〉 여행용 가방 〈제20류〉 안락의자	
예시 2	〈제1류〉 무수초산 〈제2류〉 쥐약 〈제8류〉 해머	〈제1류〉 무수 초산 〈제5류〉 쥐약 〈제8류〉 해머	

2. 다류 1출원에 대한 위반 및 구제

1) 판단시점

다류 1출원의 적정여부는 상표등록여부결정 시를 기준으로 하여 판단한다. 따라서 출원 시 상표등록출원서에 기재된 지정상품 및 상품류 구분이 잘못 기재되었다 하더라도 이를 보정하여 상표등록여부 결정 시에 적법하게 된 경우에는 정당한 것으로 인정이 된다.

2) 위반의 경우

다류 1출원으로 한 상표등록출원이 법 제10조 제1항 위반을 이유로 거절되는 경우는 주로 상표등록출원서에 기재된 지정상품 및 상품류 구분에 관한 기재가 잘못된 경우로서, ① 상품류 구분과 그에 속하는 지정상품을 산업통상자원부령이 정하는 순서에 따라 순차적으로 기재하지 아니하거나, ② 다류지정의 표시가 기재되지 아니하였거나, ③ 상품과 서비스업을 동시에 지정한 경우 상표 및 서비스표의 표시가 동시에 기재되지 아니한 경우, ④ 상품명을 포괄적으로 기재하여 그 상품의 범위가 불명확한 경우, ⑤ 지정상품이 산업통상자원부령이 정하는 상품류 구분과 맞지 않는 경우라 할 수 있는데, 이러한 경우에는 상표법 제10조 제1항 위반을 이유로 거절되게 된다.

3) 위반에 대한 구제

다류 1출원으로 한 상표등록출원이 출원서에 지정상품 및 상품류 구분을 기재하면서 산업통상자원부령이 정하는 순서에 따라 순차적으로 기재하지 아니하는 등 법 제10조 제1항에서 정한 기재방식에 위반하는 경우에는 지정상품 및 상표를 보정할 수 있으므로 기간 내에 이를 보정하여 상표등록을 받을 수 있다.

IV. 관련사항

1. 분할출원

출원인은 2 이상의 상품류 구분에 속하는 상품을 동시에 지정하여 상표등록출원을 하였거나 상품과 서비스업을 다함께 지정하여 출원한 경우 이를 2 이상의 상표등록출원으로 또는 상표등록출원과 서비스표등록출원으로 분할출원 할 수 있다.

2. 변경출원

다류 1출원제도의 도입에 따라 상표와 서비스표를 1출원서에 기재하여 출원할 수 있는바, 그 출원서 내에서 류별 변경(상표와 서비스표 상호간)을 인정함으로써 변경출원이 가능하다.

3. 상표권의 존속기간 갱신등록신청

상표권자는 상표권을 갱신등록 받고자 하는 경우 2 이상의 상표권 또는 상표권과 서비스표권에 대한 갱신등록신청을 1출원서에 기재하여 신청할 수 있다(법 제49조 제1항).

4. 지정상품의 추가등록출원

상표권자 또는 출원인은 등록상표 또는 지정상품추가등록을 받고자 하는 경우 2 이상의 상품류 구분에 속하는 상품을 동시에 추가 지정하여 등록받을 수 있음은 물론 서비스업도 추가하여 등록받을 수 있다(법 제49조 제2항).

5. 상표등록의 무효심판

이해관계인 또는 심사관은 상표등록 또는 지정상품의 추가등록이 법 제71조 제1항 각 호에 해당하는 경우 무효심판을 청구할 수 있는데, 이때 지정상품이 2 이상 있는 경우 지정상품마다 무효심판을 청구할 수 있음은 물론 상품류 구분마다 무효심판을 청구할 수 있다.

6. 불사용취소심판

법 제73조 제1항 제3호를 이유로 한 취소심판을 청구하는 경우 그 등록상표가 2 이상의 상품류 구분에 속하는 상품을 지정상품으로 하고 있는 경우 어느 하나의 상품류 구분에 속하는 상품에 대하여 취소심판을 청구할 수 있으며 모든 류의 상품을 대상으로 하여 취소심판을 청구할 수도 있다.

7. 권리범위확인심판

등록상표가 2 이상의 상품류 구분에 속하는 상품을 지정상품으로 하고 있는 경우 상품류 구분별로 그에 속하는 상품마다 권리범위확인심판을 청구할 수 있다.

8. 상표권의 분할

등록상표의 지정상품이 2 이상 있는 경우 또는 2이상의 상품류 구분에 속하는 상품을 지정상품으로 하고 있는 경우 상표권을 지정상품 또는 상품류 구분별로 분할할 수 있다.

제5장 보정제도

■일러두기■ 상표법상 보정제도는 타법에서의 보정제도와 보정의 객체만 다를 뿐 그 취지, 보정의 범위, 효과 등에서는 같다고 할 수 있다. 그러나 상표법에서의 상표 및 지정상품에 대한 보정은 특허법에서의 명세서·도면의 보정에 비하여 그 중요도나 보정의 기회 등에서 차이가 있다.
　상표법에서의 보정은 상표를 보정하는 경우는 거의 없고 지정상품에 관한 보정이 주로 행해지고 있는데 보정의 시기와 범위가 이 부분에서의 포인트이다.

I. 서 언

1. 의 의

　상표등록출원인은 상표등록출원 후 그 절차에 흠결이 있거나 출원내용이 불명료한 경우 그 출원절차나 출원내용에 관한 보정을 할 수 있다.

　상표에 관한 절차에서 이와 같이 그 절차나 출원내용을 보정할 수 있도록 한 것은 상표에 관한 제반절차에서 절차와 형식의 통일을 기할 필요가 있으며 또한 선원주의를 취하고 있는 현행법제하에서 선원주의에 보다 더 충실하고자 함에 있다.

　그러나 상표등록출원에 대한 이와 같은 보정은 제한 없이 인정되는 것은 아니고 시기적·내용적으로 일정한 제한이 있다. 보정이 적법한 것으로 인정이 될 때에는 그 보정한 내용은 상표등록출원 시에 한 것으로 된다.

2. 보정의 필요성

　선원주의의 법제하에서 출원인은 상표등록출원을 서두르게 되거나 법령에 대한 인식부족으로 출원서류의 형식이나 내용이 불비할 경우가 있다. 이 경우 그와 같은 흠결을 보정하면 상표등록을 받을 수 있는데도 불구하고 이러한 이유 때문에 상표등록을 받지 못하게 한다면 이는 출원인에게 너무 가혹하다 할 것이며 재출원에 따른 절차의 부담도 뒤따르게 된다. 따라서 이와 같은 경우 일정한 범위 내에서 그 흠결을 보정으로 치유할 수 있게 함으로써 다시 상표등록출원을 하지 않아도 되므로 출원인은 선원의 지위를 그대로 유지할 수 있으며 또한 출원서류 등을 법령의 요건에 맞도록 함으로써 심사의 편의나 능률도 아울러 기할 수 있다.

이와 같은 보정제도는 출원인에게 선원의 지위를 인정하면서 일정한 범위 내에서 제한적으로 인정되는 제도이므로 선원주의의 이념을 깨뜨리지 않는 범위 내에서 어떻게 운용하느냐 하는 것이 관건이라 할 수 있다.

II. 보정의 제한

1. 제한의 필요성

상표등록출원에 관한 보정은 이를 언제든지 자유롭게 할 수 있도록 하거나 그 보정을 할 수 있는 범위를 제한하지 않는다면 보정된 사항은 상표등록출원시에 제출된 것으로 보기 때문에 제3자와의 선·후원관계를 해칠 우려가 있고 심사처리의 원활한 수행을 기할 수 없으므로 상표등록출원에 관한 보정은 이를 일정한 조건하에서 내용적·시기적으로 제한할 필요가 있다.

2. 보정의 제한

1) 내용적 제한

상표등록출원에 관한 지정상품 및 상표에 관한 보정은 출원공고 전, 출원공고 후에 따라 그 보정할 수 있는 범위가 각기 다른데 이는 상표등록출원이 공고되면 그 상표등록출원내용은 사회에 공개되고 제3자는 그 공개된 사실에 기초하여 상표전략을 수립할 개연성이 높다 할 것이므로 그 출원공고내용을 변경하는 것은 제3자에게 불측의 손해를 끼칠 우려가 있기 때문이다.

2) 시기적 제한

때(時)를 가리지 않고 상표등록출원에 관한 보정을 자유로이 할 수 있도록 한다면 심사·심판 등 상표에 관한 업무를 원활히 수행할 수 없다.

III. 절차의 보정(법 제13조)

1. 보정의 시기

상표등록출원 또는 심판청구에 관한 절차의 보정은 특허청장 또는 특허심판원장이 지정한 지정기간 내에 할 수 있으며 기간이 연장된 때에는 그 연장된 기간 내에 보정할 수 있다. 또한 출원인 또는 심판청구인은 특허청장 또는 특허심판원장의 보정명령 전이라도 자진하여 절차에 관한 사항을 보정할 수 있다.

2. 보정의 대상

특허청장 또는 특허심판원장은 상표출원인 등이 상표에 관한 출원·청구 등에 관하여 밟은 절차가 다음에 해당하는 경우에는 기간을 정하여 보정을 명하여야 한다(법 제13조).
① 행위능력
② 대리권에 관한 사항
③ 법령에서 정한 방식(상표등록출원서 및 심판청구서 등의 기재방식)
④ 상표법 제37조의 규정에 의한 수수료

IV. 지정상품 및 상표의 보정(법 제14, 15조)

1. 출원공고결정전의 보정(법 제14조)

1) 보정의 시기

출원인은 상표법 제15조의 경우를 제외하고는[1] 출원공고결정등본의 송달 전에는 그

---

1   상표법 제15조의 경우를 제외한다 함은 출원공고결정등본 송달 후에는 법 제15조에서 정한 보정의 기간 및 범위를 제외한다는 의미이다. 따라서 상표등록출원에 관한 출원공고결정등본 송달 전에는 심사관으로부터 거절이유통지를 받은 경우에는 그 의견서 제출기간 내에 그 거절이유에 나타난 사항에 한하여 보정하여야 하는 등 보정의 시기와 범위가 상표법 제15조 제1항 각 호에서 정한 기간과 범위 내에서 보정할 수 있음을 의미한다. 그러므로 당해 상표등록출원에 대한 출원공고결정등본의 송달이 있기 전까지는 의견서제출기간 이후라도 상표 및 지정상품의 보정은 가능한 것으로 해석되며 그 상표 및 지정상품에 관한 보정도 심사관의 거절이유에 국한하지 않고 보정을 할 수 있다.

상표등록출원의 요지를 변경하지 않는 범위 내에서 지정상품 및 상표를 시기에 관계 없이 자유로이 보정할 수 있다. 따라서 출원인은 출원공고결정등본 송달 전에는 의견 서제출기간이 지난 후에도 거절결정등본 송달이 있기 전까지는 심사관의 거절이유통 지에 대한 거절이유를 면하기 위하여 상표 및 지정상품을 보정할 수 있는 것이다. 이와 같이 출원공고결정등본 송달 전에는 심사관이 지정한 의견서제출기간이 경과한 후에 도 상표 및 지정상품을 보정할 수 있도록 한 것은 출원인에게 보정의 기회를 보다 많 이 주기 위함이며 다만 출원공고결정등본 송달 후에는 보정으로 인하여 제3자에게 불 측의 손해를 줄 우려가 있고 또한 심사절차를 원활히 진행하기 위하여 그 시기와 내용 을 제한하고 있는 것이다. 그러나 다음 ① 내지 ③의 경우에는 출원공고결정등본 송달 전이라 하더라도 상표 및 지정상품을 보정할 수 있는 시기를 제한하고 있다(법 제14조 제2항).

한편, 거절결정불복심판이 청구되어 심판에 의하여 거절결정이 취소되어 환송된 사 건에 대한 보정은 법 제14조에 따라 다시 보정할 수 있다.

① 상표등록결정등본 또는 거절결정등본송달 전
② 거절결정불복심판을 청구하는 경우 그 청구일로부터 30일 이내
③ 심판관으로부터 거절이유통지가 있는 경우 그 의견서 제출기간 내

2) 보정의 범위

출원인은 최초의 상표등록출원의 요지를 변경하지 않는 범위 내에서 출원에 관한 지 정상품 및 상표를 보정할 수 있다(법 제14, 16조).

(1) 지정상품

지정상품의 보정은 최초의 상표등록출원서에 기재된 지정상품의 범위 내에서 그 지 정상품의 범위의 감축이나 오기의 정정, 불명료한 기재의 석명에 한하여 보정할 수 있다.

❶ 지정상품의 범위의 감축

「지정상품의 범위의 감축」이라 함은 지정상품의 일부를 삭제하거나 포괄적으로 기재 된 상품명을 구체적인 상품명으로 기재하거나 세분화하는 것을 말하며, 이때 지정상품 의 수는 문제되지 않는다. 그러므로 경우에 따라서는 지정상품의 수가 증가하게 된다.

❷ 오기의 정정

「오기의 정정」이라 함은 상품명의 기재가 오기임이 객관적으로 명백한 경우에 이를 바른 상품명으로 정정하는 것을 말하며, 예컨대 「항생복」을 「학생복」으로 「찾잔」을

「찻잔」으로 바로 잡는 것을 말한다.

❸ 불명료한 기재의 석명

「불명료한 기재의 석명」이라 함은 지정상품명이 모호하게 기재된 경우 이를 명확히 하거나 이를 명확히 하기 위하여 지정상품명에 한자(漢字) 또는 영문자(英文字)를 부기 하는 등 불명료 또는 오해를 해소할 수 있는 최소한도의 설명을 의미한다.

또한 상표등록출원서에 기재된 지정상품과 상품류 구분이 일치하지 아니할 때(지정 상품은 제30류에 속하는 상품이나 상품류 구분표시를 제33류로 잘못 표기한 경우 등) 그 상품류 구분을 바르게 보정할 수 있으며 이러한 보정은 요지변경으로 되지 아니한다.

(2) 상 표

❶ 부기적인 부분의 삭제

상표는 상표의 부기적인 부분의 삭제에 한하여 보정할 수 있는데(법 제16조), 상표의 구성으로 볼 때 비록 그것이 부기적 부분이라 하더라도 이의 추가는 인정되지 아니한다.

「상표의 부기적 부분」이라 함은 상표의 구성 중 부기적인 사항으로서 이를 삭제하 더라도 최초 출원상표의 외관·칭호·관념 등에 중요한 영향이 없는 부분을 말한다. 상표 중 「KS」, 「JIS」, 「특허」, 「실용신안」, 「디자인」 등의 문자 혹은 기호 또는 상품의 품질·산지·판매지 등을 표시하는 문자가 있는 경우 이를 삭제하는 것이 여기에 해당 한다. 이러한 부분을 삭제하는 것은 원칙적으로 요지변경으로 보지 아니하나 다만, 이 러한 표시가 상표의 구성 전체에서 볼 때 크게 표기되어 있어 수요자에게 인상 깊게 느 껴질 때에는 부기적 부분이라 할 수 없으므로 이 부분의 삭제는 요지변경이 된다.

❷ 색채의 경우

색채도 상표구성에 있어서 주요한 하나의 구성요소이므로 당초에 색채가 채색되지 않았던 상표에 새로이 색채를 결합하거나 다른 색채로 변경하는 것은 인정되지 않는 다. 그러나 기존의 색채를 명료하게 하는 등의 경우는 가능하다 할 것이다.

2. 출원공고결정 후의 보정

출원공고결정등본의 송달 후에는 상표등록출원에 관한 지정상품 또는 상표의 보정 이 제한되는데, 다음의 경우에 한하여 보정할 수 있으며 소위 자진보정이 제한된다. 이 와 같이 출원공고결정등본 송달 후에는 그 보정의 시기 및 범위를 제한하는데, 이는 제 3자의 불측의 손해를 방지함은 물론 이의신청심사를 원활히 하기 위함이다.

1) 보정의 시기

출원공고결정등본의 송달 후에는 다음의 경우에 한하여 상표 및 지정상품의 보정이 인정되는 등 그 시기가 다음과 같이 제한된다.

① 심사관으로부터 의견서제출통지를 받은 경우 의견서 제출기간 내

② 이의신청에 대한 답변서 제출기간 내

③ 그 상표등록출원에 대한 거절결정불복심판을 청구하는 경우 그 청구일로부터 30일 이내

2) 보정의 범위

출원인은 출원공고결정등본의 송달 후에는 거절이유나 이의신청이유 또는 거절결정의 이유에 나타난 사항에 관하여 최초의 상표등록출원의 요지를 변경하지 않는 범위 내에서 다음의 경우에 한하여 보정할 수 있다.[2] 따라서 거절이유나 이의신청이유 및 거절결정의 이유와 무관한 지정상품 또는 상표의 보정은 최초의 상표등록출원의 범위 내라 하더라도 요지변경이 되므로 보정이 불허된다.

① 지정상품의 범위의 감축

② 오기의 정정

③ 불명료한 기재의 석명

④ 상표의 부기적인 부분의 삭제

V. 보정의 효과

1. 보정이 적법한 경우

절차에 관한 사항이나 지정상품 또는 상표에 관한 보정이 적법한 것으로 인정되면 그 보정된 내용은 최초의 상표등록출원서에 기재된 것으로 본다.

2　「거절이유나 이의신청이유 또는 거절결정의 이유에 나타난 사항에 관하여」라 함은 거절이유통지를 받은 경우에는 그 거절이유로 하고 있는 사항, 이의신청이 있는 경우 이의신청인이 이의신청이유로 하고 있는 사항, 거절결정의 경우 거절결정이 된 이유를 말하며 상표등록출원인은 그 사항에 한하여 지정상품 또는 상표를 보정할 수 있음을 말한다.

　따라서 거절이유통지서에 기재된 거절이유, 이의신청이유, 거절결정이유와 무관한 지정상품 또는 상표의 보정은 최초의 상표등록출원서에 기재된 상표 및 지정상품의 범위 내의 보정이라 하더라도 요지변경으로 된다.

2. 부적법한 보정

1) 보정시기가 경과한 후의 보정

보정의 기간이 지나서 제출된 출원에 관한 보정서는 불수리의 대상이 된다(시행규칙 제2조).

2) 요지변경인 경우

지정상품이나 상표에 관하여 보정한 것이 요지변경인 경우에는 보정의 시기(출원공고결정등본 송달 전·후)에 관계없이 그 보정은 보정각하의 대상이 된다.

3) 요지변경이 상표등록 후에 인정된 경우

지정상품이나 상표에 관하여 보정한 것이 요지변경임에도 심사관의 착오나 간과 등으로 상표등록이 된 후 요지변경인 것으로 인정이 된 때, 그 보정이 출원공고결정등본 송달 전에 한 경우에는 그 등록상표출원의 출원일은 보정일로 늦춰지며, 출원공고결정등본 송달 후에 한 보정인 경우에는 그 보정은 없었던 것으로 된다(법 제16조 제2항).

VI. 국제상표등록출원의 경우

국제상표등록출원의 경우에는 상표는 보정할 수 없고 「지정상품」만 보정할 수 있다(법 제86조의19). 또한 그 보정은 출원공고결정의 등본이 송달되기 전이라도 거절이유의 통지를 받은 때에 한하여 보정을 할 수 있다.

— 사 례 —

(사례 1) 〔상표 및 지정상품〕 이 사건 상표: ARMANI/DOLCI(당초서비스업: 식음료제공업, 바 서비스업, 카페테리아업, 임시숙박시설업, 보정한 서비스업: 방 임대업, 양로원업, 탁아소업, 회의실임대업)
〔판례〕 원고가 보정한 지정서비스업 중 양로원업의 양로원은 노인보호시설을 말하므로 숙박을 전제로 하고 있지만, 위에서 본 임시숙박시설업의 어느 경우에도 해당하지 아니하고, 탁아소업의 탁아소는 보통 부모들이 일터에서 일하는 동안 아이들을 돌보아 주는 시설을 말하므로 항상 숙박이 이루어지는 곳이라고는 할 수 없으며, 회의실임대업의 회의실은 숙박을 전제로 하지 아니하므로 이 또한 숙박이 이루어지는 곳이라고 할 수는 없고, 방 임대업 역시 임시숙박시설업에 해당한다고 보기 어렵다. 그리고 원고가 보정한 지정서비스업들이 임

시숙박시설업 외에 보정 전 지정서비스업인 식음료제공업, 바서비스업, 카페테리아업의 범주에 속한다고 보기도 어려우므로, 원고의 지정서비스업 보정은 요지변경에 해당한다(특허법원 2007.3.14. 선고 2006허11565 판결 참조).

(사례 2) 〔상표 및 지정상품〕 이 사건 상표: (제25류 모자, 모자챙, 베레모 등), 인용상표:

 (제25류 캡, 모자)

〔판례〕 원심은 이 사건 출원상표의 지정상품인 '모자, 모자챙, 베레모' 등은 모두 상품류구분 제25류에 해당함이 명확함으로 원고가 제출한 상표등록출원서의 보정서에 상품류 구분을 "제1류"로 표시한 것은 명백한 오기에 해당하는데, 상표법 제10조 제3항에 의하면 상품류 구분은 상품의 유사범위를 정하는 것은 아니므로, 지정상품의 표시가 상품류 구분상 어느 분류에 속하는지를 명백히 할 수 있고, 상표권의 보호범위를 정할 수 있도록 명확한 이상, 단순히 그 상품류 구분 기재를 잘못하였다고 하여 상표법 제10조 제1항에 위반된다고 할 수 없고, 특허청으로서는 그와 같은 경우 상품류 구분 기재를 직권으로 바로잡아 심사절차나 상표등록절차를 진행하는 등의 방법을 강구하여야 할 것이라는 이유로, 이 사건 출원상표의 출원은 상표법 제23조 제1항 제1호 소정의 상표등록출원의 거절사유에 해당하지 않는다고 판단하였다.

그러나 위 법리와 기록에 비추어 살펴보면, 출원인은 심사관으로부터 이 사건 출원상표의 상품류 구분 표시가 잘못되었으니 상품류 구분 표시를 "1류"에서 "제25류"로 보정하라는 취지의 구체적인 거절이유를 통지하였음에도 이에 불응하였을 뿐만 아니라, 상표법 제10조 제1항에 위반된다는 이유로 내려진 거절결정에 대하여 불복심판을 청구하면서도 그 청구일로부터 30일 이내에 상품류 구분 표시를 바로잡는 보정을 하지 아니하였음을 알 수 있고, 이러한 사정은 상표법 제10조 제1항에 위반된 것으로서 상표법 제23조 제1항 제1호 소정의 상표등록 거절사유에 해당한다 할 것이다. 그럼에도 원심은 이와 다른 견해에서 위와 같은 사유는 상표법 제23조 제1항 제1호 소정의 거절사유에 해당하지 않는다고 판단하였으니, 원심 판결에는 상표등록출원시 지정상품의 상품류 구분 표시에 관한 법리를 오해하여 판결 결과에 영향을 미친 위법이 있다(대법원 2009.10.29. 선고 2009후2258 판결 파기환송).

제6장 요지변경

일 러 두 기 상표법상 요지변경이라 함은 상표 또는 지정상품을 보정한 것이 법률에서 허용하는 범위를 넘어서 보정한 것을 말하는데, 상표 또는 지정상품을 보정한 것이 요지변경이 되는 경우에는 타인의 이익을 해치기 때문에 타법에서와 마찬가지로 이를 요지변경으로 취급하여 그 보정을 인정하지 않고 있다.

이 부분은 앞에서의 보정제도에 포함하여 전체적으로 이해하는 것이 순서이며 요지변경이 되는 경우와 요지변경이 되지 않는 경우를 구별하는 것이 중요하다.

I. 서 언

1. 의 의

상표법상 상표등록출원의 요지변경이라 함은 상표등록출원서에 기재된 지정상품이나 상표를 보정한 것이 법에서 허용하고 있는 범위를 벗어나서 보정한 경우를 말한다.

상표법은 상표등록출원의 요지를 벗어난 지정상품 또는 상표의 보정은 이를 인정치아니하고 각하토록 규정하고 있는데, 이와 같이 상표등록출원의 요지변경을 인정치 않는 것은 선원주의에 충실하고자 함에 연유한 것이다.

상표등록출원의 지정상품 또는 상표에 관한 보정이 요지변경인지 여부에 대한 판단은 매우 어려운 문제라 할 수 있는데, 이러한 보정의 요지변경 여부는 심사절차에서는 물론 심판절차에서도 판단하게 된다.

이와 같은 요지변경 문제는 상표등록출원 후 상표 또는 지정상품을 보정하는 경우에 대두된다.

2. 요지변경을 인정하지 않는 이유

선원주의 하에서는 동일 또는 유사한 상표등록출원이 경합하는 경우 최선의 출원인만이 상표등록을 받을 수 있다. 그러므로 최초의 상표등록출원서에 기재되지 아니하였던 사항에 대해서까지 보정을 인정하여 상표등록을 허여하여 주는 것은 선원주의를 해치는 것이 될 뿐만 아니라 제3자에게 불측의 손해를 끼치게 될 우려도 있다.

따라서 상표등록출원에 관한 지정상품이나 상표에 관한 보정은 이를 최초에 출원한 출원서에 기재된 사항으로 한정하는 등 보정의 범위를 제한함으로써 선원주의를 효율적으로 뒷받침할 수 있다 할 것이다.

II. 요지변경여부 판단

1. 상표등록출원의 요지

상표등록출원서에 기재된 지정상품 및 상표가 그 요지가 된다.

2. 요지변경판단의 기준

1) 출원공고결정등본 송달 전

출원공고결정등본의 송달 전에는 최초의 상표등록출원의 출원서에 기재된 지정상품 및 상표를 기준으로 하여 요지변경 여부를 판단한다.

2) 출원공고결정등본 송달 후

출원공고결정등본의 송달 후에는 최초의 상표등록출원서에 기재된 지정상품 및 상표를 기준으로 하되 그 보정이 거절이유, 이의신청이유 또는 거절결정이유에 나타난 사항인지 여부를 기준으로 하여 판단한다. 따라서 최초의 상표등록출원서에 기재된 지정상품 및 상표에 한 보정일지라도 거절이유, 이의신청이유 또는 거절결정이유와 무관한 사항에 관한 보정은 요지변경이 된다.

3. 요지변경여부의 판단

1) 요지변경으로 보지 않는 경우

(1) 지정상품의 범위의 감축

이는 지정상품의 일부를 삭제하거나 포괄적으로 기재된 상품명을 구체적으로 표시 (예) 완구 → 금속완구, 양복 → 신사복)하는 등의 경우를 말한다. 포괄적인 상품명을 구체적으로 표기하면서 그 범위 내에서 지정상품 수가 증가하는 것은 요지변경이 되지 아니한다(예 과자 → 비스킷 · 드롭스 · 캔디, 비누 → 화장비누 · 세탁비누 · 약용비누).

(2) 오기의 정정

오기의 정정이라 함은 잘못 표기된 지정상품명을 바로잡는 것을 말한다(예 인크 → 잉크, 전지시계 → 전자시계). 상품류 구분표시가 잘못된 것을 바로 잡는 것(상품류 구분 제2류를 제3류로 정정하는 경우)도 요지변경으로 되지 아니한다.[1]

(3) 불명료한 기재의 석명

이는 지정상품명에 한자 또는 영문을 부기하는 등 모호하게 기재되었거나 불명료하게 기재된 것을 명확히 기재하는 것을 말하며, 이를 필요 이상 확대하는 것은 요지변경으로 본다.

(4) 상표의 부기적인 부분의 삭제

「상표의 부기적 부분」이라 함은 상표의 구성 중 부기적 사항으로 인식되는 것으로서 이를 삭제하더라도 최초 상표등록출원서에 첨부된 상표의 외관 · 호칭 · 관념 등에 중요한 영향을 미치지 않는 부분을 말한다.

「KS」, 「JIS」, 「특허」, 「실용신안」, 「디자인」 등의 문자 혹은 기호 또는 상품의 품질, 효능, 산지, 판매지를 표시하는 문자 또는 지정상품의 상품명을 삭제하는 것은 원칙적으로 요지변경이 아니라고 본다. 그러나 KS, JIS 등의 문자 또는 상품의 품질 · 효능을 표시하는 문자, 지정상품의 상품명이 상표의 구성상 부기적인 부분이 아닌 것으로 인식되는 경우에는 이들 문자를 삭제하는 것은 요지변경이 된다.

또한 상표구성 전체의 외형을 비례적으로 크게 혹은 작게 조정하는 것은 요지변경으로 보지 아니하며 상표 중 '주식회사, (주)' 등 법인임을 표시하는 문자가 있는 경우 이를 삭제하는 것은 요지변경이 아니라고 본다(상표심사기준).

2) 요지변경으로 보는 경우

(1) 지정상품의 보정

지정상품을 추가하거나, 포괄적으로 기재된 상품명 또는 불명료하게 기재된 상품명

---

[1] 상표등록출원시에 지정상품의 상품구분 유별표시를 잘못하여 출원함으로써 등록상표의 지정상품의 유별표시가 상품구분상의 유별표시와 서로 달리한다 하더라도 그 등록의 효력을 부인할 수는 없다(대법원 1991.5.28. 선고 91후35 판결).

을 설명하면서 새로운 상품을 추가하거나 지정상품의 범위가 확장된 것, 다른 상품으로 대체하는 것(예 화장비누 → 종이비누)인 경우에는 요지변경이 된다.

(2) 상표의 보정

1 주요부의 삭제 · 추가

상표의 구성 중 보통명칭, 관용표장, 품질표시, 원재료표시에 해당하는 문자 · 도형 · 기호 또는 지정상품의 상품명이라 하더라도 그것이 전체적인 상표구성으로 미루어 볼 때 크게 표시되어 부기적인 부분으로 볼 수 없는 것인 경우에 이들을 변경 · 추가하거나 혹은 삭제하는 것은 요지변경으로 본다. 또한 상표의 외관, 호칭, 관념 등에 중요한 영향이 없더라도 최초의 상표등록출원서에 없던 사항을 추가하는 것은 요지변경으로 보며, 상표의 구성 중 외형상 부기적 사항이 아닌 경우에는 상표의 외관, 호칭, 관념 등에 중요한 영향이 없는 부분이라도 그 부분을 삭제하는 것은 요지변경으로 본다(상표심사기준).

예 VICTORY ⇄ VICTORY
빅토리 , VICTORY ⇄ 빅토리

금강산주식회사 → 금강산공업주식회사, 三千里株式會社→株式會社 三千里[2]

2 색채의 결합

출원상표에 색채를 새로이 결합하거나 색채를 변경하는 경우에는 요지변경으로 본다(상표심사기준).

III. 요지변경에 대한 조치 및 불복

1. 요지변경에 대한 조치

1) 출원 중

상표등록출원의 지정상품 또는 상표에 관한 보정이 요지변경으로 인정된 때에는 심사관은 그 보정의 시기가 출원공고결정등본의 송달 전 또는 송달 후에 행해졌는지 여부에 관계없이 그 보정을 결정으로 각하하여야 한다.

---

2   이와 같은 경우는 요지변경으로 보지 않는다는 견해도 있다.

또한 거절결정불복심판 계류 중에 출원인이 한 지정상품 및 상표의 보정이 요지변경 이면 심판관은 그 보정을 각하하여야 한다.

2) 상표등록 후

상표등록출원의 지정상품 또는 상표에 관한 보정이 요지변경임이 상표등록 후에 인 정된 때에는 그 보정이 출원공고결정등본의 송달 전에 한 경우에는 그 등록상표의 출 원일은 보정일로 늦추어지며, 출원공고결정등본의 송달 후에 한 보정인 경우에는 그 보정은 없었던 것으로 된다.

2. 요지변경 취급에 대한 불복

출원인은 자기가 한 지정상품 및 상표의 보정에 대하여 심사관이 이를 요지변경으로 판단하여 보정각하한 경우 그 심사관의 보정각하결정에 대하여 승복할 수 없는 때에는 보정각하불복심판을 청구하여 그 보정각하의 당·부를 다툴 수 있으며(법 제17조 제1 항), 심판관이 한 보정각하에 대하여도 특허법원에 보정각하결정취소를 구하는 소를 제기하여 그 당부를 다툴 수 있다. 이때 보정각하에 대한 불복심판청구가 인정되는 것 은 출원공고결정 전에 행해진 지정상품 또는 상표의 보정에 한한다.

제7장 **보정각하**

일 러 두 기 상표법상 보정각하라 함은 상표 또는 지정상품을 보정한 것이 요지변경인 경우 그 보정을 각하하는 것을 말하는데 타법에서의 보정각하제도와 비슷하다.

상표에 관한 심사절차에서 보정각하가 행해지는 경우는 특허에서와 달리 그리 많지 않다.

I. 서 언

1. 의 의

상표법상 보정각하라 함은 출원인이 상표등록출원에 관한 지정상품이나 상표에 관하여 보정한 것이 최초의 상표등록출원서에 기재된 상표등록출원의 요지를 변경하거나 법이 허용한 범위를 벗어난 경우 그 보정을 결정으로 각하하는 행정처분을 말한다.

이와 같은 보정각하는 지정상품이나 상표에 관한 보정이 요지변경인 경우에만 행해지며 절차보정에 있어서는 보정각하가 행해지지 않는다.

이러한 보정각하는 심사에서 뿐만 아니라 거절결정에 대한 불복심판절차에서도 행하여지는데 그 보정의 시기(출원공고결정 전 또는 출원공고결정 후)는 문제되지 않는다. 한편 심사관의 부당한 각하처분으로부터 출원인을 보호하기 위하여 보정각하에 대한 불복심판제도를 아울러 마련하고 있다.

2. 제도적 취지

출원인의 적법한 보정이 심사관에 의하여 요지변경으로 오인될 때는 출원인의 권익을 해칠 우려가 있으며 반대로 요지변경인 보정이 적법한 것으로 될 때에는 일반인에게 불측의 손해를 줄 우려가 있을 뿐만 아니라 상표법에서 취하고 있는 선원주의를 해치는 결과가 된다.

1990.9.1. 시행 이전의 상표법에서는 상표등록출원의 지정상품 또는 상표에 관한 보정이 요지변경인 경우 그에 대한 처리규정이 마련되어 있지 아니하여 출원인의 권익보

호에 소홀한 점이 있었으나 현행법에서는 요지변경인 보정에 대하여는 심사관이 보정 각하토록 하고 심사관의 부당한 각하처분에 대하여는 별도의 불복수단을 마련함으로써 출원인의 정당한 보정이 부당하게 거부되는 것을 방지할 수 있게 되었다. 아울러 출원인은 보정각하의 당·부만을 다툴 수 있는 제도가 마련됨으로써 상표등록출원의 조속한 권리화도 기할 수 있게 되었다.

II. 보정각하 대상 및 절차

1. 보정각하의 대상

각하의 대상이 되는 보정은 상표등록출원의 지정상품 및 상표에 관한 보정이 요지변경인 것으로서 심급(심사 또는 심판)이나 그 보정의 시기(출원공고결정 전·후)를 불문한다.

1) 출원공고결정 전

출원공고결정등본의 송달 전에는 최초의 상표등록출원의 범위 내에서 상표법 제16조 제1항 각 호에서 규정한 지정상품의 범위의 감축, 오기의 정정, 불명료한 기재의 석명, 상표의 부기적인 부분의 삭제의 범위 내에서 지정상품 또는 상표를 보정할 수 있으나 이러한 범위를 벗어나는 보정, 즉 지정상품명을 구체화한 것이 지정상품의 범위를 확대한 것이 되거나, 지정상품의 추가, 상표의 요부의 추가·삭제 또는 변경하거나 색채를 새로이 결합한 경우에는 요지변경이 된다.

2) 출원공고결정 후

출원공고결정등본의 송달 후에는 최초의 상표등록출원의 범위 내의 보정으로서 상표법 제16조에서 규정한 범위 내의 보정이라 하더라도 상표법 제15조에서 규정한 거절이유나 이의신청이유 또는 거절결정의 이유에 나타난 사항과 무관한 사항의 보정은 요지변경이 된다.

따라서 상표법 제16조 제1항에서 규정한 지정상품의 범위의 감축, 오기의 정정, 불명료한 기재의 석명, 상표의 부기적인 부분의 삭제라 하더라도 그것이 법 제15조에서 규정한 거절이유나 이의신청이유, 거절결정이유와 무관한 보정은 요지변경이 되어 각하의 대상이 된다.

2. 보정각하절차

1) 각하방식

상표등록출원에 관하여 지정상품 및 상표를 보정한 것이 요지변경인 때 그 보정에 대한 각하결정은 서면으로 하여야 하며 그 이유를 붙여야 한다.

2) 심사에서의 보정각하

심사관은 상표등록출원의 지정상품 및 상표에 관한 보정이 요지를 변경하는 것인 때에는 결정으로 그 보정을 각하하여야 한다.

3) 심판에서의 보정각하

상표법 제17조의 보정각하결정은 거절결정불복심판에 관하여 이를 준용한다. 따라서 출원인은 거절결정불복심판을 청구하면서 그 청구일로부터 30일 내에 지정상품 또는 상표를 보정하거나, 심판관으로부터 새로운 거절이유통지를 받고 그 거절이유를 면하기 위하여 상표등록출원에 관한 지정상품 및 상표를 보정할 수가 있는데 이때 출원인이 한 보정이 그 상표등록출원의 요지를 변경하는 경우에는 심판관은 그 보정을 결정으로 각하하여야 한다.

III. 보정각하의 효과

1. 심사 · 심판절차의 중지

1) 심사절차의 중지

심사관은 출원인이 한 상표등록출원에 관한 지정상품이나 상표에 관한 보정에 대하여 각하결정을 한 때에는 그 보정각하결정등본의 송달이 있는 날로부터 30일이 경과한 때까지는 당해 상표등록출원에 대하여 상표등록여부결정이나 출원공고결정을 하여서는 안 된다.

또한 심사관은 상표등록출원인이 보정각하결정에 대하여 불복심판을 청구하는 경우에는 그 심판의 심결이 확정될 때까지 그 상표등록출원의 심사절차를 중지하여야 한다.

2) 심판절차의 중지

심판관은 출원인이 한 상표등록출원의 지정상품 또는 상표에 관한 보정에 대하여 결정으로 각하한 경우에는 보정각하결정등본의 송달이 있는 날로부터 30일이 경과할 때까지 거절결정불복심판청구사건에 대하여 심결을 하여서는 안 되며, 심판청구인이 심판관의 보정각하결정에 불복하여 특허법원에 소를 제기한 때에는 특허법원의 판결이 있을 때까지 당해 거절결정불복심판청구사건에 대한 심판절차를 중지하여야 한다.

2. 보정의 불인정

상표등록출원에 관한 지정상품 또는 상표를 보정한 것이 요지변경으로 인정되어 심사관·심판관이 그 보정에 대하여 각하한 경우 출원인이 그 각하결정에 대하여 승복하거나 상급심에 의하여 그 각하결정이 지지되는 경우에는 당해 상표등록출원에 대한 지정상품 및 상표에 관한 보정은 없었던 것으로 된다.

그러나 출원인이 심사관·심판관이 한 각하결정에 불복하여 심판이나 특허법원으로부터 각하결정에 대한 취소심결이나 판결이 있는 경우에는 그 보정은 적법한 것으로 되어 출원시에 제출된 것으로 된다.

IV. 보정각하에 대한 불복

1. 보정각하불복심판청구

출원인은 출원공고결정등본의 송달 전에 한 지정상품이나 상표에 관한 보정이 요지변경으로 취급되어 각하된 경우 이에 불복일 때에는 보정각하불복심판의 청구나 특허법원에 소를 제기하여 그 당·부를 다툴 수 있다.

그러나 출원공고결정등본의 송달 후의 보정에 대한 각하결정에 대하여는 이에 관한 당부만을 다툴 수 없고 그 출원이 거절결정된 경우에 한하여 거절결정불복 심판에서 그 보정각하의 당·부도 아울러 다툴 수 있다(법 제17조 제6항).

2. 소 제기

출원인은 보정각하불복심판의 청구가 기각되거나 심판관이 한 보정각하결정에 대하여는 특허법원에 소를 제기하여 그 당·부를 다툴 수 있다.

제8장 출원의 분할

일 러 두 기 상표에 관한 절차에서 출원의 분할도 특허절차에서와 마찬가지로 그 취지, 절차, 효과 등에서 같다 하겠다. 다만, 상표등록출원에서의 분할은 그 대상이 지정상품만을 분할할 수 있는데 반하여 특허절차에서의 분할은 그 발명자체를 분할대상으로 한다는 점에서 구별된다 할 것이다.

그러나 상표에서의 이러한 분할출원제도는 다류 1상표출원제도가 채택되는 개정법에서는 그 의미가 한껏 퇴색한 제도임에 틀림없다.

I. 서 언

1. 의 의

상표법상 출원의 분할이라 함은 하나의 상표등록출원서에 같은 상품류 구분내에 속하는 2 이상의 상품을 지정상품으로 하여 상표등록출원으로 한 경우 또는 2이상의 상품류 구분에 속하는 상품들을 함께 지정하여 상표등록출원을 한 경우, 이를 2 이상의 상표등록출원으로 분할하는 것을 말한다.

상표등록출원의 분할은 지정상품의 분할을 뜻하며 상표의 분할을 의미하는 것은 아니다. 이와 같은 상표등록출원의 분할은 상표등록출원에서는 물론 상표권의 존속기간 갱신등록신청절차에서도 행하여진다.

우리 상표법에서 상표등록출원의 분할출원제도를 둔 것은 법률 제2506호(1973.2.8. 법률)부터이며 상표에 관한 절차에서 분할출원제도는 상표등록출원이 출원의 형식위반을 이유로 거절되는 것에 대한 구제수단(지정상품이 2 이상의 상품류 구분에 속하는 상품을 포함하고 있는 경우 이를 각각 해당류 구분에 맞도록 분할출원)으로서 중요한 의미를 갖는다.

또한 상표등록 후에는 그 상표권을 지정상품별로 분할할 수 있다.

2. 제도적 취지

현행 상표법은 상표등록출원에 대한 형식적 요건으로서 1상표 1출원의 원칙을 규정하고 있어 출원인은 상표등록출원을 하는 경우 1상표 1출원의 원칙에 따라 출원하여야 한다.

그러나 어느 상표가 1상표에 해당되는지, 또 상품이 상표법시행규칙 제6조 별표에서 정한 상품류 구분 몇 류에 해당하는지를 정확히 인식한다는 것은 출원인의 입장에서는 매우 어려운 일이라 할 것이며 또 이와 같은 사항은 출원의 형식위반에 불과하다.

따라서 상표등록출원절차에 관한 형식위반을 이유로 상표등록을 받지 못하게 하는 것은 출원인에게 너무 가혹하다 할 것이므로 이로부터 출원인을 구제하여 상표등록을 받도록 하는 것이 상표법의 취지에도 부합하는 것이 된다 하겠으므로 상표등록출원을 분할할 수 있는 제도적 장치를 마련한 것이다.

종전의 법제하에서 분할출원은 주로 2 이상의 상품류 구분에 속하는 상품을 1출원으로 한 경우 이를 해당 상품류 구분에 맞도록 하기 위한 경우가 대부분이었으나 법률 제5355호(1997.8.22. 공포, 1998.3.1. 시행)에서 다류 1출원제도를 채택함에 따라 1출원에 2 이상의 상품류 구분에 속하는 상품을 지정상품으로 하여 상품등록출원을 할 수 있게 됨으로써 앞으로 분할출원이 행해지는 경우는 드물 것으로 예상되며 다류 1출원제도의 채택으로 본 제도의 취지가 반감되었다고 할 수 있다. 다만, 실무적으로 다류 상표등록출원 한 경우 그 중 어느 류의 상품이 거절이유를 안고 있는 경우 그 거절이유를 해소하기 위하여 본 제도가 이용되고 있다.

II. 분할의 대상 및 요건

1. 분할이 인정되는 출원

1) 상표등록출원

상표등록출원이 2 이상의 상품류 구분에 속하는 상품을 1개류에 속하는 것으로 하여 출원된 경우 이를 해당 상품류 구분에 맞도록 분할출원 할 수 있으며 상품명이 포괄적 개념으로 기재되어 있는 경우에도 그 포괄적 개념에 포함되어 있는 개개의 지정상품마다 분할출원할 수 있다. 또한 다류의 상품을 지정상품으로 상표등록출원한 경우는 물론 상품과 서비스업을 동시에 지정하여 출원한 경우에도 각각 상표등록출원과 서비스표등록출원으로 분할출원 할 수 있다. 한편, 2 이상의 상표를 1출원으로 한 경우에는 이를 분할출원 할 수 없다.

2) 상표권의 존속기간갱신등록신청

등록상표가 2 이상의 상품류 구분에 속하는 상품을 포함하고 있는 경우에는 상표권의 존속기간갱신등록신청시에 이를 각각 해당 상품류 구분에 맞게 분할하여 출원해야 한다.

상표권의 존속기간갱신등록신청에서 분할출원이 일어나는 경우는 주로 상표등록출원시에 2 이상의 상품류 구분에 속하는 상품을 1개류에 속하는 것으로 지정하여 출원한 것이 과오로 등록되었거나 상표법의 개정으로 상표법시행규칙 제6조 별표에서 정한 상품류 구분이 달라진 경우 등이다.

3) 서비스표 등록출원

2 이상의 서비스업류 구분에 속하는 업을 지정서비스업으로 하여 서비스표등록출원을 한 경우에는 이를 해당 서비스업류 구분에 맞도록 분할출원 할 수 있다.

2. 분할출원의 요건

1) 실체적 요건

(1) 최초의 출원서에 기재된 것일 것
분할의 대상이 되는 지정상품은 최초의 상표등록출원서에 기재된 것에 한하며 보정에 의하여 새로이 추가된 상품은 이를 분할의 대상으로 할 수 없다.

(2) 2 이상의 상품을 포함하고 있을 것
분할출원은 2 이상의 상품을 하나의 상표등록출원서에 기재하여 출원한 것을 각각 별개의 출원으로 분할하는 것으로서 최초의 상표등록출원서에 2 이상의 상품을 포함하고 있어야 한다. 동일류구분 내의 상품도 이를 분할할 수 있는지에 대하여 논란이 있으나 인정되고 있다.[1]

---

[1]　구 상표법상 분할출원은 2 이상의 상품류구분 내의 상품을 지정상품으로 하여 상표등록출원한 경우 이를 각 해당 상품류 구분별로 분할하는 것을 의미하였으나 개정상표법에서는 다류 1출원제도를 채택하고 있고(법 제10조 제1항) 또, 분할출원은 2 이상의 상품을 1출원으로 한 경우에는 이를 분할출원 할

(3) 분할후 지정상품이 겹치지 아니할 것

분할출원 후 원상표등록출원서에 기재된 지정상품과 분할출원서에 기재된 지정상품은 각각 그 상품이 다른 것이어야 하며 원출원과 분할출원간에 상품이 겹치지 않아야 한다.

(4) 상표가 동일할 것

상표등록출원에 있어서 분할출원은 지정상품을 분할하는 것이므로 상표는 원출원상표와 분할출원상표가 동일하여야 한다.

2) 절차적 요건

(1) 원출원이 계속중일 것

분할출원시에 분할의 대상인 상표등록출원은 계속중이어야 하며 그 상표등록출원이 이미 취하·포기되었거나 거절결정의 확정, 상표등록출원에 대한 등록결정이 있은 후에는 분할출원을 할 수 없다.

(2) 출원인이 동일할 것

당초의 상표등록출원의 출원인과 분할된 상표등록출원의 출원인은 동일하여야 한다.

(3) 기간 내일 것

상표등록출원의 분할출원은 분할출원할 수 있는 기간 내에 하여야 한다. 상표등록출원을 분할할 수 있는 기간은 상표법 제14조, 제15조에서 규정한 지정상품 및 상표를 보정할 수 있는 기간 내에 할 수 있다.[2]

수 있는 것으로 규정하고 있어(법 제18조 제1항) 동일류상품구분에 속하는 상품이라도 이를 각각 분할출원 할 수 있는지에 대하여 의문이 있으나 동일류 구분 내의 상품을 분할출원하는 것은 분할출원의 실익이 적을 뿐만 아니라 절차의 번잡성이 뒤따르고 또 유사상품이 각각 별도의 상표등록이 가능한바, 상표권 상호간에 권리관계가 불명확하고 충돌할 경우가 있게 된다. 따라서 상표법 제18조 제1항에서 규정한 「2인 이상의 상품을 분할출원 할 수 있다」는 의미는 다류에 속하는 2 이상의 상품인 경우 분할출원 할 수 있다로 새김이 타당하다 할 것이다.

그러나 실무적으로는 동일류 구분내의 상품의 경우라도 그 중 어느 하나의 지정 상품이 거절이유를 않고 있는 경우 그 거절이유를 해소하기 위한 수단으로 분할출원이 자주 이용되고 있다.

2   따라서 상표법 제15조 각 호에서 규정한 거절이유통지에 대한 의견서제출기간, 이의신청이 있는 경우 그에 대한 답변서 제출기간, 거절결정불복심판을 청구하는 경우 그 청구일로부터 30일의 기간의 경우를 제외하고는 상표등록여부결정의 통지서 송달 전까지 분할출원을 할 수 있는 것이다.

III. 절 차

1. 분할출원할 수 있는 시기

상표등록출원의 분할은 법 제14조, 제15조에서 규정한 지정상품 및 상표를 보정할수 있는 기간 내에 분할할 수 있다. 기간을 경과하여 제출된 분할출원은 불수리의 대상이 된다(시행규칙 제2조 제1항).

1) 출원공고결정 전

출원공고결정등본 송달전에는 다음의 기간 내에 분할출원을 할 수 있다.
① 상표등록여부결정통지서 송달 전
② 거절결정에 대한 심판을 청구하는 경우 그 청구일로부터 30일 내
③ 심판관으로부터 거절이유를 통지받은 경우 그 의견서 제출기간 내

2) 출원공고결정 후

출원공고결정등본 송달후에는 다음의 경우에 한하여 분할출원을 할 수 있다.
① 거절이유에 대한 의견서제출기간 내
② 상표등록이의신청에 대한 답변서 제출기간 내
③ 거절결정에 대한 불복심판을 청구하는 경우 그 청구일로부터 30일 내

2. 분할출원 절차

분할출원은 별개의 새로운 상표등록출원을 하는 것이므로 분할출원에 따른 새로운상표등록출원서를 제출하여야 하며 우선권주장 및 우선권증명서의 제출, 출원시의 특례를 인정받기 위한 절차 등 출원에 따른 모든 절차를 새로이 밟아야 한다. 한편 당초의상표등록출원에 대하여는 그 출원서에 기재된 지정상품 중 분할출원한 지정상품을 삭제한 보정서를 제출하여야 한다.

3. 첨부서류의 원용

출원인은 분할출원에 필요한 모든 서류를 새로이 제출하여야 함이 원칙이나 우선권증명서, 출원시의 특례를 받기 위한 증명서, 대리권을 증명하는 위임장 등의 제출은 이미 원출원서에 제출된 것을 원용하고 그 사본을 제출할 수 있다.

IV. 분할의 효과

1. 출원일의 소급

1) 원 칙

분할출원이 적법한 것으로 인정이 되면 분할출원의 출원일은 당초 상표등록출원한 때 출원한 것으로 간주되어 출원일이 원출원일까지 소급되며, 우선권주장이 있는 출원인 경우에는 분할출원에 대한 법 제8조의 적용은 제1국 출원일까지 소급한다. 또한 갱신등록신청시에 분할된 갱신등록신청은 갱신등록신청시에 신청한 것으로 된다. 그러나 부적법한 분할출원인 경우에는 출원일이 소급되지 아니하고 분할출원일이 실제 상표등록출원일이 된다. 부적법한 분할출원이라도 보정에 의하여 적법한 분할출원으로 인정되는 경우에는 출원일 소급효가 인정된다.

2) 예 외

분할출원이 적법한 것으로 인정되면 그 출원일은 당초의 상표등록출원일까지 소급하나 다음의 경우에는 그러하지 아니하다. 이는 그 출원일을 당초의 상표등록출원일까지 소급시킴으로써 생기는 불합리한 점을 없애기 위하여 상표법 제18조 제2항에서 단서 규정을 마련하고 있다.

①　상표법 제20조 제3항 및 제4항을 적용하는 경우(우선권 주장이 있는 출원의 경우 그 취지 및 증명서 제출)

②　상표법 제21조 제2항의 규정을 적용하는 경우(출원시 특례주장이 있는 출원의 취지 및 증명서 제출)

2. 분할출원의 독립성

분할에 의한 새로운 상표등록출원은 독립된 하나의 별개의 상표등록출원으로서 원출원과는 별도로 심사절차가 진행됨은 물론 원출원에 대한 심사결과 등은 분할출원에 영향을 미치지 아니한다. 또한 등록 후에도 각각 별개의 상표권이 된다.

V. 상표권의 분할

등록상표의 지정상품이 2이상인 경우에는 그 상표권을 지정상품별로 분할할 수 있으며, 상표권이 소멸한 후에 등록상표 또는 지정상품추가등록에 대한 무효심판이 청구된 경우에는 심결이 확정되기 전까지는 상표권이 소멸된 후에도 상표권을 분할할 수 있다(법 제54조의2).

상표권의 분할은 법률 제5355호(1997.8.22.)에서 새로이 인정하게 되었는데 이는 개정법에서 다류1출원제도를 채택하게 됨에 따라 동 제도가 시행될 경우 심사에서 상품류 구분 내지 상품에 따라 거절 또는 등록이 상반되는 결론이 있을 수도 있고 이러한 문제는 등록 후에도 심판에 따라 동일하게 발생할 수 있으므로 상표권자가 이에 능동적으로 대처하고 필요한 조치를 할 수 있도록 하기 위하여 이와 같이 규정한 것이다.

이 경우 상표권의 분할도 류별이 다른 지정상품의 분할로 해석함이 타당하다 할 것이다.

VI. 국제상표등록출원의 경우

마드리드 의정서에서는 이전이 수반되지 아니한 분할은 인정하고 있지 않다. 그러므로 국제상표등록출원의 경우에는 이전이 수반되지 아니한 단순한 출원분할은 허용되지 않는다(법 제86조의20).

제9장 출원의 변경

일 러 두 기 상표법상 출원의 변경은 상표등록출원을 서비스표등록출원으로, 서비스표등록출원을 상표등록출원으로 변경하는 것을 말하는데 그 취지나 법적 효과 등에 있어서는 타법에서의 변경출원제도와 같다.

그러나 구상표법상(1997.8.22. 법률 제5355호 이전의 상표법) 인정되던 상표등록출원과 연합상표등록출원간의 상호변경출원은 연합상표제도의 폐지에 따라 폐지되고 다류 1출원제도의 채택과 더불어 상표등록출원과 서비스표등록출원간의 변경출원이 새롭게 인정되게 되었다.

여기서는 변경출원이 인정되는 경우 및 요건·효과를 이해하는 것이 선결과제이다.

I. 서 언

1. 의 의

상표법상 출원의 변경이라 함은 서비스표등록출원을 상표등록출원으로, 상표등록출원을 서비스표등록출원 등으로 변경하는 것을 말한다.

상표등록출원의 변경은 출원의 내용은 변경이 없이 상표등록출원의 형식 즉 상표등록출원을 서비스표등록출원으로, 서비스표등록출원을 상표등록출원 등으로 변경하는 것을 말하며 이와 같은 변경출원은 상표출원, 서비스표 출원, 단체표장등록출원 및 증명표장등록출원 상호간 및 상표등록출원과 지정상품추가등록출원간에만 인정이 되며 그 이외에 출원간에는 변경출원이 인정되지 않는다.

상표등록출원의 변경출원제도는 1973.2.8. 상표법(법률 제2506호)에서 연합상표제도의 채택과 더불어 채택된 제도이나 법률 제5355호(1997.8.22. 공포, 1998.3.1. 시행)에서 연합상표제도를 폐지함에 따라 상표등록출원과 연합상표등록출원간에 인정되던 변경출원제도는 폐지되었으며, 법률 제5355호에서 다류 1출원제도의 도입과 더불어 상표등록출원과 서비스표등록출원간에 변경출원이 인정되다가 2007.1.3. 법률 제8190호에서 그 변경출원 할 수 있는 대상을 현재와 같이 확대하였다.

2. 제도적 취지

상표ㆍ서비스표ㆍ단체표장 및 증명표장 간에는 상호 매우 밀접한 점이 있어 출원인이 상표를 출원함에 있어 이를 상표등록출원으로 할 것인지 아니면 서비스표등록출원 또는 단체표장으로 해야 할 것인지에 대한 판단은 매우 어려운 문제라 할 수 있으며 서비스표등록출원과 증명표장등록출원간에도 마찬가지의 어려움이 있다.

출원인이 이에 대한 판단을 잘못하여 상표등록출원으로 해야 하는 것을 서비스표등록출원으로 하거나 반대로 서비스표등록출원으로 해야 하는 것을 상표등록출원으로 한 경우 이는 단순히 출원의 형식을 위반한 것에 불과한 것이다. 그러므로 이러한 경우에는 그 출원의 형식을 변경할 수 있도록 하여 그 상표사용의 목적에 맞게 상표등록이나 서비스표등록을 받을 수 있게 하는 것이 상표법의 목적이나 취지에도 부합하는 것이 된다.

또한 다류1출원제도의 도입에 따라 상표와 서비스표를 동시에 1출원으로 하는 것이 가능하게 되었는 바, 이 경우 요지변경이 되지 않는 한 그 출원서 내에서 류별 변경이 가능케 함은 당연하다.

따라서 출원인이 새로이 출원해야 하는 절차적 부담을 덜어주고 아울러 선원의 지위도 인정함으로써 출원인의 편익을 도모하고자 변경출원제도를 마련한 것이다.

II. 변경출원의 대상 및 요건

1. 변경출원의 대상

1) 상호변경출원이 인정되는 경우

다음의 출원의 경우에는 상호간에 변경출원이 인정된다. 그러므로 상표ㆍ업무표장 상호간과 서비스표ㆍ업무표장 상호간에는 변경출원을 할 수 없으며, 지리적 표시 단체표장등록출원을 상표등록출원 또는 서비스표 등록출원으로 변경할 수 없다.

① 상표등록출원
② 서비스표 등록출원
③ 단체표장등록출원(지리적표시 단체표장 등록출원은 제외)
④ 증명표장등록출원(지리적표시 증명표장 등록출원은 제외)

2) 변경출원이 제한적으로 인정되는 경우

지정상품 추가등록출원을 한 출원인은 이를 상표등록출원으로 변경출원 할 수 있는데, 이와 같은 변경출원은 그 변경출원의 기초가 되는 등록상표에 대한 무효심판 또는 취소심판이 청구되거나, 등록상표가 무효심판 또는 취소심판에 의하여 소멸된 경우에는 이를 할 수 없다(법 제19조 제2항).[1]

3) 변경출원이 인정되지 않는 경우

변경출원은 위 "1), 2)"의 경우에만 인정이 되며 그 외에는 변경출원이 인정되지 않는다.

2. 변경출원의 요건

1) 선출원의 계속

변경출원은 당초의 상표등록출원·서비스표등록출원·단체표장등록출원 등이 적법하게 계속중인 경우에만 할 수 있으며 당초의 상표등록출원·서비스표등록출원·단체표장등록출원 등이 무효되거나 취하·포기 또는 등록결정이나 거절결정이 확정된 경우에는 변경출원을 할 수 없다(법 제19조 제4항).

2) 객체의 동일

변경출원은 출원내용의 변경이 아니고 출원형식의 변경이기 때문에 출원의 객체 즉, 상표·지정상품 또는 서비스표·지정서비스업이 당초에 출원한 상표·지정상품 또는 서비스표·지정서비스업과 동일하여야 한다. 당초 출원의 지정상품(서비스)의 범위 내에서 지정상품명(서비스)을 구체화하거나 세분화하는 것은 지정상품 또는 서비스가 동일한 것이라 할 수 있다.

이 경우 변경출원에 따른 내용(상표·지정상품)이 동일하여야 하므로 서비스업을 상품으로 바꾸어 상표등록출원으로 변경하거나 상품을 서비스업으로 바꾸어 변경출원한 경우에는 그 객체가 달라지므로 변경출원이 인정되지 않는다. 따라서 단순히 상

---

[1] 따라서 지정상품추가등록출원을 한 경우 기본이 되는 등록상표의 상표권이 소멸하거나 상표등록출원이 거절되는 경우에는 그 지정상품추가등록출원은 거절될 수밖에 없으며 상표등록출원으로 다시 출원절차를 밟아야 한다.

표등록출원으로 해야 할 것을 서비스표등록출원으로 기재한 경우에만 변경출원할 수 있는 것이다.[2]

3) 주체의 동일

원출원의 출원인과 변경출원의 출원인은 동일인이어야 하며 출원인이 여럿인 경우에는 그 출원인 모두가 일치하여야 한다.

III. 변경출원의 절차 및 효과

1. 변경출원 절차

1) 변경출원 할 수 있는 자

변경출원은 출원인만이 할 수 있다. 외국인인 경우에는 상표관리인에 의하여서만 절차를 밟을 수 있으며 임의대리인에 의하여 절차를 밟는 경우에는 특별수권이 있어야 한다.

2) 시 기

변경출원은 최초에 한 상표등록출원 또는 서비스표등록출원 등의 등록여부결정 또는 심결확정 전[3]에 하여야 한다. 기간을 경과하여 제출된 변경출원서는 불수리의 대상이 된다.

---

2   따라서 변경출원의 이용빈도가 적으며 그 실익이 의문시 된다.

3   여기서의 결정은 상표등록출원에 대한 거절결정·등록결정 모두를 말하는 것으로서 상표등록출원인은 그 상표등록출원에 대한 거절결정이 있는 경우에는 거절결정의 확정 전, 등록결정인 경우에는 등록결정서 송달 전까지 변경출원을 할 수 있음을 의미한다.

  한편, 거절결정의 경우에는 그 불복이 인정되고 있고 또 법률에 의하여 불복할 수 있는 기간은 거절결정서등본을 송달받은 날로부터 30일의 기간이 주어지므로 거절결정의 확정은 동 기간이 도과된 때이므로 그 기간이 경과하기 전까지는 거절결정은 확정되지 아니하는바 거절결정서를 송달받은 출원인은 거절결정서를 송달받은 날로부터 30일 내에는 거절결정불복심판을 청구하지 않고도 변경출원절차를 밟을 수 있는 것이다.

  또한 여기서의 심결은 거절결정불복심판 청구사건에 대한 심결을 말하며 상표등록출원에 대한 거절결정불복심판을 청구한 경우에는 그 사건에 대한 심결확정시까지 변경출원을 할 수 있다.

3) 출원서 등 제출

변경출원은 별개의 새로운 상표등록출원을 하는 것이므로 변경출원에 따른 새로운 상표등록출원서를 제출하여야 하며 우선권주장 및 우선권주장증명서의 제출, 출원시의 특례를 인정받기 위한 절차 등 출원에 따른 모든 절차를 새로이 밟아야 한다.

4) 첨부서류의 원용

출원인은 변경출원에 필요한 모든 서류를 새로이 제출하여야 함이 원칙이나 우선권 증명서, 출원시의 특례를 받기 위한 증명서, 대리권을 증명하는 위임장 등의 제출은 이미 원출원서에 제출된 것을 원용하고 그 사본은 제출할 수 있다.

2. 변경출원의 효과

1) 출원일의 소급

변경출원한 것이 적법한 것으로 인정이 되면 변경출원의 출원일은 당초 상표등록출원 또는 서비스표등록출원 등의 출원일에 출원된 것으로 보아 출원일이 당초 상표등록출원 또는 서비스표등록출원일까지 소급된다(법 제19조 제3항). 한편 우선권주장이 있는 출원의 경우 그 변경출원에 대한 법 제8조의 적용은 제1국 출원일까지 소급된다.

2) 원출원의 취하 간주

변경출원이 있는 경우 당초에 한 상표등록출원 또는 서비스표등록출원 등은 취하된 것으로 본다. 이때 변경출원의 적법여부에 불구하고 당초의 상표등록출원·서비스표등록출원 등은 취하된 것으로 보는 것이다(법 제19조 제5항).

IV. 국제상표등록출원의 경우

마드리드 의정서상에는 상표와 서비스표를 구분하지 아니하고 있으므로 국제상표등록출원에 대하여는 출원의 변경이 허용되지 않는다(법 제86조의21).

V. 관련 문제

1. 출원번호를 새로이 부과하지 아니함에 따른 문제점

그간 변경출원을 한 경우 이를 보정으로 간주하여 변경출원에 대하여 새로운 출원번호를 부여하지 않고 운영하여 왔는데(구 출원 및 등록관계사사무취급규정 제8조 제1항) 이는 상표법 제19조 제2항에서 변경출원이 있는 경우 당초의 출원은 취하로 본다는 규정과 관련지어 볼 때 부합되지 않는 점이 있다.

최근에는 이런 불합리한 점을 보완하고자 실무적으로 변경출원 또는 분할출원이 있는 경우 새로운 출원번호를 부여하여 운영함으로써 이러한 불합리한 점을 개선하였다.

2. 거절결정불복심판 계류 중 변경출원된 경우

거절결정불복심판 계류 중에 변경출원이 있는 경우 거절결정불복심판청구된 사건의 처리를 놓고 견해가 대립되고 있다.

그 하나의 견해는 상표법 제19조 제4항에서 변경출원이 있는 경우 당초의 상표등록출원은 취하된 것으로 간주하고 있으므로 당초 상표등록출원의 거절결정에 대한 불복사건인 거절결정불복심판사건은 그 대상물이 없는 부적법한 청구이므로 거절결정불복심판청구는 이를 각하하여야 한다는 견해이고, 다른 하나는 이를 각하할 것이 아니라 본안심리를 해야 한다는 주장이다.

현재의 실무는 전자 견해의 입장에서 심판청구사건에 대하여는 이를 각하하고 당해 상표등록출원은 심사국에 환송하는 것으로 운용하고 있는바,[4] 이렇게 처리함으로 인하여 심사부담과 출원인의 절차부담만 가중시킨다는 의견이 분분하다. 그러나 변경출원이 있는 경우 당해 상표등록출원은 취하된 것으로 간주하고 있어(법 제19조 제5항) 이 경우 당초의 거절결정에 대한 당·부를 다투는 거절결정심판청구사건은 그 목적물이 없어진 것으로 된다 할 것이므로 이를 이유로 당해 심판청구사건에 대하여 본안 심리를 하지 아니하고 각하하는 것은 법리상 당연하다 할 것이다.

---

4   심판편람 60 05 및 60 06 참조

제10장 **우선권제도**

일 러 두 기 상표에 관한 절차에서 우선권제도는 특허·실용신안제도 등에서의 우선권제도와
그 요건, 효과 등에 있어 같다 하겠으며 다만, 우선권주장기간에서만 차이가 있을 뿐이다. 상표법에
서의 우선권제도 또한 파리조약 4조 A(3)에 근거하여 마련된 것이다.

I. 서 언

1. 의 의

우선권이라 함은 조약 또는 이에 준하는 조약당사국의 국민이 동맹국의 1국에 상표
등록출원을 한 후 그와 동일한 상표와 상품을 우리나라에 출원하는 경우, 그 상표등록
출원에 대하여 조약당사국의 제1국에 출원한 날에 출원된 것과 동일하게 취급하여 주
는 것을 말하며, 이러한 주장을 우선권주장이라 한다.

상표법 제20조에서 규정하고 있는 우선권주장에 관한 규정은 파리협약 제4조 A(3)
에 그 기초를 두고 있는 것으로서 파리협약에서 정한 우선권주장의 조건과 효과를 그
대로 받아들이고 있다.

한편 대한민국의 국민도 파리협약 가입 동맹국의 어느 1국에 상표등록출원을 한 후
동일한 상표를 우리나라에 출원하는 경우 조약에 의한 우선권주장을 할 수 있다.

2. 제도적 취지

상표를 국제적으로 보호받기 위해서는 보호받고자 하는 각 나라마다 상표등록을 해
야 하므로, 이 경우 외국 여러 나라에 상표등록을 위한 절차를 동시에 밟는 것은 거리,
시간, 언어, 비용 등의 제약으로 쉬운 일이 아니다.

따라서 이와 같은 제약을 극복하고 진정한 선원자의 지위를 국제적으로 보호받기 위
하여 우선권 제도가 마련된 것이다.

우선권제도는 파리협약의 3대 기본원칙의 하나로서 산업재산권제도의 국제화 추세

에 따라 세계 각국이 공통적으로 채용하고 있다고 하여도 과언이 아니다. 그러나 파리 협약에 의한 우선권제도는 출원인을 불리하게 취급하지 않는다는 것뿐으로서 상표등록을 받고자 하는 나라에 모두 일일이 출원절차를 밟아야 하는 번거로움이 있다.

II. 우선권을 주장할 수 있는 자

1. 동맹국 국민

조약에 의하여 대한민국 국민에게 상표등록출원에 대한 우선권을 인정하는 당사국 국민은 그 당사국 또는 다른 당사국에 상표등록출원을 한 후 동일한 상표를 대한민국에 출원하는 경우 우선권을 주장할 수 있으며 그 승계인도 또한 같다.

2. 대한민국 국민

대한민국 국민도 동맹국의 1국에 상표등록출원을 먼저 한 후 그와 동일한 상표를 대한민국에 상표등록 출원하는 경우 조약에 의한 우선권을 주장할 수 있다.

3. 준동맹국 국민

비동맹국 국민으로서 파리협약의 동맹국 내에 주소나 영업소를 갖는 자가 동맹국 중 어느 1국에 상표등록출원을 한 후 그것을 기초로 하여 우리나라에 상표등록출원을 하는 경우 우선권주장을 할 수 있다.

III. 우선권주장의 요건 및 절차

1. 우선권 주장의 요건

1) 출원의 정규성

우선권주장의 기초가 되는 제1국에서의 최초의 출원은 그 나라에서 정규의 출원으로서 인정된 것이어야 한다. 정규출원으로 인정된 후에는 그 출원이 무효·취하·포기 또는 거절된 경우라도 이를 기초로 하여 우선권을 주장할 수 있다(파리협약 4조 조약A(3)).

2) 출원의 최선성

우선권주장의 기초로 할 수 있는 출원은 동맹국에서 한 출원 중 최선의 출원에 한한다. 만약 제2·제3의 출원에 대해서도 이를 우선권주장의 기초로 할 수 있도록 한다면 이는 우선권을 주장할 수 있는 기간이 실질적으로 연장되는 결과가 되기 때문에 이를 금지하고 있다.

3) 상표 및 상품의 동일

우선권주장의 기초가 되는 출원과 우선권주장을 수반하는 출원은 그 상표가 동일하여야 하고 지정상품이 동일하여야 한다. 따라서 상표는 동일하나 지정상품이 유사하거나, 상표가 유사하고 지정상품이 동일한 경우에는 우선권주장은 인정되지 아니한다.

그러나 제1국에서 포괄명칭으로 하여 출원한 것을 구체적인 상품명으로 하는 등 당초 제1국에서 한 상품의 범위 내의 것으로 인정되는 경우에는 지정상품의 수가 증가되더라도 관계없다. 한편, 제1국의 상표등록출원에 포함되지 아니하였던 지정상품을 포함하여 우선권주장을 할 수 있는지(소위 부분우선)에 대하여 의문이 있으나 파리협약 등에 비추어 볼 때 인정되지 않는 것으로 해석함이 타당하다.[1] 실무적으로는 추가된 지정상품을 삭제·보정한 경우 우선권을 인정하는 것으로 하고 있다.

또한 제1국에 포함되었던 여러개의 지정상품 중 그 일부의 상품만을 우선권주장하는 경우에도 우선권 주장이 인정된다.

4) 출원인의 동일

우선권주장의 기초가 되는 출원의 출원인과 우선권주장을 수반하는 출원의 출원인은 동일인이거나 그 승계인이어야 한다. 그러나 승계인의 경우에 있어서는 그 승계인이 우선권을 주장할 수 있는 권리를 당연히 갖는 것이 아니며 그 승계인은 상표에 관한 권리뿐만 아니라 우선권까지도 승계 받아야 하는 것으로 해석되고 있다.

2. 우선권주장 절차

우선권을 인정받기 위해서는 우선권주장 기간 내에 출원한 것만으로는 부족하고 일

---

1   특허·실용신안등록출원에 대한 우선권주장에 있어서는 파리협약 제4조 F에서 부분우선을 인정하고 있으나 상표에 관하여는 특허·실용신안 등록출원에서와 달리 부분우선을 인정하고 있지 않으므로 이와 같이 해석하는 것이 타당하다.

정한 절차가 필요하다.

1) 기간 내 출원

우선권을 주장하기 위해서는 제2국(우리나라)에의 출원은 이를 우선권주장기간 내에 하지 않으면 아니 된다. 따라서 동맹국에 최초로 출원한 날부터 6월내에 우리나라에 상표등록출원을 하지 아니하면 우선권을 주장할 수 없다.

2) 우선권주장

우선권을 주장하고자 하는 자는 상표등록출원시 그 상표등록출원서에 그 취지, 최초로 출원한 국명 및 출원의 연월일을 기재하여야 한다.

3) 증명서 제출

우선권을 주장한 자는 최초로 출원한 국가의 정부가 인정하는 상표등록출원의 연월일을 기재한 서면, 상표 및 지정상품의 등본을 상표등록출원일로부터 3월 이내에 특허청장에게 제출하여야 한다.

4) 우선권주장서류를 제출하지 아니한 경우

상표법 제20조 제3항에 의한 우선권을 주장한 자가 소정의 기간 내에 우선권주장에 따른 서류를 제출하지 아니한 경우에는 그 우선권주장은 효력을 상실한다(법 제20조 제5항).

IV. 우선권주장의 효과

1. 출원일 소급효

우선권주장이 인정된 상표등록출원은 상표법 제8조(선원)의 적용에 있어서 제1국의 최초출원일까지 소급한다.

2. 출원을 분할·변경하는 경우

우선권을 수반한 상표등록출원이 상표법시행규칙 제6조 별표에서 정한 2 이상의 상품류구분에 속하는 상품을 지정상품으로 하여 출원한 경우에는 출원인은 그 출원을 분할출원하여야 하는데, 이때 그 출원을 분할하거나 상표등록출원을 서비스표등록출원으로 변경출원 하는 경우 우선권의 이익을 보유한 채 분할출원·변경출원을 할 수 있다.

즉, 우선권주장을 수반한 출원을 분할·변경출원한 경우 그 분할·변경출원에 대한 상표법 제8조의 적용은 제1국의 출원시를 기준으로 한다.

V. 국제상표등록출원의 경우

상표법 제20조 제4항 및 제5항은 국제상표등록출원을 하는 자가 파리협약에 의한 우선권주장을 하는 경우에는 이를 적용하지 않도록 규정하고 있다(법 제86조의22). 따라서 국제상표등록출원을 하면서 파리협약에 의한 우선권주장을 하는 자는 최초로 출원한 국가의 정부가 인정하는 상표등록출원의 연월일을 기재한 서면, 상표 및 지정상품의 등본을 「상표등록출원일로부터 3월 이내」에 특허청장에게 제출할 필요가 없으며, 우선권주장서류를 제출하지 않는 경우에도 우선권주장의 효력은 상실되지 아니한다.

제11장 출원시의 특례

일 러 두 기 상표법에서 채택하고 있는 출원시의 특례규정은 특허·실용신안법에서의 신규성의제에 비견되는 제도이다. 상표에 관한 절차에서도 상표등록출원 전에 상품을 박람회 등에 출품하면서 특정상표를 사용하는 경우에는 타인이 그 상표를 도용하여 먼저 출원할 소지가 있으므로 이로부터 박람회출품한 자를 보호할 필요가 있는 것이다.

특례가 인정되는 상표는 박람회에 출품한 상표 및 상품에 한하여 인정되는 점에 유의할 필요가 있다.

I. 서 언

1. 의 의

상표법은 동 법 제21조에서 정부 또는 지방자치단체가 개최하는 박람회 등 상표법에서 정한 소정의 박람회에 상품을 출품한 자가 그 출품한 상품에 사용한 상표를 박람회에 출품한 날로부터 6월 이내에 상표등록출원을 하는 경우, 그 상표등록출원은 상품을 박람회에 출품한 때 출원한 것으로 간주하여 상표등록출원일을 박람회에 출품한 날까지 소급시켜 주고 있다.

상표등록출원일이 박람회에 출품한 날까지 소급되는 것은 상표법 제21조 제1항 각호에서 규정한 박람회에 출품한 경우에 한한다.

상표법 제21조에서 출원시의 특례규정을 마련한 것은 상표제도의 국제화와 더불어 우리나라가 파리협약에 가입하면서 동 협약 제11조에 기초하여 마련된 것이다.

2. 제도적 취지

상품판매전략의 일환으로 또는 산업정책적인 측면에서 각종 박람회가 개최되는데 기업은 이때 그 박람회에서 자기의 상품을 널리 선전하기 위하여 새로운 상품을 개발하고 그 상품에 걸맞는 상표도 선정하여 사용하게 된다. 이 경우 기업은 아직 상표등록출원절차를 밟지 않고 출품하는 경우가 있는데 이러한 상표는 타인에게 모방당하기 쉽고 선원권을 빼앗길 우려가 있다. 따라서 이와 같은 상표는 이를 보호하여 주는 것이 박람회의 취지를 살리는 길임은 물론 산업발전에도 도움이 되므로 우리 상표법은 출원시의 특례규정을 마련하고 있다.

　본 조는 우리나라가 파리협약 가입과 관련하여 1980년 개정법(1980.12.31. 법률 제3326호)에서 신설된 것으로 박람회에 출품한 상품에 사용한 상표에 대하여는 선원주의의 예외를 인정함으로써 박람회에 출품한 자를 보호하기 위함이다.[1]

II. 특례가 인정되는 박람회

1. 정부 또는 지방자치단체가 개최하는 박람회

　여기서 정부라 함은 대한민국의 정부를 의미하는데, 정부는 행정부만을 의미하는 것이 아니고 입법 · 사법 · 행정의 모든 기관을 지칭하며 지방자치단체라 함은 지방자치법에서 규정한 지방자치단체로서 서울특별시, 광역시, 도, 시 등과 교육법에서 규정한 서울특별시교육위원회 등을 말한다.

2. 정부 또는 지방자치단체의 승인을 얻은 자가 개최하는 박람회

　이는 정부 또는 지방자치단체로부터 박람회 개최에 대한 승인을 받아 개최하는 박람회를 말하며, 여기서 정부 · 지방자치단체의 승인이라 함은 박람회 개최에 대한 승인을 말하며 그 개최자는 법인 · 자연인을 불문한다.

3. 정부의 승인을 얻어 국외에서 개최하는 박람회

　여기의 박람회는 내국인 또는 외국인이 대한민국 정부의 승인을 얻어 국외에서 개최하는 박람회를 말한다.

1　파리협약에 따르면 동맹국의 영역 내에서 개최되는 공식적 또는 공식적으로 인정된 국제전시회에 출품된 상품에 관하여 각국의 법령에 따라 상표에 대하여 임시적 보호를 해줄 것을 규정하고 있다(파리협약 제11조).

4. 조약의 당사국 영역 안에서 그 정부나 그 정부로부터 승인을 얻은 자가 개최하는 국제박람회

이는 파리협약의 동맹국은 물론 그외 조약 및 이에 준하는 당사국 영역 내에서 그나라 정부가 개최하는 국제박람회나 그 정부로부터 승인을 얻은 자가 개최하는 국제박람회를 말하며 여기의 정부에는 국가기관은 물론 주정부, 공화국정부를 포함한다.

III. 특례의 인정요건 · 절차 및 효과

1. 인정요건

1) 박람회에 출품한 자가 상표등록출원할 것

상표등록출원이 박람회에 출품한 때 출원된 것으로 인정되기 위해서는 상품을 박람회에 출품한 자 또는 그 자로부터 상표에 관한 권리를 승계한 자가 상표등록출원을 하여야 한다.

2) 상표가 동일할 것

상표등록출원한 상표는 박람회에 출품한 상품에 사용한 상표와 그 상표가 동일하여야 하며 유사상표는 인정되지 아니한다.[2]

3) 상품이 동일할 것

상표등록출원한 상표의 지정상품은 박람회에 출품한 상품 자체를 지정상품으로 하여야 하며 그 이외의 상품이나 유사상품은 출원시의 특례가 인정되지 아니한다.

4) 6개월 내 출원한 것

출원시의 특례를 적용받기 위해서는 상품을 박람회에 출품한 때로부터 6개월 내 상표등록출원을 하여야 한다.

---

2   출원시의 특례가 인정되는 상표는 박람회에 출품한 상품에 사용된 상표와 동일한 상표에 한하므로 이와 유사한 상표 및 유사한 지정상품인 경우에는 출원일이 소급되지 않는다.

2. 절 차

1) 출원시의 특례주장

출원시의 특례를 적용받고자 하는 자는 상표등록출원시에 그 취지를 기재한 서면을 상표등록출원과 동시에 특허청장에게 제출하여야 한다.

2) 증명서 제출

출원시의 특례를 적용받고자 하는 자는 박람회에 출품했음을 증명할 수 있는 서류를 상표등록출원일로부터 30일 이내에 특허청장에게 제출하여야 한다.

소정의 기간 내에 출원하지 아니하거나 증거서류를 제출하지 아니한 때에는 출원시의 특례는 인정되지 아니하며 상표등록출원일이 현실의 출원일이 된다.

3. 출원시 특례의 효과

출원시의 특례가 적용되는 경우 당해 상표등록출원은 상품을 박람회에 출품한 때 출원한 것으로 본다.

박람회에 출품한 때라 함은 박람회 개최일이 아니라 그 상품이 박람회에 출품 또는 전시되기 위하여 상품을 박람회에 반입한 날을 의미한다.[3]

IV. 국제상표등록출원의 경우

국제상표등록출원에서 출원 시 특례를 주장하고자 하는 자는 그 취지를 기재한 서면 및 이를 증명할 수 있는 서류를 상표법 제86조의14 제2항 본문의 규정에 의한 「국제등록일(사후지정의 경우에는 사후지정일)부터 3월 이내」에 특허청장에게 제출하여야 한다.

---

3   상표등록출원일을 박람회 개최일이 아닌 그 상품의 반입일로 해석하는 것은 파리협약 제11조 제2항에서 "……후에 우선권을 주장하는 경우에는 각 가맹국의 주무관청은 그 상품을 박람회에 반입(introduce)한 날로부터 우선권주장기간이 개시되는 것으로 할 수 있다"고 규정하고 있기 때문에 그와 같이 해석하는 것이다.

제12장 거절이유 및 심사절차

일러두기 상표법상 거절이유는 상표등록출원이 등록받을 수 없는 이유를 말하는 것으로서
제한열거적 규정으로 해석되는 규정이다.

거절이유는 이의신청이유, 무효사유와 거의 같다고 할 수 있는데 꼭 기억해야 할 사항이다. 심사관
으로부터 거절이유를 통지받은 경우 이에 대한 대처방안이나 대응절차도 알아두는 것이 필요하다.

I. 서 언

우리나라 상표법은 심사주의를 취하고 있어 상표등록을 받기 위해서는 법 소정의 거
절이유에 해당하지 않아야 한다. 상표등록출원이 상표법에서 정한 거절이유에 해당하
는지 등에 대한 심사는 심사관이 이를 전담하는데, 거절이유는 상표법 제23조 제1항에
서 구체적으로 열거하고 있다.

또한 상표법은 상표등록출원에 대한 심사절차에 관하여도 구체적으로 규정하고 있
는데 심사관이 이와 같은 절차를 위반한 경우에는 위법이 되므로 상표등록출원인은 이
를 거절결정불복심판 등에서 다툴 수 있다.

II. 거절이유

1. 의 의

상표법상 거절이유라 함은 상표등록출원이 상표등록을 받을 수 없는 이유를 말한다.
우리나라는 심사주의를 채택하고 있어 상표등록출원이 상표등록을 받기 위해서는 상
표법에서 규정한 소정의 거절이유에 해당되지 않아야 하는데 상표등록 출원에 대한 거
절이유에 관하여는 상표법은 제23조에서, 지정상품추가 등록출원에 대한 거절이유에
관하여는 법 제48조에서 각각 규정하고 있다.

심사관은 상표등록출원을 심사함에 있어 그 상표등록출원이 상표법에서 규정한 거

절이유에 해당될 때에는 그 이유를 들어 출원인에게 거절이유를 통지하고 기간을 정하여 의견서 제출의 기회를 주어야 한다. 이때 상표등록출원인은 심사관의 거절이유가 부당한 경우 그 부당한 이유와 증거를 들어 의견을 진술할 수 있다.

반면에 심사관은 상표등록출원이 상표법 소정의 거절이유에 해당하지 않는 경우에는 그 상표등록출원에 대하여 상표등록결정을 하여야 한다.

2. 법적 성격

종래에는 거절이유를 상표법에 명시하지 않고 오로지 심사관의 판단에 의하는 경우도 있었으나 오늘날 상표제도를 채택하고 있는 대부분 국가는 상표보호의 적정을 기하고 심사의 통일성 유지와 심사관의 자의성 방지 등을 위하여 거절이유를 상표법에 명시하고 있다.

상표법에서 규정한 거절이유가 제한열거적인 규정인가, 예시규정에 불과한 것인가에 대하여 설이 대립되고 있으나 제한열거적인 규정으로 이해함이 일반적이다.

3. 거절이유

상표등록출원에 관한 거절이유는 상표법 제23조 제1항에서 규정하고 있다.

① 제3조, 제5조의24, 제6조부터 제8조까지, 제10조 제1항, 제12조 제2항 후단·제5항·제7항 내지 제10항까지의 규정에 따라 상표등록을 할 수 없는 경우

② 조약의 규정에 위반된 경우

③ 조약당사국에 등록된 상표 또는 이와 유사한 상표로서 그 상표에 관한 권리를 가진 자의 대리인이나 대표자 또는 상표등록출원일 전 1년 이내에 대리인이나 대표자이었던 자가 상표에 관한 권리를 가진 자의 동의를 받지 아니하는 등 정당한 이유없이 그 상표의 지정상품과 동일 또는 유사한 상품을 지정상품으로 상표등록출원을 한 경우. 다만, 그 권리자로부터 상표등록이의신청이 있거나 제22조 제3항의 규정에 의한 정보제공이 있는 경우에 한한다.[1]

---

1   이는 파리협약 제6조의7에 기초하여 만들어진 규정으로서 파리협약의 동맹국에서 상표에 관한 권리를 가진 자의 승낙을 받지 않고 그 권리자의 대리인 또는 대표자가 상표등록출원을 하여 출원공고된 경우 그 권리자의 이의신청이 있는 때에 한하여 거절할 수 있는 것을 말하며 속지주의 원칙에 대한 예외규정이다.

「상표에 관한 권리를 가진 자」라 함은 조약당사국에서 등록된 상표의 상표권자 또는 등록되어 있지는 아니하나 그 상표사용에 관하여 사용할 권리를 독점 또는 배타적으로 가진 자를 말하며 동맹국 여

④ 제2조 제1항 제1호 내지 3호, 제4호 및 제5호의 규정에 의한 표장의 정의에 합치하지 아니하거나 지리적 표시 단체표장 또는 지리적 표시 증명표장의 경우에는 그 지리적 표시와 표장이 지리적 표시와 표장이 같은 항 제3호의2, 제3호의4 및 제4호의2에 따른 지리적 표장의 정의에 합치하지 아니하는 경우

⑤ 지리적 표시 단체표장등록출원에 있어서 그 지리적 표시를 사용할 수 있는 상품을 생산·제조 또는 가공하는 것을 업으로 영위하는 자에 대하여 정관에 의하여 단체의 가입을 금지하거나 정관에 충족하기 어려운 가입조건을 규정하는 등 단체의 가입을 실질적으로 허용하지 아니한 경우

⑥ 제9조 제4항의 규정에 의한 정관에 대통령령이 정하는 단체표장의 사용에 관한사항의 전부 또는 일부에 관한 기재가 없거나 같은 조 제5항에 따른 정관 또는 규약에 대통령령으로 정하는 증명표장의 사용에 관한 사항의 전부 또는 일부를 기재하지 아니한 경우

⑦ 제3조의2·제3조의3 및 제4조에 따른 단체표장, 증명표장 및 업무표장의 등록을 받을 수 있는 자에 해당하지 아니하는 경우

⑧ 증명표장등록출원에 있어서 그 증명표장을 사용할 수 있는 상품을 생산·제조·가공 또는 판매하는 것을 업으로 영위하는 자나 서비스업을 영위하는 자에대하여 정당한 사유 없이 정관 또는 규약으로 사용을 허락하지 아니하거나 정관 또는 규약에 충족하기 어려운 사용조건을 규정하는 등 실질적으로 사용을 허락하지 아니한 경우

— 사 례 —

(사례 1)〔상표 및 지정상품〕 이 사건 상표: MiKi(미키)(제12류 휠체어 등), 인용상표: MiKi(제12류 휠체어 등)

〔판례〕 ① 상표법 제23조의 입법배경에 관하여 살펴보면, 국제거래가 활발해 짐에 따라 외국의 메이커나 상사는 수입국의 상사 등을 대리점 내지는 총대리점으로 사용하는 것이 상례인데, 이러한 대리점 등이 그 수입상품에 사용된 상표를 임의로 상표등록출원 하는 사례가 많아지게 되고, 이러한 출원이 등록되는 경우에는 수출업자 등의 입장에서 보면 자기의 의사에 반하여 판매독점권을 부여하여야 하는가 하면 속지주의가 지배하는 현실에서 동일 유사상표가 여러 나라에서 다른 사람에 의하여 등록되는 것과 같은 상태가 되어 불합리하게 된다. 따라서 공정한 국제거래를 확보할 필요성에서 공업소유권 보호를 위한 파리협약 리스본 회의에서 조약을 개정함으로써, 이러한 출원에 대하여 수출국의 상표권자가 개입할 수 있는 길을 열어놓았다

러 나라에 상품을 수출하는 수입선을 말한다. 또한 「대리인 또는 대표자」라 함은 대리점, 특약점, 위탁판매업자, 총대리점, 수입상 등을 말하며 민법의 사무관리규정이나 상법의 대리상규정 등에 따라 해석해야 할 것이다.

(파리협약 제6조의 7 참조). 한편 우리나라도 1980.5.4. 파리협약에 가입하게 되었고, 그에 따라 위 조약 6조의7(소유권자의 허가를 받지 아니한 대리인 또는 대표자 명의의 등록에 관한 규정)의 내용을 국내 입법화하기 위해 1980.12.31. 법률 제3326호로 상표법 일부개정시 상표법 제23조 제1항 제3호 등의 관련 규정이 신설되었다.

② 상표법 제23조 제1항 제3호에서 말하는 '상표에 관한 권리를 가진 자'라 함은 위 조항에 해당하는 파리협약 제6조의7에 '표장의 소유자(Proprietor of a mark, titulaire d'une marque)'라고 규정되어 있어 상품에 관하여 조약 당사국의 상표법에 의하여 배타적 권리를 가지는 자를 의미한다고 할 것이다. 그런데 배타적인 권리를 취득하는 근거로 선사용을 요구하는 국가도 있고, 선등록을 요구하는 국가도 있다. 이와 같이 법제(권리인정의 근거)를 달리하는 조약 당사국간의 형평성, 파리협약 내지 위 조항의 입법취지 등을 고려할 때, '상표에 관하여 권리를 가진 자'에는 등록주의 국가의 등록된 상표권자와 사용주의 국가의 선사용권자 모두가 포함된다고 할 것이다. 이 사건에 있어서 피고 보조참가인은 이에서 본 바와 같이 선사용주의 국가이자 파리조약의 조약당사국인 미국에서 선사용상표를 이 사건 출원상표의 출원일(2006.5.25.) 이전에 상업적으로 사용함으로서 그 무렵 미국내 선사용상표에 관한 배타적인 권리를 취득하였다 할 것이므로, 피고 보조참가인은 선사용상표에 기해 상표법 제23조 제1항 제3호 소정의 '상표에 관한 권리를 가진 자에 해당한다.

③ 피고 보조참가인은 휠체어를 생산하는 회사로 일본 내에서 널리 알려진 점, 원고회사는 피고 보조참가인이 우리나라에 진출하면서 합작투자의 형태로 설립된 회사이고, 설립초기부터 피고 보조참가인으로부터 기술지도를 받았을 뿐만 아니라, 제품사양의 세세한 부분까지 피고 보조참가인의 승낙을 얻어 제품을 생산 판매하고 있는 점, 원고회사는 피고 보조참가인의 실질적 자회사인 미키상해가 생산한 휠체어 내지 그 부품을 수입하여 휠체어 완성품을 생산한 다음, 국내 판매물량을 제외한 나머지 전체물량을 피고 보조 참가인에게 수출하였던 점, 원고회사와 피고 보조참가인은 동일한 모델의 휠체어 등 제품을 한국과 일본에서 동시에 판매해온 점, 원고회사는 피고 보조참가인으로부터 직접 휠체어 등 제품을 수입 판매하기도 하였던 점 등에 비추어 볼 때, 원고회사는 피고 보조 참가인의 제품을 수입 판매하는 상표법 제23조 소정의 '대리인'관계에 있다 할 것이다(특허법원 2008.11.19. 선고 2008허7027 판결 심결지지).

(사례 2) 〔상표 및 지정상품〕 이 사건 상표: HIRO MATSUMOTO(제25류 양복바지, 슈트, 스커트 등), 인용상표: MATSUMOTO(제28류 골프공, 클럽헤드 등)
〔판례〕 ① 원고는 2001.4.경 소외회사와 사이에, 원고가 대한민국 내에서 소외 회사의 총판매대리점으로서 그 상품을 독점적으로 판매하기로 하는 상품독점판매계약을 체결함과 아울러 그 계약기간 동안 소외회사의 'HIRO MATSUMOTO' 상표에 관하여 독점적 사용을 허락받는 상표사용계약을 체결한 사실, 소외 회사는 위 상품독점판매계약의 계약기간을 1년 단위로 계속 연장하다가 2007.1.23. 원고에게 이미지 손상 및 상품대금 지급불능 등을 이유로 계약해지를 통보한 사실, 그 계약해지통지의 효력에 관하여 현재까지 원고와 소외회사사이에 다툼이 있는 사실을 인정할 수 있다. 이에 의하면, 위 계약해지의 효력이 있는 경우에는 원고는 이 사건 출원상표의 출원일(2007.7.16.) 전 1년 이내에 소외 회사의 대리인 또는 대표자였던 자에 해당하고, 위 계약해지의 효력이 없는 경우에는 다른 특별한 사정이 없는 한 이 사건 출원상표의 출원당시 소외회사의 대리인 또는 대표자에 해당한다.

② 원고는 이 사건 출원상표를 소외 회사로부터 동의를 받아 정당하게 출원한 것이라고 주장하므로 살피건대, 원고는 소외 회사가 상품독점판매계약에 대한 해지통보를 하기 전부터 소외 회사와 협의하에, 대한민국 내에서 'HIRO MATSUMOTO' 상표를 무단으로 등록한 사람들을 상대로 원고의 비용으로 취소심판을 청구하는 등 위 상표에 관한 심판, 소송 등을 수행한 사실을 인정할 수 있다. 그러나 위 인정사실만으로는 원고의 위 주장사실을 인정하기 부족하다. 오히려 원고가 이 사건 출원상표를 출원하기 약 6개월 전에 소외회사가 이미

지 손상 및 상품대금 지급불능 등을 이유로 원고에게 상품독점판매계약에 대한 해지를 통지한 점에 비추어 보면 이 사건 출원상표의 출원이 소외 회사의 동의를 받고 이루어진 것이라고 보기 어렵다(특허법원 2010.3.4. 선고 2009허7406 판결 심결지지 참조).

III. 심사절차

1. 심사관에 의한 심사

특허청장은 심사관으로 하여금 상표등록출원 및 상표등록이의신청을 심사하게 하여야 한다(법 제22조 제1항).

2. 심사순서

1) 통상의 심사

상표등록출원에 대한 심사는 출원순서에 따라 하는데, 우선심사 심사신청이 있는 출원에 대하여는 출원의 순위에 관계없이 우선적으로 심사하게 할 수 있다(법 제22조의4).

2) 우선심사(법 제22조의4)

(1) 우선심사대상

특허청장은 다음 각 호의 어느 하나에 해당되는 상표등록출원에 대하여는 심사관으로 하여금 다른 상표등록출원에 우선하여 심사하게 할 수 있다.

① 상표등록출원인이 아닌 자가 상표등록출원된 상표를 정당한 이유없이 업으로 사용하고 있다고 인정되는 경우

② 상표등록출원인이 상표등록출원한 상표를 지정상품의 전부에 사용하고 있는 등 대통령령으로 정하는 상표등록출원으로서 긴급한 처리가 필요하다고 인정되는 경우

ⓐ 상표등록출원인이 상표등록출원한 상표를 지정상품의 전부에 사용하고 있다고 인정되는 경우

ⓑ 법 제8조 제5항에 따라 취소심판청구인이 낸 상표등록출원으로 인정되는 경우

ⓒ 「조달사업에 관한 법률 시행령」 제18조의2에 따른 5인 이상 중소기업자가 공동으로 설립한 법인이 낸 단체표장등록출원으로 인정되는 경우

㉣ 제2호와 제3호 외에 상표등록출원인이 상표등록출원한 상표를 지정상품의 전부에 사용 준비 중인 것이 명백하다고 인정되는 경우

(2) 우선심사신청

우선심사를 신청하려는 자는 산업통상자원부령이 정하는 우선심사신청서와 다음의 첨부 서류를 특허청장에게 제출하여야 한다.
① 특허청장이 정하는 사항을 기재한 우선심사신청설명서 1통
② 대리인에 의하여 절차를 밟는 경우에는 그 대리권을 증명하는 서류 1통

(3) 우선심사여부 결정

특허청장은 우선심사 신청이 있는 때에는 우선심사여부를 결정하여야 한다.

3. 전문조사기관에 대한 상표검색의뢰

특허청장은 상표등록출원의 심사에 관하여 필요하다고 인정하는 경우에는 전문조사기관을 지정하여 상표검색을 의뢰할 수 있으며, 관계행정기관이나 상표에 관한 지식과 경험이 풍부한 자 또는 관계인에게 협조를 요청하거나 의견을 들을 수 있다(법 제22조의2 제1항·제2항).

또한 특허청장은 「농산물품질관리법」 또는 「수산물 품질관리법」에 의한 지리적 표시 등록대상품목에 대하여 지리적 표시 단체표장이 출원된 경우 지리적 표시 해당여부에 관하여 농림수산식품부장관의 의견을 들어야 한다(법 제22조의2 제3항).

4. 정보제공

누구든지 상표등록출원이 법 제23조 제1항 각 호에 해당된다고 인정하는 경우에는 그 정보를 증거와 함께 특허청장에게 제공할 수 있다(법 제22조 제3항).

5. 의견서제출통지 및 의견서 제출

1) 의견서 제출통지

심사관은 상표등록출원이 법 소정의 거절이유에 해당하는 경우 출원인에게 기간을 정하여 의견서제출의 기회를 주어야 하는데 그 의견서제출통지에는 모든 거절이유를 함께 통지하여야 한다(예: 7-1-7 및 7-1-9·7-1-11 등).

다류지정의 상표등록출원에 있어서 거절이유가 일부 상품류 구분에만 있을 경우에는 그 거절이유는 해당류구분에 대하여만 적용되며 거절이유가 없는 다른 상품류 구분에 대하여는 분할출원을 할 수 있다는 취지를 거절이유에 함께 통지하여야 한다.

이때 거절이유가 없는 다른 상품류 구분을 분할출원한 경우에는 거절이유가 있는 원출원에 대하여만 거절결정을 하고, 분할출원을 하지 아니한 경우에는 당해 출원 전체에 대하여 거절결정을 한다.

2) 의견서 제출

출원인은 심사관으로부터 의견서제출통지를 통지받은 경우 그 거절이유의 부당함을 탓하는 의견서를 제출할 수 있다. 의견서 제출기간 및 실체심사 등과 관련하여 심사관이 지정하는 기간은 2월 이내로 한하는데, 지정기간을 연장하고자 하는 경우, 연장기간은 매회 1월로 하고 필요한 경우 2회에 한하여 연장할 수 있다(심사사무취급규정 제20조 제1항 및 제2항).

3) 지정상품 또는 상표의 보정

출원인은 심사관의 거절이유가 부당(상표 또는 지정상품의 비유사 등)함을 탓하는 의견서제출과 더불어 필요한 경우 거절이유를 면하기 위하여 지정상품 중 일부의 상품을 삭제 또는 보정하거나 상표를 보정 할 수 있다.

6. 출원공고 및 이의신청

심사관은 당해 상표등록출원에 대한 심사결과 상표법 소정의 거절이유를 발견하지 못한 경우에는 그 상표등록출원에 대하여 출원공고결정을 하여야 한다. 또한 출원공고가 행해진 상표등록출원에 대하여 이의신청이 있는 경우에는 그 이의신청의 성립여부를 결정하여야 한다.

7. 상표등록여부 결정

1) 등록 또는 거절결정

심사관은 상표등록출원에 대하여 출원공고가 행해진 후 이의신청이 없는 경우에는 그 상표 등록출원에 대하여 등록결정을 하여야 하며, 출원공고 후라도 새로운 거절할 이유가 있는 경우에는 출원인에게 의견서의 제출의 기회를 준 후 거절결정을 한다.

2) 등록 또는 거절결정의 취소여부

① 심사관의 상표등록여부 결정 또는 보정각하 결정은 그 처분이 비록 위법 또는 부당하다고 하더라도 심판에 의한 절차에 의하지 않고는 직권으로 취소 또는 변경하지 못한다. 다만, 그 처분이 다음의 중대하고도 명백한 절차 등의 하자가 있는 때에는 특허청장의 직권 또는 신청에 의하여 취소할 수 있다(상표심사기준 제55조).

　㉠ 처분의 내용이 사실상 또는 법률상 실현이 불가능한 처분

　㉡ 법 제23조 제2항이 규정하는 거절이유통지절차, 제24조 제1항이 규정하는 출원공고절차, 제27조 제1항의 규정에 의한 답변서제출기회 부여 등 절차를 결여한 처분

　㉢ 이유를 붙이지 아니한 이의신청에 대한 결정 또는 거절결정

② 그 외에 절차적인 처분 등에 하자가 있는 때에는 직권 또는 신청에 의하여 이를 취소할 수 있다(상표심사기준 제56조).

3) 사후보정

상표등록줄원인은 당해 처분이 자기의 귀책사유가 없는 행정청의 과오로 행하여진 경우에 적법한 보정을 할 수 있고 이 경우 그 처분은 유효한 것으로 보며, 위 각각에 해당하는 처분이라고 하더라도 장기간 방치로 인하여 복잡한 거래질서가 형성된 때에는 제55조 제2항(상표심사기준)이 규정하는 보정행위가 없더라도 유효한 것으로 본다(상표심사기준).

제13장 출원공고제도

I. 서 언

1. 의 의

출원공고라 함은 심사관이 상표등록출원을 심사한 결과 법에서 정한 소정의 거절이유를 발견하지 못한 경우 그 출원내용을 사회일반에 공표하는 것을 말하는데, 이와 같은 출원공고는 일반공중으로 하여금 그 공고된 상표등록출원에 대하여 이의신청을 할 수 있는 기회를 부여하여 지금까지 행해진 심사관의 심사불비를 지적하는 등 심사협력을 얻고자 마련된 제도이다.

출원공고는 상표, 서비스표, 단체표장, 업무표장에 관한 심사절차에서 행하여지나 상표권, 서비스표권 등의 존속기간갱신등록신청에 대한 절차에서는 출원공고가 행해지지 않는다.

2. 제도적 취지

출원공고제도는 일반공중으로 하여금 상표심사에 참여토록 하여 지금까지 행하여진 심사관의 심사불비를 지적토록 함으로써 부실심사를 방지하고 심사의 안전성과 공정성을 기함으로써 등록 후의 상표권분쟁을 미연에 방지하고자 함에 그 주된 목적이 있다.

3. 출원공고의 성격

1) 공시최고설

이 설은 출원공고를 공시최고와 같이 이해하는 설이다. 출원공고에 의하여 일반공중에게 이의신청의 기회를 주어 이의신청이 없을 때에는 실권의 효과가 발생한다는 설이다.

2) 공중심사설

이 설은 출원내용의 공개로 일반공중으로 하여금 심사관의 심사에 관여할 기회를 줌으로써 심사관의 자의적인 심사를 저지하는 것을 출원공고의 본질로 이해하려는 설로서 통설이라 할 수 있다.

3) 객관적 담보설

이는 출원내용을 공개하여 일반공중에게 이의신청의 기회를 주어 심사의 합리성 · 객관성을 담보하는 것이 출원공고의 본질이라는 설이다.

II. 출원공고 절차

1. 공고결정 및 직권보정

1) 출원공고결정

심사관은 상표등록출원에 대하여 심사한 결과 상표법에서 규정한 소정의 거절이유를 발견할 수 없을 때는 출원공고결정을 하여야 한다(법 제24조 제1항). 다만, 다음 각 호의 어느 하나에 해당하는 때에는 출원공고결정을 생략할 수 있으며 그 출원에 대하여는 출원공고가 행해지지 않는다.

① 출원공고결정의 등본이 출원인에게 송달된 후 그 출원인이 출원공고된 상표등록출원을 2 이상의 상표등록출원으로 분할한 경우에 있어서 그 분할출원에 대하여 거절이유를 발견할 수 없는 때

② 상표등록출원의 거절결정에 대하여 취소의 심결이 있는 경우에 있어서 당해 상표등록출원에 대하여 이미 출원공고된 사실이 있고 다른 거절이유를 발견할 수 없는 때

2) 직권에 의한 보정(법 제24조의3)

심사관은 출원공고결정을 할 때에 상표등록출원서에 기재된 지정상품 또는 그 류구분(類區分)에 명백히 잘못 기재된 내용이 있으면 직권으로 보정할 수 있는데, 심사관이 직권보정을 하고자 하는 경우에는 출원공고결정의 등본 송달과 함께 그 직권보정사항을 출원인에게 알려야 한다.

출원인은 직권보정 사항의 전부 또는 일부를 받아들일 수 없으면 출원공고기간까지 그 직권보정 사항에 대한 의견서를 특허청장에게 제출하여야 하는데, 출원인이 의견서를 제출한 경우 해당 직권보정 사항의 전부 또는 일부는 처음부터 없었던 것으로 본다.

한편, 명백히 잘못 기재된 것이 아닌 사항에 대하여 직권보정이 이루어진 경우 그 직권보정은 처음부터 없었던 것으로 본다.

2. 출원공고

1) 상표공보에 게재

특허청장은 심사관의 출원공고결정이 있으면 그 결정의 등본을 상표등록출원인에게 송달하고 상표공보에 게재하여 출원공고를 하여야 하는데 출원공고기간은 2개월이다. 또한 특허청장은 출원공고가 있는 날로부터 2개월 간 상표등록출원서류를 특허청에서 공중의 열람에 제공하여야 한다(법 제24조 제3항).

2) 상표공보에 게재할 사항(시행령 제3조)

① 출원인의 성명 및 주소(법인의 경우에는 그 명칭과 영업소의 소재지)

② 상표(소리상표, 냄새상표 또는 그 밖에 시각적으로 인식할 수 없는 상표의 경우에는 '견본없음' 이라고 기재)

③ 지정상품 및 그 류구분

④ 출원번호 및 출원연월일(법 제86조의14 제1항의 규정에 의하여 법에 의한 상표등록출원으로 보는 국제출원의 경우에는 국제등록번호 및 동 조 제2항의 규정에 의한 국제등록일 또는 사후지정일)

⑤ 출원공고번호 및 공고연월일

⑥ 법 제2조 제1항 제1호에 따른 상표의 경우에는 해당 상표임을 나타내는 표시

⑦ 지정상품을 추가하고자 하는 등록상표의 등록번호 또는 상표등록출원의 번호(지정상품의 추가등록출원인 경우)

⑧ ① 내지 ⑦ 이외의 상표등록출원 또는 지정상품의 추가등록출원에 관계되는 사항

⑨ 법 제6조 제2항의 규정에 해당함을 나타내는 취지(동 조 동 항의 규정에 해당하여 공고 결정된 상표등록출원인 경우)

⑩ 법 제9조 제4항 및 제5항에 따른 정관 또는 규약의 요약서(단체표장, 지리적 표시 단체표장, 증명표장 및 지리적 표시 증명표장의 경우)

⑪ 지리적 표시 단체표장 또는 지리적 표시 증명표장이라는 취지(지리적 표시 단체표장 또는 지리적 표시 증명표장의 경우)

⑫ 법 제2조 제1항 제1호 나목 및 다목에 따른 상표의 경우에는 해당 상표에 대한 설명

⑬ 법 제24조의3에 따른 직권보정에 관한 사항

⑭ 소리상표, 냄새상표 또는 그 밖에 시각적으로 인식할 수 엇는 상표의 경우에는 해당 상표에 대한 법 제9조 제3항에 따른 시각적 표현

⑮ 소리상표의 경우에는 법 제9조 제3항에 따른 시각적 표현에 합치하는 소리파일

⑯ 제1호의 사항 외에 법과 이 영에 의하여 게재할 사항

⑰ 특허청장이 게재할 필요가 있다고 인정하는 상표에 관한 사항

3. 직권에 의한 거절

심사관은 출원공고 후라도 거절이유를 발견한 경우에는 직권에 의하여 거절이유를 통지하여 의견서 제출기간을 준 후 그 상표등록 출원에 대하여 거절결정을 할 수 있다(법 제28조 제1항).

4. 정정공고

상표법 제24조 제2항이 규정하는 상표공보에 게재된 출원공고사항 중 다음의 경우에는 정정공고를 하여야 하며 정정공고가 있는 때에는 출원공고한 것으로 취급한다. 그러나 다음 각 호 이외의 사항이 오기 또는 누락된 경우에 그 부분이 심사에 본질적인 영향을 미치지 아니하는 때에는 이에 대한 정정공고는 하지 않는다(상표심사기준).

① 상표 또는 지정된 상품의 전부가 누락되었을 경우

② 인쇄된 상표가 출원서에 첨부된 상표와 상이한 경우

③ 상표와 지정상품을 전자공보상에서 판독할 수 없는 경우

④ 해당 상품류구분이 변경되었을 때

⑤ 출원공고된 시각적 표현이 출원서에 기재된 시각적 표현과 상이한 경우

5. 출원공고절차를 결한 경우

출원공고절차를 결하고 상표등록결정을 한 때에는 그 등록결정은 신청 또는 특허청장의 직권으로 취소할 수 있다(상표심사기준).

III. 출원공고의 효과

1. 손실보상청구권의 발생(법 제24조의2)

1) 서면경고 또는 상표등록출원서 사본 제시

상표등록출원에 대한 출원공고가 있은 후에 출원공고된 상표등록출원의 상표 및 지정상품과 동일 또는 유사한 상표 및 지정상품을 사용하는 자에 대하여 상표등록출원인에게 손해배상청구에 준하여 손실보상청구권이 주어지는데 이때 손실보상청구권이 주어지기 위하여는 서면경고가 전제된다. 다만, 이러한 서면경고는 출원공고 전이라도 할 수 있는데 이 경우는 상표등록출원서 사본 제시하여야 한다(법 제24조의2 제1항). 이와 같이 손실보상청구권에 관한 행사를 출원공고 전에도 할 수 있도록 한 것은 마드리드 의정서 제4조의(A) 제2문의 규정에서 국제등록된 상표에 대하여는 국제등록일(또는 사후지정일)부터 소급하여 그 상표가 당해 지정관청에서 등록된 것과 동일한 보호를 받도록 함에 따라 이와 균형을 맞추기 위함이다. 손실보상청구권이 인정되는 상표등록출원은 2001.7.1. 이후 출원되는 상표등록출원 또는 지정상품 추가등록출원이며 상표등록출원, 국제상표등록출원 모두에게 적용된다.

2) 손실보상금액

손실보상금은 경고 후 상표권설정등록시까지 발생한 업무상손실에 상당하는 금액에 대하여 주어지는데(법 제24조의2 제2항), 손실보상금의 산정에는 손해배상에서와 같은 손해액추정 등의 규정이 적용되지 않는다.

3) 손실보상청구권의 행사

손실보상청구권은 상표권설정등록이 있은 후가 아니면 이를 행사할 수 없다. 이와 같이 손실보상청구권의 행사를 상표권 설정등록 후에만 할 수 있도록 한 것은 출원공고된 상표등록출원의 경우에도 이의신청 또는 직권에 의하여 거절되는 경우가 많기 때문에 그 확정적 권리인 상표권이 발생한 후에 행사할 수 있도록 한 것이다.

4) 손실보상청구권의 소멸

다음의 경우에는 손실 보상청구권이 처음부터 발생하지 아니 한 것으로 되어 손실보상 청구권은 소급하여 소멸한다(법 제24조의2 제6항).
 ① 상표등록출원이 포기 · 취하 또는 무효로 된 때
 ② 상표등록출원에 대한 거절결정이 확정된 때
 ③ 상표등록을 무효로 한다는 심결이 확정된 때

5) 상표권과의 관계

손실보상청구권은 경고 후 상표권 설정등록시까지에 주어지는 권리로서 상표권 설정 등록 후에 주어지는 상표권과는 별개의 권리이다. 따라서 손실보상청구권의 행사는 상표권 행사에 영향을 미치지 아니한다(법 제24조의2 제4항). 손실보상청구권의 행사가 상표권 행사에 영향을 미치지 않는다함은 위 각각의 권리는 독립적이라는 의미로써 손실보상청구권에 의한 권리의 행사(사용중지, 손실액 산정 등)는 상표권 행사와 무관하게 별개로 그 권리가 인정된다는 것이다.

2. 출원내용의 확정

상표등록출원에 대한 공고가 있으면 출원의 내용은 일단 확정되는 것으로 본다. 따라서 지정상품 또는 상표의 보정이 일정한 범위 내로 제한되는데 그 보정은 거절이유나 이의신청이유 또는 거절결정이유에 관한 것으로서 지정상품의 범위의 감축, 오기의 정정, 불명료한 기재의 설명, 상표의 부기적인 부분의 삭제에 한한다.

3. 이의신청의 대상

출원공고가 있는 때에는 누구든지 출원공고일로부터 2개월 이내에 출원공고된 상표등록출원에 대하여 상표등록될 수 없는 이유를 들어 이의신청을 할 수 있다.

4. 출원서류 등의 열람

특허청장은 출원공고가 있는 날로부터 2개월간 상표등록출원서류 및 그 부속서류를 공중의 열람에 제공하여야 한다.

IV. 타산업재산권법상 공고제도와의 비교

1. 특허법 · 실용신안법상의 등록공고제도와의 비교

1) 차이점

특허법 · 실용신안법에서는 특허 · 실용신안에 대한 등록공고가 특허권 · 실용신안권발생 후에 행하여지는 데 반하여 상표법상의 출원공고는 출원단계에서 행해지며, 그 공고기간도 특허법 · 실용신안법에서 규정한 공고기간은 3개월이나 상표법에서 규정한 공고기간은 2개월이다.

2) 같은 점

특허법 · 실용신안법상의 등록공고제도나 상표법상의 출원공고제도는 다 같이 공중심사적 성격을 가지며 출원내용이 확정되어 명세서 · 도면의 보정이나 지정상품 또는 상표에 관한 보정이 제한된다.

2. 디자인보호법상 등록공고제도와의 비교

상표법상의 출원공고제도는 공중심사적 성격을 띠고 있고 공고가 심사단계에서 행해지나, 디자인보호법상의 등록공고제도는 공중심사적 성격을 갖는 것이라고 볼 수 없고 단지 등록사실을 사회일반에 알리는 것에 불과하다 하겠으며(무심사대상 의장에 대한 등록공고는 예외) 공고도 등록 후에 행하여진다는 점에서 차이가 있다.

제14장 이의신청제도

> **일러두기** 이의신청제도는 출원공고가 전제되는 제도이므로 이의신청부분은 출원공고제도
> 와 관련하여 이해하는 것이 필요하다.
> 상표에서의 이의신청 역시 특허·실용신안에서의 등록공고일 후 3월 이내에 청구할 수 있는 무효
> 심판 및 디자인 무심사 등록이의신청과 그 취지·절차 등에 있어 극히 유사하다. 이 부분에서는 이의신
> 청절차부분이 중요하다.

I. 서 언

1. 의 의

 상표등록이의신청이라 함은 상표등록출원이 출원공고된 경우 누구든지 공고일로부터 2개월 이내에 그 출원공고된 상표등록출원에 대하여 등록받을 수 없는 이유를 들어 상표등록을 허여하지 말 것을 요구하는 신청을 말한다.

 상표등록이의신청제도는 일반공중으로 하여금 심사에 참여케 하여 심사관의 심사 불비를 지적하게 함으로써 심사의 완전성과 공정성을 확보하고자 함에 주된 목적이 있는 제도로서 상표등록이의신청이 있으면 심사관은 이의신청에 대하여도 심사를 하여야 한다.

2. 제도적 취지

 심사주의를 채택하고 있는 주된 목적이 부실한 상표등록의 사전방지나 부실등록으로 인한 폐해를 예방하고자 함에 있다.

 따라서 심사관의 심사만으로는 심사의 완전성과 공정성을 기하기는 어렵다 할 것이므로 일반 공중으로 하여금 심사에 참여케 하여 출원공고결정까지 행하여진 심사관의 심사불비를 지적케 함으로써 심사를 보다 완전하고 공정하게 하여 결함 있는 상표등록을 미연에 방지하여 상표권분쟁을 최소화함으로써 상표제도의 신뢰성을 제고하고자 본 제도가 마련된 것이다.

II. 이의신청의 이유 및 절차

1. 이의신청의 이유

이의신청은 상표법 제23조 제1항 각 호(상표등록출원), 제48조 제1항 제2호, 제4호(지정상품추가등록출원)에서 규정하고 있는데, 이의신청인은 법 소정의 이유를 들어 이의신청을 할 수 있으며 그 이외의 이유로는 이의신청을 할 수 없다(법 제25조 제1항).

2. 이의신청의 절차

1) 이의신청인

상표등록이의신청은 누구든지 할 수 있으며 이해관계인임을 요하지 않는다. 또한 법인격이 없는 사단·재단 등도 대표자 또는 관리인이 정하여져 있는 경우 그 이름으로 이의신청인이 될 수 있다.

2) 이의신청기간

상표등록이의신청은 출원공고일로부터 2개월 이내에 할 수 있으며 이 기간은 법정기간으로서 불변기간이다. 이의신청을 기간 경과 후에 한 경우 이를 불수리 처분해야 할 것인지, 이의 신청을 각하해야 할 것인지 법상 명문의 규정이 없어 이의처리에 대하여 논란이 있어 왔으나 심사실무는 이를 수리하여 직권조사자료로 참고하는 것으로 운용하고 있다(상표심사기준).

이의신청인은 상표등록 이의신청을 하고자 하는 경우 그 이유를 기재한 상표등록 이의신청서와 필요한 증거를 첨부하여 특허청장에게 제출하여야 한다.

① 상표등록 이의신청인의 성명 및 주소(법인인 경우에는 그 명칭·영업소의 소재지)

② 대리인이 있는 경우에는 그 대리인의 성명 및 주소나 영업소의 소재지(법인인 경우에는 그 명칭, 사무소의 소재지 및 지정된 변리사 성명)

③ 상표등록이의신청의 대상

④ 상표등록이의신청사항

⑤ 상표등록 이의신청의 이유 및 필요한 증거의 표시

3) 이의신청이유의 보정

이의신청인은 이의신청서에 기재한 이유 및 증거를 이의신청기간 경과 후 30일 내에 보정할 수 있다(법 제26조). 기간경과 후에 제출된 증거서류 등은 이를 인정하지 않되 직권조사자료로 참고한다(상표심사기준).

4) 부본송달

상표등록이의신청이 있는 때에는 심사관은 그 부본을 출원인에게 송달하고 기간을 정하여 답변서 제출의 기회를 주어야 한다. 이때 출원인은 답변서제출기간 내에 상표등록 이의신청의 이유에 관한 지정상품이나 상표에 관한 보정을 할 수 있다. 기간경과 후에 제출된 답변서 등은 원칙적으로 이를 인정하지 않되 이의 결정에 참고한다.

III. 이의결정

1. 이의신청의 각하

이의신청기간 내에 이의신청은 있었으나 그 이유 및 필요한 증거를 이의신청기간 또는 이의신청이유 보정기간 내에 제출하지 아니한 경우에는 심사관은 상대방에게 답변서 제출의 기회를 주지 아니하고 법 제26조에서 정한 이의신청이유의 보정기간 경과 후에 결정으로 이의신청을 각하할 수 있으며, 보정불능한 흠결이 있는 이의신청에 대하여도 답변서 제출의 기회를 주지 아니하고 이의신청을 각하할 수 있다(법 제27조 제3항).

2. 이의결정의 시기 및 방식

1) 이의결정의 시기

심사관은 이의신청인이 이의신청에 대한 보정서나 증거방법을 제출할 시기인 30일의 기간이 경과하고 출원인이 답변서를 제출할 수 있는 기간이 경과된 후에는 상표등록 이의신청에 대하여 결정을 하여야 한다.

2) 이의결정의 방식

상표등록이의결정은 서면으로 하여야 하며 그 이유를 붙여야 하는데, 2 이상의 지정상품에 대한 결정이유가 다른 경우에는 상품마다 결정이유를 붙여야 한다. 특허청장은 이의신청에 대한 결정이 있는 때에는 그 결정의 등본을 상표등록출원인 및 상표등록이의신청인에게 송달하여야 한다.

3) 이의결정의 병합 · 분리

심사관은 2 이상의 이의신청이 있는 경우에 그 심사나 결정을 병합 또는 분리하여 행할 수 있다.

3. 이의결정

이의신청에 대한 심사는 심사관 3인으로 구성된 합의체에서 한다. 이때 이의신청이유 중 어느 하나라도 이유가 있는 경우에는 그 상표등록출원은 거절된다.

상표등록출원의 지정상품이 2 이상인 경우 지정상품마다 이의결정을 하여야 하는데 어느 하나의 지정상품만이 거절이유가 있는 경우에도 상표등록출원이 거절되며, 다류출원의 경우에도 어느 1류에 속하는 지정상품에 거절이유가 있는 경우에는 타류의 지정상품도 등록이 거절되게 되어 상표등록출원 전체가 거절된다.

또한 2 이상의 이의신청 중 그 어느 하나의 이의신청에 대하여 심사한 결과 이의신청의 이유가 있다고 인정될 때에는 다른 상표등록이의신청에 대하여 결정을 하지 아니할 수 있다. 이때 특허청장은 이의결정을 하지 아니한 다른 이의신청인에 대하여도 거절결정등본을 송달하여야 한다.

한편 심사관은 이의신청에 대한 결정이 있은 후에는 비록 그 결정이 위법 또는 부당하다고 하더라도 직권으로 그 결정을 취소 또는 변경하지 못한다. 다만 이유를 붙이지 아니한 이의신청에 대한 이의결정 또는 거절결정은 이를 직권으로 취소할 수 있다(상표심사기준).

4. 이의결정을 하지 않은 경우

이의신청이 있은 후 출원이 취하 · 포기되거나, 이의신청인이 상표등록을 받을 수 있는 권리를 승계한 경우, 이의신청인이 사망하거나 합병에 의하여 소멸한 경우, 이의신청이 각하된 경우에는 이의결정을 하지 아니한다. 그러나 이는 이의신청에 대한 결정을 하지 않는다는 것 뿐으로 심사관은 이의신청서에 기재된 이유를 이유로 하여 당해 출원을 거절하게 된다.

한편, 이의신청인이 이의신청을 취하한 경우에는 심사관은 이를 출원인에게 통지하고 이의신청 이유를 참고하여 이때 이의신청에 대한 결정을 하지 아니하고 당해 출원에 대한 등록여부를 결정한다.

5. 직권거절

심사관은 출원공고 후라도 그 상품등록출원에 대하여 거절이유를 발견한 경우에는 직권으로 상표등록출원을 거절결정할 수 있는데, 직권거절의 경우에는 상표등록이의신청이 있는 경우에도 그 이의신청에 대하여 이의결정을 하지 아니한다.

특허청장은 심사관이 직권거절한 경우 상표등록이의신청인에게 상표등록거절결정 등본을 송달하여야 한다.

IV. 이의결정에 대한 불복 여부

상표등록이의신청이 있었으나 이의신청이 성립되지 않고 상표등록출원이 등록결정된 경우 이의신청인은 이에 대하여 불복을 할 수 없으며 상표등록후 무효심판으로 다툴 수밖에 없다.

한편 상표등록이의신청이 이유 있는 것으로 받아들여져 거절결정되어 이에 상표등록출원인이 거절결정불복심판을 청구한 경우 특허청장은 그 취지를 이의신청인에게 통지하여야 한다.

제4편
마드리드 의정서에 의한
국제출원

제1장 마드리드 의정서에 의한 국제출원

제1장 마드리드 의정서에 의한 국제출원

일 러 두 기 이 부분은 상표를 국제 간에 출원하고자 하는 경우 적용되는 규정으로서 마드리드의정서에 의하여 새로이 마련된 절차이다. 특허법상 PCT 출원절차에 비견되는데 국내의 통상의 상표등록출원 절차에는 적용되지 아니한다. 실무적으로 자주 이용되는 주요한 부분이다.

I. 서 언

특허협력조약(Patent Cooperation Treaty: PCT)에서 마련한 특허에 관한 국제출원 절차가 성공적으로 운영됨에 따라 상표에서도 국제간 출원을 용이하게 하고자 마드리드 의정서(Protocol Relating to the Madrid Agreement Concerning the International of Marks)가 마련되게 되었다.

우리나라는 그간 동 의정서에 가입을 유보하다가 미국 등 선진국이 가입을 적극적으로 검토하는 등 국제여건을 감안하고 우리기업의 국제간 상표등록출원을 용이하게 하고자 2002년 1월 동 의정서에 가입을 기탁하였으며, 2003년 4월부터 동 협약이 우리나라에도 발효되었다. 마드리드 의정서에 가입한 나라는 2008.6.16. 현재 75개국이다.

마드리드 의정서 제2조(1) 본문에 의하면 "체약당사국의 관청에 표장의 등록을 위한 출원이 제출된 경우 또는 체약당사자 관청의 등록원부에 표장이 등록된 경우에는 그 출원 또는 그 등록의 명의인인 자는 의정서의 규정을 조건으로 세계지적재산권기구 국제사무국의 등록원부에 그 표장의 등록을 취득함으로써 체약당사국의 영역에서 그의 표장에 대한 보호를 확보할 수 있다"고 규정하고 있다.

II. 마드리드 의정서에 의한 국제출원[1]의 특징

상표의 국제출원에 관한 마드리드 의정서 제8장의2는 3개의 절로 구성되었는데, 제1절은 본국관청으로서의 특허청에 대한 절차를 규정하고 있으며, 제2절은 지정관청으로서의 특허청에 대한 절차를, 제3절은 국내등록을 국내출원으로의 전환에 관한 절차를 규정하고 있다.

마드리드 의정서에 의하면 본국관청[2]은 국제출원인으로부터 국제출원서를 제출 받아 국제출원서에 대한 형식심사를 한 후 당해 국제출원서를 WIPO 국제사무국에 송부하며, 국제사무국은 형식심사 결과 하자가 없는 경우 이를 국제등록부에 등록하고 각 지정국에 통보한다.

국제사무국으로부터 국제상표등록출원서가 지정국관청[3]으로 송부되면 지정국 관청은 국내 법령에 의하여 국제상표등록출원[4]을 심사하고 그 결과 거절이유가 발견되면 이를 국제사무국에 통지하여야 하여야 하는데 일정기간 이내에 거절통지를 하지 않을 경우에는 그 국제등록된 상표는 당해 지정관청에 등록된 것으로 된다.

따라서 마드리드 의정서에 의한 국제상표등록출원은 국제간에 상표등록출원 절차가 통일되고 간소화되었을 뿐만 아니라 지정관청에서 별도의 거절통지가 없는 한 국제사무국에서 행해진 상표등록이 그대로 지정관청에서도 상표등록으로 인정된다는 점에 그 특징이 있다.

---

1   국제출원이라함은 국제(체약국)간의 상표등록을 받기 위하여 마드리드 의정서에 정하는 바에 따라 본국 관청을 통하여 제출된 출원을 말한다.

2   본국관청이란 국제출원이 기초로 하는 상표등록출원의 출원인 또는 상표등록의 권리자가 ① 당해 국가에 주소를 두거나, ② 당해 국가에 영업소를 둔 경우 그 국가의 관청(특허청, 상표청)을 말한다.

3   지정국관청이란 국제상표등록출원인이 국제상표등록을 받고자 지정한 국가의 특허청, 상표청을 말한다.

4   국제상표등록출원이라함은 국제출원 중 우리나라에서 표장을 등록받기 위하여 우리나라를 지정하여 통지된 국제출원을 말한다.

III. 국제출원 절차

1. 국제출원의 전제

　마드리드 의정서 제2조(1)의 규정에 의한 국제등록을 받고자하는 자는 ① 본인의 상표등록출원, ② 본인의 상표등록, ③ 본인의 상표등록출원 및 본인의 상표등록을 기초로 하여 국제출원을 하여야 하는데(법 제86의2) 이 출원 또는 등록을 「기초출원」 또는 「기초등록」이라고 한다.

　마드리드 의정서에 의한 상표의 국제등록제도는 특정 체약국에 출원 또는 등록된 상표의 존재를 전제로 하여 그 보호영역을 국제출원서에 지정한 국가로 확대하는 시스템이다. 따라서 국제출원을 하기 위해서는 본국관청(office of origin)에 상표등록출원이나 상표등록이 존재하여야 하는데 이를 「기초출원(basic application)」 또는 「기초등록(basic registration)」이라고 한다.[5] 그러므로 기초출원이 취하·무효 또는 거절결정된 경우나 상표등록의 포기, 존속기간의 만료 또는 무효심결 등에 의하여 소멸된 경우에는 이를 기초로 하여 국제출원을 할 수 없다.

　국제출원은 하나의 기초출원 뿐만 아니라 다수의 기초출원 또는 하나의 기초등록 및 다수의 기초등록을 기초로 하여 출원을 할 수 있는데, 다만 어느 경우에나 상표가 동일하여야 한다.

2. 국제출원이 인정되는 표장

　마드리드 의정서에 의하여 국제출원이 인정되는 표장은 ① 상품에 관한 표장(상표), ② 서비스업에 관한 표장(서비스표), ③ 상품 및 서비스업 양자에 관한 표장이며, 증명표장 및 보증표장에는 적용되지 아니한다. 따라서 우리나라에서 인정하고 있는 업무표장·증명표장은 국제출원이 인정되지 아니한다.

3. 본국 관청에서의 절차

1) 국제출원 할 수 있는 자

　국제출원 할 수 있는 자는 본국관청이 소속된 국가의 국민이거나 당해 국가에 주소

5　　마드리드 의정서 제2조(2)는 "국제등록을 위한 출원은 기초출원이 제출되거나 기초등록을 한 관청을 중개로 하여 국제사무국에 제출된다"라고 규정하고 있다.

또는 진정하고 실효적인 산업상 또는 상업상의 영업소를 두고 있는 자이어야 한다(마드리드 의정서 제2조 제1항(i)).

따라서 대한민국 특허청을 본국관청으로 하여 국제출원을 할 수 있는 자는 ① 대한민국국민, ② 대한민국 안에 주소(법인인 경우에는 영업소)를 가진 자, ③ 2인 이상이 공동으로 국제출원을 하고자 하는 경우에는 각각 대한민국의 국민이거나 대한민국 안에 주소(법인인 경우에는 영업소)를 가지고 있어야 한다(법 제86조의3).

2) 국제출원서

(1) 제출서류

국제출원을 하고자 하는 자는 국제출원서 및 국제출원에 필요한 서류를 특허청장에게 제출하여야 한다(법 제86조의4 제1항).

기초출원을 공동으로 하였거나 또는 기초등록을 공동으로 소유한 경우에는 각자가 국제출원을 할 수 있는 적격을 갖추고 있는 경우에 한하여 2인 이상의 출원인은 국제출원을 공동으로 제출할 수 있다.

한편 국제출원을 하고자 하는 자가 색채를 상표의 식별력 있는 요소로 청구하고자 하는 경우에는 그 취지와 색채 또는 색채의 조합을 국제출원서에 기재하고, 출원의 기초로 하는 표장이 법 제2조 제1항 제1호 가목(입체적 형상) 또는 같은 호 나목(색채상표, 홀로그램, 동작상표 등)에 해당하는 경우에는 그 취지와 설명, 같은 호 다목(소리·냄새 등 시각적으로 인식할 수 없는 것 중 기호·문자·도형 등 그 밖의 시각적인 방법으로 사실적으로 표현한 것)의 경우에는 그 취지와 설명 및 시각적표현, 출원의 기초로 하는 표장이 지리적 표시 단체표장의 경우에는 그 취지를 국제출원서에 기재하여야 한다(법 제86조의4 제3항).

(2) 출원서 기재사항

국제출원서에는 다음 각 호의 사항을 기재하여야 한다(법 제86조의4 제2항)

① 출원인의 성명 및 주소(법인인 경우에는 그 명칭 및 영업소의 소재지)

② 출원인 적격에 관한 사항

③ 상표를 보호받고자 하는 국가(지정국)(정부간기구를 포함한다)

④ 기초출원의 출원일자 및 출원번호 또는 기초등록의 등록일자 및 등록번호

⑤ 국제등록을 받고자 하는 상표

⑥ 국제등록을 받고자 하는 상품 및 그 유구분

⑦ 기타 산업통상자원부령이 정하는 사항

(3) 사용어

국제출원시 사용언어는 영어·불어·스페인어 중 본국관청이 선택한 언어를 사용하도록 되어 있는데, 대한민국 특허청을 본국관청으로 하여 국제출원을 하는 경우에는 영어로 작성하여야 한다(시행규칙 제90조).

(4) 수수료

국제출원과 관련하여 수수료는 대한민국 특허청에 납부하는 수수료(법 제86조의9)와 마드리드 의정서에 의한 수수료로 구별할 수 있는데, 대한민국 특허청에 납부하는 수수료는 본국 관청인 대한민국 특허청에 납부하여야 하며 마드리드 의정서에 의한 수수료는 국제사무국에 직접 납부하여야 한다.

■ 국제사무국에 납부하는 수수료

국제사무국에 납부하여야 하는 수수료는 기본수수료, 추가수수료, 보충수수료로서 이들 수수료는 체약당사국의 관청이 허용하는 경우에는 그 관청을 통하여 납부할 수도 있는데 우리 상표법은 이를 국제출원인이 국제사무국에 직접 납부하도록 하고 있으며 스위스 통화로 납부하여야 한다.

■ 대한민국 특허청에 납부하는 수수료

각 관청은 개별수수료와 별개로 국제출원, 사후지정, 갱신신청 및 등록명의인 변경청구와 관련된 수수료를 자국통화로 징수할 수 있는데 이들 수수료의 구체적인 내용, 그 납부방법 및 납부기간 등 구체적인 사항에 대하여 필요한 사항은 수수료징수규칙에서 정하도록 하고 있다(법 제86조의9).

3) 방식심사

(1) 기재사항 심사

국제상표등록출원에 대한 방식심사는 국제출원서에 기재한 사항이 기초출원 또는 기초등록과 합치여부를 심사하는 것을 의미한다. 특허청장은 국제출원서의 기재사항이 기초출원 또는 기초등록의 기재사항과 합치하는 경우에는 그 사실을 인정한 다른 뜻과 국제출원서의 특허청 도달일을 국제출원서에 기재하여야 한다(법 제86조의5).

(2) 수수료 납부 심사

특허청장은 국제출원을 하고자 하는 자, 사후지정을 신청하고자 하는 자, 국제등록존속기간갱신신청을 하고자 하는 자, 국제등록명의변경을 신청하고자 하는 자가 특허청에 납부하여야 할 수수료를 납부하였는지 여부를 심사하여 수수료를 납부하지 아니한 경우에는 기간을 정하여 보정을 명할 수 있다(법 제86조의10).

특허청장은 특허청에 납부하여야 할 수수료(국제출원·사후지정수수료 등)를 보정기간 내에 납부하지 아니한 경우에는 당해 절차를 무효로 할 수 있다(법 제86조의11).

(3) 기타 방식심사

특허청장은 다음의 서류가 상표법, 시행령 및 시행규칙에서 정하는 바에 따라 작성되지 아니한 경우에는 기간을 정하여 출원인 또는 제출인에게 대체서류의 제출을 명할 수 있다(시행규칙 제30조). 그러나 그 서류의 흠결을 치유할 수 없는 경우에는 그 서류를 출원인 또는 제출인에게 이유를 명시하여 반려하여야 한다(시행규칙 제96조 제1항).

① 국제출원서
② 사후지정신청서
③ 국제등록존속기간 갱신신청서
④ 국제등록명의변경 등록신청서

4) 대체서류의 제출요청

심사관은 국제출원 등 제출서류가 상표법, 시행령 및 시행규칙에서 정하는 바에 따라 작성되지 아니한 경우에는 기간을 정하여 출원인 또는 동 서류의 제출인에게 대체서류의 제출을 요청 할 수 있다. 심사관은 출원인이 본국관청이 치유하여야 하는 사항에 관한 하자를 치유하지 않은 경우에는 치유할 수 없는 하자로 간주하여 그 이유를 명시하여 국제출원서를 반려한다(시행규칙 제96조). 다만 기타 경미한 하자의 경우에는 대체서류를 제출하지 아니하거나, 하자가 치유되지 않는 경우에도 합치인증하여 최초의 국제출원서를 제출할 날로부터 2개월이 경과되기 전에 국제사무국에 송부할 수 있다.

5) 국제출원일 부여

특허청장은 국제출원서의 기재사항이 기초출원 또는 기초등록의 기재사항과 합치하는지 여부를 심사하여 합치하는 경우에는 그 사실을 인정한다는 뜻과 국제출원서가 특허청에 도달한 날을 국제출원서에 기재하여야 한다(법 제86조의5 제1항).

6) 국제출원서 송부

특허청장은 국제출원서의 기재사항이 기초출원 또는 기초등록의 기재사항과 합치하여 국제출원서의 특허청 도달일을 국제출원서에 기재한 경우에는 즉시 국제출원서 및 국제출원에 필요한 서류를 국제사무국에 송부하고 그 국제출원서의 사본을 당해 출원인에게 송부하여야 한다(법 제86조의5). 합치심사결과 합치되지 아니한다고 판단되어 도달일 등을 기재하지 않은 경우에는 국제출원서를 국제사무국에 반드시 송부하지 않아도 된다. 국제출원서의 국제사무국에의 송부는 팩시밀리 및 기타 전자적 방법으로 할 수 있다.

7) 사후지정(事後指定)

(1) 의 의

사후지정(subsequent designation)이라 함은 국제출원된 상표가 국제등록된 이후에 상표등록을 받고자 하는 국가 또는 정부간 기구를 추가하는 것을 말한다.

이러한 사후지정은 국제출원시 특정국가를 지정할 필요가 없어 지정하지 않았거나 마드리드 의정서 가입국이 아니어서 지정하지 못한 경우 그 국가의 의정서 가입 등으로 그 국가를 사후지정하여 당해 상표보호를 확대하고자 하는 경우에 하게 된다.

사후지정은 국제등록된 상품 및 서비스업의 전부에 대하여서만 아니라 그 중 일부 상품 또는 서비스업에 대하여도 사후지정이 가능하며 특정국가를 대상으로 한 여러 건의 사후지정도 가능하다.

(2) 요 건

국제상표등록의 사후지정이 인정되기 위해서는 무엇보다도 먼저 동일상표에 대한 국제등록이 존재하여야 한다. 국제등록의 권리자의 변경이 있는 경우에는 새로운 권리자는 국제등록의 권리자가 될 자격이 있어야 하며 또한 사후지정 대상국은 마드리드 의정서의 가입국에 한한다.

(3) 사후지정서의 제출

사후지정서의 제출은 국제사무국에 직접 제출할 수도 있고 또는 본국관청을 경유하여 제출할 수도 있다. 사후지정서를 국제사무국에 직접 제출하지 않고 대한민국 특허청을 경유하여 사후지정을 하고자 하는 경우에는 영어로 작성된 사후지정신청서를 특허청장에게 제출하여야 한다(법 제86조의6).

(4) 기재사항

사후지정서에는 다음 사항을 기재하여야 한다.
① 국제등록번호
② 국제등록명의인의 인적사항

③ 이미 선임한 대리인의 변경이 있는 경우에는 대리인 관련 사항(변경이 없는 경우에는 공란으로 남겨 두어야 한다)
④ 사후지정국
⑤ 사후지정 대상상품 목록(사후지정 국가별로 국제등록 상품을 달리하여 기재할 수 있다)
⑥ 기타 수수료, 서명 등

(5) 사후지정일

국제사무국에 사후지정서를 직접 제출한 경우에는 사후지정서가 「국제사무국 도달일」이 사후지정일이 되며, 대한민국 특허청을 경유한 경우에는 「대한민국 특허청 도달일」이 사후지정일이 된다.

(6) 사후지정의 효과

사후지정의 효과는 국제사무국의 국제등록부에 사후지정이 등록되어야만 그 효과가 발생한다. 사후지정신청이 있는 경우 국제사무국은 요건이 충족되면 사후지정을 국제등록부에 등재하고 공보에 게재하여 공고하며, 사후지정 대상국에 이를 통보한다. 사후지정이 있으면 그 상표는 사후지정 대상국에서 국제등록과 모든 점에서 동일한 권리와 의무를 진다.

또한 사후지정에 의하여 지정된 국가에서의 당해 표장에 대한 보호기간은 다른 체약국에서의 보호기간과 동일한 날에 만료된다.

4. 국제상표등록출원의 효과

1) 국내등록 또는 지역등록 대체

마드리드 의정서는 각국마다 이미 취득한 상표권을 마드리드 체제에 따른 국제등록 체제로 일괄하여 통합·관리할 수 있도록 하기 위하여 국제등록6에 의한 국내등록 또는 지역등록의 대체7를 규정하고 있다(마드리드 의정서 제4조의2). 즉, 체약국의 관청에 국내등록 또는 지역등록(national or regional registration)된 표장이 국제등록 된 경

---

6 국제등록이라함은 WIPO 국제사무국의 국제등록부에 등록되어 있는 국제출원을 말한다.
7 국제상표등록출원이 이미 지정국에 등록되어 있는 본인의 선등록과 표장이 동일하고 동시에 지정상품도 국내선등록상표의 지정상품을 포함하고 있을 경우, 그 국제상표등록출원은 본인의 국내선등록상표를 대체할 수 있는데, 이럴 경우 국제상표등록출원된 상표와 대체되는 지정국내 본인의 선등록 상표는 병존하게 된다.

우 ① 양 표장이 동일인 명의이고, ② 양 표장의 지정상품 및 서비스가 동일하고, ③ 국제등록의 보호영역이 그 체약당사국으로 확대되어 있고, ④ 그러한 확대의 효력이 국내등록일 또는 지역등록일 이후에 발생하는 것이면 당해 국제등록은 기존의 국내등록 또는 지역등록에 의하여 획득한 권리를 저해하지 않으면서 그 국내등록 또는 지역등록을 대체하는 것으로 본다. 이 경우 국내관청 또는 지역관청은 기존의 국내등록 또는 지역등록이 되어 있는 체약당사국의 당사자의 청구에 의하여 그 국내 또는 지역등록원부에 국제등록사실을 기재함으로써 제3자로 하여금 당해 표장이 국제등록된 것임을 알 수 있도록 하여야 한다.

2) 국제상표등록출원일의 소급

상표법은 대한민국에 설정등록된 상표(국제상표등록출원에 의한 등록상표를 제외한다)의 경우 상표권자가 국제등록출원을 하는 경우 다음 각 호의 요건을 갖춘 때에는 그 국제상표등록출원은 지정상품이 중복되는 범위 안에서 당해 국내등록상표에 관한 상표등록출원의 출원일에 출원된 것으로 보며, 또한 당해 국내등록상표에 관한 상표등록출원에 대하여 조약에 의한 우선권이 인정되는 경우에는 그 우선권이 그 국제상표등록출원에도 인정되도록 하는 규정을 두고 있다(법 제86조의17 제1항).

① 국제상표등록출원에 의하여 국제등록부에 등록된 상표와 국내등록상표가 동일할 것

② 국내등록상표에 관한 국제등록명의인과 국내등록상표의 상표권자가 동일할 것

③ 국내등록상표의 지정상품이 국제등록상표의 지정상품에 모두 포함되어 있을 것

④ 의정서 제3조의3 규정에 의한 영역확장의 효력이 국내등록상표의 상표등록일 후 발생할 것

3) 국내등록상표권이 취소 또는 소멸된 경우

국내등록상표의 상표권이 다음에 해당하는 사유로 취소되거나 소멸되는 경우에는 그 취소 또는 소멸된 상표권의 지정상품과 동일한 범위 안에서는 대체의 효과가 발생하지 아니하여 출원일이 소급되지 아니한다(법 제86조의17 제3항).

① 제73조 제1항 제2호·제3호 및 제5호 내지 제13호의 규정에 해당한다는 것을 사유로 상표등록을 취소한다는 심결이 확정된 경우

② 제73조 제1항 제2호·제3호 및 제5호 내지 제13호의 규정에 해당한다는 것을 사유로 상표등록의 취소심판이 청구되고, 그 청구일 이후에 존속기간의 만료로 인하여

상표권이 소멸하거나 상표권 또는 지정상품의 일부를 포기한 경우

5. 국제등록 존속기간의 갱신절차

1) 의 의

국제등록은 사후지정국을 포함한 모든 지정국에서 국제등록일부터 10년간 존속하는데, 10년간씩 존속기간을 갱신할 수 있다. 국제등록의 갱신은 국제등록명의인 만이 할 수 있다.

2) 갱신절차

국제등록의 갱신은 지정국에서 심사절차 없이 지정국을 명시한 갱신신청과 수수료의 납부만으로 모든 지정국에서 그 존속기간이 10년간 자동적으로 연장된다. 다만, 사후지정국의 경우에는 사후지정일이 아닌 원국제등록일부터 10년간 존속한다.

갱신수수료의 납부는 국제등록의 존속기간 만료일까지이나 존속기간 만료 후 6월 이내에는 기본수수료의 50%를 추가납부하여 갱신할 수 있다.

3) 갱신신청서 제출

국제등록의 갱신신청서는 국제사무국에 직접 제출할 수도 있고 본국관청을 통하여 할 수도 있는데, 상표법에서는 갱신출원인의 편의를 고려하여 대한민국 특허청을 경유하여 갱신하고자 하는 경우에 영어로 작성된 국제등록존속기간갱신신청서를 특허청장에게 제출하여 갱신할 수 있다(법 제86조의7).

4) 갱신등록

국제사무국은 국제등록에 대한 갱신신청이 있으면 국제등록부에 갱신등록을 하는데 갱신수수료를 유예기간 내에 납부한 경우에도 갱신등록은 갱신예정일에 한 것으로 등록한다.

갱신등록이 있으면 국제사무국은 각 지정국에 갱신사실을 통지하고 권리자에게 갱신증명을 송부하며 갱신관련 자료를 공보에 게재하여 공고한다.

6. 기타절차

1) 국제등록의 명의변경신청

국제등록명의인 또는 그 승계인은 지정상품 또는 지정국의 전부 또는 일부에 대하여 국제등록의 명의를 변경할 수 있는데 국제등록의 명의변경등록신청은 국제사무국에 직접 하거나 또는 대한민국 특허청을 통하여 할 수 있다. 대한민국 특허청을 통하여 국제등록명의변경등록신청을 하고자 하는 경우에는 영어로 작성된 국제등록명의변경등록신청서를 특허청장에게 제출하여야 한다(법 제86조의8).

2) 그 외 절차

국제출원은 본국관청인 대한민국 특허청을 통해서만 절차를 진행할 수 있다. 그러나 사후지정, 존속기간의 갱신신청 및 국제등록의 명의변경의 경우에는 직접 국제사무국에 신청하거나 대한민국 특허청을 통해서 신청할 수도 있다.

한편 지정상품의 감축(limitation), 국제등록의 포기(renuciation), 국제등록의 취소(cancellation), 국제등록명의인의 주소변경, 대리인의 주소변경 등의 신청은 대한민국 특허청을 통하여 할 수 없고 국제사무국에 직접하여야 한다.

7. 국제사무국에서의 절차

1) 의 의

국제사무국에서의 절차에 대하여는 상표법에서 직접 규정하지 아니하였으며 마드리드 의정서 및 공통규칙이 적용된다.

국제출원은 대한민국 특허청을 통해서만 할 수 있으며 사후지정, 존속기간의 갱신신청 및 국제등록의 명의변경에 대해서는 대한민국 특허청 또는 국제사무국에 신청할 수도 있으나 지정상품의 감축, 국제등록 포기ㆍ국제등록 취소, 국제등록명의인의 주소변경, 대리인의 주소변경신청 등의 신청은 반드시 국제사무국을 통해서만 하여야 한다.

2) 방식심사

(1) 방식심사 대상

본국관청이 접수한 국제출원서가 국제사무국에 송부되면 국제사무국은 다음 사항에 대하여 방식심사를 한다.

① 국제출원인의 적격여부
② 지정국 기재의 적정성
③ 상품분류의 적합성
④ 상품 및 서비스업명 기재여부
⑤ 수수료 납부금액 확인 등

(2) 본국관청 및 출원인에게 통지

국제사무국은 본국관청으로부터 송부 받은 국제출원서에 하자가 있다고 인정되는 경우에는 그 사실을 본국관청 및 출원인에게 통지한다. 국제출원서 하자정정에 대한 책임은 하자의 성격에 따라 특허청 또는 출원인에게 있다.

3) 하자의 정정

(1) 일반사항에 관한 하자

지정국의 잘못 기재, 수수료에 관한 하자 등의 경우에는 본국관청 또는 출원인이 그 하자를 정정할 수 있다.

(2) 상품 및 서비스업 분류에 관한 하자

국제사무국은 상품과 서비스업이 제대로 분류되지 않았다고 판단되거나, 그 분류의 표시가 상품과 서비스업 앞에 표시되어 있지 않거나 또는 표시가 올바르지 않다고 판단되는 경우에는 국제사무국의 제안을 본국관청에 통지하고 출원인에게는 그 사본을 송부한다.

본국관청은 국제사무국의 제안을 통지받은 날로부터 3월 이내에 국제사무국이 제안한 분류에 대한 의견을 국제사무국에 전달할 수 있다. 만약 통지받은 날부터 3월 이내에 본국관청이 국제사무국의 제안에 대한 의견을 전달하지 않을 경우 국제사무국은 본국관청과 출원인에게 그 제안을 다시 반복하여 주의서를 발송한다.[8] 본국관청이 국제사무국의 제안에 대한 의견을 제시하면 국제사무국은 이 의견을 고려하여 국제사무국의 제안을 철회하거나 수정하여 확인한다.

국제사무국은 추가적으로 납부하여야 하는 수수료가 있는 경우 국제사무국은 그 금

---

8   국제출원서에 기재된 상품 및 서비스업의 분류에 대한 최종책임은 국제사무국에 있다. 따라서 국제사무국은 출원인에게 적합한 정보를 제공함으로써 본국관청과의 합의가능성을 출원인에게 제공하는 것이다. 이와 같이 출원인에게 정보를 알려주는 것은 출원인으로 하여금 본국관청과 협의할 수 있도록 하기 위한 것일 뿐이고 국제사무국이 출원인으로부터 직접 제안을 받아들일 수는 없다.

액에 대하여 언급할 수도 있다.

(3) 상품 및 서비스업의 표시에 관한 하자

국제사무국은 상품과 서비스업을 표시한 용어가 모호하거나 이해할 수 없는 경우 또는 언어학적으로 정확하지 않은 경우에는 본국관청 및 출원인에게 이를 통지한다. 이때 국제사무국은 다른 용어로 대체하거나 그 용어를 삭제하도록 의견을 제시할 수 있다. 본국관청은 국제사무국으로부터 통지를 받은 날로부터 3월 이내에 국제사무국에 대하여 그 하자를 해소할 제안을 할 수 있으며, 출원인에게 의견을 구할 수도 있다. 또한 출원인은 그의 견해를 특허청에 전달할 수도 있다.

국제사무국이 본국관청으로부터 지정된 기간 이내에 하자치유를 할 만한 제안이 없는 경우에는 그 용어를 국제출원에 나타나 있는 대로 당해 국제등록에 포함시킨다. 다만, 이는 본국관청이 당해 용어가 분류되어질 류(類)를 구체적으로 명시한 경우에 한한다. 이때 국제사무국은 그 국제등록에 국제사무국의 견해로는 당해 명시된 표시가 분류를 할 수 없을 정도로 모호하거나 이해하기 곤란하거나 또는 언어적으로 타당하지 아니하다는 취지의 표시가 포함되도록 하여야 한다.

4) 국제등록

(1) 의 의

국제사무국은 방식심사 결과 당해 국제출원이 소정의 요건을 충족하는 경우에는 국제등록부(International Register)에 이를 등록하고[9] 권리자에게 등록증을 송부한다. 아울러 지정체약당사국 및 본국관청에 국제등록사실을 통보한다.

(2) 국제등록의 종속 및 독립

국제등록일로부터 5년 이내에 본국관청에서 기초등록(또는 기초출원)이 소멸되면 그 국제등록도 효력을 상실하므로 모든 지정국에서의 국제등록도 소멸하게 된다.

이와 같이 국제등록의 효력은 기초등록(또는 기초출원)에 의존하게 되는데 이를 국

---

9   PCT에 의한 국제출원에서는 국제출원된 특허출원에 대하여 각 지정국마다 국내등록부에 등록하여 국내 출원된 특허와 동일하게 취급함에 반하여 마드리드 체제에서는 각 지정국에 별도의 등록원부를 두지 않고 국제사무국에서 일괄하여 관리하는 점이 PCT 제도와 다르다. 따라서 1건의 국제출원에 대하여 1건의 국제등록부를 둠으로 국제등록의 갱신 및 소유권 변경시 각 지정국의 등록원부의 기재사항을 각각 변경할 필요가 없이 국제등록부기재만을 변경함으로써 각 지정국에 당해 등록의 효력을 발생시킨다.

제등록의 종속이라고 하며 그 종속기간은 5년이다.[10] 그러나 국제등록일로부터 5년이 경과하면 국제등록은 본국관청에서의 기초등록(또는 기초출원)과 관계법이 독자적인 효력을 유지하고 독립하게 된다.

(3) 국제등록일

국제등록일은 원칙적으로 국제출원서가 본국관청에 도달한 날이다.[11] 그러나 국제출원서가 하자가 있는 경우에는 보정서가 본국관청에 도달한 날이 국제등록일이 된다. 한편, 본국관청이 국제출원서를 접수한 날로부터 2월 후에 국제사무국에 국제출원서를 도달시킨 경우에는 「국제사무국이 국제출원서를 접수한 날」이 국제등록일이 되며 이 경우 국제출원서가 하자가 있는 경우에는 보정서가 국제사무국에 도달한 날이 국제등록일이 된다.

(4) 국제출원의 포기간주

국제출원서상 중요한 요소인 ① 출원인의 출원인 적격에 관한 기재, ② 기초출원 또는 기초등록일자 및 번호, ③ 본국관청의 선언, ④ 표장의 견본, ⑤ 표장의 등록을 받고자하는 상품 및 서비스업의 기재 등이 누락되어 있는 경우 국제사무국은 본국관청에 통지하고 본국관청이 당해 하자를 통지 받은 후 3개월 이내에 하자를 보정하지 않을 경우 그 국제출원은 포기된 것으로 간주한다.

(5) 국제등록사항

국제등록부에는 ① 국제출원서 기재사항 및 국제등록일, ② 표장의 도형요소, ③ 분류기호, ④ 체약당사국이 마드리드 협정 또는 의정서 중 적용되는 국제조약에 의하여 지정되었는지에 관한 사항을 등록한다.

(6) 지정국관청에 통보

국제사무국은 국제등록을 한 이후 즉시 지정국관청(Offices of the designated

10　이때 이해관계인은 국제등록일로부터 5년 내에 기초출원 또는 기초등록을 소멸시키고자 집중공격을 다하게 되는데 강학상이를 집중공격(集中攻擊)이라고 한다.

11　〈국제등록 및 인정요건〉
　　국제사무국은 본국관청인 특허청의 접수일로부터 2월 이전에 ① 출원인의 인적사항, ② 국제출원인의 적격표시, ③ 지정국 표시, ④ 기초등록 또는 기초출원의 일자, ⑤ 본국관청의 인증, ⑥ 상표견본, ⑦ 상품 및 서비스업의 지정이 완벽하게 기재된 국제출원서를 수령한 경우에만 본국관청 접수일을 국제등록일로 인정하고 그렇지 아니한 경우에는 국제 사무국이 실제로 수령한 날이 국제등록일이 된다.

Contracting Parties)에 국제등록사항을 통보하는데, 통보하는 사항은 공보게재사항이 된다.

(7) 국제공고

국제사무국은 국제등록을 한 사항을 정기공보(the WIPO Gazette of International Marks)에 게재하여 공고한다. 국제공고로서 모든 체약당사국에 대하여 공고된 것으로 간주되는데, 체약국이 국내공고를 별도로 할 것인지는 체약국이 자율적으로 판단한다. 공보는 책자, 마이크로 PC, 마그네틱테이프로 공고되며 격주간 발행된다. 언어는 영어, 불어 2개 언어로 공고된다.

(8) 국제등록의 효력

국제사무국에 의한 국제등록이 있는 경우 지정체약당사국의 관청에 당해 표장이 기탁(출원)된 것과 동일하게 보호된다. 또한 지정관청에서 국제출원을 심사한 결과 일정기간 내에 국제사무국에 거절이유통지를 하지 아니하거나 또는 거절이유통지 후 당해 거절통지를 취소한 경우 지정국은 국제등록된 자국에 「등록」된 것과 동일하게 보호하여야 한다(마드리드 의정서 법 제4조(1)(a)).

8. 지정관청에서의 절차

1) 의 의

국제상표등록출원서가 지정관청에 송부되면 지정국관청인 대한민국 특허청은 국내법에 따라 당해 국제등록된 상표에 대한 보호여부를 심사하여야 한다. 다만, 파리협약에서 인정하는 거절이유 이외의 이유로는 국제상표등록출원의 보호를 거절할 수 없으며 또한 당해 출원서에 대하여 번역문의 제출을 요구할 수 없다.

2) 방식심사

(1) 보정지시

심사관은 접수된 문서(국제사무국으로부터 송부받은 문서는 제외)가 법령에서 정한 방식에 위반된 사실을 발견한 경우에는 상표법 제13조(절차의 보정)의 규정에 의하여 특허청장명의로 보정을 명하여야 하며, 또한 국제사무국으로 부터 송부받은 문서에 하자가 있는 경우에는 즉시 국제사무국에 통지하여야 한다.

(2) 무효처분

심사관은 보정명령에 대하여 국제상표등록출원인이 보정서 및 의견서를 제출하지 아니한 경우에는 국제상표등록출원에 관한 당해절차를 무효처분하여야 한다.

3) 실체심사

(1) 심사순위

국제상표등록출원에 대한 심사는 국제사무국의 지정통지일의 순서에 따른다.

(2) 거절이유

파리협약 제6조의5에는 다음의 경우 이외에는 거절 또는 무효로 할 수 없도록 규정하고 있는데, 국제상표등록출원에 관한 심사에 있어서도 여타 상표등록출원과 마찬가지로 상표법 제6조, 제7조, 8조, 10조 등이 적용된다.[12]

① 당해 상표의 보호가 주장되는 국가에 있어서 제3자의 기득권을 침해하게 되는 경우

② 당해 상표가 특별현저성을 갖지 못하는 경우 또는 상품의 종류, 품질, 수량, 용도, 가격, 원산지 또는 생산의 시기를 표시하기 위하여 거래상 사용하거나 또는 보호가 주장되는 국가의 거래상의 통용어 또는 그 국가의 선의의 확립된 상관행에 있어서 사용되고 있는 기호 또는 표시만으로 구성되는 경우

③ 당해 상표가 도덕 또는 공중질서에 반하거나 특히 공중을 기만하기 쉬운 경우 다만, 상표에 관한 법령의 규정(공공질서에 관한 것은 제외)에 적합하지 아니한다는 이유만으로 당해 상표를 공공의 질서를 반하는 것이라고 인정하여서는 안 된다.

(3) 지정상품 심사

심사관은 국제상표등록출원에 대한 지정상품, 지정서비스업에 대하여 심사를 하는데,[13] 필요한 경우에는 지정상품에 대한 조사분석자료를 활용하여 심사하며, 지정상품 번역은 심사 및 출원공고 시에 활용한다.

상품 및 서비스명칭이 불명확한 경우, 중복하여 기재된 경우, 분류상 하자가 있는 경우에는 상표법 제10조를 이유로 거절한다(시행규칙 제72조).

---

12   체약국의 국내법이 1류 1출원등록제도를 채택하고 있는 경우에도 1상표 1출원 위반이라는 이유로는 부분적이라도 거절할 수 없게 된다.

13   지정국 관청에서의 류변경이나 추가 인정되지 않는다.

(4) 거절이유통지

거절이유통지는 국제사무국이 당해 지정국관청에 국제등록을 통지한 날로부터 9월 이내에 하여야 하나 최초의 거절통지 후에 새로운 이유를 발견한 경우 또는 이의신청은 제기되지 아니하였으나 이의신청경과 후 새로운 거절이유를 발견한 경우에는 18개월 내에 거절통지를 하여야 한다.

거절이유통지는 영문으로 작성하여 국제사무국에 통지하여야 하는데 다만, 국제상표등록출원인이 국내에 주소를 둔 대리인을 선임한 경우에는 대리인에게도 거절통지를 하여야 한다.

(5) 거절이유통지서에 기재사항

지정국관청은 실체심사 결과 거절이유를 발견한 경우 기한내에 영어나 불어 중 하나의 언어로 다음 사항을 기재하여 국제사무국에 거절을 통지하여야 한다.

① 통지하는 지정국관청
② 국제등록번호
③ 거절이유 및 해당 법률조항
④ 타인의 선행상표와 저촉하는 경우 당해 선행상표의 견본과 선행상표권자의 인적사항 및 선행상표의 지정상품(단, 지정상품은 공통언어로 기재하지 않아도 된다)
⑤ 당해 거절에 대한 재심사 또는 불복청구기한, 담당기관, 재심사 또는 불복청구시 자국의 대리인을 선임하여야 하는 경우 그 사실
⑥ 거절일자

(6) 거절이유통지에 대한 절차

❶ 국제사무국

국제사무국은 지정관청으로부터 거절이유통지가 있는 경우 그 거절이유통지 사실을 국제등록부에 영어와 불어 2가지 언어로 등재하고 공보에 공고하며, 거절이유통지 사본을 국제등록명의인에게 송부하여야 한다.

❷ 국제출원인

거절이유통지를 받은 국제등록명의인은 의견서나 보정서를 제출하여 재심사를 받을 수 있다. 이 경우 직접 절차를 밟을 수 없고 지정국관청에 주소를 둔 대리인을 선임하여 당해 관청의 언어로 불복절차를 밟아야 한다. 또한 국제사무국은 지정국관청이 행하는 국제상표등록출원에 대한 거절이유통지에 대하여 의견을 표명하거나 실체적인 문제해결에 개입할 수 없다.

(7) 거절이유통지가 없는 경우

거절이유통지기한내에 지정국관청이 거절이유통지가 없으면 당해 국제상표등록출원은 국제등록일에 국내등록된 것과 동일한 효력이 발생하게 된다(마드리드 의정서 제4조 제1항). 다만, 각각의 체약국에 의하여 어떠한 보호가 되는지, 그 권리의 내용에 관하여는 각국이 독자적으로 결정하게 된다. 그러므로 보호의 내용은 각국의 국내 상표법에 따라 차이가 있을 수 있다.

5) 출원공고 및 이의신청

(1) 출원공고

심사관은 국제사무국의 국제등록 통지일 또는 사후지정 통지일로부터 9월 이내에 거절이유를 발견할 수 없는 경우에 출원공고 결정을 하고 출원인에게 출원공고결정서를 송부하여야 한다.

출원공고 후 지정통지일로부터 18개월 이후에 이의신청에 기초한 거절통지서가 송부될 가능성이 있는 경우에 심사관은 18개월 도과(徒過) 후 이의신청에 의한 거절통지의 가능성이 있다는 사실을 18개월의 기간이 만료하기 이전에 국제사무국에 통지하여야 한다.

(2) 이의신청

출원공고 후 이의신청이 있는 경우에 심사관은 이의신청의 이유 및 증거 제출기간 경과 후 1개월 이내에 "이의신청에 기초한 거절통지"를 작성하여 "이의신청서 부본"과 함께 국제등록의 명의인에게 발송하고 국제사무국에는 "이의신청에 기초한 거절통지"를 발송한다. 이때 이의신청에 따른 이의신청이유 등 보정기간에 대하여는 그 기간 연장이 불가능하다.

한편, 이의신청이 이유있는 경우에는 이의결정문과 거절확정통지서, 거절결정서를, 이의신청이 이유없는 경우에는 이의결정문과 거절철회통지서, 등록결정서를 국제사무국에 발송한다.

6) 보호부여기술서 송부

출원공고 후 이의신청이 없는 경우 국제등록 명의인에게 등록증과 함께 등록결정서를 송부하고, 국제사무국에는 보호부여기술서를 송부한다.

7) 기초상표등록이 무효 또는 취소되는 경우

국제상표등록출원은 자국법령에 의한 등록상표와 동일한 효력을 가지므로 타인의 상표권 침해로부터 구제수단을 행사할 수 있다. 그러나 당해 국내법에 따른 무효나 취소사유가 존재할 경우 당해 국제등록기초상표권은 무효나 취소심판의 대상이 될 수 있는데, 국제등록기초상표권의 무효나 취소가 확정될 경우 지정국관청은 이 사실을 국제사무국에 통보하고 국제사무국은 국제등록부에 이를 등록공고한다.

8) 국내출원으로의 전환

(1) 기초등록(기초출원)에 종속

국제등록의 효력은 기초등록(기초출원)에 의존하게 되는데 이를 국제등록의 종속(dependence)이라고 하며, 종속기간은 5년이다.

따라서, 국제등록일부터 5년 이내에 본국관청에서 기초등록(기초출원)이 실효되게 되면 국제등록도 그 효력을 상실하며 모든 지정국에서의 국제등록도 소멸되게 된다. 그러므로 이해관계인은 국제등록일부터 5년의 기간이 만료되기 전까지는 본국의 기초등록이나 기초출원을 집중적으로 공격하여 거절 또는 무효·취소시킴으로써 모든 지정국에서의 국제등록을 소멸시킬 수 있는데 이를「집중공격(central attack)」이라고 한다.

본국관청은 국제등록일부터 5년 이전에 기초등록 또는 기초출원이 실효되면 이 사실을 국제사무국에 통보하고 당해 국제등록의 취소를 요청하여야 하며 국제사무국은 해당 국제등록을 취소하고 이를 공고한다.

(2) 기초등록(기초출원)으로부터 독립

국제등록일부터 5년이 경과하면 본국관청에서의 기초등록(기초출원)의 효력과 상관없이 국제등록은 독자적인 효력을 유지하고 기초등록(기초출원)으로부터 독립(independence)한다.

(3) 국내출원으로의 전환

집중공격에 의하여 국제등록이 소멸된 경우 또는 외국의 마드리드 의정서 폐기에 의하여 국제등록명의인이 출원인 적격을 상실하게 되어 국내출원으로 전환하고자 하는 경우 일정한 요건하에서 출원일을 소급시키도록 하는 규정을 두고 있다(제9조의5, 제15조(5)).

그러나「본국관청의 요청」에 의하여 국제등록이 취소된 것이 아닌 경우, 즉,「국제등록명의인의 요청」으로 국제등록이 취소된 경우에는 국내등록으로 전환할 수 없으며 상품 및 서비스업 전체에 대한 거절·무효 또는 포기가 이루어진 국가에 대해서도 전환이 불가능하다. 이와 같이 국내 또는 지역출원으로 전환된 출원은 「국내등록」으로의 전환이 아니라 「국내출원」으로의 전환이므로 다시 한 번 당해 상표출원에 대하여 심사를 받게 된다.

IV. 국제상표등록출원에 관한 특례

1. 의 의

마드리드 의정서에 따르면 국제등록된 국제출원으로서 대한민국을 지정국으로 한 국제출원은 국내상표등록출원으로 간주되므로 원칙적으로 우리나라의 상표법상의 모든 규정이 적용된다. 다만, 마드리드 의정서의 규정과 우리나라의 상표법의 규정이 상치되는 경우가 있는데, 이 경우에는 상표법을 그대로 적용할 수 없게 되므로 국제상표등록출원에 대한 특례를 마련하고 있다.

마드리드 의정서에 따르면 국제출원은 출원의 분할·변경 및 상표권의 분할이 인정되지 아니하고 또한 상속 기타일반승계의 경우에도 국제사무국에 명의변경신고를 하여야 효력이 발생하는 등 국내 상표법과 사뭇 다르다.

2. 특례가 인정되는 경우

1) 국제상표등록출원의 특례

(1) 상표등록출원으로 간주(법 제86조의14 제1항)

마드리드 의정서에 의하여 국제등록된 국제출원으로서 대한민국을 지정국으로 지정한 국제출원이나 사후지정에 의하여 대한민국을 지정국으로 추가적으로 지정한 국제출원에 대하여는 상표법에 의한 통상의 상표등록출원으로 보고, 상표등록출원일을 국제등록일 또는 사후지정일로 간주한다.

사후지정일은 국제등록의 명의인이 국제사무국에 사후지정신청서를 직접 제출한 경우에는 국제사무국이 그 사후지정신청서를 수령한 날이 되고, 본국관청을 경유하여 사후지정신청서를 제출한 경우에는 그 본국관청이 사후지정신청서를 수령한 날이 사후지정일이 된다.

(2) 출원인 성명 등 간주

국제등록부에 등록된 국제등록명의인의 성명 및 주소(법인인 경우에는 그 명칭 및 영업소의 소재지), 상표, 지정상품 및 그 류구분은 상표법에 의한 출원인의 성명 및 주소(법인인 경우에는 그 명칭 및 영업소의 소재지), 상표, 지정상품 및 그 류구분으로 간주된다.

2) 업무표장에 관한 특례

마드리드 의정서 시스템하에서는 업무표장이 인정되고 있지 아니하므로 업무표장을 기초로 하여 국제출원을 하는 것이 불가능하다. 따라서 국제상표등록출원에 대해서는 업무표장에 관한 규정의 적용이 배제된다(법 제86조의15).

3) 재출원

(1) 의 의

재출원 또는 전환(transformation)이라 함은 집중공격(central attack)에 의하여 국제상표등록출원 또는 국제등록기초상표권이 효력을 상실하였거나, 또는 해당국의 마드리드 의정서가 폐기(renunciation)되어 국제등록명의인이 출원인 적격을 상실하였을 경우, 일정한 요건하에 다시 국내에 상표등록출원을 하는 것을 말한다. 따라서 재출원은 국내 상표법에 의한 상표등록출원이 된다.

(2) 요건 및 효과

❶ 요 건

집중공격이 있어 국제등록이 효력을 상실한 후에 재출원할 경우에는 국제등록소멸일부터 3월 이내에, 마드리드 의정서가 폐기되어 재출원 할 경우에는 폐기의 효력이 발생한 날부터 2년 이내에 각각 재출원하여야 한다.

이때 국내에 재출원하는 상표는 소멸된 국제상표가 동일해야 하며 그 지정상품도 소멸된 국제등록상표의 지정상품에 모두 포함되어야 한다.

❷ 효 과

재출원한 상표등록출원의 출원일은 국제등록일 또는 사후지정일로 소급되며, 효력을 상실한 국제상표등록출원에 대하여 우선권이 인정되는 경우에는 재출원도 그 우선권이 인정된다.

(3) 재출원에 대한 심사

1 국제상표등록출원이 국내에서 등록되지 못하였을 때

국제상표등록출원이 국내에서 등록되지 못한 채 효력을 상실한 이후 재출원된 경우에는, 통상의 국내출원과 동일하게 취급하여 방식심사 및 실체 심사에 관한 모든 절차를 처음부터 다시 진행한다.

재출원에 대한 심사결과 거절이유를 발견할 수 없을 경우 소멸된 국제상표등록출원이 출원공고되지 아니하였으면 출원공고하여야 하며, 이미 출원공고되었다하더라도 소멸된 국제상표등록 출원의 지정상품이 영문으로 출원공고된 경우에는 국문으로 재출원된 지정상품을 다시 출원공고하여야 한다.

2 국제상표등록출원이 국내에서 등록된 때

국제상표등록출원이 국내에서 등록된 이후에 효력을 상실한 후 재출원된 경우에는 다시 실체심사를 할 필요가 없으며, 상표법 제86조의17에서 규정한 재출원의 법정요건만 충족하면 바로 등록결정한다. 따라서 실체심사를 하지 않고 바로 등록되기 때문에 상표법 제10조(1상표1출원 원칙)의 규정을 적용할 여지도 없다.

3 법적 효력

재출원 심사시 선후원 판단 기준일은 국제등록일 또는 사후지정일로 소급(우선권주장이 있으면 우선일)하여 적용한다. 그리고 재출원의 존속기간은 재출원이 국내에서 등록된 날부터 기산되며, 국제등록기초상표권은 이미 소멸하였으므로 재출원의 존속기간과는 아무른 관련이 없다.

4) 제출서류의 특례

국제상표등록출원에 대하여 국제등록부에 등록된 우선권주장의 취지, 최초로 출원한 국가명 및 출원의 연월일은 상표등록출원서에 기재된 우선권주장의 취지, 최초로 출원한 국가명 및 출원의 연월일로 본다(법 제86조의제16 제1항). 또한 상표등록을 받고자 하는 상표가 입체적 형상, 색채, 홀로그램 또는 그 밖에 시각적으로 인식할 수 있는 것으로 된 상표인 경우 국내 출원의 경우에는 그 취지를 출원서에 기재하고 있으나 국제출원의 경우에는 국제등록부에 등록된 입체적 형상, 색채, 홀로그램 또는 그 밖에 시각적으로 인식할 수 있는 것으로 된 상표라는 취지가 상표등록출원서에 기재된 입체상표의 취지로 간주되므로 이와 관련된 별도의 취지를 기재할 필요가 없다(법 제86조의16제2항).

단체표장등록을 받고자 하는 자는 단체표장의 사용에 관한 사항을 첨부한 단체표장 등록 출원서를 제출하여야 하는데 국제상표등록출원이 단체표장인 경우에는 국제출원서의 제출과 동시에 정관을 제출할 필요가 없고「국제등록일(사후지정일)부터 3월 이내」에 정관을 별도로 제출하도록 하고 있다(법 제86조의16 제3항).

이 경우 지리적 표시 단체표장을 등록받고자 하는 자는 그 취지를 기재한 서류와 제2조 제1항 제3호의2의 규정에 의한 지리적 표시의 정의에 합치함을 입증할 수 있는 대통령령이 정하는 서류를 정관과 함께 제출하여야 한다(법 제86조의16 제3항).

5) 국내등록상표가 있는 경우 국제상표등록출원의 효과

(1) 국내상표등록출원일에 출원한 것으로 간주

대한민국에 설정등록된 상표(국제상표등록출원에 의한 등록상표를 제외한다)의 상표권자가 국제상표등록출원을 하는 경우로서 다음 각 호의 요건을 갖춘 때에는 그 국제상표등록출원은 지정상품이 중복되는 범위 안에서 당해 국제등록상표에 관한 상표등록출원의 출원일에 출원된 것으로 본다(법 제86조의17 제1항).

① 국제등록상표와 국내등록상표가 동일할 것

② 국제등록상표에 관한 국제등록명의인과 국내등록상표의 상표권자가 동일할 것

③ 국내등록상표의 지정상품이 국제등록상표의 지정상품에 모두 포함되어 있을 것

④ 의정서 제3조의3의 규정에 의한 영역확장의 효력이 국내등록상표의 상표등록일 후에 발생할 것

(2) 국내상표등록출원일에 출원한 것으로 간주하지 않는 경우

국내등록상표의 상표권이 다음 각 호의 1에 해당하는 사유로 취소되거나 소멸되는 경우에는 그 취소 또는 소멸된 상표권의 지정상품과 동일한 범위안에서 제1항 및 제2항의 규정에 의한 당해 국제상표등록출원에 대한 효과는 인정되지 아니한다(법 제86조의17 제3항).

① 제73조 제1항 제2호·제3호 및 제5호 내지 제13호의 규정에 해당한다는 것을 사유로 상표등록을 취소한다는 심결이 확정된 경우

② 제73조 제1항 제2호·제3호 및 제5호 내지 제13호의 규정에 해당한다는 것을 사유로 상표등록의 취소심판이 청구되고, 그 청구일 이후에 존속기간의 만료로 인하여 상표권이 소멸하거나 상표권 또는 지정상품의 일부를 포기한 경우

6) 출원의 승계 및 분할이전에 관한 특례

상표등록출원에 대한 일반승계의 경우에는 출원인명의변경신고를 하지 아니하여도 그 효력이 발생하나, 국제상표등록출원의 경우에는 일반승계는 물론 특별승계의 경우에도 국제등록부에 명의변경이 되지 않으면 승계의 효력이 발생하지 않으므로 상속 기타 일반승계의 경우 출원인이 국제사무국에 명의변경신고를 하지 않으면 그 효력이 발생하지 않는다.

또한 국제등록명의의 변경에 의하여 국제등록상표의 지정상품이 전부 또는 일부 분할되어 이전된 경우에는 국제상표등록출원은 변경된 국제등록명의인에 의하여 각각 출원된 것으로 본다(법 제86조 제18제2항).

7) 보정의 특례

국내상표등록출원의 경우에는 그 상표의 요지를 변경하지 아니하는 한 「상표(商標)」에 대해서도 보정이 가능하나, 국제등록부에는 하나의 상표만 존재하기 때문에 지정국마다 상표를 보정할 수는 없다. 따라서 보정의 대상은 「지정상품」에만 한정되므로 상표의 부기적 부분을 삭제하고자 하는 경우에는 별도의 출원을 하여야 한다. 또한 보정의 시기도 거절이유를 통지받을 때에 한하여 보정할 수 있다(법 제86조의19).

8) 출원의 분할 · 변경에 관한 특례

마드리드 의정서에서는 이전이 수반되지 아니한 분할은 인정하고 있지 아니하므로 단순한 출원분할규정의 적용이 배제된다(법 제86조의20).

또한, 마드리드 의정서에는 상표와 서비스표를 동일하게 취급하고 이를 구분하지 아니하고 있으므로 상표 · 서비스표간 출원변경에 관한 규정의 적용이 배제된다(법 제86조의21).

9) 파리협약에 의한 우선권주장의 특례[14]

통상의 상표등록출원을 하는 경우에는 상표등록출원서를 특허청장에게 제출하지만, 마드리드 의정서 시스템에 의한 국제출원의 경우에는 본국관청을 경유하여 국제사

14 　마드리드 의정서 제4조(2)에서는 모든 국제등록은 공업소유권의 보호를 위한 파리협약 제4조에서 규정하는 우선권을 향유하며, 동 조 D에서 규정하는 형식을 충족할 것을 필요로 하지 아니한다고 규정하고 있다.

무국에 국제출원서를 제출하면 되고 별도의 출원서를 우리나라 특허청에 제출할 필요가 없으며 국제등록부에 국제등록된 우선권주장에 관한 사항을 통상의 상표등록출원서에 기재되어 있는 우선권주장에 관한 사항으로 간주되는 것이다(법 제86조의22).

그러므로 마드리드 의정서에 따르면 파리협약에 의한 우선권주장에 따른 우선권증명서류를 별도로 제출할 필요가 없다.

10) 출원시의 특례

마드리드 의정서 시스템 하에서는 국제출원서에 출원시 특례를 주장할 수 있는 항목이 존재하지 않는다. 그러므로 국제출원시에는 출원시특례에 관한 사항을 기재할 수 없으므로 그 증명서류를 상표등록출원일부터 30일 이내로 하는 것은 국제출원인에게 지나치게 가혹하므로 출원시 특례주장을 「국제등록일(사후지정일)부터 3월 이내」에 하도록 규정하고 있다(법 제86조의23).

11) 거절이유통지 및 출원공고의 특례

(1) 거절이유통지의 특례

국제상표등록출원에 대한 거절이유통지는 출원인에게 직접 통지하지 아니하고 국제사무국을 통하여 출원인에게 통지하는 것으로 되어 있다(법 제86조의24).

마드리드 의정서 시스템하에서는 거절이유를 발견한 경우에는 국제사무국으로부터 지정국관청에 대하여 영역확장 통지가 있은 날부터 1년(우리나라는 1년 6월로 대체한다고 국제사무국에 대하여 선언) 이내에 국제사무국에 거절통지를 하여야 하며 동 기간 이내에 국제사무국에 거절통지를 하지 않은 경우에는 지정국관청에서 등록된 것과 동일하게 보호된다.

(2) 출원공고의 특례

마드리드의정서 제5조의(2) 규정에 의하면 상표등록출원공고 후에도 거절이유를 발견한 경우에는 직권에 의하여 그 거절이유를 통지할 수 있도록 하고 있는데, 상표등록출원공고 후 직권에 의하여 서절이유를 발견한 경우 서절통시를 국제사무국으로부터 지정국관청에 대하여 영역확장 통지가 있은 날(경정통지가 있은 경우에는 경정통지를 송부한 날)로 부터 1년 6월 이내 할 수 있도록 하기 위하여 상표등록 출원공고결정을 하여야 하는 시점을 정하고 있는 것이다.

그러므로 국제상표등록출원에 대해서는 국제사무국이 의정서 제3조의3의 규정에 의한 영역확장의 통지를 한 날 [국제사무국이 영역확장의 통지를 한 후 표장의 국제등록에 관한 마드리드 협정에 대한 의정서 공통규칙 제28조(2)의 규정에 의하여 국제등록부 등록사항에 대한 경정통지를 한 경우 그 사항에 관하여는 당해 경정통지를 한 날]부터 14월 이내에 거절이유를 발견할 수 없는 때에는 출원공고결정을 하도록 하고 있다(법 제86조의24).

12) 손실보상청구권의 특례

출원공고전에 국제상표등록출원에 관한 지정상품과 동일하거나 이와 유사한 상표를 사용하는 자에게 서면으로 경고할 때에는 「국제출원의 사본」을 제시하여야 한다(법 제86의25).

마드리드 의정서 시스템하에서는 상표등록출원의 사본에 해당하는 것이 「국제출원의 사본」이므로 이와 같이 규정하고 있는 것이다.

13) 상표등록이의신청의 특례

국제상표등록출원에 대해서도 누구든지 출원공고일부터 2개월 동안 이의신청을 할 수 있는데 이 경우 상표등록출원의 출원번호 대신 「국제상표등록출원의 국제등록번호」를 기재하여야 한다.

마드리드 의정서 시스템에서는 국제상표등록출원번호는 존재하지 않고 상표등록출원번호에 해당하는 것이 국제등록번호이므로 이의신청서에는 상표등록출원번호 대신 국제등록번호를 기재하도록 하고 있다.

14) 상표등록결정의 특례

국제상표등록출원에 대해서는 「국제사무국이 영역확장을 통지를 한 날(국제사무국이 영역확장의 통지를 한 후 공통규칙 제28조(2)의 규정에 의하여 국제등록부 등록사항에 대한 경정통지를 한 경우 그 사항에 관하여는 당해 경정통지를 한 날)부터 18월 이내」에 거절이유를 발견할 수 없는 경우에 상표등록결정을 하여야 한다(법 제86조의27).

마드리드 의정서 시스템하에서는 직권에 의하여 거절이유를 발견한 경우에는 국제사무국으로부터 지정국관청에 대하여 영역확장통지가 있은 날부터 1년(우리나라는 1년 6월로 대체한다고 국제사무국에 선언) 이내에 국제사무국에 거절통지를 하여야 하고 동 기간 이내에 국제사무국에 거절통지를 하지 않은 경우에는 지정국관청에서 등록된 것과 동일하게 보호된다.

또한 공통규칙 제28조(3)의 규정에서는 국제등록부 등록사항의 경정통지가 있은 경우에는 국제사무국에 대한 거절통지의 기산점을 경정통지를 송부한 날로 하도록 규정하고 있다.

따라서 직권에 의하여 거절이유를 발견한 경우 거절통지를 국제사무국으로부터 지정국관청에 대하여 영역확장통지가 있은 날(경정통지가 있은 경우에는 경정통지를 송부한 날)부터 1년 6월 이내 할 수 있도록 하기 위하여 특례를 규정하고 있는 것이다.

15) 상표등록료에 대한 특례

국제출원에 관한 수수료는 국제출원시에 국제사무국에 직접 납부하거나 본국관청을 통하여 납부하도록 하고 있어 상표등록료에 관한 법 제34조 내지 제36조가 적용될 여지가 없으며 또한 개별수수료는 국제사무국에 직접 납부하도록 하고자 이와 같이 규정한 것이다.

따라서 법 제34조 내지 제36조의2에서 규정한 상표법상 상표등록료, 그 납부방법, 납부기간 및 상표등록료의 미납으로 인한 출원의 포기에 대한 규정은 적용되지 아니한다(법 제86조의28).

16) 상표등록료 등의 반환의 특례

국제상표등록출원에 대해서는 상표등록료는 개별 수수료에 통합되어 있고 이를 합하여 징수하므로 과오납된 수수료의 반환규정과 관련하여 「상표등록료 및 수수료」 대신 「수수료」로 규정한 것이다(법 제86조의29).

17) 상표원부등록의 특례

국제상표등록출원 절차에서 국제등록기초상표권의 이전 · 변경 · 소멸 · 존속기간의 갱신은 국제등록부상의 국제등록을 통해서만 가능하며 또한 국제상표등록출원에 대해서는 상품분류전환 및 지정상품의 추가등록제도가 없다. 따라서 상표법상 관련조항의 적용을 배제하고 있다. 다만, 특허청장은 등록원부를 비치하고 「상표권의 설정과 처분의 제한」에 대한 사항을 등록한다[15](법 제86조의30).

---

[15] 그러나 실무적으로는 상표권의 이전 등을 확인하기 위하여 국제등록부를 일일이 열람하여야 하는 불편을 없애기 위하여 국제등록부에 등록된 바에 따라 상표권의 이전 · 변경 · 소멸 또는 존속기간의 갱신도 상표원부에 등록하고 있다.

18) 상표권의 설정등록의 특례

국제상표등록출원의 경우 이미 국제출원시에 출원료 뿐만 아니라 등록료가 납부되었으므로 등록결정된 국제상표등록출원에 대해서는 등록료 납부절차 없이 바로 설정등록하도록 규정한 것이다(법 제86조의31).

19) 상표권의 존속기간 등의 특례

국제등록된 상표권의 존속기간은 국제등록원부상의 국제등록일로부터 10년간 존속하며 그 상표권의 존속기간갱신은 국제등록의 존속기간갱신을 통하여 가능하며, 특허청을 통한 존속기간갱신등록은 인정되지 않는다. 마드리드 의정서 제6조(1) 및 제7조를 존중하기 위한 조치이다. 따라서 국제등록기초상표권은「국내에서의 상표권의 설정등록이 있는 날부터 국제등록일후 10년이 되는 날」까지 존속하며 또한 국제등록기초상표권은 국제사무국에 갱신절차를 밟으면 우리나라에서도 10년간 존속기간이 연장되며 국내등록상표의 존속기간 갱신신청·심사에 관한 규정의 적용이 배제된다(법 제86조의32).

20) 지정상품의 추가등록출원의 특례

마드리드 의정서상 국제상표등록출원 또는 국제등록기초상표권에 대해서는 지정상품을 추가하는 것이 불가능하므로 지정상품의 추가등록출원 및 그 심사에 관한 규정의 적용이 배제된다(법 제86조의33).

21) 상표권분할의 특례

출원의 분할이 인정되지 않는 것과 마찬가지로 국제등록기초상표권에 대해서는 이전과 관계없는 단순한 지정상품의 분할은 불가능하므로 이에 관한 특례를 규정한 것이다(법 제86조의34).

22) 상표권등록효력의 특례

국제등록기초상표권의 이전·변경·포기에 의한 소멸 및 존속기간의 갱신은 국제등록부에 등록되지 아니하면 그 효력이 발생하지 아니하며 상속 기타일반승계의 경우도 마찬가지이다. 그러나 무효 또는 취소로 소멸한 경우에는 등록과 관계없이 그 심결에 따른 효력이 발생한다. 그리고 상표권의 설정 및 처분의 제한은 국내 상표원부에 등록된 대로 효력이 발생하고 전용사용권 및 질권에 대한 사항도 국내 상표원부에 등록된 대로 효력이 발생한다(법 제86조의35).

23) 국제등록소멸의 효과

국제상표등록출원의 기초가 되는 국제등록의 전부 또는 일부가 소멸한 경우에는 그 소멸한 범위 안에서 당해 국제상표등록출원은 지정상품의 전부 또는 일부에 대하여 취하된 것으로 보며 또한 국제등록기초상표권의 기초가 되는 국제등록의 전부 또는 일부가 소멸한 경우에도 그 소멸한 범위 안에서 당해 상표권은 지정상품의 전부 또는 일부에 대하여 소멸된 것으로 본다. 한편 국제상표등록출원의 취하 또는 국제등록의 소멸의 효과는 국제등록부에 등록된 날부터 발생한다(법 제86조의36).

24) 상표권 포기의 특례

국제등록기초상표권의 경우 특허청에 대한 포기의사 만으로는 상표권을 포기할 수 없고 국제등록상의 국제등록을 취소하거나 상품 및 서비스업 전부에 대하여 일부 지정체약국에 대한 보호를 포기함으로써 상표권을 포기할 수 있도록 되어 있어 이와 같이 규정한 것이다. 그러나 국제등록기초상표권의 전용사용권 및 통상사용권의 포기에 관하여는 특례규정의 적용이 배제되므로 사용권자는 국제사무국에 사용권에 관한 국제등록을 포기할 수 있다(법 제86조의37).

25) 존속기간갱신등록의 무효심판 등의 특례

국제등록기초상표권은 국제사무국에 갱신절차를 밟으면 우리나라에서도 10년간 존속기간이 연장되고 또 상품분류전환제도는 존재하지 아니하므로 상표권의 존속기간갱신등록무효심판 및 상품분류전환무효심판에 관한 규정의 적용을 배제하는 것이다 (법 제86조의32).

26) 국제등록 소멸후의 상표등록출원의 특례

국제등록의 종속성으로 인하여 국제등록은 그 등록일로부터 5년간은 본국관청에서의 거절이유 또는 무효사유로 인하여 각 지정국관청에서의 권리보호가 불안한 점이 있다. 따라서 이러한 불안한 점으로부터 구제하기 위하여 소정요건을 충족시키는 경우에는 소멸된 국제등록을 지정국관청의 통상의 상표등록출원으로 전환시킬 필요가 있어 국제등록을 국내출원 또는 지역출원으로 전환할 수 있도록 한 것이다.

대한민국을 지정(사후지정 포함)한 국제등록의 대상인 상표가 지정상품의 전부 또는 일부에 관하여 그 국제등록이 소멸된 경우에는 당해 국제등록의 명의인은 당해 상품의 전부 또는 일부에 관하여 특허청장에게 상표등록출원을 할 수 있으며 이때 상표등록출원이 다음의 요건을 갖춘 경우에는 「국제등록일 (사후지정의 경우에는 사후지정일)」에 출원된 것으로 보며 또한 당해 국제등록에 관한 국제상표등록출원에 대하여 조약에 의한 우선권이 인정되는 경우에는 그 우선권은 상표등록출원에 인정된다(법 제86조의39).[16]

① 상표등록출원이 국제등록소멸일부터 3월 이내에 출원될 것
② 상표등록출원의 지정상품이 국제등록의 지정상품에 모두 포함될 것
③ 상표등록을 받고자하는 상표가 소멸된 국제등록의 대상인 상표와 동일할 것

27) 의정서 폐기후의 상표등록출원의 특례

대한민국을 지정(사후지정 포함) 하는 국제등록명의인이 출원인 적격을 잃게 된 때에는 당해 국제등록명의인은 국제등록된 지정상품의 전부 또는 일부에 관하여 특허청장에게 상표등록출원을 할 수 있다. 이 경우 상표등록출원은 다음의 요건을 갖춘 때에는 국제등록일(사후지정의 경우에는 사후지정일 포함)에 출원된 것으로 보며 또한 당해 국제등록에 관한 국제상표등록출원에 대하여 조약에 의한 우선권이 인정되는 경우에는 그 우선권은 상표등록출원에도 인정한다.

마드리드 의정서는 어느 국가가 마드리드 의정서 폐기를 통지함으로써 지정국관청에서 보호받을 수 없게 되는 경우 그 국제등록명의인을 구제하기 위하여 지정국에 통상의 상표등록출원을 할 수 있고 이 경우 국제등록일 또는 사후지정일로 출원일이 소급하도록 규정하여 마드리드 의정서 가입폐기에 따른 국내출원으로의 전환을 하게 한 것이다(법 제86조의40).

① 상표등록출원이 의정서 제15조 (3)77의 규정에 의하여 폐기의 효력이 발생한 날로부터 2년 이내에 출원될 것
② 상표등록출원의 지정상품이 국제등록의 지정상품에 모두 포함될 것
③ 상표등록을 받고자 하는 상표가 소멸된 국제등록의 대상인 상표와 동일할 것

---

16   그 소멸된 국제등록이 국제출원시에 대한민국을 지정하지 아니하였거나 사후지정을 하지 아니한 경우에는 법 제86조의39에 의한 상표등록출원을 할 수 없고 법 제9조에 의한 상표등록출원을 하여야 한다.

28) 재출원상표에 대한 심사 및 제척기간의 특례

마드리드 의정서에 따르면 국제등록의 종속성으로 인하여 국제등록이 소멸하거나 또는 마드리드 의정서 폐기로 인하여 국제등록명의인이 출원인 적격을 상실한 경우에 그 자가 통상의 상표등록출원을 하면 소정의 요건하에서 출원일을 국제등록일 또는 사후지정일로 소급하도록 규정하고 있으나, 기타의 절차에 관하여는 언급이 없다.

그러나 이미 설정등록을 받았던 본인의 등록상표에 관한 상표등록출원에 대하여 출원인에게 재차 심사절차를 거치도록 하는 것은 출원인의 귀책사유 또는 출원상의 하자가 없음에도 불구하고 출원인에게 불편을 초래하는 결과가 되므로 이 경우에는 출원공고절차, 이의신청절차를 생략하는 등 이중심사에 따른 심사인력낭비를 방지하고자 재출원에 대하여는 바로 상표등록결정을 하도록 특례를 규정하고 있다(법 제86조의41).

따라서 재출원의 요건에 대한 심사만을 거쳐 그 요건을 충족하는 경우 바로 등록결정하고 등록료를 납부하면 설정등록해 주며 만일 재출원의 요건이 인정되지 아니한 경우에는 그 재출원은 신규출원으로 보아 통상의 심사절차를 거치도록 한 것이다. 또한 종전의 국제등록기초상표권에 대하여 무효심판의 제척기간이 종료된 경우에는 재출원에 의한 상표등록에 대해서도 무효심판을 청구할 수 없다(법 제86조의42).

한편, 재출원이 상표법 제86조의31의 규정에 의하여 설정등록되지 아니한 국제상표등록출원인 경우에는 신규의 상표등록출원으로 보아 모든 심사절차가 진행되는데 이때 출원일자는 국제출원일이 된다.

재출원에 의해서 등록된 상표권은 국내설정등록일로부터 상표권이 발생하며 존속기간도 이때부터 개시되는 등 소멸된 국제등록기초상표권과는 기본적으로 독립된다.

마드리드 의정서에 의하여 재출원된 상표가 설정등록되어 무효심판을 청구할 수 있는 제척기간이 경과되었음에도 불구하고 상표권자의 귀책사유가 아닌 국제등록의 소멸 등으로 인하여 특허청에 재출원을 하여 등록되었다는 이유로 제척기간이 새로이 계산되면 법적안정성이라는 제척기간의 취지에 부합되지 않으므로 이와 같이 특례를 규정하고 있다.

제5편 상표권

제1장 상표등록

I. 서 언

상표등록이라 함은 상표에 관한 권리의 설정·변경·소멸 기타 상표권에 관련된 일정한 사항을 상표등록원부에 기재하고 기록하는 일련의 행정행위를 말한다.

상표법은 상표권 및 전용사용권의 설정·이전 등 일정한 경우에 등록할 것을 규정하고 있는데 이는 상표권의 발생·소멸 등 권리의 변동사항을 일반공중에게 공시함으로써 제3자에 대한 불측의 손해를 방지할 필요가 있기 때문이다.

II. 상표등록료의 납부·보전 및 반환

1. 의 의

상표등록료라 함은 등록상표를 독점적으로 사용하는데 대한 대가라 할 수 있는데, 상표등록료를 기간 내에 납부하지 아니할 때에는 그 상표등록출원 또는 지정상품추가등록출원은 이를 포기한 것으로 보며, 상표권존속기간 갱신등록신청의 경우에도 그 신청을 포기한 것으로 본다. 상표법은 상표권의 설정등록을 받고자 하는 자 또는 지정상품추가등록 또는 상표권갱신등록을 받고사 하는 경우 상표등록료를 납부하여야 한다고 규정하여 등록료납부를 강제고 있다(법 제34조).

2. 납부자 및 등록료

1) 납부자

상표등록료는 상표권설정등록을 받고자 하는 자 또는 상표권갱신등록을 받고자 하는 자가 납부하며, 이해관계인도 상표등록료를 납부할 수 있는데 이때 상표등록료를 납부한 이해관계인은 납부하여야 할 자가 현재 이익을 받는 한도 내에서 그 비용의 상환을 청구할 수 있다.

2) 등록료

상표권설정등록 등에 따른 납부하여야 할 상표등록료 등은 특허료, 등록료와 수수료의 징수규칙(산업통상자원부령)에서 규정하고 있다.

3. 납부기간 및 납부방법

1) 납부기간

상표권의 설정등록, 지정상품의 추가등록, 상표권존속기간갱신 등록을 받고자 하는 자는 상표등록료를 납부하여야 하는데, 이 경우 상표권의 설정등록 또는 존속기간 갱신등록을 받고자 하는 자는 상표등록료를 2회로 분할하며 납부할 수 있다. 그리고 이들 등록료는 등록결정등본을 받은 날로부터 2월내에 납부하여야 하는데(수수료징수규칙 제8조 제7항), 청구에 의하여 그 기간을 30일 이내에서 연장받을 수 있다(법 제35조).

한편, 이해관계인은 상표등록을 받고자 하는 자의 의사에 불구하고 상표등록료를 납부할 수 있다(법 제34조 1항). 상표권의 설정등록, 지정상품추가등록, 존속기간갱신등록료는 등록료 납부의 통지를 발급 받은 날 익일까지 이를 납부하여야 하며 이 기간이 지난 후에 등록료를 납부한 경우에는 그 등록료 납부가 기간 내의 납부하더라도 불수리의 대상이 된다.

2) 상표등록출원 또는 신청의 포기 간주

상표등록료를 납부하지 아니한 때에는 상표등록출원이나 지정상품의 추가등록출원 또는 상표권의 존속기간갱신등록신청은 이를 포기한 것으로 본다(법 제36조).

3) 지정상품의 포기

2 이상의 지정상품이 있는 상표등록출원에 대한 상표등록결정을 받은 자, 지정상품의 추가등록출원에 대한 지정상품의 추가등록결정을 받은 자 또는 상표권의 존속기간갱신등록 신청을 한 자는 상표등록료를 납부하는 때에 그 일부의 지정상품에 대하여 이를 포기할 수 있다(법 제34조의2).

4. 상표등록료의 보전[1]

1) 기간 및 금액

특허청장은 상표권의 설정등록·지정상품의 추가등록 또는 상표권의 존속기간갱신등록을 받고자 하는 자 또는 상표권자가 법 제34조 제3항 또는 제35조의 규정에 의한 기간 이내에 상표등록료의 일부를 납부하지 아니한 경우에 상표등록료의 보전(補塡)을 명하여야 하는데, 보전명령을 받은 자는 그 보전명령을 받은 날부터 1월 이내에 상표등록료를 보전할 수 있다(법 제36조의 제1·2항).

이때 상표등록료를 보전하는 자는 법 제34조 제3항 또는 제35조의 규정에 의한 납부기간을 경과하여 상표등록료를 보전하는 경우에 납부하지 아니한 금액의 2배의 범위 내에서 산업통상자원부령이 정하는 금액을 납부하여야 한다(법 제36조의2 제3항).

2) 추가납부 및 보전에 의한 상표등록출원의 회복

상표등록출원 또는 지정상품추가등록출원, 상표권존속기간갱신등록신청의 신청인 또는 상표권자가 책임질 수 없는 사유로 말미암아 법 제34조 제3항 또는 제35조의 규정에 의한 납부기간 이내에 상표등록료를 납부하지 아니하였거나 법 제36조의2 제2항의 규정에 의한 보전기간 이내에 보전하지 아니한 경우에는 그 사유가 종료한 날부터 14일 이내에 그 상표등록료를 납부하거나 보전할 수 있다. 다만, 납부기간의 만료일 또는 보전기간의 만료일 중 늦은 날부터 6월이 경과한 때에는 그러하지 아니하다.

상표등록료를 납부하거나 보전한 자는 법 제36조의 규정에 불구하고 그 상표등록출원·지정상품의 추가등록출원 또는 상표권의 존속기간갱신등록신청을 포기하지 아니한 것으로 본다.

---

1   상표등록료의 보전(補塡)이라 함은 상표등록료를 납부하기는 하였으나 그 납부하여야 할 금액을 전액 납부하지 아니하고 그 금액을 부족하게 납부한 경우 그 부족한 금액에 대하여 추가로 납부하는 것을 말한다.

상표등록료를 보전하여 상표등록출원·지정상품의 추가등록출원 또는 상표권이 회복된 경우에는 그 상표등록출원·지정상품의 추가등록출원 또는 상표권의 효력은 법 제34조 제3항 또는 제35조의 규정에 의한 납부기간이 경과한 후 상표등록출원·지정상품의 추가등록출원 또는 상표권이 회복되기 전에 그 상표와 동일하거나 이와 유사한 상표를 그 지정상품과 동일하거나 이와 유사한 상품에 사용한 행위에는 미치지 아니한다(법 제36조의3 제3항).

5. 상표등록료의 반환

1) 반환대상

납부된 상표등록료는 이를 반환하지 아니함이 원칙이다. 다만, 다음의 경우에는 납부한 자의 청구에 의하여 이를 반환한다.
① 상표등록료와 수수료가 잘못 납부된 경우
② 상표등록출원(분할출원, 변경출원, 분할출원 또는 변경출원의 기초가 된 상표등록출원 우선심사의 신청이 있는 출원 및 제86조의14 제1항에 따라 이 법에 따른 상표등록출원으로 보는 국제상표등록출원은 제외한다) 후 1개월 이내에 해당 상표등록출원을 취하하거나 포기한 경우 이미 납부된 수수료 중 상표등록출원료 및 상표등록출원의 우선권주장 신청료

2) 반환청구

상표등록료 반환은 그 잘못 납부된 사실을 통지받은 날부터 3년이 경과한 때에는 이를 청구할 수 없다(법 제38조 제3항). 한편, 특허청장은 상표등록료가 잘못 납부된 경우에는 그 사실을 상표등록료를 납부한 자에게 통지하여야 한다.

III. 상표등록

1. 등록사항

상표등록원부에 등재할 사항은 상표법에서 이를 규정하고 있는데, 특허청장은 특허청에 상표원부를 비치하고 다음 각 호의 사항을 등록하도록 규정하고 있다(법 제39조).
① 상표권의 설정·이전·변경·소멸·존속기간의 갱신·제46조의2의 규정에 의

한 상품분류전환·지정상품의 추가 또는 처분의 제한

　② 전용사용권 또는 통상사용권의 설정·보존·이전·변경·소멸 또는 처분의 제한

　③ 상표권·전용사용권 또는 통상사용권을 목적으로 하는 질권의 설정·이전·변경·소멸 또는 처분의 제한

2. 등록증 교부

특허청장은 상표권의 설정등록을 한 때에는 상표권자에게 상표등록증을 교부하여야 하는데 상표등록증이 상표원부와 부합되지 아니할 때에는 신청에 의하여 또는 직권으로 상표등록증을 회수하여 정정교부하거나 새로운 상표등록증을 교부하여야 한다 (법 제40조 제1, 2항).

3. 등록의 효력

1) 효력발생

다음의 사항은 이를 등록하지 않으면 효력이 발생하지 아니하며 등록의 경우에는 대항요건도 충족된다. 한편, 상표권 및 질권의 상속, 그 밖의 일반승계의 경우에는 지체없이 그 취지를 특허청장에게 신고하여야 한다(법 제56조 제2항).

　① 상표권의 설정등록

　② 상표권의 이전(상속 기타 일반승계에 의한 경우를 제외한다)·변경·포기에 의한 소멸·존속기간의 갱신·상품분류전환·지정상품의 추가 또는 처분의 제한

　③ 상표권을 목적으로 하는 질권의 설정·이전(상속, 그 밖의 일반승계에 의한 경우는 제외한다)·변경·소멸(권리의 혼동에 의한 경우는 제외한다) 또는 처분의 제한

2) 대항력 발생

다음의 사항은 등록하지 않더라도 그 효력은 발생하나 이를 등록하지 아니한 경우에는 제3자에게 대항하지 못한다(법 제58조). 전용사용권 또는 통상사용권을 등록한 때에는 그 등록후에 상표권 또는 전용사용권을 취득한 자에 대하여도 그 효력이 발생하며, 전용사용권·통상사용권 및 질권의 상속, 그 밖의 일반승계의 경우에는 지체없이 그 취지를 특허청장에게 신고하여야 한다(법 제56조 제2, 3항).

　① 전용사용권 또는 통상사용권의 설정등록

　② 전용사용권 또는 통상사용권의 이전·변경·포기에 의한 소멸 또는 처분의 제한

③ 전용사용권 또는 통상사용권을 목적으로 하는 질권의 설정ㆍ이전ㆍ변경ㆍ포기에 의한 소멸 또는 처분의 제한

제2장 상표권의 존속기간갱신등록

일러두기 상표권의 존속기간갱신등록제도는 등록된 상표권의 존속기간을 10년간씩 연장해주는 제도로서 상표권의 특성에 따라 상표법에만 존재하는 특유의 제도이다.
　이 부분에서는 먼저 상표권존속기간연장등록을 인정하는 취지를 이해하는 것이 필요하며 상표권의 갱신등록에 필요한 실체심사를 하지 않는 점에 유의할 필요가 있다.

I. 서 언

1. 의 의

　상표권의 존속기간은 상표권설정등록일로부터 10년으로서 종료하는데, 상표권의 존속기간은 이를 10년간씩 갱신할 수 있다. 상표권의 존속기간을 갱신하고자 하는 경우에는 소정의 절차를 밟아야 하며 갱신등록에 따른 일정한 요건도 충족하여야 한다.

　상표법에서 이와 같이 상표권의 존속기간을 10년간씩 몇 번이고 계속하여 갱신할 수 있도록 하여 상표권의 반영구성(半永久性)을 인정하고 있는 것은 상표권의 본질에 연유한 것이다.

　상표권의 존속기간이 갱신등록되면 상표권의 존속기간은 10년간 연장되는 것으로 보는데 이러한 상표권의 존속기간갱신등록이 새로운 권리를 발생시키는 것은 아니다.

　한편, 종전의 상표법(2007.1.3. 법률 제8190호)에서는 상표권의 존속기간갱신등록을 하고자 하는 경우 구 상표법 제43조 소정의 「상표권의 존속기간 개신등록출원서」를 특허청장에게 제출토록하고 그 상표권의 존속기간갱신등록출원이 구 상표법 제43조에서 규정한 존속기간갱신등록출원 요건을 갖추지 아니하거나 갱신등록출원서상에 기재된 지정상품이 등록상표의 지정상품과 상이한 등의 경우에는 이를 거절이유로 규정하여(구 상표법 제45조) 갱신등록을 불허하는 등 상표권의 존속기간갱신등록을 심사관의 심사를 거쳐 허여하는 것으로 규정하였으나, 우리나라가 2002년에 가입한 상표법조약(TLT)이 상표권의 존속기간갱신등록출원에 대한 실체심사를 할 수 없는 것으로 규정하고 있음에 따라(TLT조약 13조) 2010.1.27. 법률 제9987호(2010.7.28. 시행)에서

이를 반영하여 상표권존속기간갱신등록출원에 대한 실체심사 규정을 삭제하고 「갱신
등록신청서」와 「상표등록료」만 납부하면 「상표권의 존속기간갱신등록」이 가능하도
록 하였다.

2. 제도적 취지

상표보호의 실체는 그 상표에 화체된 상표사용자의 업무상의 신용을 보호하고 나아
가서는 수요자의 이익을 도모함에 있다.

따라서 상표권자가 그 상표를 장기간 사용함으로써 소비자로부터 신용을 축적하였
다면 그 상표는 이를 계속적으로 사용할 수 있게 하는 것이 상표제도의 취지에도 합당
한 것이라 할 것이며 반대로 상표권자가 등록상표를 사용하지 아니하거나 사용의 필요
성이 없는 경우에는 이를 소멸시키는 것이 제도의 목적에도 맞고 제3자에게 상표사용
의 기회도 넓혀주는 것이 된다.

그러므로 상표법은 이와 같은 취지에서 상표권의 존속기간갱신등록제도를 두어 계
속 사용이 필요한 상표는 이를 갱신등록시켜 그 사용을 보호하여 주고 그 이외의 상표
에 대하여는 이를 자동적으로 소멸시킴으로써 누구나 그 상표를 사용할 수 있도록 하
고자 본 제도를 마련한 것이다.

3. 법적 성질

1) 신권리발생설

이는 상표권의 갱신등록에 의해 새로이 상표권이 발생된다고 보는 견해이다. 그 근
거로는, ① 법이 기간의 연장이라고 하지 아니하고 기간의 갱신이라고 한 점, ② 상표권
은 등록에 의해 발생하는데 상표권의 갱신등록도 등록인 점, ③ 또 갱신등록이 무효심
판의 대상으로 된 경우에 그 무효의 효력은 갱신전의 상표권의 효력에는 영향이 없다
는 점 등을 든다.

그러나 이 견해에 따를 경우 갱신 후의 상표권의 존속기간의 기산점은 갱신등록일이
되지 않을 수 없기 때문에 상표권의 존속기간갱신등록이 존속기간 내에 등록된 경우에
는 원상표권과 갱신등록된 상표권간에 권리의 중첩이 발생하고, 기간경과 후에 갱신등
록이 이루어진 경우에는 권리의 공백 기간이 생길 뿐만 아니라 원상표권에 존재하는 권
리나 혹은 그 하자 등을 갱신 후의 상표권에 대하여는 주장할 수 없다는 모순이 생기기

때문에 이 견해는 갱신등록을 인정한 상표법의 정신과도 부합되지 않는다 할 것이다.

2) 권리연장설

이 견해는 상표권의 존속기간을 갱신등록하면 새로운 상표권이 발생하는 것이 아니라 원상표권의 존속기간을 계속하여 연장시켜 주는 것이라고 보는 견해다.

그 근거로는, ① 상표법이 상표권의 갱신이라고 하지 않고 존속기간의 갱신이라고 하고 있으며 ② 법상 존속기간의 갱신은 종래 상표권의 보전을 목적으로 하고 있는 등으로 보아 갱신은 그 성질상 기간의 연장이라고 보는 것이 상표법의 목적, 상표권의 본질 등에 비추어 자연스럽다는 점 등을 들고 있으며, 통설이라고 할 수 있다.

II. 존속기간갱신등록의 신청 및 효과

1. 갱신등록신청 절차

1) 갱신등록신청서 기재형식

상표권의 존속기간연장등록을 받고자 하는 자는 다음 사항을 기재한 상표권의 존속기간갱신등록신청서를 특허청장에게 제출하여야 한다.[1]

① 출원인의 성명 및 주소(법인인 경우에는 그 명칭 및 영업소의 소재지)

② 대리인이 있는 경우에는 그 대리인의 성명 및 주소나 영업소의 소재지(대리인이 특허법인인 경우에는 그 명칭, 사무소의 소재지 및 지정된 변리사의 명칭)

③ 지정상품 및 그 유구분[2]

④ 기타 산업통상자원부령이 정하는 사항

⑤ 등록상표의 등록번호

---

1   상표권의 존속기간갱신등록출원에 대한 실체심사의 폐지에 따라 갱신등록출원시 제출하던 상표견본의 제출이 생략되었으며, 또한 등록상표가 법 제6조 제2항에 해당하는 경우에 제출하던 사용을 증명하는 서류 및 증거물(사용한 상품, 사용기간, 사용지역, 판매량, 사용방법 및 회수 등)을 제출하지 않아도 된다(시행규칙 제16조).

2   종전법에서는 상표권존속기간갱신등록출원시 지정상품 및 류구분을 NICE분류로 하여 갱신출원하도록 하였으나 2001.2.3. 개정상표법에서 상품분류전환등록제도가 채택됨에 따라 구한국상품분류로 등록된 상품은 상표권갱신등록시 당초의 등록된 구한국상품분류로 출원하도록 되었다.

2) 기 간

상표권의 존속기간갱신등록신청은 상표권존속기간만료 전 1년 이내에 하여야 한다. 다만, 이 기간 내에 상표권 종속기간 갱신등록신청을 하지 아니한 경우에는 상표권의 존속기간만료 후 6월 이내에 한하여 상표권의 존속기간갱신등록신청을 할 수 있다[3](법 제43조 제2항).

3) 신청인

상표권의 존속기간갱신등록신청은 상표권자가 하여야 하며, 상표권이 공유인 경우에는 공유자 전원이 공동으로 신청하여야 한다.

4) 갱신등록료

상표권의 존속기간갱신등록을 받고자 하는 자는 갱신에 따른 상표등록료를 2회로 분할하여 할 수 있는데(법 제34조 제1항), 갱신상표등록료를 분할납부하는 경우로서 납부기간에 2회차 등록료를 납부하지 아니한 경우에 그 상표권은 존속기간갱신등록일로부터 5년이 지나면 소멸한다(법 제42조 제3항).

5) 보정명령

특허청장은 상표권의 존속기간갱신등록신청이 상표법 제13조에서 규정한 보정사유에 해당하는 경우에는 기간을 정하여 보정을 명하여야 하며, 그 흠결을 보정하지 못한 경우에는 해당 상표권의 존속기간갱신등록신청을 무효로 할 수 있다.

2. 갱신등록신청의 효과

1) 효력발생

상표권의 존속기간갱신등록신청이 있는 때에는 그 상표권의 존속기간은 갱신된 것으로 보는데, 상표권의 존속기간갱신등록의 효력은 원(原)등록의 효력이 끝나는 다음

---

3   이와 같이 상표권존속기간 만료 후 6개월 이내에도 가산수수료 납부를 조건으로 하여 갱신등록신청을 할 수 있도록 한 것은 과실 또는 착오 등으로 갱신신청의 기회를 놓친 권리자를 구제하기 위한 조치로서 1993.12.10. 법률 제4597호에서 채택된 제도이다. 그러나 이러한 입법조치는 외국에서도 그 입법예를 찾아 볼 수 없는 제도로서 타 규정과 균형이 맞지 않을 뿐만 아니라 이미 소멸된 권리를 사후 수단에 의하여 다시 회복시킨다는 점 등에서 논란의 여지가 있는 규정이라 하겠다.

날부터 발생한 것으로 된다. 그러므로 상표권의 존속기간갱신에 따른 등록절차가 존속기간 만료 전에 행하여졌든지, 존속기간만료 후에 행하여졌든지 그 갱신등록에 따른 상표권의 효력은 원등록이 끝나는 다음날로부터 이어지는 것이다.

2) 효 력

상표권의 존속기간갱신등록이 있으면 그 상표권의 존속기간은 10년간 연장되며 연장 등록된 상표권의 효력은 원등록의 상표권의 효력과 같다.

III. 갱신등록의 무효

1. 청구인

상표권의 존속기간갱신등록에 대한 무효심판을 청구할 수 있는 자는 이해관계인 또는 심사관이다(법 제72조 제1항).

2. 청구기간

상표권의 존속기간갱신등록에 대한 무효심판은 갱신등록된 상표권의 소멸전·후를 불문하고 청구할 수 있다. 다만, 상표권의 존속기간갱신등록신청이 상표권의 존속기간 만료전 1년 이내에 신청되지 않은 경우를 이유로 무효심판을 청구하는 경우에는 5년 내에 청구하여야 한다(법 제76조 제1항).

3. 무효사유

상표권의 존속기간갱신등록 무효사유는 갱신등록신청기간 및 신청인 적격에 국한하고 있으므로 법 제6조, 제7조 위반 등을 이유로 무효하고자 하는 경우에는 원등록 상표에 대한 무효심판을 청구해야 한다(법 제72조).

① 상표권의 존속기간갱신등록신청이 상표권의 존속기간 만료 전 1년 이내에 되지 아니하거나 또는 상표권의 존속기간 만료 후 6월 이내에 신청되지 아니한 경우

② 당해 상표권자가 아닌 자가 상표권의 존속기간갱신등록신청한 경우

4. 청구의 범위

갱신등록된 등록상표의 지정상품이 2 이상 있는 경우에는 지정상품마다 무효심판을 청구할 수 있다(법 제72조 제1항).[4]

5. 무효의 효과

상표권의 존속기간갱신등록을 무효로 한다는 심결이 확정된 때에는 상표권의 존속기간갱신등록은 처음부터 없었던 것으로 본다.

IV. 국제등록상표권의 경우

국제등록기초상표권은 「국내에서의 상표권의 설정등록이 있는 날부터 국제등록일 후 10년이 되는 날」까지 존속하는데, 국제등록기초상표권은 국제사무국에 갱신절차를 밟으면 우리나라에서도 10년간 존속기간이 연장되므로 국내등록상표의 존속기간 갱신신청·심사에 관한 규정의 적용이 배제된다(법 제86조의32).

---

4   개정법에서 상표권의 존속기간갱신등록을 「신청」에 의하여 할 수 있도록 하고 있어, 심사관에 의한 형식 및 실체 심사는 행해지지 않으며 그 갱신등록무효사유도 일정한 경우로 국한하고 있다. 그럼에도 갱신등록무효심판에서 등록상표의 지정상품이 2 이상 있는 경우 지정상품마다 무효심판을 청구할 수 있다고 규정한 것은 불균형적이다. 다만, 이와 같은 규정은 원등록상표에 대한 무효심판을 청구하는 경우를 겨냥한 규정으로 보이기는 하나, 이때 무효심판은 원상표등록에 대한 무효심판이지 갱신등록에 대한 무효심판이 아니다. 그러므로 이 부분은 삭제함이 마땅하다.

제3장 상품분류전환등록

I. 서 언

1. 의 의

　상품분류전환등록이라 함은 종전의 상품류 구분에 따라 상표등록된 상표의 지정상품을 현재의 산업통상자원부령이 정하는 신상품류구분에 맞도록 상품류 구분을 전환하여 등록하는 것을 말하는데, 이러한 상품분류전환등록은 1997.8.22. 법률 제5355호 이전의 법(1998.3.1. 시행)에 의하여 구 한국분류로 출원하여 등록된 상표에 대하여 할 수 있다.

　그러므로 법률 제5355호 법률에서 정하는 신상품류구분에 따라 상표등록이 된 상표는 상품분류등록대상이 아니다.

2. 제도적 취지

　상표등록과 관련하여 상품류 구분이 NICE분류로 통일됨에 따라 종전에는 상표권존속기간갱신등록출원 시에 구 한국분류로 등록된 상표에 대하여 신 국제분류(NICE분류)로 하여 갱신등록을 받도록 하였으나 상표법조약(TLT) 제10조 제4항에서 동 조약에서 규정된 사항 이외의 것을 상표권갱신등록과 관련하여 요구할 수 없도록 규정하고 있고, 동 조에서 상표권존속기간갱신과 관련하여 어떠한 실체심사도 할 수 없도록 함에 따라 그간의 상표권갱신등록절차에서 상품분류를 전환토록 하였던 것을 계속 유지시킬 수 없음에 따라 상표권존속기간등록절차와 별도로 상품류 분류전환등록제도를 마련하게 되었다.[1]

II. 상품분류전환등록 신청절차

1. 상품분류전환등록 신청대상

법률 제5355호 상표법 중 개정법률 시행 전 종전의 제10조 제1항의 규정에 의한 산업통상자원부령이 정하는 상품류 구분에 따라 상품을 지정하여 상표권의 설정등록 · 지정상품의 추가등록 또는 상표권의 존속기간갱신등록을 받은 상표권자는 당해 지정상품을 산업통상자원부령이 정하는 상품류 구분에 따라 상품분류전환하여 등록을 받아야 한다.[2] 다만, 법률 제5355호 상표법 중 개정법률 제10조 제1항의 규정에 의한 산업통상자원부령이 정하는 상품류 구분에 따라 상품을 지정하여 상표권의 존속기간갱신등록을 받은 자는 그러하지 아니하다(법 제46조의2 제1항).

2. 상품분류등록을 신청할 수 있는 자

상품분류등록신청은 상표등록, 지정상품추가등록, 상표권존속기간갱신등록을 받은 상표권자만이 할 수 있다. 상표권이 공유인 경우에는 공유자 전원이 공동으로 하여야 한다.

3. 기 간

상품분류전환등록신청은 상표권의 존속기간만료일 1년 전부터 존속기간만료 후 6월 이내에 하여야 한다(법 제46조의2 제3항).

---

1   일본은 갱신등록절차와 독립된 개서(改書)절차에 의해 구상품분류로 등록된 상표의 지정상품을 신상품분류인 니스분류로 전환토록 규정하고 있다.

2   ① 본 개정법 시행 전에 한 상표권의 존속기간갱신등록출원에 대한 심사는 종전의 규정에 의하므로 2001년 7월 1일 이전까지는 갱신출원시 상품분류를 모두 니스상품분류로 전환 하여야 갱신등록 받을 수 있다.
      ② 상표권의 존속기간갱신등록출원절차와 상품분류전환등록절차를 완전히 분리할 경우 출원인이 두 개의 서로 독립된 서류를 신청하여야 하는 부담을 갖기 때문에 출원인이 원하는 경우 상표권의 존속기간갱신등록출원 시 상품분류전환등록을 동시에 병합하여 신청할 수 있도록 규정한 것이다(법 제46조의2 제2항).

4. 상품분류전환등록신청서 기재사항

상품분류전환의 등록을 받고자 하는 자는 다음 각 호의 사항을 기재한 상품분류전환등록신청서를 특허청장에게 제출하여야 한다(법 제46조의2 제2항).

① 신청인의 성명 및 주소(법인인 경우 그 명칭 및 영업소의 소재지)

② 대리인이 있는 경우 그 대리인의 성명 및 주소나 영업소의 소재지(대리인이 특허법인인 경우에는 그 명칭, 사무소의 소재지 및 지정된 변리사의 성명)

③ 등록상표의 등록번호

④ 전환하여 등록받고자 하는 지정상품 및 그 유구분(類區分)

III. 상품분류전환등록에 대한 심사

1. 심사의 주체

상품분류전환등록에 대한 등록여부에 대한 심사는 심사관이 이를 행한다.

2. 심사 절차

1) 거절이유

상품분류전환등록신청이 다음 각 호의 1에 해당하는 경우에는 그 신청에 대하여 상품분류전환등록거절결정을 하여야 한다(법 제46조의4 제1항).

① 상품분류전환등록신청의 지정상품을 당해 등록상표의 지정상품이 아닌 상품으로 하거나 지정상품의 범위를 실질적으로 확장한 경우

② 상품분류전환등록신청의 지정상품이 산업통상자원부령이 정하는 상품류구분에 일치하지 아니하는 경우

③ 상품분류전환등록을 신청한 자가 당해 등록상표의 상표권자가 아닌 경우

④ 제46조의2 규정에 따른 상품분류전환등록신청 요건을 갖추지 못한 경우

⑤ 상표권이 소멸하거나 상표권의 존속기간갱신등록출원이 포기·취하 또는 무효되거나 상표권의 존속기간갱신등록신청이 무효로 된 경우

2) 의견서제출통지

심사관은 상품분류전환등록신청이 법 소정(법 제46조의4 제1항)의 거절이유에 해당하는 때에는 신청인에게 그 이유를 통지하고 기간을 정하여 의견서를 제출할 수 있는 기회를 주어야 한다.

3) 거절결정 또는 등록결정

심사관은 신청인이 제출한 의견서에 의하여도 거절이유를 해소할 수 없는 경우에는 그 상표분류전환등록신청에 대하여 거절결정을 하여야 한다.

거절결정에 불복이 있는 신청인은 심판을 청구하여 그 거절결정의 당·부를 다툴 수 있다(법 제70조의2). 또한 심사관은 상품분류전환등록신청이 거절이유에 해당하지 아니하는 경우에는 등록결정을 하여야 한다.

IV. 상품분류전환등록을 하지 아니한 경우

1. 상표권 소멸

상품분류전환등록을 하지 아니하는 등 다음 각 호의1에 해당하는 사유에 해당하는 때에는 상품분류전환등록의 대상이 되는 지정상품에 관한 상표권은 상품분류전환등록 신청기간의 종료일이 속하는 존속기간의 만료일에 소멸한다(법 제64조의2 제1항).

① 상품분류전환등록을 받아야 하는 자가 제46조의2 제3항의 규정에 의한 기간 이내에 상품분류전환등록을 신청하지 아니하는 경우

② 상품분류전환등록신청이 취하된 경우

③ 제5조의15 제1항에 따라 상품분류전환에 관한 절차가 무효로 된 경우

④ 상품분류전환등록거절결정이 확정된 경우

⑤ 제72조의2의 규정에 의하여 상품분류전환등록을 무효로 한다는 심결이 확정된 경우

2. 분류전환등록신청서에 기재되지 않은 지정상품

상품분류전환등록의 대상이 되는 지정상품으로서 상품분류전환등록신청서에 기재되지 아니한 지정상품에 관한 상표권은 상품분류전환등록신청서에 기재된 지정상품

이 전환등록되는 날에 소멸한다. 다만, 상품분류전환등록이 상표권의 존속기간만료일 이전에 이루어지는 경우에는 상표권의 존속기간만료일의 다음날에 소멸한다(법 제64조의2 제2항).

V. 상품분류전환등록의 무효심판

1. 청구인

이해관계인 또는 심사관은 상품분류전환등록의 무효심판을 청구할 수 있다(법 제72조의2 제1항).

2. 청구기간

상품분류전환등록의 무효심판은 상표권이 소멸된 후에도 청구할 수 있다(법 제72조의2에서 준용하는 제71조 제2항).

3. 청구대상

상품분류전환등록무효심판은 상품분류전환하지 아니한 지정상품 모두에 대하여 청구할 수 있으며 상품분류전환등록에 관한 지정상품이 2이상 있는 경우에는 지정상품마다 청구할 수 있다.

4. 무효사유(법 제72조의2)

상품분류전환등록 무효사유는 그 지정상품, 분류전환등록 신청인 위반 등에 국한하고 있다.

① 상품분류전환등록이 당해 등록상표의 지정상품이 아닌 상품으로 되거나 지정상품의 범위가 실질적으로 확장된 경우

② 상품분류전환등록이 당해 등록상표의 상표권자가 아닌 자의 신청에 의하여 행하여진 경우

③ 상품분류전환등록이 제46조의2 제3항의 규정에 위반되는 경우

5. 무효의 효과

　상품분류전환등록을 무효로 한다는 심결이 확정된 경우에는 당해 상품분류전환등록은 처음부터 없었던 것으로 본다(법 제72조의2 제3항).

제4장 지정상품의 추가등록

일러두기　지정상품의 추가등록은 출원중인 상표 또는 등록상표에 상품만을 추가등록하는 것을 말하는데, 상표법에서만 채택하고 있는 독특한 제도이다. 이 제도는 상표권자가 사업다각화에 따라 상표사용의 폭을 넓히고자 하는 경우 이에 부응하고자 마련된 제도이다.

여기서는 먼저 개념과 취지를 정확히 이해하는 것이 필요하며 지정상품추가등록의 요건 및 효과가 포인트가 된다.

I. 서 언

1. 의 의

지정상품의 추가등록이라 함은 등록상표의 상표권자 또는 상표등록출원중인 상표의 출원인이 자기의 등록상표 또는 출원중인 상표의 지정상품을 추가하여 등록받는 것을 말한다. 등록상표의 상표권자 또는 출원중인 상표의 출원인은 지정상품의 추가등록을 받고자 하는 경우에는 별도의 새로운 출원절차를 밟아서 그 지정상품에 관한 추가등록을 받을 수 있다.

이와 같은 지정상품의 추가등록은 그 지정 상품만을 추가하는 것으로서 그 지정상품의 추가는 상표법시행규칙 제40조 별표에서 규정한 상품 중 상품류 구분에 구애되지 않고 할 수 있다.

2. 제도적 취지

상표권자 또는 상표등록출원인은 상표등록이나 상표등록출원 후에 사업을 확장하거나 사정변화에 따라 그 상표를 사용할 상품의 범위를 확대할 필요가 있다.

이런 경우 지정상품의 추가등록을 인정하지 아니한다면 상표권자는 추가로 새로이 시작하고자 하는 상품에 대하여 상표를 독점배타적으로 사용할 수가 없으므로 별도의 상표등록출원을 해야만 한다.

따라서 별도의 상표권을 새로이 설정하지 아니하고 기등록된 권리에 지정상품만을 추가할 수 있도록 하여 상표권자의 상표사용의 폭을 넓혀 상표권의 권리범위를 확장할 수 있도록 함으로써 상표권자의 상표사용의 욕구에 부응하고자 마련된 제도가 본 제도이다.

이와 같은 지정상품추가등록은 1997.8.22. 법률 제5355호(1998.3.1. 시행)에서 다류 1 출원제도를 도입함으로써 동일 상품류 구분에 한하지 않고 타류에 속하는 상품까지 폭넓게 추가등록 할 수 있게 되었다.

II. 지정상품 추가등록출원 및 심사절차

1. 출원절차

1) 지정상품의 추가등록출원서 제출

지정상품의 추가등록을 받고자 하는 자는 다음의 사항을 기재한 지정상품의 추가등록출원서를 특허청장에게 제출하여야 한다(법 제47조 제2항).

① 출원인의 성명 및 주소(법인인 경우에는 그 명칭 및 영업소의 소재지)

② 대리인이 있는 경우에는 그 대리인의 성명 및 주소나 영업소의 소재지(대리인이 법인인 경우에는 그 명칭, 사무소의 소재지 및 지정된 변리사의 성명)

③ 조약에 의한 우선권주장

④ 등록상표의 등록번호 또는 상표등록출원의 출원번호

⑤ 추가로 지정할 상품 및 그 유구분

⑥ 기타 산업통상자원부령이 정하는 사항

2) 기 간

지정상품의 추가등록출원은 상표권의 존속기간 중 또는 상표등록출원의 계속 중에는 언제든지 할 수 있다. 다만, 지정상품을 추가등록하고자 하는 상표등록출원에 대한 거절결정이 확정되거나 그 출원이 무효·취하·포기된 경우, 추가하고자 하는 등록상표의 상표권이 소멸된 경우에는 할 수 없다.[1]

---

1   따라서 지정상품추가등록출원 후에 추가하고자 하는 상표등록출원이 거절결정이 확정되거나 등록 상표가 무효심결의 확정 등에 의하여 소멸되는 경우에는 당해 지정상품추가등록출원은 거절된다(법 제48조 제1항 제4호).

3) 지정상품

상표권자 또는 출원인은 등록상표 또는 상표등록출원의 지정상품을 추가등록 받고자 하는 경우 상표법시행규칙 제6조 별표에서 정한 상품류 구분에 관계없이 그 상품을 지정하여 출원할 수 있으며 서비스업도 추가할 수 있다(법 제49조 제3항). 또한 동일류(類)·동일군(群)의 상품이라도 상품이 동일하지 않는 한 지정상품추가등록은 가능하다 할 것이다.

4) 상품분류전환등록신청

지정상품의 추가등록을 받은 지정상품이 상표법 제46조 2 소정의 상품분류전환대상상품인 경우에는 상표권자는 당해 지정상품을 산업통상자원부령이 정하는 상품류 구분에 따라 전환하여 등록하여야 한다(법 제46조의2).

2. 심사절차

1) 심사절차의 준용

지정상품의 추가등록출원에 대한 심사는 상표등록출원에 관한 심사절차가 그대로 준용된다. 따라서 출원공고가 행해지고 그 출원공고에 대한 이의신청이 인정되며(법 제49조 제2항), 상표 및 지정상품에 대한 보정이 인정된다(법 제49조 제3항).

2) 의견서제출통지

심사관은 지정상품의 추가등록출원이 법 제48조 제1항 각 호에서 규정한 거절이유에 해당하는 경우에는 거절이유를 통지하고 기간을 정하여 의견서 제출의 기회를 주어야 한다(법 제48조 제1항).

3) 등록여부 결정

심사관은 출원공고가 있은 지정상품의 추가등록출원 중 이의신청이 없는 것에 대하여는 달리 거절할 이유가 없는 한 등록결정을 하여야 하며, 거절이유를 통지한 출원에 대하여는 거절이유를 해소하지 못하는 한 거절결정을 하여야 한다.

III. 지정상품 추가등록의 요건

1. 주체의 동일

지정상품의 추가등록출원의 출원인은 등록상표의 상표권자 또는 상표등록출원인과 동일인이어야 한다.

2. 상표의 동일

지정상품의 추가등록은 지정상품만을 추가하는 것이므로 상표가 등록상표 또는 출원상표와 동일하여야 한다.

3. 법 소정의 거절이유에 해당하지 아니할 것(제23조 제1항 각 호의 1)

① 제3조, 제5조의24, 제6조 내지 제8조, 제10조 제1항, 제12조 제2항 후단, 같은 조 제5항·제7항 내지 제10항에 해당하는 경우

② 조약의 규정에 위반된 경우

③ 조약당사국에 등록된 상표 또는 이와 유사한 상표로서 그 상표에 관한 권리를 가진 자의 대리인이나 대표자 또는 상표등록출원일 전 1년 이내에 대리인이나 대표자이었던 자가 상표에 관한 권리를 가진 자의 동의를 받지 아니하는 등 정당한 이유 없이 그 상표의 지정상품과 동일 또는 유사한 상품을 지정상품으로 상표등록출원을 한 경우. 다만, 그 권리자로부터 상표등록이의신청이 있거나 정보제공이 있는 경우에 한한다.

④ 제2조 제1항 제1호부터 제3호까지, 제4호 및 제5호에 따른 표장의 정의에 합치하지 아니하거나 지리적 표시 단체표장 또는 지리적 표시 증명표장의 경우에는 그 지리적 표시와 표장이 같은 항 제3호의2·제3호의4 및 제4호의2에 따른 지리적 표시와 표장의 정의에 합치하지 아니하는 경우

⑤ 지리적 표시 단체표장등록출원에 있어서 그 지리적 표시를 사용할 수 있는 상품을 생산·제조 또는 가공하는 것을 업으로 영위하는 자에 대하여 정관에 의하여 단체의 가입을 금지하거나 정관에 충족하기 어려운 가입조건을 규정하는 등 단체의 가입을 실질적으로 허용하지 아니한 경우

⑥ 제9조 제4항에 따른 정관에 대통령령으로 정하는 단체표장의 사용에 관한 사항의 전부 또는 일부를 적지 아니하였거나 같은 조 제5항에 따른 정관 또는 규약에 대통령령으로 정하는 증명표장의 사용에 관한 사항의 전부 또는 일부를 적지 아니한 경우

⑦ 제3조의2·제3조의3 및 제4조에 따른 단체표장, 증명표장 및 업무표장의 등록을 받을 수 있는 자에 해당하지 아니하는 경우

⑧ 증명표장등록출원에 있어서 그 증명표장을 사용할 수 있는 상품을 생산·제조·가공 또는 판매하는 것을 업으로 영위하는 자나 서비스업을 영위하는 자에 대하여 정당한 사유 없이 정관 또는 규약으로 사용을 허락하지 아니하거나 정관 또는 규약에 충족하기 어려운 사용조건을 규정하는 등 실질적으로 사용을 허락하지 아니한 경우

4. 상표등록출원 또는 상표권이 존속중일 것

지정상품의 추가등록은 지정상품을 추가하고자 하는 상표권 또는 상표등록출원이 유효하게 존속 중이어야 한다.

따라서 지정상품의 추가등록출원 시에 지정상품을 추가하고자 하는 상표권이 이미 소멸하였거나 상표등록출원이 포기·취하·무효되거나 거절결정이 확정된 경우는 물론, 출원시에는 유효하게 존속 중이었으나 지정상품의 추가등록출원에 대한 결정시에 그 상표권이 소멸하였거나 상표등록출원이 포기·취하·무효·거절결정이 확정된 경우에도 지정상품의 추가등록은 인정되지 아니한다.

IV. 지정상품추가등록의 효과

1. 상표권의 합체

지정상품의 추가등록이 있으면 그 등록된 지정상품은 원상표권에 합체되어 일체를 이루며 상표권의 존속기간이 함께 진행되고 원상표권이 소멸되면 추가등록도 함께 소멸한다. 또한 상표권의 존속기간갱신등록시에 추가등록된 지정상품에 대하여도 다 같이 당초의 등록상표와 함께 일체적으로 갱신등록절차를 밟아야 한다. 그러나 무효사유의 존재여부나 상표권침해여부 판단에 있어서는 당초에 등록된 것과 독립적으로 존재하고 판단되며, 취소심판의 경우에도 마찬가지라 할 것이다.[2]

---

2   당초의 등록상표에 대한 상표불사용을 이유로 취소심판이 청구되어 취소심결이 있고 상표권자가 이에 불복하여 소송계류 중에 지정상품추가등록이 있은 후 불사용 취소심판에 대한 심결이 확정되어 당초의 상표등록이 취소된 경우 그 지정상품 추가등록이 유효한지 아니면 당초의 상표등록이 취소되었으므로 이 부분도 취소되는지에 대하여 의문이 있으나, 상급심에서 취소심결이 확정되기 전에 지정상품추가등록이 있었다면 그 추가등록은 유효한 것으로 봄이 타당하며 다만, 취소심결확정 후에는 지정

2. 상표권효력의 확대

지정상품의 추가등록이 있으면 상표권자는 지정상품의 추가등록된 것에 대해서까지 독점배타적 권리가 발생하여 상표권의 효력이 추가등록된 지정상품에까지 확대된다.

3. 추가등록된 지정상품의 상표권의 존속기간

추가등록된 지정상품에 대한 상표권의 존속기간만료일은 그 원등록상표의 상표권 존속기간만료일까지이다(법 제47조 제1항). 그러므로 추가등록된 지정상품에 대한 상표권은 그 존속기간이 10년이 안 되는 경우도 있다.

V. 지정상품추가등록의 무효

1. 무효사유(법 제71조 제1항 각 호)

① 법 제3조, 제5조의24, 제6조 내지 제8조, 제12조 2항 후단, 제5항 및 제7항 내지 제10항, 제23조의 제1항 제4호 내지 제8호의 규정에 위반된 경우

② 조약에 위반된 경우

③ 상표등록출원에 의하여 발생한 권리를 승계하지 아니한 자에 의한 경우

④ 등록상표의 상표권이 소멸하거나 상표등록출원이 포기 · 취하 또는 무효되거나 상표등록출원에 대한 상표등록거절결정이 확정된 경우

⑤ 지정상품의 추가등록 후에 상표권을 향유할 수 없는 자로 되거나 그 등록상표가 조약에 위반된 경우

⑥ 상표등록이 된 후에 그 등록상표가 법 제6조 제1항 각 호의 1에 해당하게 된 경우(제6조 제2항에 해당하게 된 경우를 제외한다)

⑦ 법 제41조의 규정에 따라 지리적 표시 단체표장등록이 된 후에 그 등록단체표장을 구성하는 지리적표시가 원산지 국가에서 보호가 중단 되거나 사용되지 아니하게 된 경우

상품추가등록이 불가능하다 할 것이다.

2. 청구기간

지정상품의 추가등록의 무효심판은 상표권존속기간 중에는 물론 상표권이 소멸된 후에도 이를 청구할 수 있다.

3. 청구범위

지정상품의 추가등록의 무효심판은 추가등록된 지정상품의 전부 또는 일부에 대하여 청구할 수 있다.

4. 무효의 효과

지정상품의 추가등록에 대한 무효심결이 확정된 경우 지정상품의 추가등록만 무효로 되며 당초의 상표등록은 유효하므로 원상표권은 그대로 존속하게 된다.

제5장 상표권의 효력

일 러 두 기 상표권은 등록상표를 독점적으로 사용할 수 있는 권리로서 상표법에서 상표권자에게 허여하는 창설적 권리이다. 상표권은 그 내용에 따라 상표의 사용을 독점할 수 있는 전용권(사용권)과 타인의 사용을 금지할 수 있는 금지권으로 나누는데 산업정책적·공익적 이유 등으로 그 권리가 제한되는 경우가 있다.

상표권의 효력은 실무적으로나 각종 시험 또는 상표권 침해소송과 관련하여 매우 중요한 부분이고, 또 다른 부분에서 이 부분을 원용하는 경우가 있으므로 잘 알아 둘 필요가 있다.

I. 서 언

1. 의 의

상표권은 설정등록에 의하여 발생하는데 상표권설정등록이 있으면 상표권자만이 그 등록상표를 지정상품에 대하여 독점적으로 사용할 수 있다. 상표법에서 이와 같이 상표등록을 한 자에 대하여 상표권이라는 하나의 권리를 부여하는 것은 상인의 신용과 영업활동을 보호하여 공정한 경업질서를 유지함으로써 산업발전에 기여하고 수요자의 이익을 보호하고자 함에 있다.

상표법은 제50조에서 "상표권자는 지정상품에 관하여 그 등록상표를 사용할 권리를 독점한다"고 규정하여 등록상표를 사용할 권리를 상표권자에게 독점시킴으로써 상표권을 독점적 권리로 규정하고 있으며 이와 같은 권리로부터 배타권도 발생한다.

등록상표를 독점적으로 사용할 수 있는 전용권이 인정되는 것은 등록상표와 동일한 상표 및 동일한 지정상품에 한하며, 타인의 사용을 금지시킬 수 있는 금지권은 등록상표와 동일한 상표와 지정상품은 물론 등록상표와 유사한 상표와 유사한 지정상품에 까지 미친다.

그러나 이와 같은 상표권도 공익적인 이유나 산업정책적인 이유에서 그 효력이 제한되는 경우가 있다.

2. 상표권의 효력이 미치는 범위

1) 지역적 범위

상표권은 속지주의 원칙에 따라 국내에만 그 효력이 미치며 외국에는 그 효력이 미치지 아니한다. 상표권에 있어서 속지주의 원칙의 적용은 파리협약 제6조3에서 "1동맹국에서 정당하게 등록된 상표는 원국가를 포함하는 타 동맹국에서 등록된 상표와 독립적으로 간주한다"고 각국 상표독립의 원칙을 천명(闡明)하고 있어 이에 연유한 것이다.

2) 시간적 범위

상표권은 상표권의 존속기간 중에만 그 효력이 미친다. 상표권의 존속기간은 10년간씩 이를 갱신 등록할 수 있으므로 반영구적인 권리라 할 수 있다.

3) 실체적 범위

상표권의 효력이 미치는 상표 및 범위는 상표등록출원서에 기재된 상표 및 지정상품이다.

II. 상표권의 효력

1. 전용권

1) 의 의

상표권자는 지정상품에 관하여 그 등록상표를 사용할 권리를 독점하는데 이를 전용권이라고 하며, 상표권의 적극적 효력이다. 전용권은 등록상표를 독점배타적으로 사용할 수 있는 권리이므로 이로부터 타인의 상표의 사용을 금지할 수 있는 금지권도 당연히 발생한다.

전용권은 상표의 사용을 어느 누구에 의하여도 방해받지 아니하고 독점배타적으로 사용할 수 있는 권리이므로 비록 등록상표와 동일·유사한 상표가 과오로 등록되거나 중복하여 등록된 경우라도 이에 구애받지 않고 자기의 등록상표를 사용할 수 있다.[1]

1　대법원은 1989.2.28. 선고한 87후4, 5 사건에 대한 판결에서 어느 상표가 등록이 되면 심판에 의하여

2) 전용권의 범위

(1) 상 표

등록상표에 대한 전용권이 주어지는 범위는 등록상표에 국한하며 유사상표에는 전용권이 주어지지 아니한다. 그러므로 예컨대 등록된 상표가 「타이거」인 경우 그의 영문 표기인 「TIGER」는 「타이거」의 유사상표에 해당하므로 상표권자에게 전용권은 「타이거」에 국한하여 주어지며 「TIGER」에 대하여는 금지권만이 주어질 뿐이다.

이와 같이 전용권을 등록상표와 동일한 상표로 한정하고 유사범위까지 인정하지 않는 것은 권리상호간의 조정이 어려울 뿐만 아니라 상표는 발명이나 디자인과는 달리 창작가치가 인정되지 않기 때문이다.

(2) 상 품

등록상표에 대한 전용권이 주어지는 상품도 등록원부에 등록된 지정상품에 한한다. 따라서 유사상품의 경우에는 금지권만이 주어진다. 등록상표의 지정상품이 상품류구분 제25류 「육상경기용화」인 경우 그 전용권이 주어지는 지정상품은 「육상경기용화」이며 축구화, 골프화 등은 유사상품으로서 금지권만이 인정된다.

3) 전용권의 내용

상표권자는 등록상표를 지정상품에 대하여 상표법 제2조 제1항 제6호에서 규정한 「상표의 사용」을 독점한다.

(1) 상표의 표시행위

이는 상품에 상표를 직접 표시하거나 상품의 포장(포장지, 포장용기 등)에 상표를 표시하는 것을 말하는 것으로서 상표를 직접 상품에 새기거나 인쇄된 상표를 상품에 붙이는 것 또는 상품의 포장지, 포장용기 등에 상표를 직접 인쇄하거나 인쇄한 것을 붙이는 것 등을 말한다. 상품의 포장에 상표를 표시하는 행위는 실제로 상품이 내장된 포장지 또는 포장용기에 상표를 표시하는 것을 말한다. 따라서 상품자체에 상표를 표시하거나

무효로 선언되어 확정되기까지는 등록상표로서의 권리를 보유한다고 해석되므로(대법원 1984.4.10. 선고 82후28 판결 참조) 등록상표인 이 사건 인용상표들 중의 어느 하나의 상표가 본건 상표들과 연합상표의 관계에 있는 다른 상표에 대한 침해행위를 구성한다고 하더라도 심판에 의하여 그 무효가 확정되기 까지는 이를 이유로 인용상표의 효력을 부인할 수 없다고 판시한 바 있으며, 이와 같이 등록상표 상호간에 전용권이 겹치는 경우 양자 모두 등록상표를 사용할 수 있다고 해석하고 있으며 통설이라 할 수 있다(江口俊夫 저 신상표법 해설 및 網野誠 저 상표(신판)).

상품을 포장한 포장지 등에 상표를 표시한 것만으로도 상표의 사용이 되는 것이다.

(2) 상표가 표시된 상품의 유통행위

이는 위 (1)에 의한 상표가 표시된 상품을 양도 또는 인도하거나 그 목적으로 전시·수출·수입하는 등 상표가 표시된 상품을 유통시키는 행위를 말한다. 양도는 상품에 대한 권리소유의 이전을 말하며 인도는 상품에 대한 현실적 지배를 이전함을 뜻하는데 법률상 점유권을 이전하는 것은 아니다.

(3) 상표를 광고하는 등의 행위

이는 상품에 관한 광고를 하면서 상표를 표시하여 광고하는 것을 말하는데 TV, 신문, 잡지, 카탈로그 등에 상품을 광고하면서 그 광고에 상표를 표시하거나 간판, 정가표, 거래서류 등에 상표를 표시하여 전시하거나 반포하는 행위를 말한다.

(4) 입체상표

상표가 입체상표인 경우에는 상표를 입체적 형상으로 표시하여 사용하는 경우는 물론 그 상품을 입체적 형상으로 직접 표시거나 그 입체적 형상의 상품을 판매하는 것 등을 말한다.

2. 배타권(금지권)

1) 의 의

상표권자는 타인이 등록상표와 동일 또는 유사한 상표를 사용하는 경우 그 사용을 금지 또는 배제할 수 있는데 이를 금지권이라고 한다. 이러한 금지권은 타인의 등록상표의 사용을 금지시킬 수 있는 배타권으로서 상표권의 소극적 효력이라고 하는데 금지권은 등록상표와 동일범위는 물론 유사범위에까지 미친다.

2) 금지권의 범위

(1) 상표 및 상품

상표권자에 대하여 금지권이 인정되는 범위는 등록상표 및 그 지정상품과 동일한 상표 및 상품, 등록상표·지정상품과 유사한 상표 및 유사한 상품이다. 따라서 등록상표와 동일한 상표로서 그 지정상품과 동일한 경우는 물론, 등록상표와 상표가 동일하고 그 지정상품이 유사한 경우, 등록상표와 상표가 유사하고 지정상품이 동일 또는 유사한 경우는 금지권 내의 상표 및 지정상품에 해당된다.

(2) 행 위

상표권의 금지권은 상표를 사용하는 행위는 물론 예비적 행위에도 미친다(법 제50조, 제66조).

① 상품 또는 상품의 포장에 상표를 표시하는 행위

② 상품 또는 상품의 포장에 상표를 표시한 것을 양도 또는 인도하거나 그 목적으로 전시 · 수출 또는 수입하는 행위

③ 상품에 관한 광고, 정가표, 거래서류, 간판 또는 표찰에 상표를 표시하고 전시 또는 반포하는 행위

④ 등록상표와 동일 또는 유사한 상표를 그 지정상품과 동일 또는 유사한 상품에 사용할 목적이나 사용하게 할 목적으로 교부 또는 판매하거나 위조 · 모조 또는 소지하는 행위

⑤ 타인의 등록상표를 위조 또는 모조할 목적이나 위조 또는 모조하게 할 목적으로 그 용구를 제작 · 교부 · 판매 또는 소지하는 행위

⑥ 타인의 등록상표 또는 이와 유사한 상표가 표시된 지정상품과 동일 또는 유사한 상품을 양도 또는 인도하기 위하여 소지하는 행위

3. 상표권의 행사

상표권자는 타인이 자기의 등록상표 또는 등록상표와 유사한 상표를 사용하는 등 상표권을 침해하는 경우 그 자를 상대로 하여 침해금지청구권 · 손해배상청구권 등을 행사할 수 있는데, 이를 상표권의 소극적 효력이라 하기도 한다.

1) 침해의 태양

(1) **직접침해**(법 제50조, 제66조 제1호)

다음의 행위는 상표권의 직접침해행위가 된다.

① 타인의 등록상표와 동일한 상표를 그 지정상품과 동일한 상품에 사용하는 행위

② 등록상표와 동일한 상표를 그 지정상품과 유사한 상품에 사용하는 행위

③ 등록상표와 유사한 상표를 그 지정상품과 동일 또는 유사한 상품에 사용하는 행위

(2) 간접침해(법 제66조 제2·3·4호)[2]

다음의 경우에도 상표권을 침해하는 것으로 간주된다.

① 타인의 등록상표와 동일 또는 유사한 상표를 그 지정상품과 동일 또는 유사한 상품에 사용할 목적이나 사용하게 할 목적으로 교부 또는 판매하거나 위조·모조 또는 소지하는 행위

② 타인의 등록상표를 위조 또는 모조할 목적이나 위조 또는 모조하게 할 목적으로 그 용구를 제작·교부·판매 또는 소지하는 행위

③ 타인의 등록상표 또는 이와 유사한 상표가 표시된 지정상품과 동일 또는 유사한 상품을 양도 또는 인도하기 위하여 소지하는 행위

2) 상표권의 행사

(1) 민사상 행사

상표권자는 타인이 자기의 등록상표와 동일하거나 유사한 상표를 그 지정상품과 동일 또는 유사한 상품에 사용하는 등 자기의 상표권이 침해된 경우 그 자를 상대로 하여 침해금지청구권, 손해배상청구권, 신용회복청구권, 부당이득반환청구권을 행사할 수 있다.

(2) 형사상 행사

상표권자는 타인이 자기의 상표권을 침해하는 것이 침해죄를 구성하는 경우 그 자를 상대로 하여 형사처벌을 요구할 수 있다. 한편 상표권 침해죄는 비친고죄이므로 상표권자의 고소가 없더라도 그 침해행위를 한 자를 처벌할 수 있으며 제3자도 상표권을 침해하는 자에 대하여 사직당국에 고발할 수 있다. 또한 간접침해에 대한 구제수단도 직접침해에 대한 구제수단과 마찬가지로 새김이 일반적이다.

3) 상표권의 효력을 벗어난 권리 행사의 경우

상표권의 효력은 등록상표 또는 유사상표로서 그 상품이 동종 또는 유사상품에만 미

---

2   상표법 제66조 각 호에서 상표권 또는 전용사용권을 침해로 보는 행위에 대하여 규정하고 있는데 동 제66조 각 호에서 규정한 것은 상표권 침해라고 간주되는 행위를 규정한 것으로서 금지권의 범위를 정한 것이지 상표권의 간접침해를 명시한 규정이 아니다. 강학상 상표권의 간접침해라 함은 상표권 침해의 예비적 행위를 말하므로 법 제66조 각 호 중 상표권 침해의 예비적 행위에 해당되는 것은 동 제2호·제3호에서 규정한 것이라 할 것이므로 제66조 제1호에서 규정한 행위는 상표권의 직접침해에 해당된다.

치므로 그 범위를 벗어난 권리행사(예컨대, 지정상품이 상이한 경우 등)는 인정되지 아니한다. 그러므로 주지·저명상표의 경우에도 등록상표가 아닌 경우에는 상표법에 의거한 권리행사를 할 수 없는 것이며, 부정경쟁방지법 등에 의한 권리행사가 가능할 뿐이다.

한편 상표권의 범위를 벗어난 권리의 행사는 권리남용에 해당하는 것으로 취급함이 법원의 입장이라 할 수 있는데, 외형적으로는 상표권이 존재하나 타인의 유명상표를 모방하여 등록된 경우에는 상표권의 행사로 인정되지 아니하고 오히려 권리남용으로 되고 등록상표의 사용은 부정경쟁행위로 취급되어 침해추궁을 받게 된다.[3]

III. 상표권효력의 확장

1. 지정상품의 추가등록

상표권자는 등록상표에 대한 지정상품을 상품류 구분의 동일 여부에 관계없이 추가등록받을 수 있어 상표권의 효력을 계속하여 확장해 갈 수 있다.

2. 상표권의 존속기간갱신등록

상표권의 존속기간은 등록일로부터 10년이면 만료되나 필요한 경우 그 존속기간을 10년간씩 계속 갱신등록 함으로써 그 효력을 확장할 수 있다.

---

[3] 구 부정경쟁방지법 제9조의 규정은 그 법률이 시행되기 전의 구 부정경쟁방지법(1986.12.31. 법률 제3897호로 전문 개정되기 전의 것) 제7조가 상표법 등에 의하여 권리를 행사하는 행위에 대하여는 부정경쟁방지법의 규정을 적용하지 아니한다고 규정하던 것과는 달리 상표법, 상법 중 상호에 관한 규정 등에 부정경쟁방지법의 규정과 다른 규정이 있는 경우에는 그 법에 의하도록 한 것에 지나지 아니하므로, 상표법등 다른 법률에 의하여 보호되는 권리일지라도 그 법에 저촉되지 아니하는 범위 안에서는 부정경쟁방지법을 적용할 수 있다. 상표의 등록이 자기의 상품을 다른 업자의 상품과 식별시킬 목적으로 한 것이 아니고 일반 수요자로 하여금 타인의 상품과 혼동을 일으키게 하거나 타인의 영업상의 시설이나 활동과 혼동을 일으키게 하여 이익을 얻을 목적으로 형식상 상표권을 취득하는 경우에는 상표의 등록출원 자체가 부정경쟁행위를 목적으로 하는 것이 되고, 비록 권리행사의 외형을 갖추었다 하더라도 이는 상표법을 악용하거나 남용한 것이 되어 상표법에 의한 적법한 권리의 행사라고 인정할 수 없다(대법원 1993.1.19. 선고 92도2054 판결, 1995.11.7. 선고 94도3287 판결).

3. 간접침해

상표법은 제66조 제2호·제3호에서 등록상표 또는 등록상표와 유사한 상표를 그 지정상품 또는 지정상품과 유사한 상품을 사용할 목적으로 교부 또는 판매하는 등 상표사용의 예비적 행위도 침해행위로 간주함으로써 상표권의 효력을 확장하여 인정하고 있다.

IV. 무효·취소사유가 있는 상표권의 효력

등록상표라 하더라도 그것이 상표법 제51조 각 호에서 규정한 상표에 해당되는 경우에는 심판에 의하여 무효로 확정되기 전이라 하더라도 그 상표권의 효력이 제한되고 있다. 따라서 이와 동일 또는 유사한 상표를 사용한다 하더라도 상표권을 침해하는 것이 되지 아니하며 권리범위확인심판에서도 권리범위에 속하지 않는 것으로 판단된다.[4]

그러나 등록상표가 그 밖의 무효원인이나 취소원인을 안고 있다 하더라도 그것을 취소나 무효로 한다는 심결이 확정되기 전까지는 그 효력이 부인되지 아니하므로(법 제51조 제1항, 제2항의 경우는 제외), 이와 유사한 상표는 그 등록이 배제되며, 이와 동일 또는 유사한 상표의 사용은 상표권 침해로 된다.[5]

---

[4]　　등록된 상표권의 효력이 구상표법 제26조 소정의 상표에는 미칠 수 없다고 할 것임은 위 조문자체에 의하여 명백하고 이를 뒤집어서 말하면 위 제26조 소정의 상표에 그 효력을 미칠 수 없는 상표는 처음부터 등록될 수 없는 것이나 잘못되어 등록되었더라도(부등록사유에 해당하지 않기 때문에) 무효심결을 기다릴 것 없이 위와 같이 위 법 제26조 소정의 상표에 미칠 수 없다고 할 것이다(상표권침해소송에 대한 대법원 1981.3.10. 판결, 80라548 판결).

[5]　　어느 상표가 등록이 되면 비록 등록무효사유가 있다 하더라도 심판에 의하여 그 등록이 무효로 선언되어 확정되기까지는 등록상표로서의 권리를 그대로 보유한다고 할 것이다(대법원 1984.4.10. 선고 82후26 판결, 1989.3.28. 선고 87후139 판결, 1991.1.29. 선고 90도2636 판결 참조). 그러므로 선출원에 의한 등록상표와 동일 또는 유사한 상표로서 그 지정상품이 선출원에 의한 등록상표의 지정상품과 동일 또는 유사한 상표는 선출원 등록상표가 존속기간이 경과된 후 존속기간 갱신등록이 되지 아니하거나 등록상표에 취소 및 무효사유가 존재한다고 하더라도 등록취소, 등록무효 및 존속기간갱신등록 무효의 심결이나 판결이 확정되는 등의 사유로 그 상표권이 소멸되지 아니하는 이상 적법하게 등록될 수 없는 것이다(대법원 1991.3.8. 선고 90후1659 판결 참조). 이러한 사정은 출원상표가 주지 및 저명 상표이거나 공업소유권 보호를 위한 파리협약의 규정에 위배한 성실에 반하여 등록된 상표라 하여도 마찬가지라 할 것이다(대법원 1993.7.16. 선고 92후2373 판결).

제6장 상표권효력의 제한

일러두기 여기서는 상표권의 효력이 제한되는 경우와 그 이유, 취지를 이해할 필요가 있다.
이 부분이 시험에서 주관식 문제로 출제되는 경우 각각의 제한되는 태양과 그 취지를 기술할 필요가
있으며 그 외 주지·저명상표에 대한 상표권의 효력, 사용에 의한 식별력이 인정되는 상표의 상표권
의 효력 등에 관하여도 언급할 필요가 있다.

I. 서 언

상표권은 등록상표를 그 지정상품에 대하여 독점배타적으로 사용할 수 있는 권리로
서 상표권자만이 그 권리를 전유(專有)할 수 있음이 원칙이다.

그러나 이와 같은 원칙만을 고집하다 보면 상표법이 목적하는 바를 효율적으로 달성
할 수 없을 뿐만 아니라 오히려 산업발전을 저해하고 공익이나 사익을 해치는 경우도
있다. 따라서 상표법은 공익적·사익적 이유, 산업정책적인 이유 등에서 상표권의 효
력을 제한하고 있다.

한편, 개정 법률(2004.12.31. 법률 제7290호)에서 지리적 표시 단체표장권제도를 도
입함에 따라 지리적 표시 단체표장권의 효력제한에 대하여는 통상의 상표권과 구별하
여 규정하고 있다.

II. 효력제한의 태양

1. 상표권의 효력 제한

1) 의 의

상표법은 제51조에서 자기의 성명·명칭 또는 상호·초상·서명·인장 또는 저명
한 아호·예명·필명과 이들의 저명한 약칭을 보통으로 사용하는 방법으로 표시하는

상표에는 그 상표권의 효력이 미치지 아니하는 것으로 규정하고 있다.

이 규정은 공익적·사익적 이유에서 상표권의 효력을 제한하는 것으로서 이러한 상표는 등록될 수 없는 상표이지만 심사관의 착오나 과오 등으로 잘못 등록된 경우 그로부터 제3자를 보호할 필요가 있으며 또한 특정인의 성명이나 명칭 등은 인격권적 성질을 가지므로 이러한 상표는 그 효력을 제한함으로써 상표권으로부터 개인을 보호하기 위하여 마련된 것이다.

여기서 상표권의 효력이 제한되는 것은 금지권만이며 사용권까지 그 효력이 부인되는 것은 아니다.

2) 상표권의 효력이 제한되는 경우

(1) 자기의 성명·명칭·상호 등을 보통으로 사용하는 방법으로 표시하는 상표(법 제51조 제1항 제1호)

■ 자기의 성명·명칭·상호·초상·서명·인장

상표권의 효력이 미치지 아니하는 것은 자기의 성명·명칭·상호·초상·서명·인장을 상표로 사용하는 경우이며, 성명·명칭 등과 유사하게 사용하거나 특수한 태양으로 된 것을 사용하는 경우에 그것이 타인의 등록상표와 동일 또는 유사할 때에는 상표권의 효력은 그에 미친다. 성명은 개인의 이름을 말하며, 명칭은 법인의 명칭을 말하는데 약칭도 포함하며, 그 외에 자기의 성명 이외에 달리 불려지는 별칭(別稱)도 포함하는 것으로 해석한다. 또한 상호는 등기·미등기상호를 불문한다.[1]

---

1 ① 상법상 상호는 등기여부를 불문하고 상법에 의한 보호를 받지만, 상호등기를 하였을 때에는 미등기상호에 비하여 보다 더 강력한 보호를 받는 상호사용권이 발생한다. 한편, 소상인이 사용하는 명칭은 상법상의 상호에 관한 규정을 적용하지 아니하므로 상법상의 상호로서의 효력이 없다(徐燉珏저, 상법강의 참조).

그러나 상표법 제51조 제1호에서 규정한「상호」에는 상인의 상호로서 등기여부를 불문하지만 소상인의 상호가 본 호에서 규정한 상호에 포함되는지 여부에 대하여는 논란이 있다.

② 대법원은 83후69(상표등록 제59564호 권리범위확인) 사건에 대한 1984.1.24. 판결에서 생과자소매업소의 상호 "신고려당"을 구상표법 제26조 제1호에서 규정한 상호에 해당되는 것으로 인정하여 등록상표의 효력이 미치지 아니하는 것으로 판단한 원심을 지지한 바 있는 등 다수의 판례가 소상인의 상호에 대하여도 상표권분쟁과 관련하여 판결한 바 있으며 이론적으로도 개인의 소상호도 여기에 포함된다고 해석함이 타당할 것이다.

한편 상표권의 효력이 제한되는 것은 자기의 상호를 상호로써 사용할 때이며 상호를 상호로서의 사용이 아닌 상표로서 사용하는 경우에는 상표권의 효력이 미치는 것으로 된다는 견해(특허청 1989.6.29. 87항당26 심결: 상호를 물품에 부착하여 상품명으로 사용하는 것은 상호의 한계를 벗어난 것이다)가 있으나 법리상 성명, 명칭, 상호 등을 상표 사용하는 경우를 의미하며 위 심결에 대하여 대

또한 자기의 성명·명칭·상호 등을 상표권 설정등록 전부터 사용한 경우에는 본 호에 해당되어 상표권의 효력이 미치지 아니한다 하겠으나 타인의 상표권설정등록전부터 사용하여 오던 자기의 성명·명칭·상호 등이라 하더라도 타인의 상표권설정등록이 있은 후에 타인의 상표권에 편승할 의도가 있는 등 부정경쟁의 목적으로 사용하는 경우에는 상표권의 효력이 미친다. 한편 판례는 상호 등의 사용이 상표권설정등록 후에 사용하는 경우라 하더라도 그 사용이 부정경쟁의 목적으로 사용하는 것이 아닌 경우에는 제1항 제3항에 따라 본 호에 해당하는 것으로 해석하여, 상표권의 효력이 미치지 않는 것으로 판시하고 있다.

❷ 자기의 저명한 아호·예명·필명

아호·예명·필명은 그것이 저명할 것이 전제되며 저명하지 아니할 때에는 자기의 아호·예명·필명의 사용이라 하더라도 상표권의 효력이 미친다.

❸ 자기의 성명·명칭·상호의 저명한 약칭

자기의 성명·명칭·상호 등의 약칭 등이 본 호에 해당하기 위해서는 그 자기의 성명·명칭·상호 등의 약칭은 저명하여야 하며, 자기의 성명·명칭·상호 등의 약칭 등이 저명하지 아니할 때에는 상표권의 효력이 미친다.[2] 그러므로 자기의 성명·명칭·상호 등의 약칭이 저명하지 아니할 때 그 약칭의 사용이 타인의 상표와 유사한 경우에는 상표권의 효력이 미친다.

❹ 보통으로 사용하는 방법으로 표시하는 상표

상표권의 효력이 제한되는 것은 자기의 성명·명칭·상호·아호 등과 이들의 저명한 약칭을 보통으로 사용하는 방법으로 표시하는 상표에 한하며, 이들의 사용이 보통으로 사용하는 방법으로 표시하지 아니한 것일 때는 본 호에서 제외된다.

보통으로 사용하는 방법으로 표시한다 함은 단순히 성명·상호 등을 한글표기, 영문표기, 한자의 인쇄체·필기체 등으로 표기하는 것을 말하며 성명·명칭·상호 등을 단

법원도 법리오해의 위법이 있는 것으로 판단한 바 있다(대법원 1990.3.30. 선고 89후1264 판결). 따라서 상호의 사용이 상법에서 규정한 상호로 인정되는 한 그 상호를 상품에 부착하여 사용하는 등 그 상호의 사용이 상표법상의 상표의 사용으로 인정되는 것이라도 그 상호를 보통으로 사용하는 방법으로 표시하여 사용하는 한 상표권의 효력은 그 상호의 사용에 미치지 아니한다 할 것이다.

③ 소위 「프랜차이즈」에 의한 사용의 경우에도 자기 상호의 사용에 해당되어 상표권의 효력이 제한되는 것으로 해석된다.

2   예컨대, 상호가 "삼성전자 공업주식회사"인 경우 이를 "삼성" 또는 "삼성전자"로 약칭하거나 상품에 표시하여 사용하는 경우 그 약칭이 저명한 경우에는 그 약칭을 상품에 표시하더라도 그 약칭이 타인의 상표와 유사한 경우에도 그에 상표권의 효력이 미치지 아니함을 말한다.

순 문자가 아닌 도형화하였거나 특수한 서체로 구성된 것, 상호 이외의 문자를 부가하여 사용하는 것은 상호를 보통으로 사용하는 방법으로 표시한 상표가 아니다.[3]

(2) 상품의 보통명칭 산지·품질·원재료·효능·용도 등을 보통으로 사용하는 방법으로 표시하는 상표(법 제51조 제1항 제2호)

상품의 보통명칭·산지·품질·원재료·효능·용도 등 법 제6조 제1항 제3호 소정의 성질표시적 표장을 보통으로 사용하는 방법으로 표시하여 사용하는 경우에는 상표권의 효력은 미치지 아니한다. 따라서 상품의 보통명칭·산지·품질 등을 보통으로 사용하는 방법으로 표시하는 상표가 아닌 상표, 즉 특수한 서체나 모노그램 화하여 사용하는 것 등이 등록상표와 동일 또는 유사할 때에는 상표권의 효력이 미친다.[4]

(3) 입체적 형상이 식별력이 없는 경우(법 제51조 제1항 제2의 2호)

입체적 형상으로 된 등록상표에 있어서 그 입체적 형상이 누구의 업무에 관련된 상품을 표시하는 것인지 식별할 수 없는 경우 그 등록상표의 지정상품과 동일하거나 유사한 상품에 사용하는 등록상표의 입체적 형상과 그 표장이 동일하거나 유사한 형상으로 된 상표에 대하여는 그 상표권의 효력이 미치지 아니한다.

본 호는 제4호에서 규정한 "기능을 확보하는데 불가결한 입체적 형상"과 달리 기타 식별력이 없는 입체상표에 대하여 적용되는 것이다. 한편 입체적 형상이 그 지정상품과 관련하여 성질표시적 표장에 해당하는 경우에는 법 제51조 제1항 제2호가 적용된다.

(4) 상품에 대하여 관용하는 상표와 현저한 지리적 명칭 및 그 약어 또는 지도로 된 상표(법 제51조 제1항 제3호)

상품에 대하여 관용하는 상표, 현저한 지리적 명칭 및 그 약어 또는 지도로 된 상표는 본래 등록이 될 수 없는 상표이다. 그러나 심사관의 과오 등에 의하여 이러한 상표

3 　① 상표법 제26조 제1호에서 규정한 "자기의 명칭… 등을 보통으로 사용하는 방법으로 표시하는 상표"란 특히 일반의 주의를 끌만한 서체나 도안으로 표시하는 방법이 아니고 단지 자기의 명칭 등을 기재하는 방법으로 표시하는 상표를 말한다(대법원 1984.1.24. 선고 83후69 판결).
　② 상호 "라이프"에 도형과 지정상품의 보통명칭 "와이셔츠"를 추가 병기한 것은 그 도형과 와이셔츠 문자표기는 특별히 일반인의 주의를 끌기 위한 것이어서 자기의 상호를 보통으로 사용하는 방법으로 표시한 것으로 볼 수 없다고 판단한 원심은 정당하다(대법원 1990.3.30. 선고 89후1264 판결).
4 　대법원은 등록상표 제89765호 권리범위확인심판의 상고사건인 90후175 사건에 대한 1990.12.11. 판결에서 (가)호 표장 중 "오-Ⓞ/케이오-케 케이-" 및 등록상표 구성 중 Ⓞ는 영문자 O.K를 보통으로 사용하는 방법으로 표시한 것이 아니라 특수한 모양으로 도안을 사용하여 표시된 것으로서 특별현저성을 갖는 것이므로 등록상표는 (가)호 표장에 효력이 미친다고 판시한 바 있다.

가 등록될 여지가 있는바, 이러한 상표는 등록된다 하더라도 상표권은 그 상품에 관용하는 상표, 현저한 지리적 명칭,[5] 지도로 된 상표에는 그 효력이 미치지 아니함을 의미한다.

보통으로 사용하는 방법이 아닐 경우에는(관용표장은 그 자체가 보통으로 사용하는 방법임) 상표권의 효력은 제한되지 아니한다.

(5) 지정상품 또는 지정상품의 포장의 기능에 불가결한 형상·색채·색채의 조합·소리 또는 냄새(법 제51조 제1항 제4호)

등록상표의 지정상품 또는 지정상품의 포장의 기능을 확보에 불가결한 형상으로 된 상표, 색채 및 색채의 조합, 소리 또는 냄새로 된 상표에는 그 상표권의 효력이 제한되는데, 이와 같은 상표들은 자타상품의 식별력이 없을 뿐만 아니라 그 포장용기 등의 기능확보에 필수불가결하거나 그 제품의 특성상 필연적이므로 이러한 상표를 어느 특정인에게 독점시키는 것은 적절치 않기 때문이다.

또한 여기에 해당하는 상표는 사용에 의한 식별력이 인정된다 하더라도 등록이 안 될 뿐만 아니라(법 제7조 제13호) 그것이 지정상품의 포장의 기능확보에 불가결한 형상이고 제품의 특성상 필연적이기 때문에 그 상표권의 효력이 제한되는 것이다.

2. 지리적표시 단체표장권의 효력제한(법 제51조 제2항)

지리적표시 단체표장권의 효력은 다음의 경우에는 그 효력이 미치지 아니한다(법 제51조 제2항).[6] 그러나 통상의 상표권과는 달리 「산지」를 보통으로 사용하는 방법으로 표시하는 경우에는 지리적 표시 단체표장권의 효력이 미친다.

이와 같이 「산지」 표시 상표에 대하여 지리적 표시 단체표장권의 효력이 미치는 것으로 규정한 것은 지리적 표시 단체표장의 경우 그 표장의 특성상 「산지」 표시를 포함하여 구성되기 때문이다.

① 법 제51조 제1항 제1호·제2호(산지에 해당하는 경우를 제외한다) 또는 제4호에 해당하는 상표

② 지리적 표시 등록단체표장의 지정상품과 동일한 상품에 대하여 관용하는 상표

③ 지리적 표시 등록단체표장의 지정상품과 동일한 상품에 사용하는 지리적 표시로

---

5   2001.2.3. 법률 제6414호에 의하여 "현저한 지리적명칭"에 해당하는 상표라도 사용에 의한 식별력을 취득한 경우에는 상표등록이 허여되는 바, 사용에 의한 식별력이 인정되어 등록된 상표인 경우에는 상표권의 효력이 제한되지 않는다 할 것이다.

6   이는 WTO/TRIPs협정 24조 규정을 반영한 것이다.

서 당해 지역에서 그 상품을 생산·제조 또는 가공하는 것을 업으로 영위하는 자가 사용하는 지리적 표시 또는 동음이의어 지리적 표시

④ 선출원에 의한 등록상표가 지리적 표시 등록단체표장과 동일 또는 유사한 지리적 표시를 포함하고 있는 경우에 상표권자·전용사용권자 또는 통상사용권자가 지정상품에 사용하는 등록상표

3. 사용권설정에 의한 제한

1) 전용사용권설정에 의한 제한

상표권자가 제3자에게 자기의 상표권에 대하여 전용사용권을 설정했을 때에는 그 전용사용권설정의 범위 내에서 상표권자는 등록상표의 전용권을 상실하므로 그 범위 내에서 상표권의 효력이 제한된다.

그러므로 상표권자 자신이 등록상표를 사용하고자 하는 경우에는 전용사용권자와의 계약에 있어서 명시 또는 묵시의 계약이 필요하며 이에 관하여 등록원부에 등록해 둘 필요가 있다.

2) 통상사용권설정에 따른 제한

통상사용권이 설정되면 상표권자는 상표권을 포기하는 경우 등에 있어서 통상사용권자의 동의를 얻어야 하며 또한 통상사용권자에 대하여는 금지권을 행사할 수 없게 되는 등 상표권의 효력이 제한된다.

4. 타인의 특허권 · 실용신안권 · 디자인권 또는 저작권과의 저촉에 의한 제한
(법 제53조)

1) 특허권 · 실용신안권 · 디자인권과의 저촉에 의한 제한

등록상표가 상표등록출원 전에 출원하여 등록된 타인의 특허권 · 실용신안권 · 디자인권과 저촉하는 경우가 있는데, 이 경우 그 특허권 · 실용신안권 · 디자인권과 저촉하는 부분에 대하여는 등록상표를 사용할 수 없으며 상표권에 설정등록된 전용사용권 · 통상사용권의 경우도 이와 같다.

이는 상표권과 특허권 · 실용신안권 · 디자인권 사이에는 선 · 후원관계가 성립하지 아니하므로 내용적으로 서로 저촉하는 권리가 중복하여 설정되는 경우가 있으므로 이와 같이 규정한 것이다.

그러므로 상표권자가 자기의 등록상표를 사용하기 위해서는 디자인권자·특허권자·실용신안권자의 동의를 얻어 사용하여야 한다.

2) 저작권과의 저촉에 의한 제한

등록상표가 타인의 저작물인 미술품, 조각품 또는 만화주인공과 동일하는 등 상표권이 저작권과 저촉하는 경우 상표권이 제한됨은 물론 무단으로 사용하는 경우에는 저작권 침해가 된다.

이때 상표권자는 타인이 먼저 창작한 저작물을 상표로 사용하고자 하는 경우 저작권자로부터 저작물 이용에 따른 허락을 얻어서 사용하여야 하며 반대로 저작권자도 타인의 상표를 이용해서 저작물을 창작한 경우에는 그 상표권자로부터 허락을 얻어서 저작물을 제작, 판매 등을 할 수 있다. 저작권과 상표권의 선·후관계는 상표출원시와 저작권의 발생 시를 비교하여 결정한다.

5. 특허권 등의 존속기간 만료 후에 상표를 사용하는 경우(법 제57조의2)

상표등록출원일 전 또는 상표등록출원일과 동일한 날에 출원되어 등록된 특허권이 상표권과 저촉되는 경우 그 특허권의 존속기간이 만료되는 때에는 그 원특허권자는 원특허권의 범위안에서 그 등록상표의 지정상품과 동일하거나 이와 유사한 상품에 대하여 그 등록상표와 동일하거나 이와 유사한 상표를 사용할 권리를 가진다. 다만 부정경쟁의 목적으로 그 상표를 사용하는 경우에는 그러하지 아니하다(법 제57조의2 제1항).

상표등록출원일 전 또는 상표등록출원일과 동일한 날에 출원되어 등록된 특허권이 상표권과 저촉되는 경우 그 특허권의 존속기간이 만료되는 때에는 그 만료되는 당시에 존재하는 특허권에 대한 전용실시권 또는 그 특허권이나 전용실시권에 대한 「특허법」 제118조 제1항의 효력을 가지는 통상시시권을 가지는 자는 원권리의 범위 안에서 그 등록상표의 지정상품과 동일하거나 이와 유사한 상품에 대하여 그 등록상표와 동일하거나 이와 유사한 상표를 사용할 권리를 가진다. 다만, 부정경쟁의 목적으로 그 상표를 사용하는 경우에는 그러하지 아니하다(법 제57의2 제2항).

상표등록출원일전 또는 상표등록출원일과 동일한 날에 출원되어 등록된 실용신안권 또는 디자인권이 그 상표권과 저촉되는 경우 그 실용신안권 또는 디자인권의 존속기간이 만료되는 때에도 적용된다.

6. 선사용에 의한 상표권의 효력제한(법 제57조의3)

1) 선사용권에 의한 효력제한

타인의 등록상표와 동일하거나 유사한 상표를 그 지정상품과 동일하거나 유사한 상품에 사용하는 자로서 다음의 요건을 모두 갖춘 자(그 지위를 승계한 자를 포함한다)는 해당상표를 그 사용하는 상품에 대하여 계속하여 사용할 권리를 가진다. 그러므로 이 범위 내에서 상표권은 그 효력이 제한된다. 본 호는 2007.1.3. 법률 제8190호에서 신설된 규정으로 2007.7.1. 출원되어 등록되는 상표권부터 적용된다.

① 부정경쟁의 목적이 없이 타인의 상표등록출원 전부터 국내에서 계속하여 사용하고 있을 것

② 제1호의 규정에 따라 상표를 사용한 결과 타인의 상표등록출원시에 국내 수요자 간에 그 상표가 특정인의 상품을 표시하는 것이라고 인식되어 있을 것

2) 자기의 성명·상호 등을 상거래 관행에 따라 상표로 사용하는 경우

자기의 성명·상호 등을 상표로 사용함에 있어 인격의 동일성을 표시하는 수단으로 상거래 관행에 따라 사용하는 경우 그 사용이, ① 부정경쟁의 목적이 없이 타인의 상표등록출원 전부터 국내에서 계속 사용하고 있으며 ② 상표를 사용한 결과 타인의 상표등록출원시에 국내 수요자간에 그 상표가 특정인의 상품을 표시하는 것이라고 인식되어 있는 경우에는 선사용권이 인정되므로(법 제57조의3 제2항) 상표권의 효력이 미치지 아니한다.

본항은 2013.4.15. 법률 제11747호에서 신설된 규정으로 그간의 판례의 취지를 반영한 것이라 하겠으나 법 제51조 제1항 제1호와 중첩되는 면이 있다.

7. 회복한 상표권의 효력제한

1) 등록료추가납부에 의하여 회복한 상표권의 효력제한(법 제36조의3 제3항)

상표등록출원·지정상품추가등록출원 또는 상표권존속기간갱신등록에 따른 등록료를 납부하지 않아 상표권이 소멸되었다가 등록료 추가납부로 상표권이 회복된 경우, 그 상표권소멸기간 동안 등록상표의 사용에 대하여는 상표권이 회복된 경우에도 그 소멸기간 동안 등록상표의 사용행위에 대하여는 상표권의 효력이 미치지 아니한다.

2) 재심에 의하여 회복한 상표권의 효력제한(법 제85조)

상표권의 효력은 당해 심결이 확정된 후 재심청구등록 전에 선의로 당해 등록상표와 동일한 상표를 그 지정상품과 동일한 상품에 사용하는 행위 및 법 제66조 각 호의 1 또는 동조 제2항 각 호의 1에 해당한 행위에는 상표권의 효력이 미치지 아니한다.

① 상표등록 또는 상표권의 존속기간갱신등록이 무효로 된 후 재심에 의하여 그 효력이 회복된 경우, 상표등록이 취소된 후 재심에 의하여 그 효력이 회복된 경우

② 상표권의 권리범위에 속하지 아니한다는 심결이 확정된 후 재심에 의하여 이와 상반되는 심결이 확정된 경우

8. 기 타

1) 상표권 공유에 의한 제한(법 제54조 제5, 6항)

상표권이 공유인 경우 각 공유자는 다른 공유자의 동의를 얻지 아니하면 그 지분을 양도하거나 지분을 목적으로 하는 질권을 설정할 수 없을 뿐만 아니라 전용사용권 또는 통상사용권을 설정함에 있어서도 타 공유자의 동의를 얻어야 한다.

2) 업무표장 · 단체표장

업무표장 · 단체표장은 원칙적으로 양도가 금지되나 업무표장은 업무와 함께 양도할 수 있으며, 단체표장은 법인의 합병시에 한하여 특허청장의 허가를 받아 이전할 수 있다. 업무표장 · 단체표장 모두 사용권 및 질권설정은 금지된다.

3) 상호 병존하는 상표권의 효력

서로 저촉하는 상표가 복수로 중복하여 등록된 경우 어느 하나의 상표권은 타 상표권에 그 효력이 미치지 아니하므로 이 범위 내에서 상표권의 효력이 제한된다. 그러나 어느 하나의 후출원등록상표에 대하여 선출원등록상표와 유사함을 이유로 상표등록의 무효심판을 청구하여 후등록상표를 무효시킬 수 있음은 물론이다.

이때 후출원상표의 상표권은 처음부터 없었던 것으로 되므로 선등록상표의 상표권의 효력은 후등록상표의 사용에 미치게 되는데, 후등록상표권자가 무효되기 전에 사용한 행위에 대하여도 그 효력이 미치게 되는 것이다.

III. 관련문제

1. 주지 · 저명상표에 대한 상표권의 효력

타인의 주지 · 저명한 상표와 동일 또는 유사한 상표는 등록될 수 없음이 원칙이다. 그러나 이미 상표가 등록된 경우 그 상표권의 효력은 상표등록이 무효로 확정되기 전까지는 부인되지 아니하므로[7] 상표권의 효력은 주지 · 저명상표에 미친다고 보아야 하며, 다만 주지 · 저명상표가 등록상표출원 이전에 이미 주지 · 저명성을 획득한 경우 등록상표는 그 주지 · 저명상표와 동일 유사함을 이유로 무효 시킬 수 있다 할 것이다.

한편, 등록상표가 무효로 된 경우에는 그 상표권은 처음부터 없었던 것으로 되므로 이 경우 주지 · 저명상표의 정당권리자가 한 상표의 사용은 그 무효된 상표권에 대한 침해문제는 생기지 않게 되는 것이다. 반면에 무효로 된 등록상표의 상표권자의 등록상표의 사용이 부정경쟁의 목적으로 사용한 것으로 인정되는 경우에는 권리남용으로 취급됨을 물론 주지 · 저명상표권자로부터 부정경쟁방지법에 의한 침해추급을 받을 여지가 있다.

2. 법 제6조 제2항에 의하여 등록된 상표

상표법 제6조 제2항에 의하면 상표가 상표법 제6조 제1항 제3호에서 규정한 상품의 성질표시적 표장에 해당하는 등 식별력이 없는 경우라 하더라도 사용에 의한 식별력이 인정되는 경우 상표등록이 허여된다. 이러한 이유로 등록된 상표에 대하여 그 상표권의 효력이 상표법 제51조 제2호에 의하여 그 효력이 제한되는지에 대하여 견해가 상반되고 있다.

대법원은 그 상표권의 효력을 인정하는 판례가 있는가 하면[8] 상표권의 효력을 부인

---

7   우리나라 상표법은 2007.1.3. 법률 제8290호에서 선사용권제도를 두고 있어 타인의 상표등록출원시에 그 상표가 특정인의 상표로 인식될 정도로 알려지고 그 지정상품이 동일 또는 유사한 경우에는 그 등록상표에 대한 무효주장과는 별도로 선사용권을 주장할 수 있을 것이다.

8   대법원 판례는, 상표가 구상표법 제8조 제2항에 의하여 등록된 경우라도 그 상표권자는 그 등록상표를 배타적으로 사용할 수 있는 권리를 가지고, 타인이 그 등록상표와 동일 또는 유사한 상표를 그 지정상품과 동일 또는 유사한 상품에 상표로서 또는 상표적으로 사용하는 것을 금지시킬 수 있다고 보아야 한다(대법원 1992.5.12. 선고 88후974, 981, 998 판결, 같은 날 선고 91후97 판결, 같은 날 선고 91후

103 판결 각 참조)고 판시하고 91후1335, 91후1342 사건에서 (가)호 표장 ★오시대회 와 ★오시대회가 등록

하는 판례로 갈라지고 있다.[9]

　　그러나 상표법 제51조 규정의 취지가 심사관의 과오 등으로 인하여 등록된 상표로부터 제3자를 보호하고자 함에 그 취지가 있음에 비추어 상표법 제6조 제2항에 의하여 등록된 상표는 표장자체는 성질표시적인 것이나 사용에 의하여 자타상품의 식별력을 취득한 상표이므로 그 상표권 효력은 제한되지 않는다고 보아야 할 것이며[10] 대다수의 판례는 이와 같은 입장에 있다.[11] 반면에 식별력을 취득하지 아니한 상표가 심사관의 과오나 착오에 의하여 잘못 등록된 경우에는 그 등록상표가 무효 되기 이전이라도 본

───────────────

상표 "백양모시메리"의 권리범위에 속한다고 판시하였다.

9　　한편 92후681 사건에 대한 1992.11.27. 판결에서 대법원은 구상표법 제8조 제1항 제1호, 제3호의 규정에 의하면 상품의 보통명칭을 보통으로 사용하는 방법으로 표시한 표장만으로 된 상표와 그 상품의 산지, 판매지, 품질, 원자재, 효능, 용도, 수량, 형상, 가격 또는 생산방법, 가공방법, 사용방법 및 시기를 보통으로 사용하는 방법으로 표시하는 이른바 기술적 상표(기술적 상표)는 상표로서 등록을 받을 수 없고 등록되더라도 제26조 제2호에 의하여 등록상표의 지정상품과 동일 또는 유사한 상품의 보통명칭, 산지, 판매지, 품질, 원자재, 효능, 용도, 수량, 형상, 가격 또는 생산방법, 가공방법, 사용방법 및 시기를 보통으로 사용하는 방법으로 표시하는 상표에 대하여는 등록상표의 효력이 미치지 아니한다고 전제하고 (가)호 표장 "주간만화"는 만화작품을 그 내용으로 하고 있는 잡지로서 주간단위로 발행된다는 것은 함축성 있게 보통의 방법으로 표시한 표장, 이른바 기술적 상표에 해당하는 표장이므로 (가)호 표장은 상품구분 제52류 잡지를 지정상품으로 하여 등록한 이 사건 등록상표인 "주간만화"와 동일 또는 는 유사하기는 하지만 이 사건 등록상표의 효력은 (가)호 표장에 미치지 아니한다고 판시하였다.

10　　網野誠저 상표(신판) 및 江口俊夫저 신상표법 해설 참조.

11　　ⅰ) 어느 기술적 표장이 상표법 제6조 제2항에 의하여 등록이 되었다면 이러한 등록상표는 같은 항에 의하여 특별현저성을 갖게 된 것이어서 상표권자는 그 등록상표를 배타적으로 사용할 수 있는 권리를 가지게 되었다고 볼 것이며, 이러한 등록상표에 관한 한 그 상표권은 앞서 본 상표법 제51조 제2호 소정의 상표에도 그 효력을 미칠 수 있다고 보아야 할 것이므로, 그 상표권자는 위 제51조 제2호의 규정에 불구하고 타인이 그 등록상표와 동일 또는 유사한 상표를 그 지정상품과 동일 또는 유사한 상품에 상표로서 사용하는 것을 금지시킬 수 있는 것이라고 할 것이고, 이는 기술적 상표가 등록이 된 이후에 사용에 의하여 상표법 제6조 제2항에서 규정한 특별현저성을 취득한 경우에도 마찬가지라고 봄이 상당하다(대법원 1996.5.13. 선고 96마217 판결).

　　ⅱ) 구상표법(1997.8.22. 법률 제5355호로 개정되기 전이 것) 제51조 제1호 본문에 의하면 자기의 성명·명칭 또는 상호 등을 보통으로 사용하는 방법으로 표시한 상표에 대하여는 등록상표권의 효력이 미치지 아니하나, 그 단서는 상표권의 설정 등록이 있은 후에 부정경쟁의 목적으로 상표를 사용하는 경우에는 그러하지 아니하다고 규정하고 있는바, 위 단서 규정은 어떤 명칭이나 상호 등의 신용 내지 명성에 편승하려는 등의 목적으로, 이를 모방한 명칭이나 상호 등을 표장으로 사용하는 것을 금지시키는데 그 취지가 있고, 다만 상표법이 등록주의를 취하고 있는 관계로 등록상표권만이 그러한 사용의 표장을 금지시킬 수 있어 위와 같이 규정한 것일 뿐이며, 따라서 상표권의 설정등록이 있은 후에 부정경쟁의 목적으로 그와 동일·유사한 '명칭·상호 등 표시 표장'을 사용하기 시작한 경우는 물론, 상표권의 설정등록이 있기 전부터 부정경쟁의 목적으로 그와 동일·유사한 '명칭·상호 등 표시표장'을 사용하여 등록 후 이를 계속하여 사용하는 경우도 위 단서 규정의 적용이 있다고 보아야 할 것이고, 한편 위 구 상표법 제2조 제2항에 의하여 서비스표에 대하여도 위 구 상표법 제51조 제1호의 규정이 적용될 것이다(대법원 2000.4.11. 선고 98후 2221 판결).

호에 의하여 그 효력이 제한되는 것이다.

3. 부정경쟁의 목적으로 사용하는 경우

자기의 성명·명칭 또는 상호·초상·서명·인장 또는 저명한 아호·예명·필명과 이들의 저명한 약칭을 보통으로 사용하는 방법으로 표시하는 상표라 하더라도 상표권의 설정등록이 있은 후에 부정경쟁의 목적[12]으로 그 상표를 사용하는 경우에는 상표권의 효력이 미친다. 본 호에서 「상표권의 설정등록이 있은 후」라고 규정하고 있으므로 그 상표의 사용은 상표권설정등록이 있은 후에 사용하는 경우에 한하여야 하며 출원 전부터 사용하는 경우와 출원 중에 사용하는 경우에는 본 호에 해당되지 않는 것으로 해석한다.[13]

그러나 상표등록 전부터 사용하는 경우에도 그 타인의 상표등록이 있은 후 부정경쟁의 목적으로 사용하는 경우에는 상표권의 효력이 미치는 것으로 보아야 할 것이며 반면에 상표등록 후에 사용하는 경우라도 부정경쟁의 목적이 없이 사용하는 경우에는 상표권이 효력이 미치지 않는다고 보아야 한다.

부정경쟁의 목적이라 함은 타인의 신용에 편승하여 부당한 이득을 취할 목적으로 사용하는 경우를 말하며[14] 부정경쟁의 목적이 있느냐 여부는 타인의 상표가 등록된 것을

12　　① 구상표법 제26조 제1호 단서에서 규정한 "부정경쟁의 목적"이란 등록된 상표권자의 신용을 이용하여, 부당한 이익을 얻은 목적을 말하고 단지 등록된 상표라는 것을 알고 있었다는 사실만으로 그와 같은 목적이 있다고 보기에는 부족하다(대법원 1984.1.24. 선고 83후69 판결).
　　　② 구 상표법(1990.1.13. 법률 제4210호로서 개정되기 전의 것) 제26조 제1호는 자기의 성명, 상호 등을 보통의 방법으로 표시하는 상표에 대하여는 상표권의 효력이 미치지 아니한다고 규정하고 있고, 그 단서에서는 '다만 상표권설정의 등록이 있은 후에 부정경쟁의 목적으로 이들을 사용하는 경우에는 본문의 규정을 적용하지 않는다'고 규정하고 있는 바, 이때의 '부정경쟁의 목적'이란 등록된 상표권자의 신용을 이용하여 부당한 이익을 얻을 목적을 말하고 단지 등록된 상표라는 것을 알고 있었다는 사실만으로 그와 같은 목적이 있다고 보기에는 부족하며(당원 1984.1.24. 선고 83후 69 판결 참조), 상표권 침해자 측의 상표선정의 동기, 피침해 상표를 알고 있었는지의 여부 등 주관적 사정과 상표의 유사성과 피침해상표의 신용상태, 영업목적의 유사성 및 영업활동의 지역적 인접성, 상표권침해자측의 현실의 사용상태 등의 객관적 사정을 고려하여 판단하여야 할 것이다(대법원 1993.10.8. 선고 93후 411 판결).

13　　이와 같이 해석하는 것은 상표등록출원 중에는 당해 상표출원이 등록될 수 있는지 여부가 불투명하므로 이 경우까지 부정경쟁의 목적이 있는 것으로 책임지우는 것은 적절치 않기 때문이다.

14　　구상표법(1990.1.13. 법률 제4210호로서 개정되기 전의 것, 이하 같다) 제26조 제1호는 자기의 성명, 상호 등을 보통의 방법으로 표시하는 상표에 대하여는 상표권의 효력이 미치지 아니한다고 규정하고 있고, 그 단서에서는 "다만 상표권설정의 등록이 있은 후에 부정경쟁의 목적으로 이들을 사용하는 경우에는 본문의 규정을 적용하지 아니한다"고 규정하고 있는 바, 단서 소정의 부정경쟁의 목적이란 등

안 사실만으로는 부족하고 타인의 상표가 주지 · 저명한 것이 요구되고 이에 편승하고
자 하는 의도가 있어야 한다.

록된 상표권자의 신용을 이용하여 부당한 이익을 얻을 목적을 말하고 단지 등록된 상표라는 것을 알고
있었다는 사실만으로 그와 같은 목적이 있다고 보기에는 부족하며, 상표권 침해자측의 상표선정의 동
기, 피침해상표를 알고 있었는지 여부 등 주관적 사정과 상표의 유사성과 피침해상표의 신용상태, 영
업목적의 유사성 및 영업활동의 지역적 인접성, 상표권 침해자 측의 현실의 사용상태 등의 객관적 사
정을 고려하여 판단하여야 할 것이다(대법원 1984.1.24. 선고 83후69 판결, 1993.10.8. 선고 93후411
및 1995.11.21. 선고 95후804 판결 등).

제7장 등록상표의 보호범위

일 러 두 기 　상표법 제52조에서 규정한 등록상표의 보호범위에 관한 규정은 상표권침해와 관련한 다툼이 있을 때 그 분쟁해결을 위한 해석기준을 선언한 규정이다.

　　등록상표라 하여 모두 법률에 의하여 보호되는 것은 아니므로 등록상표 중 식별력이 없는 부분이거나 타인의 권리와 저촉되는 등의 경우에는 일정한 범위 내에서 그 효력이 부인 또는 제한되는 것이다.

　　이 단원에서는 법 제52조의 취지를 정확히 이해하는 것이 선결과제이며 또 이러한 법 제52조는 상표권침해와 관련한 분쟁이 있을 때를 대비하여 마련된 규정임에 유의할 필요가 있다.

I. 서 언

1. 의 의

　　등록상표는 법률에 의하여 보호되는데, 상표법은 제52조에서 "등록상표의 보호범위는 상표등록출원서에 기재된 상표와 지정상품에 의하여 정하여 진다"고 규정하여 등록상표의 보호범위는 상표등록출원서에 기재된 상표와 지정상품에 기초하여 판단하여야 함을 명시하고 있다.

　　이 규정은 등록상표의 보호범위를 정하는 기준이 되는 것이므로 상표권의 권리범위 확인이나 상표권침해여부 등을 판단함에 있어 상표등록출원서에 기재된 상표나 지정상품을 기준으로 판단하여야 함을 의미하며 실제로 사용하고 있는 상표나 상품을 기준으로 판단해서는 안 된다. 그러나 상표법 제52조에서 규정한 등록상표의 보호범위가 상표권의 효력이 미치는 범위를 선언하는 것은 아니라 할 것이며, 이는 오로지 보호범위의 판단기준을 제시한 것뿐으로서 보호범위에 기재된 것이라 하더라도 상표법 제51조에 해당되는 경우에는 상표권의 효력이 제한됨은 물론이다.

2. 제도적 취지

　　상표권이 발생하면 상표권자는 지정상품에 관하여 등록상표를 사용할 권리를 독점하므로 타인이 등록상표를 그 지정상품에 사용하는 경우 상표권침해가 되는 등 상표권이 발생하면 그 권리는 상표권자는 물론 제3자에게도 중대한 영향을 미치게 된다.

그러므로 상표권자가 등록상표를 독점적으로 사용할 수 있는 범위를 명백히 할 필요가 있으며 상표권 분쟁이 있을 경우 이를 어느 기준에 의하여 판단할 것인지에 대한 객관적인 기준의 제시가 필요하다.

따라서 상표법은 제52조에서 등록상표의 보호범위를 명시하여 상표권자가 독점배타적으로 사용할 수 있는 등록상표의 범위를 명확히 하고 상표권 분쟁 시 그 해석이나 침해여부에 대한 판단의 기준을 제시함으로써 상표법운용의 적정과 통일을 기하고자 함에 본 규정의 취지가 있다 할 것이다.

II. 유사개념과의 구별

1. 보호범위와 효력범위

상표법 제52조에서 규정한 등록상표의 보호범위는 등록상표의 보호기준을 선언한 것으로서 상표권의 효력범위 자체를 확정한 것은 아니다.

또한 법 제52조에서 규정한 보호범위에는 상표권의 전용권만을 포함하는 것으로 해석함이 일반적이나 상표권의 효력은 전용권의 범위에 국한하지 않고 금지권에도 그 효력이 미친다.

다만, 보호범위와 효력범위는 다 같이 등록상표의 상표등록출원서에 기재된 상표 및 지정상품에 준거하여 판단되어진다는 점에서 같다 할 것이다.

2. 보호범위와 권리범위

상표법 제52조에서 등록상표의 보호범위를 규정한 것은 등록상표의 보호범위에 대한 기준을 제시한 것으로서 그 자체가 상표권의 효력범위(권리범위)나 보호범위를 확정하는 것은 아니나, 권리범위는 상표권의 권리가 미치는 범위를 말하는 것으로서 상표권분쟁이 있을 경우 상표법 제75조에 기초하여 그 분쟁해결을 권리범위확인심판을 청구하여 상표권의 권리범위(효력범위)가 미치는지 여부를 확인하는 것이며 권리범위확인심판의 결과는 구체적 사실에 그 효력이 미친다.

또한 등록상표의 보호범위는 전용권만을 포함하는 데 비하여 상표권의 권리범위는 전용권과 금지권뿐만 아니라 그 외 상표권의 효력제한 등 모든 상표권의 효력관계를 확인하는 기준이 된다.

3. 권리범위와 효력범위

상표권의 효력범위라 함은 상표권의 효력이 미치는 범위를 말하는 것으로서 이에 대하여는 상표법에서 따로 규정한 바 없으나 대체로 권리범위와 같은 개념으로 이해되고 있다.

상표권의 효력범위나 권리범위는 다 같이 상표법 제52조·제51조 등 제반규정에 의거 등록상표의 상표등록출원서에 기재된 상표와 지정상품에 의하여 정하여지며 그 범위의 확인은 상표법 제75조에서 규정한 권리범위확인심판에 의하여 확인된다는 점에서 같다고 할 수 있다. 또한 권리범위와 효력범위에는 상표권의 전용권과 금지권이 다 같이 포함된다는 점, 상표권에 대한 분쟁이 있을 경우에 비로소 문제되는 사항들이라는 점에서 공통점이 있다고 할 수 있다.

III. 보호범위의 기준 및 판단

1. 판단의 기준

1) 상 표

(1) 기호·문자·도형 등으로 구성된 상표

등록상표의 보호범위는 상표등록출원서에 기재된 상표에 의하여 정하여진다. 상표등록출원서에 기재된 상표에 의하여 정하여진다 함은 등록상표의 보호범위는 실세 사용상표가 아닌 상표등록출원서에 기재된 상표를 기준으로 하여 판단함을 의미하며, 또한 상표출원서에 기재된 상표라 하여 모두 보호되는 것을 의미하는 것은 아니다.

예컨대, 상표등록출원서에 기재된 상표의 구성 중 보통명칭·관용표장이나 지정상품의 성질을 표시하는 상표 등 자타상품의 식별력이 없는 부분은 보호에서 제외된다.

(2) 소리ㆍ냄새 등으로 구성된 상표

소리·냄새 등으로 구성된 상표의 경우에도 그 보호범위를 판단함에 있어서는 기호·문자·도형 등으로 구성된 상표와 같다. 다만, 소리·냄새 등으로 구성된 상표의 경우에는 시각적으로 인식할 수 없는 상표이므로 그 소리·냄새 등을 기호·문자 등으로 표현한 것을 가지고 판단하게 된다.

2) 지정상품

지정상품의 보호범위는 상표등록출원서에 기재된 지정상품에 의하여 정하여진다. 여기서 보호되는 지정상품은 상표등록출원서에 기재된 상품과 동일한 상품만을 의미하며 유사상품은 제외된다.[1] 상품의 동일여부는 상표법시행규칙 제6조 별표에서 규정한 상품류구분 및 그 상품의 품질, 용도, 기능, 거래사회실정에 따른다.

2. 보호범위의 판단

1) 판단의 기준

등록상표의 보호범위는 상표등록출원서에 기재된 상표 및 지정상품을 기준으로 하여 판단한다.

2) 판단의 주체

등록상표의 보호범위에 대한 판단은 법원의 전속관할이라 할 수 있다.

3) 보호범위의 판단

등록상표의 보호범위는 상표권침해소송이 제기된 경우 법원에서 판단하게 되는바, 법원은 상표권침해여부에 대한 판단을 상표등록출원서에 기재된 상표와 지정상품을 기준으로 하여 판단해야 한다.

한편 상표권침해소송과는 별도로 특허청에 대하여 권리범위확인심판이 청구된 경우 특허청이 상표권의 권리범위확인심판을 하게 되는데 이때 상표권의 권리범위는 등록상표의 보호범위판단에 있어서와 같이 상표등록출원서에 기재된 상표와 지정상품을 기준으로 하여 판단한다.

---

[1] 등록상표의 상표와 유사한 상표나 등록상표의 지정상품과 유사한 상품에 대하여는 전용권이 인정되지 아니하고 단지 금지권만이 주어질 뿐이다.

IV. 보호범위와 상표권침해

1. 보호범위의 존재이유

등록상표의 보호범위를 상표법에서 규정한 이유는 앞에서도 언급한 바와 같이 상표권자가 독점적으로 사용할 수 있는 상표 및 지정상품의 범위를 명백히 하고 상표권분쟁이 있을 경우 그 침해여부를 가름하는 판단의 기준으로 삼고자 함이다.

타인의 상표사용이 등록상표의 보호범위에 속하는지 여부, 즉 상표권침해가 되는지 여부에 대한 판단은 매우 난해한 일로서 상표권침해에 대한 침해소송은 법원의 전속관할로 하면서도 이와는 별도로 그 침해여부를 가름하는 권리범위확인심판은 특허청으로 하여금 전담토록 하여 그 판단의 적정을 기하도록 하고 있다.

2. 침해판단의 기준

등록상표의 보호범위는 상표등록출원서에 기재된 사항에 의하여 특정되므로 상표권의 침해여부는 상표등록출원서에 기재된 사항을 기준으로 하여 판단한다. 그러나 상표등록출원서에 기재된 상표와 지정상품이라 하여 모두 보호되는 것은 아니며 그 상표가 보통명칭이거나 관용표장, 기술적 표장 등인 경우에는 보호대상에서 제외되거나 효력이 제한되는 등 일정한 제약이 뒤따른다.

3. 침해판단의 수단

상표권침해여부의 판단은 법원의 전속관할로서 그 침해여부를 법원이 독자적으로 판단하기도 하나 상표권의 침해여부에 대한 판단은 상표의 속성상 매우 난해한 것임에 비추어 법원의 판단 외에 이에 관하여 전문기관인 특허청에서도 권리범위확인심판을 통하여 이를 판단하도록 하고 있다. 법원이 특허청의 판단에 기속될 것인지 여부는 전적으로 법원의 재량에 맡기고 있으나 지금까지 법원은 특허청의 판단을 존중해 왔다고 할 수 있다.

제8장 **상표권의 이전**

I. 서 언

1. 의 의

상표권의 이전이라 함은 상표권의 내용은 그대로 유지하면서 권리의 주체인 상표권 자의 변경을 의미한다. 상표권은 재산권의 일종으로 그 처분이 자유롭고 이를 타인에 게 이전할 수 있으나 상표법의 목적, 공익적 이유 등에서 일정한 제한이 가해지고 있다.

1990.1.13. 이전의 상표법에서는 상표권은 이를 영업과 같이 이전해야만 했으나 현 행법에서는 영업과의 분리이전이 허용되고 있다. 또한 상표권은 지정상품마다 분할하 여 이전할 수도 있다.

2. 입법 예

1) 분리이전이 인정되는 국가

프랑스, 일본, 영국 등은 상표권의 이전을 영업과 분리하여 이전할 수 있도록 규정하 고 있다.

2) 동시이전 해야 하는 국가

미국, 독일, 벨기에 등은 상표권의 이전을 영업과 함께 이전하도록 규정하고 있다.

3) 파리협약

파리협약은 동 협약 제6조 제4항 제1호에서 상표권의 이전에 있어서 영업과 함께 이전하느냐 영업과 분리하여 이전토록 하느냐 여부는 각 동맹국의 국내법에 맡기고 있다.

3. 상표권의 이전과 영업과의 관계

원래 상표는 상품의 출처표시기능 내지는 상품의 식별표시기능을 그 본질로 하고 있으므로 영업이나 상품을 떠나서는 생각할 수 없다.

상표권을 영업과 분리하여 이전하게 되면 상품의 생산자와 상표의 사용자가 일치하지 아니하여 수요자에게 상품출처의 오인 · 혼동을 일으키게 할 우려가 있으며 상품의 품질의 동일성 보장도 어렵다. 이러한 이유에서 1990.1.13. 이전의 법에서는 상표권의 이전을 영업과 분리하여 이전하는 것이 금지되어 왔다.

그러나 최근에는 외국의 일부 국가에서도 영업과의 분리이전이 허용되고 있고 또 상표권양도에 따른 양도증의 기재내용 중 "영업과 함께"라는 기재내용이 형식적일 뿐만 아니라 특허청으로서는 이와 같은 사실의 진부(眞否)를 일일이 가리기도 어려워 상표권을 영업과 분리하여 이전할 수 있도록 규정하였다.

또한 이와 같이 상표권을 영업과 분리하여 이전이 허용된다 하여도 상표권을 양수받은 상표권자는 기업의 이익을 증대시키고자 품질향상에 힘쓸 것이기 때문에 분리이전에 따른 폐해가 생겨날 우려는 없다는 것이 우리 상표법의 태도이다.

II. 이전의 태양 및 제한

1. 이전의 태양

1) 특정승계

상표권은 매매, 증여 등에 의하여 이전할 수 있고 지정상품이 2 이상 있는 경우 지정상품마다 분할하여 이전할 수 있는데, 유사한 지정상품은 함께 이전하여야 한다(법 제54조 제1항). 이때 지정상품의 유사여부는 상표법 시행규칙 제40조 별표에서 정한 상품류구분이 된다 하겠다.

2) 일반승계

상표권은 상속, 포괄유증, 회사의 합병 등 일반승계에 의하여 이전할 수 있다.

3) 기 타

상표권은 공장재단저당의 실행이나 질권경락, 이행판결, 신탁·양도담보권의 실행 등에 의하여 이전될 수 있다.

2. 이전의 제한

1) 상표·서비스표

법 제7조 제1항 제1호의 3단서(국제적십자사·국제올림픽위원회 또는 저명한 국제기관이 자기의 명칭, 약칭 또는 표장을 상표등록출원한 경우), 제1호의 4단서(동맹국 또는 동맹국등이 가입한 정부간 국제기구가 자기의 명칭·약칭, 표장을 상표등록출원한 경우), 제3호 단서(국가·공공단체 또는 이들의 기관과 공익법인 또는 공익사업체에서 자기의 표장을 상표등록출원한 경우)에 따라 등록된 상표권은 이를 양도할 수 없다. 다만 이들의 명칭, 약칭 또는 표장과 관련된 업무와 함께 양도하는 경우에는 그 상표권을 양도할 수 있다(법 제54조 제8항).

2) 업무표장

업무표장권은 이를 양도할 수 없다. 다만, 그 업무와 함께 이전하는 경우에는 그러하지 아니하다(법 제54조 제7항).

3) 단체표장

단체표장권 역시 이전이 금지된다. 그러나 법인의 합병의 경우에는 특허청장의 허가를 받아 이전할 수 있다.

4) 증명표장권

증명표장권은 이를 이전할 수 없다. 다만, 당해 증명표장에 대하여 법 제3조의3에 따라 증명표장의 등록받을 수 있는 자에게 업무와 함께 이전하는 경우에는 특허청장의 허가를 받아 이전할 수 있다(법 제54조 제10항).

5) 상표권이 공유인 경우

상표권이 공유인 경우에는 각 공유자는 자기의 지분을 이전함에 있어 다른 공유자 전원의 동의를 얻어야 이전할 수 있다.

6) 분할이전

상표권은 지정상품마다 분할하여 이전할 수 있으나 이 경우 유사한 지정상품은 이를 함께 이전하여야 한다(법 제54조 제1항). 이때 유사상품의 범위가 문제된다 하겠으나 실무적으로는 상표법시행규칙 제40조 별표에서 정한 상품류구분 중 상품군이나 심사 기준으로 삼고 있는 유사군 코드가 기준이 된다 할 것이다.

그러나 판례는 상품의 유사 여부 판단은 그 상품의 품질, 형상, 용도, 기능, 거래방법 수요자범위 등을 고려하여 거래사회의 통념에 따라야 한다는 입장임에 비추어, 상표권 이전에 따른 분쟁이 있는 경우「유사한 상품을 함께 이전」하였는지 여부는 위와 같은 판례의 관점에서 따져질 것이다.[1]

III. 이전절차

1. 이전원인을 증명할 수 있는 서류의 제출

이전원인을 증명할 수 있는 서류라 함은 계약에 의한 이전의 경우에는 계약서 및 양도·양수인의 인감증명서, 상속의 경우에는 호적등본, 법인합병의 경우에는 법인등기부등본 등을 말한다.

---

1   상표권은 이를 그 지정상품마다 분할하여 이전할 수 있도록 규정하고 있는데(법 제54조 제1항), 여기서 지정상품의 분할이전은 상표권의 지분의 일부이전이 아닌 지정상품만을 떼어서 타인에게 이전하는 것을 말한다.
　　이러한 지정상품을 분할이전하는 경우에는 유사상품도 함께 이전하도록 규정하고 있고 이에 위반하는 경우에는 등록상표에 대한 취소사유로 규정하고 있는바, 이때「유사상품의 함께 이전여부」가 문제된다. 현실적으로 상품의 유사여부는 심사·심판에 의하여서만 가려지고 있고, 또 실무적으로 유사상품 여부판단은 매우 어려운 사실임에 비추어 이에 대한 판단을 등록공무원에게 맡긴 것은 분할이전에 따른 여러 가지 난제를 안고 있다고 할 수 있다 하겠으나 상표법은 분할이전 위반에 대한 책임을 상표권자에게 지우고 있다.

2. 법인증명 · 국적증명

상표권을 이전하는 경우 그 신청인이 외국인인 경우에는 그 국적증명서, 외국법인인 경우에는 법인임을 증명하는 서류를 제출하여야 한다(상표등록령 제10조).

3. 동의서

상표권이 공유인 경우에는 타공유자가 상표권의 이전을 동의하는 동의서를 첨부하여야 한다.

4. 단체표장 · 업무표장의 경우

단체표장은 합병증명서, 업무표장은 업무이전 관련서류를 제출하여야 하는데 단체표장이전의 경우는 다음 서류를 첨부하여야 한다(시행령 제2조).
① 법인의 합병을 증명하는 서류
② 합병 후 존속하는 법인의 정관

5. 증명표장

증명표장권의 이전허가를 받으려는 자는 이전허가신청서에 다음 각 호의 서류를 첨부하여 특허청장에게 제출하여야 한다.
① 증명표장등록출원 또는 증명표장권을 그 증명표장의 업무와 함께 이전함을 증명하는 서류
② 증명표장등록출원 또는 증명표장권을 이전 받을 자가 사용할 정관 또는 규약, 증명하려는 상품 또는 서비스업의 품질등을 증명하고 관리할 수 있음을 입증하는 서류

6. 이전공고여부

법률 제5355호 이전의 법(1997.8.22.)에서는 상표권의 이전이 있는 경우에는 상속 기타일반승계의 경우를 제외하고는 일간신문 또는 산업통상자원부령이 정하는 간행물(상표공보)에 공고하고 그 내용이 게재된 일간신문 등을 첨부하도록 규정하였으나 현행법에서는 이러한 절차가 생략되었다.[2]

---

2   상표권이전 시 이전사실을 공고토록 하고 있는 취지는 이전사실을 공중매체에 공시케 함으로써 상

IV. 이전의 효력발생 및 위반의 경우

1. 이전의 효력발생

1) 특정승계

특정승계의 경우는 이전등록이 효력발생요건이다(법 제56조 제1항 제1호).[3] 영업 모두를 양도(법인 양도)하는 경우 특정승계에 해당하므로 이전등록하여야만 그 효력이 발생한다.

2) 일반승계

일반승계의 경우에는 이전사유에 의하여 그 효력이 발생하며 지체없이 그 취지를 특허청장에게 신고하여야 한다(법 제56조 제2항). 상표권자 사망 후 3년 이내에 이전등록을 하지 아니할 경우에는 상표권은 상표권자가 사망한 날로부터 3년이 되는 날의 다음 날에 소멸한다(법 제64조 제1항). 상표권자가 사망한 경우 3년 내에 이전등록을 하도록 규정한 것은 권리주체의 변경에 따른 실체적 권리귀속과 등록기재사항을 일치시켜 법률관계의 안정성을 도모하기 위함이다.

한편, 청산절차가 진행 중인 법인의 상표권은 법인의 청산종결 등기일까지 그 상표권의 이전등록을 하여야 하며 그렇지 아니한 경우에는 청산종결 등기일의 다음날에 상표권은 소멸한다(법 제64조 제2항).

3) 국제등록상표권의 경우

마드리드 의정서에 의한 국제등록기초상표권의 경우 일반승계·특별승계 모두 국

표의 공익적 기능에 부합되도록 일반 수요자들 및 관련업계에게 알리고자 함에 있으나 사실상 이러한 이전공고가 형식적으로 운영되고 있고 공고를 위한 절차도 번잡하여 상표권자들의 편의를 도모하기 위하여 동 조문을 폐지하였다. 또한 동내용은 상표법조약에 의무사항으로 규정하고 있는 사항이므로 이와 같이 상표권이전 시 그 공고절차를 생략토록 한 것이다(특허청 1996.4.8. 개정상표법 해설).

3 구 상표법(1997.8.22. 법률 제5355호로 개정되기 전의 것, 이하 같다) 제41조는 상표권은 설정등록에 의하여 발생한다고 규정하고 있고, 같은 법 제56조 제1항 제1호는 상표권의 이전(상속 기타 일반승계에 의한 경우를 제외한다)은 이를 등록하지 아니하면 그 효력이 발생하지 아니한다고 규정하고 있어, 상표법상 상표권자라 함은 상표등록원부상에 등록권리자로 기재되어 있는 자를 말한다고 보아야 할 것이고, 상표권을 양도받았으나 아직 그 이전등록을 마치지 아니한 양수인은 상표권자라고 할 수 없고 그 경우에는 상표등록원부상 등록권리자로 남아있는 양도인이 여전히 상표권자라 할 것이다(대법원 1999.9.3. 선고 98후881 판결).

제등록부에 명의변경이 되지 않으면 승계의 효력이 발생하지 않는다. 따라서 상속 기타 일반승계의 경우에도 출원인은 국제사무국에 명의변경신고를 하여야 한다. 특허청장에게 그 취지를 신고하지 않아도 된다(법 제86조의18 제3항).

2. 규정을 위반하여 상표권을 이전한 경우

다음의 사항을 위반하여 상표권을 이전한 경우에는 그 상표권에 대하여는 언제라도 취소심판을 청구하여 그 상표등록을 취소할 수 있다. (법 제76조 제2항)

① 분할이전을 함에 있어 유사한 지정상품을 함께 이전하지 아니한 경우(법 제54조 제1항)

② 타공유자의 동의를 얻지 아니하고 그 지분을 양도한 경우(법 제54조 제5항)

③ 업무표장을 이전함에 있어 업무와 함께 이전하지 아니한 경우 (법 제54조 제6항)

④ 국가, 공유단체 또는 이들의 기관과 공익법인 또는 공익사업체가 자기의 표장을 양도함에 있어 관련된 업무와 함께 양도하지 아니한 경우

⑤ 단체표장권을 이전한 경우(법인의 합병으로 특허청장의 허가를 받아 이전하는 경우는 제외)

제9장 상표권의 공유

일러두기 상표권은 민법에서의 물권과 같은 성질을 갖는 재산권이므로 그 권리의 공유가 인정되며 상표법에서 특별히 규정한 것을 제외하고는 민법에서의 공유규정이 준용된다.

상표권의 공유 역시 특허법에서의 특허권의 공유와 동양이며 상표권 공유에 따른 상표심사, 심판절차에서의 제한 및 각자 대표의 원칙과 예외가 주요사항이 된다.

I. 서 언

1. 의 의

상표권의 공유라 함은 하나의 상표권을 2인 이상이 공동으로 소유하는 것을 말한다. 상표권은 하나의 재산권으로서 타 재산권의 경우와 마찬가지로 2인 이상이 이를 공동으로 소유할 수 있는데, 상표권이 공유인 경우 그 권리의 특수성 등으로 인하여 권리를 행사하는 등에 있어 일정한 제한이 뒤따른다.

상표권의 공유는 2인 이상이 공동으로 상표등록출원을 하여 상표등록을 받은 경우, 상표권을 타인에게 일부 양도한 경우에 발생한다.

2. 법적 성격

상표권도 재산권의 일종이기는 하나 그 형체가 없고 상표사용자의 업무상의 신용이 상품에 화체되어야만 비로소 재산적 가치가 발휘되며, 상표의 사용자나 상품의 품질여하에 따라 그 상표권의 재산적 가치가 달라지는 점 등에서 상표권은 토지나 금전, 물건과 같이 재산 그 자체가 형체와 가치를 가지고 있는 것과는 다른 면이 있다.

민법상 공동소유의 형태에는 공유·합유·총유의 세 가지 형태가 있는바 상표권은 공유자가 그 지분을 양도하거나 사용권·질권을 설정하는 경우에는 타 공유자의 동의를 얻어야 하나, 반면에 상표를 사용함에 있어서는 타 공유자의 동의나 제한 없이 등록상표를 지정상품에 사용할 수 있는 점 등으로 미루어 보아 상표법상 상표권의 공유는 민법상 공유중 준공유로서 합유의 성격을 띠고 있다고 할 수 있다.[1]

II. 각자대표의 원칙과 예외

1. 각자대표의 원칙

상표권이 공유인 경우 그 상표권에 관한 절차를 밟았을 때에는 상표법 제5조의10 제1항에서 정한 경우를 제외하고는 각자가 전원을 대표함이 원칙이다.

2. 각자대표 원칙의 예외

상표권이 공유인 경우 상표에 관한 절차를 밟음에 있어 각자가 전원을 대표함이 원칙이나 다음의 경우에는 타 공유자에게 중요한 이해득실이 있기 때문에 전원이 공동으로 절차를 밟아야 한다. 그러나 대표자를 선정하여 서면으로 신고한 때에는 그 대표자가 전원을 대표함으로 대표자만이 해당 절차를 밟을 수 있다고 해석된다(법 제5조의10 제1항). 한편 심결불복의 소제기는 민사소송법 절차에 따른다.[2]
　① 출원의 변경
　② 상표등록출원의 포기 또는 취하
　③ 상표권의 존속기간갱신등록신청, 지정상품추가등록출원 또는 상품분류전환등록신청의 취하
　④ 신청의 취하
　⑤ 청구의 취하
　⑥ 거절결정 및 보정각하 결정에 대한 불복심판청구[3]

1　　① 곽윤식 저, 물권법(신정판) 참조
　　　② 상표권이 공유인 경우에 각 공유자는 다른 공유자의 동의를 얻지 아니하면 그 지분을 양도하거나 그 지분을 목적으로 하는 질권을 설정할 수 없고 그 상표권에 대하여 전용사용권 또는 통상사용권을 설정할 수도 없는 등 일정한 제약을 받아 그 범위에서 합유와 유사한 성질을 가지는 점은 원심이 설시한 바와 같지만, 이러한 제약은 상표권이 무체재산권인 특수성에서 유래한 것으로 보일 뿐이고, 상표권의 공유자들이 반드시 공동목적이나 동업관계를 기초로 조합체를 형성하여 상표권을 소유한다고 볼 수 없을 뿐만 아니라 상표법에 상표권의 공유를 합유관계로 본다는 명문의 규정도 없는 이상, 상표권의 공유에도 상표법의 다른 규정이나 그 본질에 반하지 아니하는 범위 내에서는 민법상의 공유의 규정이 적용될 수 있다고 할 것이다(대법원 2004.12.9. 선고 2002후567 판결).

2　　이에 대하여는 긍정설과 부정설로 나뉘어졌다.

3　　이때 심결불복소의 원고는 상표권자 전원이 되며 대표자는 다만 상표권자 전원을 대표하여 소송에 관한 절차만을 밟는 것으로 해석된다. 그러나 판례는 당사자와 원고의 지위를 모두 인정하고 있다.

III. 공유의 지분 및 효력

1. 지분의 비율

상표권이 공유인 경우 그 공유자의 상표권 지분의 비율은 법률의 규정 또는 공유자의 약정에 따르며, 공유자 간에 지분에 대한 별도의 약정이 없는 경우에는 그 지분의 비율이 균등한 것으로 추정된다.

2. 지분의 양도

상표권이 공유인 경우 그 공유자의 상표권의 지분은 이를 타인에게 양도할 수 있는데 상속 기타일반승계의 경우를 제외하고는 타 공유자의 동의를 얻어야만 한다.

3. 지분의 포기 · 소멸

상표권을 공유하는 자는 자기의 지분을 포기할 수 있는데, 상표권을 공유하는 자가 자기의 지분을 포기하거나 상속인이 없을 때에는 다른 공유자가 그 지분의 비율에 따라 이를 취득한다(민법 제267조).

4. 지분의 효력

1) 상표의 사용

상표권이 공유인 경우 각 공유자는 계약으로 특별히 약정한 경우를 제외하고는 다른 공유자의 동의를 얻지 아니하고 그 등록상표를 그 지정상품에 대하여 자기의 지분에 관계없이 전 범위(지정상품 모두), 전 기간, 전국에 걸쳐서 사용할 수 있는 것으로 해석되므로, 등록상표 전체에 대하여 사용하는 결과가 된다.

2) 사용권 · 질권의 설정

상표권을 공유하는 자는 다른 공유자의 동의를 얻어야만이 그 상표권에 대하여 전용사용권 · 통상사용권을 설정하거나 전용사용권 또는 통상사용권을 목적으로 하는 질권을 설정할 수 있다.

3) 상표권의 관리 · 보존

상표법에는 상표권의 관리 · 보존 등 일반적인 사항에 대한 규정이 없어 민법의 규정을 유추해석 한다(민법 제278조). 상표권의 관리라 함은 전용사용권 · 통상사용권의 사용권자가 등록상표를 변경 사용하는 경우 이를 시정토록 한다거나 상표권을 타인이 침해하는 경우에 이에 대한 적절한 조치를 취하는 등의 행위를 하는 것을 말하며, 상표권의 보존행위라 함은 상표권이 소멸되지 않도록 등록료를 납부하거나 기타 타인의 부당한 대항으로부터 방어하는 등의 행위를 말한다.

IV. 상표권공유에 따른 제한

1. 제한의 필요성

상표권을 공유하는 자는 자기의 지분을 타인에게 양도하거나 그 상표를 사용할 수 있는 등 통상의 상표권과 동일한 효력을 갖는다. 그러나 상표권의 특수성으로 인하여 그 권리를 행사함에 있어 일정한 제한이 따른다(법 제54조 제5, 6항).

2. 상표권 행사가 제한되는 경우

1) 지분양도의 제한

상표권이 공유인 경우에는 각 공유자는 다른 공유자의 동의를 얻지 아니하면 그 지분을 타인에게 양도할 수 없다. 그러나 상속 기타일반승계의 경우에는 다른 공유자의 동의를 요하지 아니한다(법 제54조 제5항).

2) 사용권설정의 제한

상표권이 공유인 경우 각 공유자는 다른 공유자의 동의 없이 그 상표권에 대하여 전용사용권을 설정하거나 통상사용권을 허락할 수 없다(법 제54조 제6항).

3) 질권설정의 제한

상표권이 공유인 경우 각 공유자는 다른 공유자의 동의 없이 질권을 설정할 수 없다(법 제54조 제5항).

4) 심판청구상의 제한

상표권을 2인 이상이 공유하는 경우 그 상표권에 대하여 심판을 청구하는 때에는 공유자 전원을 피청구인으로 하여야 하며, 또 상표권을 공유하는 자가 상표에 관한 심판을 청구하는 때에도 공유자 전원이 공동으로 청구하여야 한다. 다만, 대표자를 선정하여 특허청장 또는 특허심판원장에게 신고한 경우에는 그 대표자가 전원을 대표하므로 이 경우에는 그 대표자가 심판청구 등의 절차를 밟을 수 있다.[4]

이는 심판의 청구 또는 피청구는 지분 또는 권리의 내용의 변경을 초래할 우려가 있어 각 공유자의 이해관계에 중대한 영향을 미치기 때문이다.

V. 등록받을 수 있는 권리의 공유

상표등록을 받을 수 있는 권리가 공유인 경우 다른 공유자의 동의 없이 그 지분을 타인에게 양도하지 못하는 등 상표등록을 받을 수 있는 권리의 공유에 있어서도 상표권 공유에 관한 규정이 그대로 적용된다.

---

4   그러나 이 경우 그 심판청구인은 상표권자들이며, 대표자는 심판청구인들을 대표하여 심판청구 등 심판에 관한 절차를 밟을 수 있는 것으로 새겨야 할 것이다.

제10장 사용권제도

일 러 두 기 상표법상 사용권은 그 내용에 따라 전용사용권과 통상사용권으로 구분하는데 그 권능과 효력 등에 있어서는 특허법상 실시권과 같다. 그러나 특허법상 통상실시권은 특허권자의 허락에 의한 실시권 외에 강제실시권, 법정실시권이 인정되는 데 비하여 상표법에서의 통상사용권은 일부 사용권의 경우를 제외하고는 상표권자의 허락에 의하여 인정된다는 점이 특징이며 특허법에서의 경우처럼 강제실시권은 인정이 안 된다.

I. 서 언

1. 의 의

상표법상 사용권이라 함은 상표권자 이외의 자가 등록상표를 지정상품에 대하여 일정한 범위 내에서 사용할 수 있는 권리를 말하며 이러한 사용권은 그 내용에 따라서 전용사용권과 통상사용권으로 구분하고 있다.

상표법에서 사용권제도를 법제화한 것은 경제거래사회의 변화에 부응하고 세계의 입법추세에 따른 것으로서 우리나라는 1973.2.8. 법률 제2506호부터 사용권제도를 명문화하기 시작하였는데 당초에는 통상사용권만을 인정하다가 1986.12.31. 이를 사용권으로 변경하여 운영하였으며, 사용권을 전용사용권과 통상사용권으로 구분하여 규정한 것은 1993.1.13. 법률 제4210호부터이다.

2. 제도적 취지

과거에는 상표의 기능을 상품의 출처표시기능에 중점을 두고 있었으므로 상표권자 외의 자에게 상표를 사용토록 하는 것은 상표권자의 영업과 다른 출처가 발생된다는 점에서 이론상 인정되지 아니하였다.

그러나 근래에 와서는 상품의 출처표시기능과 더불어 품질보증기능의 중요성이 대두 되면서 상표권자가 상표의 관리를 철저히 하여 수요자에게 상품출처의 오인 · 혼동을 일으키지 않고 불측의 손해를 줄 우려가 없다면 상표권자 이외의 자가 상표를 사용한다 하여도 크게 문제될 것이 없을 뿐만 아니라 이는 오히려 상표제도의 취지에도 부합하는 것이 된다는 취지에서 사용권제도를 두게 된 것이다.

3. 법적 성격

1) 전용사용권

전용사용권은 전용사용권설정의 범위 내에서 등록상표를 독점적으로 사용할 수 있는 독점배타성이 인정되는 권리이므로 물권적인 성질을 갖는다고 할 수 있으며, 전용사용권은 상표권이 소멸하면 그에 따라서 소멸하는 등 상표권에 부수하여 그 권리가 발생·소멸하므로 상표권에 부수하는 권리이다.

2) 통상사용권

통상사용권은 전용사용권과 달리 독점배타성이 인정되지 않고 통상사용권설정의 범위 내에서 등록상표를 그 지정상품에 사용할 수 있는 권리이므로 채권적인 성질을 가지며, 상표권이 소멸하면 통상사용권도 소멸하는 등 상표권에 부수하여 그 권리가 발생·소멸하므로 상표권에 부수하는 권리이다.

II. 전용사용권

1. 의 의

전용사용권이라 함은 상표권자 이외의 자가 전용사용권설정의 범위 내에서 등록상표를 그 지정상품에 대하여 독점 배타적으로 사용할 수 있는 권리를 말한다. 전용사용권은 전용사용권설정의 범위 내에서 등록상표를 독점적으로 사용할 수 있는 권리이므로 상표권에 전용사용권이 설정되면 상표권은 전용사용권설정의 범위 내에서 그 효력이 제한되며 상표권자에게는 일정한 의무가 뒤따른다.

우리나라가 상표법에서 사용권제도를 법제화하기 시작한 것은 1973.2.8. 법률 제2506호부터이며 사용권을 전용사용권과 통상아용권으로 구분하여 규정한 것은 1990. 1.13. 법률 제4210호부터이다.

2. 전용사용권의 효력

1) 효력의 발생

전용사용권은 상표권자와의 계약에 의하여 발생하며 그 등록이 효력발생요건이 아니다. 종전의 법(2011.12.2. 법률 제11113호 이전의 법)에서는 설정등록을 효력발생요건으로 규정하였으나 개정법에서 그 등록을 대항요건으로 규정하였다(법 제58조 제1항 제1호).[1]

2) 전용사용권의 효력

전용사용권자는 설정된 범위 내에서 지정상품에 관하여 등록상표를 사용할 권리를 독점한다. 따라서 전용사용권이 설정된 범위 내에서는 상표권의 효력이 제한되며 전용사용권자는 타인이 전용사용권을 침해하는 경우 그 자를 상대로 하여 침해금지청구, 손해배상청구 등 권리를 행사할 수 있다.

또한 전용사용권자는 상표권자의 동의를 얻어 설정된 전용사용권의 범위 내에서 전용사용권에 대하여 통상사용권을 설정할 수 있으며 전용사용권을 목적으로 하는 질권을 설정할 수 있다.

3) 효력의 제한

전용사용권은 상표권의 효력이 미치지 않는 범위 내(법 제51조)에서 그 효력이 제한되며, 타인의 의장권이나 저작권과 저촉하는 경우에도 전용사용권은 효력이 제한된다. 또한 전용사용권이 공유일 때에는 그 지분의 이전이나 질권을 설정하는 경우 타 공유자의 동의를 얻어야 한다.

---

1 기록에 의하면 피고가 2000.4.17. 원고와의 사이에 2000.4.27.까지 원고에게 1999년도분 상표사용료 하한액 중 미지급분 60,000달러를 지급하지 아니하는 경우 인용상표들에 대한 전용사용권설정계약을 포함한 계약이 해지되는 것으로 한다는 내용의 약정을 한 사실, 피고가 위 약정일자보다 하루 늦은 2000.4.28. 원고에게 미지급 사용료로 49,200.40달러를 지급한 사실, 위 일자이후에 피고가 새로이 전용사용권 설정등록을 하지는 않은 사실이 인정되므로, 위 약정에 따라 피고의 전용사용권설정계약은 자동 해지되었다고 할 것이고, 전용사용권은 그 설정계약이 해지되면 등록 여부에 관계없이 그 효력을 상실하며, 종전과 동일한 내용으로 전용사용권설정계약을 부활하는 묵시적 합의가 있었다고 하더라도 새로이 설정등록을 하지 않고서는 상표법상의 전용사용권을 취득할 수 없는 것이어서, 2000.4.28. 이후에는 피고를 인용상표들에 대한 전용사용권자라고 할 수 없다(대법원 2004.9.13. 선고 2002후703 판결).

3. 전용사용권의 이전 및 포기

1) 이 전

전용사용권은 상표권자의 동의를 얻어 이를 타인에게 이전할 수 있다. 그러나 상속 기타 일반승계에 의한 이전의 경우에는 상표권자의 동의를 얻지 아니하고도 이전할 수 있다(법 제55조 제5항).

2) 포 기

전용사용권은 이를 포기할 수 있는데 전용사용권에 관한 통상사용권이 설정되어 있 거나 전용사용권을 목적으로 하는 질권이 설정되어 있는 경우에는 통상사용권자와 질 권자의 동의를 얻어야 한다.

4. 전용사용권설정에 따른 의무

1) 상표권자의 의무

상표권자는 상표권에 관하여 전용사용권을 허락한 경우 그 전용사용권에 관한 설정 등록을 할 의무가 있으며 또한 전용사용권자가 그 등록상표를 전용사용권설정의 범위 내에서 정당하게 사용하도록 할 주의·관리의무를 진다.

2) 전용사용권자의 의무

전용사용권자는 전용사용권설정의 범위 내에서 등록상표를 정당하게 사용하여야 하며 전용사용권자가 그 등록상표를 정당하게 사용하지 아니하고 수요자로 하여금 상 품의 품질을 오인케 사용하거나 타인의 업무에 관련된 상품과의 혼동을 일으키게 사용 한 경우에는 등록상표 및 전용사용권에 대한 취소사유가 된다(법 제73조 제1항 제8호, 제74조). 또한 전용사용권자는 등록상표를 사용하는 상품에 자기의 성명 또는 명칭을 표시하여야 한다(법 제55조 제4항).

5. 전용사용권설정의 제한 및 사용권의 소멸

1) 전용사용권설정의 제한

단체표장권, 업무표장권, 증명표장권에 관하여는 전용사용권설정을 설정할 수 없다 (법 제55조 제2항).

2) 전용사용권의 소멸

(1) 상표권소멸에 따른 소멸

전용사용권은 상표권에 부수하여서만 그 권리가 발생·소멸하므로 상표권이 소멸하면 전용사용권도 함께 소멸한다.

(2) 전용사용권 자체에 의한 소멸

전용사용권은 전용사용권의 설정기간의 만료, 계약해제, 포기, 전용사용권의 취소심결의 확정, 상표권자와 사용권자의 혼동 등의 경우에 소멸한다.

III. 통상사용권

1. 의 의

상표법상 통상사용권이라 함은 상표권자 이외의 자가 통상사용권설정의 범위 내에서 등록상표를 그 지정상품에 대하여 사용할 수 있는 권리를 말한다. 통상사용권은 등록상표를 독점적으로 사용할 수 있는 권리가 아니므로 타인에게 통상사용권을 허락한 후에도 상표권자는 자신이 그 등록상표를 사용할 수 있으며 또한 같은 내용의 통상사용권을 제3자에게 중복하여 허락할 수 있다.

우리나라가 상표법에서 통상사용권제도를 법제화하기 시작한 것은 1973.2.8. 법률 제2506호부터이며, 사용권을 전용사용권과 통상사용권으로 구분하여 규정한 것은 1990.1.13. 법률 제4210호부터이다.

2. 통상사용권의 종류 및 효력

1) 통상사용권의 종류

통상사용권에는 당사자 간의 약정에 의하여 발생하는 ① 허락에 의한 통상사용권, ② 법률에 의하여 발생하는 법정통상사용권이 있다.

(1) 허락에 의한 사용권

1 개 념

이 사용권은 상표권자와 등록상표를 사용하는 자간에 계약(約定)에 의하여 발생하는 사용권을 말하는데 이 사용권은 서면계약에 의하여 발생함은 물론 구두로도 성립하며 묵시계약에 의하여도 성립한다. 다만 통상사용권은 설정등록이 대항요건이므로 서면계약에 의한 설정등록을 해 두는 것이 필요하다.

❷ 효력발생 및 소멸

허락에 의한 통상사용권은 상표권자와 사용권자 간에 통상사용권에 관한 계약이 성립하였을 때 그 효력이 발생하며 사용권 계약이 종료되는 시점에 그 사용권도 소멸한다.

❸ 범 위

허락에 의한 통상사용권자는 사용권자와의 계약으로 정해진 범위 내에서 당해 등록상표를 사용할 수 있다.

(2) 법정사용권

❶ 존속기간만료 후의 통상사용권(법 제57조의2)

① 의 의   상표등록출원일 전 또는 상표등록출원일과 같은 날에 출원되어 등록된 특허권·실용신안권·디자인권이 상표권과 저촉되는 경우 그 특허권 등의 존속기간이 만료되는 때에는 그 특허권자 및 그 특허권의 전용실시권자, 통상실시권자는 원권리의 범위 또는 원실시권의 범위 내에서 등록상표를 사용할 수 있는 권리를 갖는다(법 제57조 제1, 2항).

다만, 부정경쟁의 목적으로 그 상표를 사용하는 경우에는 통상사용권이 주어지지 아니한다.

② 취 지   동일한 객체가 특허와 디자인, 상표로 다 같이 등록되는 경우 특허권 등은 상표권에 비하여 존속기간이 짧아 상표권 보다 먼저 그 권리가 소멸하게 되는바, 특허권이 소멸된 후에도 그 특허발명에 관하여 사업을 계속 실시하는 것은 타인의 상표권을 침해하는 것이다. 다라서 이 사용권은 소멸된 특허권 등의 특허권자, 전용실시권자, 특허법 제118조 제1항에 의한 통상실시권자가 특허발명에 관한 사업을 실시하는 경우 그 실시사업을 계속하게 하기 위하여 인정되는 실시권이다.

③ 요 건   이 통상사용권이 주어지는 경우는 특허권 등이 존속기간 만료로 소멸된 경우에 한하며 그 이외의 이유로 특허권 등이 소멸한 경우에는 통상사용권이 인정되지 아니한다. 따라서 특허권의 포기, 등록료불납, 등록무효 등으로 소멸하는 경우에는 통상사용권이 주어지지 않는다.

④ 사용권의 범위   사용권이 인정되는 범위는 특허발명을 실시했던 범위 내이다.

❷ 선사용에 의한 통상사용권(법 제57조의3)

① 의 의   타인의 상표등록출원 전부터 부정경쟁의 목적이 없이 국내에서 계속적으로 사용함으로 인하여 타인의 상표출원 시에 국내 수요자 간에 그 상표가 특정인의 상표라고 인식될 정도로 알려진 경우에는 상표를 사용한 자는 계속하여 그 상표를 사용한 상품에 대하여 그 상표를 사용할 수 있는 권리를 갖는다.

② 제도적 취지   우리나라 상표법은 선원주의를 채택하고 있는데 선원주의만을 고집하다 보면 진정한 최선의 상표사용자가 갖는 고유의 권리를 부정하는 결과가 될 뿐만 아니라 최선사용자의 보호에 소홀한 점이 없지 않다할 것이며 산업발전에도 결코 바람직하지 못하다.

따라서 상표법은 상표등록출원 당시에 선의로 국내에서 이미 등록상표와 유사한 상표를 사용하고 있는 자에게는 그 상표에 대하여 당초의 사업목적의 범위 안에서 계속 사용할 수 있도록 법적으로 보장함으로써 선사용자와 상표권자 간의 권리관계를 균형 있게 조정함은 물론 기존의 산업질서를 그대로 유지하고자 본 제도를 마련한 것이다.

③ 선사용권이 인정되는 경우   상표법 소정의 선사용권이 인정되는 경우는, i) 타인의 등록상표와 동일하거나 유사한 상표를 그 지정상품과 동일하거나 유사한 상품에 사용하는자로서 법 제57조의3 제1항 제1·2호를 만족하여야 하며, ii) 자기의 성명·상호 등 인격의 동일성을 표시하는 수단으로 상거래 관행에 따라 상표로 사용하는자로서 법 제57조의3 제1항 제1호의 요건을 만족하여야 한다.

④ 선사용권의 성립요건   선사용에 의한 통상사용권이 인정되기 위해서는 무엇보다도 i) 그 상표의 사용이 부정경쟁의 목적이 없이 사용하여야 하고, 타인의 상표등록출원 전부터 사용하여야 할 뿐만 아니라 ii)그 상표를 사용한 결과 타인의 상표등록출원 시에 그 사용상표가 특정인의 상표로 인식될 정도로 알려졌어야 한다.

⑤ 선사용권의 범위   사용의 범위 선사용에 의한 사용권은 선사용상표와 동일한 상표에 국한되며, 그 상품도 선사용한 상품과 그 상품이 동일하여야 한다.

2) 통상사용권의 효력

(1) 효력의 발생

통상사용권 중 약정에 의한 통상사용권은 상표권자와의 계약에 의하여 성립하며 등록하지 아니하여도 그 효력이 발생하므로 통상사용권설정에 관한 등록은 효력발생요건이 아닌 대항요건이다.

반면에 법정통상사용권은 법소정의 요건을 충족하는 경우 법률에 의하여 그 통상사용권이 발생한다.

(2) 효 력

약정에 의한 통상사용권자는 통상사용권설정의 범위 내에서 지정상품에 관하여 등록상표를 사용할 수 있다. 반면에 법정통상사용권의 경우는 원특허권·실용신안권·의장권 등의 범위 내에서 등록상표와 동일 또는 유사한 상표를 사용할 수 있다. 통상사용권은 독점성이 인정되지 않는 권리이므로 타인의 등록상표의 사용에 대하여 권리를 행사할 수 없다. 또한 통상사용권자는 상표권자 또는 전용사용권자의 동의를 얻어야만 통상사용권을 목적으로 하는 질권을 설정할 수 있다.

(3) 효력의 제한

통상사용권은 상표권의 효력이 제한되는 범위(법 제51조) 내에서 그 효력이 제한되며 타인의 특허권·실용신안권·의장권이나 저작권과 저촉하는 경우에도 통상사용권은 그 효력이 제한된다. 또한 통상사용권이 공유일 때에는 그 지분을 이전하는 경우 타 공유자의 동의를 얻어야 하며 통상사용권을 목적으로 하는 질권을 설정하는 경우 타 공유자의 동의를 얻어야 한다.

3. 통상사용권의 이전 및 포기

1) 이 전

약정에 의한 통상사용권, 법 제57조의2 제1·2항에 의한 법정통상사용권은 상표권자 또는 전용사용권자의 동의를 얻어 이를 타인에게 이전할 수 있다. 그러나 상속 기타 일반승계에 의한 이전의 경우에는 상표권자 또는 전용사용권자의 동의를 얻지 아니하고도 이전할 수 있다.

2) 포 기

통상사용권자는 통상사용권을 목적으로 하는 질권이 설정되어 있는 경우에는 질권자의 동의를 얻지 아니하면 통상사용권을 포기할 수 없다.

4. 통상사용권설정에 따른 의무

1) 상표권자의 의무

상표권자는 통상사용권을 허락한 경우 그 통상사용권에 관한 설정등록을 할 의무가 있으며 또한 통상사용권자가 그 등록상표를 통상사용권설정의 범위 내에서 정당하게 사용하도록 하는 주의 · 관리의무를 진다.

2) 통상사용권자의 의무

통상사용권자는 통상사용권설정의 범위 내에서 등록상표를 정당하게 사용하여야 하며 통상사용권자가 그 등록상표를 정당하게 사용하지 아니하여 수요자로 하여금 상품의 품질을 오인케 사용하거나 타인의 업무에 관련된 상품과의 혼동을 일으키게 사용한 경우에는 등록상표 및 통상사용권에 대한 취소사유가 된다(법 제73조 제1항 제8호, 제74조). 또한 통상사용권자는 등록상표를 사용하는 상품에 자기의 성명 또는 명칭을 표시하여야 한다.

5. 통상사용권설정의 제한 및 소멸

1) 통상사용권설정의 제한

단체표장권, 업무표장권, 증명표장권에 관하여는 통상사용권을 설정할 수 없다(법 제55조 제2항).

2)통상사용권의 소멸

(1) 상표권소멸에 따른 소멸

통상사용권은 상표권에 부수하여서만 그 권리가 발생 · 소멸하므로 상표권이 소멸하면 통상사용권도 함께 소멸한다.

(2) 통상사용권 자체에 의한 소멸

통상사용권은 통상사용권의 설정기간의 만료, 계약해제, 포기, 통상사용권의 취소심결의 확정, 상표권자와 사용권자의 혼동(混同) 등으로 인해 소멸한다.

제11장 상표권의 소멸

일 러 두 기 상표법에서 상표권이 소멸되는 경우를 몇 가지 규정하고 있는데, 이는 산업정책
적인 이유 또는 부실권리를 제거하기 위한 조치에서이다.

I. 서 언

1. 의 의

상표권은 일정한 법정사유에 해당하는 경우 그 권리가 소멸한다. 상표권의 소멸원인
이나 소멸에 따른 효과는 상표법에서 각각 규정하고 있으며 상표권이 소멸하면 누구나
소멸된 상표와 동일 또는 유사한 상표를 자유로이 사용할 수 있으며 소멸된 상표와 동
일한 상표를 출원하여 상표등록을 받을 수도 있다.

상표권은 상표권존속기간의 만료, 상표권의 포기, 상속인이 없는 경우, 상표등록의
취소심결 및 무효심결의 확정에 의하여 각각 소멸한다.

2. 제도적 취지

상표권이 발생하면 그 등록상표에 대하여는 상표권자만이 독점배타적으로 사용할
수 있는 등 그 효력은 지대(至大)하다. 그러나 등록된 상표 중에는 당초부터 무효원인을
안고 있는 상표권도 있고 그 사용의 필요성이 없는 경우도 있다.

이 경우 그러한 상표는 이를 소멸시킴으로써 상표권존재로 인하여 제3자가 입을 수
있는 불측(不測)의 손해를 제거함은 물론 상표를 사용하고자 하는 자에게 상표사용의
기회를 넓혀주어 그 상표를 자유로이 사용할 수 있도록 하는 것이 산업발전을 위하여
보다 바람직하다 하겠으므로 상표권은 이를 일정한 경우에 소멸토록 상표법에서 각각
규정하고 있다.

II. 소멸원인

1. 상표권의 존속기간 만료

상표권은 10년간의 존속기간의 만료로서 소멸한다. 상표권의 존속기간 만료 전 1년 이내 또는 존속기간 만료 후 6월까지도 상표권의 존속기간갱신등록절차를 밟지 않거나 갱신등록신청 후 기간 내에 등록료를 납부하지 아니한 때에는 상표권은 존속기간만료시점으로 소급하여 소멸한다.

2. 포 기

상표권도 사유재산권의 일종이므로 상표권자의 자유의사에 따라 그 권리를 포기할 수 있다. 다만, 상표권에 대해 전용사용권 또는 통상사용권이 설정되어 있거나 질권이 설정되어 있는 경우에는 전용사용권자·통상사용권자 또는 질권자의 동의를 얻어야만 한다(법 제60조). 상표권의 포기는 그 등록이 효력발생요건으로서 그 등록일로부터 상표권이 소멸하는 것으로 된다.

3. 상속인이 없을 경우

상표권자가 사망하여 상속인이 없거나, 법인이 소멸하고 신설법인이 없을 때 그 상표권은 소멸한다. 민법에 따를 경우 상속인이 없는 경우 상속재산은 국고에 귀속됨이 원칙이나 상표권의 경우는 이를 국고에 귀속시키기 보다는 이를 사용코자 하는 일반인으로 하여금 사용할 기회를 주는 것이 상표법의 목적에 부합한다는 취지에서 상속인이 없는 경우 상표권은 소멸하는 것으로 규정하고 있다.

이 경우 상표법은 직접적인 규정을 마련하지 않고 있으나 특허법 제124조의 규정을 유추할 수 있다.

4. 이전등록의 불이행

상표권자가 사망한 날로부터 3년 이내에 상속인이 그 상표권의 이전등록을 하지 아니한 경우에는 상표권자가 사망한 날로부터 3년이 되는 날의 다음날에 상표권이 소멸한다(법 제64조). 청산절차가 진행 중인 법인의 상표권은 법인의 청산종결등기일까지 그 상표권의 이전등록을 하지 아니한 경우에는 청산종결등기일의 다음날에 소멸하며, 청산종결등기가 되었더라도 청산사무가 사실상 끝나지 아니한 경우에는 청산사무가 사실상 끝난 날과 청산종결등기일로부터 6개월이 지난날 중 빠른 날로부터 소멸한다. 또한 상표권은 법인이 합병에 의하여 소멸하며 신설법인이 3년 내에 상표권이전등록을 하지 아니한 경우에도 법상명문의 규정이 없어 의문이 있으나 상표권은 소멸하는 것으로 새김이 타당하다 할 것이다.

이는 등록기재사항과 권리실체사항을 일치시켜 등록원부의 공신력을 유지케 하려는 취지에서 마련된 법적안정성을 위한 강행규정이다. 출원중인 상표의 출원인이 사망한 후 3년 내에 출원인명의변경신고를 하지 아니한 경우에도 그를 이유로 출원상표가 거절되는지 의문이 있으나 법 제23조 규정으로 미루어 볼 때 이를 이유로 거절되는 것으로 보기는 어렵다 할 것이다.

한편 양도 등 특정승계의 경우 3년 내에 상표권이전등록을 하지 아니하는 경우에도 상표권이 소멸되는지에 대하여 의문이 있으나 법상 명시적 규정이 없음에 비추어 상표권이 소멸된 것으로 보기는 어렵다 할 것이며, 이 경우 제3자는 등록상표 불사용 등을 이유로 취소심판을 청구하여 당해 상표권을 소멸시킬 수 있을 것이다.

5. 상표등록의 취소

일단 유효하게 성립한 상표권이라도 사후에 일정한 법정취소사유(고의적인 부정사용, 3년 이상 불사용, 이전제한규정에 대한 위반, 단체표장특유의 취소사유, 외국인상표권자의 동의 없는 대리인의 상표등록, 사용권자의 사용으로 인한 품질 출처의 오인·혼동 발생)에 해당하게 되면 심판에 의하여 상표권은 소멸하게 된다.

6. 상표등록의 무효

상표등록은 일정한 법정 무효사유(법 제71조의 소정사유)에 해당하는 경우 심판에 의하여 그 등록이 무효된다. 무효심결이 확정되면 그 상표권은 처음부터 없었던 것으로 되는 등 그 무효의 효력은 소급하여 발생한다. 다만, 후발적 무효사유인 상표등록 후에 외국인이 권리능력을 상실한 경우나 등록상표의 후발적 조약위반에 의한 경우에는 그 사실이 발생한 때부터 상표권이 소멸되는 것으로 본다(법 제71조 제3항).

7. 상품분류전환등록을 하지 아니한 경우

다음 각 호의 어느 하나에 해당하는 사유가 있는 때에는 상품분류전환등록의 대상이 되는 지정상품에 관한 상표권은 상품분류전환등록신청기간의 종료일이 속하는 존속기간의 만료일 다음 날에 소멸한다(법 제64조의2).

① 상품분류전환등록을 받아야 하는 자가 법 제46조의2 제3항의 규정에 의한 기간 이내에 상품분류전환등록을 신청하지 아니하는 경우

② 상품분류전환등록신청이 취하된 경우

③ 상품분류 전환에 관한 절차가 무효로 된 경우

④ 상품분류전환등록거절결정이 확정된 경우

⑤ 상품분류전환등록을 무효로 한다는 심결이 확정된 경우

⑥ 상품분류전환등록의 대상이 되는 상품으로서 상품분류전환상표등록신청서에 기재되지 아니한 지정상품

8. 국제등록상표권의 경우

국제등록의 기초가 되는 출원이나 등록이 국제등록일부터 5년 이내에 본국에서 실효되거나 대한민국을 지정(사후지정)하여 국내에서 국제등록기초상표권을 설정등록 받은 국제등록명의인이 마드리드 의정서 제15조(5)(b)의 규정에 따라 출원인적격을 잃게 되는 경우 국제등록상표권은 소멸하게 된다.

III. 상표권의 소멸과 관련한 문제

1. 상표권에 부수되는 권리

상표권이 소멸하는 경우 상표권에 부수된 권리인 전용사용권, 통상사용권 및 질권 등은 상표권과 함께 소멸한다.

2. 영업폐지의 경우

상표권자가 등록상표의 지정상품에 관련한 영업을 폐지한 경우라 하더라도 상표권은 소멸되지 아니한다.

구 상표법에서는 상표권자가 등록상표의 지정상품에 대한 영업을 폐지한 경우 상표권은 소멸토록 규정되어 있었으나 현행법에서는 상표권을 영업과 분리하여 이전하는 것이 인정되고 있고 또 사용권제도를 채택하고 있을 뿐만 아니라 상표권의 존속기간갱신등록시에 상표의 사용사실을 요구하지 않고 있는 점 등으로 미루어 그와 같이 해석하는 것이 타당하다 할 것이다.

제12장 상표권침해

일러두기 이 부분에서는 상표권침해여부가 핵심이다. 상표권 침해는 타인이 무단으로 등록상표와 동일 또는 유사한 상표를 그 지정상품과 동일 또는 유사한 상품에 사용하는 경우에 문제가 된다.

I. 서 언

1. 의 의

상표권은 상표권자만이 등록상표를 지정상품에 관하여 사용할 권리를 독점하므로 상표권자 이외의 자가 정당한 권한 없이 등록상표를 지정상품에 관하여 사용하면 상표권 침해가 된다.

상표법은 상표권의 침해가 되는 행위를 상표법 제50조 및 제66조에서 규정하고 있는데, 등록상표와 동일 또는 유사한 상표를 그 지정상품과 동일 또는 유사한 상품에 사용하는 경우는 물론 등록상표와 동일 또는 유사한 상표를 그 지정상품과 동일 또는 유사한 상품에 사용할 목적이나 사용하게 할 목적으로 교부·판매·위조·소지하는 행위인 예비적 행위도 상표권을 침해하는 것으로 규정하고 있다.

또한 상표권자가 자기의 등록상표를 등록받은 대로 사용하지 아니하고 등록상표와 유사하게 사용함으로써 그 결과 타인의 등록상표의 사용에 해당하는 경우에도 타인의 상표권 침해가 된다.[1]

2. 상표권침해의 특수성

상표권도 소유권의 일종이기는 하나 여타 소유권과 달리 형체가 없는 것이어서 그

---

[1] 자기의 등록상표와 동일한 상표를 동일한 지정상품에 사용하는 경우에는 비록 그 사용이 타인의 상표권침해범주에 속하는 것이라 하더라도 이는 상표법 소정의 상표권자의 등록상표에 해당하므로 상표권 침해로 보지 아니한다.

객체의 점유가 불가능하고 누구나 쉽게 접할 수 있는 권리이므로 상표권에 대한 침해가 극히 용이하며 침해여부에 대한 판단도 그리 쉽지 않다. 또한 상표권의 침해는 단순히 상표권자의 경제상의 이익을 해치거나 업무상의 신용을 실추시키는 데 그치는 것이 아니라 공정한 경업질서를 어지럽히고 수요자의 이익도 크게 해치게 된다.

따라서 상표법은 등록상표와 동일 또는 유사한 상표를 그 지정상품과 동일 또는 유사한 상품에 사용하는 경우는 물론 그러한 상표를 교부 · 위조 · 모조 · 소지하는 예비적 행위도 상표권침해로 간주하고 있으며, 상표권침해를 특허권 · 실용신안권침해와는 달리 비친고죄[2]로 하고 있는 것도 이와 같은 이유에서이다.

II. 침해의 태양

1. 직접침해(법 제50조, 제66조 제1호, 제66조 제2항)

1) 동일범위 내에서의 침해

등록상표와 동일한 상표를 등록상표의 지정상품과 동일한 상품에 사용하는 행위는 상표권침해가 되며, 이는 상표권의 전용권을 침해하는 것이 된다(법 제50조).

상표법 제6조 제1항 제3호 · 제4호 · 제5호 · 제6호에 해당하는 상표라도 그것이 법 제6조 제2항에 의하여 등록된 경우에는 그와 동일한 상표를 사용하는 것은 상표권침해가 된다.

2) 유사범위 내에서의 침해

등록상표와 동일한 상표를 등록상표의 지정상품과 유사한 상품에 사용하는 행위, 등록상표와 유사한 상표를 등록상표의 지정상품과 동일한 상품에 사용하는 행위 및 등록상표와 유사한 상표를 등록상표의 지정상품과 유사한 상품에 사용하는 행위는 상표권침해가 되며 이는 상표권의 금지권에 대한 침해가 된다(법 제66조 제1항 각 호).

---

2   형사책임을 묻기 위해서는 범의가 있음이 전제되는바(형법 제13조), 특허법은 특허권침해가 있는 경우 다른 사실이 없는 한 이를 과실이 있는 것으로 추정하고 있어(특허법 제130조) 달리 범의(고의)가 있지 아니하는 한 특허권침해에 대하여는 형사책임을 물을 수 없다 하겠으나, 상표법은 제68조에서 등록상표임을 표시한 타인의 상표권을 침해한 행위에 대하여는 이를 고의로 추정하고 있어 형법 제13조에서 규정한 범의가 있다고 볼 수 있어 상표권침해에 대하여는 형사책임을 물을 수 있다 할 것이고 또한 상표권침해에 대하여는 상표권자는 물론 누구라도 고발할 수 있다 할 것이다(형사소송법 제234조).

3) 지리적표시 단체표장권의 경우

타인의 지리적표시 등록단체표장과 유사한 상표(동음이의어 지리적 표시를 제외한다)를 그 지정상품과 동일한 상품에 사용하는 행위는 지리적표시 단체표장권을 침해하는 것으로 본다.

다만, 지리적 표시 등록단체표장의 경우 통상의 상표권 등과는 달리 동일 또는 유사한 표장을 동일하지 아니한 상품에 사용하는 경우에는 침해로 보지 아니하도록 하였다(법 제66조 제2항 제1호).

2. 간접침해

1) 타인의 등록상표와 동일 또는 유사한 상표를 교부 또는 판매하거나 위조·모조 또는 소지하는 행위(법 제66조 제1항 제2호)

이는 타인의 등록상표를 그 지정상품에 표시하여 사용하는 것은 아니나, 등록상표와 동일 또는 유사한 상표를 그 지정상품 또는 유사상품에 사용할 목적이나 사용케 할 목적으로 교부·판매·위조·소지하는 행위를 말한다.[3] 그러므로 타인의 상표와 동일 또는 유사한 상표를 동일 또는 유사한 상품에 사용하거나 사용하게 하려고 그 상표를 위조, 소지하는 것만으로도 상표권침해가 되는 것이다.

2) 용구를 제작·교부·판매·소지하는 행위(법 제66조 제2호)

이는 타인의 등록상표를 위조 또는 모조할 목적으로 상표를 제작하는 용구를 제작·교부·판매·소지하는 행위를 말한다.

---

[3]　상표법 제66조 제1호는 '타인의 등록상표와 동일한 상표를 그 지정상품과 유사한 상품에 사용하거나 타인의 등록상표와 유사한 상표를 그 지정상품과 동일 또는 유사한 상품에 사용하는 행위'를, 같은 조 제2호는 '타인의 등록상표와 동일 또는 유사한 상표를 그 지정상품과 동일 또는 유사한 상품에 사용할 목적이나 사용하게 할 목적으로 교부 또는 판매하거나 위조·모조 또는 소지하는 행위'를 상표권을 침해하는 행위로 보고 있는데, 상표권자의 승낙없이 제3자에게 상표를 사용하게 하는 행위는 상표법 제2조 제1항 제6호에서 규정하고 있는 상표의 사용에 해당하지 아니하고(대법원 1999.8.20. 선고 98후119 판결 참조), 상표법 제66호 제2호의 '교부 또는 판매'의 대상이 되는 것은 상표 그 자체가 아니라 상표를 표시한 물건을 의미한다고 봄이 상당하므로, 피고가 여철모 등에게 이 사건 등록상표를 사용하게 한 행위는 이 사건 계약의 해지 여부에 관계없이 상표법 제66조 제1호나 제2호 소정의 상표권 침해행위에 해당한다고 할 수 없다(대법원 2004.9.4. 선고 2002다58594 판결).

3) 상품을 양도 또는 인도하기 위하여 소지하는 행위(법 제66조 제1항 제4호)

이는 등록상표의 지정상품과 동일 또는 유사한 상품에 등록상표와 동일 또는 유사한 상표가 표시된 것을 양도 또는 인도하기 위하여 소지하는 것을 말한다. 그러므로 상품을 양도하기 위하여 휴대하거나 창고·점포 등에 보관하는 행위도 상표권 침해가 된다.

4) 지리적표시 단체표장권의 경우

다음의 경우에는 지리적표시 단체표장권을 침해하는 것으로 본다.

① 타인의 지리적표시 등록단체 표장과 동일 또는 유사한 상표(동음이의어 지리적표시 제외)를 그 지정상품과 동일하거나 동일하다고 인식되어 있는 상품에 사용하는 행위)

② 타인의 지리적표시 등록단체표장과 동일 또는 유사한 상표를 그 지정상품과 동일한 상품에 사용하거나 사용하게 할 목적으로 교부·판매·위조·모조 또는 소지하는 행위

③ 타인의 지리적표시 등록단체표장을 위조 또는 모조하거나 위조 또는 모조하게 할 목적으로 그 용구를 제작·교부·판매 또는 소지하는 행위

④ 타인의 지리적표시 등록단체표장과 동일 또는 유사한 상표가 표시된 지정상품과 동일하거나 동일하다고 인식되어 있는 상품을 양고 또는 인도하기 위하여 소지하는 행위

III. 침해의 성립요건

1. 상표가 동일 또는 유사할 것

1) 상표의 동일

상표의 동일이라 함은 상표가 등록상표와 동일한 것을 말하며 문자를 크게 또는 작게 표시한 것에 불과하거나 종(從)과 횡(橫) 등으로 표시한 차이에 불과한 것, 부기적 부분으로 인식되는 도형 또는 문자 등이 결합한 경우에도 동일 또는 동일성이 인정되는 상표의 사용이라 할 수 있다.

2) 상표의 유사

상표의 유사는 상표법 제7조 제1항 제7호·제9호·제10호·제11호 및 제8조 등에서 규정한 유사의 개념과 같다 할 것이며, 비록 그 사용상표의 요부가 등록상표의 요부와 동일하거나 유사한 경우에는 성질표시적인 부분을 부가하여 사용하거나 식별력이 있는 문자·도형 등을 결합하여 사용하는 경우도 유사상표로 판단되어 타인의 상표권에 대한 침해가 된다.

2. 상품이 동일 또는 유사할 것

1) 상품의 동일

상품의 동일은 비교되는 두 상품의 동일성을 따지는 것으로서 반드시 상품학적이나 물리적으로 동일한 것을 의미하는 것이 아니며 거래사회의 실정, 상품의 용도·기능·품질 등이 동일한지 여부 등에 의하여 판단되어 진다. 따라서 상표법시행규칙 제40조 별표에서 정한 동일상품류 구분 내의 상품이라 하여 반드시 동일상품이라고 할 수는 없으며, 또 상품학상의 상품의 동일을 의미하는 것도 아니다.

대비되는 두 상표의 지정상품이 다 같이 감기약 또는 농구화인 경우는 동일상품이라 하겠으나 그 지정상품이 각기 살균제와 살충제, 신사복과 숙녀복, 막걸리와 동동주, 농구화와 런닝화인 경우에는 동일상품이라 할 수 없고 유사상품이라 할 수 있다.

2) 상품의 유사

상품의 유사라 함은 동일상품은 아니나 두 상품의 품질, 용도, 기능, 수요자 범위 등이 같아 그 상품에 동일한 상표 또는 유사한 상표를 사용하는 경우에는 수요자에게 상품출처의 오인·혼동을 일으킬 우려가 있는 상품을 말한다.

상품의 유사여부는 거래사회의 실정, 상품의 용도·기능이나 판매처 등에 의하여 결정하며 상표법시행규칙 제40조 별표에서 정한 상품류구분이 상품의 유사여부를 법정한 것은 아니므로 상품군이 다르거나 상품류구분이 다른 경우에도 상품이 유사한 경우가 있다.

신사복과 숙녀복, 연필과 볼펜은 유사상품이라 할 수 있다.

3. 상표의 사용 또는 예비행위가 있을 것

1) 상표의 사용

상표의 사용이라 함은 상표법 제2조 제1항 제6호에서 규정한 각각의 행위를 말한다. 그러므로 상표의 사용으로 볼 수 없는 경우에는(예컨대, 디자인적 사용 또는 설명문구적 사용) 상표권침해가 되지 아니한다.

① 상품 또는 상품의 포장에 상표를 표시하는 행위

② 상품 또는 상품의 포장에 상표를 표시한 것을 양도 또는 인도하거나 그 목적으로 전시 · 수출 또는 수입하는 행위

③ 상품에 관한 광고, 정가표, 거래서류, 간판 또는 표찰에 상표를 표시하고 전시 또는 반포하는 행위

2) 예비적 행위

다음의 예비적 행위도 상표의 사용행위로 된다.

① 등록상표와 동일 또는 유사한 상표를 그 지정상품과 동일 또는 유사한 상품에 사용할 목적이나 사용하게 할 목적으로 교부 또는 판매하거나 위조 · 모조 또는 소지하는 행위[4]

② 등록상표를 위조 또는 모조할 목적이나 위조 또는 모조하게 할 목적으로 그 용구를 제작 · 교부 · 판매 또는 소지하는 행위

③ 타인의 등록상표와 동일 또는 유사한 상표가 동일 또는 유사한 상품에 표시된 것을 양도 또는 인도하기 위하여 소지하는 행위

4. 상표의 사용이 위법일 것

타인의 상표의 사용은 법에서 규정한 위법행위에 해당되어야 하고 또 상표권침해에 대한 위법성 조각사유가 없어야 한다. 따라서 등록상표와 동일 또는 유사한 상표를 사용한다 하여도 그 지정상품이 다르거나 상표법 제51조에서 규정한 상표권의 효력이 제한되는 상표이거나 사용권자에 의한 상표의 사용은 상표권을 침해하지 않는 것으로 된다.

---

4 판매목적으로 소지한 경우에는 그 내용품이 진정한 것인지, 업으로서 한 것인지를 묻지 않으며 소지하였다가 판매행위에까지 이른 경우에 소지행위는 판매행위에 흡수된다.

그러나 등록상표가 무효사유(법 제51조에 해당하는 경우는 제외)나[5] 취소사유를 안고 있는 상표라도 그것이 심판에 의하여 무효나 취소의 확정이 있기까지는 그와 동일 또는 유사한 상표를 사용하는 것은 상표권침해가 되며 단순히 법률의 부지(不知)에 의하여 등록상표를 사용하는 경우에도 상표권 침해가 된다.[6]

IV. 침해에 대한 판단

1. 침해판단의 수단

1) 침해소송

상표권자는 자기의 상표권이 침해되는 경우 그 자를 상대로 하여 법원에 상표권침해를 이유로 법원에 상표권 침해금지 등의 소를 제기하거나 또는 검찰에 고소할 수 있는데 상표권침해여부의 판단은 법원의 전속관할로 하고 있다. 또한 상표권침해는 비친고죄이므로 상표권자 이외의 제3자도 검찰이나 경찰에 고발할 수 있으며 검찰도 직권으로 수사하고 기소할 수 있다.

2) 권리범위확인심판

상표권침해여부의 판단은 법원의 전속관할이라 하겠으나 상표법은 이와는 별도로 권리범위확인심판제도를 두고 있다. 그러므로 상표권자는 침해소송과 병행하여 또는 침해소송을 제기하기 전에 특허청에 대하여 권리범위확인심판을 청구하여 그 결과를

---

[5] 구상표법 제8조 제1항 제1호·제3호의 규정에 의하면 상품의 보통명칭을 보통으로 사용하는 방법으로 표시하는 표장만으로 된 상표와 그 상품의 산지, 판매지, 품질, 원자재, 효능, 용도, 수량, 형상, 가격 또는 생산방법, 가공방법, 사용방법 및 시기를 보통으로 사용하는 방법으로 표시하는 이른바 기술적 상표(記述的 商標)는 상표로서 등록을 받을 수 없고, 등록되더라도 제26조 제2호에 의하여 등록상표의 지정상품과 동일 또는 유사한 상품의 보통명칭, 산지, 판매지, 품질, 원자재, 효능, 용도, 수량, 형상, 가격 또는 생산방법, 가공방법, 사용방법 및 시기를 보통으로 사용하는 방법으로 표시하는 상표에 대하여는 등록상표의 효력이 미치지 아니한다(대법원 1992.11.27. 선고 92후681 판결).

[6] 형법 제16조에서 자기의 행위가 법령에 의하여 죄가 되지 아니한 것으로 오인한 행위는 그 오인에 정당한 이유가 있는 때에 한하여 벌하지 아니한다고 규정한 것은 단순한 법률의 부지의 경우를 말하는 것이 아니고, 일반적으로 범죄가 되는 행위이지만 자기의 특수한 경우에는 법령에 의하여 허용된 행위로서 죄가 되지 아니한다고 그릇 인식하고 그와 같이 그릇 인식함에 있어 정당한 이유가 있는 때에는 벌하지 아니한다는 취지이다(대법원 1994.4.15. 선고 94도365 판결).

법원에 제출할 수 있다. 그러나 이와 같은 권리범위확인심판 결과가 법원을 구속하거나 상표권침해분쟁에 대한 근본적인 해결수단이 되는 것은 아니며 단지, 법원은 이를 참고자료로 활용할 수 있을 뿐이다.

2. 침해판단의 주체

상표권침해에 대한 판단은 법원의 전속관할로 하고 있으므로 상표권침해에 대한 판단의 주체는 법원이라 할 것이다. 그러나 특허청도 권리범위확인심판을 전담하고 있고 법원 또한 특허청의 심결을 존중하고 있음에 비추어 특허청도 판단 주체의 하나로 이해될 수 있다 할 것이다.

3. 침해판단의 기준

타인의 상표의 사용이 상표권을 침해하는지 여부에 대한 판단은 상표등록출원서에 기재된 상표 및 지정상품을 기준으로 하여 타인이 사용하는 상표가 그 상표등록출원서에 기재된 상표 및 지정상품과 동일 또는 유사한지 여부를 판단한다.

V. 상표권침해와 관련한 문제

1. 진정상품의 병행수입

진정상품의 병행수입(외국에서 적법하게 제조되어 판매한 정품의 상품을 제3자가 우리나라에 수입한 경우)이 상표권 또는 전용사용권 침해가 되는지에 대하여 논란이 있고 각 나라마다 입장을 달리하고 있다.[7]

우리나라의 경우 속지주의 원칙의 입장을 취하고 있고 문리해석상 진정상품의 병행

---

[7]   지식경제부 무역위원회는 2002.6.28. 병행수입 허용여부에 대한 기준(자체심판)으로 ① 국내상표권자의 권리등록, ② 외국상표권자와 국내상표권자의 비(非)동일성, ③ 국내상표권자의 상품제조·판매, ④ 국내상품과 병행수입 상품간의 품질동일성, ⑤ 국내 상표권자의 독자적인 신용형성 등 다섯 가지 항목을 제시하고 무역위는 이를 근거로 지난 27일 미국 블리자드사의 게임소프트웨어인 "스타크래프트"와 "디아블로"를 병행수입하는 비엔티 뉴잉튼 인터랙티브 등 2개사가 국내상표전용 사용권자인 한빛소프트의 지식재산권을 침해한 것으로 결정, 즉각 수입중지토록 시정명령을 내렸다(2002.6.29. 한국경제신문 참조).

수입은 우리나라 법제 하에서는 상표권이 침해되는 것으로 해석된다. 다만, 정부에서는「관세청고시」에 일정한 사항을 고시하여 일정한 경우에 병행수입이 허용되는 것으로 운용하고 있다.

한편, 판례는「진정상품의 병행수입」자체는 정당행위로서 상표권 침해가 아니라고 봄이 지배적이며, 제3자의 수입에 국내 대리점 등으로 오인할 우려가 있는 경우에는 부정경쟁방지법에 저촉된다고 판시하고 있다.[8]

2. 주문자 상표부착 생산 방식(OEM)에 의한 사용

주문자 상표부착 방식(OEM)에 의한 상품의 수입, 수출의 경우에도 상표권을 침해하는 것으로 된다.[9]

3. 도메인 이름의 경우

도메인 이름(Domain Name)도 일정한 경우에는 그의 사용이 상표의 사용으로 인정

---

8   ① 병행수입 그 자체는 위법성이 없는 정당한 행위로서 상표권 침해 등이 되지 아니함은 원심의 판단과 같으므로 병행수입업자가 상표권자의 상표가 부착된 상태에서 상품을 판매하는 행위는 당연히 허용될 것인바, 상표제도는 상표를 보호함으로써 상표 사용자의 업무상의 신용유지를 도모하여 산업발전에 이바지함과 아울러 수요자의 이익을 보호함을 목적으로 하고(법 제1조 참조), 상표는 기본적으로 당해 상표가 부착된 상품의 출처가 특정한 영업주체임을 나타내는 상품출처표시기능과 이에 수반되는 품질보증기능이 주된 기능이라는 점 등에 비추어 볼 때, 병행수입업자가 위와 같이 소극적으로 상표를 사용하는 것에 그치지 아니하고 나아가 적극적으로 상표권자의 상표를 사용하여 광고·선전행위를 하더라도 그로 인하여 위와 같은 상표의 기능을 훼손할 우려가 없고 국내 일반 수요자들에게 상품의 출처나 품질에 관하여 오인·혼동을 불러일으킬 가능성도 없다면, 이러한 행위는 실질적으로 상표권침해의 위법성이 있다고 볼 수 없을 것이므로, 상표권자는 상표권에 기하여 그 침해의 금지나 침해행위를 조성한 물건의 폐기 등을 청구할 수 없다고 봄이 상당하다고 할 것이다.

② 병행수입업자가 적극적으로 상표권자의 상표를 사용하여 광고·선전행위를 한 것이 실질적으로 상표권 침해의 위법성이 있다고 볼 수 없어 상표권 침해가 성립하지 아니한다고 하더라도, 그 사용태양 등에 비추어 영업표지로서의 기능을 갖는 경우에는 일반 수요자들로 하여금 병행수입업자가 외국 본사의 국내 공인 대리점 등으로 오인하게 할 우려가 있으므로, 이러한 사용행위는 부정경쟁방지법 제2조 제1호(나)목 소정의 영업주체혼동행위에 해당되어 허용할 수 없다고 볼 것이다(대법원 2002.9.24. 선고 99다42322 판결).

9   우리나라에서 타인의 등록상표와 유사한 상표를 그 지정상품과 동일 또는 유사한 상품에 표시하여 사용하였다면 설사 그 상표가 표시된 상품이 우리 상표권의 효력이 미치지 아니하는 일본으로 수출할 목적으로만 제조된 것이라고 하더라도 등록상표의 상표권을 침해하는 행위가 되는 것으로서, 주문자 상표부착생산방식(OEM)에 의하여 수출을 한다고 하여 위와 같은 결론이 달라질 것도 아니다(대법원 1994.2.22. 선고 93도3227 판결).

되므로 도메인 이름의 사용으로 인하여 영업주체의 혼동 또는 상품출처에 관한 혼동을
초래할 우려가 있는 경우에는 상표권침해가 된다. 그러나 판례는 도메인 이름의 사용
은 이를 상표의 사용으로 보지 아니함이 지배적 입장이며 다만, 그 도메인 이름의 사용
이 부정경쟁의 목적으로 사용하는 경우에는 이를 금지하고 있다(chanel.co.kr, himart.
co.kr 등).[10]

---

10   ① 도메인 이름의 등록 사용을 상표의 사용에 해당함을 인정한 사례
      도메인 이름의 등록 사용을 상표법 제2조 제1항 제6호 '다'목의 '상표를 간판 또는 표찰에 표시하고
전시 또는 반포하는 행위로서' '상표의 사용'에 해당한다는 취지의 판례로는 서울지방법원 2000.11.14.
2000고단5178 상표법 위반(형사, himart.co.kr 사건);서울지방법원동부지원 2002.1.10. 2000가합
16709 도메인 이름 사용 금지 등(altavista.co.kr; alta. co.kr 사건); 서울지방법원북부지원 2001.7.6.
2001가합1397 서비스표권 등 침해금지(amazon.ne.kr 사건) 등을 들 수 있다.
      ② 도메인이름의 등록사용을 상표의 사용에 해당하지 아니한다고 부정한 사례(rolce-royce 사례, 상
표권침해 및 부정경쟁행위금지 등)
      ⅰ) 도메인 이름의 요부가 저명한 등록상표와 동일하기는 하나, 상표법에서 규정하는 상표권 침해행
위가 되기 위해서는 타인의 등록상표와 동일한 상표를 그 지정상품과 유사한 상품에 사용하거나, 타인
의 등록상표와 유사한 상표를 그 지정상품과 동일 또는 유사한 상품에 사용하는 행위가 있어야 하는
데, 위 도메인 이름하에 운용되는 웹사이트에서 등록상표권의 지정상품과 동일 또는 유사한 상품을 취
급하거나, 등록서비스표의 지정서비스업과 동일·유사한 영업을 취급한 사실이 전혀 없다면 위 웹사
이트를 통해 등록상표권을 침해하였거나 침해할 우려가 있다고 볼 수 없고, 등록상표와 동일한 이름을
도메인 이름으로 사용한 것만으로는 상표법 제66조에서 규정하는 상표권 침해행위에 해당한다고 보기
어렵다(대법원 2004.2.13. 선고 2001다57709 판결).
      ⅱ) 도메인 이름은 원래 인터넷상에 서로 연결되어 존재하는 컴퓨터 및 통신장비가 인식하도록 만들
어진 인터넷 프론토콜 주소(IP 주소)를 사람들이 인식·기억하기 쉽도록 숫자·기호 또는 이들을 결합
하여 만든 것으로, 상품이나 영업의 표시로서 사용할 목적으로 한 것이 아니었으므로, 특정한 도메인
이름으로 웹사이트를 개설하여 제품을 판매하는 영업을 하면서 그 웹사이트에서 취급하는 제품에 독
자적인 상표를 부착·사용 하고 있는 경우에는 특단의 사정이 없는 한 그 도메인 이름이 일반인들을
그 도메인 이름으로 운영하는 웹사이트로 유인하는 역할을 한다고 하더라도, 도메인 이름 자체가 곧
바로 상품의 출처표시로서 기능한다고 할 수는 없는 것인데, 피고들이 이 사건 도메인 이름으로 개설
한 웹사이트에서 판매하고 있는 제품에는 별도의 상품 표지가 부착되어 있고, 그 제품을 판매하는 웹
페이지의 내용에서는 이 사건 도메인 이름이 별도의 상품표시로 사용되고 있지 않으며, 달리 이 사건
도메인 이름이 피고들이 취급하는 상품의 출처표시로서 기능하다고 할 수도 없다(대법원 2004.5.14.
선고 2002다13782 판결). ⅲ) 피고들이 도메인 이름을 사용한 것이 식별력 손상의 부정경쟁행위에 해
당하는 이상, 그 부정경쟁행위의 금지 또는 예방을 위한 유효·적절한 수단은 그 도메인 이름의 등록
말소이므로(원심 변론종결 후인 2004.1.20. 법률 제7095호로 개정 공포된 부정경쟁방지및영업비밀보
호에관한법률은 제4조 제2항의 "제거 기타"를 "제거, 부정경쟁행위의 대상이 된 도메인 이름의 등록말
소 그 밖에"로 개정함으로써 이러한 취지를 분명하게 하고 있다) 이 사건 도메인 이름의 일부로 사용된
"viasgra" 상표의 보유인인 원고 화이자 프로덕츠 인크는 자신의 이름으로 '.kr' 도메인 이름을 등록할
적격이 있는지 여부에 관계없이 이 사건 도메인 이름의 등록말소청구를 할 수 있다(대법원 2004.5.14.
선고 2002다13782 판결).

4. 무효사유 또는 사용하지 않는 등록상표에 대한 침해 여부

등록상표가 비록 무효사유가 있거나 불사용 등으로 인한 취소사유가 있는 경우라 하더라도 이와 동일 또는 유사한 상표를 동일 또는 유사한 상품에 사용하는 것은 상표권침해가 된다.[11]

5. 선·후출원등록상표간의 상표권침해

후출원에 의한 등록상표의 상표권자가 타인의 선출원에 의한 등록상표와 동일 또는 유사한 상표를 그 지정상품이 동일 또는 유사한 상품에 사용하더라도 그 후출원하여 등록된 상표권에 대한 등록무효의 심결이 확정되지 아니하는 한 선출원등록된 타인의 상표권에 대한 침해죄가 구성되지 아니한다.[12]

그러나 후출원등록상표가 선출원등록상표와 동일 또는 유사함을 이유로 하여 그 등록이 무효로 된 경우에는 그 상표권은 처음부터 없었던 것으로 되므로 이 경우에는 선출원등록상표에 대한 상표권을 침해하는 것으로 된다.

6. 제3자의 등록상표의 사용

타인의 등록상표인지 모르고 제3자가 임의로 등록상표를 붙인 상품을 구입하여 판매하는 경우도 상표권침해사실이 인정된다.[13]

또한 지정상품에 붙인 등록상표를 유통과정에서 제3자가 이를 떼어내고 대신하여 자기의 상표를 부착하여 유통시키는 행위도 상표권을 침해하는 것으로 해석하며,[14] 자기 등록상표에 타인의 상표를 부착하여 사용하거나 타인의 등록상표의 지정상품과 동종의 상품에 사용하는 경우에도 타인의 상표권 침해가 된다.

11 　등록상표가 무효사유를 안고 있는 것이라도 그 등록이 심판에 의하여 무효로 확정될 때까지는 유효한 등록상표로서 상표법에 의한 보호를 받아야 하는 것이니 피고인은 그 등록상표와 동일 또는 유사한 상표를 그 지정상품과 동일 또는 유사한 상품에 사용할 수 없는 것이라 할 것이며, 따라서 등록무효심판이 확정되지 아니한 피고인은 상표권을 침해한 것으로 보아야 한다(대법원 1980.9.9. 선고 77도387 판결).

12 　대법원 1986.7.8. 선고 86도277 판결

13 　대법원 1987.8.18. 선고 87도898 판결

14 　대광서림 발행, 網野誠 저 상표(신판) p. 680 참조

7. 타인의 상표를 말살하고 사용하는 경우

타인이 생산한 제품을 구입한 후 그 상품에 표시된 상표를 말살·개조하거나 또는 자기의 상표를 부착하여 상품을 판매하는 것이 타인의 상표권침해가 되는지 의문이 있으나 침해가 되는 것으로 해석되며, 수입상품에 대하여 이와 같이 하는 행위도 상표권침해가 된다.[15]

8. 상표권침해와 권리남용[16]

등록상표와 동일 또는 유사한 상표를 그 지정상품과 동일 또는 유사한 상품에 사용하는 경우에는 상표권 침해가 되지만, 등록상표와 그 상표가 유사하지 아니하거나 지정상품이 다른 경우에는 상표권 침해가 되지 아니한다.

---

15 특별한 사정이 없는 한 상표권자 등이 국내에서 등록상표가 표시된 상품을 양도한 경우에는 당해 상품에 대한 상표권은 그 목적을 달성한 것으로서 소멸되고, 그로써 상표권의 효력은 당해 상품을 사용, 양도 또는 대여한 행위 등에는 미치지 않는다고 할 것이나, 원래의 상품과의 동일성을 해할 정도의 가공이나 수선을 하는 경우에는 실질적으로 생산행위를 하는 것과 마찬가지이므로 이러한 경우에는 상표권자의 권리를 침해하는 것으로 보아야 할 것이다. 그리고 동일성을 해할 정도의 가공이나 수선으로서 생산행위에 해당하는가의 여부는 당해 상품의 객관적인 성질, 이용형태 및 상표법의 규정취지와 상표의 기능 등을 종합하여 판단하여야 할 것이다.
    기록에 비추어 살펴보면, 후지필름이 제조한 1회용 카메라는 1회 사용을 전제로 하여 촬영이 끝난 후 현상소에 맡겨져 카메라의 봉인을 뜯고 이미 사용한 필름을 제거하여 이를 현상함으로써 그 수명을 다하게 되며, 이에 따라 그 카메라 포장지도 현상한 후 몸체는 반환되지 아니한다고 기재한 사실, 피고인이 이미 수명이 다하여 더 이상 상품으로서 아무런 가치가 남아 있지 아니한 카메라 몸체를 이용하여 1회용 카메라의 성능이나 품질면에서 중요하고도 본질적인 부분인 새로운 필름(후지필름이 아닌 타회사 제품) 등을 갈아 끼우고 새로운 포장을 한 사실을 인정할 수 있는바, 피고인의 이러한 행위는 단순한 가공이나 수리의 범위를 넘어 상품의 동일성을 해할 정도로 본래의 품질이나 형상에 변경을 가한 경우에 해당 된다할 것이고 이는 실질적으로 새로운 생산행위에 해당한다고 할 것이므로 이 사건 등록상표의 상표권자인 후지필름은 여전히 상표권을 행사할 수 있다고 보아야 할 것이다. 후지필름이 이 사건 등록상표의 상표권을 행사할 수 있음을 전제로 한 원심의 판단은 그 이유 설시에 있어서 다소 미흡한 점은 있으나 결론에 있어서 정당한 것으로 수긍이 가고, 거기에 상표권의 소진 또는 소모이론에 관한 법리오해 등의 위법이 있다고 할 수 없다(대법원 2003.4.11. 선고 2002도3445 판결).
16 ① 원심판결 이유에 의하면, 원심은 피고의 권리남용의 항변에 대하여 적법하게 출원등록된 상표인 이상 비록 등록취소사유가 있다 하더라도 그 등록취소심결 등에 의하여 그 취소가 확정될 때까지는 여전히 유효한 권리로서 보호받는다 할 것이고, 권리행사가 권리남용에 해당한다고 할 수 있으려면 주관적으로 그 권리행사의 목적이 오직 상대방에게 고통을 주고 손해를 입히려는 데 있을 뿐 행사하는 사람에게 아무런 이익이 없을 경우이어야 하고 객관적으로는 그 권리행사가 사회질서에 위반된다고 볼 수 있는 경우에 한한다고 할 것인데, 증인 오수형의 증언만으로는 원고의 위 권리행사가 권리남용에 해당한다고 인정하기에 부족하고 달리 이를 인정할 증거가 없다 하여 이를 배척하고 있는 바, 기록에 의하여 살펴보면, 원심의 판단은 정당하고 거기에 지적하는 바와 같은 심리미진이나 이유불비의 위법

　　그리고, 상표권의 행사라도 그 상표가 타인의 유명상표에 편승하려는 의도로 등록받아 권리를 행사하는 경우에는 정당한 권리행사가 아니고 권리남용에 해당된다.[17]

　이 있다 할 수 없다(대법원 1989.4.24. 선고 89카2988 판결).
　　② 신청인 회사가 신청외 프랑스 회사와의 그 상표를 국내에 등록하지 않기로 약정하고 수입판매 계약을 체결한 후 그 계약이 해지되자 신청인 회사의 대표이사 개인 명의로 상표등록을 하고 그로부터 신청인 회사가 그 상표의 전용사용권을 받은 후 전용사용권자라는 이유에서 신청외 프랑스 회사와 수입판매계약에 따라 위 상표를 사용하고 있는 피신청인에 대하여 그 사용금지를 구하는 것은 그 상표전용사용권을 남용하는 것이거나 신의칙에 위반된 것으로서 부당하다(서울고법 1992.7.30. 92라50 결정).
17　상표권은 기본적으로는 사적 재산권의 성질을 가지지만 그 보호범위는 필연적으로 사회적 제약을 받는다 할 것인데 상표의 등록이 자기의 상품을 다른 업자의 상품과 식별시킬 목적으로 한 것이 아니고 일반 수요자로 하여금 타인의 상품과 혼동을 일으키게 하거나 타인의 영업상의 시설이나 활동과 혼동을 일으키게 하여 이익을 얻을 목적으로 형식상 상표권을 취득하는 경우에는 상표의 등록출원 자체가 부정경쟁행위를 목적으로 하는 것이 되고, 비록 권리행사의 외형을 갖추었다 하더라도 이는 상표법을 악용하거나 남용한 것이 되어 상표법에 의한 적법한 권리의 행사라고 인정할 수 없다(대법원 1999.11.26. 선고 98다19950 판결).

제13장 상표권침해에 대한 구제

일러두기 이 부분은 상표권의 소극적 효력에 관한 문제이다. 이 부분은 비단 상표법에서 뿐만 아니라 특허법 등 타법에서도 대두되는 문제로서 각종 시험뿐만 아니라 실무적으로도 자주 접하게 되는 부분이다. 침해에 따른 구제수단이 포인트이다.

I. 서 언

1. 의 의

상표권은 상표권자만이 등록상표를 그 지정상품에 대하여 독점적으로 사용할 수 있는 권리이므로 상표권자 이외의 자는 그 등록상표의 사용으로부터 배제되며, 상표권자 이외의 제3자가 정당한 이유 없이 등록상표와 동일 또는 유사한 상표를 동일 또는 유사한 상품에 사용하는 경우에는 상표권을 침해하는 것이 된다.

상표권이 침해되는 경우 상표권자는 그 침해자를 상대로 하여 침해금지청구, 손해배상청구 등 민·형사상의 구제방법을 강구할 수 있는데, 이와 같은 권리는 상표권에 내재하고 있는 독점성·배타성에 기인한 것이다.

한편, 상표권을 이전받은 승계인은 그 이전등록 이전에 발생한 침해에 대하여도 그 권리의 주체로서 피해자인 지위를 승계한다.[1]

2. 상표권침해의 특수성

상표권도 소유권의 일종이기는 하나 여타의 소유권과는 달리 물리적으로 존재하지 아니할 뿐만 아니라 그 객체의 점유가 불가능하여 상표권에 대한 침해가 용이하며 침

---

1   상표권을 이전등록 받은 승계인은 그 이전등록 이전에 발생한 침해에 대하여도 상표권의 성질상 그 권리의 주체로서 피해자인 지위를 승계한다고 할 것인바, 이와 상반되는 견해를 취한 원심판결에는 상표권 승계인의 지위에 관한 법리를 오해한 위법이 있고, 이러한 위법은 판결에 영향을 미쳤음이 명백하다(대법원 1995.9.26. 선고 94도2196 판결).

해여부의 판단도 그리 쉽지 않다. 또한 상표권의 침해는 단순히 상표권자의 업무상의 신용을 해치는 데 그치는 것이 아니라 공정한 경업질서를 어지럽히고 일반 수요자의 이익도 크게 해치게 된다.

따라서 상표법은 직접침해에 대해서 뿐만 아니라 예비적 행위인 간접침해도 상표권 침해로 간주하여 상표권자 및 수요자를 보호하고 있으며 상표권침해죄에 대하여는 특허권·실용신안권에 대한 침해죄와 달리 비친고죄로 하고 있는 것도 이와 같은 이유에서이다.

II. 침해에 대한 구제

1. 민사상 구제

1) 침해금지청구(법 제65조)

(1) 개 념

상표권자나 전용사용권자는 타인이 등록상표와 동일 또는 유사한 상표를 그 지정상품과 동일 또는 유사한 상품에 사용하거나, 그 등록상표와 동일 또는 유사한 상표를 사용할 목적이나 사용하게 할 목적으로 그 상표를 교부·판매·모조·소지하거나, 그 상표를 위조·모조하는 용구를 제작·교부·판매·소지하는 경우에는 그 침해자를 상대로 하여 침해행위의 금지나 예방을 청구할 수 있다. 이러한 침해금지청구권의 행사에는 침해자의 고의·과실을 불문한다.

(2) 요 건

■ 침해사실이 있거나 침해할 우려가 있을 것

침해금지청구권은 침해사실이 현실적으로 있거나 앞으로 침해될 우려가 객관적으로 명백할 때 행사할 수 있다. 「침해사실이 있다」 함은 타인이 상표법 제66조 제1호에서 규정한 등록상표와 동일 또는 유사한 상표를 동일 또는 유사한 상품에 현실적으로 사용하는 경우를 말한다.

「침해할 우려가 있다」 함은 현실적으로 등록상표와 동일 또는 유사한 상표를 사용하고 있지는 않지만 준비가 완료되어 앞으로 사용될 개연성이 객관적으로 명백한 경우를 말한다. 상표법 제66조 제2호 내지 제4호에서 규정한 행위는 상표권침해가 발생할 우려가 농후한 경우로서 그러한 행위가 있으면 상표권을 침해한 것으로 간주된다.

❷ 침해자의 고의 · 과실을 불문

상표권침해에 대한 침해금지청구권은 손해배상청구권과는 달리 침해자의 고의 · 과실을 묻지 않는다.

(3) 청구할 수 있는 자

침해금지청구권은 상표권자 또는 전용사용권자만이 청구할 수 있으며 통상사용권자는 침해금지청구권을 행사할 수 없다.

(4) 침해금지청구권의 내용

상표권 또는 전용사용권이 침해되거나 침해될 우려가 있을 때에는 상표권자 또는 전용사용권자는 자기의 권리를 침해한 자 또는 침해할 우려가 있는 자에 대하여 그 침해의 금지 또는 예방을 청구할 수 있으며 이때 침해행위를 조성한 물건의 폐기, 침해행위에 제공된 설비의 제거, 기타 침해의 예방에 필요한 행위를 청구할 수 있다.

「침해행위를 조성한 물건」이라 함은 침해행위의 내용이 되는 것으로서 상표를 부착한 상품이나 상표를 표시한 레테르(label) 등을 말하며, 「침해행위에 제공된 설비」라 함은 상표인쇄에 사용되는 기계 및 인판 등을 말한다.

또한 「기타 침해의 예방에 필요한 행위」라 함은 침해행위를 조성한 물건의 폐기나 침해행위에 제공된 설비의 제거 이외의 필요한 행위로서 침해하지 아니함을 보증하기 위하여 담보를 제공케 한다든지, 점유의 인도를 청구하는 등의 행위를 말한다.

(5) 가처분

가처분이란 상표권분쟁이 있을 경우 본안소송으로 판결을 받기 전에 이것과 같은 효과를 얻을 수 있도록 잠정적인 조치를 취하는 것으로서 상표권자 또는 전용사용권자는 자기의 권리를 침해한 자를 상대로 하여 본안소송을 제기하기에 앞서 또는 본안소송과 병행하여 법원에 침해금지가처분신청을 할 수 있다.

이와 같은 가처분은 침해금지청구권 행사의 일태양으로서 본안소송의 경우 그 소의 제기로부터 판결의 확정까지에는 오랜 시일이 걸리기 때문에 본안소송의 판결이 있기 전에 이와 유사한 효과를 거둘 수 있도록 하기 위하여 취하는 잠정적인 조치이다.

침해의 금지 또는 예방을 청구하는 소가 제기 된 경우 법원은 원고 또는 고소인(공소의 제기가 있는 경우)의 신청에 따라 임시로 침해행위의 금지, 침해행위에 사용된 물건 등의 압류나 그 밖에 필요한 조치를 할 수 있는데, 이 경우 법원은 원고 또는 고소인에게 담보를 제공하게 할 수 있다(법 제65조 제3항).

633 제13장 | 상표권침해에 대한 구제 633

2) 손해배상청구(법 제67조, 67조의2 등)

(1) 개 념

상표권 또는 전용사용권에 대한 침해로 인하여 손해가 발생하고 그 침해가 고의 또는 과실에 의한 경우에는 상표권자 또는 전용사용권자는 자기의 권리를 침해한 자에 대하여 손해배상을 청구할 수 있다. 이 손해배상청구권은 민법 제750조(불법행위)에 근거하여 행사할 수 있으며 상표법에서는 제67조에서 손해액의 추정만을 규정하고 있다.

이와 같은 손해배상청구권은 손해금지의 경우와는 달리 상표권 소멸 후에도 행사할 수 있으며 다만, 등록상표를 무효로 한다는 심결이 확정되었을 때에는 상표권은 처음부터 존재하지 않았던 것으로 되므로 이때 손해배상청구권은 소급적으로 소멸한다.

(2) 요 건

■ 위법사용이 있을 것

타인의 등록상표의 사용이 위법사용이어야 한다. 따라서 상표의 사용이 사용권자의 사용인 경우 등 정당한 권한이 있는 자의 사용이거나, 상표법 제51조에 해당하는 상표를 사용하는 경우, 그 사용이 상표로서의 사용이 아닌 경우에는 상표권침해가 되지 아니한다.

■ 고의 또는 과실이 있을 것

상표권침해를 이유로 손해배상을 청구하기 위하여는 그 침해가 고의 또는 과실에 의한 침해이어야 하는데, 고의라 함은 상표권침해가 되는 것을 알면서 상표권의 침해행위를 감행하는 심리상태를 말한다. 또한 과실이라 함은 정상적인 주의를 태만히 함으로써 상표권침해가 되는 것인지를 알지 못하고 어떤 행위를 하는 심리상태를 말한다. 상표권은 출원공고, 사용시에 등록표시 등으로 일반에게 널리 공시되므로 특별한 사정이 없는 한 침해자에게 과실이 있는 것으로 추정한다.

■ 손해가 발생하였을 것

상표권침해행위로 인하여 손해가 발생하여야 하며 손해가 발생하지 않는 한 손해배상청구는 할 수 없다 하겠으며, 사용권을 허여하여 그에 대한 대가를 받을 수 있는 경우에는 통상 받을 수 있는 금액에 상당하는 액을 손해액으로 청구할 수 있다(법 제67조 제3항).[2]

---

2   ① 이 사건 계약에 의하면, 피고는 원고에게 매년 일정한 금액을 하한액으로 하여 라이선스 제품의 판매액에 일정한 비율(3~5%)을 곱한 금액을 상표사용료로 지급하기로 하였으므로, 피고가 실제 판매

❹ 상당한 인과관계가 있을 것

침해행위와 발생한 손해 사이에는 상당한 인과관계가 있어야 한다.

(3) 손해액

❶ 손해액의 추정(법 제67조)

상표권침해로 인하여 상표권자가 입은 손해액을 어떻게 산정할 것인가 하는 문제는 매우 어려운 문제라 할 것이며 상표법은 그에 대하여 법 제67조에서 손해액추정규정을 마련하고 있다. 따라서 상표권침해에 따른 손해액은 다음과 같이 추정한다[3](법 제67조

한 라이선스 제품의 판매액에 의하여 산정한 상표사용료가 위 하한액보다 적은 경우에 있어서도, 피고가 이 사건 계약에 위반하여 여철모 등에게 이사건 등록상표를 사용하게 함으로 인하여 피고 스스로 판매하였어야 할 라이선스 제품의 판매액이 감소하였고, 피고가 실제 판매한 라이선스 제품의 판매액에 위와 같이 감소한 판매액을 합한 판매액에 의하여 산출한 상표사용료가 위 하한액을 넘는 때에는 위 하한액을 초과하는 부분을 피고의 채무불이행으로 인하여 원고가 입은 손해라고 할 수 있지만, 이 사건에 있어서 여철모 등이 이 사건 등록상표를 사용한 제품을 판매한 것을 피고의 라이선스 제품 판매와 동일하게 여길수는 없고, 원고 제출의 증거만으로는 여철모 등의 이 사건 등록상표 사용행위로 인하여 감소된 피고가 판매하였어야 할 라이선스 제품의 판매액을 인정하기 부족하며, 그에 따라 이 사건 계약의 존속기간 동안에 원고가 피고로부터 지급받았어야 할 상표사용료가 위 하한액을 초과하는지 여부를 알 수 없으므로, 피고가 이 사건 계약에 위반하여 여철모 등에게 상표사용을 하게 한 행위로 인하여 원고에게 손해가 발생하였다고 단정할 수 없다(대법원 2004.9.24. 선고 2002다58594 판결).

② 일반적으로 상표권의 침해로 인하여 상표권자가 영업상의 손해를 입었음을 주장하기 위하여는 상표권자가 상표를 사용하여 영업을 하는 것이 전제가 된다 할 것이고, 상표권자가 단순히 상표권을 보유하고 있을 뿐 이를 영업에 사용하지 않는 경우에는 그 상표의 통상적인 사용료 상당액을 손해로서 주장할 수 있을 뿐이라고 할 것인바, 스스로 이 사건 상표를 사용하여 영업을 한 일이 없고 나아가 상표 사용에 대한 대가를 약정함 이 없어 무상으로 이 사건 상표의 사용을 승낙하였으며 달리 상표사용료 상당액에 대하여 아무런 주장, 입증이 없으므로 통상의 사용료 상당액을 손해로 인정할 여지도 없다 (서울고법 1995.10.31. 선고 94나42312 판결).

3   상표법 제67조 제1항의 규정은 상표권자 등이 상표권 등의 침해로 인하여 입은 손해의 배상을 청구하는 경우에 그 손해의 액을 입증하는 것이 곤란한 점을 감안하여 권리를 침해한 자가 그 침해행위에 의하여 이익을 받을 때에는 그 이익의 액을 상표권자 등이 입은 손해의 액으로 추정하는 것일 뿐이고, 상표권 등의 침해가 있는 경우에 그로 인한 손해의 발생까지를 추정하는 취지라고 볼 것은 아니므로, 상표권자가 위 규정의 적용을 받기 위하여는 스스로 업으로 등록상표를 사용하고 있고 또한 그 상표권에 대한 침해행위에 의하여 실제로 영업상의 손해를 입은 것을 주장 입증할 필요가 있다고 할 것이나, 위 규정의 취지에 비추어 보면, 위와 같은 손해의 발생에 관한 주장·입증의 정도에 있어서는 손해발생의 염려 내지 개연성의 존재를 주장·입증하는 것으로 족하다고 보아야 할 것이고, 따라서 상표권자가 침해자의 동종의 영업을 하고 있는 것을 증명한 경우라면 특별한 사정이 없는 한 상표권 침행에 의하여 영업상의 손해를 입었음이 사실상 추정된다고 볼 수 있을 것이다.

상표권자가 상표법 제67조 제1항에 의하여 상표권을 침해한 자에 대하여 손해배상을 청구하는 경우에, 침해자가 받은 이익의 액은 침해제품의 총 판매액에 그 순이익률을 곱하거나 또는 그 제조판매수량에 그 제품 1개당 순이익액을 곱하는 등의 방법으로 산출함이 원칙이라 할 것이나, 통상 상표권의 침해에 있어서 침해자는 상표권자와 동종의 영업을 영위하면서 한편으로 그 상표에 화채된 상표권자의

제1항 내지 제3항).

① 침해자가 판매한 상품수량에 상표권자가 판매하여 얻을 수 있는 개당 이익금액을 곱한 액 (법 제67조 제1항)　상표권 또는 전용사용권 침해를 이유로 손해의 배상을 청구하는 경우, 침해한 자가 상품을 양도한 때에는 그 침해자가 판매한 상품의 양도수량에 상표 권자 또는 전용사용권자가 그 침해행위가 없었다면 판매할 수 있었던 상품의 단위수량 당 이익액을 곱한 금액을 상표권자 또는 전용사용권자의 손해액으로 할 수 있다. 이 경우 손해액은 상표권자 또는 전용사용권자가 생산할 수 있었던 상품의 수량에서 실제 판매한 상품의 수량을 뺀 수량에 단위수량당 이익액을 곱한 금액을 한도로 한다. 다만, 상표권자 또는 전용사용권자가 당해 침해행위외의 사유로 판매할 수 없었던 사정이 있 는 때에는 당해 침해행위외의 사유로 판매할 수 없었던 수량에 따른 금액을 빼야 한다.

② 상표권을 침해한 자가 받은 이익의 액(법 제67조 제2항)　상표권 또는 전용사용권 을 침해한 자가 그 침해행위에 의하여 이익을 받은 때에는 그 이익의 액을 상표권자 또 는 전용사용권자가 받은 손해의 액으로 추정한다.

③ 그 등록상표의 사용에 대하여 통상 받을 수 있는 금액에 상당하는 액(법 제67조 제3 항)　침해자가 그 등록상표의 사용에 대하여 통상 받을 수 있는 금액에 상당하는 액 을 상표권자 또는 전용사용권자가 받은 손해의 액으로 하여 그 손해배상을 청구할 수 있다.

이 경우 손해의 액이 법 제67조 제3항에 규정하는 금액을 초과하는 경우에는 그 초 과액에 대하여도 손해배상을 청구할 수 있다. 이 경우 상표권 또는 전용사용권을 침해 한 자에게 고의 또는 중대한 과실이 없는 때에는 법원은 손해배상의 액을 정함에 있어 서 이를 참작할 수 있다(법 제67조 제4항).

④ 손해액 입증이 곤란한 경우　법원은 상표권 또는 전용사용권의 침해행위에 관한 소송에 있어서 손해가 발생된 것은 인정되나 그 손해액을 입증하기 위하여 필요한 사 실을 입증하는 것이 해당 사실의 성질상 극히 곤란한 경우에는 법 제67조 제1항 내지 제4항의 규정에 불구하고 변론전체의 취지와 증거조사의 결과에 기초하여 상당한 손

신용에 무상으로 편승하는 입장이어서, 위와 같은 신용을 획득하기 위하여 상표권자가 투여한 자본과 노력 등을 고려할 때, 특별한 사정이 없는 한 침해자의 순이익률은 상표권자의 해당 상표를 판매에 있 어서의 순이익률 보다는 작지 않다고 추인할 수 있으므로, 침해자의 판매액에 상표권자의 위 순이익률 을 곱하는 방법으로도 침해자가 받은 이익의 액을 산출할 수 있다고 할 것이고, 위와 같이 산출된 이익 의 액은 침해자의 순이익액으로서, 그 중 상품의 품질, 기술, 의장, 상표 이외의 신용, 판매정책, 선전 등으로 인하여 상표의 사용과 무관하게 얻은 이익이 있다는 특별한 사정이 없는 이상 그것이 상표권자 가 상표권 침해로 인하여 손해액으로 추정된다고 보아야할 것이다(대법원 1997.9.12. 선고 96다43119 판결).

해액을 인정할 수 있다(법 제67조 제5항).

❷ 법정손해배상의 청구(법 제67조의2)

상표권자 또는 전용사용권자는 자기가 사용하고 있는 등록상표와 같거나 동일성이 있는 상표를 그 지정상품과 같거나 동일성이 있는 상품에 사용하여 자기의 상표권 또는 전용사용권을 고의나 과실로 침해한 자에 대하여 제67조에 따른 손해배상을 청구하는 대신 5천만 원 이하의 범위에서 상당한 금액을 손해액으로 하여 배상을 청구할 수 있다. 이 경우 법원은 변론전체의 취지와 증거조사의 결과를 고려하여 상당한 손해액을 인정할 수 있다.

법 제67조에 따라 손해배상을 청구한 상표권자 또는 전용사용권자는 법원이 변론을 종결할 때까지 그 청구를 제1항에 따른 청구로 변경할 수 있다.

(4) 고의의 추정

상표권자 또는 전용사용권자가 당해 상표가 등록상표임을 표시하여 사용하는 때에 타인의 침해행위는 고의가 있는 것으로 추정된다(법 제68조).

(5) 서류제출명령

법원은 침해행위로 인한 손해를 계산하는 데 필요한 서류의 제출을 신청에 의하여 명할 수 있다. 다만, 그 서류의 소지자가 그 서류의 제출을 거절할 정당한 이유가 있는 경우에는 그러하지 아니한다.

(6) 손해배상청구권의 행사

상표권침해에 대한 손해배상청구권은 이를 언제까지 행사하여야 하는가에 대하여 상표법에 명시한 바 없으나 민법의 규정에 의거 손해 또는 배상의무자를 알았을 때부터 3년간 이를 행사하지 아니하면 시효에 의해 소멸하며, 부정행위를 안 날부터 10년이 지났을 때에도 또한 같다(민법 제766조).

3) 신용회복조치청구(법 제69조)

(1) 개 념

상표권자 또는 전용사용권자는 타인이 상표권 또는 전용사용권을 침해하여 업무상의 신용을 실추케 한 때에는 법원에 신용회복조치를 청구할 수 있으며 법원은 손해배상에 갈음하거나 손해배상과 함께 신용회복을 위하여 필요한 조치를 명할 수 있다.

(2) 요 건

신용회복조치는 피해자의 고의·과실을 그 요건으로 한다. 따라서 침해행위가 선의·무과실일 경우에는 상표권자는 이와 같은 청구를 할 수 없다.

(3) 신용회복조치

신용회복조치에 대한 청구는 법원에 대하여 하여야 하며 법원은 상표권자의 업무상의 신용회복을 위하여 필요한 조치를 명할 수 있다(법 제69조). 신용회복조치의 방법으로서는 신문·잡지 등에 사죄광고의 게재방법 등이 있으며 이와 같은 신용회복조치는 손해배상에 갈음하거나 손해배상과 함께 명할 수 있다.[4]

종전에는 「신용회복을 위한 필요한 조치」로 침해자가 자신의 비용부담으로 신문이나 잡지에 사과광고를 게재토록 하는 방법이 이용되었으나, 헌법재판소는 1991년 4월 1일 선고 89헌마160호 "민법 제764조의 위헌여부에 대한 헌법소원"사건에서 "민법 제764조의 '명예회복에 적당한 처분'에 사죄광고를 포함시키는 것은 헌법에 위반된다"는 한정위헌 결정으로 사죄광고문의 게재명령은 위헌의 소지가 있게 되었다. 다만, 민사 손해배상판결 또는 상표권침해죄에 대한 유죄판결 등이 있었다는 객관적 사실을 신문·잡지에 게재하도록 명하는 것은 가능하다 할 것이다.

4) 부당이득반환청구

(1) 개 념

부당이득반환청구라 함은 정당한 법률상의 원인이 없는데도 타인의 재산 또는 노무로 인하여 이익을 얻고 이로 인하여 타인에게 손해를 가한 경우 손실자는 자기가 입은 손실을 한도로 하여 이득의 반환을 청구할 수 있는 권리를 말한다(민법 제741조).

부당이득반환청구에 관하여 상표법상 명문의 규정을 두고 있지 아니하나 손해배상과 경합되지 않는 범위 내에서 민법 제741조를 충족시키는 한도 내에서 부당이득반환청구권의 행사는 가능하다 할 것이다. 이와 같은 부당이득반환청구권은 상표권침해가 선의·무과실에 의하여 침해되고 그로부터 상표권자가 손해를 입었을 경우 행사할 수 있다.

(2) 요 건

상표권침해에 대한 부당이득반환청구권이 발생하기 위해서는 침해자에게 고의·과

---

4   헌법재판소는 사과공고를 명하는 것은 헌법에 반한다고 판시한 바 있다(1991.4.1. 89헌마160 결정).

실이 없어야 하고, 재산상의 이익이 있어야 하며, 이와 같은 이익이 법률상의 원인이 없어야 하며, 타인에게 손해를 가했어야 한다.

(3) 부당이득의 반환

상표권침해행위로 인하여 부당이득을 얻은 자는 손실 자에게 이득을 얻은 범위 내에서 부당이득을 반환해야 한다.

2. 형사상 구제

1) 의 의

상표권침해가 과실이 아닌 고의에 의한 침해인 경우 상표권자는 그 침해자를 상대로 관계기관에 고소함으로써 그 침해책임을 추궁할 수 있다. 상표법은 이에 대하여 벌칙규정을 마련하고 있는데, 상표법에 특별히 규정한 경우를 제외하고는 형법총칙의 규정이 그대로 적용되며(형법 제8조) 간접침해행위도 본죄를 구성한다.

상표권침해죄는 특허권침해죄와는 달리 비친고죄로서 상표권자·전용사용권자는 침해자를 관계기관에 고소할 수 있음은 물론 누구라도 침해자를 관계기관에 고발할 수 있다. 고소·고발에 관한 절차는 형사소송법에 의한다.

이와 같이 특허권·실용신안권·디자인권의 침해죄와 달리 상표권에 대한 침해죄를 비친고죄로 규정하여 권리자의 고소를 처벌요건으로 하지 아니한 것은 상표권침해는 상표권자의 개인적인 재산권보호뿐만 아니라 일반 수요자의 이익도 보호한다는 공익적인 측면이 강조되기 때문이다.

2) 상표권침해죄

(1) 개 념

상표권침해죄라 함은 상표의 사용행위가 상표법 및 형법에서 규정한 형벌을 추급할 수 있는 요건을 충족하는 행위를 말하는바, 상표권 또는 전용사용권을 침해한 자는 7년 이하의 징역 또는 1억 원 이하의 벌금에 처한다(법 제93조).

(2) 요 건

상표권침해죄가 성립하기 위하여는 다음 세 가지 요건을 모두 충족시켜야 하며 그 중 어느 하나라도 결여할 때에는 침해죄가 성립되지 아니한다.

여러 개의 상표권을 침해하는 경우에는 수개의 상표법 위반죄를 구성하게 된다.[5]

❶ 범죄구성요건에 해당할 것

상표권침해에 있어서 범죄구성요건에 해당한다 함은 상표권자 아닌 타인이 등록상표와 동일하거나 유사한 상표를 등록상표의 지정상품과 동일 또는 유사한 상품에 사용하는 것을 말한다.

또한 상표권침해행위가 형사책임을 묻기 위한 범죄로 성립하기 위해서는 원칙적으로 그 침해가 고의임을 필요로 하는데[6] 이는 상표법에서 과실에 의한 침해를 형사처벌 대상으로 특별히 규정하고 있지 않고 있기 때문에 이와 같이 해석되는 것이다.

❷ 위법성

위법성이란 구성요건에 해당하는 행위가 법률상 허용되지 않는 성질을 말하는데 구성요건에 해당하는 행위도 예외적으로 허용되는 경우가 있다. 따라서 타인이 등록상표와 동일·유사한 상표를 사용한다 하여도 위법성이 조각되는 경우에는 상표권침해가 되지 않는다.

❸ 행위자에게 책임능력이 있을 것

행위자에게 책임능력이 있다 함은 침해자에게 형사책임능력이 있음을 말한다. 따라서 형사미성년자나 심신상실자의 등록상표의 사용에 대하여는 상표권침해죄를 물을 수 없다.

---

5   ① 침해된 상표권의 수에 따라 수개의 상표법위반죄를 구성한다(서울형사지법 1994.2.1. 선고 93노7448 판결).

　　② 상표권을 침해한 때에 성립하는 상표법 제93조 소정의 죄는 상표권 자체 또는 상표권을 둘러싼 신용질서를 그 보호법익으로 한다고 할 것이므로, 지정상품을 달리하는 수개의 상표권을 침해한 때에는 수개의 상표법위반죄가 성립하고 각 상표권 침해행위를 형법상 1개의 행위로 볼 수 없는 이상 수개의 상표법위반죄는 경합범의 관계에 있다고 할 것인바, 피고인들이 한국 특허청에 각별로 상표등록이 되어 있고, 지정상품 및 출원회사가 상이한 닉스, 겟유스드, 인터그루 등 수개의 상표권을 각 제조, 판매, 전시 등의 방법으로 침해하였으며 피고인들의 각 상표권 침해행위를 형법상 1개의 행위로 볼 수 없음은 이 사건 기록에 비추어 명백하다고 할 것이므로, 피고인들의 판시 각 상표권 침해행위는 수개의 상표법 위반죄의 경합범이 된다고 할 것임에도, 원심은 상표범 위반죄의 죄수에 관한 법리를 오해한 나머지 피고인들의 판시 상표권 침해행위를 각 포괄일죄로 처단한 위법을 범하였다(서울지법 1996.9.4. 선고 96노896 판결).

6   상표권침해죄의 고의는 행위자가 타인의 등록상표임을 인식하면서 이를 그 지정상품과 동일 또는 유사한 상품에 사용한다는 의사가 있으면 족하므로, 피고인이 이 사건 범행 당시 연합 상표 중 일부상표에 대한 사용권이 있으면 나머지 연합상표에 대한 사용권이 있다고 여겼다거나, 과거에 소론 지적과 같은 권리범위확인심판이 있었다는 사유만으로 상표권 침해에 대한 고의가 없었다고 말할 수는 없다(대법원 1993.12.28. 선고 93도2187 판결).

3) 몰수(법 제97조의2)

법원은 상표권 침해행위를 조성한 물건 또는 그 행위로부터 생긴 물건은 이를 몰수하거나 피해자의 청구에 의하여 그 물건을 피해자에게 교부할 것을 선고하여야 한다.

한편 피해자는 침해행위를 조성한 물건 또는 그 침해행위로부터 생긴 물건을 교부받은 경우에는 그 물건의 가액을 초과하는 손해의 액에 한하여 손해배상을 청구할 수 있다.

상표권 또는 전용사용권의 침해행위에 제공되거나 그 침해행위로 인하여 생긴 상표·포장 또는 상품과 그 침해물 제작에 주로 사용하기 위하여 제공된 제작 용구 또는 재료는 이를 몰수할 수 있는데, 상품이 그 기능 및 외관을 해치지 아니하고 상표 또는 포장과 쉽게 분리될 수 있는 경우에는 그 상품은 이를 몰수하지 아니할 수 있다(법 제97조의2).

4) 양벌죄(법 제97조)

상표법에서 규정하고 있는 침해죄, 사위행위의 죄 및 허위표시의 죄의 경우 그 행위자만을 처벌하는 경우에는 위법행위가 계속 발생할 우려가 있다. 이에 위법행위의 방지를 강화하고 법적 규제의 목적을 충분히 달성하기 위하여 범죄행위를 한 대표자, 대리인, 기타 종업원이 속한 법인이나 또는 범죄행위를 한 대리인, 기타 종업원을 고용한 개인에 대하여도 형벌을 과할 수 있도록 「양벌규정」을 정하고 있다.[7]

법인의 성질상 신체형을 적용할 수 없다는 점과 위법행위자에 비하여 우월적 위치에 있다는 점을 고려하여 행위자보다는 과중하게 벌금을 과하도록 규정하고 있다.[8]

법인의 대표자나 법인 또는 개인의 대리인, 사용인, 그 밖의 종업원이 그 법인 또는 개인의 업무에 관하여 제93조, 제95조 또는 제96조의 어느 하나에 해당하는 위반행위를 하면 그 행위자를 벌하는 외에 그 법인에게는 다음 각 호의 어느 하나에 해당하는 벌금형을, 그 개인에게는 해당 조문의 벌금형을 과(科)한다. 다만, 법인 또는 개인이 그

---

7   또한 상명하복관계에 있는 자들 사이에 있어서도 범행에 공동 가담한 이상 공동정범이 성립하는 데 아무런 지장이 없다 할 것이므로(당원 1984.5.29. 선고 82도2609 판결 참조) 소론과 같이 피고인 명치안이 상피고인 구오주가 회장으로 있는 광주광역시 귀금속시계 판매업감정위원회의 검사실장으로서 회장인 상피고인의 지시에 따라 업무를 수행하고 이에 대하여 급료를 지급받는 단순근로자라 하여도 이러한 사유는 피고인 명치안을 이 사건 상표법 위반죄의 공동정범으로 처벌하는 데 방해가 된다고 할 수 없다. 논지도 모두 이유가 없다(대법원 1995.6.16. 선고 94도1793 판결).

8   2001년 개정법(2001.2.3. 법률 제6414호)에서 기업에 의한 조직적인 상표권침해를 방지하기 위하여 법인에 대한 벌금형을 개인에 대한 벌금형보다 상향조정하였다.

위반행위를 방지하기 위하여 해당 업무에 관하여 상당한 주의와 감독을 게을리하지 아니한 경우에는 그러하지 아니하다.

① 제93조(침해죄)의 경우: 3억 원 이하의 벌금

② 제95조(허위표시죄) 또는 제96조(사위행위죄)의 경우: 6천만 원 이하의 벌금

제14장 상표권자의 의무

일 러 두 기   상표법은 상표권자에게 등록상표의 사용을 독점적으로 사용할 수 있는 권리를 창설해 주는 대신에 여러 가지 의무를 지우고 있는데 이는 경업질서의 유지 등 산업정책적인 이유에서이다.

이 부분은 다른 부분과도 연관되어지는 부분으로 함께 알아두는 것이 필요하다.

I. 서 언

상표법에서 등록상표는 상표권자만이 독점배타적으로 사용할 수 있도록 하는 등 상표권자를 보호하는 규정을 두고 있는데, 이와 같이 상표권자를 보호하는 것은 상표가 실제 거래사회에서 정당하게 사용됨으로써 상표사용자의 업무상의 신용을 창출 내지는 유지하고 수요자의 상품출처의 오인·혼동을 방지함으로써 상표권자와 수요자의 이익을 아울러 보장하고 건전한 유통질서를 기하고자 함에 있다.

따라서 상표권자가 그 등록상표를 일정기간이 넘도록 사용하지 아니하거나 부당하게 사용하는 경우에는 그 상표등록을 취소할 수 있도록 하는 등 상표법은 상표권자에게 일정한 의무를 지우고 있다.

II. 상표권자의 의무

1. 상표사용 의무

1) 의 의

상표권자가 등록상표를 그 지정상품에 대하여 일정기간 사용하지 아니한 경우에는 그 등록상표를 취소할 수 있도록 규정하고 있는데(법 제73조 제1항 제3호), 상표법에서 이와 같이 상표의 사용을 상표권자에게 의무지우는 것은 등록상표를 장기간 사용하지 않을 경우 그 상표는 더 이상 상표권자가 필요로 하지 않는 상표일 뿐만 아니라, 사용되지 않는 상표에 대하여 등록상태를 계속 유지시켜주는 것은 그와 동일 또는 유사한 상표에 대하여 타인의 상표사용의 기회를 박탈하는 것이 되므로 이는 상표법이 지향하는 목적에 반하기 때문이다.

2) 상표의 사용

(1) 사용인

등록상표는 이를 상표권자가 사용하든지, 상표권자 아닌 전용사용권자 또는 통상사용권자가 사용하든지 관계없다.

(2) 사용의 태양

상표의 사용은 등록상표와 동일한 상표를 그 지정상품과 동일한 상품에 사용하여야 하며 국내에서의 사용이어야 한다. 따라서 등록상표와 동일한 상표가 아닌 그와 유사한 상표를 사용하거나 지정상품과 유사한 상품에 사용하는 경우, 국내가 아닌 외국에서의 사용은 상표의 사용으로 되지 않는다.

그러나 2 이상의 상품을 지정상품으로 하여 등록된 상표의 경우 그 중 어느 하나의 지정상품에 대하여만 상표를 사용하여도 등록상표의 사용으로 의제된다.

3) 위반의 경우

상표권자·전용사용권자 또는 통상사용권사 중 어느 누구도 등록상표를 그 지정상품에 취소심판청구일 전 계속하여 3년 이상 국내에서 사용하지 아니한 경우에는 등록상표의 취소사유가 된다.

그러나 등록상표를 그 지정상품에 대하여 취소심판청구일 전 계속하여 3년 이상 사용하고 있지 아니한 경우라도 정당한 이유가[1] 있는 경우에는 등록상표의 취소사유가 되지 않는다.

---

1   정당한 이유에 대하여 상표법에서 규정한 바 없고 현행 상표심사기준에서도 따로 마련한 바 없으나, 1991.2.27. 훈령 제153호로 제정한 상표심사기준 제41조에서 등록상표불사용에 대한 정당한 이유로서 ① 천재지변에 의한 경우, ② 타 법령에 의한 허가 또는 인가의 지연에 의한 것으로서 그 사유가 허가 또는 허가관련 사정에 의한 경우, ③ 타 법령에 의한 상품의 수입금지 또는 상표사용금지 등의 사유로 인한 경우, ④ 기타 천재지변 이에 준하는 사유로 인한 경우로 규정하고 있다.

2. 정당사용 의무

1) 의 의

상표권자가 등록상표를 등록받은 대로 사용하지 아니하고 고의로 지정상품에 등록 상표[2]와 유사한 상표를 사용하거나 또는 지정상품과 유사한 상품에 등록상표 또는 이 와 유사한 상표를 사용함으로써 수요자에게 상품품질의 오인 또는 출처의 혼동을 일으 킬 우려가 있는 경우에는 그 등록상표는 심판에 의하여 그 등록을 취소시킬 수 있다(법 제73조 제1항 제2호).

또한 상표권의 이전으로 인하여 유사한 등록상표가 각각 다른 상표권자에게 속하게 되고 그 중 1인이 자기의 등록상표의 지정상품과 동일 또는 유사한 상품에 부정경쟁 목 적으로 자기의 등록상표를 사용함으로써 수요자로 하여금 상품의 품질의 오인 또는 타 인의 업무에 관련된 상품과의 혼동을 생기게 한 경우에도 그 상표등록을 심판에 의하 여 취소시킬 수 있다(법 제73조 제1항 제9호).

2) 제도적 취지

이는 상표권자 자신이 등록상표를 사용함에 있어 등록받은 대로 사용하지 아니하고 그 등록상표를 타인의 상표와 유사하게 사용하거나 등록상표의 지정상품과 유사한 상 품에 사용할 경우 수요자에게 상품출처의 오인·혼동을 일으키게 하고 나아가서는 공 정한 경업질서를 어지럽게 되므로 이를 금지시키기 위한 규정이다.

3) 위반의 경우

이 경우 등록상표에 대한 취소사유가 되며 심판에 의하여 그 상표등록이 취소되는 데, 심판이 확정된 때부터 그 상표권은 소멸한다.

2　여기서 등록상표라 함은 상표권자의 등록상표를 말하며 상표권자가 자기의 등록상표를 타인의 상표 (등록상표, 비등록상표를 불문)와 동일 또는 유사하게 변경사용하거나 타인의 상표의 상품과 동일 또 는 유사한 상품에 사용함으로써 수요자에게 상품출처의 혼동을 일으키거나 품질오인을 일으킬 우려가 있을 때 본 조가 적용된다.

3. 감독 · 관리의무

1) 의 의

전용사용권자 또는 통상사용권자가 등록상표를 사용함에 있어 정당하게 사용하지 아니하고 이를 변경하여 사용하거나 다른 요소를 부가하여 사용한 경우에는 일반 수요자에게 상품출처의 혼동을 일으키게 하는 등 불측(不測)의 손해를 입힐 우려가 있으므로 상표법은 상표권자가 타인에게 사용권을 허락한 경우 그에 대한 일정한 감독 · 관리의무를 부담시키고 있다.

2) 내 용

(1) 사용권자 감독의무

상표권자는 전용사용권자 또는 통상사용권자로 하여금 등록상표를 정당하게 사용하도록 상당한 주의를 기울일 의무가 있다. 이는 전용사용권자 또는 통상사용권자가 등록상표를 등록된 내용대로 사용하지 않고 변경사용함으로써 생길 수 있는 수요자의 불측의 손해를 방지하기 위한 것이다.

(2) 소속단체원 감독의무

단체표장권자는 소속단체원이 단체표장을 사용함에 있어 정관에 정한 바에 따라 사용하는지 여부를 감독하여야 하며 소속단체원이 정관에 위반하여 단체표장을 사용한 경우에는 단체표장등록의 취소사유가 된다.

이는 소속단체원이 단체표장을 소속단체의 업무범위 밖의 업무에 사용하는 등 정관에 위반하여 사용하는 경우에는 일반 수요자에게 상품출처의 오인 · 혼동을 일으킬 우려가 있기 때문에 상표권의 주체인 단체에게 이와 같은 의무를 지우는 것이다.

3) 위반의 경우

전용사용권자 또는 통상사용권자가 등록상표를 부정하게 사용하는 경우에는 등록상표의 취소사유가 되며, 또한 소속단체원이 정관의 규정에 위반하여 단체표장을 타인에게 사용하게 한 경우에는 단체표장등록의 취소사유가 된다.

4. 지리적표시 등록단체표장의 표시 의무

2 이상의 지리적 표시 등록단체표장이 서로 동음이의어 지리적 표시에 해당하는 경

우에는 각 단체표장권자 및 그 소속단체원은 지리적 출처에 대하여 수요자로 하여금 혼동을 초래하지 아니하도록 하기위한 표시를 등록단체표장과 함께 사용하여야 한다.

이는 동음이의어 지리적 표시의 경우에 수요자 보호를 위하여 지리적 출처의 혼동방지표시를 사용하도록 하기 위함이다(법 제90조의2).

5. 등록료 납부의무

상표권의 설정등록을 받고자 하는 자는 소정의 등록료를 기간 내에 납부하여야 한다. 설정등록료를 법정기간 내에 납부하지 아니한 때에는 그 상표등록출원은 포기된 것으로 본다(법 제36조).

6. 상표권이전에 따른 의무

1) 이전등록 의무

상표권자가 사망한 날부터 3년 이내에 상속인이 그 상표권의 이전등록을 하지 아니한 경우에는 상표권자가 사망한 날부터 3년이 되는 날의 다음날로 상표권이 소멸한다(법 제64조).

2) 업무표장

업무표장권은 업무와 함께 양도하여야 하며 그 이외의 경우에는 이를 이전할 수 없다.

3) 단체표장

단체표장권은 법인의 합병 시 특허청장의 허가를 받은 경우에만 이전이 가능하다.

4) 증명표장

증명표장은 그 업무와 함께 이전할 수 있으며, 특허청장의 허가를 받아서만 이전이 가능하다.

5) 지정상품의 분할이전

지정상품의 일부를 분할 이전하는 경우 유사상품은 이를 함께 이전하여야 한다.

7. 허위표시금지 의무

상표권자 등은 지정상품 외의 상품에 대하여 등록상표를 사용하는 경우 그 상표에 상표등록표시 또는 이와 혼동하기 쉬운 표시를 하는 행위를 하여서는 아니된다(법 제91조 제1항 제3호).

8. 관리인 선임 의무

국내에 주소 또는 영업소를 가지지 아니한 재외자는 상표관리인에 의하지 아니하면 상표에 관한 제반절차를 밟을 수 없다.

제6편 심판 및 소송

제1장 거절결정에 대한 불복심판

일 러 두 기 상표법상 거절결정불복심판이라 함은 심사관이 상표등록출원 등에 대하여 거절결정한 경우 그 부당함을 이유로 불복하는 심판을 말하는데, 그 절차나 심리·심결·효과 등에 있어서는 특허 등의 타출원에 대한 거절결정불복심판과 같다.

실무적으로는 그 이용률이 높다하겠으나 시험에서는 드물게 출제되고 있다.

I. 서 언

1. 의 의

거절결정불복심판이라 함은 상표등록출원, 지정상품추가등록출원 등이 거절결정된 경우 그 상표등록출원 등에 대하여 취해진 거절결정처분의 취소를 구하는 심판을 말한다.

거절결정불복심판이 청구되면 당해 출원에 대한 거절결정은 미확정상태로 되고 출원은 특허청에 계속되며 출원인이 심사에서 제출한 의견서·보정서 등은 그대로 유효하다.

한편, 거절결정불복에 대한 심판절차에서는 심사절차가 준용되는데 심판청구인은 심사에서 주장한 이유나 증거를 되풀이해서 주장하거나 제출할 수 있음은 물론 심사에서 주장하지 아니하였던 이유나 증거방법을 새로이 주장하거나 제출할 수 있다.

2. 법적 성질

거절결정불복심판이 청구되면 심판청구인은 원거절결정의 부당함을 새로운 이유와 증거방법을 들어 주장할 수 있으며 이에 대하여 심판관은 심사에서 한 절차와 심판청구인의 주장을 토대로 해서 원거절결정의 당·부를 판단함은 물론 새로운 거절이유를 발견하였을 때에는 이를 이유로 거절할 수 있는 등 심사절차가 그대로 준용되고 있어 거절결정불복심판은 심사에 대한 속심적 성격을 가지고 있다.

II. 불복대상 및 절차

1. 불복대상

심사관의 거절결정에 대하여 불복이 인정되는 것은 ① 상표등록거절결정, ② 지정상품의 추가등록거절결정, ③ 상품분류전환등록 거절결정이다.

2. 절 차

1) 청구인

상표등록출원 등에 대한 거절결정불복심판은 상표등록출원인 등만이 청구할 수 있으며 공동출원인 경우에는 공동출원인 전원에 의한 청구이어야 한다.[1]

2) 청구기간

거절결정불복심판은 거절결정등본을 송달받은 날부터 30일 이내에 청구할 수 있다. 이 기간은 법정기간으로서 교통이 불편한 지역에 있는 자를 위하여 청구 또는 직권으로 그 기간을 연장할 수 있다.

다만, 거절결정불복심판을 청구할 수 있는 기간의 해태가 천재, 지변, 기타 불가피한 사유로 인한 경우에는 그 사유가 소멸한 날로부터 14일 이내, 그 기간이 만료된 후 1년 이내에 한하여 그 해태된 절차를 추완할 수 있다.

3) 청구서방식

① 거절결정에 대한 심판을 청구하는 자는 다음 사항을 기재한 심판청구서를 특허심판원장에게 제출하여야 한다(법 제79조 제1항).

㉠ 청구인의 성명과 주소(법인의 경우에는 그 명칭 및 영업소의 소재지)

㉡ 대리인이 있는 경우에는 그 대리인의 성명 및 주소와 영업소의 소재지(대리인이 특허법인인 경우에는 그 명칭, 사무소의 소재지 및 지정된 변리사의 성명)

㉢ 심판사건의 표시

---

1 상표등록거절불복사건에 대한 보조참가는 인정되지 아니한다. 그러므로 상표등록거절불복사건과 관련하여 보조참가 신청이 있는 경우에는 그 참가는 각하된다(대법원 1995. 4. 25. 선고 93후1834 전원합의체 판결). 다만, 특허소송절차에서는 이 경우에도 보조참가가 인정되는 것으로 해석, 운용하고 있다.

ㄹ 청구의 취지 및 그 이유

② 「청구의 취지」라 함은 거절불복심판 청구인이 당해 사건의 심판부에 대하여 요구하는 결론을 말하며, 「그 이유」라 함은 청구취지를 뒷받침하는 사실이나 증거방법 등을 말한다.

4) 이의신청인에게 통지

특허심판원장은 거절결정에 대한 불복심판이 청구된 경우 당해 거절결정이 상표등록이의신청의 성립에 의한 것일 때에는 그 뜻을 이의신청인에게 통지하여야 하는데, 이는 단순히 이의신청인에게 당해 사건이 거절결정불복심판이 청구된 사실을 통지함에 불과한 것으로 이의신청인이 당해 거절불복심판 절차에서 참가 등이 인정되는 것은 아니다. 다만, 실무적으로는 이의신청인은 정보제공을 할 수 있는 것으로 운용하고 있다.

5) 방식심사

거절결정불복심판이 청구되면 특허심판원장은 당해 사건을 담당할 심판관을 지정하고 심판장으로 하여금 거절결정불복심판청구서가 방식에 맞는가를 심사토록 한다.

6) 심판청구서 각하

심판장은 심판청구서 방식이 불비한 사건에 대하여는 기간을 정하여 이를 보정할 것을 명하고 기간 내에 청구인이 흠결을 보정하지 아니한 경우에는 결정으로 거절결정 불복심판청구서를 각하하여야 한다.

III. 심판절차

1. 청구이유의 보정 등

심판청구인은 거절결정불복심판청구 후에 심리종결예정통지가 송달되기 전까지는 그 심판청구가 인용될 수 있도록 그 청구이유의 보정이나 이를 뒷받침하는 증거를 제출할 수 있으며 관련 법령이나 심결의 예·판례 및 학설 등을 참고자료로 제출할 수 있다.

2. 심리

1) 심리방식

거절결정불복심판사건에 대한 심리는 구술심리 또는 서면심리로 할 수 있다.

2) 심리의 범위

거절결정불복심판은 속심적 성격을 갖고 있으므로 심판관은 거절결정불복심판을 심리함에 있어 심사관이 한 거절이유의 적정여부 및 심판청구인의 주장의 타당성 여부를 심리함은 물론, 원거절결정의 거절이유에 한정되지 않고 당해 상표등록출원이 상표등록요건을 충족하였는지 여부 등을 전면적으로 심리한다.

또한 심판청구인은 원거절결정의 부당함을 지적하는 새로운 이유나 증거방법을 추가로 제출할 수 있다.

3) 직권에 의한 거절이유통지

심판관은 거절결정불복심판사건을 심리함에 있어 원결정의 거절이유가 적절치 아니하거나 원결정의 거절이유와 다른 거절이유를 발견한 경우에는 거절이유통지를 하고 기간을 정하여 의견서제출의 기회를 주어야 한다. 이때 출원인은 거절이유를 면하기 위하여 상표 및 지정상품을 보정할 수 있다.

4) 심사절차의 준용

심사에서의 거절이유통지, 출원공고, 이의신청 및 이의결정, 출원공고결정 후의 보정각하, 등록결정 등의 규정은 거절결정에 대한 심판에 관하여 이를 준용한다.

3. 심결

1) 심리종결통지

심판장은 사건이 심결을 할 정도로 성숙했다고 판단되는 때에는 그 사건에 대한 심리를 종결하고 심판청구인에게 심리종결통지를 하여야 한다. 또한 심리종결통지를 한 후에도 신청에 의하여 또는 직권으로 심리를 재개할 수 있다.

심리종결을 통지한 후에 제출한 서류는 이를 심판에 참작하지 아니하며, 반환신청이 있는 경우 그 서류는 반환한다. 다만, 반환 전에 심리를 재개한 경우에는 그러하지 아니하다.

2) 심 결

심결은 이를 서면으로 하여야 하며 심리종결통지를 한 날부터 20일 이내에 이를 하여야 한다.

3) 심결의 태양

(1) 각 하

거절결정불복심판청구가 거절결정불복심판을 청구할 수 있는 기간을 지나서 청구된 것이거나, 공동출원인 전원에 의한 청구가 아닌 경우 등 부적법한 청구인 경우에는 본안심리를 하지 아니하고 심결로서 그 심판청구를 각하한다.

(2) 인 용

심판청구이유가 타당하여 그 청구를 인용하면 당해 거절결정을 취소하고 그 사건을 다시 심사에 부치기 위하여 심사국에 환송한다.

(3) 기 각

원거절결정이 적정하고 타당하면 심판청구는 이를 기각한다.

4. 심결의 효과

1) 심결의 기속력

심결은 그 심결을 한 심판부 자신도 이를 취소·변경할 수 없으며 그 존재 및 내용을 존중해야 하는바 이를 심결의 기속력 또는 불가철회성이라고 한다.

2) 확정력

심판청구인이 심결에 대하여 불복할 수 있는 기간 내에 특허법원에 소를 제기하지 아니하면 형식적으로 확정력이 생기며, 심결이 형식적으로 확정되면 그 사건에 대한 법률적 판단은 당사자 및 특허심판원을 기속하여 당사자는 이와 상반되는 주장을 할 수 없고 특허심판원도 이에 반하는 판단을 할 수 없게 되는데 이를 실체적 확정력이라 한다.

3) 원결정의 취소

거절결정불복심판청구가 이유 있는 것으로 인정되어 원결정을 파기한다는 심결이 있으면 그 파기의 기본이 된 이유는 그 사건에 대하여 심사관을 기속하며[2] 당해 출원에 대한 당초의 거절결정은 취소되고 다시 심사가 진행된다.

5. 심판청구의 취하

상표등록출원에 대한 거절결정불복심판청구는 심결이 확정될 때까지 이를 취하하거나 포기할 수 있다. 그러므로 특허법원에 소를 제기한 후나 상고사건이 대법원에 계류 중에도 심판청구를 취하할 수 있다. 거절결정불복심판청구의 취하가 있는 때에는 그 청구는 처음부터 없었던 것으로 보며, 심판계속중에 출원의 취하·포기나 심판청구의 취하가 있는 때에는 심판절차는 종료되게 된다.

IV. 심결에 대한 불복

특허심판원의 심결에 대하여 불복이 있는 때에는 심결문등본을 받은 날로부터 30일 이내에 특허법원에 「심결 취소의 소」를 제기하여 그 당·부를 다툴 수 있다.

V. 기 타

지정상품의 추가등록거절결정, 상품분류전환등록거절결정에 대하여도 불복이 인정되는데, 지정상품의 추가등록거절결정 등에 대하여 불복이 있는 자는 거절결정등본을 송달받은 날로부터 30일 내에 심판을 청구하여 그 당·부를 다툴 수 있는 등 그 이외의 심판절차·심리범위 등은 거절결정불복심판의 경우와 같다.

---

2   상표법 제56조, 특허법 제144조 제2항의 규정에 의하면 대법원판결에서 심결파기의 기본이 된 이유는 그 사건에 대하여 특허청을 기속한다고 되어 있으므로 환송을 받은 특허청 항고심판소는 파기의 기본이 된 이유와 다른 판단을 할 수 없을 뿐 아니라, 환송 후의 심결에 대한 상고심에서도 위 파기이유에 기속되어 이와 다른 견해를 취할 수 없는 것이다(대법원 1990.7.24. 선고 90후380 판결).

제2장 보정각하결정에 대한 불복심판

일 러 두 기 상표법에서의 보정각하결정에 대한 불복심판은 출원공고 전에 상표 또는 지정상품을 보정한 것이 요지변경을 이유로 그 보정을 각하한 경우 그에 불복하는 심판을 말하는데, 특허·실용신안에서는 이 제도가 없다.

I. 서 언

1. 의 의

보정각하에 대한 불복심판이라 함은 출원인이 상표등록출원서에 첨부된 상표 또는 지정상품을 보정한 것이 요지변경임을 이유로 심사관으로부터 보정각하결정을 받은 경우 이에 불복하여 심판을 청구하는 것을 말한다.

이와 같이 보정각하에 대한 불복심판청구가 인정되는 것은 상표 또는 지정상품에 대한 보정이 출원공고결정등본을 송달받기 전에 한 경우에 한하며 출원공고결정등본을 송달받은 후에 한 보정에 대한 보정각하결정에 대하여는 불복심판청구가 인정되지 아니한다.

한편, 출원인은 심판관이 한 보정각하결정에 대하여는 특허법원에 소를 제기하여 그 당·부를 다툴 수 있다.

2. 제도적 취지

출원인이 한 상표등록출원서의 상표 또는 지정상품의 보정이 요지변경인지 여부는 출원인에게 매우 중요하다.

구법(1990.1.13. 법률 제4210호 이전의 법)하에서는 출원인이 한 상표 또는 지정상품의 보정이 정당한 것인데도 이를 요지변경으로 인정하여 채택하지 아니할 경우 그에 대한 처리절차라든가, 심사관의 부당한 요지변경판단에 대하여 다툴 수 있는 제도적 장치가 없어 출원인 보호에 미흡한 점이 있었다.

따라서 상표법은 심사관의 요지변경판단(보정각하)이 적정한 것인지를 재심사하고 부당한 보정각하로 인한 출원인의 불이익을 신속히 해결하고자 보정각하만을 다툴 수 있는 제도적 장치를 새로이 마련하게 된 것이다.

이와 같은 제도의 채택으로 출원인은 신속한 권리의 설정도 아울러 기대할 수 있게 되었다.

3. 법적 성질

보정각하에 대한 불복심판은 심사관의 최종처분이 아닌 중간처분에 대한 불복을 인정하는 것으로서 심사의 계속이며 속심적 성격과 복심적 성격을 아울러 갖는다.

따라서 심사에서 출원인이 주장한 사실과 심사관이 심사한 내용도 심판에서 심리의 대상이 될 뿐만 아니라 출원인은 심판에서 새로운 사실을 주장할 수 있으며 또한 심판관은 직권으로 사실 및 증거를 조사할 수 있다. 또 심사에서 밟은 절차는 심판에서도 그대로 유효하다.

II. 불복의 대상

보정각하에 대한 불복심판청구가 인정되는 것은 출원공고결정등본을 송달받기 전에 한 상표 또는 지정상품에 대한 보정에 한한다(법 제70조의3).

1. 심사관이 한 보정각하

출원공고결정등본을 송달받기 전에 상표 또는 지정상품에 관한 보정이 심사관에 의하여 보정 각하된 경우 출원인은 이에 불복하여 심판을 청구할 수 있다.

2. 심판관이 한 보정각하

거절결정불복심판 계속 중에 출원인이 한 상표 또는 지정상품의 보정이 요지변경인 때에는 심판관이 보정각하결정을 하는데 이 결정에 대하여 불복하는 경우에는 특허법원에 소를 제기하여 그 당·부를 다툴 수 있다. 물론 이때에도 출원공고결정등본을 송달받기 전에 한 상표 또는 지정상품의 보정에 한한다.

III. 심사절차의 중지

심사관은 보정각하결정을 한 때에는 당해 결정등본의 송달이 있은 날로부터 30일이 경과할 때까지 당해 상표등록출원에 대한 출원공고결정이나 등록여부결정을 하여서는 안 되며, 또한 보정각하에 대한 불복심판이 청구되면 보정각하불복심판의 심결이 확정될 때까지 당해 상표등록출원에 대한 심사절차를 중지하여야 한다. 출원인이 특허심판원의 심결에 불복하여 특허법원에 소를 제기한 때에는 특허법원의 판결이 있을 때까지 심사절차를 중지하여야 한다.

IV. 청구 및 절차

1. 청구인

보정각하에 대한 불복심판의 청구는 상표등록출원인만이 할 수 있으며 그 출원이 공동출원인 경우에는 공동출원인 전원에 의한 것이어야 한다.

2. 청구기간

출원인은 보정각하결정의 등본을 송달받은 날로부터 30일 이내에 보정각하결정에 대한 불복심판을 청구할 수 있다. 위 30일 기간은 법정기간으로서 교통이 불편한 지역에 있는 자에 한하여 청구 또는 직권에 의하여 그 기간을 연장할 수 있다.

또한 위 기간의 해태가 천재지변, 기타 불가피한 사유로 인하여 법정기간을 준수할 수 없을 때에는 그 사유가 소멸한 날로부터 14일 이내, 그 기간이 만료된 후 1년 이내에 한하여 해태절차를 추완할 수 있다.

3. 청구서방식

1) 보정각하에 대한 불복심판을 청구하는 자는 다음 사항을 기재한 보정각하결정에 대한 불복심판청구서를 특허심판원장에게 제출하여야 한다(법 제79조 제1항).
① 출원인의 성명과 주소(법인의 경우에는 그 명칭 및 영업소의 소재지)
② 대리인이 있는 경우에는 그 대리인의 성명 및 주소와 영업소의 소재지(대리인이

특허법인인 경우에는 그 명칭, 사무소의 소재지 및 지정된 변리사의 성명)

　　③ 심판사건의 표시

　　④ 청구의 취지 및 그 이유

　　2) 여기서의 청구 취지는 「ㅇㅇㅇㅇ년 상표등록출원 ㅇㅇㅇㅇㅇ 대하여 행하여 진 보정각하결정을 취소한다」라는 심결을 구하는 것이 되며, 그 이유도 보정의 정당성에 관한 것이어야 한다.

4. 방식심사

　　보정각하에 대한 불복심판청구에 있어서도 방식심사는 행하여지며 보정각하결정에 대한 불복심판청구서가 방식에 맞는지 여부를 심사하여 흠결이 있는 경우에는 기간을 정하여 보정을 명하여야 하며, 기간 내에 보정을 하지 아니한 경우에는 결정으로서 보정각하결정에 대한 불복심판청구서를 각하한다.

V. 심리 · 심결 및 효과

1. 심 리

1) 심리의 방식

　　보정각하불복심판이 청구된 사건에 대한 심리는 3인 또는 5인의 심판관에 의하여 행하여지며 서면심리에 의한다.

2) 심리의 범위

　　보정각하불복심판이 청구된 사건에 대한 심리는 출원인이 한 상표 또는 지정상품의 보정이 요지변경인지의 여부, 즉 심사관의 보정각하결정에 대한 적정여부만을 심리 판단함에 그친다. 따라서 상표 또는 지정상품을 보정한 상표등록출원이 상표등록을 받을 수 있는지 여부는 여기서 문제되지 않는다.

2. 심 결

보정각하불복심판에 대한 종국판단은 심결의 형식으로 종결되며 출원인의 상표 또는 지정상품의 보정이 요지변경이 아닌 것으로 판단되면 보정각하결정을 취소하는 심결을 하며 그 보정이 요지변경으로서 심사관의 보정각하결정이 정당한 것일 때에는 보정각하결정에 대한 불복심판청구를 기각하는 심결을 한다.

3. 심결의 효과

보정각하결정을 취소하는 심결이 있는 경우에는 그 심결의 기본이 되는 이유는 그 사건에 대하여 심사관을 기속하며 심사관은 출원인이 한 상표 또는 지정상품의 보정을 적법한 것으로 인정하여 심사를 진행한다.

VI. 심결에 대한 불복

출원인은 보정각하결정에 대한 심판청구가 이유 없는 것으로 되어 기각되면 이에 불복, 특허법원에 소를 제기하여 그 당·부를 다툴 수 있다.

제3장 상표등록의 무효심판

일 러 두 기 등록될 수 없는 상표인데도 불구하고 심사관의 착오나 일반공중의 간과 등으로 상표가 등록되는 경우가 있는데, 상표등록의 무효심판은 이와 같이 잘못 등록된 상표등록을 무효 시키고자 마련된 제도이다.

이 심판은 상표등록 자체를 무효로 한다는 점에서 지정상품의 추가등록만을 무효로 하는 지정상품추가등록무효심판 등과 다르다.

상표등록을 무효로 한다는 심결이 확정되면 그 효과는 소급되므로 상표권을 둘러싼 분쟁 또한 성립할 여지가 없게 된다.

상표등록무효는 지정상품의 전부무효·일부무효가 인정되는데, 전부무효로 심판을 청구한 경우 직권으로 일부무효를 인정하는 심결을 할 수가 있는지에 대하여 논란이 있다.

I. 서 언

1. 의 의

상표등록의 무효심판이라 함은 일단 유효하게 설정등록된 상표가 상표법에서 규정한 소정의 무효사유에 해당하는 경우 이를 심판에 의하여 그 등록을 처음부터 없었던 것으로 하는 행정처분을 말한다.

상표법상 상표등록의 무효는 그 등록상표가 상표법에서 규정한 소정의 무효사유에 해당되는 것이라 하더라도 당연 무효가 되는 것이 아니고 심판에 의하여서만 무효가 되며, 상표등록이 무효로 되면 그 상표권은 처음부터 없었던 것으로 된다.

상표등록의 무효심판은 등록상표의 지정상품이 2 이상 있는 경우 지정상품 전부를 무효로 하는 심판을 청구할 수 있고 지정상품 일부만을 무효로 하는 심판을 청구할 수도 있다.

2. 제도적 취지

상표등록은 상표법 소정의 등록요건을 충족하는 상표에 대하여만 허여되어야 마땅하나 실제에 있어서는 심사관의 착오나 일반 공중의 간과(출원공고 중에 이의 신청을 하지 않은 경우) 등으로 등록될 수 없는 상표가 등록되는 경우가 있다.

이 경우 이와 같이 하자 있는 상표권은 그 상표등록을 무효로 하여 잘못 등록된 부실권리는 이를 소멸시킴으로써 일반국민의 불측의 손해를 방지하고 경업질서를 바로 잡아 건전한 유통질서를 확립할 필요가 있는 것이다.

3. 법적 성격

1) 확인적 행위설

상표등록의 무효심판은 비송사건관청인 특허청이 상표권의 존재만을 확인하는 것에 불과하므로 상표등록의 무효심판은 상표권이 있는지의 여부만을 확인하는 확인행위라는 설이다. 우리나라에서 통설이라 할 수 있다.

2) 형성적 행위설

이 설은 상표권에 무효사유가 존재한다고 해서 상표권이 모두 무효가 되는 것이 아니라 특허청의 심판이라는 절차에 의하여서만 비로소 상표등록이 무효로 되고 또 무효가 확정되면 그 상표권은 처음부터 없었던 것으로 보는 효과가 발생하며 이와 같은 효력은 대세적 효력이 있기 때문에 상표등록의 무효심판을 형성적 행위로 보는 설이다.[1]

II. 무효사유

1. 상표법 제71조 제1항 제1호에 해당하는 상표

① 법 제3조에 위반하여 등록된 경우: 이 규정은 2011.12.2. 법률 제11113호에서 현재와 같이 개정되었는데, 종전에는 법 제3조의 규정 「국내에서 상표를 사용하는 자 또는 사용하고자 하는 자는 자기의 상표를 등록받을 수 있다. 다만, 특허청직원 및 특허심판원직원은 상속 또는 유증의 경우를 제외하고는 재직중 상표를 등록받을 수 없다」 중 단서 규정만을 거절이유와 무효사유로 규정하였던 것을 법 제3조에 규정한 사항 모두를

1 　우리나라에서는 확인적 행위설과 형성적 행위설로 나뉘어져 있으나 일본에서는 상표등록의 무효심판을 형성적인 성질을 가지는 행정처분으로 이해하는 설이 통설로 되고 있다(網野誠 저 상표(신판) 및 江口俊夫 저 신상표법 해설 참조).

거절이유·무효사유로 규정하여 「국내에서 상표를 사용하는자 또는 사용하고자 하는 자는 자기의 상표를 등록받을 수 있다」는 규정에 의반된 경우도 거절이유·무효사유 가 된다. 그러나 「국내에서 상표의 사용사실 여부에 관한 확인」은 그 사실여부판단에 어려움이 있음에 비추어 그 실효성이 의문시 되고 있다.

　　② 법 제5조의24에 위반하여 등록된 경우(외국인의 권리능력)

　　③ 법 제6조의 규정에 위반하여 등록된 상표(상표등록의 요건)

　　④ 법 제7조의 규정에 위반하여 등록된 상표(상표등록을 받을 수 없는 상표)

　　⑤ 법 제8조의 규정에 위반하여 등록된 상표(선출원)

　　⑥ 법 제12조 제2항 후단, 제5항 및 제7항 내지 제9항 또는 제23조 제1항 제4호에 위 반하여 등록된 상표(상표등록출원을 일부 이전함에 있어 유사한 지정상품을 함께 이전 하지 아니하거나, 공유자의 동의를 얻지 아니하고 그 지분을 이전한 경우, 업무표장· 단체표장 및 국가 공공단체의 표장을 양도한 경우)

　　⑦ 상표등록 후 상표권자가 제5조의 규정에 의하여 준용되는 특허법 제25조의 규정 에 위반된 경우(외국인의 권리능력)

2. 조약에 위반된 경우(법 제71조 제1항 제2호)

　「조약에 위반된 경우」라 함은 당해 상표등록출원이 조약의 규정에 의하여 상표등록 을 할 수 없는 때를 말하는데, 파리조약 제6조의2(잘 알려진 상표), 동 조약 제6조의3(국 가표장, 공공인장, 정부간 기구의 표장)에 해당하는 상표를 말한다.[2]

　상표법은 파리협약, 상표법조약 등 국제조약에서 상표등록을 받을 수 없도록 규정한 상표에 대하여 제6조, 제7조 등에서 이를 명시적으로 규정하고 있다. 그러므로 본 호에 서 규정한 「조약에 위반된 경우」라 함은 상표법 제6조, 제7조 등에서 규정한 이외의 사 유가 여기에 해당된다 할 것이다.

3. 상표등록이 정당승계인이 아닌 자에 의한 경우(법 제71조 제1항 제3호)

　상표법상 상표등록을 받을 수 있는 권리는 상표등록출원에 의하여 비로소 발생하는 데, 이 경우는 당해 상표등록출원에 대하여 그 상표등록을 받을 수 있는 권리를 정당하

2　　상표법은 파리조약, 상표법조약 등 국제조약에서 상표등록을 받을 수 없도록 규정한 상표에 대하여 제6조, 제7조 등에서 이를 명시적으로 규정하고 있다. 그러므로 본 호에서 규정한 「조약에 위반된 경 우」라 함은 상표법 제6조, 제7조 등에서 규정한 그 외의 사유가 여기에 해당된다.

게 승계하지 아니한 자가 정당한 승계인인 것처럼 상표등록을 받은 경우이다. 그러므로 상표등록출원인으로부터 상표등록 받을 수 있는 권리를 정당하게 승계 받지 아니하였음에도 상표등록이 허여된 경우 등이 본 호에 해당하며, 타인의 유명상표 등을 모방하여 출원한 경우는 여기에 해당되지 않는다.

4. 상표등록 후 상표권자가 권리능력을 상실하거나 등록상표가 조약에 위반된 경우(법 제71조 제1항 제4호)

본 호는 해당국가가 파리조약탈퇴 등으로 상표권자가 권리능력을 상실하게 된 경우이다.

5. 상표등록이 된 후에 그 등록상표가 제6조 제1항 각 호에 해당하게 된 경우 (제6조 제2항에 해당하게 된 경우를 제외한다)(법 제71조 제1항 제5호)

1) 의 의

이 규정은 2001.2.3. 법률 제6414호(2001.7.1.부터 시행)에서 새로이 신설된 규정으로, "상표권존속기간갱신등록시 실체심사(법 제6조 제1항 각 호 및 제7조 제1항 1호 내지 4호, 제10호 제11호 등의 규정에 해당하는지 여부 심사)가 폐지됨에 따라 등록 후 식별력이 없는 상표에 대하여 정리할 수 있는 법적절차가 없어 식별력이 없는 상표가 계속 갱신등록되는 폐단을 제거하는 한편, 식별력이 없는 상표소유자의 부당한 상표권 침해 위협으로부터 제3자를 보호하기 위한 규정이다.[3]

그러므로 상표등록 당시에는 식별력이 인정되어 등록된 것이지만 상표등록 후 여러 사람에 의하여 사용되는 등 거래사회의 변화에 따라 등록상표가 식별력을 상실한 경우에는 그 상표등록을 무효시킴으로서 식별력이 없는 상표권의 행사로부터 상표사용자를 보호하고 또 이러한 상표는 이를 누구든지 사용할 수 있도록 하고자 함에 그 목적이 있는 것이다.

2) 효력발생

상표등록이 무효로 될 경우 상표권의 효력 상실시기와 관련하여서는 동법 제71조 제3항 단서에서 "다만, 제1항 제4호 내지 제6호의 규정에 의하여 상표등록을 무효로 한

---

3   특허청 상표법개정취지 및 조문별 상표법해설.

다는 심결이 확정된 때에는 상표권은 그 등록상표가 동 호에 해당하게 된 때부터 없었던 것으로 본다."라고 규정하고 있고, 또 동 제4항에서 "제3항 단서의 규정을 적용함에 있어서 등록상표가 제1항 제4호 내지 제6호에 해당 하게 된 때를 특정할 수 없는 경우에는 제1항의 규정에 의한 무효심판이 청구되어 그 청구내용이 등록원부에 공시된 때부터 당해 상표권은 없었던 것으로 본다."고 규정하여, 식별력을 상실하기 전까지의 상표권의 효력은 인정하되 식별력을 상실한 때부터 상표권의 효력이 없었던 것으로 하고, 이를 특정하기 어려운 경우에는 최대한 빨리 무효의 효력을 상실시키기 위하여 무효심판청구일에 효력을 상실하는 것으로 된다.

본항 단서규정은 상표등록 후에 상표권이 소멸되는 경우 그 효력의 상실시기와 관련하여 다툼이 있을 수 있으므로 이를 분명히 하기 위하여 이와 같이 규정한 것이다. 또한 갱신등록된 상표가 등록이 무효되는 경우에도 그 무효의 효력은 당초의 상표등록시에 소급하여 무효가 되는 것이 아니라 갱신등록 후 식별력을 상실하게 된 시점부터 그 등록이 무효가 되게 되는 것이다.

3) 적용범위[4]

(1) 상표법 제71조 제1항 제5호 규정의 적용과 관련하여 동 법 부칙 제4항에서는 "이 법시행전에 상표등록출원, 상표권존속기간갱신등록출원 및 지정상품의 추가출원에 의한 등록상표의 심판·재심 및 소송에 대하여는 종전의 규정에 의한다."고 규정하고 있어, 위 개정 상표법 시행 전에 상표등록출원 하여 상표등록 된 것, 상표권존속기간갱신등록출원 하여 갱신등록된 것 및 지정상품 추가등록출원 하여 추가등록된 것은 종전법의 규정이 적용되지만, 위 개정법 시행 후에 상표등록출원 하여 상표등록된 것과 상표권존속기간갱신등록출원 하여 갱신등록 된 것 및 지정상품추가등록출원 하여 추가등록된 것은 개정 상표법이 적용된다.

---

4   ① 특허청에서 발행한 "개정상표법 해설자료" 및 "조문별 상표법해설", "지식재산21"(특허청 2001.7. 발행 '지식재산21 2001. 7월호')에 게재된 논문 중 '개정산업재산권법 무효심판제도에 관한 소고' 제하의 논문내용 중 개정 산업재산권상 무효심판에 대한 설명에서 "2001.7.1. 이전에 상표권갱신등록출원 된 것에 대하여는 종전의 법이 적용되지만, 2001.7.1. 이후에 상표권갱신등록출원된 것에 대하여는 개정 상표법이 적용된다고 설명하고 있다.

② 등록상표 제556018호에 대한 무효심결에 대한 불복사건에서(특허법원 2007.1.18. 선고 2006허 6259 판결 참조) 법원은 "상표법 제71조 제1항 제5호에 의하면 상표법 제6조 제1항 제3호에 해당하는지 여부는 그 등록무효사유가 발생한 시점을 기준으로 판단하여야 한다."고 한 후 "이 사건 등록상표는 이 사건 변론종결 당시 그 지정상품과 관련하여 이들의 원재료를 보통으로 사용하는 방법으로 표시한 표장만으로 된 상표로서 상표법 제6조 제1항 제3호에 해당한다."고 판시하고 있다.

4) 적용의 예외

상표등록이 된 후에 그 등록상표가 상표법 제6조 제1항 각 호의 1에 해당하게 된 경우라도 그 등록상표가 상표법 제6조 제2항에서 규정한 「사용에 의한 식별력 취득」이 인정되어 상표등록이 허여된 경우에는 본 호가 적용되지 아니한다. 즉, 사용에 의한 식별력을 취득하여 등록된 상표에 대하여는 본 호가 적용되지 아니한다.

6. 제41조의 규정에 따라 지리적 표시 단체표장등록이 된 후에 그 등록단체표장을 구성하는 지리적 표시가 원산지 국가에서 보호가 중단되거나 사용되지 아니하게 된 경우(법 제71조 제1항 제6호)

원산지 국가에서 더 이상 지리적 표시가 보호되지 않거나 사용되지 않는 경우를 무효 사유로 추가하였다.

III. 청구인 · 피청구인 등

1. 청구인

상표등록의 무효심판을 청구할 수 있는 자는 이해관계인[5] 및 심사관이다.

2. 피청구인

상표등록의 무효심판에 있어 피심판청구인은 상표권자이다. 상표권이 공유인 경우에는 공유자 전원을 피심판청구인으로 하여야 한다.

---

5   상표등록무효심판을 청구할 수 있는 이해관계인이라 함은 당해 심판결과(상표권소멸)로부터 이익을 받는 자를 말하며 ① 상표권자로부터 권리의 대항을 받거나 권리의 대항을 받을 우려가 있는 자, ② 당해 등록상표를 이유로 상표등록출원에 대한 거절결정을 받은 자, ③ 당해 등록상표의 지정상품과 동종의 업을 하는 자 등을 말한다.

3. 청구기간

1) 원 칙

상표등록의 무효심판은 상표권존속기간 중에는 물론 상표권소멸 후에도 청구할 수 있다.[6] 따라서 상표권의 포기, 존속기간의 만료, 취소심결의 확정에 의하여 상표권이 소멸한 경우에도 상표등록의 무효심판을 청구할 수 있다. 다만, 상표등록무효심결의 확정에 의하여 상표권이 소멸한 경우에는 그 청구가 인정되지 않는다.

2) 제척 기간

상표법 제7조 제1항 제6호 내지 제9호의2 및 제14호, 제8조에 위반함을 이유로 하는 상표등록무효심판은 상표등록일로부터 5년이 경과한 후에는 이를 청구할 수 없다(법 제76조 제1항). 이와 같이 일부 무효사유의 경우에는 그 무효심판청구 할 수 있는 기간을 제한토록 하는 제척기간을 둔 것은 등록상표의 권리를 그대로 유지케 함으로서 법적안정성을 기하기 위해서이다.

4. 청구범위

1) 전부무효

등록상표가 상표법 제71조 제1항에서 규정한 무효사유에 해당하는 경우에는 그 등록 상표에 대하여 무효심판을 청구할 수 있다. 상표등록이 다류의 상품을 지정상품으로 하여 등록된 경우 이들 다류에 속하는 상품 모두를 대상으로 하여 무효심판을 청구할 수 있고, 그 중 어느 1개류의 상품만을 대상으로 하여 심판을 청구할 수도 있다.[7]

---

[6]　상표법 제46조는 "상표등록이 같은 법조 각 호 소정의 무효사유에 해당할 경우에는 그 소멸의 전후를 불문하고 심판에 의하여 그 등록을 무효로 하여야 한다"라고 규정하고 있으므로 이 건과 같이 무효심판사건이 항고심에 계속 중 피심판청구인이 그 상표권을 포기하여 무효심판의 대상이 된 상표등록이 말소된 경우에도 심판에 의하여 이를 무효로 하여야 하는 것은 마찬가지라 할 것이다. 상표권의 포기로 인하여 상표등록이 말소된 경우에는 예외적으로 무효심판청구가 부적법한 것으로서 각하되어야 한다는 논지는 독자적 견해로서 받아들일 수 없다(대법원 1990.9.11. 선고 89후1769 판결).

[7]　① 등록상표의 지정상품 전부를 대상으로 하는 무효심판을 청구하였다가 이를 지정상품 일부만을 무효로 하는 심판으로 청구의 취지를 변경할 수 있는데, 이는 당초 심판청구취지의 범위 내라 할 것이므로 요지변경이 되지 아니한다. 그러나 지정상품 일부를 무효로 하는 심판을 청구하였다가 이를 다시 지정상품 전부에 대하여 무효를 구하는 전부무효심판을 청구하는 것은 당초 청구의 취지를 벗어난 것으로서 심판청구의 요지를 변경하는 것이므로 인정되지 아니한다.

2) 일부무효

등록상표의 일부무효라 함은 지정상품중 일부 지정상품만을 무효시키는 것으로서 등록상표의 지정상품 중 일부 지정상품만 무효사유가 있는 경우에는(법 제6조 제1항 제1호 내지 제3호, 제7조 제1항 제7호 및 제8조에 위반한 경우 등) 그 무효사유가 있는 지정상품 만을 대상으로 하여 무효심판을 청구할 수 있다. 상표법상 등록상표의 무효 심판은 그 지정상품마다 무효심판을 청구할 수 있는 것으로 해석되지만 이때 유사한 지정상품에 대하여는 모두 포함하여 청구해야만이 무효심판청구의 실익이 있다.

한편, 여러 개 류에 속하는 상품들을 지정 상품으로 하여 등록된 경우에는 그 중 어느 하나의 상품류 구분에 속하는 상품들만을 대상으로 하여 무효심판을 청구할 수도 있는데 ,이 경우를 지정상품의 일부무효라고 하지는 않는다.

5. 청구서방식

상표등록의 무효심판을 청구하고자 하는 자는 ① 당사자의 성명과 주소(법인인 경우에는 그 명칭 및 영업소의 소재지), ② 대리인이 있는 경우 대리인의 성명 및 주소나 영업소의 소재지, ③ 심판사건의 표시, ④ 청구의 취지 및 이유를 기재한 심판청구서를 특허심판원장에게 제출하여야 한다(법 제77조의2).

한편, 상표등록무효심판을 청구하는 경우 심판청구료 등을 납부하여야 하는데 그 등록상표가 2개 이상의 상품군에 속하는 지정상품을 포함하고 있는 경우에는 그 각각의 류(類)마다 심판청구료를 추가로 납부해야 한다.

6. 방식심사

상표등록의 무효심판이 청구되면 특허심판원장은 심판관을 지정하고 심판장으로 하여금 심판청구서가 방식에 적합한지를 심사토록 한다.

심판장은 방식심사결과 청구서방식이 불비한 경우에는 기간을 정하여 이를 보정할 것을 명하여야 하며, 기간 내에 그 흠결을 보정하지 아니한 경우에는 결정으로 심판청구서를 각하하여야 한다.

---

② 다류의 상품 모두를 대상으로 하여 무효심판을 청구하는 경우 심판사건은 1건으로 취급하지만 심판청구에 따른 수수료는 1개류의 상품마다 각각의 심판청구료를 납부하여야 한다(등록상표의 지정상품이 5개류로 되어 있는 경우에는 심판청구료는 5배가 된다).

7. 부본송달

심판장은 심판의 청구가 있는 때에는 심판청구서의 부본을 피청구인에게 송달하고 기간을 정하여 답변서 제출의 기회를 주어야 한다.

8. 심판청구의 취하

심판청구는 심결이 확정될 때까지 이를 취하할 수 있으며 2 이상의 지정상품에 대하여 무효심판을 청구한 경우 그 일부의 지정상품에 대한 무효심판청구를 취하할 수 있다. 그러므로 심결이 확정되기 전까지는 그 사건이 특허법원이나 대법원에 계류중인 경우에도 심판청구를 취하할 수 있는 것이다. 다만, 상대방의 답변서 제출이 있은 후에는 상대방의 동의를 얻어야 한다.

IV. 심판절차

1. 당사자의 주장

1) 청구인

심판청구인은 청구취지의 범위 내에서 당해 등록상표 무효가 되어야 하는 이유(법 제6조 제1항 제3호 또는 제7조 제1항 제7호 등)와 이를 뒷받침하는 증거와 판례, 심사예 등을 참고자료 제출할 수 있다. 무효사유는 언제든지 이를 추가하거나 철회[8]할 수 있다.

2) 피청구인

피청구인은 당해 등록상표가 무효가 되어야 한다는 청구인의 주장에 대하여 그 주장이 성립될 수 없는 반박 이유와 그 주장을 뒷받침하는 이유와 증거, 참고자료 등을 제출할 수 있다.

---

8   다만, 상표등록무효심판에서는 직권심리가 적용되므로 일부 무효사유를 철회하더라도 심판은 그 철회한 무효사유에 대하여까지도 이를 심리대상으로 할 수 있다.

2. 심 리

1) 적법성 심리

상표등록의 무효심판이 청구되면 본안심리에 앞서 그 청구가 이해관계인에 의한 청구인지 여부 등 심판청구의 적법성 여부를 심리한다.

2) 본안심리

(1) 심리방식

상표등록의 무효심판은 구술심리 또는 서면심리로 할 수 있으며 다만, 당사자가 구술심리를 신청한 때에는 서면심리만으로 심리하는 것이 적절치 않다고 인정되는 경우에는 구술심리를 하여야 한다.

(2) 심리범위

상표등록의 무효심판에 있어서 직권심리가 적용되기는 하나 그 심리의 범위는 심판청구인이 신청한 청구취지의 범위 내에서 심리하여야 하며 심판청구인이 신청하지 아니한 청구취지에 대하여는 이를 심리할 수 없다.[9] 그러나 청구취지의 범위 내에서는 당사자 또는 참가인이 신청하지 아니한 이유에 대하여도 이를 심리할 수 있다. 당사자 또는 참가인이 신청하지 아니한 이유에 대하여 심리하는 경우에는 당사자 또는 참가인에게 기간을 정하여 그 이유에 대하여 의견을 진술할 수 있는 기회를 주어야 한다.[10]

한편, 지정상품 전부를 대상으로 하는 무효심판청구사건에서 그 중 일부의 지정상품만이 무효사유에 해당되는 경우, 그 등록상표 자체를 무효로 해야 하는지 아니면 무효사유가 있는 그 일부의 지정상품만을 무효로 하는 일부무효로 할 수 있는지에 대하여 논란이 있으나 판례는 그 일부의 지정상품만을 무효로 할 수 있다는 입장이며 실무도 판례에 따르는 경향이다.[11]

---

[9]　상표등록무효심판에 있어서는 변론주의에 의하지 아니하고 직권탐지주의가 적용될뿐더러(법 제77조, 특허법 제159조) 상표법상 의제자백에 관한 민사소송법 제139조를 준용하는 규정도 두고 있지 아니하여 심판절차에서는 자백에 관한 규정이 적용되지 아니하므로 피고가 심판절차에서 답변서를 제출하지 아니하였다하여 원고가 주장하는 무효사유를 그대로 자백하였고, 특허심판원도 이에 구속된다고 할 수 없으므로 원고의 주장은 받아들일 수 없다(특허법원 2000.6.16. 선고 99허9762 판결).

[10]　등록무효이유로 주장한 사실이 없는 주요한 사항을 직권심리하여 심결이유로 삼으려면 당사자에게 의견진술의 기회를 주어야 하고 이를 위반하는 심결은 위법이다(대법원 1990.11.27. 선고 82후496 판결).

[11]　① 그 하나의 견해는 비록 심판청구인이 전부무효를 주장하는 심판을 청구하였다 하더라도 그 중 일부의 지정상품이 무효사유에 해당하는 경우에는 일부의 상품만을 무효로 하는 심결을 함이 타당하다

는 견해로서 이는 우리 상표법에서 일부무효가 인정되고 있고 당사자의 청구취지 범위 내에서의 심리
이므로 소송법상으로도 합당하며 또한 심판에서는 직권주의가 적용되므로 그 일부상품만을 무효로 하
는 것이 양 당사자에게도 유익하며 법의 취지에도 부합하는 것이 된다는 견해이다.

이에 반대하는 견해는 상표법상 일부무효가 인정되고 있기는 하나 이는 심판청구인이 일부무효를
청구취지로 하는 심판에 한하며 전부무효를 청구취지로 하는 경우를 의미하는 것은 아니며 또한 지정
상품마다 일일이 무효사유 존재여부를 가리는 것은 심판실무상 매우 어려운 일일 뿐만 아니라 심판절
차의 지체와 심판청구사건의 적체를 그 이유로 들고 있다. 지금까지 특허청의 실무는 이와 같은 입장
에서 일부무효를 인정하지 않고 전부인용, 전부기각의 심결을 하여 왔으며, 일부 무효심결을 한 경우도
있다. 그러나 소송법상으로 볼 때 전부무효를 취지로 하는 심판청구라 하더라도 일부무효로 심결할 수
있다 할 것이며 판례(1980.9.9. 선고 79후94, 1985.9.24. 선고 84후109 판결)도 이와 같은 취지이나 실
무상의 어려움과를 여하히 조화시키느냐가 관건이라 하겠다.

② ㉠ 어느 상표가 2 이상의 상품을 지정상품으로 하여 등록되어 있는 경우에는 심판청구인이 상표
등록 전부의 무효심판을 청구하는 경우라도 지정상품 중 일부에만 무효원인이 있고 다른 지정상품에
는 무효사유가 없음이 명백한 때에는 무효원인이 있는 지정상품에 한하여 등록무효의 심판을 하여 그
부분만 말소하게 함이 상당하므로, 지정상품별로 등록무효여부에 관한 판단을 하여야 할 것이다(대법
원 1994.5.24. 선고 92후2274 전원합의체 판결 등).

㉡ 이 사건 등록서비스표는 한글 "삼보곰탕"만으로 구성된 상표로서 '곰탕전문음식점경영업', '곰탕
전문식당체인업', '음식조리대행업', '음식조리지도업'을 그 지정서비스업으로 하고 있는바, 이 사건 등
록서비스표는 '음식조리대행업', '음식조리지도업'과 관련하여 볼 때 이 사건 등록서비스표 중 "곰탕"이
라는 부분에 의하여 그 지정서비스업이 "곰탕"만을 전문으로 하는 "조리대행업" 또는 "조리지도업"인
것으로 일반 수요자들에게 직감될 수 있다고 할 것이므로, 이 사건 등록서비스표를 '곰탕'이 아닌 다른
음식에 관하여 조리를 대행해 주거나 조리를 지도해 주는 서비스업에 사용할 경우에는 일반 수요자들
은 '곰탕'과 관련이 있는 것으로 오인할 우려가 있다. 그렇다면 이 사건 등록서비스표는 그 지정서비스
업 중 '음식조리대행업' 및 '음식조리지도업'에 사용할 경우 일반 수요자로 하여금 서비스업의 품질을
오인하게 할 염려가 있다고 할 것이므로 상표법 제71조 제1항 제1호, 같은 법 제7조 제1항 제11호의 규
정에 의하여 이 사건 등록서비스표의 지정서비스업 중 '음식조리대행' 및 '음식조리지도업'에 대한 등록
은 무효로 되어야 할 것이나, 나머지 '곰탕전문음식점경영업', '곰탕전문식당체인업'에 관하여는 이 사
건 등록서비스표가 위 지정서비스업에 사용된다고 하더라도 일반 수요자로 하여금 서비스업의 품질을
오인하게 할 염려가 있다고 할 수 없다(특허법원 2000.6.16. 선고 99허9762 판결).

③ 지정서비스업 별로 품질오인의 염려가 있는지 여부를 검토하여 이에 해당하는 '음식조리대행업'
및 '음식조리지도업'에 대한 등록만이 무효라고 본 조치는 정당하고, 거기에 의제자백에 관한 법리오해
등의 위법이 있다고 볼 수 없다. 상고이유에서 들고 있는 대법원판결은 사안을 달리하여 이 사건에서
원용하기에 적절하지 아니하다(특허법원 98허9762 판결에 대한 대법원 2000.12.22. 선고 2000후1542
판결).

④ 생각건대 상표법 제71조 제1항 후단에서 규정한 「지정상품이 2 이상 있는 경우 지정상품마다 무
효심판을 청구할 수 있다」는 규정이 상표등록을 하는 심판에서 일부지정상품의 무효를 심결할 수 있
다는 규정은 아니며 또 법률 제5355호(1997.8.22. 공포, 1998.3.1. 시행)에서는 동 법 제54조의2를 신
설하여 상표권의 분할을 규정하고 있으나 이는 다류1출원제도의 시행에 따라 상품구분 내지 상품에 따
라 거절 또는 등록의 결정이 있을 수 있고, 이러한 결과는 등록 후에도 심판에 따라 동일하게 발생할 수
있으므로 출원인 또는 상표권자가 이에 따른 조치가 가능하도록 하고자 상표권의 분할을 인정하고 있
는 취지이다. 그렇다면 상표법의 법리 및 심판실무 등으로 미루어 볼 때 이들 규정에 근거하여 지정상
품 전부를 무효로 하는 심판에서 일부의 상품만을 무효로 할 수 있는 것은 아니라 할 것이다. 다만 판

3) 무효사유의 판단시점

(1) 결정시 기준

등록상표의 무효사유의 판단시점은 상표법에서 특별히 규정한 경우를 제외하고는 상표등록여부결정시를 기준으로 하여 판단한다(법 제6조 제1항 각 호, 제7조 제1항, 제1호 내지 제6호, 제11호 등).

(2) 출원시 기준

등록상표가 상표법 제7조 제1항 제7호 내지 제10호, 제12호 규정위반을 이유로 무효심판을 청구한 경우 그 무효사유의 판단시점은 출원시를 기준으로 하여 판단한다(법 제7조 제2, 3항 등).

3. 심 결

1) 심리종결통지

사건이 심결을 할 정도로 성숙했다고 판단되는 때에는 그 사건에 대한 심리를 종결하고 심판청구인, 심판피청구인 및 참가인에게 심리종결통지를 하여야 한다. 심리종결통지를 한 후에도 신청에 의하여 또는 직권으로 심리를 재개할 수 있다.

2) 심결의 방식

심결은 그 심판사건에 대한 심판부의 종국적인 의사표시로서 심결은 이를 서면으로 하여야 하며 심리종결통지를 한 날로부터 20일 이내에 하여야 한다.

3) 심결의 태양

(1) 각 하

이는 심결각하를 말하는데 심판청구가 부적법한 청구인 경우에는 본안심리를 하지 아니하고 심결로서 그 심판청구를 각하한다.

례에서 그 일부 지정상품만에 대하여 무효로 할 수 있는 것으로 운용하는 것은 소송일반법칙에 따라 이와 같이 하는 것으로서 이해된다.

(2) 기 각

이는 상표등록의 무효심판청구가 이유 없는 경우로서 상표등록의 무효심판청구를 기각하는 심결을 한다.

(3) 인 용

이는 상표등록의 무효심판청구가 타당한 경우로서 무효심판이 제기된 당해 등록상표를 무효로 하는 심결을 하게 된다.

4. 심결의 효과

1) 상표권의 소멸

(1) 소급효

상표등록을 무효로 한다는 심결이 확정된 때에는 그 상표권은 처음부터 없었던 것으로 본다(법 제71조 제3항).

(2) 예 외

상표등록 후 상표권자가 상표권을 향유할 수 없는 자로 되거나, 그 등록상표가 조약에 위반된 때를 이유로 하여 상표등록이 무효로 된 때에는 그 사유가 해당하게 된 때부터 상표권은 소멸한다.

그러나 상표등록 후 그 등록상표가 법 제6조 제1항 각 호의 1에 해당하는 것을 이유로 하여 상표등록이 무효로 된 때에는 그 사유가 해당하게 된 때부터 상표권은 소멸한다. 다만, 등록상표가 법 제71조 제1항 제4호 내지 제6호에 해당된 때를 특정할 수 없는 경우에는 무효심판청구내용이 등록원부에 공시된 때부터 상표권은 없었던 것으로 본다(법 제71조 제4항).

2) 대세적 효력

심결이 확정되면 그 효과는 당사자는 물론 제3자에 대하여도 효력이 미치는 등 대세적 효력이 발생한다.

3) 심결의 기속력

심결은 그 심결을 한 심판부 자신도 이를 취소·변경할 수 없으며 그 존재 및 내용을 존중해야 하는바 이를 심결의 기속력이라 한다.

4) 일사부재리의 원칙

심결이 확정되면 누구든지 동일사실 · 동일증거로는 다시 동일한 심판을 청구할 수 없는 등 일사부재리의 원칙이 적용된다.

동일사실이라 함은 당해 상표권과의 관계에서 확정이 요구되는 구체적 사실(산지표시 · 타인의 주지 저명 상표와 동일 또는 유사 등)이 동일한 것, 즉 당해 등록상표에 대하여 무효라고 주장하는 사실(무효이유로 들고 있는 사실)이 동일한 것을 말한다. 증거는 사실을 뒷받침하는 자료, 문헌 등을 말하는데, 동일증거라 함은 동일성이 있는 증거를 뜻하며 비록 증거의 표시가 다르더라도 그 내용이 실질적으로 동일한 경우에는 동일증거이다.

5) 재심사유

상표등록을 무효로 한다는 심결이 확정되면 이와 저촉되는 민 · 형사상의 판결은 이를 이유로 재심을 청구할 수 있다.

6) 상표등록의 우선권 부여

등록상표가 상표법 제7조 제1항 제6호 · 제9호 내지 제12호 및 제8조의 규정에 위반한 것을 사유로 상표등록의 무효심결이 확정된 경우 그 정당한 출원인[12]은 상표권 소멸일로부터 1년내라 하더라도 무효된 상표의 동일 또는 유사한 상표를 출원하여 상표등록을 받을 수 있다(법 제7조 제4항).

V. 심결에 대한 불복

상표등록무효심판의 심결에 대하여 불복이 있는 때에는 심판청구인 또는 피심판청구인은 심결문등본을 받은 날로부터 30일 이내에 특허심판원의 심결에 불복하는 심결취의 소를 특허법원에 제기하여 그 심결의 당 · 부를 다툴 수 있다.

---

12   정당한 출원인이라 함은 저명한 성명 · 명칭의 당사자, 저명한 상호의 상인 등(법 제7조 제1항 제6호), 주지 · 저명상표의 상표권자(법 제7조 제1항 제9호 · 제10호), 선출원인(법 제8조)을 말한다.

제4장 지정상품추가등록의 무효심판

일러두기 이 심판은 지정상품의 추가등록만을 무효로 하는 심판이다. 지정상품의 추가등록이 잘못된 경우 선출원주의를 해치는 등 제3자에게 미치는 영향이 지대하기 때문에 지정상품의 추가등록이 잘못된 경우 이를 무효로 할 필요가 있는 것이다.

지정상품의 추가등록을 무효로 하는 심결이 확정되면 추가등록된 지정상품의 등록만이 무효로 되는데, 지정상품의 일부만을 무효로 하는 심판을 청구할 수도 있다.

I. 서 언

1. 의 의

지정상품추가등록의 무효심판이라 함은 등록상표의 지정상품을 추가 등록한 것이 상표법에서 규정한 소정의 무효사유에 해당하는 경우 이를 심판에 의하여 무효시키는 것을 말한다.

지정상품추가등록의 무효심판은 추가로 등록된 지정상품만을 무효로 한다는 점에서 등록상표를 무효로 하는 상표등록의 무효심판과 구별되며, 갱신등록만을 무효로 하는 상표권존속기간갱신등록의 무효심판과도 다르다.

지정상품추가등록의 무효심판은 추가 등록된 모든 지정상품의 무효를 구하는 심판을 청구할 수도 있고 그 일부상품의 추가등록만을 무효로 하는 심판을 청구할 수도 있다.

2. 제도적 취지

상표법에서 지정상품추가등록을 인정하고 있는 취의가 상표권자가 사업을 확장하거나 변경하여 새로운 상품에 상표를 사용하고자 하는 경우 그 등록을 용이하게 함으로써 상표권자의 편익을 도모함에 있다. 그러나 지정상품추가등록이 타인의 선출원등록상표와 유사하거나 지정상품과 관련하여 기술적 표장에 해당되는 경우에도 불구하고 추가등록된 경우에는 타 상표권자의 이익을 해치거나 수요자에게 상품출처의 오인 · 혼동을 일으키게 하는 등 법적 안정성을 크게 해치게 된다.

따라서 상표법은 지정상품추가등록은 인정하되 일정한 무효사유를 명시하여 그 사유에 위반하여 등록된 지정상품추가등록은 이를 무효로 할 수 있도록 함으로써 제3자의 이익은 물론 일반 수요자의 이익도 보호하고자 본 제도를 둔 것이다.

II. 무효사유 및 절차

1. 무효사유

(1) 상표법 제71조 제1항 제1호에 해당하는 경우

① 법 제3조에 위반하여 등록된 경우

② 법 제5조의24에 위반하여 등록된 경우(외국인의 권리능력)

③ 법 제6조의 규정에 위반하여 등록된 경우(상표등록의 요건)

④ 법 제7조의 규정에 위반하여 등록된 경우(상표등록을 받을 수 없는 상표)

⑤ 법 제8조의 규정에 위반하여 등록된 상표(선출원)

⑥ 법 제12조 제2항 후단, 제5항 및 제7항 내지 제9항, 또는 제23조 제1항 제4호에 위반하여 등록된 상표(상표등록출원을 일부 이전함에 있어 유사한 지정상품을 함께 이전하지 아니하거나, 공유자의 동의를 얻지 아니하고 그 지분을 이전한 경우, 업무표장 · 단체표장 및 국가 공공단체의 표장을 양도한 경우)

⑦ 상표등록 후 상표권자가 법 제5조의 규정에 의하여 준용되는 특허법 제25조의 규정에 위반된 경우(외국인의 권리능력 위반)

⑧ 상표등록이 된 후에 그 등록상표가 법 제6조 제1항 각 호의 1에 해당하게 된 경우(제6조 제2항에 해당하게 된 경우 제외)

(2) 조약에 위반된 경우

(3) 상표등록이 정당한 권리자에 의하지 아니한 경우

(4) 지정상품의 추가등록이 제48조 제1항 제4호(등록상표의 상표권이 소멸하거나 상표등록출원이 포기 · 취하 또는 무효 되거나 거절결정이 확정된 경우)에 위반된 경우

2. 청구 및 절차

1) 청구인

지정상품추가등록의 무효심판은 이해관계인 및 심사관에 한하여 청구할 수 있다.

2) 피청구인

지정상품추가등록의 무효심판에 있어 피심판청구인은 지정상품추가등록을 받은 상표권자이다. 상표권이 공유인 경우에는 공유자 전원을 피심판청구인으로 하여야 한다.

3) 청구기간

(1) 원 칙

지정상품추가등록의 무효심판은 상표권존속기간 중에는 물론 상표권 소멸 후에도 청구할 수 있다. 따라서 상표권의 포기, 존속기간의 만료, 상표등록취소심결의 확정에 의하여 상표권이 소멸된 경우에도 지정상품추가등록의 무효심판을 청구할 수 있다. 다만, 상표등록무효심결에 의하여 상표권이 소멸한 경우에는 이를 청구할 수 없다.

(2) 예 외

지정상품추가등록이 상표법 제7조 제1항 제6호 내지 제9호 및 제14호, 제8조에 위반한 것을 사유로 하는 무효심판의 청구는 지정상품추가등록일로부터 5년이 경과한 후에는 이를 청구할 수 없다(법 제76조 제1항).

4) 청구범위

지정상품추가등록이 상표법 제71조 제1항 각 호에서 규정한 무효사유에 해당하는 경우에는 그 지정상품추가등록에 대하여 무효심판을 청구할 수 있다. 또한 지정상품추가등록 중 일부의 지정상품에 무효사유가 있는 경우에는 그 일부만을 무효로 하는 무효심판을 청구할 수 있다.

5) 절 차

심판청구서방식, 심판청구서에 대한 방식심사 및 부본송달 등 그 외 심판절차는 상표등록무효심판에서의 경우와 같다.

6) 심판청구의 취하

지정상품추가등록의 무효심판청구는 그 심결이 확정될 때까지 이를 취하할 수 있다. 다만, 상대방의 답변서 제출이 있는 경우에는 상대방의 동의를 얻어야 한다.

III. 심리 · 심결 및 효과

1. 심 리

1) 적법성 심리

지정상품추가등록의 무효심판이 청구되면 본안심리에 앞서 그 청구가 이해관계인에 의한 청구인지 여부 등 심판청구의 적법성 여부를 심리한다.

2) 본안심리

(1) 심리방식

지정상품추가등록의 무효심판은 구술심리 또는 서면심리로 할 수 있다.

(2) 심리범위

이 심판은 지정상품추가등록만을 무효로 하는 심판이므로 추가 등록된 지정상품의 전부 또는 일부에 무효사유가 있는지 여부만을 심리하여야 한다. 이 심판에서도 직권심리는 적용되며 심리의 범위는 상표등록무효심판에서의 경우와 같다.

3) 무효사유의 판단시점

지정상품추가등록의 무효사유의 판단시점은 상표법에서 특별히 규정한 경우를 제외하고는 상표등록결정시를 기준으로 하여 판단한다. 그러나 지정상품추가등록이 상표법 제7조 제1항 제6호, 제9호, 제10호 및 제12호 위반을 이유로 하는 등 경우에는 그 무효사유의 판단시점은 출원시를 기준으로 하여 판단한다(법 제7조 제2항, 제3항).

2. 심 결

1) 심리종결통지

심판장은 사건이 심결을 할 정도로 성숙했다고 판단되는 때에는 그 사건에 대한 심리를 종결하고 심판청구인·심판피청구인 및 참가인에게 심리종결통지를 하여야 한다. 심리종결통지를 한 후에도 신청에 의하여 또는 직권으로 심리를 재개할 수 있다.

2) 심결의 방식

심결은 이를 서면으로 하여야 하며 심리종결통지를 한 날로부터 20일 이내에 하여야 한다.

3) 심결의 태양

(1) 각 하

이는 심결각하를 말하는데 심판청구가 부적법한 청구인 경우에는 본안심리를 하지 아니하고 심결로서 그 심판청구를 각하한다.

(2) 기 각

이는 지정상품추가등록의 무효심판청구가 이유없는 경우로서 지정상품추가등록의 무효심판청구를 기각하는 심결을 한다.

(3) 인 용

이는 지정상품추가등록의 무효심판청구가 타당한 경우로서 무효심판이 제기된 당해 지정상품의 추가등록을 무효로 하는 심결을 하게 된다.

3. 심결의 효과

1) 지정상품추가등록의 무효

지정상품추가등록을 무효로 한다는 심결이 확정된 때에는 그 지정상품추가등록은 처음부터 없었던 것으로 본다. 이때 무효가 되는 것은 지정상품추가등록된 것에 한하며 원상표등록은 유효하다.

2) 대세적 효력

심결이 확정되면 그 효과는 당사자는 물론 제3자에 대하여도 효력이 미치며 대세적 효력이 발생한다.

3) 심결의 기속력

심결은 그 심결을 한 심판부 자신도 이를 취소 · 변경할 수 없으며 그 존재 및 내용을 존중해야 하는바, 이를 심결의 기속력이라 한다.

4) 일사부재리의 원칙

심결이 확정되면 누구든지 동일사실 · 동일증거로는 다시 동일한 심판을 청구할 수 없는 등 일사부재리의 원칙이 적용된다.

5) 재심사유

지정상품추가등록을 무효로 한다는 심결이 확정되면 이와 저촉되는 민 · 형사상의 판결은 이를 이유로 재심을 청구할 수 있다.

IV. 심결에 대한 불복

지정상품추가등록의 무효심판의 심결에 대하여 불복이 있을 때에는 심판청구인 또는 피심판청구인은 심결문등본을 받은 날로부터 30일 이내에 특허심판원의 심결에 불복하는 소를 특허법원에 제기하여 그 당·부를 다툴 수 있다.

제5장 상표권존속기간갱신등록의 무효심판

일러두기 이 심판은 상표권의 존속기간을 10년간 연장하는 갱신등록이 잘못된 경우 그 갱신등록만을 무효로 하는 심판이다. 상표권의 존속기간갱신등록이 잘못된 경우 제3자에게 지대한 영향을 미치기 때문에 상표권갱신등록이 잘못된 경우에는 그 등록을 무효로 할 필요가 있는 것이다.

I. 서 언

1. 의 의

상표권존속기간갱신등록의 무효심판이라 함은 상표권의 존속기간을 갱신등록한 것이 상표법에서 정한 소정의 무효사유에 해당하는 경우 이를 심판에 의하여 그 갱신등록을 무효시키는 것을 말한다.

상표권존속기간갱신등록의 무효심판은 상표권의 갱신등록만을 무효로 하는 심판인 점에서 상표권을 처음부터 없었던 것으로 하는 상표등록의 무효심판과 다르다 하겠으나 그 이외 심판절차는 동양(同樣)이다.

2. 제도적 취지

상표권의 존속기간을 갱신등록 할 수 있도록 한 것은 잘못 등록된 상표나 앞으로 계속 사용할 의사가 없는 상표는 이를 정리하고 또 한편으로는 장기간의 사용으로 인하여 신용이 축적된 상표는 이를 계속 독점적으로 사용할 수 있도록 하게 함으로써 수요자의 이익과 상표권자의 이익을 아울러 도모하고자 함에 그 취의가 있다.

그러나 심사관의 착오나 간과(看過) 등으로 갱신등록될 수 없는 상표권이 갱신등록된 경우에는 이를 무효토록 하는 것이 상표법이 목적하는 바에 부응하는 것이 되고 수요자의 이익도 아울러 보호하는 것이 된다 할 것이므로, 상표법에서는 상표권존속기간의 갱신등록을 무효로 할 수 있는 제도적장치를 별도로 마련하고 있는 것이다.

종전의 상표법(2010.1.27. 법률 제9987호 이전의 상표법)에서는 상표권의 존속기간을 갱신하고자 하는 경우 상표권자로 하여금 「상표권의 존속기간 갱신등록출원서」를 특허청장에게 제출토록 하고 이를 심사관으로 하여금 법 소정의 갱신등록 요건을 충족하는지 여부를 심사토록 한 후 갱신등록을 허여하는 것으로 운영하여 왔으나, 2010. 1.27. 법률 제9987호에서 이를 개정하여 「상표권의 존속기간 갱신등록 신청서」의 제출만으로 상표권의 존속기간이 갱신되는 것으로 하고, 갱신등록에 관한 무효여부 등은 심판에서 다루도록 하였다(법 제43조, 제46조).

II. 무효사유 및 절차

1. 무효사유(법 제72조 제1항)

1) 상표권 존속기간갱신등록 무효사유

① 법 제43조 재2항에 위반된 경우, ② 상표권자가 아닌 자가 상표권 존속기간갱신등록 신청을 한 경우로 한정하고 있다(법 제72조 제1항). 그러므로 상표권 존속기간갱신등록된 상표에 대한 실체적 이유(식별적 유무, 타인의 상표와의 유사여부 등)를 들어 다투고자 하는 경우에는 갱신등록이 아닌 원등록상표를 대상으로 하여 그 무효여부를 다투어야 한다.

2) 제43조 제2항의 규정에 위반된 경우

이 경우는 상표권의 존속기간갱신등록신청이 상표권의 존속기간 만료 후 6월이 경과하여 신청한 경우를 말한다.

3) 출원인이 당해 상표권자가 아닌 경우

이는 상표권의 존속기간갱신등록신청이 당해 상표권자가 아닌 자에 의하여 신청되어 갱신등록된 경우를 말한다.

2. 청구 및 절차

1) 청구인

상표권존속기간갱신등록의 무효심판은 이해관계인 또는 심사관에 한하여 청구할 수 있다.

2) 피청구인

상표권존속기간갱신등록의 무효심판의 피심판청구인은 상표권자이다. 상표권이 공유인 경우에는 공유자 전원이 피심판청구인이 된다.

3) 청구기간

상표권존속기간갱신등록의 무효심판은 상표권의 존속기간 중에는 물론 상표권이 소멸된 후에도 이를 청구할 수 있다. 다만, 상표권존속기간갱신출원할 수 있는 기간을 경과하여 신청된 것이 갱신등록된 경우에는 갱신등록일로부터 5년이 경과한 후에는 이를 청구할 수 없다(법 제76조 제1항).

4) 청구범위

상표법은 동법 제72조 제1항에서 상표권존속기간갱신등록의 지정상품이 2 이상 있는 경우에는 지정상품마다 무효심판을 청구할 수 있다고 규정하여, 일부의 지정상품만을 무효로 하는 무효심판을 청구할 수도 있는 것으로 규정하고 있다(법 제72조 제1항).[1]

5) 절 차

심판청구서방식, 심판청구서에 대한 방식심사 및 부본송달 등 그 이외의 절차는 상표등록무효심판에서의 경우와 같다.

6) 심판청구의 취하

상표권존속기간갱신등록의 무효심판청구는 심결이 확정될 때까지 이를 취하할 수 있다. 다만, 상대방의 답변서 제출이 있은 후에는 상대방의 동의를 얻어야 한다.

---

1   그러나 상표권갱신등록의 무효사유를 ① 법 제43조 제2항의 규정에 위반된 경우, ② 상표권자가 아닌자가 상표권의 존속기간갱신등록을 신청한 경우로 규정하고 있음에 비추어 그 무효사유로 미루어 볼 때, 일부의 지정상품만을 무효로 하는 무효심판을 청구할 수 있는 여지는 없다. 아마도 본 규정은 1997.8.22. 법률 제5355호에서 동법 제72조 제1항 제1호를 삭제한 사실, 2001.2.3. 법률 제6414호에서 제71조 제1항 제5호를 신설한 사실을 간과한 것으로 사료된다.

III. 심리·심결 및 효과

1. 심 리

1) 적법성심리

상표권존속기간갱신등록의 무효심판이 청구되면 본안심리에 앞서 그 청구가 이해관계인에 의한 적법한 청구인지 여부 등 심판청구의 적법성 여부를 심리한다.

2) 본안심리

(1) 심리방식

상표권존속기간갱신등록의 무효심판은 구술심리 또는 서면심리로 할 수 있다.

(2) 심리범위

이 심판은 상표권의 존속기간갱신등록만을 무효로 하는 심판으로서 그 심리대상은 상표권존속기간갱신등록이 기간 내에 신청하여 등록되었는지, 정당한 상표권자의 신청에 의하여 등록되었는지 만이 그 심리대상이 된다.

2. 심 결

1) 심리종결통지

심판장은 사건이 심결을 할 정도로 성숙했다고 판단되는 때에는 그 사건에 대한 심리를 종결하고 심판청구인·피심판청구인 및 참가인에게 심리종결통지를 하여야 한다. 심리종결통지를 한 후에도 신청에 의하여 또는 직권으로 심리를 재개할 수 있다.

2) 심결의 방식

심결은 이를 서면으로 하여야 하며 심리종결통지를 한 날로부터 20일 이내에 하여야 한다.

3) 심결의 태양

(1) 각 하

이는 심결각하를 말하는데 심판청구가 부적법한 청구인 경우에는 본안심리를 하지 아니하고 심결로서 그 심판청구를 각하한다.

(2) 기 각

이는 상표권존속기간갱신등록의 무효심판청구가 이유 없는 경우로서 상표권존속기간갱신등록의 무효심판청구를 기각하는 심결을 말한다.

(3) 인 용

이는 상표권존속기간갱신등록의 무효심판청구가 타당한 경우로서 무효심판이 청구된 당해 상표권의 존속기간갱신등록은 이를 무효로 하는 심결을 하게 된다.

3. 심결의 효과

1) 상표권존속기간갱신등록의 무효

상표권의 존속기간갱신등록을 무효로 한다는 심결이 확정된 때에는 당해 상표권의 존속기간갱신등록은 처음부터 없었던 것으로 된다. 이때 무효가 되는 것은 상표권의 존속기간갱신등록에 한하며 당초에 설정등록된 상표등록은 유효하다.

2) 대세적 효력

심결이 확정되면 그 효과는 당사자는 물론 제3자에 대하여도 효력이 미치며 대세적 효력이 발생한다.

3) 심결의 기속력

심결은 그 심결을 한 심판부 자신도 이를 취소 · 변경할 수 없으며 그 존재 및 내용을 존중해야 하는바 이를 심결의 기속력이라 한다.

4) 일사부재리의 원칙

심결이 확정되면 누구든지 동일사실 · 동일증거로는 다시 동일한 심판을 청구할 수 없는 등 일사부재리의 원칙이 적용된다.

5) 재심사유

상표권의 존속기간갱신등록을 무효로 한다는 심결이 확정되면 이와 저촉되는 심결 및 민·형사상의 판결은 이를 이유로 재심을 청구할 수 있다.

IV. 심결에 대한 불복

상표권존속기간갱신등록의 무효심판의 심결에 대하여 불복하는 때에는 심판청구인 또는 피심판청구인은 심결문 등본을 받은 날로부터 30일 이내에 특허심판원의 심결에 불복하는 소를 특허법원 제기하여 그 당·부를 다툴 수 있다.

제6장 상품분류전환등록의 무효심판

일 러 두 기 상품분류전환등록의 무효심판은 2001.2.3. 법률 제6414호에서 새로이 채택된 제도로서 관심을 가질 필요가 있으며, 특히 앞으로 실무적으로 자주 접하게 되는 부분이므로 유념할 필요가 있다.

I. 서 언

1. 의 의

상품분류전환등록의 무효심판이라 함은 등록상표, 지정상품추가등록상표 또는 상표권존속기간갱신등록된 상표의 상품분류전환등록을 한 것이 상표법에서 규정한 소정의 무효사유에 해당하는 경우 심판에 의하여 그 상품분류전환등록을 무효시키는 것을 말한다.

상품분류전환등록의 무효심판은 상품분류전환등록만을 무효로 한다는 점에서 등록상표를 무효로 하는 상표등록의 무효심판 등과 구별된다. 이 심판이 상품분류전환등록만을 무효로 하는 심판이기는 하나 상품분류전환등록이 무효로 되면 당해 등록상표에 대한 상품분류전환등록은 행해지지 않는 것으로 되므로 상품분류전환등록 불이행에 따른 불이익을 받게 된다.

2. 제도적 취지

상표법조약(TLT)에 의거 종전의 법제에서 정한 구상품류구분에 따라 상표등록 또는 지정상품추가등록, 상표권존속기간갱신등록된 상표에 대하여는 NICE분류에서 정한 바에 따라 신상품류구분과 일치시킬 필요가 있다. 그러나 상품분류전환등록으로 지정상품이 달라지거나 범위가 확장되는 경우에는 제3자의 이익을 해침은 물론 지정상품의 상품분류전환절차가 무의미하게 된다.

상표법은 상품분류전환등록절차를 새로이 마련하되 일정한 무효사유를 명시하여 그에 위반하여 등록된 상품분류전환등록은 이를 무효로 할 수 있도록 함으로써 제3자의 이익을 보호함은 물론 상표행정의 능률을 기하고자 본 제도를 마련하였다.

II. 무효사유 및 청구절차

1. 무효사유

상품분류전환등록무효사유는 법 제72조의2 제1항에서 규정하고 있다.

① 상품분류전환등록이 당해 등록상표의 지정상품이 아닌 상품으로 되거나 지정상품의 범위가 실질적으로 확장된 경우

② 상품분류전환등록이 당해 등록상표의 상표권자가 아닌 자의 신청에 의하여 행하여진 경우

③ 상품분류전환신청이 분류전환기간 내에 행해진 것이 아닌 경우

2. 청구절차

1) 청구인

상품분류전환등록의 무효심판은 이해관계인 및 심사관에 한하여 청구할 수 있다.

2) 피청구인

상품분류전환등록의 무효심판에 있어 피심판청구인은 상품분류전환등록을 받은 상표권자이다. 상표권이 공유인 경우에는 공유자 전원을 피심판청구인으로 하여야 한다.

3) 청구기간

(1) 원 칙

상품분류전환등록의 무효심판은 상표권존속기간중에는 물론 상표권 소멸 후에도 청구할 수 있다(법 제72조의2 제2항에서 준용하는 제71조 제2항). 따라서 상표권의 포기, 존속기간의 만료, 상표등록취소심결의 확정에 의하여 상표권이 소멸된 경우에도 상품분류전환등록의 무효심판을 청구할 수 있다. 다만, 상표등록무효심결에 의하여 상표권이 소멸한 경우에는 이를 청구할 수 없다.

(2) 제척기간

법 제72조의2 제1항 제3호(상품분류전환신청이 상표권의 존속기간 만료일 1년 전부터 존속기간 만료 후 6개월 기간 내가 아닌 경우)를 이유로 하여 무효심판 청구하는 경우에는 상품분류전환등록일로부터 5년이 경과한 후에는 이를 청구할 수 없다(법 제76조 제1항).

4) 청구범위

상품분류전환등록에 대한 무효심판은 그 모두에 대하여 청구할 수 있다. 다만, 일부의 상품에 대하여만 분류전환등록이 잘못된 경우에는 그 일부만을 무효로 하는 무효심판을 청구할 수 있다.

5) 절 차

심판청구서방식, 심판청구서에 대한 방식심사 및 부본송달 등 그 외 심판절차는 타심판의 경우와 같다.

6) 심판청구의 취하

상품분류전환등록의 무효심판청구는 그 심결이 확정될 때까지 이를 취하할 수 있다(법 제77조의24). 다만, 상대방의 답변서 제출이 있는 경우에는 상대방의 동의를 얻어야 한다.

III. 심리 · 심결 및 효과

1. 심 리

1) 적법성 심리

상품분류전환등록의 무효심판이 청구되면 본안심리에 앞서 그 청구가 이해관계인에 의한 청구인지 여부 등 심판청구의 적법성 여부를 심리한다.

2) 본안심리

(1) 심리방식

상품분류전환등록의 무효심판은 구술심리 또는 서면심리로 할 수 있다.

(2) 심리범위

이 심판은 상품분류전환등록만을 무효로 하는 심판이므로 상품분류전환등록된 지정상품의 전부 또는 일부에 무효사유가 있는지 여부만을 심리하여야 한다. 이 심판에서도 직권심리는 적용된다.

2. 심 결

1) 심리종결통지

심판장은 사건이 심결을 할 정도로 성숙했다고 판단되는 때에는 그 사건에 대한 심리를 종결하고 심판청구인 · 심판피청구인 및 참가인에게 심리종결통지를 하여야 한다. 또한 심리종결통지를 한 후에도 신청에 의하여 또는 직권으로 심리를 재개할 수 있다.

2) 심결의 방식

심결은 이를 서면으로 하여야 하며 심리종결통지를 한 날로부터 20일 이내에 하여야 한다.

3) 심결의 태양

(1) 각 하

이는 심결각하를 말하는데 심판청구가 부적법한 청구인 경우에는 본안심리를 하지 아니하고 심결로서 그 심판청구를 각하한다.

(2) 기 각

이는 상품분류전환등록의 무효심판청구가 이유 없는 경우로서 상품분류전환등록의 무효심판청구를 기각하는 심결을 한다.

(3) 인 용

이는 상품분류전환등록의 무효심판청구가 타당한 경우로서 무효심판이 제기된 당해 지정상품의 분류전환등록을 무효로 하는 심결을 한다.

3. 심결의 효과

1) 상품분류전환등록의 무효

상품분류전환등록을 무효로 한다는 심결이 확정된 때에는 그 상품분류전환등록은 처음부터 없었던 것으로 본다(법 제72조의2 제3항). 이때 무효가 되는 것은 상품분류전환등록된 것에 한하며 당초에 한 상표등록은 유효하다.

2) 상표권 소멸

상품분류전환등록을 무효로 한다는 심결이 확정된 경우에는 상품분류전환등록의 대상이 되는 지정상품에 관한 상표권도 소멸하게 되는데 이때 그 소멸시점은 상품분류전환등록신청기간의 종료일이 속하는 존속기간의 만료일이 된다(법 제64조의2 제1항 제5호).

IV. 심결에 대한 불복

상품분류전환등록의 무효심판의 심결에 대하여 불복이 있을 때에는 심판청구인 또는 피심판청구인은 심결문등본을 받은 날로부터 30일 이내에 특허심판원의 심결에 불복하는 소를 특허법원에 제기하여 그 당·부를 다툴 수 있다.

제7장 상표등록의 취소심판

I. 서 언

1. 의 의

상표등록의 취소심판이라 함은 일단 유효하게 성립한 상표등록이 법에서 정한 일정한 취소사유에 해당되는 경우 심판에 의하여 그 등록의 효력을 장래에 대하여 상실시키는 특허청의 행정처분을 말한다.

상표등록의 취소는 상표등록취소심판에 의하여서만 그 취소가 가능하며 등록상표가 취소원인을 안고 있는 경우라 하더라도 취소심결이 확정되기 전까지는 그 상표등록은 유효한 것으로 된다.

이러한 상표등록의 취소심판은 심판절차에 있어서는 상표등록의 무효심판과 같다 하겠으나 그 취소사유가 무효사유와는 다르며 또 상표등록의 효력을 장래에 대하여 상실시킨다는 점에서 상표권의 효력을 처음부터 없었던 것으로 하는 상표등록의 무효심판과는 다르다 하겠다.

법률 제5355호(1997.8.22. 공포, 1998.3.1. 시행) 이전의 법에서는 상표권자가 사용권설정등록을 하지 아니하고 타인에게 자기의 상표등록을 6월 이상 사용하게 한 경우 상표등록의 취소사유로 하였으나(구법 제73조 제1항 제1호), 현행법에서는 프랜차이점 등 사용권을 설정하는 경우가 많아 이를 일일이 등록하기가 어렵고 또 상표권자가 상표권의 관리를 게을리 하지 않을 뿐 아니라 오히려 이를 악용하여 상표권이 취소되

는 사례도 있어 이를 현실에 맞도록 하기 위하여 이를 상표등록취소사유에서 삭제하였다.[1]

2. 제도적 취지

등록주의를 채택하고 있는 우리나라의 상표법제하에서는 상표의 사용여부를 불문하고 상표등록을 인정하고 있어 소정의 등록요건만을 충족하면 상표로서 등록되며 법에 의하여 독점배타적 권리가 발생한다.

그러나 상표는 그 본질상 상품식별기능이나 출처표시기능 · 품질보증기능을 갖는 등 상품과는 분리하여 존재할 수 없는 것일 뿐만 아니라 상표를 그 상품에 사용함으로써 비로소 상표권자의 이익이 창출되고 수요자의 이익도 아울러 도모할 수가 있으며 상품의 유통질서를 바로 잡을 수 있다.

그러나 등록된 상표가 그 지정상품에 사용되지 아니하거나 사용되더라도 정당하게 사용되지 않는 등의 경우에는 그 상표를 더 이상 어느 특정인에게 독점배타적으로 보호해 줄 필요가 없을 뿐만 아니라 이러한 상표는 그 상표의 사용을 희망하는 자를 위하여 개방토록 하는 것이 법의 취지에도 부합하는 것이라 할 것이다.

따라서 상표법은 상표권자에게 상표사용의 의무를 강제함과 아울러 권리위에 잠자는 상표를 용이하게 정리함으로써 이를 제3자가 쉽게 사용할 수 있도록 하기 위하여 본 제도를 둔 것이다.

3. 법적 성질

상표등록의 취소심판은 권리설정 후에 발생한 후발적인 사유에 의하여 기존의 권리를 소멸시킨다는 점에서 형성적 행위라 할 수 있으며 또한 행정관청에 의하여 행하여진다는 점에서 행정행위이기는 하나 그 절차와 방식은 사법적 절차가 준용된다는 점에서 준사법적 행정행위라 할 수 있다.

---

1   이를 이유로 한 취소심판청구는 개정법률(제5355호) 시행 후에도 2001.6.30.까지 심판청구가 인정되었으나 2001.2.3. 개정법률 제6414호 부칙 제4항 단서에서 "2001년 7월 1일 이후 제73조 제1항 제1호에 관한 상표등록의 취소심판의 청구 · 심판 · 재심 및 소송을 함에 있어서는 법률 제5355호 상표법 개정법률 부칙 제3조의 개정규정을 적용한다"고 규정함으로써 종전 규정에 의하여 등록된 상표라도 2001.7.1. 이후부터는 구법 제73조 제1항 제1호를 이유로 한 심판청구는 할 수 없게 되었다.

II. 부정사용에 의한 취소(법 제73조 제1항 제2·8·9호)

1. 서 언

1) 의 의

이 심판은 상표권자 또는 전용사용권자·통상사용권자가 등록상표를 사용함에 있어 등록된 대로 사용하지 아니하고 부기·변경하여 사용함으로써 수요자로 하여금 상품의 품질의 오인을 일으키게 하거나 타인의 상품과 상품출처의 혼동을 일으키게 한 경우에 그 등록상표의 취소를 구하는 심판을 말한다.

본 규정(법 제73조 제1항 제2호·제8호·제9호·제12호)은 상표의 부정사용으로부터 일반 수요자의 이익이 침해되는 것을 방지하기 위하여 마련된 공익적 규정으로서 제73조 제1항 제2호·제8호는 법률 제71호(1949.11.28.)에서 규정하여 현재에 이르고 있으며 동 제9호는 법률 제5355호(1997.8.22.)에서 연합상표제도의 폐지와 더불어 그에 따른 보완책으로 신설된 규정이다.

2) 제도적 취지

상표권자가 등록상표를 독점적으로 사용할 수 있는 권리는 등록상표를 그 지정상품에 사용하는 것에 한하며 등록상표와 유사한 상표나 유사한 지정상품에는 단지 금지권만 인정될 뿐이므로 상표권자 등은 등록상표를 사용함에 있어 등록된 대로 사용하여야한다.

그러므로 상표권자 또는 전용사용권자·통상사용권자가 등록상표를 등록된 대로 사용하지 아니하고 그 등록된 범위를 벗어나서 변경하여 사용하거나 타인의 상표와 유사하게 사용하는 경우에는 수요자로 하여금 상품출처의 오인·혼동을 일으키게 할 우려가 있다.

따라서 상표법은 상표권자에게 상표의 정당사용의 의무를 부담지움과 동시에, 등록상표를 등록한 바와 다르게 사용함으로써 수요자가 상품출처의 오인·혼동을 일으킬 우려가 있는 경우에는 그 등록상표를 취소토록 하여 상품거래에 관한 경업질서를 바로잡고자 본 규정을 마련한 것이다.

2. 취소사유

1) 상표권자가 고의로 등록상표를 변경하여 사용한 경우(법 제73조 제1항 제2호)

(1) 의 의

상표권자가 자기의 등록상표를 등록된 내용대로 사용하지 아니하고 고의로 등록상표를 변경하여 사용하거나 또는 타인의 상표와 동일 또는 유사하게 부기 또는 변경하여 사용함으로써 수요자로 하여금 상품의 품질의 오인을 일으키게 하거나 상품출처의 혼동을 일으키게 한 경우에는 심판에 의하여 그 상표등록이 취소되는데, 본 호는 불건전한 거래질서를 바로잡고자 마련된 것으로서 공익규정으로 이해된다.

(2) 취소의 요건

1 상표권자의 사용일 것

본 호에 해당되는 것은 상표권자의 부정사용에 한하며 전용사용권자·통상사용권자의 부정사용은 본 규정에 해당하지 않는다. 한편, 등록상표를 부정사용 하였는지 여부를 판단함에 있어서는 등록상표와 실제 사용된 상표를 대상으로 하여 판단한다.[2]

2 실사용상표가 자기의 등록상표와 상표 및 상품이 동일 또는 유사할 것

등록상표가 본 호를 이유로 그 등록이 취소되기 위해서는 그 등록상표의 사용(실사용상표)이 등록상표와 유사하게 사용하여야 하며, 등록상표와 동일하게 사용하거나 등록상표의 유사범위를 벗어난 사용으로서 등록상표의 부기·변경사용으로 볼 수 없는 경우에는 본 호에 해당하지 않는 것으로 해석한다.[3]

① 상표가 동일 또는 유사할 것　　상표권자가 부기·변경하여 사용하는 상표는 자기의 등록상표의 부기·변경의 사용으로서 그 상표가 등록상표와 동일 또는 유사하여야

2　　① 여기서 등록상표가 자기의 등록상표를 의미하는지 또는 타인의 등록상표를 의미하는지 아니면 자기의 등록상표·타인의 등록상표 모두를 의미하는지에 대하여 의문이 있으나 법 제73조 제1항 본문에서의 등록상표와 같이 해석하여 자기의 등록상표로 봄이 타당하다.
　　② 이 사건 등록상표가 상표법 제73조 제1항 제2호가 정하는 부정사용에 해당하는지 여부는 적어도 이 사건 등록상표가 상표로 등록된 1991.9.17. 이후의 실사용 상표들의 사용부분만을 대상으로 판단하여야 할 것이다(특허법원 2004.1.30. 선고 2003허4467 판결).

3　　이 사건 등록상표와 실사용상표가 서로 유사하지 않은 이상 실사용상표가 선등록 상표와 유사하여 혼동의 염려가 있는지 등에 관하여 더 나아가 살펴 볼 필요 없이 이 사건 등록상표에는 상표법 제73조 제1항 제2호에 해당하는 등록취소사유가 없다(특허법원 2005.10.21. 선고 2005허4607 판결).

한다. 따라서 상표권자가 부기·변경하여 사용하는 실사용상표가 등록상표와 동일 또는 유사하지 아니한 경우에는 본 호에 해당되지 않는다.[4]

② 상품이 동일 또는 유사할 것　상표권자가 부기·변경하여 사용하는 상표는 등록상표의 지정상품과 동일 또는 유사한 상품이어야 하며 그 상품이 동일 또는 유사하지 아니한 경우에는 역시 본 규정에 해당되지 않는다.

등록상표의 부기·변경사용이 본 규정에 해당되는 경우로는 등록상표와 동일한 상표를 그 지정상품과 유사한 상품에 사용하거나, 등록상표와 유사한 상표를 등록상표의 지정상품과 동일한 상품 또는 유사한 상품에 사용하는 경우이다.

❸ 실사용상표가 타인의 상표와 상표 및 상품이 동일 또는 유사할 것

① 상표가 동일 또는 유사할 것　상표권자가 등록상표를 부기·변경하여 사용함에 있어 그 등록상표에 타인의 상표나 그 요부를 결합하여 사용하는 등으로 인하여 그 사용하는 실사용상표의 사용양태가 타인의 상표(대상상표)와 동일 또는 유사하여야 한다. 따라서 비록 상표권자가 등록상표를 부기·변경하여 사용한다 하더라도 타인의 상표와 동일 또는 유사하지 아니하여 수요자가 상품출처의 오인·혼동을 일으킬 우려가 없는 경우에는 본 규정에 해당되지 않는다. 한편, 대상상표인 타인의 상표는 주지·저명함을 요하는지, 등록상표·미등록상표를 불문하는지에 대하여 논란이 있으나 여기

이 사건 등록상표	실사용상표	대상상표(선등록상표)
삼환 N2003 땡 큐(THANK YOU)		

4　① 상표권자가 등록상표를 부기·변경 사용하는 것이 자기의 등록상표와 유사하지 아니하나 타인의 등록상표와 동일 또는 유사한 경우에는 본 호에 의한 등록상표의 취소 사유는 되지 않고 타인의 상표권침해 여부문제가 대두될 뿐이다(江口俊夫저, 신상표법 해설 및 網野誠저 상표(신판) 참조).

② 이건상표 "**PELLE**"를 인용상표와 똑같은 "PELLE PELLE"라는 상표(이하 '실사용상표'라 한다)를 청바지, 티셔츠 등에 사용하였다고 할 것인바, 이 사건 등록상표와 실사용상표를 대비하여 보면 이 사건 등록상표는 단순히 영문자 "PELLE"만으로 구성된 것이 아니라, 첫 글자 "P"의 앞과 마지막 글자 "E"의 뒤에 짧은 직선이 표시되어 있을 뿐더러, 실사용상표는 영문자 "PELLE"를 두 번 반복하여 구성된 것이므로, 실사용상표는 이 사건 등록상표와의 동일성이 인정되는 범위를 벗어나는 상표로서 이 사건 등록상표와 유사한 상표라고 봄이 상당하다(특허법원 2001.4.13. 선고 2000허5346 판결).

③ 실사용상표는 이건 등록상표에서 식별력이 약한 "LONDON" 부분을 작게 표시하고 단어의 배치를 약간 달리한 것이긴 하나, 이건 등록상표의 구성부분을 모두 포함하고 있고 또 구성부분들이 모두 한 눈에 들어올 수 있도록 되어 있어 거래 통념상 이건 등록상표와 동일성 범주내의 상표로서 상표법 제73조 제1항 제2호에 해당하기 위한 요건인 등록상표와 유사한 상표를 사용한 경우에 해당하지 않는다(특허법원 2004.10.7. 선고 2004허3058 판결).

서 타인의 상표에는 등록상표·미등록상표 모두를 포함한다 하겠으나[5] 다만, 그 타인의 상표가 등록상표인 경우에는 주지·저명여부를 불문한다 하겠으나 미등록상표인 경우에는 주지·저명상표임을 요하는 것으로 해석함이 합당하다 할 것이다.[6]

─────────────────

[5]　대상상표의 요건과 관련하여 대법원은 종전의 입장을 파기하고 다음과 같게 판시하였다.

상표법 제73조 제1항 제2호는 상표권자가 상표제도의 본래의 목적에 반하여 자신의 등록상표를 그 사용권의 범위를 넘어 부정하게 사용하지 못하도록 규제함으로써 상품 거래의 안전을 도모하고, 타인의 상표의 신용이나 명성에 편승하려는 행위를 방지하여 거래자와 수요자의 이익보호는 물론 다른 상표를 사용하는 사람의 영업상의 신용과 권익도 아울러 보호하려는데 그 취지가 있는 것으로(대법원 1999.9.17. 선고 98후423 판결, 1987.6.9. 선고 86후52 판결 참조), 누구든지 그 규정에 의한 취소심판을 청구할 수 있는 공익적 규정이며(같은 조 제6항 단서), 위 제73조 제1항 제2호는 "수요자로 하여금 상품의 품질의 오인 또는 타인의 업무에 관련된 상품과의 혼동을 생기게 한 경우"라고 규정하고 있을 뿐, 상표권자가 실제로 사용하는 상표(이하 '실사용상표'라 한다)와의 혼동의 대상이 되는 타인의 상표를 특별히 한정하고 있지도 아니하다. 이러한 점에서 비추어 보면, 위 규정 소정의 실사용상표와 타인의 상표 사이의 혼동유무는 당해 실사용상표의 사용으로 인하여 수요자로 하여금 그 타인의 상표의 상품과의 사이에 상품 출처의 혼동을 생기게 할 우려가 객관적으로 존재하는가의 여부에 따라 결정하면 충분하므로, 그 타인의 상표가 당해 등록상표의 권리범위에 속하거나 상표법상의 등록상표가 아니라고 하더라도 그 혼동의 대상이 되는 상표로 삼을 수 있다.

이와 달리 상표법 제73조 제1항 제2호에 정한 오인, 혼동 판단의 대상상표인지 여부가 문제된 타인의 상표가 등록상표의 권리범위에 속하는 것으로서 미등록 또는 등록상표보다 후에 등록된 것이라거나, 이미 그 상표등록무효 심결이 확정된 것이라면, 그 사정만으로도 위의 오인, 혼동 판단의 대상상표로 삼을 수 없다는 취지로 판시한 대법원 1988.5.10. 선고 87후88 판결과 1997.8.22. 선고 97후 68 판결은 이와 저촉되는 범위 내에서 변경하기로 한다(대법원 2005.6.16. 선고 2002후1225 전원합의체 판결).

등록상표 "羊熊標（양곰표）"(상표등록 제126876호), 양곰표(등록 제120854호), 🐻양곰표 (등록 제126788호)에, **양곰표국수**, **양곰표국수** 표장을 부기·변경하여 타인의 등록상표 "곰표국수　BEAR（곰표）"(등록 제97728호) (등록 제113134호)와 유사하게 사용한 것은 상표법 제45조 제1항 제2호의 규정에 해당한다(대법원 1993.2.9. 선고 92후1165, 1172, 1180 판결).

[6]　① 구상표법 제73조 제1항 2호에서 규정하는 상표등록취소에 관한 요건의 하나인, 상표권자가 실제로 사용하는 상표(이하 '실사용 상표'라 한다)와 혼동의 대상이 되는 타인의 상표(이하 '대상상표'라 한다)사이의 혼동 유무를 판단함에 있어서는, 각 상표의 외관, 호칭, 관념 등을 객관적·전체적으로 관찰하되, 그 궁극적 판단 기준은 결국 당해 실사용표의 사용으로 대상상표의 상품과의 사이에 상품출처의 오인·혼동이 야기될 우려가 객관적으로 존재하는 가의 여부에 두어야 할 것인바(대법원 1984.11.13. 선고 83후70 판결, 1998.5.10. 선고 87후87, 88 판결 등 참조) 기록상 대상상표인 심판청구인의 상표는 이 사건 등록상표와 비슷한 시기에 뉴질랜드에서 등록되었을 뿐 그 구체적 사용실태나 사용내역, 우리나라에서의 주지도 등에 관하여 아무런 자료가 없어 실사용상표 1의 외관이 대상상표와 어느 정도 유사하다고 하더라도 실사용상표 1의 사용으로 인하여 수요자로 하여금 대상상표에 관한 상품과 출처의 혼동을 일으키게 할 염려가 객관적으로 명백하다고 보기는 어렵고, 나아가 실사용상표 1이 피심판청구인이 대상상표를 모방하기 위하여 이 사건 등록상표를 고의로 변형을 가한 것이라고 단정할 수도 없고, 가사, 피심판청구인이 실사용상표 2 및 3을 실제 사용했다 하더라도 이 또한 마찬가지이다(대법원 2001.4.24. 선고 98후959 판결).

이와 같이 해석하는 것은 비록 상표법에서 타인의 상표의 주지·저명성을 규정하고 있지는 아니하나 상표권자가 고의로 등록상표를 변경하여 사용하는 것은 타인의 주지·저명상표에 편승하고자 그와 같이 부기·변경하여 사용하는 것이 일반 거래사회의 경험칙이라 할 것이며 그 타인의 상표가 주지·저명하지 아니하다면 굳이 타인의 상표와 유사하게 사용하려는 상표권자는 아무도 없기 때문이다. 판례는 그 타인의 상표가 「특정인의 상표로 인식 될 정도로 알려진 상표」의 경우에도 본 호를 만족하는 것으로 판시하고 있다.

한편, 실사용상표가 주지·저명성을 획득한 경우에는 보호에 해당되지 않는 것으로 한다.[7]

----

② 이에 대한 일본에서의 해석은 본 규정이 공중의 이익을 해치는 것을 방지하고자 하는 공익규정이므로 여기서 타인의 상표는 등록·미등록상표를 불문하며 또한 주지·저명성도 요하지 않는 것으로 해석하고 있다(특허청발행, 일본상표법 축조해설 및 網野誠저 상표(신판) 참조).

③ 상표권자가 오인·혼동을 일으킬 만한 대상상표의 존재를 알면서 그 대상상표와 동일·유사한 실사용상표를 사용하는 한 상표 부정사용의 고의가 있다 할 것이고 특히 그 대상상표가 주지·저명상표인 경우에는 그 대상상표나 그 표장상품의 존재를 인식하지 못하는 등의 특단의 사정이 없는 한 고의의 존재가 추정된다 할 것이다(대법원 1984.11.13. 선고 83후70 판결, 1988.5.10. 선고 87후87, 88 판결, 1990.9.11. 선고 89후2304 판결, 1999.9.17. 선고 98후430 판결).

④ 이건 등록상표보다 후에 출원, 등록된 대상상표들은 이건 등록상표와 유사하고 그 지정상품도 서로 동일·유사하여 이건 등록상표의 권리범위에 속한다고 볼 것이므로 비록 원고의 주장과 같이 대상상표들이 일반 수요자들에게 원고의 상표로 널리 알려져 있다 하더라도 상표법 제73조 제1항 제2호 소정의 오인·혼동 판단의 대상인 상표로 삼을 수 없다 할 것이고, 따라서 피고가 고의로 이건 등록상표를 부정사용 하였는지 여부에 대하여 살릴 필요도 없다(특허법 1998.9.17. 선고 98허1334 판결).

7   ① 대상상표가 미등록의 것이거나 후등록의 것이라도 등록상표에 대한 출원당시나 혹은 등록결정 당시에 국내의 일반 수요자 사이에 널리 알려졌거나 적어도 국내의 일반 거래에 있어서 수요자나 거래 자에게 그 상표나 상품이라고 하면 특정인의 상표나 상품이라고 인식될 수 있을 정도로 알려져 있는 경우 등 그 알려진 정도에 따라서 그리고 등록상표와 유사한 정도에 따라서는 등록상표에 관한 상표등록자체가 부적법한 것으로 되는 경우가 있을 수 있고, 나아가 등록상표와 대상상표 그 자체는 서로 유사하지 아니하여 등록상표에 관한 상표등록자체가 부적법한 것으로는 되지 않지만 미등록, 후등록의 대상상표가 널리 알려져 등록상표를 사용하는 상품과 혼동을 일으키게 할 염려가 있는 경우에 있어서 대상상표의 신용이나 명성에 편승하기 위하여 등록상표를 변형하여 대상상표와 유사하게 사용하는 경우(등록상표와 대상상표는 유사하지 아니하지만 실사용 상표는 등록상표 및 대상상표와 모두 유사한 경우도 있을 수 있다)도 위 규정에서 말하는 부정사용이 될 가능성이 있다고 할 것이지만, 이러한 경우에도 대상상표는 국내의 일반 수요자 및 거래자 사이에 널리 알려지거나 적어도 국내의 일반거래에 있어서 수요자나 거래자에게 그 상표나 상품이라고 하면 특정인의 상표나 상품이라고 인식될 수 있을 정도로 알려져 있을 것이 요구된다고 할 것이다(특허법원 2004.2.6. 선고 2003후6081 판결).

원심은 그 채택증거에 의하여, 이 사건 대상상표의 개발과정과 국제적인 저명도, 국내외에서의 사용 기간, 그 표장을 부착한 상품의 종류와 국내에서의 판매실적 및 상품광고 정도 등에 관하여 판시와 같은 사실을 인정한 다음, 그 표장을 주식회사 한서엔터프라이즈가 이 사건 등록상표권을 취득하여 이 사건 실사용 상표를 사용할 당시 국내에서 이미 상품 표지로서 널리 알려지게 되었거나 적어도 일정 범위의

② 상품이 동일 또는 유사할 것   실사용상표를 사용하는 상품이 대상상표의 상품과 동일하거나 유사하여야 한다. 이 경우는 실사용상표를 사용함에 있어 그 실사용상표를 등록된 지정상품에 사용하지 아니하고 지정상품 외의 상품에 사용하는 경우로서 그 상품이 대상상표의 상품과 동일 또는 유사한 경우이며, 실사용상표를 등록상표와 동일하게 사용하는 경우에도 그 상품이 비교대상상표의 상품과 동일 또는 유사한 경우에는 여기에 해당한다.

❹ 상품의 품질의 오인 또는 상품출처의 혼동을 생기게 하였을 것

① 상품의 품질의 오인을 생기게 할 것   이는 등록상표에 다른 구성요소를 부기하여 사용하거나 변경하여 사용함으로써 수요자에게 상품의 품질의 오인을 일으키게 하는 경우를 말하며 상표법 제7조 제1항 제11호에서 규정한 품질의 오인과 마찬가지라 할 것이다. 예컨대, 지정상품이 「소주」인데 「정종」이라는 문자를 부기하여 사용하는 경우 수요자는 그 상품을 정종으로 오인할 우려가 있다 할 것이며, 넥타이가 'SILK' 소재로 되어 있지 아니한데도 상표에 문자 'SILK'를 결합하여 사용하는 경우에는 품질오인의 우려가 있는 경우에 해당한다 할 것이다.

한편 'SUPER', '특급(特級)' 등 상품의 공통적인 품질을 나타내는 용어를 결합하여 사용한 경우에도 여기서의 「품질의 오인」에 해당하는지에 대하여 의문이 있으나 품질

수요자들 사이에서 특정 출처의 상표로 인식되어 있었다는 취지로 판단하였는바, 원심판결 이유를 기록에 비추어 살펴보면, 원심의 사실인정 및 판단은 정당하다(대법원 2005.6.6. 선고 2002후1225 판결).

② 피고의 실사용상표들과 원고의 대상상표들은 그 구성이 일부 유사하기는 하나, 위에서 본 바와 같은 실사용상표들과 대상상표들의 구체적인 거래실정을 함께 고려하여 볼 때, 실사용상표들은 이 사건 등록상표와 등록 당시 이미 국내에서 위 팬시상품에 관하여 피고의 상표로 주지성을 획득한 상태였고 문구류에 관하여도 피고의 상표로 어느 정도 알려져 있는 상태였으며 피고는 그 전부터 사용하여 오던 실사용상표들을 이 사건 등록상표의 등록일을 전후하여 위 팬시상품 및 문구류에 그대로 계속하여 사용하였던 것이고, 문구류는 장식적 용도로 함께 쓰일 수 있는 팬시상품의 범주에 속하는 것으로서 위 팬시상품과 비교하여 볼 때 생산자의 범위, 유통경로, 판매장소, 수요자의 범위 등이 상당히 중복되므로, 피고가 실사용상표들을 문구류에 사용하였더라도 그로 인하여 일반 수요자들에게 원고의 상품과 피고의 상품 사이에 상품의 출처의 혼동이나 품질의 오인을 일으키게 할 염려는 없었던 것으로 보인다(특허법원 2004.1.30. 선고2003허4467 판결).

③ 원심은 이 사건 등록상표의 종전 상표권자인 주식회사 한서엔터프라이즈가 실제로 사용한 상표인 "ROOTS"(이하 '이 사건 실상용 상표'라 한다)와 이 사건 대상상표 사이의 혼동 여부에 관하여, 수요자들이 이 사건 실사용 상표를 보고 'ROOTS'와 'SPORT'가 축약된 것이라는 인식을 가지기 매우 쉬운 점과 이 사건 실사용 상표를 사용할 당시 국내에서 이 사건 대상상표가 알려진 정도에 비하여 이 사건 등록상표에 대한 인식은 미미하였던 점 등을 고려하면, 이 사건 실사용 상표가 사용됨으로써 수요자로 하여금 이 사건 대상상표의 사용상품과의 사이에 상품 출처의 혼동을 일으키게 할 우려가 있었다는 취지로 판단하였는 바, 원심판결 이유를 기록에 비추어 살펴보면, 원심의 판단은 정당하다(대법원 2005.6.16. 선고 2002후 1225 판결).

의 열악에 따른 품질의 오인은 여기에 해당되지 않는 것으로 해석하는 견해가 있다.[8]

② 타인의 업무에 관련된 상품과의 혼동을 생기게 할 것　이는 상표권자가 등록상표를 타인의 주지·저명상표 또는 특정인의 상표로 인식될 정도로 알려진 상표와 동일 또는 유사하게 사용함으로써 수요자가 그 상품을 주지·저명한 상표의 상표권자의 상품이나 그 자와 특수한 관계에 있는 자의 상품으로 인식하여 그 결과 수요자가 상품출처의 혼동을 일으키는 경우를 말한다.[9]

한편 여기서 타인의 업무에 관련된 상품은 상품·서비스업 모두를 포함한다.

5 고의가 있을 것

상표권자가 등록상표를 타인의 상표와 유사하게 사용하는 것은 그것이 고의에 의한 것이어야 한다. 고의라 함은 상표를 부기·변경함에 따라 생길 수 있는 상품의 품질의 오인이나 상품출처의 혼동을 일으킨다는 사실을 인식하는 것을 말하며, 오인·혼동을 일으킬 의사를 필요로 하지 아니한다. 여기서 고의는 부정경쟁목적으로서의 고의나 상표권침해에 있어서 고의와는 구별되는 개념이라는 것이 통설이라 할 수 있다.[10] 그러나 판례는 이를 부정경쟁 목적으로서의 고의로 판시하고 있다.[11]

8　일본상표법축조해설(특허청 발행) 및 網野誠저, 상표(신판) 참조.

9　원심(특허법원)이 상표법 제73조 제1항 제2호의 소정의 출처의 오인·혼동의 대상이 되는 대상상표가 상표법상 유효한 상표이어야 하고, 미등록이거나 후등록상표는 그 대상상표로 삼을 수 없는 것이 원칙이라고 판시한 부분은 잘못이라고 할 것이지만, 대상상표가 국내에서 특정인의 상품지로서 알려졌다는 점을 인정할 증거가 없어 피고(피청구인)의 실사용상표의 사용으로 인하여 대상상표와의 사이에 출처의 오인·혼동의 우려가 있다고 할 수 없다고 판단한 것은 정당하므로 이러한 원심의 잘못은 판결의 결과(법 제73조 제1항 제2호에 관한 법리오해 등의 위법)에 영향을 미쳤다고 할 수 없다(대법원 2005.11.10. 선고 2004후813 판결).

10　① 網野誠저, 강동수·강일우 역, 「상표」 및 江口俊夫 저 「신상표법 해설」
②　대상상표의 존재를 알면서 그 표장상품과 상품출처의 오인, 혼동을 일으킬 우려가 있는 유사상표인 실사용상표를 계속 사용해 온 자는 상표법 제73조 제1항 제2호가 규정하는 등록상표의 주관적 요건인 고의가 있으며, 등록상표(실사용상표)가 대상상표보다 먼저 등록된 것이고 실사용상표권자가 대상상표에 대한 권리범위확인심판을 청구하고 있다하여 그 고의성을 배제할 수 없다(대법원 1988.5.10. 선고 87후87, 88 판결).

11　① 상표법 제45조 제1항 제2호에 의하면 "상표권자가 고의로 지정상품에 등록상표와 유사한 상표를 사용하거나 또는 지정상품과 유사한 상품에 등록상표나 이와 유사한 상표를 사용하여 상품의 출처의 혼동이나 품질의 오인이 생기게 할 염려가 있을 때"를 상표등록의 취소사유로 규정하고 있는바, 이 규정의 취지는 상표권자로 하여금 등록상표를 상표제도의 본래의 목적에 반하여 부정하게 사용하지 못하도록 규제함으로써 상품거래의 안전을 도모하고 부정경쟁을 방지하여 거래자와 수요자의 이익보호는 물론 다른 상표권자의 영업상의 신용과 권익도 아울러 보호하려는 데 그 목적이 있는 것이다(대법원 1988.5.10. 선고 87후88 판결).
②　상표법 제73조 제1항 제2호의 규정의 취지는 상표권자로 하여금 등록상표를 상표제도의 본래의

⑥ 등록상표가 이전된 경우

변경사용을 한 등록상표의 상표권이 타인에게 이전된 경우에도 보호에 해당되는지 의문이 있으나 판례는 그 불법행위가 승계되는 것으로 하여, 취소되는 것으로 판시하고 있다.[12]

2) 사용권자가 부정하게 사용한 경우(법 제73조 제1항 제8호)

(1) 의 의

전용사용권자 또는 통상사용권자가 등록상표를 사용함에 있어 등록된 대로 사용하지 아니하고 부기, 변경하여 사용함으로써 수요자로 하여금 상품의 품질의 오인을 일으키게 하거나 상품출처의 혼동을 일으키게 한 경우에는 심판에 의하여 그 등록이 취소된다. 본 호 역시 불건전한 상거래질서를 바로 잡고자 마련된 규정이다.

목적에 반하여 부정하게 사용하지 못하게 규제함으로써 상품거래의 안전을 도모하고 부정경쟁을 방지하여 거래자와 수요자의 이익은 물론, 다른 상표권자의 영업상의 신용과 권익도 아울러 보호하려는 데 그 목적이 있으므로 위 규정에 의하여 상표등록을 취소하기 위한 요건으로는 ㉠ 상표권자가 자기의 등록상표와 유사한 상표를 사용하거나, 그 지정상품과 유사한 상품에 등록상표나 이와 유사한 상표를 사용하여야 하고 ㉡ 그 결과 자기의 상품과 타인의 상품과의 간에 출처 혼동이나 상품의 품질의 오인이 생길 염려가 있어야 하며, ㉢ 위와 같은 등록상표의 부정사용이 상표권자의 고의, 즉 그와 같은 사용의 결과 상품출처의 혼동이나 품질의 오인을 일으키게 할 염려가 있다는 것을 인식하면서 사용할 것을 요한다고 할 것이고, 여기에서 말하는 상품의 출처나 품질의 오인·혼동은 현실적으로 오인·혼동이 생긴 경우 뿐만 아니라 혼동이 생길 염려가 객관적으로 존재하면 족하고 또 그것은 등록상표에 의하여 표장되는 상품과 타인의 상호 또는 상표에 의하여 표장되는 상품이 반드시 동종품이거나 유사품종인 경우뿐만 아니라 이종의 상품인 경우에도 있을 수 있으며, 또한 타인의 상품에 사용되고 있는 상표가 반드시 주지·저명한 것임을 요하는 것은 아니라 할 것이다(대법원 1987.6.9. 선고 86후51, 52 판결 참조). 그리고 상표권자가 오인·혼동을 일으킬 만한 대상상표의 존재를 알면서 그 대상상표와 동일·유사한 실사용상표를 사용하는 한, 상표 부정사용의 고의가 있다 할 것이고, 특히 그 대상상표가 주지·저명상표인 경우에는 그 대상상표나 그 표장상품의 존재를 인식하지 못하는 등의 특단의 사정이 없는 한 고의의 존재가 추정된다 할 것이다(대법원 1990.9.11. 선고 89후2304 판결 등).

12 상표권부여의 형성처분은 특정인의 속성과의 관련성보다는 상표라는 표장의 식별표식으로서 물(物)에 대한 처분이고 또 사용권부등록을 상표등록취소사유로 한 구 상표법(1997.8.22. 법률 제5355호로 개정되기 전의 것) 제73조 제1항 제1호의 규정은 공익을 위한 제재적 성질을 가진 규정이라 할 것이니 이에 해당되는 행위의 책임은 법원의 경매절차에서 등록상표들에 대한 상표권을 승계취득한 자에게도 미친다(대법원 2000.9.8. 선고 98후3057, 3064, 3088, 3095, 3101, 3118 판결).

(2) 취소의 요건

❶ 전용사용권자·통상사용권자의 사용일 것

본 호에 해당되는 것은 전용사용권자 또는 통상사용권자가 등록상표를 부정하게 사용한 경우에 한하며 상표권자가 부정사용한 경우는 여기에 해당되지 않는다.

❷ 등록상표와 동일 또는 유사할 것

전용사용권자 또는 통상사용권자가 등록상표를 부기·변경하여 사용하는 실사용상표가 그 사용권이 설정된 등록상표와 동일 또는 유사하게 사용하여야 한다.

❸ 타인의 상표와 동일 또는 유사할 것

전용사용권자 또는 통상사용권자가 등록상표를 부기·변경하여 사용하는 실사용상표는 그 상표가 타인의 상표와 동일 또는 유사하여야 한다.

❹ 상품의 품질의 오인 또는 상품출처의 혼동을 생기게 하였을 것

이 경우도 전용사용권자 또는 통상사용권자가 등록상표를 부정하게 부기·변경 사용하여 상품의 품질의 오인을 일으키게 하거나 또는 그 부기·변경하여 사용하는 실사용상표의 상품이 타인의 상표의 상품과 동일 또는 유사함으로 인하여 수요자로 하여금 타인의 업무에 관련된 상품과의 상품출처의 혼동을 생기게 할 우려가 있는 경우이어야 한다.

❺ 상표권자가 상당한 주의를 하지 아니하였을 것

전용사용권자 또는 통상사용권자가 등록상표를 부기·변경하여 사용함으로써 수요자에게 상품의 품질의 오인이나 타인의 업무에 관련된 상품과의 상품출처의 혼동을 일으키게 한 경우라도 상표권자가 「상당한 주의」를 기울인 경우에는 등록상표는 취소되지 않는다.

본 호 단서에서 규정한 상표권자의 상당 주의와 관련하여, 상표권자가 어느 정도 주의를 기울여야 상당한 주의를 하였다고 볼 수 있는지 의문이 있으나, 상표권자가 전용사용권자 또는 통상사용권자의 부정상표사용과 관련하여 주의나 경고만으로는 부족하며 사용상황의 실태를 정기적으로 점검한다든가, 정기적 보고를 받는 등 상표사용에 대해서 실질적으로 사용권자를 그의 지배하에 있는 것과 같은 관계가 유지되는 것으로 인정되는 정도인 경우에 상당한 주의를 한 것으로 보고 있다.[13]

---

13   상표법 제73조 제1항 제8호 본문은 "전용사용권자 또는 통상사용권자가 지정상품 또는 이와 유사한
     상품에 등록상표 또는 이와 유사한 상표를 사용함으로써 수요자로 하여금 상품의 품질의 오인 또는 타

그러나 상표권자가 이와 같은 「상당한 주의」를 기울였는지 여부는 이를 일률적으로 판단할 것이 아니라 그 상품이 속하는 거래사회실정(상품거래방법, 사용양태 등)이나 상표권자와 사용권자가 개인인지 또는 법인인지 여부를 감안하여 판단하여야 할 것이다.

상당한 주의에 대한 입증책임은 상표권자에게 있다.

3) 상표권 이전 후 부정한 목적으로 사용하는 경우(법 제73조 제1항 제9호)

(1) 의 의

2 이상의 상표권을 가진 상표권자가 그 중 어느 하나의 상표권을 타인에게 이전한 후 자기의 등록상표를 타인에게 이전한 상표의 지정상품과 동일 또는 유사한 상품에 부정경쟁의 목적으로 사용하거나, 반대로 상표권을 이전받은 자가 그 이전받은 상표를 전(前)의 상표권자 소유의 등록상표의 지정상품과 동일 또는 유사한 상품에 부정경쟁의 목적으로 사용하는 경우에는 심판에 의하여 그 등록이 취소된다.

또한 상표권의 지정상품을 분할하여 이전한 후 그 분할이전한 상표의 지정상품과 동일 또는 유사한 상품에 사용하는 경우에도 여기에 해당된다(법 제73조 제1항 제4호).

(2) 취 지

본 호는 연합상표제도의 폐지(1999.8.22. 법률 제5355호 이전의 법)로 상표권 이전 시 연합관계에 있는 상표를 함께 이전해야 하는 제한규정(구법 제54조 제2항)이 삭제됨에 따라, 유사한 상표를 타인에게 이전하여 유사한 상표가 각각 타인 간에 귀속하게 될 여지가 있는바, 이때 그 각 상표권자가 자기의 등록상표를 동일·유사한 상품에 사용하는 경우에는 일반 수요자에게 상품출처의 오인·혼동을 일으킬 우려가 있다 할 것이며 그 사용이 부정경쟁을 목적으로 하는 경우에는 더욱 그러하다. 따라서 이러한 경우 상

인의 업무에 관련된 상품과의 혼동을 생기게 한 경우"를 상표등록 취소사유의 한가지로 정하면서, 그 단서에서 "다만, 상표권자가 상당한 주의를 한 경우에는 그러하지 아니하다."라고 규정하고 있다.

상표법 제73조 제1항 제8호 단서에서 규정하고 있는 상표권자의 '상당한 주의'라 함은 오인·혼동을 일으키지 말라는 주의나 경고를 한 정도로는 부족하고 사용실태를 실질적·정기적으로 감독하고 있었다던지 보고를 받고 있었다던지 하는 방법으로 사용권자를 실질적으로 그 지배 아래 두고 있는 것과 같은 관계가 유지되고 있다는 것이 인정되어야 할 것이다.

또한, 상표등록 취소사유를 정한 상표법 제73조 제1항 각 호의 규정은 공익을 위한 제재적 성질을 가진 규정이고, 계속적인 양도·양수로 위 규정을 참탈하는 결과가 발생하는 것을 방지하여야 할 필요가 있으므로, 위 규정에 해당하는 행위의 책임은 그 등록상표권자의 승계인에게도 미친다고 보아야 한다(특허법원 2010.2.12. 선고 2009허7314 판결).

표등록을 취소토록 하여 상표권 이전에 보다 신중을 기할 수 있도록 하기 위하여 그 보완책으로 본 호를 신설하게 된 것이다. 그러나 본 호는 제2호와의 중첩되는 점을 피할수 없다 할 것이다.

(3) 취소의 요건

1 상표권의 이전이 있을 것

본 호는 유사관계에 있는 2 이상의 상표권을 소유한 상표권자가 그 중 어느 하나 또는 2 이상의 상표권을 타인에게 이전하거나 상표권의 지정상품을 분할하여 이전한 후, 부정경쟁의 목적으로 등록상표를 그 이전한 상표의 지정상품과 동일 또는 유사한 상품에 사용하는 경우 또는 상표권을 이전받은 자가 이전받은 상표권의 범위 내에서 등록상표를 사용하지 아니하고 그 상품의 범위를 확장하여 전 상표권자의 현재 소유의 등록상표의 지정상품과 동일 또는 유사하게 사용하는 경우 이를 제재하기 위한 규정이므로, 등록상표가 본 호를 이유로 하여 그 등록이 취소되기 위하여는 무엇보다도 상표권의 이전이 전제된다 할 것이며 상표권의 이전에 따른 것이 아닌 경우에는 법 제73조 제1항 제2호의 적용여부가 대두될 뿐이다.

2 등록상표의 사용일 것

여기서 상표의 사용은 자기의 등록상표의 사용, 즉 등록상표와 동일하게 사용하는 경우만을 의미하며 등록상표를 유사하게 변경하여 사용하는 경우에는 본 호에 해당되지 않는다.[14] 유사관계에 있는(구법 하에서의 연합관계) 상표권은 이를 1인이 모두 소유하는 것이 바람직하며 그 중 일부의 상표권만을 타인에게 이전하는 경우에는 그 유사관계에 있는 등록상표의 상표권자가 각각 달라 상표권자가 자기의 등록상표를 등록받은 대로 사용하는 경우에도 상품출처의 오인·혼동을 불러일으킬 우려가 있음은 물론 그 등록상표를 지정상품의 유사상품인 타인의 등록상표의 지정상품에 사용하는 경우에도 수요자에게 상품출처의 혼동을 일으킬 우려가 있기 때문이다.

3 등록상표의 지정상품과 동일 또는 유사한 상품에 사용할 것

자기의 등록상표를 지정상품과 유사한 상품에 사용하는 경우는 물론 그 지정상품과 동일한 상품에 사용하는 경우에도 그로 인하여 수요자에게 상표권자의 상품과의 관계에서 상품출처의 오인, 혼동을 불러일으킬 우려가 있는 경우에는 본 호에 해당한다.

---

14   본 호에서는 제73조 제1항 제2호에서와 달리 「등록상표 또는 이와 유사한 상표」라고 규정하지 않고 「등록상표」로 규정하고 있다. 그러므로 등록상표를 유사하게 사용하는 경우에는 법 제73조 제1항 제2호 해당여부가 문제될 뿐이다.

다만, 이 경우 상표권을 이전하기 전부터 등록상표를 그 지정상품에 계속 사용하고 있는 경우에는 본 호에 해당되지 아니한다 하겠으나, 상표권 이전 전에는 사용하지 않다가 타인에게 상표권을 이전한 후에 그 사용하지 않던 등록상표를 사용하는 경우가 여기에 해당된다 하겠다.[15]

◢ 부정경쟁의 목적이 있을 것

「부정경쟁의 목적이 있다」 함은 타인의 상표에 편승할 목적으로 상표를 사용하는 것을 말하는데, 당초에는 등록상표를 사용하지 않다가 타인에게 이전된 상표가 그 타인의 계속적인 영업활동이나 광고·선전 등에 의하여 수요자에게 널리 알려진 경우 그와 유사한 상표인 자기의 등록상표를 사용하는 경우 등이 여기에 해당된다 할 것이다. 그러나 종전부터 상표를 계속 사용하는 경우에는 그 타인의 상표가 비록 수요자에게 널리 알려졌다 하더라도 부정경쟁의 목적이 있다고 할 수는 없다.

한편, 본 호의 적용요건이 반드시 타인의 상표가 수요자에게 널리 알려진 것을 필요로 하지는 않는다 하겠으나 등록상표를 사용하지 않다가 그 이전된 타인의 등록상표에 편승할 목적으로 사용하는 경우에는 부정경쟁의 목적이 있다고 할 수 있다.

◢ 상품의 품질의 오인 또는 타인의 상품과의 출처혼동의 우려가 있을 것

「상품의 품질의 오인」이라 함은 당해 상품이 지닌 본래의 품질과 다르게 인식되는 것(특정의 재료·성분이 포함된 것으로 오인하는 등)을 말하는데, 본 호에서의 상품의 품질의 오인에는 상품의 우수·열악을 포함하는 것으로 해석하는데, 법 제73조 제1항 제12호에서 규정한 「상품의 품질의 오인」에 상품의 열악은 포함되지 않는 것으로 해석하는 견해와 상반되는 점이 있다.

「상품출처의 혼동」이라 함은 유사한 상표가 동일 또는 유사한 상품에 다 같이 사용되는 경우 수요자가 그 상품의 생산자 등을 혼동하는 것을 말한다.

4) 청구인 적격 등

(1) 청구인

이 심판은 누구든지 청구할 수 있다. 이 심판을 누구든지 청구할 수 있도록 한 것은 본 규정이 공익성을 띠고 있기 때문이다.

15　등록상표를 사용하지 않다 상표권을 이전받은 자가 그 이전 받은 상표를 사용하여 영업을 하여 소비자로부터 신뢰를 쌓은 경우 상표권을 이전한 자가 이에 편승하고자 사용하지 않던 등록상표권을 새삼스레 사용하는 경우가 여기에 해당된다 하겠다.

(2) 피청구인

상표권자가 등록상표를 부정하게 사용한 것을 상표등록 취소이유로 하는 경우 상표권자가 피청구인이 되며, 사용권자가 등록상표를 부정하게 사용한 것을 취소이유로 하는 경우에도 피청구인은 상표권자가 된다 할 것이다.[16]

(3) 청구기간

이 심판은 취소사유가 없어진 날로부터 3년을 경과하면 이를 청구할 수 없다. 이와 같이 심판청구에 제척기간을 둔 것은 일정한 상태가 소멸한 후에는 취소심판청구를 제한함으로써 상표권의 불안정한 상태를 해소할 필요가 있기 때문이다(법 제76조 제2항).

(4) 청구범위

이 심판은 공익적 규정으로 해석된다. 따라서 등록상표와 유사한 상표를 일부의 상품에 대하여 사용하거나 등록상표와 동일한 상표를 지정상품중 일부의 지정상품과 유사한 상품에 사용한 경우라도 일부취소를 구하는 심판은 인정되지 아니하며 등록상표 전체의 취소를 구하는 취소심판을 청구해야 한다. 또한 다류로 출원하여 등록된 경우에도 그 다류의 지정상품 모두에 대하여 취소를 구하는 심판을 청구해야 하며, 실무적으로도 이와 같이 운용하고 있다. 이 점에 대하여는 문제점과 의문이 있다.

(5) 입증책임

상표권자 또는 전용사용권자 · 통상사용권자가 등록상표를 등록된 대로 사용하지 아니하고 부기, 변경한 사실에 대한 입증은 심판청구인에게 있다.

— 사 례 —

(사례 1) 〔상표 및 지정상품〕 이 사건 상표: NUK(누크)(제25류 종이물수건, 화장지, 포장용지, 휴지, 냅킨용지), 실사용상표: , 대상상표: NUK

〔판례〕 ① 갑 제46호증의 기재에 변론의 전체취지를 종합하면, 피고가 이 사건 등록상표 등록일 이후인 2003년경에 이 사건 등록상표를 변형한 실사용상표를 지정상품인 "종이 물수건"의 일종인 "유아용 물티슈" 등에 사용한 사실은 이를 인정할 수 있고, 이 사건 등록상표는 앞에서 본 바와 같이 비교적 단순한 영문자와 고딕체의 한글로 구성된 상표임에 반하여 실사용상표는 한글부분을 완전히 삭제하였을 뿐만 아니라 영문자 부분도 끝을 둥글게 처리한 고딕체로 표현하고 있어, 전체적으로 관찰할 때 실사용상표는 이 사건 등록상표와 유사한 상표를 그 지정상품에 사용한 것이라 할 것이다.

---

16   사용권등록취소심판을 구하는 취소심판에서도 피청구인은 사용권자가 된다(법 제74조 제5항).

② 상표법 제73조 제1항 제2호 해당 요건의 하나인 실사용상표가 대상상표와 오인, 혼동의 우려가 있는지 여부를 판단함에 있어서는 가사, 상표의 구성자체가 동일한 것인가 아닌가에 대하여는 혼동이 없더라도 그것을 동종 상품에 사용하였을 때 대비되는 상표의 주지력의 크기 등이 심리적 계기가 되거나 상품의 포장이나 유통경로의 특성으로 인하여 출처에 관하여 혼동을 일으키는 경우가 있을 수 있고 이러한 경우에도 상표법 제73조 제1항 제2호에 해당한다고 보는 것이 수요자와 대상상표의 상표권자 보호라는 위 규정의 목적에 비추어 타당하다 할 것이므로, 대상상표의 주지성의 정도, 각 상품의 포장, 유통경로 등도 오인, 혼동여부를 판단함에 있어 참작이 되어야 할 것이다. 앞에서 본 대상상표에 관한 인정사실 등을 종합하면 대상상표는 피고가 실사용 상표를 사용할 무렵에는 이미 원고 또는 그 전용사용권자가 취급하는 유아용 피부보호용품(로션, 크림 등)이나 유아용 목용용품(비누, 샴푸) 등의 상표로서 일반수요자 사이에 현저하게 인식된 상태, 즉 주지상표에 이르렀다고 할 것이다.

③ 대상상표와 실사용상표는 그 상표가 동일하고, 원고가 이 사건 등록상표를 변형하여 사용할 무렵에는 대상상표는 이미 유아용 크림이나 로션, 유아용 목용용품 등과 관련하여 국내의 수요자들 사이에 현저하게 인식된 정도에 이르게 된 점, 유아용 목용용품이나, 유아용 피부보호용품 등을 취급하는 업자가 유아용 물티슈도 함께 취급하는 것이 일반적인 사정 등을 아울러 참작하면, 비록 실사용상표가 그 지정상품인 "종이 물수건"에 사용되는 것이고 일반적인 종이 물수건은 유아용 피부보호 제품 등과는 동일, 유사한 상품이라고 할 수 없다 하더라도 일반 수요자들이 "유아용 물티슈"에 사용되는 실사용상표를 보는 경우에 쉽게 대상상표를 연상할 수 있을 것으로 판단된다.

④ 피고가 이 사건 실사용상표를 이 사건 등록상표의 지정상품에 사용하기 이전에 이미 원고와 피고 사이에 대상상표와의 관계에서 이 사건 등록상표의 효력을 둘러싸고 각종 분쟁이 계속되었음은 피고 스스로도 이를 자인하고 있으므로 피고의 고의는 인정된다 할 것이며, 나아가 앞에서 본 대상상표의 주지성 및 원고와의 분쟁의 경과 등의 사정을 종합하면, 피고는 이 사건 등록상표와 유사한 상표를 사용함으로써 상품의 품질이나 출처의 혼동을 야기하여 대상상표의 주지성에 편승할 적극적인 목적으로 실사용상표를 사용한 것이라 판단된다(특허법원 2003.11.13. 선고 2003허1536 판결 심결취소, 대법원 2005.8.19. 선고 2003후2713 판결 원심지지).

(사례 2)〔상표 및 지정상품〕 이 사건 상표: (제18류 가방, 핸드백, 배낭), 실사용상표: ,

. 대상상표:

〔판례〕 ① 원고는 적어도 2004.6.24.경에는 ""와 같은 형태로 된 상표들(실사용상표1, 2, 3이라 한다)을 핸드백에 부착하여 판매함으로써 실사용상표를 사용한 사실을 인정할 수 있다. 실사용상표들은 이 사건 등록상표와 위 C자의 볼록한 부분이 일부 절단되었는지 여부, 위 호(弧)가 연장되었는지 여부, 착색되었는지 여부 등에서 차이가 있어서 이 사건 등록상표의 동일성의 범위 내에 있는 상표라고 할 수 없고 이를 부기, 변형한 유사상표에 해당한다.

② 원고가 실사용상표를 이 사건 등록 상표의 지정상품인 핸드백에 사용할 당시에 이미 대상상표들이 국내에서 저명상표가 되어 있었으므로 원고가 대상상표들의 존재를 인식하지 못하였다는 등의 특별한 사정에 관하여 아무런 주장·입증이 없으므로 피고의 고의는 추정되고, 실사용상표들이 사용될 당시에 대상상표들은

저명상표였고 피고는 실사용상표들이 사용된 핸드백과 매우 흡사한 핸드백에 실사용상표들과 동일하다고 할 정도의 상표를 실사용상표들이 부착된 위치와 동일한 곳에 부착하여 판매하고 있었던 점, 실사용상표들의 표장은 좌우 대칭의 도형을 부자연스럽게 절단한 외관을 가지고 있고, 실사용상표들을 핸드백 앞면의 가장자리에 밀착하여 부착함으로써 실사용상표들이 본래 대상상표들과 유사하게 좌우 대칭의 표장인 것으로 오인될 수 있는 점, 원고와 친족관계에 있던 사람들은 대상상표들과 유사한 상표가 부착된 제품을 제조·판매함으로써 여러 차례 민·형사상 책임을 진 적이 있었던 점 등의 여러 사정을 종합하여 보면, 원고는 이 사건 등록상표와 유사한 실사용상표들을 사용함으로써 상품의 출처의 혼동을 야기하여 대상상표들의 저명성에 편승할 적극적인 목적으로 실사용상표들을 사용한 것이라고 보기에 충분하다(특허법원 2006.4.7. 선고 2005허 5907 판결, 대법원 2006.7.28. 선고 2006후1094 판결 참조).

(사례 3) 〔상표 및 지정상품〕 이 사건 상표: cor (제14류 목걸이, 반지 등), 실사

용상표: , , , 대상상표:

〔판례〕 ① 실사용상표들은 이 사건 등록상표 중 알파벳 부분을 제외한 도형 부분만으로 구성된 것이므로, 이 사건 등록상표와 동일성의 범주 내에 있는 상표라고 할 수 없다. 그런데 이 사건 등록상표는 앞서 본 바와 같이 도형부분은 그 부분만으로 식별력이 있고, 실사용상표들은 이 사건 등록상표의 도형부분을 가로와 세로의 비율만을 달리하여 구성된 것으로서 이 사건 등록상표의 도형부분과 아주 유사하므로, 실사용상표들은 이 사건 등록상표를 변형한 유사상표에 해당한다고 할 것이다. 실사용상표들이 이 사건 등록상표의 지정상품인 반지, 귀걸이, 메달 등에 사용된 사실은 기초사실인정에서 본 바와 같다.

② 피고가 실사용상표들이 표시된 반지, 메달, 목걸이 등의 장신구를 제조, 판매하기 시작한 2008.1.2.경 이미 대상상표들이 특정인의 상품을 표시하는 것이라고 일반 수요자들 사이에 널리 알려져 있었다고 할 것이다.

③ 실사용상표들의 경우 C자의 중간 부분이 링을 두른 것처럼 돌출되게 한 점 등에서 대상상표들과 약간의 차이는 있으나, 실사용상표들은 아래, 위로 길쭉한 느낌을 주는 이 사건 등록상표의 도형과 달리 가로와 세로의 비율이 거의 동일하게 구성된 대상상표들과 유사하게 구성되어 있어 그와 같은 차이점에도 불구하고 대상상표들과 유사함을 부정할 수 없다. 따라서 실사용상표들이 이 사건 등록상표의 지정상품인 반지, 귀걸이, 메달 등의 장신구류에 사용될 경우 일반 수요자들로 하여금 그 지정상품이 대상상표들의 권리자 또는 그와 특별한 관계에 있는 사람에 의하여 생산, 판매되는 것으로 오인, 혼동할 우려가 높다고 할 것이다.

④ 실사용상표들이 표시된 상품들이 제조, 판매되기 이전에 이미 대상상표들이 일반 수요자들에게 널리 알려져 있었을 뿐만 아니라 대상상표들을 도용한 상품들이 대량으로 제조, 판매되고 있었던 점, 실사용상표들이 이 사건 등록상표의 도형부분의 가로와 세로 비율을 대상상표들과 유사하게 변형하여 구성된 점에 비추어 보면, 피고는 실사용상표들이 표시된 상품들을 제조, 판매할 당시에 대상상표의 존재를 알고 있었다고 할 것이므로 피고에게 상표 부정사용의 고의가 있음을 충분히 인정할 수 있다(특허법원 2009.9.10. 선고 2008허 3404 판결, 대법원 2010.1.14. 선고 2009후 3626 판결 심불기각).

(사례 4) 〔상표 및 지정상품〕 이 사건 상표: **Ktdom**(제42류 전자거래용 컴퓨터자료의 처리업 등),
실사용상표: **KTdom**, 대상상표: **KT**

〔판례〕 ① 실사용서비스표가 이 사건 등록서비스표와 유사한 서비스표인지 여부에 대하여 살펴보면, 양 표장은 글자의 내용에서 'K' 다음의 글자가 '✝'(이는 영문소문자 't'를 도형화한 것으로 보이나 도형화의 정도가 문자의 인식력을 압도할 정도에 이르지 않고 새로운 관념을 형성하지도 않으므로 영문자 't'로 인식된다)인지 'T'인지에서 차이가 있고, 글자의 색상에서 차이가 있을 뿐, 글자의 내용이 같고, 글자 전체의 배치형태나 글자체 등이 동일하므로, 양 표장은 서로 유사하다.

② 피고의 비교대상서비스표가 이 사건 등록서비스표의 출원일 무렵 거래 일반의 수요자들에게 널리 알려져 저명성을 획득하였다는 점은 원고도 이를 자인하고 있다.

③ 실사용서비스표는 'KT' 부분과 'dom' 부분이 글자체 및 색상을 달리하여 표시되어 있고, 그중 'KT' 부분은 비교대상서비스표 'KT'와 글자체나 색상, 글자 내용 등에 있어서 동일하는 등 외관, 호칭이 동일하여, 전체적으로 양 표장은 유사하다. 그리고 이 사건 등록서비스표의 지정서비스업인 '인터넷관련 정보컨설팅업, 정보의 컴퓨터데이터베이구축업' 등과 비교대상서비스표의 사용서비스업은 유사하거나 매우 밀접한 경제적인 관련성을 갖고 있다. 결국 실사용서비스표와 비교대상서비스표는 그 표장 및 지정서비스업이 유사하거나 매우 밀접한 관련성을 지니고 있어 실사용서비스표를 이 사건 등록서비스표의 지정서비스업에 사용하는 경우 거래 일반의 수요자들은 피고의 서비스업으로 혼동하거나 양자 사이에 인적 또는 자본적인 어떤 관계가 있는 것처럼 오인 · 혼동을 일으킬 염려가 크다.

④ 원고는 피고의 비교대상서비스표가 저명성을 획득한 이 사건 등록서비스표의 출원일 이후로도 계속 실사용서비스표를 사용해온 사실을 인정할 수 있는바, 원고가 피고의 저명서비스표인 비교대상서비스표의 존재를 알지 못하였다는 등의 특별한 사정이 없는 이상, 원고는 저명성을 획득한 비교대상서비스표의 존재를 알면서도 계속 실사용서비스표를 사용하였다고 할 것이므로 원고에게는 실사용서비스표의 부정사용에 대한 고의가 있다(특허법원 2011.7.15. 선고 2011허1678 판결, 대법원 2011. 11.24. 선고 2011후2176 판결 심불기각).

(사례 5) 〔상표 및 지정상품〕 이 사건 상표: 쫄쫄이호떡(제43류 한식점경영업 등), 실사용상표: 쫄쫄호떡,
대상상표: 졸졸호떡

〔판례〕 ① 피고의 모(母) ○○○은 1996.7.22. 원고로부터 원고가 당시 청주시 상당구 남문로 2가에서 '졸졸호떡'이라는 상호로 운영하던 음식점의 영업에 관한 권리 일체를 1억 2천만 원에 양도받아 영업을 시작하였고, 같은 해 9.16. 같은 상호로 사업자등록을 마쳤으며, 1997.4.경부터 '쫄쫄호떡'으로 간판을 교체하였

다. ○○○은 일자 불상(不祥)경부터 실사용서비스표의 '쫄쫄호떡'이라는 표장의 앞이나 뒤 등에 '',

, 또는 '청주의 명물'이라는 다른 표장을 더하여 이를 간판 등에 부착하였으며, 아래 (3)항과 같이 '쫄쫄호떡'이 신문, 방송에 소개된 이후 일자 불상경부터 가맹사업자들과 청주시 상당구 및 흥덕구 일대와 보령시 및 서울 서대문구 등을 판매지역으로 하는 '쫄쫄호떡' 가맹계약을 체결하고, 위와 같은 표장들을 가맹점 사업자들이 사용하도록 하는 방법으로 실사용서비스표를 사용하여 왔다. ○○○의 위 음식점은 1999년 3월경부터 2008.4.22. 무렵까지 지방 일간지, 지상파방송의 프로그램 및 연합뉴스 등에서 청주의 유명한 음식점으로 소개 및 방영되었는데, 원고는 일자 불상경(적어도 실사용서비스표를 사용한 이후로 보인다)부터 대

상서비스표를 그대로 또는 그 뒤에 '원조의 집'이란 문자를 부가하여 사용하면서 현재 ○○○ 운영의 음식점 인근에서 대상서비스표를 상호로 사용한 호떡집을 운영하고 있다.

② 우선 다른 쟁점에 앞서 과연 실사용서비스표의 사용으로 인하여 타인의 업무에 관련된 서비스와의 혼동을 생기게 할 우려가 있는지 여부에 관하여 판단하건데, ㈀피고의 모인 ○○○은 원고가 대상서비스표를 등록하기 이전부터 실사용서비스표를 사용하여 왔고, 또한 실사용서비스표는 전국 방송에도 '청주의 명물'로 여러 차례 소개되어 일반수요자들에게 알려졌지만, 원고의 대상서비스표는 특정인의 서비스표라고 인식될 수 있을

정도로 알려졌다고 볼 아무런 증거가 없는 점, ㈁ 실사용서비스표는 ''이나 ''와 같은 다른 표장과 함께 사용되어 온 점, ㈂ 이 사건 등록서비스표인 '쫄쫄이호떡'으로부터 '이' 자를 빼면 실사용서비스표가 되므로 그 변형의 정도가 크다고 보기도 어려운 점 등을 앞서 본 법리에 비추어 살펴보면, 가사 피고로부터 사용승낙을 받은 것으로 보이는 피고의 모 ○○○이 실사용서비스표를 사용하였고, 실사용서비스표가 대상서비스표와 전체적으로 유사해 보인다고 하더라도, 앞서 인정한 사실관계만으로는 실사용서비스표를 사용함으로써 원고의 대상서비스표의 서비스와의 사이에 출처의 오인·혼동을 일으킬 우려가 객관적으로 존재한다고 할 수 없다(특허법원 2009.6.12. 선고 2009허1750 판결 심결지지).

III. 불사용에 의한 취소심판(법 제73조 제1항 제3호)

1. 서 언

1) 의 의

등록된 상표를 계속하여 3년 이상 그 지정상품에 사용하지 아니한 경우에는 등록상표는 심판에 의하여 그 등록이 취소된다.

이 심판은 다른 취소심판과는 달리 등록상표를 그 지정상품에 사용하지 아니하였을 때에만 청구할 수 있으며, 등록상표를 지정상품에 사용하지 않은 경우라도 불사용에 따른 정당한 이유가 있거나 지정상품 중 어느 하나의 지정상품에 대하여 등록상표를 사용한 경우에는 불사용을 이유로 취소되지 아니한다.

이 심판은 등록주의를 취하고 있는 현행법제하에서 발생할 수 있는 폐해를 방지하기 위하여 마련한 것이다.

구법(1990.1.13. 법률 제4210호 이전의 법)에서는 불사용 기간을 1년으로 규정하기도 하였으나 이 기간은 상표권자의 상표사용을 위한 유예기간이 짧고 또 너무 가혹하다는 이유로 현재와 같이 3년으로 규정하게 되었다.[17]

---

17   파리협약에서는 보호가 주장되는 국가의 국내법에 의하여 공동상표권자로 간주되는 산업상 또는 상

2) 제도적 취지

등록주의를 채택하고 있는 우리 상표법제하에서는 상표의 사용여부를 불문하고 상표등록을 인정하고 있어 소정의 등록요건만을 충족하면 상표로서 등록되며 법에 의하여 독점배타적 권리가 발생한다.

상표는 그 본질상 상품식별기능이나 출처표시기능·품질보증기능을 갖는 등 상품과는 분리하여 존재할 수 없는 것일 뿐만 아니라 상표를 그 상품에 사용함으로써 비로소 상표권자의 이익이 창출되고 수요자의 이익도 아울러 도모할 수가 있으며 상품의 유통질서를 바로잡을 수 있다.

그러나 등록된 상표가 그 지정상품에 사용되지 않는 경우에는 그 상표를 더 이상 어느 특정인의 전유물(專有物)로 보호해줄 필요가 없을 뿐만 아니라 이러한 상표는 그 상표의 사용을 원하는 자를 위하여 개방토록 하는 것이 법의 취지에도 부합하는 것이 된다. 따라서 상표법은 상표권자에게 상표사용의 의무를 강제함과 아울러 권리위에 잠자는 상표를 용이하게 정리함으로써 이를 제3자가 쉽게 사용할 수 있도록 하기 위하여 본 제도를 둔 것이다.[18]

3) 법적 성질

등록상표의 취소심판은 기존의 권리를 후발적인 사유에 의해서 소멸시킨다는 점에서 형성적 행위라 할 수 있으며, 또한 행정관청에 의하여 행하여진다는 점에서 행정행위이기는 하나 그 절차와 방식은 사법적 절차가 준용된다는 점에서 준사법적 행정행위라 할 수 있다.

업상의 영업소들이 각기 동일 또는 유사한 상품에 동일한 상표를 동시에 사용함으로 인하여 어떠한 동맹국에서도 해당 상표에 부여된 보호가 감소하지 않는다고 규정하고 있는데(파리협약 제5조C(3)), WTO/TRIPs 협정에서는 정당한 사유 없이 최소 3년 이상 사용하지 않는 경우 등록을 취소할 수 있도록 규정하고 있다(법 제19조).

18   우리 상표법이 상표의 등록에 그 사용을 요건으로 하지 아니한 등록주의를 취하고 있어서 일단 등록된 상표가 전혀 사용되지 아니함으로써 유통과정에서의 상표로서의 적극적인 역할을 하지 못하고 오히려 타인에 의한 동일상표의 사용에 의한 상품유통을 방해할 우려가 있기 때문에 구 상표법 제45조 제1항 제3호에서 상표권자가 정당한 이유 없이 국내에서 등록된 상표를 지정상품에 계속하여 1년 이상 사용하지 아니한 경우에 이를 적극적으로 취소하지는 않는다고 하더라도 이해관계인의 청구를 기다려 심판에 의하여 그 상품등록을 취소하여야 하도록 규정하고 있으며, 이는 상표의 사용을 촉진하는 한편 불사용 상표에 대한 제재적 의미도 포함되는 것으로 해석된다(대법원 1982.2.23. 선고 80후70 판결).

2. 취소의 요건

1) 어느 누구에 의하여도 사용되지 아니하였을 것

(1) 어느 누구

어느 누구라 함은 상표권자 또는 전용사용권자·통상사용권자를 지칭하는 것으로서 등록상표가 불사용을 이유로 하여 그 등록이 취소되기 위하여는 상표권자 또는 전용사용권자·통상사용권자 중 그 어느 누구에 의하여도 사용된 사실이 없어야 한다. 따라서 상표권자가 사용하지 아니하였다 하더라도 전용사용권자 또는 통상사용권자에 의하여 상표가 사용된 바 있으면 등록상표의 사용이 인정된다.[19]

(2) 상표의 사용

여기서 상표의 사용은 상표법 제2조 제1항 제6호에서 규정한 상표사용의 개념과 그 개념이 동일하며 형식적인 사용이 아닌 현실적인 사용을 의미한다.[20]

19 　① WTO/TRIPs 협정에서도 상표권자의 통제에 따르는 경우 타인에 의한 상표의 사용은 등록을 유지하기 위한 상표의 사용으로 인정하도록 규정하고 있다(법 제19조).
　② 1998.3.1. 이전의 법률이 적용되는 경우에 있어서 통상사용권자의 의미에 대한 판례: 상표법 제73조 제1항 제3호의 취소사유에 해당하려면 상표권자·전용사용권자·통상사용권자 중 어느 누구도 등록상표를 사용하지 않았어야 하고, 상표법상 통상사용권은 전용사용권과는 달리 단순히 상표권자와 사용자간의 합의만에 의하여 발생하며, 통상사용권의 설정등록은 제3자에 대한 대항요건으로 되어 있을 뿐이므로, 통상사용권자는 반드시 등록된 통상사용권자일 필요는 없다(대법원 1995.9.5. 선고 94후1602 판결).

20 　① 상표권자가 정당한 이유없이 국내에서 등록된 상표를 지정상품에 사용하지 아니한 경우에 그 상표등록을 취소하도록 규정한 상표법 제73조 제1항 제3호의 규정은 상표의 사용을 촉진하는 한편 불사용 상표에 대한 제재적 의미도 포함되는 것으로 해석된다고 할 것이므로, 이와 같은 취지에 비추어 볼 때 상표에 대한 선전·광고행위는 지정상품에 관련하여 행하여져 하는 것일 뿐만 아니라 그 지정상품이 국내에서 현실적으로 유통되고 있거나 적어도 유통을 예정·준비하고 있는 상태에서 행하여진 것이어야 상표의 사용이 있었던 것으로 볼 수 있을 것이다(대법원 1990.7.10. 선고 89후1240 판결, 1992.8. 18. 선고 92후209 판결 등).
　② 상표에 대한 선전·광고행위가 있었다고 하더라도 그 지정상품이 국내에서 일반적·상징적으로 유통되는 것을 전제로 하여(현실적으로 유통되고 있거나 적어도 유통을 예정·준비하고 있어야 한다) 선전·광고행위가 있어야 상표의 사용이 있었던 것으로 볼 수 있는 것이다(대법원 1990.7.10. 선고 89후1240, 1257 판결).

2) 등록상표를 지정상품에 사용하지 아니하였을 것

(1) 등록상표와 동일

상표의 사용이 인정되는 것은 등록상표를 그대로 사용하거나 동일성 범주 내에서의 사용을 의미하는 것이므로[21] 등록상표와 유사하게 사용하는 것은 등록상표의 사용으로 인정되지 아니한다.[22] 사용상표가 등록상표와 동일한지 여부는 수요자를 기준으로 하여 판단하며 동일성 범주 내의 상표의 사용이면 등록상표의 사용으로 인정함이 일반적이며[23] 유사상표인 경우에는 등록상표의 사용으로 보지 아니한다.[24]

21　① 구상표법 제7조 제1항 제8호 단서 소정의 등록상표의 사용이라 함은 등록상표와 동일한 상표를 사용한 경우를 말하고 유사상표를 사용한 경우는 포함되지 않는다고 할 것이나 동일한 상표라고 함은 등록상표 그 자체일 뿐만 아니라 거래사회 통념상 등록상표와 동일하게 볼 수 있는 형태의 상표를 포함한다고 할 것이다.

　기록에 비추어 살펴보면, 영문자와 그 발음을 그대로 표기한 한글의 결합상표인 인용상표가 비록 껌 포장지의 같은 면에 두 부분이 함께 표시되지는 아니하였더라도 윗면과 옆면에 서로 가까이 표시되어 있고 상표의 요부는 모두 사용되었을 뿐만 아니라 껌 포장지의 크기나 상표가 표시된 위치에 비추어 볼 때 보는 각도에 따라 한글과 영문자 부분이 한눈에 모두 들어오며 영문자 "FLAVONO"는 "홀라보노"로 발음할 수도 있으나 "후라보노"로 발음할 수도 있으므로 인용상표가 한글 부분과 영문자 부분이 아주 가까이 결합된 상태로 사용되지 아니하였다거나 영문자 부분은 등록된 대로 사용되고 한글부분만이 등록된 "홀라보노"에서 "후라보노"로 변형 사용된 정도만으로는 거래사회통념상 동일성을 가진 사용의 범주에서 벗어났다고 보기는 어렵다고 할 것이다(대법원 1995.4.25. 선고 93후1834 판결).

　② 상표법 제73조 제1항 제3호 소정의 "등록상표의 사용"에는 등록된 상표와 동일한 상표를 사용하는 경우는 물론 거래통념상 식별표지로서 상표의 동일성을 해치지 않을 정도로 변형하여 사용하는 경우는 포함된다 할 것이고(대법원 1992.11.10. 선고 92후650 판결 참조), 이 경우 등록상표가 반드시 독자적으로만 사용되어야 할 이유는 없으므로 다른 상표나 표지와 함께 등록상표가 표시되었다고 하더라도 등록상표가 상표로서의 동일성과 독립성을 지니고 있는 다른 표장과 구별되는 식별력이 있는 한 등록상표의 사용이 아니라고 할 수는 없다(대법원 1996.7.26. 선고 95후2077 판결, 1996.10.11. 선고 96후92 판결).

22　① 등록상표를 그 지정상품에 사용한다고 함은 등록상표와 물리적으로 동일한 상표를 사용하여야 한다는 것을 의미하는 것은 아니고 거래사회의 통념상 이와 동일하게 볼 수 있는 형태의 사용도 이에 포함된다고 할 것이므로 이와 같은 의미의 상표의 동일성을 해치지 않을 정도의 변경사용은 허용된다고 할 것이나 그 정도를 벗어나는 것은 허용될 수 없고, 따라서 유사한 상표를 사용한 것만으로는 등록상표를 사용하였다고 인정하기에 부족한 것이다(대법원 1985.5.28. 선고 84후117 판결, 대법원 1992.12.22. 선고 92후698 판결, 1993.5.25. 선고 92후1950 판결 등).

　② 한글과 영문자로 구성된 등록상표 "티파니/TIFFANY" 중 한글 "티파니"만으로 사용한 것은 상표의 사용으로 볼 수 없다(대법원 1992.12.22. 선, 92후698 판결).

　③ 이건 등록상표와 연합상표인 상표등록 제83092호의 상표는 그 구성을 도형과 한글자 및 영문자를 ～NASSAU～ 와 같이 표기하여 구성된 것으로 도형과 문자들이 각각 상표의 요부를 형성한 결합상표인바, 그 요부의 하나인 한글 "낫소"를 제외한 상표로 사용한 사실은 이 사건 상표의 사용이라고 볼 수 없다(대법원 1987.3.24. 선고 86후100 판결).

23　① 숫자 3609가 부가되어 있기는 하나, 문자 부분인 ESTOL과 숫자 부분인 3609가 일체 불가분적으

(2) 지정상품과 동일

등록상표의 사용은 등록상표의 지정상품과 동일한 상품에 대하여 사용한 경우만이 사용으로 인정되며, 상품의 동일여부는 그 품질 형상·용도·거래사회실정 등에 따라 결정되고 동일성 범주 내의 상품이면 지정상품과 동일한 상품으로 인정된다. 한편 유사상품이나 비유사상품에 사용하는 것은 상표가 동일하다 하더라도 상품이 다르므로 등록상표의 사용으로 인정되지 아니하며 지정상품이 상품으로 되어 있는데 그 상품에 관한 서비스업에 사용한 경우에도 상표의 사용으로 되지 아니한다.[25]

로 결합되어 있지 않고 그 결합으로 인하여 새로운 관념을 형성하는 것도 아니어서 문자 부분인 ESTOL이 상표로서의 독립성을 지니고 있을 뿐만 아니라 위 숫자 부분은 상품의 종류를 나타내기 위한 부기적인 부분으로 식별력이 없어 등록상표와 동일성 범위내의 상표의 사용이다(특허법원 2005.6.17. 선고 2004허395 판결).

② 동일성이 인정된 경우

이 건 상표	실사용상표	관련판결
ESTOL	ESTOL 3609	특허법원 2005.6.17. 선고 2004허7395 판결
INSAN	INSAN 다용도죽염	특허법원 2005.9.15. 선고 2005허4003 판결
仁 山	다용도 죽염	특허법원 2005.9.15. 선고 2005허3994 판결 (심결지지)
새 나 라 SAE NA RA	SAENARA CHICKEN 새나라치킨	특허법원 2005.12.23. 선고 2005허8609 판결 (심결취소)

24   ① 이 건 등록상표 "허벌 에센스"와 실사용표인 "Herbal Essences"는 한글과 영문의 차이로 인하여 유사상표에 불과할 뿐 동일성이 인정되는 상표로 보기 어렵다(특허법원 2005.1.28. 선고 2005허1967 판결).

② 동일성이 인정되지 않는 경우

이 건 상표	실사용상표	관련판결
하이마운틴 HIGH-MOUNTAIN	사용1: THIGH 사용2: 마운틴	특허법원 2005.4.1. 선고 2004허3812 판결
GUESS BY MAURICE MARCIANO	GUESS BY MARCIANO	대법원 2005.7.15. 선고 2004후1588(원심판결파기)
UniSQL®	UniSQL	특허법원 2005.9.16. 선고 2005허4089 판결(심결지지)

25   ① '상품'과 '서비스업' 간에는 밀접한 관계가 있기는 하나 상표법상 '상품'과 '서비스업'은 이를 엄격히 구분하고 있다. 그러므로 지정상품을 '서적'으로 하여 상표등록을 받아놓고 '서적출판업'이나 '서적판매업'에 그 상장을 사용한 경우에는 그 상표를 '서적'에 사용한 것으로 되지 아니한다. 또한 서비스표는 지정서비스업의 영업활동과 직접적으로 관련되어 사용되어야만 서비스표의 사용으로 볼 수 있다(등록된 서비스업이 "한식당업"인데 서비스표를 "한식당체인업"에 사용한 경우에는 "한식당업"에 사용한 것으로 되지 아니한다).

② 서비스는 타인의 서비스와 구별시키기 위한 식별표지로서의 서비스표를 사용할 수 있을 정도로 독립하여 상거래의 대상이 되는 것만을 말하며, 상품의 제조·판매와 같은 별개의 영업활동에 부수하

한편, 상품이 등록상표의 지정상품과 동일하는 한 2 이상의 지정상품 중 어느 하나의 상품에만 사용하여도 등록상표의 사용으로 인정되어 취소사유가 되지 아니한다.

이와 같이 2 이상의 지정상품 중 어느 하나의 지정상품에 대하여 사용사실을 입증한 경우 등록상표의 지정상품 모두의 사용으로 간주하는 것은, 상표권자가 그 등록상표의 지정상품 모두에 대하여 사용사실을 일일이 입증하는 것이 매우 어렵기 때문에 입증책임을 덜어주기 위하여 이와 같이 규정한 것이다.

3) 계속하여 3년 이상 국내에서 사용되지 아니하였을 것

(1) 계속하여 3년 이상 불사용

계속하여 3년 이상 불사용이라 함은 취소심판청구일 전 계속하여 3년 이상 사용되지 아니한 것을 말하며 상표등록 후 어느 시점에서 1년 동안 사용하지 않다가 그 후 일정기간 사용하고 다시 2년간 사용하지 아니한 경우에는 계속하여 3년 이상 불사용에 해당되지 않는 것으로 해석한다. 한편, 심판청구일의 시점에서는 불사용기간이 1년이었으나 심결시점에서 불사용기간이 3년 이상 경과된 경우에도 본 호에 해당되지 않는다고 해석되나 이에 대한 반대견해도 있다.[26] 또한 심판청구일 전 계속하여 3년 이상 사용하지 않다가 심판청구 후에 사용하는 경우에도 「계속하여 3년 이상 불사용」으로

여 제공되는 서비스는 제외된다.

③ 애프터서비스는 제품의 생산·판매의 일부분으로 보아야 하고 인터폰 등의 제품의 판매에 부수적으로 제공되는 서비스로서 독립하여 상거래의 대상이 되는 서비스는 아니라고 할 것이며, 일부 대가를 받거나 전국적 규모의 상설화된 서비스센타 조직을 갖추어 애프터서비스를 제공하였다고 하더라도 애프터서비스의 기본적인 성격이 달라지지 아니한다(특허법원 2000.7.7. 선고 99허6275 판결, 대법원 상고 후 취하 2000.9.18. 확정).

④ 구 상품류구분 제3류 과자와 당류 중 얼려서 먹는 과자에 속하는 것으로는 "아이스케이크, 아이스크림, 아이스캔디, 서어벗"이 나열되어 있는데, 피고가 그 중 "서어벳"에 해당하는 "샤베트"만을 이 사건 등록상표의 지정상품으로 선택하였다. 97년판 엣센스 영한 사전에서는 "skerbet"을 "셔벗(과즙을 주로 한 병과); 찬 과즙음료; 소다수류"라 번역해 놓고 있다.

아이스크림은 크림을 주원료로 하여 각종 유지방, 우유, 탈지분유, 설탕, 향료, 유화제 안정제 및 색소 등을 첨가하여 동결시킨 것으로 공기를 균일하게 혼합하여 만들고 대중적으로 판매되고 있는 것인데 비해, 샤베트는 설탕, 물, 과일산, 과실 및 과실향료, 안정제를 주원료로 하여 냉동시킨 것으로 아이스크림보다 맛이 많이 달지 않고 호텔이나 레스토랑의 중간코스나 디저트에 많이 사용되고 있다.

위에서 본 아이스크림과 샤베트의 제조방법, 제품의 형상, 성분과 맛의 차이, 거래상태 및 위 상품들이 상품류에 별개의 상품으로 등재되어 있었던 사실, 식품공전의 성분배합 기준 등을 합쳐서 살펴보면 소외회사가 "거북이"라는 이름으로 판매한 얼음과자는 샤베트와 동일성이 있는 상품이라고 보기 어렵다(특허법원 2000.3.23. 선고 99허7414 판결).

26   대광서림발행. 網野誠저 (신)상표.

간주되어 취소사유에 영향을 미치지 아니한다(법 제73조 제5항). 이는 본 규정이 상표 권자에 대한 제재규정이므로 상표권자가 심판청구사실을 알고 그 취소를 면하기 위하 여 부랴부랴 사용하는 경우도 있기 때문에 이를 방지하기 위한 것이다.

상표권의 양도가 있어 상표권자가 바뀐 경우에도 불사용기간은 계속되는 것으로 하 여 전(前)의 상표권자가 불사용한 기간은 후의 상표권자의 불사용 기간에 합산하여 판 단하는 것이 본 호의 입법취지에 부합하는 것이라 할 것이다.

(2) 국내에서 사용되지 아니하였을 것

등록상의 사용은 국내에서의 사용만을 의미하므로 외국에서 사용은 사용으로 인 정되지 않는다.[27] 따라서 상표를 국내에서 사용하지 않고 외국에서만 사용한 경우에는

---

27   ① 구 상표법 제2조 제4항 제3호에 의하면 상품에 관한 광고, 정가표, 거래서류, 간판 또는 표찰에 상 표를 붙이고 전시 또는 반포하는 행위는 상표의 사용행위에 포함되는 것이고, 이때에 상품에 관한 광 고에 상표를 붙이고 전시 또는 반포하는 행위, 즉 상표의 선전·광고는 국내에서 이루어질 것을 요한 다고 할 것이나 간행물을 통한 선전·광고의 방법에 있어서는 반드시 우리나라에서 발행된 간행물에 한정되는 것이 아니라 외국에서 발행된 간행물이라 하더라도 우리나라에 수입·반포되고 있다면 국내 수요자가 그 외국에서 발행된 간행물에 게재된 상표광고에 접할 수 있는 것이어서 이러한 외국에서 발 행된 간행물을 통한 국내에서의 상표의 선전·광고행위는 위 같은 법조 소정의 상표의 사용에 포함되 는 것이라고 보아야 할 것이다(대법원 1991.12.13. 선고 91후356 판결 및 1993.3.23. 선고 92후1134, 356 판결).
    ② 위 인정사실에 의하면 1998.6.1. 발행된 뉴스위크지에 기재된 광고는 국내에서 이루어진 선전· 광고행위에 해당된다고 할 수 있으나, 위 뉴스위크지에 기재된 내용은 모두 미국에 있는 "Sea World Adventure Park"에 대한 광고로서 그 기재내용으로 보아 광고당시 그 지정서비스업이 국내에서 현실적 으로 운영되고 있거나 적어도 운영을 예정·준비하고 있는 상태에 있었다고 보기 어렵고 달리 이를 인 정할 자료가 없다. 또한 위 웹 사이트에 실린 내용도 국내에서 인터넷을 통하여 검색이 가능하다고 하 더라도 국내에서 이루어진 선전·광고행위라고 보기 어렵고, 또한 입장권에 대한 안내가 있다고 하더 라도 국내에서 영업이 이루어진 것이라고도 할 수 없다(특허법원 2000.12.1. 선고 2000허3616 판결).
    ③ 구 상표법 제45조 제1항 제3호에서의 상표의 사용은 국내시장에서의 사용을 의미하므로 국내의 거래자와 일반 수요자가 상표의 존재를 인식할 수 있는 상태에 이르러야 할 것인바, 국내시장이 아닌 치외법권 지역인 주한일본대사관·영사관에 등록상표를 부착한 상품을 공급한 것을 국내에서의 사용 으로 볼 수 없다(대법원 1991.12.27. 선고 91후684 판결).
    ④ 상표광고가 게재된 외국의 간행물이 국내에 수입·반포되었다면 이를 광고를 통한 상표의 사용 으로 볼 수 있음은 원심의 설시와 같다고 하더라도 그 간행물이 국내에 반포되었다고 하려면 어느 정 도 시중에 보급되었어야 할 것이고, 미국문화원과 같은 특수한 곳에 비치되거나 소장되어 희망자에게 열람 또는 복사를 허용한 것만으로는 국내에 반포되었다고 보기 어렵다 할 것이며, 또한 'Newsweek', 'Readers Digest' 등의 잡지는 미국판과 아시아판·한국판 등이 있는데 그 광고가 서로 다른 경우가 많 고, 우리나라에 배포되는 잡지들은 주로 아시아판 또는 한국판이라는 것도 이미 알려진 사실이므로 광 고에 의하여 이 사건 등록상표가 사용되었다고 인정하기 위해서는 위와 같이 상표광고가 실려 있는 잡 지들이 국내에 배포되었다거나 실제로 국내에 배포된 잡지들에도 그와 같은 상표광고가 게재되어 있 었다는 사실이 인정되어야만 할 것인데, 제출된 증거들만으로는 이를 인정하기 부족하다(대법원 1994.

취소사유가 되며 또한 특정지역 내에서 제한적으로 사용된 경우에도 상표를 사용하지 아니한 것으로 된다.[28]

4) 정당한 이유가 없을 것

등록상표를 불사용한 것이 정당한 이유가 있을 때에는 취소사유에 해당되지 아니한다. 정당한 이유에 대하여 상표법에서 특별히 규정한 바 없어 법령의 해석이나 판례 등

12.27. 선고 93후893 판결).

⑤ 외국에서 카탈로그나 신문광고 등에 게재된 상표라도 이러한 신문 등이 국내에 반포되어 국내의 거래자의 눈에 띄는 상태에 있을 때에는 국내에서의 사용으로 볼 수 있다는 견해가 있으며 판례도 이와 같은 입장에 있다(대광서림 발행, 網野誠저, (신)상표 참조).

28 ① 상표의 사용에 관하여 규정하고 있는 구 상표법(1997.8.22. 법률 제5355호로 개정되기 전의 것, 이하 같다) 제2조 제1항 제6호의 나 목에서 말하는 '상품 또는 상품의 포장에 상표를 표시한 것을 양도 또는 인도하거나 그 목적으로 수입하는 행위'에 포함되기 위해서는, 상표권자가 외국에서 자신의 등록상표를 상품에 표시한 후 반드시 우리나라에서 직접 또는 대리인을 통하여 그 상품을 양도하거나 상품에 관한 광고에 상표를 표시하는 행위를 하여야만 할 필요는 없다고 할 것이지만, 적어도 그 상품이 제3자에 의하여 우리나라로 수입되어 상표권자가 등록상표를 표시한 그대로 국내의 정상적인 거래에서 양도, 전시되는 등의 방법으로 유통되어 사회통념상 국내의 거래자나 수요자에게 그 상표가 그 상표를 표시한 상표권자의 업무에 관련된 상품을 표시하는 것으로 인식 될 경우이어야 할 것이고(대법원 2003.12.26. 선고 2002후2020 판결 참조), 또한 같은 호의 다목에서 말하는 '상품에 관한 광고행위'에 해당되려면 상표광고가 게재된 외국의 간행물이 우리나라에 수입되어 어느 정도 시중에 보급되어야 할 것이다(대법원 1994.12.27. 선고 93후893 판결).

② 상표권자가 이 사건 등록상표를 부착하여 제조, 판매한 이 사건 등록상표의 지정상품인 건과자가 이 사건 심판청구일 무렵 일본의 후쿠오카와 부산 사이를 1일 최대 4회(2003.9.16.부터 2004.3.18. 사이, 2004.9.21. 이후 1일 5회로 증편) 왕복한 "Beetle"이라는 이름의 정기여객선의 후쿠오카측 선착장의 면세점과 편의점 및 한국행 일본 후쿠오카 공항의 면세점에서 판매된 사실과 이 사건 등록상표 그 자체 및 그 지정상품에 관한 광고가 일본에서 발행되는 서일본신문에 2000년경부터 2003년까지 수십 회에 걸쳐 이루어진 사실을 각 인정할 수 있고 반증은 없으며, 인근 편의점에서 위 간행물이 그 무렵 판매되었을 것이라는 점과 국내로 입국하는 내외국인 승객들이 위 건과자나 간행물을 구입하여 국내로 반입하는 경우가 있었을 것이라는 점은 경험칙상 추인할 수 있지만, 위 면세점 등은 국내가 아니라고 할 것이고, 나아가 위 건과자가 국내의 정상적인 거래에서 양도, 전시되는 등의 방법으로 유통되어 사회통념상 국내의 거래자나 수요자에게 상표권자의 업무에 관련된 상품을 표시하는 것으로 인식되었다거나 혹은 위 간행물이 우리나라의 시중에 어느정도 보급되었다고 인정함에 있어서는 원고(상표권자)의 전입증으로도 이를 인정하기에 부족하고 달리 이를 인정할 아무런 증거가 없을 뿐 아니라, 원고(상표권자)의 주장에 의하더라도 위 건과자나 간행물이 판매된 곳은 중간상인이나 소매상을 대상으로 한다기보다는 최종 소비자를 대상으로 하는 판매처라고 할 것이며, 이를 구입한 사람들도 위 정기여객선이나 항공기의 일반 승객들이라고 할 것이어서 그들에 의하여 위 건과자가 국내의 통상적인 거래상 양도, 전시되어 유통될 것이라거나 혹은 위 간행물이 우리나라의 시중에 어느 정도 보급될 것으로 기대하기 어렵다고 할 것이므로 원고(상표권자)의 주장은 이유 없다(특허법원 2005.1.7. 선고 2004허4914 판결).

에 따를 수밖에 없다 할 것이나, 등록상표의 지정상품이 수입금지품목이거나 상표권자·사용권자의 질병, 기타 천재지변 등 불가피한 사유 등이 여기에 해당된다[29] 할 것이다. 상품의 생산·판매가 관계당국의 허가를 받아야 하는 허가품목인 경우에는 허가를 받은 사실이 있어야 상표의 사용으로 인정된다.[30] 그러나 단순히 허가를 받지 않았다 하여 상표를 사용하지 아니한 것으로 단정할 수는 없다.[31]

5) 어느 하나의 상품에 대하여도 사용하지 아니하였을 것

등록상표가 2 이상의 상품을 지정상품으로 하여 등록된 경우 그 중 어느 하나의 상품에 대하여도 사용한 사실이 없어야 된다. 등록상표가 2 이상의 상품을 지정상품으로 하여 등록된 경우에는 그 중 어느 하나의 상품만을 사용하여도 등록상표에 대한 사용으로 의제되므로 지정상품 중 어느 하나의 상품에 사용한 사실이 있으면 취소사유가 되지 아니한다. 한편 다류1출원으로 하여 등록된 상표의 경우 등록상표의 사용여부는 상품류구분별로 판단하며 그 중 어느 하나의 류에 속하는 상품의 사용이 타류에 속하

---

[29]   제45조 제1항 제3호에서 규정한 상표불사용에 대한 정당한 이유는 질병, 기타 천재 등 불가항력으로 인하여 영업을 할 수 없을 때뿐만 아니라 법률에 의한 규제, 판매금지 또는 국가의 수입제한조치 등에 의하여 부득이 등록상표 사용의 지정상품이 국내에서 일반적·정상적으로 거래하지 못하게 된 경우와 같이 상표권자의 귀책사유로 인하지 아니한 상표불사용의 경우도 이에 포함되는 것이라 할 것이다(대법원 1990.6.26. 선고 89후599 판결, 1991.12.27. 선고 91후684 판결 등).

[30]   이 사건에서 원심이 확정한 바와 같이 이 사건 각 등록상표(상표등록번호 제81472호 및 제80378호)의 지정상품이 의약품인 경우와 같은 경우에 있어서는 약사법 제26조, 제34조 등에서 의약품의 제조나 수입에 관하여는 보건사회부 장관의 품목별허가를 받도록 규정되어 있어 그 등록상표를 지정상품인 의약품에 법률상 정당히 사용하기 위해서는 위와 같은 품목별 허가를 받아야 하므로 그러한 허가를 받지 아니한 채 그 상표를 부착한 상품이 국내에서 거래되고 있다고 하더라도 이는 상표의 정당한 사용이 있었다고 볼 수는 없는 것이다(대법원 1990.7.10. 선고 89후1240, 1257 판결).

[31]   ① 과자류의 제조업을 하고자 하는 자는 보건사회부 장관의 허가를 받아야 하지만(구 식품위생법 제22조 제1항·제2항, 제21조 제1항·제2항 령 제7조 제1호), 판매를 목적으로 식품을 수입하고자 하는 자는 보건사회부장관에게 신고만 하면 되도록(법 제16조 제1항) 규정되어 있으므로, 피심판청구인이 그 지정상품인 과자류의 제조·판매업에 관하여 법에 의한 허가를 받은 사실이 없다고 하여, 피심판청구인이 국내에서 이 사건 상표들을 그 지정상품에 사용하지 아니하였다고 단정할 수는 없을 것이다(대법원 1993.1.12. 선고 92후612 판결).
　　② 이 사건 등록상표나 위 연합상표를 사용하려면 저작권자인 원고의 동의를 얻어야만 한다고 하더라도, 피고가 1996.7.1. 이후에 원고로부터 동의를 받지 아니하고 위 연합상표 또는 이와 동일성 범주 내의 실사용상표를 사용한 것이 원고에 대한 저작권 침해가 되어 민사상 손해배상책임을 부담하게 되는 것은 별론으로 하고, 위 연합상표와 동일성 범주 내에 있는 실사용상표를 상표적으로 사용한 이상은 그 사용 자체가 구 상표법(1997.8.22. 법률 제5355호로 개정되기 전의 것, 이하 같다) 제73조 제4항 소정의 연합상표의 "정당한 사용"이 아니라고는 할 수 없다(대법원 2001.11.27. 선고 98후2962 판결 참조).

는 상품의 사용으로 되지는 않는다 할 것이다.

6) 상표적으로 사용하였을 것

등록상표의 사용으로 인정되기 위하여는 그 상표를 상품에 사용하여야 한다. 그러므로 상품이 아닌 서비스업에 사용하거나 디자인적으로 사용한 경우에는 그 등록상표를 그 지정상품에 사용한 것으로 되지 않는다.

예컨대, 그 지정상품이 상품류구분 제29류의 식육에 속하는 '닭고기, 튀김 닭' 등인데, 이들 상품이나 포장용기 등에 상표를 표시하지 아니하고 대리점 간판에 표시한 경우에는 이는 서비스표적 사용이므로 상표의 사용으로 인정되지 아니하며, 또 지정상품이 의류의 'T셔츠' 등인데 그 상표를 표시함에 있어 상표적으로 표시하지 아니하고 그 상표인 문자 또는 도형을 연속적으로 표시한 결과 이와 같은 표현이 디자인적인 심미감을 감득케하는 경우에는 이 역시 디자인적 사용이므로 이 경우에도, 상표의 사용으로 인정되지 아니한다. 또한 '상호'로 사용한 경우에도 등록상표의 사용으로 인정되지 아니한다.[32]

3. 불사용에 대한 입증

1) 입증책임의 원칙

입증책임이라 함은 소송상 사실관계가 불명료한 때에 불리한 법률판단을 받도록 되어 있는 당사자 일방의 위험 또는 불이익을 말하는데(1961.11.23. 대법원 민상 818 판결), 일반적으로 권리관계의 발생·변경·소멸 등을 다투는 소송에 있어 그 사실에 대한 입증책임은 이를 주장하는 자가 지는 것이 원칙이다.

2) 입증책임의 전환

우리 상표법은 제73조 제4항에서 상표등록불사용을 이유로 취소심판이 청구된 경우 피심판청구인(상표권자)이 당해 등록상표를 그 지정상품에 그 취소심판청구일 전 3년 이내에 국내에서 정당하게 사용하였음을 증명하지 않는 한 상표권자는 등록상표의 취

---

[32] 비록 상품의 판매업자가 거래명세표 또는 간판 등에 상표 또는 이와 동일하게 볼 수 있는 표시를 하였다 하더라도 그것이 상표사용에 해당하려면 지정상품과의 구체적인 관계에 있어서는 그 표시로서 자기의 상품을 다른 업자의 상품과 식별시키기 위하여 특정한 방법으로 사용되어야 하는데 상호 그 자체로서만 사용한 것은 상표사용이 아니다(대법원 1999.2.23. 선고 98후1594 판결).

소를 면할 수 없다고 하여 상표사용사실에 대한 입증책임을 예외적으로 상표권자에게 지우고 있다.

구법(1990.1.13. 법률 제4210호 이전의 법)에서는 등록상표의 불사용사실은 그 사실을 주장하는 심판청구인에게 지웠으나 등록상표의 불사용사실은 입증이 어려울 뿐만 아니라 등록상표의 사용여부는 누구보다도 상표권자 자신이 가장 잘 알고 있으므로 상표사용에 대한 입증책임을 상표권자에게 전환토록 하였으며 이에 따라 본 규정의 실효성도 제고할 수 있게 되었다.

3) 입증책임의 범위

상표권자는 2 이상의 지정상품을 대상으로 하여 취소심판이 청구된 경우 등록상표의 사용사실을 입증함에 있어 2 이상의 지정상품 중 어느 하나의 상품에 대하여 사용한 사실을 입증하면 되고 모든 상품에 사용하고 있음을 입증할 필요는 없다(법 제 73조 제4항). 따라서 어느 하나의 상품에 대하여 상표의 사용사실이 인정되면 타 상품에도 사용사실이 의제되어 그 심판청구는 기각된다. 다만, 이때 심판청구인은 다른 어느 하나의 상품에 대하여는 다시 새로운 심판을 청구하여 그 상품에 대한 취소여부를 다툴 수는 있을 것이다.

4. 청구인 적격 등

1) 청구인

이 심판은 이해관계인에 한하여 청구할 수 있다.[33]

---

33   ① 심판청구인이 국외인 독일에서 담배를 제조·판매하는 동종업자로서 이 건 상표와 동일·유사한 상표를 사용하고 있는 사실은 인정되지만 그러한 사정만으로 심판청구인에게 이 건 상표와 유사한 상표를 이 건 상표의 지정상품과 동종의 상품에 국내에서 현실적으로 채택하여 사용할 의사가 있다고 추측하기에 부족하고, 달리 이를 인정할 만한 자료를 기록상 찾아볼 수 없으므로 심판청구인이 이 건 상표의 소멸에 직접적이고 현실적인 이해관계인이라 할 수 없다(대법원 2000.5.12. 선고 1998후1327 판결).
   ② 구상표법 제73조 제6항의 규정에 의하면 같은 조 제1항 제3호의 규정에 의한 취소심판은 이해관계인에 한하여 이를 청구할 수 있고, 이러한 이해관계인에 해당되는지 여부를 판단하는 기준시점은 등록취소심판의 심결시로 보아야 할 것이다. 그런데 제출된 증거 및 증인의 증언에 의하면 피고는 1999.3. 2.경 동아상사라는 상호로 운동복과 잡화의 도·소매업을 시작하였다가 같은 해 11월경 사업을 그만두고 현재는 미국에 살고 있는 사실을 인정할 수 있고 반증이 없으므로 이 사건 심결시점인 2000.4.28.경에는 피고(청구인)는 이건 상표의 지정상품과 동종의 영업에 종사하고 있지 아니함이 명백하므로 이 건 심판을 청구할 수 있는 이해관계인에 해당되지 아니하다(특허법원 2000.12.14. 판결, 2000허3715 판결).

③ 이해관계인이란 등록상표와 유사한 상표를 출원하였다가 유사하다는 이유로 거절사정 또는 거절이유통지를 받은 자이다(대법원 1994.2.25. 선고 92후2380 판결).

④ 이 건 상표의 지정상품과 동종의 상품을 삭제하고 등록을 받았다 하더라도 이 건 상표가 소멸되는 경우 당초 의도하였던 상품에 관하여 지정상품추가등록을 받을 수 있으므로 원고는 이해관계인이라 하겠다(98허3712 판결, 1998.7.2. 선고).

⑤ ⅰ) 상표등록취소심판을 청구할 수 있는 이해관계인이라 함은 취소되어야 할 상표등록의 존속으로 인하여 상표권자로부터 상표권의 대항을 받아 그 등록상표와 동일 또는 유사한 상표를 사용할 수 없게 됨으로써 피해를 받을 염려가 있어 그 소멸에 직접적이고도 현실적인 이해관계가 있는 사람을 의미하는 것으로서(대법원 1997.10.24. 선고 96후2326 판결, 1998.3.27. 선고 97후1115 판결, 1998.10.13. 선고 97후1931 판결 등 참조), 상표법에 의하여 등록상표권에 주어지는 효력인 등록상표와 저촉되는 타인의 상표사용을 금지시킬 수 있는 효력(금지권)은 등록상표의 지정상품과 동일·유사한 상품에 사용되는 상표에 대하여만 인정되는 것이고 이종상품에 사용되는 상표에 대해서까지 그러한 효력이 미치는 것은 아니라고 할 것이며(법 제66조), 이는 저명상표의 경우에도 마찬가지이되 다만, 저명상표의 경우에는 상표법 제7조 제1항 제10호의 규정에 의하여 상품출처의 혼동이 생기는 경우 그 지정상품과 동일·유사하지 아니한 상품에 사용되는 동일·유사한 상표의 등록이 허용되지 아니할 뿐이어서 저명상표의 상표권자로부터 그 저명상표의 지정상품과 동일·유사하지 아니한 상품에 사용되는 상표에 대한 사용금지의 경고나 등록무효 또는 등록취소의 심판을 청구당한 사실이 있다고 하여, 그 피심판청구인에게도 자신의 상표와 지정상품이 다른 저명상표의 등록취소심판을 청구할 수 있는 이해관계가 있다고 할 수 없다.

ⅱ) 이 사건 등록상표의 지정상품은 완구류이고 원고의 상표가 사용되는 상품은 잠옷, 아동복 등의 의류제품이어서 서로 유사한 상품이 아님을 알 수 있으므로 이 사건 등록상표의 금지적 효력이 원고가 사용하는 상표에는 미치지 아니한다고 할 것이며, 또한 피고가 원고에게 발송한 경고장에 이 사건 등록상표권과 동일한 상표가 첨부되어 있고, 그 내용 중에 월트 디즈니사가 보유하고 있는 상표권을 거론하면서 원고가 사용하고 있는 표장의 사용중지를 요구하고 의류제품에 미키마우스 표장을 사용하는 원고의 행위가 피고의 지적재산권을 침해하는 행위가 된다고 경고하는 내용이 포함되어 있기는 하나, 그 경고장에서 원고의 미키마우스 표장 사용행위가 부정경쟁방지법 위반행위가 되어 처벌대상이 된다고만 적시하고, 상표권에 대하여서는 명백히 그 침해행위가 된다는 점을 적시하지 아니하고 있음을 알 수 있는바, 그 경고장의 기재는 원고의 행위가 이 사건 등록상표의 상표권을 침해하는 행위임을 주장하는 것이라고 보기는 어렵고, 이 사건 등록상표를 비롯한 미키마우스 도형 및 문자표장이 저명하다는 점에 근거하여 부정경쟁행위의 중지를 요청하기 위한 것으로 보아야 할 것이므로, 결국 원고는 그 내용의 경고나 고소행위에 의하여 피고로부터 이 사건 등록상표권의 대항을 받았다고 보기는 어렵다 할 것이다.

또한 이 사건 등록상표가 저명상표이고 저명상표는 상품출처의 혼동이 있는 경우에는 이종상품에 사용되는 상표에 대해서까지 동일·유사한 상표의 등록을 배제할 수 있는 효력이 인정되는 것에 기한 것이라고 할 것이고, 그와 같은 사실이 있다고 하여 반대로 저명상표권자인 피고로부터 등록무효심판이나 등록취소심판을 청구당한 원고에게도 이종상품을 지정상품으로 하는 이 사건 등록상표의 등록취소심판을 청구할 수 있는 이해관계가 있다고 볼 근거는 되지 않을 것이다.

더욱 이 사건 등록상표의 상표권은 그 지정상품과 유사하지 아니한 의류에 사용되는 상표에 대하여는 처음부터 미칠 수가 없는 것이어서 원고는 이 사건 등록상표권에 기한 상표법상의 침해금지소송을 당할 염려가 없다고 할 것이므로, 이 사건 등록상표의 등록이 말소되고 나서야 비로소 원고가 피고로부터 이 사건 등록상표로 인한 침해금지소송을 당하지 않게 되는 것도 아니라고 할 것이다(대법원 2001.3.23. 선고 98후1914 판결).

2) 청구범위

이 심판은 등록상표의 지정상품 전부를 대상으로 하여 청구할 수도 있고, 지정상품 일부에 대하여 청구할 수 있다. 그러나 지정상품 전부를 대상으로 하는 심판을 청구하였다가 그 중 일부상품에 대한 청구를 취하하는 일부취하는 인정되지 않는다 할 것이다.[34]

3) 심리범위

이 심판은 심판청구인이 신청한 청구의 취지 범위 내에서 이를 심리하여야 한다. 지정상품의 전부를 대상으로 한 취소심판인 경우에는 지정상품 전부에 대한 취소여부를 심리판단하여야 하며 지정상품 일부만을 대상으로 하는 취소심판인 경우에는 그 일부만을 심리의 대상으로 삼아야 한다. 이때 심리의 대상이 되는 지정상품 중 일부의 상품만을 사용한 경우에도 나머지 상품에 대한 상표의 사용으로 인정되어 등록상표는 취소되지 아니하고 그 심판청구는 기각되며 입증하지 아니한 나머지 일부의 상품에 대하여 그 취소를 인용하는 일부인용 심결은 할 수 없다 할 것이다.[35]

5. 기 타

1) OEM 방식에 의한 사용

OEM방식에 의한 사용이 국내에서의 상표의 사용에 해당되는지와 관련하여 상표의 사용으로 인정된다는 견해와 특정인의 상표로서 국내에서 상품의 출처표지 내지 품질표지로 기능하지 않기 때문에 상표의 사용으로 볼 수 없다는 견해가 상반된다. 판례는 이를 상표의 사용으로 보고 있다.

대법원(1994.4.22. 선고 93도3227 판결 및 1990.12.21. 선고 90후984 판결)은 우리나라에서 타인의 등록상표와 유사한 상표를 그 지정상품과 동일 또는 유사한 상품에 표

---

[34] 이와 같이 지정상품 전부취소를 구하는 심판을 청구하였다가 그 일부만의 취소를 구하는 소(訴)로의 변경을 인정치 않는 것은 입증에 따른 상표권자의 부담을 줄이고 경솔한 심판청구를 방지하고자 불사용에 따른 취소심판에 있어서는 일체불가분적으로 취급하도록 하고 있으며(網野誠저 상표(신판), 江口俊夫저 신상표법해설 참조 및 일본상표법축조해설) 이 견해가 타당하다고 사료된다.

[35] 이와 같이 불사용에 따른 취소심판에서 상표등록무효심판에서와 달리 일부인용을 인정하지 아니하는 것은 상표권자에게 전 상품에 대한 사용의무를 부담지우게 되는 결과가 되며 또 심판청구인에게는 그 실익도 기대할 수 없는 등 취소심판성격상 적합하지 않기 때문이다(網野誠저 상표(신판), 江口俊夫저 신상표법해설 및 일본상표법축조해설 참조).

시하여 사용하였다면 설사 그 상표가 표시된 상품이 우리 상표권의 효력이 미치지 아니하는 외국으로 수출할 목적으로만 제조된 것이라 하더라도 등록상표의 상표권을 침해하는 행위가 된다고 하였고, 특허법원은 위 대법원 판례에 비추어 볼 때 주문자상표 부착생산방식에 의하여 국외로 수출할 목적으로만 제작된 물품에 등록상표를 사용하는 것도 상표의 사용에 해당된다고 판시한 바 있다(1999.12.30. 선고 99허5210 판결(상고)).

실무적으로(구 특허청 항고심판소) "상표권자가 제조를 주문한 상품에 수탁업자가 국내에서 등록상표의 지정상품을 생산하여 그 생산된 물품에 당해 등록상표를 붙여 위탁자인 상표권자에게 수출하는 이른바 OEM방식에 의한 수출행위는 상표법 제2조 제1항 제1호의 상품 또는 상품의 포장에 상표를 표시하는 행위로 인정될 뿐만 아니라 동항 제2호의 수출하는 행위에도 해당되는 것이므로 제2조에서 규정한 상표의 사용으로 볼 수 있다"고 심결한 바 있다(특허청 항고심판소 1992.4.30. 90항원1159 심결).

2) 제품의 특징 등을 설명하는 경우

상품의 특징 등을 설명하는 것은 상품출처표시로서 사용이 아니므로 상표의 사용으로 인정되지 않는다.[36]

3) 제3자에 의한 수입의 경우

상표권자가 국내에서 상표를 적정 수입한바 없다 하더라도 제3자의 수입에 의하여 정상거래를 하였다면 상표의 사용으로 본다.[37]

---

[36] 상표법상 상표권자에게 독점사용이 인정되는 것은 상표적 사용에 한하며, 상표의 출처표시를 위한 것이 아닌 일상생활에서의 사용이나 상품의 사용설명서 등에 기술되어 있는 내용을 설명하거나, 상품의 용도 등을 설명하기 위한 사용 등은 상표적사용이 아닌 것으로 보아 상표권침해가 아닌 것으로 본다(대법원 2003.10.10. 선고 2002다63640 판결, 2003.6.13. 선고 2001다79068 판결 손해배상 및 2001.7. 13. 선고 2001도1355 판결).

[37] ① 상표권자가 외국에서 자신의 등록상표를 표시하였을 뿐 우리나라에서 직접 또는 대리인을 통하여 등록상표를 표시한 상품을 양도하거나 상품에 관한 광고에 상표를 표시하는 등의 행위를 한바 없다고 하더라도, 그 상품이 제3자에 의하여 우리나라로 수입되어 상표권자가 등록상표를 표시한 그대로 국내의 거래자나 수요자에게 그 상표가 그 상표를 표시한 상표권자의 업무에 관련된 상품을 표시하는 것으로 인식되는 경우에는 특단의 사정이 없는한 그 상표를 표시한 상표권자가 국내에서 상표를 사용한 것으로 보아야 한다(대법원 2001.4.27. 선고 98후751 판결).

② 원고에 의하여 이 사건 등록상표가 표시된 가방을 원고로부터 직접 수입하여 그 상표가 표시된 그대로 국내의 다른 판매업자에게 양도한 것은 정상적인 거래행위에 해당하고, 이와 같은 상품의 수입, 양도행위가 불사용을 이유로 하는 상품등록취소를 회피하기 위하여 형식적으로 이루어진 것이라

— 사 례 —

❤

(사례 1) 〔**상표 및 지정상품**〕 이 사건 상표: **남양알로에**(제29류 알로에시럽, 아로에액, 고실액 등)

〔**판례**〕 ① '즙'과 '주스'는 사전상 알로에 또는 야채를 짜낸 '액체나 즙액'의 의미이므로 그 의미가 동일하다고 볼 수 있고, 알로에가 오늘날 대형 쇼핑매장의 야채코너에 판매되고 있는 점(갑 제33호증)에 비추어보면 '야채'에 속한다고 할 수 있다.

② 그러나 등록된 상표가 수 개의 상품을 지정상품으로 하고 있는 경우, 상표권은 각 지정상품마다 성립하고, 등록상표의 등록무효 및 취소 또한 개개의 지정상품별로 이루어지므로, 불사용상표의 등록취소를 위한 지정상품과 사용상품의 동일여부를 판단함에 있어서, 비록 지정상품 사이에 유사성이 있다 하더라도 각 지정상품은 별개의 상품으로 보아야 한다. 이때에 어느 하나의 지정상품과 유사성은 인정되지만 이와는 다른 지정상품을 구별하는 단어들이 사전상 동일한 의미로 볼 수 있거나 일반적으로 동일한 의미로 사용된다 하더라도, 일반수요자 또는 거래자 사이에 사전상 의미와는 달리 서로 구분되어 사용되는 경우에는 출원인이 이러한 사용례에 따라 지정상품의 명칭을 정함으로서 지정상품 사이를 구별한 것으로 엄격하게 해석하여야 한다.

③ 원고는 '알로에즙'인 이 사건 사용상품과 이 사건 등록상표의 지정상품인 '음료용야채주스'는 동일하다고 주장하나, 이 사건 등록상표의 지정상품은 '알로에즙'에 해당하는 '알로에액'과 '야채주스'를 별개의 상품으로 구분하고, 일부 수요자 또는 거래자들 사이에, 과실 또는 야채의 '즙'(예를 들어 포도즙, 배즙 등)은 원액 100%를 의미하지만, 주스는 원액으로 만들어진 음료뿐만 아니라 원액에 물이나 탄산수 등 다른 첨가물을 가미한 상품도 상당히 포함되는 것으로 사용하고 있으므로(경험칙), 이 사건 등록상표의 지정상품 중 '액'과 '주스'는 위 사용례에 따라 해석하여야 하며, 따라서 '알로에액'과 '음료용 야채주스'가 모두 지정상품으로 지정된 이 사건 등록상표에 있어서, '음료용 야채주스'는 '알로에액'에 비하여 탄산수 등 다른 첨가물이 많이 포함된 다른 상품으로 해석하여야 한다.

④ 원고가 이 사건 등록상표를 사용하였다고 하는 '알로엑스골드'는 그 지정상품인 '음료용 야채주스'와 동일한 상품이라고 볼 수 없으므로(나머지 취소대상 지정상품에 대하여는 원고가 사용사실을 주장하지 아니한다) 피고의 심판청구를 인용한 이 사건 심결은 정당하다(특허법원 2007.10.5. 선고 2007허2414 판결 심결지지, 대법원 2009.7.23. 선고 2007후4434 판결 상고기각).

(사례 2) 〔**상표 및 지정상품**〕 이 사건 상표: VICTOR(제7류 발전기 등)

〔**판례**〕 ① 원고는 벨웨이가 트리낙스를 통해 중국에서 이 사건 등록상표의 지정상품 중 하나인 확성기계기구에 해당하는 올인원 스피커 시스템을 주문 생산하도록 한 후 2007.4.24. 한국의 맥시마이즈를 수하인으로 하여 운송하도록 하여 맥시마이즈가 국내에서 위 제품을 판매하도록 하였으므로 벨웨이에 의한 국내에서의 정당한 사용이었다고 주장하나, 원고가 운송관계서류로서 제출한 갑 제9호증, 갑 제11호증의1 내지 3, 갑 제12호증, 갑 제13호증들은 트리낙스가 주문 당사자나 선적인으로 되어 있거나, 벨웨이는 담당자의 서명도 없이 그 명칭만 기재되어 있는 것들에 불과한 것이어서 위 제품의 주문 및 국내운송이 벨웨이에 의한 것이라는 점을 인정하기에 부족하다.

다음으로 위 국내에 운송된 스피커제품이 맥시마이즈에 의해 국내에서 판매된 것이 벨웨이에 의한 것인지

고 보기는 어려우므로, 일본국에서 이 사건 등록상표를 표시한 원고는 국내에서도 이 사건 등록상표의 지정상품에 이 사건 등록상표를 정당하게 사용한 것이라고 봄이 상당하다(대법원 2003.12.26. 선고 2002후2020 판결).

를 보면, 원고는 인터넷 홈쇼핑 싸이트 출력물, 맥시마이즈 또는 방송광고 되었다는 방송사의 인터넷 사이트 출력물 등을 갑 제4호증의1 내지 4, 갑 제5호증, 갑 제6호증의1, 2로 제출하고 있으나, 이 사건 등록상표가 표시된 Victor-1 제품의 제조사가 맥시마이즈로 표시되어 있는 점, 맥시마이즈의 인터넷 카페 사이트에는 이 사건 등록상표에 대하여 "프랑스 톰슨사 BIC 브랜드"라고 소개 되어 있고, 맥시마이즈는 국내에서 홈시어터를 제조 판매하는 회사인 사실이 인정되는 점 등에 비추어, 위 증거들만으로는 맥시마이즈가 국내에서 판매 광고 하였다는 위스피커 제품이 벨웨이로부터 주문 생산되어 국내에 운송된 제품과 동일한 제품이라는 점을 인정 하기 부족하다.

② 결국 벨웨이가 중국에서 주문 생산한 위 스피커 제품을 트리닉스를 통해 국내에 운송하여 맥시마이즈가 이를 광고, 판매해 오고 있다는 점이 인정되지 않는 이상, 벨웨이로부터 상표사용을 허락받은 트리닉스나 맥시마이즈 자신이 이 사건 등록상표를 사용한 것으로 볼 수는 있어도 국내에서 통상사용권자인 벨웨이가 이 사건 등록상표를 그 지정상품에 사용하였다고 볼 수는 없다(특허법원 2009.6.26. 선고 2008허12319 판결, 대법원 2009.9.10. 2009후2418 상고취하).

(사례 3) 〔상표 및 지정상품〕 이 사건 상표: florian (제30류 커피 코코아, 홍차, 녹차 등)

〔판례〕 이 사건 등록상표는 "florian"로서, 상단에 '나만의 여유로움 프로리안'이라는 문자가 가로로 기재되어 있고, 하단에는 커피잔 형상의 도형 및 'florian'이라는 영문자가 가로 방향으로 차례로 기재되어 있는 상하 2단으로 구성된 문자와 도형의 결합표장임에 반하여, 위 사용된 표장들은 한글 '플로리안'이나 영문 자 'florian', 또는 이들 표장의 결합표장 앞에 '나만의 여유'라는 문자가 추가되어 가로로 기재되어 문자표장들 이므로, 이들 중 어느 것도 거래통념상 이 사건 등록상표와 동일한 표장이라고 할 수가 없다. 그리고 주식회사 앤디스코나가 2004년 8월부터 2007년 8월까지 원고의 요청에 따라 'florian', 또는 '나만의 여유 플로리안' 이라는 표장을 '원두커피' 상품에 사용하였다는 취지의 갑 제8호증에 의하더라도 사용된 표장은 영문자 'florian' 또는 '나만의 여유 플로리안'이라는 문자가 가로로 기재되어 있는 문자 표장들이라는 것에 그치고, 더 나아가 이 사건 등록상표의 사용사실을 인정하기에 부족하다(특허법원 2009.12.4. 선고 2009허5240 판 결, 대법원 2010.4.29. 선고 2010후197 판결 심불기각).

(사례 4) 〔상표 및 지정상품〕 이 사건 상표: E-Kid(제25류 가죽신, 신사복, 남방셔츠 등)
〔판례〕 ① 원고는, 원고가 대표이사이자 실질적 1인주주로 있는 회사로서 이 사건 등록상표의 통상사용권 을 묵시적으로 설정받은 상진트레이딩 주식회사가 이 사건 등록상표가 부착된 신발류를 판매하면서 특별행사 시 발행한 카탈로그에서 이 사건 등록상표가 부착된 신발류를 일정금액 이상 구매시 'e-kid' 티셔츠를 증정한 다는 내용으로 광고를 함으로써, 이 사건 상표등록취소심판 청구 전 3년 이내에 이 사건 등록상표를 사용하였 다고 주장한다.

② 그러나 상표법 제2조 제1항 제6호에서 말하는 '상품'은 그 자체가 교환가치를 가지고 독립된 상거래의 목적물이 되는 물품을 의미한다 할 것이므로, 상품의 선전 광고나 판매촉진 또는 고객에 대한 서비스제공 등 의 목적으로 그 상품과 함께 또는 이와 별도로 고객에게 무상으로 배부되어 거래시장에서 유통될 가능성이 없 는 이른바 '광고매체가 되는 물품'은 비록 그 물품에 상표가 표시되어 있다고 하더라도, 물품에 표시된 상표 이 외의 다른 문자나 도형 등에 의하여 광고하고자 하는 상품의 출처표시로 사용된 것으로 인식할 수 있는 등의 특별한 사정이 없는 한, 그 자체가 교환가치를 가지고 독립된 상거래의 목적물이 되는 물품이라고 볼 수 없고, 따라서 이러한 물품에 상표를 표시한 것은 상표의 사용이라고 할 수 없다(대법원 1999.6.25. 선고 98후58

판결 참조).

③ 그러므로 광고매체가 되는 물품인 티셔츠에 이 사건 등록상표를 표시한바 있음을 전제로 한 원고의 주장은 이를 받아드릴 수 없다(특허법원 2010.11.5. 선고 2010허4601 판결, 대법원 2010.12.10. 상고장 각하).

(사례 5) 〔상표 및 지정상품〕 이 사건 상표: TIARA(제44류 비만클리닉, 미용업 등), 실사용상표:

〔판례〕 이 사건 등록서비스표는 5개의 영문자가 가로로 일련한 문자서비스표 'TIARA'이고, 이 사건 실사용서비스표 ''는 상단부에 영문 대소문자 'Tiara'를 흘려 쓴 문자, 하단부에 '티아라 성형 · 피부과 크리닉'이 가로로 일련한 문자 및 상단부 오른쪽 위에 배치한 왕관 형상의 도형의 결합서비스표인데, 상단부의 영문자가 철자를 알아보기 곤란할 정도로 변형되어 쉽게 해독하기 어려우므로, 비록 하단부에 한글로 '티아라'라는 기재가 있는 관계로 이 사건 실사용서비스표가 전체적으로 '티아라'로 호칭될 가능성이 전혀 없지는 아니하나, 이 사건 실사용서비스표와 이 사건 등록서비스표는 외관이 현저히 다르므로 이 사건 실사용서비스표는 거래사회통념상 이 사건 등록서비스표와 동일하게 볼 수 있는 형태의 서비스표에 해당한다고 보기 어렵다(특허법원 2011.4.8. 선고 2010허9293 판결, 대법원 2011.7.14. 선고 2011후750 판결 심불기각).

(사례 6) 〔상표 및 지정상품〕 이 사건 상표: elite(제41류 패션쇼개최업, 사진촬영업 등)
〔판례〕 피고는 2006.7.26. 유행통신의 협찬하에 '제1회 Act- free Boy & Girl 모델선발대회'를 개최하고, 최종선발자에게 소정의 장학금과 함께 엘리트학생복 홈페이지 모델과 월간 유행통신의 모델로 활동할 수 있는 기회를 부여한 사실을 각 인정할 수 있다. 위 인정사실에 의하면, 피고가 유행통신의 협찬을 받았다고 하더라도 피고가 위 모델선발대회개최에 필요한 서비스를 제공한 것은 자사의 '엘리트학생복'을 광고할 모델을 선발하기 위한 것으로서 '모델선발대회개최업' 또는 '미인선발대회개최업'을 영위한 것으로 보기는 어렵다. 따라서 달리 피고가 이 사건 등록서비스표를 사용하여 수요자의 이익을 위해서 서비스를 제공하고 그와 관련하여 대가를 받아 자신의 수입으로 하였음을 인정할 만한 별다른 증거가 없는 이상, 피고는 상표법 제2조 제1항 제2호의 서비스표를 등록받아 사용할 수 있는 서비스업을 영위하였다고 할 수 없다(특허법원 2011.4.29. 선고 2010허9668 판결, 대법원 2011.8.19. 선고 2011후1029 판결 심불기각).

(사례 7) 〔상표 및 지정상품〕 이 사건 상표: 自然主義(제25류 블라우스, TM티, 스에터셔츠 등)
〔판례〕 위 인정사실에서 본 바와 같이 원고와 ○○○ 사이에 2010.12.17.자로 '자연주의 실크의류'라는 품목의 상품105개에 관하여 공급가액을 3,940,500원으로 하는 세금계산서가 작성된 사실만으로는 원고와 ○○○ 사이에 이 사건 등록상표가 사용된 의류제품의 거래가 이 사건 심판청구일인 2010.12.30. 이전에 이루어졌다고 추인하기에 부족하고 달리 이를 인정할 아무런 증거가 없다(특허법원 2012.7.27. 선고 2012허1910 판결, 대법원 2012.10.25. 선고 2012후2821 판결 상고기각).

(사례 8) 〔상표 및 지정상품〕 이 사건 상표: 장수土家돌침대(제35류 돌침대판매대행업, 돌침대판매알선업 등)

〔판례〕 갑 제3호증의1 내지 10은 피고가 2009.3.경부터 2010.11.경까지 장수돌침대 춘천점 및 달서점 등에 물품을 공급하고 발행한 세금계산서들로서 각 세금계산서의 품목란에 '장수土家돌침대 외'라고 기재되어 있으나, 위 세금계산서들은 피고가 그 대리점에 '장수土家돌침대' 등 상품의 공급 후에 그 중빙을 위한 서류로서 발부한 것이므로, 위 세금계산서들 중 '장수土家돌침대' 부분은 상표로서 사용된 것일 뿐, 서비스표로서 사용되었다고 보기 어렵다. 갑 제6호증의1, 2 및 갑 제7호증은 주식회사 씨쓰리 커뮤니케이션즈가

2010.10.26.경 제작한 카탈로그에 관한 것으로, 그 카탈로그의 앞표지 우측상단에 '장수돌침대☆☆☆☆☆ www.jangsoo.com'라고 표시되어 있고 속지 총 4면에는 총 21개 모델의 돌침대 상품사진 및 그 모델번호와 치수, 모델명(상품명)이 기재되어 있는데, 이 사건 등록서비스표장과 같은 '장수土家돌침대'가 그중 하나인 모델번호 1241Q 상품사진 아래에 기재되어 있으나, 피고가 이 사건 등록서비스표와 동일한 표장에 관하여 '전기돌침대' 및 '돌침대'를 각 지정상품으로 한 상표등록을 받은 점, 이 사건 등록서비스표장과 같은 '장수土家돌침대'가 총 21개의 모델의 돌침대 상품사진 중의 하나에만 표시되어 있는 점 등에 비추어 볼 때, 위 카탈로그 중 '장수土家돌침대'부분은 상표로서 사용된 것일 뿐, 서비스표로서 사용되었다고 보기 어렵다. 갑 제8 내지 10호증은 주식회사 투디스의 인터넷 쇼핑몰 홈페이지 출력물로서 이 사건 취소심판청구일 이후다(특허법원 2012.11.16. 선고 2012허6625 판결 심결취소).

(사례 9) 〔상표 및 지정상품〕 이 사건 상표: BOSS(제25류 모자, 양말, 방한용장갑 등)

〔판례〕 ① 상표등록취소심판사건은 당사자계 사건으로서 거절결정취소사건과 달리 심판절차에서 주장하지 않았거나 제출하지 않은 증거를 심결취소소송에서 새로 주장·입증할 수 있다 할 것이고, 상표등록취소심판 청구인은 원칙적으로 심판절차에서 주장하지 않았던 상표법 제73조 제1항에 규정된 상표등록취소사유를 공격방어방법으로서 추가하여 주장할 수 있다 할 것이다.

　그러나 상표등록의 무효심판에 관한 규정인 상표법 제71조 제1항에는 "…무효심판을 청구할 수 있다. 이 경우 등록상표의 지정상품이 2 이상 있는 경우에는 지정상품마다 청구할 수 있다."라고 규정하고 있고, 상표등록취소심판에 관한 규정인 상표법 제73조 제3항에는 "제1항 제3호에 해당하는 것을 사유로 하여 취소심판을 청구하는 경우 등록상표의 지정상품이 2이상 있는 경우에는 일부 지정상품에 관하여 취소심판을 청구할 수 있다."라고 규정하고 있는 반면, 상표법 제73조 제1항의 나머지 사항에 해당하는 것을 사유로 하여 취소심판을 청구하는 경우에는 일부 지정상품에 관하여 취소심판을 청구할 수 있다는 규정이 없으므로, 어느 상표가 2개 이상의 지정상품에 관하여 등록이 되어 있는 경우 무효심판이나 불사용을 사유로 하는 취소심판을 청구함에 무효원인이나 불사용 사유가 있는 지정상품에 한하여 무효심판이나 취소심판을 청구할 수 있다고 할 것이나, 상표법 제73조 제1항 나머지 사유에 해당하는 것을 이유로 하여 취소심판을 청구하는 경우에는 등록상표 전부에 관하여 무효심판이나 취소심판을 청구하여야 하고, 특허심판원은 등록상표 전부에 대하여 무효 또는 취소여부를 심판하여야 할 것이다.

　따라서 이 사건과 같이 지정상품 중 일부에 대하여만 상표법 제73조 제1항 제3호를 이유로 한 등록취소심판을 청구한 경우에 그에 대한 심결취소소송 단계에서 상표법 제73조 제1항 제2호 또는 제8호를 상표등록취소사유로 추가할 수 있다고 한다면 결국 지정상품일부에 대하여만 상표법 제73조 제1항 제2호 또는 제8호를 이유로 한 상표등록취소를 허용하는 것이 되어 부당하다.

　② 그렇다면, 이 사건에서 상표법 제73조 제1항 제2호 또는 제8호를 이유로 한 등록취소 주장을 추가하는 것은 허용되지 아니한다(특허법원 2010.6.30. 선고 2010허692 판결, 대법원 2010.10.28. 선고 2010후

2117 판결 심불기각).

(사례 10) 〔**상표 및 지정상품**〕 이 사건 상표: JEDIA(제9류 도난경보기, 음향경보기 등)
〔**판례**〕 ① 채권자가 사해행위의 취소와 함께 수익자 또는 전득자로부터 책임재산의 회복을 명하는 사해행위 취소의 판결을 받은 경우 그 취소의 효과는 채권자와 수익자 또는 전득자 사이에만 미치므로, 수입자 또는 전득자가 채권자에 대하여사해행위의 취소로 인한 원상회복의무를 부담하게 될 뿐, 채무자와 사이에서 그 취소로 인한 법률관계가 형성되거나 취소의 효력이 소급하여 채무자의 책임재산으로 되는 것은 아니다(대법원 2007.4.12. 선고 2005다1407 판결 참조).

　② 상표법 제73조 제1항 제3호의 규정취지 및 사해행위취소의 효력 등에 비추어볼 때, 상표법 제73조 제1항 제3호의 불사용을 이유로 상표등록의 취소심판이 청구된 이후 상표권 양수인 또는 전용사용권자를 수익자로 하여 그 상표권 양도계약 또는 전용사용권 설정계약이 사해행위임을 이유로 이를 취소를 구하는 판결이 확정되었다고 하더라도 그 사해행위취소판결의 확정 전 상표권 양수인 또는 전용사용권자의 등록상표의 사용을 위 법 소정의 상표권자 또는 전용사용권자로서의 등록상표의 사용이 아니라고 할 수는 없다.

　③ 원심은 이 사건 매매계약 및 이 사건 전용사용권 설정계약이 각 사해행위임을 이유로 취소되었다고 하더라도 그 취소가 확정되기 전 ○○○가 이 사건 등록상표를 사용한 것은 상표권자 또는 전용사용권자로서의 사용이라고 판단하였는바 이는 정당하며, 사해행위취소의 효력에 관한 법리오해의 위법이 없다(특허법원 2010.7.28. 선고 2010허1169 판결, 대법원 2010.1.27. 선고 2010후2407 상고기각).

(사례 11) 〔**상표 및 지정상품**〕 이 사건 상표: 인산죽염(仁山竹鹽)(제3류 치약(죽염성분이 함유된 것))
〔**판례**〕 ① 원심이 적법하게 인정한 사실에 의하면, 이 사건 등록상표의 지정상품은 '치약(죽염성분이 함유된 것)'인 반면, 피고가 이 사건 등록상표를 사용한 치약상품에는 '죽염'이라는 성분표시는 없고 '염화나트륨'이 주성분으로 기재되어 있음을 알 수 있다. 그런데 위 법리와 기록에 비추어 살펴보면, '염화나트륨'의 국어사전상의 의미는 '소금, 식염'으로 기재되어 있고, 식품의약품안전청장이 고시한 식품공전은 소금을 제재소금, 태움·용융소금, 정제소금, 가공소금 등으로 분류하고 있는데, 통상적으로 소금을 대나무에 넣고 반복하여 고온 가열하는 방법으로 얻어지는 '죽염'은 위 식품공전상 '태움·용융소금' 또는 가공소금의 일종으로 볼 수 있는 점, 거래실정상으로도 일반수요자나 거래자로서는 죽염을 식염의 한 종류로 인식할 가능성이 높은 것으로 보이는 점 등에 비추어 볼 때, 이 사건 등록상표의 지정상품인 '죽염성분이 함유된 치약'과 피고의 사용상품인 '염화나트륨이 주성분으로 표시된 치약'은 그 품질에서 다소 차이가 있을 수 있다고 하더라도 양 상품의 용도·형상·사용방법·유통경로 및 공급자와 수요자가 다르다고 할 수 없고, 위와 같은 양 상품의 속성과 거래실정을 고려하면, 피고가 '염화나트륨이 주성분으로 표시된 치약'에 이 사건 등록상표를 사용한 것은 거래사회의 통념상 이 사건 등록상표의 지정상품인 '죽염성분이 함유된 치약과 동일성이 있는 상품에 등록상표를 사용한 것이라 할 수 있다.

　② 그럼에도 원심은 이와 달리 죽염이 원료인 소금과는 다른 효능을 갖는다는 등의 이유로 피고가 사용한 소금을 의미하는 염화나트륨이 주성분으로 표시된 치약이 이 사건 등록상표의 지정상품인 죽염성분이 함유된 치약과 동일성이 있는 상품에 해당하지 않는다는 취지로 판하였음은 법리오해의 위법이 있다(특허법원 2010.12.9. 선고 2010허3974 판결, 대법원 2011.7.29. 선고 2010후3622 판결 파기환송).

IV. 기타 취소 심판

1. 상표권 등을 부당하게 이전한 경우(법 제73조 제1항 제4호)

상표권을 분할하여 이전하는 경우, 유사한 지정상품을 함께 이전하지 아니하는 등 상표권을 이전함에 있어 부당하게 이전한 다음의 경우에는 등록상표의 취소사유가 된다.

① 상표권을 분할 이전함에 있어 유사한 지정상품을 함께 이전하지 아니한 경우

② 상표권이 공유인 경우 타 공유자의 승낙을 얻지 아니하고 그 지분을 양도하거나 그 지분을 목적으로 하는 질권을 설정한 경우

③ 업무표장권을 양도한 경우(단, 업무와 함께 양도한 경우에는 제외)

④ 국가·공공단체 또는 이들 기관과 공익법인 또는 공익사업체에서 자기의 표장등록 받은 것을 이전할 경우(단, 표장과 관련된 업무와 함께 양도하는 경우에는 예외)

⑤ 단체표장권을 양도한 경우(단, 법인의 합병으로 특허청장의 허가를 받아 양도한 경우는 제외)

⑥ 증명표장권을 이전한 경우(단, 특허청장의 허가를 받아 증명표장을 등록받을 수 있는자에게 그 업무와 함께 이전한 경우는 제외)

2. 소속단체원이 단체표장을 타인에게 사용하게 한 경우(법 제73조 제1항 제5호)

단체표장권에 관하여는 전용사용권·통상사용권을 설정할 수 없는데(법 제55조 제2항, 제57조 제5항) 소속단체원이 정관의 규정에 위반하여 타인에게 사용권을 허락한 경우에는 단체표장등록의 취소사유가 된다.

단체표장에 있어서 소속단체원이 그 단체의 정관의 규정에 위반하여 단체표장을 타인에게 사용하게 한 경우 또는 소속단체원이 그 단체의 정관의 규정에 위반하여 단체의 표장을 사용함으로써 수요자로 하여금 상품의 품질 또는 지리적 출처에 관하여 오인 초래하게 하거나 타인의 업무에 관련된 상품과 혼동을 생기게 한 경우, 다만, 단체표장권자가 소속단체원의 감독에 상당한 주의를 한 경우에는 그러하지 아니하다.

3. 단체표장설정등록 후 정관을 변경한 경우(법 제73조 제1항 제6호)

단체표장의 설정등록을 한 후 정관을 변경함으로써 수요자로 하여금 상품의 품질의

오인 또는 타인의 업무에 관련된 상품과의 혼동을 생기게 할 염려가 있는 경우에는 단체표장등록의 취소사유가 된다.

4. 상표권자의 승낙 없이 그 대리인 등이 한 상표등록을 한 경우(법 제73조 제1항 제7호)

조약당사국의 영토 내에서 등록된 상표 또는 이와 유사한 상표로서 그 상표에 관한 권리를 가진 자의 대리인이나 대표자 또는 상표등록출원일 전 1년 이내에 대리인 또는 대표자이었던 자가 상표에 관한 권리를 가진 자의 동의를 받지 아니하는 등 정당한 이유 없이 그 상표의 지정상품과 동일 · 유사한 상품을 지정상품으로 하여 상표등록출원을 하여 상표등록된 경우에는 상표등록을 취소할 수 있다.[38] 이때 취소심판의 청구는 정당권리자만이 청구할 수 있으며 5년 내에 청구하여야 한다.

5. 제3자가 단체표장을 사용함으로써 상품의 품질이나 지리적 출처에 관하여 오인하게 하거나 타인의 상품과 혼동을 생기게 한 경우(법 제73조 제1항 제10호)

단체표장에 있어서 제3자가 단체표장을 사용함으로써 수요자로 하여금 상품의 품질 또는 지리적 출처에 관하여 오인을 초래하거나 타인의 업무에 관련된 상품과 혼동을 생기게 하였음에도 단체표장권자가 고의로 상당한 조치를 취하지 아니한 경우에는 상표등록의 취소 사유가 된다.

---

[38]　이 규정은 파리협약 제6조의7에 준거하여 만들어진 규정으로서 상표법 제23조 제1항 제3호에서 거절이유(이의신청이 있는 경우에 한함)와 동 협약 제73조 제1항 제7호에서 취소사유로 각각 규정하고 있다. 「상표에 관한 권리를 가진 자」는 파리협약 동맹국 내에서 상품에 상표를 사용할 권리를 갖는 자를 말하며 그 상표가 동맹국 내에서 등록을 받았는지 여부는 문제가 되지 않는다.

　이 규정은 동맹국으로부터 우리나라에 상품을 수입 · 판매하는 자가 그 수입선인 우리나라에 상표등록출원을 하여 등록을 받은 경우 이를 이유로 정당권리자가 그 등록상표에 대하여 취소심판을 청구할 수 있는 경우를 말한다.

　여기서 「대리인이나 대표자」라 함은 국내에서 상품을 수입하거나 취급하는 수입상, 대리점, 대리상, 중개상 등을 말하며 이는 등록주의 · 속지주의 원칙에 대한 예외가 된다. 또한 여기서 보호되는 정당권리자의 상표는 동일한 상표와 지정상품은 물론 그와 유사한 상표나 유사한 지정상품도 포함하는 것으로 해석된다(網野誠저, 상표(신판) 참조).

6. 지리적 표시 단체표장권자가 정관으로 적격자의 단체의 가입을 허용하지 아니하거나 비적격자에 대하여 가입을 허용한 경우(법 제73조 제1항 제11호)

지리적 표시 단체표장등록을 한 후 단체표장권자가 생산·제조 또는 가공하는 것을 업으로 영위하는 자에 대하여 정관에 의하여 단체의 가입을 금지하거나 정관에 충족하기 어려운 가입조건을 규정하는 등 단체의 가입을 실질적으로 허용하지 아니한 경우 또는 그 지리적 표시를 사용할 수 없는 자에 대하여 단체의 가입을 허용한 경우에는 지리적 표시 단체표장의 등록을 취소토록 한 규정으로, 2004.12.31. 법률 제7490호에서 신설되었다.

7. 지리적 표시 단체표장을 제90조의2의 규정을 위반하여 사용함으로써 상품의 품질의 오인 또는 지리적 출처에 관한 혼동을 초래하게 한 경우(법 제73조 제1항 제12호)

지리적 표시 단체표장에 있어서 단체표장권자 또는 그 소속단체원이 제90조의2의 규정을 위반하여 단체표장을 사용함으로써 수요자로 하여금 상품의 품질에 대한 오인 또는 지리적 출처에 대한 혼동을 초래하게 한 경우에는 이를 취소심판에 의하여 취소토록 규정하였으며, 이 규정은 지리적표시 단체표장제도의 도입과 더불어 2004.12.31. 법률 제7490호에서 신설된 것이다.

8. 증명표장을 정관 또는 규약을 위반한 경우(법 제73조 제1항 제13호)

증명표장에 있어서 다음의 어느 하나에 해당하는 경우에는 취소사유가 된다.

① 증명표장권자가 제9조 제5항에 따라 제출된 정관 또는 규약을 위반하여 증명표장의 사용을 허락한 경우

② 증명표장권자가 제3조의3 제1항 단서를 위반하여 증명표장을 자기의 상품 또는 서비스업에 대하여 사용하는 경우

③ 증명표장의 사용을 허락받은 자가 정관 또는 규약을 위반하여 타인에게 사용하게 한 경우 또는 사용을 허락받은 자가 정관 또는 규약을 위반하여 증명표장을 사용함으로써 수요자로 하여금 상품 또는 서비스업의 품질, 원산지, 생산방법이나 그 밖의 특성에 관하여 오인을 초래하게 한 경우(다만, 증명표장권자가 사용을 허락받은 자에 대한 감독에 상당한 주의를 한 경우에는 예외)

④ 증명표장권자로부터 사용을 허락받지 아니한 제3자가 증명표장을 사용함으로써

수요자로 하여금 상품 또는 서비스업의 품질, 원산지, 생산방법이나 그 밖의 상품의 특성에 관하여 오인을 초래하게 하였음에도 증명표장권자가 고의로 상당한 조치를 취하지 아니한 경우

⑤ 증명표장권자가 해당 증명표장을 사용할 수 있는 상품을 생산·제조·가공 또는 판매하는 것을 업으로 영위하는 자나 서비스업을 영위하는 자에 대하여 정당한 사유 없이 정관 또는 규약으로 사용을 허락하지 아니하거나 정관 또는 규약에 충족하기 어려운 사용조건을 규정하는 등 실질적으로 사용을 허락하지 아니한 경우

V. 사용권 등록취소심판(법 제74조)

전용사용권자 또는 통상사용권자가 등록상표를 사용함에 있어 그 상표를 부가·변경하여 사용하거나 지정상품 이외의 상품에 사용하여 품질의 오인이나 상품출처의 혼동을 일으키게 한 경우(법 제73조 제1항 제8호)에는 이를 이유로 전용사용권 또는 통상사용권 등록을 취소할 수 있다.

본 규정은 사용권자로 하여금 등록상표를 정당하게 사용하도록 하기 위하여 마련된 규정으로 제73조 제1항 제8호와 마찬가지로 공익적 규정으로서 누구든지 본 심판을 청구할 수 있다. 본 규정은 법 제73조 제1항 제8호와 그 사유가 동일한 바, 그 취소대상을 등록상표로 할 것인지 또는 사용권등록취소로 할 것인지 여부는 청구인의 선택이다.

다만, 법 제73조 제1항 제8호 단서에서「상표권자가 사용권자의 등록상표사용과 관련하여 상당한 주의」를 한 경우에는 그 등록 상표가 취소되지 않는 것으로 규정하고 있음에 비추어 만약, 상표권자가 사용권자의 등록상표사용과 관련하여 상당한 주의를 하였다고 판단되는 경우에는 본 규정에 의한 사용권취소심판을 청구하는 것이 실익이 있다 하겠다.

VI. 청구 및 절차

1. 청구인

1) 이해관계인만이 청구할 수 있는 경우

상표법 제73조 제1항 제3호 내지 제5호를 이유로 하여 취소심판을 청구하는 경우에는 그 취소심판은 이해관계인만이 청구할 수 있다.

2) 누구든지 청구할 수 있는 경우

상표법 제73조 제1항 제2호 · 제5호 · 제6호 · 제8호 내지 제13호 및 제74조 제1항을 이유로 하여 취소심판을 청구하는 경우에는 그 취소심판은 누구든지 청구할 수 있다.

3) 정당권리자만이 청구할 수 있는 경우

상표법 제73조 제1항 제7호를 이유로 하여 취소심판을 청구하는 경우에는 그 취소심판은 정당한 권리자만이 청구할 수 있다.

2. 피청구인

상표등록취소심판의 피심판청구인은 상표권자이다. 상표권이 공유인 경우에는 공유자 전원이 피심판청구인이 된다.

3. 청구기간

1) 상표권존속기간 중

상표법 제73조 제1항 제3호 · 제4호를 이유로 하는 취소심판은 상표권존속기간중에는 이를 언제든지 청구할 수 있다.

2) 취소사유가 없어진 날로부터 3년 내

상표법 제73조 제1항 제2호 · 제5호 · 제6호 · 제8호 내지 제13호를 이유로 하는 취소심판은 그 취소사유가 없어진 날로부터 3년이 경과하면 이를 청구할 수 없다.

3) 등록일로부터 5년 내

상표법 제73조 제1항 제7호를 이유로 하는 취소심판은 상표등록일로부터 5년이 경과한 후에는 이를 청구할 수 없다.

4. 입증책임

등록상표불사용을 이유로 한 취소심판을 청구하는 경우를 제외하고는 상표등록의 취소원인을 증명하는 입증책임은 청구인에게 있다. 구구법(1997.8.22. 법률 제5355호 이전의 법)에서는 불사용에 의한 입증책임을 청구인에게 지웠으나 구법(1997.8.22. 법률 제5355호)에서는 이를 피청구인(상표권자)이 입증하도록 하였다.

5. 청구범위

1) 전부취소

상표법 제73조 제1항 제3호 이외의 사유를 이유로 하는 취소심판은 등록상표 전부(상품류 구분 2개류 이상을 지정상품으로 하고 있는 경우에는 2개류 이상의 지정상품 모두)를 대상으로 하여 청구하여야 한다. 즉, 이 경우에는 지정상품이 2 이상인 경우라도 그 일부의 지정상품만을 대상으로 하는 취소심판청구가 인정되지 아니한다.

상표법 제73조 제1항 제3호를 이유로 하는 취소도 지정상품 전부의 취소를 구하는 심판을 청구할 수 있음은 물론이다.

2) 일부취소

상표법 제73조 제1항 제3호를 이유로 하는 취소심판은 그 일부의 지정상품만을 대상으로 하는 취소심판을 청구할 수 있다.

6. 절 차

심판청구서방식, 심판청구서에 대한 방식심사 및 부본송달 등 그 이외의 절차는 타심판에서의 경우와 같다.

7. 심판청구의 취하

상표등록의 취소심판청구는 그 심결이 확정될 때까지 이를 취하할 수 있다. 다만, 상대방의 답변서 제출이 있은 후에는 상대방의 동의를 얻어야 한다.

VII. 심리·심결 및 효과

1. 심리

1) 적법성 심리

상표등록의 취소심판청구가 이해관계 없는 자에 의한 청구이거나 소멸된 상표권을 대상으로 하여 취소심판을 청구한 경우 등의 경우에는 부적법한 청구로서 심결각하의 대상이 된다. 한편, 취소심판이 계속 중에 상표권이 소멸되거나[39] 심판청구인이 이해관계가 소멸한 경우에도 부적법한 청구로서 심결각하의 대상이 된다.

2) 본안심리

(1) 심리방식

상표등록의 취소심판은 서면심리 또는 구술심리로 할 수 있다.

(2) 심리범위

상표등록의 취소심판은 청구인이 신청한 청구의 취지의 범위 내에서 이를 심리하여야 하며 그 취지의 범위를 넘어서 심리하는 것은 직권주의에 대한 일탈이 된다.

따라서 지정상품의 일부등록취소를 구하는 심판의 경우에 지정상품 전부의 등록을 취소하는 심결은 위법이다. 그러나 지정상품의 전부취소를 구하는 심판에서 지정상품

---

[39] 구상표법(1990.1.13. 법률 제4210호로 개정되기 전의 것) 제43조 제1항 제1호에 의한 상표등록취소 심판청구는 취소의 대상이 되는 상표등록을 심판으로써 취소할 현실적인 필요가 있는 것을 전제로 하는 것이므로, 심판청구계속중에 취소의 대상이 되는 등록상표의 상표권자가 상표권을 포기함으로써 상표등록이 말소되어 버리면 그 상표등록의 취소심판청구는 이미 효력이 없어진 상표등록의 취소를 청구하는 것이 되어 그 취소를 구할 법률상 이익이 없게 되므로 부적법하여 각하될 수밖에 없는 것이고, 상표등록의 취소를 구할 법률상 이익의 존재여부는 항고심의 심리종결시를 기준으로 판단해야 한다(대법원 1983.4.12. 선고 82후67 판결, 1987.7.11. 선고 87후43 판결, 1989.12.12. 선고 88후936 판결, 1991.1.29. 선고 90후1406 판결 등).

의 일부만을 취소로 하는 심결은 정당하다 할 것이다.

3) 취소사유의 판단시점

(1) 심판청구시

상표법 제73조 제1항 제2호·제3호·제5호·제6호·제8호·제9호를 이유로 한 취소심판청구에 있어 취소사유의 판단시점은 심판청구시를 기준으로 하여 판단한다. 따라서 취소심판청구시에 취소사유가 존재하는 이상 취소심판청구 후에 그 사유가 소멸되더라도 취소사유에는 영향을 미치지 아니한다(법 제73조 제5항).

(2) 심결시

상표법 제73조 제1항 제4호·제7호를 이유로 한 취소심판청구에 있어 취소사유의 판단시점은 심결시이다. 이에 대하여 상표법에서 명문으로 규정한 바 없으나 동 규정의 입법취지로 보아 이와 같이 해석하는 것이 타당하다 할 것이다.

2. 심 결

1) 심리종결통지

심판장은 사건이 심결을 할 정도로 성숙했다고 판단되는 때에는 그 사건에 대한 심리를 종결하고 심판청구인·심판피청구인 및 참가인에게 심리종결통지를 하여야 한다. 심리종결통지를 한 후에도 신청에 의하여 또는 직권으로 심리를 재개할 수 있다.

2) 심결의 방식

심결은 이를 서면으로 하여야 하며 심리종결통지를 한 날로부터 20일 이내에 하여야 한다.

3) 심결의 태양

(1) 각 하

상표등록의 취소심판청구가 이해관계가 없는 자에 의한 청구이거나 소멸된 권리를 대상으로 하여 청구를 한 경우 등 심판청구가 부적법한 청구인 경우에는 본안심리를 하지 아니하고 심결로서 그 심판청구를 각하한다.

(2) 기 각

이는 상표등록의 취소심판청구가 이유 없는 경우로서 상표등록의 취소심판청구를 기각하는 심결을 한다.

(3) 인 용

이는 상표등록의 취소심판청구가 이유 있는 경우로서 취소심판이 제기된 당해 상표 등록은 그 등록이 취소된다.

3. 심결의 효과

1) 상표권의 소멸

상표등록을 취소로 한다는 취소심결이 확정되면 상표등록이 취소되고 상표권은 그 때부터 소멸한 것으로 된다.

2) 대세적 효력

심결이 확정되면 그 효과는 당사자는 물론 제3자에 대하여도 효력이 미치며 대세적 효력이 발생한다.

3) 일사부재리의 원칙

상표등록을 취소한다는 취소심결이 확정되면 누구든지 동일사실 · 동일증거로는 동일한 심판을 청구할 수 없는 등 일사부재리의 원칙이 적용된다.

4) 3년 내 상표등록금지

상표법 제73조 제1항 제2호 · 제3호 · 제5호 내지 제13호에 해당됨을 이유로 취소심판이 청구된 후 존속기간 만료로 상표권이 소멸하거나 상표권자가 상표권 또는 지정상품의 일부를 포기한 경우 및 상표등록취소심결이 확정된 경우에는 상표권자 및 그 상표를 사용한 타인은 포기한 날 또는 심결이 확정된 날로부터 3년이 경과한 후에 상표등록출원을 하지 아니하면 소멸된 상표와 동일 또는 유사한 상표를 동일 또는 유사한 상품에 대하여 상표등록을 받을 수 없다(법 제7조 제5항).

5) 상표권의 조기확보

상표법 제73조 제1항 제3호의 규정에 해당하는 것을 이유로 하여 상표등록의 취소심판이 청구된 후, 상표권존속기간 갱신등록신청기간이 경과하거나 상표권자가 상표권 또는 지정상품의 일부를 포기한 경우 및 상표등록취소심결이 확정된 경우에는 그 취소심판청구인이 소멸된 등록상표와 동일 또는 유사한 상표를 그 지정상품과 동일 또는 유사한 상품에 대하여 상표등록출원을 한 경우 그 출원에 대한 법 제7조 제1항 제7호, 제8호 해당여부는 등록여부 결정시로 하게 되므로(법 제7조 제3항), 그 취소심판청구인은 취소심판청구와 동시에 상표등록출원을 하여 상표권을 조기에 확보할 수 있다.

6) 심결의 기속력

심결은 그 심결을 한 심판부 자신도 이를 변경·취소할 수 없으며 그 존재 및 내용을 존중해야 하는 바 이를 심결의 기속력이라 한다.

4. 심결에 대한 불복

상표등록취소심판의 심결에 대하여 불복하는 경우에는 심판청구인 또는 피심판청구인은 심결문등본을 받은 날로부터 30일 이내에 특허심판원의 심결에 불복하는 소를 특허법원에 제기하여 그 당·부를 다툴 수 있다.

제8장 권리범위확인심판

일 러 두 기 상표법에서의 권리범위확인심판은 특허법·실용신안법 등에서 규정하고 있는 특허권 등의 권리범위확인심판과 마찬가지로 상표권의 효력이 타인이 사용하는 상표에 미치는지 여부를 확인하는 심판이다.

상표권의 권리범위를 확인하는 심판의 심결이 있으면 그것이 바로 상표권침해 여부를 확정짓는 것은 아니라 하겠으나 법원이 이에 기초하여 손해배상판결을 하는 등 특허청의 판단을 존중하고 있고, 또 동 심판의 대세력도 있어 상표권분쟁을 해결하는 하나의 중요한 수단이 되고 있다.

이 심판은 실무적으로도 자주 접하는 부분이고 시험과 관련하여서도 중요한 문제로서 각종 시험에서 출제가능성이 많은 부분이다.

I. 서 언

1. 의 의

상표법상 권리범위확인심판이라 함은 구체적으로 분쟁의 대상이 되는 상표의 사용에 상표권의 효력이 미치는지 여부를 확인하는 심판을 말한다.

이 심판은 상표등록의 무효심판과는 달리 상표권의 소멸과는 관계가 없고 다만, 상표권침해 등을 이유로 분쟁이 있을 경우 이의 해결수단의 한 방법으로서 타인이 사용하는 상표가 상표권의 권리범위에 속하는지 여부를 확인하는 심판이다. 이와 같은 권리범위확인심판은 그 청구의 취지에 따라 적극적 권리범위확인심판과 소극적 권리범위확인심판으로 구분된다.

상표법은 제75조에서 "상표권자·전용사용권자 또는 이해관계인은 등록상표의 권리범위를 확인하기 위하여 상표권의 권리범위확인심판을 청구할 수 있다"고 규정하여 권리범위확인심판을 등록상표의 권리범위를 확인하는 심판으로 규정짓고 있어 일본에서의 판정과는 그 성격을 달리하고 있다.

2. 권리범위확인심판의 필요성

상표권침해에 대한 분쟁이 생겼을 경우 그에 대한 해결의 방법으로서 법원에 소송을 제기하여 그 해결을 구하거나 이와는 별도로 그 사용하는 상표가 등록상표의 권리범위에 속하는지 여부를 가려 해결의 실마리를 찾고자 특허청에 대하여 권리범위확인심판을 청구할 수도 있다.

이와 같이 상표권 침해문제가 발생하였을 경우 법원에 제기된 소송과는 별도로 특허청으로 하여금 그 등록상표의 권리범위를 가리도록 한 것은 타 산업재산권에서의 경우와 같이 분쟁중인 상표의 유사여부나 효력 등에 대한 판단은 상표에 관한 심사 · 심판업무를 전담하는 특허청이 심리 판단하는 것이 타 기관에 의한 것보다 적정한 판단을 내릴 수 있으며 법의 취지에도 부합하는 판단을 할 수 있다는 입법정책상에 연유한 것이다.

3. 법적 성격

상표권의 권리범위확인심판은 상표권과 그 분쟁관계에 있는 상표 간의 권리관계를 확인하여 분쟁을 해결 · 조정함에 그 목적이 있고 그 절차가 타심판과 동일한 절차에 의하여 진행되며 또한 심결이 확정되었을 경우에는 대세적 효력이 발생하고 일사부재리의 원칙이 적용되는 점 등에 비추어 볼 때 상표권의 권리범위확인심판은 상표권의 권리(효력)범위를 확인하는 행정행위로서 준사법적 행정행위라 할 수 있다.

II. 권리범위확인심판의 태양

1. 적극적 권리범위확인심판

이 심판은 상표권자 또는 전용사용권자가 청구하는 심판으로서 타인이 사용하는 상표가 자기의 상표권의 권리범위에 속한다는 취지의 심결을 구하는 심판을 말한다.

2. 소극적 권리범위확인심판

이 심판은 상표권자 · 전용사용권자 이외의 자가 자기가 사용하는 상표(또는 사용할 상표)가 타인의 상표권의 권리범위에 속하지 아니한다는 취지의 심결을 구하는 심판을 말한다.

III. 청구 및 절차

1. 청구인 · 피청구인[1]

상표법은 제75조에서 「상표권자 · 전용사용권자 또는 이해관계인」은 "등록상표의 권리범위를 확인하게 하기 위하여 상표권의 권리범위확인심판을 청구할 수 있다"고 규정하고 있는데, 적극적 권리범위확인심판은 상표권자 또는 전용사용권자가 심판청구인이 되고 상표권자로부터 권리의 대항을 받는 자가 피심판청구인이 된다.

소극적 권리범위확인심판의 경우에는 상표권자로부터 권리의 대항을 받는 자가 심판청구인이 되고 상표권자 또는 전용사용권자가 피심판청구인이 된다.

2. 청구기간

상표권의 권리범위확인심판은 상표권존속기간중에는 언제든지 청구할 수 있다. 이 심판은 상표권소멸 후에는 이를 청구할 수 없으며 상표권존속기간중에 청구된 경우라

---

[1] 상표법 제77조는 상표권이 공유자 전원에게 합일적으로 확정되어야 할 필요에서 심판절차에 관하여 '고유필수적 공동심판'을 규정한 특허법 제139조를 준용하고 있으나, 그 심결취소소송절차에 대하여는 아무런 규정을 두고 있지 아니하다. 그러나 심결취소소송절차에 있어서도 공유자들 사이에 합일확정의 요청은 필요하다고 할 것인데, 이러한 합일확정의 요청은 상표권의 공유자의 1인이 단독으로 심결취소소송을 제기한 경우라도 그 소송에서 승소할 경우에는 그 취소판결의 효력은 행정소송법 제29조 제1항에 의해 다른 공유자에게도 미쳐 특허심판원에서 공유자 전원과의 관계에서 심판절차가 재개됨으로써 충족되고, 그 소송에서 패소하더라도 이미 심판절차에서 패소한 다른 공유자의 권리에 영향을 미치지 아니하므로, 어느 경우에도 합일확정의 요청에 반한다거나 다른 공유자의 권리를 해하지 아니하는 반면, 오히려 그 심결취소소송을 공유자 전원이 제기하여야만 한다면 합일확정의 요청은 이룰지 언정, 상표권의 공유자의 1인이라도 소재불명이나 파산 등으로 소의 제기에 협력할 수 없거나 또는 이해관계가 달라 의도적으로 협력하지 않는 경우에는 나머지 공유자들은 출소기간의 만료와 동시에 그 권리행사에 장애를 받거나 그 권리가 소멸되어 버려 그 의사에 기하지 않고 재산권이 침해되는 부당한 결과에 이르게 된다.

따라서, 상표권의 공유자가 그 상표권의 효력에 관한 심판에서 패소한 경우에 제기할 심결취소소송은 공유자 전원이 공동으로 제기하여야만 하는 고유필수적 공동소송이라고 할 수 없고, 공유자의 1인이라도 당해 상표등록을 무효로 하거나 그 권리행사를 제한 · 방해하는 심결이 있는 때에는 그 권리의 소멸을 방지하거나 그 권리행사방해 배제를 위하여 단독으로 그 심결의 취소를 구할 수 있다 할 것이고, 위와 같이 공유자 1인에 의한 심결취소소송의 제기를 인정하더라도 위에서 본 바와 같이 다른 공유자의 이익을 해한다거나 합일확정의 요청에 반하는 사태가 생긴다고 할 수 없다.

그렇다면 피고(청구인: 가호 표장 사용자)가 제기한 이 사건 등록상표에 관한(소극적) 권리범위 확인심판에서 패소한 원고(피청구인 권리자 3인 중 2인)들로서는 이 사건 등록상표권의 권리행사를 방해하는 위 심결의 확정을 배제하기 위하여, 보존행위로서 이 사건 심결취소소송을 제기할 수 있다고 할 것이다(대법원 2004.12.9. 선고 2002후567 판결).

하더라도 심판의 계속중에 그 권리가 소멸된 때에는 그 청구는 심결로서 각하된다.[2]

3. 청구서방식

권리범위확인심판을 청구함에 있어서는 ① 당사자 및 대리인의 성명 주소, ② 심판사건의 표시, ③ 청구의 취지 및 그 이유를 기재한 심판청구서와 필요한 상표 및 지정상품을 제출하여야 한다.

4. 청구의 범위

1) 적극적 권리범위확인심판

이 심판은 등록된 상표의 상표권의 효력이 타인이 사용하고 있는 상표에 미치는지 여부를 가리는 심판이므로 그 확인의 대상이 되는 대상물은 타인이 사용하는 「사용표장 및 상품」이 된다.[3]

2) 소극적 권리범위확인상표

이 심판은 상표권자로부터 권리의 대항을 받고 있거나 받을 우려가 있는 자가 청구하는 심판을 말한다. 그러므로 이 심판은 등록상표의 상표권을 대상으로 하여 청구할 수 있는데, 등록상표의 지정상품이 2 이상인 경우라도 일부의 상품을 대상으로 하는 권리범위확인심판을 청구할 수 없다.[4]

---

2   이에 대하여 상표권 소멸 후에라도 권리범위확인심판을 청구할 수 있고 권리범위확인심판 계속중에 상표권이 소멸한 경우라도 본안심리를 하여야 한다는 주장이 있으며 심판편람은 권리소멸 후라도 권리범위확인심판을 청구할 수 있다고 기재하고 있는데 그 이유를 무효심판을 청구할 수 있는 이유와 같다고 기재하고 있다(심판편람 52.01). 그러나 권리범위확인심판은 구체적으로 문제가 된 상대방의 사용상표와의 관계에 있어서 상표권의 효력이 미치는지 여부를 확인하는 심판(대법원 1987.4.28. 84후21 판결 참조)으로서 이 심판에 있어서는 무엇보다도 그 권리관계를 확인하고자 하는 권리나 구체적 사실의 존재가 전제되므로 권리의 소멸이나 분쟁관계에 있는 사유가 해소된 후에는 그 대상물이 없으며 또한 권리범위확인심판의 성격 또한 무효심판과는 달라 소의 이익도 기대하기 어렵다 할 것이므로 권리가 소멸된 경우에는 권리범위확인심판청구는 인정되지 아니함이 타당하다 할 것이며 권리범위확인심판 계속중에 상표권이 소멸한 경우에는 대상물이 없는 부적법한 청구로서 심결각하함이 타당하다고 생각된다. 판례 또한 이와 같은 취지이고(대법원, 1970.3.10. 선고 68후21 판결) 실무적으로도 이와 같이 운영하여 왔다.
3   그러므로 등록상표의 지정상품 중 어느 하나의 지정상품이라도 타인이 사용하는 상표의 상품과 동일 또는 유사한 경우에는 그 타인이 사용하는 상표는 상표권의 효력이 미치게 되는 것이다.
4   이와 같이 상표의 권리범위확인심판에서 특허의 권리범위확인심판에서와 달리 지정상품 일부를 대

그러나 상표등록이 2개류 이상의 상품군에 속하는 상품을 지정상품으로 하고 있는 경우에는 분쟁의 대상이 되는 상품류 구분에 속하는 상품만을 대상으로 청구해야 하는지 또는 그 모든류의 상품을 대상으로 하여 청구하는지에 대하여 논란이 있으나 분쟁관계에 있는 상품만을 대상으로 함이 타당하다 할 것이며 실무도 이와 같이 운용하고 있다.[5]

5. 청구의 적법성

1) 대상물

권리범위확인심판을 청구함에 있어 그 확인을 구하고자 하는 대상물이 잘못 특정되거나 권리가 소멸하는 등 위 경우에는 심판청구가 부적법한 것으로 된다.[6]

상으로 하는 권리범위확인심판을 인정치 않는 것은 상표권의 속성상 그 실익을 별로 기대할 것이 없다고 판단되기 때문이다. 그러나 법률 제5355호(1997.8.22. 공포, 1998.3.1. 시행)에서 다류 1출원제도의 시행으로 상품과 서비스업을 동시에 지정하여 다류의 상품을 지정상품으로 하여 상표등록출원할 수 있어 다류에 속하는 상품을 포함하여 상표등록 받을 수 있게 되었는바, 상표권의 권리범위확인심판도 상품류구분마다 청구할 필요가 있다 할 것이다.

5   이 경우 다류의 상품류구분에 속하는 모든 상품을 대상으로 하여야 한다는 견해에 따르면 그 이론적 근거를 권리일체의 원칙 및 상표법상 권리범위확인심판의 경우 지정상품마다 권리범위확인심판을 청구할 수 있다는 명분의 규정이 없다는 이유에서이다.

그러나 상표법에서 취하고 있는 다류출원제도의 취지·목적 및 심판비용 등으로 미루어 볼 때, 이해관계가 있는 어느 1개류의 상품에 대해서만 청구할 수 있다고 새김이 타당하다 할 것이다.

6   상표권의 권리범위확인은 등록된 상표를 중심으로 어떠한 미등록상표가 적극적으로 등록상표의 권리범위에 속한다거나 소극적으로 이에 속하지 아니함을 확인하는 것이므로 상대방의 상표가 등록상표인 경우에는 설사 그것이 청구인의 선등록상표와 동일 또는 유사한 것이라 하더라도 상대방의 상표 내용이 자기의 등록상표의 권리범위에 속한다는 확인을 구하는 것은 상대방의 등록이 상표법 소정의 절차에 따라 무효심결이 확정되기까지는 그 무효를 주장할 수 없는 것임에도 그에 의하지 아니하고 곧 상대방의 등록상표의 효력을 부인하는 결과가 되므로 상대방의 등록상표가 자신의 등록상표의 권리범위에 속한다는 확인을 구하는 심판청구는 부적법하다(대법원 1992.10.27. 선고 92후605 판결 등 참조). 한편, 특허심판원 심결의 취소소송에서 심결의 위법 여부를 살피건대, 소외 등록상표는 사각형의 도형과 문자가 결합된 상표이고, 문자부분인 "Relasxsp▵"는 첫 글자만 대문자이고 나머지는 소문자이며 전혀 띄어쓰기가 되어 있지 않다는 점에서 (가)호 표장과 차이가 있으나, 사각형의 도형은 식별력이 없는 윤곽에 불과하고 문자의 크기가 변경되거나 띄어쓰기를 하지 않았다는 점만으로 상표의 칭호나 관념이 변경된다고 할 수 없으므로, 양 상표는 거래사회의 통념상 동일한 상표로 보아야 할 것이다.

그렇다면, (가)호 표장이 이 사건 등록상표의 권리범위에 속한다는 확인을 구하는 것은 실질에 있어서 소외 등록상표가 이 사건 등록상표의 권리범위에 속한다는 확인을 구하는 적극적 권리범위확인청구에 해당하여 확인의 이익이 없다 할 것인바, 이 사건 심결의 심결 당시에는 소외 등록상표가 등록되어 있지 않았으므로 심결 이후에 소외 등록상표가 등록된 점을 들어 이 사건 권리범위확인심판청구를 각하하지 아니한 이 사건 심결이 위법하다고 할 수 없으나, 이 사건 소송의 변론종결시 및 그 이후의 사

2) 이해관계

등록상표의 권리범위를 구하는 심판에서 이해관계인이라 함은 권리범위확인심판을 청구할 수 있는 청구의 적격을 말하는데, 상표권자·전용상표권자는 적극적 권리범위 확인심판을 청구할 수 있는 청구인적격이 있다할 것이며, 이들로부터 권리의 대항을 받거나 받을 우려가 있는 자는 소극적 권리범위 확인심판을 청구할 수 있는 청구인적격이 있다 하겠다.[7]

실 및 권리상태를 기준으로 할 때 (가)호 표장이 이 사건 등록상표의 권리범위에 속한다는 확인을 구하는 것은 부적합하게 되었다 할 것이다(특허법원 2004.1.15. 선고 2003허4191 판결).

[7] ① 소극적 권리범위 확인심판에 있어서 심판을 청구할 수 있는 이해관계인이라 함은 등록서비스표 권리자 등으로부터 권리의 대항을 받아 업무상 손해를 받고 있거나 손해를 받을 염려가 있는 자를 말하는 것이고(대법원 2004.4.11. 선고 97후3241 판결 참조), 여기서 말하는 권리의 대항이란 상표법에 의하여 등록된 서비스표권에 기한 권리관계에 한정된다고 할 것인바, 기록을 살펴보아도 원고(청구인: 아이엠비씨코리아)가 피고(피청구인: 주식회사 문화방송)로부터 이 사건 등록서비스표권에 기하여 어떠한 대항을 받아 업무상 손해를 받고 있거나 받을 염려가 있다는 사정을 찾기 어렵고, 다만 을3, 4호 중의 각 기재에 변론 전체의 취지를 종합하면, 원고(청구인: 아이엠비씨코리아)와 피고(피청구인: 주식회사 문화방송)사이에는 피고(피청구인: 주식회사 문화방송)가 영업표지로 사용하여 온 "MBC", "엠비씨", "iMBC", "아이엠비씨"와 관련하여 원고(청구인: 아이엠비씨코리아)가 부정경쟁방지및영업비밀보호에관한법률을 위반하였는지 여부에 대하여 민, 형사상 분쟁이 있었음을 알 수 있을 뿐이다.

나아가 원고(청구인: 아이엠비씨코리아)가 이 사건 확인대상서비스표를 상표법상의 서비스표로서 사용하고 있거나 장차 사용하려 하는지에 관하여 보건대, 원고(청구인: 아이엠비씨코리아)는 스스로 확인대상서비스표를 영리를 목적으로 하지 아니하는 "인터넷인 생전기사이트 운영업"에 사용되는 인터넷 사이트의 도메인 이름으로 사용되는 것으로 특정하고 있어 확인대상서비스표는 상표법상의 서비스를 식별시키기 위한 표장으로 볼 수 없으므로, 결국 이 사건 심판청구는 심판청구인 스스로 상표법상의 서비스표적 사용이 없음을 주장하여 제기된 부적법한 것이라고 할 것이다(특허법원 2004.12.17. 선고 2004허4938 판결).

② 먼저 이 사건 심판청구가 확인의 이익이 있는 적법한 것인지 여부에 관하여 살피건대, (가)호 표장이 소외 상표와 동일함은 당사자 사이에 다툼이 없으므로, 이 사건 심판청구는 등록 권리 사이의 소극적 확인심판청구라 할 것이다. 그런데 이와 같은 소극적 권리확인은 만일 인용된다 하더라도 청구인의 등록된 권리가 피청구인의 등록된 권리의 범위에 속하지 않음을 확정하는 것뿐이고 이로 말미암아 피 청구인의 등록된 권리의 효력을 부인하는 결과가 되지 아니하므로 부적법하다고 볼 이유가 없고(대법원 2001.9.7. 선고 2001후393 판결 참조), 특히 갑5호증에 의하면 피고가 원고를 상대로 이 사건 등록상표의 상표권에 기하여 (가)호 표장을 사용하는 원고에 대하여 상표법 및 부정경쟁방지법위반을 이유로 고소한 사실이 인정되므로, 원고로서는 현재의 권리 또는 법률상의 지위에 현존하는 불안 또는 위험을 제거하기 위하여 확인심판을 청구할 이익도 있다 할 것이다.

그렇다면 이 사건 심판청구는 확인의 이익이 있는 적법한 것이라 할 것이므로 본안에 들어가 심리하여야 할 것인바, 이와 결론을 달리한 이 사건 심결은 부당하다(특허법원 2003.11.13. 선고 2003허4603 판결 및 대법원 2004.2.27. 선고 2003후2768 판결).

6. 방식심사

심판청구서가 상표법 제77조에서 준용하는 특허법 제140조 제1항 및 제3항 내지 제5항의 규정에 위반된 경우, 수수료를 납부하지 아니한 경우, 대리권을 흠결한 경우에는 기간을 정하여 보정을 명하고 기간 내에 그 흠결을 보정하지 아니한 경우에는 결정으로 심판청구서를 각하하여야 한다.

7. 심판청구의 취하

심판청구는 심결이 확정될 때까지 이를 취하할 수 있다. 다만, 상대방의 답변서 제출이 있는 경우에는 상대방의 동의를 얻어야 한다.

IV. 권리범위확인의 판단

1. 판단기준

1) 등록상표

등록상표의 권리범위의 확인, 즉 상표권의 권리범위는 상표등록출원서에 기재된 상표 및 지정상품을 기준으로 하여 판단한다.

2) 확인대상표장

한편 상표권과 분쟁관계에 있는 구체적 사실인 타인이 사용하는 상표는 심판청구서에 특정되지 아니하면 안 되는데 이를 확인대상표장이라 한다. 확인대상표장에는 실제로 사용하거나 또는 사용하고자 하는 상표와 그 상품을 구체적으로 특정하여 기재하여야 한다.[8]

---

8   ① 적극적 권리범위확인심판에 있어서 (가)호표장은 실제 사용하고 있는 상표와 동일하여야 하며, 소극적 권리범위확인심판에 있어서 (가)호표장은 실제 사용상표 또는 사용하고자 하는 상표와 동일함을 요한다.

　　따라서 사용상표와 동일하지 아니한 동일성 범주의 상표나 유사상표를 (가)호표장으로 하여 권리범위확인심판을 청구하는 것은 인정되지 아니하며 부적법한 심판청구로서 각하의 대상이 된다. 예컨대, 상호상표인 경우 상호의 풀내임(Full Name)을 (가)호표장으로 하여 심판청구를 하여야 하며 상호의 약칭으로 표기하거나 영문으로 된 상호를 한글로 표기하여 심판청구를 하는 경우, 식별력이 없는 부분이

2. 판단시기

등록상표의 권리범위를 구하는 심판에 있어 그 판단시기를 어느 시점으로 하여야 할지 논란이 있으나 원칙적으로 심결시라 하겠다.[9]

라 하여 이 부분을 (가)호 표장에서 삭제·부가하는 경우에는 부적법한 심판청구로서 각하의 대상이 된다.

② 일반적으로 권리범위확인심판은 등록된 상표권을 중심으로 어느 특정상표(확인대상표장)가 등록상표의 권리범위에 속하는지 여부를 확인하는 심판으로서, 확인심판의 특성상 법률상 분쟁을 즉시 확정할 만한 구체적인 이익이 필요하고, 따라서 확인대상 표장은 실제 사용하고 있는 표장 또는 사용하고자 하는 표장과 동일한 것이어야 한다.

원고(청구인)는 이 사건 권리범위확인심판청구를 제기하면서 확인대상표장을 "INTARSIA"로 하면서, "영문자를 횡서하여 구성한 'INTARSIA'로서, '양말' 상품에 사용하는 표장"이라고만 하였는바, 동일한 "INTARSIA"라는 표장이라 하더라도 단독으로 사용되는 경우와 다른 표장 등과 함께 사용되는 경우(별지기재 와 같은 경우)가 있을 수 있고 또 각 경우에 따라 그 표장이 지정상품의 생산방법이나 가공방법을 표시하는 기술적 표장인지 여부 및 이 사건 등록상표의 권리범위에 속하는지 여부에 대한 판단도 달라질 수 있다 할 것인데, 위와 같은 확인대상표장의 기재만으로는 위 표장이 정확히 어떠한 표장을 대상으로 하는 것인지, 즉 원고(청구인)가 권리범위확인을 구하려는 표장이 위 "INTARSIA"라는 표장이 단독으로 사용되는 경우를 말 하는 것인지 아니면 별지기재와 같이 다른 표장들과 함께 사용되는 표장인지 확정할 수 없다. 그렇다면, 위와 같이 확인대상표장이 정확히 특정되지 않음으로써 이 사건 권리범위확인심판절차 및 그 심결에 대한 소송절차에서 확인대상표장이 피고(피청구인)가 실제 사용하거나 사용하고자 하는 표장과 동일한 표장인지 여부 및 이 사건 등록상표의 권리범위에 속하는지 여부를 판단할 수 없으므로, 특허심판원으로서는 확인대상표장의 설명서에 대한 보정을 명하는 등의 조치를 취하여야 하고, 그럼에도 불구하고 확인대상표장이 명확히 특정되지 않는다면 원고(청구인)의 권리범위심판청구를 각하하였어야 할 것이다(특허법원 2005.4.21. 선고 2005허438 판결).

③ 적극적 권리범위심판청구에서 피청구인이 현실로 사용하고 있지 아니한 확인대상상표를 대상으로 한 것으로서 확인의 이익이 없어 부적법하므로 각하되어야 한다(확인대상상표와 실시주장상표는 위 문자 부분의 차이로 인하여 동일성이 인정되지 않는다).

따라서 확인대상상표가 이 사건 등록상표의 권리범위에 속한다는 심결이 확정된다고 하더라도 그 기판력은 확인대상상표에만 미치는 것일 뿐 그와 동일성이 없는 실시주장상표에까지 미치는 것은 아니라고 할 것이므로, 확인대상상표를 대상으로 한 이 사건 권리범위확인심판청구는 현실로 사용하지 아니하는 표장을 대상으로 한 것으로서 확인의 이익이 없다고 할 것이다(특허법원 2000.6.10. 선고 2005 1820 판결).

〈대상표장 및 실시주장표장〉

이 건 상표	확인대상 표장	실시주장 표장	관련 판결
			특허법원 2005.6.10. 선고 2005허1820 판결

9 ① 심결취소소송에서 권리범위확인심판의 확인대상상표나 확인대상업무표장이 상표법 제51조 제1항의 각 호에 해당하는지 여부를 판단하는 기준시는 그 심판의 심결시라고 보아야 한다(대법원

1) 식별력을 다투는 경우

이 경우 확인대상표장의 사용시를 기준으로 하여야 한다는 견해와 심결시 또는 변론 종결시를 기준으로 하여야 한다는 견해가 있으며 판례도 사용시를 기준으로 하여 판단 한 경우와 심결시 또는 변론종결시를 기준으로 하여 판단한 판례가 있으나 심결시 또 는 변론종결시를 기준으로 하여 판단하여야 한다는 견해가 지배적이다.[10] 어느 시점을

1999.11. 12. 선고 99후24 판결 참조).

  ② '조방낙지'는 1990년대 부산, 경남, 경북 지역의 수십 개의 음식점에서 일정한 방식으로 조리한 낙 지요리를 지칭하는 단어가 됨으로써 자타 서비스업 식별력을 상실하였고 이 사건 심결 당시 관용표장 화 되었다고 할 것이므로, (가)호표장은 상표법 제51조 제1항 제3호에 의하여 이건 등록서비스표의 권 리범위에 속하지 아니한다(특허법원 2005.5.19. 선고 2004허8541 판결).

10 ① 상표법 제51조 제1항 제2호는 "등록상표의 지정상품과 동일 또는 유사한 상품의 보통명칭, 산지, 품질, 원재료, 효능, 용도, 수량, 형상(포장의 형상을 포함한다), 가격 또는 생산방법, 가공방법, 사용방 법 및 시기를 보통으로 사용하는 방법으로 표시하는 상표"에 대하여는 상표권의 효력이 미치지 않는다 고 규정하고 있다. 원재료를 보통으로 사용하는 방법으로 표시하는 표장만으로 된 상표의 효력을 제한 하는 것은 상품의 원재료는 물건을 제조하거나 가공하는데 바탕이 되는 재료이므로 본질적으로 자타상 품의 식별력이 없어 특정인에게 이를 독점하게 하는 것은 부적당하고 누구라도 자유롭게 사용하게 할 필요가 있으므로, 이러한 표장에 관하여는 특정인이 비록 상표등록을 받았다 하더라도 이를 보통으로 사용하는 방법으로 표시하는 것에는 상표권의 효력이 미치지 않도록 함에 그 취지가 있다. 또한 권리범 위확인심판의 심결취소소송에 있어서 어느 상표가 사용상품의 원재료를 보통으로 사용하는 방법으로 표시하는 표장으로 직관적으로 인식될 수 있는지 여부는 변론종결 당시를 기준으로 그 나라에 있어서 당해 상품의 거래실정에 따라서 이를 결정하여야 한다(대법원 2003.1.24. 선고 2002다6876 판결 등).

  ② 상표법 제51조 제1항 제2호가 상품의 보통명칭을 보통으로 사용하는 방법으로 표시하는 표장만 으로 된 상표의 효력을 제한하는 것은, 상품의 보통명칭은 특정 종류의 상품의 명칭으로서 일반적으로 사용되는 것이므로 본질적으로 자타상품의 식별력이 없어, 특정인에게 이를 독점하게 하는 것은 부적 당하고 누구라도 자유롭게 사용할 필요가 있는 것이어서, 이러한 표장에 관하여는 특정인이 비록 상표 의 등록을 받았다고 하더라도 이를 보통으로 사용하는 방법으로 표시하는 것에 대하여는 상표권의 효 력이 미치지 않도록 함에 그 취지가 있으며, 등록상표는 등록사정 당시에 이미 보통명칭화된 경우도 있을 수 있지만, 그 등록 이후에 상표의 관리를 태만히 하였거나 혹은 상표의 관리에도 불구하고 보통 명칭화 되는 경우도 있을 수 있으므로, 어느 상표가 보통명칭화 되었는가 여부는 상표권자의 이익 및 상표에 화체되어 있는 영업상의 신용에 의한 일반 소비자의 이익을 희생하면서까지 이를 인정해야 할 예외적인 경우에 해당하는가를 고려하여 신중하게 판단하여야 할 것인데, 이 때 고려하여야 할 사항은 당해 거래업계, 일반 소비자 등이 거래시 및 일상생활에서 당해 특정상품을 지칭하기 위하여 문제된 상표를 사용하는 상태, 당해 상표에 대한 일반 소비자의 인식, 상표권자의 문제된 상표에 대한 보통명 칭적 사용 등 상표의 보통명칭화를 방지하기 위한 노력 여부, 당해 특정종류의 상품을 지칭함에 있어 보통명칭화된 상표를 대체할 명칭이 존재하는지 여부, 당해 거래의 경쟁업자에게 어느 상표의 사용을 금지하는 것이 소비자들의 상품의 출처에 관한 혼동을 방지하는 효과보다 당해 거래업자의 시장에의 진입을 금지하는 효과가 있어 상표권자에게 시장에 대한 독점적 지위를 부여하여 경쟁을 제한하는 효 과가 더 있는지 여부 등의 사정이라고 할 것이며, 또한 권리범위확인사건에 있어서 어느 상표가 보통 명칭화 되었는가 여부의 판단의 기준시점은 출원시 또는 등록사정시를 기준으로 하는 상표등록거절사 건이나 상표등록무효사건과는 달리 권리범위확인심판의 심결시라고 할 것이다(대법원 1999.11.12. 선

기준으로 하던 상표등록후의 상표사실을 가지고 판단하게 되므로 상표권자에게는 불리하게 작용하게 된다. 그리고 심결시 시점에서 등록상표의 표장이 식별력을 상실한 것이 된다 하더라도 이는 등록적격여부와는 별개의 사안이라 할 것이다.[11]

2) 부정경쟁의 목적이 있는 경우

이 경우는 확인대상표장의 사용시를 기준으로 하여 부정경쟁의 목적으로 사용하였는지 여부를 가려야 할 것이다.

3) 사용에 의한 식별력을 취득한 경우

이 경우에는 상표등록결정시를 기준으로 하여야 한다고 판시한바 있다.[12]

3. 판 단

1) 상 표

상표권의 권리범위확인심판에 있어서 등록상표와 확인대상표장의 동일 또는 유사여부의 판단은 상표법 제7조 제1항 제7호, 제8조 등에 있어서 동일·유사판단과 같다.

2) 상 품

상표권의 권리범위확인심판에서 등록상표의 지정상품과 확인대상표장의 상품의 동일 또는 유사여부는 상표법 제7조 제1항 제7호, 제8조 등에 있어서의 동일·유사판단

고 99후24 판결 및 특허법원 2008.4.24. 선고 2007허8047 판결 등).

11   갑 제12호증의 1, 2, 3, 갑 제13 내지 16호증의 각 기재에 의하면 '발렌타인 모텔', '발렌타인 카페'와 같이 한글 '발렌타인'을 상호로 하는 업체가 전국에 380여 개 정도 있는 사실, 여자가 남자에게 초콜렛 등을 선물하는 '발렌타인데이'가 국내에 널리 알려져 있는 사실, '발렌타인데이'를 말할 때의 '발렌타인'의 영문이 이 사건 등록상표의 'Valentine'과 같은 사실 등은 인정되나 위와 같은 사정만으로는 한글 '발렌타인'이 발렌타인데이'와 관련하여 널리 알려져 있는 것은 별론으로 하고 영문자 "Valentine"이나 한글 '발렌타인'이 외국인의 성이나 법인명, 단체명, 상호, 아호, 예명, 필명 등으로 다수 존재하는 상표법 제6조 제1항 제5호의 '흔히 있는 성 또는 명칭'에 해당한다고 볼 수 없고, 상표의 등록적격 여부는 개별적, 독립적으로 판단되어야 하는 것이어서 이 사건 등록상표와 동종의 지정상품에 "Valentine"의 이탈리어 표기인 "Valentino"를 표장의 일부로 하는 10여개의 상표등록 사례들이 있다고 하더라도 그러한 사정만으로는 영문표기인 "Valentine"이 자타 상품의 식별기능을 상실하게 되었다고 보기 어려우므로, 이 사건 등록상표의 "Valentine"은 식별력이 있다고 할 것이다(특허법원 2004.2.20. 선고 2003허4849 판결).

12   특허법원 2004.12.3. 선고 2004허3195 판결.

과 마찬가지이다.

4. 식별력이 없는 경우

등록상표와 확인대상표장의 상표의 동일 또는 유사여부, 상품의 동일 또는 유사여부 등은 상표등록출원서에 기재된 상표 및 지정상품을 기준으로 판단하지만 등록상표가 성질표시적인 표장이거나 확인대상표장이 성질표시적인 표장 등 식별력이 없는 경우에는 권리범위확인심판에서 그 식별력이 없는 부분은 제외하고 권리범위를 판단한다.[13]

1) 식별력이 없는 부분이 전부인 경우

상표등록출원서에 기재된 상표가 그 지정상품의 보통명칭, 관용상표에 해당되거나 지정상품의 성질을 표시하는 기술적 표장인 경우에는 확인대상표장과 동일 · 유사여부는 가리나 권리범위에 속하지 않는 것으로 판단된다. 반대로 심판청구서에 기재된 확인대상표장이 심결시점에서 식별력이 없는 경우에도 위와 같이 판단한다.

2) 식별력이 없는 부분이 일부인 경우

등록상표 중 일부가 자타상품의 식별력이 없는 부분이거나 확인대상표장 중 일부가 자타상품의 식별력이 없는 경우에는 그 식별력이 없는 부분은 제외하고 권리범위에 속하는지 여부를 판단한다.

---

13   ① 상표는 반드시 그 구성부분 전체의 명칭이나 모양에 의하여 호칭, 관념되는 것이 아니고 각 구성부분을 분리하여 관찰하면 자연스럽지 못하다고 여겨질 정도로 불가분적으로 결합되어 있지 않는 한 그 구성부분 중 일부만에 의하여 간략하게 호칭 관념될 수도 있다 할 것이고, 그 유사 여부의 판단에 있어서도 상표전체를 관찰하여 이를 판단하여야 할 것이나 그 요부가 서로 유사하여 거래상, 오인 · 혼동의 우려가 있으면 두 상표는 유사하다고 할 것이고 상품의 보통명칭, 관용표장, 기술적 표장, 회사의 명칭, 업종표시 등은 식별력이 없어 요부가 될 수 없으므로 상표의 유사 여부를 판단할 때에도 이 부분을 제외한 나머지 부분을 대비하여 판단하여야 할 것이다(대법원 1994.1.28. 선고 93후1254 판결).
　② 식별력 없는 부분의 결합으로 이루어진 상표의 경우 그 각 구성부분은 요부가 될 수 없어 전체로서 관찰해야 한다고 하더라도 이는 상표의 유사 여부를 판단할 경우 그렇다는 것이지 그 전체로 관찰된 상표가 당연히 식별력이 있다고 볼 수는 없으므로 원고의 위 가.(2) 주장은 이유 없다.
　따라서 (가)호 표장 "아이사랑"은 이 사건 등록서비스표 "아이사랑소아와의원"과 유사한 서비스표에 해당하나 그 중 "아이사랑"은 사용하는 서비스업인 "소아과 의료업"과 관련하여 상표법 제51조 제2호에서 말하는 서비스업의 품질, 효능 등을 보통으로 사용하는 방법으로 표시하는 서비스표에 해당하여 (가)호 표장은 이 사건 등록서비스표의 효력이 미치지 아니한다 할 것이므로 이와 결론을 같이 한 이 사건 심결은 적법하다(특허법원 2004.1.30. 선고 2003허4375 판결).

5. 상표적 사용여부

등록상표의 권리범위 확인을 구하는 심판에서 그 확인의 대상이 되는 표장은 상표적 사용이거나 또는 서비스표적 사용이어야 하며 상표적 사용이 아닌 기능적, 디자인적사용[14]이거나 서비스표적 사용이 아닌 경우(서비스표권의 권리범위 확인을 구하는 심판에서 서비스표적 사용이 아니고 상표적 사용인 경우), 그 상품이 다른 경우[15]에는 권리

---

14 ① 타인의 등록상표와 유사한 표장을 이용한 경우라고 하더라도 그것이 상표의 본질적인 기능이라고 할 수 있는 출처표시를 위한 것이 아니라 순전히 의장적으로만 사용되는 등으로 상표의 사용으로 인식될 수 없는 경우에는 등록상표의 상표권을 침해한 행위로 볼 수 없다 할 것인바(대법원 1997.2.14. 선고 96도1424 판결 참조), 통상 접시 등의 그릇의 앞면 내지 표면의 무늬나 장식으로 각종 꽃이나 과일 등의 문양이 사실적으로 묘사된 도형이 사용되는 경우가 많고, 이러한 상품의 수요자들은 접시 등을 구입함에 있어서 물건 자체의 형상과 모양뿐만 아니라 접시에 표현되어 있는 이러한 장식 등의 미적인 가치를 평가하여 상품을 선택·구입하며, 접시 등은 생산·판매하는 자들도 그 제조업체를 그릇의 뒷면에 별도로 표시하는 것이 일반적이라고 할 것이므로, 위와 같이 접시 등의 제품에 표현된 도형은 특별한 사정이 없는 한 기본적으로 그릇의 일면을 이루는 디자인이나 장식용 의장에 불과할 뿐 상품 출처를 표시하기 위하여 사용되는 표장은 아니라고 봄이 상당하다. 기록에 의하면, 원고(청구인)는 자신의 이 사건 확인대상표장을 접시의 앞면의 전면(全面)에 전사(傳寫)하여 " "와 같은 모양으로 사용하고 있고, 그 뒷면에 자신의 상표를 표기하고 있는 사실을 알 수 있을 뿐이므로, 확인대상표장은 의장적·장식적 기능을 나타내기 위하여 사용된 것으로 인정되고 달리 그 출처를 나타내기 위한 상표로서 사용되었다고 볼 다른 사정이 없다.

그렇다면, 확인대상표장이 이 사건 등록상표의 권리범위에 속하지 아니한다고 본 원심의 결론은 결과적으로 정당하다(특허법원 2005.2.17. 선고 2004허6729 판결 및 대법원 2005.11.25. 선고 2005후810 판결).

② 먼저 확인대상표장(가호 표장)의 사용을 상품의 출처를 표시하는 상표의 사용으로 볼 수 있는가에 관하여 보건대, 상표의 사용이라 함은 일반적으로 상표를 상품에 붙여서 그것을 상업적 거래에 유통시키는 것을 말하고, 이에는 상품의 포장 또는 포장용기 등에 상표가 표시되어 있는 라벨을 붙이거나, 꿰매거나, 상표에 해당하는 문자, 도형 등을 포장 또는 용기에 새기거나, 달구어 붙이는 등의 경우가 포함되지만 상표가 의장적으로 사용되거나 순수하게 상호로서만 사용되는 경우 등은 예외적으로 상표의 사용이라고 볼 수 없는 바, 확인대상표장(가호표장)은 의장적으로 표현되지 않았고 원고의 상호와도 전혀 관련이 없으며 실제로 피고와 오카모토사가 동일한 표장을 오래 전부터 자동차용방향제 'diCamerino'란 표장이 새겨져 있다고 하더라도 일반인들로서는 바닥에 새겨진 'CARALL' 역시 방향제의 출처를 표시하는 또 하나의 표장으로 볼 것이므로, 확인대상표장(가호 표장)은 상품의 출처를 표시하기 위한 상표로 사용되었다고 보아야 할 것이다(특허법원 2004.9.10. 선고 2004허1997 판결).

15 포장용 상자나 비닐백에 두드러지게 표시하는 상표는 그 포장용 상자 또는 비닐백의 출처를 표시하기 위한 상표가 아니라, 그 포장용 상자 또는 비닐백에 의하여 포장되는 내용물의 출처를 표시하기 위한 상표 즉, 포장의 목적이 되는 상품에 관한 상표이고, 포장용재료 자체의 상표는 별도로 표시하지 않거나 쉽게 눈에 띄지 않는 위치에 표시하는 것이 일반적인 거래의 실정이라 할 것이며, 따라서 수요자나 거래자들은 포장용 재료의 표면에 눈에 띄게 표시된 상표는 이를 포장용 재료에 관한 출처표시가 아니라 포장의 대상이 되는 내용물의 출처표시로 인식한다고 보는 것이 경험칙에 부합한다고 할 것이다.

범위에 속하지 않는 것으로 된다.

6. 선사용권의 경우

상표법은 제57조의3에서 「선사용권」을 인정하고 있어 그 선사용권의 범위 내에서는 타인의 등록상표와 동일 또는 유사한 상표를 계속 사용할 수 있는 것이다. 그러므로 그 선사용권의 범위 내에서는 타인의 상표권 효력이 미치지 아니하는 바, 이 경우 법 제 51조에서 규정한 상표권 효력제한규정이 적용되는지에 대하여 의문이 있으나 판례는 이를 별개의 것으로 보고 있다.[16]

이와 같은 상표사용의 개념과 일반적인 거래의 실정 및 경험칙을 종합하면, (가)호 표장은 비록 포장용 종이상자 및 포장용 비닐백의 표면에 표시되었다고 하더라도, 그 사용설명의 내용에 비추어, 이는 포장용 종이상자 또는 포장용 비닐백 자체에 관한 상표라기 보다는 그 종이상자나 비닐백에 의하여 포장되는 내용물인 양념 통닭 등의 상품에 관한 상표로서 사용된 것이라고 하여야 할 것인바, 이와 같은 (가)호 표장의 사용상품인 양념 통닭 등은 이 사건 등록상표의 지정상품인 각종 상자와 포대, 병 등과는 그 상품의 속성이나, 판매자, 생산자 및 수요자의 범위, 판매처 등과 같은 유통 경로 등의 어느 면에서도 동일하다거나 유사하다고 할 수 없다.

그런데 상표권의 효력은 등록된 상표와 동일·유사한 상표를 그 지정상품과 동일·유사한 상품에 사용한 경우에 한하여 미치는 것이므로(법 제66조 참조), 등록된 상표와 동일·유사한 (가)호 상표를 사용한다고 하더라도, 등록된 상표의 지정상품과 동일·유사하지 아니한 상품에 사용하는 경우에는 등록된 상표권의 권리범위에 속하는 것이라고 할 수 없으므로, (가)호 상표는 표장의 유사여부에 나아가 살펴볼 필요 없이 이 사건 등록상표의 권리범위에 속하는 것이라고 할 수 없다(특허법원 2003.12.18. 선고 2003허5453, 5460 판결)

16 상표권의 소극적 권리범위확인심판은 등록상표권의 보호범위를 기초로 하여 심판청구인이 심판의 대상으로 삼은 표장(확인대상표장)에 대하여 상표권의 효력이 미치지 않는가 여부를 확인하는 권리확정을 목적으로 하는 것이므로, 설령 원고가 그 주장과 같이 확인대상표장에 대한 선사용권을 가진다 하더라도, 그와 같은 사정은 상표권 침해소송에서 항변으로 주장함은 별론으로 하고, 확인대상표장이 상표권의 권리범위에 속하지 않는다는 확인을 구하는 것과는 아무런 관련이 없어 선사용권이 있음을 이유로 (소극적) 권리범위확인심판을 구할 수는 없다고 할 것이다(대법원 2010.12.9. 선고 2010후289 판결, 대법원 1974.8.30. 선고 73후8 판결 등).

V. 심리·심결 및 효과

1. 심 리

1) 적법성심리

상표권의 권리범위확인을 구하는 심판의 청구가 ① 이해관계가 없는 자에 의한 청구이거나, ② 확인대상표장이 특정되지 아니한 경우, ③ 확인대상표장을 특정 하는 확인대상표장 설명서의 보정이 요지변경인 경우에는 그 심판청구는 부적법한 청구로서 심결각하의 대상이 된다. 특히, 실제 사용하는 상표와 다르게 확인대상을 특정하여 심판청구를 한 경우에 심판부는 이에 대한 직권심리를 하여 그 심판청구의 적법여부를 가려야 한다.

2) 본안심리

(1) 심리방식

권리범위확인심판은 구술심리 또는 서면심리로 할 수 있다.

(2) 심리범위

권리범위확인심판에 있어서도 직권심리가 적용됨은 물론이며 당사자 또는 참가인이 신청하지 아니한 이유에 대하여도 이를 심리할 수 있다. 당사자 또는 참가인이 신청하지 아니한 이유에 대하여 심리하는 경우에는 당사자 또는 참가인에게 기간을 정하여 의견을 진술할 수 있는 기회를 주어야 한다.

2. 심 결

1) 심결의 방식

권리범위확인심판은 타 심판의 경우처럼 특별한 경우를 제외하고는 심결로서 종결되며 심결은 이를 서면으로 하여야 한다. 심판장은 심결이 있는 때에는 그 심결문등본을 당사자 및 참가인에게 송달하여야 한다.

2) 심결의 태양

(1) 각 하

확인대상표장이 실제 사용하는 상표와 상이하는 등 심판청구가 부적법한 청구인 경우에는 본안심리를 하지 아니하고 심결로서 심판청구를 각하한다.

(2) 속한다

이는 적극적 권리범위확인심판에 있어 상표권의 권리범위가 확인대상표장에까지 미친다고 인정되는 경우로서, 확인대상표장이 등록상표의 권리범위에 속한다는 심결이 있으면 확인대상표장은 등록상표의 동일 또는 유사성이 있는 표장임을 의미하며 확인대상표장의 사용은 상표권을 침해하는 것으로 취급된다.

(3) 속하지 아니한다

이는 소극적 권리범위확인심판에 있어 확인대상표장이 등록상표와 유사하지 아니하거나 상품이 이종상품이거나 또는 상표가 자타상품의 식별력이 없는 경우에는 이와 같이 심결하게 된다.

(4) 기 각

이 경우는 그 심판이 적극적 권리범위확인심판 또는 소극적 권리범위확인심판에 관계없이 심판의 청구가 인용되지 않는 경우로서 그 심판청구를 기각하는 심결을 하는 경우다.

3. 심결의 효과

1) 상표권의 효력이 확인대상표장에 미치는 지 여부의 확인

권리범위확인심판은 등록상표의 권리범위를 확인하는 것으로서 확인대상표장이 상표권의 권리범위에 속한다는 심결이 있으면 상표권의 효력은 확인대상표장에 미치는 것으로 되며, 반대로 권리범위에 속하지 아니한다는 심결이 있으면 상표권의 효력이 확인대상표장에 미치지 않는 것으로 된다.

이와 같은 권리범위확인심판의 결과가 상표권 침해여부를 최종적으로 확정짓는 것은 아니라 할 것이나 법원은 이를 상표권 침해여부를 판단하는 기초자료로 삼을 수 있다 할 것이다. 권리범위확인심판에 대한 특허청의 판단에 대하여 법원이 이에 기속되어야 한다는 견해와 기속되지 않는다는 견해가 대립되고 있으나 지금까지는 특허청의 판단이 존중되어 왔다고 할 수 있다.

2) 심결의 기속력

심결은 그 심결을 한 심판부 자신도 이를 취소·변경할 수 없으며 그 존재 및 내용을 존중해야 하는 바, 이를 심결의 기속력이라 한다.

3) 대세적 효력

권리범위확인심판에 대하여 대세적 효력이 없다는 일부 견해도 있으나 심결이 확정되면 당사자를 기속함은 물론 동일사실·동일증거로는 제3자도 다시 동일한 심판을 청구할 수 없는 일사부재리의 원칙이 적용되는 점 등으로 미루어 보아 대세적 효력이 있다고 보아야 할 것이다.

4) 일사부재리의 원칙

권리범위확인심판에 대한 심결의 확정등록이나 판결이 있으면 누구든지 동일사실·동일증거로는 다시 동일한 심판을 청구하지 못한다.

VI. 기 타

1. 권리범위확인심판과 침해소송

권리범위확인심판은 상표권 침해여부를 가름하는 제도적 장치로서 상표권 침해소송과 병행하여 또는 그 전 단계나 방어적 수단으로서 활용되는 제도라는 점에서 그 의의가 크다고 할 수 있다.

이와 같은 권리범위확인심판의 결과가 형사소송이나 민사소송에 어떠한 영향을 미치는지, 어떠한 법률적 효력을 갖는지에 대하여 법률에서 특별히 규정한 바 없으며 또한 판례도 찾아볼 수 없어 권리범위확인심판제도의 존재의의에 대해 논란이 되어 왔다.

그러나 앞서 권리범위확인심판의 존재의의에서도 살핀 바와 같이 권리범위확인심판은 등록상표의 권리범위를 확인하는 심판으로 상표법 제75조에서 규정짓고 있고 상표에 관한 심사·심판은 특허청이 이를 전담하고 있으며 또한 권리범위확인심판은 특허청에서 이를 전담하기는 하나 대법원을 최종심으로 하고 있음에 비추어 특허청의 권리범위확인심판의 결과는 존중되어야 하며, 민사소송이나 형사소송에 있어 상표권의 침해여부를 판단하는 법원은 권리범위확인심판의 결과에 터잡아 그 침해여부를 판단함이 바람직하다 할 것이다.

2. 권리 대 권리범위확인심판

등록상표인 상표권 상호간의 권리범위확인심판을 청구할 수 있는가에 대하여 이를 긍정하는 견해와 부정하는 견해가 상반되고 있다. 지금까지 권리간의 권리범위확인 심판은 원칙적으로 부정되어 왔으며 타인의 권리를 부정하지 아니하는 소극적 권리 범위 확인심판의 경우에만 인정되어 왔다.

그러나 대법원은 특허사건에서 후등록권리가 선등록권리와 이용관계가 있는 경우에는 후특허발명은 선특허발명의 권리범위에 속한다는 적극적 권리범위확인심판청구를 인용한 바 있으나(대법원 1991.11.26. 선고 90후1499 특허권의 권리범위확인심판) 상표사건에서 판례는 권리 대 권리간의 적극적 권리범위확인심판은 이를 부정하고 있는 입장이다(대법원 1992.10.27. 선고 92후605 판결 상표권의 권리범위확인심판).[17]

---

17 ① 권리 대 권리의 소극적 권리범위확인심판에서는 청구를 기각하는 것이 불가능한 것이 아닌가 하는 의문이 제기된다. 그러나 권리 대 권리의 소극적 권리범위확인심판은 상대방이 적극적으로 청구인 권리에 대한 등록무효심판을 청구하지 아니하면서도 청구인의 권리를 부인하고 자기 권리가 청구인의 등록된 권리에 의하여 침해받고 있다고 주장하는 경우에 청구인이 먼저 절차를 개시하여 이에 대한 판단을 받아 봄으로써 청구인의 권리가 나중에 등록무효로 될 개연성이 과연 큰 것인지, 청구인의 권리가 등록된 것이기는 하지만 결국에는 상대방의 권리를 침해하는 것으로 판명될 개연성이 큰 것인지를 확인하여 그에 대한 대비책을 강구할 수 있게 하는 기능이 있다는 데서 확인의 이익이 인정되므로, 비록 소극적 권리범위확인심판에서 청구가 기각된다 하여 그에 의하여 청구인의 등록권리가 직접적으로 그 효력에 영향을 받는 것은 아니지만, 위와 같은 확인의 이익이 인정되는 범위에서는 거꾸로 청구인에게 불리하게 작용하는 효과를 발생하게 하여 청구인으로 하여금 그에 대비하게 할 수 있으므로, 소극적 권리범위확인심판에서 청구를 기각하는 것도 가능하다 할 것이고, 이러한 권리범위에 속하는지의 여부에 대한 판단의 기준시점은 원칙적으로 행정처분을 한 때, 즉 심결시가 된다고 보아야 할 것이다(특허법원 2004.12.13. 선고 2004허3195 판결).

② 상표의 유사여부가 쟁점으로 된 권리 대 권리의 소극적 권리범위확인심판에 있어서 그 유사여부의 판단이 표장의 사용에 의한 식별력 인정 여부에 의하여 좌우되는 사건에 있어서, 청구인의 상표가 등록된 당시를 기준으로 보면 상대방의 상표가 사용에 의한 식별력을 취득하지 못하였기 때문에 전체적으로 유사하지 않다고 인정되지만 심결시에는 사용에 의한 식별력을 취득하였기 때문에 결국 유사하다고 판단되는 경우라면, 권리범위에 속하는지의 여부에 대한 판단의 기준시점을 심결시로 보아 청구인의 청구를 기각하는 것이 과연 권리 대 권리의 소극적 권리범위확인심판청구를 인정하는 제도의 취지에 비추어 타당한 것인가 하는 의문이 제기된다. 즉, 권리 대 권리의 소극적 확인심판청구에 있어서 청구인의 청구를 기각하는 심결이나 판결이 가능한 이유가 청구인의 권리의 불완전성이나 등록무효 가능성을 대세적으로 확인하여 주는데 있는 것인데, 청구인의 상표가 등록될 당시에는 상대방의

3. 출원중인 상표가 심판계속중에 등록된 경우

출원중인 상표가 심판 계속중에 등록된 경우에도 심결실 기준으로 하여 볼때 등록상표에 해당하므로 부적법한 청구로 귀결되는 것이어서 심결각하 된다.

4. 권리범위확인심판 계속 중에 상표권이 소멸한 경우

권리범위확인심판 계속 중에 상표권이 소멸한 경우, 이에 대한 처리를 놓고 견해가 상반되고 있다. 그 하나는 권리범위확인심판의 성격상 상표권이 소멸한 경우에는 대상물이 없는 부적법한 청구이고 소멸된 권리를 대상으로 하여 이를 심리하는 것은 실익도 없으므로 권리범위확인심판청구는 이를 각하해야 한다는 견해이며, 다른 하나는 비록 상표권이 소멸하였다 하더라도 이해관계가 아직 존재하는 한 권리범위확인심판의 결과는 당사자에게 영향을 미치므로 본안심리를 해야 한다는 주장인데, 심판편람 (52.01)도 이와 같은 취지로 기재하고 있다.

생각하건대, 상표권의 권리범위확인심판에 있어서 상표권이 소멸하였다면 이는 그 심판의 대상인 객체가 없는 심판으로 귀결되므로 이와 같이 객체가 없는 심판에 대해 심리하는 것은 존재하지 않는 권리를 대상으로 하여 심판을 하는 결과가 되며, 또한 상표권이 소멸한 경우에 그 상표권의 권리범위를 확정짓는 것은 그 실익도 없다 할 것이므로(다만, 당사자간에 상존하는 이해관계는 침해소송에서 가려질 수 있다. 본안심리를 해야 한다는 견해는 이 경우에는 본안심리를 하여 법원의 판단의 기초로 해야 한다는 이유에서이다.) 이와 같이 해석하는 것이 타당하다 할 것이며 이는 상표등록의 무효심판은 상표권 소멸 후에도 청구할 수 있도록 법에서 규정하고 있으면서도 권리범위확인심판에 대하여는 이러한 명문규정을 두지 아니한 것도 그와 같은 이유에서라 생각된다.

상표가 식별력을 취득하지 못하여 청구인의 상표와 유사하지 않다고 한다면 비록 심결시에는 식별력을 취득하여 청구인의 상표와 유사하다고 하더라도 청구인의 등록상표는 장차 등록무효로 될 가능성이 거의 없고 따라서 대외적으로 완전한 권리로 인정받을 수 있다는 것을 확인받아야 할 것인데, 심결시를 기준으로 하여 상대방의 권리범위에 속한다고 판단하여 청구인의 청구를 기각하게 되면, 장차 있을지도 모르는 등록무효사건이나 침해소송 등에서 내려질 결론과 정반대로 작용하여 오히려 권리 대 권리의 소극적 권리범위확인심판을 인정하지 아니한 것만도 못한, 일반인을 오도하는 심결이 되고 말 것이기 때문이다.

그러므로 권리 대 권리의 소극적 권리범위확인심판에 있어서는 청구인의 권리가 상대방의 권리에 의하여 과연 부정될 만한 것인지의 여부에 의하여 그 확인심판의 당부를 판단하여야 할 것이고, 따라서 이 사건에서와 같이 식별력의 취득시기가 문제되는 사건에서는 심결시가 아닌 청구인의 권리의 등록시를 기준으로 하여 청구의 당부를 판단하여야 할 것이다(특허법원 2004.12.3. 선고 2004허3195 판결).

5. 권리범위확인심판과 무효심판이 동시에 계류 중인 경우

권리범위확인심판과 무효심판이 청구되어 사건이 동일 심급에 계류 중인 경우 권리범위확인심판청구사건에 대하여 여하히 처리할 것인가에 대하여 논란이 있을 수 있다.

그러나 권리범위확인심판과 무효심판은 법률상의 효과나 기대되는 이익이 다르고 그 심판의 성격도 각각 다르며 또한 심판의 진행은 심판부의 전권사항으로서 어느 사건을 먼저 처리하든 관계없다 하겠으나 다만, 무효심판의 청구가 인용되어 상표등록을 무효로 하는 심결이 있는 경우 그 무효심결의 확정을 기다려 권리범위확인심판청구사건을 심결함이 합리적이라 할 것이다.

— 사 례 —

(사례 1) 〔상표 및 지정상품〕 이 사건 상표:　　　(제43류 등사잉크, 그림물감 등), 확

인대상표장: （그림물감, 수　　물감, 염색물감 등）

〔판례〕 ① 상표의 구성 중 식별력이 없거나 미약한 부분과 동일한 표장이 거래사회에서 오랜 기간 사용된 결과 상표의 등록 또는 지정상품 추가등록 전부터 수요자간에 누구의 업무에 관련된 상품을 표시하는 것인가 현저하게 인식되어 있는 경우에는 그 부분은 사용된 상품에 한하여 식별력이 있는 요부로 보아 상표의 유사여부를 판단할 수 있으나, 그렇다고 하더라도 그 부분이 사용되지 아니한 상품에 대해서까지 당연히 식별력이 있는 요부가 됨을 전제로 하여 상표의 유사여부를 판단할 수 없다.

② 앞서 본 법리와 기록에 비추어 살펴보면, "@", "ALPHA" 또는 "알파"는 간단하고 흔히 있는 표장이나 그림물감에 관하여 오랜 기간 사용된 결과 이 사건 등록상표의 지정상품으로 그림물감 등이 추가로 등록되기 이전부터 이미 수요자들 사이에 특정인의 업무에 관련된 상품을 표시하는 것으로 현저하게 인식되어왔다고 할 것이므로, "@", "ALPHA" 또는 "알파"는 '그림물감'과 이와 거래사회의 통념상 동일하게 볼 수 있는 '수채물감, 유화물감, 아크릴물감, 포스터칼라, 염색물감'에 관하여는 독립하여 자타상품의 식별기능을 할 수 있는 부분에 해당한다고 보아야 하고, 이를 전제로 하여 이 사건 등록상표와 확인대상표장을 대비하여 보면, 확인대상표장은 그 사용상품 중 '그림물감, 수채물감, 유화물감, 아크릴물감, 포스터칼라, 염색물감'에 관하여 이 사건 등록상표와 그 표장 및 상품이 동일 유사하여 이 사건 등록상표의 권리범위에 속한다고 할 것이므로, 원심판결은 위 범위 내에서 정당한 것으로 수긍이 간다.

③ 그러나 원심이 확정한 바에 의하더라도 "@", "ALPHA" 또는 "알파"는 간단하고 흔히 있는 표장에 해당하나 그림물감에 관하여 오랜 기간 사용에 의하여 수요자들 사이에 특정인의 업무에 관련된 상품을 표시하는 것으로 현저하게 인식되어 있다는 것이므로, 이러한 사정만으로 "@", "ALPHA" 또는 "알파"가 '그림물감, 수채물감, 유화물감, 아크릴물감, 포스터칼라, 염색물감'을 제외한 다른 상품에 대해서까지 곧바로 자타상품의 식별기능을 할 수 있는 부분에 해당한다거나 확인대상표장에 "ALPHA" 또는 "알파" 부분이 포함되어 있다고 하여 곧바로 양 상표가 유사하다고 단정하기는 어렵다.

그럼에도 원심은 "@", "ALPHA" 또는 "알파"는 그림물감에 관하여 수요자들 사이에 특정인의 업무에 관련된 상품을 표시하는 것으로 현저하게 인식되어 있다는 사정만으로 '그림물감, 수채물감, 유화물감, 아크릴물

감, 포스터칼라, 염색물감'을 제외한 다른 상품에 관해서도 "ALPHA" 또는 "알파" 부분이 자타상품의 식별기능은 할 수 있는 부분에 해당한다고 잘못 단정하고 이를 전제로 하여 확인대상표장이 '그림물감, 수채물감, 유화물감, 아크릴물감, 포스터칼라, 염색물감'을 제외한 다른 상품에 관해서도 이 사건 등록상표와 유사하다고 판단하고 말았으니, 원심판결은 위 범위 내에서 상표의 식별력 및 유사여부에 관한 법리를 오해함으로써 판결에 영향을 미친 위법이 있다(특허법원 2005.9.15. 선고 2005허124 판결, 대법원 2008.5.15. 선고 2005후2977 판결 일부 파기환송).

(사례 2) 〔상표 및 지정상품〕 이 사건 상표: 메디팜(제5류 강장제, 구강청량제 등), 확인대상표장: 미래메디팜주식회사(원료의약품)

〔판례〕 ① 상표법 제51조 제1항 제1호 단서에 규정된 '부정경쟁목적'이란 등록된 상표의 신용을 이용하여 부당한 이익을 얻을 목적을 말하고 단지 등록된 상표라는 것을 알고 있었다는 사실만으로 그와 같은 부정경쟁의 목적이 보기에는 부족하며, 상표권 침해자 측의 상표의 선정의 동기, 피침해 상표를 알고 있었는지 여부 등 주관적 사정과 상표의 유사성과 피침해상표의 신용상태, 영업목적의 유사성 및 영업활동의 지역적 인접성, 상표권 침해자 측의 현실의 사용상태 등의 사정을 객관적으로 고려하여 판단하여야 한다(대법원 1993.10.8. 선고 93후411 판결, 대법원 1999.12.7. 선고 99도3997 판결 등 참조). 그리고 위 단서 규정은 어떤 명칭이나 상호 등의 신용내지 명성에 편승하려는 등의 목적으로 이를 모방한 명칭이나 상호 등을 표장으로 사용하는 것을 금지시키는데 그 취의가 있으므로, 등록된 상표가 신용을 얻게 된 경우는 문제로 되지 않으며 그 지정상품에 대하여 주지성을 인정받아야만 부정경쟁의 목적이 인정되는 것도 아니다(대법원 1993.12.21. 선고 92후1844판결 대법원 2000.4.11. 선고 98후2221 판결 등).

② 이 사건 등록상표의 표장인 "메디팜"은 피고가 확인대상표장인 "미래메디팜 주식회사"로 상호를 변경할 당시 그 지정상품에 대하여는 주지성을 얻을 정도에 이르지 못하였다고 하더라도 국내 의약품업계에서는 원고의 상호 또는 서비스표로서 이미 널리 알려져 있었고, 피고도 의약품의 제조·판매업을 하는 자로서 이를 잘 알고 있었던 것으로 보이는 점, 그럼에도 피고는 이 사건 등록상표의 등록 이후에 원래 사용하던 '동호약품 주식회사'에서 이 사건 등록상표의 표장이 포함된 '미래메디팜 주식회사'로 상호를 변경한 점, 이 사건 등록상표와 확인대상표장은 조어로서 식별력이 있는 '메디팜' 부분만으로 호칭될 수 있어서 전체적으로 서로 유사한 점, 원고와 피고는 의약품의 제조·판매업을 하는 자로서 그 영업에 상당한 관련성이 있는 점 등을 종합할 때, 피고는 이 사건 등록상표의 설정등록이 있은 후에 그 상표권자인 원고의 신용내지 명성을 이용하여 부당한 이익을 부정경쟁의 목적으로 확인대상표장을 사용하고 있다고 봄이 상당하다(특허법원 2011.2.10. 선고 2010허8443 판결, 대법원 2011.7.28. 선고 2011후538 판결 상고기각 참조).

(사례 3) 〔상표 및 지정상품〕 이 사건 상표: SANGMOOSA(제25류 태권도복 등), 확인대상표장: SANG MOO SA(태권도복)

〔판례〕 ① 상표권의 적극적 권리범위확인심판은 심판청구인이 그 청구에서 심판의 대상으로 삼은 확인대상표장에 대하여 상표권의 효력이 미치는가 여부를 확인하는 권리확정을 목적으로 한 것으로 그 심결이 확정된 경우 심판의 당사자뿐만 아니라 제3자에게도 일사부재리의 효력이 미친다. 그런데 적극적 권리범위확인심판청구의 상대방이 확인대상표장에 관하여 상표법 제57조의3의 '선사용에 따른 상표를 계속 사용할 권리'(선사용권)를 가지고 있다는 것은 대인적(對人的)인 상표권 행사의 제한사유일 뿐이어서 상표권의 효력이 미치는 범위에 관한 권리확정과는 무관하므로, 상표권 침해소송이 아닌 적극적 권리범위확인심판에서 선사용권의 존부에 대해서까지 심리·판단하는 것은 허용되지 아니한다(대법원 1982.10.26. 선고 82후24 판결, 대법

원 2010.12.9. 선고 2010후289 판결 등 참조).

　② 원심은 피고의 선사용권이 있음을 이유로 들어 "태권도복"에 사용한 확인대상표장 "SANG MOO SA"가 "검도복, 유도복, 체조복, 태권도복"등을 지정상품으로 한 이 사건 등록상표 "SANGMOOSA"(출원일 2006.3.10.)의 권리범위에 속하지 않는다고 판단하였다. 앞서 본 법리에 비추어 보면, 이러한 원심 판단에는 권리범위확인심판에 관한 법리를 오해하여 판결에 영향을 미친 위법이 있다. 나아가 상표법은 2007.1.3. 법률 제8190호로 개정될 때 선사용권에 관한 제57조의3 규정이 신설되었고, 부칙 제7조는 "제57조의3의 개정규정은 2007.7.1. 이후 최초로 타인이 상표등록출원을 하여 등록되는 상표에 대하여 선사용자가 동 개정규정의 요건을 갖춘 경우부터 적용한다."라고 정하고 있어, 2007.7.1. 이전에 출원되어 등록된 이 사건 등록상표에 대하여는 위 규정이 적용되지 아니하므로, 위와 같은 원심의 판단은 상표법 제57조의3의 적용시기에 관한 법리를 오해하여 판결에 영향을 미친 위법이 있다(특허법원 2011.11.23. 선고 2011허6956 판결, 대법원 2012.3.15. 선고 2011후3872판결 파기환송).

(사례 4) 〔상표 및 지정상품〕　이 사건 상표: (제43류 간이식당업, 간이음식점업등), 확인대상표장: (간이식당업, 음식체인점업 등)

〔판례〕　① 확인대상서비스표는 문자와 도형이 결합한 것으로서, '오징어'라는 단어를 도안화한 부분()과 해삼, 오징어 멍게 등의 해산물을 연상시키는 도형부분()이 포함되어 있어서, 사용서비스표인 '간이식당업, 음식점체인업'의 원재료를 표시하고 있는 것으로 볼 여지가 없지 아니하다.

　　그러나 구성 전체()를 놓고 본다면, 도안화된 문자 부분()은 그 단어가 가지는 의미대로 '오징어와 친구들'이라는 상당히 해학적이고 의인화된 관념을 불러일으키고, 그 왼쪽에 있는 위 도형부분()도 오징어가 좌우에 있는 해삼과 멍게의 어깨에 손을 걸친 형상으로 위 문자에 상응하는 해학적이고 의인화된 관념을 발생시킨다. 여기에 위와 같은 문자 및 도형의 전체적인 도안화 정도가 비교적 높아 보이는 점까지 보태어 보면, 위와 같은 '오징어와 친구들' 이라는 해학적 관념은 단순히 '오징어'라는 문자와 오징어, 해삼, 멍게 등의 도형을 나열함으로써 '해산물'이라는 정보를 제공하는 차원을 훨씬 넘어서는 수준에 이른다고 판단된다. 사정이 이러하다면, 확인대상서비스표의 표장은 그 전체적인 구성을 놓고 객관적으로 관찰할 때, 일반 거래자나 거래자가 사용서비스업과 관련하여 그 원재료를 표시하고 있는 것으로 직감하기 보다는 '오징어와 친구들'이라는 해학적 관념으로 받아드린다고 봄이 상당하고, 나아가 위와 같은 문자 및 도형의 전체적인 도안화 정도에 비추어 원재료를 보통으로 사용하는 방법으로 표시한 표장에 해당한다고 보기 어렵다.

　② 피고는, 원고가 피고의 서비스표출원에 대한 특허청 심사과정에서 식별력이 없다고 판단된 확인대상표장의 구성을 그대로 도용한 후 여기에 위와 같은 '수와 미의'라는 간단한 문자 부분만을 결합하여 서비스표등록을 받고서도 피고에게 이 사건 등록서비스표에 관한 권리를 주장하는 것은 권리남용에 해당한다고 주장하나, 피고의 서비스표출원에 대한 특허청의 심사과정에서 확인대상서비스표의 구성이 식별력이 없다고 판단된 적이 있다고 하더라도 그러한 판단에 원고까지 당연히 구속받는 것은 아닐 뿐만 아니라, 등록서비스표는 등록무효심결이 확정되기 전까지는 유효한 것이어서 그 권리범위를 부정할 수 없고, 나아가 서비스표에 관한 권리범위확인심판은 등록되어 있는 서비스표의 보호범위를 기초로 하여 심판청구인이 심판의 대상으로 삼은 서비

스표에 대하여 서비스표권의 효력이 미치는가 여부를 확인하는 권리확정을 목적으로 하는 것인데, 피고의 주장과 같은 사유는 설령 그 주장내용이 사실이라 하더라도 이른바 대인적인 서비스표권의 행사의 재한사용에 해당할 뿐, 서비스표권의 효력이 미치는 범위에 관한 권리확정과는 무관하다 할 것이므로 서비스표권 침해소송이 아닌 권리범위확인심판에서 심리·판단하는 것은 허용되지 않는다(특허법원 2012.5.10. 선고 2012허1804 판결, 대법원 2012.8.30. 선고 2012후1958 판결 기각).

(사례 5) 〔상표 및 지정상품〕 이 사건 상표: 해럴드수쿨(제41류 외국어학원경영업, 번역업, 보육원업 등), 확인대상표장: 헤럴드 어학원(서비스업 같은)

〔판례〕 ① 자기의 상호를 서비스업에 사용하는 경우 자타 서비스의 출처를 표시하는 태양으로서의 서비스표로 사용될 수도 있고, 그 경우 거래사회에서 보통 행하여지는 방법으로 이를 사용하는 경우에는 상표법 제51조 제1항 제1호, 제2조 제3항 소정의 '자기의 상호를 보통으로 사용하는 방법으로 표시하는 서비스표에 해당하여 등록상표권 또는 등록서비스표권의 효력이 미치지 아니한다(대법원 1999.12.7. 선고 99도3997 판결 참조).

② 인정사실에 의하면, 이 사건 등록서비스표인 '헤럴드수쿨'은 원고가 확인대상표장인 '해럴드어학원'을 자신의 상호로 사용하기 이부터 이미 수요자들 사이에 널리 인식된 표장으로서 서비스표등록이 마쳐져 있었고, 2004.경 피고와의 사이에 프렌차이즈계약을 체결하고 헤럴드수쿨 청주분원을 운영해 오고 있던 원고 측은 이 사건 등록서비스표가 등록된 사실을 알고 있는 상태에서 2009.12.1. '주식회사 헤럴드 어학원'이란 상호로 원고 법인을 설립하였던 것이며, 원고의 상호와 피고의 이사건 등록서비스표는 전체적으로 유사한 표장으로서 이들 상호와 서비스표가 다 같이 동일·유사한 서비스업에 사용될 경우 일반 수요자로 하여금 그 서비스의 출처에 관하여 오인·혼동을 야기할 우려가 있다. 이러한 점들에 비추어 보면, 원고는 이 사건 등록서비스표의 설정등록이 있은 후에 부정경쟁의 목적으로 확인대상표장을 사용하는 것이라 할 것이므로 이 사건 등록서비스표권의 효력이 확인대사표장에 미친다(특허법원 2012. 5.18. 선고 2012허30 판결, 대법원 2012.7.26. 선고 2012후1934 판결).

(사례 6) 〔상표 및 지정상품〕 이 사건 상표: (제25류 신발 등), 확인대상표장: ,

 (신발류)

〔판례〕 ① 확인대상표장에서 여러 겹으로 구성된 하트도형에 비교적 크게 표시되어 있기는 하지만, 이는 여아용 신발이나 의류 등에 쓰이는 하트 도형과 별 차이가 없고, 확인대상표장 중의 다른 부분과 색감이나 인상이 비슷하며 함께 어우러져 있어 다른 부분과 일체가 되어 장식적 기능을 한다고 보인다. 또한 확인대상표장이 사용된 신발의 안창에 크게 'Pienso'라는 문자가 표시되어 있고, 확인대상표장에도 같은 문자가 장식적인 글자체로 표시되어 있는 것으로 보아 피고는 위 'Pienso'을 출처표시로 사용한 것으로 보인다. 나아가 일반 수요자가 확인대상표장 중의 하트도형을 보고 특정인의 상품 표지를 떠올린다고 볼 만한 자료도 없고, 하트도형으로 이루어진 이 사건 등록상표가 일반 수요자에게 널리 알려져 있다고 볼만한 자료도 없다.

② 이상 살펴본 바와 같이 확인대상표장은 이 사건 등록상표의 대응되는 표장과 구성요소인 하트 도형이 순전히 디자인적으로만 사용되었을 뿐만 아니라, 그 표장 자체도 이 사건 등록상표와 유사하지 않아서, 어느 모로 보나 이 사건 등록상표의 권리범위에 속하지 않는다(특허법원 2010.8.19. 선고 2010허3486 판결 심

결지지 참조).

(사례 7) 〔상표 및 지정상품〕 이 사건 상표: 유화정(제45류 운명감정업, 작명업, 수상업, 관상업 등), 확인

대상표장:　(작명업, 관상업, 궁합업, 운명감정업)

〔판례〕 ① 상표법 제51조 제1항 제1호에 의하면, 자기의 상호를 보통으로 사용하는 방법으로 표시하는 상표에 대하여는 그것이 상표권설정 등록이 있은 후에 부정경쟁의 목적으로 사용하는 경우가 아니한 등록상표권의 효력이 미치지 아니하는바, 여기서 '상호를 보통으로 사용하는 방법으로 표시한다'는 것은 상호를 독특한 글씨체나 색채, 도안화된 문자 등 특수한 태양으로 표시하는 등으로 특별한 식별력을 갖도록 함이 없이 표시하는 것을 의미할 뿐만 아니라, 일반 수요자가 그 표장을 보고 상호임을 인식할 수 있도록 표시하는 것을 전제로 한다 할 것이므로, 표장 자체가 특별한 식별력을 갖도록 표시되었는지 이외에도 사용된 표장의 위치, 배열, 크기, 다른 문구와의 연결관계, 도형과 결합되어 사용되었는지 여부 등 실제 사용태양을 종합하여 거래통념상 자기의 상호를 보통으로 사용하는 방법으로 표시한 경우에 해당하는지 여부를 판단하여야 한다(대법원 2008.9.25. 선고 2006다51577 판결 참조).

② 확인대상표장 " "은 피고의 상호인 "유화정철학원"(을 제1, 4호증, 피고의 사업자등록증에는 '류화정철학원'으로 기재되어 있으나 피고는 1996년경부터 '유화정철학원'이라는 상호도 사용한 것으로 보이는 점, 인명 등에 사용되는 '류'와 '유'는 혼용되는 점, 상표법 제51조 제1항 제1호 상의 '상호'가 반드시 사업자등록된 상호만을 의미하지는 않는 점 등을 감안하면 '유화정철학원'은 피고의 상호라 할 것이다)을 세로로 표기한 문자 표장으로서, 상호를 독특한 글씨체나 색채, 도안화 된 문자 등 특수한 태양으로 표시하는 등으로 특별한 식별력을 갖도록 함이 없이 표시하였고, 글자 크기나 배열 등도 비교적 단순하게 이루어져 있는바, 이러한 점을 종합하여볼 때, 확인대상표장은 상표법 제51조 제1항 제1호에 규정된 '자기의 상호를 보통으로 사용하는 방법으로 표시하는 서비스표'에 해당한다. 한편, 상표법 제51조 제1항 제1호에서 '자기의 상호를 보통으로 사용하는 방법'이라 함은 상품내지 서비스의 거래·광고·선전이나 상품 내지 서비스 자체에 관하여 거래사회에서 보통으로 행하여지는 방법으로 자기의 상호를 사용하는 경우를 가리키는 것이지, 순수하게 상호를 상호로서 사용하는 경우만을 가리키는 것은 아니므로(대법원 1995.5.12. 선고 94후1930 판결 참조), 피고가 위 상호를 전화번호부 등에 등재하고 인터넷포털사이트의 지역정보, 지도정보, 전화번호부 정보사이트 등에서 검색되도록 하였다고 하더라도 이를 이유로 확인대상표장이 '자기의 상호를 보통으로 사용하는 방법으로 표시하는 서비스표'에 해당하지 아니한다고 할 수는 없다.

③ (ㄱ) 피고가 이 사건 등록서비스표의 설정등록일인 2001.1.16.보다 훨씬 이전인 1996.10.1.경부터 '유화정철학원'이라는 상호를 사용하여온 점, (ㄴ) 이 사건 등록서비스표가 수요자간에 널리 인식되었다고 보기 어려운 점, (ㄷ) 원고의 영업소가 위치한 '영등포'와 피고의 영업소가 위치한 '안양'이 지역적으로 인접하여 있다고 보기 어려운 점, (ㄹ) 원고는 남성이고 피고는 여성으로서 서로 성별이 다른 점, (ㅁ) 확인대상표장이 이 사건 심판청구일 무렵까지 경기전화번호부에 등재되어 있었고 인터넷포털사이트의 지역정보, 지도정보, 전화번호

부 정보사이트 등에서 검색되었던 것 이외에는 피고가 확인대상표장을 이용하여 적극적인 광고활동 등을 하지는 않았던 것으로 보이는 점 등에 비추어보면, 피고가 이 사건 등록서비스표권자의 신용을 이용하여 부당한 이익을 얻으려고 하는 부정경쟁의 목적으로 확인대상표장을 사용하였다고 볼 수 없다(특허법원 2010.11.3. 선고 2010허5000 판결. 대법원 2011.10.19. 선고 2012후3387 판결).

제9장 재 심

상표법상 재심제도도 특허법 등 여타 법률에서 채택하고 있는 재심제도와 그 취지, 절차, 효과 등이 동일하다.

재심은 실무적으로는 드물게 발생하나 시험에서는 출제될 만한 문제이다. 이러한 재심제도는 확정심결에서만 인정되며 심사절차에서는 적용되지 않는다는 점이 특징이다.

I. 서 언

1. 의 의

재심이라 함은 일단 확정된 심결에 중대한 하자가 있고 그것이 재심사유에 해당될 때 그를 이유로 하여 그 심결이나 판결의 취소를 구하고 그 사건을 다시 심판하여 줄 것을 구하는 비상의 불복신청방법을 말한다.

상표법상 재심제도는 민·형사소송에서의 재심제도와 같은 취지의 제도로서 그 재심사유도 민사소송법에서 정한 재심사유를 준용하는 등 상표법상 재심제도는 민사소송법상의 재심제도와 거의 같다.

재심은 확정심결에 대한 불복신청방법이므로 심결이 확정되기 전에 재심을 청구하는 것은 설령 그 심결이 재심청구 후에 확정되었다 하더라도 위법이며 부적법한 청구로서 심결각하의 대상이 된다.

2. 제도적 취지

심결이 확정되면 일사부재리의 효력이 생기는 등 법적안정성이 요구된다. 그러나 심결이 그 절차나 판단 등에 중대한 하자가 있는 경우에도 법적 안정성만을 고집하여 그 효력을 그대로 유지토록 한다면 심판의 적정과 신뢰성을 유지할 수 없을 뿐만 아니라 당사자의 권리구제나 사회적 공평성 실현에도 반하게 된다.

그리하여 법적 안정성과 구체적 타당성이라는 서로 상반되는 양 이념을 조화시키기 위하여 마련된 것이 재심제도이다.

3. 법적 성격

이 심판은 확정된 심결을 취소시키고 다시 심판을 구한다는 점에서 소송법상 형성의 소이며, 심판의 형식을 취하면서 일단 종결된 심판에 대하여 재결을 구한다는 점에서 부수적 심판이다.

II. 재심사유

상표법상 재심사유는 민사소송법에서 규정한 재심사유를 준용하고 있으며(법 제83조 제2항) 사해심결에 대한 재심사유만을 특별히 규정하고 있다.

1. 민사소송법상 재심사유

재심사유는 민사소송법 제451조의 규정이 준용된다.
① 법률에 의하여 심판기관을 구성하지 아니하였을 때
② 법률상 그 심판에 관여하지 못할 심판관이 심판에 관여한 때
③ 법정대리권·소송대리권 또는 대리인이 소송행위를 함에 필요한 수권에 흠결이 있는 때
④ 심판에 관여한 심판관이 그 사건에 관하여 직무에 관한 죄를 범한 때
⑤ 형사상 처벌을 받을 타인의 행위로 인하여 자백을 하였거나 심결에 영향을 미칠 공격 또는 방어방법의 제출이 방해된 때
⑥ 심결의 증거로 된 문서 기타 물건이 위조나 변조된 것인 때
⑦ 증인·감정인·통역인 또는 선서한 당사자나 법정대리인의 허위진술이 심결의 증거로 된 때
⑧ 심결의 기초로 된 민사 또는 형사의 판결, 기타의 행정처분이 후의 재판 또는 행정처분에 의하여 변경된 때
⑨ 심결에 영향을 미칠 중요한 사항에 관하여 판단을 누락한 때
⑩ 재심을 제기할 심결이 전에 심결한 확정심결과 어긋나는 때
⑪ 당사자가 상대방의 주소 또는 거소를 알고 있었음에도 불구하고 있는 곳을 모른다고 하거나 또는 허위의 주소나 거소로 하여 심판청구한 때

2. 사해심결에 대한 재심사유

심판의 당사자가 공모하여 제3자의 권리 또는 이익을 사해할 목적으로 심결하게 한 때(법 제84조)에 재심사유가 된다.

III. 청구 및 절차

1. 청구인 · 피청구인

1) 일반재심

재심을 청구할 수 있는 자는 심판의 심결을 받은 당사자이다. 결정계심판의 심결에 대한 재심에 있어서는 심판청구인이 재심의 청구인이 된다.

2) 사해심결에 대한 재심

사해심결에 대한 재심에 있어서 재심을 청구할 수 있는 자는 당해 심결에 의하여 불이익을 받은 제3자이다. 이때 피청구인은 원심판의 청구인 및 피청구인을 공동피청구인으로 하여야 한다.

2. 청구기간

1) 재심의 사유를 안 날부터 30일 내

당사자는 심결확정 후 재심의 사유를 안날부터 30일 이내 재심을 청구하여야 한다. 대리권의 흠결을 이유로 하여 재심을 청구하는 경우에는 위 30일의 기간은 청구인 또는 법정대리인이 심결문등본의 송달에 의하여 심결이 있는 것을 안 날의 다음날부터 기산한다.

2) 제척기간

심결확정 후 3년을 경과한 때에는 재심을 청구할 수 없다. 재심사유가 심결확정 후에 생긴 때에는 3년의 기간은 그 사유가 발생한 날의 다음날로부터 이를 기산한다.

3) 전의 확정심결과 저촉하는 경우

당해 심결 이전에 행하여진 확정심결과 저촉하는 이유로 재심을 청구하는 경우에는 위 30일 또는 3년의 제척기간은 적용되지 아니한다(법 제84조의2 제5항).

3. 재심의 관할

재심청구는 이를 재심사유가 발생한 심급에 맞추어 청구하여야 한다. 따라서 재심사유가 특허심판원의 심판에서 발생한 경우에는 특허심판원에 재심을 청구하여야 하며 재심사유가 특허법원 또는 대법원의 판결에 인한 것이면 특허법원 또는 대법원에 재심을 청구하여야 한다.

4. 각 심급규정의 준용

심판에 대한 재심의 절차는 그 성질에 반하지 아니하는 한 각 심급의 절차에 관한 규정을 준용한다.

IV. 심리·심결 및 효과

1. 심 리

1) 적법성심리

재심이 청구되면 본안심리를 하기 전에 먼저 재심청구의 적법성여부를 심리하여야 하는데 심리결과 흠결이 있는 경우(당사자적격, 재심청구기간, 재심사유 등)에는 보정을 명하고 기간 내에 보정하지 아니하거나 보정할 수 없는 경우에는 심결로서 재심청구를 각하한다.

2) 본안심리

재심의 청구가 적법한 것으로 인정이 되면 본안심리를 하게 되는데 이는 재심은 확정된 전 심판에 계속하여 그 사건을 다시 심판하는 것으로서 전심판과 별개의 심판이 아닌 전심과 일체를 이루게 되기 때문이다.

3) 심리범위

재심에 대한 심리는 불복의 범위 내에서만 가능하다. 따라서 심판부는 당사자가 주장한 사항에 대하여서만 심리하여야 하며 그 이외 청구인이 주장하지 아니한 사항에 대하여는 이를 심리할 수가 없는 등 직권심리가 배제된다(특허법 제185조, 민사소송법 제429조 제1항). 또한 재심의 이유는 이를 변경·추가할 수 없다.

2. 심 결

재심에 대한 심결도 타 심판에서의 심결과 같다. 재심에 대한 심결은 이를 서면으로 하여야 하며, 심판장은 심결이 있는 때에는 그 심결문등본을 당사자 및 참가인에게 송달하여야 한다.

3. 재심의 효과

1) 재심의 효과

재심의 심결이 확정되면 형성적 확정력과 실체적 확정력이 생기고 일사부재리의 원칙이 적용되는 등 다른 심판에 있어서의 심결이 확정되는 경우와 같다.

2) 재심에 의하여 회복한 상표권의 효력제한(법 제85조)

i) 무효로 된 상표등록 또는 상표권의 존속기간갱신등록이 재심에 의하여 그 효력이 회복된 경우, ii) 취소된 상표등록이 재심에 의하여 그 효력이 회복된 경우, iii) 상표권의 권리범위에 속하지 아니한다는 심결이 재심에 의하여 이와 상반되는 심결이 확정된 경우, 그 상표권의 효력은 다음의 선의의 상표사용행위에 대하여 미치지 아니한다.

① 재심청구의 등록 전에 당해 등록상표와 동일한 상표를 그 지정상품과 동일한 상품에 사용한 행위

② 타인의 등록상표와 동일한 상표를 그 지정상품과 유사한 상품에 사용하거나 타인의 등록상표와 유사한 상표를 그 지정상품과 동일 또는 유사한 상품에 사용하는 행위

③ 타인의 등록상표와 동일 또는 유사한 상표를 그 지정상품과 동일 또는 유사한 상품에 사용할 목적이나 사용하게 할 목적으로 교부 또는 판매하거나 위조·모조 또는 소지하는 행위

④ 타인의 등록상표를 위조 또는 모조할 목적이나 위조 또는 모조하게 할 목적으로 그 용구를 제작·교부·판매 또는 소지하는 행위

　⑤ 타인의 등록상표 또는 이와 유사한 상표가 표시된 지정상품과 동일 또는 유사한 상품을 양도 또는 인도하기 위하여 소지하는 행위

V. 재심에 대한 불복

　재심의 심결에 대하여 불복이 있는 경우에는 다시 그 심급에 맞추어 그 심결취소의 소나 상고가 허용된다(민사소송법 제425조). 다만 상고심판결에 대한 재심의 소를 제기한 경우 이의 판결에 대하여는 불복방법이 없다.

제10장 벌 칙

일러두기 이 부분은 상표권 침해나 위증, 허위표시 등을 한 경우 그 자에게 적용시킬 벌칙을 특별히 규정하고 있다. 심사·심판과는 직접적인 관련성은 없는 부분이나 시험에서 출제가 가능하다.

I. 서 언

상표법은 상표권 및 전용사용권 침해에 대한 벌칙으로서 상표권·전용사용권에 대한 침해죄와 그 외에 위증죄, 허위표시죄, 사위행위죄 등을 각각 규정하고 있다. 그 밖에 범죄에 대한 성립요건 등 상표법에서 규정하고 있는 경우를 제외하고는 형법이 그대로 적용된다.

또한 상표법은 상표권·전용사용권에 대한 침해죄와 질서벌인 허위표시죄 및 사위행위죄의 경우에는 행위자를 처벌하는 외에 법인 또는 개인에 대하여도 처벌하는 양벌규정을 두어 범죄방지를 꾀하고 있으며, 이 밖에 위증죄·과태료에 관한 규정도 두어 상표권 분쟁해결의 적정을 도모하고 있다.

II. 상표권침해죄

1. 의 의

이는 타인이 무단으로 상표권·전용사용권의 범위 내에서 등록상표 또는 이와 유사한 상표를 그 지정상품 또는 그와 유사한 상품에 사용하는 경우로서 상표권·전용사용권의 권리를 침해한 자에 대하여는 7년 이하의 징역 또는 1억 원 이하의 벌금에 처한다.

2. 침해죄의 성립요건

1) 상표 및 상품의 동일 또는 유사

상표권·전용사용권에 대한 침해죄가 성립하기 위해서는 타인이 사용하는 상표가 등록상표와 동일 또는 유사하고 그 상표를 사용하는 상품이 등록상표의 지정상품과 동일 또는 유사하여야 한다.

따라서 상표가 등록상표와 동일 또는 유사하다 하더라도 상품이 동일 또는 유사하지 아니한 경우에는 특별한 경우를 제외하고는[1] 상표권침해죄는 성립되지 않는다.

2) 위법 사용

상표권, 전용사용권에 대한 침해죄가 성립하기 위해서는 상표의 사용이 정당한 권한이 없는 자에 의한 사용이어야 하며, 사용권자의 사용인 경우 등 상표의 사용이 정당한 권한이 있는 자에 의한 사용인 경우에는 상표권 또는 전용사용권에 대한 침해가 성립되지 아니한다.

3) 고 의

상표권 또는 전용사용권에 관한 침해죄는 고의에 의한 경우에만 성립한다. 행위자가 상표권의 존재를 알지 못한 경우에는 고의가 없다 하겠으나 등록상표임을 표시한 타인의 상표를 사용하는 경우에는 달리 반증이 없는 한 고의가 성립한다.[2]

---

1   상표법에서의 상표권침해는 등록상표와 상표가 동일 또는 유사하고 지정상품이 동일 또는 유사한 경우에 한하므로(법 제50조, 제66조 제1호) 등록된 주지·저명상표라 하더라도 상표가 유사하지 않거나 지정상품이 유사하지 아니한 경우에는 상표법에 의한 상표권침해죄를 구성하지 아니한다. 따라서 등록된 주지·저명상표의 상표권자는 타인이 자기의 등록상표와 동일 또는 유사한 상표를 동종·유사 상품이 아닌 이종상품에 사용하는 경우에는 부정경쟁방지법및영업비밀보호에관한법률에 의하여 상표권침해구제수단을 강구할 수 있다.

2   ① 상표권침해죄의 고의는 행위자가 타인의 등록상표임을 인식하면서 이를 그 지정상품과 동일 또는 유사한 상품에 사용한다는 의사가 있으면 족하므로, 피고인이 이 사건 범행 당시 연합상표 중 일부 상표에 대한 사용권이 있으면 나머지 연합상표에 대한 사용권이 있다고 여겼다거나, 과거에 소론 지적과 같은 권리범위확인심판이 있었다는 사유만으로 상표권침해에 대한 고의가 없다고 말할 수 없다(대법원 1993. 12. 28. 선고93도2187 판결).

② 형법 제16조에서 자기의 행위가 법령에 의하여 죄가 되지 아니한 것으로 오인한 행위는 그 오인에 정당한 이유가 있는 때에 한하여 벌하지 아니한다고 규정한 것은 단순한 법률의 부지의 경우를 말하는 것이 아니고, 일반적으로 범죄가 되는 행위이지만 자기의 특수한 경우에는 법령에 의하여 허용된 행위로서 죄가 되지 아니한다고 그릇 인식하고 그와 같이 그릇 인식함에 있어 정당한 이유가 있는 때

4) 행위자의 책임능력

형법상의 책임능력은 자유로운 의사를 결정할 수 있는 능력을 말한다. 따라서 자기가 하는 행위에 대한 결과를 분별할 수 없는 자인 형사미성년자, 심신상실자 등의 행위는 벌하지 아니한다(형법 제9조, 제10조 제1항).

3. 처 벌

1) 고소여부를 불문

상표권침해죄는 비친고죄로서 상표권자 등으로부터 상표권침해를 이유로 고소가 있는 경우는 물론 고소가 없더라도 침해자를 처벌할 수 있다. 상표권 또는 전용사용권 침해를 이유로 한 고소는 범인을 알게 된 날로부터 6개월 이내에 하여야 한다(형사소송법 제230조).

2) 처 벌

상표권 및 전용사용권을 침해한 자에 대하여는 7년 이하의 징역 또는 1억 원 이하의 벌금에 처한다(법 제93조).

3) 몰수의 병과

상표법은 상표권 또는 전용사용권 침해행위에 제공되거나 그 침해행위로 인하여 생긴 상표·표장 또는 상품(침해물)과 그 침해물 제작에 사용하기 위하여 제공된 용구 또는 재료를 몰수할 수 있도록 특별규정을 두고 있다(법 제97조의2 제1항).

다만, 상품이 그 기능 및 외관을 해지지 아니하고 상표 또는 표장과 쉽게 분리될 수 있는 경우에는 그 상품은 이를 몰수하지 아니할 수 있다(법 제97조의2 제2항). 한편, 피해자는 법원의 선고에 의하여 물건의 교부를 받은 경우에도 그 물건의 가액을 초과하는 손해의 액에 한하여 배상을 청구할 수 있다.

에는 벌하지 아니한다는 취지이다(대법원 1994.4.15. 선고 94도365 판결).
　③ 소론은 결국 자신들의 행위가 소론과 같은 이유로 업무표장에 해당하는 판시 태국미크에 대하여는 그 사용권설정 등이 허용되지 아니한다는 상표법 제55조 제2항, 제57조 제5항의 규정을 알지 못하였다는 것이므로 이는 단순한 법률의 부지를 주장하는데 불과하고 피고인들의 소위가 특히 법령에 의하여 허용된 행위로서 죄가 되지 않는다고 적극적으로 그릇 인식한 경우는 아니므로 범죄의 성립에 아무런 지장이 될 수 없다(대법원 1995.6.16. 선고 94도1793 판결).

4. 양벌규정

법인의 대표자, 법인 또는 개인의 대리인, 사용자, 기타 종업원이 그 법인 또는 개인의 업무에 관하여 상표권침해죄를 범한 때에는 행위자를 벌하는 외에 그 법인에 대하여도 각조에서 정한 벌금형을 과하도록 규정하고 있는데, 제93조(침해죄)의 경우에는 3억 원 이하의 벌금을 과하며 제95조(허위표시죄), 제96조(사위행위의 죄)의 경우에는 6천만 원 이하의 벌금을 과하는 것으로 규정하고 있다(법 제97조).

III. 위증죄

상표법의 규정에 의하여 선서한 증인 · 감정인 또는 통역인이 특허청 또는 그 촉탁을 받은 법원에 대하여 허위의 진술 · 감정 또는 통역을 한 때에는 5년 이하의 징역 또는 1천만 원 이하의 벌금에 처한다(법 제94조 제1항).

위 죄를 범한 자가 그 사건의 결정 · 심결의 확정 전에 자수한 때에는 그 형을 경감 또는 면제할 수 있다. 본 죄의 보호법익은 국가의 심판 작용의 적정에 있으며 범죄의 구성요건 등은 형법에서와 같다.

IV. 허위표시죄

1. 의 의

허위표시죄라 함은 상표에 대한 일반 수요자의 신뢰성, 선호도를 악용하여 거래상 이익을 취할 목적으로 등록된 것이 아닌 상표나 상표등록출원을 하지 아니한 상표에 대하여 등록상표표시를 하거나 이와 혼동하기 쉬운 표시를 하는 행위를 말하는데, 상표법은 이와 같은 행위를 처벌할 수 있도록 규정(법 제95조)함으로써, 사회의 거래안전 도모를 그 보호법익으로 하고 있다.

2. 허위표시의 내용

다음의 행위는 허위표시가 되어 처벌대상이 된다(법 제91조).

① 등록을 하지 아니한 상표 또는 상표등록출원을 하지 아니한 상표를 등록상표 또는 등록출원상표인 것 같이 상품에 표시하는 행위(상품을 표장의 형상으로 하는 것 포함)

② 등록을 하지 아니한 상표 또는 상표등록출원을 하지 아니한 상표를 등록상표 또는는 등록출원상표인 것 같이 영업용광고, 간판, 표찰, 상품의 포장 또는 기타 영업용 거래서류 등에 표시하는 행위(상품의 포장, 광고, 간판 또는 표찰을 표장의 형상으로 하는 것을 포함)

③ 지정상품 외의 상품에 대하여 등록상표를 사용하는 경우에 그 상표에 상표등록표시 또는 이와 혼동하기 쉬운 표시를 하는 행위

3. 처 벌

상표등록에 관련한 허위표시를 한 자는 3년 이하의 징역 또는 2천만 원 이하의 벌금에 처한다. 허위표시죄는 일반거래안전을 그 보호법익으로 하고 있으므로 비친고죄이다(법 제95조).

4. 양벌규정

법인의 대표자, 법인 또는 개인의 대리인, 사용자, 기타 종업원이 그 법인 또는 개인의 업무에 관하여 허위표시죄를 범한 때에는 행위자를 벌하는 외에 그 법인에 대하여도 상표법에서 정한 벌금형을 과한다.

V. 사위행위의 죄

1. 의 의

사위(詐僞)라 함은 타인을 기망하여 착오를 일으키게 하는 위법한 행위를 말하며 적극적으로 사위의 사실을 조작하는 행위뿐만 아니라 진실한 사실을 은폐한 경우도 포함한다.

상표법상 사위가 되는 행위는 심사 또는 심판과정에서 허위의 자료나 위조된 자료를 제출하여 심사관 또는 심판관을 착오에 빠뜨려 상표등록을 받거나 자기에게 유리한 심결을 받는 행위를 말한다. 사위행위의 죄는 개인적 법익뿐만 아니라 국가의 권위 또는 기능을 저해하는 국가적 법익보호를 그 목적으로 하고 있다.

2. 처 벌

사위 또는 부정한 행위로서 상표등록, 상표권의 존속기간갱신등록 또는 등록할 것이라는 심결을 받은 자는 3년 이하의 징역 또는 2천만 원 이하의 벌금에 처한다(법 제96조). 이 죄는 비친고죄로서 피해자의 고소 없이도 처벌할 수 있다.

VI. 과태료

1. 의 의

상표법은 선서한 증인 등의 허위진술, 서류의 미제출, 불출석 등의 경우에 과태료를 부과할 수 있는 것으로 규정하고 있다(법 제98조). 이와 같은 과태료는 행정상 처벌로서 과하는 질서벌의 일종으로서 형벌이 아니므로 형법총칙의 규정이 적용되지 아니한다. 따라서 타 법령에 특별한 규정이 없으면 비송사건절차법이 준용된다.

2. 과태료의 대상

1) 허위진술

민사소송법 제299조 제2항 및 제367조의 규정에 의하여 선서를 한 자가 특허청 또는 그 촉탁을 받은 법원에 허위진술을 한 때를 말한다.

2) 서류 등의 미제출

특허청 또는 그 촉탁을 받은 법원으로부터 증거조사 또는 증거보전에 관하여 서류, 기타 물건의 제출 또는 제시의 명령을 받은 자가 정당한 이유 없이 그 명령에 응하지 아니한 때에는 과태료에 처한다.

3) 불출석 등

특허청 또는 그 촉탁을 받은 법원으로부터 증인·감정인 또는 통역인으로 소환된 자가 정당한 이유 없이 소환에 응하지 아니하거나 선서, 진술, 증언, 감정 또는 통역을 거부하였을 때에는 과태료에 처한다.

3. 과태료의 부과 징수

1) 과태료액 및 대상

특허청장은 다음에 해당하는 자에 대하여 50만 원 이하의 과태료에 처한다(법 제98조 제1항).

① 민사소송법 제299조 제2항 및 동 법 제367조의 규정에 의하여 선서를 한 자로서 특허심판원에 대하여 허위로 진술을 한 자

② 특허심판원으로부터 증거조사 또는 증거보전에 관하여 서류, 기타 물건의 제출 또는 제시의 명령을 받은 자로서 정당한 이유 없이 그 명령에 응하지 아니한 자

③ 특허심판원으로부터 증인 · 감정인 또는 통역인으로 소환된 자로서 정당한 이유 없이 소환에 응하지 아니하거나 선서, 진술, 증언, 감정 또는 통역을 거부한 자

2) 과태료의 부과 · 징수

과태료는 대통령령이 정하는 바에 의하여 특허청장이 부과 · 징수한다. 과태료의 처분에 불복이 있는 자는 처분의 고지를 받은 날로부터 30일 이내에 특허청장에게 이의를 제기할 수 있다. 기간 내에 이의를 제기하지 아니하거나 과태료를 납부하지 아니한 때에는 국세체납처분의 예에 의하여 이를 징수한다.

4. 과태료의 재판

과태료의 처벌을 받은 자가 이의를 제기한 때에는 특허청장은 지체 없이 관할법원에 그 사실을 통보하여야 하며 그 통보를 받은 법원은 비송사건절차법에 의한 과태료 재판을 한다.

VII. 양벌규정

법인의 대표자, 법인 또는 개인의 대리인, 사용자, 기타 종업원이 그 법인 또는 개인의 업무에 관하여 상표권 등의 침해죄, 사위행위죄 또는 허위표시죄를 범한 때에는 행위자를 벌하는 외에 그 법인 또는 개인에 대하여도 각 본조의 벌금형을 과한다. 다만, 법인 또는 개인이 그 위반행위를 방지하기 위하여 해당 업무에 관하여 상당한

주의와 감독을 게을리하지 아니한 경우에는 그러하지 아니하다(법 제97조).

위와 같은 규정은 자유형에 대하여는 과하지 않고 벌금형만 과한다.

① 제93조의 경우: 3억 원 이하의 벌금

② 제85조 또는 제96조의 경우: 6천만 원 이하의 벌금

제11장 소 송

일 러 두 기 소송절차는 특허법원, 대법원에서의 절차로서 상표법에서 정한 경우를 제외하고
는 행정소송, 민사소송절차에 의한다.
소송절차의 중요성이 강조되고 있음에 비추어 매우 중요한 부분이라 하겠으며 실무적으로도 자주
접하게 되는 절차이므로 잘 알아둘 필요가 있다.

I. 서 언

상표법은 제85조의3 제1항에서 특허심판원의 심결에 대한 소와 지정상품 및 상표의
보정각하결정, 심판청구서, 재심청구서의 각하결정에 대한 소는 특허법원 전속관할로
하며, 또 법 제86조의6 제8항에서 특허법원의 판결에 대하여는 대법원에 상고할 수 있
다고 규정하고 있어, 특허심판원의 심결에 대하여 불복하고자 하는자는 특허법원, 대
법원을 통하여 그 당 · 부를 다툴 수 있다.

종전의 법제에서는 특허심판은 특허청 심판소와 항고심판소가 1 · 2심을 전담하고
최종심인 3심은 대법원이 이를 전담토록 하였으나 1 · 2심을 행정기관인 특허청이 모
두 전담하는 것은 헌법 제101조가 규정하고 있는 사법국가주의 및 삼권분립의 원칙에
위배되고, 사실심에 관한 국민의 법관에 의한 재판을 받을 권리를 침해함으로써 헌법
제27조 제1항에 위배된다는 등을 이유로 헌법재판소에 헌법소원이 제기된 바 있고 또
사법부의 강력한 요청이 있음에 따라 대법원과 1993.12.31.부터 1994.3.18.까지 5차례
에 걸친 협의를 거쳐 현행과 같이 상표법 등 관련 법률을 개정하게 되었으며 그 결과 상
표등록무효 등 상표관련 심판에 대한 2심은 특허법원이 전담하게 되었다.[1]

---

1   ① 헌법재판소는 1995.9.28. 선고 92헌가11 및 93헌가 8. 9. 10 병합 결정에서 "특허법 제186조 제1
      항 및 의장법 중 제75조, 특허법 제186조 제1항을 준용하는 부분은 헌법에 합치되지 아니한다"는 내용
      의 헌법불합치결정을 선고하면서 아울러 "다만, 위 두 법률조항은 특허법 중 개정법률(1995.1.5. 개정
      법률 제4892호)및 의장법 중 개정법률(1995.1.5. 개정법률 제4894호)이 시행되는 1998.3.1.의 전일까
      지 이 사건 위헌여부심판제청의 각 당해 사건을 포함한 모든 특허 및 의장쟁송사건에 대하여 그대로
      적용된다"고 경과조치를 선고함으로써 그간 수년간에 걸친 특허심판제도에 관한 위헌논쟁이 종지부를

II. 특허소송

1. 의 의

특허심판원의 심결 또는 각하결정에 대하여 불복이 있는 자는 심결 또는 각하결정의 등본을 송달받은 날로부터 30일 내에 특허법원에 소를 제기하여 그 심결의 위법·부당을 다툴 수 있다.

이와 같이 특허심판원의 심결 또는 결정에 대한 불복의 소를 특허법원에 제기하게 된 것은 법률 제4892호(1995.1.5. 공포, 1998.3.1. 시행)에 의해서이다.

특허법원에 대하여 소를 제기하는 것은 특허심판원의 심결이나 결정에 한하며 민·형사법원의 판결에 대한 불복항소는 종전대로 고등법원 또는 지방법원 항소부가 전담한다.

2. 법적 성격

1) 항소심

특허법원이 전담하는 특허심판원의 심결에 대한 소송은 사법기관이 처음으로 행하는 재판으로서 소송적 측면에서는 제1심에 해당된다고 할 수 있다. 그러나 이 소송은 준사법적 행정기관인 특허심판원의 심결 또는 결정을 전제로 하여 그에 대한 불복을 다투며 새로운 소의 제기가 아닌 점에서 실질적인 항소심으로서 제2심이라고 할 수 있다.[2]

2) 사실심

이 소송은 법령위반은 물론 사실인정의 부당함도 소 제기이유로 삼을 수 있는 점 등으로 미루어 볼 때 사실심이라 할 수 있다. 그러므로 특허법원은 제1심에서 한 심결의 법령위반 여부 및 이미 제출되었거나 새로이 제출된 소송자료를 기초로 하여 원심결의

찍게 되었다.

　② 특허소송이 특허심판원 심결의 당·부를 다투는 소송이라는 점에서 실질적으로는 2심에 해당한다고 할 수 있으나 소송으로서는 시심(始審)에 해당하므로 법원은 특허소송을 1심으로 보고 있다.

2　특허심판의 심결은 행정처분에 해당하고, 그에 대한 불복의 소송인 심결취소소송은 항고소송에 해당하여 그 소송물은 심결의 실체적·절차적 위법 여부이므로 당사자는 심결에서 판단되지 아니한 처분의 위법사유도 심결취소소송단계에서 주장·입증할 수 있고 특허법원은 특별한 사정이 없는 한 제한 없이 이를 심리·판단하여 판결의 기초로 삼을 수 있다(대법원 2002.6.25. 선고2000후1290 판결).

당·부를 심리할 수 있다.

3) 복 심

특허법원은 특허소송을 복심제로 운용하고 있으나 특허소송을 복심제(覆審制)로 운용할 경우 당사자가 제1심에서 충실한 소송자료의 제출을 뒤로 미루게 되어 소송심리의 중심이 항소심으로 이행될 뿐만 아니라 소송자료의 중복제출로 소송기록이 산적(山積)되어 소송의 지연과 심리의 경직을 초래할 우려가 있으며,[3] 이러할 경우 특허심판원의 심결은 유명무실하게 될 우려가 있을 뿐만 아니라 법원이 자판이나 구체적인 행정처분을 해야 한다는 취지의 판결을 하게 되는 등 불합리하다.

3. 특허소송의 관할 및 심급구조

1) 관 할

특허소송은 특허법원이 전담한다. 특허심판원과 특허법원은 심급상 상하급 심급관계에 있다고 할 수는 있으나, 행정부의 행정심판과 사법부의 제1심판결로서 그 성질이 상이하고, 법률상으로도 1심과 2심 관계에 있지도 아니하다. 그러므로 특허심판원의 기록이 특허법원에 송부되지 아니한다. 특허심판원에 제출하였던 증거자료는 특허법원에 별도의 서증으로 새로이 제출하여야 한다.

2) 심급구조

상표권침해금지 등 지식재산권 침해소송은 지방법원 → 고등법원(지방법원항소부) → 대법원으로 된 3심으로 되어 있으나 특허소송은 특허심판원 → 특허법원 → 대법원의 심급구조로 되어 있어, 소송법적으로는 2심으로 되어 있다.

4. 소 제기의 대상

1) 각하결정에 대한 소

특허심판원으로부터 지정상품 및 상표의 보정에 대하여 각하결정 및 심판청구서나 재심청구서에 대하여 각하결정을 받은 자는 각하결정의 등본을 받은 날로부터 30일내

---

3   이시윤 저, 민사소송법 참조.

에 그 결정에 불복하는 소를 특허법원에 제기할 수 있다.

구법(법률 제5355호 이전의 법, 1997.8.22.)에서는 심판청구서나 재심청구서에 대하여 각하결정이 있는 경우 당사자는 이를 즉시항고로 다툴 수 있었으나 상표법 제85조의3에서 이를 특허법원에 소를 제기하여 다툴 수 있도록 규정하였다.

2) 심결에 대한 소

거절결정에 대한 심판, 보정각하결정에 대한 심판, 상표등록 또는 지정상품추가등록의 무효심판, 상표권의 존속기간갱신등록무효심판, 상품분류전환등록의 무효심판, 상표등록의 취소심판, 사용권등록의 취소심판, 권리범위 확인심판에 대한 특허심판원의 심결에 대하여 불복이 있는 자는 특허법원에 소를 제기하여 그 당·부를 다툴 수 있다.

5. 소제기 절차

1) 당사자

(1) 원고

특허법원에 소송을 제기할 수 있는 자는 당사자계 심판에서는 심판청구인 또는 피심판청구인 중 패소자가 원고가 되어 소를 제기할 수 있으며, 결정계심판에서는 출원인이 원고가 된다.

(2) 피고

피고는 결정계심판(거절결정불복심판, 보정각하불복심판, 분류전환등록거절결정심판)에서는 특허청장이 피고가 되고, 당사자계심판(상표등록무효심판, 존속기간연장등록무효심판, 권리범위확인심판, 사용권등록취소심판)에서는 심판의 청구인 또는 피청구인이 피고가 된다.

2) 소 제기기간

특허심판원의 심결 또는 결정에 대한 취소소송은 심결 또는 결정의 등본을 송달받은 날로부터 30일 내에 제기하여야 한다. 이 기간은 불변기간으로서 교통이 불편한 지역에 있는 자에 대하여 그 기간의 부가가 인정되는데, 법상 부가기간은 심판장이 정하도록 되어 있으나 실무적으로는 신청에 의하여 심판장이 정하고 있다(법 제85조의 3조 제5항).

3) 소장제출

소의 제기는 특허법원에 해야 하므로 소장의 제출도 특허법원에 제출하여야 한다.

특허심판원에 소장을 제출하는 것은 인정되지 않으므로 만약, 타법원이나 특허심판원에 소장이 제출된 경우에는 그 소장은 제소기간 내에 특허법원에 도달하여야 한다. 민사소송법 제367조 제1항에서 소장은 제1심 법원에 제출한다고 되어 있으므로 특허심판원은 법원으로 볼 수 없으므로 이와 같이 해석되며 실무적으로도 이와 같이 운용하여 오고 있다(상고장은 대법원에 제출).

4) 소장의 기재사항

(1) 필요적 기재사항(민소법 제249조 제2항)

아래의 필요적 기재사항이 누락하거나 불충분하게 작성된 경우에는 소장이 각하될 수 있다.

① 당사자와 법정대리인
② 제1심판결의 표시
③ 청구의 취지
④ 청구의 원인
⑤ 작성자의 기명날인

(2) 임의적 기재사항

임의적 기재사항은 ① 사건명의 표시, ② 공격 또는 방어의 방법(증거방법), ③ 첨부서류의 표시, ④ 작성한 날짜, ⑤ 법원의 표시 등이 있는데 임의적 기재사항은 그 기재가 없더라도 소장으로서의 효력에는 아무런 영향이 없다.

(3) 청구의 취지

청구취지는 원고가 당해 소송에서 소로써 청구하는 판결의 주문 내용으로서 소의 결론 부분이다. 청구원인에 대한 결론이기도 하며 그 내용과 범위가 간결하고 명확하게 표시되어야 한다. 청구의 취지는 다음과 같이 기재할 수 있다.

① 특허심판원이 2009.12.10. 한 2008당1111호 사건에 관하여 한 심결을 취소한다(특허심판원이 2009.12.10. 한 2006당1111호 사건에 관하여 한 심결 중 상표등록제 〇〇〇〇호의 지정상품 〇〇〇, XXX에 대한 심결 부분을 취소한다).

② 소송비용은 피고가 부담한다.

라는 판결을 구합니다.

(4) 청구원인

청구원인은 소송상의 청구로서 원고가 주장하는 권리 또는 법률관계 즉 소송물의 성립원인인 사실을 의미한다. 소장에 청구원인을 기재하게 하는 것은 청구취지와 합하여 심판의 대상인 청구(소송물)을 특정하기 위함이다.

심결취소소송의 경우, ① 당해 사건에 관련된 상표의 내용, ② 특허심판원에서의 절차의 경위, ③ 심결의 요지, ④ 심결의 취소사유를 기재한다.

(5) 입증방법과 첨부서류의 표시

1 입증방법

원고가 소장에서 인용한 서증은 그 등본 또는 사본을 붙여서 제출하여야 한다(민소법 제275조 제1항). 실무상 소장에 '입증방법'이라고 하여 표시한 다음 이를 첨부하고 있다. 예컨대, 심결문, 의견제출통지서, 거절결정문, 상표등록원부, 상표공보 등의 제출서류는 상대방의 수에 2부를 더하여 제출한다.

2 첨부서류

① 법정대리인 및 대표자의 증명　법인의 대표자에 관한 법인등기부등본(당사자가 외국법인인 경우 당해 외국의 공증인 작성한 증명서(국적증명서 등) 또는 법인등기부등본, 번역문을 첨부하여야 하는데 자격증명서류는 반드시 원본으로 제출하여야 한다.

② 소송대리권의 증명　소송위임장(소송대리인이 특허심판원에서의 심판대리인과 동일한 경우에도 특허법원에 소송대리위임장을 제출하여야 함). 외국인(외국법인 포함)이 외국어로 작성한 위임장은 원칙적으로 공증인의 인증이 있어야 하고, 번역문이 첨부되어야 한다.

③ 심결문송달증명원

④ 소장부분

⑤ 인지 및 송달료 납부서

(6) 작성날짜

작성날짜는 작성한 연, 월, 일을 기재하도록 되어 있으나, 실제 작성일보다는 법원에 접수하는 날을 기재한다.

(7) 작성자의 기명날인

소장에는 당사자 또는 대리인의 기명날인이나 서명이 있어야 한다.

(8) 관할법원의 표시

소장에는 관할법원을 표시하여야 하는데 「특허법원 귀중」과 같이 기재하면 된다.

5) 소장심사

소장이 제출되면 재판장은 그 소장에 필요적 기재사항(민소법 제249조 제1항)인 당사자, 법정대리인, 청구의 취지와 원인이 기재되어 있는지를 심사하며 기재되어 있지 아니한 경우에는 상당한 기간을 정하여 그 기간 내에 흠결을 보정할 것을 명하고 원고가 이를 보정하지 아니한 때에는 명령으로 소장을 각하한다. 소장에 인지를 붙이지 아니한 경우도 마찬가지이다(민소법 제254조 제1항 · 제2항). 이때 당사자는 재판장의 소장각하명령에 대하여는 즉시항고(재항고) 할 수 있다(민소법 제254조 제3항).

6) 부본송달

특허법원은 피고에게 소장의 부본을 송달하여야 한다. 또한 당사자계사건의 소가 제기된 경우에도 특허법원은 그 취지를 특허심판원장에게 통지하여야 한다(법 제85조의5).

한편 결정계사건에 대하여는 특허청장에게 통지하도록 하는 규정이 없는바, 이는 결정계사건의 경우에는 피고가 특허청장이므로 당연히 특허청장에게 소제기통지가 행해지므로 다시 특허청장에게 통지할 필요가 없기 때문에 이 점을 명문화하지 않은 것이다.

7) 준비서면의 작성 제출

원고는 소장을 제출한 후에도 필요한 경우 주장이나 증거방법을 준비서면으로 제출할 수 있다.

6. 피고의 소송행위

준비서면은 피고가 처음으로 제출하는 본안에 관한 답변이 포함된 준비서면 즉 답변서와 그 외의 준비서면으로 나누어진다.

1) 답변서 제출

(1) 의 의

소장부본을 송달받은 피고가 원고의 청구를 다투는 때에는 소장부본을 송달받은 날부터 30일 내에 답변서를 제출하여야 한다(민소법 제256조 제1항).

일반 민사소송에서는 피고가 위 기간 내에 답변서를 제출하지 않는 경우에는 청구의 원인이 된 사실을 자백한 것으로 보고 변론없이 판결할 수 있으므로 답변서는 변론기일에서의 진술을 준비하는 서면인 동시에 변론기일에서의 진술 이전에도 그 자체로 무변론판결을 저지하는 법적 효과가 있으나(민소법 제257조 제1항 본문), 심결취소소송은 변론주의의 원칙이 일부 배제되는 등 소송의 성질상 무변론판결에 적합하지 아니한 경우에 해당하여 실무상 무변론판결은 하지 않는다.

피고가 소장부본과 기일통지서를 송달받고 답변서를 제출하지 않은 채 변론기일에도 출석하지 않은 경우에는 원고의 주장사실을 자백한 것으로 간주한다(민소법 제150조 제3항). 이 경우 자백한 것으로 간주되는 것은 주장사실에 한정되고 법적 판단사항은 해당되지 않는다. 즉, 등록무효심판절차에서 무효사유에 관하여 주장 및 입증책임이 있는 피고가 불출석한 경우에, 무효사유에 관한 피고의 주장 및 입증이 없다고 하여 곧바로 심결취소 및 청구인용 판결을 할 것인지 아니면 비록 원고에게 주장·입증책임이 없더라도 주장 및 증거공통의 원칙에 따라 원고로 하여금 증거를 제출하게 하고 이를 바탕으로 재판부가 무효사유의 존부를 판단할 것인지에 관하여 실무가 갈리고 있으나, 특허법원은 변론주의를 강조하여 전자의 태도를 취하는 입장에 있다.[4]

(2) 답변서 기재사항

답변서에는 청구취지에 대한 답변과 청구원인에 대한 구체적인 진술을 적어야 하는데, 청구취지에 대한 답변에는 원고의 청구에 응할 것인지를 분명히 밝혀야 하는데, 1. 원고의 청구를 기각한다. 2. 소송비용은 원고가 부담한다. 라는 판결을 구합니다와 같이 기재한다.

청구원인에 대한 진술에서는, 원고가 소장에서 주장하는 사실을 인정하는지 여부를 개별적으로 밝히고, 인정하지 않는 사실에 관하여는 그 사유를 구체적으로 적어야 한다.

(3) 증거방법과 첨부서류 등

답변서에는 준비서면에 관한 규정이 준용되므로(민소법 제256조 제4항), 답변서에

---

4   2007년도 변리사 민사소송실무연수 교재 중, 곽민섭의 소장 및 준비서면작성실무.

는 자신의 주장을 증명하기 위한 증거방법과 상대방의 증거방법에 관한 의견 및 답변 사항에 관한 의견을 적어야 하며, 답변사항에 관한 중요한 서증이나 답변서에서 인용 한 문서의 사본 등을 첨부하여야 한다(민소법 제275조).

2) 준비서면

(1) 기재사항

준비서면에는 ① 당사자의 성명·명칭 또는 상호와 주소, ② 대리인의 성명과 주소, ③ 사건의 표시, ④ 공격 또는 방어의 방법, ⑤ 상대방의 청구와 공격 또는 방어의 방법 에 대한 진술, ⑥ 첨부된 서류의 표시, ⑦ 작성한 날짜, ⑧ 법원의 표시를 하며 당사자 또 는 대리인이 기명날인 또는 서명하여야 한다(민소법 제274조). 위 ④와 ⑤는 실질적 기 재사항이고, 나머지는 형식적 기재사항으로 실질적 기재사항이 없으면 준비서면으로 서의 효력이 없다. 그리고 형식적 기재사항은 부수적 사항에 불과하므로 누락하더라도 준비서면으로서의 효력에 영향이 없다.

또한 준비서면에 공격방어방법과 상대방의 청구 및 공격방어방법에 대한 진술을 기 재할 때에는 주장을 증명하기 위한 증거방법과 상대방의 증거방법에 대한 의견을 함께 기재해야 한다.

(2) 첨부서류

준비서면에 인용한 것은 그 등본 또는 사본을 붙여야 하며(민소법 제275조 제1항), 외국어로 작성된 문서에는 번역문을 첨부하여야 한다(민소법 제277조). 제출부수는 상 대방의 수에 2부를 더하여 제출한다.

3) 제출시기

준비서면은 원칙적으로 소제기 이후 변론종결시까지 어느 때나 제출할 수 있으나, 재판장 등이 제출기간을 정한 때에는 그 기간 내에, 변론준비기일이 열린 때에는 변론 준비기일이 종결되기 전까지 제출하여야 한다(민소법 제285조 제1항). 이에 위반한 경 우 준비서면에 기재된 공격방어방법은 적시제출주의 위반을 이유로 각하될 수 있다(민 소법 제149조).

4) 불제출의 효과

준비서면에 적지 않은 사실은 상대방이 출석하지 않은 때에는 변론에서 주장하지 못하며(민소법 제276조 본문), 또한 피고가 출석하지 않은 기일에 원고의 청구원인에 관한 주장을 변경하거나 또는 석명, 심리종결도 허용되지 않는다.

7. 특허소송의 심리

1) 적법성심리

특허법원은 소의 적법요건을 직권으로 조사하여야 하며, 직권조사결과 부적법한 소로서 그 흠결을 보정할 수 없는 경우에는 변론 없이 판결로서 소를 각하할 수 있다.

① 소의 이익이 없는 경우
② 불항소에 관한 합의가 있음에도 제기한 소
③ 판결선고전에 한 항소인 경우
④ 관할위반의 경우(이 경우는 특허법원으로 이송해야 하는 것으로 해석한다) 등이 여기에 해당한다. 그러나 대리권 소멸 후에 제기한 소는 추인의 여지가 있으므로 보정할 수 없는 경우에 해당되지 않아 보정명령 후에 각하할 수 있다.

2) 심리범위

소송법상 항소심에서의 변론은 항소인이 제1심 심결의 변경을 구하는 한도, 즉 불복신청의 한도 내에서 행하여지므로(민소법 제377조 제1항) 항소심의 판결도 불복신청의 한도 내에서 행해진다. 따라서 제1심 심결 중 불복하지 않은 것은 소송심판의 대상이 되지 아니함이 원칙이다.

특허심판은 직권주의가 적용되고(특허법 제159조 제1항 전단, 당사자가 심판으로 신청하지 아니한 청구취지에 관하여는 심리할 수 없다) 또 특허법 제157조 제2항에서 동 제1항을 준용하여 법원은 당사자 등의 신청에 의하여 또는 직권으로서 증거조사나 증거보전을 할 수 있다고 규정하고 있어 특허소송에서 직권주의가 적용되는지에 대하여 의문이 있다.

그러나 특허법 제159조는 특허심판에 적용되는 것이고 또한 특허법 제157조의 규정은 특허소송의 변론의 범위 내에서 필요한 경우 증거조사나 증거보전을 할 수 있는 것으로 해석해야 할 것이므로 특허소송에 직권심리는 적용될 수 없는 것으로 보아야 할 것이다 (다만, 당사자가 주장한 이유나 증거에 관하여 이를 신문하거나 석명권을 행사하는 것은 변론의 범위 내에 이루어지는 것으로서 직권심리와는 무관하다 할 것이다). 한편, 당사자는 특허소송절차에서 제1심 심결의 변경·취소를 구하는 범위 내에서 공격 또는 방어의 방법을 주장할 수 있는데 이때 소송절차에서 당사자는 청구기초의 변경이 없는 한 제1심 심판절차에서 제출하지 않았던 새로운 주장을 할 수 있고 새로운 증거를 제출할 수 있다는 주장[5]과 특허소송에서 법원은 심결의 이유에서 판단이 된 주장과 증거에 한하여 심리하되 예외적으로 보충증거 등을 새로이 제출하는 것을 허용해야 한다는 주장[6]이 있으나 특허법원은 특허심판절차에서 주장하지 아니하였던 새로운 이유와 증거의 제출을 인정하고 있다.

새로운 이유와 증거라 함은 예컨대, 특허심판에서는 등록상표의 무효이유로서 상표법 제7조 제1항 제7호를 주장하였다가 특허소송에서 상표법 제7조 제1항 제9호 또는 제11호를 주장하면서 그 이유를 뒷받침하는 증거를 제출하는 것을 말한다.

8. 특허소송의 종국판결

1) 소장각하

소장이 법령에서 정한 기재사항에 위배되는 경우(민소법 제254조 제2항), ① 법률의 규정에 의한 인지를 첨부하지 아니한 경우, ② 소장이 송달불능인 경우에는 재판장의 명령으로 소장은 각하된다.

2) 소각하

소가 소송요건을 흠결한 경우로서 부적법한 경우에는 특허법원은 판결로서 소를 각하한다. 부적법한 소로서 그 흠결을 보정할 수 없을 때에는 변론 없이 소를 각하할 수 있다.

3) 소기각

소가 이유 없이 원심결을 유지하는 경우에는 특허법원은 판결로서 소를 기각한다. 소기각은 제1심 심결이 상당하거나 또는 그 이유는 부당하다고 하여도 다른 이유로 보아 정당하다고 인정될 때에 한다.

4) 소인용(심결취소판결)

특허법원은 소의 제기가 이유 있다고 인정하는 때에는 특허심판원이 한 심결 또는

---

5   황한식(서울고법 판사)의 특허심결취소송의 심리범위에 대한 논문.

6   일본에서는 1976.3.10. 최고재판소 대법정판결 이후 이 입장에 서 있다.

결정을 판결로서 취소하여야 하며, 특허법원은 스스로 권리를 부여하거나 또는 스스로 상표의 등록을 무효로 하는 등의 자판을 할 수 없고 사건처리를 특허청측에 맡겨야 한다. 일반 민사소송의 경우 항소심에서 제1심판결을 취소하는 경우 항소법원은 스스로 소에 대하여 종국적 판결을 할 수 있으며 항소심은 사실심인 관계상 자판하는 것이 원칙이고 사건을 제1심에 환송하는 것이 예외적이다.

그러나 특허소송에서는 이와 달리 해석해야 하는데, 개정 상표법 제85의 6 제1항에서 "법원은 제85의 3 제1항의 규정에 의하여 소가 제기된 경우에 그 청구가 이유 있다고 인정한 때에는 판결로서 당해 심결 또는 결정을 취소하여야 한다"고 규정하고 있고, 동 조 제2항에서 "심판관은 제1항의 규정에 의하여 심결 또는 결정의 취소심결이 확정된 때에는 다시 심리를 하여 심결 또는 결정을 하여야 한다"고 규정하고 있어 특허소송에 있어서, 특허법원은 그 청구가 이유 있다고 인정했을 때는 스스로 권리를 부여하거나 또는 스스로 등록을 무효로 하는 등의 행정처분을 할 수 없으며, 사건처리를 특허청측에 위임해야 하는 것이다. 상표법에서 이와 같이 규정한 것은 행정소송법 제30조 제2항의 취지를 반영한 것이라 할 수 있다.

9. 소의 취하

소의 취하는 소의 전부나 일부에 대하여 할 수 있다고 해석되므로 2 이상의 지정상품의 등록을 무효로 한 심결의 취소소송에서 그 일부 지정상품에 대하여 소의 취하를 할 수 있다.

또 소의 취하는 원고의 소 제기 후 판결이 확정되기 전에는 언제라도 할 수 있으며 (민소법 제266조 제1항) 다만, 피고가 본안에 대하여 준비서면을 제출하거나 준비절차에서 변론을 한 후에는 피고의 동의를 받아서만 할 수 있다(민소법 제266조 제2항).

한편, 소의 취하는 원고의 소송제기 후 판결이 확정되기 전에는 언제라도 할 수 있으므로 특허법원의 판결에 상고하여 사건이 대법원에 계속 중에도 소를 취하할 수 있다.

10. 환송사건의 심리

특허심판원의 심결 또는 결정을 취소하는 특허법원의 판결이 확정되면 특허심판원의 판단은 없는 상태로 되므로 특허심판원은 그 사건에 대하여 다시 심결 또는 결정을 하여야 한다.

상표법 제85조의6 제3항에 의하면 "제1항의 규정에 의한 판결에 있어서 취소의 기본이 된 이유는 그 사건에 대하여 특허심판원을 기속한다"고 규정하고 있으므로 특허심판원은 사건을 재심리함에 있어 판결의 취지에 반하는 심결을 할 수 없다.

그러나 새로운 거절이유나 무효사유에 대하여는 심리할 수 있으므로, 새로운 이유나 사유가 발견된 경우에는 재차 거절결정지지심결이나 무효심결의 결론을 내릴 수도 있다. 이때 상표권자 등에게 의견서 제출의 기회를 주어야 한다.

III. 상 고

1. 의 의

특허법원의 판결을 받은 자가 그 판결에 대하여 불복이 있는 때에는 판결등본을 송달받은 날로부터 2주일 이내에 민사소송법의 규정에 의한 상고절차에 따라 대법원에 상고할 수 있다.

상고는 원판결의 당·부를 법률적인 측면에서만 재심사할 것을 구하는 불복신청으로서 이와 같은 상고제도는 법령해석의 통일과 당사자의 권리구제를 그 목적으로 하고 있으며 대법원이 이를 전담하고 있다.

2. 법적 성격

1) 법률심·사후심

구상표법 제186조 제2항에서 준용하는 구특허법에 의하면 동법 제186조 제1항에서 특허청의 항고심결이나 결정이 법령에 위반된 것을 이유로 하는 경우에 한하여 대법원에 상고할 수 있도록 규정하였던 것을 현행 상표법에서는 제85조의3 제8항에서 특허법원의 판결에 대하여 상고할 수 있다고 하고 있어 상고이유로 되는 것이 법령위반만이지 사실판단이 포함되는지에 대하여 의문이 있으나 소송법상 상고의 심리대상은 법령위반만으로 해석되므로 특허법원의 판결에 불복이 인정되는 것은 법령 위반만이라 할 것이고 사실인정의 과오는 상고이유로 되지 않는다. 따라서 상고심은 특허법원판결의 당·부를 법률적인 측면에서만 심사하며 사실인정은 새로이 하지 아니하고 원심의 사실인정을 전제하므로 상고심은 법률심이며 사후심이다.

그러므로 원심결이 적법하게 확정한 사실은 상고법원을 기속하며 당사자도 상고심에서는 새로운 이유의 주장이나 증거를 추가로 제출할 수 없다.

2) 형성소송·확인소송

대법원이 원심을 파기하는 경우 형성적 판단을 하며 특허법원의 판결이 정당할 경우 상고를 기각하는 판결을 하는바, 상고는 형성소송 및 확인소송이라 할 수 있다.

3. 상고이유 및 대상

1) 상고이유

대법원에의 상고는 원심판결이 법률이나 명령·규칙에 위반되고, 대법원판례와 상반되게 해석하는 등의 경우에 한하여 인정된다. 종전에는 특허청 항고심판소의 심결을 받은 자는 그것이 법률에 위반된 것을 이유로 하여 대법원에 상고할 수 있도록 하였으나 1994.7.27. 법률 제4769호로 제정된 상고심절차에 관한 특례법이 제정됨으로써 대법원에의 상고는 제한적으로 할 수 있게 되었다.[7]

2) 상고대상

특허법원의 판결이나 특허법원의 결정명령에 대하여 불복이 있는 때에는 대법원에 상고하여 그 당·부를 다툴 수 있다(법원조직법 제14조).

4. 상고절차

1) 상고인

특허법원의 판결을 받은 당사자는 그 판결에 대하여 불복이 있는 경우 대법원에 상고할 수 있다.

---

[7] 상고심절차에 관한 특례법 제4조 제1항은 "대법원은 상고이유에 관한 주장이 다음 각 호의 1의 사유를 포함하지 아니한다고 인정되는 때에는 더 나아가 심리를 하지 아니하고 판결로 상고를 기각한다"고 규정하여 다음의 경우에는 상고가 허용되지 않는다.
　① 원심판결이 헌법에 위반하거나 헌법을 부당하게 해석한 때
　② 원심판결이 명령·규칙 또는 처분의 법률위반 여부에 대하여 부당하게 판단한 때
　③ 원심판결이 법률·명령·규칙 또는 처분에 대하여 대법원판례와 상반되게 해석한 때
　④ 법률·명령·규칙 또는 처분에 대한 해석에 관하여 대법원판례가 없거나 대법원판례를 변경할 필요가 있는 때
　⑤ 제1호 내지 제4호 외에 중대한 법령위반에 관한 사항이 있는 때
　⑥ 그 주장 자체로 보아 이유 없는 때
　⑦ 원심판결과 관계가 없거나 원심판결에 영향을 미치지 아니하는 때

2) 피상고인

결정계심판의 경우에는 특허청장이 피상고인이 되며 당사자계심판에 있어서는 상대방이 피상고인이 된다.

3) 상고기간

상고는 특허법원의 판결등본을 송달받은 날로부터 2주일 이내에 이를 제기하여야 하며 이는 불변기간이다(특허법 제186조 제1항).[8]

4) 상고장의 제출

상고장은 원심법원인 특허법원에 제출하여야 한다. 현행 특허법 등에서 상고에 대하여는 구 특허법에서와 같이 상고장을 대법원에 직접 제출케 한다는 특별규정을 두지 않고 있음에 비추어 특허법원은 법원조직법상으로도 대법원의 하급심인 법원이 분명하고 또한 상고에 대한 절차는 행정소송법 제8조 제1항·제2항 및 민사소송법 제425조에서 일반 민사소송에 있어서의 절차와 같다고 볼 것이므로 특허소송에 대한 상고의 제기는 판결이 송달된 날로부터 2주일 내에 상고장을 원심법원인 특허법원에 제출하여야 하며, 다만 판결문송달 전에도 상고를 제기할 수 있다고 할 것이다.

한편, 당사자가 이를 착각하여 상고장을 대법원에 제출하였을 경우에 대법원이 이를 원심법원에 이송할 수 있을 것인지 여부가 문제될 수 있으나 학설상으로는 민사소송법 제36조의 소송의 이송(관할위반의 이송)을 거부할 이유가 없다고 보는 것이 다수설이며 실무상으로도 상고장을 원심법원에 송부하여 당사자의 편리를 보아주고는 있다(대법원 1966.7.26. 발령 66마579 결정 및 1968.11.8. 발령 68마1303 결정). 이때 상소기간의 준수 여부 역시 원심법원에 상고장이 회부된 때를 기준으로 삼고 있다(대법원 1981.10.13. 선고 81누230 판결).

5) 상고장 심사

상고장이 방식에 위배되거나(필요적 기재사항 누락) 법률에서 규정한 소정의 인지

---

8   ① 상고할 수 있는 기간이 경과된 후에 상고장을 제출하면 그 상고는 각하된다.
     ② 기록에 의하면 출원인은 1992.5.30. 원심결정본을 송달받은 후 30일이 경과한 뒤인 1992.6.30.에 상고장을 제출하였음이 명백하다. 그렇다면 출원인의 이 사건 상고는 부적법하고 그 흠결을 보정할 수 없는 것이므로 이를 각하하기로 하여 관여 법관의 일치된 의견으로 주문과 같이 판결한다(대법원 1992.9.22. 선고 92후112).

를 붙이지 아니한 때에는 재판장은 기간을 정하여 보정을 명하고 그 기간 내에 보정이 없는 경우에는 명령으로 소장을 각하하여야 한다(민소법 제425조).

그러나 기간경과 후라도 각하명령 전에 보정되면 각하명령을 할 수 없다.[9]

6) 상고이유서 제출

상고이유서는 대법원으로부터 원심인 특허법원으로부터 소송기록이 왔다는 통지를 받은 날의 다음날부터 기산하여 20일 이내에 대법원에 제출하여야 한다. 이 기간 내에 상고이유서를 제출하지 아니하면 변론을 거치지 않고 판결로서 상고를 기각할 수 있다(민소법 제429조).[10]

7) 답변서 제출

상고이유서의 송달을 받은 피상고인은 그 송달을 받은 날로부터 10일 내에 답변서를 제출할 수 있으며(민소법 제428조 제2항), 상고이유서를 송달받기 전에 답변서를 제출하여도 무방하다.

5. 상고제기의 효과

상고가 제기되면 확정차단의 효력과 이심(移審)의 효력이 생긴다. 확정차단의 효력이라 함은 심결의 확정이 차단되는 것을 말하며 이심의 효력이라 함은 그 심판사건이 항소심을 떠나 상고심에 계속 중인 것을 말한다.

---

9   법원행정처 발행, 법원실무제요.

10   ① 출원인이 법정의 상고이유서 제출기간 내에 상고이유서를 제출하지 아니하였을 뿐더러 상고장에 상고의 이유를 기재하지도 아니하였으므로 민사소송법 제399조 · 제397조에 따라 변론 없이 판결로 상고를 기각하고, 상고비용은 출원인의 부담으로 하기로 하여 관여법관의 일치된 의견을 주문과 같이 판결한다(대법원 1994.4.12. 선고 93후1575 판결).

② 기록에 의하면 상고장에 상고이유의 기재가 없고 피심판청구인의 소송대리인은 1994.2.18. 소송기록접수통지서를 송달받은 후 20일이 경과된 뒤인 1994.3.11.에 상고이유서를 제출하였음이 명백하므로 행정소송법 제8조 제2항, 민사소송법 제399조 · 제95조 · 제89조에 의하여 관여법관의 일치된 의견으로 주문과 같이 판결한다(대법원 1994.4.12. 선고 94후12 판결).

6. 상고의 재판

1) 심리범위

상고심에 대한 심리는 원칙적으로 상고이유로서 주장한 사항에 한하며 불복신청의 범위 내에서만 조사한다(민소법 제431조).

또한 상고심은 법률심이므로 새로운 소송자료의 수집과 사실확정을 할 수 없으며 원심이 적법하게 확정한 사실은 상고법원을 기속하기 때문에 사실의 인정은 심판관·재판관의 전권사항이라 할 것이다.

2) 심리방식

상고심에서의 심리절차와 방식은 민사소송법에서의 상고와 동일하며 변론없이 서면심리만으로 판결할 수 있다. 다만, 필요한 경우에는 특정한 사항에 관하여 변론을 열어 참고인의 진술을 들을 수 있다(민소법 제430조 제1, 2항).

7. 판 결

1) 판결의 태양

(1) 상고장 각하명령

상고장이 방식에 위반되거나 법률에서 규정한 소정의 인지를 붙이지 아니한 때, 상고가 기간을 경과하여 제기된 때에는 재판장이 명령으로 상고장을 각하한다(민소법 제254조 제425). 상고장 각하명령에 대하여는 항고할 수 없다.

(2) 상고기각판결

상고가 이유 없다고 인정될 때에는 상고기각의 판결을 하여야 한다. 한편 상고인이 상고이유서를 기간 내에 제출하지 아니한 경우에도 상고기각판결을 한다(민소법 제399조).

(3) 상고인용판결

상고가 이유 있으면 원심결을 파기하고 사건을 다시 심판하도록 원심으로 환송하는 판결을 한다. 원심결의 파기·변경은 불복신청의 한도를 넘어서는 할 수 없다.

2) 판결의 효과

상고심에서 환송판결이 있으면 그 사건은 특허법원에 계속되며 특허법원 판결 전의 상태에서 새로이 재판하여야 한다.[11]

이 때 파기의 기본이 된 이유는 그 사건에 대하여 특허법원을 기속한다.[12]

---

11 ① 대법원의 파기환송판결은 이른바 중간판결이고 파기환송 후의 특허청 항고심판소의 심리절차는 종전의 그 심리절차의 속행이라고 할 것이므로 특허청 항고심판소가 대법원으로부터 환송받은 사건에 관하여 쌍방 당사자에게 환송번호 및 심판관 지정통지를 하였으나 쌍방 당사자로부터 아무런 주장이나 답변이 없고, 환송 전까지의 기록에 의하더라도 사건을 심판할 수 있을 정도로 심리가 되어 있다고 판단되는 경우에는 구두심리에 의하지 아니하고 서면심리에 의하여 대법원이 환송이유로 한 사실상과 법률상의 판단에 좇아 심결할 수 있다고 할 것이다(대법원 1987.5.12. 선고 86후87 판결, 실용무효).
　②㉠ 그러나 1995.2.14. 선고 93재다27. 34(민사)사건에 대한 판결에서 종래의 판결을 변경하여 대법원의 환송판결이 종국판결이라고 판시하였다.
　㉡ 종국판결이란 소 또는 상소에 의하여 계속 중인 사건의 전부 또는 일부에 대하여 심판을 마치고 그 심급을 이탈시키는 판결이라고 이해하여야 할 것인바, 대법원의 환송판결도 당해 사건에 대하여 그 심급을 이탈시키는 판결인 점에서 당연히 종국판결이라고 보아야 한다. 따라서 대법원의 환송판결을 중간판결이라고 판시한 종전의 대법원판결(1981.2.24. 선고 80다2029 전원합의체판결 등)을 변경한다(전원일치).

12 ① 일단 항소심의 종국판결이 있는 후라도 그 종국판결이 상고심에서 파기되어 사건이 다시 항소심에 환송된 경우에는 먼저 있는 종국판결은 그 효력을 잃고 그 종국판결이 없었던 것과 같은 상태로 돌아가게 되므로 새로운 종국판결이 있기까지는 항소인은 피항소인이 부대항소를 제기하였는지 여부에 관계없이 항소를 취하할 수 있다(대법원 1995.3.10. 선고 94당51543 판결, 민사손해배상).
　② 대법원 환송판결의 특허청에 대한 기속력은 파기의 이유가 된 원심결의 사실상 및 법률상의 판단이 정당하지 아니하다는 소극적인 면에서만 발생하는 것이므로 환송 후의 심결에서는 파기의 이유로 된 잘못된 견해만 피하면 다른 가능한 견해에 의하여 환송 전의 원심결과 동일한 결론을 낼 수 있는 것이다(대법원 1985.4.9. 선고 94후83 판결, 1990.5.8. 선고 88다카5560 판결, 1991.6.28. 선고 90후1123 판결, 1993.3.11. 선고 92후1141 판결(특허무효) 등).

제7편 국제조약

제1장 국제조약

일 러 두 기　이 부분은 상표 관련 국제조약을 다루는 부분으로서, 이들 국제조약은 상표법의 법원(法源)이 된다. 그러나 시험에서나 실무적으로는 그리 주요하게 다루어지지 않는다.

I. 서 설

상표와 관련된 국제조약으로는 ① 지식재산권의 국제적 보호에 관한 조약, ② 국제출원 또는 국제등록과 관련된 조약, ③ 상표 또는 상품의 국제분류에 관한 조약이 있다.

상표와 관련된 국제규범으로서는 『條約』(Treaty)의 형태로 되어있는 상표관련조약과 조약의 형태는 아니지만 『勸告文』(Recommendation)의 형태로 되어있는 권고문이 있다.

상표관련조약의 경우는 당해 규범에 기속되어 이행하여야 하는 의무가 있는데 반하여 권고문의 경우는 조약처럼 이행의무는 없다.

II. 상표관련국제조약

1. 파리협약

1) 연 혁

파리협약은 지식재산권에 관한 국제적인 보호수단을 제공하기 위하여 체결된 동맹조약으로서 특허, 실용신안, 의장, 상표, 서비스표, 상호, 출처표시 또는 원산지 명칭 및 부정경쟁행위의 방지를 그 보호대상으로 하는 산업재산권 보호에 관한 최초의 국제조약이라고 할 수 있다. 파리협약은 발명자들이 세계국제박람회에 출품하고 여러 나라에서 특허로 보호를 받고자 하는 경우 그 특허출원은 신규성을 상실하여 특허를 받을 수 없는 등 발명의 국제적 보호가 미흡하여, 발명자들이 특허를 받지 못할 것을 우려하여 발명품의 박람회 출품을 회피하는 현상 등이 나타나자 이러한 문제점을 해결하고자 태동하게 되었다. 1873년 비엔나에서 세계특허회의를 처음으로 개최하였으며 1878년 파리에서 조약초안을 만들기로 결정하였고, 상설위원회에서 작성한 초안을 1880년 파리에서 개최된 국제회의에서 토의를 거쳐 파리협약의 초안이 완성되었다. 이 후 1883년 3월 20일 파리에서 체결되어 1984년 6월 6일 11개국이 비준됨으로써 1884년 7월 7일부터 발효되었다. 이 후 1900년 12월 14일 브뤼셀, 1911년 6월 2일 워싱턴, 1925년 11월 6일 헤이그, 1934년 6월 2일 런던, 1958년 10월31일 리스본, 1967년 스톡홀름에서 개정되어 오늘에 이르고 있다.

2) 조약가입

『파리協約』(Paris Convention for the Protection of Industrial Property)은 산업재산권의 국제적 보호를 도모하기 위하여 체결된 다자간 동맹조약으로 본 조약에는 2003년 4월 15일 현재 총 164개국이 가입하고 있으며, 우리나라는 1980년 5월 4일에 가입하였으며 북한은 1980년 6월 10일에 가입 한바 있다. 본 협약은 모든 국가에 개방되어 있으며 동 협약에 가입하기 위하여는 비준서 또는 가입서를 WIPO 사무총장에게 기탁하여야 한다.

3) 파리협약의 3대원칙

(1) 내국민대우의 원칙

파리협약상의『內國民待遇의 原則』또는『內外國人 平等의 原則』(the principle of assimilation with nations)이란 모든 동맹국의 국민 또는 준 동맹국의 국민은 파리협약에서 정하는 바에 따라 모든 동맹국에 있어서 각 동맹국의 법령이 내국민에 대하여 현재 부여하고 있거나 장래 부여할 이익을 향유하도록 하는 원칙을 말한다.(§2,§3). 즉 동맹국의 국민 또는 동맹국의 영역 안에 주소 또는 영업소를 가진 비동맹국의 국민은 내국민에게 과해진 조건 절차에 따라 내국민과 동일한 대우를 받으며 자기의 권리에 대한 침해에 대하여 내국민과 동일한 법률상의 구제를 받을 수 있는 원칙을 말한다.

(2) 우선권제도

『優先權制度』(right of priority)란 동맹국에 한 제1국 출원에 기초하여 일정기간 내(1년)에 타 동맹국에 출원(제2국 출원)하는 경우에 일정사항을 적용함에 있어서는 제1국 출원시에 출원한 것과 같이 취급하여 주는 제도(법 §20, 파리협약§4)를 말한다. 이는 동맹국의 국민이 외국에 출원을 함에 있어서 부담하는 거리 · 언어 · 제도 등 절차적인 측면의 불이익을 극복하고 내국민 대우의 원칙의 실효성을 절차적 측면에서 담보하기 위한 제도이다.

(3) 각국 상표 독립의 원칙

『各國 商標 獨立의 原則』이란 각국에서 취득한 상표는 각기 독립적이며, 타국에서의 상표권의 운명과 관계없이 발생 · 존속 · 소멸한다는 원칙이다(§6). 이는 상표권의 속지주의를 재확인한 것으로 이는 회원국이 외국인의 상표권에 대하여는 그 권리의 발생 · 존속 · 소멸 등에 있어서 그 외국인 본국의 상표권에 종속시키는 등의 차별을 국내법으로 제정하는 것을 방지하기 위하여 채용한 것이다.

4) 상표관련 주요 내용

(1) 공통규정

파리협약 중 내국민대우의 원칙, 준동맹국민의 보호, 우선권제도, 각국 상표 독립의 원칙, 등록표시 의무의 면제, 박람회 출품물의 보호 등에 관한 공통규정은 상표에 대하여도 적용된다.

(2) 등록조건 및 상표 독립의 원칙

상표의 출원과 등록의 조건은 각 동맹국에서 국내법에 따라 정하여 진다(§6(1)). 그러나 동맹국의 국민이 어느 동맹국에서 행한 상표등록출원은 본국에서 그 출원, 등록 또는 갱신이 이루어지지 않았음을 이유로 그 등록이 거절되거나 무효로 되지 아니하며(§6(2,(3))). 또한 어느 한 동맹국에 적법하게 등록된 상표는 본국을 포함하는 타 동맹국에서 등록된 상표와 독립적인 것으로 간주된다.

(3) 상표의 사용

파리협약은 「商標의 불사용」과 관련하여 동맹국이 등록상표에 관하여 사용을 의무화하는 경우 합리적인 유예기간이 경과하거나, 당사자가 그 불사용에 대하여 정당한 이유가 없는 경우에만 당해 상표등록을 취소할 수 있도록 제한하고 있다(§5C(1)).

「商標의 使用形態」와 관련하여서는 상표권자가 어느 동맹국에서 등록된 상표를 상표의 식별력에 영향을 주지 아니하고 구성부분에 변경을 가하여 그 상표를 사용하는 경우에도 그 상표의 등록효력이 상실되지 않으며, 그 상표에 부여된 보호도 감소되지 않는 것으로 규정하고 있다(§5C(2)).

또한 「共同所有者의 使用」과 관련하여 파리협약은 보호가 주장되는 국가의 국내법령에 의하여 상표의 공동소유자로 간주되는 산업상 또는 상업상의 영업소에 의한 동일·유사상품에 대한 동일한 상표의 동시사용도 어느 동맹국에서 그 상표의 등록이 거절되거나 그 상표에 대하여 주어진 보호를 감축시킬 수 없으며, 다만 그러한 사용은 공중을 혼동하게 하거나 공공의 이익에 반할 수는 없다고 규정하고 있다(§5C(3)).

(4) 주지상표의 보호

당해 동맹국에서 잘 알려진 것으로 간주되는 상표와 동일·유사한 상표를 동일 유사한 상품에 등록받고자 하는 경우 상표등록을 거절하거나 등록된 경우 그 등록을 취소하고 당해 상표의 사용을 금지하며, 상표의 구성요소가 그러한 잘 알려진 상품의 복제, 또는 그것과 혼동하기 쉬운 모방을 구성하는 경우에도 적용된다(§6의(2)).

또한 그러한 상표가 잘못하여 등록된 경우에는 최소한 등록일로부터 5년 이내에는 당해 상표에 대한 등록취소가 허용되어야 하며(§6의(2)), 악의로 등록받았거나 사용되는 상표에 대해서는 그 상표의 취소 또는 사용금지청구기간 제한을 둘 수 없다(§6의2(3)).

(5) 동맹국의 국기, 국장 및 정부간기구의 표장 등의 보호

동맹국의 국가문장(紋章), 旗(flags), 기타 紀章(state emblems), 감독용 및 증명용 공공의 기호와 인장 또는 문장학상 이들의 모방이라고 인정되는 것을 상표나 그 구성요소로서 등록하는 것을 거절하거나 무효로 하며, 권한 있는 당국의 허가를 받지 않고 이를 상표나 그 구성부분으로 사용하는 것은 금지된다(§6의3(1)). 또한 국제적인 정부간기구의 문장·旗章 그 밖의 紀章·약칭 및 명칭도 국가의 문장 등과 마찬가지 이유로 보호받을 수 있다(§6의3(6)).

그리고 동맹국이 채용하는 감독용 및 증명용 공적 기호(official signs), 印章(hallmarks)은 그 기호 및 인장이 사용되고 있는 상품과 동일·유사한 종류의 상품에 대해서는 그 사용이 금지된다(§6의3(2)).

(6) 서비스표, 단체표장 및 상호의 보호

▌1▐ 서비스표

파리협약에서는 동맹국이 「서비스標」를 보호할 것을 약속하지만, 서비스표의 등록을 요구하지 않고 있다(§6의6).

▌2▐ 단체표장

「團體標章」과 관련하여 동맹국은 본국의 법령에 반하지 아니하는 한 단체에 속하는 단체표장의 등록과 보호를 약속하며, 비록 그 단체가 산업상 또는 상업상의 영업소를 가지고 있지 않은 경우라도 단체표장 등록과 보호를 약속한다(§7의2(1)). 다만, 각 동맹국은 단체표장이 보호되어야할 특별조건을 판단하여 공공의 이익에 반하는 단체표장에 대하여는 그 보호를 거절할 수 있다(§7의2(2)). 그러나 그 단체가 해당 동맹국에서 설립되지 아니하였다는 것 또는 해당 동맹국에서 법령에 따라 구성되지 아니하였다는 것을 이유로 단체표장의 보호를 거절할 수 없다(§7의2(3)).

❸ 상 호

상호는 상표의 일부이거나 아니거나를 불문하고 모든 동맹국에서 보호되며 등기의 신청 또는 등기여부를 불문하고 그 사용사실만으로도 보호된다(§8). 다만, 그 보호내용이나 방법에 대해서는 명문의 규정을 두지 않고 각 동맹국의 법령에 맡기고 있다.

(7) 동맹국에서 등록된 상표의 보호

본국에서 정당하게 등록된 상표는 타 동맹국에 있어서도 출원이 인정되고 보호된다. 이 경우 타 동맹국은 최종적인 등록을 하기 전에 본국에서 등록한 증명서로서 그 본국의 권한 있는 당국이 교부한 것을 제출하도록 요구할 수 있다. 따라서 본국에서 정규로 등록된 상표는 일정조건하에서 타 동맹국에 있어서도 그대로 등록되고 보호된다. 다만, 다음과 같은 사유에 해당하는 경우에는 그러하지 아니하다(§6의5B).
① 당해 상표의 보호가 주장되는 국가에 있어서 제3자의 기득권을 침해하게 되는 경우
② 자타 상품의 식별력 내지 특별현저성이 없는 경우
③ 도덕이나 공중질서에 반하거나 특히 공중을 기만할 염려가 있는 경우

(8) 상표의 양도

상표의 양도가 동맹국의 법령에 의하여 그 상표가 속하는 기업 또는 영업권과 동시에 이동하는 경우에 한하여 유효한 때에는, 그 상표의 양도를 유효한 것으로 인정받기 위해서는 양도된 상표를 붙인 상품을 당해 동맹국에서 제조 또는 판매할 배타적 권리와 더불어 당해 동맹국에 있는 기업 또는 영업권의 구성부분을 양수인에게 이전함으로써 족하며(§6의4(1)), 동맹국은 양수인에 의한 상표의 사용이 당해 상표를 붙인 상품의 원산지, 성질, 품질 등에 대하여 실제로 공중을 오도할 우려가 있는 경우에 그 상표의 양도를 유효한 것으로 인정하여야 할 의무는 없다(§6의4(2)).

(9) 정당한 상표권자의 허가를 받지 않은 무권리자의 상표등록에 대한 규제

1동맹국에서 상표에 관한 권리를 가진 자의 대리인 또는 대표자가 그 상표에 관한 권리를 가진 자의 허락을 얻지 아니하고 1 또는 2이상의 동맹국에서 자기의 명의로 그

상표의 등록을 출원한 경우에는 그 상표에 관한 권리를 가진 자는 등록에 대하여 이의 신청 또는 등록의 취소 또는 그 국가의 법령이 허용하는 경우에는 등록을 자기에게 이전할 것을 청구할 수 있다. 다만, 그 대리인 또는 대표자가 그 행위를 정당화하는 경우에는 그러하지 아니하다(§6의7(1)).

(10) 위조상품의 수입규제

❶ 불법하게 상표 · 상호를 부착한 상품의 수입규제

불법적으로 상표 또는 상호를 붙인 상품은 동맹국에 수입될 때에는 압류 된다(§9(1)). 다만, 동맹국의 법령이 수입시의 압류를 인정하지 아니하는 경우에는 수입의 금지 또는 국내에서 행하는 압류로 이를 대신할 수 있으며(§9(5)), 동맹국의 법령이 수입시의 수입금지 및 국내에서의 압류를 인정하지 아니하는 경우에는 이에 필요한 법령이 개정될 때까지 그 동맹국의 법령이 보장하는 소송 및 구제절차가 이를 대신한다(§9(6)).

한편, 압류는 상품에 불법으로 상표 또는 상호를 붙이는 행위가 행해진 동맹국 또는 그 상품이 수입된 동맹국에서도 행해진다(§9(2),(3)).

❷ 원산지 또는 생산지 허위표시 상품의 수입규제

상품의 원산지 또는 생산지, 제조자 또는 판매자에 관하여 직접적 또는 간접적으로 허위표시가 된 경우에는 당해 상품이 수입될 때 압류된다(§10).

"직접허위표시"라 함은 중국에서 제조된 제품에 "MADE IN KOREA"와 같이 표시하여 마치 한국에서 제조된 것으로 표시하는 것을 말하며 "간접허위표시"라 함은 산지를 암시하는 문자나 도형 등을 표시함으로써 일반 수요자에게 원산지를 연상케 하는 것을 말한다.

(11) 부정경쟁행위의 금지

각 동맹국은 동맹국의 국민에게 부정경쟁으로부터 효과적인 보호를 보장하도록 규정함으로써 부정경쟁행위를 금지하도록 하고 있다(§10의2(1)).

다음과 같은 행위는 부정경쟁행위로 인정된다(§10의2(3)).

① 경쟁자의 영업소, 산품 또는 산업상 또는 상업상의 활동과 혼동을 일으키게 하는 모든 행위

② 거래과정에 있어 경쟁자의 영업소, 산품 또는 산업상 또는 상업상의 활동에 관하여 신용을 해할 허위의 주장

③ 거래과정에 있어 산품의 성질, 제조방법, 특징, 용도 또는 수량에 대하여 공중을 오도할 표시 또는 주장\

(12) 국제박람회에 출품되는 상품의 상표보호

동맹국은 어느 동맹국의 영역 내에서 개최되는 공적 또는 공적으로 인정된 국제박람회에 출품되는 상품의 상표에 대하여 국내법령에 따라 가보호를 해주어야 한다(§11). 우선권이 주장되는 경우에는 각 동맹국은 그 산품을 박람회에 반입한 날부터 우선기관이 개시되는 것으로 규정할 수 있으며, 이 경우 각 동맹국은 해당 산품이 전시된 사실 및 반입을 증명하기 위하여 필요하다고 인정되는 경우 증거서류를 요구할 수 있다.

(13) 구제수단

파리협약은 불법으로 상표 또는 상호를 부착한 상품의 수입 등에 관한 압류(§9), 원산지 또는 생산지에 관하여 허위표시를 부착한 상품의 수입 등에 관한 압류(§10), 부정경쟁행위의 금지(§10의2)를 효과적으로 하기 위하여 타 동맹국 국민에게 적절한 법률상의 구제수단(동맹국민, 국내의 조합 또는 단체에 인정되고 있는 한도 내에서 사법적 수단으로 제소하거나 행정기관에 이의신청)을 부여할 것을 동맹국에 의무지우고 있다(§10의3).

그러나, 파리협약은 기본적으로 상표권의 보호를 각국의 국내법에 위임시키고 있고 상표권의 침해에 대한 구체적인 처벌규정이나 제재수단을 구비하고 있지 않았다. 또한 협약과 관련한 국가 간의 분쟁발생시 국제사법재판소에 의한 분쟁해결방법을 이용하도록 하고는 있지만 국제사법재판소는 강제관할권이 없어 실질적인 분쟁해결수단으로는 미흡하다는 점 등이 문제점으로 지적되어 왔는바 이러한 문제점은 WTO/TRIPs 협정의 탄생배경의 하나의 원인으로 작용하였다.

2. WTO/TRIPs 협정

1) 협정 배경

1970년대에 들어 지식재산권 보호가 국제교역에 미치는 영향이 막대해짐에 따라 미국을 비롯한 선진국들은 그들의 지식재산권을 국제적으로 보호받아야 한다는 필요성을 절실히 느끼게 되었다. 그러나 기존의 협약들은 문제해결에 한계가 있었다.

첫째, 기존의 협약들의 대부분이 지식재산권 보호를 각국의 국내법에 위임시키는 속지주의를 채택하고 있어 권리침해에 대한 구체적인 벌칙규정이나 제재수단이 마련되어 있지 않았으며, 신기술분야인 컴퓨터프로그램 및 소프트웨어, 데이터베이스, 반도체집적회로의 배치설계, 생명공학 및 미생물공학기술 등에 대한 보호가 미흡하였다.

둘째, 기존 협약에는 실효성 있는 분쟁해결수단이 없다. 그러므로 분쟁발생시 국제사법재판소(International Court of Justice)에 의한 분쟁해결방법을 이용하도록 하고 있으나 국제사법재판소는 강제관할권이 없기 때문에 분쟁의 실질적인 해결을 도모할 수가 없다.

셋째, 협약 운영상 다수결의 원칙을 채택하고 있어 수적으로 열세인 선진국들이 그들의 의사를 반영하기 어렵다는 점이다.

1980년대에 들어 제2차 석유파동으로 인한 경기침체, 유럽의 높은 실업률, 미국의 거대한 재정 및 무역적자 등으로 세계경제가 불균형상태에 빠짐에 따라 GATT 개정을 위한 8번째 라운드인 우루과이 라운드(Urguay Round)가 1989년 9월 개시되었는데 선진국들의 강력한 주장에 의하여 우루과이 라운드에 지식재산권이 포함되게 되었다.

우르과이라운드 협상은 1991년까지 협상의 타결이 불투명하였으나, 1993년 12월 15일 던켈초안에 기초하여 마련된 수정안에 협상에 참여한 117개국이 서명함으로써 타결을 보게 되었으며, 1995년 1월 1일 발효되었다.[1]

2) 상표관련 규정의 주요 내용

(1) 공통규정

WTO/TRIPs 협정 제1부(일반규정 및 기본원칙)는 상표에도 적용되며, 파리협약의 상표에 관한 규정은 세계무역기구 회원국들이 준수하여야 하는 것으로 하고 있다. 따라서 WTO/TRIPs 협정 제1부에서 규정하고 있는 내국민대우원칙, 최혜국대우 원칙과 WTO/TRIPs 협정 제2조 제1항에서 준수할 것을 규정하고 있는 파리협약 제1조 내지 제12조 및 제19조는 상표에 대해서도 적용되는 규정이다.

(2) 보호대상

사업자의 상품 또는 서비스업을 다른 사업자의 상품 또는 서비스업으로부터 식별시킬 수 있는 표지 또는 표지의 결합은 상표를 구성할 수 있고 이러한 표지, 특히 성명을 포함하는 단어, 문자, 숫자, 도형과 색채의 조합 및 이들의 결합은 상표로서 등록될 수 있다(§15(1)). 한편 표지가 상품 또는 서비스업과 관련하여 식별력이 없다고 하더라도 사용에 의하여 식별력을 취득할 경우 상표등록이 허용되며(§15(2)), 회원국은 상표의 등록요건으로 표지가 시각적으로 인식가능(visually perceptible)할 것을 요구할 수 있다.

---

1   정진섭 · 황희철, 「국제지적재산권법」, 육법사, 1995, 173~182면.

(3) 상표의 등록요건으로서의 사용과 상품의 성질

회원국은 상표의 사용을 「출원요건」으로는 할 수 없으나 「등록요건」으로 할 수는 있으며(§15(3)), 상표가 사용될 상품이나 서비스의 성질은 어떠한 경우라도 상표등록의 장애로 작용해서는 안 된다(§15(4)).

(4) 상표의 공개 및 이의신청

회원국은 상표의 등록 전 또는 등록 후에 신속히 모든 등록상표를 공개하며, 등록취소 청구를 위하여 합리적 기회를 제공하여야 하고 상표등록에 관한 이의신청의 기회도 제공할 수 있다(§15(4)).

(5) 상표권의 내용

등록된 상표의 소유자는 모든 제3자가 소유자의 동의 없이 등록된 상표의 상품 또는 서비스업과 동일 또는 유사한 상품 또는 서비스업에 대하여 동일 또는 유사한 표지의 사용으로 인하여 혼동이 발생할 가능성이 있는 경우 거래과정에서 이의 사용을 금지할 수 있는 배타적 권리를 가지며, 동일한 상품 또는 서비스업에 대한 동일한 표지를 사용하는 경우 혼동가능성이 있는 것으로 추정된다. 다만, 상표권은 기존의 권리를 저해할 수 없으며 회원국이 사용에 기초하여 권리를 획득할 수 있게 하는 가능성에도 영향을 미치지 않는다(§16(1)).

(6) 유명상표의 보호

상표의 유명성 판단에 있어서 회원국은 당해 회원국내에서 얻어진 지명도를 포함한 관련분야에서 일반인에게 알려진 정도를 고려하여야 한다(§16(2)). 파리협약 제6조의2 규정은 상표가 등록된 상품 또는 서비스업과 유사하지 아니한 상품 또는 서비스업에도 준용된다. 다만, 동 상품 및 서비스업에 대한 동 상표의 사용이 동 상품 및 서비스업과 등록된 상표권자 사이의 연관성을 나타내고 등록된 상표권자의 이익이 이러한 사용에 의하여 침해될 가능성이 있는 경우에 한한다(§16(3)).

(7) 보호의 예외

회원국은 기술적(記述的) 용어의 공정한 사용과 같이 상표에 의해 부여된 권리에 관하여 제한적인 예외를 인정할 수 있다. 다만, 그러한 예외는 상표권자와 제3자의 정당한 이익을 고려하여야 한다(§17).

(8) 보호기간

상표의 최초 등록과 각 갱신등록은 그 기간이 7년 이상이며 무한정으로 갱신이 가능하다(§18).

(9) 상표의 사용

1 사용인정요건

상표등록을 유지하기 위하여 상표의 사용이 요구되는 경우, 상표권자가 상표를 사용할 수 없었던 정당한 사유를 입증하지 않는 한 적어도 최소 3년간의 계속적인 불사용시 취소될 수 있다. 다만, 상표에 의해 보호되는 상품 또는 서비스에 대한 수입제한 조치 또는 그 밖의 정부의 요건 등으로 인하여 상표권자의 의사와 무관하게 발생하는 상표의 사용에 장애가 되는 상황은 불사용에 대한 정당한 사유로 인정된다(§19(1)).

상표권자의 통제에 따르는 경우 타인에 의한 상표의 사용은 등록을 유지하기 위한 목적으로 한 상표의 사용으로 인정된다(§19(2)).

2 기타 사용요건

거래과정에 있어서 상표의 사용은 다른 상표의 동시사용, 특별한 형태로의 사용 또는 사업자의 상품 또는 서비스업을 다른 사업자의 상품 또는 서비스업과 구별할 수 있는 식별력을 저해하는 방법으로 사용 등 특별한 요건에 의하여 부당하게 방해받지 아니한다. 다만 상품이나 서비스업을 생산하는 사업체를 나타내는 상표를 그 업체의 당해 상품 및 서비스업을 구별해주는 상표와 함께 그러나 그에 연계하지 아니하고 사용하도록 하는 요건은 금지하지 아니한다(§20).

(10) 사용권의 설정 및 양도

회원국은 상표의 사용권설정과 양도에 관한 조건을 결정할 수 있으며, 상표의 강제실시권은 인정되지 아니한다. 또한 등록된 상표의 소유자는 그 상표가 속하는 영업의 이전과 함께 또는 영업의 이전 없이 그 상표를 양도할 수 있다(§21).

(11) 지리적표시

1 지리적표시의 보호(§22)

지리적 표시와 관련 회원국은 이해당사자가 다음의 행위를 금지할 수 있는 법적수단을 제공한다. 또한 회원국은 자기나라의 법이 그렇게 허용하는 경우 직권으로 또는 이해관계자의 요청에 따라 자기나라 내에서 이러한 상품의 표시사용이 대중에게 진정한 원산지의 오인을 유발한 우려가 있는 성격인 경우, 표시된 영토를 원산지로 하지 아니하는 상품에 대하여는 그러한 지리적표시가 포함되거나 동 표시로 구성되는 상표의 등록을 거부 또는 무효화한다.

① 당해 상품의 지리적 근원에 대해 대중의 오인을 유발하는 방법으로 진정한 원산지가 아닌 지역을 원산지로 한다고 표시하거나 암시하는 상품의 명명 또는 소개 수단의 사용

② 파리협약(1967년) 제10조의2의 의미 내에서의 불공정경쟁행위를 구성하는 사용

❷ 포도주의 주류의 지리적표시에 관한 보호(§23)

각 회원국은 비록 그 상품의 진정한 원산지의 표시가 나타나 있거나 또는 지리적 표시가 번역되어 사용되거나 또는 "종류", "유형", 양식, "모조품"등의 표현이 수반되는 경우에도 이해당사자가 당해 지리적 표시에 나타난 장소를 원산지로 하지 아니하는 포도주에 포도주의 산지를 나타내는 지리적 표시, 또는 당해 지리적표시에 나타난 지역을 원산지로 하지 아니하는 주류에 주류의 산지를 나타내는 지리적 표시의 사용을 금지하는 법적수단을 제공한다.

또한 포도주의 산지를 나타내는 지리적 표시를 포함하거나 동 표시로 구성되는 포도주상표의 등록, 또는 주류의 산지를 나타내는 지리적 표시를 포함하거나 동 표시로 구성되는 주류상표의 등록은 그러한 원산지를 갖지 아니하는 포도주 또는 주류에 대하여 회원국의 법이 허용하는 경우에는 직권으로 또는 이해당사자의 요청에 따라 거부되거나 무효화된다.

한편, 포도주에 관한 지리적 표시의 보호를 용이하게 하기위해 이 체제에 참여하고 있는 회원국내에서 보호대상이 되는 포도주의 지리적 표시의 통보와 등록을 위한 다자간 체제의 수립에 관한 협상이 무역관련지적재산권위원회에서 추진된다.

❸ 예 외

회원국에게 그 국민이나 거주자가 (1) 1994년 4월 15일 이전의 취소 10년동안 또는 (2) 동일자전에 선의로, 회원국 영토 내에서 상품 또는 서비스에 대해 계속적으로 포도주 또는 주류의 산지를 나타내는 타 회원국의 특정 지리적 표시를 사용해 왔을 경우 동 국민이나 거주자에 의한 동일 또는 관련된 상품 또는 서비스에 대한 동 지리적 표시의 계속적 및 유사한 사용을 금지할 것을 요구하지 아니하며, 또한 (1) 제6부에서 정의된 회원국내에서의 이 규정의 적용일 이전, (2) 또는 원산지국에서 지리적 표시가 보호되기 이전에 상표가 선의로 출원 또는 등록되었거나 또는 선의의 사용에 의해 상표권이 취득된 경우에는 이러한 상표가 지리적 표시와 동일 또는 유사하다는 근거로 상표의 등록의 적격성이나 유효성 또는 상표의 사용권을 저해하지 아니한다.

회원국이 자기나라의 영토 내에서 이러한 상품 및 서비스에 대한 일반명칭으로서 통용어에서 관습적으로 사용되는 용어와 관련표시가 동일한 상품과 서비스에 관한 다른

회원국의 지리적 표시에 대해 이 절의 규정을 적용할 것을 요구하지 아니하며 일반회원국이 세계무역기구협정의 발효일 현재 자기나라의 영토에 존재하는 포도의 종류에 대한 통상의 명칭과 관련 표시가 동일한 포도제품에 관한 다른 회원국의 지리적 표시에 대하여 이 절의 규정을 적용할 것을 요구하지 아니한다.

회원국은 상표의 사용 또는 등록과 관련, 이 절에 따라 행하여진 요청은 보호받는 표시가 부정적으로 사용된 것이 회원국내에 일반적으로 알려진 날로부터 5년 이내에 또는 동 상표가 회원국내 상표등록일까지 공표되고 동 등록일 이후 5년 이내에 제출되도록 규정할 수 있다. 단, 이 경우 지리적 표시는 악의로 사용되거나 등록되어서는 아니된다.

◢ 보호의 제외

원산지 국가에서 보호되지 아니하거나 보호가 중단되거나 또는 그 나라에서 사용되지 아니하게 된 지리적 표시는 이 협정에 따라 보호할 의무가 없다.

III. 마드리드 협정

1. 연혁 및 가입

본 협정은 1891년 4월 14일 마드리드에서 체결되어 그 이후 1911년 워싱턴회의, 1925년 헤이그회의, 1934년 런던회의, 1958년 리스본회의, 1967년 스톡홀름회의에서 개정되었다.

『상품출처의 허위표시 방지를 위한 마드리드 협정』(Madrid Agreement for the Repression of False or Deceptive Indication of Source on Goods)에는 2003년 4월 15일 현재 총 33개국이 가입해 있다. 본 협정은 파리협약의 가맹국들에게 개방되어 있으며 동 협정에 가입하기 위해서는 비준서 또는 가입서는 WIPO 사무총장에게 기탁하여야 한다.

2. 주요 내용

이 협정은 산업재산권 보호를 위한 파리협약 제10조의 규정에 의한 허위의 원산지표시의 방지에 머물지 않고 오인을 초래케 하는 기만적인 출처표시(indication of source)를 한 생산물에 관하여 수입을 금지, 규제함으로써 상품출처표시를 보호하기 위하여 마련된 조약이다.

본 협정의 주요내용으로서는 체약국의 1국 또는 체약국내의 1지역을 직접 또는 간접적인 방법에 의한 허위의 출처표시(indication of source)가 되어 있는 모든 상품들은 수입 시 압수되거나 그러한 수입이 금지되거나 또는 그러한 수입행위와 관련하여 적절한 조치와 제재수단이 가해질 수 있도록 압수되고 진행될 수 있는 경우와 그 방법에 대하여 규정하고 있으며, 상품의 출처표시에 대하여 어떤 상품의 판매, 전시, 판매에의 제공 등과 관련하여 공중을 오인케 할 우려가 있는 모든 상품의 사용을 금지하고 있다.

IV. 표장의 국제등록에 관한 마드리드 협정

1. 연혁 및 가입

본 협정은 1891년에 체결되어 1900년 브뤼셀회의, 1911년 워싱턴회의, 1925년 헤이그회의, 1934년 런던회의, 1957년 니스회의 및 1967년 스톡홀름회의에서 각각 개정된 바 있고 1979년에 수정되어 현재에 이르고 있다.

『표장의 국제등록에 관한 마드리드 협정』(Madrid Agreement Concerning the International Registration of Marks)에는 2003년 4월 30일에 현재 총 52개국이 가입해 있는데, 본 협정은 파리협약의 가맹국들에게 가입이 개방되어 있으며 비준서 또는 가입서는 WIPO 사무총장에게 기탁하여야 한다.

2. 주요 내용

본 협정은 표장의 국제등록절차에 관한 규정이다. 본 협정에 따른 국제등록을 하기 위해서 출원인은 체약국중의 한나라에 주소 또는 이들 국가 내에 실질적인 산업상 또는 상업상의 영업소를 가지고 있어야 하며, 먼저 출원인의 본국의 국내 특허청에 상표를 등록하여야 한다. 그 후 출원인은 국내특허청을 통하여 국제출원이 가능하다. 이러한 국제출원이 일단 유효하게 이루어지면 국제사무국에 의해 등록되고 공고되며 출원인이 보호받기를 원하는 지정국에 통보된다. 지정국 관청은 통보받은 상표가 동 체약국내에서 보호받을 수 없는 표장인 경우에는 1년 내에 보호받을 수 없는 결정의 이유를 명시하여 이를 선언할 수 있으며 만약 그러한 선언이 1년 이내에 이루어지지 않으면 국제등록은 지정국내에서 유효하게 등록된 것으로 간주된다. 출원언어는 한 가지 언어인 불어로 통일되어 있으며 국제등록의 존속기간은 20년이다.

V. 표장의 국제등록에 관한 마드리드 협정에 대한 의정서

1. 의의 및 연혁

마드리드 의정서는 마드리드 협정이 지니고 있는 문제점을 극복하여 탄력적으로 국제등록제도를 창설할 목적으로『표장의 국제등록에 관한 마드리드 협정에 대한의정서』(Protocol Relating to the Madrid Agreement Concerning the International Registration of Marks)라는 명칭으로 1995년 12월 1일 발효되어 1996년 4월 1일 시행되기 시작한 조약이다. 우리나라는 마드리드 의정서에 2003년 1월 10일에 가입하였다.

2. 주요 내용

마드리드 의정서에서는 표장의 국제등록절차에서 불어 외에 영어도 공식 언어로 채택하여 영어권 국가에 대한 배려를 하였으며, 국내의 상표등록 된 것 뿐만 아니라 상표등록출원도 기초로 하여 국제출원을 가능하도록 하여 무심사주의 국가와 심사주의국가 간의 불균형을 시정하였다. 또한 거절이유통지 기한도 최대 1년 6월까지로 연장할 수 있도록 하였고, 집중공격으로 인하여 국제등록이 소멸한 경우에도 각 지정국에서 출원인이 국내출원으로 전환할 수 있도록 하여 출원인이 가지게 되는 위험부담을 상당부분 제거하였다.

또한 개별수수료를 징수할 수 있도록 하여 심사주의 국가들이 낮은 수수료로 심사를 수행하여야만 했던 가입부담을 완화시켰다.

VI. 원산지 명칭의 보호 및 국제등록에 관한 리스본 협정

1. 연혁 및 가입

본 협정은 1958년 10월 31일에 체결되어 1967년 스톡홀름회의에서 개정되었고 1979년 수정되어 현재에 이르고 있다.

『원산지 명칭의 보호 및 국제등록에 관한 리스본 협정』(Lisbon Agreement for the protection of Appellations of Origin and their International Registration)에는 2003년 4월 15일 현재 총 20개국이 가입하고 있는데 본 협정은 파리협약의 가맹국들에게 그 가입이 개방되어 있다. 2001년 현재 약 843개의 원산지 명칭이 등록되어 있다. 본 협정에 가입하기 위해서는 비준서 또는 가입서는 WIPO사무총장에게 기탁하여야 한다.

2. 주요 내용

본 협정은 『원산지 명칭』(appellations of origin) 즉, 「제품의 품질과 특성이 자연적 또는 인적 요소를 포함하여 지리적 환경에 영유하는 경우 그러한 지역에서 연유하는 제품임을 표시하는 국가, 지역, 지방의 지리적 명칭」을 국제적으로 보호하자는 데에 목적이 있으며, 그와 같은 명칭은 관련 체약국의 주무관청의 신청에 의하여 WIPO 국제사무국에 등록되며, 국제사무국은 다른 체약국에 그 등록을 통지하고 1년 이내에 등록된 특정 명칭의 보호를 확신할 수 없다고 선언하는 체약국을 제외한 모든 체약국은 당해 명칭이 원산지국에서 계속적으로 보호되는 한 국제적으로 명칭을 보호하여야 한다.

VII. 상표법 조약

1. 의의 및 연혁

상표보호절차의 간소화 · 통일화의 필요성이 널리 인식되면서 세계적인 상표법의 통일화 문제가 WIPO를 중심으로 논의가 시작되었는데, 최초 제1차 및 제2차 상표전문가 회의에서는 상표의 등록요건, 거절이유, 선등록상표와의 저촉 등 실체적인 내용이 토의되었으나 각국의 의견이 상이함에 따라 1991년 9월 20일 스위스 루체른에서 개최된 AIPPI 의장단 회의에서는 절차의 통일화 및 간소화의 필요성이 시급하다는 지적에 따라 WIPO 에서도 이러한 AIPPI의 건의를 수용하여 절차적인 사항의 간소화하기로 하였다. 상표조약은 1994년 10월 27일 WIPO 외교회의에서 채택되어 1996년 8월 1일 발효되었다.

2. 가 입

『상표법조약』(Trademark Law Treaty; TLT)은 1994년에 체결되어 1996년 8월 1일에 발효된 조약으로서 2003년 4월 15일 현재 총 31개국이 가입하고 있는데 우리나라는 2002년 11월 25일에 가입하였다. 본 조약은 WIPO 가맹국 및 파리협약의 가맹국 및 정부간기구에도 그 가입이 개방되어 있으며 상표법조약에 가입하기 위한 비준서 또는 가입서는 WIPO 사무총장에게 기탁하여야 한다.

3. 조약의 구성

상표법조약은 총 25개의 조문(실체규정 16개 조문, 관리규정 9개 조문) 및 상표법조약규칙 총 8개 조문, 국제표준서식 8개로 구성되어 있다.

4. 주요 내용

상표법조약의 규정의 대부분은 특허청에 대한 절차에 관한 것으로 ① 상표등록출원절차, ② 등록후의 변경절차, ③ 갱신절차로 3단계로 구성되어 있다.

상표등록출원의 경우 상표법조약에서 규정하고 있는 요건을 충족하는 경우 출원일을 인정하여야 하며(출원일의 인정), 상표등록을 위한 상품 및 서비스업의 분류로서 니스분류를 사용하여야 하고, 한 출원서에 여러 상품류 구분의 상품을 지정하여 출원·등록할 수 있는 다류1출원등록제도를 허용하여야 하며, 특허청은 출원인이 어떠한 상업적 활동을 하고 있다고 표시하게 한다든지 또는 당해 출원상표가 타국의 상표등록원부에 등록되어 있다는 증거를 제공하도록 요구할 수 없도록 규정하고 있다.

상표권자의 성명이나 주소변경 및 상표권자의 변경에 관한 것으로써 이와 관련하여 다른 어떠한 추가적인 요건 등은 금지된다. 특히 1건에 의하여 여러 건을 신청할 수 있는 여러 건 1통주의 방식에 의한 신청서가 제출이 인정되며 또한 상표등록의 포기를 제외하고는 어떠한 형태의 공증, 증명, 인증, 서명의 공증이나 보증을 요구하는 것을 금지하고 있다.

갱신과 관련하여서는 매 10년마다 한 번씩 갱신할 수 있도록 규정하고 갱신 시 견본제출을 요구할 수 없도록 하였으며 갱신 시 상표등록요건에 대한 실체심사도 폐지하도록 규정하고 있다.

VIII. 올림픽의 심벌보호에 관한 나이로비 조약

1. 연 혁

본 조약은 1981년 9월 26일 아프리카 케냐의 나이로비에서 체결되어 1982년 9월 25일 발효되었다.

2. 가 입

『올림픽의 심벌보호에 관한 나이로비 조약』(Nairovi Treaty on the Protection of the Olympic Symbol)에는 2003년 4월 15일 현재 41개국의 가입해 있으며 우리나라는 현재 미가입한 상태이다. 본 조약은 WIPO, 파리협약, UN 및 UN 산하 전문기구의 구성국들에게 그 가입이 개방되어 있으며, 비준·수락·승인 또는 가입서는 WIPO 사무총장에게 기탁하여야 한다.

3. 주요 내용

이 조약은 국제올림픽위원회(IOC)의 허락 없이는 올림픽심벌인 오륜마크를 상표로서의 상품광고나 상품 등에 사용하는 것과 같은 상업적인 목적으로 사용할 수 없도록 규정하고 있으며, 올림픽 심벌을 상업적 목적으로 사용하기 위하여 국제올림픽위원회에 사용료가 납부된 경우 그 수익의 일부를 반드시 관련국가의 올림픽위원회에 분배하도록 하고 있다.

IX. 상품의 국제분류에 관한 조약

1. 의 의

상품분류에 관한 조약으로는 ① 표장의 등록을 위한 상품 및 서비스업의 국제분류에 관한 니스협정과 ② 표장의 도형요소의 국제분류 확립에 관한 비엔나협정이 있다.

2. 표장의 등록을 위한 상품 및 서비스업의 국제분류에 관한 니스협정

1) 연 혁

본 협정은 WIPO 의 전신인 「지식재산권기구사무국」(BIRPI)이 1891년 마드리드협정에 따른 상표의 국제등록업무 수행과 국제사무국에 의한 선행상표조사 등의 편의를 도모하기 위하여 체결된 조약이다. 나라마다 상이한 상표등록을 위한 상품 및 서비스업의 분류를 국제적으로 통일한 조약으로서 1957년 6월 15일에 니스외교회의에서 채택되었으며, 1967년 스톡홀름, 1977년 제네바에서 개정되었고 1979년에 수정되었다.

2) 협정에의 가입

『표장의 등록을 위한 상품 및 서비스업의 국제분류에 관한 니스 협정』(Nice Agreement concerning the International Classification of goods and services for the purpose of the registration of marks)에는 2003년 4월 15일 현재 총 70개국이 가입해 있으며 WIPO 국제사무국, 베네룩스 상표청, 유럽공동체상표·의장청 및 아프리카지식재산권기구(OAPI) 등 약 130여 개국 이상의 특허청이 본 분류를 사용하고 있다.

본 협정은 파리협약의 가맹국들에게 그 가입이 개방되어 있으며, 동 협정에의 비준서 또는 가입시는 WIPO 사무총장에게 기탁하여야 한다. 우리나라는 1998년 3월 1일부터 니스분류의 주 분류로서 채택·사용하고 있으며 니스협정에는 1999년 1월 8일 가입하였다.

3) 주요 내용

본 협정은 상표나 서비스표의 등록을 위한 상품 및 서비스업을 국제적으로 통일된 기준에 의해 분류하기 위한 조약이다. 따라서 각 체약국은 주분류 또는 보조분류로서 상표공보 및 등록원부 등의 공식문서 및 발행문서에 당해 지정상품이 속하는 상품분류의 번호를 기재하도록 요구하고 있다. 그러나 니스분류가 동일한 동일·유사한 상표를 저촉되는 상표로 볼 것인지는 회원국이 개별적으로 결정하도록 하여 동 협약이 상표권의 실체적 내용을 구속하지 않도록 규정하고 있다.

니스분류는 모든 체약국으로 구성된 전문가위원회에서 개정되어 매 5년마다 개정되고 있으며 2002년 1월 1일 현재 제8판이 채택·시행중이다. 니스분류는 34개의 상품류 구분과 11개의 서비스업류 구분으로 구성되어 있으며, 약 11,000여개의 상품 및 서비스업의 세목으로 구성되어 있다.

3. 표장의 도형요소의 국제분류 확립에 관한 비엔나 협정

1) 연 혁

이 협정은 국제적으로 통일된 상표의 도형요소에 관한 분류기준을 마련하기 위하여 전문가위원회를 구성하여 논의한 결과 1973년 6월 12일 비엔나 외교회의에서 파리협약 제19조에 근거한 특별협약으로 성립되어 1985년 8월 9일 발효되었으며, 1985년 개정되어 현재에 이르고 있다.

2) 가 입

『상표의 도형요소의 국제분류 확립에 관한 비엔나 협정』(Vienna Agreement Establishing an International Classification of the Figurative Elements of Marks)에는 2003년 4월 15일 현대 총 19개국이 가입되어 있는 데 우리나라는 아직 가입하고 있지 않다. 본 협정에 따른 분류는 WIPO 국제사무, 베네룩스상표청, 유럽공동체상표 · 의장청 등 최소 약 30여 개국 이상의 특허청에서 사용하고 있다.

우리나라는 1999년 9월부터 비엔나분류에 따른 도형분류를 채택 · 사용하고 있다. 본 협정은 파리협약의 가맹들에게 그 가입이 개방되어 있으며, 비준서 또는 가입서는 WIPO 사무총장에게 기탁하여야 한다.

3) 주요 내용

본 협정은 상표에 도형요소(figurative elements)로 구성되었거나 이를 포함하고 있는 경우 당해 도형요소를 국제적으로 통일된 기준에 의해 분류하기 위한 조약이다. 따라서 각 체약국은 주분류 또는 보조분류로서 상표공보 및 등록원부 등의 공식문서 및 발행자료에 상표의 도형요소가 속하는 대분류, 중분류, 세분류[2]의 번호를 기재하도록 요구하고 있지만 비엔나분류가 동일한 상표를 동일 · 유사한 상표로 볼 것인지는 회원국이 개별적으로 결정하도록 하여 동 협약이 실체적 내용을 구속하지 않도록 규정하고 있다.

비엔나 분류는 모든 체약국으로 구성된 전문가위원회에서의 정기회의에서 매5년마다 개정하고 있으며 1973년 제1판 채택 이후 2003년 1월 1일 현재 제5판을 사용하고 있다.

---

2   비엔나 분류 제5판에서는 29개의 대분류(category), 144개의 중분류(division) 및 775개의 세분류 (section), 1,112개의 보조세분류(auxiliary section)로 분류하고 있다.

제2장 권 고 문

I. 서 설

어떤 국제적인 규범을 「조약」(Treaty)으로 채택할 것이지, 「勸告文」(Recommen da-tion)의 형태로 채택할 것이지는 당해 규범의 성격과 이행의 시급성 여부에 따라 다르다 하겠다. 조약으로 채택될 경우 당해 조약가입국에 대해서는 그 이행의무를 부과할 수 있다는 장점이 있지만 조약으로서의 채택에 장시간을 요하며 그 절차가 까다롭다는 단점이 있다. 반면에 단시간 내에 국제적인 가이드라인을 형성하여 시행할 필요가 있거나 반대의견이 많을 경우에는 규범력이 낮은 권고문의 형식으로 채택하고 있다.

WIPO 총회에서 지금까지 상표관련 국제 권고문으로 채택된 것은 ①유명상표의 보호에 관한 WIPO 유명상표보호규정, ②상표의 사용권설정등록절차의 간소화 및 국제적 표준을 규정하고 있는 WIPO 상표사용권규정, ③인터넷상 표지의 사용에 관한 WIPO 인터넷상 표장 및 기타 표지에 관한 산업재산권 보호규정이 있다.

II. WIPO 유명상표보호규정

1. 배 경

『WIPO 유명상표보호규정』(Provisions on the Protectiopn of Well-Known Marks)은 유명상표의 보호를 위한 유명성 여부의 판단기준 및 구제수단의 국제적 기준의 설정과 WTO/TRIPs 협정 타결이후의 전자상거래의 활성화에 따른 인터넷상에서의 윤명상표의 보호를 위하여 마련한 것으로 1995년 11월 제1차 WIPO 유명상표전문가회의 이후 총 3차례의 전문가회의와 1998년 이후의 WIPO 상표법 · 의장법 · 지리적표시상설위원회에서의 논의 과정 끝에 1999년 6월 제2차 WIPO 상표법 · 의장법 · 지리적표시상설위원회에서 성안하여 1999년 WIPO 정기총회에서 파리동맹과 공동권고문(joint recommendation)의 형태로 채택하였다.

2. 성 격

WIPO 유명상표보호규정은 회원국에게 구속력이 있는 「조약」이 아닌 「권고문」의 형식으로써 파리동맹과 WIPO의 각 회원국이 당해 규정을 반드시 이행하여야 하는 것은 아니지만 미국, 유럽 등은 이 규정을 근거로 하여 우리나라를 비롯한 개발도상국에 유명상표 보호에 관한 규정을 이 규정의 수준으로 상향조정하도록 요구할 가능성이 있다. 향후 이 권고문은 국제조약으로의 발전하는 가능성이 있으며 WTO/TRIPs 협정 제 71조 제2항에 의하여 뉴라운드 협상상의 과제로 논의 되어 WTO/TRIPs 협정상의 규정으로 포함될 가능성도 있을 것으로 보인다.

3. 구 성

WIPO 유명상표보호규정은 총 6개의 조문[1]으로 구성되었으며, 각 조항에 대한 주석 (WIPO note)을 포함하고 있다. 주석은 WIPO 사무국이 준비한 해석자료로서의 의미만을 가지며 권고문의 내용에 포함되어 채택되지 않았으므로 WIPO 유명상표보호규정과 주석이 충돌하는 경우에는 WIPO 유명상표보호규정이 우선된다.

4. 주요 내용

WIPO 유명상표보호규정에서는 회원국내에서 특정 상표의 유명성 여부를 판단하는데 고려하여야 할 요소에 대하여 구체적으로 규정하고 있으며, WTO/TRIPs 협정에서 규정하고 있는 유명성 판단의 인적 기준인 「관련분야의 일반공중(arelevant sector of the public)」에 대한 고려요소를 예시적으로 규정하여 법해석의 투명성을 제고하였다. 유명상표와 저촉되는 상표뿐만 아니라 상호 등의 영업표지(business identifier) 및 인터넷 도메인 이름으로부터도 보호되어야 함을 규정하여 유명상표의 보호 영역을 확대하는 한편, 유명상표의 식별력이나 명성을 손상 또는 희석시키는 상표나 상호에 대해 당해 상표의 사용·등록금지, 취소 또는 당해 상호의 사용금지를 요구할 수 있도록 규정하였다. 또한 유명상표를 복제, 모방, 번역 또는 음역한 도메인 이름을 악의적으로

---

1   제1조(정의), 제2조(회원국내에서의 상표의 유명성 여부 판단), 제3조(유명상표의 보호; 악의), 제4 조(저촉되는 상표), 제5조(저촉되는 영업표지), 제6조(저촉되는 도메인이름)

등록 또는 사용한 경우에도 유명상표와 저촉되는 것으로 간주하여 유명상표권자가 당해 도메인 이름의 등록취소 또는 유명상표권자에게로의 이전을 도메인 이름의 등록자에게 청구할 수 있도록 하였다.

III. WIPO 상표사용권규정

1. 배 경

『WIPO 상표사용권규정』(Provisions on Trademark License)은 1997년 2월에 개최된 WIPO 상표사용권전문가위원회 회의에서 초안되었으며, 1998년 6월 제1차, 제2차 회의에서는 실체적인 논의는 이루어지지 못하고, 1999년 11월 제3차 회의 및 2000년 3월 제4차 회의에서 논의과정을 통해 실체적인 내용에 합의를 도출하였으며, 2000년 9월의 제5차 회의에서는 최종안을 재검토·확정한 후, 2000년 9월 제35차 WIPO 총회에서 파리동맹 총회와 WIPO 일반총회의 공동권고문의 형식으로 채택되었다.[2]

WIPO 상표사용권규정은 권고문의 형식으로 파리동맹과 WIPO의 회원국에게 권고할 예정이므로 각 회원국에서 당해 규정을 반드시 이행하여야 하는 것은 아니지만 본 규정의 내용이 상표의 사용권에 관한 절차의 간소화 국제적 통일화에 관한 규정으로써 향후 상표법조약의 개정 또는 상표법조약의 의정서(Protocol)의 형태로의 채택에 의해 상표법조약으로 포합될 가능성이 높다.

2. 구 성

WIPO 상표사용권 규정은 총 6개의 조문으로 구성되었으며,[3] 각 조항에 대한 주석(WIPO note)을 포함하고 있는데 주석은 단지 사무국이 본 규정의 해석 및 설명을 위하여 준비한 자료로서의 의미를 가지는데 불과하다 또한 부속서로서 국제표준서식을 포함하고 있다.

---

2   2000년 3월 제4차 WIPO 상표법·의장법·지리적표시상설위원회 회의에서는 본 규정안의 채택형식에 대해, ① 상표법조약의 의정서(protocol)로 채택하는 방안 ② 상표법조약을 개정하여 조약본문에 포함시키는 방안 ③ 파리동맹총회와 WIPO 일반총회의 공동 권고안으로 채택하는 방안에 대해 논의한 결과, 다수 국가의 찬성에 의해 「공동권고문」으로 채택키로 하였다.

3   제1조(정의), 제2조(사용권 등록신청), 제3조(등록의 변경 및 말소신청), 제4조(사용권 미등록의 효과), 제5조(권리자를 대신한 표장의 사용), 제6조(사용권의 표시)

3. 주요 내용

1) 상표사용권의 등록신청

사용권의 등록신청과 관련하여 신청인 및 서명 그리고 신청서상의 최대한의 기재사항과 관련된 요건을 규정하고 있으며(§2), 이러한 규정은 상표사용권등록신청시 뿐만 아니라 상표사용권 등록의 변경 및 말소를 위한 신청의 경우에도 준용된다(§3).

2) 상표사용권 미등록의 효과

상표사용권 등록을 하지 않더라도 사용권의 대상이 되는 상표자체의 효력에는 영향을 주지 못하도록 규정하고 있다(§4).

3) 상표권자를 대신한 사용권자의 상표사용

상표권자의 동의하에 당해 상표를 사용한 경우에는 상표의 사용권 설정등록이 없는 경우에도 상표권자의 사용으로 간주된다(§5).

또한 국내법에서 상표사용권자의 침해와 관련된 소송에 참가하거나 손해배상을 받을 수 있는 제도가 있는 경우 사용권 등록을 그 전제요건으로 요구할 수 없도록 하고 있다(§4).

4) 상표사용권의 표시

국내법상 사용권 표시를 요구하는 경우에도 그러한 표시를 결여하거나 그 표시에 흠결이 있는 경우 상표권자체의 효력에는 영향을 미치지 않아야 하며, 상표사용권 표시를 하지 않는 상표권자의 사용도 상표권자의 사용으로 간주되어야 한다고 규정하고 있다(§6).

IV. WIPO 인터넷 상 표장 및 기타 표지에 관한 산업재산권보호규정

1. 배 경

　WIPO 인터넷상 표장 및 기타 표지에 관한 산업재산권법보호규정(Joint Recommen-dation Concerning the Protection if Marks and Other Industrial Property Rights in Signs, on the Internet)은 상표 또는 기타 표지에 관한 산업재산권과 관계되는 현존하는 각국의 국내법률 등의 규정을 인터넷상의 표지의 사용에 적용하는 것을 용이하게 하고, 인터넷상 상표나 기타의 표지의 사용이 해당국의 관계 법률에 의하여 산업재산권의 획득, 유지 또는 침해가 되는지, 또한 그러한 행위가 부정경쟁행위에 해당되는지의 여부 등에 대하여 각국의 권한 있는 당국이 판단하는데 해석지침을 제공하기 위하여 마련된 규정이다.

　동 규정은 1999년 6월 제2차 WIPO 상표법·의장법·지리적표지상설위원회에서부터 논의되기 시작하여 2001년 3월 제6차 회의까지의 논의과정을 통해 실체적인 내용에 합의를 도출하였고, 2001년 9월 제36차 WIPO 총회에서 파리동맹 총회와 WIPO 일반총회의 공동권고문의 형식으로 채택되었다.

2. 성 격

　WIPO 인터넷상 표장 및 기타 표지에 관한 산업재산권보호규정은 회원국에게 구속력이 있는 조약이 아닌 권고문으로써 각 회원국에서 당해 규정을 반드시 이행하여야 하는 것은 아니다. 그러나 인터넷상 상표 또는 기타 표장의 사용에 관한 국제적인 가이드라인으로서의 역할을 할 수 있기 때문에 관련법령에 대한 해석시 이를 고려하여야 한다.

3. 구 성

　WIPO 인터넷상 표장 및 기타 표지에 관한 산업재산권보호규정은 전문 및 15개의 조문으로 구성되었으며, 각 조항에는 해당 조항에 대한 주석을 포함하고 있는데 주석은 단지 사무국이 본 규정의 해석 및 설명을 위하여 준비한 자료로서의 의미를 가지는데 불과하다.

4. 주요 내용

1) 인터넷상 표지사용

인터넷상의 표지의 사용은 그 사용이 회원국내에서 「상업적 효과」(commercial effect)를 가지는 경우 이 규정의 목적에 따른 당해 회원국내에서의 사용을 구성한다(§2).

2) 상업적 효과의 판단요소

인터넷상 표지의 사용이 어느 회원국내에서 상업적 효과를 갖는지의 여부를 판단하는데 있어서, ① 그 표지의 사용자가 당해 회원국내에서 인터넷상 사용되는 표지의 상품·서비스업과 동일·유사한 상품·서비스업과 관련하여 영업을 하고 있거나 영업을 하려고 중대한 계획에 착수하였음을 나타내는 상황, ② 당해 회원국과 관련한 사용자의 상업적 활동의 정도 및 특성, ③ 인터넷상 상품 또는 서비스업의 제공과 당해 회원국과의 관련성, ④ 인터넷상 표지의 사용방식과 당해 회원국과의 관련성, ⑤ 인터넷상 해당 표지의 사용과 그 표지에 관한 권리와의 관련성 등을 고려하여 판단하여야 하며, 기타 이와 관련되는 추가적인 관련 요소들을 고려하여 판단하여야 한다(§3).

3) 악의의 판단요소

인터넷상의 표지의 사용과 관련하여 악의적으로 표지가 사용되거나 표지와 관련된 권리가 취득되었는지의 여부를 판단하는 때에는 모든 관련 상황 등이 고려되어야 하며, 특히 인터넷상 표지사용자의 고의·과실 및 부정한 목적여부가 고려되어야 한다(§4).

4) 인터넷상 표지의 사용과 권리의 취득 및 유지

인터넷상의 상표 등의 표지사용이 상업적 효과를 나타내는 경우 당해 회원국의 적용법률에 따라 표지에 관한 권리의 취득과 유지조건의 판단에 있어서도 고려되어야 한다(§5).

5) 인터넷상 표지사용과 권리침해 및 부정경쟁행위

산업재산권의 침해 또는 부정경쟁행위에의 해당여부를 판단함에 있어서도 인터넷상 표지의 사용도 현실세계에서의 표지사용과 같이 고려되어야 한다(§6).

6) 준거법상 권리침해 및 부정경쟁행위에 대한 책임과 「책임의 예외」 및 「권리범위의 제한」

산업재산권의 침해나 부정경쟁행위에 대한 책임과 관련하여 기존의 오프라인상의 행위와 마찬가지로 당해 국가의 준거법 하에서 동일하게 적용되어야 한다는 일반원칙을 천명하고 있다(§7).

7) 권리침해통지 전의 사용과 권리침해통지 후의 사용에 대한 책임의 면제

인터넷상 표지사용자가 타인의 상표권 등 기타 타인의 권리를 침해한 경우 침해통지 전의 사용에 대한 면책요건으로 표지사용자가 선의인 경우 이외에도 어느 한 회원국내에서 권리를 보유한 경우뿐만 아니라 인터넷상 표지사용과 밀접한 관련이 있는 국가에서의 사용이 허가된 경우에도 책임이 면제된다(§9).

인터넷상 표지사용자가 다른 권리자로부터 권리침해의 통지를 받은 경우 당해 회원국에서 상업적 효과를 방지하고 혼동을 방지하는 조치를 신속하게 취한 경우에는 책임이 없다(§10). 권리침해 사실의 통보는 일반적인 방법 및 요건을 갖추고 있어야 한다(§10).

8) 권리불요구의 인정

권리침해 통지를 받은 인터넷상 표지 사용자가 상업적 효과 또는 혼동을 방지하는 효과적인 조치로서 일정한 요건을 갖춘 권리 불요구를 인정하여야 한다(§12).

9) 인터넷상 표지의 사용제한과 사용금지

인터넷상 표지사용이 어느 회원국에서 타인의 권리를 침해하거나 부정경쟁행위에 해당되는 경우 권한 있는 당국은 혼동을 방지하거나 해당국에서의 상업적 효과를 방지하기 위하여 일정한 제한조치를 가할 수 있다.(§14).

인터넷상 표지의 사용자가 어는 회원국에서 산업재산권을 가지고 있거나 사용이 허가된 경우 그러한 권리를 악의로 취득하거나 사용하지 않은 경우에는 각 회원국은 범세계적인 사용금지(global injunctilon)를 부과할 수 없다(§15).

V. 도메인 이름 분쟁해결(UDRP)

1. 배 경

「컴퓨터의 주소」로서의 기능을 가진 도메인 이름은 정보기술(IT)의 발전과 인터넷 이용의 폭발적 증가로 인하여 「온라인상 기업이나 상품의 식별기능」도 갖게 되었으며, 기업에서 전자상거래가 차지하는 부분이 커짐에 따라 도메인 이름은 인터넷 환경하에서 가장 강력한 「마켓팅툴」(marketing tool)로서 역할을 담당하게 되었으며, 도메인 이름의 재산가치가 커짐에 따라 타인의 상표를 도메인 이름으로 먼저 선점하여 도메인 이름과 상표간의 분쟁이 증가하자 미국정부는 WIPO에 도메인 이름 분쟁해결 절차의 마련을 위한 권고안 마련을 요청하였으며, WIPO는 제1차 인터넷 도메인 이름 프로세스에 의한 각국의 의견을 수렴하여 1999년 4월 악의적인 도메인 이름의 등록 및 사용에 대한 행정적 분쟁해결절차를 강제로 적용하는 것을 주요 골자로 하는 최종보고서를 제출하였다.

ICANN 이사회에서는 동 보고서를 일부 수정하여 『통일된도메인이름분쟁해결정책』(Umiform Domain Name Dispute Resolution Policy; UDRP)을 1998년 8월에 채택하였고, 그 후 1999년 10월에 UDRP의 시행을 위한 하위절차규정을 마련하는 한편, 1999년 11월에 최초의 분쟁해결기관으로 WIPO 중재·조정 센터를 지정하고[4] 1999년 12월 1일 마침내 분쟁해결 서비스제공업무를 개시하였다.

2. 성 격

UDRP는 「條約」 등과 같은 국제법은 아니므로 그 자체가 법으로서의 효력을 가지는 것은 아니다. 다만 UDRPR는 click-wrap방식에 의한 계약체결방식에 의하여 도메인 이름 등록인과 등록업체 사이에 체결된 계약으로서의 성질을 가지게 되는 "도메인등록약관(Registration Agreement)"에 의하여 도메인 이름 등록인이 당해 도메인에 대한 분쟁이 발생한 경우 UDRP에 따르는 것에 동의하였다는 점에 기초한다.

인터넷은 글로벌한 성격을 가지고 있기 때문에 분쟁발생시 사법적인 구제절차에 따

---

4   현재 분쟁해결 서비스를 제공하는 기관으로는 WIPO 중재·조정센터(Arbitration & Mediation Center: 스위스, 제네바 소재), 전미중재원(The National Arbitration Forum; 미국, 미네소타 소재), Dec(Disputes. org/eResolution Consortium; 캐나다, 몬트리올 소재), CPR(Institute ldr Dispute Resolution; 미국, 캘리포니아 소재), 아시아도메인이름분쟁조정센터(Asian Domain Name Dispute Resolution Center, ADNDRC; 중국 북경 및 홍콩 소재)로 총 5개 기관을 ICANN이 승인하였다.

르고자할 경우 준거법 및 재판관할권의 선택이라는 복잡한 국제법적인 문제가 발생하므로 도메인 이름과 관련한 분쟁은 대안적 분쟁해결제도가 바람직하다는 의견이 국제적으로 설득력을 얻어 현재의 UDRP 분쟁해결절차가 마련된 것이다. 다만 UDRP의 결정은 도메인등록기관을 구속한다는 점에서 강제성을 띠고 있으나 당사자는 언제든지 관할법원에 제소할 수 있으므로 최종적인 결정이라고는 볼 수 없다.[5]

3. 특 징

1) 도메인 이름 등록계약에 의한 강제적 적용

일반최상위 도메인 이름 등록 시 등록기관과 등록인간의 계약서상에 「통일된도메인이름분쟁해결정책(UDRP)」에 등록인이 반드시 동의하도록 되어 있어 인증된 등록기관에 도메인 이름을 등록한 모든 등록인에게 UDRP의 적용이 강제된다.

2) 분쟁해결신청 대상이 되는 도메인

분쟁해결 대상은 ICANN이 그 등록을 관장하는 개방형 일반 최상위 도메인(gTLD; .com, .net, .org, .biz, info 등)에 관련된 분쟁에 한하고, 국가단위 최상위도메인(ccTLD)은 원칙적으로 분쟁해결 대상에서 제외시키고 있다. 다만, 일부 국가 단위도메인 이름도 신청에 의하여 UDRP에 의한 분쟁해결절차를 채택하는 것은 당해 국가의 자유이다.

3) 적용 대상

UDRP 절차가 적용되는 분쟁이 되기 위해서는 ① 등록된 도메인 이름이 신청인의 상표 또는 서비스표와 동일하거나 혼동을 초래할 정도로 유사하고, ② 도메인 이름 등록인이 도메인 이름과 관련하여 아무런 권리나 법적 이익이 없으며, ③ 도메인 이름이

---

5   다만 도메인 이름 분쟁의 당사자가 UDRP에 의한 분쟁절차의 진행 중 또는 결정이 내려진 후 이에 불복하여 법원에 제소했을 경우 법원은 어떠한 재판규범으로 이를 판단할 것인지가 문제된다. 이에 대해서는 UDRP의 실체적 기준을 법원의 사법적 판단에도 그대로 적용할 것인지 아니면 국제법상의 준거법에 따라 상표권자 등의 권리침해 여부를 판단할 것인지에 대한 논란이 있다. 이와 관련하여, 「서울지방법원 2000.9.22. 선고 2000가합20965 결정취소 및 도메인 sgs.net 소유권확인 등 판결」에서는 "sgs.net 도메인 등록명의인인 원고는 동 도메인을 원 상표권자인 피고에게 이전하라는 WIPO의 결정(D2000-0025)은 취소되어야 한다고 주장하나, 동 취소청구는 기존 법률관계의 변동 형성의 효과발생을 목적으로 하는 형성의 소에 해당하는데, 위 형성의 소는 법률에 명문의 규정이 있는 경우에 한하여 인정되는 것이므로 원고들이 법원에 대하여 WIPO의 결정의 취소를 구할 수 있는 법률상 근거가 없으므로 이 사건의 소는 부적법하여 이를 각하한다"고 판시하였다.

악의적으로 등록되고 사용되고 있는 경우에 한하며, 이러한 세 가지 요건은 모두 신청인이 신청서를 통하여 입증하여야 하며, 이 세 요건이 모두 충족되어야만 UDRP에 의한 분쟁해결정책이 적용된다(§4).

4) UDRP에 따른 구제조치

UDRP에 따른 절차는 도메인 이름의 부정한 목적에 의한 등록 및 사용에만 적용되므로 상표권의 침해에 따른 손해배상의 청구나 배상액의 산정 등은 분쟁의 구제수단에 포함되지 아니하며, 손해배상을 원하는 경우 관할 법원에 따로 법적인 소송절차를 밟아야 한다.

4. 분쟁처리절차

1) 분쟁의 신청

분쟁신청인은 ICANN에 의하여 승인을 받은 "분쟁해결기관" 중 하나를 선정하여 분쟁해결을 신청할 수 있으며 분쟁처리에 필요한 수수료는 분쟁신청인이 납부하는 것을 원칙으로 한다.

분쟁신청인은 문제된 도메인 이름이 부정한 목적(bad faith)으로 등록되고 사용되고 있다는 것을 포함한 UDRP 제4조 (a)상의 3가지 요건을 전부 입증하여야 한다.

2) 분쟁중인 도메인 이름의 이전 제한

분쟁해결절차가 진행 중이거나 절차가 종료된 후 15일 이내에는 분쟁대상인 도메인 이름을 제3자에게 이전할 수 없으며, 도메인 이름과 관련하여 소송 또는 중재가 진행 중인 경우에는 분쟁대상인 도메인 이름을 제3자에게 이전할 수 없다. 다만, 도메인 이름의 양수인이 판결이나 중재의 결과에 따른다는 서면상의 동의가 있는 경우에는 예외적으로 이전을 할 수 있도록 규정하고 있다.

3) 결정에 의한 도메인 이름 등록기관의 집행

결정에 의하여 문제시된 도메인 이름을 도메인 이름 등록인으로부터 신청인에게 이전하거나 당해 등록을 말소하는데 도메인 이름의 등록기관은 분쟁해결기관으로부터 당해 도메인 이름에 대한 결정을 통보받은 날부터 당해 결정에 대한 불복여부를 파악하기 10일을 기다린 후 불복이 없는 경우 당해 결정의 내용에 따라 이를 집행하게 된다.

4) 결정에 대한 불복 및 사법적 절차의 유효성

UDRP에 따른 강제적 행정절차가 개시되기 전 또는 절차진행중이거나 종료된 경우라 하더라도 당사자는 당해 도메인 이름과 관련한 분쟁에 대하여 언제든지 관할법원에 재판을 제기할 수 있도록 함으로서 사법적 구제수단과의 조정의 여지를 두고 있다. 따라서 담당 행정패널의 결정에 불복하여 도메인 이름의 등록인이 신청인을 상대로 관할법원에 소송을 제기하는 경우에는 관련된 도메인 이름의 등록기관은 도메인 이름의 이전 또는 등록취소 등의 결정의 집행을 보류하여야 한다.

저자 이인종

- 연세대학교법무대학원 졸업
- 월간 특허법률 편집위원
- 국가전문행정연수원 국제특허연수부 강사
- 조달청 · 대전시 · 충남대 중등연수원 등 강사
- 특허청 항고심판관 보좌관
- 특허청 심사1국 심사관
- 특허청 법무담당관실 서기관
- 국가전문행정연수원 국제특허연수부 수석교수
- 특허청 심판편람 감수위원
- 특허청 심판원 심판관
- 특허청 총무과장
- 특허청 상표(3)심사 담당관
- 특허청 특허법 축조해설 감수위원
- 특허청 상표법 축조해설 감수위원
- 특허청 산업재산권 운영위원 위원
- 특허청 규제개혁위원회 위원 및 민간위원장
- 한국디자인진흥원 디자인분쟁조정위원회 위원
- 사법시험 출제 · 선정위원(지식재산권법)
- 변리사시험 출제 · 선정 및 채점위원
- 법무법인 · 특허법인 다래 근무
- 드림월드 국제특허법률사무소 대표 변리사(현)
- 연세대학교 법무대학원 외래교수
- 한남대학교 정책대학원 겸임교수
- 카이스트 지식전문대학원 겸직교수
- 경희대학교 경영대학원 겸임교수
- 홍조근정훈장

주요저서
- 특허법요론
- 특허법개론
- 상표법
- 지식재산권제도 개요
- 산업재산권법 Ⅰ · Ⅱ